Dr. Oetker **1000**
Die besten Rezepte

Dr. Oetker

1000
Die besten Rezepte

Dr. Oetker Verlag

Vorwort

1000 Rezepte

Die besten Rezepte

Sie wollen viele zeitgemäße Rezepte in einem Buch?

Hier werden Sie fündig:

10-mal 100 Rezepte von der Vorspeise bis zum Dessert.

Ganz heutig in der Auswahl, aber ganz bewährt in der Sicherheit der Rezepte.

Hier bleibt keine Frage offen, ob Fleisch, Gemüse, Nudeln,

Suppen, Eintöpfe, Aufläufe, hier finden Sie für jeden Geschmack etwas.

Ob für die tägliche Familienküche, ob der Snack zwischendurch

oder das besondere Gericht für Gäste, hier wird Ihnen geholfen.

Hier wird 1000-mal geschnitten, gehackt, gerührt, gekocht, gedünstet,

gebraten, gegrillt. Gezählte Vielfalt für die nächsten drei Jahre.

Kochen Sie los und lassen Sie es sich schmecken!

Kapitel 01
Rezepte 001–100

Austernpilz-Avocado-Carpaccio

Vegetarisch – einfach

Austernpilz-Avocado-Carpaccio
4 Portionen

Zubereitungszeit: 30 Minuten

50 g Pinienkerne
3 Tomaten
Saft von ½ Limette
Salz, frisch gemahlener Pfeffer
3 EL Olivenöl
2 reife Avocados
1 Zwiebel
1 Knoblauchzehe
400 g Austernpilze
2 EL Olivenöl
½ Topf Basilikum

Pro Portion:
E: 8 g, F: 39 g, Kh: 5 g,
kJ: 1661, kcal: 397

1. Pinienkerne in einer Pfanne ohne Fett anrösten, herausnehmen und auf einem Teller erkalten lassen. Tomaten waschen, trocken tupfen, halbieren und die Stängelansätze herausschneiden. Tomaten klein würfeln. Limettensaft unter die Tomatenwürfel rühren. Mit Salz und Pfeffer würzen, Olivenöl unterrühren.
2. Avocados halbieren, entsteinen und schälen. Das Fruchtfleisch in schmale Spalten schneiden. Die Avocadospalten fächerartig auf einem großen Teller anrichten. Die Avocadospalten sofort mit der Tomaten-Vinaigrette beträufeln.
3. Zwiebel und Knoblauch abziehen, in kleine Würfel schneiden. Austernpilze putzen, eventuell mit Küchenpapier abreiben. Große Pilze halbieren oder vierteln.
4. Olivenöl in einer Pfanne erhitzen. Zwiebel- und Knoblauchwürfel darin andünsten. Pilze darin portionsweise anbraten, herausnehmen, mit Salz und Pfeffer würzen. Pilze auf den Avocadospalten anrichten.
5. Basilikum abspülen und trocken tupfen. Die Blättchen von den Stängeln zupfen. Carpaccio mit Basilikumblättchen und Pinienkernen garnieren.

Einfach – für Gäste

Schinken-Käse-Brötchen
8–10 Portionen

Zubereitungszeit: 40 Minuten
Backzeit: etwa 15 Minuten

400 g gekochter Schinken
400 g roher Schinken
400 g mittelalter Gouda- oder Edamer-Käse
250 g Butter
200–250 g Schlagsahne
Salz, frisch gemahlener Pfeffer
Paprikapulver edelsüß
15 Brötchen

Pro Portion:
E: 26 g, F: 49 g, Kh: 35 g,
kJ: 3003, kcal: 717

1. Den Backofen vorheizen. Schinken und Käse in Würfel schneiden. Butter geschmeidig rühren.
2. Schinken- und Käsewürfel in eine Schüssel geben. So viel Sahne unterrühren, dass eine feste, aber streichfähige Masse entsteht, mit Salz, Pfeffer und Paprika abschmecken.
3. Die Brötchen halbieren und mit

Überbackene Muscheln mit Knoblauch

Riesengarnelenspieße

Mit Alkohol

Überbackene Muscheln mit Knoblauch
4–6 Portionen

Zubereitungszeit: 30 Minuten
Überbackzeit: etwa 3 Minuten

30 große Miesmuscheln
1 Schalotte
125 ml (1/8 l) Wasser
250 ml (1/4 l) Weißwein
1 EL gemischte, gehackte Kräuter, z. B. Thymian, Estragon, Basilikum
3 Knoblauchzehen
150 g weiche Butter
3 EL gehackte, glatte Petersilie
Salz

Pro Portion:
E: 4 g, F: 25 g, Kh: 2 g,
kJ: 1076, kcal: 257

1. Muscheln in reichlich kaltem Wasser gründlich waschen und einzeln abbürsten, bis sie nicht mehr sandig sind. Muscheln, die sich beim Waschen öffnen, sind ungenießbar. Den Backofen vorheizen.
2. Schalotte abziehen und klein würfeln. Wasser mit Wein, Schalottenwürfeln und Kräutern in einem großen Topf zum Kochen bringen. Die Muscheln hinzufügen, zum Kochen bringen und zugedeckt 2–3 Minuten bei starker Hitze kochen lassen.
3. Die Muscheln mit einem Schaumlöffel aus dem Sud nehmen und gut abtropfen lassen. Muscheln, die sich nach dem Garen nicht öffnen, sind ungenießbar, diese und leere Schalenhälften aussortieren.
4. Die Schalenhälften mit dem Muschelfleisch in eine Auflaufform legen. Knoblauch abziehen und fein zerdrücken. Butter geschmeidig rühren. Knoblauch und Petersilie unterrühren, mit Salz würzen. Kräuterbutter auf den Muscheln verteilen. Die Form auf dem Rost in den vorgeheizten Backofen schieben.
Ober-/Unterhitze: etwa 220 °C
Heißluft: etwa 200 °C
Überbackzeit: etwa 3 Minuten.
5. Die Muscheln sofort servieren.

Schnell

Riesengarnelenspieße
2–4 Portionen

Zubereitungszeit: 20 Minuten, ohne Auftauzeit
Grillzeit: etwa 8 Minuten

16 TK-Riesengarnelen (ohne Kopf, mit Schale)
200 g Cocktailtomaten
1 gelbe Paprikaschote
Salz
6 Knoblauchzehen
12 kleine Champignons
4 EL Speiseöl
1 EL Zitronensaft
Salz
1 Prise Zucker

Außerdem:
Holz- oder Schaschlikspieße

Pro Portion:
E: 31 g, F: 7 g, Kh: 6 g,
kJ: 907, kcal: 217

1. Riesengarnelen nach Packungsanleitung auftauen lassen. Cocktailtomaten waschen, trocken tupfen, halbieren und die Stängelansätze herausschneiden.
2. Paprikaschote halbieren, entstielen, entkernen und die weißen Scheidewände entfernen. Schote waschen, trocken tupfen und in größere Stücke schneiden. Paprikastücke in Salzwasser zum Kochen bringen und 3–4 Minuten kochen lassen. Paprikastücke in einem Sieb abtropfen lassen und enthäuten.
3. Vier Knoblauchzehen abziehen und halbieren. Champignons putzen, mit Küchenpapier abreiben, eventuell kurz abspülen und trocken tupfen.
4. Aufgetaute Garnelen unter fließendem kalten Wasser abspülen und trocken tupfen.
5. Die vorbereiteten Zutaten abwechselnd auf Holz- oder Schaschlikspieße stecken.
6. Restliche Knoblauchzehen abziehen, durch eine Knoblauchpresse drücken und mit dem Speiseöl verrühren. Zitronensaft, Salz und Zucker unterrühren. Die Spieße damit bestreichen.
7. Die Spieße auf den heißen Grillrost (eventuell mit Alufolie belegt) legen und von beiden Seiten etwa 4 Minuten grillen, dabei zwischendurch mit dem Knoblauchöl bestreichen.

Rindfleischterrine in Burgundergelee

Mit Alkohol

Rindfleischterrine in Burgundergelee
6 Portionen

Zubereitungszeit: 40 Minuten, ohne Kühlzeit
Garzeit: etwa 55 Minuten

400 g mageres Rindfleisch (z. B. abgehangene Hüfte)
1 Bund Suppengrün (Möhren, Sellerie, Porree [Lauch])
3 l Rinderfond
1 Lorbeerblatt
Salz, frisch gemahlener Pfeffer
frisch geriebene Muskatnuss
80 g gegarte Pfifferlinge
80 g gegarte Champignons
300 ml weißer Burgunder
10 Blatt weiße Gelatine

Pro Portion:
E: 22 g, F: 2 g, Kh: 6 g,
kJ: 715, kcal: 170

1. Rindfleisch unter fließendem kalten Wasser abspülen, trocken tupfen, in etwa 1 x 1 cm große Würfel schneiden.
2. Möhren und Sellerie putzen, schälen, waschen, abtropfen lassen in sehr kleine Würfel schneiden. Porree putzen, die Stange längs halbieren, gründlich waschen, abtropfen lassen und in sehr kleine Würfel schneiden.
3. Rinderfond in einen großen Topf geben, Fleischwürfel und Lorbeerblatt hinzufügen. Mit Salz, Pfeffer, Muskat würzen. Die Zutaten zum Kochen bringen und zugedeckt bei schwacher Hitze etwa 40 Minuten kochen lassen.
4. Vorbereitete Gemüsewürfel, Pfifferlinge und Champignons hinzufügen, wieder zum Kochen bringen und weitere etwa 15 Minuten bei schwacher Hitze kochen lassen (damit die Brühe nicht trüb wird).
5. Die Brühe durch ein Sieb geben, dabei den Fond auffangen. Lorbeerblatt entfernen.
6. Den Fond wieder in den Topf geben, Wein hinzugießen, zum Kochen bringen und bei schwacher Hitze auf 1–1 ½ Liter einkochen lassen.
7. Gelatine in kaltem Wasser nach Packungsanleitung einweichen. Gelatine leicht ausdrücken und in dem heißen (nicht mehr kochenden) Fond unter Rühren auflösen. Fond kräftig abschmecken.
8. Rindfleisch-, Gemüsewürfel und Pilze in eine mit Frischhaltefolie ausgelegte Terrine geben. Mit dem Fond übergießen und etwa 1 Tag kalt stellen, damit die Sülze fest wird.
9. Die Sülze aus der Terrine stürzen, Frischhaltefolie entfernen. Sülze in Scheiben schneiden.

Tipp: Dazu eine Sauce aus 150 g Crème fraîche, 2 Esslöffeln Schnittlauchröllchen und Zitronensaft von ½ Zitrone zubereiten. Mit Salz und Pfeffer abschmecken.
Den heißen Fond etwas kräftiger abschmecken, damit die fertige Sülze nicht zu lasch schmeckt.

Einfach

Putenbrust-Baguette-Schnittchen
10 Stück

Zubereitungszeit: 20 Minuten

1 kleines Baguette (etwa 400 g)
etwas Remoulade (aus der Tube)
10 kleine Salatblätter, z. B. Lollo Bionda
5 Physalis
1 Kiwi
10 Scheiben Putenbrustaufschnitt

Pro Stück:
E: 4 g, F: 4 g, Kh: 12 g,
kJ: 419, kcal: 100

1. Baguette in 10 etwa 1 cm dicke Scheiben schneiden. Baguettescheiben dünn mit Remoulade bestreichen.
2. Salatblätter waschen und trocken tupfen. Die Salatblätter auf den bestrichenen Baguettescheiben verteilen.
3. Physalis aus der Hülle zupfen, abspülen, trocken tupfen und halbieren. Kiwi schälen, längs halbieren und in Scheiben schneiden.
4. Putenbrustscheiben zuerst zur Hälfte, dann zu Vierteln zusammenlegen. Die Schnittchen damit belegen. Mit je einer Kiwischeibe und Physalishälfte garnieren.

Raffiniert – mit Alkohol

Putenmousse mit grünen Spargelspitzen
4 Portionen

Zubereitungszeit: 30 Minuten, ohne Kühlzeit

320 g mild geräucherte Putenbrust
80 g Butter
80 g Kalbsleberwurst
2 cl Calvados
frisch gemahlener Pfeffer
20 grüne Spargelspitzen

Für das Dressing:
3 EL Himbeeressig
Salz
6 EL Nussöl
vorbereitete Kerbelblättchen

Pro Portion:
E: 21 g, F: 40 g, Kh: 3 g,
kJ: 1985, kcal: 475

1. Putenbrust würfeln und in einer Küchenmaschine fein pürieren. Butter und Kalbsleberwurst hinzufügen, mit Calvados und Pfeffer würzen. Die Zutaten zu einer geschmeidigen, glatten Masse verarbeiten, in eine Schüssel geben und glattstreichen. Die Masse im Kühlschrank fest werden lassen.
2. Spargelspitzen waschen, abtropfen lassen, in kochendem Wasser etwa 2 Minuten blanchieren, mit kaltem Wasser abschrecken, Spargelspitzen abtropfen lassen und in eine flache Schale legen.
3. Für das Dressing Himbeeressig mit Salz und Pfeffer verrühren, Nussöl unterschlagen, Kerbelblättchen hinzufügen, die Spargelspitzen darin marinieren.
4. Aus der gut gekühlten Mousse pro Portion mit einem Esslöffel zwei Nocken abstechen, auf einem großen Teller mit jeweils fünf Spargelspitzen anrichten, mit Pfeffer bestreuen und mit Kerbelblättchen garnieren.

Putenmousse mit grünen Spargelspitzen

Klassisch – mit Alkohol

Miesmuscheln nach Matrosenart
2 Portionen – Zubereitung im Topf mit Dämpfeinsatz (Ø etwa 24 cm)

Zubereitungszeit: 30 Minuten
Dämpfzeit: etwa 8 Minuten

500 g Miesmuscheln
2 Knoblauchzehen
4 Stängel Thymian
200 ml trockener Weißwein
200 ml Wasser
2 Lorbeerblätter

Für das Dressing:
1 Zwiebel
1–2 EL Weißweinessig
1 EL gehackte Kapern
3 EL gehackte Petersilie
125 ml (⅛ l) Olivenöl
Salz
frisch gemahlener Pfeffer

Pro Portion:
E: 5 g, F: 63 g, Kh: 4 g,
kJ: 2491, kcal: 595

Miesmuscheln nach Matrosenart

1. Miesmuscheln gründlich in kaltem Wasser waschen und abbürsten, eventuell vorhandene Bartbüschel entfernen. Bereits geöffnete Miesmuscheln sind ungenießbar. Muscheln in einen Dämpfeinsatz geben. Darauf achten, dass nicht alle Dampfaustrittslöcher bedeckt sind.
2. Knoblauch zerdrücken. Thymian abspülen und trocken tupfen. Wein mit Wasser, Lorbeerblättern, Knoblauch und Thymian in einem Topf zum Kochen bringen. Den Dämpfeinsatz hineingeben. Den Topf mit einem Deckel verschließen. Die Muscheln etwa 8 Minuten dämpfen (Muscheln, die sich nach dem Garen nicht öffnen, sind ungenießbar).
3. Für das Dressing Zwiebel abziehen und in kleine Würfel schneiden. Essig mit Zwiebelwürfeln, Kapern und Petersilie verrühren. Olivenöl unterschlagen. Dressing mit Salz und Pfeffer abschmecken und auf den geöffneten Miesmuscheln verteilen.

Beilage: Vollkornbrot mit Butter bestrichen und mit Schnittlauchröllchen bestreut servieren.

Mini-Pizzen

Für Kinder – vegetarisch

Mini-Pizzen
12 Stück

Zubereitungszeit: 60 Minuten, ohne Teiggehzeit
Backzeit: 10–12 Minuten je Backblech

Für den Hefeteig:
600 g Weizenmehl
1 Pck. Dr. Oetker Trockenbackhefe
1 Prise Zucker
1 gestr. TL Salz
250 ml (1/4 l) lauwarmes Wasser
4 EL Olivenöl

Zum Bestäuben:
etwas Weizenmehl

Für den Belag:
800 g Tomaten
je 2 rote, gelbe und grüne Paprikaschoten
1 Zucchini (etwa 200 g)
6 EL Olivenöl
Salz
frisch gemahlener Pfeffer
500 g Mozzarella-Käse
2 EL gemischte gehackte Kräuter, z. B. Oregano, Basilikum, Rosmarin

Nach Belieben zum Garnieren:
einige Basilikumblättchen

Pro Stück:
E: 15 g, F: 18 g, Kh: 42 g,
kJ: 1627, kcal: 389

1. Für den Hefeteig Mehl in eine Rührschüssel geben und mit der Trockenbackhefe sorgfältig vermischen. Zucker, Salz, Wasser und Olivenöl hinzufügen. Die Zutaten mit Handrührgerät mit Knethaken zunächst kurz auf niedrigster, dann auf höchster Stufe in etwa 5 Minuten zu einem glatten Teig verarbeiten. Den Teig leicht mit Mehl bestäuben und zugedeckt so lange an einem warmen Ort gehen lassen, bis er sich sichtbar vergrößert hat (etwa 20 Minuten).

2. Den gegangenen Teig leicht mit Mehl bestäuben, aus der Schüssel nehmen, auf einer bemehlten Arbeitsfläche kurz durchkneten und etwa 1/2 cm dick ausrollen. Den Teig einige Minuten ruhen lassen, dann 12 runde Platten (Ø etwa 8 cm) ausstechen. Teigkreise mit etwas Abstand auf Backbleche (mit Backpapier belegt) legen.

3. Für den Belag Tomaten waschen, kreuzweise einschneiden und einige Sekunden in kochendes Wasser legen. Tomaten kurz in kaltes Wasser legen, enthäuten, halbieren, entkernen und die Stängelansätze herausschneiden. Tomatenhälften in kleine Würfel schneiden.

4. Paprikaschoten halbieren, entstielen, entkernen und die weißen Scheidewände entfernen. Schoten waschen und abtropfen lassen. Zucchini waschen, abtrocknen und die Enden abschneiden. Tomaten, Paprika und Zucchini in kleine Würfel schneiden. Den Backofen vorheizen.

5. Olivenöl portionsweise in einer großen Pfanne erhitzen. Nacheinander die Tomaten-, Paprika- und Zucchiniwürfel darin andünsten, jeweils mit Salz und Pfeffer würzen.

6. Zuerst die Tomaten-, dann die Paprika- und zuletzt die Zucchiniwürfel auf den Teigkreisen verteilen. Mozzarella abtropfen lassen und in 12 Scheiben schneiden. Die Pizzen mit je einer Mozzarellascheibe belegen und mit den Kräutern bestreuen.

7. Die Backbleche nacheinander (bei Heißluft zusammen) in den vorgeheizten Backofen schieben.

Ober-/Unterhitze: 180–200 °C
Heißluft: 160–180 °C
Backzeit: 10–12 Minuten je Backblech

8. Nach Belieben zum Garnieren Basilikumblättchen abspülen und trocken tupfen. Die Mini-Pizzen damit garnieren.

Leicht zuzubereiten

Marinierte Melone mit Schafkäse
4 Portionen

Zubereitungszeit: 25 Minuten

800 g gut gekühlte Wassermelone
200 g Schafkäse
1 Bio-Limette (unbehandelt, ungewachst)
2 Stängel Thymian
Salz, frisch gemahlener Pfeffer
4 EL Olivenöl

Holzstäbchen

Pro Portion:
E: 9 g, F: 15 g, Kh: 6 g,
kJ: 799, kcal: 191

1. Von der Melone die Schale abschneiden. Das Fruchtfleisch zuerst in Scheiben, dann in mundgerechte Stücke schneiden. Schafkäse in gleich große Stücke (etwa 2 x 2 x 1 cm) schneiden.

2. Limette heiß abwaschen, abtrocknen und die Schale abreiben. Limette halbieren und den Saft auspressen. Thymian abspülen und trocken tupfen. Die Blättchen von den Stängeln

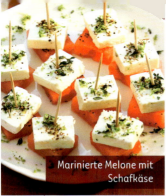

Marinierte Melone mit Schafkäse

Knoblauchschnittchen mit Garnelen

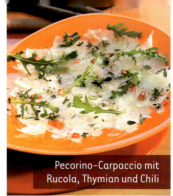

Pecorino-Carpaccio mit Rucola, Thymian und Chili

zupfen. Blättchen klein schneiden und mit der Limettenschale vermischen.
3. Die Melonenstücke mit Limettensaft beträufeln, mit Salz und Pfeffer bestreuen. Je ein Schafkäsestück mit einem Stück Melone belegen und mit einem Holzstäbchen feststecken, mit der Limettenschalen-Thymian-Mischung und Pfeffer bestreuen, mit Olivenöl beträufeln und servieren.

Leicht

Knoblauchschnittchen mit Garnelen
10 Stück

Zubereitungszeit: 20 Minuten

1 Bio-Limette (unbehandelt, ungewachst)
1 Bund Petersilie
3 Knoblauchzehen
140 g Salatmayonnaise
1 kleines Baguette (etwa 400 g)
6 EL Speiseöl, z. B. Rapsöl
10 große, gegarte Garnelen, in Knoblauch eingelegt
10 kleine Salatblätter, z. B. Kopfsalat

Pro Stück:
E: 3 g, F: 18 g, Kh: 11 g,
kJ: 909, kcal: 217

1. Limette heiß abwaschen, abtrocknen und halbieren. Eine Limettenhälfte in 5 Scheiben schneiden. Die Scheiben nochmals halbieren und zum Garnieren beiseitelegen. Zweite Limettenhälfte auspressen.
2. Petersilie abspülen und trocken tupfen. Die Blättchen von den Stängeln zupfen. Blättchen klein schneiden. Knoblauch abziehen. Eine Zehe in kleine Würfel schneiden.
3. Mayonnaise mit Limettensaft, Petersilie und Knoblauch verrühren.
4. Restliche Knoblauchzehen in dünne Scheiben schneiden. Speiseöl in einer Pfanne erhitzen. Knoblauchscheiben hinzugeben. Die Baguettescheiben darin portionsweise von beiden Seiten knusprig braten.
5. Garnelen abtropfen lassen. Salatblätter waschen und trocken tupfen. Die Knoblauch-Baguettescheiben mit je einem Salatblatt belegen. Die Mayonnaisecreme darauf verteilen und mit je 1 Knoblauchgarnele belegen.
6. Knoblauchschnittchen mit den beiseite gelegten Limettenscheiben garniert servieren.

Tipp: Frische Garnelen selbst in Knoblauchöl braten.

Einfach

Pecorino-Carpaccio mit Rucola, Thymian und Chili
4 Portionen

Zubereitungszeit: 20 Minuten

1 Bund Rucola (Rauke)
2 Stängel Thymian
1–2 Chilischoten
250 g Pecorino-Käse
Salz
frisch gemahlener Pfeffer
8 EL Olivenöl

Pro Portion:
E: 21 g, F: 42 g, Kh: 1 g,
kJ: 1914, kcal: 457

1. Rucola verlesen, dicke Stängel abschneiden. Rucola waschen, gut abtropfen lassen oder trocken schleudern und eventuell etwas kleiner zupfen. Thymian abspülen und trocken tupfen. Die Blättchen von den Stängeln zupfen.
2. Chilischoten entstielen, entkernen, abspülen, abtropfen lassen und in feine Ringe schneiden. Pecorino-Käse mit dem Käsehobel oder einer Aufschnittmaschine in hauchdünne Scheiben schneiden. Vier Teller oder eine größere Platte mit den Käsescheiben belegen.
3. Rucola auf den Käsescheiben verteilen. Thymianblättchen und Chiliringe daraufstreuen. Carpaccio mit etwas Salz und Pfeffer bestreuen, mit Olivenöl beträufeln und sofort servieren.

Tipp: Das Carpaccio kann vor dem Würzen zusätzlich mit in Scheiben geschnittenen Champignons belegt werden. Carpaccio mit einigen Tropfen Knoblauchöl und/oder ein paar Spritzern Zitronensaft beträufeln. Auch ein paar Scheiben Parmaschinken und Knoblauchcroûtons passen gut zu dieser Vorspeise.

Crostini mit Gemüse

Auberginen mit Ricotta-Füllung

Einfach

Crostini mit Gemüse
10–12 Stück

Zubereitungszeit: 30 Minuten

1 kleine Aubergine (etwa 200 g)
1 kleine Zucchini (etwa 200 g)
1 Zwiebel
2 Knoblauchzehen
4–5 EL Olivenöl
2 Flaschentomaten
1 Rosmarinzweig
einige Stängel Thymian
Salz
frisch gemahlener Pfeffer

1 kleines Baguette
3 EL Olivenöl

Pro Stück:
E: 2 g, F: 7 g, Kh: 11 g,
kJ: 482, kcal: 115

1. Aubergine und Zucchini waschen, abtrocknen und die Enden abschneiden. Zucchini und Aubergine in etwa 1 x 1 cm große Würfel schneiden.
2. Zwiebel und Knoblauch abziehen, in kleine Würfel schneiden. Olivenöl in einer Pfanne erhitzen, Zwiebel- und Knoblauchwürfel darin andünsten. Gemüsewürfel hinzufügen, kurz anbraten und unter gelegentlichem Rühren etwa 5 Minuten garen.
3. Tomaten waschen, kreuzweise einschneiden und einige Sekunden in kochendes Wasser legen. Tomaten kurz in kaltes Wasser legen, enthäuten, halbieren, entkernen und die Stängelansätze herausschneiden. Tomatenhälften in kleine Würfel schneiden unter das gegarte Gemüse heben.
4. Rosmarin und Thymian abspülen, trocken tupfen. Nadeln bzw. Blättchen von den Stängeln zupfen. Nadeln und Blättchen klein schneiden und ebenfalls zum Gemüse geben. Mit Salz und Pfeffer würzen.
5. Baguette in 10–12 Scheiben schneiden. Olivenöl in einer großen Pfanne erhitzen. Die Baguettescheiben darin eventuell portionsweise von beiden Seiten knusprig braten.
6. Baguettescheiben herausnehmen. Die Gemüsemasse darauf verteilen und mit einer Gabel etwas andrücken.

Tipp: Die Gemüsecrostinis schmecken warm am besten, können aber auch kalt serviert werden.

Raffiniert

Auberginen mit Ricotta-Füllung
10 Stück

Zubereitungszeit: 30 Minuten

1 EL Pinienkerne
1 große Aubergine
Salz
3 getrocknete Tomaten, in Öl eingelegt
1/2 Topf Thymian
120 g Ricotta (italienischer Frischkäse)
1 EL Rosinen
einige Spritzer Balsamico-Essig
1 Prise Zucker
Salz, frisch gemahlener Pfeffer
5–6 EL Olivenöl

Holzstäbchen

Pro Stück:
E: 2 g, F: 6 g, Kh: 3 g,
kJ: 314, kcal: 75

1. Pinienkerne in einer Pfanne ohne Fett goldbraun rösten, herausnehmen, auf einem Teller erkalten lassen.
2. Aubergine waschen, abtrocknen und den Stängelansatz abschneiden. Aubergine längs in etwa 1/2 cm dicke Scheiben schneiden (eventuell mit einer Aufschnittmaschine). Auberginenscheiben mit Salz bestreuen und etwa 10 Minuten stehen lassen.
3. Tomaten abtropfen lassen und in kleine Stücke schneiden. Thymian abspülen und trocken tupfen (einige Stängel zum Garnieren beiseitelegen). Die Blättchen von den Stängeln zupfen. Blättchen klein schneiden.
4. Ricotta mit Thymian, Tomatenstücken und Rosinen verrühren, mit Essig, Zucker, Salz und Pfeffer abschmecken. Etwa die Hälfte der Pinienkerne unterrühren.
5. Auberginen trocken tupfen. Etwas Olivenöl in einer großen Pfanne erhitzen. Die Auberginenscheiben darin portionsweise von beiden Seiten anbraten, herausnehmen und auf Küchenpapier abtropfen lassen.
6. Die Ricottamasse auf den Auberginenscheiben verteilen, aufrollen und mit Holzstäbchen feststecken. Auberginenröllchen mit den beiseite gelegten Thymianstängeln garnieren und den restlichen Pinienkernen bestreuen.

Für Gäste

Gefüllte Champignons mit Schinken
12 Stück

Zubereitungszeit: 45 Minuten
Garzeit: 15–20 Minuten

12 große, weiße Champignons (etwa 800 g)

Für die Füllung:
1 Schalotte
120 g Parmaschinken
½ Bund glatte Petersilie
3 Scheiben Toastbrot
60 g Butter
4 EL Olivenöl
Salz, frisch gemahlener Pfeffer

20 g Butter
1 Ei (Größe M)
2 EL Olivenöl

Zum Garnieren:
2 Tomaten

Pro Stück:
E: 6 g, F: 9 g, Kh: 3 g,
kJ: 498, kcal: 119

1. Champignons putzen, mit Küchenpapier abreiben, eventuell abspülen und trocken tupfen. Stiele herausdrehen und die Köpfe etwas aushöhlen. Stiele und ausgehöhltes Champignonfleisch in kleine Würfel schneiden. Den Backofen vorheizen.
2. Für die Füllung Schalotte abziehen und in kleine Würfel schneiden. Schinken in etwa 2 cm lange, feine Streifen schneiden. Petersilie abspülen und trocken tupfen. Die Blättchen von den Stängeln zupfen. Blättchen klein schneiden. Toastbrot entrinden und in kleine Würfel schneiden. Butter in einer Pfanne zerlassen. Toastwürfel darin von allen Seiten goldgelb rösten und beiseitestellen.
3. Olivenöl in einer Pfanne erhitzen. Champignonköpfe hinzugeben und leicht anbraten, mit Salz und Pfeffer würzen. Champignonköpfe herausnehmen in eine flache Auflaufform (gefettet) legen.
4. Butter in einem Topf zerlassen. Champignon-, Schalottenwürfel und Schinkenstreifen darin andünsten. Petersilie, Toastbrotwürfel und Ei unterrühren, mit Salz und Pfeffer würzen.
5. Die Champignonköpfe mit der Schinkenmasse füllen, mit Olivenöl beträufeln. Die Form auf dem Rost in den vorgeheizten Backofen schieben.
Ober-/Unterhitze: 180–200 °C
Heißluft: 160–180 °C
Garzeit: 15–20 Minuten
6. Zum Garnieren Tomaten waschen, abtrocknen, halbieren, Stängelansätze herausschneiden. Tomaten entkernen und in kleine Würfel schneiden. Die gefüllten Champignons mit Tomatenwürfeln garniert servieren.

Mit Alkohol

Pflaumen im Speckmantel
20 Stück

Zubereitungszeit: 20 Minuten, ohne Marinierzeit

20 große, entsteinte Backpflaumen
5 EL Portwein
10 Scheiben Bacon (Frühstücksspeck)
1–2 EL Olivenöl

Außerdem:
Holzstäbchen oder -spieße
1 Wasserglas
Meersalz

Pro Stück:
E: 1 g, F: 1 g, Kh: 5 g,
kJ: 156, kcal: 37

1. Pflaumen in eine Schale legen und mit Portwein übergießen. Pflaumen darin mehrere Stunden marinieren.
2. Baconscheiben längs halbieren. Die Pflaumen aus der Marinade nehmen, etwas abtropfen lassen und jeweils mit einer Speckscheibe umwickeln, mit Holzstäbchen oder -spießen feststecken.
3. Olivenöl in einer Pfanne erhitzen. Die umwickelten Pflaumen darin von allen Seiten anbraten, herausnehmen und erkalten lassen.
4. Nach Belieben ein Wasserglas mit Meersalz füllen. Die Pflaumen auf Holzspieße stecken und dekorativ ins Meersalz spießen.

Tipp: Die Pflaumen zum Aperitif reichen. Die Pflaumen können auch im vorgeheizten Backofen bei Ober-/Unterhitze: etwa 200 °C, Heißluft: etwa 180 °C in etwa 3 Minuten überbacken werden.

Gefüllte Champignons mit Schinken

Pflaumen im Speckmantel

Vegetarisch

Gebackene Feigen mit Ziegenfrischkäse
12 Stück

Zubereitungszeit: 45 Minuten
Backzeit: etwa 6 Minuten

50 g Pistazienkerne

500 ml (1/2 l) roter Traubensaft
8 TL flüssiger Akazienhonig
5 Thymianstängel
250 g Ziegenfrischkäse
6 große, frische Feigen
frisch gemahlener Pfeffer

Pro Stück:
E: 2 g, F: 8 g, Kh: 16 g,
kJ: 596, kcal: 143

1. Pistazienkerne in einer Pfanne ohne Fett goldbraun rösten, herausnehmen, erkalten lassen und klein hacken.
2. Traubensaft mit 5 Teelöffel des Honigs in einem Topf verrühren und bei mittlerer Hitze sirupartig einkochen (etwa 15 Minuten). Den Backofengrill vorheizen.
3. Thymian abspülen und trocken tupfen. Von 3 Stängeln die Blättchen zupfen. Blättchen klein schneiden.
4. Frischkäse mit einer Gabel zerdrücken. Restlichen Honig, gehackten Thymian und etwa die Hälfte der Pistazienkerne untermengen, mit Pfeffer abschmecken.
5. Die Feigen vorsichtig abspülen, trocken tupfen und halbieren. Mit einem Teelöffel kleine Vertiefungen in das Fruchtfleisch drücken. Die Frischkäsemasse in Häufchen hineinsetzen. Die Feigen auf ein Backblech (gefettet) setzen. Das Backblech unter den vorgeheizten Backofengrill schieben.
6. Die Feigen etwa 6 Minuten grillen, bis der Käse leicht gebräunt ist.
7. Beiseite gelegte Thymianstängel in kleinere Stängel zupfen. Die heißen Feigen mit Traubensirup anrichten, mit Thymian und restlichen Pistazienkernen garnieren.

Tipp: Der Ziegenfrischkäse kann auch durch Schafkäse ersetzt werden, und wer es lieber milder mag, verwendet Ricotta (italienischer Frischkäse).

Mit Alkohol

Gefüllte Champignons, italienisch
4 Portionen

Zubereitungszeit: 35 Minuten
Garzeit: etwa 20 Minuten

8 Riesenchampignons (je etwa 100 g)

Für die Füllung:
1 Zwiebel
4 Scheiben Schinkenspeck
1 EL Butter
1 EL Speiseöl
4 kleine Tomaten
Salz
frisch gemahlener Pfeffer
1 TL italienische Kräutermischung
60 g frisch geriebener Gouda-Käse
200 ml Weißwein

Pro Portion:
E: 16 g, F: 10 g, Kh: 3 g,
kJ: 810, kcal: 193

1. Riesenchampignons entstielen und aus den Hüten die Lamellen vorsichtig herausschaben. Hüte und Stiele unter fließendem kalten Was-

Gebackene Feigen mit Ziegenfrischkäse

Gefüllte Champignons, italienisch

Vorspeisen & Snacks

ser abspülen und trocken tupfen. Die Stiele in kleine Würfel schneiden.
2. Für die Füllung Zwiebel abziehen. Schinkenspeck und Zwiebel in kleine Würfel schneiden. Butter in einer Pfanne zerlassen. Speiseöl miterhitzen. Zwiebel- und Speckwürfel darin andünsten, Champignonwürfel hinzugeben und mit andünsten.
3. Tomaten waschen, abtrocknen und die Stängelansätze herausschneiden. Tomaten in Würfel schneiden und zur Speck-Zwiebel-Masse geben. Mit Salz, Pfeffer und der Kräutermischung würzen. Die Zutaten 1–2 Minuten dünsten.
4. Die Riesenchampignons mit der Speck-Zwiebel-Champignon-Masse füllen, in eine flache Auflaufform legen und mit Käse bestreuen. Weißwein hinzugießen. Die Form auf dem Rost in den vorgeheizten Backofen schieben.
Ober-/Unterhitze: etwa 200 °C
Heißluft: etwa 180 °C
Garzeit: etwa 20 Minuten

Für Gäste

Apfelpuffer mit Lachstatar
12 Stück

Zubereitungszeit: 50 Minuten

Für das Tatar:
250 g geräucherter Lachs
1 kleine Zwiebel
3–4 Dillstängel
2 EL Kräuteressig
1 EL Zitronensaft
1 TL geriebener Meerrettich
Salz, frisch gemahlener Pfeffer
3–4 EL Speiseöl, z. B. Olivenöl

Für die Puffer:
250 g Knollensellerie
2 säuerliche Äpfel, z. B. Cox Orange
1 Ei (Größe M)
2 EL Weizenmehl

60 g Butterschmalz

Apfelpuffer mit Lachstatar

Pro Stück:
E: 5 g, F: 7 g, Kh: 4 g,
kJ: 443, kcal: 106

1. Für das Tatar Lachs in kleine Würfel schneiden. Zwiebel abziehen und ebenfalls klein würfeln. Dill abspülen und trocken tupfen. Die Spitzen von den Stängeln zupfen. Spitzen klein schneiden, mit den Lachs- und Zwiebelwürfeln vermengen.
2. Essig mit Zitronensaft und Meerrettich verrühren, mit Salz und Pfeffer würzen, Speiseöl unterschlagen. Die Marinade mit der Lachsmasse vermengen. Lachstatar kalt stellen.
3. Für die Puffer Sellerie schälen, abspülen, abtropfen lassen und grob reiben. Äpfel schälen, vierteln und entkernen. Apfelviertel ebenfalls grob reiben und in einem Geschirrtuch gut auspressen.
4. Sellerie- und Apfelraspel in eine Rührschüssel geben, Ei und Mehl untermengen. Mit Salz und Pfeffer würzen.
5. Etwas von dem Butterschmalz in einer Pfanne zerlassen. Den Pufferteig portionsweise mit einem Esslöffel in die Pfanne geben, etwas flachdrücken und von beiden Seiten knusprig braten. Aus dem Pufferteig insgesamt 12 Puffer braten.
6. Die fertigen Puffer aus der Pfanne nehmen, auf Küchenpapier abtropfen lassen und warm stellen. Lachstatar auf den Puffern verteilen.

Raffiniert

Auberginen-Tortilla
4–6 Portionen

Zubereitungszeit: 35 Minuten, ohne Ziehzeit
Backzeit: etwa 15 Minuten

1 mittelgroße Aubergine
1 gestr. TL Salz
4 Kartoffeln
200 ml Olivenöl
Salz, frisch gemahlener Pfeffer
1 Dose Champignonköpfe (Abtropfgewicht 175 g)
100 g frisch geriebener Butterkäse
1 TL gerebelter Oregano
1 TL gerebeltes Basilikum
4 Eier (Größe M)

½ Bund Petersilie

Pro Portion:
E: 14 g, F: 51 g, Kh: 15 g,
kJ: 2371, kcal: 566

1. Aubergine waschen, abtropfen lassen und den Stängelansatz entfernen. Aubergine in dünne Scheiben schneiden, mit Salz bestreuen und etwa 15 Minuten ziehen lassen.
2. Kartoffeln waschen, schälen, abspülen und in dünne Scheiben schneiden. Etwa ein Drittel des Olivenöls in einer Pfanne erhitzen. Die Kartoffelscheiben darin unter mehrmaligem Wenden anbraten, herausnehmen und warm stellen.
3. Den Backofen vorheizen. Die Auberginenscheiben unter fließendem kalten Wasser abspülen und trocken tupfen. Restliches Olivenöl in der Pfanne erhitzen. Auberginenscheiben hineingeben, unter mehrmaligem Wenden anbraten und herausnehmen. Auberginenscheiben vorsichtig unter die warmen Kartoffelscheiben heben. Mit Salz und Pfeffer kräftig würzen.
4. Champignonköpfe in einem Sieb abtropfen lassen. Champignonköpfe, Käse, Oregano und Basilikum zu der Kartoffel-Auberginen-Mischung geben und untermengen.
5. Eier verschlagen, mit Salz und Pfeffer würzen, in eine flache Auflaufform (gefettet) geben. Die Kartoffel-Auberginen-Käse-Masse darauf verteilen. Die Form auf dem Rost in den vorgeheizten Backofen schieben.
Ober-/Unterhitze: etwa 180 °C
Heißluft: etwa 160 °C
Backzeit: etwa 15 Minuten.
6. Die Form auf einen Rost stellen. Petersilie abspülen und trocken tupfen. Die Blättchen von den Stängeln zupfen. Blättchen klein schneiden.
7. Tortilla in Stücke schneiden und mit Petersilie bestreut servieren.

Raffiniert – etwas teurer

Fischspießchen auf Rucola-Tomaten-Salat
4 Portionen

Zubereitungszeit: 60 Minuten
Garzeit: etwa 10 Minuten

Für die Spieße:
2 Zucchini (etwa 400 g)
Salzwasser
12 Limanden- oder Seezungenfilets (je etwa 40 g)
Salz
frisch gemahlener Pfeffer

Für den Salat:
2 Bund Rucola (Rauke, etwa 250 g)
4 Fleischtomaten (etwa 400 g)

Für die Marinade:
3 EL Balsamico-Essig
4 EL Olivenöl

4 EL Olivenöl zum Anbraten

Außerdem:
4 Schaschlikspieße

Pro Portion:
E: 19 g, F: 11 g, Kh: 6 g,
kJ: 901, kcal: 215

Auberginen-Tortilla

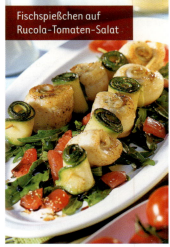
Fischspießchen auf Rucola-Tomaten-Salat

Minizwiebeln mit Bacon

Leber-Trauben-Spieße

1. Für die Spieße Zucchini waschen, abtrocknen und die Enden abschneiden. Zucchini mit der Aufschnittmaschine in 12 Längsscheiben schneiden. Zucchinischeiben in kochendem Salzwasser etwa 2 Minuten blanchieren, herausnehmen, in kaltem Wasser abschrecken und trocken tupfen.
2. Fischfilets unter fließendem kalten Wasser abspülen, trocken tupfen, mit Salz und Pfeffer würzen. Fischfilets und Zucchinischeiben aufrollen. Dabei darauf achten, dass bei den Fischfilets die Hautseite jeweils innen liegt. Die Röllchen auf 4 dünne Schaschlikspieße aufreihen (je Spieß 3 Fisch- und 3 Gemüseröllchen).
3. Für den Salat Rucola putzen, waschen, trocken tupfen oder trocken schleudern. Tomaten waschen, kreuzweise einschneiden und einige Sekunden in kochendes Wasser legen. Tomaten kurz in kaltes Wasser legen, enthäuten, halbieren, entkernen und die Stängelansätze herausschneiden. Tomatenhälften in Würfel schneiden.
4. Für die Marinade Balsamico-Essig mit Salz und Pfeffer verrühren, Olivenöl unterschlagen.
5. Olivenöl in einer Pfanne erhitzen, Fischspießchen darin etwa 10 Minuten bei nicht zu starker Hitze braten, zwischendurch wenden.
6. Rucola und Tomatenwürfel auf einer Platte anrichten, Fischspießchen daraufsetzen und mit der Marinade beträufeln.

Einfach

Minizwiebeln mit Bacon
4 Portionen

Zubereitungszeit: 30 Minuten
Garzeit: etwa 40 Minuten

100 g Bacon (Frühstücksspeck in Scheiben)
1 EL Olivenöl
500 g kleine Zwiebeln
3 EL geschälte Tomaten (Tetra Pak®)
Wasser
Salz
frisch gemahlener Pfeffer

Pro Portion:
E: 6 g, F: 10 g, Kh: 6 g,
kJ: 572, kcal: 137

1. Frühstücksspeck in feine Streifen schneiden. Olivenöl in einer Pfanne erhitzen. Speckstreifen darin kurz anbraten.
2. Zwiebeln abziehen, zu den Speckstreifen in die Pfanne geben und kurz mitbraten lassen, Schältomaten unterrühren. So viel Wasser hinzugießen, dass die Zwiebeln zur Hälfte mit Wasser bedeckt sind, mit Salz und Pfeffer würzen.
3. Die Zwiebeln zugedeckt etwa 40 Minuten schmoren, bis die Zwiebeln weich sind. Eventuell während der Garzeit noch etwas Wasser hinzugießen.
4. Die Minizwiebeln nach der Garzeit nochmals mit Salz und Pfeffer abschmecken und servieren.

Tipp: Statt kleiner Zwiebeln können Sie auch Minizwiebeln verwenden, dann verkürzt sich die Schmorzeit auf 15–20 Minuten. Nach Belieben die geschmorten Minizwiebeln zum Servieren mit frisch gehackter Petersilie bestreuen.

Mit Alkohol

Leber-Trauben-Spieße
4 Spieße

Zubereitungszeit: 10 Minuten, ohne Marinierzeit

200 g Kalbsleber, in Scheiben
50 ml Marsala (ital. Dessertwein)
2 EL Olivenöl
Salz
frisch gemahlener Pfeffer
20 grüne Weintrauben

rosa geschrotete Pfefferbeeren

Außerdem:
4 Schaschlikspieße

Pro Spieß:
E: 10 g, F: 3 g, Kh: 6 g,
kJ: 384, kcal: 92

1. Die Kalbsleber unter fließendem kalten Wasser abspülen, trocken tupfen und in eine flache Schale legen. Leber mit Marsala begießen, etwa 1 Stunde kalt stellen und marinieren.
2. Olivenöl in einer großen Pfanne erhitzen. Die Leberscheiben darin von beiden Seiten braten, mit Salz und Pfeffer würzen.
3. Weintrauben waschen und trocken tupfen. Die Leberscheiben in 12 gleich große Stücke schneiden und abwechselnd mit den Weintrauben auf 4 Spieße stecken. Die Spieße mit geschroteten Pfefferbeeren bestreuen.

Austernpilze „Bäuerliche Art"

Für Gäste

Austernpilze „Bäuerliche Art"
4 Portionen

Zubereitungszeit: 40 Minuten
Backzeit: 10–15 Minuten

12 große Austernpilze (etwa 720 g)
400 g festkochende Kartoffeln
160 g magerer roher Schinken
1 Bund Frühlingszwiebeln
(etwa 250 g)
1 Bund Majoran
8 EL Speiseöl
Salz
frisch gemahlener Pfeffer
120 g frisch geriebener
Emmentaler-Käse
20 g Butter oder Margarine

Pro Portion:
E: 25 g, F: 35 g, Kh: 17 g,
kJ: 1994, kcal: 476

1. Austernpilze putzen, mit Küchenpapier abreiben und die Wurzelansätze abschneiden.
2. Kartoffeln waschen, schälen, abspülen und in kleine Würfel schneiden. Kartoffeln mit Salzwasser bedeckt zum Kochen bringen, zugedeckt in 10–15 Minuten gar kochen. Die garen Kartoffeln abgießen, mit kaltem Wasser abschrecken und abtropfen lassen. Den Backofen vorheizen.
3. Schinken in kleine Würfel schneiden. Frühlingszwiebeln putzen, waschen, abtropfen lassen und in Scheiben schneiden. Majoran abspülen und trocken tupfen. Die Blättchen von den Stängeln zupfen. Blättchen klein schneiden.
4. Drei Esslöffel des Speiseöls in einer Pfanne erhitzen. Kartoffel- und Schinkenwürfel darin andünsten. Zwiebelscheiben hinzugeben und einige Minuten mit andünsten. Mit Salz und Pfeffer würzen. Majoran unterrühren.
5. Restliches Speiseöl in einer großen Pfanne erhitzen. Austernpilze darin anbraten, herausnehmen und in eine flache Auflaufform legen. Austernpilze mit der Kartoffel-Schinken-Masse füllen und mit Käse bestreuen. Butter oder Margarine in Flöckchen darauf verteilen. Die Form auf dem Rost in den vorgeheizten Backofen schieben.
Ober-/Unterhitze: etwa 200 °C
Heißluft: etwa 180 °C
Backzeit: 10–15 Minuten.

Tipp: Statt Austernpilze können auch Köpfe von Steinpilzen oder Maronenröhrlingen verwendet werden. Austernpilze mit einigen Majoranzweigen garnieren. Servieren Sie die Austernpilze als Vorspeise mit einem frischen Salat.

Gut vorzubereiten – mit Alkohol

Gemüse-Eier-Sülze im Glas
4 Portionen

Zubereitungszeit: 60 Minuten, ohne Kühlzeit

4 hart gekochte Eier
3–4 Stängel Kerbel
10 Blatt weiße Gelatine
900 ml Gemüsebrühe
250 g fein gewürfelte Möhren
750 ml (3/4 l) Gemüsebrühe (von den Möhrenwürfeln)
125 ml (1/8 l) trockener Sherry
4–5 EL Weißweinessig
Salz, frisch gemahlener Pfeffer
1 kleine Dose Gemüsemais
(Abtropfgewicht 140 g)

Pro Portion:
E: 13 g, F: 7 g, Kh: 9 g,
kJ: 783, kcal: 187

1. Eier pellen und in Scheiben schneiden. Kerbel abspülen, trocken tupfen und in kleinere Stängel zupfen. Gelatine in kaltem Wasser nach Packungsanleitung einweichen.
2. Brühe in einem Topf zum Kochen bringen. Möhrenwürfel darin etwa 10 Minuten garen. Anschließend in einem Sieb abtropfen lassen, dabei die Brühe auffangen und 750 ml abmessen.
3. Eingeweichte Gelatine leicht ausdrücken und unter Rühren in der heißen Brühe auflösen. Sherry und Essig unterrühren. Mit Salz und Pfeffer abschmecken. Mais in einem Sieb abtropfen lassen.
4. Jeweils 1–2 Esslöffel von der Sülzeflüssigkeit in 4 Gläser (mindestens je 0,3 l Inhalt) geben, so dass der Boden der Gläser mit einem Flüssigkeitsspiegel bedeckt ist. Die Gläser in den Kühlschrank stellen, bis die Flüssigkeit fest geworden ist.
5. Anschließend in jedes Glas eine Schicht Möhrenwürfel einschichten, diese mit der Sülzeflüssigkeit begie-

Gemüse-Eier-Sülze im Glas

Gefüllte Fleischtomaten

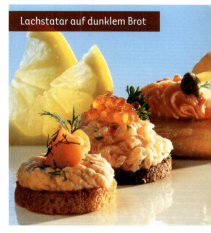
Lachstatar auf dunklem Brot

ßen. Die Gläser etwa 5 Minuten in den Kühlschrank stellen.
6. Eine Schicht Mais in die Gläser geben, diese wieder mit der Sülzeflüssigkeit begießen und etwa 5 Minuten kalt stellen. 1–2 Eierscheiben und einige kleine Kerbelstängel in die Gläser legen, mit Sülzeflüssigkeit begießen und wieder kalt stellen. Restliche Zutaten auf die gleiche Weise einschichten. Die Gläser mindestens 2 Stunden kalt stellen.

Raffiniert

Gefüllte Fleischtomaten
4 Portionen

Zubereitungszeit: 45 Minuten
Garzeit: etwa 20 Minuten

8 große Fleischtomaten (etwa 1200 g)

Für die Füllung:
500 g Austernpilze
120 g gekochter Schinken
2 EL Speiseöl
Salz, frisch gemahlener Pfeffer

120 g frisch geriebener mittelalter Gouda-Käse
50 g Semmelbrösel
40 g zerlassene Butter

Pro Portion:
E: 22 g, F: 23 g, Kh: 15 g,
kJ: 1493, kcal: 355

1. Tomaten waschen und abtrocknen. Von den Tomaten jeweils einen Deckel abschneiden. Das Fruchtfleisch mit einem Teelöffel herauslösen. Kerne entfernen. Fruchtfleisch und Deckel in Würfel schneiden. Den Backofen vorheizen.
2. Für die Füllung Austernpilze putzen, mit Küchenpapier abreiben und klein schneiden (nicht abspülen). Schinken in Würfel schneiden.
3. Speiseöl in einer Pfanne erhitzen. Austernpilzstücke darin andünsten. Tomaten- und Schinkenwürfel unterrühren. Mit Salz und Pfeffer würzen. Die ausgehöhlten Tomaten mit der Schinken-Pilz-Masse füllen und in eine flache Auflaufform setzen.
4. Käse mit Semmelbröseln mischen und auf die Schinken-Pilz-Masse streuen. Mit Butter beträufeln. Die Form auf dem Rost in den vorgeheizten Backofen schieben.
Ober-/Unterhitze: 180–200 °C
Heißluft: 160–180 °C
Garzeit: etwa 20 Minuten.

Tipp: Austernpilze können durch Champignons oder andere Pilze ersetzt werden. Die Füllung mit gedünsteten Zwiebelwürfeln und frischen gehackten Kräutern verfeinern.

Schnell

Lachstatar auf dunklem Brot
2–3 Portionen

Zubereitungszeit: 25 Minuten

Für das Lachstatar:
100 g grob gehackter, frischer Lachs (ohne Gräten)
1/2 zerkleinertes Sardellenfilet
1/2 fein gehackte Schalotte
1 EL Crème fraîche
5 Tropfen Cognac
1 TL gehackte Petersilie
Salz
frisch gemahlener, weißer Pfeffer

8 Pumpernickeltaler
50 g Lachskaviar

Pro Portion:
E: 13 g, F: 7 g, Kh: 13 g,
kJ: 706, kcal: 169

1. Für das Tatar Lachs mit Sardellenstückchen, Schalottenwürfeln, Crème fraîche, Cognac und Petersilie vermischen. Mit Salz und Pfeffer würzen.
2. Das Tatar auf den Pumpernickeltalern verteilen und mit etwas Lachskaviar garnieren.

Gefüllte Gemüsezwiebeln

Garnelen am Spieß

Für Gäste

Gefüllte Gemüsezwiebeln mit einem Pilzauflauf
4 Portionen

Zubereitungszeit: 40 Minuten, ohne Abkühlzeit
Backzeit: etwa 45 Minuten

4 Gemüsezwiebeln (je 350–400 g)
Salzwasser

Für die Füllung:
200 g rosa Champignons
200 g Pfifferlinge
100 g magerer, roher Schinken
1 kleines Bund Thymian
2 EL Speiseöl
Salz, frisch gemahlener Pfeffer
2 Eier (Größe M)
125 g Schlagsahne
2 EL Speiseöl
80 g frisch geriebener Emmentaler-Käse

einige Zweige Thymian

Pro Portion:
E: 21 g, F: 31 g, Kh: 19 g,
kJ: 1848, kcal: 441

1. Zwiebeln abziehen. Wurzelenden gerade schneiden. Zwiebeln abspülen, trocken tupfen und quer halbieren. Salzwasser in einem Topf zum Kochen bringen. Zwiebelhälften darin etwa 15 Minuten garen. Anschließend in ein Sieb geben, mit kaltem Wasser übergießen, gut abtropfen und abkühlen lassen. Zwiebelhälften bis auf 3 Schichten aushöhlen. Ausgehöhltes Zwiebelfleisch in kleine Würfel schneiden. Den Backofen vorheizen.

2. Für die Füllung Pilze putzen, mit Küchenpapier abreiben, eventuell kurz abspülen und trocken tupfen. Große Pilze in kleine Stücke schneiden. Schinken in kleine Würfel schneiden. Thymian abspülen und trocken tupfen. Die Blättchen von den Stängeln zupfen.

3. Speiseöl in einer großen Pfanne erhitzen. Zwiebel-, Schinkenwürfel und Pilze darin andünsten. Thymianblättchen unterrühren. Mit Salz und Pfeffer würzen.

4. Die ausgehöhlten Zwiebelhälften in eine große, flache Auflaufform setzen und mit der Pilz-Zwiebel-Masse füllen. Eier mit Sahne verschlagen und auf den gefüllten Zwiebeln verteilen. Die Form auf dem Rost in den vorgeheizten Backofen schieben.
Ober-/Unterhitze: 180–200 °C
Heißluft: 160–180 °C
Backzeit: etwa 45 Minuten.

5. Die gefüllten Zwiebeln nach etwa 30 Minuten Backzeit mit Käse bestreuen und weitere 10–15 Minuten überbacken. Thymian abspülen und trocken tupfen. Die gefüllten Gemüsezwiebeln mit Thymianzweigen garniert servieren.

Etwas teurer

Garnelen am Spieß
8–10 Portionen

Zubereitungszeit: 80 Minuten, ohne Auftau- und Durchziehzeit
Grillzeit: 8–10 Minuten

50 TK-Garnelen ohne Schale, mittlere Größe (3 Pck. je 200 g)
10 kleine Schalotten
10 Frühlingszwiebeln
(2 Bund je etwa 120 g)
30 Scheiben Frühstücksspeck (je etwa 20 g)
frisch gemahlener grober, bunter Pfeffer
6 EL Olivenöl

Für den Dip:
400 g Delikatessmayonnaise
2 EL mittelscharfer Senf
Salz
frisch gemahlener Pfeffer
6 Knoblauchzehen

Außerdem:
10 Holz- oder Metallspieße

Pro Portion:
E: 27 g, F: 46 g, Kh: 6 g,
kJ: 2252, kcal: 538

1. Garnelen nach Packungsanleitung auftauen lassen, eventuell den Darm entfernen. Garnelen abspülen und trocken tupfen.

Vorspeisen & Snacks

2. Schalotten abziehen und längs halbieren. Frühlingszwiebeln putzen, waschen, abtropfen lassen. Den weißen Teil in etwa 3 cm lange Stücke schneiden. Frühlingszwiebelgrün in dünne Ringe schneiden und beiseitelegen.
3. Den Frühstücksspeck zu Röllchen drehen.
4. Abwechselnd Garnelen, Schalotten, Frühlingszwiebelstücke (weißer Teil) und Speckröllchen auf Holz- oder Metallspieße stecken (je Spieß 5 Garnelen, 2 Schalottenhälften, 3 Frühlingszwiebelstücke, 3 Speckröllchen).
5. Die Spieße in eine flache Schale legen, mit buntem Pfeffer bestreuen und mit Olivenöl beträufeln.
6. Für den Dip Mayonnaise mit Senf verrühren. Mit Salz und Pfeffer würzen. Knoblauch abziehen und durch eine Knoblauchpresse drücken. Knoblauch und die beiseite gestellten Frühlingszwiebelringe unterrühren.
7. Die Garnelenspieße auf dem vorgeheizten Grill unter gelegentlichem Wenden 8–10 Minuten grillen.
8. Die Garnelenspieße mit dem Dip servieren.

Raffiniert – für Gäste
Gefüllte Weinblätter
4 Portionen

Zubereitungszeit: 60 Minuten
Grillzeit: 3–5 Minuten

1 Zwiebel
1 Knoblauchzehe
2 EL Butter oder Margarine
150 g Risotto-Reis (Arborio)
etwa 400 ml Gemüsebrühe
50 g Pinienkerne
6 Backpflaumen
abgeriebene Schale von 1 Bio-Zitrone (unbehandelt, ungewachst)
1 EL Zitronensaft
je 1 Prise gemahlener Zimt und gemahlene Nelken
Salz
frisch gemahlener Pfeffer
1 kleine gelbe Paprikaschote
16 eingelegte Weinblätter
2 EL Olivenöl

Außerdem:
Küchengarn
Alufolie

Pro Portion:
E: 7 g, F: 16 g, Kh: 39 g,
kJ: 1384, kcal: 331

1. Zwiebel und Knoblauch abziehen, in kleine Würfel schneiden. Butter oder Margarine in einem Topf zerlassen. Zwiebel-, Knoblauchwürfel und den Reis darin andünsten. Brühe hinzugießen. Den Reis zugedeckt etwa 20 Minuten ausquellen lassen.
2. Pinienkerne in einer Pfanne ohne Fett hellbraun rösten, herausnehmen und auf einem Teller abkühlen lassen. Backpflaumen in kleine Würfel schneiden. Pflaumenwürfel mit Zitronenschale, -saft, Zimt, Nelken, Salz und Pfeffer mischen.
3. Paprikaschote halbieren, entstielen, entkernen und die weißen Scheidewände entfernen. Schote waschen, trocken tupfen und in kleine Würfel schneiden.
4. Reis mit Pinienkernen, Pflaumen- und Paprikawürfeln mischen. Mit den Gewürzen abschmecken.
5. Die Weinblätter eventuell abspülen, trocken tupfen, auf einer Arbeitsfläche ausbreiten und mit je 1 Esslöffel der Reis-Pflaumen-Masse füllen. Die Blätter einschlagen und zu Päckchen formen. Mit Küchengarn zusammenbinden.
6. Die Dolmades mit Olivenöl bestreichen, auf einen mit Alufolie belegten Rost legen und unter dem vorgeheizten Grill in den Backofen schieben. Dolmades von jeder Seite 3–5 Minuten grillen.

Gefüllte Weinblätter

Kleine Zwiebeln, orientalisch

Gut vorzubereiten

Kleine Zwiebeln, orientalisch
4 Portionen

Zubereitungszeit: 20 Minuten, ohne Abkühlzeit
Garzeit: etwa 30 Minuten

1 kg kleine Zwiebeln
500 ml (1/2 l) Gemüsebrühe
250 ml (1/4 l) Obstessig
150 g flüssiger Honig
150 g Sultaninen
4 EL Tomatenpüree (Tetra Pak®)
4 EL Olivenöl
1 Lorbeerblatt
1 Msp. gemahlener Kreuzkümmel
1 Sternanis
Salz
frisch gemahlener Pfeffer

Pro Portion:
E: 5 g, F: 11 g, Kh: 67 g,
kJ: 1704, kcal: 407

1. Zwiebeln abziehen und in einen Topf geben. Restliche Zutaten hinzufügen und zum Kochen bringen. Zwiebeln zugedeckt etwa 30 Minuten köcheln lassen, bis sie weich sind. Zwiebeln mit Salz und Pfeffer abschmecken, erkalten lassen.

Raffiniert

Roh gebratener Tunfisch mit Sesam
2 Portionen

Zubereitungszeit: 30 Minuten, ohne Auftauzeit

4 TK-Tunfischmedaillons oder frische Tunfischmedaillons (je etwa 80 g, etwa 3 cm dick)

Für den Möhren-Rettich-Salat:
1 große Möhre
200 g frischer Rettich
Salz
je 2 EL weißer und schwarzer Sesamsamen (erhältlich im Asialaden)
1 Bund Koriander
1 EL Sesamöl
frisch gemahlener Pfeffer
2 EL Erdnussöl zum Braten

Außerdem:
200 ml Sojasauce
1 EL Wasabipaste (grüner Meerrettich, erhältlich im Asialaden)

Pro Portion:
E: 51 g, F: 46 g, Kh: 15 g,
kJ: 2846, kcal: 680

1. TK-Tunfischmedaillons nach Packungsanleitung auftauen lassen.
2. Für den Salat Möhre und Rettich putzen, schälen, waschen und abtropfen lassen. Möhre und Rettich auf einer Haushaltsreibe in lange, dünne Streifen hobeln. Die Möhren- und Rettichstreifen in eine Schüssel geben, mit Salz bestreuen und mit den Händen einmal kräftig durchkneten.
3. Tunfischmedaillons unter fließendem kalten Wasser abspülen und trocken tupfen. Je zwei Medaillons in weiße und schwarze Sesamsamen wenden und andrücken.
4. Koriander abspülen und trocken tupfen. Die Blättchen von den Stängeln zupfen. Den Rettich-Möhren-Salat mit Sesamöl und Pfeffer abschmecken. Korianderblättchen unterheben.
5. Erdnussöl in einer Pfanne erhitzen. Die Tunfischmedaillons hinzufügen und kurz anbraten. TK-Tunfisch von jeder Seite 1–2 Minuten, frischer Tunfisch von jeder Seite 45 Sekunden bis 1 1/2 Minuten (die Medaillons sollten in der Mitte unbedingt roh bleiben). Die Tunfischmedaillons mit Salz und Pfeffer bestreuen.
6. Den Rettich-Möhren-Salat auf 2 Tellern verteilen und mit je einem weißen und schwarzen Tunfischmedaillon belegen. Mit Sojasauce und Wasabipaste servieren.

Für Kinder

Tomaten-Basilikum-Törtchen
12 Stück

Zubereitungszeit: 30 Minuten, ohne Auftau- und Ruhezeit
Backzeit: etwa 20 Minuten

1 Pck. TK-Blätterteig (450 g)
36 Cocktailtomaten
6 Eier (Größe M)
150 g geriebener Gouda-Käse
6 EL Crème fraîche
Pfeffer, Muskatnuss
1 Topf Basilikum

Pro Stück:
E: 10 g, F: 19 g, Kh: 18 g,
kJ: 1174, kcal: 281

1. Blätterteigplatten nebeneinander zugedeckt nach Packungsanleitung auftauen.
2. Tomaten waschen, kreuzweise einschneiden und einige Sekunden in kochendes Wasser legen. Tomaten kurz in kaltes Wasser legen, enthäuten, halbieren und die Stängelansätze herausschneiden.
3. Eier verschlagen, Käse und Crème fraîche unterrühren, mit Pfeffer und Muskat würzen. Backofen vorheizen.
4. Basilikum abspülen und trocken tupfen. Die Blättchen von den Stängeln zupfen. Einige Blättchen zum Garnieren beiseitelegen. Restliche Blättchen klein schneiden.
5. Zwölf hitzebeständige Förmchen (Ø etwa 12 cm) mit kaltem Wasser ausspülen. Den Teig auf einer leicht bemehlten Arbeitsfläche messerrückendick ausrollen. Teig etwa 10 Minuten ruhen lassen. Die Förmchen mit dem Teig auskleiden, dabei jeweils einen Rand hochdrücken. Klein geschnittene Basilikumblättchen auf den Teig streuen.
6. Tomatenhälften und Eier-Käse-Masse darauf verteilen. Die Förmchen auf dem Rost in den vorgeheizten Backofen schieben.
Ober-/Unterhitze: etwa 220 °C (unteres Drittel)
Heißluft: etwa 200 °C
Backzeit: etwa 20 Minuten.
7. Nach etwa 10 Minuten Backzeit den Rost auf die mittlere Schiene schieben und die Törtchen in etwa 10 Minuten fertig backen.
8. Die Förmchen vom Rost nehmen, in der Form mit den beiseite gelegten Basilikumblättchen garniert servieren.

Roh gebratener Tunfisch mit Sesam

Tomaten-Basilikum-Törtchen

Beliebt

Belegte Baguettescheiben
12 Stück

Zubereitungszeit: 45 Minuten, ohne Abkühlzeit

etwa 200 g Schweinefilet
Salz
frisch gemahlener Pfeffer
1 TL Rapsöl
einige Salatblätter

1 Baguettebrot (etwa 240 g)
50 g weiche Butter

4 Scheiben roher Schinken
4 Scheiben Putenbrustaufschnitt
2 Scheiben Gänsebrustaufschnitt
4 Scheiben Salami (fein)
200 g Thüringer Mett

Zum Garnieren:
¼ Salatgurke
1 rote Paprikaschote
einige grüne Oliven, mit Paprika gefüllt
einige Maiskölbchen
1 EL Schnittlauchröllchen

Pro Stück:
E: 10 g, F: 9 g, Kh: 12 g,
kJ: 720, kcal: 172

1. Schweinefilet unter fließendem kalten Wasser abspülen, trocken tupfen und in 4 Medaillons schneiden, mit Salz und Pfeffer würzen. Rapsöl in einer Pfanne erhitzen. Die Medaillons darin von beiden Seiten anbraten und in etwa 4 Minuten fertig garen. Medaillons herausnehmen und erkalten lassen. Salatblätter waschen und trocken tupfen.
2. Das Baguettebrot in 12 etwa 1 cm dicke Scheiben schneiden und mit Butter bestreichen.
3. Jeweils 2 Baguettescheiben mit Salatblättern und je 2 Scheiben aufgerollten Schinken, mit je 2 Scheiben Putenbrustaufschnitt, mit je 3 Scheiben Gänsebrustaufschnitt, mit je 2 Scheiben Salami sowie mit den gebratenen Medaillons belegen. Thüringer Mett eventuell mit Salz und Pfeffer nachwürzen. Vier Baguettescheiben damit bestreichen.
4. Zum Garnieren Salatgurke waschen, abtrocknen, in dünne Scheiben schneiden und halbieren. Paprikaschote halbieren, entstielen, entkernen und die weißen Scheidenwände entfernen. Die Schote waschen, trocken tupfen und in Würfel schneiden. Oliven in Scheiben schneiden.
5. Baguettescheiben auf einer Platte anrichten, mit Oliven, eventuell in Scheiben geschnitten Gurkenstücken, Maiskölbchen, Paprikawürfeln und Schnittlauchröllchen garnieren.

Raffiniert

Französisches Landbrot mit Lachstatar
10 Stück

Zubereitungszeit: 20 Minuten

5 Scheiben Französisches Landbrot oder 10 Scheiben Ciabatta-Brot
8 EL Olivenöl
2 Frühlingszwiebeln
250 g geräucherter Lachs
1 EL Olivenöl
einige Tropfen Zitronensaft
frisch gemahlener Pfeffer
100 g Doppelrahm-Frischkäse
2–3 EL Milch
1–2 Stängel Dill

Pro Stück:
E: 8 g, F: 12 g, Kh: 16 g,
kJ: 870, kcal: 208

1. Brotscheiben halbieren. Olivenöl in einer großen Pfanne erhitzen. Die Brotscheiben darin in 2 Portionen von beiden Seiten knusprig braten und herausnehmen.
2. Frühlingszwiebeln putzen, waschen, abtropfen lassen und in dünne Scheiben schneiden. Lachs in kleine Würfel schneiden.
3. Lachswürfel mit Frühlingszwiebelscheiben vermengen. Olivenöl unterrühren, mit Zitronensaft und Pfeffer abschmecken.
4. Lachstatar auf den Brotscheiben verteilen und mit einer Gabel etwas andrücken. Frischkäse mit Milch verrühren und kleine Tupfen auf das Tatar setzen.
5. Dill abspülen und trocken tupfen. Die Spitzen von den Stängeln zupfen. Die Schnittchen mit Dillspitzen garnieren.

Belegte Baguettescheiben

Französisches Landbrot mit Lachstatar

Garnelenpfanne

Mit Alkohol

Garnelenpfanne
4 Portionen

Zubereitungszeit: 35 Minuten
Garzeit: etwa 5 Minuten

2 mittelgroße Zwiebeln
6 Tomaten
6 EL Olivenöl

2 Knoblauchzehen
Salz
125 ml (1/8 l) Weißwein
125 ml (1/8 l) kräftige Hühnerbrühe
3 EL frisch gehackter Dill
1 EL frisch gehackte Petersilie
einige Safranfäden
300 g Feta-Käse

600 g Garnelen (ohne Schale)

Pro Portion:
E: 45 g, F: 32 g, Kh: 6 g,
kJ: 2149, kcal: 513

1. Zwiebeln abziehen und in kleine Würfel schneiden. Tomaten waschen, kreuzweise einschneiden und einige Sekunden in kochendes Wasser legen. Tomaten kurz in kaltes Wasser legen, enthäuten, halbieren, entkernen und die Stängelansätze entfernen. Tomaten in kleine Stücke schneiden.
2. Olivenöl in einer Pfanne erhitzen, Zwiebelwürfel darin andünsten. Tomatenstücke hinzufügen und mitdünsten lassen.
3. Knoblauch abziehen, klein hacken, mit Salz zu einer Paste verreiben und zur Zwiebel-Tomaten-Masse geben. Weißwein und Brühe hinzugießen. Die Zutaten gut verrühren und aufkochen lassen. Dill, Petersilie und Safranfäden hinzufügen. Feta-Käse in kleine Würfel schneiden und unterrühren.
4. Von den Garnelen den Darm entfernen. Garnelen unter fließendem kalten Wasser abspülen und trocken tupfen. Garnelen in die Sauce geben und etwa 5 Minuten ziehen lassen.

Raffiniert

Gegrilltes Tilapiafilet, in Curry mariniert
4 Portionen

Zubereitungszeit: 20 Minuten, ohne Auftauzeit
Grillzeit: etwa 3 Minuten

4 TK-Tilapiafilets (je etwa 150 g)
1 große rote Chilischote
2 Knoblauchzehen
4 EL Limettenöl
2 EL Zitronen-Currypulver (erhältlich im Asialaden)

Pro Portion:
E: 28 g, F: 3 g, Kh: 2 g,
kJ: 632, kcal: 151

1. Tilapiafilets nach Packungsanweisung auftauen lassen.
2. Chilischote abspülen, trocken tupfen, längs halbieren und entkernen. Knoblauch abziehen. Chilischote und Knoblauch sehr klein schneiden.
3. Limettenöl mit Zitronen-Currypulver glattrühren. Chili und Knoblauch unterrühren.
4. Tilapiafilets unter fließendem kalten Wasser abspülen und trocken tupfen. Die Filets gleichmäßig von beiden Seiten mit der Marinade bestreichen und in eine Alu-Grillschale legen.
5. Tilapiafilets bei nicht zu starker Hitze von beiden Seiten in etwa 3 Minuten fertig grillen. Vorsicht, die Marinade brennt schnell an!

Gegrilltes Tilapiafilet, in Curry mariniert

Vegetarisch

Gefüllte Champignonköpfe
12 Stück

Zubereitungszeit: 60 Minuten
Garzeit: etwa 15 Minuten

12 große, weiße oder rosa Champignons (etwa 600 g)
1 Zwiebel
500 g Mangold
70 g Pinienkerne
2 Fleischtomaten (etwa 300 g)
2 Knoblauchzehen
100 ml Rapsöl
40 g Butter
Salz
frisch gemahlener Pfeffer
frisch geriebene Muskatnuss
100 g frisch geriebener Parmesan-Käse

Pro Stück:
E: 7 g, F: 17 g, Kh: 2 g,
kJ: 789, kcal: 189

Gefüllte Champignonköpfe

Gefüllte Nudeltaschen mit Ricotta

1. Champignons putzen und mit Küchenpapier abreiben (nicht abspülen). Stiele herausdrehen und klein schneiden. Zwiebel abziehen und in kleine Würfel schneiden.
2. Mangold putzen (eventuell dabei die großen Blattstiele entfernen). Mangold gründlich waschen, abtropfen lassen und klein schneiden. Pinienkerne in einer Pfanne ohne Fett hellbraun rösten. Tomaten waschen, abtrocknen, vierteln, entkernen und die Stängelansätze herausschneiden. Tomaten in kleine Würfel schneiden. Knoblauch abziehen und durch eine Knoblauchpresse drücken. Den Backofen vorheizen.
3. Rapsöl in einer Pfanne erhitzen. Knoblauch darin andünsten. Champignonköpfe hinzufügen, anbraten und herausnehmen. Champignonköpfe beiseitestellen.
4. Butter in einer großen Pfanne oder einem Topf zerlassen. Zwiebelwürfel darin glasig dünsten. Mangold und die klein geschnittenen Champignonstiele hinzugeben, etwa 5 Minuten mitdünsten lassen. Mit Salz, Pfeffer und Muskat würzen. Knoblauchöl (aus der Pfanne) unterrühren.
5. Die beiseite gestellten Champignonköpfe mit Salz und Pfeffer würzen, mit der Mangoldmasse füllen und in eine flache Auflaufform (gefettet) setzen. Tomatenwürfel und Pinienkerne darauf verteilen. Käse daraufstreuen. Die Form auf dem Rost in den vorgeheizten Backofen schieben.
Ober-/Unterhitze: etwa 200 °C
Heißluft: etwa 180 °C
Garzeit: etwa 15 Minuten.

Dauert länger

Gefüllte Nudeltaschen mit Ricotta
4 Portionen

Zubereitungszeit: 50 Minuten, ohne Ruhezeit

Für den Teig:
350 g Weizenmehl
2 Eier (Größe M)
Salz

Für die Füllung:
1 Zwiebel
1 Bund fein gehacktes Basilikum
2 EL Olivenöl
frisch gemahlener Pfeffer
300 g Ricotta
3 EL Olivenöl
1–2 Knoblauchzehen
Basilikumblättchen
grüne Pfefferkörner
Streifen von roten und grünen Paprikaschoten

Pro Portion:
E: 21 g, F: 30 g, Kh: 66 g,
kJ: 2744, kcal: 656

1. Für den Teig Mehl in eine Schüssel geben, mit Eiern zu einem glatten, nicht zu festen Teig verkneten, mit Salz würzen. Den Teig zugedeckt etwa 1 Stunde ruhen lassen.
2. Für die Füllung Zwiebel abziehen und in kleine Würfel schneiden. Basilikum abspülen und trocken tupfen. Die Blättchen von den Stängeln zupfen. Blättchen klein schneiden und mit den Zwiebelwürfeln vermengen.
3. Olivenöl in einem Topf erhitzen, Zwiebel-Basilikum-Mischung darin andünsten, mit Pfeffer abschmecken. Ricotta unterrühren.
4. Den Nudelteig auf einer bemehlten Arbeitsfläche ausrollen und runde Scheiben (Ø 7–10 cm) ausstechen. Jeweils einen Teelöffel von der Füllung auf eine Hälfte jedes Teigstückes geben. Dann jeweils die andere Teighälfte über die Füllung klappen. Die Ränder mit Wasser bestreichen und fest andrücken.
5. Salzwasser in einem großen Topf zum Kochen bringen. Die Teigtaschen hineingeben und zugedeckt etwa 10 Minuten ziehen lassen.
6. Nudeltaschen in ein Sieb geben und abtropfen lassen. Anschließend mit Olivenöl vermengen, mit Salz würzen.
7. Knoblauch abziehen, in kleine Würfel schneiden und zu den Nudeltaschen geben.
8. Zum Garnieren Basilikum abspülen und trocken tupfen. Die Blättchen von den Stängeln zupfen. Nudeltaschen auf Tellern anrichten, mit Basilikumblättchen, Pfefferkörnern und Paprikastreifen garniert servieren.

Einfach – für Gäste

Grüne Muscheln am Spieß
4 Portionen

Zubereitungszeit: 25 Minuten, ohne Auftauzeit
Backzeit: etwa 20 Minuten

560 g grüne TK-Muscheln (Muschelfleisch von Grünschalmuscheln, 12 Muscheln pro Portion)
24 dünne Scheiben Frühstücksspeck oder Bacon (etwa 300 g)
100 g Knoblauch-Kräuterbutter
frisch gemahlener Pfeffer

Außerdem:
Alufolie
Grillspieße aus Holz oder Metall

Pro Portion:
E: 28 g, F: 10 g, Kh: 5 g,
kJ: 909, kcal: 217

1. Den Backofen vorheizen. Muscheln nach Packungsanleitung oder über Nacht im Kühlschrank auftauen lassen. Speckscheiben quer halbieren.
2. Die einzelnen Muscheln mit je einer halbierten Speckscheibe umwickeln und auf Spieße stecken (je Spieß 6 Muscheln).
3. Butter zerlassen. Muschelspieße auf ein Backblech (mit Alufolie belegt) legen. Die Spieße mit der zerlassenen Butter bestreichen und mit Pfeffer bestreuen. Spieße mit Alufolie zudecken. Das Backblech in den vorgeheizten Backofen schieben.
Ober-/Unterhitze: etwa 200 °C
Heißluft: etwa 180 °C
Backzeit: etwa 20 Minuten

Beilage: Frisch gebratene Knoblauchbrotscheiben und frische Salate in Essig-Öl-Dressing.

Einfach

Kasseler-Aprikosen-Toast
10 Stück

Zubereitungszeit: 35 Minuten
Backzeit: 8–10 Minuten

10 Scheiben Toastbrot
80 g weiche Butter
20 Scheiben Kasseler-Aufschnitt
150 g Preiselbeerkonfitüre
20 Käsescheibletten
20 Aprikosenhälften (aus der Dose)

Zum Garnieren:
einige Stängel Petersilie

Pro Stück:
E: 14 g, F: 18 g, Kh: 32 g,
kJ: 1457, kcal: 348

1. Toastbrotscheiben toasten. Die einzelnen Scheiben dünn mit Butter bestreichen und auf ein Backblech (mit Backpapier belegt) legen. Den Backofen vorheizen.
2. Jede Toastbrotscheibe mit 2 Scheiben Kasseler belegen. Je 1–2 Teelöffel Preiselbeerkonfitüre darauf verteilen. Jeweils 2 Käsescheibletten darauflegen.
3. Aprikosenhälften in einem Sieb abtropfen lassen. Je 2 Aprikosenhälften mit der Wölbung nach oben auf die Käsescheiben legen. Restliche Preiselbeerkonfitüre darauf verteilen.
4. Das Backblech in den vorgeheizten Backofen schieben.
Ober-/Unterhitze: etwa 200 °C
Heißluft: etwa 180 °C
Backzeit: 8–10 Minuten.
5. Zum Garnieren Petersilie kalt abspülen und trocken tupfen. Die Blättchen von den Stängeln zupfen. Kasseler-Aprikosen-Toast mit Petersilienblättchen garniert sofort servieren.

Grüne Muscheln am Spieß

Kasseler-Aprikosen-Toast

Etwas teurer – mit Alkohol

Langostinos mit Sherrysauce
8–10 Portionen

Zubereitungszeit: 50 Minuten
Grillzeit: etwa 8 Minuten

500 g frische Langostinos mit Schale oder 350 g TK-Langostinos

Für die Sherrysauce:
125 g Schlagsahne
1 geh. TL Dr. Oetker Sahnesteif
2 geh. EL Delikatessmayonnaise
3 EL Sherry
Salz, frisch gemahlener Pfeffer
Zucker
Zitronensaft

30 g weiche Butter

vorbereitete glatte Petersilie
Zitronenspalten

Pro Portion:
E: 7 g, F: 10 g, Kh: 2 g,
kJ: 542, kcal: 130

1. Das Fleisch der frischen Langostinos aus der Schale lösen (Darm herausziehen). TK-Langostinos nach Packungsanleitung auftauen. Langostinos unter fließendem kalten Wasser abspülen und trocken tupfen.
2. Für die Sauce Sahne mit Sahnesteif steifschlagen. Mayonnaise und Sherry vorsichtig unterschlagen. Die Sauce mit Salz, Pfeffer, Zucker und Zitronensaft würzen.
3. Die Langostinos auf den vorgeheizten, mit Alufolie belegten Grill legen. Langostinos mit der Hälfte der Butter bestreichen und unter mehrmaligem Wenden etwa 8 Minuten grillen. Die Langostinos nach etwa 2 1/2 Minuten Grillzeit mit der restlichen Butter bestreichen.
4. Die Langostinos auf einer Platte anrichten. Mit Petersilie und Zitronenspalten garnieren. Die Sherrysauce dazureichen.

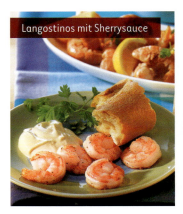
Langostinos mit Sherrysauce

Raffiniert

Oliven im Speck-Käse-Mantel
24 Stück

Zubereitungszeit: 30 Minuten
Garzeit: etwa 6 Minuten

24 große, grüne Oliven ohne Stein
24 abgezogene Mandeln
12 dünne Scheiben milder Schinkenspeck oder Bacon (Frühstücksspeck)
8 dünne Scheiben Edamer-Käse
1 TL gerebelter Thymian

Außerdem:
24 Holzspießchen

Pro Stück:
E: 3 g, F: 5 g, Kh: 1 g,
kJ: 220, kcal: 53

1. Den Backofen vorheizen. Die Oliven mit je einer Mandel füllen. Speckscheiben längs halbieren und nebeneinander auf die Arbeitsfläche legen. Die Käsescheiben längs in 3 Streifen schneiden und auf die Speckscheiben legen. Käsestreifen mit etwas Thymian bestreuen. Die Oliven darin einwickeln und mit Holzspießchen feststecken.
2. Die Oliven mit der Nahtseite nach unten auf ein Backblech (mit Alufolie belegt) legen. Das Backblech in den vorgeheizten Backofen schieben.

Oliven im Speck-Käse-Mantel

Ober-/Unterhitze: etwa 220 °C
Heißluft: etwa 200 °C
Garzeit: etwa 6 Minuten.
3. Die Oliven vom Backblech nehmen und noch warm servieren.

Mit Alkohol

Pilz-Bruschetta
4 Portionen

Zubereitungszeit: 15 Minuten
Garzeit: etwa 15 Minuten

200 g frische Steinpilze (ersatzweise Pfifferlinge oder rosa Champignons)
1 Schalotte
20 g getrocknete Tomaten
8 Scheiben Ciabatta (italienisches Weizenbrot) oder Baguette
2 EL Olivenöl
etwas frischer oder
1/2 TL getrockneter Majoran
125 ml (1/8 l) trockener Weißwein
50 g Schlagsahne
Salz
frisch gemahlener Pfeffer

Pro Portion:
E: 3 g, F: 9 g, Kh: 3 g,
kJ: 542, kcal: 129

1. Steinpilze putzen und mit Küchenpapier abreiben, eventuell kurz abspülen und gut abtropfen lassen. Pilze in dünne Scheiben schneiden. Schalotte abziehen und in kleine Würfel schneiden. Tomaten in schmale

Streifen schneiden. Die Brotscheiben in einer Pfanne anrösten oder toasten.
2. Olivenöl in einer Pfanne erhitzen. Schalottenwürfel, Majoran und Pilzscheiben darin anbraten. Tomatenstreifen hinzufügen und kurz mitdünsten lassen. Wein und Sahne hinzugießen, zum Kochen bringen und etwa 10 Minuten unter gelegentlichem Rühren dünsten, bis die Flüssigkeit fast verdampft ist. Mit Salz und Pfeffer abschmecken. Pilzmasse etwas abkühlen lassen.
3. Die Pilzmasse auf den gerösteten Brotscheiben verteilen und sofort servieren.

Vegetarisch – dauert länger

Gemüseecken mit Käsesauce
24 Stück

Zubereitungszeit: 50 Minuten, ohne Teiggehzeit
Backzeit: etwa 30 Minuten

Für den Hefeteig:
250 g Weizenmehl
½ Pck. (21 g) frische Hefe
1 TL Zucker
3 EL lauwarmes Wasser
1 gestr. TL Salz
frisch gemahlener Pfeffer
4 EL Speiseöl, z. B. Olivenöl
5 EL lauwarmes Wasser

Zum Bestäuben:
etwas Weizenmehl

Für die Käsesauce:
3 Eier (Größe M)
knapp 1 gestr. TL Salz
frisch gemahlener Pfeffer
2 Knoblauchzehen
1 Bund glatte Petersilie
100 g frisch geriebener Emmentaler-Käse
1 Becher (150 g) Crème fraîche
125 g Schlagsahne

Für den Belag:
1 Stange Porree (Lauch)
1 rote Paprikaschote
1 Dose Gemüsemais (Abtropfgewicht 285 g)

Pro Stück:
E: 4 g, F: 8 g, Kh: 10 g,
kJ: 543, kcal: 130

1. Für den Hefeteig Mehl in eine Schüssel geben, in die Mitte eine Vertiefung drücken. Hefe hineinbröckeln. Zucker und Wasser hinzufügen, mit einem kleinen Teil des Mehls mit einer Gabel vorsichtig verrühren und etwa 10 Minuten an einem warmen Ort gehen lassen.
2. Salz, Pfeffer, Olivenöl und Wasser hinzufügen. Die Zutaten mit Handrührgerät mit Knethaken zunächst kurz auf niedrigster, dann auf höchster Stufe in etwa 5 Minuten zu einem glatten Teig verarbeiten. Den Teig mit Mehl bestäuben und zugedeckt so lange an einem warmen Ort gehen lassen, bis er sich sichtbar vergrößert hat (etwa 25 Minuten).
3. Den gegangenen Teig leicht mit Mehl bestäuben, aus der Schüssel nehmen, auf einer bemehlten Arbeitsfläche nochmals gut durchkneten und auf einem Backblech (30 x 40 cm, gefettet) ausrollen. Vor den Teig einen mehrfach geknickten Streifen Alufolie legen. Den Backofen vorheizen.
4. Für die Käsesauce Eier verschlagen, mit Salz und Pfeffer würzen. Knoblauch abziehen und durch eine Knoblauchpresse drücken. Petersilie abspülen und trocken tupfen. Die Blättchen von den Stängeln zupfen. Einige Blättchen zum Garnieren beiseitelegen. Restliche Blättchen klein schneiden. Knoblauch, Käse, Crème fraîche, Sahne und Petersilie unter die verschlagenen Eier rühren.
5. Für den Belag Porree putzen, die Stange längs halbieren, waschen, abtropfen lassen und in dünne Scheiben schneiden. Paprikaschote halbieren, entstielen, entkernen und die weißen Scheidewände entfernen. Die Schote waschen, abtropfen lassen und in Streifen schneiden.
6. Mais in einem Sieb abtropfen lassen. Porreescheiben mit Paprikastreifen und Mais vermischen und auf dem Teig verteilen. Die Käsesauce daraufgeben. Das Backblech in den vorgeheizten Backofen schieben.
Ober-/Unterhitze: etwa 200 °C
Heißluft: etwa 180 °C
Backzeit: etwa 30 Minuten
7. Das Backblech auf einen Rost stellen. Den Gemüsekuchen zweimal längs und dreimal quer halbieren. Die einzelnen Stücke nochmals diagonal halbieren, so dass Dreiecke entstehen. Gemüseecken warm oder kalt mit den beiseite gelegten Petersilienblättchen garniert servieren.

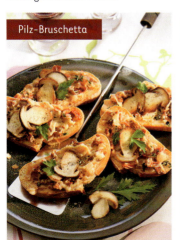
Pilz-Bruschetta

Gemüseecken mit Käsesauce

Riesengarnelen, gegrillt

Spaghettini mit bunten Linsen

Raffiniert

Riesengarnelen, gegrillt
4 Portionen

Zubereitungszeit: 35 Minuten, ohne Auftau- und Marinierzeit
Grillzeit: etwa 10 Minuten

500 g TK-Riesengarnelen, mit Schale
8 Knoblauchzehen
5 EL Olivenöl

Für die Teufelssauce:
2 Knoblauchzehen
1 Zwiebel
2 EL Olivenöl
2 EL Tomatenmark
1 rote Chilischote
2 EL brauner Zucker
2 EL Weißweinessig
150 g Tomatenketchup

Pro Portion:
E: 22 g, F: 8 g, Kh: 20 g,
kJ: 1020, kcal: 244

1. Garnelen nach Packungsanleitung auftauen lassen. Garnelen kurz unter fließendem kalten Wasser abspülen, abtropfen lassen und in eine flache Schale legen. Knoblauch abziehen und durch eine Knoblauchpresse drücken. Olivenöl mit Knoblauch verrühren. Garnelen mit dem Knoblauchöl übergießen und zugedeckt im Kühlschrank einige Stunden durchziehen lassen.
2. Für die Sauce Knoblauch und Zwiebel abziehen, in kleine Würfel schneiden. Olivenöl in einem Topf erhitzen. Knoblauch- und Zwiebelwürfel darin andünsten. Tomatenmark unterrühren.
3. Chilischote waschen, trocken tupfen, entstielen, längs halbieren und entkernen. Chili kurz mit andünsten. Mit Zucker und Essig abschmecken. Ketchup unterrühren und kurz aufkochen lassen. Sauce kalt stellen.
4. Die Garnelen aus der Marinade nehmen, abtropfen lassen und unter dem vorgeheizten Grill etwa 10 Minuten grillen. Die Schale sollte sich dabei rot verfärben.
5. Die Garnelen mit der Sauce servieren.

Vegetarisch

Spaghettini mit bunten Linsen
4 Portionen

Zubereitungszeit: 25 Minuten, ohne Einweichzeit

Zum Vorbereiten:
50 g grüne Linsen
50 g braune Linsen

2 1/2 l Wasser
2 1/2 gestr. TL Salz
250 g Spaghettini

2 Frühlingszwiebeln
40 g Butter
50 g rote Linsen
200 ml Gemüsebrühe
200 g Schlagsahne
Salz
frisch gemahlener Pfeffer
Knoblauchpulver
2 EL Olivenöl

Pro Portion:
E: 14 g, F: 45 g, Kh: 54 g,
kJ: 2961, kcal: 708

1. Zum Vorbereiten Linsen über Nacht in kaltem Wasser einweichen.
2. Wasser in einem großen Topf mit geschlossenem Deckel zum Kochen bringen. Dann Salz und Spaghettini zugeben. Die Spaghettini im geöffneten Topf bei mittlerer Hitze nach Packungsanleitung kochen lassen, dabei gelegentlich umrühren.
3. Frühlingszwiebeln putzen, waschen, abtropfen lassen und in Scheiben schneiden. Eingeweichte Linsen in einem Sieb abtropfen lassen.
4. Butter in einem Topf zerlassen. Eingeweichte Linsen und die roten Linsen darin andünsten. Mit Brühe ablöschen. Sahne hinzugießen und zum Kochen bringen. Die Sauce 10–15 Minuten köcheln lassen, bis sie sämig wird. Frühlingszwiebelscheiben hinzufügen und miterhitzen. Mit Salz, Pfeffer und Knoblauch würzen.
5. Olivenöl in einem Topf erhitzen, die abgetropften Spaghettini darin schwenken und zusammen mit den Linsen anrichten.

Vegetarisch – schnell

Tomaten-Zucchini-Carpaccio mit Ricotta
6 Portionen

Zubereitungszeit: 30 Minuten

4 Fleischtomaten (etwa 600 g)
4 kleine Zucchini (etwa 600 g)
Salzwasser
300 g Ricotta

Salz
frisch gemahlener Pfeffer
6 EL Olivenöl

Zum Garnieren:
einige Dillstängel

Pro Portion:
E: 7 g, F: 18 g, Kh: 4 g,
kJ: 862, kcal: 205

1. Tomaten waschen, abtrocknen, halbieren und die Stängelansätze herausschneiden. Tomaten in Scheiben schneiden. Zucchini waschen, abtrocknen und die Enden abschneiden. Zucchini längs in dünne Scheiben schneiden (eventuell mit einer Aufschnitt- bzw. Brotschneidemaschine).
2. Salzwasser in einem Topf zum Kochen bringen, Zucchinischeiben darin portionsweise blanchieren. Anschließend in ein Sieb geben und mit kaltem Wasser abschrecken. Zucchinischeiben gut abtropfen lassen.
3. Ricotta verrühren, mit Salz und Pfeffer würzen. Den Rand von 6 Tellern dachziegelartig mit den Tomatenscheiben belegen. Jeweils ein Sechstel der Käsemasse in die Mitte setzen. Die Zucchinischeiben dekorativ an den Käse legen. Carpaccio mit Salz und Pfeffer bestreuen, mit Olivenöl beträufeln.
4. Zum Garnieren Dill abspülen und trocken tupfen. Die Spitzen von den Stängeln zupfen. Das Carpaccio damit garnieren.

Für Gäste
Gegrillte Riesengarnelen
4 Portionen

Zubereitungszeit: 1 Stunde, ohne Auftau- und Marinierzeit
Grillzeit: 4–5 Minuten

24 TK-Garnelenschwänze oder küchenfertige, gegarte Garnelenschwänze ohne Schale
(etwa 25 g pro Stück)
2 Knoblauchzehen
2 Frühlingszwiebeln
Schale und Saft von 2 Bio-Limetten (unbehandelt, ungewachst)
2 EL Olivenöl
Salz
Zitronenpfeffer

Für die Nuoc-Cham-Sauce (pikante vietnamesische Würzsauce):
2 Knoblauchzehen
1 rote Chilischote
1 EL feiner Zucker
Schale und Saft von 1 Bio-Limette (unbehandelt, ungewachst)
125 ml (1/8 l) Wasser
1 EL Fischsauce (erhältlich im Asialaden)

Für den Avocadodip:
2 reife Avocados
Saft von 1 Limette
Salz, frisch gemahlener Pfeffer
Cayennepfeffer

Außerdem:
Schaschlikspieße

Pro Portion:
E: 33 g, F: 31 g, Kh: 11 g,
kJ: 1932, kcal: 462

1. Garnelenschwänze nach Packungsanleitung auftauen lassen. Garnelenschwänze unter fließendem kalten Wasser abspülen und trocken tupfen. Knoblauch abziehen und klein hacken. Frühlingszwiebeln putzen, waschen, abtropfen lassen und in dünne Scheiben schneiden. Limette heiß abwaschen, abtrocknen und die Schale mit einem Zestenreißer abschälen oder die Schale mit einer kleinen Reibe abreiben. Limette auspressen.
2. Limettensaft mit Knoblauch, Frühlingszwiebelscheiben und Limettenschale mischen, Olivenöl unterschlagen. Mit Salz und Zitronenpfeffer würzen. Die Garnelen in eine flache Schale legen, die Marinade darauf verteilen und zugedeckt kalt stellen.
3. Für die Nuoc-Cham-Sauce Knoblauch abziehen und grob hacken. Chili abspülen, trocken tupfen, längs halbieren und entkernen. Chilischotenhälften grob hacken. Knoblauch und Chili mit Zucker im Mörser zu einer Paste verarbeiten. Limette heiß abwaschen, abtrocknen und die Schale mit einem Zestenreißer abschälen oder die Schale mit einer kleinen Reibe abreiben. Limette auspressen. Limettensaft und -schale mit Wasser und Fischsauce verrühren und unter die Paste rühren.
4. Für den Avocadodip Avocados halbieren und jeweils den Stein herauslösen. Das Fruchtfleisch mit einem Löffel aus den Schalen heben, in eine Schüssel geben und mit einer Gabel zerdrücken. Avocadomus sofort mit Limettensaft beträufeln. Den Dip mit Salz, Pfeffer und Cayennepfeffer abschmecken.
5. Die Garnelenschwänze aus der Marinade nehmen und auf Schaschlikspieße stecken. Die Garnelenspieße auf den heißen Grillrost legen und unter mehrmaligem Wenden 4–5 Minuten grillen. Garnelen mit Salz und Pfeffer würzen und mit den Saucen servieren.

Tomaten-Zucchini-Carpaccio mit Ricotta

Gegrillte Riesengarnelen

Raffiniert

Carpaccio von Manchego-Käse mit Paprika
4 Portionen

Zubereitungszeit: 30 Minuten
Backzeit: etwa 15 Minuten

2 rote Paprikaschoten
40 g kleine Kapernäpfel oder Kapern
1 Bio-Zitrone (unbehandelt, ungewachst)
3 Stängel glatte Petersilie
1 Knoblauchzehe
4 EL Olivenöl
1 Prise Zucker
Salz
frisch gemahlener Pfeffer
250–300 g Manchego-Käse am Stück

Pro Portion:
E: 24 g, F: 34 g, Kh: 8 g,
kJ: 1826, kcal: 436

1. Den Backofen vorheizen. Paprikaschoten halbieren, entstielen, entkernen und die weißen Scheidewände entfernen. Schotenhälften waschen, abtropfen lassen und mit der Hautseite nach oben auf ein Backblech (gefettet) legen. Das Backblech in den vorgeheizten Backofen schieben Ober-/Unterhitze: etwa 220 °C Heißluft: etwa 200 °C
Backzeit: etwa 15 Minuten (die Haut der Paprika muss Blasen werfen und langsam schwarz werden).
2. Das Backblech auf einen Rost stellen. Die Paprikaschoten sofort mit einem feuchten Geschirrtuch belegen. Paprika enthäuten und in Streifen schneiden.
3. Kapernäpfel oder Kapern in ein Sieb geben, abspülen und gut abtropfen lassen. Einige Kapernäpfel oder Kapern zum Garnieren beiseitelegen. Restliche Kapernäpfel oder Kapern fein hacken.
4. Zitrone heiß abwaschen, abtrocknen und die Schale abreiben. Zitrone halbieren und auspressen. Petersilie abspülen und trocken tupfen. Die Blättchen von den Stängeln zupfen. Blättchen klein schneiden. Knoblauch abziehen und durch eine Knoblauchpresse drücken.
5. Zitronensaft, -schale, Petersilie, Knoblauch und Kapern verrühren. Olivenöl unterschlagen, mit Zucker, Salz und Pfeffer würzen. Die Marinade mit den Paprikastreifen vermengen, etwas durchziehen lassen.
6. Manchego-Käse mit dem Käsehobel oder einer Aufschnittmaschine in hauchdünne Scheiben schneiden. Vier Teller oder eine große Platte mit den Käsescheiben auslegen.
7. Paprikastreifen etwas abtropfen lassen und gitterartig darauflegen. Restliche Marinade darauftröpfeln und gehackte Kapernäpfel oder Kapern daraufstreuen. Carpaccio mit Pfeffer bestreuen und mit den beiseite gelegten Kapernäpfeln oder Kapern garniert servieren.

Mit Alkohol

Gemischte Vorspeisenspieße
12 Stück

Zubereitungszeit: 70 Minuten

300 g kleine Schalotten
Salzwasser
20 g Butter oder Margarine
1 gestr. EL Zucker
150 ml trockener Rotwein
2 mittelgroße Zucchini (etwa 400 g)
Salzwasser
250 g Cocktailtomaten
150 g Ziegenfrischkäse
20 g weiche Butter
1 EL Schnittlauchröllchen
Salz, frisch gemahlener Pfeffer
1–2 EL Balsamico-Essig
3 EL Olivenöl

1 EL Olivenöl
1 Knoblauchzehe
1 Ciabatta-Brot

12 Holzspieße

Pro Stück:
E: 3 g, F: 7 g, Kh: 14 g,
kJ: 561, kcal: 134

1. Schalotten abziehen. Salzwasser zum Kochen bringen und die Schalotten darin etwa 5 Minuten kochen. Dann in ein Sieb geben, mit kaltem Wasser abschrecken und abtropfen lassen.
2. In einer Pfanne Butter oder Margarine zerlassen. Schalotten darin

Carpaccio von Manchego-Käse mit Paprika

Gemischte Vorspeisenspieße

Mozzarellaspieße

andünsten, mit Zucker bestreuen und leicht karamellisieren lassen. Rotwein hinzugießen und etwas einkochen lassen. Schalotten im Rotweinsud erkalten lassen.
3. Zucchini waschen, abtrocknen und die Enden abschneiden. Zucchini mit der Aufschnittmaschine oder dem Gemüsehobel in dünne Längsscheiben schneiden. Salzwasser zum Kochen bringen und die Zucchinischeiben darin blanchieren. Zucchinischeiben mit kaltem Wasser abschrecken und abtropfen lassen.
4. Tomaten waschen und trocken tupfen. Von jeder Tomate einen Deckel abschneiden und mit einem Teelöffel oder einem Löffelstiel vorsichtig aushöhlen.
5. Ziegenkäse mit der Butter verrühren, Schnittlauchröllchen unterrühren. Die ausgehöhlten Tomaten mit der Käsemischung füllen und mit Salz und Pfeffer bestreuen.
6. Zucchinischeiben in eine Schale legen, mit Salz und Pfeffer bestreuen und mit Essig und Olivenöl beträufeln.
7. Knoblauch abziehen, fein würfeln und mit Olivenöl mischen. Ciabatta in Scheiben schneiden, mit dem Knoblauchöl bepinseln und in einer beschichteten Pfanne von beiden Seiten anrösten.
8. Aus den Zucchinischeiben Röllchen drehen, mit den Tomaten und Schalotten auf Holzspieße stecken. Dazu geröstetes Brot reichen.

Einfach

Mozzarellaspieße
12 Spieße

Zubereitungszeit: 50 Minuten

je 1 gelbe und rote Paprikaschote
1 Zucchini (etwa 250 g)
36–48 kleine Mozzarella-Kugeln
24 grüne, mit Mandeln gefüllte Jumbo-Oliven

Zum Bestreuen und Beträufeln:
1 Topf Basilikum
frisch gemahlener, bunter Pfeffer
150 ml Olivenöl

Außerdem:
12 Holzspieße

Pro Stück:
E: 7 g, F: 14 g, Kh: 2 g,
kJ: 686, kcal: 164

1. Paprikaschoten halbieren, entstielen, entkernen und die weißen Scheidewände entfernen. Schoten waschen, abtropfen lassen und jeweils in 12 mundgerechte Stücke schneiden. Zucchini waschen, abtrocknen und die Enden abschneiden. Zucchini in etwa 1 cm breite Scheiben schneiden.
2. Mozzarella-Kugeln, Oliven, Zucchinischeiben und Paprikastücke in bunter Reihenfolge auf 12 Holzspieße stecken. Auf jedem Spieß sollten 3–4 Mozzarella-Kugeln, 2 Oliven und 2 Paprikastücke sein.
3. Basilikum abspülen und trocken tupfen. Die Blättchen von den Stängeln zupfen. Mozzarellaspieße in eine flache Schale legen, mit Pfeffer bestreuen, mit Basilikumblättchen garnieren und mit Olivenö beträufeln.

Raffiniert

Zucchiniröllchen mit Safran-Couscous
12 Stück

Zubereitungszeit: 45 Minuten
Backzeit: etwa 10 Minuten

120 ml Gemüsebrühe
1 Msp. Safranpulver
70 g Instant-Couscous
2 Schalotten
40 g Butter
2 Bio-Limetten (unbehandelt, ungewachst)
100 g Ricotta (italienischer Frischkäse)
1 Prise Zucker
Salz
¼ TL Cayennepfeffer

2 große Zucchini (etwa 25 cm lang)
6 EL Olivenöl
frisch gemahlener Pfeffer

12 nicht zu große, rohe Garnelen, ohne Kopf, mit Schale
2–3 EL Olivenöl

Pro Stück:
E: 5 g, F: 7 g, Kh: 5 g,
kJ: 426, kcal: 102

1. Brühe mit Safran in einem Topf zum Kochen bringen. Couscous in eine Schüssel geben, mit der Safranbrühe übergießen, umrühren und 5–6 Minuten quellen lassen, bis die Flüssigkeit aufgesogen ist, gelegentlich umrühren.
2. Schalotten abziehen und klein würfeln. Butter in einer Pfanne zerlassen. Schalottenwürfel darin kurz andünsten, herausnehmen und mit einer Gabel unter den Couscous rühren. Couscous abkühlen lassen. Den Backofen vorheizen.
3. Limetten heiß abwaschen, abtrocknen und halbieren. Von einer Limette 4 dünne Scheiben abschneiden und beiseitelegen. Restliche Limetten auspressen. Etwa die Hälfte

Zucchiniröllchen, gefüllt mit Safran-Couscous

des Limettensaftes mit Ricotta verrühren und mit dem Couscous vermengen. Mit Zucker, Salz und Cayennepfeffer abschmecken.
4. Zucchini waschen, abtrocknen und die Enden abschneiden. Zucchini längs, mit einem Messer oder einer Aufschnittmaschine, in 12 etwa ½ cm dicke, längliche Scheiben schneiden. Die Scheiben aus der Mitte der Zucchini schneiden, damit der Rand der Zucchiniröllchen hoch genug ist.
5. Jeweils etwas Olivenöl in einer Pfanne erhitzen. Die Zucchinischeiben darin portionsweise von beiden Seiten anbraten, mit Salz und Pfeffer würzen. Die Zucchinischeiben herausnehmen und auf Küchenpapier abtropfen lassen.
6. Die einzelnen Zucchinischeiben zylinderförmig (Ø 4–5 cm) aufrollen, in eine Auflaufform (gefettet) setzen und vorsichtig mit der Couscous-Ricotta-Masse füllen. Die Form auf dem Rost in den vorgeheizten Backofen schieben.
Ober-/Unterhitze: etwa 220 °C
Heißluft: etwa 200 °C
Backzeit: etwa 10 Minuten.
7. Garnelen schälen und jeweils den Darm entfernen. Garnelen unter fließendem kalten Wasser abspülen und trocken tupfen. Olivenöl in einer Pfanne erhitzen. Die Garnelen darin anbraten, mit Salz und Pfeffer würzen, restlichen Limettensaft unterrühren.

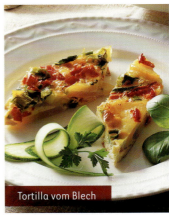

Tortilla vom Blech

8. Die Zucchiniröllchen vorsichtig aus der Form nehmen und auf einer Platte anrichten. Je eine Garnele daraufsetzen. Beiseite gelegte Limettenscheiben vierteln. Die Zucchiniröllchen mit den Limettenvierteln garniert servieren.

Klassisch

Tortilla vom Blech
12 Portionen

Zubereitungszeit: 90 Minuten
Garzeit: 30–40 Minuten

750 g Kartoffeln
1 rote Paprikaschote
1 Bund Frühlingszwiebeln
150 g Zucchini
2 EL Olivenöl
Salz
frisch gemahlener Pfeffer
14 Eier (Größe M)
250 g Schlagsahne
2 EL Schnittlauchröllchen

Pro Portion:
E: 11g, F: 16g, Kh: 12g,
kJ: 1050, kcal: 251

1. Kartoffeln waschen, schälen, abspülen, abtropfen lassen und in dünne Scheiben schneiden. Paprikaschote halbieren, entstielen, entkernen und die weißen Scheidewände entfernen. Schote waschen, abtropfen lassen und in Würfel schneiden. Den Backofen vorheizen.

2. Frühlingszwiebeln putzen, waschen, abtropfen lassen und in dünne Scheiben schneiden. Zucchini waschen, abtrocknen und die Enden abschneiden. Zucchini ebenfalls in dünne Scheiben schneiden.

3. Olivenöl in einer großen Pfanne erhitzen. Kartoffelscheiben, Paprikawürfel, Zwiebel- und Zucchinischeiben hinzugeben. Die Zutaten unter mehrmaligem Wenden in etwa 10 Minuten goldbraun braten. Mit Salz und Pfeffer bestreuen. Die Kartoffel-Gemüse-Masse in eine Fettfangschale (gefettet) geben.

4. Eier mit Sahne verschlagen, mit Salz und Pfeffer würzen. Schnittlauchröllchen unterrühren. Die Eiersahne auf der Kartoffel-Gemüse-Masse verteilen. Die Fettfangschale in den vorgeheizten Backofen schieben.
Ober-/Unterhitze: etwa 180 °C
Heißluft: etwa 160 °C
Garzeit: 30–40 Minuten.

Gut vorzubereiten

Spinat-Tortilla
4–6 Portionen

Zubereitungszeit: 20 Minuten, ohne Abkühlzeit
Garzeit: etwa 30 Minuten

2 Schalotten (etwa 50 g)
1 Knoblauchzehe
1 EL Olivenöl
125 g TK-Blattspinat
Salz
frisch gemahlener Pfeffer
frisch geriebene Muskatnuss
6 Eier (Größe M)
6 EL Milch

Pro Portion:
E: 10 g, F: 12 g, Kh: 2 g,
kJ: 647, kcal: 154

1. Schalotten und Knoblauch abziehen, in kleine Würfel schneiden oder fein hacken. Olivenöl in einer Pfanne erhitzen. Schalotten- und Knoblauchwürfel darin andünsten. Den Backofen vorheizen.

2. Den gefrorenen Spinat hinzugeben, unter gelegentlichem Rühren andünsten und zugedeckt bei schwacher Hitze etwa 10 Minuten garen. Spinat mit Salz, Pfeffer und Muskat würzen, mit einer Gabel vorsichtig auflockern und die Flüssigkeit verdampfen lassen. Spinat aus der Pfanne nehmen.

3. Spinat in eine Auflaufform (gefettet) geben. Eier mit Milch verschlagen, mit Salz würzen. Die Eiermilch auf dem Spinat verteilen. Die Form auf dem Rost in den vorgeheizten Backofen geben.
Ober-/Unterhitze: etwa 200 °C
Heißluft: etwa 180 °C
Garzeit: etwa 30 Minuten.

4. Die Form auf einen Rost stellen. Die Tortilla etwas abkühlen lassen und in Stücke schneiden.

Schnell – mit Alkohol

Gebackene Tintenfischringe
6–8 Portionen

Zubereitungszeit: 20 Minuten

800 g küchenfertige, blanchierte Tintenfischringe
Saft von 1 Zitrone
Salz
frisch gemahlener Pfeffer

Für den Bierteig:
200 g Weizenmehl
250 ml (1/4 l) helles Bier
2 Eier (Größe M)
1 Prise Salz

Olivenöl zum Frittieren

Pro Portion:
E: 23 g, F: 14 g, Kh: 17 g,
kJ: 1236, kcal: 295

1. Tintenfischringe unter fließendem kalten Wasser abspülen und trocken tupfen. Mit Zitronensaft beträufeln, mit Salz und Pfeffer würzen.

2. Für den Teig Mehl in eine Rührschüssel geben, mit Bier zu einem glatten Teig verrühren. Eier trennen, Eigelb gut unterrühren. Den Teig mit etwas Salz würzen. Eiweiß steifschlagen und unterheben.

3. Olivenöl in einem hohen Topf oder in einer Fritteuse auf etwa 180 °C erhitzen.

4. Tintenfischringe durch den Teig ziehen, am Schüsselrand abstreifen und portionsweise schwimmend in dem siedenden Olivenöl goldgelb ausbacken.

5. Tintenfischringe mit einem Schaumlöffel herausnehmen, auf Küchenpapier abtropfen lassen und servieren.

Für Gäste

Staudensellerie mit Dips
4 Portionen

Zubereitungszeit: 50 Minuten

800 g Staudensellerie

Für den Eier-Dip:
3 hart gekochte Eier
100 g Doppelrahm-Frischkäse
4 EL Schlagsahne oder Milch
1 EL gehackter Estragon
Salz
frisch gemahlener Pfeffer

Für den Knoblauch-Dip:
2 Knoblauchzehen
1 EL Kapern
2 EL gehackte Petersilie
2 EL Schnittlauchröllchen
100 g Doppelrahm-Frischkäse
4 EL Vollmilchjoghurt (3,5 % Fett)
Salz
frisch gemahlener Pfeffer

Für den Orangen-Meerrettich-Dip:
½ Bio-Orange (unbehandelt, ungewachst)
100 g Doppelrahm-Frischkäse
1 EL geriebener Meerrettich (aus dem Glas)
Salz
frisch gemahlener Pfeffer

Für den Crème-fraîche-Dip:
1 Becher (150 g) Crème fraîche
1 geh. EL Tomatenketchup
2 EL gehackte Kräuter, z. B. Petersilie, Schnittlauch, Dill, Kresse
Salz
frisch gemahlener Pfeffer
Zucker

Pro Portion:
E: 17 g, F: 43 g, Kh: 11 g,
kJ: 2065, kcal: 495

1. Von dem Staudensellerie Wurzelenden und welke Blätter entfernen, die harten Außenfäden abziehen. Die

Staudensellerie mit Dips

Stangen waschen, abtropfen lassen und in einem Glas anrichten.
2. Für den Eier-Dip (im Foto oben) Eier pellen und halbieren. Eigelb herauslösen, mit einer Gabel zerdrücken, mit Frischkäse, Sahne oder Milch und Estragon verrühren, mit Salz und Pfeffer würzen. Eiweiß fein hacken und unterrühren.
3. Für den Knoblauch-Dip (im Foto unten) Knoblauch abziehen und durch eine Knoblauchpresse drücken. Kapern abtropfen lassen und fein hacken. Beide Zutaten mit Petersilie, Schnittlauchröllchen, Frischkäse und Joghurt verrühren. Mit Salz und Pfeffer würzen.
4. Für den Orangen-Meerrettich-Dip (im Foto links) Orange heiß waschen, abtrocknen, halbieren. Von der Hälfte die Schale mit einem scharfen Messer dünn abschälen und in feine Streifen schneiden oder mit Hilfe eines Zestenreißers abschälen. Dann die Hälfte auspressen (ergibt 2 Esslöffel). Orangensaft mit Frischkäse und Meerrettich verrühren, mit Salz und Pfeffer würzen. Den Dip mit den Orangenstreifen garnieren.
5. Für den Crème-fraîche-Dip (Foto rechts) Crème fraîche mit Tomatenketchup und Kräutern verrühren. Mit Salz, Pfeffer und Zucker würzen.
6. Die Staudenselleriestangen mit den Dips servieren.

Tomaten mit Käsesalat

Beliebt

Tomaten mit Käsesalat
8 Stück

Zubereitungszeit: 35 Minuten

125 g Salatmayonnaise
50 g abgezogene, gehackte Mandeln
Salz
frisch gemahlener Pfeffer
2–3 Äpfel, z. B. Cox Orange
300 g Emmentaler- oder Gouda-Käse, in etwa 3 mm dicke Scheiben geschnitten

8 mittelgroße Tomaten
1 EL Schnittlauchröllchen

Pro Stück:
E: 12 g, F: 23 g, Kh: 6 g,
kJ: 1165, kcal: 278

1. Mayonnaise mit Mandeln in einer Schüssel verrühren, mit Salz und Pfeffer würzen. Äpfel schälen, vierteln, entkernen und in dünne, etwa 1 cm lange Stifte schneiden. Käse ebenfalls in etwa 1 cm lange Stifte schneiden. Apfel- und Käsestifte sofort unter die Mandel-Mayonnaise rühren.
2. Tomaten waschen, abtrocknen und jeweils einen Deckel abschneiden. Die Tomaten mit einem Teelöffel vorsichtig aushöhlen. Die Tomaten-

Schnelle Flammküchle

Datteln mit Käse im Schinkenmantel

deckel in kleine Würfel schneiden und mit den Schnittlauchröllchen unter den Salat rühren. Ausgehöhlte Tomaten mit dem Salat füllen, eventuell restlichen Salat dazureichen.

Tipp: Die gefüllten Tomaten zusätzlich mit Schnittlauchhalmen garniert servieren.

Für Gäste
Schnelle Flammküchle
4–6 Portionen

Zubereitungszeit: 20 Minuten, ohne Auftauzeit
Backzeit: 10–15 Minuten

1 Pck. TK-Blätterteig
(450 g, 6 rechteckige Platten)

Für den Belag:
1 Becher (150 g) Crème fraîche
1 Beutel oder Pck. Pfeffersauce (erhältlich im Supermarkt)
100 g geräucherter, durchwachsener Speck

etwas Petersilie

Pro Portion:
E: 2 g, F: 8 g, Kh: 7 g,
kJ: 433, kcal: 104

1. Die Blätterteigplatten nebeneinander zugedeckt nach Packungsanleitung auftauen lassen. Den Backofen vorheizen. Die Blätterteigplatten jeweils in 4 Stücke schneiden und auf ein Backblech (mit Backpapier belegt) legen.
2. Für den Belag Crème fraîche mit dem Pfeffersaucenpulver glattrühren und auf die Teigstücke streichen.
3. Speck in feine Streifen schneiden und darauf verteilen. Das Backblech in den vorgeheizten Backofen schieben.
Ober-/Unterhitze: 180–200 °C
Heißluft: 160–180 °C
Backzeit: 10–15 Minuten.
4. Die Flammküchle mit dem Backpapier vom Backblech auf einen Kuchenrost ziehen. Flammküchle etwas abkühlen lassen.
5. Petersilie abspülen, trocken tupfen. Die Blättchen von den Stängeln zupfen, klein schneiden. Die Flammküchle damit bestreuen.

Schnell
Datteln mit Käse im Schinkenmantel
24 Stück

Zubereitungszeit: 20 Minuten
Garzeit: etwa 6 Minuten

24 frische Datteln
100 g Manchego-Käse
24 abgezogene Mandeln
12 dünne Scheiben spanischer Serrano-Schinken
8 Kopfsalatblätter

Pro Stück:
E: 3 g, F: 3 g, Kh: 10 g,
kJ: 322, kcal: 77

1. Den Backofen vorheizen. Datteln waschen, abtropfen lassen und die harte Schale abziehen. Die Früchte an der „Naht" aufschlitzen und entkernen.
2. Käse in 24 Stifte schneiden, die der Länge der Dattelkerne entsprechen. Die Datteln jeweils mit einem Käsestift und je einer Mandel füllen.
3. Schinkenscheiben längs halbieren. Die Datteln jeweils mit den Schinkenscheiben umwickeln.
4. Die Datteln mit der Nahtseite nach unten auf ein Backblech (mit Alufolie belegt) legen und in den vorgeheizten Backofen schieben.
Ober-/Unterhitze: etwa 240 °C
Heißluft: etwa 220 °C
Garzeit: etwa 6 Minuten.
5. Die Datteln vom Backblech nehmen und etwas abkühlen lassen.
6. Salatblätter abspülen, trocken tupfen und in Stücke zupfen. Die Datteln darauf anrichten.

Einfach

Toast Toskana
15 Stück

Zubereitungszeit: 60 Minuten, ohne Abkühlzeit
Backzeit: 5–6 Minuten

1 Ciabatta-Brot zum Aufbacken (etwa 300 g)
2 Knoblauchzehen
400 g Austernpilze
60 ml Olivenöl
Salz, frisch gemahlener Pfeffer
200 g getrocknete Tomaten in Öl
180 g schwarze Olivenpaste
250 g Mozzarella-Käse
150 g frisch geraspelter Parmesan-Käse

Zum Garnieren:
etwas Petersilie

Pro Stück:
E: 10 g, F: 9 g, Kh: 14 g,
kJ: 759, kcal: 181

1. Den Backofengrill vorheizen. Ciabatta nach Packungsanleitung aufbacken, etwas abkühlen lassen und in 15 Scheiben schneiden. Die Brotscheiben auf ein Backblech (mit Backpapier belegt) legen. Das Backblech unter den vorgeheizten Backofengrill schieben und die Brotscheiben von jeder Seite 2–3 Minuten rösten.
2. Knoblauch abziehen und in kleine Würfel schneiden. Austernpilze putzen, mit Küchenpapier abreiben, eventuell abspülen und trocken tupfen. Olivenöl in einer großen Pfanne erhitzen. Die Pilze darin portionsweise braten, mit Salz, Pfeffer und Knoblauch würzen.
3. Tomaten in einem Sieb abtropfen lassen, eventuell halbieren. Die Ciabattascheiben mit der Olivenpaste bestreichen, mit Austernpilzen und Tomaten belegen.
4. Mozzarella in Scheiben schneiden und auf die vorbereiteten Toastscheiben legen, mit Parmesan-Käse bestreuen. Das Backblech in den vorgeheizten Backofen schieben.
Ober-/Unterhitze: etwa 200 °C
Heißluft: etwa 180 °C
Backzeit: 5–6 Minuten.
5. Zum Garnieren Petersilie abspülen und trocken tupfen. Die Blättchen von den Stängeln zupfen. Blättchen klein schneiden. Toast Toskana mit Petersilie bestreut servieren.

Preiswert – mit Alkohol

Champignon-Tomaten
4 Portionen

Zubereitungszeit: 50 Minuten, ohne Kühlzeit
Grillzeit: etwa 10 Minuten

4 mittelgroße Tomaten
Salz
frisch gemahlener Pfeffer
150 g Champignons
Saft von 1 Zitrone
etwas Weißwein
1 TL Butter
3 EL Schlagsahne
2 Scheiben gekochter Schinken
Butter
1 Bund Schnittlauch

Pro Portion:
E: 8 g, F: 6 g, Kh: 2 g,
kJ: 444, kcal: 106

1. Tomaten waschen, abtrocknen und die Stängelansätze herausschneiden. Von jeder Tomate einen Deckel abschneiden. Kerngehäuse und Trennwände vorsichtig mit einem Teelöffel herauslösen. Die Tomaten innen mit Salz und Pfeffer bestreuen.
2. Champignons putzen, mit Küchenpapier abreiben, eventuell abspülen, trocken tupfen und in Scheiben schneiden. Mit Zitronensaft beträufeln. Den Backofengrill vorheizen. Champignonscheiben in Weißwein 5–7 Minuten gar dünsten und erkalten lassen.
3. Butter in einer Pfanne zerlassen. Die Champignonscheiben darin erhitzen. Sahne unterrühren. Die Flüssigkeit etwas einkochen lassen. Schinken in Würfel schneiden und zu den Champignonscheiben geben. Mit Salz und Pfeffer abschmecken.
4. Die Schinken-Champignon-Masse in die ausgehöhlten Tomaten füllen. Butter in Flöckchen daraufsetzen. Tomaten in eine flache Auflaufform setzen. Die Form auf dem Rost unter den vorgeheizten Backofengrill schieben. Die Tomaten etwa 10 Minuten übergrillen.
5. Schnittlauch abspülen, trocken tupfen und in feine Röllchen schneiden. Die Tomaten mit Schnittlauchröllchen garniert servieren.

Tipp: Die Champignon-Tomaten eignen sich gut als Vorspeise.

Toast Toskana

Champignon-Tomaten

Gebratenes Mozzarella-Sandwich

Lachs-Wraps

Preiswert

Gebratenes Mozzarella-Sandwich
4 Portionen

Zubereitungszeit: 30 Minuten

etwa 300 g Kastenweißbrot am Stück (kann auch vom Vortag sein)
100 g Mozzarella-Käse
40 g roher Schinken in dünnen Scheiben
4 Sardellenfilets
etwas Weizenmehl
2 Eier (Größe M)
5–6 EL Milch
Salz
frisch gemahlener Pfeffer
150 ml Speiseöl, z. B. Rapsöl

Pro Portion:
E: 17 g, F: 22 g, Kh: 36 g,
kJ: 1705, kcal: 407

1. Kastenweißbrot entrinden und im Abstand von etwa 1 cm so einschneiden, dass die Scheiben an einer Seite noch zusammenhängen (wie bei Schmetterlingssteaks). Erst nach jeder zweiten Scheibe durchschneiden. Auf diese Weise vier Brote mit Taschen schneiden.
2. Mozzarella abtropfen lassen, in dünne Scheiben schneiden und in den Brottaschen verteilen. In zwei Brottaschen die Schinkenscheiben und in die restlichen Brottaschen Sardellenfilets legen. Brotscheiben fest zusammendrücken.
3. Eier mit Milch in einer flachen Schale verschlagen, mit Salz und Pfeffer würzen. Die gefüllten Brottaschen zuerst in Mehl wenden, dann in die Eiermilch legen. Die Brottaschen auf jeder Seite etwa 3 Minuten ziehen lassen, bis die Eiermilch aufgesogen ist.
4. Speiseöl in einer Pfanne erhitzen. Die Sandwichbrote hineinlegen und von beiden Seiten goldbraun und knusprig braten. Mozzarella-Sandwich-Brote diagonal halbieren und jeweils zwei unterschiedlich gefüllte Hälften auf 4 Tellern anrichten.

Tipp: Zu den Mozzarella-Sandwich-Broten einen bunten Blattsalat servieren. Wer Kräuter mag, kann bei der Schinkenfüllung zusätzlich frische Basilikumblätter auf die Mozzarellascheiben legen.

Einfach

Lachs-Wraps
8 Stück

Zubereitungszeit: 40 Minuten

je 1 rote und gelbe Paprikaschote (je etwa 200 g)
250 g Rucola (Rauke)
1 Kästchen Kresse
8 Weizentortillas

Für die Sauce:
2 Becher (je 150 g) Crème fraîche
2–3 EL Sahnemeerrettich (aus dem Glas)
Salz
frisch gemahlener Pfeffer
Zucker

250 g Räucherlachs in Scheiben

Pro Stück:
E: 12 g, F: 17 g, Kh: 24 g,
kJ: 1209, kcal: 289

1. Paprikaschoten halbieren, entstielen, entkernen und die weißen Scheidewände entfernen. Schoten waschen, abtropfen lassen und in Streifen schneiden. Rucola verlesen, dicke Stängel abschneiden. Rucola waschen und trocken schleudern oder tupfen. Kresse abspülen, abschneiden und trocken tupfen.
2. Tortillas nach Packungsanleitung im Backofen oder nacheinander in einer Pfanne ohne Fett beidseitig kurz erwärmen.
3. Für die Sauce Crème fraîche mit Meerrettich verrühren. Mit Salz, Pfeffer und Zucker würzen. Die Tortillas mit der Hälfte der Sauce bestreichen. Rucola und Kresse darauflegen. Mit je 1–2 Lachsscheiben belegen, Paprikastreifen darauf verteilen. Restliche Sauce daraufgeben.
4. Die Tortillas fest aufrollen, halbieren und sofort servieren oder kurz kalt stellen.

Marinierter Blumenkohl mit Räucherlachs

Matjesheringe mit Orangen

Raffiniert

Marinierter Blumenkohl mit Räucherlachs
4 Portionen

Zubereitungszeit: 30 Minuten, ohne Marinierzeit

1 kleiner Blumenkohl
Salzwasser
2 EL Crème fraîche
1 EL flüssiger Honig
50 ml weißer Balsamico-Essig
100 ml Sonnenblumenöl
Salz
frisch gemahlener Pfeffer

30 g Kapuzinerkresseblätter oder 2 Kästchen Kresse
80 ml Olivenöl
1 Spritzer Zitronensaft

250 g Räucherlachs in Scheiben
8 Kapuzinerkresseblüten

Pro Portion:
E: 14 g, F: 34 g, Kh: 3 g,
kJ: 1564, kcal: 373

1. Von dem Blumenkohl die Blätter und schlechten Stellen entfernen. Den Strunk abschneiden. Blumenkohl in kleine Röschen teilen, waschen und abtropfen lassen. Salzwasser in einem Topf zum Kochen bringen. Die Blumenkohlröschen hinzufügen, zum Kochen bringen und etwa 5 Minuten garen. Blumenkohlröschen in ein Sieb geben, mit kaltem Wasser abschrecken, abtropfen lassen und in eine Schale legen.
2. Crème fraîche, Honig und Essig in einer Rührschüssel mit Handrührgerät mit Rührbesen oder einem Schneebesen aufschlagen. Sonnenblumenöl nach und nach unterschlagen. Mit Salz und Pfeffer abschmecken. Die Blumenkohlröschen mit der Marinade übergießen, kalt stellen und 30–60 Minuten marinieren.
3. Kapuzinerkresseblätter oder Kresse abspülen und trocken tupfen. Kresse abschneiden. Kapuzinerkresseblätter oder Kresse mit Olivenöl fein pürieren, mit Salz und Zitronensaft abschmecken.
4. Marinierte Blumenkohlröschen etwas abtropfen lassen, mit Räucherlachsscheiben anrichten, mit den Kapuzinerblüten garnieren und mit Kapuzinerkresse- bzw. Kresseöl beträufeln.

Mit Alkohol

Matjesheringe mit Orangen
4 Portionen

Zubereitungszeit: 25 Minuten

6 Matjesfilets (etwa 480 g)
100 g gegarte, geschälte Garnelen
1 Bio-Orange (unbehandelt, ungewachst)
1 EL Meerrettich (frisch gerieben oder aus dem Glas)
200 g Schmand (Sauerrahm)
2 EL Cognac
2 EL Schnittlauchröllchen
Salz
frisch gemahlener Pfeffer

Pro Portion:
E: 27 g, F: 31 g, Kh: 10 g,
kJ: 1874, kcal: 440

1. Matjesfilets abtropfen lassen und in 2–3 cm breite Streifen schneiden. Die Garnelen grob hacken.
2. Die Orange heiß abwaschen und abtrocknen. Die Schale mit einem Sparschäler hauchdünn abschälen und in feine Streifen schneiden. Wasser in einem Topf zum Kochen bringen. Orangenschalen hinzufügen und kurz blanchieren. Orangenschalen gut abtropfen lassen.
3. Matjesstreifen, Garnelenstücke, Orangenstreifen und Meerrettich in einer Schüssel vermengen. Schmand mit Cognac verrühren, mit Pfeffer abschmecken. Die Schmandsauce über die Matjes-Garnelen-Mischung gießen.
4. Die Orange so schälen, dass die weiße Haut mit entfernt wird. Orange filetieren oder in Stücke schneiden.
5. Matjes-Garnelen-Mischung mit Schnittlauch bestreuen und mit Orangenfilets oder Orangenstücken garnieren.

Tipp: Den Salat in Gläsern anrichten und mit Schnittlauchhalmen garnieren.
Die Orangenfilets oder -stücke vorsichtig (damit der Salat nicht so matschig wird) unter den Salat heben. Der Salat kann schon am Vortag zubereitet und kalt gestellt werden. Salzheringe können auch statt der Matjesfilets verwendet werden, diese sollten aber 4–5 Stunden vor der Zubereitung gewässert werden.

Schnell

Pilz-Wraps
6–8 Stück

Zubereitungszeit: 20 Minuten
Garzeit: etwa 15 Minuten

300 g Putenbrustfilet
3 Frühlingszwiebeln
300 g Austernpilze
2 EL Olivenöl
1 Knoblauchzehe
Salz, frisch gemahlener Pfeffer
4 mittelgroße Tomaten
6–8 weiche Weizentortillas
(Wraps, je etwa 45 g)
1 Kästchen Kresse
150 g Schmand (Sauerrahm)
oder saure Sahne

Pro Portion:
E: 17 g, F: 10 g, Kh: 30 g,
kJ: 1184, kcal: 280

1. Putenbrustfilet unter fließendem kalten Wasser abspülen, trocken tupfen und in Streifen schneiden. Frühlingszwiebeln putzen, abspülen, abtropfen lassen und in dünne Scheiben schneiden. Austernpilze putzen, mit Küchenpapier abreiben, evtl. abspülen und in feine Streifen schneiden.
2. Einen Esslöffel des Olivenöls in einer Pfanne erhitzen. Fleischstreifen darin bei starker Hitze unter mehrmaligem Wenden kräftig anbraten. Frühlingszwiebelscheiben hinzugeben. Knoblauch abziehen, durch eine Knoblauchpresse drücken und zu den Fleischstreifen geben. Mit Salz und Pfeffer würzen, Fleischstreifen herausnehmen.
3. Tomaten waschen, abtrocknen, halbieren und die Stängelansätze herausschneiden. Tomatenhälften in kleine Würfel schneiden. Restliches Olivenöl zum verbliebenen Bratfett in die Pfanne geben. Austernpilze darin kräftig anbraten, mit Salz und Pfeffer würzen.
4. Tortilla-Fladen nach Packungsanleitung erwärmen. Kresse abspülen, trocken tupfen und abschneiden. Die Fladen dünn mit Schmand oder saurer Sahne bestreichen. Fleischstreifen, Frühlingszwiebelscheiben, Tomatenwürfel, Austernpilze und Kresse darauf verteilen. Die Fladen aufrollen, schräg halbieren und servieren.

Für Kinder – einfach

Pikante Schweineöhrchen
etwa 50 Stück

Zubereitungszeit: 40 Minuten,
ohne Auftau- und Ruhezeit
Backzeit: etwa 15 Minuten je Backblech

1 Pck. TK-Blätterteig
(450 g, 10 quadratische Platten)

Zum Bestreichen:
2 Eier (Größe M)
150 g geriebener Parmesan-Käse
1 TL Paprikapulver edelsüß

Insgesamt:
E: 89 g, F: 171 g, Kh: 162 g,
kJ: 10587, kcal: 2530

1. Blätterteigplatten nebeneinander zugedeckt nach Packungsanleitung auftauen lassen. Die einzelnen Blätterteigplatten halbieren. Jeweils 2 Teighälften aufeinanderlegen und zu Rechtecken (etwa 5 x 20 cm) ausrollen. Teigrechtecke etwa 5 Minuten ruhen lassen. Den Backofen vorheizen.
2. Zum Bestreichen Eier verschlagen. Parmesan-Käse und Paprika unterrühren. Die Käsemasse mit Hilfe eines Messers dünn auf die Blätterteigstreifen streichen.
3. Die Blätterteigrechtecke jeweils in gut 1 cm breite Streifen schneiden (je Teigrechteck etwa 5 Streifen), vor den Enden her zur Mitte aufrollen.
4. Die Schweineöhrchen auf Backbleche (mit Backpapier belegt) legen. Die Backbleche nacheinander (bei Heißluft zusammen) in den vorgeheizten Backofen schieben.
Ober-/Unterhitze: etwa 200 °C
Heißluft: etwa 180 °C
Backzeit: etwa 15 Minuten je Backblech.
5. Die Schweineöhrchen mit dem Backpapier von den Backblechen auf Kuchenroste ziehen. Schweineöhrchen erkalten lassen.

Pilz-Wraps

Pikante Schweineöhrchen

Für Gäste – gut vorzubereiten

Radieschensülze
6 Portionen

Zubereitungszeit: 40 Minuten, ohne Kühlzeit
Haltbarkeit: gekühlt etwa 3 Tage

8 Blatt weiße Gelatine
300 ml Fleischbrühe
350 g Sülze vom Metzger, z. B. Eisbeinsülze
150 ml Weißweinessig
1 gestr. TL Salz
frisch gemahlener Pfeffer
2 Bund Radieschen
200 g Fleischwurst
1 rote Zwiebel
2 EL gehackte Petersilie

Pro Portion:
E: 23 g, F: 11 g, Kh: 2 g,
kJ: 836, kcal: 200

1. Gelatine in kaltem Wasser nach Packungsanleitung einweichen. Fleischbrühe erwärmen, die Sülze hinzufügen und unter Rühren auflösen. Gelatine leicht ausdrücken und in der warmen Sülzenflüssigkeit unter Rühren auflösen. Essig unterrühren. Die Sülzenflüssigkeit mit Salz und Pfeffer kräftig abschmecken.
2. Den Boden einer dichten Form (etwa 1,2 l Inhalt, eventuell mit Frischhaltefolie ausgelegt) etwa 1 cm hoch mit der Sülzenflüssigkeit bedecken. Die Form für etwa 10 Minuten in den Kühlschrank stellen.
3. Radieschen putzen, abspülen, trocken tupfen. 10 Radieschen in Scheiben schneiden. Die restlichen Radieschen je nach Größe vierteln oder achteln. Fleischwurst enthäuten und in kleine Würfel schneiden. Zwiebel abziehen, halbieren und in Scheiben schneiden.
4. Die Radieschenscheiben dachziegelartig in die Form schichten. Fleischwurstwürfel, Radieschenstücke, Zwiebelscheiben und Petersilie unter die restliche Sülzenflüssigkeit rühren und vorsichtig in die Form füllen. Die Form für 6 Stunden oder über Nacht in den Kühlschrank stellen.
5. Die Form kurz in heißes Wasser tauchen. Die Radieschensülze auf eine Platte stürzen, eventuell Frischhaltefolie entfernen.
6. Die Radieschensülze mit gehackter Petersilie bestreut servieren.

Tipp: Die Sülze möglichst frisch verzehren.

Schnell

Zwiebelkuchen-Häppchen
16–18 Stück

Zubereitungszeit: 20 Minuten
Backzeit: etwa 10 Minuten je Backblech

1 Pck. Pizza-Fertigteig (230 g, Ø etwa 32 cm aus dem Kühlregal)
1 Beutel Zwiebelsuppe
250 g Schmand (Sauerrahm)
100 g Schafkäse

Pro Stück:
E: 2 g, F: 6 g, Kh: 9 g,
kJ: 425, kcal: 100

1. Den Backofen vorheizen. Den Pizzateig aus der Packung nehmen, auf die Arbeitsfläche legen und mit einem Glas (Ø etwa 7 cm) runde Platten ausstechen. Die Teigreste zusammenkneten, nochmals ausrollen und weitere Platten ausstechen. Die Teigplatten auf Backbleche (mit Backpapier belegt) legen.
2. Zwiebelsuppenpulver mit Schmand verrühren und auf die Teigplatten streichen.
3. Schafkäse in Würfel schneiden oder mit einer Gabel zerdrücken und auf der Schmandmasse verteilen. Die Backbleche nacheinander (bei Heißluft zusammen) in den vorgeheizten Backofen schieben.
Ober-/Unterhitze: etwa 220 °C
Heißluft: etwa 200 °C
Backzeit: etwa 10 Minuten je Backblech.
4. Die Zwiebelkuchen-Häppchen heiß oder kalt servieren.

Raffiniert – einfach

Tomaten-Avocado-Tatar
4–6 Portionen

Zubereitungszeit: 35 Minuten

4 Tomaten (etwa 400 g)
2 hart gekochte Eier
1 Topf Schnittlauch
1 Topf Petersilie

Radieschensülze

Zwiebelkuchen-Häppchen

4 reife Avocados (etwa 1 kg)
2–3 EL Zitronensaft
3 EL Balsamico-Essig
Salz
frisch gemahlener Pfeffer
8 EL Olivenöl

12 große, geschälte Garnelen,
mit Schwanz
2 EL Olivenöl

Pro Portion:
E: 10 g, F: 38 g, Kh: 2 g,
kJ: 1632, kcal: 390

1. Tomaten waschen, abtrocknen, halbieren, entkernen, die Stängelansätze herausschneiden. Tomatenhälften in kleine Würfel schneiden.
2. Eier pellen und würfeln. Schnittlauch und Petersilie abspülen, trocken tupfen. Die Petersilienblättchen von den Stängeln zupfen (einige Blättchen zum Garnieren beiseitelegen) und klein schneiden. Schnittlauch in Röllchen schneiden.
3. Avocados längs halbieren und jeweils den Stein herauslösen. Avocados schälen und das Fruchtfleisch in kleine Würfel schneiden. Avocadowürfel sofort mit Zitronensaft mischen.
4. Essig mit Salz und Pfeffer verrühren, Olivenöl unterschlagen. Avocado-, Tomaten-, Eierwürfel, Petersilie und Schnittlauchröllchen in eine Schüssel geben und mit der Marinade mischen.
5. Von den Garnelen eventuell den Darm entfernen. Garnelen unter fließendem kalten Wasser abspülen und trocken tupfen. Olivenöl in einer Pfanne erhitzen. Die Garnelen darin von beiden Seiten etwa 4 Minuten braten, bis sie sich rötlich färben. Garnelen mit Salz und Pfeffer würzen.
6. Avocado-Tatar mit je 2–3 Garnelen auf Tellern anrichten und mit den beiseite gelegten Petersilienblättchen garnieren.

Tomaten-Avocado-Tatar

Raffiniert – fruchtig

Räucherlachs-Früchte-Spießchen
8 Stück

Zubereitungszeit: 20 Minuten

3 Kiwis
4 Scheiben Ananas (aus der Dose)
2 rote Äpfel
etwas Ananassaft (aus der Dose)
300 g Vollmilchjoghurt
2 TL geriebener Meerrettich
Salz
frisch gemahlener Pfeffer
16 Scheiben Räucherlachs
(etwa 480 g)

Außerdem:
8 Schaschlikspieße

Pro Stück:
E: 13 g, F: 5 g, Kh: 12 g,
kJ: 668, kcal: 159

1. Kiwis schälen, längs halbieren und in nicht zu dünne Scheiben schneiden.
2. Ananasscheiben in einem Sieb abtropfen lassen, dabei den Saft auffangen. Äpfel waschen, abtrocknen, vierteln und entkernen. Apfelviertel mit Ananassaft beträufeln, damit die Schnittflächen nicht braun werden. Ananasscheiben in mundgerechte Stücke schneiden.
3. Joghurt in eine Schüssel geben, mit Meerrettich verrühren, mit Salz und Pfeffer würzen.
4. Lachsscheiben jeweils zu Röllchen formen und abwechselnd mit den vorbereiteten Früchten auf Schaschlikspieße stecken.
5. Die Räucherlachs-Früchte-Spießchen mit dem Joghurt-Dip servieren.

Tipp: Nach Belieben können die Spieße noch kleiner angerichtet werden, dann die Zutaten auf Holzspießchen stecken. Den Lachs vor dem Einrollen mit Meerrettichsahne bestreichen.

Räucherlachs-Früchte-Spießchen

Pikante Kroepoek-Häppchen

Oliven-Tomaten-Crostini

Raffiniert

Pikante Kroepoek-Häppchen
4 Portionen

Zubereitungszeit: 30 Minuten

300 g Hähnchenbrustfilet
2 EL Speisestärke
3 EL Reisessig oder Weißweinessig
Salz
je 1 grüne, rote und gelbe Paprikaschote
1 Bund Frühlingszwiebeln
1 kleines Stück Ingwer
2 Knoblauchzehen
1 EL Zucker, 2 EL Sojasauce
2 EL Fischsauce (erhältlich im Asialaden)

Zum Ausbacken:
1 l neutrales Speiseöl
100 g Kroepoek (Krabbenbrot zum Ausbacken)

2–3 EL Olivenöl
frisch gemahlener Pfeffer

Pro Portion:
E: 21 g, F: 15 g, Kh: 41 g,
kJ: 1622, kcal: 388

1. Hähnchenbrustfilet unter fließendem kalten Wasser abspülen, trocken tupfen und in erbsengroße Stücke schneiden. 1 Esslöffel der Speisestärke mit 2 Esslöffeln Wasser verrühren. 1 Esslöffel des Essigs und eine Prise Salz unterrühren. Die Marinade unter die Fleischstückchen mengen.
2. Paprikaschoten halbieren, entstielen, entkernen und die weißen Scheidewände entfernen. Schoten waschen, abtropfen lassen und in sehr kleine Würfel schneiden. Frühlingszwiebeln putzen, waschen, trocken tupfen und in dünne Scheiben schneiden. Ingwer schälen und fein reiben. Knoblauch abziehen und klein würfeln.
3. Restliche Speisestärke mit 2 Esslöffeln Wasser anrühren. Restlichen Essig, Zucker und jeweils 1 Esslöffel der Soja- und Fischsauce unterrühren.
4. Zum Ausbacken Speiseöl in einem Topf oder einer Fritteuse auf etwa 170 °C erhitzen. Die Kroepoek-Scheiben darin portionweise etwa 30 Sekunden ausbacken. Dabei die Scheiben häufiger wenden, da sie sich wölben und rundherum weiß bleiben sollen (sonst schmecken sie bitter). Ausgebackene Kroepoek-Scheiben mit einem Schaumlöffel herausnehmen und auf Küchenpapier abtropfen lassen.
5. Olivenöl in einer Pfanne erhitzen. Die marinierten Hähnchenstückchen darin unter Rühren anbraten. Paprikawürfel, Frühlingszwiebelscheiben, Ingwer und Knoblauch hinzufügen, kurz mitbraten lassen und vorsichtig unterrühren. Die angerührte Essig-Sojasaucen-Mischung unterrühren, zum Kochen bringen und etwa 1 Minute köcheln lassen. Hähnchen-Gemüse-Mischung mit restlicher Sojasauce, Salz und Pfeffer abschmecken.
6. Die Fleisch-Gemüse-Masse in die ausgebackenen Kroepoek-Scheiben füllen und sofort servieren. Sie weichen sehr schnell durch.

Raffiniert

Oliven-Tomaten-Crostini
20 Stück

Zubereitungszeit: 35 Minuten
Backzeit: etwa 10 Minuten

1 Knoblauchzehe
60 ml Olivenöl
5 Scheiben Sandwich-Toast
60 g schwarze Oliven in Ringen (aus dem Glas)
300 g Tomaten
1 Bund Basilikum
Salz
frisch gemahlener Pfeffer
20 g frisch geriebener Parmesan-Käse

Pro Portion:
E: 1 g, F: 5 g, Kh: 5 g,
kJ: 283, kcal: 68

1. Den Backofen vorheizen. Knoblauch abziehen und durch eine Knoblauchpresse drücken. Die Hälfte des Olivenöls mit dem Knoblauch verrühren.
2. Brotscheiben vierteln, mit dem Knoblauchöl beträufeln und auf ein Backblech (mit Backpapier belegt) legen. Das Backblech in den vorgeheizten Backofen schieben und die Brotscheiben rösten.
Ober-/Unterhitze: etwa 200 °C
Heißluft: etwa 180 °C
Backzeit: etwa 5 Minuten.
3. Olivenringe in einem Sieb abtropfen lassen. Tomaten waschen, abtrocknen, vierteln, entkernen und die Stängelansätze herausschneiden. Tomaten in kleine Würfel schneiden. Basilikum abspülen und trocken tupfen. Die Blättchen von den Stängeln zupfen. Einige Blättchen zum Garnieren beiseitelegen. Restliche Blättchen in Streifen schneiden. Tomatenwürfel, Olivenringe und Basilikumstreifen vermengen, mit Salz und Pfeffer würzen.
4. Die Tomaten-Oliven-Masse auf den Brotscheiben verteilen, mit Käse bestreuen und mit dem restlichen Olivenöl beträufeln. Die Crostini wieder in den Backofen schieben und bei gleicher Backofeneinstellung weitere etwa 5 Minuten überbacken.

Mit Alkohol

Käsespießchen mit fruchtigen Dips
6 Portionen

Zubereitungszeit: 50 Minuten

125 g grüne und blaue Weintrauben
125 g Erdbeeren
200 g schnittfester Ziegenkäse
200 g Maasdamer-Käse
200 g Gouda-Käse

Käsespießchen mit fruchtigen Dips

Außerdem:
kleine Holzspieße

Für den Himbeer-Dip:
250 g frische Himbeeren
frisch gemahlener Pfeffer
30 g gesiebter Puderzucker
1–2 EL Himbeergeist oder weißer Rum

Für den Kiwi-Dip:
200 g Kiwi
1 EL Zitronensaft
frisch gemahlener Pfeffer
1–2 EL heller Portwein oder Sherry

Außerdem:
Holzspießchen

Pro Portion:
E: 12 g, F: 17 g, Kh: 7 g,
kJ: 986, kcal: 236

1. Weintrauben und Erdbeeren waschen, trocken tupfen und entstielen. Große Früchte eventuell halbieren. Käse in gleich große, mundgerechte Würfel schneiden. Weintrauben und Erdbeeren mit den Käsewürfeln auf Spießchen stecken und auf einer Platte anrichten.
2. Für den Himbeer-Dip Himbeeren verlesen, abspülen, abtropfen lassen und durch ein Sieb streichen, Puderzucker unterrühren. Himbeerpüree mit Pfeffer und Himbeergeist oder Rum abschmecken.
3. Für den Kiwi-Dip Kiwis schälen, in Stücke schneiden und fein pürieren. Kiwipüree mit Zitronensaft, Pfeffer und Portwein oder Sherry abschmecken.

Käse-Crostini

4. Die Käsespießchen mit den fruchtigen Dips servieren.

Einfach

Käse-Crostini
10 Stück

Zubereitungszeit: 30 Minuten

50 g kräftiger Blauschimmelkäse, z. B. Roquefort
50 g milder Blauschimmelkäse, z. B. Bavaria oder Castello Blue
50 g Crème fraîche
10 Baguettescheiben
1–2 EL flüssiger Honig, z. B. Lavendelhonig
rosa Pfefferbeeren

Pro Portion:
E: 4 g, F: 5 g, Kh: 13 g,
kJ: 455, kcal: 109

1. Den Backofengrill vorheizen. Beide Käsesorten in kleine Stücke schneiden, mit einer Gabel zerdrücken, mit Crème fraîche in einer Schüssel mit Handrührgerät mit Rührbesen verrühren.
2. Baguettescheiben auf ein Backblech legen und unter dem vorgeheizten Backofengrill von beiden Seiten goldbraun rösten.
3. Baguettescheiben mit der Käsemasse bestreichen und unter dem Backofengrill 2–3 Minuten überbacken. Crostini mit Honig beträufeln. Pfefferbeeren zerdrücken und darauf streuen.

Einfach

Kartoffelrösti, raffiniert belegt
24 Stück

Zubereitungszeit: 30 Minuten
Garzeit: 16–18 Minuten

24 TK-Kartoffelrösti
(für den Backofen)
500 g Käse mit Knoblauch, in Scheiben
Salzwasser
16 Cocktailtomaten
3 Möhren
frisch gemahlener, grober Pfeffer
einige Stängel Basilikum
einige Schnittlauchhalme

Pro Stück:
E: 5 g, F: 9 g, Kh: 8 g,
kJ: 586, kcal: 140

1. Den Backofen vorheizen. Kartoffelrösti aus der Packung nehmen und auf ein Backblech (mit Backpapier belegt) legen. Das Backblech in den vorgeheizten Backofen schieben.
Ober/Unterhitze: etwa 220 °C
Heißluft: etwa 200 °C
Garzeit: 8 Minuten.
2. In der Zwischenzeit Käsescheiben diagonal halbieren. Tomaten waschen, abtropfen lassen, halbieren und die Stängelansätze herausschneiden. Möhren putzen, schälen, abspülen und abtropfen lassen. Möhren in dünne Scheiben schneiden. Salzwasser in einem Topf zum Kochen bringen. Möhrenscheiben darin etwa 3 Minuten garen, herausnehmen und in einem Sieb abtropfen lassen.
3. Die Kartoffelrösti wenden, mit Tomatenhälften, Möhrenscheiben und Käsedreiecken belegen. Das Backblech wieder in den heißen Backofen schieben und die Kartoffelrösti **bei der oben angegebenen Backofeneinstellung weitere 8–10 Minuten backen,** bis der Käse zerlaufen ist.
4. Basilikum und Schnittlauch abspülen, trocken tupfen. Von den Basilikumstängeln die Blättchen zupfen. Schnittlauch in feine Röllchen schneiden. Rösti nach Belieben mit Pfeffer bestreuen und mit den Kräutern garnieren.

Abwandlungen:
Überbackene Mozzarellapuffer:
Dafür Kartoffelpuffer oder -rösti mit Salami-, Tomaten- und Mozzarellascheiben belegen, mit buntem Pfeffer bestreuen und wie oben beschrieben überbacken.

Kartoffelrösti mit Lachs:
Dafür je 2 Rösti mit einer Scheibe Lachs, Crème fraîche und Kaviar anrichten, mit Zitrone und Dill garnieren.

Kartoffelrösti, raffiniert belegt

Schnell

Gegrillte Tomaten mit Pfeffer-Frischkäse
4 Portionen

Zubereitungszeit: 20 Minuten
Grillzeit: etwa 10 Minuten

6 Tomaten
Salz
frisch gemahlener Pfeffer

Für die Füllung:
2 Knoblauchzehen
100 g Doppelrahm-Frischkäse
frisch gemahlener, grober Pfeffer
1 EL Semmelbrösel
4 EL frisch gehacktes Basilikum

30 g geraspelter Gouda-Käse

einige Zweige Majoran

Pro Portion:
E: 6 g, F: 10 g, Kh: 5 g,
kJ: 579, kcal: 138

1. Den Backofengrill vorheizen. Tomaten waschen, abtrocknen und die Stängelansätze herausschneiden. Tomaten waagerecht halbieren und mit der Schnittfläche nach oben in eine Auflaufform (gefettet) legen. Mit Salz und Pfeffer bestreuen.
2. Für die Füllung Knoblauch abziehen und durch eine Knoblauchpresse drücken. Frischkäse mit grobem Pfeffer, Semmelbröseln, Basilikum und Knoblauch verrühren. Die Frischkäsemasse auf den Tomaten verteilen. Mit Käse bestreuen.
3. Die Form auf dem Rost unter den vorgeheizten Backofengrill schieben. Die Tomaten etwa 10 Minuten grillen.
4. Majoran abspülen und trocken tupfen. Tomaten mit Majoran garniert servieren.

Gegrillte Tomaten mit Pfeffer-Frischkäse

Geschmorte Garnelen

Mit Alkohol

Geschmorte Garnelen
2 Portionen

Zubereitungszeit: 40 Minuten, ohne Auftauzeit

16 TK- oder frische Garnelen ohne Kopf, Schale und Darm (etwa 400 g)
50 g frischer Ingwer

1 Knoblauchzehe
4 Frühlingszwiebeln
2 kleine Möhren
125 g Mini-Maiskolben
(erhältlich im Asialaden)
2 EL Sonnenblumenöl

200 ml Reiswein
4 EL süße Sojasauce
Salz
8 Stängel Koriander

Pro Portion:
E: 46 g, F: 15 g, Kh: 27 g,
kJ: 2011, kcal: 482

1. TK-Garnelen nach Packungsanleitung auftauen lassen. Garnelen unter fließendem kalten Wasser abspülen und trocken tupfen.
2. Ingwer schälen, abspülen, trocken tupfen und in kleine Würfel schneiden. Knoblauch abziehen und durch eine Knoblauchpresse drücken. Frühlingszwiebeln putzen, waschen, abtropfen lassen und in längliche Stücke schneiden. Möhren putzen, schälen, waschen, abtropfen lassen und in Scheiben schneiden. Maiskolben waschen und abtropfen lassen.
3. Sonnenblumenöl in einem Topf erhitzen. Ingwerwürfel, Knoblauch, Frühlingszwiebelstücke, Möhrenscheiben und Maiskolben darin andünsten. Garnelen hinzufügen und mit andünsten. Reiswein hinzugießen und zum Kochen bringen. Garnelen ohne Deckel so lange kochen lassen, bis die Flüssigkeit verdampft ist. Sojasauce hinzugeben und die Garnelen glasieren. Mit Salz würzen.
4. Koriander abspülen und trocken tupfen. Garnelen mit Korianderstängeln garniert servieren.

Raffiniert

Garnelen-Gemüse-Röllchen
16 Stück

Zubereitungszeit: 20 Minuten, ohne Marinierzeit

16 frische oder TK-Riesengarnelen (ohne Schale)

Für die Marinade:
2 Knoblauchzehen
1 kleine, rote Peperoni
2 EL Zitronensaft
Salz
frisch gemahlener Pfeffer
3 EL Olivenöl

1 Zucchini
½ Aubergine
2 EL Olivenöl

Außerdem:
16 Holzspießchen

Pro Stück:
E: 3 g, F: 1 g, Kh: 1 g,
kJ: 87, kcal: 21

1. Von den Riesengarnelen (tiefgekühlte Garnelen vorher auftauen lassen) den Darm entfernen. Garnelen unter fließendem kalten Wasser abspülen und trocken tupfen.

2. Für die Marinade Knoblauch abziehen und zerdrücken. Peperoni halbieren, entstielen, entkernen, abspülen, abtropfen lassen und in kleine Würfel schneiden. Knoblauch und Peperoniwürfel mit Zitronensaft, Salz und Pfeffer verrühren. Olivenöl unterschlagen.

3. Die Riesengarnelen mit der Marinade vermischen und kalt gestellt etwa 30 Minuten durchziehen lassen. Den Backofengrill vorheizen.

4. Zucchini und Aubergine waschen, abtrocknen und die Enden abschneiden. Von der Zucchini und Aubergine längs je 8 dünne Scheiben abschneiden.

5. Garnelen aus der Marinade nehmen und trocken tupfen. Die Zucchini- und Auberginenstreifen mit je 1 Garnele belegen, zusammenrollen und mit einem Holzspießchen feststecken.

6. Die Garnelen-Gemüse-Röllchen mit Olivenöl bestreichen, mit Salz und Pfeffer würzen und auf ein Backblech (gefettet) legen. Das Backblech unter den vorgeheizten Backofengrill (etwa 240 °C) schieben. Die Röllchen etwa 6 Minuten grillen, dabei einmal wenden.

Tipp: Die Reste der Zucchini und Aubergine in Scheiben schneiden und in Olivenöl mit einer fein gehackten Knoblauchzehe anbraten, mit Salz und Pfeffer würzen und mit etwas Balsamico-Essig beträufeln.

Einfach – schnell

Gekochte Wachteleier und Spargelspitzen auf Kräutersauce
4 Portionen

Zubereitungszeit: 35 Minuten

Für die Kräutersauce:
1 Bund Dill
1 Bund Schnittlauch
1 Bund Petersilie
30 g Kerbel
30 g Sauerampfer
150 g Vollmilchjoghurt
2 EL Nussöl
Salz
Weißweinessig

je 8 grüne und weiße Spargelspitzen (Länge etwa 10 cm)
12 Wachteleier

Pro Portion:
E: 7 g, F: 9 g, Kh: 4 g,
kJ: 571, kcal: 137

1. Für die Sauce Dill, Petersilie, Kerbel, Sauerampfer und Schnittlauch abspülen, trocken tupfen. Die Blättchen von den Stängeln zupfen. Schnittlauch in Röllchen schneiden. Die Kräuter im Mixer pürieren. Mit Joghurt und Nussöl zu einer Sauce verrühren. Mit Salz und Essig würzen.

2. Spargelspitzen eventuell schälen, abspülen und in kochendem Salzwasser 2–3 Minuten knackig blanchieren. Spargelspitzen vorsichtig mit einer Schaumkelle herausnehmen und warm stellen.

3. Wachteleier in kochendem Wasser etwa 4 Minuten garen. Mit kaltem Wasser abschrecken, pellen und halbieren.

4. Die Kräutersauce als Spiegel auf Tellern anrichten. Je 6 Eierhälften in die Sauce setzen. Grüne und weiße Spargelspitzen an die Sauce legen und servieren.

Für Gäste

Pikante Garnelen aus dem Ofen
2 Portionen

Zubereitungszeit: 30 Minuten, ohne Auftauzeit
Garzeit: etwa 15 Minuten

16 TK- oder frische Riesengarnelen
2 Knoblauchzehen
1 rote Zwiebel
10 Cocktailtomaten

4 Stängel Thymian
2 Stängel Petersilie
1–2 getrocknete Chilischoten
Meersalz
1 EL grob gemahlener, schwarzer Pfeffer
2–3 EL Olivenöl

Pro Portion:
E: 43 g, F: 16 g, Kh: 12 g,
kJ: 1552, kcal: 371

1. TK-Garnelen nach Packungsanleitung auftauen lassen. Den Backofen vorheizen. Garnelen unter fließendem kalten Wasser abspülen und trocken tupfen, eventuell den Darm entfernen.
2. Knoblauch zerdrücken. Zwiebel abziehen, zuerst in dünne Scheiben schneiden, dann in Ringe teilen. Tomaten waschen, trocken tupfen, waagerecht halbieren und eventuell die Stängelansätze entfernen.
3. Thymian und Petersilie abspülen und trocken tupfen. Die Blättchen von den Stängeln zupfen. Petersilienblättchen klein schneiden.
4. Garnelen in eine Schüssel geben. Knoblauchzehen mit der Schale, Zwiebelringe, Thymianblättchen, Petersilie und Tomatenhälften untermischen. Chilischote darauf zerbröseln. Mit Salz und Pfeffer kräftig würzen. Olivenöl unterheben.
5. Die Garnelenmischung in eine feuerfeste Form oder Auflaufform geben. Die Form auf dem Rost in den vorgeheizten Backofen schieben.
Ober-/Unterhitze: etwa 200 °C
Heißluft: etwa 180 °C
Garzeit: etwa 15 Minuten.
6. Die Garnelen während der Garzeit einmal gut durchrühren.
7. Die Garnelen aus dem Backofen nehmen und in der Form sofort servieren.

Vegetarisch

Gratinierte gefüllte Tomaten
6 Stück

Zubereitungszeit: 90 Minuten, ohne Auftauzeit
Gratinierzeit: 5–10 Minuten

450 g TK-Blattspinat
8 Fleischtomaten (je etwa 150 g)
1 Zwiebel
2 Knoblauchzehen
250 g Mozzarella-Käse
75 g Kräuterbutter
Salz
frisch gemahlener Pfeffer
1 Topf Petersilie
50 g Semmelbrösel
2 EL Olivenöl

Pro Portion:
E: 12 g, F: 21 g, Kh: 11 g,
kJ: 1183, kcal: 283

1. Spinat nach Packungsanleitung auftauen lassen.
2. Von den Tomaten 6 besonders schöne Tomaten auswählen, waschen, abtrocknen und jeweils den Deckel abschneiden. Das Fruchtfleisch der Tomaten vorsichtig mit einem Teelöffel herausnehmen, dabei einen etwa 1 cm breiten Rand stehen lassen. Den Backofen vorheizen.
3. Restliche Tomaten waschen, abtropfen lassen, kreuzweise einschneiden und einige Sekunden in kochendes Wasser legen. Tomaten kurz in kaltes Wasser legen, enthäuten, halbieren und die Stängelansätze herausschneiden. Das Fruchtfleisch würfeln.
4. Zwiebel und Knoblauch abziehen, klein würfeln. Mozzarella abtropfen lassen und ebenfalls klein würfeln. Die Hälfte der Kräuterbutter in einer großen Pfanne erhitzen, Zwiebel- und Knoblauchwürfel darin glasig dünsten. Spinat etwas abtropfen lassen, hinzufügen und kurz mitdünsten lassen, kräftig mit Salz und Pfeffer würzen. Anschließend Tomaten- und Mozzarellawürfel vorsichtig unterheben.
5. Petersilie abspülen und trocken tupfen. Die Blättchen von den Stängeln zupfen. Blättchen klein schneiden.
6. Die ausgehöhlten Tomaten innen mit Pfeffer bestreuen und mit der Spinatmasse füllen. Semmelbrösel mit Petersilie mischen, die gefüllten Tomaten damit bestreuen. Mit Olivenöl beträufeln. Restliche Kräuterbutter in kleine Stücke schneiden, die Tomaten damit belegen und in eine große Auflaufform (gefettet) setzen. Die Form auf dem Rost in den vorgeheizten Backofen schieben.
Ober-/Unterhitze: etwa 200 °C
Heißluft: etwa 180 °C
Gratinierzeit: 5–10 Minuten.

Pikante Garnelen aus dem Ofen

Gratinierte gefüllte Tomaten

Etwas Besonderes

Saltimbocca vom St. Petersfisch
8 Portionen

Zubereitungszeit: 40 Minuten

20 neue, kleine Kartoffeln
15 Stangen grüner Spargel
250 g Zuckerschoten
Salzwasser
4 Möhren
1 Bund Frühlingszwiebeln

4 Petersfischfilets, ohne Haut (je etwa 150 g)
8 Parmaschinkenscheiben
6 EL Olivenöl
frisch gemahlener Pfeffer

250 g Cocktailtomaten
20 g Butter, Salz

1–2 EL Limettensaft

Pro Portion:
E: 22 g, F: 12 g, Kh: 23 g,
kJ: 1200, kcal: 287

Saltimbocca vom St. Petersfisch

1. Kartoffeln gründlich waschen, in einem Topf mit Wasser bedeckt zum Kochen bringen und zugedeckt etwa 15 Minuten garen.
2. In der Zwischenzeit Spargel im unteren Drittel schälen und die Enden abschneiden. Zuckerschoten putzen, eventuell abfädeln. Spargel und Zuckerschoten abspülen und abtropfen lassen. Spargelstangen schräg halbieren.
3. Salzwasser in einem Topf zum Kochen bringen, nacheinander Spargel und Zuckerschoten darin garen (Spargel etwa 4 Minuten, Zuckerschoten etwa 2 Minuten). Spargel und Zuckerschoten jeweils mit einer Schaumkelle herausnehmen, mit kaltem Wasser abschrecken und abtropfen lassen.
4. Gegarte Kartoffeln abgießen, abdämpfen, heiß pellen, etwas abkühlen lassen und längs halbieren.

5. Möhren putzen, schälen, abspülen, abtropfen lassen und schräg in dünne Scheiben schneiden. Frühlingszwiebeln putzen, waschen, abtropfen lassen und ebenfalls schräg in dünne Scheiben schneiden.
6. Fischfilets unter fließendem kalten Wasser abspülen, trocken tupfen und halbieren. Die Fischfiletstücke mit je einer Scheibe Parmaschinken umwickeln.
7. Den Backofen bei Ober-/Unterhitze auf etwa 100 °C vorheizen. Einen großen ofenfesten Teller miterwärmen.
8. Die Hälfte des Olivenöls in einer großen Pfanne erhitzen. Die Fischfiletstücke darin von beiden Seiten gut anbraten, herausnehmen und mit Pfeffer bestreuen. Die Fischfiletstücke zum Warmhalten auf den vorgewärmten Teller in den vorgeheizten Backofen legen.
9. Olivenöl in der Pfanne erhitzen. Kartoffelhälften und Möhrenscheiben hinzugeben und unter mehrmaligem Wenden etwa 5 Minuten braten.
10. Tomaten waschen, trocken tupfen und die Stängelansätze herausschneiden. Tomaten, Spargel, Zuckerschoten und Frühlingszwiebelscheiben hinzufügen, noch 3–4 Minuten mitbraten lassen. Butter

unterrühren. Das Gemüse mit Salz, Pfeffer und Limettensaft abschmecken, mit dem Petersfisch servieren.

Für Gäste – raffiniert

Schmandkräcker

Zubereitungszeit: 60 Minuten, ohne Kühlzeit
Backzeit: etwa 15 Minuten je Backblech

Für den Knetteig:
275 g Weizenmehl
1 gestr. TL Salz
200 g Schmand (Sauerrahm)
70 g Butter oder Margarine

Zum Bestreichen:
1 Eigelb (Größe M)
1 EL Milch

Für den Belag und zum Bestreuen:
etwa 70 g geröstete, gesalzene Cashewkerne
grobes Meersalz

Insgesamt:
E: 51 g, F: 151 g, Kh: 226 g,
kJ: 10258, kcal: 2450

1. Für den Teig Mehl in eine Rührschüssel geben. Salz, Schmand und Butter oder Margarine hinzufügen. Die Zutaten mit Handrührgerät mit Knethaken zunächst kurz auf niedrigster, dann auf höchster Stufe gut durcharbeiten.

2. Anschließend auf einer bemehlten Arbeitsfläche zu einem glatten Teig verkneten. Sollte er kleben, ihn in Frischhaltefolie gewickelt eine Zeit lang kalt stellen. Den Backofen vorheizen.

3. Den Teig in mehreren Portionen auf einer bemehlten Arbeitsfläche dünn ausrollen, mit einem ovalen Ausstecher (etwa 6 x 8 cm) Ovale ausstechen und auf Backbleche (gefettet, mit Backpapier belegt) legen. Teigkräcker mit einer Gabel mehrmals einstechen.

4. Zum Bestreichen Eigelb mit Milch verschlagen, die Teigkräcker damit bestreichen.

5. Für den Belag Cashewkerne der Länge nach halbieren. Jeden Teigkräcker mit einer Cashewkernhälfte belegen und mit etwas Meersalz bestreuen. Die Backbleche nacheinander (bei Heißluft zusammen) in den vorgeheizten Backofen schieben.
Ober-/Unterhitze: etwa 200 °C
Heißluft: etwa 180 °C
Backzeit: etwa 15 Minuten je Backblech

6. Die Kräcker mit dem Backpapier von den Backblechen auf Kuchenroste ziehen. Kräcker erkalten lassen.

Gut vorzubereiten

Tarteletts mit Ziegenfrischkäse
8 Stück

Zubereitungszeit: 40 Minuten, ohne Auftau-, Ruhe- und Abkühlzeit
Backzeit: etwa 15 Minuten je Backblech

1 Pck. TK-Blätterteig (450 g)
5 Stängel Thymian
3 EL flüssiger Honig
1 Bund Frühlingszwiebeln
250 g Ziegenkäserolle
Salz, frisch gemahlener Pfeffer

Pro Stück:
E: 8 g, F: 17 g, Kh: 25 g,
kJ: 1216, kcal 291

1. Die Blätterteigplatten nebeneinander zugedeckt nach Packungsanleitung auftauen. Thymian abspülen und trocken tupfen (2 Stängel beiseitelegen). Die Blättchen von den Stängeln zupfen. Den Backofen vorheizen.

2. Honig und Thymianblättchen in einen Topf geben, unter Rühren einmal aufkochen lassen. Topf von der Kochstelle nehmen. Honigmasse etwas abkühlen lassen.

3. Die Blätterteigplatten aufeinanderlegen und auf einer bemehlten Arbeitsfläche zu einem Rechteck (etwa 35 x 50 cm) ausrollen. 8 runde Platten (Ø etwa 12 cm) ausstechen. Die Teigplatten auf Backbleche (mit Backpapier belegt) legen.

4. Frühlingszwiebeln putzen, waschen, abtropfen lassen und in dünne Scheiben schneiden. Ziegenkäse in 8 Scheiben schneiden. Frühlingszwiebelscheiben auf den Teigplatten verteilen, mit Salz bestreuen und mit je 1 Käsescheibe belegen. Mit Pfeffer bestreuen und mit Thymianhonig bestreichen.

5. Die Backbleche nacheinander (bei Heißluft zusammen) in den vorgeheizten Backofen schieben.
Ober-/Unterhitze: etwa 200 °C
Heißluft: etwa 180 °C
Backzeit: etwa 15 Minuten je Backblech.

6. Die Tarteletts vom Backblech lösen und mit den beiseite gelegten Thymianstängeln garnieren. Tarteletts warm oder kalt servieren.

Schmandkräcker

Tarteletts mit Ziegenfrischkäse

Mit Alkohol

Tomaten mit Fischsalat
4 Stück

Zubereitungszeit: 40 Minuten

4 große Tomaten
Salz
250 g Seeteufelfilet
1–2 EL Zitronensaft
frisch gemahlener Pfeffer
3 Stängel Basilikum
200 g Schmand (Sauerrahm) oder
150 g Crème légère
1 EL trockener Sherry
1 TL scharfer Senf

10 g Butter zum Bestreichen

1 Msp. Cayennepfeffer

Pro Stück:
E: 11 g, F: 11 g, Kh: 4 g,
kJ: 679, kcal: 159

Tomaten mit Fischsalat

1. Tomaten waschen, abtrocknen und je einen Deckel abschneiden. Das Fruchtfleisch der Tomaten vorsichtig mit einem Teelöffel herausnehmen, dabei einen etwa 1 cm breiten Rand stehen lassen. Tomaten von innen salzen.
2. Seeteufelfilet unter fließendem kalten Wasser abspülen, trocken tupfen und in sehr kleine Würfel schneiden. Fischwürfel mit Zitronensaft, Salz und Pfeffer würzen.
3. Basilikum abspülen und trocken tupfen. Die Blättchen von den Stängeln zupfen. Vier Blättchen zum Garnieren beiseitelegen. Restliche Blättchen in feine Streifen schneiden. Schmand oder Crème légère mit einem Schneebesen glattrühren. Sherry, Senf und Basilikumstreifen unterrühren.
4. Einen Topf etwa 2 cm hoch mit Wasser füllen und zum Kochen bringen. Einen Dämpfeinsatz mit Butter ausstreichen und in den Topf hängen. Fischwürfel in den Einsatz legen. Den Topf mit einem Deckel verschließen. Fischwürfel etwa 2 Minuten dämpfen.

5. Die noch warmen Fischwürfel vorsichtig unter die Schmand- oder Crème-légère-Masse heben, mit Salz und Cayennepfeffer abschmecken. Den Fischsalat in die ausgehöhlten Tomaten füllen und die Deckel wieder daraufsetzen. Tomaten mit den beiseite gelegten Basilikumblättchen garnieren.

Gut vorzubereiten

Zucchini- und Auberginenröllchen
etwa 20 Stück

Zubereitungszeit: 50 Minuten, ohne Wartezeit
Backzeit: etwa 15 Minuten

2 mittelgroße Auberginen
2 mittelgroße Zucchini
Salz
1–2 Knoblauchzehen
125 ml (1/8 l) Olivenöl
frisch gemahlener Pfeffer
150 g Feta-Käse

Für die Tomatensauce:
1 Zwiebel
1 Knoblauchzehe
2 EL Olivenöl
2 Dosen stückige Tomaten (je 400 g)
Salz
frisch gemahlener Pfeffer
1 Prise Zucker

Für den Belag:
125 g Mozzarella-Käse
2 mittelgroße Tomaten

Pro Stück:
E: 4 g, F: 8 g, Kh: 3 g,
kJ: 410, kcal: 98

1. Auberginen und Zucchini waschen, abtrocknen und die Enden bzw. Stängel abschneiden. Auberginen und Zucchini längs in je 10 etwa 1 cm dicke Scheiben schneiden.
2. Auberginenscheiben mit Salz bestreuen und etwa 15 Minuten stehen lassen. Anschließend mit Küchenpapier trocken tupfen. Knoblauch abziehen und durch eine Knoblauchpresse drücken. Den Backofen vorheizen.

3. Jeweils etwas von dem Olivenöl in einer Pfanne erhitzen. Knoblauch hinzufügen. Auberginen- und Zucchinischeiben portionsweise darin anbraten, herausnehmen und auf Küchenpapier abtropfen lassen, mit Salz und Pfeffer bestreuen.
4. Den Feta-Käse in 20 längliche Stifte schneiden. Jeweils 1 Käsestück auf eine Gemüsescheibe legen und von der schmalen Seite her aufrollen.
5. Für die Tomatensauce Zwiebel und Knoblauch abziehen, in kleine Würfel schneiden. Olivenöl in einem Topf erhitzen. Zwiebel- und Knoblauchwürfel darin andünsten. Tomatenstücke mit der Flüssigkeit hinzufügen und zum Kochen bringen. Die Sauce sämig einkochen lassen. Mit Salz, Pfeffer und Zucker abschmecken.
6. Die Sauce in eine große, flache Auflaufform füllen. Die Gemüseröllchen in die Form setzen.
7. Für den Belag Mozzarella abtropfen lassen und in feine Scheiben schneiden. Tomaten waschen, abtrocknen, halbieren und die Stängelansätze herausschneiden. Tomaten in Scheiben schneiden und auf den Gemüseröllchen verteilen. Mit Mozzarella belegen. Jeweils mit Salz und Pfeffer bestreuen. Die Form auf dem Rost in den vorgeheizten Backofen schieben.
Ober-/Unterhitze: etwa 200 °C
Heißluft: etwa 180 °C
Backzeit: etwa 15 Minuten.

Gut vorzubereiten

Oliven-Kräuter-Stangen
16 Stück

Zubereitungszeit: 50 Minuten, ohne Auftauzeit
Backzeit: etwa 15 Minuten

200 g TK-Blätterteig
(4 quadratische Platten)
80 g Pinienkerne
2 Knoblauchzehen
150 g schwarze entsteinte Oliven
70 ml Olivenöl
50 g Parmesan-Käse
1 Stängel Rosmarin

Zum Bestreichen und Bestreuen:
1 Eiweiß
1 EL Wasser
1 EL grobes Meersalz

Pro Portion:
E: 3 g, F: 14 g, Kh: 6 g,
kJ: 689, kcal: 165

1. Die Blätterteigplatten nebeneinander zugedeckt nach Packungsanleitung auftauen lassen.
2. Pinienkerne in einer Pfanne ohne Fett goldbraun rösten, herausnehmen und auf einem Teller erkalten lassen. Den Backofen vorheizen.
3. Knoblauch abziehen. Oliven, Knoblauch und Pinienkerne sehr fein hacken (Blitzhacker) und in eine Schüssel geben. Olivenöl hinzugießen und zu einer Paste pürieren.
4. Parmesan-Käse auf einer Haushaltsreibe fein reiben und unter die Paste rühren. Rosmarin abspülen und trocken tupfen. Die Nadeln von dem Stängel zupfen. Nadeln klein hacken und ebenfalls unterrühren.
5. Jede Blätterteigplatte auf einer bemehlten Arbeitsfläche zu einem Rechteck (etwa 12 x 30 cm) ausrollen.
6. Zwei Blätterteigplatten mit der Olivenpaste bestreichen, dabei rundherum einen kleinen Rand frei lassen, mit je einer Blätterteigplatte belegen und fest andrücken.
7. Die gefüllten Blätterteigrechtecke mit einem Teigrädchen längs in etwa 1 1/2 cm breite Streifen rädeln oder schneiden und auf ein Backblech (mit Backpapier belegt) legen.
8. Zum Bestreichen und Bestreuen Eiweiß mit Wasser verschlagen. Die Teigstreifen damit bestreichen und mit Salz bestreuen. Das Backblech in den vorgeheizten Backofen schieben.
Ober-/Unterhitze: etwa 200 °C
Heißluft: etwa 180 °C
Backzeit: etwa 15 Minuten.
9. Die Oliven-Kräuter-Stangen mit dem Backpapier vom Backblech auf einen Kuchenrost ziehen. Oliven-Kräuter-Stangen warm oder kalt servieren.

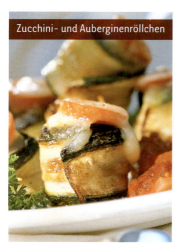
Zucchini- und Auberginenröllchen

Oliven-Kräuter-Stangen

Für Gäste – raffiniert

Zanderfilet mit Kraut im Blätterteig
4 Portionen

Zubereitungszeit: 90 Minuten, ohne Auftauzeit
Garzeit: etwa 30 Minuten

400 g TK-Zanderfilet
1 Pck. (450 g) TK-Blätterteig (10 Scheiben)
Salz, 1 Bund Dill
1 Dose mildes Sauerkraut (Abtropfgewicht 400 g)
1 Becher (150 g) Crème fraîche
frisch gemahlener Pfeffer
1 Ei (Größe M)

Pro Portion:
E: 31 g, F: 45 g, Kh: 40 g,
kJ: 2989, kcal: 715

1. Zanderfilet und Blätterteig nach Packungsanleitung auftauen lassen. Den Backofen vorheizen.
2. Zanderfilet unter fließendem kaltem Wasser abspülen, trocken tupfen und in größere Würfel oder breite Streifen schneiden. Fischwürfel oder -streifen in kochendem Salzwasser etwa 1 Minute blanchieren, mit einer Schaumkelle vorsichtig herausnehmen und abtropfen lassen.
3. Dill abspülen und trocken tupfen. Die Spitzen von den Stängeln zupfen. Spitzen klein schneiden.
4. Sauerkraut abtropfen lassen und ausdrücken. Sauerkraut mit Dill und Crème fraîche mischen, mit Salz und Pfeffer würzen.
5. Je 2 ½ Blätterteigplatten dünn auf einer bemehlten Arbeitsfläche zu einem Quadrat (etwa 15 x 15 cm) ausrollen. Ei mit etwas Wasser verschlagen.
6. Die Mitte der 4 ausgerollten Blätterteigquadrate mit der Sauerkrautmasse und Fisch belegen, Teigränder mit dem verschlagenen Ei bestreichen und so zusammenlegen, dass Päckchen entstehen. Ränder andrücken. Die Päckchen mit der Nahtseite nach unten auf ein Backblech (gefettet, mit Backpapier belegt) legen. Den Teig mit einer Gabel mehrmals einstechen und mit dem restlichen verschlagenen Ei bestreichen.
7. Das Backblech in den vorgeheizten Backofen schieben.
Ober-/Unterhitze: etwa 180 °C
Heißluft: etwa 160 °C
Garzeit: etwa 30 Minuten.

Etwas Besonderes

Möhren-Ingwer-Püfferchen mit Apfelkompott
4 Portionen

Zubereitungszeit: 40 Minuten

500 g Möhren
1 Kartoffel
½ Topf Schnittlauch
2 Korianderstängel
1 walnussgroßes Stück Ingwer
1 Pck. Dr. Oetker Finesse Geriebene Orangenschale
1 Msp. gemahlener Kreuzkümmel
2 EL Weizenmehl
2 EL Semmelbrösel
1 Ei (Größe M)
frisch geriebene Muskatnuss
Salz
frisch gemahlener Pfeffer

5–6 EL Olivenöl

1 Glas Apfelkompott (Einwaage 370 g)

Pro Portion:
E: 5 g, F: 13 g, Kh: 37 g,
kJ: 1219, kcal: 291

1. Möhren putzen, schälen, abspülen und abtropfen lassen. Kartoffel waschen, schälen, abspülen und abtropfen lassen. Möhren und Kartoffel grob raspeln. Schnittlauch und Koriander abspülen, trocken tupfen. Schnittlauch in Röllchen schneiden. Die Blättchen von den Korianderstängeln zupfen. Blättchen klein schneiden. Ingwer schälen und fein reiben.
2. Möhren-, Kartoffelraspel, Schnittlauchröllchen, Koriander, Ingwer, Orangenschale, Kreuzkümmel, Mehl, Semmelbrösel und Ei in einer Rührschüssel zu einem Teig verrühren. Mit Muskat, Salz und Pfeffer abschmecken.
3. Etwas von dem Olivenöl in einer Pfanne erhitzen. Den Puffertteig portionsweise mit einem Esslöffel in das heiße Fett geben und etwas flachdrücken. Die Püfferchen von jeder Seite etwa 3 Minuten goldbraun braten. Aus dem Puffertteig 8–12 Puffer braten.
4. Die fertigen Puffer aus der Pfanne nehmen, auf Küchenpapier abtropfen lassen und warm stellen. Püfferchen mit dem Apfelkompott servieren.

Zanderfilet mit Kraut im Blätterteig

Möhren-Ingwer-Püfferchen mit Apfelkompott

Einfach

Käsestangen
etwa 20 Stück

Zubereitungszeit: 25 Minuten, ohne Auftau- und Ruhezeit
Backzeit: etwa 15 Minuten je Backblech

Für den Teig:
1 Pck. TK-Blätterteig (450 g, 6 rechteckige Platten)

Für den Belag:
100 g geriebener Appenzeller-Käse
Paprikapulver edelsüß
frisch gemahlener Pfeffer

Zum Bestreichen:
1 Eigelb (Größe M)
1 EL Milch

Pro Stück:
E: 3 g, F: 7 g, Kh: 9 g,
kJ: 454, kcal: 109

Käsestangen

Kartoffel-Schinken-Tortilla

1. Blätterteigplatten nebeneinander zugedeckt nach Packungsanleitung auftauen lassen.
2. Für den Belag Käse in eine Schüssel geben, mit Paprika und Pfeffer würzen.
3. Die Teigplatten aufeinanderlegen und auf einer leicht bemehlten Arbeitsfläche zu einem Rechteck (etwa 20 x 40 cm) ausrollen. Den Backofen vorheizen.
4. Zum Bestreichen Eigelb mit Milch verschlagen, Blätterteigrechteck mit etwa der Hälfte der Eiermilch bestreichen. Eine Teighälfte mit der Käsemischung bestreuen. Die andere Teighälfte daraufklappen und andrücken.
5. Den Teig mit einem scharfen Messer in etwa 2 cm breite Streifen schneiden. Die Streifen spiralförmig drehen und auf Backbleche (mit Backpapier belegt) legen. Die Enden der Käsestangen auf dem Backpapier andrücken.
6. Teigspiralen etwa 10 Minuten ruhen lassen, dann mit der restlichen Eiermilch bestreichen. Die Backbleche nacheinander (bei Heißluft zusammen) in den vorgeheizten Backofen schieben.
Ober-/Unterhitze: etwa 200 °C
Heißluft: etwa 180 °C
Backzeit: etwa 15 Minuten je Backblech.
7. Die Käsestangen mit dem Backpapier von den Backblechen auf Kuchenroste ziehen. Käsestangen erkalten lassen.

Für Kinder

Kartoffel-Schinken-Tortilla
8 Portionen

Zubereitungszeit: 60 Minuten, ohne Abkühlzeit
Garzeit: etwa 25 Minuten

750 g festkochende Kartoffeln
200 g gekochter Schinken
200 g roher Schinken
8 Eier (Größe M)
125 g Schlagsahne
Salz
frisch gemahlener Pfeffer
1–2 Knoblauchzehen
1 Bund glatte Petersilie
70 g Butterschmalz

Pro Portion:
E: 20 g, F: 22 g, Kh: 14 g,
kJ: 1393, kcal: 332

1. Kartoffeln gründlich waschen, mit Wasser bedeckt zum Kochen bringen und in 20–25 Minuten gar kochen. Die Kartoffeln abgießen, abdämpfen und heiß pellen. Kartoffeln erkalten lassen und in Scheiben schneiden.
2. Gekochten und rohen Schinken in Würfel schneiden. Eier mit Sahne verschlagen, mit Salz und Pfeffer würzen. Knoblauch abziehen, in sehr kleine Würfel schneiden und unterrühren. Petersilie abspülen und trocken tupfen. Die Blättchen von den Stängeln zupfen. Blättchen grob zerschneiden. Den Backofen vorheizen.
3. Jeweils etwas Butterschmalz in einer großen Pfanne erhitzen. Die Kartoffelscheiben darin portionsweise anbraten. Mit Salz und Pfeffer würzen. Die Hälfte der Petersilie unter die Kartoffelscheiben rühren.
4. Die Kartoffelmasse in eine große Auflaufform oder Fettfangschale geben. Die Eiersahne darauf verteilen. Mit Schinkenwürfeln bestreuen. Die Form auf dem Rost oder die Fettfangschale in den vorgeheizten Backofen schieben. Die Masse stocken lassen.
Ober-/Unterhitze: etwa 180 °C
Heißluft: etwa 160 °C
Garzeit: etwa 25 Minuten.
5. Die Tortilla vor dem Servieren mit der restlichen Petersilie bestreuen.

Preiswert

Mozzarella in carrozza
10 Stück

Zubereitungszeit: 40 Minuten

20 Scheiben Toastbrot
250 g Mozzarella-Käse
3 Eier (Größe M)
200 ml Milch
Salz
frisch gemahlener Pfeffer
Paprikapulver edelsüß
75 g Semmelbrösel
125 ml (1/8 l) Sonnenblumenöl

Pro Stück:
E: 11 g, F: 13 g, Kh: 31 g,
kJ: 1219, kcal: 291

1. Aus den Toastbrotscheiben runde Scheiben (Ø 6–8 cm) ausstechen.
2. Mozzarella in einem Sieb abtropfen lassen und in etwa 1 cm dicke Scheiben schneiden.
3. Eier mit etwa einem Drittel der Milch in einer Schale verschlagen, mit Salz, Pfeffer und Paprika würzen. Restliche Milch und Semmelbrösel getrennt in je einen tiefen Teller geben.
4. Jeweils eine Mozzarellascheibe auf eine runde Toastscheibe legen. Mit einer zweiten Toastscheibe belegen und leicht andrücken.
5. Zuerst die Toasträder rundherum in Milch und dann in Semmelbrösel tauchen, Panade etwas andrücken. Dann die Mozzarella-Toastscheiben durch die Eiermilch ziehen.
6. Sonnenblumenöl in einer Pfanne erhitzen. Die Toastscheiben darin von beiden Seiten goldgelb ausbacken, herausnehmen und auf Küchenpapier abtropfen lassen, sofort servieren.

Gut vorzubereiten

Heringsfilet mit Eiern und Curry
4 Portionen

Zubereitungszeit: 30 Minuten, ohne Durchziehzeit

8 Heringsfilets (etwa 480 g, süß-sauer eingelegt)
1 Gemüsezwiebel
3 hart gekochte Eier
1 kleine Chilischote
150 g Crème légère oder Schmand (Sauerrahm)
1 TL flüssiger Honig oder Zucker
2 EL Currypulver, indisch
Salz
frisch gemahlener Pfeffer

1 hart gekochtes Ei

Pro Portion:
E: 31 g, F: 33 g, Kh: 10 g,
kJ: 1901, kcal: 451

1. Heringsfilets gut abtropfen lassen und in etwa 3 cm breite Stücke schneiden. Zwiebel abziehen, halbieren und in feine Scheiben schneiden. Eier pellen und mit einem Eierschneider in Scheiben schneiden.
2. Chilischote halbieren, entstielen, entkernen, abspülen und abtropfen lassen. Chili in sehr kleine Stücke schneiden. Crème légère oder Schmand mit Honig, Curry und Chilistücken verrühren, mit Salz und Pfeffer würzen.
3. Die Sauce vorsichtig unter die Heringsfilets und Eierscheiben heben. Den Salat zugedeckt kalt stellen und etwa 24 Stunden durchziehen lassen.
4. Ei pellen und in Scheiben schneiden. Salat mit Eierscheiben garnieren.

Für Gäste

Gratinierte gefüllte Artischockenböden
4 Portionen

Zubereitungszeit: 65 Minuten, ohne Abkühlzeit
Garzeit: 20–30 Minuten

8 Artischocken (je etwa 350 g)
2 Bio-Zitronen (unbehandelt, ungewachst), Salzwasser

Für die Füllung:
400 g Staudensellerie
1 Zwiebel
2 Fleischtomaten (etwa 300 g)
2 EL Speiseöl
1 Bund Petersilie
Salz, frisch gemahlener Pfeffer
Knoblauchpulver
120 g magerer durchwachsener Speck

100 g geriebener Parmesan-Käse

Außerdem:
Küchengarn

Pro Portion:
E: 22 g, F: 17 g, Kh: 12 g,
kJ: 1225, kcal: 293

Mozzarella in carrozza

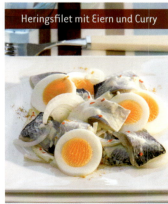
Heringsfilet mit Eiern und Curry

Gratinierte gefüllte Artischockenböden

Gemüse-Carpaccio

1. Artischocken unter fließendem kalten Wasser abspülen und gut abtropfen lassen. Stiele und Spitzen abschneiden. Zitronen gründlich waschen, abtrocknen und in 16 Scheiben schneiden. Artischocken von beiden Seiten mit je einer Zitronenscheibe belegen und mit Küchengarn fest umwickeln. Artischocken in kochendem Salzwasser etwa 40 Minuten garen, herausnehmen und abkühlen lassen. Küchengarn und Zitronenschalen entfernen.
2. Für die Füllung Staudensellerie putzen und die harten Außenfäden abziehen. Sellerie waschen und abtropfen lassen. Zwiebel abziehen. Sellerie und Zwiebel in Würfel schneiden. Tomaten waschen, abtrocknen und die Stängelansätze herausschneiden. Tomaten halbieren, entkernen und ebenfalls in Würfel schneiden. Den Backofen vorheizen.
3. Speiseöl in einer Pfanne erhitzen. Zwiebel- und Selleriewürfel darin etwa 10 Minuten dünsten. Tomatenwürfel unterrühren. Petersilie abspülen und trocken tupfen. Die Blättchen von den Stängeln zupfen. Blättchen klein schneiden und zu den Gemüsewürfeln geben. Mit Salz, Pfeffer und Knoblauch würzen. Speck in kleine Würfel schneiden und auslassen.
4. Von den Artischocken einen Deckel abschneiden. Das Heu mit einem Teelöffel herauslösen. Artischocken nochmals waschen, abtropfen lassen und in eine flache Auflaufform setzen. Die Gemüsewürfel in die Artischocken füllen. Speckwürfel darauf verteilen. Mit Käse bestreuen. Die Form auf dem Rost in den vorgeheizten Backofen schieben.
Ober-/Unterhitze: 180–200 °C
Heißluft: 160–180 °C
Garzeit: 20–30 Minuten.

Vegetarisch

Gemüse-Carpaccio
6 Portionen

Zubereitungszeit: 40 Minuten

Für das Gemüse:
150 g Möhren
750 g grüner Spargel
½ Bund Frühlingszwiebeln
200 g Zuckerschoten
Salzwasser
250 g mittelgroße Tomaten
½ Topf Kerbel
½ Bund glatte Petersilie

Für das Dressing:
2 Schalotten
50 ml Balsamico-Bianco-Essig
3 EL Orangensaft
1–2 EL flüssiger Honig
Salz, frisch gemahlener Pfeffer
100 ml Traubenkernöl oder Nussöl

Pro Portion:
E: 23 g, F: 18 g, Kh: 33 g,
kJ: 1678, kcal: 404

1. Für das Gemüse Möhren putzen, schälen, abspülen und abtropfen lassen. Von dem grünen Spargel das untere Drittel schälen und die Enden abschneiden. Spargel waschen und abtropfen lassen. Möhren längs in dünne Scheiben schneiden. Spargel längs halbieren.
2. Frühlingszwiebeln putzen, waschen, abtropfen lassen und in sehr dünne Scheiben schneiden. Zuckerschoten putzen, eventuell abfädeln, waschen und abtropfen lassen.
3. Salzwasser in einem Topf zum Kochen bringen. Zuckerschoten darin 2–3 Minuten garen. Zuckerschoten in ein Sieb geben, mit kaltem Wasser abschrecken und abtropfen lassen.
4. Tomaten waschen, kreuzweise einschneiden und einige Sekunden in kochendes Wasser legen. Tomaten kurz in kaltes Wasser legen, enthäuten, halbieren, entkernen, die Stängelansätze herausschneiden. Tomatenhälften in Spalten schneiden.
5. Kräuter abspülen und trocken tupfen. Die Blättchen von den Stängeln zupfen. Etwa die Hälfte der Blättchen klein schneiden. Restliche Kräuterblättchen zum Garnieren beiseitelegen. Zuckerschoten schräg halbieren.
6. Für das Dressing Schalotten abziehen und klein würfeln. Essig mit Orangensaft und Honig verrühren, mit Salz und Pfeffer würzen. Traubenkern- oder Nussöl unterschlagen. Schalottenwürfel und klein geschnittene Kräuter unterrühren.
7. Spargel, Möhren, Zuckerschoten und Frühlingszwiebeln auf einer großen Platte anrichten. Mit ⅔ des Dressings beträufeln. Tomatenspalten darauf verteilen. Gemüse-Carpaccio mit den beiseite gelegten Kräuterblättchen garnieren und restliches Dressing dazureichen.

Halber Hummer mit Sauce Hollandaise

Für Gäste

Halber Hummer mit Sauce Hollandaise
4 Portionen

Zubereitungszeit: 40 Minuten, ohne Auftauzeit

2 TK-Hummer, gekocht (etwa 600 g)
Salz
2 EL Kümmelsamen
1 kleiner Blumenkohl
1 kleine Dose Artischockenböden (Abtropfgewicht 185 g)
2 Stängel Estragon
4 Stängel Kerbel
2 EL Olivenöl
350 g Butter
3 Eigelb (Größe M)
1 EL Vollmilchjoghurt
frisch gemahlener Pfeffer
Cayennepfeffer
Zitronensaft

Pro Portion:
E: 24 g, F: 84 g, Kh: 5 g,
kJ: 3726, kcal: 891

1. Hummer nach Packungsanleitung auftauen lassen. In einem großen Topf Wasser mit Salz und Kümmel aufkochen. Den Topf von der Kochstelle nehmen.
2. Von dem Blumenkohl die Blätter und schlechten Stellen entfernen. Den Strunk abschneiden. Blumenkohl in kleine Röschen teilen, waschen und abtropfen lassen. Artischockenböden in einem Sieb abtropfen lassen und vierteln.
3. Hummer in das nicht mehr kochende Wasser geben (Das Hummerfleisch wird sonst hart) und in etwa 20 Minuten warm werden lassen.
4. Estragon und Kerbel abspülen und trocken tupfen. Die Blättchen von den Stängeln zupfen. Blättchen klein schneiden.
5. Olivenöl in einem Topf erhitzen. Blumenkohlröschen darin bei mittlerer Hitze langsam braten. Mit Salz würzen.
6. Butter in einem kleinen Topf aufkochen lassen. Eigelb mit Joghurt verrühren. Mit Salz, Pfeffer, einer Messerspitze Cayennepfeffer und etwas Zitronensaft würzen. Nach und nach mit einem Pürierstab die noch kochende Butter unterarbeiten, so dass eine glatte homogene Sauce entsteht. Kräuter unterrühren. Die Sauce im Wasserbad warm halten.
7. Die Artischockenböden zu den Blumenkohlröschen geben und etwa 3 Minuten mitbraten lassen. Mit Salz und Pfeffer abschmecken.
8. Hummer mit einer Schaumkelle aus dem Wasser nehmen und der Länge nach halbieren. Die Scheren anschlagen. Hummer mit dem Blumenkohl-Artischocken-Gemüse und der Sauce servieren.

Wichtig: Die fertige Sauce darf nicht kochen, sonst gerinnt sie.

Beliebt

Blätterteigtaschen
12 Stück

Zubereitungszeit: 30 Minuten, ohne Auftau- und Ruhezeit
Garzeit: etwa 20 Minuten

1 Pck. (450 g) TK-Blätterteig
(6 rechteckige Platten)

Für die Füllung:
1 Zwiebel
1 große Tomate
2 EL Olivenöl
300 g Gehacktes (halb Rind-, halb Schweinefleisch)
2 EL Tomatenmark
Salz
frisch gemahlener Pfeffer
1 TL gerebelter Oregano

Zum Bestreichen:
1 Ei (Größe M)
2 EL Milch

Zum Bestreuen:
40 g Pinienkerne
oder
40 g gewürfelter Schafkäse

Pro Stück:
E: 9 g, F: 16 g, Kh: 15 g,
kJ: 1007, kcal: 241

1. Blätterteigplatten nebeneinander nach Packungsanleitung auftauen lassen.
2. Für die Füllung Zwiebel abziehen und in kleine Würfel schneiden. Tomate waschen, abtrocknen, halbieren, entkernen und den Stängelansatz herausschneiden. Tomatenhälften in Würfel schneiden.
3. Olivenöl in einer Pfanne erhitzen. Zwiebelwürfel darin andünsten. Gehacktes hinzufügen und anbraten, dabei die Klümpchen mit einer Gabel zerdrücken. Tomatenmark unterrühren. Mit Salz, Pfeffer und Oregano würzen. Tomatenwürfel unterrühren. Hackfleischmasse etwas abkühlen lassen. Den Backofen vorheizen.

4. Blätterteigplatten quer halbieren. Die Hälften jeweils auf einer leicht bemehlten Arbeitsfläche zu einem Quadrat (etwa 14 x 14 cm) ausrollen.
5. Zum Bestreichen Ei trennen. Eiweiß verschlagen, die Teigränder damit bestreichen. Die Hackfleischmasse in die Mitte der einzelnen Teigplatten geben. Die Teigplatten diagonal zusammenklappen, so dass Dreiecke entstehen.
6. Die Teigränder mit einer Gabel gut zusammendrücken. Die Teigdreiecke auf Backbleche (gefettet, mit Backpapier belegt) legen.
7. Eigelb mit Milch verschlagen, die Teigoberfläche damit bestreichen und mit Pinienkernen oder Schafkäsewürfel bestreuen. Die Backbleche nacheinander (bei Heißluft zusammen) in den vorgeheizten Backofen schieben.
Ober-/Unterhitze: etwa 200 °C
Heißluft: etwa 180 °C
Garzeit: etwa 20 Minuten.
8. Die Blätterteigtaschen mit dem Backpapier von den Backblechen auf Kuchenroste ziehen. Blätterteigtaschen warm oder kalt servieren.

Etwas teurer

Artischockenblätter mit Shrimps
4 Portionen

2 Artischocken
1 Zitrone
Salzwasser
2 EL Weißweinessig
2 Lorbeerblätter

Für den Frischkäse-Dip:
200 g Doppelrahm-Frischkäse
2 TL fein gehackte Kapern
2–3 EL Schlagsahne je nach Konsistenz des Frischkäses
Salz
Cayennepfeffer
200 g Shrimps
2 TL Kapern

Zubereitungszeit: 55 Minuten

Pro Portion:
E: 17 g, F: 19 g, Kh: 4 g,
kJ: 1038, kcal: 248

1. Artischocken waschen, die äußeren, unansehnlichen Blätter abschneiden. Die Blattspitzen mit einer Küchenschere gerade schneiden. Zitrone halbieren und die Schnittflächen der Artischocken mit dem Zitronenfruchtfleisch abreiben.
2. Artischocken in kochendes Salzwasser geben. Essig und Lorbeerblätter hinzufügen, wieder zum Kochen bringen und zugedeckt bei schwacher Hitze 25–30 Minuten garen, bis sich die Blätter leicht herausziehen lassen.
3. Die Artischocken mit einem Schaumlöffel herausnehmen und mit dem Boden nach oben auf einem Sieb abtropfen und abkühlen lassen.
4. Die Artischockenblätter herauszupfen und auf einer großen Platte anrichten. Das Heu von dem Artischockenböden entfernen, die Böden in die Mitte setzen.
5. Für den Dip Frischkäse und gehackte Kapern glattrühren. Sahne nach und nach hinzufügen. Nur so viel Sahne verwenden, dass der Dip cremig und nicht dünnflüssig wird. Den Dip mit Salz und Cayennepfeffer abschmecken.
6. Die Masse in einen Spritzbeutel mit großer Spritztülle füllen und auf die Artischockenblätter spritzen. Mit Shrimps und Kapern belegen.

Blätterteigtaschen

Artischockenblätter mit Shrimps

Kapitel 02
Rezepte 101–200

Suppen

Kräutersuppe

Für Gäste

Kräutersuppe
4 Portionen

Zubereitungszeit: 40 Minuten
Garzeit: etwa 15 Minuten

je 1 kleines Bund Rucola (Rauke, 50 g),
Kerbel, Basilikum und Petersilie
1 Kästchen Kresse
2 Schalotten oder 1 Zwiebel
1 EL Butter
Salz
frisch gemahlener Pfeffer
400 ml Gemüsebrühe
125 g Schlagsahne oder Crème fraîche
frisch geriebene Muskatnuss

Pro Portion:
E: 2 g, F: 14 g, Kh: 3 g,
kJ: 607, kcal: 146

1. Rucola und Kräuter waschen, trocken tupfen. Kerbel-, Basilikum- und Petersilienblättchen von den Stängeln zupfen. Kerbel- und Petersilienstängel (Basilikumstängel nicht, sind häufig holzig) hacken.
2. Kresse bis auf einen kleinen Rest zum Garnieren der Suppe mit einer Schere abschneiden. Schalotten oder Zwiebel abziehen und in Würfel schneiden.
3. Butter in einem Topf zerlassen. Gehackte Stängel und Schalotten- oder Zwiebelwürfel darin andünsten, mit Salz und Pfeffer würzen. Brühe hinzugießen, zum Kochen bringen und etwa 15 Minuten bei schwacher Hitze leicht köcheln lassen.
4. Abgezupfte Kräuter hacken, Rucola in Streifen schneiden. Beide Zutaten zur Suppe geben, gut pürieren und durch ein Sieb gießen. Sahne oder Crème fraîche unterrühren. Die Suppe kurz erwärmen, aber nicht mehr kochen lassen.
5. Die Suppe mit Salz, Pfeffer und Muskat abschmecken, in Suppentassen oder -teller füllen und mit der restlichen Kresse garnieren.

Einfach – beliebt

Käse-Porree-Suppe
4–6 Portionen

Zubereitungszeit: 40 Minuten
Garzeit: etwa 15 Minuten

3 Stangen Porree (Lauch, etwa 500 g)
3 EL Speiseöl
750 g Gehacktes (halb Rind-, halb Schweinefleisch)
Salz
frisch gemahlener Pfeffer
1 l Fleischbrühe
2 Gläser Champignons in Scheiben oder kleine Champignons (Abtropfgewicht je 170 g)
200 g Sahne- oder Kräuter-Schmelzkäse

Pro Portion:
E: 36 g, F: 48 g, Kh: 5 g,
kJ: 2651, kcal: 633

1. Porree putzen, die Stangen längs halbieren, gründlich waschen und abtropfen lassen. Porree in feine Streifen schneiden.

2. Speiseöl in einem großen Topf erhitzen, Gehacktes darin anbraten, dabei die Fleischklümpchen mit einer Gabel zerdrücken. Mit Salz und Pfeffer würzen.
3. Porreestreifen hinzufügen und kurz mit andünsten. Brühe hinzugießen, zum Kochen bringen und zugedeckt etwa 15 Minuten garen. Champignons in einem Sieb gut abtropfen lassen und hinzufügen.
4. Schmelzkäse unterrühren und unter Rühren schmelzen lassen (nicht mehr kochen lassen). Die Suppe mit Salz und Pfeffer abschmecken.

Beilage: Baguettebrot oder Brötchen.

Vegetarisch

Grünkernsuppe
4 Portionen

Zubereitungszeit: 25 Minuten
Garzeit: etwa 10 Minuten

1 Zwiebel
40 g Butter
100 g Grünkernmehl
gut 1 l Gemüsebrühe
125 g Schlagsahne
Salz
frisch gemahlener Pfeffer
1 Prise Zucker
frisch geriebene Muskatnuss
1 EL gehackte Kräuter,
z. B. Petersilie, Dill, Estragon, Schnittlauch, Kerbel

Pro Portion:
E: 4 g, F: 19 g, Kh: 20 g,
kJ: 1119, kcal: 267

1. Zwiebel abziehen und in kleine Würfel schneiden. Butter in einem Topf zerlassen. Die Zwiebelwürfel darin unter Rühren hellgelb dünsten. Grünkernmehl hinzufügen und unter Rühren kurze Zeit mit andünsten.
2. Brühe hinzugießen und mit einem Schneebesen kräftig durchschlagen, dabei darauf achten, dass keine Klümpchen entstehen. Die Suppe zum Kochen bringen und ohne Deckel bei schwacher Hitze etwa 10 Minuten kochen lassen, dabei gelegentlich umrühren.
3. Sahne hinzugießen und erhitzen. Die Suppe mit Salz, Pfeffer, Zucker und Muskat abschmecken. Vor dem Servieren Kräuter unterrühren.

Tipp: Die Suppe vor dem Servieren mit Croûtons bestreuen.

Käse-Porree-Suppe

Grünkernsuppe

Schnell zubereitet – vegetarisch

Gemüsesuppe mit Basilikumpesto
4 Portionen

Zubereitungzeit: 35 Minuten
Garzeit: etwa 10 Minuten

Für die Suppe:
2 Stangen Porree (Lauch, etwa 350 g)
4 Stangen Staudensellerie (etwa 300 g)
4 Möhren (etwa 350 g)
2 EL (40 g) Butter oder Margarine
1 l Gemüsebrühe
Salz
frisch gemahlener Pfeffer

Für das Pesto:
1 kleines Bund Basilikum
40 g frisch geriebener Parmesan-Käse
1 Knoblauchzehe
3 EL (30 ml) Olivenöl

Pro Portion:
E: 6 g, F: 20 g, Kh: 5 g,
kJ: 929, kcal: 222

1. Für die Suppe Porree putzen, die Stangen längs halbieren, gründlich waschen und abtropfen lassen. Porree in feine Streifen schneiden. Staudensellerie putzen und die harten Außenfäden abziehen. Sellerie waschen, abtropfen lassen und in feine Scheiben schneiden. Möhren putzen, schälen, waschen und abtropfen lassen. Möhren in dünne Stifte schneiden.
2. Butter oder Margarine in einem Topf erhitzen. Porreestreifen, Selleriescheiben und Möhrenstifte darin etwa 4 Minuten unter gelegentlichem Rühren andünsten. Brühe hinzugießen, mit Salz und Pfeffer würzen. Die Zutaten zum Kochen bringen und zugedeckt etwa 10 Minuten bei schwacher Hitze leicht köcheln lassen.
3. Inzwischen für das Pesto Basilikum abspülen und trocken tupfen. Die Blättchen von den Stängeln zupfen. Basilikumblättchen mit Parmesan-Käse in einen hohen Rührbecher geben. Knoblauch abziehen, durch eine Knoblauchpresse drücken und hinzugeben. Die Zutaten fein pürieren.
4. Die Basilikummasse in eine kleine Schüssel geben und mit Olivenöl glattrühren. Das Pesto nach Belieben mit Salz und Pfeffer würzen.
5. Die Gemüsesuppe mit Salz und Pfeffer abschmecken. Basilikumpesto zur Suppe reichen.

Raffiniert

Geflügel-Spinat-Suppe
4 Portionen

Zubereitungszeit: 30 Minuten
Garzeit: etwa 15 Minuten

2 Zwiebeln
1–2 Knoblauchzehen
750 g Putenbrustfilet
1–2 Bio-Zitronen (unbehandelt, ungewachst)
2 EL Speiseöl, Salz, Pfeffer
1 geh. EL Weizenmehl
1¼ l Hühnerbrühe
100 g Langkornreis
150 g TK-Blattspinat

einige abgezogene Mandeln

Pro Portion:
E: 50 g, F: 10 g, Kh: 26 g,
kJ: 1675, kcal: 401

1. Zwiebeln und Knoblauch abziehen, in kleine Würfel schneiden. Putenbrustfilet unter fließendem kalten Wasser abspülen, trocken tupfen und in Würfel schneiden.
2. Zitronen heiß abwaschen und abtrocknen, mit einem Zestenreißer einige Streifen zum Garnieren abschälen. Zitronen so schälen, dass die weiße Haut mit entfernt wird. Zitronen in dünne Scheiben schneiden.
3. Speiseöl in einer Pfanne erhitzen, Putenbrustwürfel darin portionsweise von allen Seiten kräftig anbraten und in einen großen Topf geben. Mit Salz und Pfeffer würzen. Zwiebel- und Knoblauchwürfel in dem verbliebenen Bratfett kurz anbraten und zu den Fleischwürfeln geben. Mit Mehl bestäuben und unterrühren.
4. Brühe unter Rühren hinzugießen und aufkochen lassen. Zitronenscheiben, Reis und gefrorenen Spinat hinzufügen, wieder zum Kochen bringen und etwa 15 Minuten garen, dabei ab und zu umrühren. Die Suppe mit Salz und Pfeffer abschmecken. Mit Mandeln anrichten und mit den Zitronenstreifen garnieren.

Gemüsesuppe mit Basilikumpesto

Geflügel-Spinat-Suppe

Französische Zwiebelsuppe

Klassisch – mit Alkohol

Französische Zwiebelsuppe
4 Portionen

Zubereitungszeit: 45 Minuten
Garzeit: 10–15 Minuten

Für die Suppe:
etwa 600 g Zwiebeln
50 g Butter oder Margarine
850 ml Gemüsebrühe
150 ml trockener Weißwein
Salz, geschroteter, weißer Pfeffer

Für die Baguettescheiben:
30 g Butter
4 Scheiben Baguette
30 g geriebener Parmesan-Käse

Pro Portion:
E: 6 g, F: 19 g, Kh: 15 g,
kJ: 1194, kcal: 285

1. Für die Suppe Zwiebeln abziehen, halbieren und in dünne Scheiben schneiden oder hobeln. Butter oder Margarine in einem Topf zerlassen. Die Zwiebelscheiben darin unter Rühren bei mittlerer Hitze goldgelb dünsten.
2. Brühe hinzugießen und zum Kochen bringen. Die Zwiebelscheiben darin zugedeckt bei mittlerer Hitze 10–15 Minuten garen. Wein hinzugeben. Die Suppe mit Salz und Pfeffer würzen. Den Backofengrill vorheizen.
3. Für die Baguettescheiben Butter in einer großen Pfanne zerlassen, die Baguettescheiben darin von beiden Seiten goldgelb rösten und herausnehmen.
4. Die Zwiebelsuppe in große, hitzebeständige Suppentassen füllen. Die Baguettescheiben darauf verteilen und mit Parmesan-Käse bestreuen. Die Suppentassen auf dem Rost in den Backofen schieben und die Suppe unter dem vorgeheizten Grill kurz überbacken, bis der Käse leicht gebräunt ist.
5. Die Zwiebelsuppe sofort servieren, damit das Brot nicht weich wird.

Einfach – mit Alkohol

Fisch-Kräutersuppe
4 Portionen

Zubereitungszeit: 30 Minuten, ohne Auftauzeit
Garzeit: etwa 10 Minuten

300 g TK-Fischfilet,
z. B. Viktoriabarsch
150 g Zuckerschoten
750 ml (¾ l) Gemüsebrühe
oder Fischfond
1 Becher (150 g) Crème fraîche
3 EL trockener Weißwein
Salz, Pfeffer
3 EL gehackte Kräuter,
z. B. Petersilie, Estragon, Kerbel

Pro Portion:
E: 17 g, F: 12 g, Kh: 6 g,
kJ: 876, kcal: 211

1. Fischfilet nach Packungsanleitung auftauen lassen. Anschließend unter fließendem kalten Wasser abspülen, trocken tupfen und in etwa 2 x 2 cm große Würfel schneiden. Zuckerschoten putzen, eventuell abfädeln, waschen und abtropfen lassen. Zuckerschoten in kochendem Salzwasser 2–3 Minuten blanchieren, in eiskaltem Wasser abschrecken und abtropfen lassen. Zuckerschoten mit einem Mixstab pürieren.
2. Brühe oder Fond in einem Topf zum Kochen bringen. Fischwürfel hinzufügen. Zuckerschotenpüree unterrühren. Die Suppe zugedeckt bei schwacher Hitze etwa 10 Minuten köcheln lassen.
3. Crème fraîche und Wein unterrühren. Die Suppe mit Salz und Pfeffer würzen. Kräuter unterrühren. Die Suppe sofort servieren.

Raffiniert – schnell zubereitet

Fenchel-Zitronen-Suppe mit Lachs
4 Portionen

Zubereitungszeit: 30 Minuten
Garzeit: etwa 20 Minuten

2 Fenchelknollen (etwa 400 g)
3 Möhren (etwa 200 g)
2 mehligkochende Kartoffeln (etwa 250 g)
1 EL Olivenöl
750 ml (3/4 l) Gemüsebrühe
2 Lorbeerblätter
1 gestr. TL Currypulver
1 Bio-Zitrone (unbehandelt, ungewachst)
200 g frischer Lachs
Salz
1 Msp. gemahlener Piment
5 Stängel glatte Petersilie

Pro Portion:
E: 13 g, F: 6 g, Kh: 13 g,
kJ: 690, kcal: 165

1. Von den Fenchelknollen die Stiele dicht oberhalb der Knollen abschneiden, braune Stellen und Blätter entfernen (etwas Fenchelgrün beiseitelegen). Die Wurzelenden gerade schneiden. Knollen waschen, abtropfen lassen, halbieren und in kleine Würfel schneiden. Möhren putzen, schälen, abspülen, abtropfen lassen und klein würfeln. Kartoffeln waschen, schälen, abspülen, abtropfen lassen und ebenfalls in kleine Würfel schneiden.
2. Olivenöl in einem Topf erhitzen. Vorbereitete Gemüse- und Kartoffelwürfel darin unter Rühren andünsten. Gemüsebrühe, Lorbeerblätter und Curry hinzufügen und unterrühren. Die Zutaten zum Kochen bringen und zugedeckt etwa 15 Minuten kochen lassen, Lorbeerblätter entfernen.
3. In der Zwischenzeit Zitrone heiß abwaschen und abtrocknen. Die Hälfte der Schale abreiben und beiseitelegen. Zitrone halbieren und auspressen.
4. Lachs unter fließendem kalten Wasser abspülen, trocken tupfen und in etwa 1 x 1 cm große Würfel schneiden. Lachswürfel mit Zitronensaft beträufeln, mit Salz und Piment bestreuen.
5. Geriebene Zitronenschale in die Suppe rühren. Die Suppe fein pürieren und nochmals aufkochen lassen. Lachswürfel hinzufügen und in etwa 5 Minuten bei schwacher Hitze gar ziehen lassen. Suppe eventuell nochmals mit Salz, Curry und Piment abschmecken.
6. Petersilie abspülen und trocken tupfen. Die Blättchen von den Stängeln zupfen. Petersilienblättchen klein schneiden. Beiseite gelegtes Fenchelgrün ebenfalls abspülen, trocken tupfen und klein schneiden.
7. Die Suppe mit den Kräutern bestreut servieren.

Raffiniert

Gelbe Linsensuppe mit Joghurt
4 Portionen

Zubereitungszeit: 60 Minuten, ohne Einweichzeit
Garzeit: 20–25 Minuten

1 kleine Zwiebel
1 Knoblauchzehe
1 EL Speiseöl
1 Msp. Cumin (Kreuzkümmel)
1 Msp. gemahlener Koriander
1 Msp. Cayennepfeffer
200 g getrocknete, gelbe Linsen
600 ml Gemüsebrühe
1 kleine Dose Mais (Abtropfgewicht 140 g)
1 EL Rosinen
200 g Vollmilchjoghurt
Salz, frisch gemahlener Pfeffer
1 TL Zitronen- oder Limettensaft
evtl. 2–3 Stängel glatte Petersilie

Pro Portion:
E: 15 g, F: 6 g, Kh: 30 g,
kJ: 1034, kcal: 247

1. Zwiebel und Knoblauch abziehen, in kleine Würfel schneiden. Speiseöl in einem Topf erhitzen, Zwiebelwürfel darin andünsten. Knoblauchwürfel hinzugeben und kurz mitdünsten lassen. Mit Cumin, Koriander und Cayennepfeffer würzen.

Fenchel-Zitronen-Suppe mit Lachs

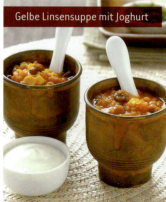
Gelbe Linsensuppe mit Joghurt

2. Linsen und Brühe hinzugeben, gut verrühren und aufkochen lassen. Die Suppe zugedeckt unter gelegentlichem Rühren 20–25 Minuten leicht köcheln lassen.
3. Mais in einem Sieb abtropfen lassen. Rosinen, Joghurt und Mais unter die Suppe rühren. Mit Salz, Pfeffer und mit Zitronen- oder Limettensaft abschmecken.
4. Nach Belieben Petersilie abspülen und trocken tupfen. Die Blättchen von den Stängeln zupfen. Blättchen klein schneiden.
5. Die Suppe nach Belieben mit Petersilie bestreut servieren.

Gemüsesuppe mit Ei und Käse

Kalorienarm

Gemüsesuppe
4 Portionen

Zubereitungszeit: 50 Minuten
Garzeit: 15–18 Minuten

300 g Blumenkohlröschen
300 g Brokkoliröschen
300 g grüne Bohnen
400 g Wirsing
300 g Möhren
1 Stange Porree (Lauch)
280 g Gemüsemais (aus der Dose)
1 l Gemüsebrühe
Salz, frisch gemahlener Pfeffer
gerebelter Majoran

Pro Portion:
E: 10 g, F: 3 g, Kh: 24 g,
kJ: 731, kcal: 174

1. Blumenkohl- und Brokkoliröschen waschen, abtropfen lassen und eventuell zerkleinern. Von den Bohnen die Enden abschneiden, eventuell abfädeln. Bohnen in Stücke schneiden, waschen und abtropfen lassen.
2. Wirsing in Streifen schneiden, waschen und in einem Sieb abtropfen lassen. Möhren putzen, schälen, waschen, abtropfen lassen und in Scheiben schneiden. Porree putzen, die Stange längs halbieren, gründlich waschen, abtropfen lassen und ebenfalls in Scheiben schneiden. Mais in einem Sieb abtropfen lassen.
3. Brühe in einem Topf zum Kochen bringen. Blumenkohl-, Brokkoliröschen, Bohnen und Möhrenscheiben hinzufügen, wieder zum Kochen bringen und etwa 10 Minuten garen.
4. Wirsingstreifen, Porreescheiben und Mais hinzufügen, weitere 5–8 Minuten garen. Die Suppe mit Salz, Pfeffer und Majoran abschmecken.

Gut vorzubereiten

Gemüsesuppe mit Ei und Käse
4–6 Portionen

Zubereitungszeit: 25 Minuten
Garzeit: etwa 15 Minuten

750 g Tomaten
200 g Steinpilze
2 Zwiebeln
2 Stangen Staudensellerie
1 Knoblauchzehe
6 EL Olivenöl, Salz
vorbereitete Minzeblättchen
1 l Gemüsebrühe
8 dünne Scheiben Weißbrot
2 Eier (Größe M)
3 EL frisch geriebener
Parmesan-Käse
frisch gemahlener Pfeffer

Pro Portion:
E: 12 g, F: 20 g, Kh: 25 g,
kJ: 1367, kcal: 326

1. Tomaten waschen, kreuzweise einschneiden und einige Sekunden in kochendes Wasser legen. Tomaten kurz in kaltes Wasser legen, enthäuten, halbieren, entkernen und die Stängelansätze herausschneiden. Tomaten in Würfel schneiden. Steinpilze putzen, mit einem Pinsel gründlich säubern und in Scheiben schneiden.
2. Zwiebeln abziehen und in Würfel schneiden. Sellerie putzen und die harten Außenfäden abziehen. Sellerie waschen, abtropfen lassen und in kleine Stücke schneiden. Knoblauch abziehen.
3. Olivenöl in einem Topf erhitzen. Zwiebelwürfel, Selleriestücke und Knoblauch darin kurz unter Rühren anrösten. Knoblauch entfernen. Pilzscheiben hinzufügen und kurz anbraten. Mit Salz bestreuen. Tomatenwürfel und die klein geschnittenen Minzeblättchen hinzufügen. Brühe hinzugießen. Die Zutaten zum Kochen bringen und zugedeckt bei schwacher Hitze etwa 15 Minuten garen.
4. Weißbrotscheiben toasten und auf 4 Teller verteilen.
5. Eier in einer Suppenterrine verschlagen. Parmesan-Käse unterrühren. Die kochende Gemüsesuppe hinzugießen und mit der Eier-Käse-Mischung gut vermischen. Mit Pfeffer bestreuen.
6. Die Gemüsesuppe mit den Brotscheiben auf den Tellern anrichten und sofort servieren.

Glasnudelsuppe mit Porree

Gurkencremesuppe mit Dill

2 Salatgurken
1 Gemüsezwiebel
2 EL Butterschmalz
Salz
frisch geriebene Muskatnuss
Saft von 1 Zitrone
400 ml Fischfond oder Gemüsebrühe
400 g Schlagsahne
2 TL Speisestärke

3 Stängel Dill

Pro Portion:
E: 14 g, F: 54 g, Kh: 15 g,
kJ: 2671, kcal: 639

Einfach

Glasnudelsuppe mit Porree
4 Portionen

Zubereitungszeit: 30 Minuten,
ohne Quellzeit

2 Stangen Porree (Lauch, etwa 300 g)
150 g Glasnudeln
2 EL Butter
750 ml (¾ l) Gemüsebrühe
½ Bund Zitronenmelisse
3 EL Sojasauce
Saft von ½ Zitrone
Salz, weißer Pfeffer
Cayennepfeffer

Pro Portion:
E: 2 g, F: 5 g, Kh: 14 g,
kJ: 935, kcal: 222

1. Porree putzen, die Stangen längs halbieren, gründlich waschen, abtropfen lassen und in feine Streifen schneiden.
2. Glasnudeln in einer Schüssel mit kochendem Wasser übergießen, 1–2 Minuten ziehen lassen, abtropfen lassen und mit einer Küchenschere zerschneiden.
3. Butter in einem Wok erhitzen. Porreestreifen darin andünsten, Brühe hinzugießen, den Deckel auflegen. Den Porree etwa 5 Minuten bei mittlerer Hitze garen.
4. In der Zwischenzeit Zitronenmelisse abspülen und trocken tupfen. Die Blättchen von den Stängeln zupfen. Einige Blättchen zum Garnieren beiseitelegen. Restliche Blättchen klein schneiden.
5. Glasnudeln, Sojasauce und Zitronensaft zu den Porreestreifen in den Wok geben, aufkochen lassen. Mit Salz, Pfeffer und Cayennepfeffer abschmecken.
6. Kurz vor dem Servieren gehackte Zitronenmelisse unterheben. Die Suppe mit den beiseite gelegten Zitronenmelisseblättchen garnieren.

Mit Alkohol

Gurkencremesuppe mit Dill
4 Portionen

Zubereitungszeit: 25 Minuten,
ohne Einweichzeit
Garzeit: 10–15 Minuten

Zum Vorbereiten:
2 EL Senfsamen
100 ml Weißwein

Für die Lachsklößchen:
150 g gut gekühltes Lachsfilet
100 g Schlagsahne
Salz
etwas Zitronensaft
etwas Pernod

1. Zum Vorbereiten Senfsamen in eine flache Schale geben, mit Wein übergießen und über Nacht einweichen lassen.
2. Für die Lachsklößchen Lachsfilet unter fließendem kalten Wasser abspülen und trocken tupfen. 100 g des Lachsfilets in Würfel schneiden, mit Sahne in einem Zerkleinerer zu einer glatten Masse verarbeiten. Mit Salz, Zitronensaft und etwas Pernod würzen. Restliches Lachsfilet in sehr kleine Würfel schneiden und unter die Lachs-Sahne-Masse heben. Kalt stellen.
3. Gurken abspülen. Von einer Gurke einige dünne Scheiben zum Garnieren abschneiden, halbieren und kalt stellen. Beide Gurken schälen, der Länge nach halbieren, die Kerne mit einem Löffel herausschaben. Gurkenhälften quer in halbe Ringe schneiden. Zwiebel abziehen, halbieren und in kleine Würfel schneiden.
4. Butterschmalz in einem Topf erhitzen. Zwiebelwürfel darin glasig dünsten. Gurkenringe hinzugeben und kurz mit andünsten. Mit Salz, Muskat und Zitronensaft würzen. Eingeweichte Senfsamen unterrühren. Fond oder Brühe und Sahne hinzugießen.
5. Die Zutaten zum Kochen bringen und 10–15 Minuten bei schwacher Hitze köcheln lassen. Speisestärke mit 2 Esslöffeln Wasser anrühren, in die kochende Suppe rühren und unter Rühren aufkochen lassen. Suppe warm stellen.

6. Salzwasser in einem Topf zum Kochen bringen. Aus der Lachsmasse mit zwei kalt abgespülten Teelöffeln Klößchen abstechen und in das siedende Salzwasser geben. Lachsklößchen darin etwa 5 Minuten ziehen lassen.

7. Dill abspülen und trocken tupfen. Die Spitzen von den Stängeln zupfen. Einige Spitzen zum Garnieren beiseitelegen. Restliche Dillspitzen klein schneiden.

8. Lachsklößchen mit einer Schaumkelle aus dem Wasser nehmen und abtropfen lassen.

9. Lachsklößchen in Suppentassen oder -tellern verteilen und mit der Suppe auffüllen. Mit geschnittenem Dill bestreuen.

10. Die Suppe mit den kalt gestellten Gurkenscheiben und den beiseite gelegten Dillspitzen garnieren, sofort servieren.

Für Gäste

Krebsschwanzsuppe „Royal"
6 Portionen

Zubereitungszeit: 40 Minuten
Garzeit: etwa 20 Minuten

500 g Krebse (etwa 5 Krebse)
1½ l Wasser
2 gestr. TL Salz
75 g Butter
30 g Weizenmehl
1 l Fischfond
Salz
frisch gemahlener Pfeffer
Paprikapulver edelsüß
frisch geriebene Muskatnuss
2 EL kaltes Wasser
Krebssuppen-Extrakt
1 Prise Zucker
3 EL Crème fraîche
vorbereitete Dillstängel

Pro Portion:
E: 7 g, F: 12 g, Kh: 5 g,
kJ: 688, kcal: 164

1. Krebse gründlich unter fließendem kalten Wasser abbürsten. Wasser mit Salz in einem Topf zum Kochen bringen. Die Krebse mit dem Kopf zuerst hineingeben und zum Kochen bringen. Krebse etwa 10 Minuten ziehen lassen (dabei färben sich die Krebse rot). Das Wasser abgießen und die Krebse erkalten lassen. Die Scheren am Körper abbrechen und die Krebsschalen in kleine Stücke brechen. Das Fleisch in kleine Stücke schneiden.

2. Butter in einem Topf zerlassen. Die Krebsschalen darin etwa 5 Minuten dünsten. Mehl hinzufügen und unter Rühren so lange erhitzen, bis es hellgelb ist. Fischfond hinzugießen. Darauf achten, dass keine Klümpchen entstehen. Den Fond zum Kochen bringen und etwa 20 Minuten kochen lassen. Mit Salz, Pfeffer, Paprika und Muskat abschmecken. Die Suppe durch ein mit einem Geschirrtuch belegtes Sieb in einen Topf gießen und wieder zum Kochen bringen.

3. Die Suppe mit Krebssuppen-Extrakt und Zucker abschmecken. Das Krebsfleisch in die Suppe geben und erhitzen.

4. Die Suppe in sechs vorgewärmten Suppentellern anrichten. Jeweils ½ Esslöffel Crème fraîche und etwas Dill in jeden Suppenteller geben.

Vegetarisch

Spinatsuppe
6 Portionen

Zubereitungszeit: 30 Minuten

4 Scheiben Toastbrot
20 g Butter
1 Pck. (450 g) gehackter TK-Spinat
1 l Gemüsebrühe
6 Eier (Größe M)
1–2 EL Speisestärke
300 ml Milch
200 g Schlagsahne
Salz
frisch gemahlener Pfeffer
frisch geriebene Muskatnuss

Pro Portion:
E: 15 g, F: 24 g, Kh: 13 g,
kJ: 1427, kcal: 341

1. Toastbrot entrinden und in Würfel schneiden. Butter in einem Wok zerlassen. Die Toastbrotwürfel darin unter Rühren bei mittlerer Hitze goldbraun rösten und herausnehmen.

2. Den unaufgetauten Spinat mit der Brühe in den Wok geben. Den Deckel auflegen und den Spinat bei mittlerer Hitze auftauen lassen.

3. In der Zwischenzeit Eier etwa 8 Minuten kochen, kalt abschrecken und pellen.

4. Speisestärke mit etwas von der Milch anrühren, zu der restlichen Milch geben und in die Spinat-Brühe-Mischung rühren. Sahne ebenfalls unterrühren. Die Suppe unter Rühren etwa 2 Minuten ohne Deckel kochen lassen.

5. Die Suppe mit Salz, Pfeffer und Muskat würzen. Eier in Stücke schneiden und mit den Brotwürfeln zu der Suppe servieren.

Spinatsuppe

Vegetarisch

Spargelcremesuppe
4 Portionen

Zubereitungszeit: 45 Minuten
Garzeit: 30–32 Minuten

500 g weißer Spargel
1 l Wasser
1 gestr. TL Salz
1 gestr. TL Zucker
60 g Butter
etwa 300 ml Milch
30 g Weizenmehl
½ Bund Petersilie
frisch gemahlener, weißer Pfeffer
frisch geriebene Muskatnuss
2 Eigelb (Größe M)
3 EL Schlagsahne

Pro Portion:
E: 7 g, F: 21 g, Kh: 12 g,
kJ: 1143, kcal: 273

1. Spargel von oben nach unten dünn schälen. Dabei darauf achten, dass die Schalen vollständig entfernt, die Köpfe aber nicht verletzt werden. Die unteren Enden abschneiden, holzige Stellen vollkommen entfernen. Den Spargel abspülen, abtropfen lassen und in etwa 3 cm lange Stücke schneiden.

2. Wasser mit Salz, Zucker und 20 g von der Butter in einen Topf geben. Spargelenden und -schalen hinzufügen, zum Kochen bringen, zugedeckt etwa 15 Minuten bei mittlerer Hitze kochen lassen.

3. Spargelenden und -schalen in ein Sieb geben, die Kochflüssigkeit dabei auffangen und wieder zum Kochen bringen. Spargelstücke hineingeben, zum Kochen bringen und zugedeckt in 10–12 Minuten bissfest garen.

4. Die Spargelstücke anschließend zum Abtropfen in ein Sieb geben, dabei die Kochflüssigkeit wieder auffangen und mit Milch auf 1 l auffüllen.

5. Die restliche Butter in einem Topf zerlassen. Mehl unter Rühren darin erhitzen, bis es hellgelb ist. Die Spargel-Milch-Flüssigkeit nach und nach hinzugießen und mit einem Schneebesen kräftig durchschlagen. Dabei darauf achten, dass keine Klümpchen entstehen.

6. Die Suppe zum Kochen bringen und bei schwacher Hitze etwa 5 Minuten ohne Deckel leicht kochen, dabei gelegentlich umrühren. Petersilie abspülen und trocken tupfen. Die Blättchen von den Stängeln zupfen. Zwei Drittel der Blättchen klein schneiden.

7. Die Suppe mit Salz, Zucker, Pfeffer und Muskat würzen. Eigelb mit Sahne verschlagen und 4 Esslöffel von der Suppe unterrühren. Eigelb-Sahne unter die Suppe rühren (abziehen). Die Suppe nicht mehr kochen lassen.

8. Abgetropfte Spargelstücke hinzufügen und erwärmen. Die Suppe mit Petersilie garniert servieren.

Einfach – schnell

Zucchinisuppe mit Sonnenblumenkernen
4 Portionen

Zubereitungszeit: 35 Minuten, ohne Abkühlzeit
Garzeit: etwa 15 Minuten

1 kg Zucchini
1 Zwiebel
1 Knoblauchzehe
1 EL Speiseöl
600 ml Gemüsebrühe
Salz, frisch gemahlener Pfeffer
geriebene Muskatnuss
gemahlener Kümmel oder Koriander
3 EL Schlagsahne (30 % Fett)
2 EL Sonnenblumenkerne
1 EL fein gehackte Petersilie oder Dill

Spargelcremesuppe

Zucchinisuppe mit Sonnenblumenkernen

Pro Portion:
E: 5 g, F: 9 g, Kh: 7 g,
kJ: 580, kcal: 138

1. Zucchini waschen, abtrocknen und die Enden abschneiden. Zucchini in Würfel schneiden. Zwiebel und Knoblauch abziehen, in kleine Würfel schneiden.
2. Speiseöl in einem Topf erhitzen. Zwiebel- und Knoblauchwürfel darin andünsten. Zucchiniwürfel hinzugeben und unter Rühren kurz mit andünsten, Brühe hinzugießen. Mit Salz, Pfeffer, Muskat und Kümmel oder Koriander würzen. Die Zutaten zum Kochen bringen und zugedeckt etwa 15 Minuten bei schwacher Hitze kochen lassen.
3. Die Suppe fein pürieren und nochmals kurz erhitzen. Die Suppe mit Salz und Pfeffer abschmecken, Sahne unterrühren.
4. Sonnenblumenkerne in einer Pfanne ohne Fett leicht bräunen und abkühlen lassen. Die Suppe mit Petersilie oder Dill und den Sonnenblumenkernen anrichten.

Tipp: Nach dem gleichen Rezept kann auch eine Kürbissuppe zubereitet werden. Dann werden Zucchiniwürfel durch die gleiche Menge Kürbiswürfel ersetzt.

Curry-Linsen-Suppe mit Rosinen

Für Gäste

Curry-Linsen-Suppe mit Rosinen
4 Portionen

Zubereitungszeit: 50 Minuten
Garzeit: 20–25 Minuten

1 Zwiebel
1 Knoblauchzehe
30 g Butter
1 EL Currypulver
½ TL Paprikapulver edelsüß
¼ TL gemahlener Kreuzkümmel (Cumin)
Salz
frisch gemahlener Pfeffer
4 EL Tomatenmark
750 ml (¾ l) Gemüsebrühe
250 g getrocknete gelbe oder rote Linsen
3 EL Rosinen
½ Bund glatte Petersilie

Pro Portion:
E: 17 g, F: 10 g, Kh: 41 g,
kJ: 1364, kcal: 326

1. Zwiebel und Knoblauch abziehen, in kleine Würfel schneiden. Butter in einem Topf zerlassen, Zwiebel- und Knoblauchwürfel darin andünsten.
2. Curry, Paprika, Kreuzkümmel, Salz, Pfeffer und Tomatenmark hinzufügen, kurz mit andünsten. Brühe hinzugießen. Linsen unter Rühren einstreuen. Die Suppe zum Kochen bringen und zugedeckt 20–25 Minuten bei schwacher Hitze köcheln lassen, dabei gelegentlich umrühren.
3. In der Zwischenzeit Rosinen in ein Sieb geben, kalt abspülen und abtropfen lassen. Rosinen nach Ende der Garzeit hinzugeben. Die Suppe mit den Gewürzen abschmecken.
4. Petersilie abspülen und trocken tupfen. Die Blättchen von den Stängeln zupfen. Blättchen grob zerkleinern. Die Suppe mit der Petersilie bestreut servieren.

Schottische Hühner-Lauch-Suppe

Für die Party

Schottische Hühner-Lauch-Suppe
8–10 Portionen

Zubereitungszeit: 40 Minuten
Garzeit: 13–15 Minuten

750 g Hähnchenbrustfilet
60 g Butter
800 ml Geflügelbrühe
2 Gläser (je 400 ml) Kalbsfond
2–3 Stangen Porree (Lauch)
250–300 g entsteinte Backpflaumen
Salz
frisch gemahlener Pfeffer
frisch geriebene Muskatnuss

Pro Portion:
E: 25 g, F: 7 g, Kh: 22 g,
kJ: 1080, kcal: 258

1. Hähnchenbrustfilets unter fließendem kalten Wasser abspülen, trocken tupfen und in Streifen schneiden.
2. Butter in einem großen Topf zerlassen. Die Fleischstreifen darin von allen Seiten andünsten. Mit Brühe und Fond ablöschen, zum Kochen bringen und bei schwacher bis mittlerer Hitze etwa 10 Minuten leicht kochen lassen.
3. In der Zwischenzeit Porree putzen, die Stangen längs halbieren, gründlich waschen, abtropfen lassen und in dünne Scheiben schneiden. Porreescheiben zu den Fleischstreifen geben und noch 3–5 Minuten garen.
4. Backpflaumen vierteln, hinzufügen und in der Suppe erhitzen. Die Suppe mit Salz, Pfeffer und Muskat würzen.

Gut vorzubereiten

Muschelsuppe
6 Portionen

Zubereitungszeit: 45 Minuten, ohne Auftauzeit
Garzeit: 35–45 Minuten

400 g TK-Chowder-Clam-Muschelfleisch
100 g mild geräucherter Speck
1 Zwiebel
1 kleine Stange Porree (Lauch)
3 große Kartoffeln
4 Stängel Thymian
Salz
frisch gemahlener Pfeffer
2 EL Sonnenblumenöl
1 l Hühnerbrühe
500 ml (1/2 l) Milch

Pro Portion:
E: 15 g, F: 12 g, Kh: 20 g,
kJ: 1054, kcal: 252

1. Clam-Muschelfleisch nach Packungsanweisung auftauen lassen. Muschelfleisch kurz unter fließendem kalten Wasser abspülen, trocken tupfen und grob würfeln. Den Backofen vorheizen.
2. Speck in kleine Würfel schneiden. Zwiebel abziehen und ebenfalls klein würfeln. Porree putzen, die Stange längs halbieren. Porree gründlich waschen, abtropfen lassen und in Scheiben schneiden. Kartoffeln waschen, schälen, abspülen, abtropfen lassen und in etwa 1 x 1 cm große Würfel schneiden. Thymian abspülen und trocken tupfen. Die Blättchen von den Stängeln zupfen.
3. Muschelfleisch mit Porreescheiben und Kartoffelwürfeln mischen. Thymianblättchen untermengen. Mit Salz und Pfeffer würzen.
4. Sonnenblumenöl in einem weiten, flachen Topf erhitzen. Zwiebel- und Speckwürfel darin andünsten. Muschel-Kartoffel-Mischung hinzugeben. Hühnerbrühe und Milch hinzugießen.
5. Den Topf mit dem Deckel verschließen und auf dem Rost in den vorgeheizten Backofen schieben.
Ober-/Unterhitze: etwa 200 °C
Heißluft: etwa 180 °C
Garzeit: 35–45 Minuten (die Kartoffelwürfel sollen gar, aber nicht zerfallen sein).

Tipp: Zur besseren Bindung 2 Scheiben Toastbrot, entrindet und gewürfelt, mitgaren lassen.

Einfach

Backofensuppe
4 Portionen

Zubereitungszeit: 80 Minuten
Garzeit: etwa 60 Minuten

500 g Putenbrust
3 EL Sojasauce
1 EL Currypulver
Salz
frisch gemahlener Pfeffer
1 kleine Dose Pfirsichhälften (Abtropfgewicht 250 g)
1 Glas Champignonscheiben (Abtropfgewicht 315 g)
150 g TK-Erbsen
500 g Schlagsahne
1 Pck. Currysauce mit Paprikastücken (für 250 ml [1/4 l] Wasser)
100 ml Curry-Ketchup
250 ml (1/4 l) Gemüsebrühe

Pro Portion:
E: 34 g, F: 37 g, Kh: 28 g,
kJ: 2553, kcal: 610

1. Den Backofen vorheizen. Putenbrust unter fließendem kalten Wasser abspülen und trocken tupfen. Putenbrust zuerst in Scheiben, dann in Streifen schneiden. Die Fleischstreifen mit Sojasauce und Curry mischen, in einen Bräter geben, mit etwas Salz und Pfeffer bestreuen.
2. Pfirsichhälften in einem Sieb abtropfen lassen, in Spalten schneiden und zu den Fleischstreifen geben. Champignonscheiben in einem Sieb abtropfen lassen, mit den gefrorenen Erbsen unterrühren.
3. Sahne mit Currysaucenpulver verrühren, mit Ketchup und Brühe mischen, ebenfalls in den Bräter geben und gut untermischen. Den Bräter auf dem Rost in den vorgeheizten Backofen schieben.
Ober-/Unterhitze: etwa 200 °C
Heißluft: etwa 180 °C
Garzeit: etwa 60 Minuten.

Möhren-Ingwer-Suppe mit Riesengarnelen

Schnell – mit Alkohol

Badische Schneckensuppe
4 Portionen

Zubereitungszeit: 25 Minuten
Garzeit: etwa 10 Minuten

1 Zwiebel
1 Knoblauchzehe
150 g Frühlingszwiebeln
1 große Möhre (etwa 70 g)
20 g Butter
1–2 EL Weizenmehl
375 ml (3/8 l) Gemüsebrühe
250 g Schlagsahne
1 Dose Schnecken (etwa 25 Stück)
125 ml (1/8 l) Weißwein
Salz
frisch gemahlener Pfeffer
1 EL gehackte Petersilie

Pro Portion:
E: 3 g, F: 24 g, Kh: 6 g,
kJ: 1194, kcal: 285

1. Zwiebel und Knoblauch abziehen, klein würfeln. Frühlingszwiebeln putzen, waschen, abtropfen lassen und in Scheiben schneiden. Möhre putzen, schälen, waschen, abtropfen lassen und in kleine Würfel schneiden.
2. Butter in einem Topf zerlassen, Zwiebelwürfel darin glasig dünsten. Knoblauchwürfel, Frühlingszwiebelscheiben und Möhrenwürfel hinzufügen und kurz mit andünsten, mit Mehl bestäuben, kurz andünsten.
3. Brühe und Sahne hinzugießen, zum Kochen bringen. Schnecken abtropfen lassen, grob hacken, in die Suppe geben, wieder zum Kochen bringen und bei schwacher Hitze etwa 10 Minuten leicht kochen lassen.
4. Wein hinzugießen. Die Suppe mit Salz und Pfeffer abschmecken. Mit Petersilie bestreut servieren.

Exotisch

Möhren-Ingwer-Suppe mit Riesengarnelen
4 Portionen

Zubereitungszeit: 45 Minuten
Garzeit: etwa 15 Minuten

500 g Möhren
1 Zwiebel
1 walnussgroßes Stück Ingwer
50 g Butter
1 Prise Zucker
80 ml frisch gepresster Orangensaft
800 ml Gemüsebrühe
Salz
frisch gemahlener Pfeffer
4 Riesengarnelen (frisch oder TK)
1 EL Speiseöl
2 EL Zitronen- oder Limettensaft
100 g Sahne oder Crème fraîche
etwas süß-scharfe Chilisauce (Sweet Chickensauce)
etwas gehackte Petersilie

Pro Portion:
E: 5 g, F: 17 g, Kh: 8 g,
kJ: 915, kcal: 219

1. Möhren putzen, schälen, waschen, abtropfen lassen und in Würfel schneiden. Zwiebel abziehen und ebenfalls in Würfel schneiden. Ingwer schälen und in kleine Stücke schneiden. Butter in einem Topf zerlassen. Möhren-, Zwiebelwürfel und Ingwerstücke darin mit etwas Zucker andünsten. Orangensaft und Brühe hinzugießen, zum Kochen bringen und zugedeckt etwa 15 Minuten bei mittlerer Hitze garen.
2. Die frischen oder aufgetauten Garnelen längs fast ganz aufschneiden, aufklappen und den Darm entfernen (schwarzer Faden). Garnelen unter fließendem kalten Wasser kurz abspülen und mit Küchenpapier trocken tupfen.
3. Speiseöl in einer Pfanne erhitzen, die Garnelen darin auf der Innenseite scharf anbraten, mit Salz und Pfeffer würzen, mit Zitronen- oder Limettensaft ablöschen. Garnelen zugedeckt warm stellen.
4. Sahne oder Crème fraîche sowie die Chilisauce in die Suppe geben. Die Suppe mit einem Pürierstab fein pürieren und nochmals leicht erwärmen (nicht mehr kochen lassen), mit Salz und Pfeffer abschmecken. Die Suppe in Tellern oder Schälchen verteilen. Die angebratenen Riesengarnelen in die Suppe geben. Die Suppe nach Belieben mit gehackter Petersilie bestreuen.

Badische Schneckensuppe

Vegetarisch – für Kinder

Pfannkuchensuppe
4 Portionen

Zubereitungszeit: 45 Minuten, ohne Quellzeit
Garzeit: Suppe 4–6 Minuten

Für die Pfannkuchen:
90 g Vollkorn-Weizenmehl
1 Ei (Größe M)
150 ml Milch
Salz
frisch gemahlener Pfeffer
frisch geriebene Muskatnuss
je ½ Bund Petersilie und Schnittlauch
1 TL Sonnenblumenkerne

Für die Suppe:
1 kleiner oder halber Knollensellerie (etwa 150 g)
200 g Möhren
1 kleine Stange Porree (Lauch, etwa 150 g)
1 l Gemüsebrühe
Salz
frisch gemahlener Pfeffer

Außerdem:
2 TL Speiseöl zum Braten

Pro Portion:
E: 8 g, F: 6 g, Kh: 18 g,
kJ: 693, kcal: 166

1. Für den Pfannkuchenteig Mehl in eine Rührschüssel geben. Ei und Milch mit einem Schneebesen unterrühren. Mit Salz, Pfeffer und Muskat würzen.
2. Petersilie und Schnittlauch abspülen, trocken tupfen. Die Blättchen von den Petersilienstängeln zupfen und klein schneiden. Schnittlauch in feine Röllchen schneiden. Sonnenblumenkerne grob hacken, mit den Kräutern unter den flüssigen Pfannkuchenteig rühren. Den Teig 10–20 Minuten quellen lassen.
3. Für die Suppe Sellerie putzen, schälen, waschen, abtropfen lassen und in dünne Streifen schneiden. Möhren putzen, schälen, waschen, abtropfen lassen und ebenfalls in dünne Streifen schneiden. Porree putzen, die Stange längs halbieren, gründlich waschen, abtropfen lassen. Porree in feine Streifen schneiden.
4. In einer Pfanne (Ø etwa 20 cm) 1 Teelöffel Speiseöl erhitzen. Die Hälfte des Teiges hineingeben und einen dünnen Pfannkuchen bei mittlerer Hitze von beiden Seiten jeweils etwa 2 Minuten backen, Pfannkuchen herausnehmen. Restliches Speiseöl in die Pfanne geben und von dem restlichen Teig einen weiteren Pfannkuchen backen. Pfannkuchen etwas abkühlen lassen, aufrollen und in feine Scheiben schneiden.
5. Brühe in einem Topf aufkochen lassen. Sellerie-, Möhren- und Porreestreifen hinzugeben. Die Zutaten zum Kochen bringen und zugedeckt 4–6 Minuten (je nach Größe des geschnittenen Gemüses) bei schwacher Hitze garen. Die Suppe mit Salz und Pfeffer abschmecken.
6. Die Pfannkuchenröllchen in tiefe Teller verteilen und mit der Suppe auffüllen.

Für Gäste – raffiniert

Selleriecremesuppe mit Forellenfilets
4 Portionen

Zubereitungszeit: 45 Minuten
Garzeit: etwa 20 Minuten

1 Gemüsezwiebel (250 g)
1 großer Knollensellerie (800 g)
2 EL Speiseöl
800 ml Gemüsebrühe
Salz
Cayennepfeffer
2 EL (25 g) Pinienkerne
2 geräucherte Forellenfilets (je 60–70 g)
200 ml Milch
1 TL Apfelessig

Pro Portion:
E: 13 g, F: 11 g, Kh: 8 g,
kJ: 815, kcal: 195

1. Gemüsezwiebel abziehen, halbieren und in kleine Würfel schneiden. Sellerie schälen, waschen, abtropfen lassen und in Stücke schneiden. Speiseöl in einem Topf erhitzen. Zwiebelwürfel darin andünsten. Selleriestücke hinzugeben und weitere 2–3 Minuten andünsten.
2. Brühe hinzugießen, mit Salz und Cayennepfeffer würzen. Die Zutaten zum Kochen bringen und zugedeckt etwa 20 Minuten köcheln lassen, bis der Sellerie weich ist. Suppe anschließend mit einem Pürierstab fein pürieren.
3. In der Zwischenzeit Pinienkerne in einer Pfanne ohne Fett unter Rühren goldbraun rösten, herausnehmen und auf einem Teller abkühlen lassen. Forellenfilets in mundgerechte Stücke zupfen, dabei eventuell Gräten entfernen.
4. Milch zur pürierten Selleriesuppe geben, die Suppe kurz erwärmen. Mit Essig, Salz und Cayennepfeffer abschmecken. Die Suppe auf vier Teller verteilen, mit Pinienkernen und Forellenfilets anrichten.

Pfannkuchensuppe

Selleriecremesuppe mit Forellenfilets

Spargelschaumsuppe von grünem Spargel

Venezianische Linsensuppe

Für Gäste

Spargelschaumsuppe von grünem Spargel
4 Portionen

Zubereitungszeit: 25 Minuten
Garzeit: 15–20 Minuten

600 g grüner Spargel
1 l Wasser
200 g neue Kartoffeln
Salz
frisch gemahlener Pfeffer
80 g eiskalte Butter
einige Kerbelstängel
12 Crevetten (Garnelen)

Pro Portion:
E: 8 g, F: 17 g, Kh: 9 g,
kJ: 940, kcal: 225

1. Vom Spargel das untere Drittel schälen und die unteren Enden abschneiden. Spargel und Schalen waschen und abtropfen lassen.
2. Die Spargelschalen in einem Topf mit Wasser zum Kochen bringen und zugedeckt etwa 10 Minuten bei schwacher Hitze kochen lassen. Spargelschalen in einem Sieb abtropfen lassen, dabei das Spargelwasser auffangen.
3. Die Spargelstangen längs halbieren und quer in feine Scheiben schneiden. Spargelscheiben in dem Spargelwasser zugedeckt etwa 5 Minuten bei schwacher Hitze garen.
4. Kartoffeln waschen, schälen, abspülen, abtropfen lassen und grob raspeln. Kartoffelraspel zm Spargel geben, etwa 2 Minuten mitgaren lassen. Mit Salz und Pfeffer würzen.
5. Den Topf von der Kochstelle nehmen. Die Suppe mit einem Mixstab fein pürieren. Butter in Stückchen hinzugeben und unterrühren.
6. Kerbel abspülen und trocken tupfen. Von den Crevetten eventuell den Darm entfernen. Crevetten kurz abspülen, trocken tupfen, in die heiße Suppe geben und kurz miterhitzen. Die Suppe mit Kerbelstängeln garniert servieren.

Preiswert

Venezianische Linsensuppe
6 Portionen

Zubereitungszeit: 80 Minuten
Garzeit: etwa 60 Minuten

2 Knoblauchzehen
1 Stange Porree (Lauch)
1 große Möhre
400 g Linsen
2 Stängel Thymian
100 g durchwachsener Speck
2 EL Olivenöl
1 Lorbeerblatt
2 l Hühnerbrühe
Salz, Pfeffer
4 EL kräftiges Olivenöl

Pro Portion:
E: 20 g, F: 16 g, Kh: 35 g,
kJ: 1535, kcal: 367

1. Knoblauch abziehen und durch eine Knoblauchpresse drücken. Porree putzen, die Stange längs halbieren, gründlich waschen, abtropfen lassen und in Scheiben schneiden. Möhre putzen, schälen, waschen, abtropfen lassen und in Würfel schneiden. Linsen unter fließendem kalten Wasser gründlich abspülen und abtropfen lassen. Thymian abspülen und trocken tupfen.
2. Speck in Würfel schneiden. Olivenöl in einem Topf erhitzen. Speckwürfel darin leicht anbraten. Knoblauch, Porreescheiben und Möhrenwürfel hinzufügen, unter mehrmaligem Rühren etwa 5 Minuten mitdünsten lassen. Linsen, Thymianstängel und Lorbeerblatt hinzugeben.
3. Brühe hinzugießen. Mit Salz und Pfeffer würzen, zum Kochen bringen und zugedeckt bei schwacher Hitze etwa 60 Minuten köcheln lassen. Die Linsen sollen ganz weich sein.
4. Thymianstängel und Lorbeerblatt aus der Suppe entfernen. Die Hälfte der Suppe pürieren und mit der anderen Hälfte verrühren. Mit Salz und Pfeffer abschmecken. Die heiße Suppe mit Olivenöl beträufelt servieren.

Beilage: Krustenbrot.

Rhabarber-Himbeer-Suppe mit Erdbeeren

Kürbissuppe mit Bratwurst-Floß

Raffiniert – mit Alkohol

Rhabarber-Himbeer-Suppe mit Erdbeeren
4 Portionen

Zubereitungszeit: 40 Minuten
Garzeit: etwa 10 Minuten

500 g Rhabarber
125 g Zucker
250 ml (1/4 l) Weißwein
1 Pck. (250 g) TK-Himbeeren
500 g Erdbeeren
1 Eiweiß (Größe M)
1 TL Zucker

5 TL Zucker
1 TL gemahlener Zimt

Pro Portion:
E: 4 g, F: 1 g, Kh: 56 g,
kJ: 1223, kcal: 292

1. Rhabarber putzen (nicht abziehen), waschen, abtropfen lassen und in kleine Stücke schneiden.
2. Zucker in einem Topf erhitzen, unter Rühren leicht bräunen (karamellisieren) lassen. Wein hinzugießen und unter Rühren erhitzen. Rhabarberstücke und gefrorene Himbeeren (einige Himbeeren beiseitelegen) hinzufügen, zum Kochen bringen und etwa 10 Minuten kochen lassen. Die Suppe durch ein Sieb streichen.
3. Erdbeeren putzen, waschen, gut abtropfen lassen, entstielen, halbieren und mit den beiseite gelegten Himbeeren in die Suppe geben.
4. Eiweiß steifschlagen, Zucker kurz unterschlagen. Vom dem Eischnee kleine Klößchen abstechen.
5. Wasser in einem Topf zum Kochen bringen. Die Klößchen auf das kochende Wasser setzen. Die Klößchen zugedeckt in etwa 5 Minuten fest werden lassen, mit einer Schaumkelle herausnehmen, auf die Suppe setzen.
6. Zucker mit Zimt vermischen. Die Schneeklößchen damit bestreuen.

Für Kinder

Kürbissuppe mit Bratwurst-Floß
4 Portionen

Zubereitungszeit: 50 Minuten
Garzeit: etwa 15 Minuten

1 mittelgroßer Hokkaidokürbis (etwa 750 g)
1 Zwiebel
2 EL Speiseöl
Salz
frisch gemahlener Pfeffer
evtl. 1 Prise mildes Currypulver oder frisch gemahlene Muskatnuss
750 ml (3/4 l) Gemüsebrühe
12 kleine Nürnberger Rostbratwürste
1 EL Speiseöl
100 g Schlagsahne oder Sojacreme
vorbereitete Oreganoblättchen

Außerdem:
4 Schaschlikspieße

Pro Portion:
E: 14 g, F: 29 g, Kh: 8 g,
kJ: 1478, kcal: 353

1. Kürbis schälen, halbieren und die Kerne mit einem Löffel herauskratzen. Den faserigen Innenteil entfernen. Kürbisfleisch in gleich große Würfel schneiden.
2. Zwiebel abziehen und in kleine Würfel schneiden. Speiseöl in einem Topf erhitzen. Zwiebelwürfel darin andünsten. Kürbiswürfel hinzugeben und mit andünsten. Mit Salz, Pfeffer und nach Belieben mit Curry würzen. Brühe hinzugießen und zum Kochen bringen. Kürbiswürfel zugedeckt bei schwacher Hitze etwa 15 Minuten köcheln lassen.
3. In der Zwischenzeit Würstchen unter fließendem kalten Wasser kurz abspülen und trocken tupfen. Schaschlikspieße in der Mitte halbieren.
4. Je 3 Würstchen nebeneinander auf ein Holzbrett legen und jeweils die Enden mit den halbierten Schasch-

likspießen durchstechen, so dass die Würstchen wie ein Floß zusammenhalten. Die Würstchen mehrmals mit einer Gabel einstechen.

5. Speiseöl in einer Pfanne erhitzen. Die Bratwurst-Flöße darin bei mittlerer Hitze von beiden Seiten knusprig braun braten.

6. Die Kürbismasse zu einer feinen Cremesuppe pürieren. Sahne oder Sojacreme unterrühren. Die Suppe mit Salz, Pfeffer, Curry und Muskat abschmecken.

7. Die Suppe in 4 tiefe Teller geben. Jeweils ein Bratwurst-Floß in die Mitte der Suppe legen. Mit Oreganoblättchen garnieren.

Einfach

Graupensuppe mit Fenchel
4 Portionen

Zubereitungszeit: 45 Minuten
Garzeit: etwa 15 Minuten

1 Zwiebel
2 Knoblauchzehen
80 g Südtiroler Speck
1 Möhre
1 kleine Fenchelknolle
2 EL Olivenöl
80 g Perlgraupen
2 l Fleischbrühe
1 Lorbeerblatt

1 Bund Petersilie
Salz
frisch gemahlener Pfeffer

4 Scheiben Bauernbrot
4 Scheiben Fontina-Käse (je etwa 30 g)

Pro Portion:
E: 19 g, F: 21 g, Kh: 41 g,
kJ: 1829, kcal: 437

1. Zwiebel und Knoblauch abziehen. Zwiebel in schmale Streifen schneiden. Knoblauch durch eine Knoblauchpresse pressen. Speck in breite Streifen schneiden. Möhre putzen, schälen, abspülen und klein würfeln. Die Fenchelknolle putzen, braune Stellen und Blätter entfernen. Knolle waschen, abtropfen lassen und in Streifen schneiden.

2. Olivenöl in einem Topf erhitzen. Zwiebelstreifen, Knoblauch und Speckstreifen darin andünsten. Möhrenwürfel, Fenchelstreifen und Graupen hinzufügen. Brühe hinzugießen, zum Kochen bringen und das Lorbeerblatt hinzugeben. Die Suppe zugedeckt bei schwacher Hitze etwa 15 Minuten köcheln lassen. Den Backofen vorheizen.

3. In der Zwischenzeit Petersilie abspülen und trocken tupfen. Die Blättchen von den Stängeln zupfen. Blättchen in Streifen schneiden.

4. Bauernbrot mit Fontina-Käse belegen, im vorgeheizten Backofen bei Ober-/Unterhitze: etwa 220 °C, Heißluft: etwa 200 °C
kurz überbacken.

5. Die Suppe mit Salz und Pfeffer abschmecken, mit Petersilie bestreut servieren. Überbackenes Bauernbrot dazureichen.

Graupensuppe mit Fenchel

Für Gäste

Schaumsüppchen von Kresse und Kartoffeln
4 Portionen

Zubereitungszeit: 60 Minuten
Garzeit: etwa 40 Minuten

400 g mehligkochende Kartoffeln (evtl. Bio-Kartoffeln)
2 Schalotten
1 großes Bund Wasserkresse (Brunnenkresse)
1 kleine oder ½ Stange Porree
1 l Gemüsebrühe oder -fond
Salz
frisch gemahlener Pfeffer
200 g Schlagsahne

8 kleine Rotbarbenmedaillons (je etwa 40 g)
Salz
frisch gemahlener Pfeffer
etwas Limettensaft
2 EL Olivenöl

einige Wasserkresse-Blättchen (Brunnenkresse)
Kapuzinerkresse-Blüten

Pro Portion:
E: 20 g, F: 19 g, Kh: 15 g,
kJ: 1327, kcal: 317

1. Kartoffeln waschen, schälen, abspülen, abtropfen lassen und in Stücke schneiden. Schalotten abziehen und kleine Würfel schneiden. Kresse abspülen, trocken tupfen und klein schneiden. Porree putzen, die Stange längs halbieren, gründlich waschen, abtropfen lassen und in dünne Scheiben schneiden.
2. Brühe oder Fond in einem Topf zum Kochen bringen. Vorbereitete Zutaten hinzufügen, wieder zum Kochen bringen und zugedeckt etwa 40 Minuten garen. Mit Salz und Pfeffer würzen.
3. Anschließend mit einem Pürierstab zerkleinern und schaumig aufschlagen. Sahne unterrühren. Die Suppe nochmals erhitzen. Mit Salz und Pfeffer abschmecken.
4. Rotbarbenmedaillons unter fließendem kalten Wasser abspülen und trocken tupfen. Mit Salz und Pfeffer würzen, mit Limettensaft beträufeln.
5. Olivenöl in einer Pfanne erhitzen. Rotbarbenmedaillons darin von beiden Seiten 3–5 Minuten braten.
6. Kresse und Kapuzinerkresseblüten vorsichtig abspülen und trocken tupfen.
7. Die Suppe in 4 Suppentassen füllen und jeweils 2 Rotbarbenmedaillons hineingeben. Mit Kresseblättchen bestreuen. Mit Kapuzinerkresse-Blüten garniert servieren.

Raffiniert – schnell zubereitet

Möhrensuppe mit roten Linsen und Minze
4 Portionen

Zubereitungszeit: 30 Minuten
Garzeit: 8–10 Minuten

750 g Möhren
10 g Ingwerwurzel (etwa 2 cm lang)
1 rote Peperoni
1 ½ EL Speiseöl
6 EL getrocknete rote Linsen (90 g)
frisch gemahlener Pfeffer
1 Msp. gemahlener Kardamon
650 ml Gemüsebrühe

5–6 Minzeblättchen
Salz, frisch geriebene Muskatnuss

Pro Portion:
E: 7 g, F: 4 g, Kh: 16 g,
kJ: 567, kcal: 135

1. Möhren putzen, schälen, waschen, abtropfen lassen und in kleine Würfel schneiden. Ingwer schälen und klein würfeln. Peperoni längs aufschneiden, entkernen, abspülen, trocken tupfen und in feine Streifen schneiden.
2. Speiseöl in einem Topf erhitzen. Möhren-, Ingwerwürfel und Peperonistreifen darin etwa 5 Minuten unter gelegentlichem Rühren andünsten.
3. Linsen, Pfeffer und Kardamon hinzufügen, etwa 2 Minuten mit andünsten. Brühe hinzugießen. Die Zutaten zum Kochen bringen und zugedeckt 8–10 Minuten leicht köcheln lassen.
4. Inzwischen Minzeblättchen waschen, trocken tupfen und in feine Streifen schneiden. Die Suppe vor dem Servieren mit Salz und Muskat abschmecken und mit Minzestreifen bestreuen.

Tipp: Rote Linsen müssen vor dem Kochen nicht eingeweicht werden. Sie zerfallen bereits nach etwa 10 Minuten Garzeit (Packungsanleitung beachten).

Schaumsüppchen von Kresse und Kartoffeln

Möhrensuppe mit roten Linsen und Minze

Kürbissuppe mit Hähnchen

Klare Gemüsesuppe

Einfach

Kürbissuppe mit Hähnchen
2 Portionen

Zubereitungszeit: 30 Minuten
Garzeit: etwa 10 Minuten

400 g Speisekürbisfruchtfleisch
(ohne Schale und Kerne),
z. B. Hokkaido
500 ml (1/2 l) Hühnerbrühe
1 Zwiebel
30 g Ingwerwurzel
1 kleines Hähnchenbrustfilet
1 EL Currypulver
einige Stängel Dill
1 Becher (150 g) Crème fraîche

Pro Portion:
E: 21 g, F: 24 g, Kh: 16 g,
kJ: 1515, kcal: 366

1. Kürbisfruchtfleisch in etwa 1 x 1 cm große Würfel schneiden. Hühnerbrühe und Kürbiswürfel in einen Topf geben, zum Kochen bringen und etwa 10 Minuten köcheln lassen.
2. Zwiebel abziehen. Ingwer schälen. Zwiebel und Ingwer in kleine Würfel schneiden, ebenfalls in die Brühe geben.
3. Hähnchenbrustfilet unter fließendem kalten Wasser abspülen, trocken tupfen und in feine Streifen schneiden. Hähnchenstreifen mit Curry würzen.
4. Die Suppe fein pürieren. Hähnchenstreifen in die Suppe geben und unter gelegentlichem Rühren kurz aufkochen lassen.
5. Dill abspülen und trocken tupfen. Die Spitzen von den Stängeln zupfen. Spitzen klein schneiden. Crème fraîche in die Suppe rühren und mit Dill bestreut servieren.

Vegetarisch – für Kinder

Klare Gemüsesuppe
4 Portionen

Zubereitungszeit: 40 Minuten
Garzeit: etwa 20 Minuten

50 g Möhren
50 g Knollensellerie
50 g Porree (Lauch)
1 Knoblauchzehe
3 EL Speiseöl
1 l Gemüsefond oder -brühe
Salz, frisch gemahlener Pfeffer
frisch geriebene Muskatnuss
50 g kleine Brokkoliröschen
50 g kleine Blumenkohlröschen
1 EL gehackte Petersilie

Pro Portion:
E: 2 g, F: 10 g, Kh: 5 g,
kJ: 495, kcal: 118

1. Möhren, Sellerie und Porree putzen, schälen, waschen und abtropfen lassen. Möhren und Sellerie in kleine Würfel, Porree in feine Scheiben schneiden. Knoblauch abziehen und zerdrücken.
2. Speiseöl in einem Topf erhitzen. Möhren-, Selleriewürfel und Porreescheiben darin andünsten, Fond oder Brühe hinzugießen, zum Kochen bringen und etwa 10 Minuten bei schwacher Hitze kochen lassen. Mit Salz, Pfeffer, Muskat und Knoblauch würzen.
3. Brokkoli- und Blumenkohlröschen waschen, abtropfen lassen und in die leicht kochende Suppe geben, wieder zum Kochen bringen und weitere etwa 10 Minuten bei schwacher Hitze garen. Die Suppe nochmals mit den Gewürzen abschmecken. Mit Petersilie bestreuen.

Gemüsecremesuppe

Klassisch

Gemüsecremesuppe (Grundrezept)
4 Portionen

Zubereitungszeiten: 40 Minuten (Erbsencremsuppe 30 Minuten)

650–1100 g Gemüse
1 Zwiebel
25 g Butter oder 2 EL Speiseöl, z. B. Sonnenblumen- oder Olivenöl
1 l Gemüsebrühe
Salz
frisch gemahlener Pfeffer
evtl. Gewürze
evtl. Suppeneinlage

Pro Portion (Brokkoli-Variante):
E: 4 g, F: 6 g, Kh: 4 g,
kJ: 350, kcal: 84

1. Gemüse vorbereiten und evtl. zerkleinern. Zwiebel abziehen und klein würfeln. Butter oder Speiseöl in einem Topf erhitzen. Zwiebelwürfel darin unter Rühren andünsten.

2. Das vorbereitete Gemüse hinzufügen und unter Rühren mitdünsten. Gemüsebrühe hinzugießen, zum Kochen bringen und gar kochen lassen.

3. Die Suppe anschließend pürieren, mit Salz und Pfeffer und entsprechenden Gewürzen abschmecken. Nach Belieben eine Einlage in die Suppe geben und die Suppe servieren.

Brokkolicremesuppe: Von 700 g Brokkoli die Blätter entfernen, Röschen abschneiden. Die Stängel schälen, in Stücke schneiden und beides waschen. Stängel mit den Röschen zu den Zwiebelwürfeln in den Topf geben. Nach der Brühezugabe zugedeckt in etwa 8 Minuten bei mittlerer Hitze gar kochen, anschließend pürieren. Die Suppe zusätzlich mit geriebener Muskatnuss abschmecken. Die Suppe nach Belieben mit 1–2 Teelöffeln Vollmilchjoghurt, 1 Teelöffel abgezogenen, gehobelten, gerösteten Mandeln oder etwas gehackter Petersilie pro Portion servieren.

Möhrencremesuppe (Foto rechts unten): 700 g Möhren putzen, schälen, waschen, abtropfen lassen und in etwa 1 cm dicke Scheiben schneiden. Nach der Brühezugabe zugedeckt in 12–15 Minuten bei mittlerer Hitze gar kochen, anschließend pürieren. Die Suppe zusätzlich mit Zucker und nach Belieben mit gemahlenem oder etwas frisch geriebenem Ingwer abschmecken. Die Suppe nach Belieben mit 1–2 Teelöffeln Crème fraîche, 1 Teelöffel gerösteten Sesamsamen, etwas gehacktem Dill oder einigen Streifen Räucherlachs pro Portion servieren.

Kürbiscremesuppe: 1,1 kg Kürbis in Spalten schneiden, schälen, Kerne und Innenfasern entfernen. Das Fruchtfleisch in Würfel schneiden. Nach der Brühezugabe zugedeckt in etwa 15 Minuten bei mittlerer Hitze gar kochen, anschließend pürieren. Die Suppe zusätzlich mit Zucker und Curry oder gemahlenem Ingwer abschmecken. Die Suppe nach Belieben mit 1–2 Teelöffeln Vollmilchjoghurt oder Crème fraîche, 1–2 Teelöffeln gerösteten Kürbiskernen oder Sesamsamen oder etwas gehacktem Dill pro Portion servieren.

Erbsencremesuppe (Foto links oben): 650 g TK-Erbsen unaufgetaut verwenden. Nach der Brühezugabe zugedeckt in etwa 8 Minuten bei mittlerer Hitze gar kochen, anschließend pürieren. Die Suppe zusätzlich mit geriebener Muskatnuss, Zucker und Cayennepfeffer abschmecken. Die Suppe nach Belieben mit 1–2 Teelöffeln Crème fraîche, 1 Teelöffel abgezogenen, gehobelten, gerösteten Mandeln, etwas gehackter Petersilie oder gehacktem Kerbel oder einigen Krabben pro Portion servieren.

Kartoffelcremesuppe (Foto rechts oben): 1 Bund Suppengrün vorbereiten: Knollensellerie schälen, schlechte Stellen herausschneiden. Möhren putzen, schälen. Sellerie und Möhren waschen und abtropfen lassen. Porree (Lauch) putzen, die Stange längs halbieren, gründlich waschen und abtropfen lassen. 400 g Kartoffeln waschen, schälen und abspülen. Die vorbereiteten Zutaten zerkleinern. Nach der Brühezugabe zugedeckt in 15–20 Minuten bei mittlerer Hitze gar kochen, anschließend pürieren. Die Suppe zusätzlich mit geriebener Muskatnuss oder Macis (Muskatblüte) abschmecken. Die Suppe nach Belieben mit 1–2 Teelöffeln Crème fraîche, etwas gehackter Petersilie oder gehacktem Kerbel oder einigen Croûtons pro Portion servieren.

Einfach – schnell

Suppe mit Eierblumen
4 Portionen

Zubereitungszeit: 25 Minuten
Garzeit: etwa 6 Minuten

3 Tomaten
50 g Zuckerschoten
3 Eier (Größe M)
1 l Gemüsebrühe
1 ½ gestr. TL Salz
frisch gemahlener Pfeffer
1 TL Sesamöl

Pro Portion:
E: 14 g, F: 13 g, Kh: 5 g,
kJ: 847, kcal: 203

1. Tomaten waschen, kreuzweise einschneiden und einige Sekunden in kochendes Wasser legen. Tomaten kurz in kaltes Wasser legen, enthäuten, halbieren, entkernen und die Stängelansätze herausschneiden. Tomatenhälften in Scheiben schneiden.
2. Zuckerschoten putzen und die Enden entfernen, eventuell abfädeln. Schoten waschen und abtropfen lassen. Eier verschlagen.
3. Brühe in einem Wok zum Kochen bringen. Tomatenwürfel hinzugeben und etwa 5 Minuten kochen lassen. Mit Salz und Pfeffer würzen. Sesamöl unterrühren. Die Suppe kurz aufkochen lassen, dann den Wok von der Kochstelle nehmen.
4. Die verschlagenen Eier langsam in die Suppe einlaufen lassen und so lange warten, bis die Eierblumen nach oben steigen. Dann die Zuckerschoten hinzugeben. Die Suppe zugedeckt etwa 1 Minute ziehen lassen.

Mit Alkohol

Südtiroler Zwiebelsuppe mit Bauernspeck
6 Portionen

Zubereitungszeit: 60 Minuten
Garzeit: etwa 30 Minuten

600 g Zwiebeln
120 g Südtiroler Bauernspeck
4 EL Olivenöl
1 TL Fenchelsamen
250 ml (¼ l) trockener Weißwein
1 l Fleischbrühe
1 Bund Schnittlauch
Salz
frisch gemahlener Pfeffer
100 g frisch geriebener Bergkäse

Pro Portion:
E: 10 g, F: 19 g, Kh: 6 g,
kJ: 1081, kcal: 259

1. Zwiebeln abziehen, zuerst in Scheiben schneiden, dann in Ringe teilen. Speck in kleine Würfel schneiden. Olivenöl in einem Topf erhitzen. Zwiebelringe und Speckwürfel darin andünsten. Fenchelsamen hinzufügen, mit Wein ablöschen.
2. Brühe hinzugießen, zum Kochen bringen, zugedeckt etwa 30 Minuten garen, bis die Zwiebeln ganz weich sind.
3. Schnittlauch abspülen, trocken tupfen und in feine Röllchen schneiden.
4. Die Suppe mit Salz und Pfeffer abschmecken, in tiefen Tellern anrichten, mit Schnittlauchröllchen und Bergkäse bestreuen.

Schnell

Zuppa pavese
(**Italienische Rinderbrühe**)
4 Portionen

Zubereitungszeit: 15 Minuten
Überbackzeit: 8–10 Minuten

1 l kräftige Rindfleischbrühe
10 Scheiben geröstetes Stangenweißbrot (Baguette, nicht zu dünn)
8 Eigelb (Größe M)
2 EL frisch geriebener Parmesan-Käse

Pro Portion:
E: 14 g, F: 17 g, Kh: 26 g,
kJ: 1318, kcal: 315

1. Den Backofengrill vorheizen. Rindfleischbrühe in einem Topf erhitzen.
2. Eine feuerfeste Form mit den Brotscheiben auslegen. Eigelb verschlagen und vorsichtig darauf verteilen. Mit Parmesan-Käse bestreuen.
3. Die heiße Brühe nach und nach hinzugießen und unter dem vorgeheizten Grill 8–10 Minuten überbacken. Sofort servieren.

Suppe mit Eierblumen

Südtiroler Zwiebelsuppe mit Bauernspeck

Zuppa pavese Italienische Rinderbrühe

Raffiniert

Kichererbsensuppe mit Gemüse und Joghurt-Dip
4 Portionen

Zubereitungszeit: 40 Minuten
Garzeit: etwa 10 Minuten

Für die Suppe:
1 Zwiebel
10 g Ingwerwurzel (etwa 2 cm lang)
100 g Knollensellerie
150 g Möhren
200 g frische grüne Bohnen oder TK-Bohnen
1 kleine Zucchini (etwa 150 g)
2 kleine Dosen Kichererbsen (Abtropfgewicht je 265 g)
2 EL Speiseöl
1 geh. TL Currypulver
750 ml (3/4 l) Gemüsebrühe
Salz
frisch gemahlener Pfeffer
200 g Tomaten
1 EL Zitronensaft
2 TL Sojasauce

Für den Dip:
150 g Vollmilchjoghurt
150 g saure Sahne (10 % Fett)
2 EL Schnittlauchröllchen
Salz, frisch gemahlener Pfeffer

Pro Portion:
E: 16 g, F: 14 g, Kh: 32 g,
kJ: 1372, kcal: 328

1. Für die Suppe Zwiebel abziehen und klein würfeln. Ingwer schälen, ebenfalls klein würfeln. Sellerie und Möhren putzen, schälen, abspülen, abtropfen lassen und in dünne Streifen schneiden.
2. Von den Bohnen die Enden abschneiden. Die Bohnen eventuell abfädeln, waschen, abtropfen lassen und in Stücke schneiden oder brechen (TK-Bohnen antauen lassen und klein schneiden). Zucchini waschen, abtrocknen und die Enden abschneiden. Zucchini längs halbieren und in dünne Scheiben schneiden.
3. Kichererbsen in ein Sieb geben, kalt abspülen und abtropfen lassen. Speiseöl in einem Topf erhitzen. Zwiebel-, Ingwerwürfel, Sellerie-, Möhrenstreifen und Curry hinzufügen, etwa 3 Minuten unter gelegentlichem Rühren andünsten.
4. Bohnenstücke, Zucchinischeiben und Kichererbsen hinzufügen. Brühe hinzugießen. Mit Salz und Pfeffer würzen. Die Zutaten zum Kochen bringen und zugedeckt etwa 8 Minuten leicht köcheln lassen.
5. Tomaten kreuzweise einschneiden und einige Sekunden in kochendes Wasser legen. Tomaten kurz in kaltes Wasser legen, enthäuten, halbieren, entkernen und Stängelansätze entfernen. Tomatenhälften achteln.
6. Tomatenachtel zur Suppe geben und weitere 2 Minuten köcheln lassen. Die Suppe mit Zitronensaft, Sojasauce, Salz und Pfeffer abschmecken.
7. Für den Dip Joghurt mit saurer Sahne und Schnittlauchröllchen in einer kleinen Schüssel glattrühren. Mit Salz und Pfeffer abschmecken. Joghurt-Dip zur Suppe reichen.

Klassisch

Rindfleischsuppe mit Gurken
4 Portionen

Zubereitungszeit: 90 Minuten
Garzeit: etwa 65 Minuten

1 1/4 l Wasser
400 g Rindfleisch (aus der Hüfte oder der Schulter)
Salz
einige Pfefferkörner
1 Lorbeerblatt
1 Gewürznelke
1 kleine Stange Porree (Lauch, etwa 150 g)
200 g Knollensellerie
2 Möhren
2 vorwiegend festkochende Kartoffeln
3–4 mittelgroße Gewürzgurken

Pro Portion:
E: 23 g, F: 2 g, Kh: 12 g,
kJ: 721, kcal: 172

Kichererbsensuppe mit Gemüse und Joghurt-Dip

Rindfleischsuppe mit Gurken

Gratinierte Porreesuppe

1. Wasser in einem großen Topf zum Kochen bringen. Rindfleisch unter fließendem kalten Wasser abspülen, trocken tupfen. Mit Salz, Pfefferkörnern, Lorbeerblatt und Gewürznelke in das kochende Wasser geben, wieder zum Kochen bringen, evtl abschäumen und ohne Deckel bei schwacher Hitze etwa 25 Minuten garen.
2. In der Zwischenzeit Porree putzen, die Stange längs halbieren, gründlich waschen, abtropfen lassen und in grobe Stücke schneiden. Porreestücke in die Suppe geben, wieder zum Kochen bringen und weitere etwa 25 Minuten ohne Deckel kochen lassen.
3. Sellerie und Möhren putzen, schälen, abspülen, abtropfen lassen und in kleine Würfel schneiden. Kartoffeln waschen, schälen, abspülen, abtropfen lassen und ebenfalls klein würfeln.
4. Die Brühe durch ein Sieb geben, dabei die Flüssigkeit auffangen und wieder zurück in den Topf geben, mit Wasser auf 1 1/4 l auffüllen. Rindfleisch etwas abkühlen lassen.
5. Sellerie-, Möhren- und Kartoffelwürfel in die Brühe geben, zum Kochen bringen und etwa 15 Minuten garen.
6. In der Zwischenzeit das Rindfleisch in Würfel, die Gurken in Streifen schneiden. Rindfleischwürfel und Gurkenstreifen in die Brühe geben und kurz erhitzen. Suppe evtl. nochmals mit den Gewürzen abschmecken.

Preiswert

Gratinierte Porreesuppe
4 Portionen

Zubereitungszeit: 25 Minuten
Garzeit: etwa 15 Minuten

500 g Porree (Lauch)
3–4 EL Speiseöl
750 ml (3/4 l) Gemüsebrühe
1–2 EL Weizenmehl
1 Eigelb (Größe M)
4 EL Schlagsahne
1 Eiweiß (Größe M)
50 g frisch geriebener Emmentaler-Käse

Pro Portion:
E: 8 g, F: 23 g, Kh: 7 g,
kJ: 1183, kcal: 282

1. Porree putzen, die Stangen längs halbieren, gründlich waschen, abtropfen lassen und in Scheiben schneiden.
2. Speiseöl in einem Topf erhitzen, Porreescheiben darin andünsten. Brühe hinzugießen und zum Kochen bringen. Porree etwa 15 Minuten garen.
3. Mehl mit Eigelb und Sahne anrühren und in die Suppe rühren. Die Suppe damit binden.
4. Eiweiß steifschlagen, Käse unterheben. Die Suppe in vorgewärmten Suppentassen oder Suppentellern verteilen.
5. Auf jede Portion etwas von der Eischnee-Käse-Masse geben und im vorgeheizten Grill kurz überbacken.

Frühlingszwiebelsuppe

Geflügel-Kokos-Suppe

Mit Alkohol

Frühlingszwiebelsuppe mit Käse-Kräuter-Bällchen
8–10 Portionen

Zubereitungszeit: 90 Minuten
Garzeit: etwa 20 Minuten

Für die Käse-Kräuter-Bällchen:
2 Brötchen (Semmeln vom Vortag)
200 g Gouda-Käse
1 Bund Petersilie
1 Ei (Größe M)
20 g Speisestärke
80 g Semmelbrösel
Salz
frisch gemahlener Pfeffer
geriebene Muskatnuss
heißes Salzwasser

Für die Suppe:
4 Bund Frühlingszwiebeln (etwa 1 kg)
100 g Butter
3 EL Weizenmehl
200 ml trockener Weißwein
1 ½ l Gemüsebrühe
3 Tomaten (etwa 250 g)
200 g Schlagsahne
Salz
frisch gemahlener Pfeffer

Pro Portion:
E: 11 g, F: 25 g, Kh: 27 g,
kJ: 1707, kcal: 408

1. Für die Bällchen Brötchen in kaltem Wasser einweichen. Käse in Würfel schneiden. Petersilie abspülen und trocken tupfen. Die Blättchen von den Stängeln zupfen. Blättchen sehr klein schneiden oder pürieren.
2. Eingeweichtes Brötchen sehr gut ausdrücken und in eine Schüssel geben. Ei, Speisestärke, Semmelbrösel und Petersilie gut unterarbeiten. Mit Salz, Pfeffer und Muskat würzen.
3. Aus der Masse mit angefeuchteten Händen kleine Bällchen formen, dabei je einen Käsewürfel mit einarbeiten. Die Bällchen in siedendem Salzwasser etwa 5 Minuten gar ziehen lassen, bis sie an der Oberfläche schwimmen. Bällchen mit einem Schaumlöffel herausnehmen und beiseitelegen.
4. Für die Suppe Frühlingszwiebeln putzen, waschen, abtropfen lassen und in Ringe schneiden.
5. Butter in einem Topf zerlassen. Zwiebelringe darin andünsten. Mit Mehl bestäuben, unter Rühren so lange erhitzen, bis das Mehl hellgelb ist.
6. Wein und Brühe hinzugießen, mit einem Schneebesen durchschlagen, dabei darauf achten, dass keine Klümpchen entstehen. Die Weinbrühe zum Kochen bringen und etwa 15 Minuten bei schwacher Hitze köcheln lassen.
7. Tomaten waschen, abtropfen lassen, kreuzweise einschneiden, kurz in kochendes Wasser legen und in kaltem Wasser abschrecken. Tomaten enthäuten und Stängelansätze herausschneiden. Tomaten halbieren, entkernen und in Würfel schneiden. Tomatenwürfel und Sahne in die Suppe geben und miterhitzen. Die Suppe mit Salz und Pfeffer würzen.
8. Vor dem Servieren die beiseite gelegten Käse-Kräuter-Bällchen in die Suppe geben und miterhitzen.

Für Gäste – exotisch

Geflügel-Kokos-Suppe
8–10 Portionen

Zubereitungszeit: 40 Minuten
Garzeit: etwa 10 Minuten

Für das Paprikaöl:
2 EL Speiseöl
1 TL Paprikapulver edelsüß

Für die Suppe:
4 Hähnchenbrustfilets (je etwa 150 g)
4 Schalotten
2 kleine Möhren
2 Stangen Porree
(Lauch, etwa 400 g)
3–4 Stängel frischer Koriander
2 EL Speiseöl
2 EL Weizenmehl
2 l Hühnerbrühe
1 Dose (400 ml)
ungesüßte Kokosmilch
Salz
frisch gemahlener Pfeffer

Pro Portion:
E: 41 g, F: 11 g, Kh: 23 g,
kJ: 1494, kcal: 357

1. Für das Paprikaöl Speiseöl mit Paprika verrühren und beiseitestellen. Das Speiseöl nimmt nach 10–15 Minuten eine rötliche Farbe an.
2. Für die Suppe Hähnchenbrustfilets unter fließendem kalten Wasser abspülen, trocken tupfen und das Fleisch in Streifen oder Würfel schneiden.
3. Schalotten abziehen und klein würfeln. Möhren putzen, schälen, waschen, abtropfen lassen und ebenfalls in Würfel schneiden. Porree putzen, die Stangen längs halbieren, gründlich waschen, abtropfen lassen und in Streifen schneiden. Koriander abspülen und trocken tupfen. Die Blättchen von den Stängeln zupfen.
4. Speiseöl in einem großen Topf erhitzen. Die Fleischstreifen oder -würfel darin rundherum anbraten und herausnehmen.
5. In dem verbliebenen Fett Schalotten-, Möhrenwürfel und Porreestreifen andünsten. Mehl darüberstäuben und kurz unter Rühren andünsten. Hühnerbrühe und Kokosmilch hinzugießen, glattrühren und die Zutaten unter gelegentlichem Rühren zum Kochen bringen. Fleischstreifen oder -würfel wieder hinzufügen. Die Suppe zugedeckt bei schwacher Hitze etwa 10 Minuten kochen lassen. Mit Salz und Pfeffer würzen.
6. Die Suppe auf Tellern verteilen. Mit einigen Tropfen Paprikaöl beträufeln (am besten mit Hilfe einer Gabel). Die Suppe mit Korianderblättchen garnieren.

Gut vozubereiten

Geeiste Zuckerschotensuppe
4 Portionen

Zubereitungszeit: 50 Minuten, ohne Kühlzeit
Garzeit: etwa 30 Minuten

400 g Zuckerschoten
200 g mehligkochende Kartoffeln
750 ml (3/4 l) Gemüsebrühe
1 Bund Kerbel
Salz
frisch gemahlener Pfeffer
100 g Doppelrahm-Frischkäse

Pro Portion:
E: 6 g, F: 8 g, Kh: 11 g,
kJ: 599, kcal: 143

1. Von den Zuckerschoten die Enden abschneiden, die Schoten eventuell abfädeln, waschen und abtropfen lassen. Kartoffeln waschen, schälen, abspülen, abtropfen lassen und in kleine Stücke schneiden.
2. Zuckerschoten mit den Kartoffelstücken und der Brühe in einem Topf zum Kochen bringen, etwa 30 Minuten kochen lassen.
3. Kerbel abspülen und trocken tupfen. Die Blättchen von den Stängeln zupfen und beiseitelegen. Kerbelstängel klein schneiden und zu den Zuckerschoten in den Topf geben. Gekochte Zuckerschoten und Kartoffelstücke fein pürieren. Die Suppe mit Salz und Pfeffer abschmecken, erkalten lassen.
4. Frischkäse in eine Schüssel geben, mit Salz und Pfeffer verrühren. Mit Hilfe von 2 Teelöffeln 4–8 Käseklößchen abstechen.
5. Die erkaltete Zuckerschotensuppe in ein gefriergeeignetes Gefäß füllen und etwa 1 Stunde vor dem Servieren in den Gefrierschrank stellen.
6. Zum Servieren die Suppe durchrühren und in 4 Suppentassen oder -teller umfüllen. Je 1–2 Käseklößchen hineingeben und mit den beiseite gelegten Kerbelblättchen garnieren. Die Suppe nach Belieben mit grob gemahlenem Pfeffer bestreuen.

Geeiste Zuckerschotensuppe

Für Gäste – dauert länger

Klare Tomatensuppe mit Polentarauten
4 Portionen

Zubereitungszeit: 60 Minuten, ohne Abkühlzeit

Für die Tomatensuppe:
2 mittelgroße Zwiebeln
3 Knoblauchzehen
50 ml Olivenöl
1 kg Tomaten
1 Dose geschälte Tomaten (etwa 800 ml)
250 ml (1/4 l) Tomatensaft
Salz
frisch gemahlener Pfeffer
4 Eiweiß (Größe M)
2 mittelgroße Tomaten
1 Topf Basilikum

Für die Polentarauten:
300 ml Gemüsebrühe
50 ml Milch
100 g Maisgrieß
1 Bund Schnittlauch
30 g frisch geriebener Parmesan-Käse
40 g Butter oder Margarine

Pro Portion:
E: 15 g, F: 25 g, Kh: 36 g,
kJ: 1878, kcal: 449

1. Für die Suppe Zwiebeln und Knoblauch abziehen, in kleine Würfel schneiden. Olivenöl in einem Topf erhitzen, Zwiebel- und Knoblauchwürfel darin andünsten.
2. Tomaten waschen und die Stängelansätze herausschneiden. Tomaten vierteln und in kleine Würfel schneiden. Tomatenwürfel mit den geschälten Tomaten und dem Tomatensaft zu den Zwiebel- und Knoblauchwürfeln geben, zum Kochen bringen. Mit Salz und Pfeffer würzen. Die Tomatensuppe etwa 30 Minuten bei schwacher Hitze kochen lassen. Den Topf von der Kochstelle nehmen und die Suppe erkalten lassen.
3. Eiweiß in die kalte Suppe geben, gut verrühren und unter ständigem Rühren aufkochen lassen, dann die Hitze reduzieren. Die Suppe etwa 2 Minuten ohne Rühren kochen lassen. Einen Durchschlag mit einem Geschirrtuch auslegen und in einen Topf hängen. Die Tomatensuppe durch das Tuch geben und nochmals erhitzen. Mit Salz und Pfeffer abschmecken.
4. Tomaten waschen, kreuzweise einschneiden und einige Sekunden in kochendes Wasser legen. Tomaten kurz in kaltes Wasser legen, enthäuten, halbieren, entkernen und die Stängelansätze herausschneiden. Tomatenhälften vierteln und der Länge nach in Streifen schneiden.
5. Basilikum abspülen und trocken tupfen. Die Blättchen von den Stängeln zupfen.
6. Für die Polentarauten Brühe mit Milch in einem Topf zum Kochen bringen. Maisgrieß einstreuen und unter Rühren etwa 8 Minuten ausquellen lassen. Polentamasse mit Salz und Pfeffer würzen.
7. Schnittlauch abspülen, trocken tupfen und in feine Röllchen schneiden. Parmesan-Käse und Schnittlauchröllchen unter die Polentamasse rühren. Die Masse etwa 1 cm dick auf eine geölte Platte streichen und erkalten lassen. Polentamasse in Rauten schneiden.
8. Butter oder Margarine in einer Pfanne zerlassen, Polentarauten darin von beiden Seiten goldbraun braten und herausnehmen.
9. Die Tomatensuppe eventuell nochmals erhitzen, mit Tomatenstreifen, Basilikumblättchen und Polentarauten als Einlage servieren.

Für Gäste

Fischsuppe
4 Portionen

Zubereitungszeit: 30 Minuten
Garzeit: etwa 14 Minuten

2 kleine Fenchelknollen (je etwa 150 g)
200 g Porree (Lauch)
2 Gläser Fischfond (je 400 ml)
50 g rote Linsen
2 Lorbeerblätter
150 g Cocktailtomaten
250 g Lachsfilet
1 Bund Dill
Salz
frisch gemahlener Pfeffer
1–2 EL Zitronensaft

evtl. einige Dillspitzen

Pro Portion:
E: 17 g, F: 4 g, Kh: 10 g,
kJ: 646, kcal: 154

1. Von den Fenchelknollen die Stiele dicht oberhalb der Knollen abschneiden. Braune Stellen und Blätter entfernen, Wurzelenden gerade schneiden. Die Knollen und das Fenchelgrün waschen, abtropfen lassen. Knollen

Klare Tomatensuppe mit Polentarauten

Fischsuppe

vierteln und quer in Streifen schneiden. Fenchelgrün beiseitelegen.
2. Porree putzen und die Stange längs halbieren. Porree gründlich waschen, abtropfen lassen und in Streifen schneiden.
3. Den Fischfond in einem Wok zum Kochen bringen. Linsen hinzugeben und aufkochen lassen. Lorbeerblätter, Porree- und Fenchelstreifen hinzufügen, bei mittlerer Hitze etwa 10 Minuten garen.
4. Tomaten waschen, abtrocknen und halbieren. Lachsfilet unter fließendem kalten Wasser abspülen, trocken tupfen und in Würfel schneiden. Dill abspülen und trocken tupfen. Die Spitzen von den Stängeln zupfen. Spitzen klein schneiden.
5. Beiseite gelegtes Fenchelgrün in Streifen schneiden. Tomatenhälften, Dill, Lachswürfel und Fenchelgrünstreifen in die Suppe geben, kurz aufkochen lassen. Die Zutaten etwa 4 Minuten gar ziehen lassen.
6. Die Suppe mit Salz, Pfeffer und Zitronensaft würzen. Nach Belieben mit Dillspitzen bestreut servieren.

Raffiniert

Fenchelsuppe mit Viktoriabarsch
4 Portionen

Zubereitungszeit: 65 Minuten
Garzeit: etwa 20 Minuten

40 g Wildreis
250 ml (1/4 l) Salzwasser
2 kleine Fenchelknollen
50 g Butter
500 ml (1/2 l) Gemüsebrühe
200 g Schlagsahne
200 g Viktoriabarsch
1 Bund gehackter Dill
Salz, frisch gemahlener Pfeffer
1 Becher (150 g) Crème fraîche

Pro Portion:
E: 10 g, F: 39 g, Kh: 14 g,
kJ: 1896, kcal: 453

Fenchelsuppe mit Viktoriabarsch

1. Wildreis in Salzwasser nach Packungsanleitung garen. Wildreis in ein Sieb geben und abtropfen lassen.
2. Fenchelknollen putzen. Die Stiele dicht oberhalb der Knollen abschneiden, braune Stellen und Blätter entfernen. Fenchelknollen waschen, abtropfen lassen und in kleine Würfel schneiden. Butter in einem Topf zerlassen. Fenchelwürfel darin glasig dünsten.
3. Brühe und Sahne hinzugießen, zum Kochen bringen. Die Suppe etwa 10 Minuten bei schwacher Hitze leicht kochen lassen, Wildreis unterrühren.
4. Viktoriabarsch unter fließendem kalten Wasser abspülen, trocken tupfen und in Würfel schneiden. Dill abspülen und trocken tupfen. Die Spitzen von den Stängeln zupfen. Spitzen klein schneiden.
5. Fischwürfel und Dill in die Suppe geben. Mit Salz und Pfeffer würzen. Die Fischwürfel etwa 5 Minuten ziehen lassen. Die Suppe mit Crème fraîche verfeinern.

Kalorienarm

Spargelbrühe mit Erbsen
4 Portionen

Zubereitungszeit: 60 Minuten

500 g weißer Spargel
1 ¼ l Wasser
1 gestr. TL Salz
1 Prise Zucker

Spargelbrühe mit Erbsen

100 g TK-Erbsen
3 Stängel Estragon

Pro Portion:
E: 3 g, F: 0 g, Kh: 5 g,
kJ: 163, kcal: 39

1. Den Spargel von oben nach unten schälen. Darauf achten, dass die Schalen vollständig entfernt, die Köpfe aber nicht verletzt werden. Die unteren Enden abschneiden (holzige Stellen vollkommen entfernen). Spargelstangen in etwa 2 cm lange Stücke schneiden, abspülen und abtropfen lassen.
2. Spargelschalen und -enden waschen, mit Wasser, Salz und Zucker in einem breiten Topf zum Kochen bringen, zugedeckt etwa 15 Minuten köcheln lassen. Spargelschalen und -enden in ein Sieb geben, dabei die Spargelbrühe auffangen.
3. Die Spargelbrühe wieder zum Kochen bringen. Spargelstücke hinzufügen, wieder zum Kochen bringen und zugedeckt in 8–10 Minuten bissfest garen. Erbsen etwa 5 Minuten mitgaren lassen.
4. Estragon abspülen und trocken tupfen. Die Blättchen von den Stängeln zupfen. Einige Blättchen zum Garnieren beiseitelegen. Restliche Blättchen klein schneiden und in die Brühe geben. Die Spargelbrühe mit Salz abschmecken und mit den beiseite gelegten Estragonblättchen garnieren.

Vegetarisch

Blumenkohl-Frischkäse-Suppe
6 Portionen

Zubereitungszeit: 40 Minuten
Garzeit: 10—12 Minuten

1 Kopf Blumenkohl (1–1,2 kg)
1 l Gemüsebrühe
250 ml (¼ l) Milch
100 g Doppelrahm-Frischkäse
1–2 EL Zitronensaft
Salz
frisch geriebene Muskatnuss
4 Scheiben Weißbrot
50 ml Traubenkernöl
2–3 Stängel Kerbel

Pro Portion:
E: 8 g, F: 17 g, Kh: 18 g,
kJ: 1128, kcal: 269

1. Vom Blumenkohl die Blätter und schlechten Stellen entfernen. Den Strunk abschneiden. Blumenkohl in kleine Röschen teilen, waschen und abtropfen lassen.
2. Brühe in einem Topf zum Kochen bringen. Blumenkohlröschen und Milch hinzugeben, zum Kochen bringen und zugedeckt bei schwacher Hitze 10–12 Minuten köcheln lassen.
3. Blumenkohlröschen mit der Kochflüssigkeit pürieren. Frischkäse, Zitronensaft, Salz und Muskatnuss hinzufügen, nochmals kurz pürieren oder mixen. Die Suppe erhitzen.
4. Weißbrot in kleine Würfel schneiden, mit Traubenkernöl in einer Pfanne goldbraun rösten. Kerbel abspülen und trocken tupfen. Die Blättchen von den Stängeln zupfen.
5. Die Suppe auf Tellern verteilen, mit Brotwürfeln und Kerbelblättchen garniert servieren.

Schnelle Bouillabaisse

Für Gäste

Schnelle Bouillabaisse
4 Portionen

Zubereitungszeit: 40 Minuten
Garzeit: Bouillabaisse etwa 20 Minuten

2 Möhren
1 Stange Porree (Lauch)
2 EL Olivenöl
2 getrocknete Chilischoten
1 Glas (800 ml) Fischsuppenkonzentrat (erhältlich beim Fischhändler)
800 ml kaltes Wasser

½ Baguette
2 EL Olivenöl

12 küchenfertige Garnelen
8 Jakobsmuscheln (ausgelöstes Muschelfleisch)
200 g Seeteufelfilet
200 g Lachsfilet
(ohne Haut und Gräten)
Salz, frisch gemahlener Pfeffer
1 Pck. (25 g) TK-Mediterrane Kräuter (8-Kräuter-Mischung)

1 Glas Aioli (Knoblauchmayonnaise)

Pro Portion:
E: 36 g, F: 60 g, Kh: 39 g,
kJ: 3505, kcal: 837

1. Möhren putzen, schälen, waschen, abtropfen lassen und in dünne Scheiben schneiden. Porree putzen, die Stange längs halbieren, gründlich waschen, abtropfen lassen und in dünne Scheiben schneiden. Den Backofen vorheizen.
2. Olivenöl in einem Topf erhitzen. Möhrenscheiben und Porreescheiben darin andünsten. Chilischoten zerbröseln und mit andünsten. Fischsuppenkonzentrat und Wasser hinzugeben, zum Kochen bringen und bei schwacher Hitze etwa 10 Minuten kochen lassen.
3. Baguette in Scheiben schneiden und mit Olivenöl bestreichen. Baguettescheiben auf ein Backblech legen. Das Backblech in den vorgeheizten Backofen schieben und die Baguettescheiben goldbraun backen.
Ober-/Unterhitze: etwa 180 °C
Heißluft: etwa 160 °C
Backzeit: etwa 10 Minuten.
4. Garnelen, Jakobsmuscheln, Seeteufel und Lachsfilet unter fließendem kalten Wasser abspülen und trocken tupfen. Seeteufel- und Lachsfilet in jeweils 8 Portionen schneiden. Die einzelnen Fischsorten mit Salz und Pfeffer bestreuen, vorsichtig in die köchelnde Suppe gleiten lassen und etwa 10 Minuten ziehen lassen. Anschließend mit Salz und Pfeffer abschmecken, Kräuter unterrühren.
5. Die Bouillabaisse mit den gerösteten Baguettescheiben und der Knoblauchmayonnaise servieren.

Klassisch

Wantan-Suppe
2 Portionen

Zubereitungszeit: 50 Minuten

Für die Füllung:
100 g Hähnchenfilet oder
Hähnchenschenkel (ohne Knochen)
1/2 Ei (Größe M))
10 g Wasserkastanien (aus der Dose)
10 g fein geschnittene Möhren
10 g sehr klein gehackte
Frühlingszwiebeln
2 Prisen Salz
2 Prisen Pfeffer
1 TL Sesamöl
1 EL Weizenmehl
1/2 TL fein gehackter Ingwer
2 Blätter Spinat oder Chinakohl
2–3 Champignons

10 Stück Wantan-Teighüllen
1 l Wasser
500 ml (1/2 l) Hühnerbrühe
1/2 TL Pfeffer
2 TL Zucker
1 1/2 gestr. TL Salz
etwa 1 TL Sesamöl

Pro Portion:
E: 32 g, F: 17 g, Kh: 43 g,
kJ: 1980, kcal: 474

1. Für die Füllung Hähnchenfilet oder Hähnchenschenkel unter fließendem kalten Wasser abspülen, trocken tupfen, klein schneiden und im Mixer zerkleinern.
2. Die Fleischmasse in eine Rührschüssel geben. Ei, zerkleinerte Wasserkastanien, Möhren-, Frühlingszwiebelstücke, Salz, Pfeffer, Sesamöl, Mehl und Ingwer gut unterarbeiten.
3. Spinat- oder Chinakohlblätter putzen, waschen, trocken tupfen und in Streifen schneiden. Champignons putzen, mit Küchenpapier abreiben, eventuell abspülen, trocken tupfen und in Scheiben schneiden.
4. Die Wantan-Teighüllen auf einer Arbeitsfläche ausbreiten. Jeweils einen Teelöffel der Fleischfüllung in die Mitte geben. Anschließend die sich gegenüberliegenden Ecken aufeinander und fest um die Füllung herum zudrücken, so dass die Füllung ganz vom Teig umschlossen ist.
5. Das Wasser in einem Wok zum Kochen bringen, die Wantans hinzugeben und etwa 5 Minuten kochen lassen. Die Wantans herausnehmen und in Suppenschalen legen. Mit Spinat- oder Chinakohlstreifen bestreuen.
6. Brühe mit den Champignonscheiben zum Kochen bringen, mit Pfeffer, Zucker und Salz abschmecken. Die Hühnerbrühe über die Wantans in die Schalen gießen und mit etwas Sesamöl abrunden.

Raffiniert

Polenta-Kräuter-Suppe
4 Portionen

Zubereitungszeit: 35 Minuten
Garzeit: etwa 12 Minuten

2 Bund Suppengemüse
200 g durchwachsener Speck
70 g Polentagrieß (Maisgrieß)
1 TL getrockneter Thymian
1/2 TL getrockneter Majoran
1 TL gemahlene Kurkuma (Gelbwurz)
1 1/2 l Gemüsebrühe
1 Bund Petersilie
Salz
frisch gemahlener Pfeffer

Pro Portion:
E: 9 g, F: 33 g, Kh: 42 g,
kJ: 1984, kcal: 472

1. Suppengemüse putzen, waschen, abtropfen lassen und in kleine Würfel oder Scheiben schneiden. Speck klein würfeln.
2. Einen Wok erhitzen. Die Speckwürfel darin ausbraten, mit einer Schaumkelle herausnehmen, auf Küchenpapier abtropfen lassen und beiseitelegen.
3. Grieß, Thymian, Majoran, Kurkuma und das vorbereitete Suppengemüse im Speckfett anrösten.
4. Brühe hinzugießen und zum Kochen bringen. Die Hitze reduzieren und den Deckel auflegen. Gemüse und Grieß etwa 12 Minuten in der Brühe garen.
5. In der Zwischenzeit Petersilie abspülen und trocken tupfen. Die Blättchen von den Stängeln zupfen. Blättchen klein schneiden.
6. Die Suppe nochmals aufkochen lassen und Speckwürfel hineingeben. Die Suppe mit Salz und Pfeffer würzen, mit Petersilie bestreut servieren.

Tipp: Sie können die Suppe auch mit Hartweizengrieß zubereiten. Für eine vegetarische Variante der Suppe können Sie den Speck weglassen, stattdessen 2 Esslöffel Olivenöl in dem Wok erhitzen und die Zutaten darin andünsten, dann 1 Esslöffel Butter hinzufügen. Es können zum Schluss auch 2 Päckchen (je 25 g) gemischte TK-Kräuter in die Suppe gegeben werden. Die Suppe dann nicht mehr kochen lassen, damit die Kräuter nicht braun werden.

Wantan-Suppe

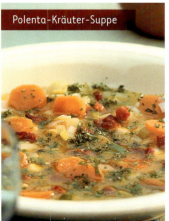
Polenta-Kräuter-Suppe

Legierte Meeresfrüchtesuppe

Kürbissuppe mit Blutwurst

Raffiniert – mit Alkohol

Legierte Meeresfrüchtesuppe
6–8 Portionen

Zubereitungszeit: 50 Minuten
Garzeit: etwa 40 Minuten

125 g Zwiebeln
1 Stange Porree (Lauch, 150 g)
500 g Fleischtomaten
1 Knoblauchzehe
1 Stängel Petersilie
4 EL Speiseöl
1 Lorbeerblatt
1 Döschen (0,2 g) Safranfäden
250 g Fischreste
Salz
750 ml (3/4 l) Wasser
250 ml (1/4 l) Weißwein
frisch gemahlener Pfeffer
600 g verschiedene Fischfilets
300 g Garnelenschwänze
(ohne Schale)
1 Bund Petersilie
1 Dose Muscheln im eigenen Saft
(Abtropfgewicht 150 g)
200 g Schlagsahne
2 Eigelb (Größe M)

Pro Portion:
E: 20 g, F: 19 g, Kh: 20 g,
kJ: 1598, kcal: 382

1. Zwiebeln abziehen, zuerst in Scheiben schneiden, dann in Ringe teilen. Porree putzen, die Stange längs halbieren, waschen, abtropfen lassen und in dünne Scheiben schneiden. Tomaten waschen, trocken tupfen und die Stängelansätze entfernen. Tomaten in Stücke schneiden. Knoblauch abziehen und zerdrücken. Petersilie abspülen und trocken tupfen.
2. Speiseöl in einem großen Topf erhitzen, Zwiebelringe und Porreescheiben darin gut andünsten, Tomatenstücke unterrühren. Knoblauch, Petersilie, Lorbeerblatt und Safran hinzufügen.
3. Fischreste unter fließendem kalten Wasser abspülen und trocken tupfen. Mit Salz, Wasser und Wein zu dem Gemüse in den Topf geben. Die Zutaten zum Kochen bringen und etwa 30 Minuten bei geöffnetem Topf leicht kochen lassen.
4. Die Fisch-Gemüse-Brühe durch ein Sieb geben, das Gemüse gut ausdrücken, aber nicht durchpassieren. Brühe mit Salz und Pfeffer abschmecken.
5. Fischfilet unter fließendem kalten Wasser abspülen, trocken tupfen und in mundgerechte Stücke schneiden. Garnelenschwänze ebenfalls unter fließendem kalten Wasser abspülen und trocken tupfen.
6. Fischfiletstücke und Garnelenschwänze in die Brühe geben und zugedeckt etwa 10 Minuten ziehen lassen. Petersilie abspülen und trocken tupfen. Die Blättchen von den Stängeln zupfen. Blättchen klein schneiden.
7. Muscheln in einem Sieb abtropfen lassen, in die Suppe geben und erhitzen. Den Topf von der Kochstelle nehmen. Sahne und Eigelb verschlagen, vorsichtig in die Suppe rühren. Mit Petersilie bestreut servieren.

Raffiniert – für Gäste

Kürbissuppe mit Blutwurst
4 Portionen

Zubereitungszeit: 40 Minuten
Garzeit: etwa 20 Minuten

750 g Kürbis, z. B. Hokkaido
1 Zwiebel
40 g Butter oder Margarine
500 ml (1/2 l) Gemüsebrühe
200 ml Orangensaft
3–4 Stängel Thymian
100 g geräucherter Speck
im Stück
2 Sternanis
200 g Schlagsahne
Salz
frisch gemahlener Pfeffer
1–2 EL Currypulver
etwas gemahlener Kreuzkümmel

1 geräucherte, feste Blutwurst
(Ø etwa 5 cm, etwa 100 g)
Weizenmehl
etwas Olivenöl
60 g geschälte Haselnusskerne

1 EL Schnittlauchröllchen

Pro Portion:
E: 9 g, F: 44 g, Kh: 18 g,
kJ: 2148, kcal: 514

1. Kürbis schälen, halbieren und die Kerne mit einem Löffel herauskratzen. Kürbisfleisch in kleine Würfel schneiden. Zwiebel abziehen und in kleine Würfel schneiden.

2. Butter oder Margarine in einem Topf zerlassen. Zwiebel- und Kürbiswürfel darin andünsten. Brühe und Orangensaft hinzugießen.
3. Thymian abspülen und trocken tupfen. Speck, Sternanis und Thymian in die Brühe geben, zum Kochen bringen und etwa 20 Minuten kochen lassen.
4. Speck, Sternanis und Thymian aus der Suppe nehmen. Die Suppe pürieren oder durch ein Sieb streichen.
5. Sahne hinzugießen. Die Suppe nochmals kurz erwärmen. Mit Salz, Pfeffer, Curry und Kreuzkümmel abschmecken.
6. Von der Blutwurst den Darm abziehen. Blutwurst in etwa 1 cm dicke Scheiben schneiden und in Mehl wälzen.
7. Olivenöl in einer großen Pfanne erhitzen. Blutwurstscheiben darin von beiden Seiten kurz anbraten. Haselnusskerne hinzufügen und kurz mitbraten lassen.
8. Die Suppe mit Schnittlauchröllchen bestreuen, mit Blutwurstscheiben und Haselnusskernen servieren.

Klassisch – preiswert

Käsesuppe mit Croûtons
4 Portionen

Zubereitungszeit: 35 Minuten
Garzeit: etwa 5 Minuten

125 g mittelalter Gouda-Käse (45 % Fett)
1 Zwiebel
1 EL Butter oder Margarine
2–3 EL (40 g) Weizenmehl
500 ml (½ l) Gemüsebrühe
500 ml (½ l) Milch
Salz
frisch gemahlener Pfeffer
frisch geriebene Muskatnuss

4 Scheiben Toastbrot
1 EL Schnittlauchröllchen

Pro Portion:
E: 14 g, F: 16 g, Kh: 24 g,
kJ: 1328, kcal: 318

1. Käse fein reiben und beiseitestellen. Zwiebel abziehen und in kleine Würfel schneiden. Butter oder Margarine in einem Topf zerlassen. Zwiebelwürfel darin andünsten.
2. Mehl darüberstäuben und etwa 1 Minute unter Rühren andünsten. Brühe und Milch hinzugießen und mit einem Schneebesen durchschlagen. Dabei darauf achten, dass keine Klümpchen entstehen. Mit Salz, Pfeffer und Muskat würzen. Die Zutaten unter Rühren zum Kochen bringen und unter gelegentlichem Rühren etwa 5 Minuten leicht köcheln lassen.
3. In der Zwischenzeit Toastbrotscheiben rösten und abkühlen lassen. Die Rinde abschneiden, Toastbrotscheiben in kleine Würfel schneiden und beiseitelegen.
4. Beiseite gestellten Käse unter Rühren in der heißen (nicht kochenden!) Suppe schmelzen lassen. Käsesuppe mit Salz, Pfeffer und Muskat abschmecken und auf Tellern verteilen. Toastbrotwürfel und Schnittlauchröllchen daraufstreuen.

Raffiniert – leicht – mit Alkohol

Kartoffelschaumsuppe mit Buttermilch
4 Portionen

Zubereitungszeit: 60 Minuten
Garzeit: etwa 30 Minuten

150 g Zwiebeln
600 g mehligkochende Kartoffeln

1 ¼ EL (30 g) Butter oder Margarine
100 ml trockener Weißwein (ersatzweise Buttermilch)
200 ml Buttermilch
750 ml (¾ l) Gemüsebrühe
Salz, frisch gemahlener Pfeffer
1 TL getrockneter Rosmarin
1 TL getrockneter Thymian
½ TL getrocknetes Basilikum
125 g Schlagsahne

Pro Portion:
E: 6 g, F: 17 g, Kh: 23 g,
kJ: 1211, kcal: 289

1. Zwiebeln abziehen und klein würfeln. Kartoffeln waschen, schälen, abspülen und in kleine Würfel schneiden. Butter oder Margarine in einem Topf zerlassen. Zwiebel- und Kartoffelwürfel darin etwa 5 Minuten unter gelegentlichem Rühren andünsten.
2. Weißwein, Buttermilch und Brühe hinzugießen. Mit Salz und Pfeffer würzen. Die Zutaten zum Kochen bringen und zugedeckt etwa 30 Minuten leicht köcheln lassen.
3. Etwa 5 Minuten vor Ende der Garzeit Rosmarin, Thymian und Basilikum zur Suppe geben und mitgaren. In einem Rührbecher Sahne mit Handrührgerät mit Rührbesen steifschlagen und kalt stellen.
4. Die Suppeneinlage (Kartoffeln) in der Suppe mit dem Kartoffelstampfer etwas zerdrücken, bis die Suppe sämig wird (ein Teil der Kartoffelwürfel kann erhalten bleiben). Sahne unter die Suppe rühren, die Suppe eventuell nochmals abschmecken.

Käsesuppe mit Croûtons

Kartoffelschaumsuppe mit Buttermilch

Gefriergeeignet

Asia-Suppe mit mariniertem Hähnchenfilet
4 Portionen

Zubereitungszeit: 25 Minuten, ohne Marinierzeit
Garzeit: 13–16 Minuten

400 g Hähnchenbrustfilet

Für die Marinade:
1 kleine rote Chilischote
2 EL Sojasauce
evtl. Currypulver, extra scharf

2 große Fenchelknollen
2 Möhren
1 Bund Frühlingszwiebeln
1 EL Speiseöl
750 ml (¾ l) Gemüsebrühe (Instant)
Sojasauce
frisch gemahlener, schwarzer Pfeffer
evtl. Currypulver, extra scharf

Pro Portion:
E: 27 g, F: 4 g, Kh: 11 g,
kJ: 789, kcal: 189

1. Hähnchenbrustfilet unter fließendem kalten Wasser abspülen, trocken tupfen und in Streifen schneiden. Filetstreifen in eine flache Schale legen.
2. Für die Marinade Chilischote waschen, abtrocknen, längs aufschneiden, entkernen und fein hacken. Chili mit Sojasauce und Curry verrühren. Die Filetstreifen damit bestreichen und zugedeckt etwa 15 Minuten marinieren.
3. Von den Fenchelknollen die Stiele dicht oberhalb der Knollen abschneiden. Braune Stellen und Blätter entfernen (etwas Fenchelgrün beiseitelegen). Die Wurzelenden gerade schneiden. Die Knollen waschen, abtropfen lassen, halbieren und in Streifen schneiden.

Asia-Suppe mit mariniertem Hähnchenfilet

4. Möhren putzen, schälen, waschen, abtropfen lassen und in Scheiben schneiden. Frühlingszwiebeln putzen, waschen, abtropfen lassen und in dünne Scheiben schneiden.
5. Speiseöl in einem Topf erhitzen. Fenchelstreifen, Möhren- und Zwiebelscheiben darin andünsten. Brühe hinzugießen. Die Zutaten zum Kochen bringen und zugedeckt 8–10 Minuten garen.
6. Hähnchenbrustfiletstreifen mit der Marinade hinzufügen. Die Suppe nochmals zum Kochen bringen und zugedeckt 5–6 Minuten kochen lassen.
7. Die Suppe vor dem Servieren mit Sojasauce, Pfeffer und evtl. etwas Curry abschmecken.
8. Beiseite gelegtes Fenchelgrün abspülen, trocken tupfen und fein hacken. Die Suppe mit Fenchelgrün bestreut servieren.

Gut vorzubereiten

Bohnensuppe, ungarisch
4 Portionen

Zubereitungszeit: 35 Minuten, ohne Einweichzeit
Garzeit: 70–75 Minuten

200 g gemischte, bunte Bohnen
1½ l kaltes Wasser
350 g geräucherte Schweinehaxe (beim Metzger bestellen)
250 g Möhren

Bohnensuppe, ungarisch

150 g Petersilienwurzeln
50 g Sellerie
30 g Selleriegrün
1 Lorbeerblatt
200 g Debrecener Wurst
Salz
3 Zwiebeln
2 Knoblauchzehen
4 EL Maiskeimöl
2 EL Paprikapulver edelsüß
50 g Weizenmehl
200 g saure Sahne

Pro Portion:
E: 42 g, F: 49 g, Kh: 20 g,
kJ: 2996, kcal: 715

1. Die Bohnen waschen und über Nacht in kaltem Wasser einweichen. Bohnen in einem Sieb abtropfen lassen. Haxe unter fließendem kalten Wasser abspülen und trocken tupfen.
2. Wasser in einem Topf zum Kochen bringen. Die Haxe und Bohnen hinzugeben, wieder zum Kochen bringen und zugedeckt etwa 40 Minuten garen.
3. Möhren, Petersilienwurzeln und Sellerie putzen, schälen, waschen, abtropfen lassen und in Würfel schneiden. Selleriegrün abspülen und trocken tupfen.
4. Vorbereitete Gemüsewürfel, Selleriegrün, Lorbeerblatt und die Wurst zu der Haxe in den Topf geben, wieder zum Kochen bringen und zugedeckt weitere etwa 20 Minuten garen.
5. Die gare Haxe und Wurst aus der Suppe nehmen. Die Suppe eventuell mit Salz abschmecken. Zwiebeln und

Knoblauch abziehen, in kleine Würfel schneiden.
6. Maiskeimöl in einer Pfanne erhitzen, Zwiebel- und Knoblauchwürfel darin kurz andünsten. Die Pfanne von der Kochstelle nehmen. Paprikapulver und Mehl unterrühren. Die Zwiebel-Knoblauch-Masse in die Suppe rühren, die Suppe damit binden.
7. Saure Sahne in die Suppe rühren und zum Kochen bringen. Die Suppe noch weitere 10–15 Minuten kochen lassen.
8. Das Haxenfleisch von dem Knochen lösen und in Streifen schneiden. Die Wurst in Scheiben schneiden. Fleischstreifen und Wurstscheiben in der Suppe erhitzen.
9. Diese gehaltvolle Suppe wird in einer großen Suppenschüssel aufgetragen.

Einfach

Kichererbsensuppe mit Porreestreifen
2 Portionen

Zubereitungszeit: 25 Minuten

250 g mehligkochende Kartoffeln
500 ml (1/2 l) Gemüsebrühe
1 Dose Kichererbsen
(Abtropfgewicht 265 g)
1 Stange Porree (Lauch)
6 Cocktailtomaten
Salz
frisch gemahlener Pfeffer

Pro Portion:
E: 14 g, F: 4 g, Kh: 42 g,
kJ: 1122, kcal: 268

1. Kartoffeln waschen, schälen, abspülen, abtropfen lassen und in kleine Würfel schneiden.
2. Kartoffelwürfel mit der Brühe in einem Topf zum Kochen bringen und etwa 10 Minuten bei schwacher Hitze köcheln lassen.
3. Kichererbsen in einem Sieb abtropfen lassen. Porree putzen, die Stange längs halbieren, gründlich waschen und abtropfen lassen. Porree in feine etwa 2 cm lange Streifen schneiden.
4. Kichererbsen und Porreestreifen ebenfalls in die Brühe geben und etwa 5 Minuten mitköcheln lassen.
5. Tomaten waschen, abtrocknen und die Stängelansätze herausschneiden. Tomaten in die heiße Suppe geben. Die Suppe mit Salz und Pfeffer abschmecken.

Kichererbsensuppe mit Porreestreifen

Vegetarisch – leicht

Kräuter-Pilzsuppe
4 Portionen

Zubereitungszeit: 40 Minuten
Garzeit: etwa 10 Minuten

1 Zwiebel
1 Knoblauchzehe
3 Stangen Staudensellerie
(etwa 200 g)
300 g Champignons
200 g Austernpilze
1 Bund Petersilie
2 EL Olivenöl
800 ml Gemüsebrühe
1 TL gerebelter Thymian
Salz, frisch gemahlener Pfeffer
Cayennepfeffer
1–2 EL Zitronensaft

4 EL (80 g) Vollmilchjoghurt

Pro Portion:
E: 6 g, F: 6 g, Kh: 3 g,
kJ: 387, kcal: 93

1. Zwiebel und Knoblauch abziehen, klein würfeln. Staudensellerie putzen und die harten Außenfäden abziehen. Sellerie waschen, abtropfen lassen und in feine Scheiben schneiden.
2. Pilze putzen, mit Küchenpapier abreiben, eventuell kurz abspülen und trocken tupfen. Champignons in Scheiben, Austernpilze in Streifen schneiden. Petersilie abspülen und trocken tupfen. Die Blättchen von den Stängeln zupfen. Blättchen klein schneiden und beiseitelegen.
3. Olivenöl in einem Topf erhitzen. Zwiebel- und Knoblauchwürfel sowie Selleriescheiben darin etwa 3 Minuten unter gelegentlichem Rühren andünsten. Klein geschnittene Pilze hinzugeben und unter Rühren weitere 3 Minuten andünsten.
4. Brühe hinzugießen, beiseite gelegte Petersilie und Thymian unterrühren. Mit Salz und Pfeffer würzen. Die Zutaten zum Kochen bringen und zugedeckt etwa 10 Minuten leicht köcheln lassen.
5. Die Kräuter-Pilzsuppe mit Cayennepfeffer und Zitronensaft abschmecken, auf vier Teller verteilen und je 1 Esslöffel Joghurt daraufgeben.

Für Gäste

Korianderschaumsüppchen
4 Portionen

Zubereitungszeit: 40 Minuten
Garzeit: etwa 25 Minuten

400 g Kartoffeln
175 g Bambussprossen
(aus der Dose)
2 milde Chilischoten (etwa 80 g)
200 g Sojakeimlinge
3 Frühlingszwiebeln
1 Möhre (etwa 100 g)
2 EL Olivenöl
1 l Geflügelfond oder -brühe
2 Bund frischer Koriander
4 EL Sojasauce
etwas Salz, frisch gemahlener Pfeffer

1 Dose (400 ml) Kokosmilch

8 frische Garnelen (etwa 250 g)
2 EL Olivenöl
kleine, vorbereitete Korianderzweige

Außerdem:
4 Holzspieße oder
4 Stängel Zitronengras

Pro Portion:
E: 24 g, F: 26 g, Kh: 23 g,
kJ: 1802, kcal: 433

1. Kartoffeln waschen, schälen, abspülen, abtropfen lassen und in kleine Würfel schneiden. Bambussprossen in einem Sieb abtropfen lassen. Chilischoten abspülen, trocken tupfen und sehr klein schneiden, eventuell entkernen. Sojakeimlinge in ein Sieb geben, abspülen und abtropfen lassen. Frühlingszwiebeln putzen, waschen, abtropfen lassen und in kleine Würfel schneiden. Möhre putzen, schälen, waschen, abtropfen lassen und ebenfalls in kleine Würfel schneiden.
2. Olivenöl in einem Topf erhitzen. Die vorbereiteten Zutaten darin portionsweise andünsten. Alle gedünsteten Zutaten wieder in den Topf geben, Geflügelfond oder -brühe hinzugießen, zum Kochen bringen und bei schwacher Hitze etwa 25 Minuten leicht kochen lassen.
3. Koriander abspülen und trocken tupfen. Die Blättchen von den Stängeln zupfen. Blättchen grob zerkleinern und in die Suppe rühren. Mit Sojasauce, Salz und Pfeffer würzen. Die Suppe pürieren. Kokosmilch unterrühren. Nochmals mit den Gewürzen abschmecken.
4. Garnelen schälen, vom Rücken her den Darm entfernen. Garnelen

Kräuter-Pilzsuppe

Korianderschaumsüppchen

kurz unter fließendem kalten Wasser abspülen und trocken tupfen. Mit Salz und Pfeffer würzen. Olivenöl in einer Pfanne erhitzen, Garnelen darin von beiden Seiten etwa 8 Minuten braten, herausnehmen und auf Holzspieße oder auf dünne Zitronengrasstängel spießen (je Spieß 2 Garnelen).

5. Die fertige Suppe mit dem Pürierstab aufschäumen und anrichten. Garnelenspieße jeweils an den Teller- oder Tassenrand legen und mit frischen Korianderblättchen garnieren.

Schnell zubereitet – gefriergeeignet

Tomatensuppe mit Käsecroûtons
4 Portionen

Zubereitungszeit: 40 Minuten
Garzeit: Suppe etwa 15 Minuten

Für die Suppe:
1,2 kg Fleischtomaten
2 Zwiebeln
1 Knoblauchzehe
2 EL Speiseöl
650 ml Gemüsebrühe
½ gestr. TL Salz
frisch gemahlener Pfeffer
½–1 EL Balsamico-Essig
1 Prise Zucker
1–2 EL gehacktes Basilikum

Für die Käsecroûtons:
20 g weiche Butter
Salz
frisch gemahlener Pfeffer
etwas gerebelter Thymian
1 TL gehacktes Basilikum
2 Scheiben Toastbrot
1–2 EL frisch geriebener Parmesan-Käse

Pro Portion:
E: 6 g, F: 12 g, Kh: 15 g,
kJ: 821, kcal: 195

Tomatensuppe mit Käsecroûtons

1. Für die Suppe Tomaten waschen, abtrocknen, halbieren und die Stängelansätze herausschneiden. Tomaten grob würfeln. Zwiebeln und Knoblauch abziehen, in kleine Würfel schneiden. Speiseöl in einem Topf erhitzen. Zwiebel- und Knoblauchwürfel darin andünsten. Den Backofen vorheizen.

2. Tomatenwürfel hinzugeben und unter mehrmaligem Wenden kurz mit andünsten. Brühe hinzugießen, mit Salz und Pfeffer würzen. Die Zutaten zum Kochen bringen und zugedeckt etwa 15 Minuten leicht köcheln lassen, bis die Tomaten zerfallen sind. Die Suppe pürieren und durch ein Sieb streichen, um Kerne und Fruchtschalen zu entfernen.

3. Für die Käsecroûtons Butter in ein Schälchen geben, mit Salz, Pfeffer, Thymian und Basilikum glattrühren. Toastbrotscheiben mit der Basilikumbutter bestreichen und auf ein Backblech legen. Das Backblech in den vorgeheizten Backofen schieben.
Ober-/Unterhitze: etwa 240° C
Heißluft: etwa 220° C
Backzeit: etwa 3 Minuten.

4. Das Backblech aus dem Backofen nehmen. Toastbrotscheiben mit Parmesan-Käse bestreuen. Das Backblech wieder in den Backofen schieben und die Toastscheiben 2–3 Minuten weiterbacken, bis der Käse zerlaufen ist.

5. Toastbrotscheiben vom Backblech nehmen, etwas abkühlen lassen, in kleine Würfel schneiden und beiseitestellen.

6. Die Suppe nochmals kurz erhitzen. Mit Salz, Pfeffer, Balsamico-Essig und Zucker abschmecken. Die Suppe mit Basilikum und Käsecroûtons anrichten.

Tomatensuppe mit Mozzarella

Asiatische Fischsuppe

Raffiniert – mit Alkohol

Tomatensuppe mit Mozzarella
4 Portionen

Zubereitungszeit: 45 Minuten
Garzeit: etwa 20 Minuten

1 ½ kg Fleischtomaten
2 Zwiebeln
2 Knoblauchzehen
60 g durchwachsener Speck
4 EL Olivenöl
1 Stängel Thymian
1 EL Tomatenmark
500 ml (½ l) Gemüsebrühe
3 EL geschlagene Schlagsahne
Salz
frisch gemahlener Pfeffer
2–3 EL Sherry

1 Pck. (125 g) Mozzarella
Salz
frisch gemahlener Pfeffer
50 g Weizenmehl
100 g Semmelbrösel
1 Ei (Größe M)
8 EL Olivenöl

vorbereitete Thymianblättchen

Pro Portion:
E: 16 g, F: 26 g, Kh: 29 g,
kJ: 1792, kcal: 427

1. Tomaten waschen, trocken tupfen, vierteln, entkernen und die Stängelansätze herausschneiden. Tomatenviertel in Würfel schneiden. Zwiebeln und Knoblauch abziehen, in kleine Würfel schneiden. Speck ebenfalls würfeln.
2. Olivenöl in einem Topf erhitzen. Speckwürfel darin anbraten. Zwiebel- und Knoblauchwürfel hinzufügen und andünsten. Tomatenwürfel hinzugeben und unter Rühren mit andünsten.
3. Thymian abspülen und trocken tupfen, zusammen mit dem Tomatenmark zur Tomaten-Speck-Masse geben und kurz rösten lassen. Brühe hinzugießen, zum Kochen bringen und etwa 15 Minuten leicht kochen lassen. Die Suppe pürieren oder nach Belieben durch ein feines Sieb passieren. Sahne unterheben. Mit Salz, Pfeffer und Sherry abschmecken.
4. Mozzarella in einem Sieb abtropfen lassen und in Scheiben schneiden. Mit Salz und Pfeffer bestreuen. Mehl und Semmelbrösel jeweils in einen flachen Teller geben. Eier in einer flachen Schüssel verschlagen.
5. Mozzarellascheiben zuerst in Mehl wenden, dann durch die verschlagenen Eier ziehen, am Schüsselrand abstreifen und zuletzt in Semmelbröseln wenden. Panade etwas andrücken.
6. Olivenöl in einer Pfanne erhitzen. Mozzarellascheiben darin von beiden Seiten goldbraun braten.
7. Die Tomatensuppe mit den Mozzarellascheiben und den Thymianblättchen garniert servieren.

Für Gäste – etwas teurer

Asiatische Fischsuppe
4 Portionen

Zubereitungszeit: 45 Minuten
Garzeit: etwa 10 Minuten

1 Stängel Zitronengras
1 Bund oder Topf Koriander
evtl. 2 kleine rote und grüne Chilischoten
1 l Fischfond
2 EL asiatische Fischsauce
(erhältlich im Asialaden)
2 EL Sojasauce
Salz, frisch gemahlener Pfeffer

60 g Jasminreis oder Duftreis
200 g Pangasiusfilet
12 große Garnelen
(mit Schale, etwa 400 g)
200 g Grünschalmuschelfleisch
oder Pfahlmuschelfleisch
1–2 EL Speiseöl

vorbereitete Korianderblättchen

Pro Portion:
E: 33 g, F: 6 g, Kh: 19 g,
kJ: 1098, kcal: 262

1. Zitronengras von der äußeren Schale befreien. Stange längs vierteln, waschen und abtropfen lassen. Koriander abspülen und trocken tupfen. Die Blättchen von den Stängeln zupfen. Blättchen grob zerschneiden. Nach Belieben Chilischoten abspülen, trocken tupfen und in sehr dünne Ringe schneiden.
2. Fischfond mit Zitronengras, Koriander, Chiliringen, Fischsauce und Sojasauce in einen Topf geben. Mit Salz und Pfeffer würzen. Den Fond erhitzen (er sollte nur ganz leicht simmern, damit er nicht trüb wird).
3. Jasmin- oder Duftreis in kochendem Salzwasser nach Packungsan-

leitung garen. Den garen Reis in ein Sieb geben und abtropfen lassen.

4. Pangasiusfilet unter fließendem kalten Wasser abspülen, trocken tupfen und in kleine Stücke schneiden. Garnelen schälen, vom Rücken her halbieren und den Darm entfernen. Garnelen unter fließendem kalten Wasser abspülen und trocken tupfen. Muschelfleisch ebenfalls kurz abspülen und trocken tupfen.

5. Speiseöl in einer Pfanne erhitzen. Pangasiusfiletstücke, Garnelen und Muschelfleisch darin portionsweise anbraten, herausnehmen und zum Fond geben. Den Fisch bei schwacher Hitze etwa 10 Minuten ziehen lassen.

6. Die Suppe mit Salz und Pfeffer abschmecken und servieren. Den Reis mit Korianderblättchen garniert dazureichen.

Dauert länger

Dreikornsuppe
4 Portionen

Zubereitungszeit: 30 Minuten, ohne Einweichzeit
Garzeit: etwa 16 Minuten

50 g Haferkörner
60 g Grünkernkörner
60 g Dinkelkörner
400 ml Wasser

2 Zwiebeln
3 EL Haselnussöl
400 ml Gemüsebrühe
150 g Möhren
120 g Zuckerschoten
2 Frühlingszwiebeln
60 g abgezogene, gestiftelte Mandeln
Salz
frisch gemahlener Pfeffer
3 EL Crème fraîche
1 Bund Petersilie

Pro Portion:
E: 10 g, F: 22 g, Kh: 34 g,
kJ: 1653, kcal: 395

1. Hafer-, Grünkern- und Dinkelkörner in 400 ml kaltem Wasser über Nacht einweichen.

2. Zwiebeln abziehen und in kleine Würfel schneiden. Haselnussöl in einem Topf erhitzen, Zwiebelwürfel darin andünsten. Mit Brühe ablöschen. Eingeweichte Körner hinzugeben, zum Kochen bringen und zugedeckt etwa 10 Minuten köcheln lassen.

3. Möhren putzen, schälen, waschen, abtropfen lassen, grob würfeln und zur Suppe in den Topf geben. Die Suppe wieder zum Kochen bringen und weitere etwa 5 Minuten köcheln lassen.

4. Zuckerschoten putzen, waschen, eventuell abfädeln und halbieren. Frühlingszwiebeln putzen, waschen, abtropfen lassen und in etwa 1 cm lange Stücke schneiden. Zuckerschotenhälften und Frühlingszwiebelstücke etwa 1 Minute in der Suppe garen.

5. Mandeln in die Suppe streuen. Mit Salz, Pfeffer und Crème fraîche abschmecken.

6. Petersilie abspülen und trocken tupfen. Die Blättchen von den Stängeln zupfen. Blättchen klein schneiden. Die Suppe mit Petersilie bestreut servieren.

Für Kinder

Fadennudel-Suppe
4 Portionen

Zubereitungszeit: 20 Minuten
Garzeit: etwa 5 Minuten

300 g Möhren
1 Kohlrabi
1 ½ l Gemüsebrühe
1 Pck. (50 g) TK-Suppengrün
100 g Fadennudeln
200 g gekochter Schinken, in dicken Scheiben
1 Bund Schnittlauch
Salz
frisch gemahlener Pfeffer
frisch geriebene Muskatnuss

Pro Portion:
E: 15 g, F: 7 g, Kh: 44 g,
kJ: 1176, kcal: 279

1. Möhren putzen, schälen, waschen, abtropfen lassen. Kohlrabi schälen, waschen, abtropfen lassen. Möhren und Kohlrabi auf der groben Seite der Haushaltsreibe raspeln.

2. Gemüsebrühe in einem Wok zum Kochen bringen. Unaufgetautes Suppengrün, Fadennudeln und Gemüseraspel hinzufügen, zum Kochen bringen und etwa 5 Minuten kochen lassen.

3. In der Zwischenzeit Schinken in kurze Streifen schneiden. Schnittlauch abspülen, trocken tupfen und in Röllchen schneiden.

4. Schinkenstreifen in der Suppe erhitzen. Die Suppe mit Salz, Pfeffer und Muskat abschmecken. Mit Schnittlauchröllchen bestreut servieren.

Fadennudel-Suppe

Raffiniert

Bunte Spargelcremesuppe
4 Portionen

Zubereitungszeit: 60 Minuten
Backzeit: Brandteigklößchen etwa 15 Minuten
Garzeit: Suppe 10–12 Minuten

Für die Brandteigklößchen:
125 ml (1/8 l) Milch
1 Prise Salz
60 g Butter
100 g Weizenmehl
2–3 Eier (Größe M)

Für die Suppe:
700 g weißer Spargel
150 g grüner Spargel
150 g Thai- oder Wildspargel
250 ml (1/4 l) Geflügel- oder Rinderbrühe
Salz, frisch gemahlener Pfeffer
Zucker
125 g Schlagsahne
2 Eigelb (Größe M)

vorbereitete Kerbelblättchen

Pro Portion:
E: 17 g, F: 33 g, Kh: 28 g,
kJ: 2086, kcal: 498

1. Den Backofen vorheizen. Für die Brandteigklößchen Milch, Salz und Butter am besten in einem Stieltopf aufkochen. Den Topf von der Kochstelle nehmen. Mehl auf einmal in die heiße Flüssigkeit geben. Alles mit einem Kochlöffel zu einem glatten Teigkloß verrühren. Dann etwa 1 Minute unter ständigem Rühren erhitzen (abbrennen) und in eine Rührschüssel geben.
2. Eier nacheinander mit Handrührgerät mit Knethaken auf höchster Stufe unter den Teig arbeiten (die Anzahl der Eier hängt von der Beschaffenheit des Teiges ab, er muss stark glänzen und in langen Spitzen an einem Löffel hängen bleiben). Den Teig in einen Spritzbeutel mit Lochtülle füllen und kleine Häufchen auf ein Backblech (gefettet, bemehlt) spritzen. Das Backblech in den vorgeheizten Backofen schieben.
Ober-/Unterhitze: 200–220 °C
Heißluft: 180–200 °C
Backzeit: etwa 15 Minuten.
3. Die Brandteigklößchen vom Backblech lösen und auf einem Kuchenrost erkalten lassen.
4. Für die Suppe den weißen Spargel von oben nach unten schälen. Darauf achten, dass die Schalen vollständig entfernt, die Köpfe aber nicht verletzt werden. Die unteren Enden abschneiden (holzige Stellen vollkommen entfernen). Von dem grünen Spargel das untere Drittel schälen und die unteren Enden abschneiden. Den weißen und grünen Spargel in Stücke schneiden, waschen und abtropfen lassen. Thaispargel ebenfalls waschen und abtropfen lassen. Brühe mit Salz, Pfeffer und Zucker in einem Topf zum Kochen bringen. Vorbereiteten Spargel hinzugeben, zum Kochen bringen und 10–12 Minuten garen (Thaispargel ist schneller gar).
5. Den Spargel mit einer Schaumkelle aus dem Sud nehmen. Weiße Spargelspitzen abschneiden, mit dem grünen Spargel und Thaispargel in Stücke schneiden und beiseitelegen. Den unteren abgeschnittenen Spargel wieder in die Spargelbrühe geben und fein pürieren.
6. Sahne und Eigelb unter die Suppe rühren und cremig aufschlagen. Die Suppe darf aber nicht mehr kochen. Beiseite gelegte Spargelspitzen und -stücke hinzugeben und miterwärmen.
7. Die Spargelcremesuppe in Tellern verteilen. Je 3 Brandteigklößchen in die Suppe geben. Mit Kerbelblättchen garniert servieren.

Raffiniert – fruchtig

Exotische Mangosuppe
4–6 Personen

Zubereitungszeit: 40 Minuten

2 reife Mangos
1 Banane, 1 Apfel
2 Ananasscheiben (aus der Dose)
1 Gemüsezwiebel
4 EL Butter
1–2 EL Currypulver (indisch)
2 EL Mango Chutney
500 ml (1/2 l) Geflügelbrühe
250 g Schlagsahne
Salz, frisch gemahlener Pfeffer
1 EL Sojasauce
1 TL frisch gehackter Ingwer

Kokosraspel
frische, vorbereitete Minzeblättchen

Pro Portion:
E: 4 g, F: 31 g, Kh: 34 g,
kJ: 1840, kcal: 440

1. Mangos jeweils in der Mitte längs durchschneiden und das Fruchtfleisch vom Stein lösen. Fruchtfleisch schälen und in grobe Stücke schneiden.

Bunte Spargelcremesuppe

Exotische Mangosuppe

Curry-Suppentopf

Maissuppe mit Hackfleisch und Tomaten

Banane schälen und in dickere Scheiben schneiden. Apfel schälen, vierteln, entkernen und in Stücke schneiden.
2. Ananas in einem Sieb abtropfen lassen und grob zerkleinern. Zwiebel abziehen, halbieren und in kleine Würfel schneiden.
3. Butter in einem Topf zerlassen. Zwiebelwürfel darin andünsten. Vorbereitete Fruchtstücke portionsweise hinzugeben und mit andünsten. Mit Curry bestäuben.
4. Mango Chutney unterrühren. Brühe und Sahne hinzugießen, zum Kochen bringen und unter gelegentlichem Rühren kochen lassen, bis die Früchte weich sind.
5. Die Suppe mit Salz, Pfeffer, Sojasauce und Ingwer würzen und pürieren. Eventuell nochmals mit den Gewürzen abschmecken.
6. Die Suppe nochmals erhitzen, in Tassen oder tiefe Teller füllen. Mit Kokosraspeln bestreuen und Minzeblättchen garnieren.

Für Gäste - raffiniert

Curry-Suppentopf
4 Portionen

Zubereitungszeit: 70 Minuten

250 g Putenschnitzel
1 kleine Zwiebel
1 kleine Stange Porree
(Lauch, etwa 150 g)
2 EL (40 g) Butterschmalz
1 leicht geh. EL Currypulver
2 EL (30 g) Weizenmehl
1 l Hühnerbrühe
2–3 EL (75 g) Crème fraîche
Salz, frisch gemahlener Pfeffer
1 Apfel
Saft von ½ Zitrone

Pro Portion:
E: 18 g, F: 17 g, Kh: 13 g,
kJ: 1157, kcal: 278

1. Putenschnitzel unter fließendem kalten Wasser abspülen, trocken tupfen und in kleine Würfel schneiden. Zwiebel abziehen und klein würfeln. Porree putzen, die Stange längs halbieren, gründlich waschen, abtropfen lassen und in Streifen schneiden.
2. Butterschmalz in einem Topf erhitzen. Die Fleischwürfel darin leicht anbraten und herausnehmen. Zwiebelwürfel und Porreestreifen in dem verbliebenen Bratfett andünsten.
3. Die Fleischwürfel wieder in den Topf geben, mit Currypulver und Mehl bestäuben, verrühren und Hühnerbrühe hinzugießen. Suppe unter gelegentlichem Umrühren zugedeckt bei schwacher Hitze etwa 30 Minuten köcheln lassen.
4. Crème fraîche unterrühren. Die Suppe mit Salz und Pfeffer würzen.
5. Apfel waschen, abtrocknen, vierteln, entkernen, in kleine Spalten schneiden und mit Zitronensaft beträufeln. Die Apfelspalten kurz vor dem Servieren in die Suppe geben und miterhitzen.

Schnell – Für Kinder

Maissuppe mit Hackfleisch und Tomaten
4 Portionen

Zubereitungszeit: 40 Minuten
Garzeit: etwa 25 Minuten

1 Zwiebel
1 EL Speiseöl
200 g Schweinegehacktes
1 EL (15 g) Weizenmehl
1 Pck. (370 g) stückige Tomaten mit Kräutern
600 ml klare Fleischbrühe
1 EL (15 g) Tomatenmark
Salz
frisch gemahlener Pfeffer
Paprikapulver edelsüß
Cayennepfeffer
1 Prise Zucker
4 Stängel Petersilie
1 Dose Gemüsemais
(Abtropfgewicht 285 g)

Pro Portion:
E: 13 g, F: 14 g, Kh: 18 g,
kJ: 1081, kcal: 258

1. Zwiebel abziehen und in kleine Würfel schneiden. Speiseöl in einem Topf erhitzen. Zwiebelwürfel darin andünsten.
2. Gehacktes hinzugeben und bei mittlerer bis starker Hitze in etwa 10 Minuten goldbraun anbraten, dabei die Fleischklümpchen mit einer Gabel zerdrücken. Mehl darüberstreuen und in etwa 1 Minute andünsten lassen.
3. Tomatenstückchen mit Brühe und Tomatenmark hinzugeben. Mit Salz, Pfeffer, Paprika, Cayennepfeffer und Zucker würzen. Die Zutaten zum Kochen bringen und zugedeckt etwa 10 Minuten leicht köcheln lassen.
4. Petersilie abspülen und trocken tupfen. Die Blättchen von den Stängeln zupfen. Blättchen grob schneiden. Mais in ein Sieb geben, kalt abspülen, abtropfen lassen, zur Suppe geben und weitere etwa 5 Minuten leicht köcheln lassen.
5. Maissuppe mit Salz und Cayennepfeffer abschmecken. Mit Petersilie bestreuen und servieren.

Für Gäste – raffiniert – mit Alkohol

Zucchinicremesuppe mit Muscheln
4 Portionen

Zubereitungszeit: 40 Minuten

1 Knoblauchzehe
2 Zwiebeln
3 Zucchini (etwa 800 g)
3 EL Olivenöl
750 ml (¾ l) Gemüsebrühe
Salz, frisch gemahlener Pfeffer
500 g frische Miesmuscheln (ersatzweise vakuumverpackt)
6 EL (75 ml) trockener Weißwein
150 ml Milch
1 EL in feine Streifen geschnittenes Basilikum

Pro Portion:
E: 7 g, F: 10 g, Kh: 7 g,
kJ: 675, kcal: 161

1. Knoblauch und eine Zwiebel abziehen, klein würfeln. Zucchini waschen, abtrocknen und die Enden abschneiden. Zucchini in Scheiben schneiden. 2 Esslöffel Olivenöl in einem Topf erhitzen. Knoblauch- und Zwiebelwürfel darin unter gelegentlichem Rühren andünsten. Zucchinischeiben hinzugeben und unter Rühren etwa 2 Minuten mit andünsten.
2. Brühe hinzugießen, mit Salz und Pfeffer würzen. Die Zutaten zum Kochen bringen und zugedeckt etwa 15 Minuten leicht köcheln lassen. Anschließend die Suppe mit dem Pürierstab fein pürieren.
3. Inzwischen Miesmuscheln in reichlich kaltem Wasser gründlich waschen und einzeln abbürsten, bis sie nicht mehr sandig sind (Muscheln, die sich beim Waschen öffnen, sind nicht genießbar). Die zweite Zwiebel abziehen und klein würfeln.
4. Restliches Olivenöl in einem weiten Topf erhitzen. Zwiebelwürfel darin goldgelb andünsten.
5. Wein und Muscheln hinzugeben, zum Kochen bringen und zugedeckt bei mittlerer Hitze 5–7 Minuten garen, bis sich alle Muscheln geöffnet haben. Den Topf dabei mehrmals schwenken (Muscheln, die sich nach dem Garen nicht öffnen, sind ungenießbar). Die Miesmuscheln mit einer Schaumkelle aus der Kochflüssigkeit herausnehmen. Die Kochflüssigkeit durch ein feines Sieb in einen Topf gießen.
6. Das Muschelfleisch aus den Schalen lösen. Mit der Kochflüssigkeit und Milch fein pürieren. Die Zucchinisuppe nochmals erwärmen, mit Salz und Pfeffer abschmecken und mit Basilikum bestreut servieren. Nach Belieben mit einigen Muschelschalen garnieren.

Raffiniert

Tiroler Speckknödelsuppe
8–10 Portionen

Zubereitungszeit: 50 Minuten
Garzeit: etwa 20 Minuten

Für die Speckknödel:
1 Pck. (200 g) Semmelknödel (im Kochbeutel)
kochendes Salzwasser
200 g magerer Speck oder Schinken
1 EL Speiseöl

Für die Suppe:
1 kleiner Kopf Wirsing (etwa 400 g)
1 Bund Frühlingszwiebeln (etwa 250 g)
5 Fleischtomaten (etwa 750 g)
2 l Gemüsebrühe
Salz
frisch gemahlener Pfeffer
frisch geriebene Muskatnuss
1 Bund Liebstöckel

Pro Portion:
E: 8 g, F: 19 g, Kh: 21 g,
kJ: 1228, kcal: 293

1. Für die Speckknödel Semmelknödel nach Packungsanleitung in Wasser quellen lassen. Dann die Speckknödel in kochendes Salzwasser geben und ziehen lassen (aber nur die Hälfte der angegebenen Zeit ziehen lassen).
2. Speckknödel aus den Kochbeuteln nehmen und die Masse in eine Rührschüssel geben.
3. Speck oder Schinken klein würfeln. Speiseöl in einer Pfanne erhitzen. Speck- oder Schinkenwürfel darin anbraten, herausnehmen und etwas abkühlen lassen. Speck- und Schinkenwürfel unter die Knödelmasse rühren. Aus der Knödelmasse mit angefeuchteten Händen etwa 30 kleine Knödel formen.
4. Für die Suppe vom Wirsing die groben, äußeren Blätter lösen. Wirsing halbieren, vierteln und den Strunk herausschneiden. Wirsing abspülen, abtropfen lassen und in breite Strei-

Zucchinicremesuppe mit Muscheln

Tiroler Speckknödelsuppe

Suppen

fen schneiden. Wirsingstreifen quer halbieren. Frühlingszwiebeln putzen, waschen, abtropfen lassen und in feine Scheiben schneiden.

5. Tomaten waschen, kreuzweise einschneiden und einige Sekunden in kochendes Wasser legen. Tomaten kurz in kaltes Wasser legen, enthäuten, halbieren, entkernen und die Stängelansätze herausschneiden. Tomatenhälften in Würfel schneiden.

6. Brühe in einem großen Topf erhitzen. Wirsingstreifen, Frühlingszwiebelscheiben und Tomatenwürfel hinzugeben, zum Kochen bringen und etwa 10 Minuten bei schwacher Hitze leicht kochen lassen. Die Suppe mit Salz, Pfeffer und Muskat würzen.

7. Liebstöckel abspülen und trocken tupfen. Die Blättchen von den Stängeln zupfen. Liebstöckelblättchen und Speckknödel in die Suppe geben und weitere etwa 10 Minuten ziehen lassen.

Schnell – beliebt
Brokkoli-Käse-Suppe
4 Portionen

Zubereitungszeit: 30 Minuten
Garzeit: etwa 5 Minuten

750 g Brokkoli
800 ml Gemüsebrühe
200 g Sahne- oder Kräuter-Schmelzkäse
1 Pck. helle Sauce (für 250 ml Flüssigkeit)
frisch gemahlener Pfeffer
frisch geriebene Muskatnuss

Pro Portion:
E: 9 g, F: 19 g, Kh: 9 g,
kJ: 999, kcal: 240

1. Vom Brokkoli Blätter entfernen. Brokkoli in Röschen teilen. Den Strunk schälen und klein schneiden. Brokkoli und -stücke waschen und abtropfen lassen.

2. Brühe in einem Topf zum Kochen bringen, Brokkoliröschen und -stücke

Brokkoli-Käse-Suppe

hinzufügen und etwa 5 Minuten bei mittlerer Hitze garen.

3. Gut ein Drittel des Brokkolis (kleine Röschen) mit einer Schaumkelle herausnehmen und in einem Sieb abtropfen lassen. Restlichen Brokkoli zusammen mit der Brühe pürieren, Schmelzkäse hinzufügen und unter Rühren auflösen.

4. Saucenpulver mit einem Schneebesen in die Suppe rühren, Suppe aufkochen lassen, mit Pfeffer und Muskat würzen.

5. Vor dem Servieren zuvor entnommene, abgetropfte Brokkoliröschen in der Suppe kurz erwärmen.

Einfach
Bohnensuppe mit Tomaten
4 Portionen

Zubereitungszeit: 25 Minuten, ohne Einweichzeit
Garzeit: etwa 65 Minuten

250 g weiße Bohnen
1 1/2 l Wasser
1 Stange Porree (Lauch)
8 mittelgroße Tomaten
3 EL Olivenöl
2 EL Tomatenmark
Salz, gerebelter Thymian
gekörnte Brühe
etwa 5 Tropfen Tabascosauce
4 Wiener Würstchen

evtl. etwas Thymian

Bohnensuppe mit Tomaten

Pro Portion:
E: 34 g, F: 42 g, Kh: 13 g,
kJ: 2535, kcal: 606

1. Bohnen in kaltem Wasser etwa 12 Stunden einweichen.

2. Bohnen in einem Sieb abtropfen lassen, dabei die Einweichflüssigkeit auffangen. Bohnen mit einem Teil der Einweichflüssigkeit in einem Topf zum Kochen bringen und zugedeckt etwa 40 Minuten garen. Porree putzen, die Stange längs halbieren, waschen, abtropfen lassen und in Scheiben schneiden. Porreescheiben zu den Bohnen in den Topf geben und noch weitere etwa
15 Minuten garen.

3. Einen Teil der garen Bohnen zerstampfen. Tomaten waschen, kreuzweise einschneiden und einige Sekunden in kochendes Wasser legen. Tomaten kurz in kaltes Wasser legen, enthäuten, halbieren, entkernen und die Stängelansätze herausschneiden. Tomatenhälften klein schneiden.

4. Olivenöl in einem Topf erhitzen. Tomatenstücke und Tomatenmark hinzugeben, andünsten. Die Bohnen mit der Flüssigkeit und restliche Einweichflüssigkeit hinzufügen, zum Kochen bringen und etwa 10 Minuten kochen lassen.

5. Die Suppe mit Salz, Thymian, gekörnter Brühe und Tabascosauce abschmecken.

6. Wiener Würstchen in Scheiben schneiden, in die Suppe geben und erhitzen. Die Suppe nach Belieben mit abgespültem, trocken getupftem Thymian garnieren.

Raffiniert – für Gäste

Buddhas Geburtstagssuppe
6 Portionen

Zubereitungszeit: 40 Minuten
Garzeit: etwa 2 Stunden

1 Suppenhuhn (etwa 1½ kg)
1 Zwiebel
2 Gewürznelken
1 Lorbeerblatt
1 Chilischote
20 g frisches Zitronengras
(in Asialaden erhältlich)
Salz
2 l Salzwasser
75 g Reis
2 Tomaten
1 Bund glatte Petersilie
1 Bio-Zitrone oder -Limette
(unbehandelt, ungewachst)
100 g Shrimps
Peperoniwürfel, mild

Pro Portion:
E: 30 g, F: 27 g, Kh: 13 g,
kJ: 1894, kcal: 453

1. Das Huhn unter fließendem kalten Wasser abspülen und trocken tupfen. Zwiebel abziehen. Zwiebel mit Nelken und Lorbeerblatt spicken. Chilischote und Zitronengras abspülen und trocken tupfen.
2. Das Huhn mit der gespickten Zwiebel, Chilischote und Zitronengras in einen großen Topf geben. Salzwasser hinzugießen, zum Kochen bringen und zugedeckt bei schwacher Hitze etwa 2 Stunden köcheln lassen.
3. Das gare Huhn aus der Brühe nehmen und etwas abkühlen lassen. Das Hühnerfleisch von den Knochen lösen und die Haut entfernen. Das Fleisch in kleine Stücke schneiden.
4. In der Zwischenzeit den Reis in kochendem Salzwasser etwa 15 Minuten garen. Den garen Reis in einem Sieb abtropfen lassen.
5. Tomaten waschen, kreuzweise einschneiden und einige Sekunden in kochendes Wasser legen. Tomaten kurz in kaltes Wasser legen, enthäuten, halbieren, entkernen und die Stängelansätze herausschneiden. Tomatenhälften in kleine Würfel schneiden.
6. Petersilie abspülen und trocken tupfen. Die Blättchen von den Stängeln zupfen. Blättchen klein schneiden. Zitrone oder Limette heiß abwaschen, abtrocknen und die Schale mit einem Zestenschneider abziehen oder dünn abschälen. Zitronen- oder Limettenschale in ganz feine Streifen schneiden.
7. Shrimps, Reis, Tomatenwürfel und das Hühnerfleisch in die Brühe geben und erhitzen. Die Suppe mit den Gewürzen abschmecken.
8. Die Suppe mit Petersilie, Zitronen- oder Limettenstreifen und Peperoniwürfeln bestreut servieren.

Raffiniert – mit Alkohol

Fischsuppe mit Miesmuscheln und Anis aus dem Wok
4 Portionen

Zubereitungszeit: 40 Minuten

1 kg frische Miesmuscheln
100 ml Ricard oder Pernod
(Anislikör)
200 ml trockener Weißwein
4 Schalotten
1 Fenchelknolle
1 Bio-Orange (unbehandelt, ungewachst)
2 Stängel Thymian
2–3 EL Olivenöl
2 Gläser Fischfond (je 400 ml)
Salz, frisch gemahlener Pfeffer

Pro Portion:
E: 8 g, F: 7 g, Kh: 15 g,
kJ: 940, kcal: 224

Fischsuppe mit Miesmuscheln und Anis aus dem Wok

1. Muscheln in reichlich kaltem Wasser gründlich waschen und einzeln abbürsten, bis sie nicht mehr sandig sind (Muscheln, die sich beim Waschen öffnen, sind ungenießbar). Eventuell die Fäden (Bartbüschel) entfernen.
2. Den Wok erhitzen. Muscheln hineingeben, sofort Likör und Wein hinzugeben. Einen Deckel auf den Wok legen und die Muscheln unter gelegentlichem Schwenken bei mittlerer Hitze etwa 5 Minuten garen.
3. Muscheln in ein Sieb geben, dabei den Kochsud auffangen. Muscheln, die sich nach dem Garen nicht geöffnet haben, sind ungenießbar. Etwa 12 Muscheln mit Schale zum Garnieren beiseitelegen. Restliche Muscheln aus den Schalen lösen und ebenfalls beiseitelegen.
4. Schalotten abziehen, zuerst in dünne Scheiben, dann in Ringe teilen. Vom Fenchel etwas Fenchelgrün

Feine Fischsuppe

Indische Hühnersuppe

abschneiden, abspülen, trocken tupfen und zum Garnieren beiseitelegen. Stiele und Wurzelende der Knolle abschneiden. Die Knolle waschen, abtropfen lassen, halbieren und in feine Streifen schneiden.

5. Orange gründlich waschen und abtrocknen. Die Schale dünn abschälen und in feine Streifen schneiden (oder mit einem Zestenreißer abschälen). Thymian abspülen und trocken tupfen. Die Blättchen von den Stängeln zupfen.

6. Olivenöl in dem gesäuberten Wok erhitzen. Schalottenringe und Fenchelstreifen darin kurz andünsten. Aufgefangenen Muschelsud und Fischfond hinzugießen, aufkochen lassen.

7. Orangenschale und Thymianblättchen unterrühren. Die Suppe etwa 5 Minuten leicht köcheln lassen, mit Salz und Pfeffer abschmecken.

8. Die beiseite gelegten Muscheln und das Muschelfleisch in die Suppe geben und miterhitzen. Die Suppe in vier vorgewärmte Schalen verteilen und mit dem beiseite gelegten Fenchelgrün garnieren.

Für Gäste

Feine Fischsuppe
6 Portionen

Zubereitungszeit: 30 Minuten
Garzeit: etwa 10 Minuten

100 g Fenchelknolle
100 g Möhren
50 g Porree (Lauch)
2 Knoblauchzehen
2 EL Speiseöl
1 l Fischbrühe
500 g Fischfilet, z. B. Scholle, Seelachs, Kabeljau
Salz, frisch gemahlener Pfeffer
etwas Cayennepfeffer

100 g Shrimps

Pro Portion:
E: 19 g, F: 5 g, Kh: 2 g,
kJ: 531, kcal: 127

1. Fenchel putzen und die harten Außenfäden abziehen. Fenchel waschen, abtropfen lassen und in feine Streifen schneiden. Möhren putzen, schälen, abspülen und ebenfalls in feine Streifen schneiden. Porree putzen, die Stange längs halbieren, gründlich waschen, abtropfen lassen und in feine Streifen schneiden. Knoblauch abziehen und klein hacken.

2. Speiseöl in einem Topf erhitzen. Gemüsestreifen und Knoblauch darin andünsten. Brühe hinzugießen, zum Kochen bringen. Die Gemüsestreifen etwa 10 Minuten garen.

3. Fischfilet unter fließendem kalten Wasser abspülen und trocken tupfen, eventuell Gräten entfernen. Fischfilet in Würfel schneiden, in die Brühe geben und bei schwacher Hitze in etwa 10 Minuten gar ziehen lassen. Die Suppe mit Salz, Pfeffer und Cayennepfeffer würzen.

4. Shrimps unter fließendem kalten Wasser abspülen, trocken tupfen, in die Suppe geben und kurz erhitzen.

Raffiniert

Indische Hühnersuppe
4 Portionen

Zubereitungszeit: 35 Minuten
Garzeit: etwa 20 Minuten

2 Zwiebeln
1 kleine Stange Porree (Lauch)
3 EL Speiseöl
2 EL Weizenmehl
750 ml (3/4 l) Hühnerbrühe
1 kleiner Apfel
75 g Langkornreis
1 EL Currypulver
300 g gekochtes Hühnerfleisch
2–3 EL Schlagsahne
Salz
frisch gemahlener Pfeffer
Zitronensaft

Pro Portion:
E: 23 g, F: 22 g, Kh: 23 g,
kJ: 1634, kcal: 390

1. Zwiebeln abziehen und klein würfeln. Porree putzen, die Stange längs halbieren, gründlich waschen, abtropfen lassen und in Streifen schneiden.

2. Speiseöl in einem Wok erhitzen. Zwiebelwürfel darin andünsten. Porreestreifen hinzugeben und unter Rühren etwa 2 Minuten dünsten. Mehl darüberstäuben und andünsten. Brühe nach und nach hinzugießen und gut unterrühren, damit sich keine Klümpchen bilden.

3. Apfel schälen und bis zum Kerngehäuse raspeln. Reis, Apfelraspel und Curry in die Brühe geben. Die Suppe etwa 20 Minuten bei schwacher Hitze köcheln lassen.

4. Hühnerfleisch enthäuten, in Würfel schneiden, in die Suppe geben und erhitzen. Sahne unterrühren. Die Suppe mit Salz, Pfeffer und Zitronensaft abschmecken.

Raffiniert

Japanische Gemüsesuppe mit Tofu
4 Portionen

Zubereitungszeit: 40 Minuten, ohne Einweichzeit
Garzeit: etwa 10 Minuten

25 g getrocknete Shiitake-Pilze
500 ml (1/2 l) kochendes Wasser

200 g Möhren
200 g Zucchini
200 g Pakchoi (oder Chinakohl)
800 ml Gemüsebrühe
200 ml Pilz-Einweichwasser
2 EL Sojabohnen-Paste
(erhältlich im Asialaden)

80 g chinesische Nudeln
(aus Weizenmehl)
150 g Tofu
1 Bund Frühlingszwiebeln

1 EL Sesamöl
chinesische Sojasauce
Chilisauce

Pro Portion:
E: 13 g, F: 7 g, Kh: 28 g,
kJ: 937, kcal: 224

1. Shiitake-Pilze in eine flache Schale geben, mit kochendem Wasser übergießen und etwa 1 Stunde einweichen. Die Pilze mit einem Schaumlöffel aus dem Einweichwasser nehmen und abtropfen lassen. Die Pilzköpfe in Streifen schneiden. Von dem Einweichwasser 200 ml abmessen.
2. Möhren putzen, schälen, waschen, abtropfen lassen und in etwa 1/2 cm dicke Scheiben schneiden. Zucchini waschen, abtrocknen und die Enden abschneiden. Zucchini ebenfalls in Scheiben schneiden. Dann Möhren- und Zucchinischeiben mit einem Buntmesser in etwa 1 cm breite und etwa 3 cm lange Streifen schneiden.
3. Pakchoi oder Chinakohl putzen, halbieren und den Strunk herausschneiden. Pakchoi oder Chinakohl grob zerschneiden.
4. Brühe mit dem abgemessenen Einweichwasser und der Sojabohnen-Paste in einem Topf zum Kochen bringen. Nacheinander Möhrenstreifen, Shiitake-Pilze, Zucchinistreifen und Pakchoi oder Chinakohl hinzugeben. Die Zutaten zum Kochen bringen und bei schwacher Hitze etwa 10 Minuten köcheln lassen. Nudeln hinzugeben und kurz mitgaren lassen.
5. Tofu in Würfel schneiden. Frühlingszwiebeln putzen, waschen, abtropfen lassen und in etwa 3 cm lange Stücke schneiden. Tofuwürfel und Frühlingszwiebelstücke in die Suppe geben und miterhitzen. Die Suppe mit Sesamöl, Soja- und Chilisauce würzen.

Schnell – preiswert

Bratwurstklößchensuppe
4 Portionen

Zubereitungszeit: 20 Minuten
Garzeit: 10–15 Minuten

250–300 g Bratwurstmasse
Salz
frisch gemahlener Pfeffer
1 Zwiebel
30 g Butter
etwas fein gehackte Petersilie
1 Ei (Größe M)

Japanische Gemüsesuppe mit Tofu

Bratwurstklößchensuppe

3–5 EL Semmelbrösel
frisch geriebene Muskatnuss
evtl. etwas Milch
1–1½ l kochende Fleischbrühe oder Salzwasser
etwas fein gehackte Petersilie

Pro Portion:
E: 33 g, F: 25 g, Kh: 13 g,
kJ: 1832, kcal: 439

1. Die Bratwurstmasse in eine Rührschüssel geben. Evtl. mit Salz und Pfeffer würzen. Zwiebel abziehen und klein würfeln. Butter in einer Pfanne zerlassen. Zwiebelwürfel und Petersilie darin andünsten und unter die Bratwurstmasse rühren. Ei und Semmelbrösel unterarbeiten.
2. Die Bratwurstmasse mit Muskat abschmecken, evtl. etwas Milch hinzugeben. Von der Bratwurstmasse mit 2 zuvor in Wasser getauchten Teelöffeln Klöße abstechen und in der kochenden Fleischbrühe oder im Salzwasser 10–15 Minuten gar ziehen lassen.
3. Die Suppe mit Petersilie bestreut servieren.

Schnell — mit Alkohol

Zucchini-Käse-Suppe
4 Portionen

Zubereitungszeit: 25 Minuten
Garzeit: 3–5 Minuten

500 g Zucchini
30 g Butter oder Margarine
1 Knoblauchzehe
2–3 EL Weizenmehl
750 ml (¾ l) Gemüsebrühe
200 ml trockener Weißwein
80 g Gouda-Käse
200 g Sahne-Schmelzkäse
1 Bund Dill
Salz
frisch gemahlener Pfeffer

Pro Portion:
E: 15 g, F: 26 g, Kh: 14 g,
kJ: 1674, kcal: 400

1. Zucchini waschen, abtrocknen und die Enden abschneiden. Zucchini grob raspeln. Butter oder Margarine in einem Topf erhitzen, Zucchiniraspel darin andünsten.
2. Knoblauch abziehen, durch eine Knoblauchpresse drücken und zu den Zucchiniraspeln geben. Mehl daraufstäuben und kurz mit andünsten.
3. Brühe und Wein hinzugießen und gut durchrühren, damit sich keine Klümpchen bilden. Suppe zum Kochen bringen und 3–5 Minuten kochen lassen.
4. Gouda-Käse grob reiben, mit dem Schmelzkäse in die Suppe geben und unter Rühren schmelzen lassen.
5. Dill abspülen und trocken tupfen. Die Spitzen von den Stängeln zupfen. Spitzen klein schneiden und in die Suppe geben. Die Suppe mit Salz und Pfeffer würzen.

Raffiniert

Mexikanische Hühnersuppe
4 Portionen

Zubereitungszeit: 40 Minuten
Garzeit: etwa 70 Minuten

1 junges Suppenhuhn oder Hähnchen (etwa 1 kg)
2–3 Knoblauchzehen
120 g Zwiebeln
2–3 rote Chilischoten
1 TL Korianderkörner
1 1/2 l Hühnerbrühe
1 Kartoffel (etwa 100 g)
500 g Tomaten
2 reife Avocados (je etwa 200 g)
Salz
frisch gemahlener Pfeffer
2–3 EL Zitronensaft
1 EL gehackte Petersilie
150 g saure Sahne

Pro Portion:
E: 31 g, F: 48 g, Kh: 16 g,
kJ: 2764, kcal: 661

1. Das Suppenhuhn oder Hähnchen unter fließendem kalten Wasser abspülen, trocken tupfen und mit der Geflügelschere der Länge nach halbieren. Knoblauch und Zwiebeln abziehen, halbieren. Chilischoten waschen, abtrocknen, längs aufschneiden und entkernen.
2. Hähnchen, Zwiebel-, Knoblauchhälften, Chilischoten, Koriander und Brühe in einen gewässerten Römertopf® geben, dabei die Angaben des Herstellers beachten. Den Topf mit dem Deckel verschließen und auf dem Rost in den kalten Backofen schieben.
Ober-/Unterhitze: etwa 200 °C
Heißluft: etwa 180 °C
Garzeit: etwa 70 Minuten.
3. In der Zwischenzeit Kartoffel waschen, schälen, abspülen. Tomaten waschen, kreuzweise einschneiden und einige Sekunden in kochendes Wasser legen. Tomaten kurz in kaltes Wasser legen, enthäuten, halbieren, entkernen und die Stängelansätze herausschneiden. Tomatenhälften vierteln.
4. Die Hähnchenhälften und Chilischoten aus der Suppe nehmen. Das Fleisch etwas abkühlen lassen. Die Suppe durch ein feines Sieb geben, entfetten und wieder in den Römertopf geben.
5. Von den Hähnchenhälften die Haut entfernen. Das Fleisch von den Knochen lösen und in Würfel schneiden. Hähnchenwürfel in die Suppe geben. Die Kartoffel auf der groben Seite der Haushaltsreibe in die Suppe reiben. Tomatenviertel hinzugeben. Die Suppe ohne Deckel etwa 10 Minuten im Backofen erhitzen.
6. Die Avocados der Länge nach halbieren, schälen und die Steine entfernen. Avocadohälften in Scheiben schneiden. Die Suppe mit Salz, Pfeffer und Zitronensaft würzen. Die Avocadoscheiben in die Suppe geben, mit Petersilie bestreuen und mit saurer Sahne servieren.

Raffiniert

Kartoffel-Kokos-Suppe
4 Portionen

Zubereitungszeit: 40 Minuten
Garzeit: etwa 20 Minuten

5 Stängel Zitronengras
200 g Kartoffeln
20 g Ingwer
1 EL Speiseöl
500 ml Hühnerbrühe
1 Dose (400 ml) Kokosmilch
250 g Hähnchenbrustfilet
1 EL Speiseöl
Salz, frisch gemahlener Pfeffer
etwas Zitronensaft

Pro Portion:
E: 10 g, F: 20 g, Kh: 9 g,
kJ: 1156, kcal: 279

1. Zitronengrasstängel putzen, zuerst quer halbieren, dann der Länge nach durchschneiden. Zitronengrasstücke abspülen, trocken tupfen und etwas flachklopfen, damit sich das Aroma besser entfalten kann. 4 Zitronenstängelstücke zum Garnieren beiseitelegen.
2. Kartoffeln waschen, schälen, abspülen und in Würfel schneiden. Ingwer schälen, abspülen und klein schneiden.
3. Speiseöl in einem Topf erhitzen. Zitronengrasstücke, Kartoffelwürfel und Ingwerstückchen darin andünsten. Mit Brühe ablöschen, Kokosmilch hinzugießen. Die Zutaten zum Kochen bringen und zugedeckt etwa 20 Minuten kochen lassen.
4. Hähnchenbrustfilet unter fließendem kalten Wasser abspülen, trocken tupfen und in etwa 2 x 2 cm große Würfel schneiden. Speiseöl in einer Pfanne erhitzen. Fleischwürfel darin von allen Seiten anbraten. Mit Salz, Pfeffer und etwas Zitronensaft würzen.

5. Die mitgegarten Zitronengrasstücke mit einem Schaumlöffel aus der Suppe nehmen. Die Suppe fein pürieren. Mit Salz und Pfeffer abschmecken.
6. Fleischwürfel hinzugeben und in der Suppe erhitzen. Beiseite gelegte Zitronenstängelstücke zerteilen. Die Suppe damit garnieren.

Einfach

Frischkäsesuppe mit Frühlingszwiebeln aus dem Römertopf®
4 Portionen

Zubereitungszeit: 75 Minuten
Garzeit: etwa 60 Minuten

2 Zwiebeln (etwa 150 g)
200 g durchwachsener Speck
300 g mehligkochende Kartoffeln
Salz, frisch gemahlener Pfeffer
1 l Gemüsebrühe
1 Bund Frühlingszwiebeln (etwa 200 g)
1 Bund Schnittlauch

200 g Doppelrahm-Frischkäse

Pro Portion:
E: 13 g, F: 50 g, Kh: 19 g,
kJ: 2521, kcal: 601

1. Römertopf® mit Deckel mindestens 15 Minuten wässern (Herstelleranleitung beachten!).

2. Zwiebeln abziehen und klein würfeln. Speck ebenfalls in kleine Würfel schneiden. Kartoffeln waschen, schälen und abspülen.
3. Zwiebel- und Speckwürfel in den gewässerten Römertopf® geben. Kartoffeln auf einer Küchenreibe grob raspeln und hinzufügen. Die Zutaten gut vermischen, mit Salz und Pfeffer würzen. Brühe hinzugießen. Den Römertopf® mit dem Deckel verschließen und auf dem Rost in den kalten Backofen schieben.
Ober-/Unterhitze: etwa 200 °C
Heißluft: etwa 180 °C
Garzeit: etwa 60 Minuten.
4. In der Zwischenzeit Frühlingszwiebeln putzen, waschen, abtropfen lassen und in Ringe schneiden. Nach etwa 45 Minuten Garzeit Frühlingszwiebelringe zur Suppe in den Römertopf® geben. Wieder mit dem Deckel verschließen und fertig garen.
5. Schnittlauch abspülen, trocken tupfen und in Röllchen schneiden. Topf aus dem Backofen nehmen. Frischkäse in die fertige Suppe rühren und schmelzen lassen. Die Suppe mit Salz und Pfeffer abschmecken, mit Schnittlauchröllchen bestreut servieren.

Mit Alkohol

Kalte Spargel-Melonen-Suppe
4 Portionen

Zubereitung: 45 Minuten, ohne Kühlzeit

500 g grüner Spargel
375 ml (3/8 l) Wasser
1 gestr. TL Salz

2 reife Galia-Melonen
2 cl weißer Portwein
1–2 TL Limettensaft

evtl. Zucker oder etwas Honig

einige Stängel Kerbel zum Garnieren
frisch gemahlener, grober Pfeffer

Pro Portion:
E: 2 g, F: 0 g, Kh: 49 g,
kJ: 978, kcal: 235

1. Vom grünen Spargel das untere Drittel schälen und die unteren Enden abschneiden. Spargel abspülen und abtropfen lassen. Wasser mit Salz in einem Topf zum Kochen bringen. Spargel hinzufügen, zum Kochen bringen und zugedeckt etwa 5 Minuten bissfest garen. Spargelstangen in ein Sieb geben, mit kaltem Wasser abschrecken und abtropfen lassen.
2. Die Spargelspitzen abschneiden und beiseitelegen. Die Spargelstangen in kleine Stücke schneiden.
3. Die Melonen halbieren und die Kerne entfernen. Das Fruchtfleisch mit einem Esslöffel herauslösen. Die Melonenhälften kalt stellen. Melonenfruchtfleisch und Spargelstücke mit Portwein und Limettensaft in einer hohen Rührschüssel fein pürieren. Die Suppe eventuell mit Zucker oder Honig süßen, etwa 1 Stunde kalt stellen.
4. Die gut gekühlte Suppe mit Salz und Pfeffer abschmecken und in die Melonenhälften füllen.
5. Kerbel abspülen, trocken tupfen und in kleinere Stängel zupfen. Die Spargelspitzen auf der Suppe verteilen. Die Spargel-Melonen-Suppe mit grob gemahlenem Pfeffer bestreuen und mit Kerbel garnieren.

Frischkäsesuppe mit Frühlingszwiebeln aus dem Römertopf®

Kalte Spargel-Melonen-Suppe

Für Gäste

Grünkernklößchensuppe
8–10 Portionen

Zubereitungszeit: 45 Minuten, ohne Auftau- und Kühlzeit
Garzeit: etwa 30 Minuten

1 Pck. (450 g) TK-Blattspinat
200 ml Salzwasser
100 g fein geschroteter Grünkern
frisch gemahlener Pfeffer
2 Möhren (etwa 300 g)
2 Knoblauchzehen
2 1/2 l Gemüsebrühe
1 Pck. TK-Kräuter der Provence
Salz, 1 Eigelb (Größe M)
heißes Salzwasser
3 ungebrühte, grobe Bratwürstchen (etwa 300 g)

Pro Portion:
E: 15 g, F: 8 g, Kh: 10 g,
kJ: 748, kcal: 178

1. Spinat nach Packungsanleitung auftauen lassen.
2. In der Zwischenzeit Salzwasser in einem Topf zum Kochen bringen. Grünkernschrot hinzugeben, unter Rühren zum Kochen bringen und unter häufigem Rühren bei schwacher Hitze etwa 8 Minuten ausquellen lassen. Mit Pfeffer würzen, Grünkernmasse erkalten lassen.
3. Möhren putzen, schälen, waschen, abtropfen lassen und in dünne Scheiben schneiden. Knoblauch abziehen und klein würfeln.
4. Brühe mit Möhrenscheiben, Kräutern der Provence und Knoblauchwürfeln in einem Topf zum Kochen bringen, etwa 10 Minuten kochen lassen. Mit Salz und Pfeffer würzen.
5. Eigelb unter die Grünkernmasse kneten, mit Salz und Pfeffer würzen. Aus der Masse mit angefeuchteten Händen etwa 30 kleine Klößchen formen. Die Klößchen vorsichtig in heißes Salzwasser geben (das Wasser darf nicht kochen) und etwa 10 Minuten ziehen lassen, bis sie an der Oberfläche schwimmen.
6. Die Bratwurstmasse aus der Haut drücken, portionsweise mit angefeuchteten Händen zu kleinen Klößchen formen und in der heißen Suppe etwa 10 Minuten garen.
7. Aufgetauten Spinat ausdrücken, etwas zerkleinern, mit den Grünkernklößchen in die Suppe geben und erhitzen. Die Suppe eventuell mit den Gewürzen abschmecken.

Klassisch

Italienische Kichererbsensuppe
8–10 Portionen

Zubereitungszeit: 70 Minuten, ohne Abkühlzeit
Garzeit: etwa 20 Minuten

3 Zwiebeln
3 Knoblauchzehen
350 g Staudensellerie
500 g Tomaten
2 Bund Petersilie
6 EL Olivenöl
9–10 Dosen Kichererbsen (Abtropfgewicht je 240 g)
5 EL gekörnte Gemüsebrühe
getrockneter Majoran
Salz
frisch gemahlener Pfeffer

8–10 Scheiben Vollkorn-Toastbrot
8 EL Olivenöl
150–200 g frisch geriebener Parmesan-Käse

Pro Portion:
E: 22 g, F: 26 g, Kh: 53 g,
kJ: 2372, kcal: 566

1. Zwiebeln und Knoblauch abziehen, in kleine Würfel schneiden. Staudensellerie putzen und die harten Außenfäden abziehen. Sellerie waschen, abtropfen lassen und in Stücke schneiden.
2. Tomaten waschen, kreuzweise einschneiden und einige Sekunden in kochendes Wasser legen. Tomaten kurz in kaltes Wasser legen, enthäuten, halbieren, entkernen und die Stängelansätze herausschneiden. Tomatenhälften in Würfel schneiden.
3. Petersilie abspülen und trocken tupfen. Die Blättchen von den Stängeln zupfen. Blättchen klein schneiden.
4. Olivenöl in einem Topf erhitzen. Zwiebelwürfel darin glasig dünsten, Knoblauch-, Tomatenwürfel, Selleriestücke und Petersilie hinzugeben. Die Zutaten zum Kochen bringen und zugedeckt etwa 10 Minuten dünsten. Gemüsemasse etwas abkühlen lassen.
5. In der Zwischenzeit Kichererbsen in einem Sieb abtropfen lassen, dabei die Flüssigkeit auffangen und mit Wasser auf 2 1/2–3 l auffüllen. Die abgemessene Flüssigkeit in einem

Grünkernklößchensuppe

Italienische Kichererbsensuppe

Kartoffelsuppe mit Weißwein

Kokossuppe mit Huhn und Koriander

großen Topf zum Kochen bringen. Kichererbsen und gekörnte Brühe hinzufügen, zum Kochen bringen und etwa 5 Minuten kochen lassen.
6. Die Gemüsemasse pürieren und zu den Kichererbsen geben. Die Suppe mit Majoran, Salz und Pfeffer würzen, noch etwa 5 Minuten kochen lassen.
7. Toastbrot in kleine Würfel schneiden. Olivenöl in einer Pfanne erhitzen. Die Brotwürfel darin knusprig braun braten, in die Suppenteller geben und mit Parmesan-Käse bestreuen. Die sehr heiße Suppe darübergießen. Oder Brotwürfel und Parmesan-Käse getrennt zu der Suppe reichen.

Schnell – mit Alkohol

Kartoffelsuppe mit Weißwein
6 Portionen

Zubereitungszeit: 35 Minuten

600 g vorwiegend festkochende Kartoffeln
200 g Möhren
200 g Porree (Lauch)
40 g Butter
350 ml trockener, leichter Weißwein
500 ml (1/2 l) Gemüsebrühe
1/2 TL gemahlener Rosmarin
1/2 TL gemahlener Koriander
1/2 TL Zucker
1 gestr. TL Salz
1/2 TL gemahlener weißer Pfeffer
1/2 Bund frischer Dill
200 g Schmand (Sauerrahm)

einige vorbereitete Dillspitzen

Pro Portion:
E: 4 g, F: 16 g, Kh: 21 g,
kJ: 1215, kcal: 290

1. Kartoffeln waschen, schälen, abspülen und grob würfeln. Möhren putzen, schälen, abspülen, abtropfen lassen. Gut 100 g der Möhren in grobe Stücke schneiden. Restliche Möhren in kleine Würfel schneiden und beiseitestellen. Porree putzen, die Stangen längs halbieren, gründlich waschen, abtropfen lassen und in breite Streifen schneiden.
2. 30 g der Butter in einem großen Topf zerlassen, Porreestreifen darin andünsten. Kartoffelwürfel, die groben Möhrenstücke hinzugeben, mit andünsten.
3. Restliche Butter in einem kleinen Topf zerlassen, die beiseite gestellten Möhrenwürfel darin zugedeckt bei schwacher Hitze 5–10 Minuten dünsten lassen, eventuell 1–2 Esslöffel Wasser hinzugeben. Den Topf von der Kochstelle nehmen, die Möhrenwürfel beiseitestellen.
4. Wein und Brühe zum angedünsteten Kartoffel-Gemüse gießen und zum Kochen bringen. Mit Rosmarin, Koriander, Zucker, Salz und Pfeffer würzen. Die Suppe zugedeckt 25–30 Minuten bei schwacher Hitze kochen lassen.
5. In der Zwischenzeit Dill abspülen und trocken tupfen. Die Spitzen von den Stängeln zupfen. Spitzen klein schneiden.
6. Den Topf von der Kochstelle nehmen. Die Suppe pürieren. Dill mit dem Schmand unter die Suppe rühren (nicht mehr kochen lassen). Gedünstete Möhrenwürfel ebenfalls unterrühren oder auf die Suppe streuen. Die Suppe mit Dillspitzen garniert servieren.

Exotisch

Kokossuppe mit Huhn und Koriander
4 Portionen

Zubereitungszeit: 20 Minuten
Garzeit: etwa 10 Minuten

600 ml Hühnerbrühe
1 Dose (400 ml) ungesüßte Kokosmilch
1 rote Chilischote
Saft von 1/2 Limette
4 Hähnchenbrustfilets (je etwa 150 g)
4 abgespülte Limettenblätter
Salz, frisch gemahlener Pfeffer
1/2 Bund Koriander

Pro Portion:
E: 37 g, F: 18 g, Kh: 3 g,
kJ: 1372, kcal: 331

1. Hühnerbrühe und Kokosmilch in den Wok geben und aufkochen lassen. In der Zwischenzeit Chili halbieren, entstielen und entkernen. Schote waschen, abtropfen lassen, in kleine Ringe schneiden, mit dem Limettensaft in die Brühe geben.
2. Hähnchenbrustfilets unter fließendem kalten Wasser abspülen, trocken tupfen und quer in dünne Scheiben schneiden. Die Fleischscheiben in der Suppe etwa 10 Minuten bei schwacher Hitze gar ziehen lassen. Limettenblätter hinzugeben. Die Suppe mit Salz und Pfeffer abschmecken.
3. Koriander abspülen und trocken tupfen. Die Blättchen von den Stängeln zupfen, Blättchen klein schneiden und in die Suppe geben.

Raffiniert – für Gäste

Blumenkohlsuppe mit Nussnocken
4 Portionen

Zubereitungszeit: 60 Minuten
Garzeit: 12–15 Minuten

Für die Nussnocken:
1 Eiweiß (Größe M)
40 g Semmelbrösel
60 g gemahlene Haselnusskerne
2 Eier (Größe M)
Salz
frisch gemahlener Pfeffer

Für die Suppe:
1 Blumenkohl (etwa 1,2 kg)
1 Zwiebel
1 Knoblauchzehe
2 Sardellenfilets (in Öl, aus dem Glas)
Salzwasser
1 EL (20 g) Butter oder Margarine
1 EL Olivenöl
850 ml Gemüsebrühe
3 EL Schlagsahne
2 EL frisch gepresster Zitronensaft
1–2 EL gehackte Petersilie

Pro Portion:
E: 12 g, F: 22 g, Kh: 14 g,
kJ: 1267, kcal: 303

Blumenkohlsuppe mit Nussnocken

Kartoffelsuppe mit Majoranklößchen

1. Für die Nussnocken Eiweiß mit Handrührgerät mit Rührbesen auf höchster Stufe steifschlagen. Semmelbrösel, Haselnusskerne und Eier in eine zweite Schüssel geben und mit Handrührgerät mit Rührbesen auf mittlerer Stufe gut verrühren. Mit Salz und Pfeffer würzen. Eischnee unter die Nussmasse heben und etwa 10 Minuten quellen lassen.
2. In der Zwischenzeit für die Suppe vom Blumenkohl die äußeren Blätter und schlechten Stellen entfernen, den Strunk abschneiden. Den Blumenkohl in Röschen teilen, waschen und abtropfen lassen. Zwiebel und Knoblauch abziehen, in kleine Würfel schneiden. Sardellenfilets abspülen, trocken tupfen und fein hacken.
3. Salzwasser in einem flachen, weiten Topf erhitzen. Aus der Hälfte der Nockenmasse etwa 10 Nocken formen, dafür mit einem Teelöffel etwas von der Nockenmasse abstechen und in das leicht siedende (nicht kochende) Wasser gleiten lassen. Die Nocken unter Wenden je Seite etwa 4 Minuten gar ziehen lassen. Nocken mit einer Schaumkelle herausnehmen und auf 4 Suppenteller verteilen. Die restliche Nockenmasse ebenso abstechen, im Salzwasser gar ziehen lassen und verteilen.
4. Butter oder Margarine mit Olivenöl in einem Topf erhitzen. Zwiebel-, Knoblauchwürfel sowie Sardellenfiletstückchen darin andünsten. Blumenkohlröschen hinzufügen und mit andünsten, Brühe hinzugießen. Die Zutaten zum Kochen bringen und zugedeckt bei mittlerer Hitze 12–15 Minuten garen lassen. Einen Teil der Blumenkohlröschen herausnehmen (1–2 Schaumkellen) und beiseitelegen. Die Suppe mit dem restlichen Blumenkohl fein pürieren.
5. Beiseite gelegte Blumenkohlröschen in der Suppe erwärmen. Sahne und Zitronensaft unterrühren. Die Suppe mit Salz und Pfeffer abschmecken, mit Petersilie bestreuen.
6. Die Blumenkohlsuppe auf die Suppenteller mit den Nussnocken verteilen.

Preiswert

Kartoffelsuppe mit Majoranklößchen
4 Portionen - Zubereitung im Topf mit Dämpfeinsatz (Ø etwa 24 cm)

Zubereitungszeit: 35 Minuten
Dämpfzeit: etwa 25 Minuten

500 g mehligkochende Kartoffeln
1 Zwiebel
1 EL Butter
800 ml Gemüsebrühe
1 Topf Majoran
Salz
frisch gemahlener Pfeffer
2 frische feine Bratwürste (je etwa 150 g)
100 g Schlagsahne
Salz
frisch gemahlener Pfeffer

Pro Portion:
E: 19 g, F: 6 g, Kh: 18 g,
kJ: 2001, kcal: 478

1. Die Kartoffeln waschen, schälen, abspülen, abtropfen lassen und in gleich große Stücke schneiden. Wasser etwa 3 cm hoch in den Topf füllen und zum Kochen bringen. Kartoffelstücke in den Dämpfeinsatz legen. Einsatz in den Topf hängen und mit einem Deckel verschließen. Kartoffelstücke in etwa 15 Minuten weich dämpfen.

2. Zwiebel abziehen, halbieren und fein würfeln. Butter in einem Topf zerlassen, Zwiebelwürfel darin andünsten. Brühe hinzugießen und zum Kochen bringen.

3. Majoran abspülen und trocken tupfen. Die Blättchen von den Stängeln zupfen. Einige Blättchen zum Garnieren beiseitelegen. Restliche Blättchen klein schneiden. Bratwurstmasse aus dem Darm in eine Schüssel drücken. Knapp die Hälfte der Sahne und Majoran unterrühren.

4. Aus der Masse mit angefeuchteten Händen 16 kleine Klößchen formen. Kartoffelstücke durch eine Kartoffelpresse in die Gemüsebrühe drücken. Majoranklößchen in den Dämpfeinsatz geben. Den Einsatz wieder in den Topf hängen, eventuell heißes Wasser nachfüllen. Klößchen etwa 10 Minuten dämpfen.

5. Kartoffelsuppe aufkochen lassen und gut durchrühren. Mit Salz und Pfeffer abschmecken. Kartoffelsuppe mit den Majoranklößchen und beiseite gelegten Majoranblättchen garniert servieren.

Schnell – preiswert

Lauchcremesuppe mit Schinken
4 Portionen

Zubereitungszeit: 30 Minuten
Garzeit: etwa 8–9 Minuten

1 Zwiebel
2 Stangen Porree (Lauch, etwa 400 g)
30 g Butter oder Margarine
1 l Gemüsebrühe
Salz, frisch gemahlener Pfeffer
2 Scheiben gekochter Schinken
100–150 g Sahne-Schmelzkäsezubereitung
2 EL frisch geriebener Parmesan-Käse

Pro Portion:
E: 13 g, F: 19 g, Kh: 5 g,
kJ: 1030, kcal: 247

1. Zwiebel abziehen und klein würfeln. Porree putzen, die Stangen längs halbieren, gründlich waschen und abtropfen lassen. Porree in Streifen schneiden.

2. Butter oder Margarine in einem Topf zerlassen. Zwiebelwürfel darin andünsten. Porreestreifen hinzugeben und unter Rühren weitere 3–4 Minuten andünsten.

3. Brühe hinzugießen, mit Salz und Pfeffer würzen. Die Zutaten zum Kochen bringen und zugedeckt etwa 5 Minuten leicht köcheln lassen. Schinken in kleine Würfel schneiden und beiseitelegen.

4. Schmelzkäse in die heiße Suppe geben und unter Rühren schmelzen lassen. Lauchcremesuppe mit Salz und Pfeffer abschmecken. Mit Schinkenwürfeln und Parmesan-Käse servieren.

Raffiniert

Hühnersuppe „Peking"
4 Portionen

Zubereitungszeit: 40 Minuten
Garzeit: etwa 15 Minuten

1 Stange Porree (Lauch)
2 Möhren
1 kleiner Chinakohl (etwa 200 g)
1 Zwiebel
100 g Champignons
2 EL Speiseöl
1 l Hühnerbrühe
300 g Hähnchenbrustfilet
100 g Glasnudeln
Salz, frisch gemahlener Pfeffer
2 EL Sojasauce
Chinagewürz

Pro Portion:
E: 14 g, F: 7 g, Kh: 24 g,
kJ: 972, kcal: 233

1. Porree putzen, die Stange längs halbieren, gründlich waschen, abtropfen lassen und in Scheiben schneiden. Möhren putzen, schälen, waschen, abtropfen lassen und ebenfalls in Scheiben schneiden. Chinakohl putzen, den Kohl vierteln und den Strunk herausschneiden. Chinakohl waschen, abtropfen lassen und in Streifen schneiden.

2. Zwiebel abziehen und in kleine Würfel schneiden. Champignons putzen, mit Küchenpapier abreiben, eventuell abspülen, abtropfen lassen und in Scheiben schneiden.

3. Speiseöl in einem Topf erhitzen. Das vorbereitete Gemüse darin portionsweise kurz andünsten. Brühe hinzugießen und zum Kochen bringen.

4. Hähnchenbrustfilet abspülen, trocken tupfen, in kleine Stücke schneiden und in die Brühe geben. Die Hähnchenbrustwürfel etwa 10 Minuten bei schwacher Hitze gar ziehen lassen.

5. In der Zwischenzeit Glasnudeln etwa 10 Minuten in warmem Wasser einweichen, abtropfen lassen, mit einer Schere kleiner schneiden, in die Suppe geben und etwa 5 Minuten erhitzen.

6. Die Suppe mit Salz, Pfeffer, Sojasauce und Chinagewürz abschmecken.

Lauchcremesuppe mit Schinken

Hühnersuppe „Peking"

Porreecremesuppe mit Hackfleisch

Linsensuppe mit Fasan

Schnell – preiswert

Porreecremesuppe mit Hackfleisch
4 Portionen

Zubereitungszeit: 30 Minuten
Garzeit: 8–9 Minuten

1 Zwiebel
2 Stangen Porree (Lauch, etwa 400 g)
30 g Butter oder Margarine
250 g Schweinegehacktes
1 l Gemüsebrühe
Salz, frisch gemahlener Pfeffer
100–150 g Sahne-Schmelzkäsezubereitung

Pro Portion:
E: 17 g, F: 29 g, Kh: 6 g,
kJ: 1446, kcal: 346

1. Zwiebel abziehen und klein würfeln. Porree putzen, die Stangen längs halbieren, gründlich waschen und abtropfen lassen. Porree in Streifen schneiden.
2. Butter oder Margarine in einem Topf erhitzen. Zwiebelwürfel darin andünsten. Gehacktes hinzufügen und anbraten. Dabei die Fleischklümpchen mit einer Gabel zerdrücken. Porreestreifen hinzugeben und 3–4 Minuten mitdünsten lassen.
3. Brühe hinzugießen, mit Salz und Pfeffer würzen. Die Zutaten zum Kochen bringen und zugedeckt etwa 5 Minuten leicht köcheln lassen.
4. Schmelzkäse in die heiße Suppe geben und unter Rühren schmelzen lassen. Lauchcremesuppe mit Salz und Pfeffer abschmecken.

Raffiniert – mit Alkohol

Linsensuppe mit Fasan
4 Portionen

Zubereitungszeit: 50 Minuten, ohne Abkühlzeit
Garzeit: 75–85 Minuten

1 Fasan (etwa 800 g)
1 Zwiebel
1 Lorbeerblatt
3 Gewürznelken
2 l Wasser
½ Stange Porree (Lauch)
1 Möhre
6 Pfefferkörner
3 Wacholderbeeren
1 gestr. TL Salz
frisch gemahlener Pfeffer
1 EL Schweineschmalz
60 g fein gewürfelter, geräucherter Speck
je 60 g fein gewürfelte Zwiebeln und Möhren
40 g fein gewürfelter Staudensellerie
200 g getrocknete Linsen
2 EL Tomatenmark
125 ml (⅛ l) Rotwein
80 g Backpflaumen
80 ml Sherry
3 EL Balsamico-Essig
1 TL Dijon-Senf
1 Prise Zucker
frisch geriebene Muskatnuss
½ Bund Schnittlauch

Pro Portion:
E: 48 g, F: 18 g, Kh: 36 g,
kJ: 2289, kcal: 547

1. Fasan von innen und außen unter fließendem kalten Wasser abspülen. Den Fasan abtropfen lassen und in einen Topf geben. Zwiebel mit Lorbeerblatt und Gewürznelken spicken, zum Fasan geben. So viel kochendes Wasser hinzugießen, dass der Fasan gut bedeckt ist, wieder zum Kochen bringen und abschäumen.
2. Porree putzen, die Stange längs halbieren, gründlich waschen. Möhre putzen, schälen und abspülen. Porree, Möhre, Pfefferkörner, Wacholderbeeren, Salz und Pfeffer zum Fasan in den Topf geben, wieder zum Kochen bringen und zugedeckt 40–50 Minuten garen.
3. Den Fasan aus der Brühe nehmen und etwas abkühlen lassen. Die Brühe durch ein Sieb gießen. Die Fasanenhaut abziehen, das Fleisch von den Knochen lösen. Die Sehnen entfernen und das Fleisch in Stücke schneiden.
4. Schmalz in dem Topf zerlassen, Speck- und Gemüsewürfel darin andünsten. Linsen hinzufügen, andünsten. Tomatenmark unterrühren und mit andünsten.
5. Rotwein hinzugießen, zum Kochen bringen und einkochen lassen, mit der Fasanenbrühe auffüllen. Backpflaumen vierteln, hinzufügen, zum Kochen bringen und zugedeckt etwa 35 Minuten kochen lassen.
6. Die Suppe mit Sherry, Essig, Senf, Salz, Pfeffer, Zucker und Muskat süß sauer abschmecken.
7. Schnittlauch abspülen, trocken tupfen und in Röllchen schneiden.
8. Fasanenfleischstücke in der Suppe erhitzen. Die Suppe mit Schnittlauchröllchen bestreut servieren.

Vegetarisch – raffiniert
Ratatouille-Suppe
4 Portionen

Zubereitungszeit: 50 Minuten

1 kleine Aubergine (etwa 200 g)
1 kleine Zucchini (etwa 200 g)
1 kleine Gemüsezwiebel (etwa 100 g)
1 Knoblauchzehe
je 1/2 rote und gelbe Paprikaschote
einige Stängel Thymian
3 EL Olivenöl
1 kleine Dose geschälte Tomaten (Einwaage 400 g)
500 (1/2 l) ml Gemüsebrühe
1–2 TL gerebelte Kräuter der Provence
1–2 TL Tomatenmark
Salz, Pfeffer, Paprikapulver edelsüß

Pro Portion:
E: 3 g, F: 8 g, Kh: 8 g,
kJ: 504, kcal: 120

1. Aubergine und Zucchini waschen, abtrocknen, Stängelansätze und Enden abschneiden. Beide Zutaten in Würfel schneiden. Gemüsezwiebel und Knoblauch abziehen, ebenfalls in Würfel schneiden.
2. Paprikaschoten entstielen, entkernen und die weißen Scheidewände entfernen, Schotenhälften waschen, abtropfen lassen und in Würfel schneiden. Thymian abspülen und trocken tupfen. Die Blättchen von den Stängeln zupfen. Jeweils etwa 50 g der Auberginen-, Zucchini- und Paprikawürfel zum Garnieren beiseitestellen.
3. Zwei Esslöffel des Speiseöls in einem Topf erhitzen. Zwiebel-, Knoblauch- und Gemüsewürfel darin unter Rühren andünsten. Tomaten mit dem Saft, Gemüsebrühe, Kräuter der Provence und Thymianblättchen hinzufügen, zum Kochen bringen und zugedeckt etwa 20 Minuten bei schwacher Hitze kochen lassen.
4. In der Zwischenzeit die beiseite gestellten Gemüsewürfel in dem restlichem Olivenöl anbraten.
5. Die Suppe anschließend pürieren, mit Tomatenmark, Salz, Pfeffer und Paprika abschmecken. Die angebratenen Gemüsewürfel in die Suppe geben.

Leicht – schnell
Brokkolicremesuppe
4 Portionen

Zubereitungszeit: 30 Minuten
Garzeit: etwa 15 Minuten

1 kg Brokkoli
300 ml Wasser
1 EL Instant-Gemüsebrühe
500 ml (1/2 l) Milch
4 EL Haferkleieflocken (erhältlich im Reformhaus oder Bioladen)
Salz, frisch gemahlener weißer Pfeffer
frisch geriebene Muskatnuss

Pro Portion:
E: 14 g, F: 9 g, Kh: 18 g,
kJ: 866, kcal: 205

1. Vom Brokkoli die Blätter entfernen. Brokkoli in Röschen teilen, die Stängel am Strunk schälen und klein schneiden. Die Röschen waschen und abtropfen lassen.
2. Wasser mit Brühe und Brokkoli in einem Topf zum Kochen bringen, zugedeckt etwa 15 Minuten bei mittlerer Hitze dünsten lassen. Anschließend pürieren.
3. Milch erhitzen, nach und nach zum Brokkolipüree geben. Die Flüssigkeit mit dem Pürierstab so lange pürieren, bis eine glatte Cremesuppe entstanden ist.
4. Haferkleieflocken unterrühren. Die Suppe nochmals kurz unter Rühren aufkochen lassen. Die Suppe mit Salz, Pfeffer und Muskat abschmecken.

Ratatouille-Suppe

Brokkolicremesuppe

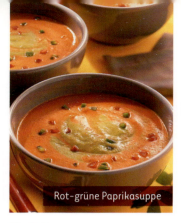
Rot-grüne Paprikasuppe

Löffelkrautsuppe mit Lachs und Muscheln

Für die Party

Rot-grüne Paprikasuppe
8–10 Portionen

Zubereitungszeit: 100 Minuten
Garzeit: etwa 40 Minuten

je 5 rote und grüne Paprikaschoten (etwa 700 g)
800 g vorwiegend festkochende Kartoffeln
1 Zwiebel
1 Bund Frühlingszwiebeln
2 Bund Liebstöckel
120 g Butter
1 EL Paprikapulver edelsüß
4 geh. EL (etwa 80 g) Weizenmehl
3 l Gemüsebrühe
500 g Schlagsahne
Salz
frisch gemahlener Pfeffer

Pro Portion:
E: 5 g, F: 23 g, Kh: 21 g,
kJ: 1351, kcal: 322

1. Eine rote und eine grüne Paprikaschote für die Suppeneinlage beiseitelegen. Restliche Paprikaschoten halbieren, entstielen, entkernen und die weißen Scheidewände entfernen. Schoten waschen, abtropfen lassen und grob zerkleinern. Rote und grüne Paprikastücke trennen. Kartoffeln waschen, schälen, abspülen, abtropfen lassen, klein schneiden und in 2 Portionen teilen.
2. Zwiebel abziehen, in kleine Würfel schneiden und zu den roten Paprikastücken geben. Frühlingszwiebeln putzen, waschen, abtropfen lassen, in feine Scheiben schneiden und zu den grünen Paprikastücken geben. Liebstöckel abspülen, trocken tupfen und zu den grünen Paprikastücken geben.
3. In 2 Töpfen jeweils die Hälfte der Butter zerlassen. In dem einen Topf Gemüsezutaten und eine Kartoffelportion für die rote Suppe, in dem anderen Gemüsezutaten und restliche Kartoffelportion für die grüne Suppe andünsten.
4. Rote Paprikastücke mit Paprika und der Hälfte des Mehls bestäuben. Die grünen Paprikastücke nur mit der anderen Hälfte des Mehls bestäuben. Beide Gemüse mit jeweils 1½ l Gemüsebrühe und je 250 g Sahne auffüllen. Die Suppen zum Kochen bringen und zugedeckt etwa 40 Minuten unter gelegentlichem Rühren bei schwacher Hitze köcheln lassen.
5. Rote und grüne Suppe getrennt voneinander pürieren. Mit Salz und Pfeffer abschmecken.
6. Beiseite gelegte Paprikaschoten halbieren, entstielen, entkernen und die weißen Scheidewände entfernen. Schoten waschen, trocken tupfen in kleine Würfel schneiden. Paprikawürfel in kochendem Salzwasser etwa 5 Minuten garen, in ein Sieb geben, mit kaltem Wasser übergießen und abtropfen lassen.
7. Zum Servieren zunächst die rote Suppe, dann die grüne in Teller oder Schalen füllen. Beide Suppen mit einer Gabel leicht marmorieren. Die Suppe mit den Paprikawürfeln garnieren und sofort servieren.

Für Gäste

Löffelkrautsuppe mit Lachs und Muscheln
4 Portionen

Zubereitungszeit: 20 Minuten
Garzeit: etwa 30 Minuten

400 g festkochende Kartoffeln, evtl. Bio-Kartoffeln
1 Bund Frühlingszwiebeln (etwa 250 g)
2 große Fleischtomaten (etwa 400 g)
1 Topf Löffelkraut
1 l Fischfond oder -brühe
Salz, frisch gemahlener Pfeffer
Knoblauchpulver

320 g Lachsfilet
200 g Pfahlmuschelfleisch
2 EL Olivenöl

Pro Portion:
E: 24 g, F: 8 g, Kh: 22 g,
kJ: 1089, kcal: 260

1. Kartoffeln waschen, schälen, abspülen und in kleine Stücke schneiden. Frühlingszwiebeln putzen, waschen, abtropfen lassen und in dünne Scheiben schneiden. Tomaten waschen, trocken tupfen, vierteln, entkernen und die Stängelansätze herausschneiden. Tomatenviertel in kleine Würfel schneiden. Löffelkraut abspülen und trocken tupfen. Die Blättchen von den Stängeln zupfen (einige Blättchen zum Garnieren beiseitelegen). Blättchen grob zerkleinern.
2. Fischfond oder -brühe in einem großen Topf erhitzen. Kartoffelstücke,

Frühlingszwiebelscheiben, Tomatenwürfel und Löffelkraut hinzufügen. Mit Salz, Pfeffer und Knoblauch würzen. Die Zutaten zum Kochen bringen und zugedeckt etwa 30 Minuten garen. Die Suppe fein pürieren.

3. Lachsfilet und Muschelfleisch unter fließendem kalten Wasser abspülen und trocken tupfen. Mit Salz und Pfeffer bestreuen. Lachsfilet in Scheiben (kleine Medaillons) schneiden.

4. Olivenöl in einer Pfanne erhitzen. Lachsmedaillons und Muschelfleisch darin von beiden Seiten 2–3 Minuten braten.

5. Die Suppe in Tellern anrichten. Mit Lachsmedaillons, Muschelfleisch und den beiseite gelegten Löffelkrautblättchen garnieren.

Mit Alkohol

Hummersuppe mit Shrimps
4 Portionen

Zubereitungszeit: 45 Minuten, ohne Auftauzeit
Garzeit: etwa 30 Minuten

1 TK-Hummer (etwa 600 g)
4 EL Speiseöl
1 Zwiebel
1 Knoblauchzehe
3 Tomaten
1 EL Tomatenmark
5 EL Weinbrand
400 ml Fischfond
125 ml (1/8 l) Weißwein
125 ml (1/8 l) Wasser
125 g Schlagsahne
Salz
frisch gemahlener Pfeffer
1 Prise Zucker
100 g Shrimps

Pro Portion:
E: 15 g, F: 21 g, Kh: 4 g,
kJ: 1301, kcal: 311

1. Hummer nach Packungsanleitung auftauen lassen. Das Fleisch aus den Scheren und Schalen brechen. Den Darm aus dem Fleisch herausnehmen. Hummerfleisch kurz abspülen, trocken tupfen und beiseitestellen. Die Hummerschalen etwas zerkleinern.

2. Speiseöl in einem Topf erhitzen. Hummerschalen hinzugeben und unter Rühren anbraten.

3. Zwiebel und Knoblauch abziehen, in kleine Würfel schneiden, zu den Hummerschalen geben und andünsten. Tomaten waschen, trocken tupfen, vierteln, entkernen und die Stängelansätze herausschneiden. Tomaten in Stücke schneiden, mit dem Tomatenmark ebenfalls zu den Hummerschalen geben und mit andünsten.

4. Mit Weinbrand flambieren, mit der Hälfte des Fischfonds, Wein und Wasser ablöschen. Die Suppe etwa 30 Minuten bei schwacher Hitze kochen lassen.

5. Die Suppe durch ein Sieb in einen Topf geben, gut abtropfen lassen. Restlichen Fond und Sahne hinzugießen. Mit Salz, Pfeffer und Zucker würzen.

6. Das beiseite gestellte Hummerfleisch in kleine Stücke schneiden, mit den Shrimps in die Suppe geben und erhitzen.

Hummersuppe mit Shrimps

Kapitel 03
Rezepte 201–300

Salate

Griechischer Salat

Für Gäste

Griechischer Salat
4 Portionen

Zubereitungszeit: 50 Minuten, ohne Abkühl- und Durchziehzeit

4 kleine Zucchini
4 EL Olivenöl
1 EL gehackter Dill
2 EL Nussöl
2 EL Zitronensaft
1 EL Estragonessig
Salz
frisch gemahlener Pfeffer
Zucker
4 große Tomaten
je 1 große rote und grüne Paprikaschote
2 abgezogene, violette Zwiebeln
250 g griechischer Schafkäse
2 EL glatte, gehackte Petersilie
1 TL gehackte Minze oder Zitronenmelisse
1 Kopf Blattsalat
einige vorbereitete Dillspitzen

Pro Portion:
E: 16 g, F: 28 g, Kh: 13 g,
kJ: 1554, kcal: 370

1. Zucchini waschen, abtrocknen und die Enden abschneiden. Zucchini in Scheiben schneiden. Olivenöl in einer Pfanne erhitzen. Zucchinischeiben darin glasig bis leicht bräunlich anbraten und mit Dill bestreuen. Zucchinischeiben herausnehmen und erkalten lassen.
2. Das verbliebene Bratfett, Nussöl, Zitronensaft und Estragonessig einrühren, mit Salz, Pfeffer und Zucker würzen.
3. Tomaten waschen, kreuzweise einschneiden und kurz in kochendes Wasser legen. Tomaten kurz in kaltes Wasser legen, enthäuten, halbieren, entkernen und die Stängelansätze herausschneiden. Tomatenhälften in Scheiben schneiden.
4. Paprikaschoten halbieren, entstielen, entkernen und die weißen Scheidewände entfernen. Schotenhälften waschen, trocken tupfen und in Streifen schneiden. Zwiebeln abziehen und in Scheiben schneiden. Schafkäse in Würfel schneiden.
5. Tomatenscheiben, Paprikastreifen und Zwiebelscheiben zu der Marinade in die Schüssel geben und gut untermengen. Zucchinischeiben, Schafkäsewürfel, Petersilie und Minze oder Melisse unter den Salat mischen. Den Salat etwa eine Stunde durchziehen lassen.
6. Salat putzen, waschen, trocken tupfen. Salatblätter etwas zerkleinern und unter den Salat heben.
7. Den Salat in einer flachen Schale anrichten. Nach Belieben mit Dillspitzen garnieren. Salat sofort servieren.

Schnell

Kichererbsensalat
4 Portionen

Zubereitungszeit: 30 Minuten

1 Dose Kichererbsen (Einwaage 480 g)
1 Dose Tunfisch in Öl (Einwaage 200 g)
2 Frühlingszwiebeln
2 Fleischtomaten
1 Knoblauchzehe
1/2 TL mittelscharfer Senf
1/4 TL Zucker
Salz
frisch gemahlener Pfeffer
3 EL Weißweinessig
3 EL Speiseöl
3 EL Schlagsahne
3 Stängel glatte Petersilie

Pro Portion:
E: 15 g, F: 30 g, Kh: 21 g,
kJ: 1856, kcal: 443

1. Kichererbsen in einem Sieb abtropfen lassen. Tunfisch abtropfen lassen. Frühlingszwiebeln putzen, waschen, abtropfen lassen. Von den Zwiebeln nur den unteren weißen und zart grünen Teil in schmale Scheiben schneiden.
2. Tomaten waschen, kreuzweise einschneiden und einige Sekunden in kochendes Wasser legen. Tomaten kurz in kaltes Wasser legen, enthäuten, halbieren, entkernen und die Stängelansätze herausschneiden. Tomatenhälften in Würfel schneiden.
3. Knoblauch abziehen und zerdrücken, mit Senf, Zucker, Salz, Pfeffer und Essig verrühren. Speiseöl und Sahne unterschlagen.
4. Kichererbsen, Zwiebelscheiben und Tomatenwürfel mischen. Tunfisch mit einer Gabel zerpflücken, mit der Sauce unter die Salatzutaten mischen.
5. Petersilie abspülen und trocken tupfen. Die Blättchen von den Stängeln zupfen. Blättchen grob zerschneiden.
6. Den Salat mit Petersilie bestreut servieren.

Preiswert

Kopfsalat mit Erbsen
4 Portionen

Zubereitungszeit: 40 Minuten, ohne Durchziehzeit

100 g kleine Perlzwiebeln
Salzwasser
1 Kopfsalat
40 g Butter oder Margarine
300 g TK-Erbsen
1 EL Weizenmehl
200 ml Gemüsebrühe
Salz, frisch gemahlener Pfeffer
1 Knoblauchzehe

Pro Portion:
E: 5 g, F: 9 g, Kh: 14 g,
kJ: 663, kcal: 158

1. Perlzwiebeln abziehen, in kochendem Salzwasser etwa 2 Minuten blanchieren. Perlzwiebeln in ein Sieb geben und abtropfen lassen.
2. Salat putzen, waschen, abtropfen lassen und in Streifen schneiden.
3. Butter oder Margarine in einem Topf zerlassen. Perlzwiebeln darin goldgelb andünsten. Erbsen hinzugeben und mit andünsten. Mit Mehl bestäuben und mit Brühe verrühren. Die Zutaten zum Kochen bringen und 5–8 Minuten kochen lassen.
4. Salatstreifen hinzugeben. Mit Salz und Pfeffer würzen. Knoblauch abziehen, zerdrücken und unterrühren. Den Salat 2–3 Minuten durchziehen lassen.

Kichererbsensalat

Kopfsalat mit Erbsen

Italienischer Salat

Krebscocktail

Gut vorzubereiten

Italienischer Salat
2 Portionen

Zubereitungszeit: 35 Minuten

125 g Pellkartoffeln
125 g Äpfel
125 g Fleischreste, z. B. gegartes Rindfleisch oder gekochter Schinken
125 g Gewürzgurke
2 gewässerte Sardellen
1 Zwiebel
100 g gekochte Möhren
1 EL gehackte Kräuter, z. B. Petersilie, Dill, Schnittlauch, Pimpinelle

Für die Mayonnaise:
1 Eigelb
1 EL Weißweinessig
1 TL mittelscharfer Senf
Salz
Zucker
125 ml (1/8 l) Speiseöl
2 schwach geh. EL Vollmilchjoghurt
Weißweinessig

Ei-, Gurken-, Tomatenscheiben

Pro Portion:
E: 43 g, F: 87 g, Kh: 71 g,
kJ: 5280, kcal: 1260

1. Kartoffeln pellen. Äpfel schälen, vierteln und entkernen.
2. Fleischreste oder gekochten Schinken und Essiggurke in feine Streifen schneiden. Sardellen hacken. Zwiebel abziehen und klein würfeln. Möhren, Kartoffeln und Äpfel in Würfel schneiden.
3. Für die Mayonnaise Eigelb mit Essig, Senf, Salz und Zucker in einer Rührschüssel mit einem Schneebesen zu einer dicklichen Masse schlagen.
4. Speiseöl unterschlagen (bei dieser Zubereitung ist es nicht notwendig, das Öl tropfenweise hinzuzugeben, es wird in Mengen von 1–2 Esslöffeln untergeschlagen. Die an das Eigelb gegebenen Gewürze verhindern eine Gerinnung). Joghurt unterrühren.
5. Die vorbereiteten Salatzutaten in eine Schüssel geben, Mayonnaise untermengen. Den Salat mit Salz und Essig abschmecken.
6. Den Salat nach Belieben mit Ei-, Gurken- und Tomatenscheiben garnieren.

Tipp: Den Salat auf Salatblättern anrichten.

Hinweis: Nur ein ganz frisches Eigelb verwenden, welches nicht alter als 5 Tage ist (Legedatum beachten!).

Den Salat im Kühlschrank aufbewahren und innerhalb von 24 Stunden verzehren.

Für Gäste

Krebscocktail
4 Portionen

Zubereitungszeit: 35 Minuten, ohne Durchziehzeit

500 g grüner, dünner Spargel
100 g Staudensellerie, in Scheiben
250 g gegartes Krebsfleisch
6 EL Tomatenwürfel
1 EL grob geschnittener Kerbel
2 EL Himbeeressig
Salz
frisch gemahlener Pfeffer
5 EL Speiseöl

Salatblätter
2 EL Schnittlauchröllchen

Pro Portion:
E: 11 g, F: 16 g, Kh: 4 g,
kJ: 869, kcal: 208

1. Das untere Drittel vom Spargel dünn schälen und die unteren Enden abschneiden. Spargel

waschen, abtropfen lassen und in mundgerechte Stücke schneiden. Spargelstücke und Selleriescheiben etwa 1 Minute in kochendem Wasser blanchieren, in ein Sieb geben, mit eiskaltem Wasser übergießen und abtropfen lassen.

2. Spargelstücke mit Selleriescheiben, abgetropftem Krebsfleisch und Tomatenwürfeln mischen. Kerbel hinzufügen.

3. Essig mit Salz und Pfeffer würzen, Speiseöl unterschlagen. Die Marinade unter die Salatzutaten heben. Den Salat etwa 20 Minuten durchziehen lassen.

4. Salatblätter abspülen und trocken tupfen. Den Salat mit den Salatblättern in Cocktailgläsern anrichten. Mit Schnittlauchröllchen bestreut servieren.

Beilage: Warmes Zwiebelbaguette und Butter.

Raffiniert

Kräutersalat mit Ziegenkäse
2 Portionen

Zubereitungszeit: 20 Minuten

2 Handvoll junger Spinat
1 Kästchen Kresse
einige Blätter junger Löwenzahnsalat
einige Blätter glatte Petersilie
4 Scheiben Frühstücksspeck (Bacon)
1 kleiner Ziegenkäse

Für die Vinaigrette:
1 EL Weißweinessig
Salz
frisch gemahlener Pfeffer
1 Prise Zucker
2 Prisen getrockneter Estragon
½ TL mittelscharfer Senf
3 EL Speiseöl

Pro Portion:
E: 19 g, F: 74 g, Kh: 10 g,
kJ: 3365, kcal: 804

1. Spinat putzen, gründlich waschen und abtropfen lassen. Kresse abspülen, abschneiden und trocken tupfen. Salatblätter und Petersilie waschen, trocken tupfen oder -schleudern. Die Zutaten auf einer Platte anrichten.

2. Speckscheiben in einer beschichteten Pfanne ausbraten, herausnehmen und auf Küchenpapier legen.

3. Ziegenkäse kurz in die Pfanne geben (oder übergrillen) und auf dem Salat verteilen. Mit Speckscheiben belegen.

4. Für die Vinaigrette Wein mit Salz, Pfeffer, Zucker, Estragon und Senf verrühren, Speiseöl unterschlagen. Die Vinaigrette auf den Salat träufeln.

Schnell

Paprikasalat mit Schafkäse
4 Portionen

Zubereitungszeit: 25 Minuten

3 grüne Paprikaschoten (etwa 400 g)
400 g Tomaten
2–3 Gemüsezwiebeln (etwa 400 g)
200 g Schafkäse

Für die Salatsauce:
2 EL Weißweinessig
Salz, frisch gemahlener Pfeffer
4 EL Speiseöl
2 EL Schnittlauchröllchen

Pro Portion:
E: 12 g, F: 23 g, Kh: 13 g,
kJ: 1309, kcal: 313

1. Paprikaschoten halbieren, entstielen, entkernen und die weißen Scheidewände entfernen. Schoten waschen, trocken tupfen und in Streifen schneiden. Tomaten waschen, kreuzweise einschneiden und einige Sekunden in kochendes Wasser legen. Tomaten kurz in kaltes Wasser legen, enthäuten, halbieren, entkernen und die Stängelansätze herausschneiden. Tomatenhälften in Spalten schneiden.

2. Gemüsezwiebeln abziehen, halbieren und in Scheiben schneiden. Die vorbereiteten Salatzutaten in eine Salatschüssel geben und mischen. Schafkäse zerbröseln und daraufgeben.

3. Für die Salatsauce Essig mit Salz und Pfeffer verrühren, Speiseöl unterschlagen. Die Sauce auf den Salatzutaten verteilen. Den Salat vor dem Servieren mit Schnittlauchröllchen bestreuen.

Kräutersalat mit Ziegenkäse

Paprikasalat mit Schafkäse

Für Gäste – schnell

Nudeln mit Basilikum-Vinaigrette
8 Portionen

Zubereitungszeit: 35 Minuten, ohne Durchziehzeit

4 l Wasser
4 gestr. TL Salz
400 g kurze Bandnudeln

2 Dosen Artischockenherzen (je 240 g)
6 Tomaten
400 g braune Champignons
300 g Kochschinken

Für die Vinaigrette:
3 Knoblauchzehen
2 EL Weißweinessig oder Zitronensaft
5 EL Olivenöl
Salz
frisch gemahlener Pfeffer
Zucker
1 Topf Basilikum

30 g Pinienkerne nach Belieben

Pro Portion:
E: 19 g, F: 11 g, Kh: 38 g,
kJ: 1385, kcal: 330

1. Wasser in einem großen Topf mit geschlossenem Deckel zum Kochen bringen. Dann Salz und Nudeln zugeben. Die Nudeln im geöffneten Topf bei mittlerer Hitze nach Packungsanleitung kochen lassen, dabei 4–5-mal umrühren.
2. Anschließend die Nudeln in ein Sieb geben, mit heißem Wasser abspülen und abtropfen lassen.
3. Artischockenherzen in einem Sieb abtropfen lassen. Tomaten waschen, kreuzweise einschneiden und einige Sekunden in kochendes Wasser legen. Tomaten kurz in kaltem Wasser abschrecken, enthäuten, halbieren, entkernen und Stängelansätze entfernen. Tomaten in Spalten schneiden.
4. Champignons putzen, mit Küchenpapier abreiben, eventuell kurz abspülen, trocken tupfen und vierteln.
5. Für die Vinaigrette Knoblauch abziehen und durch eine Knoblauchpresse drücken. Essig oder Zitronensaft mit Knoblauch gut verrühren. Olivenöl unterschlagen. Mit Salz, Pfeffer und Zucker abschmecken. Champignonviertel hinzufügen und etwas durchziehen lassen.
6. Basilikum abspülen und trocken tupfen. Die Blättchen von den Stängeln zupfen. Blättchen in Streifen schneiden. Basilikumstreifen unter die Champignons heben und mit den Nudeln mischen.
7. Den Salat mit Artischockenherzen, Tomatenspalten und Schinkenstreifen auf einer großen Platte anrichten. Nach Belieben mit Pinienkernen bestreuen.

Raffiniert

Mozzarella-Nudel-Salat
4–6 Portionen

Zubereitungszeit: 40 Minuten, ohne Abkühl- und Durchziehzeit

2 1/2 l Wasser
2 1/2 gestr. TL Salz
250 g dreifarbige Farfalle-Nudeln (Schmetterlingsnudeln)

250 g Mozzarella
250 g Cocktailtomaten
200 g möglichst kleine Champignons
2 Bund Rucola (Rauke)
60 g Pinienkerne

Für die Salatsauce:
5 EL Weißweinessig
2 EL Basilikumessig (oder Kräuteressig)
1 gestr. TL Salz
2 gestr. TL Zucker
knapp 1 gestr. TL geschroteter Pfeffer
150 ml Olivenöl
5 EL Wasser
1 Pck. (25 g) TK-Basilikum (oder 1 Topf frisches Basilikum)

Pro Portion:
E: 22 g, F: 47 g, Kh: 41 g,
kJ: 2805, kcal: 670

1. Wasser in einem großen Topf mit geschlossenem Deckel zum Kochen bringen. Dann Salz und Nudeln zugeben. Die Nudeln im geöffneten Topf bei mittlerer Hitze nach Packungsanleitung kochen lassen, dabei 4–5-mal umrühren.

Nudeln mit Basilikum-Vinaigrette

Mozzarella-Nudel-Salat

Rustikaler Kartoffelsalat

2. Anschließend die Nudeln in ein Sieb geben, mit heißem Wasser abspülen und abtropfen lassen.
3. Mozzarella in einem Sieb abtropfen lassen und in Würfel schneiden. Tomaten waschen, trocken tupfen und die Stängelansätze herausschneiden. Tomaten nach Belieben halbieren.
4. Champignons putzen, mit Küchenpapier abreiben, eventuell abspülen und trocken tupfen. Größere Champignons eventuell halbieren oder vierteln. Rucola verlesen, putzen, waschen, trocken tupfen und grob zerkleinern. Pinienkerne in einer Pfanne ohne Fett anrösten, herausnehmen und auf einem Teller erkalten lassen.
5. Für die Sauce beide Essigsorten mit Salz, Zucker und Pfeffer gut verrühren. Olivenöl unterschlagen, Wasser unterrühren. Basilikum hinzufügen (frisches Basilikum abspülen, trocken tupfen, die Blättchen von den Stängeln zupfen. Blättchen in Streifen schneiden).
6. Nudeln in eine Schüssel geben, mit der Salatsauce mischen und 1–2 Stunden durchziehen lassen.
7. Mozzarellawürfel, Cocktailtomaten, Champignons und Rauke unterheben. Den Salat in einer großen Schüssel anrichten und mit Pinienkernen bestreut servieren.

Raffiniert

Rustikaler Kartoffelsalat
6 Portionen

Zubereitungszeit: 90 Minuten, ohne Durchziehzeit

700 g festkochende Kartoffeln
3 große Möhren (etwa 250 g)
1/2 kleine Steckrübe (etwa 300 g)
1/2 Knollensellerie (etwa 300 g)
300 ml Gemüsebrühe
1 Bund Frühlingszwiebeln (etwa 200 g)

Für das Majoran-Dressing:
1 Bund frischer Majoran
1 Eigelb (Größe M)
2 EL Weißweinessig
1 EL mittelscharfer Senf
100 ml Speiseöl
Salz
frisch gemahlener Pfeffer

Pro Portion:
E: 5 g, F: 18 g, Kh: 25 g,
kJ: 1200, kcal: 287

1. Kartoffeln gründlich waschen, abtropfen lassen. Möhren, Steckrübe und Sellerie putzen, schälen, waschen, abtropfen lassen. Kartoffeln und Gemüse in etwa 1 cm große Würfel schneiden.

2. Brühe in einem großen Topf zum Kochen bringen, Gemüsewürfel darin bei mittlerer Hitze etwa 35 Minuten garen (die Brühe soll von den Salatzutaten aufgesogen werden).
3. Gemüsewürfel dann in einem Sieb abtropfen lassen und in eine Schüssel geben. Frühlingszwiebeln putzen, waschen, abtropfen lassen, in Streifen schneiden und hinzufügen.
4. Für das Dressing Majoran abspülen und trocken tupfen. Die Blättchen von den Stängeln zupfen. Blättchen klein schneiden.
5. Eigelb, Essig und Senf mit Handrührgerät mit Rührbesen verrühren. Speiseöl zuerst tropfenweise, dann in einem dünnen Strahl unterrühren. Majoran hinzugeben. Das Dressing mit Salz und Pfeffer abschmecken, vorsichtig mit den Salatzutaten mischen. Den Salat mindestens 1–2 Stunden im Kühlschrank durchziehen lassen.

Beilage: Gebackenes Fischfilet, z. B. Rotbarsch, Kabeljau oder Schweineschnitzel.

Hinweis: Nur ganz frisches Eigelb verwenden, das nicht älter als 5 Tage ist. (Legedatum beachten!) Den Salat im Kühlschrank aufbewahren und innerhalb von 24 Stunden verzehren.

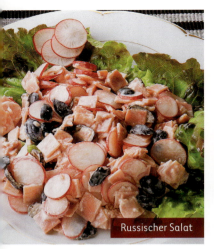
Russischer Salat

Rotkäppchen-Salat

Mit Alkohol

Russischer Salat
4 Portionen

Zubereitungszeit: 25 Minuten, ohne Durchziehzeit

250 g gekochter Schinken oder Kasseler-Aufschnitt
100 g schwarze Oliven mit Stein
1 Bund Radieschen

Für die Salatsauce:
200 g Meerrettichquark
150 g saure Sahne
2–3 EL Wodka
Salz
frisch gemahlener Pfeffer
1 Prise Zucker

Pro Portion:
E: 20 g, F: 20 g, Kh: 6 g,
kJ: 1441, kcal: 344

1. Schinken oder Kasseler Aufschnitt in kleine Quadrate schneiden. Oliven halbieren und entkernen. Radieschen putzen, waschen, gut abtropfen lassen und in Scheiben schneiden.
2. Für die Salatsauce Quark mit saurer Sahne und Wodka verrühren, mit Salz, Pfeffer und Zucker abschmecken. Die Sauce mit den vorbereiteten Salatzutaten vermengen. Den Salat kurze Zeit durchziehen lassen.

Beliebt

Rotkäppchen-Salat
8–10 Stück

Zubereitungszeit: 35 Minuten

4 mittelgroße Äpfel
500 g Emmentaler- oder Gouda-Käse, in 3 mm dicke Scheiben geschnitten

Für die Mayonnaise:
1 Eigelb (Größe M)
1–2 TL mittelscharfer Senf
1 EL Weißweinessig oder Zitronensaft
Salz, frisch gemahlener Pfeffer
1 TL Zucker
125 ml (1/8 l) Speiseöl
150 g Vollmilchjoghurt
50 g abgezogene, gehackte Mandeln

8–10 kleine Tomaten

Pro Stück:
E: 18 g, F: 35 g, Kh: 9 g,
kJ: 1878, kcal: 449

1. Äpfel schälen, vierteln, entkernen und in Streifen schneiden. Käse ebenfalls in Streifen schneiden.
2. Für die Mayonnaise Eigelb mit Senf, Essig oder Zitronensaft, Salz, Pfeffer und Zucker zu einer dicklichen Masse verrühren. Nach und nach esslöffelweise Speiseöl unterschlagen.
3. Joghurt und Mandeln unterrühren. Die Mayonnaise nochmals abschmecken und sofort mit den Salatzutaten vermengen.
4. Tomaten waschen, abtrocknen und jeweils einen Deckel abschneiden. Die Tomaten aushöhlen, mit dem Salat füllen und die Deckel wieder darauflegen. Eventuell restlichen Salat dazureichen.

Tipp: Nur ganz frische Eier verwenden, die nicht älter als 5 Tage sind (Legedatum beachten). Salat im Kühlschrank aufbewahren und innerhalb von 24 Stunden verzehren. Schneller geht's, wenn Sie 175 g fertige Salatmayonnaise verwenden, mit der oben angegebenen Menge Joghurt und Mandeln verrühren und eventuell mit den Gewürzen abschmecken.

Schnell – für Gäste

Rucolasalat mit Putensteaks
4 Portionen

Zubereitungszeit: 30 Minuten

4 Putensteaks (je etwa 120 g)
Salz, frisch gemahlener Pfeffer
3 EL Speiseöl

300 g geputzter Rucolasalat

Für die Salatsauce:
2 EL Balsamico-Essig
1 abgezogene, zerdrückte Knoblauchzehe
4 EL Olivenöl

2 EL frisch geriebener Parmesan-Käse

Pro Portion:
E: 25 g, F: 29 g, Kh: 6 g,
kJ: 1702, kcal: 406

1. Putensteaks unter fließendem kalten Wasser abspülen, trocken tupfen. Mit Salz und Pfeffer bestreuen. Speiseöl in einer Pfanne erhitzen. Putensteaks darin von beiden Seiten etwa 10 Minuten braten und herausnehmen.
2. Für die Salatsauce Essig mit Salz, Pfeffer und Knoblauch verrühren, Olivenöl unterschlagen. Rucolasalat mit der Salatsauce vermengen.
3. Den Rucolasalat mit den Putensteaks auf Tellern anrichten. Mit Parmesan-Käse bestreuen.

Für Gäste

Schweizer Wurstsalat
4 Portionen

Zubereitungszeit: 30 Minuten, ohne Durchziehzeit

400 g Fleischwurst
125 g Emmentaler
1 Gemüsezwiebel
2 Tomaten
1 Kopfsalat

Für die Salatsauce:
1 Zwiebel
2–3 EL Essig
1/2 TL mittelscharfer Senf
Salz
frisch gemahlener Pfeffer
4 EL Speiseöl
gehackter Dill
gerebelter Majoran

Pro Portion:
E: 26 g, F: 47 g, Kh: 7 g,
kJ: 2457, kcal: 587

1. Wurst enthäuten und in dünne Scheiben schneiden. Käse in feine Streifen schneiden. Zwiebel abziehen, halbieren und in Scheiben schneiden. Zwiebelscheiben in kochendem Salzwasser blanchieren, in ein Sieb geben und abtropfen lassen.
2. Tomaten waschen, trocken tupfen, halbieren, entkernen und Stängelansätze entfernen. Tomatenhälften in Streifen schneiden.
3. Aus dem Kopfsalat das Salatherz herauslösen, waschen, abtropfen lassen, zerpflücken und in Streifen schneiden. Restlichen Salat waschen, abtropfen lassen und auf eine Salatplatte legen.
4. Für die Salatsauce Zwiebel abziehen, reiben, mit Essig und Senf verrühren, mit Salz und Pfeffer würzen, Speiseöl unterschlagen. Dill und Majoran unterrühren.
5. Die vorbereiteten Salatzutaten (außer Salatblätterstreifen) mit der Sauce in einer Schüssel mischen.
6. Salatblätterstreifen vorsichtig unterheben. Den Salat kurz durchziehen lassen und nochmals mit den Gewürzen abschmecken.

Rucolasalat mit Putensteaks

Gut vorzubereiten

Sechser Salat
8 Portionen

Zubereitungszeit: 30 Minuten, ohne Durchziehzeit

6 gegarte Pellkartoffeln (etwa 600 g)
6 kleine Äpfel (etwa 780 g)
6 hart gekochte Eier
6 Gewürzgurken (etwa 150 g)
6 Zwiebeln (etwa 300 g)
6 Scheiben Fleischwurst (etwa 300 g)

Für die Sauce:
150 g Salatmayonnaise (50 % Fett)
1 Becher (150 g) Vollmilchjoghurt
1 gestr. EL mittelscharfer Senf
Salz
frisch gemahlener Pfeffer
1 Prise Zucker

Pro Portion:
E: 13 g, F: 25 g, Kh: 23 g,
kJ: 1569, kcal: 375

1. Kartoffeln pellen und in Scheiben schneiden. Äpfel schälen, vierteln, entkernen und in Stücke schneiden. Eier pellen und in Scheiben schneiden. Gurken abtropfen lassen und ebenfalls in Scheiben schneiden.
2. Zwiebeln abziehen, halbieren und in Streifen schneiden. Zwiebelstreifen in kochendem Salzwasser etwa 3 Minuten blanchieren, anschließend in ein Sieb geben, mit kaltem Wasser übergießen und abtropfen lassen. Fleischwurst in Streifen schneiden.
3. Die vorbereiteten Salatzutaten in eine große Schüssel geben und mischen.
4. Für die Sauce Mayonnaise mit Joghurt und Senf verrühren, mit Salz, Pfeffer und Zucker abschmecken. Die Sauce zu den Salatzutaten geben und untermengen. Den Salat gut durchziehen lassen.

Gut vorzubereiten

Tunfisch-Bohnen-Schichtsalat
4 Portionen

Zubereitungszeit: 45 Minuten, ohne Abkühl- und Durchziehzeit

150 g TK-grüne-Bohnen
4 Eier
1 Dose Kidneybohnen (Abtropfgewicht 255 g)
1 Dose weiße Bohnen (Abtropfgewicht 250 g)
1 Dose Tunfisch in Öl (Abtropfgewicht 150 g)
2–3 gekochte Pellkartoffeln
2 mittelgroße, rote Zwiebeln

Für die Sauce:
150 g Vollmilchjoghurt
1 geh. EL Salatmayonnaise
2 EL Tomatenketchup
2 EL Olivenöl
Salz, frisch gemahlener Pfeffer
etwas Zucker

Pro Portion:
E: 36 g, F: 27 g, Kh: 55 g,
kJ: 2702, kcal: 646

1. Grüne Bohnen nach Packungsanleitung bissfest garen. Bohnen in ein Sieb geben, abtropfen und abkühlen lassen.
2. Eier hart kochen, pellen, vierteln und etwas abkühlen lassen.
3. Kidneybohnen und weiße Bohnen getrennt in je ein Sieb geben, kalt abspülen und abtropfen lassen. Tunfisch ebenfalls abtropfen lassen.
4. Kartoffeln pellen und in Scheiben schneiden. Zwiebeln abziehen, halbieren und in feine Streifen schneiden.
5. Für die Sauce Joghurt mit Mayonnaise, Tomatenketchup und Olivenöl verrühren. Mit Salz, Pfeffer und Zucker würzen.
6. Die Salatzutaten in ein hohes Glas schichten, dabei die Kartoffel- und Eierschicht jeweils mit etwas Salz bestreuen.
7. Nach jeder vierten Schicht etwas von der Sauce auf die Salatzutaten geben. Die restliche Sauce auf die Salatoberfläche geben. Den Salat etwa 1 Stunde durchziehen lassen.

Sechser Salat

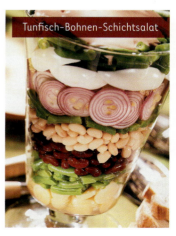
Tunfisch-Bohnen-Schichtsalat

Tunfisch-Auberginen-Salat

Zigeunersalat

Schnell – raffiniert

Tunfisch-Auberginen-Salat
4 Portionen

Zubereitungszeit: 20 Minuten

4 hart gekochte Eier
1 violette oder weiße Zwiebel
1 Aubergine (etwa 300 g)
6 EL Olivenöl
200 g Tunfisch in Öl
(aus der Dose)
2 EL Zitronensaft
Salz
frisch gemahlener Pfeffer
gerebelter Majoran
10 Basilikumblättchen

Pro Portion:
E: 17 g, F: 40 g, Kh: 4 g,
kJ: 1968, kcal: 470

1. Eier pellen und vierteln. Zwiebel abziehen, zuerst in Scheiben schneiden, dann in Ringe teilen.
2. Aubergine waschen, abtrocknen und den Stängelansatz entfernen. Aubergine der Länge nach vierteln und in dünne Scheiben schneiden.
3. Olivenöl in einer Pfanne erhitzen. Auberginenscheiben darin unter ständigem Wenden goldbraun braten, herausnehmen und auf Küchenpapier abtropfen lassen.
4. Auberginenscheiben mit Eiervierteln und Zwiebelringen in eine Schüssel geben und mischen. Tunfisch abtropfen lassen, etwas zerpflücken und mit Zitronensaft unterheben.
5. Salat mit Salz, Pfeffer und Majoran abschmecken. Basilikumblättchen unterheben. Den Salat sofort servieren.

Raffiniert

Zigeunersalat
4–6 Portionen

Zubereitungszeit: 35 Minuten, ohne Durchziehzeit

etwa 350 g Fleischwurst (am Stück)
2 kleine Zwiebeln
4 mittelgroße Gewürzgurken
1 kleines Glas Perlzwiebeln
(Abtropfgewicht 185 g)
3 mittelgroße Tomaten
1 EL Kapern
3 geh. EL Zigeunersauce
etwas Gurkenwasser
etwas Tabasco
Salz
frisch gemahlener Pfeffer
Paprikapulver edelsüß

Pro Portion:
E: 12 g, F: 18 g, Kh: 7 g,
kJ: 1070, kcal: 256

1. Für den Salat Fleischwurst enthäuten, zuerst in Scheiben, dann in Streifen schneiden. Zwiebeln abziehen und klein würfeln. Gewürzgurken der Länge nach zuerst in Scheiben, dann in Streifen schneiden.
2. Perlzwiebeln in einem Sieb abtropfen lassen. Tomaten waschen, abtrocknen, vierteln und die Stängelansätze herausschneiden. Tomaten in Stücke schneiden.
3. Die vorbereiteten Salatzutaten mit Kapern in einer Schüssel mischen. Zigeunersauce vorsichtig unterheben. Den Salat mit Gurkenwasser, Tabasco, Salz, Pfeffer und Paprika würzen. Salat etwas durchziehen lassen.
4. Den Salat vor dem Servieren eventuell nochmals mit den Gewürzen abschmecken.

Raffiniert

Wintersalat mit warmer Hähnchenleber
4 Portionen

Zubereitungszeit: 35 Minuten

200 g Lollo Rosso
150 g Kernhem- oder mittelalter Gouda-Käse
2 Kolben Chicorée
2 EL Zitronensaft
300 g rote Äpfel
30 g Butter
350 g Hähnchenleber
2 EL Speiseöl
Salz
frisch gemahlener Pfeffer

Für die Sauce:
1 TL mittelscharfer Senf
1 TL süßer Senf
6 EL Obstessig
3–4 EL Wasser
1 TL Zucker
4–5 EL Speiseöl
1/2 TL getrockneter Estragon oder einige Zweige frischer Estragon

Pro Portion:
E: 10 g, F: 35 g, Kh: 9 g,
kJ: 2265, kcal: 541

Wintersalat mit warmer Hähnchenleber

1. Lollo Rosso putzen, waschen, trocken tupfen oder trocken schleudern und in mundgerechte Stücke zupfen. Käse entrinden, zuerst in Scheiben, dann in Dreiecke schneiden.
2. Chicorée von schlechten Blättern befreien, der Länge nach halbieren und die bitteren Strünke keilförmig herausschneiden. Die Blätter in 2–3 cm breite Stücke schneiden (die inneren Blätter nach Belieben ganz lassen) und mit Zitronensaft beträufeln.
3. Äpfel waschen, abtrocknen, vierteln, entkernen und in Spalten schneiden. 10 g Butter in einer Pfanne zerlassen. Die Apfelspalten darin kurz von beiden Seiten andünsten und herausnehmen.
4. Hähnchenleber unter fließendem kalten Wasser abspülen und trocken tupfen. Restliche Butter mit Speiseöl in der Pfanne erhitzen. Die Hähnchenleber darin von jeder Seite etwa 2 Minuten braten, herausnehmen, mit Salz und Pfeffer bestreuen.
5. Lollo Rosso, Chicorée, Apfelspalten und Käsedreiecke auf Tellern anrichten. Die Leber darauf verteilen.
6. Für die Sauce beide Senfsorten mit Essig, Wasser, Zucker, Salz und Pfeffer verrühren. Speiseöl unterschlagen. Estragon unterrühren. Die Sauce auf dem Salat verteilen und sofort servieren.

Tipp: Dazu schmeckt ein kräftiges Bauernbrot oder Vollkornbrot.

Für Gäste

Warmer Kartoffelsalat mit Bärlauch
4 Portionen

Zubereitungszeit: 45 Minuten, ohne Abkühl- und Durchziehzeit

700 g kleine festkochende Kartoffeln
1 Bund Bärlauch und einen Bärlauchstängel mit Blütenansätzen
2 Schalotten oder Zwiebeln
200 ml Gemüsebrühe
2 EL Weißweinessig
4 EL Olivenöl
Salz
frisch gemahlener Pfeffer

400 g Hähnchenbrustfilet
2 EL Olivenöl zum Braten
2 EL Schmand (Sauerrahm)

Pro Portion:
E: 27 g, F: 16 g, Kh: 24 g,
kJ: 1485, kcal: 355

1. Kartoffeln gründlich waschen, mit Wasser bedeckt zum Kochen bringen, zugedeckt in 20–25 Minuten gar kochen. Kartoffeln abgießen, mit kaltem Wasser abschrecken, abtropfen lassen, sofort pellen und lauwarm abkühlen lassen. Kartoffeln in Scheiben schneiden und in eine große Schüssel geben.
2. Bärlauch abspülen und trocken tupfen. Bärlauchstängel zum Garnieren beiseitelegen. Die Blättchen von

den Stängeln zupfen. Blättchen klein schneiden. Schalotten oder Zwiebeln abziehen und in kleine Würfel schneiden. Bärlauch, Schalotten- oder Zwiebelwürfel zu den Kartoffelscheiben geben.

3. Brühe mit Essig und Olivenöl in einem Topf erhitzen. Mit Salz und Pfeffer würzen. Die Brühe über die Salatzutaten gießen und vorsichtig mischen. Den Salat 1–2 Stunden kalt stellen und durchziehen lassen.

4. Hähnchenbrustfilet unter fließendem kalten Wasser abspülen, trocken tupfen und in Würfel schneiden. Olivenöl in einer Pfanne erhitzen. Hähnchenwürfel von allen Seiten darin anbraten. Mit Salz und Pfeffer bestreuen.

5. Den Kartoffelsalat in der Mikrowelle nochmals kurz erhitzen und vorsichtig verrühren. Hähnchenbrustwürfel auf dem Salat verteilen und mit dem beiseite gelegten Bärlauchstängel garniert sofort servieren. Schmand verrühren und dazureichen oder in Klecksen auf den Kartoffelsalat geben.

Abwandlung: Kartoffel-Bärlauch-Salat mit Schnecken. 500 g gegarte Pellkartoffeln und 100 g Bärlauch wie unter Punkt 1 und 2 beschrieben zubereiten. 2 Schalotten abziehen und in kleine Würfel schneiden. Etwa 70 g Schnecken mit Fond (aus der Dose) in einem kleinen Topf aufkochen. Schnecken mit einem Schaumlöffel herausnehmen. Den Fond mit Fleischbrühe auf 125 ml (1/8 l) auffüllen, etwas abkühlen lassen. 1 Teelöffel scharfen Senf, 2 Esslöffel Rotweinessig, 1 Teelöffel Balsamico-Essig und 3 Esslöffel Olivenöl unter den Fond rühren. Bärlauch hinzugeben und mit einem Mixstab fein pürieren. Schalottenwürfel hinzufügen. Mit Salz, Pfeffer und Zucker kräftig abschmecken. Das Dressing zu den noch warmen Kartoffelscheiben geben und untermengen. Schnecken unterheben. Den Salat etwa 15 Minuten durchziehen lassen.

Raffiniert

Scharfer Tortellonisalat
8 Portionen

Zubereitungszeit: 45 Minuten, ohne Abkühl- und Durchziehzeit

Für die Hackfleischsauce:
je 1 grüne, rote und gelbe Paprikaschote
600 g Gehacktes vom Schwein
Salz, frisch gemahlener Pfeffer
Cayennepfeffer
6 EL Tomatenketchup
4–5 EL Obstessig
etwas Zucker

3–4 l Wasser
3–4 gestr. TL Salz
2 Pck. (je 500 g) Tortelloni mit Käsefüllung (aus dem Kühlregal)
1 Salatgurke
1 Bund glatte Petersilie
150 ml lauwarme Gemüsebrühe

Pro Portion:
E: 29 g, F: 28 g, Kh: 64 g,
kJ: 2621, kcal: 624

1. Für die Hackfleischsauce Paprikaschoten halbieren, entstielen, entkernen und die weißen Scheidewände entfernen. Die Schoten waschen, trocken tupfen und in kleine Würfel schneiden.

2. Gehacktes in einer Pfanne bei mittlerer Hitze unter Rühren anbraten, dabei die Fleischklümpchen mit einer Gabel zerdrücken. Mit Salz, Pfeffer und Cayennepfeffer würzen. Tomatenketchup, 4 Esslöffel von dem Obstessig und Paprikawürfel hinzugeben. Hackfleischsauce mit Zucker abschmecken, abkühlen lassen.

3. Wasser in einem großen Topf mit geschlossenem Deckel zum Kochen bringen. Dann Salz und Tortelloni zugeben. Die Tortelloni im geöffneten Topf bei mittlerer Hitze nach Packungsanleitung kochen lassen, dabei 4–5-mal umrühren.

4. Anschließend die Tortelloni in ein Sieb geben, mit heißem Wasser abspülen und abtropfen lassen.

5. Salatgurke waschen, abtrocknen, der Länge nach halbieren und entkernen. Gurkenhälften in dünne Scheiben schneiden. Petersilie abspülen und trocken tupfen. Die Blättchen von den Stängeln zupfen (einige Blättchen zum Garnieren beiseitelegen).

6. Gemüsebrühe mit dem restlichen Obstessig, Salz und Pfeffer in einer großen Schüssel verrühren. Tortelloni, Gurkenscheiben und Petersilienblättchen hinzugeben und gut vermengen. Den Salat mindestens 20 Minuten durchziehen lassen. Mit Salz und Pfeffer abschmecken.

7. Die Hackfleischsauce auf dem Salat verteilen. Den Salat mit den beiseite gelegten Petersilienblättern garnieren und servieren.

Warmer Kartoffelsalat mit Bärlauch

Scharfer Tortellonisalat

Vegetarisch

Sauerkrautsalat
4 Portionen

Zubereitungszeit: 25 Minuten

1 Apfel
1 Zwiebel
3 Scheiben Ananas (aus der Dose)
500 g Sauerkraut

Für die Sauce:
1 EL Delikatessmayonnaise
4 EL Schlagsahne
1 EL geriebener Meerrettich
½ TL Zucker
1 EL Zitronensaft
Salz
frisch gemahlener Pfeffer
80 g Sonnenblumenkerne

einige Salatblätter

Pro Portion:
E: 8 g, F: 16 g, Kh: 14 g,
kJ: 1014, kcal: 242

1. Apfel waschen, abtrocknen, halbieren, entkernen und in Würfel schneiden. Zwiebel abziehen und in kleine Würfel schneiden. Ananasscheiben in einem Sieb abtropfen lassen, Sauerkraut klein schneiden.
2. Für die Sauce Mayonnaise mit Sahne und Meerrettich verrühren. Mit Zucker, Zitronensaft, Salz und Pfeffer würzen.
3. Vorbereitete Salatzutaten in eine Schüssel geben und mit der Sauce gut vermischen.
4. Sonnenblumenkerne in einer Pfanne ohne Fett anrösten.
5. Salatblätter abspülen und trocken tupfen. Eine Salatschüssel mit den Salatblättern auslegen. Den Sauerkrautsalat hineingeben und mit Sonnenblumenkernen bestreuen.

Gut vorzubereiten – mit Alkohol

Scampicocktail in Dillrahm
4 Portionen

Zubereitungszeit: 20 Minuten, ohne Auftauzeit

300 g TK-Scampi (ohne Schale)
Zitronensaft
100 g kleine, gedünstete Champignons
100 g Mandarinen (aus der Dose)
1 Bund Dill
Salz
frisch gemahlener Pfeffer

Für die Cocktailsauce:
1 Becher (150 g) Crème fraîche
3 EL Tomatenketchup
3 EL Weißwein
3 EL Weinbrand
1 TL Meerrettich (aus dem Glas)
1 EL gehackte Kräuter
Cayennepfeffer
125 g Schlagsahne
vorbereitete Dillzweige

Pro Portion:
E: 17 g, F: 23 g, Kh: 13 g,
kJ: 1521, kcal: 363

1. Scampi nach Packungsanleitung auftauen lassen und mit Zitronensaft beträufeln. Champignons und Mandarinen in einem Sieb abtropfen lassen. Dill abspülen und trocken tupfen. Die Spitzen von den Stängeln zupfen. Spitzen klein schneiden.
2. Scampi, Champignons, Mandarinen und Dill in 4 Gläser oder Schalen geben, mit Salz und Pfeffer würzen.
3. Für die Cocktailsauce Crème fraîche mit Tomatenketchup, Weißwein, Weinbrand und Meerrettich verrühren. Kräuter hinzufügen.
4. Die Sauce mit Salz, Pfeffer und Cayennepfeffer abschmecken. Sahne steifschlagen und unterheben. Die Sauce auf die Cocktailzutaten geben und mit Dillzweigen garnieren.

Dauert länger

Hähnchensalat mit Gemüse
4 Portionen

Zubereitungszeit: 50 Minuten, ohne Auftau- und Durchziehzeit
Garzeit: etwa 1 Stunde

Sauerkrautsalat

Scampicocktail in Dillrahm

Hähnchensalat mit Gemüse

1 Hähnchen (etwa 1 kg)
1 abgezogene Zwiebel
1 Lorbeerblatt
4 Wacholderbeeren
2 Orangen (etwa 300 g)
50 g TK-Erbsen
1 Zwiebel
185 g Spargel (aus der Dose)
5 EL Spargelwasser
1 EL Weißweinessig
1 TL Currypulver
2 Becher (je 150 g) Vollmilchjoghurt
Salz
frisch gemahlener Pfeffer
Worcestersauce
vorbereitete Schnittlauchröllchen

Pro Portion:
E: 56 g, F: 26 g, Kh: 20 g,
kJ: 2289, kcal: 546

1. Hähnchen von innen und außen unter fließendem kalten Wasser abspülen und abtropfen lassen. Salzwasser in einem Topf zum Kochen bringen. Hähnchen, Zwiebel, Lorbeerblatt und Wacholderbeeren hinzufügen. Das Wasser wieder zum Kochen bringen. Das Hähnchen zugedeckt bei schwacher Hitze etwa 1 Stunde gar ziehen lassen.
2. Hähnchen aus der Brühe nehmen, erkalten lassen und enthäuten. Das Fleisch von den Knochen lösen. Fleisch in Würfel schneiden.
3. Orangen so schälen, dass die weiße Haut vollständig entfernt wird. Orangen filetieren und in Stücke schneiden. Erbsen auftauen lassen.
4. Zwiebel abziehen und klein würfeln. Spargel in einem Sieb abtropfen lassen, dabei das Wasser auffangen. Spargel in Stücke schneiden.
5. Für die Salatsauce Spargelwasser mit Essig, Curry und Joghurt verrühren, mit Salz, Pfeffer und Worcestersauce würzen.
6. Hähnchenfleischwürfel, Orangenstücke, Erbsen, Zwiebelwürfel und Spargelstücke in einer Schüssel mischen. Die Sauce untermengen. Den Salat etwa 1 Stunde durchziehen lassen und mit Schnittlauchröllchen bestreuen.

Hanseatischer Fischsalat

Raffiniert

Hanseatischer Fischsalat
4 Portionen

Zubereitungszeit: 50 Minuten, ohne Abkühl- und Durchziehzeit

1/2 Blumenkohl
200 g Champignons
1/2 Stange Porree (Lauch)
300 g Räucherfisch (Makrele oder Zander)

Für die Salatsauce:
3 EL Delikatessmayonnaise
150 g Vollmilchjoghurt
1 EL Zitronensaft
1 TL Sardellenpaste
1 TL mittelscharfer Senf
Salz
frisch gemahlener Pfeffer
1 TL Zucker
2 EL fein gehackte Petersilie

Pro Portion:
E: 26 g, F: 18 g, Kh: 6 g,
kJ: 1319, kcal: 315

1. Blumenkohl putzen und in Röschen teilen. Blumenkohlröschen waschen und abtropfen lassen. Champignons putzen, mit Küchenpapier abreiben, eventuell abspülen, trocken tupfen und in Scheiben schneiden. Porree putzen, gründlich waschen, abtropfen lassen und in dünne Scheiben schneiden.
2. Blumenkohlröschen in kochendem Salzwasser etwa 8 Minuten blanchieren, in ein Sieb geben, mit eiskaltem Wasser übergießen, abtropfen und erkalten lassen.
3. Den Räucherfisch eventuell entgräten und in etwa 2 x 2 cm große Würfel schneiden.
4. Für die Salatsauce Mayonnaise mit Joghurt verrühren. Zitronensaft, Sardellenpaste und Senf unterrühren. Mit Salz, Pfeffer, Zucker würzen. Petersilie unterrühren.
5. Blumenkohlröschen, Champignonscheiben und Porreescheiben in eine Schüssel geben, mit der Sauce vermengen. Den Salat etwas durchziehen lassen, Räucherfischwürfel unterheben und servieren.

Einfach

Geschichteter Kartoffel-Herings-Salat
6 Portionen

Zubereitungszeit: 40 Minuten

1 kg festkochende kleine Kartoffeln
1 kg Heringsfilets in frischer Sahnesauce
1 Becher (150 g) Vollmilchjoghurt
Salz, frisch gemahlener Pfeffer
etwas Zucker
2—3 rote Äpfel
1 EL Zitronensaft
10 Cornichons
3 Frühlingszwiebeln
einige Dillspitzen nach Belieben

Pro Portion:
E: 16 g, F: 55 g, Kh: 40 g,
kJ: 3000, kcal: 724

Geschichteter Kartoffel-Herings-Salat

1. Kartoffeln gründlich waschen, mit Wasser bedeckt zum Kochen bringen, zugedeckt in 20—25 Minuten gar kochen. Kartoffeln abgießen, mit kaltem Wasser abschrecken, abtropfen lassen, sofort pellen und lauwarm abkühlen lassen. Kartoffeln in Scheiben schneiden.
2. Heringsfilets aus der Sahnesauce nehmen und in Stücke schneiden. Die Sahnesauce mit Joghurt verrühren. Mit Salz, Pfeffer und Zucker abschmecken.
3. Äpfel waschen, trocken tupfen, vierteln, entkernen, mit der Schale quer in Scheiben schneiden. Apfelscheiben mit Zitronensaft beträufeln. Cornichons abtropfen lassen und ebenfalls in Scheiben schneiden. Frühlingszwiebeln putzen, waschen, abtropfen lassen, zuerst in Scheiben schneiden, dann in Ringe teilen.
4. Die vorbereiteten Zutaten mit der Sauce abwechselnd in eine hohe Glasschüssel schichten, dabei die Kartoffelscheiben jeweils mit Salz und Pfeffer bestreuen. Die letzte Schicht sollte aus Sauce bestehen. Den Salat nach Belieben mit Dillspitzen garnieren.

Vegetarisch

Frühlingssalat mit Kresse
4 Portionen

Zubereitungszeit: 45 Minuten

400 g gekochte Pellkartoffeln
je 1 kleine rote und grüne Paprikaschote
½ Kopf Endivien- oder Kopfsalat
250 g Mai-Gouda-Käse, in dicken Scheiben
1 Bund Kresse
1 Kästchen rote Daikonkresse

Für die Sauce:
1 TL Dijon-Senf
3—4 EL Weißweinessig
Salz
frisch gemahlener Pfeffer
etwas Zucker
5—6 EL Speiseöl

Pro Portion:
E: 18 g, F: 34 g, Kh: 22 g,
kJ: 2036, kcal: 486

1. Kartoffeln pellen und in Scheiben schneiden. Von den Paprikaschoten am Stielende einen Deckel abschneiden und mit Hilfe eines Löffels die Kerne und die weißen Scheidewände entfernen. Die Paprikaschoten waschen, abtrocknen und in Ringe schneiden.
2. Salat putzen, waschen, trocken schleudern und in kleine Stücke zupfen. Käsescheiben entrinden und in Quadrate schneiden.
3. Beide Kressesorten abspülen und trocken tupfen. Die Blättchen von den Stängeln schneiden. Die vorbereiteten Salatzutaten auf einer Platte anrichten.
4. Für die Sauce Senf mit Essig verrühren. Mit Salz, Pfeffer und Zucker würzen, Speiseöl unterschlagen. Die Sauce auf den Salatzutaten verteilen.

Tipp: Den Salat nach Belieben mit Kapuzinerkresse-Blüten garnieren. Daikonkresse erinnert im Geschmack an Kreuzkümmel (Cumin).

Raffiniert

Gärtnerinsalat
4 Portionen

Zubereitungszeit: 40 Minuten, ohne Abkühl- und Durchziehzeit

500 g kleine festkochende Kartoffeln
4 dicke Möhren (etwa 400 g)
1/2 Knollensellerie (etwa 400 g)
1 Stange Porree (Lauch, etwa 250 g)

Für die Marinade:
1 Bund Bärlauch oder 1/2 Bund Schnittknoblauch
200 ml Gemüsebrühe
4 EL weißer Balsamico-Essig oder Kräuteressig
Salz
frisch gemahlener Pfeffer

8 EL Speiseöl
40 g Sonnenblumenkerne

Pro Portion:
E: 8 g, F: 25 g, Kh: 25 g,
kJ: 1510, kcal: 360

1. Kartoffeln gründlich waschen, mit Wasser bedeckt zum Kochen bringen, zugedeckt in 20–25 Minuten gar kochen. Kartoffeln abgießen, mit kaltem Wasser abschrecken, abtropfen lassen, sofort pellen und lauwarm abkühlen lassen. Kartoffeln in Scheiben schneiden und in eine große Schüssel geben.
2. Möhren und Sellerie putzen, schälen, waschen, abtropfen lassen und in Scheiben schneiden. Porree putzen, die Stange längs halbieren. Porree waschen, abtropfen lassen und ebenfalls in Scheiben schneiden.
3. Das vorbereitete Gemüse in kochendem Salzwasser garen (Möhren- und Selleriescheiben etwa 5 Minuten, Porreescheiben höchstens 1 Minute). Das Gemüse in ein Sieb geben, mit kaltem Wasser übergießen, abtropfen lassen und unter die Kartoffelscheiben mischen.
4. Für die Marinade Bärlauch oder Knoblauchschnittlauch waschen, trocken tupfen und klein schneiden. Brühe mit Essig, Salz und Pfeffer in einem kleinen Topf verrühren und erhitzen, Speiseöl unterschlagen. Bärlauch oder Schnittknoblauch unterrühren.
5. Die heiße Marinade zu den Kartoffel- und Gemüsescheiben geben, vorsichtig unterheben. Den Salat einige Stunden kalt stellen und durchziehen lassen.
6. Den Salat mit Sonnenblumenkernen bestreut servieren.

Für Gäste

Fruchtig-pikanter Putensalat
4 Portionen

Zubereitungszeit: 30 Minuten

4 Tamarillos
2 reife Mangos
1/2 Kopf Eichblattsalat
1/2 Kopf Frisée-Salat
250 g geräucherte Putenbrust
1 EL abgezogene, gehackte, gebräunte Mandeln oder Sesamsamen

Für die Salatsauce:
5 EL Walnussöl
2 1/2 EL Weißweinessig
3–4 EL abgezogene gemahlene Mandeln
Salz, frisch gemahlener Pfeffer

Pro Portion:
E: 21 g, F: 24 g, Kh: 26 g,
kJ: 1705, kcal: 408

1. Die Tamarillos kurz in kochendes Wasser legen, kalt abschrecken und enthäuten. Mangos halbieren und den Stein herausnehmen. Mangohälften schälen. Tamarillos und Mangohälften in Spalten schneiden.
2. Salate putzen, waschen, trocken tupfen, in mundgerechte Stücke zupfen und auf einer ovalen Platte verteilen. Putenbrust in dickere Scheiben schneiden und halbieren. Tamarillo- und Mangospalten darauf anrichten und mit halbierten Putenbrustscheiben belegen.
3. Für die Sauce Walnussöl mit Essig und Mandeln oder Sesam verrühren, mit Salz und Pfeffer abschmecken. Die Sauce auf den Salat träufeln, sofort servieren.

Gärtnerinsalat

Fruchtig-pikanter Putensalat

Mit Alkohol

Feldsalat mit Wildschweinschinken
8 Portionen

Zubereitungszeit: 40 Minuten, ohne Abkühlzeit

500 g Feldsalat

Für die Vinaigrette:
2 EL Zucker
5 Wacholderbeeren
etwas Gin
200 ml Rotwein
100 ml Geflügelbrühe
12 Zwetschen
3 EL Rotweinessig
6 EL Traubenkernöl
Salz, frisch gemahlener Pfeffer

250 g hauchdünn geschnittener Wildschweinschinken

Pro Portion:
E: 7 g, F: 9 g, Kh: 9 g,
kJ: 702, kcal: 167

1. Feldsalat putzen, waschen, und trocken schleudern.
2. Für die Vinaigrette Zucker in einer Pfanne ohne Fett hellbraun karamellisieren lassen. Wacholderbeeren zerstoßen, zum Karamell geben und kurz mit anrösten, Gin unterrühren. Rotwein und Brühe hinzugießen, zum Kochen bringen und um die Hälfte einkochen lassen.
3. Zwetschen waschen, trocken reiben, halbieren, entsteinen, in kleine Würfel schneiden und unter die Vinaigrette rühren. Nochmals kurz aufkochen lassen und in eine Schüssel geben. Essig unterrühren. Nach und nach langsam das Traubenkernöl unterrühren. Mit Salz und Pfeffer abschmecken. Vinaigrette etwas abkühlen lassen.
4. Feldsalat in eine Schüssel geben, mit der Vinaigrette vermengen und auf einem großen Teller anrichten. Die Schinkenscheiben dachziegelartig um den Salat legen und sofort servieren.

Für Kinder

Eisbergsalat Alaska
8–10 Portionen

Zubereitungszeit: 30 Minuten

1 großer Kopf Eisbergsalat
1 Dose Mandarinen
(Abtropfgewicht 175 g)
300 g Himbeeren

Für die Sauce:
2 Becher (je 150 g) Crème fraîche
Saft von 1 Zitrone
4 EL Mandarinensaft
Salz, Pfeffer, etwas Zucker

Pro Portion:
E: 2 g, F: 10 g, Kh: 8 g,
kJ: 576, kcal: 138

1. Eisbergsalat putzen, in nicht zu kleine Stücke schneiden, abspülen und gut abtropfen lassen oder trocken schleudern.
2. Mandarinen abtropfen lassen, dabei den Saft auffangen und 4 Esslöffel davon für die Sauce abmessen. Himbeeren verlesen. Eisbergsalat, Mandarinen und Himbeeren in einer Schüssel vorsichtig mischen.
3. Für die Sauce Crème fraîche mit Zitronen- und Mandarinensaft verrühren. Mit Salz, Pfeffer und Zucker würzen. Die Sauce getrennt zu dem Salat servieren oder kurz vor dem Verzehr vorsichtig unter die Salatzutaten rühren.

Feldsalat mit Wildschweinschinken

Eisbergsalat Alaska

Schnell

Dänischer Heringssalat
4 Portionen

Zubereitungszeit: 30 Minuten

300 g kleine Tomaten
1/2 Salatgurke
1/2 kleiner Kopf Eisbergsalat
(etwa 250 g)
3 Dosen Heringsfilets
in Currysauce (je 200 g)

Für die Sauce:
200 g Schmand (Sauerrahm)
4 EL Currysauce (von den Heringsfilets in Currysauce)
Salz
frisch gemahlener Pfeffer
1–2 TL Currypulver
1 Bund glatte Petersilie

Pro Portion:
E: 20 g, F: 36 g, Kh: 9 g,
kJ: 1948, kcal: 465

1. Tomaten waschen, abtrocknen, halbieren und die Stängelansätze herausschneiden. Tomaten in Spalten schneiden. Gurke waschen, abtrocknen, der Länge nach halbieren und entkernen. Gurke in Scheiben schneiden.
2. Eisbergsalat putzen, halbieren und den Strunk herausschneiden. Die Salatviertel abspülen, abtropfen lassen und in Streifen schneiden oder in Stücke zupfen. Tomatenspalten, Salatstreifen und Gurkenscheiben in einer Schüssel mischen.
3. Die Heringsfilets aus den Dosen nehmen und die Currysauce mit Hilfe eines Messers vorsichtig abstreifen. Die Heringsfilets in kleine Stücke schneiden. 4 Esslöffel der Currysauce abmessen und durch ein Sieb streichen.
4. Für die Sauce Schmand mit der abgemessenen Currysauce verrühren. Mit Salz, Pfeffer und Curry würzen.
5. Petersilie abspülen und trocken tupfen. Die Blättchen von den Stängeln zupfen, Blättchen grob

Dänischer Heringssalat

zerkleinern. Die Hälfte der Petersilie unter die Sauce rühren. Die Salatzutaten mit der Sauce in der Schüssel mischen.
6. Die Heringsstücke in kleine Stücke teilen und darauf anrichten. Den Salat mit der restlichen Petersilie bestreuen.

Tipp: Sie können die Heringsfilets auch durch 150 g Schillerlocken ersetzen. Dann anstelle der Currysauce 3 Esslöffel Vollmilchjoghurt unter die Sauce rühren.

Mit Alkohol

Bunter Gartensalat mit Käsestiften
4 Portionen

Zubereitungszeit: 35 Minuten, ohne Durchziehzeit

150 g Friséesalat
150 g Eichblattsalat
2 Möhren
je 1/2 rote und grüne Paprikaschote
50 g Mungobohnenkeimlinge
250 g mittelalter Gouda-Käse

Für die Sauce:
4–5 EL Balsamessig
1 TL milder Senf

Bunter Gartensalat mit Käsestiften

2–3 EL Weißwein
etwas Zitronensaft
Salz
frisch gemahlener Pfeffer
etwas Zucker
8 EL Distelöl

Pro Portion:
E: 19 g, F: 30 g, Kh: 7 g,
kJ: 1695, kcal: 405

1. Beide Salatsorten putzen, zerpflücken, waschen und gut abtropfen lassen oder trocken schleudern. Möhren putzen, schälen, waschen, abtropfen lassen und in sehr dünne Streifen schneiden.
2. Paprikaschoten entstielen, entkernen und die weißen Scheidewände entfernen. Schoten waschen, abtropfen lassen und in sehr dünne Streifen schneiden. Mungobohnenkeimlinge verlesen, waschen und abtropfen lassen. Gouda-Käse in feine Stifte schneiden.
3. Für die Sauce Essig mit Senf, Weißwein, Zitronensaft, Salz, Pfeffer und Zucker verrühren. Distelöl unterschlagen.
4. Die Sauce mit Möhren-, Paprikastreifen, Mungobohnenkeimlingen und Käsestiften mischen. Den Salat gut durchziehen lassen.
5. Kurz vor dem Servieren den Frisée- und Eichblattsalat unterheben, damit er nicht zusammenfällt.

Für die Party

Chinesischer Reisnudelsalat
8–10 Portionen

Zubereitungszeit: 45 Minuten, ohne Durchziehzeit

150 g geröstete, gesalzene Erdnusskerne
600 g Hähnchenbrustfilets
8 EL Sonnenblumenöl
10 EL Sojasauce
frisch gemahlener Pfeffer
20 g frischer Ingwer
Saft von 2 Orangen
300 g Porree (Lauch)
300 g Möhren
200 g Mihoen-Nudeln (China-Reisnudeln)
200 g rosé oder weiße Champignons
2 EL Erdnussöl
Salz

Pro Portion:
E: 17 g, F: 15 g, Kh: 5 g,
kJ: 1222, kcal: 292

Chinesischer Reisnudelsalat

Garnelen mit Gemüse-Pilz-Salat

1. Erdnusskerne in einer Pfanne ohne Fett leicht rösten, herausnehmen und auf einem Teller erkalten lassen.
2. Hähnchenbrustfilets unter fließendem kalten Wasser abspülen, trocken tupfen und in dünne Streifen schneiden.
3. Zwei Esslöffel Sonnenblumenöl in der Pfanne erhitzen. Die Fleischstreifen darin unter Wenden kräftig anbraten. 4 Esslöffel Sojasauce hinzufügen, kurz aufkochen lassen, mit Pfeffer abschmecken. Die Fleischstreifen aus der Pfanne nehmen und abkühlen lassen.
4. Ingwer schälen und fein hacken. Orangensaft und Ingwer zu dem Bratfond geben, aufkochen und einige Minuten unter Rühren einkochen lassen. Den Sud ebenfalls abkühlen lassen.
5. Porree putzen, die Stangen längs halbieren, gründlich waschen, trocken tupfen und in etwa 6 cm lange Stücke schneiden. Möhren putzen, schälen, waschen, trocken tupfen und längs in etwa 6 cm lange Scheiben schneiden. Porreestücke und Möhrenscheiben in feine Streifen schneiden, in kochendem Salzwasser etwa 2 Minuten blanchieren. Anschließend in ein Sieb geben, mit eiskaltem Wasser übergießen und abtropfen lassen.
6. Nudeln mit kochendem Wasser übergießen und etwa 5 Minuten quellen lassen.
7. Nudeln in ein Sieb geben und mit eiskaltem Wasser übergießen, abtropfen lassen und mit einer Schere kürzen.
8. Champignons putzen, mit Küchenpapier abreiben, eventuell abspülen, trocken tupfen und in sehr dünne Scheiben schneiden.
9. Den Orangensud mit Erdnussöl und dem restlichen Sonnenblumenöl verrühren. Mit der restlichen Sojasauce, Salz und Pfeffer abschmecken.
10. Nudeln, Gemüse, Fleischstreifen und Erdnusskerne mit der Orangensauce vermengen. Den Salat etwa 30 Minuten durchziehen lassen.
11. Den Salat vor dem Servieren nochmals umrühren, eventuell abschmecken.

Für Gäste

Garnelen mit Gemüse-Pilz-Salat
4 Portionen

Zubereitungszeit: 30 Minuten, ohne Marinierzeit

350 g Garnelen (ohne Schale)
100 ml Distelöl
150 ml Olivenöl

500 g grüner Spargel
2 große Möhren
4 dünne Stangen Staudensellerie
300 g Champignons
200 g frische Pfifferlinge oder
2 kleine Gläser Pfifferlinge (Abtropfgewicht je 185 g)

6 EL Olivenöl

1 Topf Petersilie
2 EL Chiliöl
1 EL flüssiger Honig
Salz
frisch gemahlener Pfeffer

Außerdem:
4 Schaschlikspieße

Pro Portion:
E: 25 g, F: 24 g, Kh: 11 g,
kJ: 1506, kcal: 361

1. Garnelen unter fließendem kalten Wasser abspülen, trocken tupfen und eventuell entdarmen. Garnelen in eine flache Schale legen. Distel- und Olivenöl verrühren und auf den Garnelen verteilen. Garnelen zugedeckt und kalt gestellt etwa 1 Stunde marinieren, dabei nach etwa der Hälfte der Marinierzeit einmal umrühren.
2. Vom Spargel das untere Drittel schälen und die unteren Enden abschneiden. Spargel in etwa 3 cm lange Stücke schneiden, abspülen und abtropfen lassen. Möhren putzen, schälen, waschen und abtropfen lassen. Möhren in etwa 3 cm lange Stücke schneiden. Je nach Dicke längs vierteln oder achteln.
3. Staudensellerie putzen und die harten Außenfäden abziehen. Sellerie waschen und abtropfen lassen. Stangen je nach Dicke längs halbieren oder vierteln und in etwa 3 cm lange Stücke schneiden. Frische Pilze putzen, kurz abspülen und trocken tupfen. Pilze aus dem Glas in einem Sieb abtropfen lassen. Pilze je nach Größe halbieren oder vierteln.
4. Olivenöl in einer großen Pfanne erhitzen. Pilze, Spargel- und Möhrenstücke darin anbraten, dann unter Rühren etwa 3 Minuten dünsten. Selleriestücke hinzufügen und etwa 5 Minuten mitdünsten lassen. Gemüse-Pilz-Mischung aus der Pfanne nehmen.
5. Petersilie abspülen und trocken tupfen. Die Blättchen von den Stängeln zupfen. Blättchen klein schneiden. Etwa 2 Esslöffel klein geschnittene Petersilie zum Garnieren beiseitelegen. Chiliöl mit Honig und Petersilie verrühren, mit Salz und Pfeffer würzen. Die Marinade unter die Gemüse-Pilz-Mischung rühren.
6. Garnelen aus der Marinade nehmen und etwas abtropfen lassen. Garnelen auf 4 Schaschlikspieße stecken. 1–2 Esslöffel von dem Marinieröl in einer Pfanne erhitzen. Garnelenspieße darin von allen Seiten braten und herausnehmen.
7. Gemüse-Pilz-Mischung mit den Garnelenspießen auf einer Platte anrichten. Mit der beiseite gelegten Petersilie bestreut servieren.

Für die Party

Geschichteter Heringssalat
8–10 Portionen

Zubereitungszeit: 50 Minuten, ohne Durchziehzeit

400 g gekochtes Rindfleisch
8 hart gekochte Eier
6 gegarte, lauwarme Pellkartoffeln
3 Zwiebeln
2 Gläser Rote Bete
(Abtropfgewicht je 220 g)
6 doppelte Matjesfilets (etwa 1,2 kg)
8 mittlere Gewürzgurken

Für die Sauce:
3 geh. EL Salatmayonnaise
300 g saure Sahne
Salz
frisch gemahlener Pfeffer
etwas Zucker
etwas Weißweinessig
5 EL Rote-Bete-Saft (aus den Gläsern)

Pro Portion:
E: 25 g, F: 38 g, Kh: 16 g,
kJ: 2446, kcal: 585

1. Rindfleisch in Streifen schneiden. Eier pellen, achteln oder vierteln. Kartoffeln noch warm pellen, etwas abkühlen lassen und in Scheiben schneiden.
2. Zwiebeln abziehen, halbieren und in Streifen schneiden. Rote Bete in einem Sieb abtropfen lassen, den Saft dabei auffangen.
3. Matjesfilets in etwa 2 cm große Stücke schneiden, dabei die Gräten entfernen. Gurken in Scheiben schneiden.
4. Für die Sauce Mayonnaise, saure Sahne, Salz, Pfeffer, Zucker, Essig und Rote-Bete-Saft verrühren. Die Sauce kräftig abschmecken.
5. Jeweils einen Teil der vorbereiteten Zutaten der Reihe nach in eine hohe, große Schüssel schichten. Die Kartoffeln mit Salz bestreuen und jeweils etwas von der Sauce darauftröpfeln. Die Oberfläche mit der restlichen Sauce bedecken. Salat mindestens 30 Minuten durchziehen lassen.

Geschichteter Heringssalat

Gut vorzubereiten
Grüner Kartoffelsalat
6 Portionen

Zubereitungszeit: 45 Minuten, ohne Abkühl- und Durchziehzeit

1 kg neue Kartoffeln
125 ml (1/8 l) Weißweinessig
125 ml (1/8 l) Gemüsebrühe
1 Prise Zucker
Salz
frisch gemahlener Pfeffer
1 Zwiebel
1 Bund Dill
1 Bund Petersilie
1 Zweig Zitronenmelisse
5 Salbeiblättchen
1 kleine Salatgurke

1 Melissezweig
1 hart gekochtes Ei
150 g saure Sahne

Pro Portion:
E: 6 g, F: 4 g, Kh: 25 g,
kJ: 695, kcal: 166

1. Kartoffeln gründlich waschen, mit Wasser bedeckt zum Kochen bringen, zugedeckt in etwa 20 Minuten gar kochen. Kartoffeln abgießen, mit kaltem Wasser abschrecken, abtropfen lassen, sofort pellen und in Scheiben schneiden. Kartoffelscheiben in eine Schüssel geben.
2. Essig mit Brühe, Zucker, Salz und Pfeffer in einem Topf zum Kochen bringen. Zwiebel abziehen, in kleine Würfel schneiden, hinzufügen und nochmals kurz aufkochen lassen.
3. Die Kartoffelscheiben mit der Marinade übergießen und vorsichtig unterheben. Die Flüssigkeit muss von den Kartoffeln aufgesaugt werden. Salat durchziehen lassen, dabei ab und zu vorsichtig durchheben.
4. Dill, Petersilie, Melisse und Salbei abspülen, trocken tupfen. Von dem Dill die Spitzen von den Stängeln zupfen. Spitzen klein schneiden. Von der Petersilie und Melisse die Blättchen von den Stängeln zupfen. Petersilie-, Melisse- und Salbeiblättchen fein hacken.
5. Gurke schälen, längs halbieren und entkernen. Gurkenhälften in kleine Würfel schneiden, mit den Kräutern unter die Kartoffelscheiben mischen.
6. Melisse abspülen und trocken tupfen. Ei pellen und halbieren.
7. Den Kartoffelsalat mit Melisse und Eihälften garnieren. Saure Sahne dazureichen.

Raffiniert
Hähnchenbrustfilet mit Salat
4 Portionen

Zubereitungszeit: 45 Minuten

4 Hähnchenbrustfilets (je etwa 150 g)
60 g Tomatenmark
2 TL Sambal Oelek
4 EL Olivenöl

4 EL Speiseöl zum Braten

Für den Salat:
4 EL rote Paprikastreifen
150 g Zucchinistreifen
2 EL zerpflückte, glatte Petersilienblättchen
4 EL Frühlingszwiebelringe
2 TL rote Chilischotenringe
4 EL Speiseöl
2 EL Estragonessig
Salz, frisch gemahlener Pfeffer
1 Prise Zucker

Pro Portion:
E: 41 g, F: 18 g, Kh: 5 g,
kJ: 1847, kcal: 441

1. Hähnchenbrustfilets unter fließendem kalten Wasser abspülen und trocken tupfen.
2. Tomatenmark mit Sambal Oelek und Olivenöl verrühren. Zuerst die Filets auf einer Seite damit bestreichen.
3. Speiseöl in einer Pfanne erhitzen, die Filets mit der bestrichenen Seite in die Pfanne legen, etwa 5 Minuten bei schwacher Hitze ganz langsam braten (brennt schnell an). Dann jeweils die andere Seite mit der Marinade bestreichen. Filets umdrehen und in etwa 10 Minuten bei schwacher Hitze fertig garen.
4. Für den Salat Paprika-, Zucchinistreifen, Petersilienblättchen, Frühlingszwiebel- und Chilischotenringe in einer Schüssel mischen.
5. Estragonessig mit Salz, Pfeffer und Zucker verrühren, Speiseöl

Hähnchenbrustfilet mit Salat

Grüner Kartoffelsalat

Ländlicher Wurstsalat

Linsensalat mit geräucherter Gänsebrust

unterschlagen. Die Sauce mit den Salatzutaten gut vermischen. Den Salat mit den Hähnchenbrustfilets anrichten.

Preiswert – raffiniert

Ländlicher Wurstsalat
8 Portionen

Zubereitungszeit: 35 Minuten, ohne Durchziehzeit

300 g Emmentaler-Käse (in Scheiben)
600 g Fleischwurst (im Stück)
1 Bund Radieschen
3–4 Möhren
5 Tomaten
4 Zwiebeln

Für die Salatsauce:
1 Knoblauchzehe
5 EL Weißweinessig
1–2 EL mittelscharfer Senf
Salz, frisch gemahlener Pfeffer
8 EL Speiseöl
2 Bund Schnittlauch

Pro Portion:
E: 23 g, F: 43 g, Kh: 5 g,
kJ: 2195, kcal: 525

1. Käse in feine Streifen schneiden. Fleischwurst enthäuten, längs halbieren und in Scheiben schneiden.
2. Die Radieschen putzen, waschen, abtropfen lassen. Möhren putzen, schälen, waschen, abtropfen lassen. Radieschen und Möhren in sehr dünne Scheiben schneiden.
3. Tomaten waschen, abtrocknen, vierteln und die Stängelansätze herausschneiden. Tomaten in Spalten schneiden. Zwiebeln abziehen, zuerst in dünne Scheiben schneiden, dann in Ringe teilen.
4. Für die Salatsauce Knoblauch abziehen und durch eine Knoblauchpresse drücken. Knoblauch mit Essig und Senf verrühren. Mit Salz und Pfeffer würzen, Speiseöl unterschlagen.
5. Die vorbereiteten Salatzutaten mit der Sauce in einer Schüssel gut vermengen. Den Salat gut durchziehen lassen.
6. Schnittlauch abziehen, trocken tupfen und in feine Röllchen schneiden. Den Salat mit Schnittlauchröllchen bestreut servieren.

Schnell – für Gäste

Linsensalat mit geräucherter Gänsebrust
4 Portionen

Zubereitungszeit: 30 Minuten, ohne Einweichzeit

je 80 g grüne, braune und rote Linsen
100 ml Gemüsefond oder -brühe
4 EL Balsamico-Essig
2 EL Zwiebelwürfel
Salz, frisch gemahlener Pfeffer
8 EL Walnussöl
vorbereitete Majoranblättchen

200 g geräucherte Gänsebrust in Scheiben
Salatblätter

Pro Portion:
E: 25 g, F: 19 g, Kh: 35 g,
kJ: 1836, kcal: 436

1. Grüne und braune Linsen in reichlich kaltem Wasser über Nacht einweichen.
2. Eingeweichte und rote Linsen 5–10 Minuten in kochendem Wasser garen, in ein Sieb geben, mit kaltem Wasser übergießen und abtropfen lassen.
3. Gemüsefond oder -brühe mit Essig und Zwiebelwürfeln verrühren. Mit Salz und Pfeffer würzen, Walnussöl unterschlagen. Majoranblättchen hinzugeben.
4. Die Linsen in eine Schüssel geben. Dressing darauf verteilen. Den Salat etwa 30 Minuten durchziehen lassen.
5. Linsensalat auf Tellern mit den Gänsebrustscheiben anrichten. Mit gewaschenen und trocken getupften Salatblättern garnieren.

Preiswert

Miesmuscheln mit Oliven und Sardellen
4–6 Portionen

800 g Miesmuschelfleisch, gekocht in Lake
6 große, reife Tomaten
2 Knoblauchzehen
4 Schalotten
2 Stangen Staudensellerie
1 große Möhre
1 Bund glatte Petersilie
8 Sardellenfilets
3 EL Olivenöl
250 ml (1/4 l) Fischfond
20 grüne Oliven
20 rötliche Oliven
frisch gemahlener Pfeffer
Zitronensaft, Salz
abgetropfte Salatblätter

Zubereitungszeit: 30 Minuten

Pro Portion:
E: 20 g, F: 15 g, Kh: 12 g,
kJ: 1112, kcal: 266

1. Muschelfleisch in ein Sieb geben, mit kaltem Wasser übergießen und abtropfen lassen.
2. Tomaten waschen, kreuzweise einschneiden und einige Sekunden in kochendes Wasser legen. Tomaten kurz in kaltem Wasser abschrecken, enthäuten, vierteln, entkernen und Stängelansätze entfernen. Tomatenviertel sechsteln.
3. Knoblauch und Schalotten abziehen. Knoblauch in dünne Scheiben schneiden. Schalotten zuerst in Scheiben schneiden, dann in Ringe teilen.
4. Staudensellerie putzen und die harten Außenfäden abziehen. Sellerie waschen, abtropfen lassen und in Würfel schneiden. Möhre putzen, waschen, abtropfen lassen und ebenfalls klein würfeln. Petersilie abspülen und trocken tupfen. Die Blättchen von den Stängeln zupfen. Blättchen klein schneiden. Sardellenfilets grob hacken.

Miesmuscheln mit Oliven und Sardellen

5. Olivenöl in einem weiten Topf erhitzen. Knoblauchscheiben und Schalottenringe darin andünsten. Sellerie- und Möhrenwürfel hinzufügen, mit andünsten. Fischfond hinzugießen und zum Kochen bringen. Sellerie- und Möhrenwürfel so lange dünsten lassen, bis sie weich sind.
6. Muschelfleisch, grüne und rötliche Oliven zu der Gemüsemasse geben. Mit Pfeffer kräftig würzen. Das Muschelfleisch und die Oliven unter Rühren erhitzen. Tomatenspalten, Sardellenstückchen und Petersilie unterrühren, 2–3 Minuten bei schwacher Hitze kochen lassen. Mit Zitronensaft, Salz und Pfeffer abschmecken, auf Salatblättern anrichten.

Wichtig: Vorsichtig mit Salz würzen, da die Sardellen salzig sind.

Gut vorzubereiten

Nudelsalat mit Fleischsalat
6 Portionen

Zubereitungszeit: 45 Minuten, ohne Durchziehzeit

2 l Wasser
2 gestr. TL Salz
250 g Nudeln, z. B. Hörnchen oder Muscheln

Nudelsalat mit Fleischsalat

Für die Marinade:
2 EL Kräuteressig
Salz
frisch gemahlener Pfeffer
etwas Zucker
4 EL Olivenöl

1 kleine Dose Ananasscheiben (Abtropfgewicht 270 g)
10 kleine Gewürzgurken
2 mittelgroße Äpfel
4 hart gekochte Eier
etwa 400 g Fleischsalat (aus dem Kühlregal)
150 g Vollmilchjoghurt

Pro Portion:
E: 14 g, F: 36 g, Kh: 48 g,
kJ: 2437, kcal: 580

1. Wasser in einem großen Topf mit geschlossenem Deckel zum Kochen bringen. Dann Salz und Nudeln zugeben. Die Nudeln im geöffneten Topf bei mittlerer Hitze nach Packungsanleitung kochen lassen, dabei 4–5-mal umrühren.
2. Anschließend die Nudeln in ein Sieb geben, mit heißem Wasser abspülen und abtropfen lassen.
3. Für die Marinade Essig mit Salz, Pfeffer und Zucker verrühren, Olivenöl unterschlagen. Die Marinade zu den Nudeln geben, untermischen und etwas durchziehen lassen.
4. Ananasstücke in einem Sieb gut abtropfen lassen und in kleine Stücke schneiden. Gurken abtropfen

lassen und in dünne Scheiben schneiden. Äpfel schälen, vierteln, entkernen und in ebenfalls in dünne Scheiben schneiden. Eier pellen und in Scheiben schneiden. Fleischsalat mit Joghurt verrühren.
5. Die Nudeln abwechselnd mit Ananasstücken, Apfel-, Eierscheiben und Fleischsalat in eine hohe Glasschale schichten. Restlichen Fleischsalat darauf verteilen. Den Salat eine Zeit lang durchziehen lassen.

Tipp: Nach Belieben 150 g gegarte TK-Erbsen unter den Salat heben. Statt Fleischwurstsalat kann auch Waldorfsalat verwendet werden.

Schnell – gut vorzubereiten – mit Alkohol
Orangen-Feigen-Salat
4 Portionen

Zubereitungszeit: 15 Minuten

4 Orangen, 5 Feigen
200 g Korinthen oder Rosinen
2 EL Zucker
evtl. Zitronensaft oder Wein
abgezogene, halbierte Mandeln
Rosinen

Pro Portion:
E: 3 g, F: 2 g, Kh: 60 g,
kJ: 1215, kcal: 290

1. Orangen so schälen, dass die weiße Haut mit entfernt wird. Orangen in Scheiben schneiden. Feigen waschen, trocken tupfen und eventuell halbieren. Korinthen oder Rosinen kurz unter fließendem kaltem Wasser abspülen und trocken tupfen.
2. Orangenscheiben mit Feigen und Korinthen oder Rosinen mit Zucker auf einem Teller anrichten oder mit Zucker in eine Glasschüssel schichten, nach Belieben mit Zitronensaft oder Wein übergießen.
3. Mit Mandelhälften, Rosinen und abgespülten, trocken getupften Minzeblättchen garniert servieren.

Für Gäste
Ochsenmaulsalat
4 Portionen

Zubereitungszeit: 35 Minuten, ohne Abkühlzeit

600 g gepresstes Ochsenmaul (beim Metzger vorbestellen)
1 rote Zwiebel
1 weiße Zwiebel
3 EL Thymian-Essig
3 EL Apfelessig
Salz
frisch gemahlener Pfeffer
½ Bund Radieschen
4 Tomaten
100 g Feldsalat
½ Bund gehackte Petersilie

Pro Portion:
E: 32 g, F: 17 g, Kh: 3 g,
kJ: 1341, kcal: 320

1. Ochsenmaul mit der Aufschnittmaschine in hauchdünne Scheiben schneiden.
2. Zwiebeln abziehen, ebenfalls in feine Scheiben schneiden. Thymian- und Apfelessig in einen Topf geben, Zwiebelscheiben hinzufügen und zum Kochen bringen. Den Topf von der Kochstelle nehmen. Zwiebelscheiben erkalten lassen. Zwiebelscheiben mit Salz und Pfeffer würzen, mit den Ochsenmaulscheiben mischen.
3. Radieschen putzen, waschen, trocken tupfen und in Scheiben schneiden. Tomaten waschen, trocken tupfen, halbieren und die Stängelansätze entfernen. Tomaten in Spalten schneiden.
4. Von dem Feldsalat die Wurzelenden abschneiden, schlechte Blätter entfernen. Feldsalat gründlich waschen, trocken tupfen oder -schleudern. Petersilie abspülen und trocken tupfen. Die Blättchen von den Stängeln zupfen. Blättchen klein schneiden.
5. Ochsenmaul-Zwiebel-Mischung mit Radieschenscheiben, Tomatenspalten, Feldsalat und Petersilie auf Tellern anrichten.

Orangen-Feigen-Salat

Ochsenmaulsalat

Für Gäste

Spargelsalat mit Forellentatar
4 Portionen

Zubereitungszeit: 45 Minuten, ohne Abkühlzeit

Für den Salat:
800 g weißer Spargel
½ Bio-Zitrone (unbehandelt, ungewachst)
Salz
Zucker
frisch gemahlener Pfeffer
40 g Butter
80 ml Olivenöl
2 Tomaten
einige Stängel Pimpinelle
2 hart gekochte Eier

Für das Forellentatar:
2 rohe Forellenfilets (je etwa 150 g, ohne Haut und Gräten)
2 geräucherte Forellenfilets (je etwa 100 g, ohne Haut und Gräten)
1 kleines Bund Schnittlauch
1 Bio-Zitrone (unbehandelt, ungewachst)
2 EL Olivenöl

Pro Portion:
E: 33 g, F: 41 g, Kh: 5 g,
kJ: 2180, kcal: 521

1. Für den Salat den Spargel von oben nach unten schälen. Darauf achten, dass die Schalen vollständig entfernt, die Köpfe aber nicht verletzt werden. Die unteren Enden abschneiden (holzige Stellen vollständig entfernen). Die Stangen längs halbieren, die Hälften in jeweils 3 Stücke schneiden.
2. Zitrone heiß abwaschen, abtrocknen und in dünne Scheiben schneiden. Die Spargelstücke in einen flachen Topf geben. Zitronenscheiben hinzufügen. Mit Salz, Zucker und etwas Pfeffer würzen. Butter, 2 Esslöffel Wasser und Olivenöl hinzugeben. Den Spargel zugedeckt bei mittlerer Hitze in etwa 3 Minuten dünsten. Dabei gelegentlich umrühren, damit der Spargel nicht anbrennt. Nicht mehr Wasser hinzugeben, damit nicht zu viel Flüssigkeit entsteht.
3. Die gegarten Spargelstücke in eine Salatschüssel geben, Zitronenscheiben entfernen, Spargelstücke etwas abkühlen lassen.
4. Tomaten waschen, kreuzweise einschneiden und einige Sekunden in kochendes Wasser legen. Tomaten kurz in kaltes Wasser legen, enthäuten, halbieren, entkernen und die Stängelansätze herausschneiden. Tomatenhälften in kleine Würfel schneiden und zu den Spargelstücken geben.
5. Pimpinelle abspülen und trocken tupfen. Die Blättchen von den Stängeln zupfen und unter den Salat mischen. Den Salat mit Salz abschmecken. Eier pellen und mit einem Eierschneider sechsteln. Eisechstel vorsichtig unter den Salat mischen. Den Salat auf 4 Tellern verteilen.
6. Für das Tatar die rohen Forellenfilets unter fließendem kalten Wasser abspülen, dann trocken tupfen. Rohe und geräucherte Forellenfilets in kleine Würfel schneiden und in eine Schüssel geben.
7. Schnittlauch abspülen, trocken tupfen und in kleine Röllchen schneiden. Zitrone heiß abwaschen, abtrocknen, ein Viertel der Schale dünn abreiben, Saft auspressen.
8. Schnittlauchröllchen, Zitronenschale, 1–2 Teelöffel Zitronensaft und Olivenöl zu den Forellenfiletwürfeln geben und gut unterarbeiten. Tatar mit Salz, Pfeffer und Zitronensaft abschmecken. Mit zwei Esslöffeln Klöße aus dem Tatar formen und zu dem Salat auf die Teller legen. Sofort servieren.

Tipp: Für ein Hauptgericht den Salat mit einer grünen Sauce und frisch gekochten Salzkartoffeln reichen.

Vegetarisch

Tortellinisalat mit Rucola
8 Portionen

Zubereitungszeit: 40 Minuten, ohne Abkühl- und Durchziehzeit

4 l Wasser
4 gestr. TL Salz
2 Pck. (je 250 g) getrocknete Tortellini mit Käsefüllung

Tortellinisalat mit Rucola

Spargelsalat mit Forellentatar

100 g abgezogene, gestiftelte Mandeln
3 rote Paprikaschoten

Für die Marinade:
3 EL Weißweinessig
Salz
frisch gemahlener Pfeffer
5 EL Speiseöl
5 EL Nussöl
300 g Rucola (Rauke)

Pro Portion:
E: 12 g, F: 25 g, Kh: 44 g,
kJ: 1772, kcal: 448

1. Wasser in einem großen Topf mit geschlossenem Deckel zum Kochen bringen. Dann Salz und Tortellini zugeben. Die Tortellini im geöffneten Topf bei mittlerer Hitze nach Packungsanleitung kochen lassen, dabei 4–5-mal umrühren.
2. Anschließend die Tortellini in ein Sieb geben, mit heißem Wasser abspülen und abtropfen lassen.
3. Mandeln in einer Pfanne ohne Fett goldbraun rösten, herausnehmen, auf einem Teller abkühlen lassen und beiseitestellen. Paprikaschoten halbieren, entstielen, entkernen und die weißen Scheidewände entfernen. Schoten waschen, trocken tupfen und in Würfel schneiden.
4. Für die Marinade Essig mit Salz und Pfeffer verrühren. Speise- und Nussöl unterschlagen.
5. Tortellini mit den Paprikawürfeln in einer großen Schüssel mischen, Marinade hinzugeben und untermischen. Den Salat etwa 30 Minuten durchziehen lassen.
6. Rucola putzen, waschen, trocken tupfen oder trocken schleudern und in mundgerechte Stücke zupfen. Rucola mit den beiseite gestellten Mandeln unter den Salat heben.

Tipp: Sie können den Salat bereits einige Stunden vorher (bis Punkt 5) zubereiten. Rucola und Mandeln jedoch erst kurz vor dem Verzehr untermischen.

Spätzle-Linsen-Salat

Einfach

Spätzle-Linsen-Salat
8–10 Portionen

Zubereitungszeit: 50 Minuten, ohne Durchziehzeit

3 l Wasser
3 gestr. TL Salz
500 g Spätzle

750 ml (¾ l) Gemüsebrühe
250 g Tellerlinsen
8 Wiener Würstchen
5 mittelgroße Tomaten
1 Bund Frühlingszwiebeln

Für die Marinade:
250 ml (¼ l) warme Gemüsebrühe
1 Glas (200 g) körniger Senf
2 TL süßer körniger Senf
4 EL Kräuteressig
etwas Kreuzkümmel
Salz
frisch gemahlener Pfeffer
1 geh. TL Currypulver
200 ml Olivenöl

Pro Portion:
E: 25 g, F: 42 g, Kh: 49 g,
kJ: 2821, kcal: 671

1. Wasser in einem großen Topf mit geschlossenem Deckel zum Kochen bringen. Dann Salz und Spätzle zugeben. Die Spätzle im geöffneten Topf bei mittlerer Hitze nach Packungsanleitung kochen lassen, dabei 4–5-mal umrühren.
2. Anschließend die Spätzle in ein Sieb geben, mit heißem Wasser abspülen und abtropfen lassen.
3. Brühe in einem Topf zum Kochen bringen, Linsen hinzufügen und etwa 20 Minuten kochen. Linsen in ein Sieb geben und den Sud dabei auffangen. Linsen mit kaltem Wasser übergießen und gut abtropfen lassen.
4. Würstchen in Scheiben schneiden. Tomaten waschen, kreuzweise einschneiden und einige Sekunden in kochendes Wasser legen. Tomaten kurz in kaltem Wasser abschrecken, enthäuten, halbieren, entkernen und Stängelansätze entfernen. Tomaten in große Stücke schneiden. Frühlingszwiebeln putzen, waschen, abtropfen lassen, zuerst in Scheiben schneiden, dann in Ringe teilen. Die Salatzutaten in eine große Schüssel geben und vorsichtig mischen.
5. Für die Marinade Brühe mit dem aufgefangenen Linsensud, den beiden Senfsorten, Kümmel, Salz, Pfeffer und Curry verrühren. Olivenöl unterschlagen. Die Marinade über die Salatzutaten gießen, vorsichtig mischen und etwas durchziehen lassen. Den Salat vor dem Servieren nochmals mit den Gewürzen abschmecken.

Schichtsalat mit Forellenfilets

Salat mit Himbeerdressing

Für die Party

Schichtsalat mit Forellenfilets
8–10 Portionen

Zubereitungszeit: 30 Minuten, ohne Durchziehzeit

1 kleiner Kopf Eisbergsalat
2 Fenchelknollen
1 große Dose Mandarinen (Abtropfgewicht 480 g)
2–3 rote Äpfel
2 EL Zitronensaft
etwa 10 halbe, geräucherte Forellen

Für die Sauce:
1 Glas (135 g) Sahnemeerrettich
150 g Vollmilchjoghurt
200 g Schmand (Sauerrahm) oder Crème fraîche
Mandarinensaft (aus der Dose)
Salz
frisch gemahlener, weißer Pfeffer
1 Bund Dill

evtl. einige Dillspitzen

Pro Portion:
E: 29 g, F: 11 g, Kh: 14 g,
kJ: 1222, kcal: 292

1. Eisbergsalat putzen, in kleine Stücke zerpflücken, waschen und trocken schleudern oder -tupfen. Von den Fenchelknollen die Stiele dicht oberhalb der Knollen abschneiden. Braune Stellen und Blätter entfernen (etwas Fenchelgrün beiseitelegen). Wurzelenden gerade schneiden. Die Knollen waschen, abtropfen lassen, halbieren und in dünne Scheiben hobeln.
2. Mandarinen in einem Sieb abtropfen lassen, dabei den Saft auffangen. Äpfel waschen, abtrocknen, vierteln, entkernen, in kleine Stücke schneiden und in Zitronenwasser legen. Forellen eventuell entgräten und in nicht zu kleine Stücke schneiden.
3. Für die Sauce Sahnemeerrettich mit Joghurt und Schmand oder Crème fraîche und etwas Mandarinensaft glattrühren. Mit Salz und Pfeffer würzen. Dill abspülen und trocken tupfen. Die Spitzen von den Stängeln zupfen. Spitzen klein schneiden und unter die Sauce rühren.
4. Die vorbereiteten Salatzutaten nacheinander in eine hohe Schüssel schichten, dabei zwischendurch jeweils etwas von der Sauce daraufgeben. Die oberste Schicht sollte aus Sauce bestehen.
5. Beiseite gelegtes Fenchelgrün abspülen und trocken tupfen. Den Salat mit dem Fenchelgrün und nach Belieben mit Dillspitzen bestreuen. Salat etwa 1 Stunde durchziehen lassen.

Fruchtig

Salat mit Himbeerdressing
4 Portionen

Zubereitungszeit: 25 Minuten

Zum Vorbereiten:
2 EL Olivenöl
4 EL Weißbrotwürfel
2 EL Pinienkerne

Für den Salat:
100 g gegarte Rote Bete (vakuumverpackt)
80 g Feldsalat
80 g Lollo Rosso
80 g Radicchio
80 g Chicorée

Für das Himbeerdressing:
4 EL Himbeeressig
3 EL TK-Himbeeren
12 EL Olivenöl
Salz
frisch gemahlener Pfeffer
1 TL milder Senf

Pro Portion:
E: 4 g, F: 39 g, Kh: 11 g,
kJ: 1731, kcal: 413

1. Zum Vorbereiten Olivenöl in einer Pfanne erhitzen. Brotwürfel hinzufügen und unter Wenden anrösten, herausnehmen und erkalten lassen. Pinienkerne in einer Pfanne ohne Fett goldbraun rösten, herausnehmen und auf einem Teller erkalten lassen.
2. Für den Salat Rote Bete in Scheiben schneiden.
3. Blattsalate putzen, waschen, gut abtropfen lassen und in mundgerechte Stücke zupfen.
4. Für das Dressing Himbeeressig mit den gefrorenen Himbeeren verrühren. Mit Salz, Pfeffer und Senf würzen. Olivenöl unterschlagen.
5. Die Salatblätter auf Tellern anrichten, mit den Rote-Bete-Scheiben, Pinienkernen und Weißbrotwürfeln garnieren.

Salate

Für Gäste

Riesengarnelensalat „Marilyn"
4 Portionen

Zubereitungszeit: 30 Minuten, ohne Durchzieh- und Auftauzeit

1 reife Avocado
Zitronensaft
1 reife Mango
2 Schalotten
100 g Rosinen
1 Friséesalat
4 EL Weißweinessig
Salz
frisch gemahlener, weißer Pfeffer
6 EL Speiseöl
8 TK-Riesengarnelen

Pro Portion:
E: 32 g, F: 32 g, Kh: 31 g,
kJ: 2414, kcal: 576

1. Avocado längs halbieren und den Stein herauslösen. Avocadohälften schälen und das Fruchtfleisch rosinengroß in Würfel schneiden, mit Zitronensaft beträufeln.
2. Mango halbieren und den Stein herausnehmen. Mangohälften schälen und das Fruchtfleisch in gleich große Würfel schneiden. Schalotten abziehen und klein würfeln. Schalottenwürfel mit Rosinen, Avocado- und Mangowürfeln in einer Schüssel mischen.
3. Salat putzen und in einzelne Blätter teilen. Salatblätter gut waschen und abtropfen lassen.
4. Essig mit Salz und Pfeffer verrühren. Speiseöl unterschlagen, so dass eine cremige Marinade entsteht. Die vorbereitete Fruchtmischung mit der Marinade übergießen und die Fruchtmischung durchziehen lassen.
5. Garnelen auftauen lassen, abspülen und in kochendem Wasser 2–3 Minuten garen. Garnelen herausnehmen, etwas abkühlen lassen. Das Fleisch aus den Schalen lösen und eventuell den Darm entfernen.
6. Friséesalat dekorativ auf vier Tellern verteilen und mit den lauwarmen Garnelenschwänze belegen. Die Fruchtmischung darauf anrichten.

Gut vorzubereiten

Roggenkörnersalat mit Porree und Tofuwürfeln
4 Portionen

Zubereitungszeit: 50 Minuten, ohne Einweich- und Marinierzeit

180 g Roggenkörner
1 kleine Stange Porree (Lauch)
1 Bund Radieschen
2–3 EL Weißweinessig oder Zitronensaft
1/2 TL Apfelsaftkonzentrat
2–3 EL Wasser
Meersalz
frisch gemahlener Pfeffer
4 EL Sonnenblumenöl
125 g Tofu
1 Bund Schnittlauch

Pro Portion:
E: 8 g, F: 14 g, Kh: 29 g,
kJ: 1208, kcal: 288

1. Roggenkörner in eine flache Schale legen und mit kaltem Wasser übergießen. Roggenkörner einige Stunden einweichen. Roggenkörner mit dem Einweichwasser in einen Topf geben, zum Kochen bringen und in etwa 40 Minuten weich kochen. Roggenkörner in ein Sieb geben und abtropfen lassen.
2. Porree putzen, die Stange längs halbieren, waschen und abtropfen lassen. Radieschen putzen, waschen und trocken tupfen. Porree und Radieschen in feine Scheiben schneiden. Essig oder Zitronensaft mit Apfelsaftkonzentrat und Wasser mischen, mit Salz und Pfeffer würzen, Sonnenblumenöl unterschlagen.
3. Tofu in kleine Würfel schneiden und in der Essig-Öl-Mischung etwa 30 Minuten marinieren.
4. Die vorbereiteten Zutaten in einer Schüssel mischen, eventuell mit Salz und Pfeffer nochmals abschmecken.
5. Schnittlauch abspülen, trocken tupfen und in Röllchen schneiden. Schnittlauchröllchen auf dem Salat verteilen.

Tipp: Statt des Tofus können Sie auch 125 g gewürfelten Mozzarella verwenden.

Riesengarnelensalat „Marilyn"

Roggenkörnersalat mit Porree und Tofuwürfeln

Raffiniert – mit Alkohol

Provenzalischer Salat mit zwei Saucen
4 Portionen

Zubereitungszeit: 30 Minuten

1 kleiner Eichblattsalat
½ Kopfsalat

Für die 1. Salatsauce:
1 Fleischtomate
1 Schalotte
2 EL Himbeeressig
2 EL trockener Rotwein
Salz
frisch gemahlener Pfeffer
1 Prise Zucker
2 EL Walnussöl
2 EL Distelöl

Für die 2. Salatsauce:
50 g Feldsalat
1 Bund Petersilie
1 Knoblauchzehe
1 Schalotte
1 Eigelb (Größe M)
2 EL Estragon-Essig
5 EL Olivenöl

Pro Portion:
E: 3 g, F: 29 g, Kh: 7 g,
kJ: 1304, kcal: 311

1. Salate putzen, zerpflücken, waschen, gut abtropfen lassen oder trocken tupfen und auf vier Tellern anrichten.
2. Für die 1. Salatsauce Tomate waschen, kreuzweise einschneiden und einige Sekunden in kochendes Wasser legen. Tomate kurz in kaltes Wasser legen, enthäuten, halbieren, entkernen und die Stängelansätze herausschneiden. Tomatenhälften in kleine Würfel schneiden.
3. Schalotte abziehen und klein würfeln. Himbeeressig mit Rotwein verrühren. Mit Salz, Pfeffer und Zucker würzen, Walnuss- und Distelöl unterschlagen. Tomaten-und Schalottenwürfel unterrühren.
4. Für die 2. Salatsauce von dem Feldsalat die Wurzelenden abschneiden, schlechte Blätter entfernen. Feldsalat und Petersilie gründlich waschen, abtropfen lassen und im Mixer pürieren. Püreemasse in ein sauberes Geschirrtuch geben und etwa 2 Esslöffel Kräutersaft herauspressen. Knoblauch abziehen, durch eine Knoblauchpresse drücken und mit dem Kräutersaft verrühren. Schalotte abziehen und sehr klein würfeln.
5. Den Kräutersaft mit Eigelb und Essig verrühren, nach und nach Olivenöl unterschlagen. Die Sauce mit Salz und Pfeffer würzen, Schalottenwürfel unterrühren.
6. Beide Saucen nebeneinander auf dem Salat verteilen und sofort servieren.

Beilage: Ofenfrisches Baguette.

Dauert länger – einfach

Pikanter Kartoffelsalat
4 Portionen

Zubereitungszeit: 40 Minuten, ohne Durchziehzeit

750 g festkochende Kartoffeln
200 g gekochtes Rindfleisch
1 Stange Porree (Lauch)
150 g gedünstete Pfifferlinge
3–4 Tomaten

Für die Salatsauce:
1 große Zwiebel
3–4 EL Kräuteressig
1 TL mittelscharfer Senf
Salz, frisch gemahlener Pfeffer
6 EL Speiseöl

Pro Portion:
E: 19 g, F: 19 g, Kh: 28 g,
kJ: 1554, kcal: 371

1. Kartoffeln waschen, mit Wasser bedeckt zum Kochen bringen, zugedeckt in 20–25 Minuten gar kochen. Kartoffeln abgießen, mit kaltem Wasser abschrecken, abtropfen lassen, sofort pellen und in Scheiben schneiden. Rindfleisch in Würfel schneiden.
2. Porree putzen, die Stange längs halbieren, waschen, abtropfen lassen und in schmale Streifen schneiden. Pfifferlinge eventuell halbieren.
3. Tomaten waschen, kreuzweise einschneiden und einige Sekunden in kochendes Wasser legen. Tomaten kurz in kaltem Wasser abschrecken, enthäuten, halbieren, entkernen und Stängelansätze entfernen. Tomaten in Würfel schneiden. Die vorbereiteten Salatzutaten in eine Schüssel geben und mischen.

Provenzalischer Salat mit zwei Saucen

Pikanter Kartoffelsalat

Mangoldsalat

Matjes-Cocktail

4. Für die Sauce Zwiebel abziehen und in kleine Würfel schneiden. Essig mit Senf, Salz und Pfeffer verrühren. Zwiebelwürfel hinzugeben. Speiseöl unterschlagen. Die Sauce mit den Salatzutaten vermengen. Den Salat etwa 1 Stunde durchziehen lassen.

Preiswert

Mangoldsalat
4 Portionen

Zubereitungszeit: 40 Minuten

750 g Mangold

Für die Salatsauce:
2 Knoblauchzehen
6 EL Speiseöl
3 EL Weinessig
2 TL Senf
Salz
1 Prise Zucker
frisch gemahlener Pfeffer

Pro Portion:
E: 4 g, F: 19 g, Kh: 5 g,
kJ: 884, kcal: 212

1. Mangold putzen (eventuell dabei die großen Blattstiele entfernen). Mangold mehrmals waschen und abtropfen lassen. Die harte Fäden an der Außenseite der Stiele abziehen und die Blätter beiseitelegen. Die Stängel in kochendem Salzwasser 5–10 Minuten kochen lassen, mit einem Schaumlöffel herausnehmen und in einem Sieb abtropfen lassen. Mangoldstängel in Stücke schneiden.
2. Beiseite gelegte Mangoldblätter in das kochende Gemüsewasser geben, kurz aufkochen, abtropfen lassen und grob hacken. Mangoldblätter und Stiele erkalten lassen und in eine flache Schale geben.
3. Für die Salatsauce Knoblauch abziehen und in dünne Scheiben schneiden. Mit Essig und Senf verrühren. Mit Salz, Zucker und Pfeffer würzen, Speiseöl unterschlagen.
4. Die Salatsauce auf dem Mangold verteilen. Den Salat gut durchziehen lassen.

Schnell – für Gäste

Matjes-Cocktail
3 Portionen

Zubereitungszeit: 20 Minuten

2 EL Preiselbeeren (aus dem Glas)
1 Pck. (200 g) Meerrettich-Quark
1 roter Apfel
2 Gewürzgurken
4 Matjesfilets
Salatblätter
Kresse

Pro Portion:
E: 12 g, F: 15 g, Kh: 8 g,
kJ: 966, kcal: 231

1. Preiselbeeren in einem Sieb gut abtropfen lassen und vorsichtig mit dem Meerrettich-Quark verrühren. Apfel waschen, abtrocknen, vierteln, entkernen und in kleine Scheiben schneiden. Gewürzgurken ebenfalls in Scheiben schneiden.
2. Matjesfilets unter fließendem kalten Wasser abspülen, mit Küchenpapier trocken tupfen, eventuell entgräten und in schmale Streifen schneiden. Die vorbereiteten Zutaten vorsichtig unter den Preiselbeer-Meerrettich-Quark heben.
3. Salatblätter abspülen und trocken tupfen. Kresse abspülen, trocken tupfen und abschneiden. Vier Portionsschälchen oder Cocktailgläser mit Salatblättern auslegen, den Matjescocktail darin anrichten und mit Kresseblättchen garnieren.

Kartoffelsalat „Leichte Art"

Gut vorzubereiten
Kartoffel-Käse-Salat
4–6 Portionen

Zubereitungszeit: 45 Minuten, ohne Abkühlzeit

750 g festkochende Kartoffeln
1 TL ganze Kümmelsamen
2 Zwiebeln
125 ml (1/8 l) Fleischbrühe
200 g durchwachsener Räucherspeck
200 g Schnittkäse mit Senfkörnern
1/2 Salatgurke (etwa 350 g)
1 Bund Radieschen
2 rote Äpfel

4–5 EL Weißweinessig
Salz
frisch gemahlener Pfeffer
3 EL Sonnenblumenkerne

Pro Portion:
E: 21 g, F: 42 g, Kh: 31 g,
kJ: 2579, kcal: 615

1. Kartoffeln gründlich waschen, in Wasser mit Kümmelsamen zum Kochen bringen und zugedeckt in 20–25 Minuten garen. Kartoffeln abgießen und abdämpfen.
2. Zwiebeln abziehen, sehr klein würfeln und in einer Schüssel mit kochend heißer Fleischbrühe übergießen. Kartoffeln so heiß wie möglich pellen, in etwa 1 x 1 cm große Würfel schneiden, sofort unter die Zwiebel-Brühe-Mischung geben, erkalten und durchziehen lassen.
3. Speck in Würfel schneiden. Eine Pfanne ohne Fett erhitzen. Die Speckwürfel darin knusprig ausbraten.
4. Käse entrinden und in Würfel schneiden. Gurke waschen, abtrocknen und die Enden abschneiden. Gurke in Würfel schneiden. Radieschen putzen, waschen, trocken tupfen und vierteln. Äpfel waschen, abtrocknen, vierteln, entkernen und in Würfel schneiden. Käse-, Gurken-, Apfelwürfel und Radieschenviertel

Vegetarisch

Kartoffelsalat „Leichte Art"
6 Portionen

Zubereitungszeit: 55 Minuten, ohne Abkühlzeit

1,2 kg festkochende Kartoffeln
Salz
Kümmelsamen
6 Tomaten
1 Zucchini
2 Stangen Staudensellerie

Für das Dressing:
2 Bund Schnittlauch
500 g Vollmilchjoghurt
Salz
frisch gemahlener Pfeffer
Zucker
1 EL Kürbiskernöl

Pro Portion:
E: 9 g, F: 5 g, Kh: 34 g,
kJ: 955, kcal: 227

1. Kartoffeln gründlich waschen, mit Wasser bedeckt zum Kochen bringen, Salz und Kümmel hinzufügen, zugedeckt in 20–25 Minuten gar kochen. Kartoffeln abgießen, mit kaltem Wasser abschrecken, abtropfen lassen, sofort pellen und lauwarm abkühlen lassen. Kartoffeln in Scheiben schneiden und in eine große Schüssel geben.
2. Tomaten waschen, trocken tupfen, vierteln, entkernen und die Stängelansätze herausschneiden. Tomatenviertel in Würfel schneiden.
3. Zucchini waschen, abtrocknen und die Enden abschneiden. Zucchini in dünne Scheiben schneiden oder hobeln. Sellerie putzen und die harten Außenfäden abziehen. Sellerie waschen, abtropfen lassen und in Scheiben schneiden. Selleriescheiben in kochendem Wasser etwa 1 Minute blanchieren, in ein Sieb geben, mit kaltem Wasser übergießen und abtropfen lassen. Tomatenwürfel, Zucchini- und Selleriescheiben zu den Kartoffelscheiben geben und untermengen.
4. Für das Dressing Schnittlauch abspülen, trocken tupfen und in Röllchen schneiden. Joghurt mit Salz, Pfeffer und Zucker verrühren. Kürbiskernöl unterschlagen. Schnittlauchröllchen hinzufügen.
5. Salatzutaten mit dem Dressing mischen und nochmals mit den Gewürzen abschmecken.

unter die Kartoffel-Zwiebel-Brühe-Mischung heben.
5. Essig mit Salz und Pfeffer verrühren und mit den Speckwürfeln unter die Salatzutaten heben.
6. Sonnenblumenkerne in der Pfanne in dem verbliebenen Bratfett anrösten und mit dem Fett unter den Salat mischen. Den Salat sofort servieren.

Für Gäste

Karnevalssalat
6 Portionen

Zubereitungszeit: 40 Minuten

Für den Salat:
1 Glas Bismarckheringe (Abtropfgewicht 250 g)
125 g Gewürzgurken
4 hart gekochte Eier
250 g Fleischwurst
2 Äpfel (400 g)
1 kleine Zwiebel
500 g gekochte Pellkartoffeln
1 kleines Glas (350 g) Joghurt-Salatcreme
50 ml Gurkenflüssigkeit
2 EL Kräuteressig
Salz, frisch gemahlener Pfeffer

Zum Bestreuen und Garnieren:
etwas Petersilie
1 hart gekochtes Ei

Pro Portion:
E: 20 g, F: 38 g, Kh: 29 g,
kJ: 2245, kcal: 537

1. Für den Salat Heringe und Gurken abtropfen lassen, anschließend in kleine Würfel schneiden. Eier pellen. Von der Fleischwurst die Haut abziehen. Äpfel schälen, vierteln und entkernen. Zwiebel abziehen. Kartoffeln pellen.
2. Eier, Fleischwurst, Apfelviertel, Zwiebeln und Kartoffeln in kleine Würfel schneiden. Die Salatzutaten in eine Schüssel geben und vermengen. Salatcreme mit Gurkenflüssigkeit und Essig verrühren. Mit Salz und Pfeffer abschmecken. Die Salatcreme unter die Salatzutaten heben.
3. Zum Bestreuen und Garnieren Petersilie waschen und trocken tupfen. Die Blättchen von den Stängeln zupfen. Blättchen klein schneiden. Ei pellen und in Scheiben schneiden.
4. Den Karnevalssalat mit Petersilie bestreut und Eischeiben garniert servieren.

Raffiniert

Käsesalat mit Putenbrust
4 Portionen

Zubereitungszeit: 50 Minuten

1 Bund Frühlingszwiebeln
3 Fleischtomaten
200 g geräucherte Putenbrust
150 g Schnittkäse, z. B. Gouda-Käse

Für die Sauce:
150 g Vollmilchjoghurt
1/2 Becher (75 g) Crème fraîche
1 EL Salatmayonnaise
3–4 EL Tomatenketchup
Salz, frisch gemahlener Pfeffer
1 TL Zucker
1–2 EL Zitronensaft
1 EL Schnittlauchröllchen

Pro Portion:
E: 23 g, F: 20 g, Kh: 12 g,
kJ: 1389, kcal: 332

1. Frühlingszwiebeln putzen, waschen, abtropfen lassen und in 5–6 cm lange Stücke schneiden. Zwiebelstücke beidseitig so einritzen, dass sie in der Mitte noch zusammenhängen. Zwiebelstücke 10–15 Minuten in kaltes Wasser legen, bis sie dekorativ aufspringen.
2. In der Zwischenzeit Tomaten waschen, abtropfen lassen, kreuzweise einschneiden, kurz in kochendes Wasser legen und in kaltem Wasser abschrecken. Tomaten enthäuten und die Stängelansätze herausschneiden. Tomaten in schmale Streifen schneiden.
3. Putenbrust in 1/2–1 cm breite Streifen schneiden. Käsescheiben entrinden, zuerst in etwa 3 cm breite Stücke, dann in Dreiecke schneiden.
4. Frühlingszwiebelstücke gut abtropfen lassen oder trocken tupfen und mit den vorbereiteten Salatzutaten in einer Schüssel mischen.
5. Für die Sauce Joghurt mit Crème fraîche, Mayonnaise und Ketchup verrühren. Mit Salz, Pfeffer, Zucker und Zitronensaft würzen. Schnittlauchröllchen unterrühren. Die Salatzutaten vorsichtig mit der Sauce mischen.

Karnevalssalat

Fruchtig

Kalifornischer Obstsalat
4 Portionen

Zubereitungszeit: 30 Minuten

100 g blaue Weintrauben
100 g helle Weintrauben
100 g kleine Erdbeeren
2 Nektarinen
100 g Wassermelone
100 g Orangenfilets
2 EL Zucker
1 Pck. Dr. Oetker Vanillin-Zucker
60 g Walnusskerne

evtl. Minzeblättchen zum Garnieren

Pro Portion:
E: 2 g, F: 4 g, Kh: 29 g,
kJ: 729, kcal: 174

1. Weintrauben, Erdbeeren und Nektarinen waschen und trocken tupfen.
2. Weintrauben und Erdbeeren entstielen und halbieren. Weintraubenhälften entkernen. Nektarinen halbieren und den Stein herauslösen. Fruchtfleisch in dünne Spalten schneiden. Melone schälen, entkernen und in grobe Würfel schneiden.
3. Die vorbereiteten Früchte mit den Orangenfilets in einer Schüssel mischen, mit Zucker und Vanillin-Zucker abschmecken.
4. Den Obstsalat in Schälchen oder ausgehöhlten Melonen anrichten und mit Walnusskernen und nach Belieben mit Minzeblättchen garnieren.

Für Gäste

Kartoffel-Champignon-Salat
8 Portionen

Zubereitungszeit: 70 Minuten, ohne Abkühlzeit

2 kg Erstlinge (kleine Frühkartoffeln)

Für die Sauce:
250 ml (1/4 l) heiße Gemüsebrühe
100 ml Sherry-Essig
1 EL Dijon-Senf
Salz
2 EL Zucker
frisch gemahlener schwarzer Pfeffer
125 ml (1/8 l) Olivenöl
1 Zweig Rosmarin
2 Zweige Thymian
4 EL Speiseöl
1 Pck. (200 g) Katenschinkenwürfel
400 g Champignons
1 rote Paprikaschote
1 Bund Frühlingszwiebeln

einige Thymianzweige nach Belieben

Pro Portion:
E: 13 g, F: 21 g, Kh: 45 g,
kJ: 1777, kcal: 424

1. Kartoffeln gründlich waschen, mit Wasser bedeckt zum Kochen bringen, zugedeckt in 20–25 Minuten gar kochen. Kartoffeln abgießen, mit kaltem Wasser abschrecken, abtropfen und lauwarm abkühlen lassen.
2. Für die Sauce Brühe mit Essig, Senf, Salz, Zucker und Pfeffer verrühren. Olivenöl unterschlagen. Rosmarin und Thymian abspülen, trocken tupfen. Die Nadeln bzw. Blättchen von den Stängeln zupfen, Nadeln und Blättchen klein schneiden und unter die Sauce rühren.
3. Die noch warmen Kartoffeln vierteln, nach Belieben pellen und vorsichtig mit der Sauce vermengen.
4. Speiseöl in einer Pfanne erhitzen. Schinkenwürfel hinzufügen und knusprig braten, herausnehmen und auf Küchenpapier abtropfen lassen.
5. Champignons putzen, mit Küchenpapier abreiben, eventuell kurz abspülen, trocken tupfen und in Scheiben schneiden. Champignonscheiben in dem verbliebenen Bratfett in der Pfanne andünsten. Mit Salz und Pfeffer bestreuen. Champignonscheiben erkalten lassen.
6. Paprikaschote halbieren, entstielen, entkernen und die weißen Scheidewände entfernen. Schote waschen, trocken tupfen und in Würfel schneiden. Frühlingszwiebeln putzen, waschen, abtropfen lassen und in dünne Scheiben schneiden.
7. Schinkenwürfel, Champignonscheiben, Paprikawürfel und Frühlingszwiebelscheiben mit den Kartoffelvierteln vermengen. Den Salat nochmals mit Salz und Pfeffer abschmecken. Nach Belieben mit abgespülten, trocken getupften Thymianzweigen garniert servieren.

Für Gäste

Japanischer Salat
4 Portionen

Zubereitungszeit: 25 Minuten

100 g Langkornreis
250 ml (1/4 l) kochendes Salzwasser
2 Orangen
250 g gebratenes oder gekochtes Rindfleisch

Für die Mayonnaise:
1 Eigelb (Größe M)
1 EL Weißweinessig
1 TL mittelscharfer Senf
Salz
Zucker
125 ml (1/8 l) Speiseöl
Saft von 1 Orange
1 schwach geh. EL Speisestärke
Zitronensaft
Currypulver

Pro Portion:
E: 16 g, F: 40 g, Kh: 29 g,
kJ: 2348, kcal: 560

1. Reis waschen. Salzwasser in einem Topf zum Kochen bringen. Reis hinzufügen und zugedeckt bei schwacher Hitze etwa 20 Minuten ausquellen lassen. Den garen Reis in ein Sieb geben, mit kaltem Wasser übergießen und gut abtropfen lassen.
2. Orangen so schälen, dass die weiße Haut mit entfernt wird. Orangen filetieren und in Würfel schneiden. Rindfleisch ebenfalls in kleine Würfel schneiden.
3. Für die Mayonnaise Eigelb mit Essig, Senf, Salz und Zucker in einer Rührschüssel mit einem Schneebesen zu einer dicklichen Masse schlagen. Speiseöl esslöffelweise unterschlagen.
4. Orangensaft mit Wasser auf 125 ml (1/8 l) auffüllen und in einen Topf geben. Speisestärke gut unterrühren, unter ständigem Rühren zum Kochen bringen. Die heiße, angedickte Orangenflüssigkeit unter die Mayonnaise schlagen.

Japanischer Salat

5. Reis, Orangen- und Rindfleischwürfel in einer Schüssel mischen. Die Mayonnaise untermengen. Den Salat mit Salz, Zucker, Zitronensaft und Curry abschmecken.

Hinweis: Nur ganz frisches Eigelb verwenden, das nicht älter als 5 Tage ist (Legedatum beachten!). Den Salat im Kühlschrank aufbewahren und innerhalb von 24 Stunden verzehren.

Klassisch

Heringssalat
8–10 Portionen

Zubereitungszeit: 40 Minuten, ohne Durchziehzeit

3 Gläser Bismarckheringe (je 250 g)
10 Gewürzgurken
2 mittelgroße Zwiebeln
6 große Äpfel
500 g Schmand (Sauerrahm)

etwas Dill

Heringssalat

Pro Portion:
E: 9 g, F: 19 g, Kh: 8 g,
kJ: 1084, kcal: 259

1. Fischfilets abtropfen lassen und auseinanderrollen. Fisch in etwa 3 cm große Stücke schneiden.
2. Gewürzgurken abtropfen lassen, in dünne Scheiben schneiden. Zwiebeln abziehen, zuerst in dünne Scheiben schneiden, dann Ringe teilen.
3. Äpfel schälen, vierteln, entkernen und in dünne Scheiben schneiden.
4. Die vorbereiteten Salatzutaten in einer Schüssel mischen, Schmand unterrühren. Den Salat zugedeckt mindestens 3 Stunden in den Kühlschrank stellen.
5. Dill abspülen und trocken tupfen. Die Spitzen von den Stängeln zupfen. Den Salat mit Dillspitzen garniert servieren.

Tipp: Nach Belieben kann der Heringssalat noch mit je 1 Esslöffel Meerrettich, Senf, Weißweinessig und 1 Prise Zucker abgeschmeckt werden. Interessant schmeckt auch die Variante mit 6 Esslöffeln Preiselbeeren. Mit Pellkartoffeln servieren.

Raffiniert

Italienischer Spaghettisalat
6 Portionen

Zubereitungszeit: 50 Minuten, ohne Durchziehzeit

250 g Spaghetti
2 ½ l Wasser
2 ½ gestr. TL Salz

1 mittelgroße Gemüsezwiebel
1 Zucchini
2 Fleischtomaten
200 g gegartes Kalbfleisch
3 EL Basilikumessig
Salz
frisch gemahlener Pfeffer
getrockneter Oregano
4 EL Olivenöl
12 entsteinte schwarze Oliven
2 TL Kapern (aus dem Glas)

Für die Tunfischsauce:
1 Dose Tunfisch in Öl
(Abtropfgewicht 185 g)
150 g Vollmilchjoghurt
1 EL Salatmayonnaise

1 Topf Basilikum

Pro Portion:
E: 24 g, F: 20 g, Kh: 36 g,
kJ: 1787, kcal: 427

1. Spaghetti 1–2-mal durchbrechen. Wasser in einem Topf mit geschlossenem Deckel zum Kochen bringen. Salz und Spaghetti zugeben. Die Spaghetti im geöffneten Topf bei mittlerer Hitze nach Packungsanleitung bissfest kochen, dabei zwischendurch 4–5-mal umrühren.
2. Anschließend Spaghetti in ein Sieb geben, mit heißem Wasser abspülen und abtropfen lassen.
3. Gemüsezwiebel abziehen, halbieren und in dünne Scheiben schneiden. Zucchini waschen, abtrocknen und die Enden abschneiden. Zucchini in dünne Scheiben schneiden. Zwiebel- und Zucchinischeiben in kochendes Salzwasser geben, kurz aufkochen lassen, in ein Sieb geben, mit kaltem Wasser übergießen und abtropfen lassen.
4. Tomaten waschen, kreuzweise einschneiden und einige Sekunden in kochendes Wasser legen. Tomaten kurz in kaltem Wasser abschrecken, enthäuten, halbieren, entkernen und Stängelansätze entfernen. Tomaten in Spalten schneiden. Kalbfleisch in Streifen schneiden.
5. Essig mit Salz, Pfeffer und Oregano verrühren. Olivenöl unterschlagen. Spaghetti, Zwiebel-, Zucchinischeiben, Tomatenspalten, Kalbfleischstreifen, Oliven und abgetropfte Kapern in einer Schüssel vermengen. Sauce hinzufügen und untermischen. Den Salat etwa 20 Minuten durchziehen lassen.
6. Für die Sauce Tunfisch mit dem Öl aus der Dose pürieren, Joghurt und Mayonnaise unterrühren. Die Sauce mit Salz und Pfeffer abschmecken.
7. Basilikum abspülen und trocken tupfen. Die Blättchen von den Stängeln zupfen. Den Salat mit den Basilikumblättchen garnieren. Die Tunfischsauce zu dem Salat reichen.

Einfach

Salat von Gabelmakkaroni
4–6 Portionen

Zubereitungszeit: 40 Minuten, ohne Kühl- und Durchziehzeit

3 l Wasser
3 gestr. TL Salz
500 g Gabelmakkaroni

1 kleiner Kopf Romanesco
(etwa 800 g)
400 g junge Maiskolben
2 rote Paprikaschoten (etwa 400 g)
1 Bund Basilikum

Für die Mayonnaise:
2 Eigelb (Größe M)
1 EL Kräutersenf
2 EL Weißweinessig
200 ml Olivenöl
Salz
frisch gemahlener Pfeffer

Pro Portion:
E: 18 g, F: 45 g, Kh: 82 g,
kJ: 3366, kcal: 804

Italienischer Spaghettisalat

Salat von Gabelmakkaroni

Schichtsalat mit Tunfischsauce

1. Wasser in einem großen Topf mit geschlossenem Deckel zum Kochen bringen. Dann Salz und Nudeln zugeben. Die Nudeln im geöffneten Topf bei mittlerer Hitze nach Packungsanleitung kochen lassen, dabei 4–5-mal umrühren.
2. Anschließend die Nudeln in ein Sieb geben, mit heißem Wasser abspülen und abtropfen lassen.
3. Von dem Romanesco die äußeren Blätter entfernen. Romanesco in Röschen teilen und waschen. Salzwasser in einem Topf zum Kochen bringen. Romanescoröschen darin etwa 6 Minuten garen. Anschließend in ein Sieb geben, mit kaltem Wasser übergießen und abtropfen lassen.
4. Die Enden der Maiskolben abschneiden. Falls die Kolben zu lang sind, einmal quer halbieren. Paprikaschoten halbieren, entstielen, entkernen und die weißen Scheidewände entfernen. Schoten waschen, trocken tupfen und in Würfel schneiden.
5. Maiskolben in kochendem Salzwasser etwa 10 Minuten garen. Nach etwa 5 Minuten Garzeit Paprikawürfel hinzufügen und mitgaren lassen. Anschließend in ein Sieb geben, mit kaltem Wasser übergießen und abtropfen lassen.
6. Basilikum abspülen und trocken tupfen. Die Blättchen von den Stängeln zupfen. Blättchen klein schneiden.
7. Für die Mayonnaise Eigelb, Senf und Essig in einem hohen Rührbecher mit Handrührgerät mit Rührbesen gut verrühren. Olivenöl zunächst tropfenweise, dann in einem dünnen Strahl unter die Eigelbmasse rühren. Dabei soll eine Bindung entstehen. Die Salatmayonnaise mit Salz und Pfeffer abschmecken.
8. Die vorbereiteten Salatzutaten in einer Schüssel mischen, mit der Mayonnaise übergießen und vorsichtig untermengen. Den Salat im Kühlschrank 1–2 Stunden durchziehen lassen. Vor dem Servieren nochmals mit den Gewürzen abschmecken.

Tipp: Für die Mayonnaise nur ganz frisches Eigelb verwenden, das nicht älter als 5 Tage ist (Legedatum beachten!). Den Salat im Kühlschrank aufbewahren und innerhalb von 24 Stunden verzehren.

Für Gäste

Schichtsalat mit Tunfischsauce
4–6 Portionen

Zubereitungszeit: 15 Minuten

Für die Salatsauce:
1 Glas Tunfischfilet in Olivenöl (150 g)
4 EL Vollmilchjoghurt
6–8 EL Gemüsebrühe
4–5 EL Olivenöl
2–4 TL Zitronensaft
Salz
frisch gemahlener Pfeffer

200 g gemischter Blattsalat, z. B. Lollo Rosso, Radicchio, Endiviensalat
250 g Salatgurke
1 Dose Gemüsemais (Abtropfgewicht 115 g)
3 Tomaten
2–3 hart gekochte Eier
evtl. 1 EL Kapern

Pro Portion:
E: 12 g, F: 26 g, Kh: 7 g,
kJ: 1379, kcal: 329

1. Für die Salatsauce Tunfisch mit dem Öl aus dem Glas, Joghurt, Brühe, Olivenöl und Zitronensaft pürieren. Mit Salz und Pfeffer kräftig abschmecken.
2. Den gemischten Blattsalat waschen und gut abtropfen lassen. Gurke waschen, abtrocknen, längs halbieren und in Scheiben schneiden. Mais in einem Sieb abtropfen lassen.
3. Tomaten waschen, abtrocknen und die Stängelansätze entfernen. Tomaten in Scheiben schneiden. Eier pellen und ebenfalls in Scheiben schneiden.
4. Die vorbereiteten Salatzutaten in eine Glasschüssel schichten (die erste und letzte Schicht sollte Blattsalat sein), dabei die einzelnen Schichten nach Belieben mit Pfeffer und Salz bestreuen und jeweils etwas von der Sauce darauf verteilen. So fortfahren, bis die Salatzutaten verbraucht sind. Die restliche Sauce darauf verteilen.
5. Nach Belieben Kapern abtropfen lassen, hacken und auf den Salat geben.

Winterlicher Salat mit Kalbsleberstreifen

Wachsbohnensalat mit Kräutersahne

Schnell

Winterlicher Salat mit Kalbsleberstreifen
2 Portionen

Zubereitungszeit: 25 Minuten

80 g Feldsalat
80 g Radicchio
80 g Friséesalat
80 g Salatherzen vom Eisbergsalat

Für die Sauce:
1 Eigelb
1–2 EL Sherryessig
1 TL mittelscharfer Senf
6 EL Traubenkernöl
Salz
frisch gemahlener Pfeffer
1 abgezogene, zerdrückte Knoblauchzehe

200 g Kalbsleber
2 EL Speiseöl

Pro Portion:
E: 23 g, F: 55 g, Kh: 7 g,
kJ: 2720, kcal: 650

1. Salate putzen, waschen, trocken tupfen oder -schleudern.
2. Für die Sauce Eigelb mit Essig und Senf verrühren, Traubenkernöl nach und nach unterrühren, so dass eine Bindung entsteht. Mit Salz, Pfeffer und Knoblauch würzen.
3. Kalbsleber unter fließendem kalten Wasser abspülen, trocken tupfen und in Streifen schneiden. Speiseöl in einer Pfanne erhitzen. Leberstreifen darin von beiden Seiten kross anbraten, herausnehmen, mit Salz und Pfeffer würzen.
4. Die Salate auf Tellern anrichten und die Sauce daraufgeben. Kalbsleberstreifen darauf anrichten.

Tipp: Für die Sauce nur ganz frisches Eigelb verwenden, das nicht älter als 5 Tage ist (Legedatum beachten!). Den Salat im Kühlschrank aufbewahren und innerhalb von 24 Stunden verzehren.

Einfach

Wachsbohnensalat mit Kräutersahne
4 Portionen

Zubereitungszeit: 20 Minuten, ohne Durchziehzeit

750 g Wachsbohnen
2–3 Stängel Bohnenkraut
500 ml (½ l) kochendes Salzwasser

Für die Kräutersahne:
1 Knoblauchzehe
2 EL Delikatessmayonnaise
3 EL Schlagsahne
1 EL gehackte Kräuter (Estragon, Basilikum, Dill, Majoran, Petersilie, Schnittlauch, Zitronenmelisse)
Salz
frisch gemahlener Pfeffer

Pro Portion:
E: 3 g, F: 14 g, Kh: 10 g,
kJ: 750, kcal: 179

1. Von den Wachsbohnen die Enden abschneiden. Bohnen abfädeln, waschen und abtropfen lassen. Bohnenkraut abspülen. Wachsbohnen und Bohnenkrautstängel in einem Topf mit Salzwasser zum Kochen bringen, zugedeckt etwa 10 Minuten garen. Wachsbohnen in einem Sieb abtropfen lassen.
2. Für die Kräutersahne Knoblauch abziehen und durch eine Knoblauchpresse drücken. Knoblauch mit Mayonnaise, Sahne und Kräutern verrühren. Die Sauce mit den Bohnen vermengen, mit Salz und Pfeffer abschmecken. Den Salat etwas durchziehen lassen.

Raffiniert

Tunfisch-Zucchini-Salat
8 Portionen

Zubereitungszeit: 45 Minuten, ohne Durchziehzeit

Für den Salat:
500 g frischer Tunfisch
2–3 EL Olivenöl
Salz, frisch gemahlener Pfeffer
3 mittelgroße Zucchini
6 Tomaten
120 g gemischte Oliven
(grün und schwarz, ohne Steine)

Für die Marinade:
3–4 Knoblauchzehen
1 Pck. (25 g) TK-Kräuter der Provence
4–5 EL Balsamico-Essig
8–10 EL Olivenöl

Pro Portion:
E: 14 g, F: 21 g, Kh: 4 g,
kJ: 1149, kcal: 275

1. Für den Salat Tunfisch unter fließendem kalten Wasser abspülen, trocken tupfen, in kleine Stücke schneiden, dabei eventuell Gräten entfernen. Olivenöl in einer Pfanne erhitzen. Tunfischstücke darin von allen Seiten anbraten. Mit Salz und Pfeffer würzen.
2. Zucchini waschen, abtrocknen und die Enden abschneiden. Zucchini halbieren und in etwa 2 cm dicke Scheiben schneiden. Tomaten waschen, abtrocknen und die Stängelansätze herausschneiden. Tomaten vierteln, entkernen und in grobe Würfel schneiden.
3. Die gemischten Oliven mit Tomatenwürfeln, Zucchinischeiben und Tunfisch mischen.
4. Für die Marinade Knoblauch abziehen und durch eine Knoblauchpresse drücken. Kräuter mit Salz, Pfeffer, Knoblauch und Essig verrühren, Olivenöl unterschlagen. Die Marinade zu den Salatzutaten geben und gut untermengen. Den Salat etwas durchziehen lassen.

Abwandlung: Die Zucchini schmecken noch besser, wenn sie in 5 Esslöffeln Olivenöl kurz angebraten und lauwarm mit der Marinade vermischt werden.

Klassisch – gut vorzubereiten

Schichtsalat
8–10 Portionen

Zubereitungszeit: 40 Minuten, ohne Abkühl- und Durchziehzeit

8 Eier
2 Gläser Selleriestreifen oder -scheiben (Abtropfgewicht je 370 g)
1 Dose Gemüsemais (Abtropfgewicht 540 g)
2 Dosen Ananasscheiben (Abtropfgewicht je 480 g)
4 säuerliche Äpfel
3 Stangen Porree (Lauch)
400 g gekochter Schinken

Für die Sauce:
500 g Salatmayonnaise
500 g Schlagsahne

Pro Portion:
E: 19 g, F: 37 g, Kh: 29 g,
kJ: 2292, kcal: 547

1. Eier in kochendem Wasser in etwa 10 Minuten hart kochen. Eier herausnehmen, abschrecken, etwas abkühlen lassen und pellen. Eier in Achtel oder Scheiben schneiden.
2. Selleriestreifen oder -scheiben, Mais und Ananasscheiben getrennt in je einem Sieb abtropfen lassen. Ananasscheiben in Streifen schneiden.
3. Äpfel schälen, vierteln, entkernen und in kleine Stücke schneiden. Porree putzen, die Stangen längs halbieren, gründlich waschen, abtropfen lassen und in feine Scheiben schneiden. Schinken in Würfel oder Streifen schneiden.
4. Für die Sauce Mayonnaise und Sahne verrühren.
5. Die vorbereiteten Salatzutaten abwechselnd mit der Sahne-Mayonnaise in eine große Schüssel schichten und etwa 12 Stunden im Kühlschrank durchziehen lassen.

Abwandlung: 24-Stunden-Salat
Der Reihe nach in eine große Schüssel schichten: 1 Eisbergsalat, in Streifen, 2 grüne Paprikaschoten, in Würfeln, 300 g gegarte Erbsen, 1 große Gemüsezwiebel, in Streifen, 4 gekochte Eier, in Scheiben, 1 kleine Dose Kidneybohnen und 1 kleine Dose Gemüsemais. Auf den geschichteten Salat eine Sauce aus 150 g Vollmilchjoghurt, 150 g Crème fraîche und 250 g Salatmayonnaise geben. Den Salat mit geraffeltem Gouda-Käse bestreuen und etwa 24 Stunden durchziehen lassen.

Tunfisch-Zucchini-Salat

Schichtsalat

Schnell – für Gäste

Radicchio-Spargel-Cocktail
4 Portionen

Zubereitungszeit: 20 Minuten

500 g gekochter, weißer Spargel
1 rote Zwiebel
100 g Champignons
etwa 300 g Radicchio

Für die Cocktailsauce:
4 EL Olivenöl
3 EL Zitronensaft
Salz
frisch gemahlener Pfeffer
1 Prise Zucker
einige Dillzweige

Pro Portion:
E: 3 g, F: 12 g, Kh: 4 g,
kJ: 616, kcal: 147

1. Spargelstangen in etwa 3 cm lange Stücke schneiden. Zwiebel abziehen, halbieren und in dünne Scheiben schneiden. Champignons putzen, mit Küchenpapier abreiben, eventuell abspülen, trocken tupfen und in Scheiben schneiden.
2. Radicchio putzen. Radicchioblätter auseinanderpflücken (größere Blätter teilen), gründlich waschen, gut abtropfen lassen und vier Cocktailgläser damit auslegen. Die vorbereiteten Salatzutaten darauf anrichten.
3. Für die Cocktailsauce Olivenöl mit Zitronensaft verrühren, mit Salz, Pfeffer und Zucker würzen. Die Sauce auf den Salatzutaten verteilen.
4. Dill abspülen und trocken tupfen. Die Spitzen von den Stängeln zupfen. Radicchio-Spargel-Cocktail mit Dillspitzen garniert servieren.

Beilage: Toast und Butter.

Vegetarisch – für Gäste

Reissalat „Balkan"

Zubereitungszeit: 40 Minuten, ohne Durchziehzeit

Für den Salat:
1 l Gemüsebrühe
500 g Reismischung (85 % Parboiled Langkorn, 15 % Wildreis)
1 Dose Gemüsemais (Abtropfgewicht 285 g)
1 Dose Erbsen (Abtropfgewicht 280 g)
2 rote Paprikaschoten (je etwa 160 g)
4 Frühlingszwiebeln

Für das Dressing:
2 gestr. TL Sambal Oelek
2 gestr. TL Salz
2 gestr. TL Paprikapulver edelsüß
4 EL Weißweinessig
6 EL Olivenöl
100 g Tomatenmark
125 g Schlagsahne

250 g Schafkäse

Pro Portion:
E: 10 g, F: 14 g, Kh: 43 g,
kJ: 1385, kcal: 330

1. Für den Salat Brühe in einem Topf zum Kochen bringen, die Reismischung darin etwa 20 Minuten nach Packungsanleitung ausquellen lassen. Den Reis in ein Sieb geben, mit kaltem Wasser übergießen und gut abtropfen lassen. Reis in eine große Schüssel geben.
2. Mais und Erbsen in einem Sieb abtropfen lassen, zum Reis in die Schüssel geben.
3. Paprikaschoten halbieren, entstielen, entkernen und die weißen Scheidewände entfernen. Schoten waschen, abtropfen lassen und in Würfel schneiden. Frühlingszwiebeln putzen, waschen, abtropfen lassen und schräg in Scheiben schneiden. Paprikawürfel und Frühlingszwiebelscheiben ebenfalls zum Reis geben unter untermischen.
4. Für das Dressing Sambal Oelek mit Salz, Paprika und Essig verrühren. Olivenöl unterschlagen. Tomatenmark und Sahne unterrühren. Den Salat mit dem Dressing verrühren, eventuell nochmals mit den Gewürzen abschmecken. Salat einige Stunden durchziehen lassen.
5. Schafkäse würfeln oder in kleine Stücke zerbröseln. Einen Teil der

Schafkäsewürfel oder -stücke unter den Salat heben. Restliche Schafkäsewürfel oder -stücke darauf verteilen.

Tipp: Es können auch 300 g TK-Erbsen verwendet werden. TK-Erbsen in Salzwasser etwa 1 Minute kochen und abtropfen lassen.

Vegetarisch

Rote-Bete-Feldsalat mit Nüssen
4 Portionen

Zubereitungszeit: 60 Minuten

400 g gegarte Rote Bete, vakuumverpackt
100 g Feldsalat

Für die Sauce:
5 EL Apfelessig
1 TL scharfer Senf
1 gestr. TL Meersalz
1/2 TL gemahlener Pfeffer

1 Bund Petersilie
2 Schalotten
100 g Walnusskernhälften

Pro Portion:
E: 6 g, F: 16 g, Kh: 13 g,
kJ: 978, kcal: 234

1. Rote Bete in etwa 1cm große Würfel schneiden.
2. Vom Feldsalat die Wurzelenden abschneiden, schlechte Blätter entfernen. Feldsalat gründlich waschen und gut abtropfen lassen.
3. Für die Sauce Essig mit Senf, Salz und Pfeffer zu einer Sauce aufschlagen. Petersilie abspülen und trocken tupfen. Die Blättchen von den Stängeln zupfen. Petersilienblättchen klein schneiden und unter die Sauce rühren. Schalotten abziehen, klein würfeln und ebenfalls unterrühren.
4. Den Feldsalat mit einem Teil der Sauce vermengen und als Bett auf vier Tellern verteilen. Rote-Bete-Würfel mit Walnusskernhälften in der restlichen Sauce marinieren und auf dem Feldsalat verteilen.

Für die Party

Rote-Bohnen-Schafkäse-Salat
8–10 Portionen

Zubereitungszeit: 25 Minuten, ohne Durchziehzeit

3 große Dosen rote Bohnen (Abtropfgewicht je 425 g)
500 g Schafkäse
3–4 Zwiebeln
3–4 Knoblauchzehen

Für die Sauce:
5–7 EL Weißweinessig
3 TL körniger Senf
Salz
frisch gemahlener Pfeffer
125 ml (1/8 l) Olivenöl

2–3 EL Schnittlauchröllchen

Pro Portion:
E: 23 g, F: 20 g, Kh: 33 g,
kJ: 1794, kcal: 429

1. Bohnen in ein Sieb geben, kalt abspülen und gut abtropfen lassen. Schafkäse in Würfel schneiden.
2. Zwiebeln und Knoblauch abziehen, Zwiebeln in kleine Würfel schneiden, Knoblauch zerdrücken. Bohnen mit Schafkäse, Zwiebelwürfeln und Knoblauch in einer Schüssel vermischen.
3. Für die Sauce Essig mit Senf verrühren. Mit Salz und Pfeffer würzen. Olivenöl unterschlagen. Die Sauce mit den Salatzutaten vermengen. Den Salat eventuell einige Stunden durchziehen lassen.
4. Den Salat vor dem Servieren mit Schnittlauchröllchen bestreuen.

Vorbereitungstipp: Der Salat kann bereits einige Stunden vor dem Verzehr oder am Vortag zubereitet werden.

Tipp: Den Salat nach Belieben auf etwa 250 g Feld- oder Raukesalat anrichten.

Rote-Bete-Feldsalat mit Nüssen

Rote-Bohnen-Schafkäse-Salat

Für Gäste

Grünkohlsalat mit Entenbrust
4 Portionen

Zubereitungszeit: 45 Minuten
Garzeit: 15–20 Minuten

500 g Grünkohl
2 Schalotten
2 EL brauner Zucker
3 EL Zitronensaft
3 EL Haselnussöl
frisch gemahlener Pfeffer
Salz
1 rote Paprikaschote
1 Birne
2 Entenbrüste (je etwa 350 g)

Pro Portion:
E: 15 g, F: 20 g, Kh: 15 g,
kJ: 1352, kcal: 322

1. Grünkohl von den Stängeln zupfen, Rippen entfernen. Den Grünkohl gründlich waschen und in kochendem Wasser etwa 2 Minuten blanchieren. Grünkohl in ein Sieb geben, mit eiskaltem Wasser abschrecken und gut abtropfen lassen.
2. Schalotten abziehen und klein würfeln. Schalottenwürfel mit Zucker, Zitronensaft und Haselnussöl verrühren. Mit Salz und Pfeffer würzen.
3. Paprikaschote halbieren, entstielen, entkernen und die weißen Scheidewände entfernen. Schote waschen, abtropfen lassen und klein würfeln. Birne schälen, achteln, entkernen und in Scheiben oder Stücke schneiden. Den Backofen vorheizen.
4. Entenbrüste unter fließendem kalten Wasser abspülen, trocken tupfen, mit Salz und Pfeffer bestreuen.
5. Eine beschichtete Pfanne erhitzen. Entenbrüste zuerst auf der Fettseite, dann von der anderen Seite kurz anbraten und herausnehmen.
6. Entenbrüste in eine Auflaufform legen. Die Form auf dem Rost in den vorgeheizten Backofen schieben.
Ober-/Unterhitze: etwa 120 °C
Heißluft: etwa 100 °C
Garzeit: 15–20 Minuten.
7. Entenbrüste aus der Form nehmen, etwas ruhen lassen und in Scheiben schneiden.
8. Birnenscheiben oder -stücke mit Paprikawürfeln, Grünkohl und dem Dressing vermischen und in einer flachen Schale anrichten. Entenbrustscheiben an den Salat legen. Salat sofort servieren.

Beilage: Kräftiges Steinofenbrot oder Vollkornbrot.

Für Gäste

Eiersalat
4 Portionen

Zubereitungszeit: 30 Minuten

8 hart gekochte Eier
3 Fleischtomaten
30 g Kapern
4 Frühlingszwiebeln

Für die Sauce:
2 TL Dijon-Senf
2 TL Zitronensaft
100 g Schlagsahne
1 EL Salatmayonnaise
Salz, 1 Prise Zucker
frisch gemahlener Pfeffer
Basilikumblättchen

Pro Portion:
E: 19 g, F: 23 g, Kh: 10 g,
kJ: 1421, kcal: 340

1. Eier, pellen, achteln und Tomaten waschen, abtrocknen, halbieren und die Stängelansätze herausschneiden. Tomatenhälften in Würfel schneiden. Kapern abtropfen lassen.
2. Frühlingszwiebeln putzen, waschen, zuerst in feine Scheiben schneiden, dann in Ringe teilen. Eierachtel, Tomatenwürfel, Kapern und Frühlingszwiebelringe auf einer Platte anrichten.

Grünkohlsalat mit Entenbrust

Eiersalat

3. Für die Sauce Senf mit Zitronensaft und Sahne gut verschlagen. Mayonnaise unterrühren. Mit Salz, Zucker und Pfeffer würzen. Die Sauce auf dem angerichteten Salat verteilen.
4. Basilikumblättchen abspülen und trocken tupfen. Den Salat mit Basilikumblättchen garnieren.

Schnell

Feldsalat mit Geflügelleber
4 Portionen

Zubereitungszeit: 25 Minuten

250 g Feldsalat

Für die Salatsauce:
2 Schalotten
1 Knoblauchzehe
2 EL Sherryessig
4 EL Traubenkernöl
Salz, frisch gemahlener Pfeffer
1 TL Zucker

100 g kernlose, grüne Weintrauben
1 Schalotte
3 TL Butter
250 g Geflügelleber
etwas Sherryessig
etwas Geflügelbrühe

Pro Portion:
E: 13 g, F: 16 g, Kh: 9 g,
kJ: 999, kcal: 238

1. Von dem Feldsalat die Wurzelenden abschneiden. Den Salat verlesen, mehrmals gründlich waschen, trocken schleudern und in eine Schüssel geben.
2. Für die Sauce Schalotten und Knoblauch abziehen, in kleine Würfel schneiden. Essig mit Knoblauch- und Schalottenwürfeln verrühren, Traubenkernöl unterschlagen. Mit Salz, Pfeffer und Zucker abschmecken.
3. Weintrauben waschen, trocken tupfen und halbieren. Schalotte abziehen und in kleine Würfel schneiden.

Butter in einer Pfanne zerlassen. Schalottenwürfel darin glasig dünsten.
4. Leber von Sehnen befreien, unter fließendem kalten Wasser abspülen und trocken tupfen. Leber zu den Schalottenwürfeln geben und von beiden Seiten bei schwacher Hitze hellbraun anbraten. Mit Salz und Pfeffer bestreuen. Weintraubenhälften hinzugeben. Mit Sherryessig und Brühe ablöschen. Zutaten in der Pfanne schwenken, damit sie sich gut mischen.
5. Feldsalat mit der Salatsauce gut vermengen und auf vier Tellern anrichten. Große Leberstücke durchschneiden. Mit Fond und Weintraubenhälften auf den vorbereiteten Teller verteilen.

Für Gäste – beliebt

Bunter Tunfisch-Nudel-Salat
4 Portionen

Zubereitungszeit: 20 Minuten, ohne Durchziehzeit

3 l Wasser
3 gestr. TL Salz
300 g Nudeln (z. B. Spirelli, Penne)

Für die Sauce:
1 Knoblauchzehe
3 EL Weißweinessig
Salz
1 Prise Zucker
frisch gemahlener Pfeffer
1 TL milder Senf
2 EL Speiseöl

1 Dose Tunfisch in Öl
(Abtropfgewicht 135 g)
1 Dose gemischtes Gemüse (Erbsen, Möhren, Mais, Abtropfgewicht 280 g)
1 rote Paprikaschote
2 Frühlingszwiebeln
200 g Vollmilchjoghurt
evtl. 2–3 EL heiße Gemüsebrühe

Pro Portion:
E: 21 g, F: 17 g, Kh: 62 g,
kJ: 2046, kcal: 489

Bunter Tunfisch-Nudel-Salat

1. Wasser in einem großen Topf mit geschlossenem Deckel zum Kochen bringen. Dann Salz und Nudeln zugeben. Die Nudeln im geöffneten Topf bei mittlerer Hitze nach Packungsanleitung kochen lassen, dabei 4–5-mal umrühren.
2. Anschließend die Nudeln in ein Sieb geben, mit heißem Wasser abspülen und abtropfen lassen.
3. Für die Sauce Knoblauch abziehen und in kleine Würfel schneiden. Essig mit Salz, Zucker, Pfeffer und Senf verrühren. Speiseöl unterschlagen.
4. Die Nudeln in eine Schüssel geben und mit der Sauce vermengen. Nudeln gut durchziehen lassen.
5. Tunfisch gut abtropfen lassen und mit einer Gabel in Stücke zupfen. Gemüse in einem Sieb gut abtropfen lassen. Paprikaschote halbieren, entstielen, entkernen und die weißen Scheidewände entfernen. Die Schote waschen, trocken tupfen und in kleine Würfel schneiden. Frühlingszwiebeln putzen, waschen, abtropfen lassen und in dünne Scheiben schneiden.
6. Joghurt zu den Nudeln geben und unterrühren. Vorbereitetes Gemüse und Tunfisch mit den Nudeln vermengen. Salat nochmals etwa 20 Minuten durchziehen lassen.
7. Den Salat mit Salz und Pfeffer abschmecken. Sollte die Sauce zu fest geworden sein, etwas Gemüsebrühe unter den Salat rühren.

Chicoreésalat mit blauen Trauben

Bunte Salatplatte

Raffiniert

Chicoreésalat mit blauen Trauben
4 Portionen

Zubereitungszeit: 30 Minuten

Für die Salatsauce:
150 g Vollmilchjoghurt
2 EL Zitronensaft
1 EL gehackte Zitronenmelisse
Salz
Zucker

4 kleine Kolben Chicorée
2 Äpfel
2 Orangen
40 g Sonnenblumenkerne
200 g blaue Weintrauben

Pro Portion:
E: 6 g, F: 6 g, Kh: 23 g,
kJ: 784, kcal: 187

1. Für die Sauce Joghurt mit Zitronensaft, Zitronenmelisse, Salz und Zucker verrühren.
2. Chicorée von den schlechten Blättern befreien, halbieren und die bitteren Strünke keilförmig herausschneiden. Die Blätter abzupfen, waschen und trocken tupfen.
3. Äpfel schälen, vierteln, entkernen und in dünne Scheiben schneiden. Orangen so schälen, dass die weiße Haut vollständig entfernt wird. Orangen filetieren und in Scheiben schneiden.
4. Chicoréeblätter, Apfel- und Orangenfilets auf 4 Tellern anrichten. Die Sauce darauf verteilen. Den Salat mit Sonnenblumenkernen bestreuen.
5. Weintrauben abspülen, trocken tupfen und entstielen. Weintrauben auf dem Salat verteilen.

Tipp: Nach Belieben mit Zitronenmelisseblättchen garnieren.

Für Gäste

Bunte Salatplatte
6 Portionen

Zubereitungszeit: 40 Minuten

3 kleine Tomaten
½ Salatgurke (etwa 200 g)
je 1 rote und gelbe Paprikaschote
2 kleine Zucchini (etwa 200 g)
125 g Möhren
125 g gedünstete grüne Bohnen

Für die Salatsauce:
1 Becher (150 g) Crème fraîche
1 schwach geh. EL Tomatenketchup
1 TL mittelscharfer Senf
Salz
frisch gemahlener Pfeffer
Zucker
1 Bund gemischte Kräuter,
z. B. Kerbel, Zitronenmelisse, Dill, Schnittlauch, Petersilie

Pro Portion:
E: 3 g, F: 8 g, Kh: 9 g,
kJ: 512, kcal: 123

1. Tomaten waschen, kreuzweise einschneiden und einige Sekunden in kochendes Wasser legen. Tomaten kurz in kaltes Wasser legen, enthäuten, halbieren, entkernen und die Stängelansätze herausschneiden. Tomatenhälften in Scheiben schneiden.
2. Gurke waschen, abtrocknen, längs halbieren und in Scheiben schneiden. Paprikaschoten halbieren, entstielen, entkernen und die weißen Scheidewände entfernen. Schotenhälften waschen, abtropfen lassen und in Streifen schneiden.
3. Zucchini waschen, abtrocknen und die Enden abschneiden. Zucchini eventuell halbieren und in Scheiben schneiden. Möhren putzen, schälen, abspülen und raspeln.
4. Für die Sauce Crème fraîche mit Ketchup und Senf verrühren. Mit Salz, Pfeffer und Zucker würzen.
5. Kräuter abspülen und trocken tupfen. Die Blättchen von den Stängeln zupfen. Blättchen klein schneiden. Schnittlauch in Röllchen schneiden. Die Kräuter unter die Sauce rühren.
6. Die vorbereiteten Salatzutaten mit den grünen Bohnen auf einer großen Platte anrichten. Die Sauce darauf verteilen.

Für Gäste – etwas teurer

Brüsseler Kalbfleischsalat
4 Portionen

Zubereitungszeit: 50 Minuten

500 g Kalbfleisch, z. B. aus der Keule
Salz, frisch gemahlener Pfeffer
2 EL Speiseöl
50 g Räucherlachs
8–10 Walnusskerne
1 Apfel
250 g Schlagsahne
2–3 EL Zitronensaft
2 Kolben Chicorée
Zucker
3 EL Walnussöl

Pro Portion:
E: 32 g, F: 47 g, Kh: 7 g,
kJ: 2564, kcal: 613

1. Kalbfleisch unter fließendem kalten Wasser abspülen und trocken tupfen. Mit Salz und Pfeffer einreiben. Speiseöl in einer Pfanne erhitzen. Kalbfleisch darin von allen Seiten goldbraun anbraten, etwas Wasser hinzugeben. Kalbfleisch zugedeckt etwa 1 Stunde garen, herausnehmen. Kalbfleisch etwa 10 Minuten ruhen lassen.
2. Kalbfleisch in gleich große Würfel schneiden. Lachs in Streifen schneiden. Walnusskerne klein hacken. Apfel schälen, vierteln, entkernen und in feine Streifen schneiden.
3. Kalbfleischwürfel mit Lachsstreifen, Walnusskernen und Apfelstreifen in einer Schüssel mischen. Mit Salz und Pfeffer würzen. Sahne mit etwas Zitronensaft steifschlagen und unter die Salatzutaten heben.
4. Chicorée halbieren und die Strünke keilförmig herausschneiden. Salat waschen und abtropfen lassen.
5. Restlichen Zitronensaft mit Salz und Zucker verrühren. Walnussöl unterschlagen. Die Marinade mit den Salatblättern vermischen. Eine Salatschüssel damit auslegen und den Kalbfleischsalat hineinfüllen.

Preiswert – schnell

Brennnesselsalat
4 Portionen

Zubereitungszeit: 25 Minuten

400 g junge, zarte Brennnesseln

Für die Salatsauce:
1 Knoblauchzehe
2–3 EL Zitronensaft
Salz
frisch gemahlener Pfeffer
etwas Apfeldicksaft
(erhältlich im Reformhaus)

3 EL Sonnenblumenöl
1 kleine Möhre

Pro Portion:
E: 5 g, F: 10 g, Kh: 6 g,
kJ: 576, kcal: 137

1. Brennnesseln vorsichtig abspülen, gut abtropfen lassen, eventuell in kleine Stücke zupfen.
2. Für die Salatsauce Knoblauch abziehen, durch eine Knoblauchpresse drücken. Zitronensaft mit Salz, Pfeffer, Apfeldicksaft und Knoblauch verrühren. Sonnenblumenöl unterschlagen.
3. Die Sauce vorsichtig mit den Brennnesseln vermischen und auf einem Teller anrichten.
4. Möhre putzen, schälen, waschen, abtropfen lassen, grob reiben und auf dem Salat verteilen.

Brüsseler Kalbfleischsalat

Brennnesselsalat

Raffiniert

Bohnensalat mit Kasseler
4 Portionen

Zubereitungszeit: 40 Minuten, ohne Durchziehzeit

400 g Kasselerrücken (ohne Knochen)
2 EL Speiseöl
30 g flüssiger Honig
frisch gemahlener Pfeffer
2 Dosen weiße Riesenbohnen (Abtropfgewicht je 250 g)
1 Glas Gewürzgurken (Abtropfgewicht 185 g)
1 Bund Schnittlauch

Für die Sauce:
1–2 EL weißer Balsamico-Essig
6 EL Gurkenflüssigkeit
Salz
4–6 EL Speiseöl

½ oder 1 kleiner Kopf Friséesalat

Pro Portion:
E: 31 g, F: 29 g, Kh: 46 g,
kJ: 2512, kcal: 600

1. Kasseler unter fließendem kalten Wasser abspülen, trocken tupfen und in Würfel schneiden. Speiseöl in einer Pfanne erhitzen. Die Fleischwürfel darin in zwei Portionen je 8–10 Minuten braten. Mit Honig und Pfeffer würzen. Die Fleischwürfel herausnehmen und abkühlen lassen.
2. Riesenbohnen in ein Sieb geben, kalt abspülen und abtropfen lassen. Gewürzgurken ebenfalls in einem Sieb abtropfen lassen, dabei die Gurkenflüssigkeit auffangen und 6 Esslöffel für die Sauce abmessen. Die Gurken in Scheiben schneiden.
3. Bohnen, Gurkenscheiben und Kasselerwürfel in einer großen Schüssel mischen. Schnittlauch abspülen, trocken tupfen und in Röllchen schneiden.
4. Für die Sauce Balsamico-Essig und die abgemessene Gurkenflüssigkeit mit Salz und Pfeffer verrühren. Speiseöl unterschlagen.
5. Die Sauce und Schnittlauchröllchen mit den vorbereiteten Salatzutaten in der Schüssel mischen. Den Salat etwa 20 Minuten durchziehen lassen.
6. Friséesalat putzen, abspülen, trocken schleudern und in kleine Stücke zupfen. Den Friséesalat vorsichtig unter den Salat heben.

Für die Party

Bierknacker-Salat
8–10 Portionen

Zubereitungszeit: 45 Minuten

10 Bierknacker oder dünne Rauchenden (etwa 500 g)
2 kleine Köpfe Eisbergsalat
2 Bund Frühlingszwiebeln
3 rote Zwiebeln
2 Bund Radieschen

Für die Sauce:
100 ml Weißweinessig
Salz
etwas Zucker
frisch gemahlener Pfeffer
125 ml (⅛ l) Maiskeimöl

3 Laugenbrezeln

Pro Portion:
E: 21 g, F: 34 g, Kh: 22 g,
kJ: 2112, kcal: 505

1. Bierknacker oder Rauchenden in dünne Scheiben schneiden, in eine große Schüssel geben.
2. Vom Eisbergsalat welke Blätter entfernen. Köpfe halbieren, in grobe Stücke zerteilen, waschen und trocken tupfen.
3. Frühlingszwiebeln putzen, waschen, abtropfen lassen und in dünne Scheiben schneiden. Zwiebeln abziehen, halbieren und ebenfalls in dünne Scheiben schneiden. Radieschen putzen, waschen, trocken tupfen und vierteln.
4. Salat, Frühlingszwiebel-, Zwiebelscheiben und Radieschenviertel zu den Wurstscheiben in die Schüssel geben.
5. Für die Sauce Essig mit Salz, Zucker und Pfeffer verrühren, Maiskeimöl unterschlagen. Die Sauce mit den Salatzutaten vermengen.
6. Kurz vor dem Servieren die Brezeln in etwa ½ cm dicke Scheiben schneiden und unter den Salat heben.

Bohnensalat mit Kasseler

Bierknacker-Salat

Mit Alkohol – für Gäste

Asiatischer Gemüsesalat mit Shrimps
4 Portionen

Zubereitungszeit: 40 Minuten, ohne Durchziehzeit

Für die Salatsauce:
4 El Sojasauce
4 EL Sherry
2 EL Balsamico-Essig
Salz
frisch gemahlenem Pfeffer
etwas Sambal Oelek

100 g Möhren
kochendes Salzwasser
100 g Sojabohnenkeimlinge
100 g frische Champignons
100 g feine Erbsen (aus der Dose)
100 g Porree (Lauch)
250 g Shrimps
4 große Chinakohlblätter

Pro Portion:
E: 19 g, F: 2 g, Kh: 8 g,
kJ: 595, kcal: 142

1. Für die Salatsauce Sojasauce mit Sherry und Balsamico-Essig verrühren, mit Salz, Pfeffer und etwas Sambal Oelek abschmecken.
2. Möhren putzen, schälen, waschen, abtropfen lassen und in dünne Scheiben schneiden. Möhrenscheiben in kochendem Salzwasser kurz blanchieren, in Eiswasser abschrecken, in ein Sieb geben und abtropfen lassen.
3. Sojabohnenkeimlinge unter fließendem kalten Wasser abspülen und in einem Sieb abtropfen lassen.
4. Champignons putzen, mit Küchenpapier abreiben, eventuell kurz abspülen, trocken tupfen und in Scheiben schneiden. Erbsen in einem Sieb abtropfen lassen.
5. Porree putzen, die Stange längs halbieren, gründlich waschen, abtropfen lassen und in Streifen schneiden. Die vorbereiteten Gemüsezutaten in einer Schüssel mischen.

Asiatischer Gemüsesalat mit Shrimps

Shrimps abspülen, trocken tupfen und unter die Gemüsezutaten heben. Den Gemüsesalat mit der Salatsauce übergießen und mindestens 5 Minuten durchziehen lassen.
6. Chinakohlblätter waschen, trocken tupfen und auf einer Platte verteilen. Den Gemüsesalat darauf anrichten.

Tipp: Nach Belieben mit aufgerollten Zucchinischeiben garnieren.

Für Gäste

Austernpilze und Parmaschinken auf Feldsalat
4 Portionen

Zubereitungszeit: 40 Minuten

100 g Feldsalat
1–2 Schalotten
4 EL Himbeeressig
Salz, frisch gemahlener Pfeffer
8 EL Olivenöl
160 g Kalbsleber
250 g Austernpilze
2 EL Butter

Austernpilze und Parmaschinken auf Feldsalat

8 Scheiben Parmaschinken
50 g frisch gehobelter
Parmesan-Käse

Pro Portion:
E: 19 g, F: 35 g, Kh: 3 g,
kJ: 1702, kcal: 407

1. Feldsalat putzen und die Wurzelenden abschneiden. Feldsalat waschen und gut abtropfen lassen. Schalotten abziehen und in kleine Würfel schneiden.
2. Essig mit Salz und Pfeffer verrühren, Olivenöl unterschlagen. Schalottenwürfel hinzufügen.
3. Kalbsleber unter fließendem kalten Wasser abspülen, trocken tupfen und in Streifen schneiden.
4. Austernpilze putzen, mit Küchenpapier abreiben, eventuell abspülen und gut abtropfen lassen.
5. Butter in einer Pfanne zerlassen. Kalbsleberstreifen und Austernpilze darin kurz anbraten. Mit Salz und Pfeffer würzen.
6. Feldsalat mit der Marinade mischen, auf Tellern anrichten, mit Austernpilzen und je 2 Scheiben Parmaschinken garnieren. Mit Käse bestreuen.

Eiersalat mit frittierten Möhren

Raffiniert

Eiersalat mit frittierten Möhren
4 Portionen

Zubereitungszeit: 45 Minuten, ohne Durchziehzeit

400 g Möhren
1 gestr. TL Salz
6 Eier
1 Bund Radieschen (etwa 200 g)
½ Bund Schnittlauch

Für die Sauce:
2 EL körniger Senf
2 EL Wasser
1 EL Balsamico-Essig
1–2 TL flüssiger Honig
Salz
frisch gemahlener Pfeffer
4–6 EL Olivenöl

Zum Frittieren:
250 ml (¼ l) Speiseöl
3 EL Weizenmehl

Pro Portion:
E: 14 g, F: 38 g, Kh: 13 g,
kJ: 1972, kcal: 471

1. Möhren putzen, schälen, waschen und auf dem Gemüsehobel in sehr dünne Streifen (Julienne) schneiden. Die Möhrenstreifen mit Salz mischen und etwa 30 Minuten stehen lassen.
2. In der Zwischenzeit Eier 6–8 Minuten kochen, in kaltem Wasser abschrecken, pellen und sechsteln.
3. Radieschen putzen, dabei die kleinen, zarten Blätter beiseitelegen. Radieschen waschen, trocken tupfen und in Scheiben schneiden. Die Radieschenblättchen waschen, trocken tupfen und in Streifen schneiden. Schnittlauch abspülen, trocken tupfen und in lange Röllchen schneiden.
4. Für die Sauce Senf mit Wasser, Balsamico-Essig und Honig verrühren. Mit Salz und Pfeffer würzen, Olivenöl unterschlagen.
5. Zum Frittieren Speiseöl in einer Pfanne mit hohem Rand erhitzen. Möhrenstreifen gut ausdrücken und portionsweise mit Mehl mischen. Möhren in ein Sieb geben und überflüssiges Mehl abschütteln. Die Möhrenstreifen in mehreren Portionen in dem erhitzten Speiseöl goldbraun frittieren, mit einer Schaumkelle herausnehmen und auf Küchenpapier abtropfen lassen.
6. Die Möhrenstreifen auf Tellern verteilen. Eiersechstel und Radieschenscheiben darum verteilen, mit Radieschenblättchenstreifen und Schnittlauchröllchen bestreuen. Mit der Sauce beträufeln. Den Salat sofort servieren.

Für Gäste

Farfalle-Salat mit Zitronenhähnchen
8 Portionen

Zubereitungszeit: 40 Minuten, ohne Marinierzeit

600 g Hähnchenbrustfilet
2 Knoblauchzehen
2 EL Zitronensaft
2 EL Sojasauce
frisch gemahlener Pfeffer
frischer Thymian
etwas Schale von 1 Bio-Zitrone (unbehandelt, ungewachst)
3 EL Speiseöl

3 l Wasser
3 gestr. TL Salz
400 g Farfalle-Nudeln (Schmetterlingsnudeln)

300 g Kohlrabi
300 g Zuckerschoten
2 EL Speiseöl
Salz

Pro Portion:
E: 26 g, F: 7 g, Kh: 41 g,
kJ: 1416, kcal: 338

1. Hähnchenbrustfilet unter fließendem kalten Wasser abspülen, trocken tupfen, in Würfel schneiden und in eine flache Schale legen. Knoblauch abziehen und durch eine Knoblauchpresse drücken.
2. Zitronensaft mit Sojasauce, Knoblauch, Pfeffer, Thymian und Zitronenschale verrühren. Speiseöl unterschlagen. Die Fleischwürfel mit der Marinade übergießen und etwa 1 Stunde durchziehen lassen.
3. Wasser in einem großen Topf mit geschlossenem Deckel zum Kochen bringen. Dann Salz und Nudeln zugeben. Die Nudeln im geöffneten Topf bei mittlerer Hitze nach Packungsanleitung kochen lassen, dabei 4–5-mal umrühren.

4. Anschließend die Nudeln in ein Sieb geben, mit heißem Wasser abspülen und abtropfen lassen.
5. Kohlrabi putzen, schälen, waschen, abtropfen lassen und in Rauten oder in kleine Scheiben schneiden. Zuckerschoten putzen und die Enden abschneiden. Zuckerschoten waschen, abtropfen lassen und halbieren. Kohlrabirauten oder -scheiben und Zuckerschoten in kochendem Salzwasser 2–3 Minuten garen, in ein Sieb geben, mit kaltem Wasser übergießen und abtropfen lassen.
6. Fleischwürfel aus der Marinade nehmen und gut abtropfen lassen. Speiseöl in einer Pfanne erhitzen. Fleischwürfel darin von allen Seiten anbraten, herausnehmen und beiseitestellen.
7. Restliche Marinade zum Bratensatz geben, unter Rühren aufkochen lassen, mit Salz und Pfeffer abschmecken.
8. Nudeln, Kohlrabirauten oder -scheiben und Zuckerschoten in eine große Schüssel geben und mit der Sauce gut vermischen. Salat kurz durchziehen lassen.

Raffiniert

Salat und feines Gemüse mit gegrillten Jakobsmuscheln
4 Portionen

Zubereitungszeit: 50 Minuten

Für die Marinade:
2 EL Balsamico-Essig
Salz
frisch gemahlener Pfeffer
1 TL Kerbelspitzen
4 EL Nussöl

Für den Salat:
1 Radicchio
1 Chicorée
1 Kopfsalat

100 g feine Grüne Bohnen
Salzwasser
2 Fleischtomaten
16 Jakobsmuscheln, ohne Schale und Coraille (Eier)
Salz
frisch gemahlener Pfeffer
100 g braune Champignons

Pro Portion:
E: 8 g, F: 11 g, Kh: 7 g,
kJ: 667, kcal: 159

1. Für die Marinade Essig mit Salz, Pfeffer und Kerbel verrühren. Nussöl unterschlagen.
2. Für den Salat die einzelnen Salate putzen, waschen, gut abtropfen lassen und die Blätter in mundgerechte Stücke zupfen.
3. Von den Bohnen die Enden abschneiden. Bohnen eventuell abfädeln, waschen, abtropfen lassen und in kochendem Salzwasser etwa 2 Minuten blanchieren. Bohnen mit kaltem Wasser abschrecken und abtropfen lassen. Tomaten waschen, kreuzweise einschneiden und einige Sekunden in kochendes Wasser legen. Tomaten kurz in kaltes Wasser legen, enthäuten, halbieren, entkernen und die Stängelansätze herausschneiden. Tomatenhälften in grobe Würfel schneiden.
4. Muscheln abspülen, trocken tupfen und in einer Grillpfanne von jeder Seite etwa 1 1/2 Minuten garen. Mit Salz und Pfeffer würzen.
5. Champignons putzen, mit Küchenpapier abreiben, eventuell abspülen, trocken tupfen und in Scheiben schneiden.
6. Champignonscheiben mit den Blattsalaten, Bohnen und Tomatenwürfeln auf Tellern anrichten. Die Jakobsmuscheln auf den Salaten verteilen und mit der Marinade übergießen.

Farfalle-Salat mit Zitronenhähnchen

Salat und feines Gemüse mit gegrillten Jakobsmuscheln

Schnell – klassisch

Griechischer Salat mit Schafkäse
4 Portionen

Zubereitungszeit: 25 Minuten

2 große Fleischtomaten (etwa 300 g)
½ Salatgurke (etwa 200 g)
200 g Schafkäse
50 g schwarze Oliven

Für die Salatsauce:
2 EL Weißweinessig
Knoblauchpfeffer
Salz
1 Prise Zucker
frisch gemahlener, schwarzer Pfeffer
3 EL Olivenöl
gehackte Basilikumblättchen
gehackte Majoranblättchen

Pro Portion:
E: 10 g, F: 21 g, Kh: 4 g,
kJ: 1074, kcal: 256

1. Tomaten waschen, abtrocknen und die Stängelansätze herausschneiden. Tomaten in Scheiben schneiden.
2. Gurke waschen, abtrocknen, halbieren und in etwas dickere Scheiben oder Stücke schneiden. Schafkäse in Stücke oder in Würfel schneiden. Oliven eventuell abtropfen lassen.
3. Tomaten-, Gurkenscheiben oder -stücke, Schafkäsewürfel oder -stücke und Oliven vorsichtig in einer Salatschüssel mischen.
4. Für die Sauce Essig mit Knoblauchpfeffer, Salz, Zucker und Pfeffer verrühren, Olivenöl unterschlagen. Basilikum- und Majoranblättchen unterrühren. Die Sauce mit den Salatzutaten vermengen.

Schnell

Hähnchen-Avocado-Salat
2 Portionen

Zubereitungszeit: 20 Minuten

½ Kopf Endiviensalat
1 geräuchertes Hähnchenbrustfilet (etwa 250 g)
1 reife Avocado
Saft von ½ Zitrone

Für die Salatsauce:
1 EL Weißweinessig
¼ TL Dijon-Senf
Zucker, Salz
4 EL Olivenöl
½ Kästchen Kresse

Pro Portion:
E: 36 g, F: 49 g, Kh: 7 g,
kJ: 2646, kcal: 632

1. Salat putzen. Salatblätter in mundgerechte Stücke zupfen, waschen und gut abtropfen lassen.
2. Hähnchenbrustfilet von der Haut befreien. Fleisch in Streifen schneiden.
3. Avocado halbieren und den Stein entfernen. Avocadohälften schälen, in Würfel schneiden und mit Zitronensaft beträufeln.
4. Für die Salatsauce Essig mit Senf, Zucker und Salz verrühren, Olivenöl unterschlagen.
5. Kresse abspülen, abschneiden und trocken tupfen. Die Sauce mit den vorbereiteten Salatzutaten vermengen und mit Kresse garniert servieren.

Tipp: Zusätzlich frische Orangefilets unter den Salat mischen.

Fruchtig

Käsesalat mit Himbeeren und Bacon
4 Portionen

Zubereitungszeit: 30 Minuten

1 kleiner Kopf Eisbergsalat
200 g Himbeeren
250 g Mai-Gouda-Käse
12 Scheiben Frühstücksspeck (Bacon)
1 EL Speiseöl

Griechischer Salat mit Schafkäse

Hähnchen-Avocado-Salat

Für die Sauce:
4–6 EL Himbeeressig
3–5 EL Wasser
Salz, frisch gemahlener Pfeffer
etwas Zucker
4 EL Speiseöl

Pro Portion:
E: 23 g, F: 80 g, Kh: 6 g,
kJ: 3654, kcal: 873

1. Eisbergsalat putzen, waschen, gut abtropfen lassen und in feine Streifen schneiden.
2. Himbeeren verlesen, vorsichtig spülen und auf Küchenpapier abtropfen lassen. Käse entrinden und würfeln. Die vorbereiteten Zutaten vorsichtig mischen und auf Portionstellern anrichten.
3. Frühstücksspeckscheiben längs in Streifen schneiden. Speiseöl in einer Pfanne erhitzen. Die Speckstreifen darin kross ausbraten. Speckstreifen herausnehmen und auf Küchenpapier abtropfen lassen. Nach Belieben aufrollen und auf den Salatportionen verteilen.
4. Für die Sauce Essig mit Wasser, Salz, Pfeffer und Zucker verrühren. Speiseöl unterschlagen. Die Sauce auf dem Salat verteilen und sofort servieren.

Tipp: Der Salat passt gut zu gebratener Entenbrust oder zu Bauernbrot. Anstelle von Eisberg- können Sie auch Römersalat verwenden.

Abwandlung: Die Salatsauce schmeckt auch lecker zu einem Käsesalat mit Porree und Tomaten. Dafür 600 g Porree (Lauch) putzen, waschen, in 3–4 cm lange Stücke schneiden, in Salzwasser 2–3 Minuten kochen, in ein Sieb geben, mit kaltem Wasser übergießen und gut abtropfen lassen. 300 g Cocktailtomaten waschen, abtrocknen und halbieren. 250 g Ziegenkäse oder Mai-Gouda-Käse entrinden und in Würfel schneiden. Die vorbereiteten Zutaten in einer Schüssel mit der Sauce mischen und etwas durchziehen lassen.

Preiswert

Nudel-Fleischwurst-Salat
4 Portionen

Zubereitungszeit: 35 Minuten, ohne Durchziehzeit

2 l Wasser
2 gestr. TL Salz
125 g kleine Hörnchennudeln

400 g Fleischwurst
1 große Zwiebel
½ Stange Porree (Lauch)
2 große säuerliche Äpfel
2 Fleischtomaten

Für die Salatsauce:
3–4 EL Weißweinessig
Salz
frisch gemahlener Pfeffer
1 TL geriebener Meerrettich (aus dem Glas)
6 EL Speiseöl
2 EL Schnittlauchröllchen

einige vorbereitete Salatblätter
Tomatenachtel
etwas vorbereitete Petersilie

Pro Portion:
E: 16 g, F: 40 g, Kh: 34 g,
kJ: 2377, kcal: 567

1. Wasser in einem großen Topf mit geschlossenem Deckel zum Kochen bringen. Dann Salz und Nudeln zugeben. Die Nudeln im geöffneten Topf bei mittlerer Hitze nach Packungsanleitung kochen lassen, dabei 4–5-mal umrühren.
2. Anschließend die Nudeln in ein Sieb geben, mit heißem Wasser abspülen und abtropfen lassen.
3. Von der Fleischwurst die Haut abziehen. Fleischwurst zuerst in Scheiben, dann in Streifen schneiden. Zwiebel abziehen und in Scheiben schneiden. Äpfel waschen, trocken tupfen, nach Belieben schälen, vierteln, entkernen und in kleine Stücke schneiden. Die vorbereiteten Salatzutaten in einer Schüssel mischen.
4. Für die Sauce Essig mit Salz, Pfeffer und Meerrettich verrühren. Speiseöl unterschlagen. Die Sauce mit den Salatzutaten vermengen. Schnittlauchröllchen unterrühren. Den Salat kalt stellen und eine Zeit lang durchziehen lassen. Nochmals mit den Gewürzen abschmecken.
5. Den Salat auf einer großen, mit Salatblättern ausgelegten Platte anrichten. Mit Tomatenachteln und Petersilie garnieren.

Nudel-Fleischwurst-Salat

Tipp: Sie können den Salat statt mit der Salatsauce auch mit einer Joghurtmayonnaise, 3–4 hart gekochten Eiern und 3–4 Radieschen zubereiten. Dafür 2 Esslöffel Salatmayonnaise mit 150 g Vollmilchjoghurt und 1 Teelöffel mittelscharfen Senf verrühren. Mit Salz, Pfeffer, Zucker und evtl. etwas Essig abschmecken. Eier pellen, zusammen mit den Radieschen in Würfel schneiden und mit der Joghurtmayonnaise unter den Salat heben.

Jakobsmuscheln auf asiatischem Zuckerschotensalat

Bunter Blattsalat

Blattsalat mit Austernpilzen

Raffiniert

Jakobsmuscheln auf asiatischem Zuckerschotensalat
2 Portionen

Zubereitungszeit: 30 Minuten, ohne Auftauzeit
Garzeit: 4–6 Minuten

6 TK-Jakobsmuscheln (ausgelöstes Muschelfleisch)

120 g Zuckerschoten
1 große, rote Chilischote
2 EL Sesamöl
2 EL Fischsauce (erhältlich im Asialaden)
2 EL Ketjap Manis (süße Sojasauce)
Salz
frisch gemahlener Pfeffer

2 EL Speiseöl zum Anbraten

1 Topf Koriander

Pro Portion:
E: 8 g, F: 11 g, Kh: 13 g,
kJ: 765, kcal: 182

1. Jakobsmuscheln nach Packungsanleitung auftauen lassen. Von den Zuckerschoten die Enden abschneiden, eventuell abfädeln. Zuckerschoten waschen und in kochendem Salzwasser etwa 2 Minuten blanchieren. Anschließend in eiskaltem Wasser abschrecken und abtropfen lassen. Zuckerschoten in lange, dünne Streifen schneiden. Chilischote waschen, trocken tupfen, längs halbieren und entkernen. Chilischotenhälften ebenfalls in Streifen schneiden.
2. Zuckerschoten- und Chilistreifen in einer Schüssel mischen. Sesamöl mit Fischsauce und Ketjap Manis verrühren, mit Salz und Pfeffer würzen. Die Marinade zu der Zuckerschoten-Chilistreifen-Mischung geben und untermengen.
3. Die Jakobsmuscheln eventuell kurz unter fließendem kalten Wasser abspülen und trocken tupfen. Speiseöl in einer Pfanne erhitzen. Die Muscheln von jeder Seite 2–3 Minuten anbraten, herausnehmen, mit Salz und Pfeffer würzen.
4. Koriander abspülen und trocken tupfen. Die Blättchen von den Stängeln zupfen.
5. Den Zuckerschotensalat auf 2 Tellern verteilen. Je 3 Muscheln darauf anrichten und großzügig mit den Korianderblättchen garniert servieren.

Tipp: Das Muschelfleisch erst nach dem Braten mit Salz und Pfeffer würzen, da das Salz Wasser zieht und der Pfeffer verbrennen würde. Jakobsmuscheln zusätzlich mit Minzeblättchen garnieren.

Für Gäste

Bunter Blattsalat
4 Portionen

Zubereitungszeit: 25 Minuten

Für die Salatsauce:
1 Knoblauchzehe
1 Schalotte
3 EL Weißweinessig
1 TL mittelscharfer Senf
6 EL Walnussöl
Salz
frisch gemahlener Pfeffer
1 Radicchio (etwa 150 g)
100 g Löwenzahnblätter
1 Kolben Chicorée
1 kleiner Friséesalat (250 g, nur das Herzstück verwenden)
100 g Frühstücksspeck

Pro Portion:
E: 5 g, F: 35 g, Kh: 5 g,
kJ: 1517, kcal: 362

1. Knoblauch und Schalotte abziehen, klein würfeln, mit Essig und Senf verrühren.
2. Walnussöl unterschlagen, so dass eine cremige Sauce entsteht. Mit Salz und Pfeffer abschmecken.
3. Die einzelnen Salatsorten verlesen, putzen, waschen, trocken schleudern und in mundgerechte Stücke zupfen.
4. Speck in sehr feine Streifen schneiden und bei schwacher Hitze knusprig braten.

Schnell

Blattsalat mit Austernpilzen
2 Portionen

Zubereitungszeit: 20 Minuten

120 g gemischter Blattsalat,
z. B. Eichblattsalat, Lollo Rosso,
Feldsalat, Eisbergsalat oder Radicchio
1–2 EL Weißweinessig
Salz
frisch gemahlener Pfeffer
3 EL Olivenöl

1 kleine Zwiebel
150 g Austernpilze
4 EL Olivenöl

Pro Portion:
E: 2 g, F: 42 g, Kh: 5 g,
kJ: 1844, kcal: 440

1. Blattsalat waschen, gut abtropfen lassen oder trocken schleudern.
2. Essig mit Salz und Pfeffer verrühren, Olivenöl unterschlagen.
3. Zwiebel abziehen und in kleine Würfel schneiden. Austernpilze putzen, mit Küchenpapier abreiben, eventuell kurz abspülen und gut trocken tupfen. Austernpilze klein schneiden.
4. Olivenöl in einer Pfanne erhitzen. Zwiebelwürfel darin glasig dünsten. Austernpilzstücke hinzugeben und kurz mit anbraten. Mit Salz und Pfeffer würzen.
5. Den Blattsalat auf 2 Tellern anrichten, mit der Marinade beträufeln und die Austernpilzstücke darauf verteilen. Den Salat sofort servieren.

5. Salatstücke mit der Sauce gut vermengen und in einer flachen Schale anrichten. Den heißen Speck mit dem Fett darauf verteilen.

Schnell – gut vorzubereiten

Bayerischer Wurstsalat
4 Portionen

Zubereitungszeit: 25 Minuten

250 g Emmentaler-Käse
75 g Gewürzgurken
350 g Fleischwurst
250 g Zwiebeln

Für die Salatsauce:
2 EL Weißweinessig
Salz, frisch gemahlener Pfeffer
etwas Zucker
1 TL mittelscharfer Senf
6 EL Speiseöl
1 EL Schnittlauchröllchen

Pro Portion:
E: 35 g, F: 56 g, Kh: 7 g,
kJ: 2978, kcal: 711

1. Käse in Streifen, Gurken in Scheiben schneiden. Fleischwurst enthäuten, eventuell halbieren und in Scheiben schneiden.
2. Zwiebeln abziehen, zuerst in Scheiben schneiden, dann in Ringe teilen. Zwiebelringe in kochendem Wasser etwa 2 Minuten blanchieren, in ein Sieb geben, mit kaltem Wasser übergießen und gut abtropfen lassen.
3. Die vorbereiteten Salatzutaten in einer Schüssel mischen.
4. Für die Salatsauce Essig mit Salz, Pfeffer, Zucker und Senf verrühren, Speiseöl unterschlagen. Die Sauce zu den Salatzutaten geben und gut untermischen.
5. Wurstsalat mit Schnittlauchröllchen bestreut servieren.

Tipp: Der Salat schmeckt auch ohne Käse sehr lecker.

Bayerischer Wurstsalat

Für Gäste

Spargel-Kartoffel-Salat
4 Portionen

Zubereitungszeit: 50 Minuten

750 g kleine neue Kartoffeln
800 g weißer Spargel
250 ml (¼ l) Wasser
1 gestr. TL Salz
1 TL Butter
1 Prise Zucker
100 g Zuckerschoten
2 EL Weißweinessig
180 ml heiße Gemüsebrühe
frisch gemahlener Pfeffer
½ Topf Kerbel
½ TL scharfer Senf
1–2 EL Zitronensaft
100 ml Olivenöl

einige Cocktailtomaten

Pro Portion:
E: 10 g, F: 26 g, Kh: 31 g,
kJ: 1700, kcal: 406

1. Kartoffeln waschen, mit Wasser bedeckt zum Kochen bringen und in 15–20 Minuten gar kochen. Kartoffeln abgießen, mit kaltem Wasser abschrecken, abtropfen lassen, sofort pellen und in Scheiben schneiden.

2. Den Spargel von oben nach unten schälen. Darauf achten, dass die Schalen vollständig entfernt, die Köpfe aber nicht verletzt werden. Die unteren Enden abschneiden (holzige Stellen vollkommen entfernen). Den Spargel waschen, abtropfen lassen und in Stücke schneiden.

3. Wasser mit Salz, Butter und Zucker in einem großen Topf zum Kochen bringen. Spargelstücke hinzufügen, zum Kochen bringen und zugedeckt in etwa 12 Minuten bissfest garen.

4. Von den Zuckerschoten die Enden abschneiden. Die Schoten eventuell abfädeln. Zuckerschoten waschen, abtropfen lassen und etwa 2 Minuten vor Ende der Garzeit zu den Spargelstücken geben. Zuckerschoten und Spargelstücke in einem Sieb gut abtropfen lassen und in eine Schüssel geben.

5. Essig mit Brühe und Pfeffer verrühren, zu den noch warmen Zuckerschoten und Spargelstücken geben und unterrühren.

6. Kerbel abspülen und trocken tupfen. Die Blättchen von den Stängeln zupfen (einige Blättchen beiseitelegen). Kerbelblättchen mit Salz, Pfeffer, Senf, Zitronensaft und Olivenöl in einen Rührbecher geben, mit einem Mixstab fein pürieren. Die Kerbelsauce zu den Salatzutaten geben und vorsichtig untermischen.

7. Tomaten waschen, trocken tupfen, halbieren, entkernen und die Stängelansätze herausschneiden. Den Spargel-Kartoffel-Salat mit den beiseite gelegten Kerbelblättchen und Tomatenhälften garniert servieren.

Tipp: Sie können zusätzlich 50 g geräucherten Frühstücksspeck in kleine Würfel schneiden und in einer Pfanne knusprig braten. Die Speckwürfel auf dem Salat verteilen.

Gut vorzubereiten

Bunter Paprikasalat mit Geflügelfrikadellen
8 Portionen

Zubereitungszeit: 40 Minuten, ohne Durchziehzeit

Für die Geflügelfrikadellen:
600 g Geflügelhackfleisch
1 eingeweichtes Brötchen
(Semmel vom Vortag)
1 Ei (Größe M)
Salz
frisch gemahlener Pfeffer
Paprikapulver edelsüß
1 Bund Petersilie
4 EL Speiseöl

Für den Paprikasalat:
je 2 rote, grüne und gelbe Paprikaschoten
2 Zwiebeln
4 EL Weißweinessig
6 EL Speiseöl
1 kleines Bund Thymian

Pro Portion:
E: 20 g, F: 17 g, Kh: 7 g,
kJ: 1152, kcal: 275

1. Für die Geflügelfrikadellen Geflügelhackfleisch in eine Schüssel geben. Eingeweichtes Brötchen ausdrücken. Die Brötchenmasse und das Ei zum Hackfleisch geben und gut durchkneten. Mit Salz, Pfeffer und Paprika würzen.

Spargel-Kartoffel-Salat

Bunter Paprikasalat mit Geflügelfrikadellen

Matjessalat

2. Petersilie abspülen und trocken tupfen. Die Blättchen von den Stängeln zupfen. Blättchen klein schneiden und unter den Fleischteig kneten.
3. Aus der Fleischmasse mit angefeuchteten Händen 8 kleine Frikadellen formen.
4. Speiseöl in einer Pfanne erhitzen. Frikadellen darin von beiden Seiten braten, herausnehmen und erkalten lassen.
5. Für den Paprikasalat Paprikaschoten vierteln, entstielen, entkernen und die weißen Scheidewände entfernen. Schoten waschen, abtropfen lassen, klein würfeln und in kochendem Salzwasser etwa 2 Minuten blanchieren. Paprikawürfel in einem Sieb abtropfen lassen. Zwiebeln abziehen und in kleine Würfel schneiden.
6. Essig mit Speiseöl verrühren, mit Salz und Pfeffer würzen. Paprikawürfel hinzugeben und etwa 1 Stunde durchziehen lassen.

7. Thymian abspülen und trocken tupfen. Die Blättchen von den Stängeln zupfen.
8. Den Salat auf einem Teller anrichten. Frikadellen darauf verteilen. Mit Thymianblättchen garnieren.

Klassisch

Matjessalat
8 Portionen

16 Matjesfilets
6 mittelgroße Zwiebeln
6–8 Gewürzgurken
etwa 250 g frisch gedünstete Champignonscheiben oder aus dem Glas

Für die Salatsauce:
2 Becher (je 150 g) Crème fraîche
je 300 g Vollmilchjoghurt
4 TL geriebener Meerrettich (aus dem Glas)
Salatblätter

Zubereitungszeit: 30 Minuten, ohne Durchziehzeit

Pro Portion:
E: 16 g, F: 28 g, Kh: 6 g,
kJ: 1515, kcal: 362

1. Matjesfilets unter fließendem kalten Wasser abspülen, eventuell entgräten und in 3–4 cm große Stücke schneiden.
2. Zwiebeln abziehen, zuerst in Scheiben schneiden, dann in Ringe teilen. Gewürzgurken in Scheiben schneiden. Champignonscheiben abtropfen lassen. Die vorbereiteten Salatzutaten in einer Schüssel mischen.
3. Für die Salatsauce Crème fraîche mit Joghurt und Meerrettich verrühren.
4. Den Salat in Schälchen verteilen und jeweils einen Klecks der Salatsauce daraufgeben.
5. Salatblätter abspülen und trocken tupfen. Den Salat mit Salatblättern anrichten. Die restliche Sauce dazureichen.

Kapitel 04
Rezepte 301–400
Fisch & Meeresfrüchte

Seezungenfilet in Apfel-Kräuter-Marinade

Mit Alkohol

Seezungenfilet in Apfel-Kräuter-Marinade
4 Portionen

Zubereitungszeit: 40 Minuten, ohne Abkühlzeit

8 Seezungenfilets (je etwa 80 g)
Salz
frisch gemahlener Pfeffer

Für die Marinade:
1 Zwiebel
200 ml Weißwein, z. B. weißer Burgunder
100 ml Fischfond
2 EL Apfelessig
1 Lorbeerblatt
einige vorbereitete Zitronenverbenen- und Minzeblättchen

Für den Salat:
1 Bund Rucola (etwa 100 g)
1 Zucchini (etwa 300 g)
1 Fleischtomate (etwa 250 g)
1 Frühlingszwiebel
2 Äpfel, z. B. Granny Smith (etwa 400 g)
4 EL Marinade (von den Seezungenfilets)
4 EL Olivenöl
Salz
frisch gemahlener Pfeffer

einige vorbereitete Kräuterblüten und Kräuter zum Garnieren

Pro Portion:
E: 30 g, F: 13 g, Kh: 10 g,
kJ: 1182, kcal: 282

1. Seezungenfilets unter fließendem kalten Wasser abspülen und trocken tupfen. Mit Salz und Pfeffer bestreuen. Filets mit der Hautseite nach innen aufrollen.

2. Für die Marinade Zwiebel abziehen und in kleine Würfel schneiden. Zwiebelwürfel mit Wein, Fond, Essig, Lorbeerblatt, Verbenen- und Minzeblättchen verrühren und erhitzen. Die Seezungenfiletröllchen darin etwa 5 Minuten blanchieren. Anschließend mit einer Schaumkelle herausnehmen. Seezungenfiletröllchen erkalten lassen, Marinade ebenfalls erkalten lassen.

3. Für den Salat Rucola putzen und dickere Stiele entfernen. Rucola waschen und abtropfen lassen. Zucchini waschen, abtrocknen und die Enden abschneiden. Zucchini in dünne Scheiben schneiden. Tomate waschen, trocken tupfen, vierteln, entkernen und in kleine Würfel schneiden. Frühlingszwiebel putzen, waschen, abtropfen lassen und in Scheiben schneiden. Äpfel waschen, trocken tupfen, halbieren, entkernen und in Scheiben schneiden.

4. Die vorbereiteten Salatzutaten in einer Schüssel mischen. 4 Esslöffel von der kalt gestellten Marinade mit Olivenöl verrühren. Mit Salz und Pfeffer würzen. Die Marinade mit den Salatzutaten vermengen. Salat einige Minuten durchziehen lassen.

5. Den Salat auf Tellern oder auf einer Platte anrichten. Seezungenfiletröllchen daraufsetzen.

6. Kräuterblüten und Kräuter vorsichtig abspülen und trocken tupfen. Seezungenfiletröllchen mit den Kräuterblüten und Kräutern garnieren.

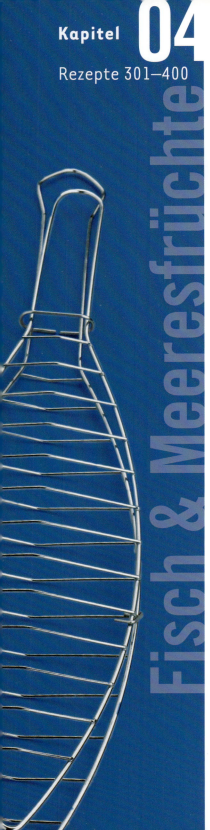

Preiswert

Seelachs mit Joghurthaube
4 Portionen

Zubereitungszeit: 50 Minuten
Garzeit: etwa 25 Minuten

Für das Kartoffel-Möhren-Püree:
500 g Möhren
500 g Kartoffeln
Wasser
1 gestr. TL Salz
100 g saure Sahne (10 % Fett)
Jodsalz
frisch gemahlener Pfeffer
frisch geriebene Muskatnuss

400 g Seelachsfilet
Saft von 1 Zitrone
Salz
1 Dose Champignonscheiben (Abtropfgewicht 175 g)
2 mittelgroße Zwiebeln
3 EL Olivenöl
5 Tomaten
je 1 Bund Petersilie, Schnittlauch und Dill
300 g Vollmilchjoghurt
1 EL Speisestärke
frisch gemahlener weißer Pfeffer
Paprikapulver edelsüß
2 EL Semmelbrösel
40 g Butter

Nach Belieben zum Garnieren:
1 Bio-Limette oder Bio-Zitrone (unbehandelt, ungewachst)

Pro Portion:
E: 28 g, F: 24 g, Kh: 35 g,
kJ: 2000, kcal: 477

1. Für das Kartoffel-Möhren-Püree Kartoffeln und Möhren waschen, schälen, abspülen und in Würfel schneiden. Möhren- und Kartoffelwürfel zugedeckt mit Wasser und Salz bedeckt zum Kochen bringen, 10–15 Minuten garen.
2. In der Zwischenzeit Seelachsfilet unter fließendem kalten Wasser abspülen, trocken tupfen, mit Zitronensaft beträufeln und mit Salz bestreuen. Den Backofen vorheizen.
3. Champignonscheiben in einem Sieb abtropfen lassen. Zwiebeln abziehen und in Würfel schneiden. Olivenöl in einer Pfanne erhitzen. Zwiebelwürfel darin andünsten. Champignonscheiben hinzufügen und kurz mit andünsten.
4. Tomaten waschen, abtrocknen, halbieren und Stängelansätze entfernen. Tomaten in Scheiben schneiden. Kräuter abspülen, trocken tupfen und jeweils einige Stängel zum Garnieren beiseitelegen. Von den restlichen Kräuterstängeln die Blättchen bzw. die Spitzen von den Stängeln zupfen. Petersilienblättchen, Dillspitzen und Schnittlauch klein schneiden.
5. Joghurt mit Speisestärke und Kräutern verrühren. Mit Salz, Pfeffer und Paprika abschmecken.
6. Seelachsfilet in eine längliche, flache Auflaufform (gefettet) legen. Zwiebel-Champignon-Masse und Tomatenscheiben darauf verteilen. Vorsichtig mit der Joghurtsauce übergießen. Semmelbrösel daraufstreuen, Butter in Flöckchen daraufsetzen. Die Form auf dem Rost in den vorgeheizten Backofen schieben.
Ober-/Unterhitze: etwa 200 °C
Heißluft: etwa 180 °C
Garzeit: etwa 25 Minuten.
7. Möhren- und Kartoffelwürfel abgießen (etwas von der Kochflüssigkeit auffangen), abtropfen lassen und pürieren. Saure Sahne unterrühren. Mit Salz, Pfeffer und Muskat würzen, eventuell etwas von der Kochflüssigkeit unterrühren.
8. Nach Belieben zum Garnieren Limette oder Zitrone heiß abwaschen, abtrocknen und in dünne Scheiben schneiden. Scheiben halbieren. Seelachsfilet mit dem Kartoffel-Möhren-Püree, beiseite gelegten Kräuterstängeln und Limetten bzw. Zitronenscheiben garniert servieren.

Seelachs mit Joghurthaube

Für Gäste

Schollen „Finkenwerder Art"
4 Portionen

Zubereitungszeit: 30 Minuten
Bratzeit: etwa 10 Minuten

4 küchenfertige Schollen
(je etwa 300 g)
Salz
frisch gemahlener Pfeffer
40 g Weizenmehl
etwa 150 g magerer,
durchwachsener Speck
3–4 EL Speiseöl, z. B.
Sonnenblumenöl

Zitronenachtel
vorbereitete Dillzweige

Pro Portion:
E: 47 g, F: 10 g, Kh: 6 g,
kJ: 1301, kcal: 312

1. Schollen unter fließendem kalten Wasser abspülen, trocken tupfen, mit Salz und Pfeffer einreiben. Schollen in Mehl wenden (überschüssiges Mehl abklopfen). Speck in kleine Würfel schneiden.
2. Speiseöl in einer großen Pfanne erhitzen. Speckwürfel darin ausbraten, aus der Pfanne nehmen und warm stellen.
3. Die Schollen nacheinander (je nach Größe der Pfanne) in dem Speckfett von beiden Seiten in etwa 10 Minuten braun braten, eventuell noch etwas Fett hinzugeben. Die Schollen herausnehmen, auf einer vorgewärmten Platte anrichten und warm stellen.
4. Die Speckwürfel auf den Schollen verteilen. Die Schollen mit Zitronenachteln und Dillzweigen garniert servieren.

Beilage: Salzkartoffeln und Feldsalat.

Für Gäste

Pangasiusfilet mit Löffelkrautschaum
4 Portionen

Zubereitungszeit: 45 Minuten, ohne Durchziehzeit

4 Pangasiusfilet (je etwa 180 g)
Salz
frisch gemahlener Pfeffer
Zitronensaft

1 kleine Salatgurke (etwa 400 g)
2 EL Olivenöl

Für den Löffelkrautschaum:
1 Frühlingszwiebel
1 kleiner Topf Löffelkraut
40 g Butter
400 ml Fischbrühe oder -fond
200 g Schlagsahne
Salz
frisch gemahlener Pfeffer

Pro Portion:
E: 29 g, F: 34 g, Kh: 6 g,
kJ: 1891, kcal: 451

1. Fischfilets unter fließendem kalten Wasser abspülen und trocken tupfen. Filets mit Salz und Pfeffer bestreuen, mit Zitronensaft beträufeln. Den Backofen vorheizen.
2. Salatgurke waschen und längs halbieren. Die Kerne mit einem Löffel herausschaben. Gurkenhälften in etwa 2 cm dicke Stücke schneiden.
3. Olivenöl in einer großen Pfanne erhitzen. Zuerst Fischfilets darin von beiden Seiten anbraten, dann Gurkenstücke hinzufügen und kurz mit andünsten. Anschließend in eine feuerfeste Form oder Auflaufform geben.
4. Die Form auf dem Rost in den vorgeheizten Backofen schieben und die Pangasiusfilets mit den Gurkenstücken warm stellen.
Ober-/Unterhitze: etwa 100 °C
Heißluft: etwa 80 °C
5. Für den Löffelkrautschaum Frühlingszwiebel putzen, waschen, abtropfen lassen und in dünne Scheiben schneiden. Löffelkraut abspülen und trocken tupfen. Die Blättchen von den Stängeln zupfen. Blättchen in Streifen schneiden.
6. Butter zum verbliebenen Bratfett in die Pfanne geben und zerlassen.

Schollen „Finkenwerder Art"

Fisch und Meeresfrüchte

Pangasiusfilet mit Löffelkrautschaum

Fisch, indisch

Frühlingszwiebelscheiben und Löffelkrautstreifen darin andünsten.
7. Fischbrühe oder -fond hinzugießen, zum Kochen bringen und um die Hälfte einkochen lassen, Sahne unterrühren. Die Sauce zu einer leicht cremigen Konsistenz einkochen. Dann mit einem Pürierstab leicht aufschäumen und auf den gebratenen Fischfilets und Gurkenstückchen verteilen.

Beilage: Kleine gekochte Kartoffeln.

Tipp: Mit einigen Blättchen Löffelkraut und 1 Esslöffel rosa Pfefferbeeren garnieren.

Raffiniert – gut vorzubereiten

Fisch, indisch
4 Portionen

Zubereitungszeit: 55 Minuten
Garzeit: etwa 30 Minuten

1 kleiner Blumenkohl
500 ml (½ l) Wasser
Salz
Zitronensaft
1 reife Mango
40 g Butter
1 Glas Mango-Chutney (265 g)
2 TL Currypulver
gemahlener Koriander
200 ml Gemüsebrühe
4 Scheiben Steinbuttfilet (je 130 g)
100 g Cornflakes
einige vorbereitete,
glatte Petersilienblättchen

Pro Portion:
E: 27 g, F: 12 g, Kh: 54 g,
kJ: 1898, kcal: 453

1. Vom Blumenkohl die Blätter und schlechten Stellen entfernen. Den Strunk abschneiden, Blumenkohl in kleine Röschen teilen, waschen und abtropfen lassen. Salzwasser mit etwas Zitronensaft zum Kochen bringen. Blumenkohlröschen hinzugeben, zum Kochen bringen und zugedeckt in etwa 8 Minuten bissfest garen. Blumenkohlröschen in ein Sieb geben, mit kaltem Wasser übergießen und abtropfen lassen. Den Backofen vorheizen.
2. Von der Mango das Fruchtfleisch vom Stein lösen. Fruchtfleisch schälen und in Würfel schneiden.
3. Butter in einem Topf zerlassen, Mangowürfel darin kurz andünsten. Mango-Chutney, Curry und Koriander unterrühren. Brühe hinzugießen und kurz aufkochen lassen.
4. Steinbuttfilets unter fließendem kalten Wasser abspülen, trocken tupfen, mit Salz bestreuen. Steinbuttfilets nebeneinander in eine flache Auflaufform (gefettet) legen.
5. Blumenkohlröschen und die Mangomasse darauf verteilen. Mit Cornflakes bestreuen. Die Form auf dem Rost in den vorgeheizten Backofen schieben.
Ober-/Unterhitze: etwa 200 °C
Heißluft: etwa 180 °C
Garzeit: etwa 30 Minuten.
6. Den Fisch nach Belieben mit Petersilienblättchen bestreuen und sofort servieren.

Tipp: Statt Steinbuttfilet kann auch Wels- oder Seeteufelfilet verwendet werden, dann pro Person 2 Filets rechnen.

Doppeltes Fischfilet

80-Grad-Lachs

Einfach

Doppeltes Fischfilet
2 Portionen

Zubereitungszeit: 20 Minuten
Garzeit: 12–15 Minuten

80 g getrocknete Tomaten, in Öl
30 g Pinienkerne
3 EL Semmelbrösel
3 EL Olivenöl
1 Bio-Limette (unbehandelt, ungewachst)
1 Topf Basilikum
200 g Rotbarschfilet
200 g Dorschfilet
Salz
frisch gemahlener Pfeffer

Pro Portion:
E: 44 g, F: 30 g, Kh: 16 g,
kJ: 2160, kcal: 516

1. Den Backofen vorheizen. Tomaten etwas abtropfen lassen und in Streifen schneiden. Tomatenstreifen mit Pinienkernen, Semmelbröseln und Olivenöl gut vermischen. Limette heiß abwaschen, abtrocknen und in Stücke schneiden.

2. Basilikum abspülen und trocken tupfen. Die Blättchen von den Stängeln zupfen. Jeweils die Hälfte der Tomatenmischung, der Limettenstücke und der Basilikumblättchen auf dem Boden einer Auflaufform (gefettet) verteilen.
3. Fischfilets unter fließendem kalten Wasser abspülen, trocken tupfen, mit Salz und Pfeffer bestreuen. Fischfilets in die Auflaufform legen. Die restliche Tomatenmischung darauf verteilen und die restlichen Limettenstücke ebenfalls auf die Fischfilets legen.
4. Die Form auf dem Rost in den vorgeheizten Backofen schieben.
Ober-/Unterhitze: etwa 220 °C (unteres Drittel)
Heißluft: etwa 200 °C
Garzeit: 12–15 Minuten.
5. Die Form aus dem Backofen nehmen. Fischfilet mit den restlichen Basilikumblättchen bestreuen und sofort servieren.

Tipp: Servieren Sie frisch gebackene Baguettestangen dazu.

Für Gäste

80-Grad-Lachs
4–6 Personen

Zubereitungszeit: 50 Minuten
Garzeit: etwa 40 Minuten

1 Seite Lachsfilet auf der Haut, grätenfrei (800 g)
3 EL Meersalz
3 EL gestoßener, schwarzer Pfeffer
6 Stängel Basilikum
2 Bio-Zitronen (unbehandelt, ungewachst)
4 EL kalt gepresstes Olivenöl

Pro Portion:
E: 29 g, F: 18 g, Kh: 5 g,
kJ: 1234, kcal: 295

1. Den Backofen bei Ober-/Unterhitze auf 80 °C vorheizen. Das Backblech in den Backofen schieben und miterwärmen. Lachsfilet unter fließendem kalten Wasser abspülen und trocken tupfen.
2. Die Lachsseite mit der Haut auf das warme Backblech (leicht gefettet) legen. Lachsfilet mit Salz und Pfeffer würzen. Basilikum

abspülen und trocken tupfen. Die Blättchen von den Stängeln zupfen. Die Hälfte der Blättchen grob zerkleinern und auf dem Lachsfilet verteilen.

3. Das Backblech wieder in den warmen Backofen schieben. Das Lachsfilet etwa 40 Minuten garen.

4. Zitronen heiß abwaschen und trocken reiben. Die Schale mit einer Reibe fein abreiben, den Saft auspressen. Restliche Basilikumblättchen grob zerschneiden.

5. Lachsfilet mit einer Gabel überprüfen, ob es gar ist. Es sollte gar, aber noch sehr saftig sein.

6. Das gare Lachsfilet mit der Gabel von der Haut nehmen und auf einer flachen Platte verteilen. Lachsfilet mit Basilikum, Zitronenschale, Olivenöl und etwas Zitronensaft marinieren.

Tipp: Lachsfilet schmeckt am besten lauwarm, wenn es gerade aus dem Backofen kommt. Es kann auch TK-Lachsfilet verwendet werden. Dann Lachsfilet vor der Zubereitung auftauen lassen.

Für Gäste

Fischröllchen auf Porreegemüse
4 Portionen

Zubereitungszeit: 45 Minuten

4 Stücke Fischfilet, z. B. Seelachs- oder Dorschfilet
(je etwa 150 g)
Salz
frisch gemahlener Pfeffer
8 dünne Scheiben Schinkenspeck
(je etwa 10 g)
1 kg Porree (Lauch)
50 g Butter oder Margarine
125 ml (1/8 l) Gemüsebrühe
125 g Schlagsahne
20 g Weizenmehl
3 EL Schlagsahne
frisch geriebene Muskatnuss

Außerdem:
4 Holzstäbchen

Pro Portion:
E: 37 g, F: 27 g, Kh: 10 g,
kJ: 1796, kcal: 428

1. Fischfilets unter fließendem kalten Wasser abspülen, trocken tupfen, mit Salz und Pfeffer bestreuen. Auf jedes Fischfilet je 2 Scheiben Schinkenspeck legen, die Filets aufrollen und mit Holzstäbchen feststecken.

2. Für das Porreegemüse Porree putzen, die Stangen längs halbieren, gründlich waschen, abtropfen lassen und in etwa 2 cm große Stücke schneiden.

3. Butter oder Margarine in einem großen Topf zerlassen. Die Porreestücke darin andünsten, mit Salz und Pfeffer bestreuen. Brühe und Sahne hinzugießen, zugedeckt etwa 5 Minuten garen.

4. Dann die Fischröllchen zwischen den Porree setzen und zugedeckt noch etwa 10 Minuten bei schwacher Hitze dünsten. Die Fischröllchen herausnehmen und zugedeckt warm stellen.

5. Mehl mit Sahne verrühren, unter das Porreegemüse rühren und unter Rühren einmal aufkochen lassen. Das Porreegemüse mit Salz, Pfeffer und Muskat abschmecken.

6. Die Fischröllchen mit dem Porreegemüse auf einer vorgewärmten Platte anrichten.

Beilage: Salzkartoffeln oder Reis.

Tipp: Das Gemüse mit Weißwein abschmecken.

Abwandlung: Anstelle von Porreegemüse können Sie die Fischröllchen auf Spinat servieren. Dazu 1 1/4 kg Spinat verlesen, dicke Stiele entfernen und Spinat gründlich waschen. 1–2 Zwiebeln und 1–2 Knoblauchzehen abziehen und fein würfeln. 20 g Butter oder 2 Esslöffel Olivenöl in einem Topf erhitzen. Zwiebel- und Knoblauchwürfel darin unter Rühren andünsten. Den Spinat tropfnass hinzugeben, mit Salz, Pfeffer und Muskatnuss würzen. Den Spinat zugedeckt etwa 5 Minuten dünsten. 150 g Schlagsahne hinzufügen, den Spinat nochmals mit den Gewürzen abschmecken. Die vorbereiteten Fischröllchen zwischen den Spinat setzen und wie oben angegeben garen. Die garen Fischröllchen warm stellen und den Spinat mit hellem Saucenbinder binden.

Fischröllchen auf Porreegemüse

Gedämpfte Fischröllchen auf Thaispargel

Für Gäste

Gedämpfte Fischröllchen auf Thaispargel

4 Portionen – Zubereitung im Bambusdämpfer (Ø etwa 26 cm)

Zubereitungszeit: 30 Minuten
Dämpfzeit: etwa 15 Minuten

8 getrocknete Reispapierblätter (etwa 16 cm, erhältlich in Asialäden)
100 g Sojasprossen
1 Bund Koriander
4 EL Mango-Chutney
8 kleine Lachsstreifen (je etwa 60 g)
Salz, frisch gemahlener Pfeffer
2 EL eingelegter Ingwer

400 g Thaispargel
1 EL Speiseöl, z. B. Sesamöl
2 Bio-Limetten (unbehandelt, ungewachst)
2 EL geröstete Sesamsamen

Pro Portion:
E: 35 g, F: 16 g, Kh: 18 g,
kJ: 1500, kcal: 359

1. Reispapierblätter einzeln zwischen nassen Küchentüchern einweichen. Sojasprossen in einem Sieb abspülen und abtropfen lassen. Koriander abspülen und trocken tupfen. 4 Korianderstängel zum Garnieren beiseitelegen. Von den restlichen Korianderstängeln die Blättchen von den Stängeln zupfen.
2. Lachsstreifen unter fließendem kalten Wasser abspülen, trocken tupfen, mit Salz und Pfeffer bestreuen. Lachsstreifen mit Mango-Chutney bestreichen.
3. Ingwer in einem Sieb abtropfen lassen und in kleine Stücke schneiden. Reispapierblätter auf feuchten Küchentüchern nebeneinander auf die Arbeitsfläche legen. Sojasprossen, Ingwerstücke und Korianderblättchen in der Mitte darauf verteilen, mit je einem Lachsstreifen belegen und aufrollen.
4. Von dem Thaispargel die unteren Enden abschneiden. Spargel waschen, abtropfen lassen, mit Salz bestreuen und mit Speiseöl beträufeln.
5. Limetten heiß abwaschen, abtrocknen und die Schale mit einem Sparschäler abschälen. Limetten halbieren und auspressen.
6. Einen großen Zwei-Etagen-Bambusdämpfer dünn mit Speiseöl ausstreichen. In den unteren Einsatz vorsichtig die Fischröllchen legen. Den Spargel in den zweiten Einsatz legen und auf den Einsatz mit den Fischröllchen stellen. Dämpfer mit dem Deckel verschließen.
7. Eine große, flache Pfanne etwa 2 cm hoch mit Wasser füllen. Limettensaft und -schalen hinzufügen und zum Kochen bringen. Den Bambusdämpfer vorsichtig in die Pfanne setzen. Die Röllchen und den Spargel etwa 15 Minuten dämpfen.
8. Die Fischröllchen auf dem Thaispargel anrichten und mit Sesam bestreut servieren.

Beilage: Duftreis mit Chilisauce.

Raffiniert – klassisch – mit Alkohol

Gegrillte Kabeljaufiletstücke

8–10 Portionen

Zubereitungszeit: 60 Minuten, ohne Auftau- und Durchziehzeit
Grillzeit: 10–12 Minuten

1,6 kg TK-Kabeljaufilet

Für die Marinade:
300 ml trockener Weißwein
2 Pck. TK-Kräuter der Provence
3 EL Pflanzenöl
Saft von 1 Zitrone
Salz
frisch gemahlener Pfeffer

Außerdem:
10 Bögen Alufolie

Pro Portion:
E: 31 g, F: 5 g, Kh: 1 g,
kJ: 814, kcal: 195

1. Kabeljaufilets nach Packungsanleitung auftauen lassen. Filets unter fließendem kalten Wasser abspülen und trocken tupfen.
2. Für die Marinade Wein mit Kräutern und Pflanzenöl mischen, in einem Topf zum Kochen bringen und erkalten lassen.
3. Kabeljaufilets in eine flache Schale legen. Den Weinsud mit Zitronensaft, Salz und Pfeffer würzen, auf den Fischfiletstücken verteilen und zugedeckt im Kühlschrank durchziehen lassen.
4. Die Fischfiletstücke aus dem Sud nehmen. Je ein Stück Fischfilet auf einen Bogen Alufolie legen und zu einem Päckchen einwickeln. Die Fischpäckchen auf den vorgeheizten

Fisch und Meeresfrüchte

Grill legen und unter mehrmaligem Wenden 10–12 Minuten grillen.
5. Restlichen Sud in einen kleinen Topf geben, zum Kochen bringen und etwa um die Hälfte einkochen lassen. Den gegrillten Fisch damit beträufeln.

Beilage: Kartoffelsalat mit Radieschen und Schnittlauch.

Raffiniert

Gespickte Doradenfilets
2 Portionen

Zubereitungszeit: 25 Minuten

2 Rispen kleine Zweigtomaten (etwa 12 Cocktailtomaten)
1 EL Olivenöl
Meersalz
frisch gemahlener Pfeffer

4 Doradenfilets mit Haut, geschuppt (je etwa 80 g)
8 Stängel Thymian
1 Bio-Limette (unbehandelt, ungewachst)

1 EL Olivenöl zum Braten

1 EL Butter
1 EL Olivenöl
Meersalz
frisch gemahlener Pfeffer

Pro Portion:
E: 27 g, F: 26 g, Kh: 5 g,
kJ: 1564, kcal: 373

1. Den Backofen vorheizen. Die Tomatenrispen vorsichtig mit kaltem Wasser abspülen und trocken tupfen. Tomaten mit Olivenöl bestreichen. Mit Salz und Pfeffer bestreuen. Tomatenrispen auf ein Backblech legen. Das Backblech in den vorgeheizten Backofen schieben. Die Tomaten leicht rösten.
Ober-/Unterhitze: etwa 220 °C
Heißluft: etwa 200 °C
Röstzeit: 6–8 Minuten.

2. In der Zwischenzeit Doradenfilets unter fließendem kalten Wasser abspülen und trocken tupfen. Thymian abspülen, trocken tupfen und in jeweils 3 gleich große Stücke schneiden, so dass 24 kleine Zweige entstehen. Die Doradenfilets jeweils mit einem kleinen, spitzen Messer 6-mal durchstechen, so dass Löcher entstehen. Durch jedes Loch mit Hilfe einer Pinzette einen Thymianzweig ziehen. Limette heiß abwaschen, abtrocknen und in 6 gleich große Scheiben schneiden.
3. Olivenöl in einer Pfanne erhitzen. Doradenfilets mit der Hautseite nach unten in die Pfanne legen, bei mittlerer Hitze kross braten und mit einem Pfannenwender umdrehen. Butter, Olivenöl und Limettenscheiben hinzufügen.
4. Doradenfilets aus der Pfanne nehmen, mit Meersalz und Pfeffer würzen. Limettenscheiben weitere 2 Minuten braten und herausnehmen.
5. Doradenfilets auf 2 Tellern anrichten. Mit je einer Tomatenrispe und 3 Limettenscheiben garnieren. Mit je einem Esslöffel Bratensaft beträufeln. Doradenfilets sofort servieren.

Gegrillte Kabeljaufiletstücke

Gespickte Doradenfilets

Schnell

Hechtfilet, gebraten
4 Portionen

Zubereitungszeit: 20 Minuten
Garzeit: etwa 6 Minuten

4 Hechtfilets (je etwa 150 g)
evtl. 2 EL Zitronensaft
Salz
50 g fetter Speck
1 EL Speiseöl
einige Stängel Petersilie

Pro Portion:
E: 28 g, F: 14 g, Kh: 0,3 g,
kJ: 1113, kcal: 266

1. Hechtfilets unter fließendem kalten Wasser abspülen, trocken tupfen, eventuell mit Zitronensaft beträufeln.
2. Speck in Würfel schneiden. Speiseöl in einer Pfanne erhitzen. Speckwürfel darin auslassen und herausnehmen.
3. Die Hechtfilets in dem verbliebenen Speckfett von beiden Seiten etwa 6 Minuten braten, herausnehmen und auf einer vorgewärmten Platte anrichten.
4. Petersilie abspülen und trocken tupfen. Die Blättchen von den Stängeln zupfen. Zwei Drittel der Blättchen klein schneiden. Die Hechtfilets mit den Speckwürfeln bestreuen und mit Petersilie garnieren.

Beilage: Salzkartoffeln oder Petersilienkartoffeln.

Einfach

Heilbuttwürfel auf Wurzelgemüse
4 Portionen

Zubereitungszeit: 60 Minuten, ohne Auftauzeit
Garzeit: etwa 25 Minuten

600 g Heilbuttfilet (TK oder frisch)
2 Bund Suppengrün
(etwa 500–600 g, Sellerie, Porree [Lauch], Möhren)
1 Bund Kerbel
400 ml Fischfond oder Gemüsebrühe
Salz, frisch gemahlener Pfeffer
80 g weiche Butter
Saft von 1 Zitrone
einige Zweige Zitronenthymian
glatte Petersilie

Pro Portion:
E: 33 g, F: 19 g, Kh: 7 g,
kJ: 1462, kcal: 349

1. TK-Heilbuttfilet auftauen. Heilbuttfilet unter fließendem kalten Wasser abspülen, trocken tupfen und in mundgerechte Würfel schneiden.
2. Suppengrün putzen, eventuell schälen, waschen, abtropfen lassen und in Würfel, Rauten oder Streifen schneiden.
3. Kerbel abspülen und trocken tupfen. Die Blättchen von den Stängeln zupfen.
4. Fond oder Brühe in einem Topf erhitzen, mit Salz, Pfeffer und Kerbelblättchen würzen. Das vorbereitete Suppengemüse darin etwa 15 Minuten garen. Heilbuttwürfel darauflegen und zugedeckt etwa 10 Minuten gar ziehen lassen.
5. Butter mit Zitronensaft verrühren und zum Gemüse geben.
6. Heilbuttwürfel auf Wurzelgemüse auf einem großen Teller anrichten. Mit Blättchen oder Zweigen von abgespültem, trocken getupftem Zitronenthymian und Petersilienblättchen garnieren.

Beilage: Salzkartoffeln.

Hechtfilet, gebraten

Heilbuttwürfel auf Wurzelgemüse

Kabeljaufilet „Italienische Art"

Tipp: Der Heilbutt kann auch durch Kabeljau, Rotbarsch oder Schellfisch ersetzt werden. Der Fisch kann auch im Backofen gegart werden. Dann die Heilbuttwürfel auf das Gemüse geben und im geschlossenen Topf (Ober-/Unterhitze: etwa 200 °C, Heißluft: etwa 180 °C) 10–15 Minuten garen. Es können zusätzlich noch 4–6 geschälte, geviertelte Kartoffeln zum Gemüse gegeben werden. Wenn Sie die Butter mit 1 Esslöffel Weizenmehl verkneten und hinzugeben, wird das Gericht leicht gebunden.

Raffiniert

Kabeljaufilet „Italienische Art"
12 Portionen

Zubereitungszeit: 95 Minuten
Garzeit: etwa 30 Minuten

6 Zucchini (etwa 1,2 kg)
1 Bund oder kleiner Topf Zitronenthymian
6 EL Speiseöl
3 Pck. (je 450 g) stückige Tomatensauce
Salz, frisch gemahlener Pfeffer

24 Kabeljaufilets (je etwa 75 g)
Zitronensaft
6 Eier (Größe M)
400 ml Milch
200 g geriebener Parmesan-Käse
100 g Weizenmehl
4 EL Speiseöl

Pro Portion:
E: 36 g, F: 16 g, Kh: 9 g,
kJ: 1387, kcal: 331

1. Zucchini waschen, abtrocknen und die Enden abschneiden. Zucchini längs halbieren und in Scheiben schneiden. Zitronenthymian abspülen und trocken tupfen. Die Blättchen von den Stängeln zupfen. Blättchen klein schneiden.
2. Speiseöl in einem Bräter erhitzen. Zucchinischeiben darin portionsweise anbraten. Tomatensauce hinzugießen. Mit Salz und Pfeffer würzen, Zitronenthymian hinzufügen. Die Zutaten zum Kochen bringen und 5–10 Minuten bei schwacher Hitze leicht kochen lassen. Den Backofen vorheizen.
3. Kabeljaufilets unter fließendem kalten Wasser abspülen und trocken tupfen. Mit Salz und Pfeffer bestreuen. Mit Zitronensaft beträufeln.
4. Eier mit Milch und Käse in einer Schüssel verrühren. Kabeljaufilets zuerst in Mehl wenden, dann durch die Eier-Käse-Mischung ziehen (Filets am Schüsselrand etwas abstreifen).
5. Jeweils etwas von dem Speiseöl in einer großen Pfanne erhitzen. Die Kabeljaufilets darin portionsweise bei schwacher Hitze von beiden Seiten kurz anbraten.
6. Kabeljaufilets herausnehmen und auf das Zucchinigemüse in den Bräter legen. Den Bräter auf dem Rost in den vorgeheizten Backofen schieben.
Ober-/Unterhitze: etwa 200 °C
Heißluft: etwa 180 °C
Garzeit: etwa 30 Minuten.
7. Die Kabeljaufilets mit dem Gemüse auf einem vorgewärmten Teller anrichten und sofort servieren.

Tipp: Etwa 10 Minuten vor Ende der Garzeit 800 g Gnocchi (aus dem Kühlregal) zum Gemüse geben und mitgaren lassen oder die Gnocchi in einer Pfanne in erhitztem Speiseöl anbraten und dazu reichen.

Für Gäste

Kabeljaukoteletts auf Zucchini-Risotto
4 Portionen

Zubereitungszeit: 40 Minuten
Garzeit: 15–20 Minuten (je nach Dicke der Koteletts)

2 Zwiebeln
1 gelbe oder grüne Zucchini (etwa 300 g)
1 Fenchelknolle (etwa 350 g)

3 EL Olivenöl
200 g Risottoreis, z. B. Arborio-Reis
1 Glas (400 ml) Fischfond
200 g Schlagsahne
Salz, frisch gemahlener Pfeffer
Cayennepfeffer

4 Kabeljaukoteletts (je etwa 150 g) oder 600 g Kabeljaufilets

vorbereitete Dillspitzen

Pro Portion:
E: 33 g, F: 25 g, Kh: 46 g,
kJ: 2302, kcal: 551

1. Zwiebeln abziehen und in kleine Würfel schneiden. Zucchini waschen, abtrocknen und die Enden abschneiden. Zucchini in kleine Würfel schneiden.
2. Von der Fenchelknolle die Stiele dicht oberhalb der Knolle abschneiden. Braune Stellen und Blätter entfernen, das Wurzelende gerade schneiden. Die Knolle waschen, abtropfen lassen, vierteln und in kleine Würfel schneiden. Fenchelgrün waschen, trocken tupfen, klein schneiden und beiseitelegen.
3. Olivenöl in einem Topf erhitzen. Reis hinzufügen und unter Rühren andünsten. Fischfond hinzugießen, zum Kochen bringen. Den Reis etwa 10 Minuten bei schwacher Hitze quellen lassen. Den Backofen vorheizen.
4. Sahne und das vorbereitete Gemüse zum Reis geben, zum Kochen bringen und weitere etwa 10 Minuten garen.

Gemüsereis mit Salz und Pfeffer würzen und in eine Auflaufform geben.
5. Kabeljaukoteletts oder -filets unter fließendem kalten Wasser abspülen, trocken tupfen und mit Salz bestreuen. Kabeljaukoteletts oder -filets auf den Gemüsereis legen. Die Form auf dem Rost in den vorgeheizten Backofen schieben.
Ober-/Unterhitze: etwa 200 °C
Heißluft: etwa 180 °C
Backzeit: 15–20 Minuten je nach Dicke der Koteletts.

6. Die Kabeljaukoteletts oder -filets mit Zucchini-Risotto anrichten, mit beiseitegelegtem Fenchelgrün und Dillspitzen garniert servieren.

Tipp: Sie können statt Kabeljau auch 600 g TK-Steinbuttfilets verwenden, dann die Steinbuttfilets vorher auftauen lassen. Die Garzeit beträgt dann 10–15 Minuten.

Kabeljaukoteletts auf Zucchini-Risotto

Lachs-Mangold-Pfanne mit Garnelen

Etwas teurer

Lachs-Mangold-Pfanne mit Garnelen
4 Portionen

Röllchen von Atlantikzungen „Kreolische Art"

Zubereitungszeit: 25 Minuten, ohne Auftauzeit
Garzeit: etwa 10 Minuten

2 Pck. TK-Lachsfilets (je 250 g)
8 TK-Garnelenschwänze (etwa 120 g, gekocht, geschält)
2 EL geschälte Sesamsamen
1 Staude Mangold (etwa 750 g)
2 Zwiebeln
3 EL Speiseöl
Salz
frisch gemahlener Pfeffer
Paprikapulver edelsüß
200 g Cocktailtomaten

Pro Portion:
E: 35 g, F: 20 g, Kh: 8 g,
kJ: 1496, kcal: 358

1. Lachsfilets und Garnelen nach Packungsanleitung auftauen lassen. Lachsfilets und Garnelen unter fließendem kalten Wasser abspülen und trocken tupfen. Lachsfilets in Stücke schneiden.
2. Sesamsamen in einer Pfanne ohne Fett goldbraun rösten, herausnehmen und auf einem Teller erkalten lassen.
3. Mangold putzen, halbieren und den Strunk herausschneiden. Mangoldblätter mehrmals waschen, abtropfen lassen und in Streifen schneiden. Zwiebeln abziehen und in kleine Würfel schneiden.
4. Speiseöl in einer Pfanne erhitzen. Lachsfiletstücke darin von beiden Seiten anbraten, mit Salz, Pfeffer und Paprika würzen. Lachsfiletstücke aus der Pfanne nehmen. Mangoldstreifen und Zwiebelwürfel in der Pfanne andünsten, mit Salz und Pfeffer würzen. Mangoldstreifen zugedeckt etwa 10 Minuten dünsten, eventuell etwas Wasser hinzufügen.
5. Tomaten waschen, trocken tupfen und halbieren. Tomatenhälften mit den Lachsfiletstücken und Garnelen etwa nach 5 Minuten Dünstzeit auf den Mangold legen und zugedeckt fertig garen. Eventuell nochmals mit Salz, Pfeffer und Paprika abschmecken. Lachs-Mangold-Pfanne mit Sesamsamen bestreut servieren.

Für Gäste

Röllchen von Atlantikzungen „Kreolische Art"
12 Portionen

Zubereitungszeit: 40 Minuten, ohne Auftauzeit
Garzeit: etwa 30 Minuten

24 TK-Atlantikzungenfilets (je etwa 80 g)
1 Staudensellerie (etwa 500 g)
2 rote Paprikaschoten (je etwa 200 g)
1 Bund Frühlingszwiebeln (etwa 250 g)
1 Glas grüne Oliven in Scheiben (Abtropfgewicht 170 g)
4 EL Speiseöl
1 Pck. (450 g) stückige Tomatensauce (Tetra Pak®)
400 ml Gemüsebrühe oder Fischfond
Salz, frisch gemahlener Pfeffer
Knoblauchpulver
2 getrocknete oder 1 frische Chilischote

Außerdem:
24 kleine Holzstäbchen

Pro Portion:
E: 29 g, F: 8 g, Kh: 5 g,
kJ: 880, kcal: 210

1. Atlantikzungenfilets nach Packungsanleitung auftauen lassen. Atlantikzungenfilets eventuell längs halbieren, unter fließendem kalten Wasser abspülen und trocken tupfen. Filets mit der Hautseite nach innen zu Röllchen drehen. Röllchen mit einem Holzstäbchen feststecken.
2. Staudensellerie putzen und die harten Außenfäden abziehen. Sellerie waschen, abtropfen lassen und in etwa 1 cm lange Stücke schneiden. Paprikaschoten halbieren, entstielen, entkernen und die weißen Scheidewände entfernen. Schoten waschen, abtropfen lassen und grob würfeln. Frühlingszwiebeln putzen, waschen, abtropfen lassen und in 1–2 cm lange Stücke schneiden. Oliven in einem Sieb abtropfen lassen. Den Backofen vorheizen.
3. Speiseöl in einem großen Bräter erhitzen. Selleriestücke und Paprikawürfel darin andünsten. Zwiebelstücke und Olivenscheiben mit andünsten, etwa 10 Minuten schmoren lassen. Tomatensauce und Brühe oder Fond hinzugießen. Mit Salz, Pfeffer, Knoblauch und Chili (frische Chili abspülen und trocken tupfen) herzhaft würzen. Den Bräter auf dem Rost in den vorgeheizten Backofen schieben.
Ober-/Unterhitze: etwa 200 °C
Heißluft: etwa 180 °C
Garzeit: etwa 30 Minuten.
4. Nach etwa 20 Minuten Garzeit die Atlantikzungenröllchen auf das Gemüse legen und fertig garen.

Beilage: Langkornreis oder Weißbrot.

Seeteufel mit geschmolzenen Tomaten und Oliven

Gefüllte Schollenfilets

Raffiniert

Seeteufel mit geschmolzenen Tomaten und Oliven
2 Portionen

Zubereitungszeit: 30 Minuten

6 Seeteufelmedaillons (je etwa 70 g)
Olivenöl zum Anbraten
1 EL Butter
Meersalz
frisch gemahlener, schwarzer Pfeffer
1 Knoblauchzehe
12 rotbraune Oliven
1 EL Kräuter der Provence

2 Rispen Cocktailtomaten
etwas Olivenöl zum Bestreichen

Pro Portion:
E: 33 g, F: 16 g, Kh: 5 g,
kJ: 1256, kcal: 299

1. Seeteufelmedaillons unter fließendem kalten Wasser abspülen und trocken tupfen. Olivenöl in einer Pfanne erhitzen. Die Medaillons darin scharf anbraten. Wenn sie anfangen braun zu werden, Butter hinzufügen. Den Backofen vorheizen.

2. Medaillons umdrehen und weitere etwa 3 Minuten braten. Medaillons aus der Pfanne nehmen, mit Salz und Pfeffer bestreuen, auf einen vorgewärmten Teller legen und warm stellen.
3. Ungeschälte Knoblauchzehe zerdrücken. Oliven, Kräuter der Provence und Knoblauch mit Schale in die heiße Pfanne geben. Die Zutaten unter mehrmaligem Schwenken erwärmen und ebenfalls warm stellen.
4. Die Cocktailtomaten (mit Rispe) vorsichtig kalt abspülen, trocken tupfen und mit Olivenöl bestreichen. Tomatenrispen auf ein Backblech legen. Das Backblech in den vorgeheizten Backofen schieben.
Ober-/Unterhitze: etwa 200 °C
Heißluft: etwa 180 °C
Backzeit: etwa 10 Minuten.
5. Die Cocktailtomaten so lange backen, bis die Haut aufplatzt. Cocktailtomaten mit Salz und Pfeffer bestreuen.
6. Je 3 Medaillons auf einen Teller legen. Die Oliven darum anrichten. Je eine Cocktailtomatenrispe auf die Medaillons legen und sofort servieren.

Tipp: Mit Landbrot und gutem Olivenöl servieren.

Für Gäste – einfach

Gefüllte Schollenfilets
4 Portionen

Zubereitungszeit: 30 Minuten
Garzeit: 30–35 Minuten

4 doppelte Schollenfilets
(je etwa 140 g)
Salz, weißer Pfeffer
200 g Staudensellerie
160 g frische Champignons
1 Zwiebel (etwa 60 g)
1 Bio-Limette (unbehandelt, ungewachst)
2 EL Olivenöl

Außerdem:
2 Bögen Pergamentpapier oder
2 große Pergamentpapiertüten

Pro Portion:
E: 27 g, F: 8 g, Kh: 2 g,
kJ: 790, kcal: 190

1. Schollenfilets unter fließendem kalten Wasser abspülen und trocken tupfen. Filets längs halbieren, so dass 8 Filets entstehen. Mit Salz und Pfeffer bestreuen. Jeweils ein Filet mit der Hautseite nach innen aufrollen. Den Backofen vorheizen.

Fisch und Meeresfrüchte

2. Sellerie putzen und die harten Außenfäden abziehen. Sellerie waschen, abtropfen lassen und in dünne Scheiben schneiden. Champignons putzen, mit Küchenpapier abreiben, eventuell kurz abspülen, trocken tupfen und vierteln. Zwiebel abziehen und in kleine Würfel schneiden. Limette waschen, abtrocknen und in schmale Spalten schneiden.
3. Das vorbereitete Gemüse mit den Limettenspalten in einer Schüssel mischen, mit Salz und Pfeffer würzen, Olivenöl unterrühren. Die Gemüsemasse auf 2 Pergamentpapierbögen oder in Tüten verteilen. Jeweils 4 Schollenfiletröllchen darauflegen. Das Gemüse so in dem Pergamentpapier einpacken, dass der Falzrand oben liegt. Die Päckchen auf ein Backblech legen. Das Backblech in den vorgeheizten Backofen schieben.
Ober-/Unterhitze: etwa 200 °C
Heißluft: etwa 180 °C
Garzeit: 30–35 Minuten.

Tipp: Die Päckchen portionsweise mit einer Gemüseportion und 2 Fischröllchen füllen und garen. Statt Pergamentpapier Backpapier verwenden und wie ein Bonbon einwickeln. Die Schollenfilets nach Belieben vor dem Aufrollen mit Porreestreifen belegen. Dafür 1 Porreestange putzen, die Stange längs halbieren, gründlich waschen, abtropfen lassen und in lange Streifen schneiden. Jeweils einen Porreestreifen auf die Schollenfilets legen und aufrollen.

Für Gäste

Tilapia-Filets, gedämpft im Wirsingblatt
2 Portionen

Zubereitungszeit: 35 Minuten, ohne Auftauzeit

2 TK-Tilapia-Filets
(je etwa 160 g)
4 große Wirsingblätter
2 Scheiben Ananas
(frisch oder aus der Dose)
1/2 Avocado
1 große Tomate
2 Stängel Minze
1 grüne Chilischote
Salz
frisch gemahlener Pfeffer

Pro Portion:
E: 36 g, F: 15 g, Kh: 16 g,
kJ: 1463 , kcal: 350

1. Tilapia nach Packungsanleitung auftauen.
2. Wirsingblätter in kochendem Salzwasser so lange garen, bis sie zusammenfallen. Wirsingblätter in ein Sieb geben, mit eiskaltem Wasser übergießen und einzeln auf Küchenpapier abtropfen lassen.
3. Ananasscheiben evtl. abtropfen lassen und in kleine Würfel schneiden. Das Fruchtfleisch der Avocado mit einem Löffel aus der Schale heben. Das Fleisch klein würfeln und vorsichtig mit den Ananaswürfeln mischen.
4. Tomate waschen, trocken tupfen, vierteln, entkernen und die Stängelansätze herausschneiden. Tomatenviertel in Würfel schneiden und zur Ananas-Avocado-Mischung geben.
5. Minze abspülen und trocken tupfen. Die Blättchen von den Stängeln zupfen. Blättchen in Streifen schneiden. Chilischote abspülen, trocken tupfen, längs halbieren, entkernen und die Scheidewände entfernen. Chili klein hacken. Minze und Chili unter die Ananas-Avocado-Tomaten-Mischung heben. Mit Salz und Pfeffer abschmecken.
6. Tilapia unter fließendem kalten Wasser abspülen und trocken tupfen. Die Ananas-Avocado-Tomaten-Mischung auf den verteilen. Die in jeweils 2 Wirsingblättern einschlagen, mit der Nahtseite nach unten in einen Dämpfeinsatz legen und etwa 10 Minuten dämpfen.

Tilapia-Filets, gedämpft im Wirsingblatt

Raffiniert – mit Alkohol

Wels im Kartoffelrösti
4 Portionen

Zubereitungszeit: 60 Minuten

Für die Kartoffelkruste:
750 g Kartoffeln
1 Ei (Größe M)
Salz
frisch gemahlener Pfeffer
frisch geriebene Muskatnuss

4 Welsfilets (je etwa 120 g)

200–300 g Frittierfett

30 g Weizenmehl

Für die Senfmousseline:
3 Eigelb
4 EL trockener Weißwein
4 EL Fischfond oder -brühe
80 g kalte Butter
125 g Schlagsahne
1 EL mittelscharfer Senf
1 EL scharfer Senf
1–2 EL Zitronensaft
1 Prise Zucker

Zitronenspalten von 1 Bio-Zitrone (unbehandelt, ungewachst)
grobes Meersalz

einige Stängel Thymian

Pro Portion:
E: 30 g, F: 53 g, Kh: 29 g,
kJ: 3069, kcal: 733

1. Für die Kartoffelkruste Kartoffeln waschen, schälen, abspülen, abtropfen lassen und auf einer Haushaltsreibe reiben. Kartoffelmasse gut ausdrücken und in eine Schüssel geben, mit Ei verrühren, mit Salz, Pfeffer und Muskat würzen.
2. Die Welsfilets unter fließendem kalten Wasser abspülen und trocken tupfen. Mit Salz und Pfeffer bestreuen.
3. Frittierfett in einer hohen Pfanne oder Fritteuse auf etwa 180 °C erhitzen. Die Welsfilets zuerst in Mehl wenden, dann in die Kartoffelmasse geben. Kartoffelmasse ringsum dünn andrücken. Welsfilets in der Pfanne oder Fritteuse schwimmend etwa 5 Minuten braun und knusprig backen, dabei gelegentlich wenden.
4. Welsfilets mit einem Schaumlöffel herausnehmen, auf Küchenpapier legen, abtropfen lassen und auf einer vorgewärmten Platte warm stellen.
5. Für die Senfmousseline Eigelb mit Wein und Fischfond oder -brühe in einer Schüssel im heißen Wasserbad zu einer cremigen Masse aufschlagen (nicht kochen lassen!). Dann die Schüssel aus dem Wasserbad nehmen. Nach und nach Butter unter die Masse schlagen.
6. Sahne steifschlagen und unterheben. Die Mousseline mit Senf, Salz, Pfeffer, Zitronensaft und Zucker abschmecken. Thymian abspülen und trocken tupfen.
7. Die Welsfilets auf vorgewärmte Teller verteilen, etwas von der Senfmousseline hinzugeben. Mit Zitronenspalten und Thymian garnieren. Restliche Senfmousseline dazu servieren.

Tipp: Nach Belieben einen gemischten Salat dazu servieren.

Wels im Kartoffelrösti

Einfach

Zucchini-Fisch-Ragout
2 Portionen

Zubereitungszeit: 25 Minuten

70 g Naturreis
1 Zucchini (etwa 200 g)
1 Bund Frühlingszwiebeln (etwa 100 g)
2 Knoblauchzehen
½ rote Pfefferschote (10 g)
2 EL Olivenöl
Jodsalz
1 gestr. TL Currypulver
300 g Schollenfilet
Saft von einer ½ Zitrone
frisch gemahlener Pfeffer
½ Bund glatte Petersilie
1 EL fettarmer Joghurt (1,5 % Fett)

Pro Portion:
E: 32 g, F: 14 g, Kh: 33 g,
kJ: 1654, kcal: 396

1. Naturreis nach Packungsanleitung garen und warm stellen.
2. Zucchini waschen, abtrocknen und die Enden abschneiden. Zucchini in Scheiben schneiden. Frühlingszwiebeln

Fisch und Meeresfrüchte

putzen, waschen, abtropfen lassen und ebenfalls in Scheiben schneiden.

3. Knoblauch abziehen und klein würfeln. Pfefferschote abspülen, trocken tupfen, halbieren, entstielen, entkernen und in Streifen schneiden.

4. Olivenöl in einer Pfanne erhitzen. Knoblauchwürfel und Frühlingszwiebelscheiben darin andünsten, Zucchinischeiben und Pfefferschotenstreifen hinzufügen, unter Rühren anbraten. Mit Salz und Curry würzen.

5. Schollenfilet unter fließendem kalten Wasser abspülen, trocken tupfen und in mundgerechte Stücke schneiden. Schollenfiletstücke mit Zitronensaft beträufeln und mit Pfeffer bestreuen. Schollenfiletstücke unter die Gemüsemasse heben und etwa 5 Minuten bei mittlerer Hitze mitgaren lassen.

6. Petersilie abspülen und trocken tupfen. Die Blättchen von den Stängeln zupfen. Joghurt und Petersilienblättchen unter das Zucchini-Fisch-Ragout rühren und mit dem Reis servieren.

Für Gäste – mit Alkohol

Wolfsbarsch vom Grill
2 Portionen

Zubereitungszeit: 30 Minuten
Grillzeit: 15–20 Minuten

½ Fenchelknolle
2 kleine, küchenfertige Wolfsbarsche (je etwa 500 g)
Salz
frisch gemahlener Pfeffer
Saft von 1 Zitrone
20 ml Pernod (französischer Anis-Schnaps)
Schnittlauchröllchen

Außerdem:
2 Bögen Alufolie

Pro Portion:
E: 93 g, F: 19 g, Kh: 6 g,
kJ: 2686, kcal: 640

1. Von der Fenchelknolle die Stiele dicht oberhalb der Knolle abschneiden, braune Stellen und Blätter entfernen (etwas Fenchelgrün beiseitelegen), die Wurzelenden gerade schneiden. Die Knolle waschen, abtropfen lassen, halbieren und in längliche Streifen schneiden.

2. Barsche unter fließendem kalten Wasser abspülen, trocken tupfen, mit Salz, Pfeffer, Zitronensaft und Pernod innen und außen würzen.

3. Die Bauchhöhlen der Barsche mit Fenchelstreifen füllen. Barsche einzeln in Alufolie (gefettet) wickeln und die Enden zudrehen. Die Fischpäckchen auf dem vorgeheizten Grill unter mehrmaligem Wenden 15–20 Minuten grillen.

4. Die Barsche aus der Folie wickeln und auf einer Platte anrichten. Beiseite gelegtes Fenchelgrün abspülen, trocken tupfen und klein schneiden. Die Barsche mit Schnittlauchröllchen und Fenchelgrün bestreuen.

Beilage: Frische Salate und gebackene Kartoffeln.

Tipp: Sie können den Wolfsbarsch auch im vorgeheizten Backofen bei Ober-/Unterhitze: etwa 220 °C, Heißluft: etwa 200 °C etwa 20 Minuten garen.

Zucchini-Fisch-Ragout

Wolfsbarsch vom Grill

Zanderfilet mit Kartoffelschuppen

Mit Alkohol

Zanderfilet mit Kartoffelschuppen
4 Portionen

Zubereitungszeit: 50 Minuten
Garzeit: Linsengemüse: 25–30 Minuten
Garzeit: Fischpfanne: 13–15 Minuten

Für das Linsengemüse:
200 g Tellerlinsen
1 Zwiebel
1 EL Speiseöl, z. B. Sonnenblumen- oder Olivenöl
500 ml (½ l) Gemüsebrühe
1–2 Lorbeerblätter
etwa 2 EL Balsamico-Essig
Salz
frisch gemahlener Pfeffer
Cayennepfeffer
2 EL gehackte Petersilie

Für die Sauce:
1 Schalotte oder 1 kleine Zwiebel
10 g Butter
80 ml trockener Weißwein
50 ml Wermut (Noilly Prat)
250 ml (¼ l) Fischfond
200 g Schlagsahne
½ EL Zitronensaft
1 EL heller Saucenbinder

Für den Fisch:
300 g kleine, vorwiegend festkochende Kartoffeln
25 g Butter
4 kleine Zanderfilets (je etwa 125 g)
etwas Weizenmehl
1 Ei (Größe M)

Außerdem:
Backpapier

Pro Portion:
E: 41 g, F: 29 g, Kh: 37 g,
kJ: 2527, kcal: 603

1. Für das Linsengemüse Linsen in ein Sieb geben und abspülen. Zwiebel abziehen, fein würfeln. Öl in einem Topf erhitzen. Zwiebelwürfel darin andünsten. Linsen, Brühe und Lorbeerblätter hinzugeben, zum Kochen bringen. Die Linsen zugedeckt 25–30 Minuten bei schwacher Hitze garen. Die Brühe sollte fast aufgebraucht sein. Sollte beim Garen zu viel Brühe verdampft sein, eventuell noch etwas Brühe hinzufügen. Lorbeerblätter entfernen. Die Linsen mit Essig, Salz, Pfeffer und Cayennepfeffer würzen. 1 Esslöffel von der Petersilie unterrühren. Linsengemüse warm stellen.

2. Für die Sauce Schalotte oder Zwiebel abziehen und klein würfeln. Butter in einem Topf zerlassen. Schalotten- oder Zwiebelwürfel darin andünsten. Mit Wein und Wermut ablöschen, zugedeckt auf die Hälfte einkochen lassen. Anschließend durch ein Sieb in einen Topf gießen.

3. Fischfond, 150 g Sahne und Zitronensaft hinzugeben, wieder zum Kochen bringen und die Sauce nochmals auf die Hälfte einkochen lassen. Saucenbinder unterrühren. Die Sauce mit Salz und Pfeffer würzen, beiseitestellen. Restliche Sahne anschlagen und kalt stellen. Den Backofen vorheizen.

4. Für den Fisch Kartoffeln waschen, schälen, abspülen, in dünne Scheiben hobeln und etwa 3 Minuten in kochendem Salzwasser blanchieren. Kartoffelscheiben in ein Sieb geben, mit kaltem Wasser abschrecken und abtropfen lassen.

5. Butter zerlassen. Ein Backblech mit Backpapier belegen und das Papier mit etwas zerlassener Butter einfetten. Zanderfilets unter fließendem kalten Wasser abspülen, trocken tupfen, mit Salz und Pfeffer würzen. Zanderfilets mit der Hautseite nach oben auf das Backblech legen und mit Mehl bestäuben.

6. Ei in einem tiefen Teller verschlagen. Die Kartoffelscheiben darin wenden und schuppenförmig auf die Zanderfilets legen. Kartoffelscheiben mit der restlichen Butter bestreichen, mit Salz und Pfeffer würzen. Das Backblech in den vorgeheizten Backofen schieben.
Ober-/Unterhitze: etwa 220 °C
Heißluft: etwa 200 °C
Garzeit: etwa 10 Minuten.

7. Nach der angegebenen Garzeit den Backofengrill einschalten und die Kartoffelscheiben unter dem Grill 3–5 Minuten leicht bräunen lassen.

8. In der Zwischenzeit die beiseite gestellte Sauce erhitzen, kalt gestellte, angeschlagene Sahne unterheben. Die Sauce nochmals mit den Gewürzen abschmecken.

9. Das warm gestellte Linsengemüse auf eine vorgewärmte Platte geben. Die Fischfilets darauf anrichten und mit der restlichen Petersilie bestreuen. Die Sauce dazureichen.

Raffiniert – gut vorzubereiten

Viktoriabarsch im Zucchinimantel
8–10 Portionen

Zubereitungszeit: 50 Minuten
Grillzeit: etwa 12 Minuten

2 mittelgroße Zucchini (je etwa 250 g)
Salzwasser

4 Viktoriabarschfilets (etwa 600 g)
Salz, frisch gemahlener Pfeffer
etwas Zitronensaft
Olivenöl

Außerdem:
evtl. Holzstäbchen

Pro Portion:
E: 13 g, F: 2 g, Kh: 1 g,
kJ: 319, kcal: 76

1. Zucchini waschen, abtrocknen und die Enden abschneiden. Zucchini der Länge nach in dünne Scheiben schneiden.
2. Zucchinischeiben in kochendem Salzwasser etwa 2 Minuten blanchieren. Anschließend in ein Sieb geben, mit eiskaltem Wasser übergießen und abtropfen lassen.
3. Viktoriabarschfilets unter fließendem kalten Wasser abspülen und trocken tupfen. Die Fischfilets jeweils einmal senkrecht durchschneiden. Mit Salz, Pfeffer und Zitronensaft würzen.
4. Die Fischfilets in je 2–3 Zucchinischeiben einschlagen und eventuell mit Holzstäbchen zusammenhalten. Mit Olivenöl bestreichen.
5. Die eingeschlagenen Fischfilets auf den vorgeheizten, mit Alufolie belegten Grill legen und von beiden Seiten etwa 12 Minuten grillen.

Für Gäste

Rotbarbenfilets mit Kapern
4 Portionen

Zubereitungszeit: 45 Minuten
Garzeit: etwa 10 Minuten

8 Rotbarbenfilets (pro Portion etwa 160 g)
Salz
frisch gemahlener Pfeffer
2–3 EL Weizenmehl
6 EL Speiseöl

Für die Sauce:
40 g Butter
50 g kleine geschälte Silberzwiebeln
50 g Kapern
50 g Artischockenwürfel (vom Boden)
50 g enthäutete, entkernte Tomatenwürfel
1 EL gehackter Estragon
200 ml Fischfond

Pro Portion:
E: 66 g, F: 25 g, Kh: 8 g,
kJ: 2191, kcal: 523

1. Rotbarbenfilets unter fließendem kalten Wasser abspülen und trocken tupfen. Rotbarbenfilets mit Salz und Pfeffer würzen, von beiden Seiten mit Mehl bestäuben.
2. Speiseöl in einer großen Pfanne erhitzen. Rotbarbenfilets darin von beiden Seiten etwa 10 Minuten braten, herausnehmen und auf einer vorgewärmten Platte anrichten, warm stellen.
3. Für die Sauce Butter in einer Pfanne zerlassen. Silberzwiebeln, Kapern und Artischockenwürfel darin andünsten. Tomatenwürfel und Estragon hinzufügen. Fond hinzugießen, zum Kochen bringen und etwas einkochen lassen. Die Sauce auf den Rotbarbenfilets verteilen und sofort servieren.

Viktoriabarsch im Zucchinimantel

Rotbarbenfilets mit Kapern

Piccata vom Rotbarsch

Schollenfilet in Bierteig

Für Kinder

Piccata vom Rotbarsch
4 Portionen

Zubereitungszeit: 60 Minuten
Bratzeit: etwa 5 Minuten

3 l Wasser
3 gestr. TL Salz
300 g Spaghetti

8 Rotbarschfiletstücke (je etwa 70 g)
Salz
frisch gemahlener Pfeffer
3 Eier (Größe M)
50 g frisch geriebener
Parmesan-Käse
35 g Weizenmehl

4 EL Olivenöl
40 g Butter
1 kleine Dose gehackte, geschälte
Tomaten (Abtropfgewicht 240 g)
1 Knoblauchzehe

1 Bund Basilikum

Pro Portion:
E: 46 g, F: 34 g, Kh: 53 g,
kJ: 3121, kcal: 745

1. Wasser in einem großen Topf mit geschlossenem Deckel zum Kochen bringen. Dann Salz und Spaghetti zugeben. Die Spaghetti im geöffneten Topf bei mittlerer Hitze nach Packungsanleitung kochen lassen, dabei zwischendurch 4–5-mal umrühren.
2. Anschließend die Spaghetti in ein Sieb geben, mit heißem Wasser abspülen und abtropfen lassen.
3. Rotbarschfilets unter fließendem kalten Wasser abspülen, trocken tupfen, mit Salz und Pfeffer würzen. Eier in einer flachen Schüssel oder einem tiefen Teller verschlagen, Parmesan-Käse unterrühren.
4. Rotbarschfilets zuerst in Mehl, dann in dem Eier-Parmesan-Gemisch wenden. Zwei Esslöffel des Olivenöls mit der Butter in einer Pfanne erhitzen. Rotbarschfilets darin von beiden Seiten etwa 5 Minuten braten.
5. Restliches Olivenöl in einem Topf erhitzen. Spaghetti und Tomatenwürfel darin unter vorsichtigem Rühren erhitzen. Knoblauch abziehen, klein würfeln oder durch eine Knoblauchpresse drücken und hinzufügen. Mit Salz und Pfeffer würzen.
6. Basilikum abspülen und trocken tupfen. Die Blättchen von den Stängeln zupfen. Die Spaghetti-Tomaten-Mischung auf Tellern verteilen. Rotbarschfilets darauf anrichten und mit Basilikumblättchen garnieren.

Tipp: Statt Spaghetti können auch andere Nudelsorten verwendet werden. Nach Belieben zusätzlich einige frische Tomatenwürfel unter die Spaghetti-Tomaten-Mischung heben.

Für Gäste

Schollenfilet in Bierteig
4 Portionen

Zubereitungszeit: 60 Minuten, ohne Ruhezeit

Für den Bierteig:
250 g Weizenmehl
3 Eier (Größe M)
250 ml (¼ l) alkoholfreies Bier
Salz
frisch gemahlener Pfeffer

12 Schollen- oder Atlantikzungenfilets (je etwa 50 g)

Für das Gemüse:
je 1 rote und grüne Paprikaschote (je etwa 150 g)
1 Bund Frühlingszwiebeln (etwa 250 g)
40 g Butter oder Margarine
1 Pck. gehackte TK-Petersilie

Zum Ausbacken:
1 l Speiseöl

Pro Portion:
E: 62 g, F: 93 g, Kh: 56 g,
kJ: 5794, kcal: 1385

1. Für den Teig Mehl, Eier und Bier in einer Rührschüssel zu einem glatten Teig verarbeiten. Mit Salz und Pfeffer würzen. Den Teig etwa 20 Minuten ruhen lassen.
2. Schollenfilets unter fließendem kalten Wasser abspülen und trocken tupfen.
3. Für das Gemüse Paprikaschoten halbieren, entstielen, entkernen und die weißen Scheidewände entfernen. Die Schoten waschen, abtropfen lassen und in kleine Stücke schneiden. Paprikastücke in kochendem Salzwasser etwa 10 Minuten blanchieren und in einem Sieb abtropfen lassen.
4. Frühlingszwiebeln putzen, waschen, abtropfen lassen und in etwa 1 cm lange Stücke schneiden.
5. Butter oder Margarine in einer Pfanne erhitzen. Frühlingszwiebel- und Paprikastücke darin 5–10 Minuten andünsten. Petersilie hinzufügen. Mit Salz und Pfeffer würzen.
6. Zum Ausbacken Speiseöl in einer Fritteuse oder einem hohen schmalen Topf auf etwa 180 °C erhitzen. Die Schollenfilets mit Hilfe von 2 Gabeln durch den Bierteig ziehen, etwas abtropfen lassen und portionsweise in dem siedenden Ausbackfett etwa 5 Minuten goldgelb backen, dabei eventuell einmal wenden.
7. Die Schollenfilets herausnehmen und auf dem Gemüse anrichten.

Tipp: Für dieses Gericht können auch andere Fischsorten verwendet werden, z. B. Rot- oder Viktoriabarsch. Je nach Dicke der Filets verlängern sich aber die Ausbackzeiten um 2–4 Minuten.

Einfach – schnell

Spaghetti mit Tomaten-Muschel-Sauce
4 Portionen

Zubereitungszeit: 25 Minuten

Für die Tomaten-Muschel-Sauce:
4 mittelgroße Tomaten
etwa 200 g Muscheln (aus der Dose)
2 Dosen Tunfisch, natur
(Abtropfgewicht je 185 g)
4 Knoblauchzehen
6 EL Olivenöl
Salz
frisch gemahlener Pfeffer
2 EL gehackte glatte Petersilie
4 l Wasser
4 TL Salz
400 g Spaghetti

Zum Garnieren:
etwas glatte Petersilie
40 g gehobelter Parmesan-Käse

Pro Portion:
E: 38 g, F: 58 g, Kh: 71 g,
kJ: 4287, kcal: 1023

1. Für die Sauce Tomaten waschen, abtropfen lassen, kreuzweise einschneiden und einige Sekunden in kochendes Wasser legen. Tomaten kurz in kaltes Wasser legen, enthäuten, halbieren, entkernen und Stängelansätze herausschneiden. Tomatenhälften in Stücke schneiden.
2. Muscheln in einem Sieb abtropfen lassen. Den Sud dabei auffangen. Tunfisch abtropfen lassen und mit einer Gabel etwas zerpflücken.
3. Knoblauch abziehen und klein würfeln. Olivenöl in einer großen Pfanne erhitzen. Knoblauchwürfel darin andünsten. Tomatenstücke hinzufügen und kurz mitdünsten lassen. Muscheln und Tunfisch unterrühren. Die Sauce erhitzen, mit Salz und Pfeffer würzen. Petersilie unterheben.
4. Wasser in einem großen Topf mit geschlossenem Deckel zum Kochen bringen. Dann Salz und Spaghetti zugeben. Die Spaghetti im geöffneten Topf bei mittlerer Hitze nach Packungsanleitung kochen lassen, dabei zwischendurch 4–5-mal umrühren.
5. Anschließend die Spaghetti in ein Sieb geben, mit heißem Wasser abspülen und abtropfen lassen.
6. Die Spaghetti in eine große Schüssel geben. Die Tomaten-Muschel-Sauce darauf verteilen.
7. Zum Garnieren Petersilie abspülen und trocken tupfen. Die Blättchen von den Stängeln zupfen. Einige Blättchen beiseitelegen. Restliche Blättchen klein schneiden. Spaghetti mit Parmesan-Käse und Petersilie bestreuen, mit den beiseite gelegten Petersilienblättchen garniert servieren.

Spaghetti mit Tomaten-Muschel-Sauce

Mit Alkohol

Wolfsbarsch mit Pfifferling-Saubohnen-Ragout
4 Portionen

Zubereitungszeit: 45 Minuten, ohne Auftauzeit
Garzeit: etwa 10 Minuten

200 g TK-Dicke Bohnenkerne
2 Schalotten
1 EL Butter für die Form

800 g Wolfsbarschfilet mit Haut, geschuppt
Salz
frisch gemahlener Pfeffer
100 ml trockener Weißwein
400 g frische Pfifferlinge
1 kleine Zwiebel
1 EL Butter
250 g Crème fraîche
1 Bund Kerbel

Pro Portion:
E: 53 g, F: 30 g, Kh: 17 g,
kJ: 2393, kcal: 575

1. Bohnen nach Packungsanleitung auftauen lassen.
2. Den Backofen vorheizen. Schalotten abziehen, zuerst in Scheiben schneiden, dann in Ringe teilen. Schalottenringe in einer feuerfesten Form oder Auflaufform (mit Butter gefettet) verteilen.
3. Wolfsbarschfilet unter fließendem kalten Wasser abspülen, trocken tupfen und in 4 gleich große Stücke schneiden. Barschfiletstücke von beiden Seiten mit Salz und Pfeffer würzen, nebeneinander in die Form oder Auflaufform legen, Weißwein hinzugießen. Die Form auf dem Rost in den vorgeheizten Backofen schieben.
Ober-/Unterhitze: etwa 220 °C
Heißluft: etwa 200 °C
Garzeit: etwa 10 Minuten.
4. In der Zwischenzeit Pfifferlinge putzen und mit Küchenpapier abreiben. Wenn möglich, Pfifferlinge nur trocken säubern. Aufgetaute Bohnenkerne in ein Sieb geben und mit heißem Wasser abspülen. Die dicke weiße Haut der Bohnen entfernen.
5. Zwiebel abziehen und in kleine Würfel schneiden. Butter in einer Pfanne zerlassen. Zwiebelwürfel darin glasig dünsten. Pfifferlinge hinzufügen und mit andünsten. Mit Salz und Pfeffer würzen. Crème fraîche unterrühren und die Pfifferlinge unter vorsichtigem Rühren aufkochen lassen. Bohnenkerne hinzugeben und miterwärmen.
6. Kerbel abspülen und trocken tupfen. Die Blättchen von den Stängeln zupfen. Blättchen klein schneiden. Kerbel zum Ragout geben und unterheben. Mit Salz und Pfeffer abschmecken.
7. Die Wolfsbarschfilets auf dem Ragout anrichten.

Raffiniert

Tomatenfisch auf Gurkengemüse
4 Portionen

Zubereitungszeit: 45 Minuten
Garzeit: etwa 15 Minuten

4 Pangasiusfilets (je etwa 150 g)
1 Zwiebel
1 Knoblauchzehe
3 Salatgurken (1,2 kg)
2 große Tomaten
2 EL Speiseöl
Salz
frisch gemahlener Pfeffer
4 EL frisch geriebener Parmesan-Käse

Außerdem:
1 Stück Bratfolie oder Bratschlauch

Pro Portion:
E: 31 g, F: 29 g, Kh: 6 g,
kJ: 1732, kcal: 413

1. Pangasiusfilets unter fließendem kalten Wasser abspülen und trocken tupfen. Den Backofen vorheizen.
2. Zwiebel und Knoblauch abziehen, in kleine Würfel schneiden. Gurken schälen, längs halbieren, entkernen und in Scheiben schneiden. Tomaten waschen, trocken tupfen und die Stängelansätze herausschneiden. Tomaten in Scheiben schneiden.

Wolfsbarsch mit Pfifferling-Saubohnen-Ragout

Fisch und Meeresfrüchte

Tomatenfisch auf Gurkengemüse

Seelachsfilet, in Folie gegart

3. Speiseöl in einem Topf erhitzen. Zwiebel- und Knoblauchwürfel darin andünsten. Gurkenscheiben hinzufügen. Mit Salz und Pfeffer würzen.
4. Das vorbereitete Gemüse auf ein Stück Bratfolie oder in den Bratschlauch geben. Pangasiusfilets auf dem Gemüse verteilen. Filets mit Tomatenscheiben belegen und mit Käse bestreuen.
5. Die Bratfolie oder den Bratschlauch nach Packungsanleitung verschließen und auf ein Backblech legen. Das Backblech in den vorgeheizten Backofen schieben.
Ober-/Unterhitze: etwa 200 °C
Heißluft: etwa 180 °C
Garzeit: etwa 15 Minuten.
6. Die Folie aufschneiden. Tomatenfisch mit dem Gemüse auf Tellern anrichten.

Beilage: Frisches Stangenweißbrot oder Reis.

Tipp: Beim Garen im Bratfolienschlauch können Sie fast ganz auf Fett verzichten, trotzdem gart alles herrlich aromatisch und bleibt saftig.

Raffiniert

Seelachsfilet, in Folie gegart
4 Portionen

Zubereitungszeit: 35 Minuten
Garzeit: 20–25 Minuten

4 Scheiben Seelachsfilet
(je etwa 180 g)
Salz
frisch gemahlener Pfeffer
2 kleine Stangen Porree (Lauch)
2 EL Speiseöl
4 Tomaten
½ Bund glatte Petersilie
3 EL Röstzwiebeln

Außerdem:
4 Bögen Alufolie (je etwa 20 x 30 cm)

Pro Portion:
E: 32 g, F: 12 g, Kh: 8 g,
kJ: 1127, kcal: 269

1. Seelachsfilets unter fließendem kalten Wasser abspülen, trocken tupfen, mit Salz und Pfeffer bestreuen.

2. Porree putzen, die Stangen längs halbieren. Porree gründlich waschen, abtropfen lassen und in feine Streifen schneiden. Speiseöl in einem Topf erhitzen, Porreestreifen hinzugeben und unter mehrmaligem Wenden etwa 3 Minuten dünsten. Mit Salz und Pfeffer würzen.
3. Vier Bögen Alufolie auf einer Arbeitsfläche ausbreiten. Die Porreestreifen darauf verteilen. Je 1 Scheibe Seelachsfilet darauflegen.
4. Tomaten waschen, abtrocknen und die Stängelansätze herausschneiden. Tomaten in große Würfel schneiden. Petersilie abspülen und trocken tupfen. Die Blättchen von den Stängeln zupfen. Blättchen grob hacken. Tomatenwürfel mit Petersilie und Röstzwiebeln mischen, auf den Seelachsfiletscheiben verteilen.
5. Fisch und Gemüse in der Alufolie fest einpacken und auf ein Backblech legen. Das Backblech in den vorgeheizten Backofen schieben.
Ober-/Unterhitze: etwa 200 °C
Heißluft: etwa 180 °C
Garzeit: 20–25 Minuten.
6. Jeweils 1 Seelachsfilet-Päckchen auf einen Teller legen, Alufolie öffnen. Seelachsfilets sofort servieren.

Tintenfische, frittiert

Tilapia-Filet auf mediterranem Gemüse

Einfach – preiswert

Tintenfische, frittiert
4 Portionen

Zubereitungszeit: 50 Minuten

1 ½ kg küchenfertige Tintenfische
60 g Weizenmehl

Zum Frittieren:
1 l Olivenöl

Salz

Zitronenspalten
Basilikumblättchen

Pro Portion:
E: 61 g, F: 14 g, Kh: 16 g,
kJ: 1809, kcal: 431

1. Tintenfische unter fließendem kalten Wasser abspülen, trocken tupfen und in Ringe schneiden (kleine Tintenfische ganz lassen). Mehl in einen flachen Teller geben. Tintenfischringe darin wenden. Überflüssiges Mehl abschütteln.
2. Zum Frittieren Olivenöl in einer Fritteuse oder in einem Topf auf etwa 180 °C erhitzen. Tintenfischringe in dem heißen Olivenöl knusprig frittieren, dabei ab und zu wenden.
3. Tintenfischringe mit einer Schaumkelle herausnehmen und auf Küchenpapier abtropfen lassen. Mit Salz bestreuen.
4. Tintenfischringe mit Zitronenspalten und Basilikumblättchen garniert servieren.

Raffiniert

Tilapia-Filet auf mediterranem Gemüse
4 Portionen

Zubereitungszeit: 20 Minuten

250 g Cocktailtomaten
3 mittelgroße Zucchini
(etwa 600 g)
1 Dose Artischockenherzen
(Abtropfgewicht 240 g)
2–3 EL Olivenöl
1 Pck. (25 g) TK-Italienische Kräutermischung
Salz
frisch gemahlener Pfeffer
600 g Tilapia-Filet
1 gestr. TL Chiliflocken

Pro Portion:
E: 32 g, F: 9 g, Kh: 6 g,
kJ: 947, kcal: 239

1. Tomaten waschen, trocken tupfen, halbieren und die Stängelansätze entfernen. Zucchini waschen, abtrocknen und die Enden abschneiden. Zucchini in Würfel schneiden.
2. Artischockenherzen in einem Sieb abtropfen lassen und vierteln.
3. Olivenöl in einer Pfanne erhitzen. Die Zucchiniwürfel darin etwa 2 Minuten andünsten. Tomatenhälften, Artischocken und die Kräutermischung hinzufügen. Mit Salz und Pfeffer würzen.
4. Tilapia unter fließendem kalten Wasser abspülen, trocken tupfen und in 8 gleich große Stücke schneiden. Filetstücke nebeneinander auf das Gemüse in die Pfanne legen. Mit Salz und Chili bestreuen. Die Pfanne mit einem Deckel verschließen. Tilapia und das Gemüse etwa 8 Minuten dünsten.
5. Tilapiastücke vorsichtig aus der Pfanne nehmen. Das Gemüse nochmals mit den Gewürzen abschmecken.
6. Tilapia-Filet auf dem Gemüse anrichten und servieren.

Schnell

Heilbutt, amerikanisch
4 Portionen

Zubereitungszeit: 20 Minuten
Bratzeit: 8–10 Minuten

4 Heilbuttscheiben (je etwa 200 g)
evtl. 2 EL Zitronensaft
Salz
frisch gemahlener Pfeffer
1 Dose Gemüsemais
(Abtropfgewicht 285 g)
6 EL Butter
150 g Shrimps
vorbereitete Petersilienblättchen

Pro Portion:
E: 49 g, F: 18 g, Kh: 13 g,
kJ: 1884, kcal: 449

1. Heilbuttscheiben unter fließendem kalten Wasser abspülen, trocken tupfen, eventuell mit Zitronensaft beträufeln. Mit Salz und Pfeffer würzen.
2. Mais mit der Flüssigkeit erhitzen und in einem Sieb abtropfen lassen. 1 Esslöffel der Butter in einem kleinen Topf zerlassen. Mais darin kurz andünsten, mit Salz würzen, auf einer vorgewärmten Platte anrichten und warm stellen.
3. Restliche Butter in einer Pfanne zerlassen, die Heilbuttscheiben darin von beiden Seiten 8–10 Minuten braten, herausnehmen, auf dem Mais anrichten und warm stellen.
4. Shrimps eventuell abspülen, trocken tupfen und kurz in dem verbliebenen Bratfett schwenken. Shrimps auf den Heilbuttscheiben verteilen.
5. Die Heilbuttscheiben mit Petersilienblättchen garnieren.

Raffiniert

Asiatische Lachsstücke
4 Portionen

Zubereitungszeit: 25 Minuten,
ohne Einweichzeit
Garzeit: etwa 20 Minuten

600 g Lachsfilet, frisch oder
TK-Lachsfilet, ohne Haut und Gräten
25 g getrocknete Mu-Err-Pilze
(schwarze Baumpilze)
1 Bund Frühlingszwiebeln (etwa 250 g)
1 Dose Sojabohnenkeimlinge
(Abtropfgewicht 175 g)
1 Dose Bambussprossen in Streifen
(Abtropfgewicht 175 g)
2 EL Sojasauce
2 EL Fischsauce
frisch gemahlener Pfeffer

Außerdem:
1 Stück Bratfolie oder Bratschlauch

Pro Portion:
E: 36 g, F: 13 g, Kh: 9 g,
kJ: 1219, kcal: 292

1. Lachsfilet unter fließendem kalten Wasser abspülen und trocken tupfen. TK-Lachsfilet vorher nach Packungsanleitung auftauen lassen und trocken tupfen.
2. Mu-Err-Pilze nach Packungsanleitung einweichen. Frühlingszwiebeln putzen, waschen, abtropfen lassen und in etwa 3 cm lange Stücke schneiden. Sojabohnenkeimlinge und Bambussprossen getrennt in je einem Sieb abtropfen lassen. Den Backofen vorheizen.
3. Pilze abtropfen lassen und in kleine Stücke schneiden. Lachsfiletstücke mit Frühlingszwiebelstücken, Sojabohnenkeimlingen und Bambussprossen in einer Schüssel mischen, Pilzstücke, Sojasauce und Fischsauce hinzufügen, mit Pfeffer würzen.
4. Die Fisch-Gemüse-Mischung auf ein großes Stück Bratfolie oder in den Bratschlauch geben, nach Packungsanleitung verschließen und auf ein Backblech legen. Das Backblech in den vorheizten Backofen schieben.
Ober-/Unterhitze: etwa 200 °C
Heißluft: etwa 180 °C
Garzeit: etwa 20 Minuten.
5. Die Folie aufschneiden. Die asiatischen Lachsstücke auf einer vorgewärmten Platte anrichten und sofort servieren.

Beilage: Curryreis. Dafür etwas Butter oder Speiseöl in einer Pfanne erhitzen, 1 Teelöffel Currypulver hinzufügen. Gegarten Reis hinzugeben und gut verrühren, mit Salz abschmecken.

Heilbutt, amerikanisch

Asiatische Lachsstücke

Einfach – schnell

Bandnudeln mit Lachs und Tomaten
4 Portionen

Zubereitungszeit: 25 Minuten

Für die Sauce:
3 mittelgroße Tomaten
100 g geräucherter Lachs
(in Scheiben)
2 Knoblauchzehen
60 g schwarze Oliven
3 EL Olivenöl
2 Becher (je 150 g) Crème fraîche
Salz
frisch gemahlener Pfeffer
½ TL Estragon

3–4 l Wasser
3–4 TL Salz
400 g dünne, grüne Bandnudeln

Nach Belieben zum Garnieren:
einige Lachsstreifen
schwarze Oliven

Pro Portion:
E: 37 g, F: 62 g, Kh: 44 g,
kJ: 3890, kcal: 928

Bandnudeln mit Lachs und Tomaten

1. Für die Sauce Tomaten waschen, abtropfen lassen, kreuzweise einschneiden und einige Sekunden in kochendes Wasser legen. Tomaten kurz in kaltes Wasser legen, enthäuten, halbieren, entkernen und Stängelansätze herausschneiden. Tomaten in Spalten schneiden.
2. Lachsscheiben in etwa 1 ½ cm dicke Streifen schneiden. Knoblauch abziehen und in kleine Würfel schneiden. Oliven nach Belieben entsteinen und in kleine Stücke schneiden.
3. Olivenöl in einer großen Pfanne erhitzen. Knoblauchwürfel darin hellgelb andünsten. Lachsstreifen und Olivenstückchen vorsichtig unterrühren.
4. Crème fraîche unterrühren. Tomatenspalten hinzufügen. Die Zutaten vorsichtig bei schwacher Hitze erhitzen. Mit Salz, Pfeffer und Estragon würzen. Die Sauce warm stellen.
5. Wasser in einem großen Topf mit geschlossenem Deckel zum Kochen bringen. Dann Salz und Bandnudeln zugeben. Die Bandnudeln im geöffneten Topf bei mittlerer Hitze nach Packungsanleitung kochen lassen, dabei zwischendurch 4–5-mal umrühren. Anschließend die Bandnudeln in ein Sieb geben, mit heißem Wasser abspülen und abtropfen lassen.
6. Die Bandnudeln in eine Schüssel geben. Die Sauce darauf verteilen. Nach Belieben mit Lachsstreifen und Oliven garnieren. Sofort servieren.

Tipp: Sie können die Nudeln zusätzlich mit frischen Estragonzweigen garnieren.

Mit Alkohol

Fisch mit Chipskruste
4 Portionen

Zubereitungszeit: 55 Minuten
Garzeit: 15–20 Minuten

2 Schalotten
100 g weiche Butter
2 EL körniger Senf
1 EL Weizenmehl
1 EL abgetropfte Kapern
2 EL gehackte Kräuter,
z. B. Petersilie, Dill, Estragon
4 Scheiben Seelachsfilet
(je etwa 150 g)
Salz, frisch gemahlener Pfeffer
8 gekochte, heiße, mittelgroße Pellkartoffeln
5 EL Weißwein
60 g Kartoffelchips

Pro Portion:
E: 32 g, F: 29 g, Kh: 40 g,
kJ: 2394, kcal: 572

1. Schalotten abziehen und in kleine Würfel schneiden. Butter mit Senf, Mehl, Kapern und Schalottenwürfeln gut verrühren. Kräuter unterrühren. Den Backofen vorheizen.
2. Seelachsfilets unter fließendem kalten Wasser abspülen, trocken tupfen, mit Salz und Pfeffer bestreuen.
3. Kartoffeln pellen, in Scheiben schneiden und in eine flache Auflaufform (gefettet) legen. Kartoffelscheiben mit Salz und Pfeffer bestreuen, mit Wein beträufeln. Seelachsfilets darauflegen und mit der Butter-Schalotten-Masse bestreichen.
4. Kartoffelchips in einen Gefrierbeutel geben, Beutel verschließen. Kartoffelchips mit einer Teigrolle grob zerbröseln. Chipsbrösel auf der Butter-Schalotten-Masse verteilen. Die Form auf dem Rost in den vorgeheizten Backofen schieben.
Ober-/Unterhitze: etwa 200 °C
Heißluft: etwa 180 °C
Garzeit: 15–20 Minuten.

Tipp: Statt Seelachsfilet können Sie auch Dorsch- oder Kabeljaufilet verwenden. Fisch mit Chipskruste mit Dillzweigen garniert servieren.

Fruchtig

Gebratene Schollenfilets
4 Portionen

Zubereitungszeit: 55 Minuten, ohne Auftauzeit

12 Schollenfilets (je etwa 50 g, TK oder frisch)
Salz
frisch gemahlener Pfeffer
etwas Weizenmehl
2 Äpfel, z. B. Granny Smith (etwa 180 g)
200 g weiße Champignons
1 Bund Frühlingszwiebeln (etwa 200 g)
2 EL Speiseöl
1 kleines Bund Estragon
80 g Butter oder Margarine

Pro Portion:
E: 30 g, F: 25 g, Kh: 17 g,
kJ: 1731, kcal: 415

1. TK-Schollenfilets nach Packungsanleitung auftauen lassen. Filets unter fließendem kalten Wasser abspülen und trocken tupfen. Mit Salz und Pfeffer bestreuen. Schollenfilets in Mehl wenden (dabei überschüssiges Mehl abschütteln).
2. Äpfel waschen, abtrocknen, vierteln, entkernen und in kleine Stücke schneiden. Champignons putzen, mit Küchenpapier abreiben, evtl. abspülen, trocken tupfen und je nach Größe halbieren oder vierteln.
3. Frühlingszwiebeln putzen, waschen, trocken tupfen und den weißen Teil in etwa 2 cm lange Stücke schneiden.
4. Speiseöl in einer Pfanne erhitzen. Die Schollenfilets darin kurz von beiden Seiten braten, herausnehmen, auf eine vorgewärmte Platte legen und warm stellen.
5. Estragon abspülen und trocken tupfen. Die Blättchen von den Stängeln zupfen. Blättchen grob zerkleinern.
6. Butter oder Margarine in einem Topf zerlassen. Zuerst Frühlingszwiebelstücke, dann Champignons und zuletzt Apfelstücke darin dünsten, Estragon unterrühren. Mit Salz und Pfeffer würzen. Die Gemüse-Apfel-Mischung mit den Schollenfilets anrichten.

Beilage: Kleine Butterkartoffeln.

Abwandlung: Gut schmeckt das Gericht auch, wenn das Gemüse vor dem Dünsten mit 1–2 Teelöffeln Currypulver bestäubt wird. Statt Champignons können auch 300 g geputzte, in Stücke geschnittene, frische Austernpilze verwendet werden.

Fisch mit Chipskruste

Gebratene Schollenfilets

Barsch in Kräutersauce

Für Gäste

Barsch in Kräutersauce
6 Portionen

Zubereitungszeit: 40 Minuten
Garzeit: 15–20 Minuten

2 Barsche (etwa 1 1/2 kg)
1 Möhre
2 Zwiebeln
1 1/2 l Wasser
1 Lorbeerblatt
10 Pfefferkörner
1 EL Essigessenz (25 %)
1 gestr. EL Salz

Für die Kräutersauce:
40 g Butter oder Margarine
30 g Weizenmehl
250 ml (1/4 l) Fischbrühe
(von den Barschen)
250 g Schlagsahne
1 Eigelb (Größe M)
2 EL kaltes Wasser
2–3 Bund Petersilie
Salz
frisch gemahlener Pfeffer

Pro Portion:
E: 21 g, F: 20 g, Kh: 7 g,
kJ: 1306, kcal: 316

1. Barsche schuppen, ausnehmen, Kopf und Flossen entfernen. Barsche unter fließendem kalten Wasser abspülen und trocken tupfen.
2. Möhre putzen, schälen, waschen, abtropfen lassen und in Würfel schneiden. Zwiebeln abziehen und halbieren.
3. Wasser in einem Topf mit Möhrenwürfeln, Zwiebelhälften, Lorbeerblatt, Pfefferkörnern, Essigessenz und Salz zum Kochen bringen, etwa 10 Minuten kochen lassen.
4. Barsche in das schwach kochende Wasser geben und in 15–20 Minuten gar ziehen lassen. Barsche mit einer Schaumkelle herausnehmen, abtropfen lassen, auf einer vorgewärmten Platte anrichten und warm stellen. Die Fischbrühe durch ein Sieb gießen und 250 ml (1/4 l) Liter abmessen.
5. Für die Kräutersauce Butter oder Margarine zerlassen, Weizenmehl unter Rühren so lange darin erhitzen, bis es hellgelb ist. Fischbrühe und Sahne hinzugießen. Mit einem Schneebesen durchschlagen. Darauf achten, dass keine Klümpchen entstehen. Die Sauce zum Kochen bringen und unter gelegentlichem Rühren etwa 5 Minuten kochen lassen.
6. Eigelb mit Wasser verschlagen, die Sauce damit abziehen (nicht mehr kochen lassen), mit Salz und Pfeffer abschmecken.
7. Petersilie abspülen und trocken tupfen. Die Blättchen von den Stängeln zupfen. Blättchen klein schneiden und unter die Sauce rühren. Die Sauce über die Barsche gießen oder getrennt dazureichen.

Beilage: Salzkartoffeln, Tomatensalat.

Tipp: Nach Belieben mit Zitronenscheiben, Salatblättern, Petersilie und Kresse garnieren.

Raffiniert

Gebratene Pangasiusfilets mit Erdnusssauce
2 Portionen

Zubereitungszeit: 35 Minuten, ohne Auftauzeit
Bratzeit: etwa 6 Minuten

2 TK-Pangasiusfilets (je etwa 180 g)

1/2 Stange Porree (Lauch)
2 junge Möhren
4 Stangen grüner Spargel
250 g Asianudeln oder schmale Bandnudeln
Salzwasser
1 Topf Koriander
2 EL Sesamöl
Salz, frisch gemahlener Pfeffer

2 EL Sonnenblumenöl
1 EL Butter

125 g Erdnusssauce (erhältlich im Asialaden)

Pro Portion:
E: 47 g, F: 26 g, Kh: 112 g,
kJ: 3675, kcal: 872

1. Pangasiusfilets nach Packungsanleitung auftauen lassen.
2. Porree putzen, gründlich waschen, abtropfen lassen und in breite Streifen schneiden. Möhren putzen, schälen, waschen und abtropfen lassen. Möhren mit einem Sparschäler längs in dünne Streifen schneiden. Vom Spargel das

untere Drittel schälen und die unteren Enden abschneiden. Spargelstangen ebenfalls mit dem Sparschäler längs in dünne Streifen schneiden.

3. Die Nudeln in kochendem Salzwasser nach Packungsanleitung garen. Die vorbereiteten Gemüsestreifen etwa 2 Minuten vor Ende der Garzeit zu den Nudeln geben und mitgaren lassen. Koriander abspülen und trocken tupfen (einige Korianderstängel beiseitelegen). Die Blättchen von den Stängeln zupfen.

4. Die Gemüsenudeln in ein Sieb geben, abtropfen lassen und in eine Schüssel geben. Sesamöl und Korianderblättchen unterheben. Mit Salz und Pfeffer abschmecken, warm stellen.

5. Pangasiusfilets unter fließendem kalten Wasser abspülen und trocken tupfen. Sonnenblumenöl in einer Pfanne erhitzen. Pangasiusfilets darin von jeder Seite etwa 3 Minuten braten. Butter hinzufügen. Pangasiusfilets von beiden Seiten mit Salz und Pfeffer würzen.

6. Pangasiusfilets mit den Gemüsenudeln und der Erdnusssauce (kalt) anrichten. Mit dem beiseite gelegten Koriander garnieren.

Für Gäste

Gebratene Viktoriabarschwürfel mit Reisnudeln
4 Portionen

Zubereitungszeit: 50 Minuten

400 g Viktoriabarschfilet
2 l Wasser
2 gestr. TL Salz
300 g Reisnudeln
2 Bund Frühlingszwiebeln
je 2 rote und grüne milde Peperoni
1 Bund Koriander
Salz
frisch gemahlener Pfeffer
2 EL Speiseöl
Sojasauce

Pro Portion:
E: 25 g, F: 6 g, Kh: 75 g,
kJ: 1912, kcal: 457

1. Fischfilet unter fließendem kalten Wasser abspülen, trocken tupfen und in etwa 2 cm große Würfel schneiden.

2. Wasser mit Salz in einem großen Topf zum Kochen bringen. Die Reisnudeln darin nach Packungsanleitung kochen, zwischendurch 4–5-mal umrühren. Anschließend die Reisnudeln in ein Sieb geben, mit heißem Wasser übergießen und abtropfen lassen.

3. Frühlingszwiebeln putzen, waschen, abtropfen lassen und in etwa 1 cm lange Stücke schneiden. Peperoni halbieren, entstielen, entkernen und die weißen Scheidewände entfernen. Peperoni waschen, trocken tupfen und in kleine Würfel schneiden.

4. Koriander abspülen und trocken tupfen. Die Blättchen von den Stängeln zupfen.

5. Speiseöl in einer großen Pfanne oder einem Wok erhitzen. Frühlingszwiebelstücke, Fischfiletwürfel und Peperoni darin unter mehrmaligem Wenden braten. Nudeln unterrühren. Mit Salz, Pfeffer und Sojasauce würzen.

6. Viktoriabarschwürfel mit Reisnudeln mit Korianderblättchen bestreut sofort servieren.

Gebratene Pangasiusfilets mit Erdnusssauce

Gebratene Viktoriabarschwürfel mit Reisnudeln

Klassisch

Heilbutt mit Sauce Hollandaise
4 Portionen

Zubereitungszeit: 40 Minuten
Bratzeit: 8–10 Minuten

4 Heilbuttscheiben (je etwa 200 g)
evtl. 2 EL Zitronensaft
Salz
frisch gemahlener Pfeffer
30 g Weizenmehl
40 g Butter oder Margarine

Für die Sauce Hollandaise:
2 Eigelb (Größe M)
2 EL Zitronensaft
200 g zerlassene, abgekühlte Butter
1 EL gehackter Dill
Zitronensaft
Worcestersauce
vorbereitete Petersilienblättchen
4 Limettenscheiben von 1 Bio-Limette (unbehandelt, ungewachst)

Pro Portion:
E: 39 g, F: 54 g, Kh: 7 g,
kJ: 2979, kcal: 712

1. Heilbuttscheiben unter fließendem kalten Wasser abspülen und trocken tupfen. Heilbuttscheiben eventuell mit Zitronensaft beträufeln. Mit Salz und Pfeffer würzen, mit etwas Mehl bestäuben.
2. Butter oder Margarine in einer Pfanne zerlassen. Die Heilbuttscheiben darin von beiden Seiten 8–10 Minuten langsam braten, herausnehmen, auf einer vorgewärmten Platte anrichten und warm stellen.
3. Für die Sauce Eigelb, Zitronensaft, Salz und Pfeffer in einer Schüssel mit dem Schneebesen verschlagen. Die Schüssel in ein heißes Wasserbad (Wasser darf nicht kochen!) setzen. Die Eigelbmasse mit dem Schneebesen so lange schlagen, bis die Masse dicklich ist.
4. Nach und nach Butter unterschlagen, Dill unterrühren. Die Sauce mit Salz, Pfeffer, Zitronensaft und Worcestersauce abschmecken.
5. Die Heilbuttscheiben mit Petersilienblättchen und Limettenscheiben garnieren. Die Sauce dazureichen.

Beilage: Petersilienkartoffeln und gemischter Salat.

Heilbutt mit Sauce Hollandaise

Für Gäste

Hummer, klassisch
4 Portionen

Zubereitungszeit: 25 Minuten

1 Hummer (etwa 800 g)
1–2 Bund Suppengrün (Möhren, Knollensellerie, Porree [Lauch])
4 Schalotten
3 l Wasser
2 schwach geh. EL Salz
Pfefferkörner
Kümmelsamen
Dillblüten

Pro Portion:
E: 14 g, F: 1 g, Kh: 0 g,
kJ: 260, kcal: 62

1. Hummer am Rücken festhalten und gründlich in kaltem Wasser abbürsten, dabei die Gummiringe, die die Scheren zusammenhalten nicht entfernen.
2. Möhren und Sellerie putzen, schälen, waschen, abtropfen lassen. Möhren in Scheiben, Sellerie in Würfel schneiden. Porree putzen. Die Stange längs halbieren, gründlich waschen, abtropfen lassen und in Scheiben schneiden. Schalotten abziehen und vierteln.
3. Wasser mit Salz, abgezogenen Schalottenvierteln, Möhrenscheiben, Selleriewürfeln, Porreescheiber, Pfefferkörnern, Kümmel und abgespülten Dillblüten zum Kochen bringen.
4. Damit der Hummer möglichst schnell getötet wird, ihn mit dem Kopf zuerst in das kochende Wasser drücken, zum Kochen bringen und in etwa 10 Minuten gar ziehen (nicht mehr kochen) lassen. (Er verfärbt sich nur rot).
5. Den Hummer im Kochwasser abkühlen lassen, mit einem Schaumlöffel herausnehmen und abtropfen lassen. Den Hummer längs aufschneiden, das Fleisch herauslösen und auf einer Platte anrichten. Hummer lauwarm oder kalt servieren.

Hummer, klassisch

Italienische Muschel-Gemüse-Pfanne

Tipp: Dazu Sauce Hollandaise und Baguettescheiben oder eine Rotweinbutter servieren. Für die Rotweinbutter 2 Schalotten abziehen und in kleine Würfel schneiden. Je 30 g Kerbel, Kresse und Petersilie abspülen und trocken tupfen. Die Blättchen von den Stängeln zupfen. Blättchen klein schneiden. Schalottenwürfel, Kräuter und 100 ml Rotwein in einem Topf zum Kochen bringen und um die Hälfte einkochen lassen. Den Topf von der Kochstelle nehmen, 250 g Butter hinzufügen und mit dem Schneebesen schaumig schlagen. Mit Salz und Pfeffer abschmecken. Die Hummer längs halbieren, die Scheren abdrehen und ausbrechen. Das Hummerfleisch vorsichtig aus den Schwänzen lösen und in Stücke schneiden. Hummerfleisch mit der Rotweinbutter vermengen, in die Hummerhälften füllen und unter dem vorgeheizten Backofengrill etwa 5 Minuten übergrillen. Hummer sieht lebend graubraun bis grünschwarz und gekocht rot aus. Lebender Hummer ist sehr empfindlich und muss vor Kälte und Hitze geschützt werden. Beim Einkauf sind die Scheren zusammengebunden, damit sich die Tiere nicht gegenseitig verletzen. Der Schwanz des lebenden Hummers muss eingezogen und elastisch sein.

Kalorienarm

Italienische Muschel-Gemüse-Pfanne

4 Portionen

Zubereitungszeit: 45 Minuten

500 ml (½ l) Gemüsebrühe
200 g Naturreis
Kurkuma (Gelbwurz)

1 kg frische Miesmuscheln
2 Stangen Porree (Lauch)
2 leicht geh. EL Butter
250 ml (¼ l) Gemüsebrühe
2 Tomaten
1 Bund Basilikum
Salz, schwarzer Pfeffer

Pro Portion:
E: 18 g, F: 7 g, Kh: 46 g,
kJ: 1373, kcal: 327

1. Brühe in einem Topf zum Kochen bringen. Reis hinzufügen und zugedeckt etwa 30 Minuten bei schwacher Hitze ausquellen lassen, bis die ganze Flüssigkeit aufgenommen wurde. Den Reis mit etwas Kurkuma würzen.
2. Miesmuscheln in reichlich kaltem Wasser gründlich waschen und einzeln abbürsten, bis sie nicht mehr sandig sind (Muscheln, die sich beim Waschen öffnen, sind ungenießbar). Porree putzen, die Stangen längs halbieren, gründlich waschen, abtropfen lassen und in Scheiben schneiden.
3. Butter in einer großen Pfanne zerlassen. Porreescheiben darin andünsten, Brühe hinzugießen. Muscheln hinzugeben und zugedeckt etwa 5 Minuten garen, bis sich alle Muscheln geöffnet haben, dabei gelegentlich umrühren (Muscheln, die sich beim Garen nicht öffnen, sind ungenießbar). Muscheln mit einer Schaumkelle herausnehmen und das Muschelfleisch aus den Schalen lösen. Porreescheiben ebenfalls mit einer Schaumkelle aus dem Fischsud nehmen und abtropfen lassen.
4. Tomaten waschen, abtrocknen, halbieren, entkernen und die Stängelansätze herausschneiden. Tomaten in kleine Würfel schneiden. Basilikum abspülen und trocken tupfen. Die Blättchen von den Stängeln zupfen. Blättchen klein schneiden.
5. Reis mit Porreescheiben und Muschelfleisch in einer großen Pfanne mischen, eventuell nochmals kurz erhitzen. Mit Salz und Pfeffer würzen. Die Muschelpfanne mit Tomatenwürfeln und Basilikum garniert servieren.

Kabeljauschnitzel in Dillpanade

Einfach

Kabeljauschnitzel in Dillpanade
8–10 Portionen

Zubereitungszeit: 80 Minuten
Garzeit: etwa 10 Minuten

2 Bund Dill
4 Eier (Größe M)
10 Kabeljaufilets (je etwa 120 g)
Saft von 2 Zitronen
Worcestersauce
Salz
frisch gemahlener Pfeffer
4 EL Weizenmehl
40 g Butter oder Margarine
4 EL Speiseöl

Für das Gemüse:
4 Fleischtomaten (etwa 600 g)
1 Salatgurke (etwa 600 g)
1 Zwiebel (etwa 60 g)
100 g Butter oder Margarine

1 Bund Dill

Pro Portion:
E: 27 g, F: 21 g, Kh: 5 g,
kJ: 1346, kcal: 322

1. Dill unter fließendem kalten Wasser abspülen und trocken tupfen. Die Spitzen von den Stängeln zupfen. Spitzen klein schneiden. Eier in einer Schüssel verschlagen. Dill unterrühren. Den Backofen vorheizen.
2. Kabeljaufilets unter fließendem kalten Wasser abspülen und trocken tupfen. Kabeljaufilets mit Zitronensaft und Worcestersauce beträufeln. Mit Salz und Pfeffer bestreuen.
3. Kabeljaufilets zuerst in Mehl wenden, dann durch die Dill-Eier-Masse ziehen, am Schüsselrand etwas abstreifen. Butter oder Margarine in einer großen Pfanne zerlassen, Speiseöl miterhitzen. Kabeljaufilets eventuell portionsweise von beiden Seiten darin anbraten, herausnehmen und auf ein Backblech (gefettet) legen. Das Backblech in den vorgeheizten Backofen schieben.
Ober-/Unterhitze: 180–200 °C
Heißluft: 160–180 °C
Garzeit: etwa 10 Minuten.
4. Für das Gemüse Tomaten waschen, trocken tupfen, vierteln, entkernen und die Stängelansätze herausschneiden. Tomaten in Würfel schneiden.
5. Gurke schälen, abspülen, trocken tupfen und längs halbieren, Kerne mit einem Teelöffel herauskratzen. Gurkenhälften in Stücke schneiden. Zwiebel abziehen und in kleine Würfel schneiden.
6. Butter oder Margarine in einer großen Pfanne zerlassen, Zwiebelwürfel darin glasig dünsten. Tomatenwürfel und Gurkenstücke hinzugeben und unter gelegentlichem Rühren etwa 10 Minuten mitdünsten lassen. Mit Salz und Pfeffer würzen.
7. Dill abspülen und trocken tupfen. Die Spitzen von den Stängeln zupfen (einige Zweige zum Garnieren beiseitelegen). Spitzen klein schneiden. Kabeljauschnitzel mit dem Gemüse anrichten, mit Dill bestreuen und mit Dillzweigen garniert servieren.

Tipp: Anstelle von Kabeljaufilets können auch andere Fischfilets verwendet werden. Das Fischfleisch sollte aber eine feste Konsistenz haben, z. B. Viktoriabarsch oder Steinbutt. Als zusätzliche Beilage gekochte Kartoffeln oder ein warmer Kartoffelsalat mit Speck.

Gut vorzubereiten — mit Alkohol

Lachsfilet mit Kartoffel-Kräuter-Haube
4 Portionen

Zubereitungszeit: 70 Minuten
Garzeit: etwa 30 Minuten

800 g Lachsfilet, ohne Haut und Gräten
1 Bund Schnittlauch
1 Bund Dill
4 Schalotten
1 Stange Porree (Lauch)
400 g gekochte Kartoffeln
1 Becher (150 g) Crème fraîche
1 Ei (Größe M)
Salz, frisch gemahlener Pfeffer
40 g Butter
100 ml Fischfond oder Gemüsebrühe
100 ml Weißwein

Schnittlauchhalme zum Garnieren

Pro Portion:
E: 43 g, F: 34 g, Kh: 18 g,
kJ: 2393, kcal: 574

1. Lachsfilets unter fließendem kalten Wasser abspülen und trocken tupfen. Den Backofen vorheizen.
2. Schnittlauch und Dill abspülen, trocken tupfen. Schnittlauch in Röllchen schneiden. Die Dillspitzen von den Stängeln zupfen, Spitzen klein schneiden. Schalotten abziehen

Fisch und Meeresfrüchte

und in Scheiben schneiden. Porree putzen, die Stange längs halbieren. Porree waschen, abtropfen lassen, zuerst in Scheiben schneiden, dann in Ringe schneiden.
3. Kartoffeln reiben, mit Schnittlauchröllchen, Dill, Crème fraîche und Ei verkneten. Mit Salz und Pfeffer würzen.
4. Butter in einer großen, feuerfesten Form erhitzen, Schalottenscheiben und Porreeringe darin andünsten. Fischfond oder Brühe und Wein hinzugießen. Mit Salz und Pfeffer würzen.
5. Die Lachsfilets auf einer Seite mit der Kartoffelmasse bestreichen und auf das angedünstete Gemüse legen. Die Form auf dem Rost in den vorgeheizten Backofen schieben.
Ober-/Unterhitze: etwa 180 °C
Heißluft: etwa 160 °C
Garzeit: etwa 30 Minuten.
6. Lachsfilet mit Schnittlauchhalmen garniert servieren.

Beilage: Spargelsalat aus grünem und weißem Spargel.

Tipp: Es können auch 4 TK-Lachsfilets (je etwa 150 g) verwendet werden. Die Lachsfilets dann nur antauen lassen.

Raffiniert

Lachs mit Spargelkruste
4 Portionen

Zubereitungszeit: 40 Minuten
Backzeit: etwa 35 Minuten

350 g grüner Spargel

Für die Spargelkruste:
40 g Haselnusskerne
2 Schalotten
60 g Semmelbrösel
3 Eier (Größe M)
Salz, frisch gemahlener Pfeffer

4 Lachsfilets (je etwa 160 g)

Für die Form:
40 g Butter

Pro Portion:
E: 42 g, F: 41 g, Kh: 14 g,
kJ: 2497, kcal: 597

1. Vom Spargel das untere Drittel schälen und die unteren Enden abschneiden. Spargel waschen, abtropfen lassen, halbieren und in feine Scheiben schneiden. Spargelscheiben in eine große, flache Schüssel geben.
2. Für die Spargelkruste Haselnusskerne grob hacken. Schalotten abziehen und in kleine Würfel schneiden. Haselnusskerne, Schalottenwürfel, Semmelbrösel und Eier mit den Spargelscheiben gut vermischen. Mit Salz und Pfeffer würzen.
3. Lachsfilets abspülen und trocken tupfen. Mit Salz und Pfeffer würzen. Lachsfilets von beiden Seiten mit der Spargel-Haselnuss-Masse panieren und in eine flache Auflaufform (mit Butter gefettet) legen. Restliche Spargel-Haselnuss-Masse auf den Lachsfilets verteilen, dabei leicht andrücken. Die Form auf dem Rost in den vorgeheizten Backofen schieben.
Ober-/Unterhitze: etwa 180 °C
Heißluft: etwa 160 °C
Backzeit: etwa 35 Minuten.
4. Die Lachsfilets aus dem Backofen nehmen und sofort servieren.

Lachsfilet mit Kartoffel-Kräuter-Haube

Lachs mit Spargelkruste

Klassisch

Kabeljau mit Senfsauce
4 Portionen

Zubereitungszeit: 25 Minuten
Garzeit: etwa 10 Minuten

20 g Butter
2 EL Zwiebelwürfel
200 ml Fischfond oder -brühe
4 Kabeljaufilets (je etwa 150 g)
Salz
frisch gemahlener Pfeffer
100 ml trockener Weißwein
1 EL körniger Senf
2 EL Crème fraîche
2 EL Schnittlauchröllchen

einige vorbereitete Salatblätter
Schnittlauchhalme
Tomatenviertel

Pro Portion:
E: 27 g, F: 9 g, Kh: 1 g,
kJ: 903, kcal: 217

Kabeljau mit Senfsauce

1. Butter in einer Pfanne zerlassen. Zwiebelwürfel darin andünsten. Fischfond oder -brühe hinzugießen.
2. Kabeljaufilets unter fließendem kalten Wasser abspülen und trocken tupfen. Mit Salz und Pfeffer würzen. Kabeljaufilets in den Fischfond oder in die Fischbrühe geben, zum Kochen bringen und bei schwacher Hitze etwa 10 Minuten garen. Kabeljaufilets herausnehmen und warm stellen.
3. Wein zum Fischfond geben, Senf unterrühren. Die Sauce zum Kochen bringen und etwas einkochen lassen. Mit Salz und Pfeffer würzen. Crème fraîche und Schnittlauchröllchen unterrühren.
4. Die Kabeljaufilets auf Tellern anrichten und mit der Senfsauce übergießen. Mit Salatblättern, Schnittlauchhalmen und Tomatenvierteln garniert servieren.

Beilage: Salzkartoffeln.

Klassisch – mit Alkohol

Muscheln in Weinsud
4 Portionen

Zubereitungszeit: 60 Minuten

2 kg Miesmuscheln
2 Zwiebeln
1 Bund Suppengrün (Knollensellerie, Möhre, Porree)
6 enthäutete, feste Tomaten
50 g Butter oder Margarine
500 ml (1/2 l) trockener Weißwein
Salz
frisch gemahlener Pfeffer

Pro Portion:
E: 10 g, F: 12 g, Kh: 6 g,
kJ: 1100, kcal: 262

1. Miesmuscheln in reichlich kaltem Wasser gründlich waschen und einzeln abbürsten, bis sie nicht mehr sandig sind (Muscheln, die sich beim Waschen öffnen, sind ungenießbar). Eventuell die Fäden (Bartbüschel) entfernen.
2. Zwiebeln abziehen, zuerst in Scheiben schneiden, dann in Ringe teilen. Suppengrün vorbereiten: Knollensellerie schälen und schlechte Stellen herausschneiden. Möhre putzen, schälen. Sellerie und Möhre waschen, abtropfen lassen und in grobe Stücke schneiden. Porree putzen, die Stange längs halbieren, gründlich waschen, abtropfen lassen und in Stücke schneiden. Tomaten halbieren und die Stängelansätze herausschneiden. Tomaten in Würfel schneiden.
3. Butter oder Margarine in einem Topf zerlassen. Zwiebelringe, Sellerie-, Möhren- und Porreestücke darin andünsten. Wein hinzugießen, mit Salz und Pfeffer würzen, einmal aufkochen lassen. Tomatenwürfel und Muscheln hinzufügen, mit Deckel unter gelegentlichem Umrühren so lange (etwa 10 Minuten) darin erhitzen (nicht kochen), bis sie sich öffnen (Muscheln, die sich nach dem Garen nicht öffnen, sind ungenießbar).
4. Die Muscheln mit einer Schaumkelle aus der Kochflüssigkeit herausnehmen und in einer vorgewärmten Schüssel anrichten. Die Kochflüssigkeit durch ein Sieb gießen, nochmals mit den Gewürzen abschmecken und zu den Muscheln reichen.

Beilage: Vollkornbrot mit Butter.

Mit Alkohol

Steinbutt mit Kräuter-Senfbutter

Zubereitungszeit: 40 Minuten, ohne Auftauzeit
Garzeit: 10–12 Minuten

2 TK-Steinbuttfilets (je etwa 180 g)
¼ Steckrübe oder Knollensellerie (etwa 400 g)
1 TL gekörnte Gemüsebrühe
Salz
frisch gemahlener, schwarzer Pfeffer
1 kleine rote Zwiebel

1 EL Butter für die Form

50 ml trockener Weißwein

100 g Butter
2 EL körniger Senf
1 EL Schnittlauchröllchen
1 EL klein geschnittener Dill
1 EL gehackte Petersilie

Pro Portion:
E: 34 g, F: 54 g, Kh: 8 g,
kJ: 2849, kcal: 680

1. Steinbuttfilets nach Packungsanleitung auftauen lassen.
2. Den Backofen vorheizen. Steckrübe oder Knollensellerie schälen, waschen, abtropfen lassen, grob würfeln und in einen Topf geben. So viel Wasser hinzugießen, dass die Steckrüben- oder Selleriewürfel knapp bedeckt sind. Mit Gemüsebrühe, einer Prise Salz und Pfeffer würzen. Die Gemüsewürfel zugedeckt so lange kochen lassen, bis sie richtig weich sind.
3. Zwiebel fein würfeln und in einer Auflaufform (mit Butter gefettet) verteilen.
4. Steinbuttfilets unter fließendem kalten Wasser abspülen und trocken tupfen. Steinbuttfilets von beiden Seiten mit Salz und Pfeffer bestreuen und in die Form legen. Weißwein hinzugießen. Die Form auf dem Rost in den vorgeheizten Backofen schieben.

Ober-/Unterhitze: etwa 180 °C
Heißluft: etwa 160 °C
Garzeit: 10–12 Minuten (je nach Stärke der Filets).
5. Butter in einem kleinen Topf zerlassen. Steckrüben- oder Selleriewürfel abgießen und mit einem Kartoffelstampfer zerstampfen. Mit Salz, viel schwarzem Pfeffer und einem Esslöffel der zerlassenen Butter abschmecken.
6. Senf mit Schnittlauchröllchen, Dill und Petersilie verrühren und unter die zerlassene Butter rühren. Steinbuttfilets mit dem Steckrüben- oder Selleriemus und der Senf-Kräuter-Butter anrichten.

Tipp: Wenn Sie die Butter leicht bräunen, erhält sie einen nussigen Geschmack.

Muscheln in Weinsud

Steinbutt mit Kräuter-Senfbutter

Mit Alkohol

Gedünstete Herzmuscheln
4 Portionen

Zubereitungszeit: 50 Minuten
Garzeit: 6–7 Minuten

1,5 kg Herzmuscheln
3 Knoblauchzehen
5 EL Olivenöl
200 ml trockener Weißwein
200 ml Fischfond
Salz
frisch gemahlener Pfeffer
3 EL fein gehackte Petersilie
1 EL Tomatenmark

Pro Portion:
E: 8 g, F: 13 g, Kh: 4 g,
kJ: 842, kcal: 201

1. Herzmuscheln in reichlich kaltem Wasser gründlich waschen und einzeln abbürsten, bis sie nicht mehr sandig sind. Aufgebrochene oder zerbrochene Muscheln aussortieren.
2. Knoblauch abziehen und durch eine Knoblauchpresse drücken. Olivenöl in einem großen Topf erhitzen. Herzmuscheln darin portionsweise andünsten. Wein und Fond hinzugießen. Mit Knoblauch, Salz und Pfeffer würzen. Petersilie und Tomatenmark hinzufügen.
3. Die Muscheln zugedeckt 6–7 Minuten erhitzen (nicht kochen), bis sie sich öffnen. (Muschel, die sich nach dem Garen nicht öffnen, sind ungenießbar.)
4. Die Muscheln mit einer Schaumkelle aus der Kochflüssigkeit herausnehmen und in einer vorgewärmten Schüssel anrichten.
5. Die Brühe nochmals mit den Gewürzen abschmecken und zu den Muscheln servieren.

Beilage: Frisches Stangenweißbrot.

Tipp: 2 gewaschene, enthäutete, entkernte Tomaten in Stücke schneiden und zusätzlich in die Brühe geben.

Für Kinder

Geschmorte Forellenfilets
4 Portionen

Zubereitungszeit: 55 Minuten
Garzeit: etwa 15 Minuten

4 Forellenfilets (je etwa 120 g, vom Fischhändler schon filetieren lassen)
Salz
frisch gemahlener Pfeffer
Weizenmehl
4 EL Speiseöl

1 junger Kohlrabi (etwa 200 g)
2 Möhren (etwa 200 g)
4 neue Kartoffeln (etwa 250 g)
1 Bund Frühlingszwiebeln (etwa 250 g)
200 ml Gemüsebrühe
1 Pck. TK-Kräuter der Provence
200 g Schlagsahne

Gedünstete Herzmuscheln

Pro Portion:
E: 28 g, F: 30 g, Kh: 19 g,
kJ: 1998, kcal: 477

1. Forellenfilets unter fließendem kalten Wasser abspülen und trocken tupfen. Mit Salz und Pfeffer würzen und mit Mehl bestäuben.
2. Speiseöl in einer Pfanne erhitzen, Forellenfilets darin kurz von beiden Seiten anbraten und herausnehmen.
3. Kohlrabi und Möhren putzen, schälen, waschen und abtropfen lassen. Kartoffeln waschen, schälen, abspülen und abtropfen lassen. Die vorbereiteten Zutaten in Stifte schneiden. Frühlingszwiebeln putzen, waschen, abtropfen lassen und in etwa 2 cm große Stücke schneiden.
4. Brühe in einem Topf zum Kochen bringen. Kohlrabi-, Möhren-, Kartoffelstifte und Kräuter darin etwa 10 Minuten garen. Sahne unterrühren, mit Salz und Pfeffer würzen. Die

Geschmorte Forellenfilets

Zutaten wieder zum Kochen bringen und ohne Deckel etwas einkochen lassen.

5. Forellenfilets auf den gegarten Gemüsestiften verteilen und zugedeckt etwa 5 Minuten dünsten.

Beilage: Baguette oder Reis.

Tipp: Das Gemüse kann zusätzlich noch mit 2 Esslöffeln Crème fraîche verfeinert werden. Sie können das Gericht auch etwa 10 Minuten in einer geschlossenen Form auf dem Rost im vorgeheizten Backofen garen (Ober-/Unterhitze: etwa 200 °C, Heißluft: etwa 180 °C). Das Gericht kann auch mit anderen Fischsorten, z. B. Zander- oder Heilbuttfilets zubereitet werden.

Hechtstückchen mit Senfsauce

Raffiniert

Hechtstückchen mit Senfsauce
4 Portionen

Zubereitungszeit: 35 Minuten

1 küchenfertiger Hecht (etwa 850 g)
evtl. 3 EL Zitronensaft
Salz, frisch gemahlener Pfeffer
3 TL Butter
1 EL Speiseöl

1 EL Butter
2 geh. EL Semmelbrösel

Für die Senfsauce:
2 Eier (Größe M)
2 gestr. TL Speisestärke
250 g Schlagsahne
2–3 TL mittelscharfer Senf
2 TL Zitronensaft
Zucker
50 g zerlassene, abgekühlte Butter

einige vorbereitete Dillspitzen

Pro Portion:
E: 45 g, F: 44 g, Kh: 7 g,
kJ: 2710, kcal: 648

1. Den Hecht unter fließendem kalten Wasser abspülen, trocken tupfen und in etwa 2 cm breite Stückchen schneiden. Nach Belieben mit Zitronensaft beträufeln, mit Salz und Pfeffer bestreuen.
2. Butter und Speiseöl in einer Pfanne erhitzen. Die Fischstückchen darin von beiden Seiten anbraten, herausnehmen und warm stellen. 1 Esslöffel Butter in die Pfanne geben und zerlassen. Semmelbrösel hinzufügen und leicht bräunen lassen. Semmelbrösel auf den Fischstückchen verteilen.
3. Für die Senfsauce Eier, Speisestärke, Sahne, Senf und Zitronensaft in einer Schüssel verschlagen. Die Schüssel in ein heißes Wasserbad (Wasser darf nicht kochen) setzen. Die Eiermasse mit dem Schneebesen so lange schlagen, bis die Masse dicklich ist. Mit Salz, Pfeffer und Zucker abschmecken.
4. Butter unter die Sauce schlagen. Die garen Hechtstückchen mit Dillspitzen garnieren und der Senfsauce servieren.

Tipp: Sie können die Hechtstückchen auch etwa 15 Minuten in einer geschlossenen Auflaufform im vorgeheizten Backofen garen (Ober-/Unterhitze: etwa 200 °C, Heißluft: etwa 180 °C).

Abwandlung: Sie können die Senfsauce auch folgendermaßen zubereiten: 25 g Butter zerlassen, 10 g Weizenmehl unter Rühren so lange darin erhitzen, bis es hellgelb ist. 250 ml (1/4 l) Milch und 125 g Schlagsahne hinzugießen, zum Kochen bringen und etwa 5 Minuten kochen lassen. 2 Esslöffel mittelscharfen Senf unterrühren. Die Sauce mit Salz, Zitronensaft und Zucker abschmecken.

Hamburger Pfannfisch

Rotbarbenfilets auf rotem Linsenpüree

Raffiniert

Hamburger Pfannfisch
4 Portionen

Zubereitungszeit: 50 Minuten, ohne Abkühlzeit
Garzeit: etwa 15 Minuten

500 g gleich große Kartoffeln
150 g Butter
500 g Steinbuttfilet
4 Schalotten
2 TL mittelscharfer Senf
250 g junger Wirsing
Salz
frisch gemahlener Pfeffer

Für die Senfbutter:
2 EL mittelscharfer Senf
80 g lauwarme, flüssige Butter

Pro Portion:
E: 25 g, F: 52 g, Kh: 17 g,
kJ: 2689, kcal: 642

1. Kartoffeln waschen, schälen, abspülen und trocken tupfen. Die Kartoffeln in etwa 1/2 cm dicke Scheiben schneiden.
2. 50 g von der Butter in einer Pfanne zerlassen. Kartoffelscheiben darin unter mehrmaligem Wenden anbraten. Den Backofen vorheizen.
3. Steinbuttfilet unter fließendem kalten Wasser abspülen, trocken tupfen und in etwa 2 cm dicke Scheiben schneiden.
4. Schalotten abziehen, zuerst in Scheiben schneiden, dann in Ringe teilen. 50 g von der restlichen Butter in einer zweiten Pfanne zerlassen. Schalottenringe darin glasig dünsten, abkühlen lassen und mit Senf verrühren.
5. Wirsing putzen, waschen, abtropfen lassen und in feine Streifen schneiden. Wirsingstreifen in kochendem Salzwasser etwa 2 Minuten blanchieren, mit eiskaltem Wasser abschrecken und in einem Sieb abtropfen lassen.
6. Ein Drittel der Kartoffelscheiben kreisförmig in eine Springform (Ø 24 cm, gefettet, eventuell außen einen Streifen Alufolie darumlegen) legen, mit Salz und Pfeffer bestreuen. Die Hälfte der Wirsingstreifen daraufgeben und die Hälfte der Steinbuttfiletscheiben darauf verteilen. Mit Salz und Pfeffer bestreuen. Die Hälfte der Schalotten-Senf-Masse daraufstreichen.
7. Den Vorgang wiederholen. Mit den restlichen Kartoffelscheiben abschließen. Mit Salz und Pfeffer bestreuen. Restliche Butter zerlassen, abkühlen lassen und darauf träufeln. Die Form auf dem Rost in den vorgeheizten Backofen schieben.
Ober-/Unterhitze: etwa 200 °C
Heißluft: etwa 180 °C
Garzeit: etwa 15 Minuten.
8. Die Form auf einen Rost stellen. Den Pfannfisch in der Form etwas abkühlen lassen.
9. Für die Senfbutter Senf verrühren und tropfenweise die lauwarme Butter unterrühren. Den Springformrand entfernen. Den Pfannfisch auf einer vorgewärmten Platte anrichten und in Tortenstücke schneiden. Senfbutter dazureichen.

Etwas Besonderes

Rotbarbenfilets auf rotem Linsenpüree
2 Portionen

Zubereitungszeit: 45 Minuten, ohne Auftauzeit
Garzeit: Gemüse etwa 30 Minuten

6 TK-Rotbarbenfilets
(je etwa 60 g)
1 Zwiebel
1 Knoblauchzehe
2 EL Olivenöl
2 Tassen rote Linsen
gut 1 EL Currypulver
250 ml (1/4 l) Gemüsebrühe
1 kleine getrocknete Chilischote
Salz, Pfeffer
2 Stängel Salbei
3 EL Olivenöl
2 EL Butter

Pro Portion:
E: 61 g, F: 32 g, Kh: 46 g,
kJ: 3016, kcal: 721

1. Rotbarbenfilets nach Packungsanleitung auftauen lassen.
2. Zwiebel und Knoblauch abziehen. Zwiebel in kleine Würfel schneiden und Knoblauch durch eine Knoblauchpresse drücken.
3. Olivenöl in einem Topf erhitzen. Zwiebelwürfel und Knoblauch darin andünsten. Linsen hinzufügen und kurz mit andünsten. Mit Curry bestäuben, Gemüsebrühe hinzugießen. Chilischote klein zerbröseln und zu der Linsenmasse geben. Mit Salz würzen. Die Zutaten zum Kochen bringen und etwa 30 Minuten bei schwacher Hitze kochen lassen.
4. Die Linsenmasse mit einem Mixstab pürieren. Mit Salz, Pfeffer und Curry abschmecken. Linsen warm stellen.
5. Salbei abspülen und trocken tupfen. Die Blättchen von den Stängeln zupfen. Blättchen grob zerkleinern.
6. Rotbarbenfilets unter fließendem kalten Wasser abspülen und trocken tupfen. Olivenöl in einer Pfanne erhitzen. Rotbarbenfilets mit der Hautseite nach unten in die Pfanne legen und bei mittlerer Hitze kross braten. Rotbarbenfilets mit einem Pfannenwender umdrehen und eine weitere Minute braten.
7. Rotbarbenfilets herausnehmen. Mit Salz und Pfeffer würzen. Butter in der Pfanne zerlassen, Salbei hinzufügen. Die Rotbarbenfilets auf dem Linsenpüree anrichten und mit der Salbeibutter überziehen. Sofort servieren.

Raffiniert
Meeresfrüchte-Risotto
4 Portionen

Zubereitungszeit: 35 Minuten
Garzeit: etwa 25 Minuten

1 Zwiebel
150 g Porree (Lauch)
100 g Staudensellerie
1 Knoblauchzehe
4 EL Olivenöl
200 g italienischer Rundkornreis, z. B. Arborio
500 ml (½ l) Gemüsebrühe
1 TL gehacktes Basilikum
1 TL gehackter Oregano
Salz
frisch gemahlener Pfeffer
Zitronensaft
Worcestersauce
2 Tomaten
100 g Shrimps
75 g Garnelen
75 g Muschelfleisch (aus dem Glas)
2 EL gehackte Petersilie
50 g frisch geriebener Parmesan-Käse

Pro Portion:
E: 19 g, F: 16 g, Kh: 43 g,
kJ: 1655, kcal: 396

1. Zwiebel abziehen und in kleine Würfel schneiden. Porree putzen, die Stange längs halbieren, gründlich waschen, abtropfen lassen und in Streifen schneiden. Sellerie putzen und die harten Außenfäden abziehen. Sellerie waschen, abtropfen lassen und ebenfalls in Streifen schneiden. Knoblauch abziehen und in kleine Würfel schneiden.
2. Olivenöl in einem Topf erhitzen. Zwiebelwürfel darin andünsten. Porree-, Selleriestreifen und Knoblauchwürfel hinzufügen, unter gelegentlichem Rühren mitdünsten lassen.
3. Reis unterrühren und glasig dünsten. Brühe hinzugießen und zum Kochen bringen. Den Reis etwa 25 Minuten ausquellen lassen. Mit Basilikum, Oregano, Salz, Pfeffer, Zitronensaft und Worcestersauce würzen.
4. Tomaten waschen, kreuzweise einschneiden und einige Sekunden in kochendes Wasser legen. Tomaten kurz in kaltes Wasser legen, enthäuten, halbieren, entkernen und die Stängelansätze herausschneiden. Tomatenhälften in Würfel schneiden.
5. Shrimps und Garnelen abspülen, trocken tupfen. Muschelfleisch abtropfen lassen. Tomatenwürfel mit Shrimps, Garnelen und Muschelfleisch unter den Reis heben. Mit Petersilie und Parmesan-Käse bestreuen, sofort servieren.

Meeresfrüchte-Risotto

Für Gäste

Tintenfischringe aus der Grillpfanne
4 Portionen

Zubereitungszeit: 20 Minuten, ohne Auftau- und Durchziehzeit

1 Pck. (400 g) TK-Tintenfischtuben
2 Knoblauchzehen
10 schwarze Oliven, ohne Stein
2 EL Zitronensaft
1 Pck. TK-Italienische Kräuter
3 EL Sojasauce
2 EL Olivenöl
Salz
frisch gemahlener Pfeffer
2 EL Chilisauce

Pro Portion:
E: 17 g, F: 11 g, Kh: 6 g,
kJ: 790, kcal: 188

1. Tintenfischtuben nach Packungsanleitung auftauen lassen.
2. Knoblauch abziehen und durch eine Knoblauchpresse drücken. Oliven achteln, mit Zitronensaft und Kräutern mischen.
3. Tintenfischtuben unter fließendem kalten Wasser abspülen, trocken tupfen und in etwa 2 cm breite Ringe schneiden. Tintenfischringe in eine Schüssel geben, mit Sojasauce mischen und etwa 30 Minuten durchziehen lassen.
4. Tintenfischringe in einem Sieb abtropfen lassen. Eine Grillpfanne erhitzen, die Rippen der Pfanne mit Speiseöl bestreichen. Die Tintenfischringe in die Pfanne legen und bei starker Hitze unter mehrmaligem Wenden 3–5 Minuten braten.
5. Tintenfischringe aus der Pfanne nehmen und unter die Kräuter-Oliven-Mischung heben. Mit Salz, Pfeffer und Chilisauce abschmecken.

Einfach

Lachs mit grüner Sauce
2 Portionen

Zubereitungszeit: 30 Minuten

Für die Sauce:
je ½ Bund glatte Petersilie, Dill und Kerbel
4 EL Delikatessmayonnaise
4 EL Vollmilchjoghurt
Salz
frisch gemahlener Pfeffer
Zitronensaft

2 Lachsschnitten mit Haut, geschuppt (je etwa 160 g)
2 EL Olivenöl
1 EL Butter

Pro Portion:
E: 32 g, F: 55 g, Kh: 3 g,
kJ: 2653, kcal: 634

1. Für die Sauce Kräuter abspülen und trocken tupfen. Von den Kräutern jeweils 4 Stängel beiseitelegen. Von den restlichen Kräutern die Blättchen bzw. Spitzen von den Stängeln zupfen. Blättchen und Spitzen klein schneiden.
2. Mayonnaise mit Joghurt glattrühren, mit Salz, Pfeffer und einem Spritzer Zitronensaft würzen. Klein geschnittene Kräuter unterrühren.
3. Lachsschnitten unter fließendem kalten Wasser abspülen und trocken tupfen. Olivenöl in einer Pfanne erhitzen. Lachsschnitten mit der Hautseite nach unten in die Pfanne legen und bei mittlerer Hitze kross braten.
4. Butter hinzugeben, aufschäumen lassen und die Lachsschnitten wenden. Die Pfanne von der Kochstelle nehmen. Lachschnitten kurz gar ziehen lassen.
5. Die grüne Sauce auf 2 Tellern verteilen. Die Lachsschnitten mit Salz und Pfeffer würzen und mit der Hautseite nach oben in die Sauce setzen. Mit den beiseite gelegten Kräuterstängeln garnieren und sofort servieren.

Tintenfischringe aus der Grillpfanne

Lachs mit grüner Sauce

Für Gäste

Gefüllte Makrelen
4 Portionen

Zubereitungszeit: 25 Minuten
Garzeit: etwa 30 Minuten

2 rote Zwiebeln
2 Knoblauchzehen
2–3 Stangen Staudensellerie
(etwa 150 g)
1 Bund glatte Petersilie
3 EL Tomatenmark
30 g abgezogene, gemahlene
Mandeln
Salz
frisch gemahlener Pfeffer

2 küchenfertige Makrelen oder
Forellen (je etwa 400 g)

2 rote Zwiebeln
4 EL Olivenöl

Pro Portion:
E: 33 g, F: 26 g, Kh: 6 g,
kJ: 1634, kcal: 390

1. Den Backofen vorheizen. Zwiebeln und Knoblauch abziehen, in kleine Würfel schneiden. Staudensellerie putzen (Selleriegrün beiseitelegen) und die harten Außenfäden abziehen. Sellerie waschen, abtropfen lassen und in sehr kleine Würfel schneiden. Petersilie abspülen und trocken tupfen. Die Blättchen von den Stängeln zupfen. Blättchen klein schneiden.
2. Knoblauch-, Selleriewürfel und Petersilie mit Tomatenmark und Mandeln mischen. Mit Salz und Pfeffer würzen.
3. Makrelen oder Forellen von innen und außen unter fließendem kalten Wasser abspülen und trocken tupfen. Einen Teil der Kräuter-Mandel-Mischung in die Makrelen oder Forellen füllen. Restliche Kräuter-Mandel-Mischung in eine flache Auflaufform geben.
4. Zwiebeln abziehen, zuerst in Scheiben schneiden, dann in Ringe

Gefüllte Markrelen

teilen. Makrelen oder Forellen auf die Kräuter-Mandel-Mischung legen. Die Form auf dem Rost in den vorgeheizten Backofen schieben.
Ober-/Unterhitze: etwa 180 °C
Heißluft: etwa 160 °C
Garzeit: etwa 30 Minuten.
5. Beiseite gelegtes Selleriegrün waschen und trocken tupfen. Die Makrelen oder Forellen damit bestreuen.

Einfach – schnell

Wels nach Cajun Art
2 Portionen

Zubereitungszeit: 20 Minuten
Bratzeit: etwa 5 Minuten

1 Zwiebel
je 1 rote und grüne Paprikaschote
2 EL Olivenöl
Salz
frisch gemahlener Pfeffer
Paprikapulver edelsüß

4 Welsfilets (je etwa 100 g)
2 EL Weizenmehl
4 EL Olivenöl
1 EL Limettensaft

etwas vorbereitete Petersilie

Wels nach Cajun Art

Pro Portion:
E: 34 g, F: 39 g, Kh: 12 g,
kJ: 2227, kcal: 532

1. Zwiebel abziehen und in kleine Würfel schneiden. Paprikaschoten halbieren, entstielen, entkernen und die weißen Scheidewände entfernen. Schoten waschen, abtropfen lassen und in kleine Würfel schneiden.
2. Olivenöl in einer Pfanne erhitzen, Zwiebel- und Paprikawürfel darin andünsten, mit Salz, Pfeffer und Paprika würzen, herausnehmen und warm stellen.
3. Welsfilets unter fließendem kalten Wasser abspülen, trocken tupfen, mit Salz und Pfeffer bestreuen und in Mehl wenden.
4. Olivenöl in einer Pfanne erhitzen, die Welsfilets darin von beiden Seiten etwa 5 Minuten goldbraun braten und auf einem vorgewärmten Teller anrichten.
5. Die Paprika-Zwiebel-Mischung darauf verteilen und mit Limettensaft beträufeln. Nach Belieben mit Petersilie garnieren.

Beilage: Wildreismischung.

Tipp: Statt Welsfilets können Sie auch Steinbutt- oder Rotbarschfilets verwenden.

Fischfilet mit Sesam

Viktoriabarsch unter der Möhren-Nuss-Kruste

Schnell

Fischfilet mit Sesam
4 Portionen

Zubereitungszeit: 20 Minuten
Bratzeit: etwa 10 Minuten

4 Fischfilets (etwa 600 g),
z. B. Seelachs- oder Pangasiusfilet
Salz, frisch gemahlener Pfeffer
30 g Weizenmehl
1 Ei (Größe M)
2 EL kaltes Wasser
125 g Sesamsamen
60 g Butter oder Margarine

Pro Portion:
E: 33 g, F: 27 g, Kh: 8 g,
kJ: 1728, kcal: 413

1. Fischfilets unter fließendem kaltem Wasser abspülen und trocken tupfen. Fischfilets mit Salz und Pfeffer bestreuen. Mehl in einen flachen Teller geben. Ei mit Wasser in einer kleinen Schüssel verschlagen.
2. Die Fischfilets zuerst in Mehl wenden, dann durch das verschlagene Ei ziehen, Fischfilets am Rand abstreifen und zuletzt in Sesam wenden. Panade gut andrücken.
3. Butter oder Margarine in einer Pfanne erhitzen. Die Fischfilets bei schwacher Hitze von beiden Seiten etwa 10 Minuten goldgelb braten, zwischendurch wenden.

Für Gäste

Viktoriabarsch unter der Möhren-Nuss-Kruste
4 Portionen

Zubereitungszeit: 70 Minuten, ohne Auftauzeit
Garzeit: 12–15 Minuten

4 TK-Viktoriabarschfilets oder
4 frische Viktoriabarschfilets
(je etwa 125 g)
1 Möhre (etwa 100 g)
Salz, frisch gemahlener Pfeffer
50 g Semmelbrösel
100 g gemahlene Haselnusskerne
2 Eier (Größe M)
2–3 EL Speiseöl
2 EL gehackter Koriander

Pro Portion:
E: 31 g, F: 28 g, Kh: 13 g,
kJ: 1785, kcal: 427

1. Viktoriabarschfilets nach Packungsanleitung auftauen lassen.
2. Den Backofen vorheizen. Möhre putzen, schälen, waschen, trocken tupfen und auf einer Haushaltsreibe fein reiben.
3. Viktoriabarschfilets unter fließendem kalten Wasser abspülen, trocken tupfen, mit Salz und Pfeffer bestreuen.
4. Geriebene Möhre mit Semmelbröseln, Haselnusskernen, Eiern und Speiseöl verrühren. Mit Salz und Pfeffer würzen. Koriander unterrühren.
5. Die Möhren-Nuss-Masse auf den Viktoriabarschfilets verteilen und in eine flache Auflaufform (gefettet) legen. Die Form auf dem Rost in den vorgeheizten Backofen schieben.
Ober-/Unterhitze: etwa 180 °C
Heißluft: etwa 160 °C
Garzeit: 12–15 Minuten
(je nach Dicke der Filets).
6. Die Kruste muss goldbraun gebacken sein.

Beilage: Gemischter Salat mit Joghurt-Dressing und Kartoffelrosetten.

Kartoffelrosetten: Kartoffelpüreepulver für 4 Personen nach Packungsanleitung, aber mit etwa

⅓ weniger Flüssigkeit anrühren. Die Kartoffelmasse in einen Spritzbeutel mit Sterntülle füllen und auf ein Backblech (gefettet, mit Backpapier belegt) kleine Rosetten spritzen. Rosetten mit verschlagenem Ei bestreichen. Das Backblech in den vorgeheizten Backofen schieben und die Rosetten bei der oben angegebenen Backofeneinstellung etwa 10 Minuten backen.

Einfach – schnell

Tunfischsteaks in Kräutern und Knoblauch
4 Portionen

Zubereitungszeit: 40 Minuten, ohne Auftau- und Durchziehzeit

Garzeit: etwa 20 Minuten

Zum Vorbereiten:
4 Bögen Alufolie
1 ½ EL Speiseöl

4 Tunfischsteaks (je etwa 130 g)
½ Pck. TK-Kräuter der Provence
2–3 Knoblauchzehen
Salz, frisch gemahlener, grober, bunter Pfeffer

Pro Portion:
E: 32 g, F: 26 g, Kh: 1 g,
kJ: 1511, kcal: 361

1. Zum Vorbereiten Alufolie auf einer Seite mit Speiseöl bestreichen und auf eine Arbeitsfläche legen.
2. Tunfischsteaks unter fließendem kalten Wasser abspülen und trocken tupfen.
3. Kräuter der Provence auftauen lassen. Knoblauch abziehen, in sehr dünne Scheiben schneiden und mit den Kräutern mischen.
4. Jeweils ein Tunfischsteak auf je ein mit Speiseöl bestrichenes Stück Alufolie legen. Die Tunfischsteaks mit der Kräuter-Knoblauch-Masse bestreichen, mit Salz und Pfeffer bestreuen. Die Tunfischsteaks in der Alufolie zu je einem Päckchen einpacken, in den Kühlschrank legen und über Nacht durchziehen lassen.
5. Den Backofen vorheizen. Die Tunfischsteak-Päckchen auf ein Backblech legen. Das Backblech in den vorgeheizten Backofen schieben.
Ober-/Unterhitze: etwa 200 °C
Heißluft: etwa 180 °C
Garzeit: etwa 20 Minuten.

Tipp: Sie können die Tunfischsteak-Päckchen auch auf den heißen Grill legen und unter gelegentlichem Wenden etwa 15 Minuten grillen.

Tunfischsteaks in Kräutern und Knoblauch

Kalorienarm

Eingepacktes Fischfilet
4 Portionen

Zubereitungszeit: 65 Minuten, ohne evtl. Auftauzeit
Garzeit: etwa 15 Minuten

4 Zanderfilets (je 150 g, TK oder frisch)

1 Fenchelknolle (etwa 200 g)
40 g Butter
100 g Rosinen
1 TL Zucker
1 EL Balsamico-Essig
200 ml Gemüsebrühe
Salz
frisch gemahlener Pfeffer

Außerdem:
4 Bögen Backpapier

Pro Portion:
E: 30 g, F: 10 g, Kh: 19 g,
kJ: 1222, kcal: 291

1. TK-Zanderfilets nach Packungsanleitung auftauen lassen. Zanderfilets unter fließendem kalten Wasser abspülen und trocken tupfen. Den Backofen vorheizen.
2. Von der Fenchelknolle die Stiele dicht oberhalb der Knolle abschneiden. Braune Stellen und Blätter entfernen. Die Wurzelenden gerade schneiden. Die Knolle waschen, abtropfen lassen und in dünne Spalten oder Würfel schneiden.
3. Butter in einer Pfanne zerlassen. Fenchelstücke und Rosinen darin unter Wenden andünsten. Zucker daraufstreuen und leicht karamellisieren lassen. Essig und Brühe hinzugießen, zum Kochen bringen und um ein Viertel einkochen lassen.
4. Auf je 1 Bogen Backpapier ein Zanderfilet legen, mit Salz und Pfeffer würzen. Die Fenchel-Rosinen-Mischung darauf verteilen. Das Backpapier so zusammenfalten, dass keine Flüssigkeit auslaufen kann. Die Päckchen auf ein Backblech legen. Das Backblech in den vorgeheizten Backofen schieben.
Ober-/Unterhitze: etwa 200 °C
Heißluft: etwa 180 °C
Garzeit: etwa 15 Minuten.

Beilage: Reis oder Kartoffeln und Feldsalat.

Abwandlung: Wer keinen Fenchel mag, kann dieses Gericht auch mit Zucchini zubereiten. Dafür 2 mittelgroße Zucchini waschen, trocken tupfen und die Enden abschneiden. Zucchini in Scheiben schneiden. Zucchinischeiben in erhitztem Olivenöl anbraten, dann wie ab Punkt 4 beschrieben, weiterverarbeiten.

Für Gäste

Zanderfilet mit Zitronen-Kapern-Butter
2 Portionen

Zubereitungszeit: 30 Minuten

2 Bund Rucola (Rauke)
1 EL Weißweinessig
1 EL flüssiger Honig
1 TL körniger Senf
4 EL Sonnenblumenöl
Salz
frisch gemahlener Pfeffer
1 Zitrone

200 g Zanderfilet mit Haut, geschuppt
2 EL Speiseöl
2 EL Butter
2 EL feine Kapern
1 EL gehackte TK-Petersilie

Pro Portion:
E: 22 g, F: 48 g, Kh: 14 g,
kJ: 2406, kcal: 574

1. Rucola putzen, gründlich waschen, abtropfen lassen und trocken schleudern. Essig mit Honig und Senf verrühren, Sonnenblumenöl unterschlagen. Mit Salz und Pfeffer abschmecken.
2. Zitrone so schälen, dass die weiße Haut vollständig entfernt wird. Zitrone filetieren, den Saft dabei auffangen.
3. Zanderfilet unter fließendem kalten Wasser abspülen, trocken tupfen und halbieren. Speiseöl in einer Pfanne erhitzen. Zanderfilets mit der Hautseite nach unten in die Pfanne legen und bei mittlerer Hitze kross braten. Butter hinzufügen und zerlassen. Zanderfilet mit einem Pfannenwender umdrehen und weitere 2 Minuten braten. Zanderfilets aus der Pfanne nehmen. Mit Salz und Pfeffer würzen.
4. Aufgefangenen Zitronensaft und abgetropfte Kapern in die heiße, von der Kochstelle genommene Pfanne geben. Zitronenfilets und Petersilie vorsichtig unterschwenken.

Eingepacktes Fischfilet

Zanderfilet mit Zitronen-Kapern-Butter

Zander auf Tomaten-Fenchel-Gemüse

5. Die Zitronen-Kapernbutter auf 2 Tellern verteilen. Jeweils ein Zanderfilet mit der Hautseite oben darauf setzen. Rucola mit dem Dressing marinieren und dazureichen.

Tipp: Zanderfilet mit ofenfrischem Baguette servieren. Das Gericht kann auch mit TK-Zanderfilets zubereitet werden, dann die Filets vor der Zubereitung auftauen lassen.

Raffiniert

Zander auf Tomaten-Fenchel-Gemüse
2 Portionen

Zubereitungszeit: 30 Minuten
Garzeit: etwa 15 Minuten

1 Bio-Zitrone (unbehandelt, ungewachst)
2 kleine Fenchelknollen (etwa 500 g)
1 kleine Zucchini (etwa 200 g)
2 Fleischtomaten
3 Schalotten
1 EL Olivenöl
Salz
frisch gemahlener Pfeffer
1 Msp. gemahlener Piment
400 g Zanderfilet
1 EL Thymianblättchen
1 TL zerlassene Joghurt-Butter

Pro Portion:
E: 46 g, F: 7 g, Kh: 18 g,
kJ: 1382, kcal: 329

1. Zitrone heiß abwaschen, abtrocknen und halbieren. Eine Zitronenhälfte auspressen, die andere Hälfte in Scheiben schneiden. Von den Fenchelknollen die Stiele dicht oberhalb der Knollen abschneiden. Braune Stellen und Blätter entfernen. Wurzelenden gerade schneiden. Knollen waschen, abtropfen lassen, halbieren und in etwa 1 cm dicke Scheiben schneiden.
2. Zucchini waschen, abtrocknen und die Enden abschneiden. Tomaten waschen, abtrocknen, halbieren. Zucchini und Tomatenhälften ebenfalls in etwa 1 cm dicke Scheiben schneiden. Schalotten abziehen und klein würfeln. Den Backofen vorheizen.
3. Olivenöl in einer Pfanne erhitzen, Schalottenwürfel darin andünsten. Fenchel- und Zucchinischeiben hinzufügen, unter Rühren etwa 10 Minuten mitdünsten lassen. Tomatenscheiben unterheben und miterwärmen. Das Gemüse mit Salz, Pfeffer und Piment abschmecken.
4. Zanderfilet unter fließendem kalten Wasser abspülen, trocken tupfen, mit Zitronensaft beträufeln, mit Salz und Pfeffer würzen.
5. Die Gemüsemasse in eine Auflaufform geben und mit Thymianblättchen bestreuen. Zanderfilet darauflegen, mit zerlassener Butter bestreichen und mit Zitronenscheiben belegen. Die Form auf dem Rost in den vorgeheizten Backofen schieben.
Ober-/Unterhitze: etwa 200 °C
Heißluft: etwa 180 °C
Garzeit: etwa 15 Minuten.

Etwas teuer

Spieße vom Seeteufel
2 Portionen

Zubereitungszeit: 20 Minuten
Garzeit: 20–25 Minuten

500 g Seeteufel
2 rote Paprikaschoten
2 Bio-Limetten (unbehandelt, ungewachst)
Salz
frisch gemahlener Pfeffer
Chilipulver
4 Scheiben Frühstücksspeck (Bacon)
30 g Butter

Außerdem:
2 Schaschlikspieße

Pro Portion:
E: 32 g, F: 17 g, Kh: 11 g,
kJ: 1382, kcal: 331

1. Seeteufelfleisch von der Mittelgräte schneiden, enthäuten, unter fließendem kalten Wasser abspülen und abtropfen lassen. Seeteufelfilets in mundgerechte Stücke schneiden. Den Backofen vorheizen.
2. Paprikaschoten halbieren, entstielen, entkernen und die weißen Scheidewände entfernen. Schoten waschen, abtropfen lassen und in mundgerechte Stücke schneiden.
3. Limetten heiß abwaschen, abtrocknen, halbieren und in dickere Spalten schneiden.
4. Abwechselnd Limettenspalten, Paprika- und Seeteufelfiletstücke auf die Spieße stecken. Mit Salz, Pfeffer und Chili bestreuen. Die Spieße in eine flache Auflaufform (gefettet) legen.
5. Restliche Paprikastücke und Limettenspalten ebenfalls in die Form legen und mit den Speckscheiben belegen. Butter in Flöckchen daraufsetzen.
6. Die Form auf dem Rost in den vorgeheizten Backofen schieben.
Ober-/Unterhitze: etwa 200 °C
Heißluft: etwa 180 °C
Garzeit: 20–25 Minuten.

Spieße vom Seeteufel

Einfach

Überbackenes Rotbarschfilet
4 Portionen

Zubereitungszeit: 45 Minuten
Backzeit: 10–12 Minuten

300 g Staudensellerie
Salzwasser
1 Dose Tomatenwürfel (Abtropfgewicht 240 g)
1 Pck. Mozzarella (Abtropfgewicht 125 g)
4 Rotbarschfilets (je etwa 150 g)
Salz
frisch gemahlener Pfeffer
2 EL Speiseöl

Pro Portion:
E: 34 g, F: 17 g, Kh: 2 g,
kJ: 1350, kcal: 322

1. Staudensellerie putzen und die harten Außenfäden abziehen. Sellerie waschen, abtropfen lassen und in dünne Scheiben schneiden. Selleriescheiben in kochendem Salzwasser etwa 5 Minuten blanchieren, herausnehmen, in ein Sieb geben, mit kaltem Wasser übergießen und abtropfen lassen. Den Backofen vorheizen.
2. Tomatenwürfel und Mozzarella in einem Sieb abtropfen lassen. Mozzarella in Würfel schneiden.
3. Rotbarschfilets unter fließendem kalten Wasser abspülen, trocken tupfen, mit Salz und Pfeffer würzen. Speiseöl in einer Pfanne erhitzen. Rotbarschfilets darin von beiden Seiten anbraten, herausnehmen und in eine flache, feuerfeste Form geben.
4. Rotbarschfilets mit Selleriescheiben, Tomaten- und Käsewürfeln belegen. Die Form auf dem Rost in den vorgeheizten Backofen schieben.
Ober-/Unterhitze: etwa 200 °C
Heißluft: etwa 180 °C
Backzeit: 10–12 Minuten (bis der Käse zerlaufen ist bzw. leicht Farbe angenommen hat).

Beilage: Petersilienkartoffeln.

Tipp: Statt mit Staudensellerie kann das Gericht auch mit TK-Blattspinat (nach Packungsanleitung) zubereitet werden. Dann die Mozzarellawürfel unter den Spinat heben.

Für Gäste

Lachsschnitzel in Estragonpanade
8–10 Portionen

Zubereitungszeit: 60 Minuten, ohne Auftauzeit
Garzeit: etwa 10 Minuten

8–10 TK-Lachsfilets (je etwa 125 g)

Für das Wurzelgemüse:
5 dicke Möhren (etwa 600 g)
1 kleiner Knollensellerie (etwa 600 g)
2 Stangen Porree (Lauch, etwa 400 g)
40 g Butter
200 ml Gemüsebrühe
Salz
frisch gemahlener Pfeffer

3 Eier (Größe M)
getrocknete Estragonblätter
40 g Weizenmehl
60 g Butter oder Margarine
3 EL Speiseöl

einige Stängel Estragon oder Zitronenthymian
2 Limetten oder Zitronen

Pro Portion:
E: 24 g, F: 21 g, Kh: 7 g,
kJ: 1340, kcal: 321

1. Lachsfilets nach Packungsanleitung auftauen lassen.
2. Für das Gemüse Möhren und Sellerie putzen, schälen, waschen, abtropfen lassen und in feine Streifen schneiden. Porree putzen, die Stangen längs halbieren. Porree waschen, abtropfen lassen und ebenfalls in Streifen schneiden. Den Backofen vorheizen.
3. Butter in einem Topf zerlassen. Möhren- und Selleriestreifen darin unter Rühren andünsten, Porreestreifen hinzugeben. Brühe hinzugießen, zum Kochen bringen und etwa 10 Minuten garen. Mit Salz und Pfeffer würzen. Gemüse warm stellen.
4. Lachsfilets unter fließendem kalten Wasser abspülen und trocken tupfen. Mit Salz und Pfeffer bestreuen.
5. Eier in einer Schüssel verschlagen. Estragon unterrühren. Lachsfilets zuerst in Mehl wenden, dann durch die Eiermasse ziehen und mit Hilfe von 2 Gabeln am Schüsselrand abstreifen.
6. Butter oder Margarine in einer großen Pfanne zerlassen, Speiseöl miterhitzen. Lachsfilets darin von beiden Seiten anbraten, herausnehmen und auf ein Backblech oder in eine Auflaufform (gefettet) legen. Das Backblech oder die Form auf dem Rost in den vorgeheizten Backofen schieben.
Ober-/Unterhitze: etwa 200 °C
Heißluft: etwa 180 °C
Garzeit: etwa 10 Minuten.
7. Estragon oder Zitronenthymian abspülen und trocken tupfen. Limetten oder Zitronen so schälen, dass die weiße Haut mit entfernt wird. Limetten oder Zitronen zuerst in Scheiben, dann in kleine Stücke schneiden.
8. Lachsschnitzel mit dem Wurzelgemüse auf Tellern anrichten. Mit Estragon oder Zitronenthymian und Limettenstückchen garniert servieren.

Überbackenes Rotbarschfilet

Lachsschnitzel in Estragonpanade

Krebsragout in jungem Kohlrabi

Maischolle auf geschmorten Gurken

Raffiniert – mit Alkohol

Krebsragout in jungem Kohlrabi
4 Portionen

Zubereitungszeit: 50 Minuten

4 junge Kohlrabi
12 gekochte Krebse
4 EL Butter
2 EL feine Möhrenwürfel
2 EL feine Porreewürfel (Lauchwürfel)
2 EL feine Zucchiniwürfel
2 EL feine Fenchelwürfel
200 ml Riesling
200 ml Gemüsefond
200 g Schlagsahne
Salz, frisch gemahlener Pfeffer
2 EL gehackter Dill

Zum Bestreichen:
etwas Speiseöl

Pro Portion:
E: 15 g, F: 33 g, Kh: 8 g,
kJ: 1794, kcal: 429

1. Kohlrabi schälen, dabei die jungen Herzblätter nicht abschneiden. Kohlrabi abspülen und trocken tupfen. Von den Kohlrabiknollen jeweils einen Deckel abschneiden. Kohlrabi mit einem Löffel aushöhlen, das Fruchtfleisch in kleine Würfel schneiden und beiseitelegen.

2. Ausgehöhlte Kohlrabi und die Deckel mit den jungen Herzblättern in kochendem Salzwasser etwa 5 Minuten blanchieren, in ein Sieb geben, mit kaltem Wasser abschrecken und gut abtropfen lassen. Den Backofen vorheizen.
3. Krebse ausbrechen, das Fleisch vorsichtig herausnehmen, so dass es unbeschädigt bleibt.
4. Butter in einer Pfanne zerlassen. Möhren-, Porree-, Zucchini-, Fenchel- und Kohlrabiwürfel darin unter mehrmaligem Rühren andünsten. Mit Riesling ablöschen. Fond und Sahne hinzugießen, zum Kochen bringen. Die Sauce zu einer cremigen Konsistenz einkochen lassen. Mit Salz würzen und Dill unterrühren. Gedünstete Gemüsewürfel und das Krebsfleisch darin erhitzen.
5. Kohlrabi mit Speiseöl bestreichen und auf ein Backblech setzen. Das Backblech in den vorgeheizten Backofen schieben und die Kohlrabi erwärmen.
Ober-/Unterhitze: 180–200 °C
Heißluft: 160–180 °C
Garzeit: etwa 5 Minuten.
6. Das Krebsragout in die ausgehöhlten Kohlrabi füllen. Den Deckel mit den Herzblättern schräg daraufsetzen. Mit je 1 abgespülten und trocken getupften Dillzweig garnieren, sofort servieren.

Klassisch

Maischolle auf geschmorten Gurken
4 Portionen

Zubereitungszeit: 45 Minuten

Für die geschmorten Gurken:
2 Gartengurken (je etwa 300 g)
2 Tomaten
1 Bund Dill
80 g kalte Butter
Salz
frisch gemahlener Pfeffer

4 Maischollen (je etwa 300 g)
Saft von 1 Zitrone
Salz, frisch gemahlener Pfeffer
40 g Weizenmehl
120 g durchwachsener Speck
2 EL Speiseöl
100 g Butter
160 g gepulte Büsumer Krabben
2 EL gehackte Petersilie

Pro Portion:
E: 43 g, F: 47 g, Kh: 11 g,
kJ: 2765, kcal: 661

1. Gurken schälen, der Länge nach halbieren und entkernen. Gurkenhälften in etwa 1/2 cm dicke Scheiben schneiden. Tomaten waschen, kreuzweise einschneiden und kurz in kochendes Wasser legen. Tomaten

kurz in kaltem Wasser abschrecken, enthäuten, halbieren, entkernen und die Stängelansätze entfernen. Tomaten in kleine Würfel schneiden.
2. Dill abspülen und trocken tupfen. Die Spitzen von den Stängeln zupfen, Spitzen klein schneiden. 30 g Butter in einer Pfanne zerlassen, Gurkenscheiben darin kurz andünsten. Zwei Esslöffel Wasser hinzugeben. Mit Salz und Pfeffer würzen. Die Gurkenscheiben zugedeckt etwa 5 Minuten dünsten. Mit der restlichen kalten Butter binden. Dill unterrühren. Tomatenwürfel unterheben. Gurkengemüse warm stellen.
3. Maischollen unter fließendem kalten Wasser abspülen und trocken tupfen. Die Haut mit einem scharfen Messer einritzen. Die Maischolle mit etwas Zitronensaft beträufeln. Mit Salz und Pfeffer würzen und in Mehl wenden. Speck in Streifen schneiden.
4. Speiseöl in einer Pfanne erhitzen, Speckstreifen darin auslassen. Die Maischollen hinzufügen und von beiden Seiten in etwa 10 Minuten goldgelb braten. Dann Butter und Krabben hinzugeben. Mit restlichem Zitronensaft ablöschen. Mit Petersilie bestreuen.
5. Schmorgurken auf Tellern verteilen. Die Schollen im Ganzen daraufgeben und sofort servieren.

Beilage: Salzkartoffeln.

Für Kinder

Ausgebackener Fisch
4 Portionen

Zubereitungszeit: 45 Minuten

600 g Fischfilet, z. B. Schellfisch-, Kabeljau- oder Seelachsfilet
Salz
frisch gemahlener Pfeffer

Für den Ausbackteig:
100 g Weizenmehl
1 Ei (Größe M)
Salz
125 ml ($1/8$ l) Milch
1 EL Speiseöl oder zerlassene Butter

Ausbackfett oder Speiseöl

Pro Portion:
E: 31 g, F: 15 g, Kh: 15 g,
kJ: 1355, kcal: 324

Ausgebackener Fisch

1. Fischfilet unter fließendem kalten Wasser abspülen, trocken tupfen und in Portionsstücke schneiden. Mit Salz und Pfeffer bestreuen.
2. Für den Teig Mehl in eine Rührschüssel geben und in die Mitte eine Vertiefung drücken. Ei mit Salz und Milch verschlagen, etwas davon in die Vertiefung geben und von der Mitte aus die Eimilch und Mehl mit einem Schneebesen verrühren. Nach und nach restliche Eimilch und Speiseöl oder Butter unterrühren. Darauf achten, dass keine Klümpchen entstehen.
3. Ausbackfett oder Speiseöl in einem Topf oder in einer Fritteuse auf etwa 180 °C erhitzen. Die Fischfiletstücke mit Hilfe einer Gabel in den Teig tauchen und portionsweise schwimmend in dem siedenden Ausbackfett oder Speiseöl etwa 10 Minuten braun und knusprig backen. Die Fischfiletstücke mit einem Schaumlöffel herausnehmen, auf Küchenpapier legen und abtropfen lassen. Fischfiletstücke bis zum Servieren warm stellen.

Beilage: Kartoffelsalat.

Raffiniert

Fisch in der Hülle
4 Portionen

Zubereitungszeit: 40 Minuten
Garzeit: 15–20 Minuten

4 Zanderfilets oder Viktoriabarschfilets, ohne Haut (je etwa 160 g)
1 Bund Suppengrün (Möhre, Sellerie,
Porree [Lauch])
1 kleine Fenchelknolle
1 Zwiebel
1 Knoblauchzehe
je 1 Stängel Petersilie, Basilikum
und Dill
1 Bio-Zitrone (unbehandelt,
ungewachst)
Salz
frisch gemahlener Pfeffer
4 EL Butter

Außerdem:
4 Bögen gutes Pergamentpapier
1,2 m Paketschnur

Pro Portion:
E: 33 g, F: 18 g, Kh: 7 g,
kJ: 1389, kcal: 332

1. Zander- oder Viktoriabarschfilets unter fließendem kalten Wasser abspülen und trocken tupfen. Suppengrün putzen, schälen, waschen, abtropfen lassen und in feine Streifen schneiden. Von der Fenchelknolle die Stiele dicht oberhalb der Knolle abschneiden. Braune Stellen und Blätter entfernen (Fenchelgrün beiseitelegen) Fenchelknolle waschen, abtropfen lassen und in dünne Scheiben schneiden. Den Backofen vorheizen.
2. Zwiebel und Knoblauch abziehen, in kleine Würfel schneiden. Petersilie, Basilikum, Dill und beiseite gelegtes Fenchelgrün waschen und trocken tupfen. Die Blättchen bzw. Spitzen von den Stängeln zupfen. Zitrone heiß abwaschen, abtrocknen und 4 gleich große Scheiben davon abschneiden. Restliche Zitrone auspressen.
3. Zander- oder Viktoriabarschfilets mit Zitronensaft beträufeln, mit Salz und Pfeffer bestreuen.
4. Die Paketschnur in jeweils 15 cm lange Stücke schneiden. Pergamentpapierbögen auf ein Backblech legen. Vorbereitetes Gemüse und die Kräuterblättchen bzw. Spitzen gleichmäßig in die Mitte der Papierbögen legen. Zander- oder Viktoriabarschfilets darauf verteilen. Mit je einer Zitronenscheibe belegen und je 1 Esslöffel Butter daraufsetzen.
5. Die beiden langen Seiten der Papierbögen jeweils oben zueinander führen und wie eine Ziehharmonika bis zur Butter runter zusammenfalten. Die Enden wie bei einem Bonbon zusammendrehen und mit der Paketschnur zubinden. Das Backblech in den vorgeheizten Backofen schieben.
Ober-/Unterhitze: etwa 220 °C
Heißluft: etwa 200 °C
Garzeit: 15–20 Minuten.
6. Das Backblech auf einen Rost stellen. Die Fischpäckchen etwa 5 Minuten ruhen lassen, dann auf Teller verteilen. Päckchen öffnen und sofort servieren.

Einfach

Fisch Caprese
4 Portionen

Zubereitungszeit: 40 Minuten
Garzeit: 25–30 Minuten

4 mittelgroße Tomaten
2 kleine Zucchini
250 g Mozzarella
Salz, frisch gemahlener Pfeffer
1 EL Tessiner Gewürzmischung
4 EL Olivenöl
4 Scheiben Rotbarsch- oder
Seelachsfilet (je etwa 130 g)
einige Stängel frisches Basilikum

Pro Portion:
E: 38 g, F: 27 g, Kh: 5 g,
kJ: 1747, kcal: 417

1. Den Backofen vorheizen. Tomaten waschen, trocken tupfen und die Stängelansätze herausschneiden. Tomaten in Scheiben schneiden.
2. Zucchini waschen, abtrocknen und die Enden abschneiden. Zucchini in etwa ½ cm dicke Scheiben schneiden. Mozzarella abtropfen lassen und in 12 Scheiben schneiden.

Fisch in der Hülle

Fisch Caprese

Fischcurry

3. Die Hälfte der Tomaten-, Zucchini- und Mozzarellascheiben dachziegelartig in eine flache Auflaufform (gefettet) schichten. Mit Salz, Pfeffer und mit der Hälfte der Gewürzmischung bestreuen, mit 2 Esslöffeln Olivenöl beträufeln.
4. Fischfilet unter fließendem kalten Wasser abspülen, trocken tupfen, mit Salz und Pfeffer bestreuen. Fischfiletscheiben auf die Gemüse-Käse-Mischung legen. Restliche Tomaten-, Zucchini- und Mozzarellascheiben dachziegelartig drauflegen. Mit Salz, Pfeffer und der restlichen Gewürzmischung bestreuen, mit dem restlichen Olivenöl beträufeln.
5. Die Form auf dem Rost in den vorgeheizten Backofen schieben.
Ober-/Unterhitze: etwa 200 °C
Heißluft: etwa 180 °C
Garzeit: 25—30 Minuten.
6. Basilikum abspülen und trocken tupfen. Die Blättchen von den Stängeln zupfen. Blättchen klein schneiden. Fisch Caprese mit Basilikum bestreut servieren.

Exotisch

Fischcurry
4 Portionen

Zubereitungszeit: 55 Minuten, ohne Durchzieh- und Auftauzeit
Garzeit: etwa 20 Minuten

600 g Rotbarschfilet
2 TL Currypulver
Salz
1 Msp. Paprikapulver edelsüß
1 Apfel (150 g)
1 Banane
1 EL Zitronensaft
300 g TK-Erbsen und Möhren
25 g Butter
250 ml (¼ l) kochende Gemüsebrühe

Pro Portion:
E: 30 g, F: 13 g, Kh: 15 g,
kJ: 1339, kcal: 320

1. Rotbarschfilet unter fließendem kalten Wasser abspülen, trocken tupfen und in etwa 2 x 2 cm große Würfel schneiden. Curry mit Salz und Paprika mischen, die Fischwürfel damit bestreuen und kurze Zeit durchziehen lassen.
2. Apfel schälen, vierteln, entkernen und in kleine Würfel schneiden. Banane schälen, längs halbieren und in Scheiben schneiden. Apfelwürfel und Bananenscheiben mit Zitronensaft beträufeln.
3. Erbsen und Möhren auftauen lassen. Butter in einem Topf zerlassen. Erbsen, Möhren, Apfelwürfel und Bananenscheiben abwechselnd in einem Topf einschichten, Gemüsebrühe hinzugießen. Die Fischstücke mit der Marinade darauf verteilen.
4. Die Zutaten zum Kochen bringen und zugedeckt etwa 20 Minuten garen.

Beilage: Duftreis.

Für Gäste – schnell

Heilbutt mit Gemüse, in Folie
4 Portionen

Zubereitungszeit: 35 Minuten
Grillzeit: etwa 20 Minuten

4 frische Heilbuttfilets (je etwa 200 g)

400 g Möhren
300 g Knollensellerie
1 Stange Porree (Lauch)
60 g Butter
1 gestr. TL Salz
etwas Zitronensaft und -schale von 1 Bio-Zitrone (unbehandelt, ungewachst)

Salz
frisch gemahlener Pfeffer

einige vorbereitete Kerbelblättchen zum Garnieren

Außerdem:
8 Bögen Alufolie

Pro Portion:
E: 52 g, F: 17 g, Kh: 4 g,
kJ: 1597, kcal: 382

1. Heilbuttfilets kurz unter fließendem kalten Wasser abspülen und trocken tupfen. Den Backofen vorheizen.
2. Möhren und Sellerie putzen, schälen, abspülen, abtropfen lassen und in sehr kleine Würfel schneiden. Porree putzen und die Stange längs halbieren. Porree gründlich waschen, abtropfen lassen und in Streifen schneiden.
3. Butter in einem Topf zerlassen. Möhren-, Selleriewürfel und Porreestreifen darin andünsten. Mit Salz, Zitronensaft und -schale würzen.
4. Jeweils etwas von dem Gemüse auf je ein Stück Alufolie geben. Je ein Stück Heilbuttfilet darauflegen. Mit Salz und Pfeffer bestreuen. Die Heilbuttfilets und das Gemüse in der Alufolie fest verschließen.
5. Die Gemüse-Heilbuttfilet-Päckchen auf ein Backblech legen. Das Backblech in den vorgeheizten Backofen schieben.
Ober-/Unterhitze: etwa 200 °C
Heißluft: etwa 180 °C
Garzeit: etwa 20 Minuten.
6. Die Heilbutt-Päckchen öffnen und jeweils auf einen Teller legen. Heilbuttfilets mit Kerbelblättchen garnieren und in der Folie servieren.

Tipp: Sie können die Heilbuttfilets auch auf dem Grill garen.

Raffiniert – mit Alkohol

Kabeljau auf chinesische Art
6 Portionen

Zubereitungszeit: 70 Minuten, ohne Marinierzeit
Garzeit: etwa 45 Minuten

2 Stück Kabeljau (je 500 g)
25 g Mu-Err-Pilze
50 g frischer Ingwer
6 EL Sherry
8 EL dunkle Sojasauce
150 g Bambussprossen
(aus der Dose)
1 kleine Dose Ananasstücke
(Abtropfgewicht 140 g)
1 kleine Stange Porree (Lauch)
1 rote Paprikaschote (etwa 200 g)
200 g TK-Erbsen
3 EL Sesamöl
200 ml Fischfond oder Gemüsebrühe
1 TL Sambal Oelek
1 EL Zucker, Salz
2 EL Tomatenketchup
1 TL Fünf-Gewürzpulver
2 EL Reiswein
80 g Speisestärke
500 ml (1/2 l) Speiseöl
2 EL Zitronensaft

Heilbutt mit Gemüse, in Folie

Kabeljau auf chinesische Art

Fisch und Meeresfrüchte

Pro Portion:
E: 37 g, F: 39 g, Kh: 34 g,
kJ: 3079, kcal: 735

1. Kabeljau unter fließendem kalten Wasser abspülen und trocken tupfen. Kabeljau jeweils auf der Hautseite etwa 1 cm tief rautenförmig einschneiden.
2. Pilze nach Packungsanleitung einweichen. Ingwer schälen, in kleine Stücke schneiden und durch eine Knoblauchpresse drücken. Mit Sherry und der Hälfte der Sojasauce verrühren.
3. Kabeljaustücke in eine flache Schale legen, mit der Marinade übergießen und 20—30 Minuten durchziehen lassen, dabei Kabeljaustücke öfter wenden.
4. Pilze ausdrücken und in Stücke schneiden. Bambussprossen abtropfen lassen und in Streifen schneiden. Ananasstücke in einem Sieb abtropfen lassen, eventuell in kleinere Stücke schneiden. Porree putzen, die Stange längs halbieren, gründlich waschen, abtropfen lassen und in Streifen schneiden. Paprikaschote halbieren, entstielen, entkernen und die weißen Scheidewände entfernen. Schote waschen, abtropfen lassen und in feine Streifen schneiden. Erbsen etwa 5 Minuten in kochendem Salzwasser garen und abtropfen lassen.
5. Sesamöl in einer Pfanne erhitzen. Porree- und Paprikastreifen darin unter Rühren etwa 5 Minuten andünsten. Ananasstücke mit dem Saft, Erbsen, Fond oder Brühe, Bambusstreifen und Mu-Err-Pilzen hinzufügen. Die Zutaten gut verrühren, zum Kochen bringen und etwa 4 Minuten garen. Mit Sambal Oelek, Zucker, Salz, Tomatenketchup, Fünf-Gewürzpulver, Reiswein und restlicher Sojasauce abschmecken. Das Gemüse in eine große, flache Auflaufform geben. Den Backofen vorheizen.
6. Speiseöl in einer großen Pfanne oder einem Topf erhitzen. Kabeljaustücke aus der Marinade nehmen, etwas abtupfen, mit Speisestärke bestäuben und in dem erhitztem Speiseöl von jeder Seite etwa 6 Minuten

Fischfilet mit Zitronenthymian

anbraten. Kabeljaustücke herausnehmen auf das Gemüse legen. Die Form auf dem Rost in den vorgeheizten Backofen schieben.
Ober-/Unterhitze: etwa 180 °C
Heißluft: etwa 160 °C
Garzeit: etwa 30 Minuten.
7. Kabeljau mit dem Gemüse auf einer Platte anrichten. Kabeljaustücke mit Zitronensaft beträufeln und sofort servieren.

Schnell

Fischfilet mit Zitronenthymian
4 Portionen

Zubereitungszeit: 30 Minuten, ohne Ziehzeit

8 Fischfilets (je etwa 80 g, Filets vom roten Fusilier-Fisch oder von der Rotbarbe)
Salz
frisch gemahlener Pfeffer
je 1 Bio-Limette und Bio-Zitrone (unbehandelt, ungewachst)
einige Zweige Zitronenthymian
2 EL (40 g) abgezogene, gehobelte Mandeln
3 EL Olivenöl
40 g Butter
1 EL rosa Pfefferbeeren

einige vorbereitete Thymianzweige

Pro Portion:
E: 32 g, F: 10 g, Kh: 3 g,
kJ: 997, kcal: 238

1. Fischfilets unter fließendem kalten Wasser abspülen und trocken tupfen. Mit Salz und Pfeffer würzen, etwa 10 Minuten einziehen lassen.
2. Limette und Zitrone heiß abwaschen, abtrocknen und in Scheiben schneiden.
3. Thymian abspülen und trocken tupfen. Mandeln in einer Pfanne ohne Fett goldbraun rösten.
4. Olivenöl in einer Pfanne erhitzen. Fischfilets darin von beiden Seiten etwa 5 Minuten braten, herausnehmen und im vorgeheizten Backofen bei Ober-/Unterhitze: etwa 80 °C, Heißluft: etwa 60 °C warm stellen.
5. Butter in der Pfanne in dem verbliebenen Bratfett zerlassen. Limetten-, Zitronenscheiben und Thymian darin andünsten.
6. Limetten-, Zitronenscheiben und Thymianzweige auf einer Platte anrichten. Warm gestellte Fischfilets darauf verteilen. Mit rosa Pfefferbeeren und gerösteten Mandeln bestreuen. Mit frischen Thymianzweigen garniert servieren.

Beilage: Klebreis mit süß-saurer Sauce und Blattsalat.

Tipp: Fusilier-Fisch ist ein Verwandter des Red Snapper, den Sie ebenso verwenden können.

Fischmedaillons auf Gemüsenudeln

Für Gäste – mit Alkohol

Fischmedaillons auf Gemüsenudeln
4 Portionen

Zubereitungszeit: 50 Minuten, ohne Auftauzeit

300 g TK-Zanderfilet
300 g TK-Lachsforellenfilet
2 Bund Suppengrün (etwa 500 g, Möhren, Porree, Sellerie)
etwa 1 l Salzwasser
3 l Wasser
3 gestr. TL Salz
300 g Spaghetti
Salz
frisch gemahlener Pfeffer
etwa 100 ml Weißwein
2 EL Olivenöl
1 Bund Basilikum

Pro Portion:
E: 42 g, F: 10 g, Kh: 55 g,
kJ: 2218, kcal: 530

1. Fischfilets nach Packungsanleitung auftauen lassen.
2. Suppengrün putzen bzw. schälen, waschen, abtropfen lassen und in Streifen oder Würfel schneiden. Salzwasser in einem Topf zum Kochen bringen, Gemüsestreifen oder -würfel darin etwa 5 Minuten blanchieren, in ein Sieb geben, dabei den Fond auffangen. Gemüsestreifen oder -würfel mit eiskaltem Wasser abschrecken.
3. Wasser in einem großen Topf mit geschlossenem Deckel zum Kochen bringen. Dann Salz und Spaghetti zugeben. Die Spaghetti im geöffneten Topf bei mittlerer Hitze nach Packungsanleitung kochen lassen, dabei zwischendurch 4–5-mal umrühren.
4. Anschließend die Spaghetti in ein Sieb geben, mit heißem Wasser abspülen und abtropfen lassen.
5. Aufgetaute Fischfilets unter fließendem kalten Wasser abspülen, trocken tupfen und in Medaillons (je etwa 75 g) schneiden.
6. Den aufgefangenen Gemüsefond mit Weißwein in einem Topf erhitzen, mit Pfeffer würzen. Die Fischmedaillons darin etwa 8 Minuten gar ziehen lassen.
7. Olivenöl in einer Pfanne erhitzen, Gemüsestreifen oder -würfel darin andünsten, mit Salz und Pfeffer würzen. Spaghetti hinzugeben und untermischen.
8. Basilikum abspülen und trocken tupfen. Die Blättchen von den Stängeln zupfen.
9. Fischmedaillons auf den Gemüsenudeln anrichten und mit Basilikumblättchen garnieren.

Etwas teurer

Gegrillte Riesengarnelen mit Cocktailsauce
4–6 Portionen

Zubereitungszeit: 25 Minuten, ohne Auftauzeit

24 Riesengarnelen
Salz

Für die Cocktailsauce:
150 g Salatmayonnaise
150 g Vollmilchjoghurt
1 TL Zitronensaft
1–2 EL Tomatenketchup
1–2 EL Weinbrand
Salz, Cayennepfeffer
Zucker
etwas Speiseöl

Pro Portion:
E: 19 g, F: 22 g, Kh: 6 g,
kJ: 1271, kcal: 303

1. Garnelen nach Packungsanleitung auftauen lassen. Garnelen unter fließendem kalten Wasser abspülen und trocken tupfen.
2. Für die Sauce Mayonnaise, Joghurt, Zitronensaft, Ketchup und Weinbrand gut verrühren. Mit Salz, Cayennepfeffer und Zucker abschmecken.
3. Eine Grillpfanne erhitzen. Garnelen mit Speiseöl bestreichen, in die

Gegrillte Riesengarnelen mit Cocktailsauce

Forellenfilet Kleopatra

verrühren. 2 Esslöffel Zitronensaft und 1 Teelöffel Dr. Oetker Finesse Geriebene Zitronenschale unterrühren. Die Butter mit etwas Salz und frisch gemahlenem Pfeffer abschmecken, heiß zu den Garnelen servieren.

Raffiniert – schnell

Forellenfilet Kleopatra
4 Portionen

Zubereitungszeit: 20 Minuten
Bratzeit: 3–4 Minuten

1 kleine Zwiebel
8 Forellenfilets (je etwa 80 g)
Salz, frisch gemahlener Pfeffer
evtl. 2 EL Zitronensaft
etwas Worcestersauce
100 g Butter
1 EL abgetropfte Kapern
160 g Shrimps
frisch gehackte Petersilie

Pro Portion:
E: 81 g, F: 36 g, Kh: 2 g,
kJ: 2973, kcal: 711

1. Zwiebel abziehen und in kleine Würfel schneiden.
2. Forellenfilets unter fließendem kalten Wasser abspülen und trocken tupfen. Mit Salz, Pfeffer, Zitronensaft und Worcestersauce würzen.
3. Etwas von der Butter in einer großen Pfanne zerlassen. Fischfilets darin von beiden Seiten 3–4 Minuten braten, herausnehmen und warm stellen.
4. Restliche Butter in die Pfanne zum verbliebenen Fett geben, Zwiebelwürfel darin leicht anbraten, Kapern und Shrimps hinzufügen, erhitzen und zu den Forellenfilets reichen. Mit Petersilie bestreuen.

Pfanne legen und kurz bei starker Hitze angrillen.
4. Garnelen wenden und bei mittlerer Hitze etwa 5 Minuten weitergrillen, dabei eventuell nochmals umdrehen. Garnelen herausnehmen.
5. Garnelen schälen oder nach Belieben ungeschält mit der Cocktailsauce servieren.

Tipp: Riesengarnelen finden Sie zumeist unter dem Namen „Prawns" oder „King Prawns" im Tiefkühlfach. Bereiten Sie anstelle der Cocktailsauce eine Zitronen-Knoblauch-Butter zu. Dafür 75 g Butter zerlassen. Zwei Knoblauchzehen abziehen, durch eine Knoblauchpresse drücken und mit der Butter in einer Schüssel

Tipp: Als Beilage eignen sich Kopfsalatherzen und Petersilienkartoffeln. Zusätzlich können die Shrimps noch mit abgezogenen, gewürfelten Tomaten und 1 Esslöffel Dillspitzen verfeinert werden.

Kabeljaufilet in Senf-Zwiebel-Kruste

Kabeljaufilet Müllerin

Für Gäste

Kabeljaufilet in Senf-Zwiebel-Kruste
4 Portionen

Zubereitungszeit: 90 Minuten
Garzeit: etwa 25 Minuten

Für das Gemüse:
1 Möhre (etwa 100 g)
1 Stck. Knollensellerie (etwa 100 g)
400 g festkochende Kartoffeln
1 Stange Porree (Lauch), nur das Weiße (etwa 100 g)
50 g Butter oder Margarine
1 kleines Bund Majoran
250 ml (¼ l) Gemüsebrühe

Für den Fisch:
4 kleine Schalotten oder Zwiebeln (etwa 100 g)
4 Kabeljaufilets (je etwa 150 g)
Salz, frisch gemahlener Pfeffer
Zitronensaft
2 EL mittelscharfer Senf
1 EL Weizenmehl
50 g Butter oder Margarine

Pro Portion:
E: 30 g, F: 22 g, Kh: 24 g,
kJ: 1824, kcal: 435

1. Für das Gemüse Möhre und Sellerie putzen, schälen, waschen. Kartoffeln waschen, schälen, abspülen. Porree putzen, die Stange längs halbieren, waschen. Gemüse abtropfen lassen. Möhre, Sellerie und Kartoffeln in nicht zu feine Stifte, Porree in Streifen schneiden.
2. Vorbereitetes Gemüse in kochendem Salzwasser etwa 10 Minuten garen, in ein Sieb geben, mit kaltem Wasser übergießen und abtropfen lassen.
3. Butter oder Margarine in einer Pfanne erhitzen, Gemüse darin andünsten, herausnehmen und in eine feuerfeste Form geben. Majoran abspülen und trocken tupfen. Die Blättchen von den Stängeln zupfen. Blättchen auf dem Gemüse verteilen. Brühe hinzugießen. Den Backofen vorheizen.
4. Für den Fisch Schalotten oder Zwiebeln abziehen und in Würfel schneiden.
5. Kabeljaufilets unter fließendem kalten Wasser abspülen, trocken tupfen, mit Salz, Pfeffer und Zitronensaft würzen. Die Filets von der oberen Seite mit Senf bestreichen, Schalottenwürfel darauf verteilen, mit Mehl bestäuben und fest andrücken.
6. Butter oder Margarine in einer Pfanne erhitzen. Die mit Zwiebelwürfeln belegte Seite darin anbraten, vorsichtig mit Hilfe eines Pfannenwenders herausnehmen und auf das Gemüse in die Form legen. Die Form auf dem Rost in den vorgeheizten Backofen schieben.
Ober-/Unterhitze: etwa 200 °C
Heißluft: etwa 180 °C
Garzeit: etwa 25 Minuten.
7. Kabeljaufilets aus der Form nehmen und mit dem Gemüse auf Tellern anrichten.

Beilage: Frische Blattsalate.

Preiswert

Kabeljaufilet Müllerin
4 Portionen

Zubereitungszeit: 50 Minuten
Garzeit: etwa 15 Minuten

2 Stangen Porree (Lauch, etwa 400 g)
6 Tomaten (etwa 500 g)
4 EL Speiseöl
Salz
frisch gemahlener Pfeffer

4 Kabeljaufilets (je etwa 150 g)

1 Zitrone
1 Bund Petersilie
40 g Butter oder Margarine

Pro Portion:
E: 28 g, F: 17 g, Kh: 5 g,
kJ: 1214, kcal: 290

1. Porree putzen, die Stangen längs halbieren, gründlich waschen, abtropfen lassen und in Scheiben schneiden.
2. Tomaten waschen, kreuzweise einschneiden und einige Sekunden in kochendes Wasser legen. Tomaten kurz in kaltem Wasser abschrecken,

222 | 223 Fisch und Meeresfrüchte

enthäuten, halbieren, entkernen und Stängelansätze entfernen. Tomatenhälften in Würfel schneiden. Den Backofen vorheizen.

3. Zwei Esslöffel des Speiseöls in einer Pfanne erhitzen. Porreescheiben und Tomatenwürfel darin unter Rühren andünsten, mit Salz und Pfeffer würzen. Die Porree-Tomaten-Masse in eine feuerfeste Form oder Auflaufform geben.

4. Kabeljaufilets unter fließendem kalten Wasser abspülen und trocken tupfen. Restliches Speiseöl in der gesäuberten Pfanne erhitzen. Kabeljaufilets darin von beiden Seiten anbraten, mit Salz und Pfeffer würzen. Kabeljaufilets herausnehmen und auf der Porree-Tomaten-Masse verteilen. Die Form auf dem Rost in den vorgeheizten Backofen schieben.

Ober-/Unterhitze: etwa 200 °C
Heißluft: etwa 180 °C
Garzeit: etwa 15 Minuten.

5. In der Zwischenzeit Zitrone so schälen, dass auch die weiße Haut mit entfernt wird. Zitrone in Scheiben schneiden. Petersilie abspülen und trocken tupfen. Die Blättchen von den Stängeln zupfen. Blättchen grob zerkleinern. Butter oder Margarine in einer Pfanne zerlassen.

6. Die Form auf einen Rost stellen. Die Fischfilets mit den Zitronenscheiben belegen und mit Petersilie bestreuen. Mit Butter oder Margarine beträufeln. Sofort servieren.

Beilage: Salzkartoffeln und Blattsalate.

Etwas teurer

Saibling mit Mandelbutter
4 Portionen

Zubereitungszeit: 45 Minuten
Backzeit: 15–18 Minuten

4 küchenfertige Saiblinge (je etwa 300 g)
Salz, frisch gemahlener Pfeffer
4 EL Speiseöl
etwas Weizenmehl

Für den Salat:
1 Kopfsalat
1 Bund Radieschen
250 g Vollmilchjoghurt
1 EL Zucker
Zitronensaft

4 EL Butter
100 g gehobelte Mandeln

Pro Portion:
E: 38 g, F: 41 g, Kh: 12 g,
kJ: 2422, kcal: 578

1. Saiblinge von innen und außen unter fließendem kalten Wasser abspülen und trocken tupfen. Von innen und außen mit Salz und Pfeffer bestreuen. Den Backofen vorheizen.

2. Speiseöl in einer feuerfesten Pfanne erhitzen Saiblinge in Mehl wenden, überschüssiges Mehl abklopfen. Saiblinge in die Pfanne geben und von beiden Seiten braun anbraten. Die Pfanne auf dem Rost in den vorgeheizten Backofen schieben.

Ober-/Unterhitze: etwa 180 °C
Heißluft: etwa 160 °C
Backzeit: 15–18 Minuten.

3. Die Saiblinge sind gar, wenn die Rückenflosse sich leicht abziehen lässt.

4. In der Zwischenzeit für den Salat von dem Kopfsalat die äußeren welken Blätter entfernen. Den Salat waschen, trocken schleudern und in Stücke zupfen. Von den Radieschen Blätter, Spitzen und schlechte Stellen abschneiden. Radieschen waschen, abtropfen lassen und in Scheiben schneiden.

5. Joghurt mit Zucker und einem guten Spritzer Zitronensaft glattrühren.

6. Butter in einer Pfanne zerlassen. Mandeln darin unter Rühren goldbraun rösten.

7. Die Saiblinge aus der Pfanne nehmen, auf einer Platte anrichten und mit der Mandelbutter übergießen. Kopfsalat mit Radieschen in einer Schüssel mischen. Joghurtdressing unterheben. Die Saiblinge mit dem Kopfsalat sofort servieren.

Saibling mit Mandelbutter

Für Gäste

Gebratener Viktoriabarsch mit roter Bete, Feldsalat und Dillschmand
4 Portionen

Zubereitungszeit: 45 Minuten
Bratzeit: 8–10 Minuten

Für den Rote-Bete-Salat:
1 Bio-Orange (unbehandelt, ungewachst)
1 Pck. (250 g) gekochte rote Bete (Vakuum)
2 EL Himbeeressig
1 EL flüssiger Honig
2 EL mildes Olivenöl
Salz, frisch gemahlener Pfeffer

Für den Feldsalat:
400 g Feldsalat
2 EL Weißweinessig
1 EL flüssiger Honig
5 EL Walnussöl
Salz, frisch gemahlener Pfeffer

Für den Dillschmand:
½ Bund Dill
1 Becher (150 g) Crème fraîche
Salz, frisch gemahlener Pfeffer

800 g Viktoriabarschfilets
Sonnenblumenöl zum Anbraten

Pro Portion:
E: 41 g, F: 33 g, Kh: 18 g,
kJ: 2254, kcal: 540

Gebratener Viktoriabarsch mit roter Bete, Feldsalat und Dillschmand

1. Für den Rote-Bete-Salat Orange heiß abwaschen und abtrocknen. Orange mit einem Zestenreißer schälen oder die Schale mit einer kleinen Reibe abreiben. Den Saft auspressen.
2. Rote Bete in Spalten schneiden und in eine Schüssel geben. Orangenschale und -saft mit Himbeeressig und Honig verrühren. Olivenöl unterschlagen. Mit Salz und Pfeffer würzen. Die Marinade zu den Rote-Bete-Spalten geben und vorsichtig untermengen.
3. Für den Feldsalat von dem Feldsalat die Wurzelenden abschneiden. Schlechte Blätter entfernen. Den Salat gründlich waschen und abtropfen lassen. Essig mit Honig verrühren, Walnussöl unterschlagen. Mit Salz und Pfeffer würzen.
4. Für den Dillschmand Dill abspülen und trocken tupfen. Die Spitzen von den Stängeln zupfen. Spitzen klein schneiden. Crème fraîche glattrühren, Dill unterrühren. Mit Salz und Pfeffer würzen.
5. Viktoriabarschfilets unter fließendem kalten Wasser abspülen, trocken tupfen und in 4 gleich große Portionen teilen. Sonnenblumenöl in einer Pfanne erhitzen. Viktoriabarschfilets darin von jeder Seite 4–5 Minuten braten. Mit Salz und Pfeffer würzen.
6. Den Feldsalat in eine Schüssel geben und mit dem Dressing vermischen. Viktoriabarschfilets mit der roten Bete, dem Dillschmand und dem Feldsalat servieren.

Für Gäste

Tomatenfisch auf Mangold
4 Portionen

Zubereitungszeit: 45 Minuten
Garzeit: 25–30 Minuten

4 Tilapiafilets (je etwa 120 g)
Saft von 1 Zitrone
800 g Mangold
1 Knoblauchzehe
1 EL Speiseöl
Salz, frisch gemahlener Pfeffer
2 große Tomaten
50 g frisch geriebener Parmesan-Käse

1 Bratfolienschlauch

Pro Portion:
E: 29 g, F: 8 g, Kh: 6 g,
kJ: 917, kcal: 220

1. Tilapiafilets kalt abspülen und trocken tupfen. Filets in eine Schale legen und mit Zitronensaft beträufeln.
2. Mangold putzen (evtl. große Blattstiele entfernen). Mangold waschen, gut abtropfen lassen und in Streifen schneiden. Knoblauch abziehen und durch eine Knoblauchpresse drücken.
3. Speiseöl in einem Topf erhitzen. Mangoldstreifen und Knoblauch darin unter Rühren andünsten, mit Salz und Pfeffer würzen.
4. Tomaten waschen, abtrocknen und die Stängelansätze herausschneiden. Tomaten in Scheiben schneiden.
5. Mangold in einen großen Bratfolienschlauch füllen und auf ein Backblech legen. Filets auf dem Mangold verteilen, mit Tomaten belegen und mit Käse bestreuen. Den Bratfolienschlauch fest verschließen. Das Backblech in den vorgeheizten Backofen schieben.
Ober-/Unterhitze: etwa 200 °C
Heißluft: etwa 180 °C
Garzeit: 25–30 Minuten.
6. Folienschlauch vom Blech nehmen, vorsichtig aufschneiden. Gemüse und Filets auf Tellern anrichten.

Raffiniert – beliebt

Seezungenfilets „Fisherman's Wharf"
4 Portionen

Zubereitungszeit: 35 Minuten

Für das Apfel-Pflaumen-Kompott:
3 große Äpfel (etwa 500 g)
1 leicht geh. EL Butter
5 EL Wasser
4 EL Zitronensaft
1 Prise Zucker
Salz
Zitronenpfeffer
200 g entsteinte Trockenpflaumen

4 Seezungenfilets (je etwa 125 g)
2 leicht geh. EL Butter
2 EL Zitronensaft

etwas Schnittlauch

Pro Portion:
E: 24 g, F: 9 g, Kh: 45 g,
kJ: 1539, kcal: 368

1. Für das Kompott Äpfel schälen, vierteln, entkernen und in kleine Würfel schneiden. Butter in einer Pfanne zerlassen. Wasser, Zitronensaft, Zucker, Salz und Zitronenpfeffer hinzufügen.
2. Apfelwürfel hinzugeben und unter Rühren etwa 3 Minuten dünsten. Pflaumen grob würfeln, unterrühren und kurz mit andünsten.
3. Seezungenfilets unter fließendem kalten Wasser abspülen und trocken tupfen. Butter in einer großen Pfanne erhitzen. Die Seezungenfilets darin von jeder Seite 2–3 Minuten bei mittlerer Hitze braten, herausnehmen. Mit Salz würzen und mit Zitronensaft beträufeln.
4. Schnittlauch abspülen, trocken tupfen und in Röllchen schneiden (einige Schnittlauchhalme beiseitelegen). Die Seezungenfilets mit dem lauwarmen Apfel-Pflaumen-Kompott anrichten. Mit Schnittlauchröllchen bestreuen und mit Schnittlauchhalmen garnieren.

Beilage: Langkorn-Wildreis-Mischung.

Tomatenfisch auf Mangold

Seezungenfilets „Fisherman's Wharf"

Paprika-Fisch-Pfanne

Ragout von Edelfischen mit Weinkraut

Fettarm

Paprika-Fisch-Pfanne
2 Portionen

Zubereitungszeit: 25 Minuten

400 g festkochende Kartoffeln
1 gestr. TL Salz
1 TL Kümmelsamen

1 rote Paprikaschote (200 g)
½ gelbe Paprikaschote (100 g)
200 g Chinakohl
1 Zwiebel (etwa 50 g)
300 g Fischfilet
Salz, frisch gemahlener, weißer Pfeffer
1 TL Speiseöl, z. B. Olivenöl

1 EL Tomatenmark
50 ml heißes Wasser
1 TL Paprikapulver edelsüß

Pro Portion:
E: 34 g, F: 4 g, Kh: 41 g
kJ: 1449, kcal: 347

1. Kartoffeln gründlich waschen, in einem Topf mit Salz, Kümmel und Wasser zum Kochen bringen. Kartoffeln zugedeckt etwa 20 Minuten garen.
2. Paprikaschoten halbieren, entstielen, entkernen und die weißen Scheidewände entfernen. Schoten waschen, abtropfen lassen und in etwa 1 cm breite Streifen schneiden. Chinakohl putzen, vierteln und den Strunk herausschneiden. Chinakohl waschen, abtropfen lassen und in Streifen schneiden. Zwiebel abziehen, zuerst in Scheiben schneiden, dann in Ringe teilen.
3. Filet kalt abspülen, trocken tupfen, halbieren, mit Salz und Pfeffer bestreuen.
4. Speiseöl in einer großen Pfanne erhitzen. Filetstücke darin von jeder Seite etwa 3 Minuten braten, herausnehmen und warm stellen.
5. Paprika-, Chinakohlstreifen und Zwiebelringe in die Pfanne geben und unter Rühren etwa 2 Minuten anbraten.
6. Tomatenmark mit Wasser verrühren, unter die Gemüsemasse rühren und kurz aufkochen lassen. Gemüse mit Paprika und eventuell Salz würzen. Filetstücke wieder in die Pfanne geben.
7. Kartoffeln abgießen und heiß zur Paprika-Fisch-Pfanne servieren.

Etwas teurer – mit Alkohol

Ragout von Edelfischen mit Weinkraut
4 Portionen

Zubereitungszeit: 70 Minuten
Garzeit: 9–11 Minuten

Für die rote Buttersauce:
2 Schalotten
20 g Butter
250 ml (¼ l) Fischfond oder Gemüsebrühe
200 ml trockener Rotwein
85 g eiskalte Butter
Salz
frisch gemahlener Pfeffer

1 kleiner Weißkohl (etwa 400 g)
Saft von 1 Zitrone
25 g Butter
2 EL Zucker
125 ml (⅛ l) halbtrockener Weißwein
je 200 g Lachsfilet, Steinbuttfilet, Seeteufelfilet
4 EL trockener Weißwein

einige vorbereitete Dillzweige

Pro Portion:
E: 30 g, F: 29 g, Kh: 15 g,
kJ: 2414, kcal: 577

1. Für die rote Sauce Schalotten abziehen und in kleine Würfel schneiden. Butter in einem Topf zerlassen, Schalottenwürfel darin andünsten. Mit Fond oder Brühe und Rotwein ablöschen. Die Sauce zum Kochen bringen und um die Hälfte einkochen lassen. Eiskalte Butter mit dem Pürierstab einarbeiten. Die Sauce mit Salz und Pfeffer würzen.
2. Die äußeren welken Blätter vom Weißkohl entfernen. Weißkohlblätter vom Strunk lösen und die dicken Rippen entfernen. Weißkohlblätter in leicht gesalzenem, kochendem Zitronenwasser etwa 3 Minuten bissfest kochen. Weißkohlblätter in leicht gesalzenem Eiswasser abschrecken und in einem Sieb gut abtropfen lassen. Weißkohlblätter in feine Streifen schneiden.
3. Butter in einem Topf zerlassen, Zucker darin unter Rühren karamellisieren lassen. Vorsichtig mit Wein ablöschen, Weißkohlstreifen unterheben. Mit Salz und Pfeffer würzen. Weinkraut kurz kochen lassen. Nochmals mit den Gewürzen abschmecken.
4. Fischfilets unter fließendem kalten Wasser abspülen, trocken tupfen und in grobe Würfel schneiden, mit Salz und Pfeffer würzen. Die Fischwürfel auf das Weinkraut legen und Wein hinzufügen. Die Fischwürfel 6–8 Minuten ziehen lassen.
5. Von der roten Buttersauce einen Spiegel auf vorgewärmte Teller gießen und die Fischfiletstücke darauf verteilen. Das Weinkraut daneben anordnen. Mit Dillzweigen garnieren.

Raffiniert

Lachs mit Tatarensauce
4 Portionen

Zubereitungszeit: 25 Minuten
Grillzeit: etwa 5 Minuten

Lachs mit Tatarensauce

4 Scheiben frischer Lachs
(je etwa 150 g)
Salz
frisch gemahlener Pfeffer
50 g weiche Butter

Für die Tatarensauce:
1 Becher (150 g) Crème fraîche
2 EL Salatmayonnaise
2 hart gekochte Eier
4 EL gehackte Kräuter, z. B. Petersilie, Estragon, Kerbel, Pimpinelle
3 Knoblauchzehen

Pro Portion:
E: 36 g, F: 48 g, Kh: 4 g,
kJ: 2613, kcal: 625

1. Lachs unter fließendem kalten Wasser abspülen und trocken tupfen. Mit Salz und Pfeffer bestreuen, mit Butter bestreichen.
2. Für die Tatarensauce Crème fraîche und Mayonnaise verrühren. Eier pellen und in kleine Stücke hacken, Kräuter unterrühren. Knoblauch abziehen, durch eine Knoblauchpresse drücken und hinzufügen. Die Sauce mit Salz und Pfeffer abschmecken.
3. Die Lachsscheiben in eine erhitzte Grillpfanne (gefettet) legen und von beiden Seiten etwa 5 Minuten grillen, dabei die Lachsscheiben zwischendurch mit Butter bestreichen.
4. Lachsscheiben herausnehmen und auf vorgewärmten Tellern anrichten. Die Tatarensauce dazureichen.

Beilage: Ofenfrisches Baguette und grüner Salat.

Abwandlung: Lachsteaks mit Senfsahne: Lachsfilets oder -steaks mit Salz und Pfeffer würzen, mit etwas Weizenmehl bestäuben und in erhitztem Speiseöl von beiden Seiten etwa 8 Minuten in einer Pfanne braten, warm stellen. Für die Senfsahne 400 g Schlagsahne zum Kochen bringen und sämig einkochen lassen. 3–4 Esslöffel Estragonsenf und 1 Esslöffel gehackten Estragon unter die Sauce rühren. Die Sauce mit Salz, Pfeffer und Zucker abschmecken.

Mit Alkohol

Goldbarschpfanne mit Shrimps
4 Portionen

Zubereitungszeit: 20 Minuten

600 g Goldbarsch- oder Rotbarschfilet
200 g Champignons
2 Knoblauchzehen
2 EL Speiseöl
300 g küchenfertige Shrimps
40 ml Weinbrand
Salz
frisch gemahlener Pfeffer
4 EL Schlagsahne
½ Bund Petersilie

Pro Portion:
E: 29 g, F: 14 g, Kh: 4 g,
kJ: 1276, kcal: 304

1. Goldbarsch- oder Rotbarschfilet unter fließendem kalten Wasser abspülen, trocken tupfen, eventuell vorhandene Gräten entfernen. Fischfilet in etwa 3 cm große Würfel schneiden.

2. Champignons putzen, mit Küchenpapier abreiben, eventuell abspülen, trocken tupfen und in feine Scheiben schneiden. Knoblauch abziehen und grob zerkleinern.

3. Speiseöl in einer Pfanne erhitzen. Champignonscheiben und Knoblauchstücke darin anbraten. Fischfiletwürfel hinzugeben und kurz mit anbraten. Shrimps unterheben und zugedeckt etwa 5 Minuten erhitzen.

4. Mit Weinbrand, Salz und Pfeffer abschmecken. Sahne vorsichtig unterrühren.

5. Petersilie unter fließendem kalten Wasser abspülen und trocken tupfen. Die Blättchen von den Stängeln zupfen, Blättchen klein schneiden. Die Goldbarschpfanne damit bestreuen und sofort servieren.

Tipp: Sie können auch Seeteufel oder Loup de mer für dieses Gericht verwenden. Wenn TK-Shrimps verwendet werden, diese nach dem Auftauen kurz unter fließendem kalten Wasser abspülen und sehr gut trocken tupfen. Sie können statt der Petersilie auch Dill verwenden und zusätzlich abgezogene, gewürfelte Tomaten unterheben.

Gut vorzubereiten

Meeräsche in der Salzkruste mit Artischocken
2 Portionen

Zubereitungszeit: 40 Minuten
Garzeit: etwa 25 Minuten

1 küchenfertige Meeräsche, ungeschuppt (etwa 700 g)
2 Stängel Rosmarin
2 Knoblauchzehen
1 Bio-Zitrone (unbehandelt, ungewachst)
1,5 kg grobes Meersalz
etwa 50 ml Wasser
1 Eiweiß (Größe M)
1 kleine Zucchini
1 Glas Artischockenherzen (Abtropfgewicht 175 g)
4 Stängel Thymian
Salz
frisch gemahlener Pfeffer

Pro Portion:
E: 51 g, F: 29 g, Kh: 6 g,
kJ: 2035, kcal: 487

Goldbarschpfanne mit Shrimps

Meeräsche in der Salzkruste mit Artischocken

Herings-Creme-Topf

darin von beiden Seiten braten. Artischockenherzen und Thymian hinzufügen, etwa 2 Minuten mitbraten lassen. Mit Salz und Pfeffer würzen.
7. Zum Servieren die Salzkruste aufschlagen und vorsichtig vom Fisch lösen.

Tipp: Für Fische in der Salzkruste nur ungeschuppte Fische verwenden. Die Schuppen schützen das Fischfleisch vor dem Salz.

Einfach

Herings-Creme-Topf
4 Portionen

Zubereitungszeit: 25 Minuten, ohne Wässer- und Kühlzeit

6 Matjesfilets
1 rote Zwiebel
2 Äpfel
150 g Crème fraîche
200 g Speisequark (Magerstufe)
Salz, frisch gemahlener Pfeffer
Zitronensaft
einige vorbereitete Dillspitzen

Pro Portion:
E: 14 g, F: 24 g, Kh: 8 g,
kJ: 1362, kcal: 325

1. Den Backofen vorheizen. Meeräsche von innen und außen unter fließendem kalten Wasser abspülen und trocken tupfen. Rosmarin abspülen, trocken tupfen und in Stücke schneiden. Knoblauch ungeschält grob zerhacken. Zitrone heiß abwaschen, abtrocknen und die Schale mit einem Sparschäler abschälen.
2. Rosmarin, Knoblauch und Zitronenschale in die Bauchhöhle der Meeräsche füllen.
3. Salz mit Wasser und Eiweiß zu einem Teig verrühren. Den Boden einer feuerfesten Form oder eines Backblechs mit 1/3 des Salzteiges belegen. Die gefüllte Meeräsche darauflegen und mit dem restlichen Salzteig so belegen, dass der Fisch komplett verhüllt ist.
4. Die Form auf dem Rost oder das Backblech in den vorgeheizten Backofen schieben.
Ober-/Unterhitze: etwa 180 °C
Heißluft: etwa 160 °C
Garzeit: etwa 25 Minuten.
5. Zucchini waschen, abtrocknen und die Enden abschneiden. Zucchini in etwa 5 mm dicke Scheiben schneiden. Die Artischockenherzen in einem Sieb abtropfen lassen, das Öl dabei auffangen. Artischockenherzen halbieren. Thymian abspülen und trocken tupfen. Die Blättchen von den Stängeln zupfen.
6. Das aufgefangene Öl in einer Pfanne erhitzen. Zucchinischeiben

1. Matjesfilets eventuell wässern, trocken tupfen und in mundgerechte Stücke schneiden.
2. Zwiebel abziehen, zuerst in Scheiben schneiden, dann in Ringe teilen. Äpfel schälen, vierteln, entkernen und in dünne Scheiben schneiden.
3. Crème fraîche mit Quark gut verrühren. Matjesstücke, Zwiebelringe und Apfelscheiben vorsichtig unterheben.
4. Den Herings-Creme-Topf mit Salz, Pfeffer und Zitronensaft abschmecken, eine Zeit lang kalt stellen und durchziehen lassen.
5. Den Herings-Creme-Topf mit Dillspitzen garniert servieren.

Beilage: Pellkartoffeln oder Vollkornbrot und Butter.

Für Gäste – mit Alkohol

Gedämpfte Lachsforelle mit Kapernbutter und Rucola

4 Portionen (Dämpfeinsatz Ø 24 cm, mit Butter ausgestrichen)

Zubereitungszeit: 50 Minuten

Für das Rucolagemüse:
2 Schalotten
4 Bund Rucola (Rauke)
2 EL Traubenkernöl
2 EL Butter
Salz
frisch geriebene Muskatnuss

600 g Lachsforellenfilet (ohne Haut und Gräten)
Salz
frisch gemahlener Pfeffer
4 Lorbeerblätter
4 Stängel Thymian

Für die Kapernbutter:
1 Apfel (z. B. Boskop)
1 EL Butterschmalz
2 EL Kapern
2 EL Kapernsud
4–5 EL Weißwein
100 g kalte Butter
Zucker

Pro Portion:
E: 33 g, F: 45 g, Kh: 6 g,
kJ: 2376, kcal: 568

1. Für das Rucolagemüse Schalotten abziehen und in kleine Würfel schneiden. Rucola verlesen und die dicken Stängel abschneiden. Rucola waschen und trocken tupfen oder trocken schleudern.
2. Forellenfilets unter fließendem kalten Wasser abspülen und trocken tupfen. Forellenfilets in 8 gleich große Stücke schneiden, mit Salz und Pfeffer würzen, mit je ½ Lorbeerblatt spicken und in den Dämpfeinsatz legen. Thymian abspülen, trocken tupfen, in kleine Zweige zupfen und auf den Forellenfiletstücken verteilen.
3. Für die Kapernbutter Apfel schälen, vierteln, entkernen und in kleine Würfel schneiden. Butterschmalz in einem kleinen Topf erhitzen, Apfelwürfel darin glasig dünsten. Kapern hinzufügen. Mit Kapernsud und Wein ablöschen. Die Zutaten zum Kochen bringen und etwas einkochen lassen.
4. Für die Forellenfilets einen Topf etwa 3 cm hoch mit Wasser füllen. Das Wasser zum Kochen bringen. Den Einsatz mit den Forellenfilets in den Topf hängen und mit dem Deckel verschließen. Forellenfiletstücke etwa 8 Minuten dämpfen.
5. Für das Rucolagemüse Traubenkernöl und Butter in einer großen Pfanne erhitzen. Schalottenwürfel darin etwa 5 Minuten dünsten.
6. Für die Kapernbutter die Butter in kleinen Stücken zu den Apfelwürfeln geben und bei schwacher Hitze darin schwenken, damit die Butter den Sud bindet. Nicht mehr kochen lassen! Mit Salz, Zucker und Pfeffer abschmecken.
7. Rucola zu den gedünsteten Schalottenwürfeln geben und zusammenfallen lassen. Mit Salz und Pfeffer würzen.
8. Rucolagemüse auf 4 vorgewärmte Teller geben. Die Forellenfilets ohne Thymian und Lorbeer portionsweise darauflegen, mit der Kapernbutter begießen und sofort servieren.

Raffiniert

Lachs in Sahnesauce

4 Portionen

Zubereitungszeit: 1 Stunde
Garzeit: etwa 20 Minuten

1 Lachsfilet (etwa 600 g), ohne Haut und Gräten
Salz
frisch gemahlener Pfeffer
40 g Butter
1 Bund Suppengrün (Möhre, Porree, Sellerie, Petersilie)
1 mittelgroße Zwiebel
1 geh. EL Weizenmehl
400 g Schlagsahne
125 ml (⅛ l) Gemüsebrühe
Saft von ½ Zitrone
1 kleines Bund Kerbel

Pro Portion:
E: 32 g, F: 49 g, Kh: 10 g,
kJ: 2602, kcal: 623

Gedämpfte Lachsforelle mit Kapernbutter und Rucola

Lachs in Sahnesauce

Flunder, gebraten

1. Lachsfilet unter fließendem kalten Wasser abspülen, trocken tupfen, mit Salz und Pfeffer bestreuen. Lachsfilet in 4–6 gleich große Stücke schneiden. Den Boden einer Auflaufform mit etwas von der Butter fetten. Die Lachsfilets in die Form legen. Den Backofen vorheizen.
2. Suppengrün putzen, eventuell schälen, waschen und abtropfen lassen. Möhre, Porree und Sellerie in sehr kleine Würfel schneiden, Petersilie klein schneiden. Zwiebel abziehen und ebenfalls klein würfeln.
3. Restliche Butter in einem Topf erhitzen, Zwiebel- und Suppengrünwürfel darin andünsten, Petersilie hinzufügen. Mehl und Sahne mit einem Schneebesen verrühren, mit der Gemüsebrühe zu den Gemüsewürfeln geben und gut unterrühren.
4. Die Sauce unter Rühren zum Kochen bringen und unter Rühren etwa 2 Minuten kochen lassen, mit Salz, Pfeffer und Zitronensaft abschmecken. Die Sauce auf den Lachsfiletstücken verteilen. Die Form ohne Deckel auf dem Rost in den vorgeheizten Backofen schieben.
Ober-/Unterhitze: etwa 200 °C
Heißluft: etwa 180 °C
Garzeit: etwa 20 Minuten.
5. Kerbel abspülen und trocken tupfen. Die Blättchen von den Stängeln zupfen. Den Lachs mit Kerbelblättchen garniert sofort servieren.

Tipp: Es kann auch TK-Lachsfilet verwendet werden. Dann Lachsfilet vor der Zubereitung auftauen lassen.

Klassisch
Flunder, gebraten
4 Portionen

Zubereitungszeit: 25 Minuten
Bratzeit: etwa 10 Minuten

4 küchenfertige Flundern
Salz
frisch gemahlener Pfeffer
2 TL Worcestersauce
evtl. 2–3 EL Zitronensaft
40 g Weizenmehl
4 EL Speiseöl
40 g Butter

Pro Portion:
E: 32 g, F: 21 g, Kh: 9 g,
kJ: 1584, kcal: 379

1. Flundern unter fließendem kalten Wasser abspülen und trocken tupfen. Mit Salz, Pfeffer, Worcestersauce und eventuell Zitronensaft würzen. Flundern in Mehl wenden.
2. Speiseöl und Butter in einer beschichteten Pfanne erhitzen. Die Flundern darin von beiden Seiten etwa 10 Minuten braten.

Beilage: Petersilienkartoffeln und ein frischer Salat oder Kartoffelsalat.

Makrelen auf Mittelmeerart

Viktoriabarsch unter der Kräuterkruste

Raffiniert – gut vorzubereiten

Makrelen auf Mittelmeerart
4 Portionen

Zubereitungszeit: 55 Minuten
Garzeit: etwa 35 Minuten

4 küchenfertige Makrelen
(je etwa 350 g)
Salz
frisch gemahlener Pfeffer

Für die Füllung:
3 Fleischtomaten
15 schwarze, entsteinte Oliven
gerebelter Oregano
1 Bund glatte Petersilie

Zum Garnieren:
einige Basilikumblättchen

Außerdem:
4 Bögen Alufolie

Pro Portion:
E: 55 g, F: 40 g, Kh: 4 g,
kJ: 2503, kcal: 597

1. Makrelen innen und außen unter fließendem kalten Wasser abspülen und trocken tupfen. Makrelen mit Salz und Pfeffer bestreuen. Den Backofen vorheizen.

2. Für die Füllung Tomaten waschen, kreuzweise einschneiden und einige Sekunden in kochendes Wasser legen. Tomaten kurz in kaltes Wasser legen, enthäuten, halbieren, entkernen und die Stängelansätze herausschneiden. Tomaten in Würfel schneiden.

3. Oliven vierteln, mit Oregano zu den Tomatenwürfeln geben. Petersilie abspülen und trocken tupfen. Die Blättchen von den Stängeln zupfen, Blättchen klein schneiden und unter die Oliven-Tomaten-Masse heben.

4. Die Makrelen mit der Oliven-Tomaten-Masse füllen. Jeweils 1 gefüllte Makrele auf je einen Bogen Alufolie legen und fest verschließen.

5. Die eingepackten Makrelen auf ein Backblech legen. Das Backblech in den vorgeheizten Backofen schieben.
Ober-/Unterhitze: etwa 200 °C
Heißluft: etwa 180 °C
Backzeit: etwa 35 Minuten.

6. Die Makrelen und das Gemüse aus der Alufolie nehmen, auf einer vorgewärmten Platte anrichten. Mit Basilikumblättchen garniert servieren.

Beilage: Reis.

Tipp: Sie können die Makrelen auch auf dem Grill garen. Dann die eingepackten Makrelen auf den heißen Grill legen und unter gelegentlichem Wenden etwa 30 Minuten grillen.

Preiswert

Viktoriabarsch unter der Kräuterkruste
4 Portionen

Zubereitungszeit: 25 Minuten
Backzeit: etwa 12 Minuten

4 Viktoriabarschfilets (je etwa 200 g)
Salz
frisch gemahlener Pfeffer
2 EL Dijonsenf

je 1 Bund Schnittlauch, Dill, Kerbel

8 EL Semmelbrösel
4 EL Olivenöl
2 EL Butter

Pro Portion:
E: 41 g, F: 21 g, Kh: 23 g,
kJ: 1870, kcal: 447

1. Viktoriabarschfilets unter fließendem kalten Wasser abspülen, trocken tupfen, mit Salz und Pfeffer bestreuen. Die Fischfilets auf ein Backblech (gefettet) legen und mit Senf (Oberseite) bestreichen. Den Backofen vorheizen.

2. Schnittlauch abspülen, trocken tupfen und in Röllchen schneiden. Dill und Kerbel abspülen, trocken tupfen. Die Spitzen bzw. Blättchen von den

Stängeln zupfen. Dillspitzen und Kerbelblättchen getrennt klein schneiden.
3. Semmelbrösel mit Olivenöl zu einer zähflüssigen Paste verrühren. Schnittlauchröllchen, Dill und Kerbel unterrühren. Mit Salz und Pfeffer würzen.
4. Die Kräuterpaste mit einem Esslöffel auf den Fischfilets verteilen. Butterflöckchen daraufgeben. Das Backblech in den vorgeheizten Backofen schieben und die Fischfilets überbacken.
Ober-/Unterhitze: etwa 200 °C
Heißluft: etwa 180 °C
Backzeit: etwa 12 Minuten
(je nach Dicke des Fischfilets).
5. Falls die Kräuterkruste zu schnell dunkel wird, die Oberhitze ausschalten und die Fischfilets mit Alufolie zudecken.

Beilage: Schneidebohnen und Tomatenbutter. Für die Schneidebohnen (Stangenbohnen) 400 g Schneidebohnen putzen, waschen, abtropfen lassen und in Rauten schneiden. Bohnen in kochendem Salzwasser gar kochen und in einem Sieb abtropfen lassen. 2 Esslöffel Butter in einem Topf zerlassen, Bohnen hinzufügen. Mit Salz und Pfeffer würzen. Für die Butter 1 kleine Zwiebel abziehen und in kleine Würfel schneiden. Einen Esslöffel Olivenöl in einem kleinen Topf erhitzen, Zwiebelwürfel darin andünsten. 500 ml (1/2 l) Tomatensaft hinzugießen, zum Kochen bringen und bei schwacher Hitze etwa 10 Minuten kochen lassen. Mit Salz, Pfeffer und Zucker würzen. 2 Esslöffel Butter hinzufügen und mit einem Pürierstab unterarbeiten. Die Tomatenbutter auf 4 Teller verteilen. Die Bohnen darauflegen. Die Viktoriabarschfilets darauf anrichten.

Tipp: Sie können auch TK-Viktoriabarschfilets verwenden, dann die Filets vor der Zubereitung auftauen lassen.

Raffiniert

Red Snapper mit Macadamianusskruste und Kokossauce

2 Portionen

Zubereitungszeit: 45 Minuten
Backzeit: etwa 25 Minuten

1 küchenfertiger Red Snapper
(700 g, geschuppt)
Salz
frisch gemahlener Pfeffer
1 große Tomate
4 Frühlingszwiebeln
4 Stängel Petersilie
3 EL Olivenöl

Für die Macadamianusskruste:
60 g Macadamianusskerne
(ungesalzen)
2 Stängel Minze
50 g weiche Butter
Salz
frisch gemahlener Pfeffer
200 ml Fischfond
200 ml Kokosmilch

Pro Portion:
E: 56 g, F: 79 g, Kh: 8 g,
kJ: 4089, kcal: 980

1. Red Snapper von innen und außen unter fließendem kalten Wasser abspülen und trocken tupfen. Red Snapper an den dicken Stellen mit einem Messer einschneiden. Red Snapper von innen und außen mit Salz und Pfeffer würzen. Den Backofen vorheizen.
2. Tomate waschen, trocken tupfen, vierteln, entkernen und den Stängelansatz herausschneiden. Tomatenviertel in Stücke schneiden. Frühlingszwiebeln putzen, waschen, abtropfen lassen und schräg in etwa 2 cm lange Stücke schneiden. Petersilie abspülen und trocken tupfen. Die Blättchen von den Stängeln zupfen. Blättchen klein schneiden.
3. Tomatenspalten mit Frühlingszwiebelstücken, Petersilie und Olivenöl mischen, in eine große, ovale, feuerfeste Form oder Auflaufform geben. Den Red Snapper darauflegen.
4. Für die Nusskruste Macadamianusskerne grob mahlen oder mit einem Messer in kleine Stücke schneiden. Minze abspülen und trocken tupfen. Die Blättchen von den Stängeln zupfen. Blättchen klein schneiden. Butter in eine Schüssel geben. Gemahlene oder gehackte Nusskerne und Minze hinzugeben, zu einer geschmeidigen Masse verrühren. Mit Salz und Pfeffer würzen.
5. Die Nussmasse auf dem Red Snapper verteilen. Die Hälfte des Fischfonds hinzugießen. Die Form auf dem Rost in den vorgeheizten Backofen schieben.
Ober-/Unterhitze: etwa 200 °C
(unteres Drittel)
Heißluft: etwa 180 °C
Backzeit: etwa 25 Minuten.
6. In der Zwischenzeit Kokosmilch mit dem restlichen Fischfond in einem Topf zum Kochen bringen.
7. Den gegarten Red Snapper auf eine vorgewärmte Platte legen. Den Schmorfond durch ein feines Sieb in die Kokossauce passieren. Red Snapper mit der Kokossauce sofort servieren.

Red Snapper mit Macadamianusskruste und Kokossauce

Kapitel 05
Rezepte 401–500

Fleisch

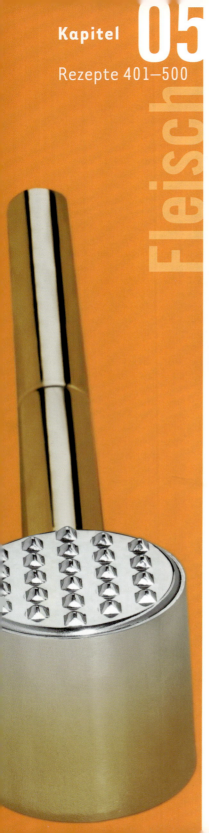

Gefülltes Kräuterfilet

Für Gäste

Gefülltes Kräuterfilet
6 Portionen

Zubereitungszeit: 40 Minuten
Garzeit: 20–25 Minuten

2 Schweinefilets (je etwa 400 g)

Für die Füllung:
4 Schalotten
je ½ Bund Petersilie, Estragon und Schnittlauch
150 g Kräuter-Frischkäse
2 EL Kräutersenf
Salz
frisch gemahlener Pfeffer
3 EL Olivenöl

Außerdem:
Holzstäbchen

Pro Portion:
E: 32 g, F: 11 g, Kh: 2 g,
kJ: 997, kcal: 238

1. Schweinefilets unter fließendem kalten Wasser abspülen und trocken tupfen. In jedes Filet längs eine Tasche einschneiden, so dass die Filets auseinandergedrückt werden können. Den Backofen vorheizen.
2. Schalotten abziehen und in kleine Würfel schneiden. Kräuter abspülen und trocken tupfen. Die Blättchen von den Stängeln zupfen. Blättchen klein schneiden. Schnittlauch in kleine Röllchen schneiden.
3. Frischkäse mit Senf verrühren. Schalottenwürfel und Kräuter unterrühren. Mit Salz und Pfeffer würzen. Die Frischkäsemasse in die Filets füllen und mit Holzstäbchen feststecken.
4. Olivenöl in einer Pfanne erhitzen. Die gefüllten Filets darin von allen Seiten kross anbraten, herausnehmen und nebeneinander in eine Auflaufform legen. Die Form ohne Deckel auf dem Rost in den vorgeheizten Backofen schieben.
Ober-/Unterhitze: etwa 200 °C
Heißluft: etwa 180 °C
Garzeit: 20–25 Minuten.

Beilage: Ofenfrisches Baguette oder Ofenkartoffeln.

Für Gäste — aufwändig

Gefüllter Kalbsbraten

(Römertopf®, 4-Liter-Inhalt)
4 Portionen

Zubereitungszeit: 40 Minuten,
ohne Abkühlzeit
Garzeit: etwa 90 Minuten

800 g Kalbfleisch (vom Nacken, mit eingeschnittener Tasche)
Salz
frisch gemahlener Pfeffer

Für die Füllung:
je 1 kleine rote und grüne Paprikaschote
Salzwasser
½ kleine Zucchini (etwa 120 g)
1 Zwiebel
1 Knoblauchzehe
5 grüne Oliven mit Paprikafüllung
3 EL Olivenöl
1 EL Tomatenmark
1 EL Rotweinessig
40 g Salzstangen oder -brezeln
Salz
frisch gemahlener Pfeffer
Cayennepfeffer
3 EL Olivenöl

Für die Sauce:
1 kleine Gemüsezwiebel
1 rote Paprikaschote
125 g Schlagsahne

Außerdem:
Küchengarn oder Holzstäbchen

Pro Portion:
E: 35 g, F: 30 g, Kh: 15 g,
kJ: 1971, kcal: 470

1. Kalbfleisch innen und außen unter fließendem kalten Wasser abspülen und trocken tupfen. Kalbfleisch innen und außen mit Salz und Pfeffer einreiben.
2. Für die Füllung Paprikaschoten halbieren, entstielen, entkernen und die weißen Scheidewände entfernen. Die Schoten waschen, abtropfen lassen und vierteln. Salzwasser in einem Topf zum Kochen bringen. Paprikaviertel 6–8 Minuten darin garen. Anschließend in ein Sieb geben, mit kaltem Wasser übergießen, abtropfen lassen, enthäuten und in Würfel schneiden. Zucchini waschen, abtrocknen und die Enden abschneiden. Zucchini würfeln. Zwiebel und Knoblauch abziehen, klein würfeln. Oliven abtropfen lassen und vierteln.
3. Olivenöl in einem Topf erhitzen, Zwiebel- und Knoblauchwürfel darin andünsten. Zucchini- und Paprikawürfel hinzufügen, kurz mit andünsten. Tomatenmark, Essig und Olivenviertel unterrühren. Die Masse etwas abkühlen lassen.
4. Salzstangen oder -brezeln zerbröseln und unter die Gemüsemasse heben. Mit Salz, Pfeffer und Cayennepfeffer abschmecken. Die Füllung in die Fleischtasche geben. Die Öffnung mit Küchengarn zunähen oder mit Holzstäbchen feststecken. Das Fleisch mit Olivenöl beträufeln und in einen großen, gewässerten Römertopf® legen (dabei die Herstelleranweisungen beachten).
5. Den Römertopf® mit dem Deckel verschließen und auf dem Rost in den kalten Backofen schieben.
Ober-/Unterhitze: etwa 200 °C
Heißluft: etwa 180 °C
Garzeit: etwa 90 Minuten.
6. Für die Sauce Gemüsezwiebel abziehen und in Achtel schneiden. Paprikaschote halbieren, entstielen, entkernen und die weißen Scheidewände entfernen. Die Schote waschen, trocken tupfen und vierteln.
7. Nach etwa 65 Minuten Garzeit den Backofen auf Ober-/Unterhitze: etwa 160 °C, Heißluft: etwa 140 °C herunterschalten. Gleichzeitig Zwiebel- und Paprikastücke und etwas Wasser zu dem Kalbsbraten in den Römertopf® geben und ohne Deckel fertig garen.
8. Den garen Kalbsbraten herausnehmen, auf eine vorgewärmte Platte legen, mit Alufolie zudecken und etwa 10 Minuten ruhen lassen. Kalbsbraten in Scheiben schneiden. Die Gemüsesauce nach Belieben pürieren, Sahne unterrühren. Mit Salz und Pfeffer abschmecken. Den Kalbsbraten mit der Sauce servieren.

Gefüllter Kalbsbraten

Etwas teurer

Lammfilet mit Spitzkohl und Kartoffeln
4 Portionen

Zubereitungszeit: 30 Minuten
Garzeit: 10–12 Minuten

350 g festkochende Kartoffeln
Salzwasser
500 g Spitzkohl
300 g Lammfilet
frisch gemahlener Pfeffer
1 TL gerebelter Thymian
2 EL Speiseöl, z. B. Rapsöl
Salz
100 g Schlagsahne
frisch geriebene Muskatnuss
1 Stängel Thymian

Pro Portion:
E: 37 g, F: 23 g, Kh: 31 g,
kJ: 2048, kcal: 488

1. Kartoffeln waschen, schälen, abspülen, mit Salzwasser bedeckt zum Kochen bringen, in etwa 20 Minuten gar kochen.
2. In der Zwischenzeit vom Spitzkohl die äußeren welken Blätter entfernen. Den Spitzkohl vierteln und den Strunk herausschneiden. Spitzkohl in feine Streifen schneiden, waschen und gut abtropfen lassen.
3. Lammfilet unter fließendem kaltem Wasser abspülen, trocken tupfen, mit Pfeffer und Thymian bestreuen. Speiseöl in einer Pfanne erhitzen, das Lammfilet darin von beiden Seiten 10–12 Minuten braten. Lammfilet mit Salz bestreuen, in Alufolie wickeln und kurz ruhen lassen.
4. Spitzkohlstreifen mit Sahne in einen Topf geben und etwa 6 Minuten dünsten, mit Salz und Muskat würzen. Thymian abspülen und trocken tupfen. Die Blättchen von den Stängeln zupfen.
5. Die garten Kartoffeln abgießen. Lammfilet aus der Folie wickeln und in Scheiben schneiden. Filetscheiben mit Spitzkohl und Kartoffeln anrichten. Mit Thymian bestreut servieren.

Mit Alkohol

Lammsteaks mit Orangensauce
4 Portionen

Zubereitungszeit: 20 Minuten
Bratzeit: etwa 4 Minuten

500 g ausgelöstes Lammrückenfilet
2 EL Olivenöl
Salz
frisch gemahlener Pfeffer
1 Rosmarinzweig
2 Knoblauchzehen
200 ml Weißwein
Schale und Saft von 2 Bio-Orangen (unbehandelt, ungewachst)
evtl. etwas Weizenmehl für die Sauce
Currypulver
1–2 EL Cognac oder Metaxa
1 Becher (150 g) Crème fraîche oder
1 Becher (125 g) Crème double

Pro Portion:
E: 26 g, F: 30 g, Kh: 10 g,
kJ: 1934, kcal: 464

1. Lammrückenfilet unter fließendem kalten Wasser abspülen und trocken tupfen. Das Filet in 12 gleich große Medaillons schneiden und etwas flachdrücken.
2. Olivenöl in einer großen Pfanne erhitzen. Lammfilets hinzufügen und von jeder Seite etwa 2 Minuten anbraten. Mit Salz und Pfeffer würzen. Lammfilets herausnehmen, auf einer vorgewärmten Platte anrichten und warm stellen.
3. Rosmarinzweig abspülen und trocken tupfen. Knoblauch abziehen und durch eine Knoblauchpresse drücken. Rosmarinzweig und Knoblauch zum Bratensatz in die Pfanne geben, kurz andünsten lassen. Wein, Orangenschale und -saft hinzugeben. Den Bratensatz unter Rühren vom Boden lösen und zum Kochen bringen. Die Sauce bis zur Hälfte einkochen lassen, bis sie leicht sämig ist, eventuell mit angerührtem Mehl andicken.

Lammfilet mit Spitzkohl und Kartoffeln

4. Die Sauce mit Salz, Pfeffer, Curry und Cognac oder Metaxa abschmecken, Crème fraîche oder Crème double unterrühren.

Beilage: Rosmarinkartoffeln und Salat.

Lammsteaks mit Orangensauce

Dauert länger – mit Alkohol
Rinderschmorbraten
4 Portionen

Zubereitungszeit: 40 Minuten
Garzeit: etwa 90 Minuten

750 g Rindfleisch (Schwanzstück, Blume)
1 Bund Suppengrün (Möhren, Knollensellerie, Porree [Lauch])
1 Zwiebel
je 1 Stängel Thymian und Rosmarin
3 EL Speiseöl, Salz
1 EL Tomatenmark
1 Lorbeerblatt
125 ml (1/8 l) Rotwein
125–375 ml Rinderbrühe

evtl. etwas Weizenmehl

Pro Portion:
E: 42 g, F: 7 g, Kh: 6 g,
kJ: 1154, kcal: 276

1. Rindfleisch unter fließendem kalten Wasser abspülen und trocken tupfen. Möhren und Sellerie putzen, schälen, waschen, abtropfen lassen. Möhren und Sellerie in Stücke schneiden. Porree putzen. Die Stange längs halbieren, gründlich waschen, abtropfen lassen und ebenfalls in Stücke schneiden. Zwiebel abziehen und vierteln. Thymian und Rosmarin abspülen, trocken tupfen.
2. Speiseöl in einem Topf oder Bräter erhitzen. Das Fleisch darin von allen Seiten gut anbraten und mit Salz bestreuen. Tomatenmark, Lorbeerblatt, Thymian-, Rosmarinstängel und das vorbereitete Suppengrün hinzugeben, kurz mit andünsten. Mit etwas Rotwein ablöschen.

Rinderschmorbraten

3. Die Zutaten zum Kochen bringen. Das Rindfleisch zugedeckt etwa 1 1/2 Stunden schmoren lassen, dabei verdampfte Flüssigkeit nach und nach durch restlichen Rotwein und Brühe ersetzen.
4. Das Rindfleisch aus dem Topf oder Bräter nehmen und zugedeckt etwa 10 Minuten ruhen lassen. Rindfleisch in Scheiben schneiden und auf einer vorgewärmten Platte anrichten, warm stellen.
5. Den Bratensatz eventuell mit Wasser oder Rinderbrühe auffüllen, mit dem Gemüse pürieren und durch ein Sieb streichen. Die Sauce zum Kochen bringen und nach Belieben mit angerührtem Mehl binden. Die Sauce nochmals abschmecken. Den Rinderschmorbraten mit der Sauce servieren.

Beilage: Kartoffelkroketten und glasiertes Gemüse.

Filet mit Erdnusskernen und Oliven

Scharfe Kalbssteaks

Raffiniert

Filet mit Erdnusskernen und Oliven
4 Portionen

Zubereitungszeit: 40 Minuten
Garzeit: Schweinefilet etwa 10 Minuten, Gemüse 5–8 Minuten

800 g Schweinefilet
Salz
frisch gemahlener Pfeffer
etwas Cayennepfeffer

2 EL Speiseöl zum Anbraten

100 g Erdnusskerne (ungesalzen)
1 mittelgroße Zwiebel
250 g fleischige Tomaten
1 kleine Chilischote
12 schwarze, entkernte Oliven
2 Gewürznelken
1 Zimtstange
etwa 350 ml Fleischbrühe
Saft und Schale von 1 Bio-Limette
(unbehandelt, ungewachst)

Pro Portion:
E: 51 g, F: 27 g, Kh: 8 g,
kJ: 2010, kcal: 480

1. Schweinefilet von Sehnen, Häuten und Fett befreien. Schweinefilet unter fließendem kalten Wasser abspülen und trocken tupfen. Mit Salz, Pfeffer und Cayennepfeffer würzen.
2. Speiseöl in einem Bräter erhitzen. Schweinefilet darin rundherum anbraten, herausnehmen und zugedeckt warm stellen.
3. Erdnusskerne im verbliebenen Anbratfett ebenfalls goldbraun anrösten.
4. Zwiebel abziehen und in kleine Würfel schneiden. Tomaten waschen, kreuzweise einschneiden und einige Sekunden in kochendes Wasser legen. Tomaten kurz in kaltes Wasser legen, enthäuten, quer halbieren, entkernen und Stängelansätze entfernen. Tomatenhälften in grobe Würfel schneiden. Chilischote abspülen, trocken tupfen und in feine Ringe schneiden.
5. Zwiebel-, Tomatenwürfel und Chiliringe zu den angerösteten Erdnusskernen geben. Oliven grob hacken, mit Nelken und Zimtstange ebenfalls hinzufügen. Brühe hinzugießen, zum Kochen bringen und 5–8 Minuten bei schwacher Hitze ohne Deckel leicht köcheln lassen.
6. Das warm gestellte Schweinefilet in die Sauce legen, zum Kochen bringen und zugedeckt bei schwacher Hitze etwa 10 Minuten garen. Limette heiß waschen und abtrocknen. Die Schale mit einem Zestenreißer abschälen. Den Saft auspressen.
7. Die Sauce mit Salz, Pfeffer, Limettensaft und -schale abschmecken. Nelken und Zimtstange entfernen. Schweinefilet in Scheiben schneiden.

Für Gäste – raffiniert

Scharfe Kalbssteaks
4 Portionen

Zubereitungszeit: 30 Minuten
Bratzeit: 6–8 Minuten

4 Kalbssteaks (je etwa 160 g)
1 EL mittelscharfer Senf
2 TL frisch gemahlener, grober, bunter Pfeffer
1 fein gehackte Peperoni
40 g Weizenmehl

4 EL Speiseöl
200 g Paprikawürfel (rot, grün, gelb)
Salz

Nach Belieben zum Garnieren:
vorbereitete Basilikumblättchen
vorbereiteter Thymianzweig

Pro Portion:
E: 34 g, F: 15 g, Kh: 8 g,
kJ: 1254, kcal: 300

1. Kalbssteaks kurz unter fließendem kalten Wasser abspülen und trocken tupfen. Kalbssteaks mit Senf bestreichen, mit Pfeffer und Peperoni bestreuen. Kalbssteaks in Mehl wenden.
2. In der Zwischenzeit etwas von dem Speiseöl in einem Topf erhitzen, Paprikawürfel darin andünsten und warm stellen.
3. Restliches Speiseöl in einer Pfanne erhitzen, Kalbssteaks darin von beiden Seiten in 6–8 Minuten braten, herausnehmen und mit Salz würzen.
4. Kalbssteaks auf einem Teller mit dem Paprikagemüse anrichten. Nach Belieben mit Basilikumblättchen und Thymian garnieren.

Beilage: Knoblauchbrot.

Raffiniert

Schweinemedaillons in Curry-Kokos-Sauce
4 Portionen

Zubereitungszeit: 30 Minuten
Bratzeit: etwa 8 Minuten

600 g Schweinefilet
Salz
frisch gemahlener Pfeffer
2 EL Speiseöl

1 kleine Zwiebel
1 Apfel
1 EL Currypulver (indisch)
6 Zitronenmelisseblättchen
150 ml Kokosmilch
125 ml (1/8 l) Gemüsebrühe
Zucker
evtl. Speisestärke oder Saucenbinder

Pro Portion:
E: 34 g, F: 15 g, Kh: 6 g,
kJ: 1229, kcal: 295

1. Schweinefilet unter fließendem kalten Wasser abspülen und trocken tupfen. Filet in 4 gleich große Stücke schneiden. Mit Salz und Pfeffer würzen.
2. Speiseöl in einer Pfanne erhitzen. Die Medaillons darin rundherum etwa 8 Minuten braten. Medaillons herausnehmen, auf einer vorgewärmten Platte anrichten und warm stellen.
3. Zwiebel abziehen und in dem verbliebenen Bratfett in der Pfanne andünsten. Apfel schälen, vierteln, entkernen und in Würfel schneiden. Apfelwürfel zu den Zwiebelwürfeln geben und mit andünsten. Curry und Melisseblättchen unterrühren, ebenfalls kurz andünsten. Kokosmilch und Brühe hinzugießen, zum Kochen bringen und kurz aufkochen lassen.
4. Die Sauce mit Salz, Pfeffer und etwas Zucker abschmecken. Nach Belieben mit angerührter Speisestärke oder Saucenbinder binden.
5. Die Medaillons mit der Curry-Kokos-Sauce und den Beilagen anrichten.

Schweinemedaillons in Curry-Kokos-Sauce

Für Gäste

Tafelspitzbraten mit Spinatspätzle und Kohlrabigemüse
6 Portionen

Zubereitungszeit: 30 Minuten, ohne Auftau- und Ruhezeit
Garzeit: 5–7 Stunden, je nach Dicke des Fleischstückes

1,6 kg Tafelspitz (ein besonderes Stück aus der Hüfte)
Salz
frisch gemahlener Pfeffer
2 Zwiebeln
4 EL Speiseöl, z. B. Rapsöl

200 g TK-Rahmspinat
500 g Weizenmehl
4 Eier (Größe M)
1 gestr. TL Salz
100 ml Wasser

3–4 Kohlrabi (etwa 1,4 kg)
60 g Butter
3 EL Wasser
1 gestr. TL Salz

60 g Butter
frisch geriebene Muskatnuss

200 ml Fleischbrühe
2 EL Crème fraîche
evtl. 1 EL gehackte Petersilie

Pro Portion:
E: 74 g, F: 38 g, Kh: 67 g,
kJ: 3767, kcal: 900

1. Den Backofen bei Ober-/Unterhitze auf 80 °C vorheizen. Von dem Fleisch evtl. Fett und Sehnen entfernen. Fleisch unter fließendem kalten Wasser abspülen und trocken tupfen. Mit Salz und Pfeffer würzen.
2. Zwiebeln abziehen, halbieren und klein würfeln. Speiseöl in einem großen, flachen Bräter erhitzen. Das Fleisch hinzugeben und etwa 10 Minuten von allen Seiten gut anbraten.
3. Zwiebelwürfel hinzugeben und kurz mit anbraten. Den Bräter auf dem Rost (unteres Drittel) in den Backofen schieben. Das Fleisch 5–7 Stunden garen.
4. In der Zwischenzeit Spinat auftauen und in einem Sieb gut abtropfen lassen. Etwa 1 Stunde vor Ende der Garzeit Mehl in eine Rührschüssel geben. Eier mit Salz, Spinat und Wasser verschlagen. Nach und nach mit dem Mehl verrühren. Darauf achten, dass keine Klümpchen entstehen. Den Teig zugedeckt etwa 30 Minuten ruhen lassen.
5. Anschließend den Teig portionsweise durch eine Spätzlepresse in siedendes Salzwasser pressen, etwa 2 Minuten köcheln lassen. Spätzle mit einem Schaumlöffel aus dem Wasser nehmen, mit kaltem Wasser abschrecken und abtropfen lassen.
6. Kohlrabi schälen, waschen, abtropfen lassen, halbieren und in etwa 1 cm dicke Stifte schneiden. Butter in einem Topf zerlassen. Kohlrabistifte, Wasser und Salz hinzufügen, zum Kochen bringen und etwa 8 Minuten dünsten.
7. Butter in einer Pfanne zerlassen, die Spätzle darin anbraten. Mit Muskat abschmecken.
8. Tafelspitzbraten aus dem Backofen nehmen und etwa 10 Minuten warm stellen und ruhen lassen. Brühe in den Bratenfond rühren, aufkochen lassen, Crème fraîche unterrühren. Die Sauce mit Salz und Pfeffer abschmecken.
9. Tafelspitzbraten in Scheiben schneiden, mit Spätzle, Kohlrabigemüse und der Sauce anrichten. Kohlrabigemüse nach Belieben mit Petersilie bestreuen.

Tafelspitzbraten mit Spinatspätzle und Kohlrabigemüse

Zigeunerbraten

Für Gäste

Zigeunerbraten
6 Portionen

Zubereitungszeit: 50 Minuten
Garzeit: etwa 4 1/2 Stunden

2 Stück Dicke Rippe (je etwa 1 kg)
Salz, frisch gemahlener Pfeffer
1 Zwiebel
je 1/2 grüne, rote und gelbe Paprikaschote
1 kleines Glas Champignonscheiben (Abtropfgewicht 265 g)
1 kleines Glas Silberzwiebeln (Abtropfgewicht 115 g)
4 EL Speiseöl, z. B. Rapsöl
1/2 gestr. TL Paprikapulver edelsüß
1/4 gestr. TL Cayennepfeffer
200 ml Fleischbrühe
1 Glas Zigeunersauce (500 g)

Außerdem:
evtl. Küchengarn

Pro Portion:
E: 57 g, F: 30 g, Kh: 10 g,
kJ: 2243, kcal: 536

1. Dicke Rippe unter fließendem kalten Wasser abspülen und trocken tupfen. Das Fleisch oberhalb der Knochen so einschneiden, dass eine Tasche entsteht (eventuell vom Metzger einschneiden lassen). Das Fleisch von innen und außen mit Salz und Pfeffer einreiben.
2. Zwiebel abziehen, halbieren und in Scheiben schneiden. Paprikaschoten entstielen, entkernen und die weißen Scheidewände entfernen. Schoten waschen, abtropfen lassen und in Streifen schneiden. Champignonscheiben und Silberzwiebeln in einem Sieb abtropfen lassen.
3. Den Backofen bei Ober-/Unterhitze auf 80 °C vorheizen. Die Hälfte des Speiseöls in einer großen Pfanne erhitzen. Zwiebelscheiben darin andünsten. Paprikastreifen hinzufügen und mit andünsten. Champignonscheiben und Silberzwiebeln hinzugeben und miterhitzen. Mit Salz, Pfeffer, Paprika und Cayennepfeffer würzen.
4. Etwa zwei Drittel der Masse in die Fleischtaschen geben. Die Öffnungen evtl. mit Küchengarn zunähen oder gut feststecken. Restliches Öl in einem Bräter erhitzen. Die Fleischstücke darin in etwa 10 Minuten von allen Seiten anbraten. Den Bräter auf dem Rost in den vorgeheizten Backofen schieben und die Fleischstücke etwa 4 1/2 Stunden garen.
5. Etwa eine Stunde vor Ende der Garzeit die restliche Paprika-Champignon-Masse und Brühe zu den Fleischstücken in den Bräter geben. Den Bräter wieder in den Backofen schieben.
6. Nach Ende der Garzeit die Fleischstücke aus dem Backofen nehmen. Die Zigeunersauce in die Gemüsesauce einrühren und kurz aufkochen lassen, eventuell nochmals mit den Gewürzen abschmecken. Das Fleisch in Scheiben schneiden und mit der Sauce servieren.

Beilage: Reis oder Fladenbrot.

Tipp: Der Zigeunerbraten kann auch mit Schweinenacken oder Schweinerücken zubereitet werden. Die Öffnungen des gefüllten Fleisches müssen mit einer Rouladennadel sorgfältig verschlossen werden, damit die Füllung beim Anbraten nicht austritt. Schweinenacken oder -rücken so rundherum aufschneiden, dass ein rechteckiges Fleischstück von gleichmäßiger Stärke entsteht – am besten vom Metzger vorbereiten lassen – Fleischstück füllen, eng aufrollen und mit Küchengarn gut verschnüren.

Mit Alkohol

Zwiebel-Roastbeef in Burgundersauce
4 Portionen

Zubereitungszeit: 20 Minuten, ohne Ruhezeit
Garzeit: etwa 20 Minuten

750 g Roastbeef
Salz
frisch gemahlener Pfeffer

3 EL Speiseöl

1 kg Zwiebeln
6 Lorbeerblätter
250 ml (1/4 l) Rotwein

1 Becher (150 g) Crème fraîche
1 EL körniger Senf
evtl. 1–2 EL dunkler Saucenbinder

Pro Portion:
E: 46 g, F: 28 g, Kh: 14 g,
kJ: 2196, kcal: 526

1. Roastbeef unter fließendem kalten Wasser abspülen und trocken tupfen. Die Fettseite mit einem Messer leicht einschneiden. Das Fleisch mit Salz und Pfeffer einreiben.
2. Speiseöl in einem Bräter erhitzen. Das Roastbeef darin von allen Seiten gut anbraten. Zwiebeln abziehen, in Würfel schneiden, mit den Lorbeerblättern zum Roastbeef geben und kurz mitbraten lassen.
3. Nach und nach Rotwein hinzugießen und zum Kochen bringen. Roastbeef zugedeckt etwa 20 Minuten schmoren lassen.
4. Das gare Fleisch herausnehmen, in Alufolie wickeln und etwa 10 Minuten warm stellen.
5. Crème fraîche mit Senf verrühren, zum Bratensatz geben und kurz aufkochen lassen. Die Sauce mit Salz und Pfeffer abschmecken. Nach Belieben mit Saucenbinder andicken.

Zwiebel-Roastbeef in Burgundersauce

6. Das Roastbeef aus der Folie nehmen und in Scheiben schneiden. Roastbeefscheiben auf einer vorgewärmten Platte anrichten und mit der Sauce servieren.

Beilage: Röstkartoffeln, mit Rosmarinnadeln bestreut und grüner Salat.

Etwas aufwändiger

Lammschnitzel in Rösti-Panade
8–10 Portionen

Zubereitungszeit: 120 Minuten
Garzeit: Gemüse etwa 10 Minuten
Garzeit: Schnitzel etwa 20 Minuten

Für das provenzalische Gemüse:
1 große Zucchini (etwa 250 g)
1 Aubergine (etwa 250 g)
1 Fleischtomate (etwa 300 g)
je 1 gelbe, rote und grüne Paprikaschote (etwa 750 g)
4 EL Olivenöl
Salz, frisch gemahlener Pfeffer
Knoblauchpulver
1 Pck. TK-Kräuter der Provence

Für die Lammschnitzel:
1 kg festkochende Kartoffeln
60 g Speisestärke
2 Eier
20 kleine Lammschnitzel aus dem Rücken (je etwa 60 g)

Lammschnitzel in Rösti-Panade

4 EL Weizenmehl
8 EL Olivenöl
1 Topf Basilikum

Pro Portion:
E: 33 g, F: 18 g, Kh: 24 g,
kJ: 1643, kcal: 392

1. Für das Gemüse Zucchini waschen, abtrocknen und die Enden abschneiden. Zucchini in Würfel schneiden. Auberg ne waschen, abtrocknen und den Stängelansatz entfernen. Aubergine ebenfalls in Würfel schneiden. Tomate waschen, abtrocknen und den Stängelansatz herausschneiden. Tomate halbieren, entkernen und in Stücke schneiden.
2. Paprikaschoten halbieren, entstielen, entkernen und die weißen Scheidewände entfernen. Schoten waschen, abtropfen lassen und in Würfel schneiden.
3. Olivenöl in einem Topf erhitzen. Zunächst Paprikawürfel, dann Zucchini-, Auberginenwürfel und zuletzt Tomatenstücke darin (eventuell in 2 Portionen) andünsten, eventuell etwas Wasser hinzugeben. Die Gemüsezutaten zum Kochen bringen und etwa 10 Minuten unter mehrmaligem Rühren garen. Mit Salz, Pfeffer und Knoblauch kräftig würzen. Kräuter der Provence unterrühren.
4. Für die Schnitzel Kartoffeln waschen, schälen, abspülen und abtropfen lassen. Kartoffeln fein reiben, in ein Sieb geben und gut

abtropfen lassen. Anschließend in eine Schüssel geben. Speisestärke und Eier hinzugeben, gut vermischen. Mit Salz und Pfeffer würzen.
5. Schnitzel unter fließendem kalten Wasser abspülen und trocken tupfen. Schnitzel etwas flachdrücken, mit Salz und Pfeffer bestreuen. Schnitzel zuerst in Mehl wenden, dann durch die Kartoffel-Eier-Masse ziehen. Panade etwas andrücken.
6. Jeweils die Hälfte des Olivenöls in einer großen Pfanne erhitzen. Schnitzel darin in 2 Portionen bei nicht zu starker Hitze von beiden Seiten etwa 10 Minuten braten.
7. Basilikum abspülen und trocken tupfen. Einige Blättchen von den Stängeln zupfen. Lammschnitzel mit dem Gemüse anrichten und mit Basilikumblättchen oder -zweigen garniert servieren.

Tipp: Es können auch Lammschnitzel aus der Keule verwendet werden, dann beträgt die Garzeit etwa 20 Minuten.

Für Gäste

Kalbsbraten mit Brokkoli und Gnocchi
6 Portionen

Zubereitungszeit: 35 Minuten
Garzeit: etwa 4 Stunden

1,2 kg Kalbsnuss
Salz
frisch gemahlener Pfeffer
1 Zwiebel
3 Tomaten
je 1 Stängel Rosmarin und Salbei
4 EL Speiseöl, z. B. Olivenöl

1 kg Brokkoli
Wasser
1 gestr. TL Salz
750 g frische Gnocchi (aus dem Kühlregal)

80 g Butter
frisch geriebene Muskatnuss
250 ml (1/4 l) Fleischbrühe

Pro Portion:
E: 50 g, F: 22 g, Kh: 47 g,
kJ: 2469, kcal: 587

1. Den Backofen bei Ober-/Unterhitze auf 80 °C vorheizen. Fleisch eventuell enthäuten. Kalbfleisch unter fließendem kalten Wasser abspülen, trocken tupfen, mit Salz und Pfeffer bestreuen.
2. Zwiebel abziehen und in kleine Würfel schneiden. Tomaten waschen, trocken tupfen und halbieren, Stängelansätze herausschneiden. Tomatenhälften in Würfel schneiden. Kräuterstängel abspülen und trocken tupfen. Die Nadeln bzw. Blättchen von den Stängeln zupfen. Nadeln und Blättchen klein hacken.
3. Speiseöl in einem großen, flachen Bräter erhitzen. Kalbfleisch darin etwa 10 Minuten von allen Seiten gut anbraten. Zwiebelwürfel ebenfalls in den Bräter geben und kurz mit anbraten. Tomatenwürfel und Kräuter unter die Zwiebelwürfel rühren.
4. Den Bräter auf dem Rost (unteres Drittel) in den Backofen schieben. Das Kalbfleisch etwa 4 Stunden garen.
5. Etwa 40 Minuten vor Ende der Garzeit vom Brokkoli die Blätter entfernen. Brokkoli in Röschen teilen, waschen und abtropfen lassen. Wasser mit Salz in einem Topf zum Kochen bringen. Die Brokkoliröschen hinzugeben und etwa 6 Minuten garen. Anschließend mit einer Schaumkelle herausnehmen und warm stellen.
6. Gnocchi nach Packungsanleitung zubereiten. Butter in einer kleinen Pfanne zerlassen, mit Muskat würzen und über die gegarten Brokkoliröschen gießen.
7. Den Kalbsbraten aus dem Backofen nehmen und warm stellen. Brühe zum Bratenfond geben und aufkochen lassen. Die Sauce pürieren, mit Salz und Pfeffer abschmecken.
8. Den Kalbsbraten in Scheiben schneiden. Mit Sauce, Gnocchi und Brokkoliröschen servieren.

Kalbsbraten mit Brokkoli und Gnocchi

Raffiniert

Gegrillte Lammrückenfilets
4 Portionen

Zubereitungszeit: 20 Minuten, ohne Abkühlzeit
Grillzeit: etwa 10 Minuten

1 Zwiebel
1 rote Paprika (etwa 150 g)
1 kleine Zucchini (etwa 100 g)
4 EL Olivenöl
12 schwarze Oliven, entsteint und geviertelt
½ EL fein gehackter, frischer Thymian
100 ml Fleischbrühe
Salz
frisch gemahlener Pfeffer

4 Lammrückenfilets (je 150 g)
Olivenöl zum Bestreichen

150 ml Remoulade
einige Stängel Thymian

Pro Portion:
E: 31 g, F: 56 g, Kh: 9 g,
kJ: 2769, kcal: 662

1. Zwiebel abziehen und in kleine Würfel schneiden. Paprikaschote halbieren, entstielen, entkernen und die weißen Scheidewände entfernen. Die Schote waschen, trocken tupfen und ebenfalls in kleine Würfel schneiden (1 Esslöffel Paprikawürfel beiseitelegen). Zucchini waschen, abtrocknen und die Enden abschneiden. Zucchini fein würfeln.
2. Olivenöl in einem Topf erhitzen. Vorbereitete Gemüsewürfel darin andünsten. Sieben Oliven vierteln, restliche Oliven klein hacken und beiseitelegen. Olivenviertel und Thymian zu den Gemüsewürfeln geben. Brühe hinzugießen, mit Salz und Pfeffer abschmecken. Das Gemüse etwa 5 Minuten dünsten, abkühlen lassen.
3. Lammrückenfilets unter fließendem kalten Wasser abspülen und trocken tupfen, mit Salz und Pfeffer würzen, mit Olivenöl bestreichen. Die Filets unter dem vorgeheizten Grill von jeder Seite etwa 5 Minuten rosa grillen. Die Filets in Alufolie wickeln und etwa 5 Minuten nachziehen lassen.
4. Remoulade mit den beiseite gelegten Olivenstücken und Paprikawürfeln vermengen, kurz durchziehen lassen.
5. Thymian abspülen und trocken tupfen. Die Filets mit dem Gemüse und der Remoulade anrichten. Mit Thymian garnieren.

Einfach

Gegrillte Lammkoteletts
4 Portionen

Zubereitungszeit: 20 Minuten, ohne Marinierzeit
Grillzeit: etwa 6 Minuten

8 doppelte Lammkoteletts (je etwa 100 g)
2 kleine Knoblauchzehen
3 EL Speiseöl
frisch gemahlener Pfeffer, Salz

Pro Portion:
E: 37 g, F: 31 g, Kh: 0 g,
kJ: 1783, kcal: 426

1. Von den Lammkoteletts eventuell das Fett entfernen oder den Fettrand mehrmals einschneiden. Die Koteletts unter fließendem kalten Wasser abspülen und trocken tupfen.

Gegrillte Lammrückenfilets

Gegrillte Lammkoteletts

Kartoffelpfanne mit Schweinefilet

2. Knoblauch abziehen, durch eine Knoblauchpresse drücken, mit Speiseöl und Pfeffer verrühren. Die Koteletts damit bestreichen, zudecken und etwa 60 Minuten im Kühlschrank marinieren. Kurz vor Ende der Marinierzeit den Backofengrill vorheizen.
3. Die Koteletts auf den mit Alufolie belegten Rost legen. Den Rost unter den vorgeheizten Backofengrill schieben und die Koteletts von beiden Seiten je etwa 3 Minuten grillen.
4. Die garen Lammkoteletts mit Salz würzen und auf einer Platte anrichten.

Beilage: Gegrillte Tomaten, grüne Bohnen und warmes Fladenbrot oder Bratkartoffeln.

Für Gäste – mit Alkohol

Kartoffelpfanne mit Schweinefilet
4 Portionen

Zubereitungszeit: 35 Minuten, ohne Marinier- und Abkühlzeit

600 g Schweinefilet
4 EL Sojasauce
600 g kleine Kartoffeln
150 g durchwachsener Speck
250 g Champignons
3 Frühlingszwiebeln
6 EL Speiseöl
125 ml (1/8 l) Rotwein
Salz
frisch gemahlener Pfeffer
Paprikapulver edelsüß

1 EL Schnittlauchröllchen

Pro Portion:
E: 45 g, F: 29 g, Kh: 23 g,
kJ: 2300, kcal: 549

1. Schweinefilet unter fließendem kalten Wasser abspülen, trocken tupfen und in etwa 1 cm dicke Scheiben schneiden. Filetscheiben flach in eine Schüssel legen, mit Sojasauce beträufeln und 3–4 Stunden marinieren, dabei zwischendurch wenden.
2. Kartoffeln gründlich waschen, mit Wasser bedeckt zum Kochen bringen und zugedeckt in 20–25 Minuten gar kochen. Kartoffeln abgießen, mit kaltem Wasser abschrecken, abtropfen lassen, etwas abkühlen lassen und pellen.
3. Speck in Streifen schneiden. Champignons putzen, mit Küchenpapier abreiben, eventuell kurz abspülen und trocken tupfen. Größere Champignons halbieren.
4. Frühlingszwiebeln putzen, waschen, abtropfen lassen, zuerst in schmale Streifen schneiden, dann in Ringe teilen. Schweinefilet aus der Marinade nehmen und trocken tupfen.
5. Etwas von dem Speiseöl in einer Pfanne erhitzen, das Schweinefilet darin von beiden Seiten anbraten und herausnehmen. Restliches Speiseöl in der Pfanne erhitzen. Kartoffeln hinzugeben und goldgelb braten, Speckscheiben mit anbraten. Frühlingszwiebelringe, Schweinefilet und Rotwein hinzufügen, mit Salz, Pfeffer und Paprika würzen. Die Zutaten zum Kochen bringen und etwa 5 Minuten garen.
6. Die Kartoffelpfanne mit Schnittlauchröllchen bestreuen und in der Pfanne servieren.

Tipp: Größere Kartoffeln eventuell vierteln. Die Kartoffeln am Vorabend kochen, pellen und zugedeckt kalt stellen. Statt des Rotweins Fleisch- oder Gemüsebrühe verwenden.

Kräuter-Senf-Braten

Lammhaxen in Dillsauce

Preiswert – einfach – schnell

Kräuter-Senf-Braten
4 Portionen

Zubereitungszeit: 35 Minuten
Garzeit: 80–90 Minuten

800 g Schweinenacken ohne Knochen
Salz
frisch gemahlener Pfeffer
1 EL mittelscharfer Senf
1 Pck. TK-Kräuter der Provence

500 g Suppengemüse (Knollensellerie, Möhren, Porree)
200 g festkochende Kartoffeln
150 ml Fleischbrühe oder -fond

Außerdem:
1 Stück Bratfolie oder Bratschlauch

Pro Portion:
E: 44 g, F: 20 g, Kh: 10 g,
kJ: 1664, kcal: 399

1. Schweinenacken unter fließendem kalten Wasser abspülen und trocken tupfen. Mit Salz und Pfeffer würzen, mit Senf bestreichen und mit etwas von den Kräutern der Provence bestreuen. Den Backofen vorheizen.

2. Sellerie und Möhren putzen, schälen, waschen, abtropfen lassen und in etwa 1 x 1 cm große Würfel schneiden. Porree putzen, die Stange längs halbieren, gründlich waschen, abtropfen lassen und in sehr kleine Stücke schneiden. Kartoffeln waschen, schälen, abspülen, abtropfen lassen und ebenfalls in etwa 1 x 1 cm große Würfel schneiden.

3. Gemüse- und Kartoffelwürfel mit den restlichen Kräutern der Provence mischen, mit Salz und Pfeffer würzen, auf ein großes Stück Bratfolie oder in den Bratschlauch geben. Den vorbereiteten Schweinenacken darauflegen. Brühe oder Fond hinzugießen. Bratfolie oder Bratschlauch nach Packungsanleitung verschließen und auf ein Backblech legen.

4. Das Backblech in den vorgeheizten Backofen schieben.
Ober-/Unterhitze: etwa 180 °C (unteres Drittel)
Heißluft: etwa 160 °C
Garzeit: 80–90 Minuten.

5. Die Folie aufschneiden. Den Braten herausnehmen und auf einer vorgewärmten Platte anrichten.

Tipp: Statt Schweinenacken können Sie auch Schulter verwenden.

Mit Alkohol

Lammhaxen in Dillsauce
4 Portionen (Römertopf® 4-Liter-Inhalt)

Zubereitungszeit: 20 Minuten
Garzeit: etwa 1 3/4 Stunden

1/2 Glas getrocknete Tomaten in Öl (Abtropfgewicht etwa 75 g)
4 Lammhaxen (je etwa 350 g)
100 g durchwachsener Speck
1 Bund Dill
Salz, frisch gemahlener Pfeffer
400 ml Lammfond (aus dem Glas)
6–8 EL trockener Weißwein

1–2 EL heller Saucenbinder nach Belieben

Pro Portion:
E: 53 g, F: 46 g, Kh: 5 g,
kJ: 2780, kcal: 664

1. Tomaten abtropfen lassen, dabei das Öl auffangen. Tomaten in Würfel schneiden.

2. Lammhaxen unter fließendem kalten Wasser abspülen und trocken tupfen. Speck in etwa ½ cm breite Stifte schneiden. Die Lammhaxen damit spicken. Dafür das Lammfleisch mehrmals mit einem spitzen Messer etwa 1 cm tief einstechen. Die Kerben mit dem Messer auseinanderdrücken und jeweils 1 Stück Speck hineinstecken.

3. Dill abspülen und trocken tupfen. Die Spitzen von den Stängeln zupfen. Die Hälfte der Dillspitzen klein hacken. Restliche Dillspitzen beiseitelegen.

4. Die Lammhaxen von allen Seiten mit Salz, Pfeffer und gehacktem Dill einreiben und in den gewässerten Römertopf® legen (dabei die Herstelleranweisungen beachten). Tomatenwürfel, 2 Esslöffel des aufgefangenen Öls und Lammfond zu den Lammhaxen in den Römertopf® geben, mit dem Deckel verschließen. Den Römertopf® auf dem Rost in den kalten Backofen schieben.
Ober-/Unterhitze: 160–180 °C
Heißluft: 140–160 °C
Gas: etwa Stufe 2
Garzeit: etwa 1 ¾ Stunden.

5. Den Deckel abnehmen und die Lammhaxe weitere etwa 15 Minuten garen.

6. Den Garfond in einen Topf gießen, Weißwein hinzugeben und zum Kochen bringen. Die Sauce nach Belieben mit Saucenbinder andicken. Mit Salz und Pfeffer würzen.

7. Die Lammhaxen mit den beiseite gelegten Dillspitzen garniert servieren. Die Dillsauce dazureichen.

Beilage: Baguette oder Fladenbrot.

Für Gäste

Lammrückenfilet mit Rosmarin
4 Portionen

Zubereitungszeit: 20 Minuten
Garzeit: 15–20 Minuten

600 g Lammrückenfilet
Salz, frisch gemahlener Pfeffer
2 EL Speiseöl

4 Zucchini (etwa 480 g)
250 g Cocktailtomaten
4 Knoblauchzehen
2 kleine Zweige Rosmarin

Außerdem:
1 Stück Bratfolie oder Bratschlauch

Pro Portion:
E: 31 g, F: 20 g, Kh: 4 g,
kJ: 1343, kcal: 320

1. Lammrückenfilet unter fließendem kalten Wasser abspülen, trocken tupfen, mit Salz und Pfeffer bestreuen. Etwas Speiseöl in einer Pfanne erhitzen. Das Filet hinzufügen, kurz von beiden Seiten braun anbraten, herausnehmen und beiseitelegen. Den Backofen vorheizen.

2. Zucchini waschen, abtrocknen und die Enden abschneiden. Tomaten waschen, trocken tupfen und eventuell die Stängelansätze herausschneiden. Zucchini und Tomaten grob würfeln. Knoblauch abziehen und in kleine Würfel schneiden.

3. Zucchini-, Tomaten- und Knoblauchwürfel in einer Schüssel mischen, mit Salz und Pfeffer würzen, restliches Speiseöl unterrühren. Rosmarinzweige abspülen und trocken tupfen.

4. Die Gemüsemischung auf ein großes Stück Bratfolie oder in den Bratschlauch geben. Das beiseite gelegte Lammrückenfilet und die Rosmarinzweige darauflegen. Die Bratfolie oder den Bratschlauch nach Packungsanleitung verschließen und auf ein Backblech legen. Das Backblech in den vorgeheizten Backofen schieben.
Ober-/Unterhitze: etwa 200 °C
Heißluft: etwa 180 °C
Garzeit: 15–20 Minuten.

Lammrückenfilet mit Rosmarin

Einfach

Nackensteaks mit Kartoffelkruste
4 Portionen

Zubereitungszeit: 35 Minuten
Bratzeit: Steaks etwa 10 Minuten
Überbackzeit: Kartoffelkruste etwa 20 Minuten

4 Schweine-Nackensteaks (je 150 g, ohne Knochen)
Salz, frisch gemahlener Pfeffer
2 EL Speiseöl
1 Pck. (400 g) Rösti nach Schweizer Art (pfannenfertige Kartoffelzubereitung)
200 g Schmand (Sauerrahm)
100 g grob geriebener Gratin-Käse

Pro Portion:
E: 41 g, F: 36 g, Kh: 14 g,
kJ: 2290, kcal: 546

1. Steaks unter fließendem kalten Wasser abspülen und trocken tupfen. Mit Salz und Pfeffer bestreuen.
2. Speiseöl in einer Pfanne erhitzen. Die Steaks darin von beiden Seiten etwa 10 Minuten braten. Den Backofen vorheizen.
3. Steaks herausnehmen und nebeneinander in eine flache Auflaufform (gefettet) legen.
4. Die Rösti-Masse in eine Schüssel geben, mit Schmand und Käse vermengen, eventuell mit Salz und Pfeffer würzen. Die Kartoffelmasse auf den Steaks verteilen. Die Form auf dem Rost in den vorgeheizten Backofen schieben.
Ober-/Unterhitze: etwa 200 °C
Heißluft: etwa 180 °C
Gas: Stufe 3–4
Garzeit: etwa 20 Minuten.

Beilage: Gemischter Salat.

Tipp: Rösti können auch in einer Pfanne nach Packungsanleitung zubereitet werden. Rösti dann mit Käse bestreuen und unter dem vorgeheizten Grill überbacken, bis der Käse etwas zerläuft. Jeweils einen Klecks Schmand auf die Rösti geben und zu den Nackensteaks servieren.

Einfach

Provenzalisches Geschnetzeltes
4 Portionen

Zubereitungszeit: 35 Minuten

250 g Roastbeef
2 EL Speiseöl
Salz
frisch gemahlener Pfeffer
1 Zwiebel
2–3 Tomaten
1 Dose Champignonscheiben (Abtropfgewicht 170 g)
2 EL Crème fraîche
1 TL mittelscharfer Senf
Paprikapulver edelsüß
Kräuter der Provence

Pro Portion:
E: 33 g, F: 24 g, Kh: 6 g,
kJ: 1530, kcal: 365

1. Roastbeef unter fließendem kalten Wasser abspülen und trocken tupfen. Roastbeef zuerst in etwa 1 cm dicke Scheiben, dann in Streifen schneiden.
2. Speiseöl in einer großen Pfanne erhitzen. Fleischstreifen darin unter gelegentlichem Wenden gut anbraten. Mit Salz und Pfeffer bestreuen. Fleischstreifen aus der Pfanne nehmen und warm stellen.

Nackensteaks mit Kartoffelkruste

Provenzalisches Geschnetzeltes

3. Zwiebel abziehen und in kleine Würfel schneiden. Tomaten waschen, kreuzweise einschneiden, kurz in kochendes Wasser legen und mit kaltem Wasser abschrecken. Tomaten enthäuten, halbieren und die Stängelansätze herausschneiden. Tomatenhälften in Würfel schneiden.
4. Zwiebel- und Tomatenwürfel in dem verbliebenen Bratfett zugedeckt 2–3 Minuten dünsten.
5. Champignonscheiben mit der Flüssigkeit zu den Zwiebel- und Tomatenwürfeln geben, Crème fraîche und Senf unterrühren. Mit Salz, Pfeffer, Paprika und Kräutern der Provence kräftig würzen. Die Sauce zum Kochen bringen und etwas einkochen lassen, bis sie dicklich geworden ist.
6. Die Fleischstreifen hinzufügen und noch etwa 5 Minuten in der Sauce ziehen lassen. Geschnetzeltes eventuell nochmals mit den Gewürzen abschmecken und sofort servieren.

Beilage: Reis oder Baguette und ein grüner Salat.

Tipp: Wenn Sie lieber frische Champignons verwenden, ersetzen Sie die Flüssigkeit durch 125 ml (1/8 l) Weißwein oder Gemüsebrühe.

Mit Alkohol

T-Bone-Steaks in Tomaten-Rotwein-Marinade
8 Portionen

Zubereitungszeit: 35 Minuten, ohne Marinierzeit
Grillzeit: 20–30 Minuten

Für die Marinade:
3 Zwiebeln
2–3 Knoblauchzehen
250 g Tomaten
6 EL Olivenöl
6 EL Rotweinessig
125 ml (1/8 l) Rotwein
2 EL grüner Pfeffer, in Lake eingelegt
2–3 Lorbeerblätter
1–2 EL gehackte Thymianblättchen

8 T-Bone-Steaks (je etwa 350 g)

Pro Portion:
E: 73 g, F: 18 g, Kh: 0 g,
kJ: 1928, kcal: 459

1. Für die Marinade Zwiebeln abziehen und in Scheiben schneiden. Knoblauch abziehen und in kleine Würfel schneiden. Tomaten waschen, kreuzweise einschneiden und einige Sekunden in kochendes Wasser legen. Tomaten kurz in kaltem Wasser abschrecken, enthäuten, halbieren, entkernen und die Stängelansätze entfernen. Tomaten in Stücke schneiden.
2. Tomatenstücke mit Olivenöl, Rotweinessig, Rotwein und Pfeffer in eine hohe Rührschüssel geben. Die Zutaten mit einem Mixstab pürieren. Lorbeerblätter und Thymianblättchen unterrühren.
3. T-Bone-Steaks kurz unter fließendem kalten Wasser abspülen, trocken tupfen und in eine große, flache Schale legen. Die Steaks mit der Marinade übergießen und zugedeckt über Nacht durchziehen lassen, dabei ab und zu wenden.
4. Die T-Bone-Steaks aus der Marinade nehmen, abtropfen lassen und unter dem vorgeheizten Grill von jeder Seite 10–15 Minuten grillen. Dabei ab und zu mit der Marinade bestreichen.

Beilage: Folienkartoffeln mit Kräuter-Crème-fraîche-Sauce, bunte Salatplatte.

T-Bone-Steaks in Tomaten-Rotwein-Marinade

Oliven-Schmorsteaks

Dauert länger

Oliven-Schmorsteaks
4 Portionen

Zubereitungszeit: 30 Minuten
Garzeit: etwa 1 ½ Stunden

2 Scheiben Hohe Rippe
(je etwa 600 g)
frisch gemahlener Pfeffer
1 Zwiebel
4 EL Speiseöl
15 spanische Oliven, mit Paprika gefüllt
2 EL grüner Pfeffer, in Lake eingelegt
750 ml (¾ l) Fleischbrühe
2 Tomaten
Salz
1 EL Weizenmehl
100 g saure Sahne

Pro Portion:
E: 63 g, F: 39 g, Kh: 6 g,
kJ: 2666, kcal: 637

1. Hohe Rippe unter fließendem kalten Wasser abspülen und trocken tupfen. Mit Pfeffer einreiben. Zwiebel abziehen und in kleine Würfel schneiden.
2. Speiseöl in einem Bräter erhitzen. Die Fleischscheiben darin von jeder Seite gut anbraten. Zwiebelwürfel und Oliven hinzufügen, kurz mitbraten lassen, Pfeffer unterrühren. Brühe hinzugießen und zum Kochen bringen. Das Fleisch zugedeckt etwa 1 ½ Stunden bei schwacher Hitze schmoren lassen.
3. Tomaten waschen, kreuzweise einschneiden und einige Sekunden in kochendes Wasser legen. Tomaten kurz in kaltes Wasser legen, enthäuten, halbieren, entkernen und Stängelansätze entfernen. Tomaten achteln und etwa 10 Minuten vor Ende der Garzeit zum Fleisch geben.
4. Das gare Fleisch herausnehmen, mit Salz bestreuen und warm stellen. Bratensatz durch ein Sieb streichen, Mehl mit saurer Sahne anrühren, den Bratensatz damit binden.

Preiswert

Schweinenacken mit Blumenkohl
6 Portionen

Zubereitungszeit: 20 Minuten
Garzeit: etwa 5 Stunden

1,25 kg magerer Schweinenacken
Salz
frisch gemahlener Pfeffer
1 EL Gyros-Gewürzmischung
2 Zwiebeln
4 EL Speiseöl, z. B. Rapsöl

1 großer Blumenkohl (etwa 1,2 kg)
750 ml (¾ l) Wasser
2 TL Salz
2 EL Zitronensaft
80 g Butter

1 EL Paprikapulver edelsüß
400 ml Fleischbrühe
1 EL Speisestärke
1 EL kaltes Wasser

Pro Portion:
E: 47 g, F: 39 g, Kh: 7 g,
kJ: 2356, kcal: 563

1. Den Backofen bei Ober-/Unterhitze auf 80 °C vorheizen. Schweinenacken unter fließendem kalten Wasser abspülen und trocken tupfen. Mit Salz, Pfeffer und Gewürzmischung würzen.
2. Zwiebeln abziehen und in kleine Würfel schneiden. Speiseöl in einem großen, flachen Bräter erhitzen. Schweinenacken darin etwa 10 Minuten von allen Seiten gut anbraten. Zwiebelwürfel hinzugeben und kurz mit anbraten. Den Bräter auf dem Rost (unteres Drittel) in den Backofen schieben. Schweinenacken etwa 5 Stunden garen.
3. Etwa 30 Minuten vor Ende der Garzeit von dem Blumenkohl die Blätter und die schlechten Stellen entfernen. Den Strunk abschneiden, Blumenkohl in Röschen teilen. Blumenkohlröschen waschen und abtropfen lassen.

4. Wasser mit Salz und Zitronensaft in einem Topf zum Kochen bringen, Blumenkohlröschen hinzugeben, zum Kochen bringen und 8–10 Minuten kochen lassen. Blumenkohl abtropfen lassen, in eine Schüssel geben und warm stellen.

5. Butter in einer kleinen Pfanne zerlassen und auf den Blumenkohlröschen verteilen.

6. Den Schweinenacken aus dem Backofen nehmen und warm stellen. Paprika und Brühe in den Bratenfond rühren, zum Kochen bringen. Speisestärke mit Wasser anrühren, in die Sauce rühren und unter Rühren kurz aufkochen lassen. Sauce mit Salz und Pfeffer würzen.

7. Schweinenacken in Scheiben schneiden, mit der Sauce und dem Blumenkohl servieren.

Beilage: Petersilienkartoffeln.

Einfach

Schulterbraten mit Spitzpaprika
4 Portionen

Zubereitungszeit: 20 Minuten
Garzeit: etwa 4 Stunden

800 g magere Schweineschulter
2 EL Gyros-Gewürzmischung
1 Gemüsezwiebel
2 Knoblauchzehen
5 EL Speiseöl, z. B. Rapsöl
1 EL Tomatenmark
600 g grüne Spitzpaprikaschoten
3 EL Speiseöl, z. B. Rapsöl oder Sonnenblumenöl
1 EL Gyros-Gewürzmischung

200 ml Gemüsebrühe
Salz
frisch gemahlener Pfeffer

Pro Portion:
E: 43 g, F: 38 g, Kh: 11 g,
kJ: 2333, kcal: 558

1. Den Backofen bei Ober-/Unterhitze auf 80 °C vorheizen. Von der Schulter Fett und Sehnen entfernen. Fleisch unter fließendem kalten Wasser abspülen, trocken tupfen und mit der Gyros-Gewürzmischung bestreuen.

2. Zwiebel und Knoblauch abziehen, in kleine Würfel schneiden. Speiseöl in einem großen flachen Bräter erhitzen. Das Fleisch darin etwa 8 Minuten von allen Seiten gut anbraten. Zwiebel- und Knoblauchwürfel hinzugeben und kurz mit anbraten.

3. Den Bräter auf dem Rost (unteres Drittel) in den Backofen schieben und das Fleisch etwa 4 Stunden garen. Nach etwa 2 Stunden Garzeit die Schulter einmal wenden und das Tomatenmark unter die Zwiebelmischung rühren.

4. Etwa 25 Minuten vor Ende der Garzeit Paprikaschoten halbieren, entstielen, entkernen und die weißen Scheidewände entfernen. Die Schoten waschen, abtropfen lassen und in mundgerechte Stücke schneiden.

5. Speiseöl in einem Topf erhitzen, die Paprikastücke darin kurz anbraten, Gyros-Gewürzmischung unterrühren. Die Paprikastücke unter gelegentlichem Rühren etwa 5 Minuten dünsten. Eventuell etwas Wasser hinzugeben.

6. Den Braten aus dem Backofen nehmen und warm stellen. Brühe in den Bratenfond rühren und kurz aufkochen lassen. Die Sauce mit Salz und Pfeffer abschmecken.

7. Den Schulterbraten in Scheiben schneiden, mit Sauce und Paprikagemüse servieren.

Beilage: Salzkartoffeln oder Reis.

Tipp: Sie können den Schulterbraten auch mit roten Paprikaschoten zubereiten.

Schweinenacken mit Blumenkohl

Schulterbraten mit Spitzpaprika

Für Gäste – mit Alkohol

Argentinisches T-Bone-Steak mit Bohnengemüse
4 Portionen

Zubereitungszeit: 45 Minuten, ohne Marinierzeit
Grillzeit: etwa 16 Minuten

Für die Marinade:
4 Zwiebeln
4 Knoblauchzehen
8–10 EL trockener Weißwein
2 EL mittelscharfer Senf
2 gestr. TL Paprikapulver edelsüß
Currypulver
2 EL eingelegter, grüner Pfeffer
2 EL Kräuter der Provence
8–10 EL Olivenöl

4 T-Bone-Steaks (je etwa 250 g)

Für das Bohnengemüse:
100 g durchwachsener, geräucherter Speck
1 Zwiebel
1 rote Paprikaschote (etwa 100 g)
1 Stange Porree (Lauch) (etwa 200 g)
1 Peperoni
1 Knoblauchzehe
1 EL Olivenöl
1 große Dose Kidneybohnen (Abtropfgewicht 530 g) oder große, braune Bohnen
2 EL Chilisauce
1 kleine Dose Tomatenpüree (Einwaage 400 g)
Salz
frisch gemahlener Pfeffer
getrocknetes Bohnenkraut
Zucker
1 Becher (150 g) Vollmilchjoghurt

Für die Sauce:
1 Becher (150 g) Crème fraîche
Salz
frisch gemahlener Pfeffer
1 Prise Zucker

Argentinisches T-Bone-Steak mit Bohnengemüse

Pro Portion:
E: 73 g, F: 57 g, Kh: 35 g,
kJ: 4044, kcal: 967

1. Für die Marinade Zwiebeln und Knoblauch abziehen, Zwiebeln in Scheiben schneiden, Knoblauch in sehr kleine Würfel schneiden. Wein mit Senf, Paprika, Curry, Pfeffer, Kräutern der Provence, Zwiebelscheiben und Knoblauchwürfeln in einer Schüssel verrühren. Olivenöl unterschlagen.
2. Steaks unter fließendem kalten Wasser abspülen, trocken tupfen und in die Marinade legen. Steaks zugedeckt im Kühlschrank einige Stunden marinieren, dabei ab und zu wenden.
3. In der Zwischenzeit für das Bohnengemüse Speck in kleine Würfel schneiden. Zwiebel abziehen, klein würfeln. Paprika halbieren, entstielen, entkernen und die weißen Scheidewände entfernen. Schote waschen, trocken tupfen und ebenfalls in kleine Würfel schneiden.
4. Porree putzen, die Stange längs halbieren. Porreestange gründlich waschen, abtropfen lassen und in Streifen schneiden. Peperoni längs halbieren, entkernen, abspülen, trocken tupfen und klein hacken. Knoblauch abziehen und ebenfalls klein hacken.
5. Olivenöl in einer Pfanne erhitzen. Speckwürfel darin anbraten. Restliche vorbereitete Gemüsezutaten hinzufügen und unter Rühren etwa 5 Minuten dünsten lassen.
6. Kidneybohnen oder braune Bohnen in einem Sieb abtropfen lassen, mit Chilisauce und Tomatenpüree zum angedünsteten Gemüse geben. Mit Salz, Pfeffer, Bohnenkraut und Zucker würzen. Die Zutaten aufkochen lassen. Joghurt unterrühren.
7. Das Bohnengemüse nochmals mit den Gewürzen abschmecken und warm stellen.
8. Die Steaks aus der Marinade nehmen und trocken tupfen. Eine Grillpfanne erhitzen. Die Steaks nebeneinander hineinlegen und von jeder Seite etwa 8 Minuten grillen. Mit Salz und Pfeffer bestreuen. Die Steaks herausnehmen, auf einen vorgewärmten Teller legen, mit einem zweiten tiefen Teller zudecken und warm stellen.
9. Für die Sauce die Marinade zum Kochen bringen und durch ein Sieb streichen, Crème fraîche unterrühren und zum Kochen bringen. Die Sauce mit Salz, Pfeffer und Zucker abschmecken. Den Bratensatz der Steaks mit etwas Wasser loskochen und unter die Sauce rühren. Die T-Bone-Steaks mit dem Bohnengemüse anrichten. Die Sauce dazureichen.

Gut vorzubereiten – raffiniert

Hackbraten „Griechische Art"

Zubereitungszeit: 60 Minuten
Garzeit: etwa 50 Minuten

1 Brötchen (Semmel)
75 g durchwachsener Speck
1 EL Speiseöl
2 Zwiebeln
2 Knoblauchzehen
600 g Rindergehacktes
2 Eier
1 EL Tomatenmark
1 EL gehackte Petersilie
1 EL fein geschnittener Schnittlauch
Salz, frisch gemahlener Pfeffer
Paprikapulver rosenscharf
100 g Schafkäse
3 EL Schlagsahne
gerebelter Thymian
gerebeltes Basilikum
3 EL Olivenöl
3 Lorbeerblätter
1–2 EL Pinienkerne

Für den Tomatenketchup:
2 Zwiebeln
2 Knoblauchzehen
1 Dose Tomaten (500 g)
3 EL Rotweinessig
Salz
2 TL Dijon-Senf
1 EL Zucker
1 TL gemahlener Zimt
Chilipulver

Pro Portion:
E: 45 g, F: 45 g, Kh: 16 g,
kJ: 2694, kcal: 643

1. Brötchen in kaltem Wasser einweichen und gut ausdrücken. Speck in Würfel schneiden. Speiseöl in einer Pfanne erhitzen. Speckwürfel darin ausbraten.
2. Zwiebeln abziehen und in kleine Würfel schneiden. Knoblauch abziehen und sehr fein hacken oder durch eine Knoblauchpresse drücken. Zwiebelwürfel und Knoblauch zu den Speckwürfeln geben und glasig dünsten. Den Backofen vorheizen.
3. Gehacktes in eine Schüssel geben. Eingeweichtes Brötchen, Eier, Tomatenmark, Petersilie, Schnittlauchröllchen und die Speck-Zwiebel-Masse hinzugeben und gut unterarbeiten. Mit Salz, Pfeffer und Paprika würzen.
4. Schafkäse zerbröseln, mit Sahne, Thymian und Basilikum verrühren. Die Hälfte der Gehacktesmasse in eine Pieform (Ø 28 cm) oder in eine flache Auflaufform geben und glattstreichen. Schafkäsebrösel darauf verteilen, dabei am Rand 1–2 cm frei lassen. Restliche Gehacktesmasse daraufgeben und glattstreichen. Mit Olivenöl beträufeln.
5. Die Form auf dem Rost in den vorgeheizten Backofen schieben.
Ober-/Unterhitze: etwa 200 °C
Heißluft: etwa 180 °C
Garzeit: etwa 50 Minuten.
6. Nach etwa 40 Minuten Garzeit den Hackbraten mit Lorbeerblättern belegen und mit Pinienkernen bestreuen.
7. Für den Ketchup Zwiebeln und Knoblauch abziehen, in kleine Würfel schneiden. Tomaten, Essig, Zwiebel- und Knoblauchwürfel in einem Topf zum Kochen bringen, zugedeckt etwa 15 Minuten dünsten. Anschließend durch ein Sieb streichen. Mit Salz, Senf, Zucker und Zimt würzen. Die Sauce wieder zum Kochen bringen und in 20–30 Minuten dicklich einkochen lassen. Mit Salz, Pfeffer und Chili abschmecken.
8. Den Hackbraten mit dem Ketchup warm oder kalt servieren.

Tipp: Den Hackbraten nach Belieben mit frischen Lorbeerblättchen, Schnittlauchröllchen und Petersilie garnieren. Dazu passen Fladenbrot oder Reis.

Hackbraten „Griechische Art"

Raffiniert

Schweinebraten mit Kräuterkruste
4 Portionen

Zubereitungszeit: 40 Minuten
Garzeit: etwa 4 Stunden

800 g Schweinekotelett am Stück, ohne Knochen
4 EL Speiseöl, z. B. Rapsöl

1 Knoblauchzehe
1 Bio-Zitrone (unbehandelt, ungewachst)
1 Stängel Rosmarin
1 EL Fenchelsamen
1 EL Koriandersamen
2 EL Olivenöl
Salz
frisch gemahlener Pfeffer

500 g Pfifferlinge
20 g Butter
200 g Schlagsahne
200 ml Fleischbrühe

1 TL Speisestärke oder Weizenmehl
1 EL kaltes Wasser

Pro Portion:
E: 45 g, F: 38 g, Kh: 7 g,
kJ: 2330, kcal: 556

1. Den Backofen bei Ober-/Unterhitze auf 80 °C vorheizen. Einen feuerfesten Teller oder eine Auflaufform mit flachem Rand auf dem Rost (mittlere Schiene) miterwärmen.
2. Das Fleisch unter fließendem kalten Wasser abspülen, trocken tupfen und das Fett abschneiden. Speiseöl in einer Pfanne erhitzen. Das Fleisch hinzufügen und von allen Seiten etwa 10 Minuten gut anbraten.
3. Knoblauch abziehen und klein würfeln. Zitrone heiß abwaschen und abtrocknen. Die Schale fein abreiben. Rosmarin abspülen und trocken tupfen. Die Nadeln von den Stängeln zupfen. Nadeln klein schneiden.
4. Knoblauch mit Fenchel-, Koriandersamen, Zitronenschale und Rosmarin in einem Mörser fein zerreiben, mit Olivenöl verrühren, mit Salz und Pfeffer würzen. Das angebratene Fleisch mit der Kräuter-Gewürz-Mischung bestreichen.
5. Das Kräuterfleisch auf dem vorgewärmten Teller oder in der Auflaufform in den Backofen schieben und etwa 4 Stunden garen.
6. Etwa 45 Minuten vor Ende der Garzeit Pfifferlinge putzen, kurz abspülen und auf Küchenpapier abtropfen lassen. Butter in einer Pfanne zerlassen, die Pfifferlinge darin anbraten.
7. Sahne und Brühe hinzugießen. Die Pfifferlingsmasse unter Rühren kurz aufkochen und etwa 5 Minuten leicht kochen lassen. Speisestärke oder Weizenmehl mit Wasser anrühren und in die Sauce rühren. Die Sauce nochmals unter Rühren kurz aufkochen lassen. Mit Salz und Pfeffer abschmecken.
8. Den Schweinebraten mit Kräuterkruste in Scheiben schneiden und mit der Pfifferlingssauce servieren.

Einfach

Schweinebraten mit Rahmchampignons
4 Portionen

Zubereitungszeit: 15 Minuten
Garzeit: etwa 3 Stunden

800 g Schweinekotelett am Stück, ohne Knochen
Salz, frisch gemahlener Pfeffer
4 EL Speiseöl, z. B. Olivenöl

Schweinebraten mit Kräuterkruste

Schweinebraten mit Rahmchampignons

2 rote Zwiebeln
1 Knoblauchzehe
800 g Champignons
125 g gewürfelter, roher Schinken
250 g Crème fraîche
1 EL Paprikapulver edelsüß
1 EL gehackte Petersilienblättchen

Pro Portion:
E: 59 g, F: 41 g, Kh: 6 g,
kJ: 2597, kcal: 623

1. Den Backofen bei Ober-/Unterhitze auf 80 °C vorheizen. Einen großen feuerfesten Teller oder eine Auflaufform mit flachem Rand auf dem Rost (mittlere Schiene) miterwärmen. Fleisch unter fließendem kalten Wasser abspülen und trocken tupfen. Mit Salz und Pfeffer bestreuen.
2. Speiseöl in einer Pfanne erhitzen. Das Fleisch darin von allen Seiten in etwa 10 Minuten gut anbraten. Angebratenes Fleisch aus der Pfanne nehmen, auf dem vorgewärmten Teller oder in der Auflaufform in den Backofen schieben und etwa 3 Stunden garen. Pfanne mit dem Bratensatz beiseitestellen.
3. Etwa 40 Minuten vor Ende der Garzeit Zwiebeln und Knoblauch abziehen, in kleine Würfel schneiden. Champignons putzen, mit Küchenpapier abreiben, eventuell abspülen, trockentupfen und in Scheiben schneiden.
4. Beiseite gestellte Pfanne mit dem Bratensatz erhitzen. Knoblauch- und Zwiebelwürfel darin andünsten. Schinkenwürfel und Champignonscheiben nacheinander hinzufügen und anbraten, Crème fraîche unterrühren. Die Champignon-Schinken-Masse etwa 5 Minuten garen. Rahmchampignons mit Salz, Pfeffer und Paprika würzen, warm stellen.
5. Schweinebraten aus dem Backofen nehmen und in Scheiben schneiden. Fleischscheiben mit Rahmchampignons anrichten. Mit Petersilienblättchen bestreut servieren.

Schmetterlingssteaks „Hawaii"

Für Gäste

Schmetterlingssteaks „Hawaii"
12 Portionen

Zubereitungszeit: 35 Minuten
Garzeit: etwa 25 Minuten

12 Schmetterlingssteaks vom Schwein (je 180 g)
150 ml Sojasauce
frisch gemahlener Pfeffer
Paprikapulver edelsüß
6 Scheiben Ananas (aus der Dose)
6 Scheiben gekochter Schinken
6 kleine Scheiben Gouda-Käse
4 EL Speiseöl

Außerdem:
Holzstäbchen

Pro Portion:
E: 42 g, F: 39 g, Kh: 3 g,
kJ: 2386, kcal: 570

1. Steaks unter fließendem kalten Wasser abspülen und trocken tupfen. In die Steaks je eine Tasche einschneiden (eventuell Tasche beim Metzger einschneiden lassen). Die Steaks zusammengeklappt in einen Gefrierbeutel geben und flachklopfen (eventuell mit dem Boden einer Stielkasserole).
2. Sojasauce mit Pfeffer und Paprika verrühren. Die Steaks von innen und außen damit bestreichen (mit Hilfe eines Pinsels).
3. Ananasscheiben in einem Sieb abtropfen lassen und halbieren. Schinkenscheiben ebenfalls halbieren. Käsescheiben vierteln. Den Backofen vorheizen.
4. Die Steaks aufklappen und der Reihe nach mit je 1 Portion Käse, Schinken, Ananas und zuletzt wieder mit Käse belegen. Die Steaks zusammenklappen: Die Öffnungen mit Holzstäbchen zusammenstecken.
5. Speiseöl in einer Pfanne erhitzen. Die Steaks darin portionsweise kurz von beiden Seiten anbraten und auf ein Backblech legen. Das Backblech in den vorgeheizten Backofen schieben.
Ober-/Unterhitze: etwa 180 °C
Heißluft: etwa 160 °C
Garzeit: etwa 25 Minuten.

Tipp: Servieren Sie zu den Schmetterlingssteaks einen Kartoffelsalat, einen gemischten Reissalat oder aufgebackenes Fladenbrot.

Filetsteaks mit grüner Pfeffersauce

Gefüllte Zucchiniröllchen auf Tomatenreis

Schnell – klassisch – mit Alkohol

Filetsteaks mit grüner Pfeffersauce
2 Portionen

Zubereitungszeit: 15 Minuten
Garzeit: etwa 6 Minuten

2 Rinderfiletsteaks (je etwa 150 g)
Salz, frisch gemahlener Pfeffer
1 EL Butterschmalz
2 EL Weinbrand
1 Becher (150 g) Crème fraîche
1 EL eingelegter, grüner Pfeffer (in Lake)

Pro Portion:
E: 34 g, F: 39 g, Kh: 3 g,
kJ: 2175, kcal: 522

1. Rinderfilet unter fließendem kalten Wasser abspülen und trocken tupfen. Mit Salz und Pfeffer bestreuen.
2. Butterschmalz in einer Pfanne erhitzen. Die Filetsteaks hinzufügen und von jeder Seite etwa 3 Minuten braten. Die Filetsteaks aus der Pfanne nehmen, auf einer vorgewärmten Platte anrichten und warm stellen.
3. Den Bratensatz mit Weinbrand ablöschen und Crème fraîche unterrühren. Die Sauce mit Salz und Pfeffer abschmecken. Grünen Pfeffer hinzufügen. Die Sauce erhitzen und auf den Steaks verteilen.

Einfach

Gefüllte Zucchiniröllchen auf Tomatenreis
2 Portionen

Zubereitungszeit: 30 Minuten
Garzeit: etwa 20 Minuten

300 g Tomaten
1 rote Zwiebel
1 Knoblauchzehe
2 Stänge Thymian
2 Stängel Rosmarin
1 Beutel (250 g) Express-Reis (vorgegarter Reis) oder 250 g gekochter Langkornreis
Salz, frisch gemahlener Pfeffer
1 mittelgroße Zucchini
200 g Thüringer Mett
1–2 EL Olivenöl

Pro Portion:
E: 24 g, F: 26 g, Kh: 38 g,
kJ: 2024, kcal: 483

1. Tomaten waschen, kreuzweise einschneiden und kurz in kochendes Wasser legen. Tomaten kurz in kaltes Wasser legen, enthäuten, halbieren, entkernen und die Stängelansätze herausschneiden. Tomatenhälften in Stücke schneiden. Den Backofen vorheizen.
2. Zwiebel und Knoblauch abziehen, in kleine Würfel schneiden. Thymian und Rosmarin abspülen und trocken tupfen. Die Blättchen bzw. Nadeln von den Stängeln zupfen. Blättchen und Nadeln klein schneiden.

3. Zwiebel- und Knoblauchwürfel mit Tomatenstücken, Reis und der Hälfte der Kräuter in eine flache Auflaufform geben. Die Zutaten gut vermischen, mit Salz und Pfeffer würzen.
4. Zucchini waschen, abtrocknen und die Enden abschneiden. Zucchini längs mit einer Aufschnittmaschine in 12 dünne Scheiben schneiden.
5. Mett eventuell mit Salz und Pfeffer nachwürzen. Aus dem Mett mit angefeuchteten Händen 4 Röllchen formen. Je 3 Zucchinischeiben längs leicht überlappend aneinanderlegen, je ein Mettröllchen darauflegen und einrollen.
6. Olivenöl in einer Pfanne erhitzen, Zucchiniröllchen darin kurz von allen Seiten anbraten, herausnehmen und auf die Tomaten-Reis-Mischung legen. Die Auflaufform auf dem Rost in den vorgeheizten Backofen schieben.
Ober-/Unterhitze: etwa 200 °C
Heißluft: etwa 180 °C
Garzeit: etwa 20 Minuten.
7. Die Zucchiniröllchen auf Tomatenreis mit den restlichen Kräutern bestreut servieren.

Für Gäste – mit Alkohol

Hüftbraten mit Balsamicosauce und Frühlingszwiebeln
6 Portionen

Zubereitungszeit: 15 Minuten
Garzeit: etwa 4 Stunden

1,4 kg Rindfleisch (aus der Hüfte)
Salz
frisch gemahlener Pfeffer
4 EL Speiseöl, z. B. Olivenöl

2 Zwiebeln
250 ml (1/4 l) Balsamico-Essig
200 ml trockener Rotwein
400 ml Fleischbrühe

4 Bund Frühlingszwiebeln
70 g Butter
1 EL Zucker

Pro Portion:
E: 52 g, F: 22 g, Kh: 15 g,
kJ: 2017, kcal: 483

1. Den Backofen bei Ober-/Unterhitze auf 80 °C vorheizen. Einen großen feuerfesten Teller oder eine Auflaufform mit flachem Rand auf dem Rost (mittlere Schiene) miterwärmen.
2. Rindfleisch unter fließendem kalten Wasser abspülen und trocken tupfen. Mit Salz und Pfeffer bestreuen.
3. Speiseöl in einer Pfanne erhitzen. Das Fleisch darin etwa 10 Minuten von allen Seiten gut anbraten, herausnehmen und auf dem vorgewärmten Teller oder in der Auflaufform in den Backofen schieben. Das Fleisch etwa 4 Stunden garen. Die Pfanne mit Bratensatz beiseitestellen.
4. Etwa 45 Minuten vor Ende der Garzeit Zwiebeln abziehen und in kleine Würfel schneiden. Beiseite gestellte Pfanne mit dem Bratensatz erhitzen. Zwiebelwürfel darin andünsten. Balsamico-Essig, Rotwein und Brühe unter Rühren hinzugießen. Die Sauce zum Kochen bringen und etwa um die Hälfte einkochen lassen.
5. Frühlingszwiebeln putzen, waschen, abtropfen lassen und in etwa 10 cm lange Stücke schneiden. Butter in einer Pfanne zerlassen, den Zucker darin unter Rühren auflösen. Frühlingszwiebelstücke hinzufügen und unter gelegentlichem Wenden 3–5 Minuten garen.
6. Den Braten aus dem Backofen nehmen. Abgedeckt etwa 10 Minuten ruhen lassen. Ausgetretenen Bratensaft in die Sauce rühren. Die Sauce mit Salz und Pfeffer abschmecken. Das Fleisch in Scheiben schneiden und auf einer Platte anrichten. Mit Frühlingszwiebelstücken und Balsamicosauce servieren.

Hüftbraten mit Balsamicosauce und Frühlingszwiebeln

Für Gäste – etwas teurer

Gefüllter Kalbsrücken mit Pfifferlingen, euroasiatisch
6–8 Portionen

Zubereitungszeit: 60 Minuten
Garzeit: etwa 5 Stunden

1 Pck. (200 g) Semmelknödel
200 ml Kokosmilch
2 Eier (Größe M)
60 g Parmaschinken
(in Streifen geschnitten)
je 1 EL gehackte Petersilien-,
Basilikum- und Minzeblättchen
1 kleine Chilischote
(in Ringe geschnitten)
Salz

1,4 kg Kalbsrücken, ohne Knochen
frisch gemahlener Pfeffer
3 EL Speiseöl
1 EL Sesamöl

1 kg Pfifferlinge
2 Zwiebeln
2 Knoblauchzehen
8–10 vorbereitete Limettenblätter
2 Stangen Zitronengras
1 Zweig Zitronenthymian
(oder Thymian)
3 EL Speiseöl
1 EL Sesamöl
1 kleine Chilischote
(in Ringe geschnitten)
100 g Parmaschinken
(in kleine Würfel geschnitten)
200 ml Kokosmilch

1 Glas (400 ml) Kalbsfond
50 ml Sweet Chickensauce
1 EL Speisestärke
2 EL kaltes Wasser

Außerdem:
Küchengarn

Pro Portion:
E: 74 g, F: 42 g, Kh: 38 g,
kJ: 3503, kcal: 837

Gefüllter Kalbsrücken mit Pfifferlingen, euroasiatisch

1. Den Backofen bei Ober-/Unterhitze auf 80 °C vorheizen.
2. Das Semmelknödelpulver (eventuell aus den Beuteln nehmen) in eine Rührschüssel geben. Kokosmilch, Eier, Schinkenstreifen, gehackte Kräuter und Chilischotenringe hinzufügen. Die Zutaten gut vermengen. Mit Salz abschmecken.
3. Kalbfleisch unter fließendem kalten Wasser abspülen, trocken tupfen und waagerecht eine Tasche für die Füllung einschneiden (eventuell beim Metzger einschneiden lassen). Kalbfleisch von innen und außen mit Salz und Pfeffer würzen und mit der Knödelmasse füllen. Die Öffnung mit Küchengarn zunähen.
4. Speise- und Sesamöl in einem großen Bräter erhitzen. Kalbfleisch darin etwa 10 Minuten von allen Seiten anbraten. Den Bräter auf dem Rost in den Backofen (unteres Drittel) schieben. Kalbfleisch etwa 5 Stunden garen.
5. Etwa 30 Minuten vor Ende der Garzeit Pfifferlinge putzen, mit Küchenpapier abreiben, eventuell kurz abspülen und trocken tupfen. Zwiebeln und Knoblauch abziehen, fein würfeln. Limettenblätter, Zitronengras und Thymian abspülen, trocken tupfen.
6. Speise- und Sesamöl in einer großen Pfanne erhitzen. Zwiebel-, Knoblauch- und Schinkenwürfel darin anbraten. Pfifferlinge, Chilischotenringe, Limettenblätter, Zitronengras und Thymian hinzufügen, unter gelegentlichem Rühren etwa 5 Minuten mitbraten lassen. Kokosmilch unterrühren, zum Kochen bringen und bei schwacher Hitze etwa 5 Minuten weiterköcheln lassen. Zitronengras kurz vor dem Anrichten entfernen.
7. Das Kalbfleisch aus dem Backofen nehmen und Küchengarn entfernen. Kalbfleisch in Scheiben schneiden und warm stellen.
8. Kalbsfond und Chickensauce zum Bratensaft geben. Speisestärke mit Wasser anrühren, in die Sauce rühren und unter Rühren kurz aufkochen lassen. Die Sauce mit Salz und Pfeffer abschmecken.
9. Die Fleischscheiben auf den Pfifferlingen anrichten und mit der Sauce angießen. Restliche Sauce dazureichen.

Für Gäste – raffiniert

Lummerbraten mit Tunfischsauce

4 Portionen

Zubereitungszeit: 20 Minuten
Garzeit: etwa 3 Stunden

800 g Lummerbraten (Schweinekotelett am Stück, ohne Knochen)
Salz
frisch gemahlener Pfeffer
2 abgezogene, zerdrückte Knoblauchzehen
je 1 Stängel Oregano und Thymian
5 EL Speiseöl, z. B. Rapsöl

4 Frühlingszwiebeln
8 Cocktailtomaten

4 l Wasser
4 gestr. TL Salz
400 g Bandnudeln

2 Zwiebeln
1 Knoblauchzehe
2 Dosen Tunfisch in Öl (Abtropfgewicht je 140 g)
5 Sardellenfilets (etwa 10 g)
2 TL Kapern
300 ml Fleischbrühe

1 Becher (150 g) Crème fraîche
1 Bio-Limette (unbehandelt, ungewachst)
1 TL gerebelter Oregano

einige Thymianblättchen

Pro Portion:
E: 75 g, F: 48 g, Kh: 74 g,
kJ: 4318, kcal: 1032

1. Den Backofen bei Ober-/Unterhitze auf 80 °C vorheizen. Einen großen feuerfesten Teller oder eine Auflaufform mit flachem Rand auf dem Rost (mittlere Schiene) miterwärmen. Fleisch unter fließendem kalten Wasser abspülen und trocken tupfen. Fleisch mit Knoblauch einreiben, mit Salz und reichlich Pfeffer bestreuen. Oregano und Thymian abspülen und trocken tupfen.
2. Speiseöl in einer Pfanne erhitzen. Das Fleisch darin von allen Seiten in etwa 10 Minuten gut anbraten, Kräuterstängel mit anbraten. Angebratenes Fleisch mit den Kräuterstängeln auf dem vorgewärmten Teller oder in der Auflaufform in den Backofen schieben und etwa 3 Stunden garen. Pfanne mit dem Bratenansatz beiseitestellen.
3. Nach etwa 1 Stunde Garzeit Frühlingszwiebeln putzen, waschen, abtropfen lassen und in Ringe schneiden. Tomaten waschen, abtropfen lassen und halbieren. Stängelansätze herausschneiden. Tomaten und Zwiebelringe zum Fleisch auf den Teller oder in die Auflaufform geben.
4. Etwa 30 Minuten vor Ende der Garzeit die Nudeln kochen. Dafür Wasser in einem großen Topf mit Deckel zum Kochen bringen. Salz und Bandnudeln hinzufügen. Die Nudeln im geöffneten Topf nach Packungsanleitung kochen lassen, dabei zwischendurch 4–5-mal umrühren.
5. In der Zwischenzeit Zwiebeln und Knoblauch abziehen, in kleine Würfel schneiden. Beiseite gestellte Pfanne mit dem Bratensatz erhitzen, Zwiebel- und Knoblauchwürfel darin andünsten.
6. Tunfisch und Sardellen getrennt in je einem Sieb abtropfen lassen. Sardellen in kleine Stücke schneiden. Tunfisch mit Sardellenstücken, Kapern und Fleischbrühe in die Pfanne geben, etwa 5 Minuten köcheln lassen. Mitgegarte Tomaten und Zwiebelringe unterrühren. Die Sauce mit einem Mixstab pürieren, Crème fraîche unterrühren.
7. Limette heiß abwaschen und trocken reiben. Die Schale abreiben. Limette auspressen.
8. Die Sauce mit Salz, reichlich Pfeffer, Oregano, Limettenschale und -saft abschmecken.
9. Die garen Nudeln in ein Sieb geben, mit heißem Wasser abspülen und abtropfen lassen. Lummerbraten in Scheiben schneiden, mit Bandnudeln und Tunfischsauce anrichten. Tunfischsauce mit Thymianblättchen bestreuen.

Lummerbraten mit Tunfischsauce

Etwas teurer

Rinderfilet auf Pak-Choi

4 Portionen – Zubereitung im Topf mit Dämpfeinsatz (Ø etwa 24 cm)

Zubereitungszeit: 30 Minuten
Dämpfzeit: etwa 35 Minuten

1 Bund Zitronengras oder
2 EL gemahlenes Zitronengras
1 kleines Stück Ingwer
600 g Rinderfilet (Mittelstück)
Salz
frisch gemahlener Pfeffer
8 kleine Pak-Choi-Stauden
(Chinesischer Senfkohl)
2 EL Sesamöl
125 ml (1/8 l) Soja- oder Terriyakisauce

Pro Portion:
E: 36 g, F: 12 g, Kh: 6 g,
kJ: 1160, kcal: 277

1. Zitronengras abspülen, abtropfen lassen und mit einer Stielkasserolle darauf schlagen. Ingwer schälen, abspülen, abtropfen lassen und in Scheiben schneiden. Den Topf etwa 3 cm hoch mit Wasser füllen, oder gemahlenes Zitronengras und Ingwer hinzufügen, zum Kochen bringen.

2. Rinderfilet unter fließendem kalten Wasser abspülen, trocken tupfen, mit Salz und Pfeffer bestreuen. Filet in einen Dämpfeinsatz legen, den Einsatz in den Topf hängen und mit einem Deckel verschließen. Wasser nur noch leicht köcheln lassen. Das Filet 20–25 Minuten darin dämpfen.

3. Pak-Choi putzen, dabei die Stauden ganz lassen. Stauden waschen und abtropfen lassen. Filet aus dem Dämpfeinsatz nehmen und warm stellen. 4 Pak-Choi-Stauden in den Dämpfeinsatz legen, mit einem Deckel verschließen und etwa 5 Minuten dämpfen. Stauden herausnehmen und warm stellen. Die restlichen Stauden auf die gleiche Weise zubereiten, eventuell heißes Wasser nachfüllen.

4. Sesamöl in einer Pfanne erhitzen. Die gedämpften Pak-Choi-Stauden hinzugeben und darin schwenken, mit Salz und Pfeffer würzen.

5. Rinderfilet aus dem Dämpfeinsatz nehmen und in Scheiben schneiden. Mit Salz, Pfeffer und Salz bestreuen. Filet mit Pak-Choi und Soja- oder Terriyakisauce servieren.

Tipp: Statt Pak-Choi können Sie auch Mangold verwenden. Sie können dieses Rezept auch in einem Zwei-Etagen-Bambusdämpfer zubereiten. Dabei das Filet zuerst etwa 10 Minuten im Bambusdämpfer dämpfen. Dann das Gemüse in den zweiten Einsatz geben, daraufsetzen und bis zum Ende der Filetdämpfzeit mitdämpfen.

Für Gäste

Roastbeef mit Kräuter-Senf-Kruste

4 Portionen

Zubereitungszeit: 60 Minuten, ohne Ruhezeit
Garzeit: etwa 45 Minuten

1 kg Roastbeef
2–3 EL Speiseöl, z. B. Sonnenblumenöl
Salz, frisch gemahlener Pfeffer

Für die Kräuter-Senf-Kruste:
1 Bund Petersilie
1 kleines Bund Majoran
1 kleines Bund Thymian
1 kleines Bund Basilikum
4 EL mittelscharfer Senf

Pro Portion:
E: 57 g, F: 18 g, Kh: 1 g,
kJ: 1639, kcal: 391

1. Den Backofen vorheizen. Roastbeef unter fließendem kalten Wasser abspülen, trocken tupfen und den dünnen Fettrand mit einem scharfen Messer entfernen.

2. Speiseöl in einer Pfanne erhitzen. Roastbeef darin von allen Seiten anbraten. Mit Salz und Pfeffer würzen. Roastbeef in eine flache Auflaufform legen. Die Form auf dem Rost in den vorgeheizten Backofen schieben.
Ober-/Unterhitze: etwa 220 °C
Heißluft: etwa 200 °C
Garzeit: etwa 20 Minuten.

3. In der Zwischenzeit für die Kräuter-Senf-Kruste Petersilie, Majoran, Thymian und Basilikum abspülen, trocken tupfen. Die Blättchen von den Stängeln zupfen, Blättchen klein schneiden und mit Senf vermischen.

Rinderfilet auf Pak-Choi

Roastbeef

Schichtbraten

4. Das Roastbeef mit der Kräuter-Senf-Mischung bestreichen (mit Hilfe eines Pinsels) und bei gleicher Backofeneinstellung in etwa 25 Minuten fertig garen.
5. Roastbeef aus dem Backofen nehmen und zugedeckt etwa 10 Minuten ruhen lassen. Den Bratensatz mit etwas Wasser loskochen. Mit Salz und Pfeffer würzen.
6. Roastbeef in Scheiben schneiden, auf einer vorgewärmten Platte anrichten und mit der Sauce servieren.

Beilage: Baguette oder Bratkartoffeln, Brokkoli, grüne Bohnen, Spargel, Remouladensauce und Salat.

Tipp: Das Roastbeef schmeckt auch kalt sehr gut, z. B. mit Remouladensauce und Bratkartoffeln oder Brot.

Für Gäste

Schichtbraten
8 Portionen (Römertopf® 4-Liter-Inhalt)

Zubereitungszeit: 35 Minuten
Garzeit: etwa 70 Minuten

1 Bund Suppengrün (500 g, Knollensellerie, Möhre, Porree [Lauch])
1 Gemüsezwiebel (300 g)
1 EL eingelegte, grüne Pfefferkörner (in Lake)
300 g Hähnchenbrustfilet
8 dünne, große Scheiben Rumpsteak ohne Fettkante (400 g)
8 dünne, große Scheiben Schweineschnitzel (400 g)
1 EL getrockneter Estragon
Salz, frisch gemahlener Pfeffer
75 g zerlassene Butter

Außerdem:
Küchengarn

Pro Portion:
E: 32 g, F: 11 g, Kh: 3 g,
kJ: 1033, kcal: 247

1. Suppengrün putzen, schälen, waschen, abtropfen lassen und in sehr kleine Würfel schneiden. Zwiebel abziehen, zuerst in dünne Scheiben schneiden, dann in Ringe teilen. Pfefferkörner abtropfen lassen und klein hacken.
2. Alle Fleischsorten unter fließendem kalten Wasser abspülen und trocken tupfen. Hähnchenbrustfilets in dünne, möglichst große Scheiben schneiden.
3. Acht etwa 30 cm lange Stücke Küchengarn abschneiden und im Abstand von etwa 2 cm nebeneinander auf die Arbeitsfläche legen. Eine Lage Rindfleischscheiben in Größe des Römertopfbodens darauflegen. Mit etwas Estragon, Salz und Pfeffer würzen. Mit einigen Gemüsewürfeln bestreuen und mit Zwiebelringen belegen.
4. Den Vorgang so lange wiederholen, bis die Fleischscheiben aufgebraucht sind. Dabei die Fleischsorten wechseln und mit einer Lage Fleisch abschließen. Die Küchengarnfäden auf den Fleischschichten zusammenbinden.
5. Den Schichtbraten in den gewässerten Römertopf® legen (dabei die Herstelleranweisungen beachten). Restliche Gemüsewürfel hinzugeben. Den Schichtbraten mit der zerlassenen Butter begießen. Den Römertopf® mit dem Deckel verschließen und auf dem Rost in den kalten Backofen schieben.
Ober-/Unterhitze: etwa 200 °C
Heißluft: etwa 180 °C
Garzeit: etwa 70 Minuten.
6. Den Schichtbraten aus dem Römertopf® nehmen und das Küchengarn entfernen.
7. Gemüse mit dem Bratensud in einen Topf gießen, aufkochen lassen und mit einem Mixstab pürieren. Die Sauce nochmals mit den Gewürzen abschmecken. Den Schichtbraten in Scheiben schneiden und mit der Sauce servieren.

Schulterscherzel in Rotweinmarinade

Dauert länger – mit Alkohol

Schulterscherzel in Rotweinmarinade
6 Portionen

Zubereitungszeit: 25 Minuten, ohne Marinierzeit
Garzeit: 7 1/2 Stunden

1,4 kg Rinderschulter
200 g Knollensellerie
200 g Möhren
1 Stange Porree (Lauch)
2 Zwiebeln
1 Flasche trockener Rotwein (0,7 l)
1 gestr. TL Salz
frisch gemahlener Pfeffer
1 gestr. TL Zucker
6 Pimentkörner
1 Msp. Chilipulver
2 EL mittelscharfer Senf
3 Lorbeerblätter
4 EL Speiseöl, z. B. Rapsöl
200 ml Fleischbrühe
1 Becher (150 g) Crème fraîche

Pro Portion:
E: 48 g, F: 27 g, Kh: 7 g,
kJ: 2074, kcal: 496

1. Von der Schulter Fett abschneiden und Sehnen entfernen. Das Fleisch unter fließendem kalten Wasser abspülen, trocken tupfen und in eine große Schüssel legen.
2. Sellerie und Möhren schälen, abspülen, abtropfen lassen und in etwa 1 x 1 cm große Würfel schneiden. Porree putzen. Die Stange längs halbieren, gründlich waschen, abtropfen lassen und in etwa 2 cm lange Stücke schneiden.
3. Zwiebeln abziehen und in kleine Würfel schneiden. Gemüsewürfel und -stücke zum Fleisch in die Schüssel geben. Rotwein mit Salz, Pfeffer, Zucker, Pimentkörnern, Chili und Senf verrühren, Lorbeerblätter hinzufügen. Das Fleisch in der Schüssel mit der Rotweinmarinade übergießen und zugedeckt 3 Tage im Kühlschrank marinieren. Das Fleisch täglich einmal wenden.
4. Den Backofen bei Ober-/Unterhitze auf 80 °C vorheizen. Das Fleisch aus der Marinade nehmen, gut abtropfen lassen und trocken tupfen. Marinade beiseitestellen.
5. Speiseöl in einem großen, flachen Bräter erhitzen. Das Fleisch darin etwa 10 Minuten von allen Seiten gut anbraten. Den Bräter auf dem Rost (unteres Drittel) in den Backofen schieben. Das Fleisch etwa 7 1/2 Stunden garen.
6. Etwa eine Stunde vor Ende der Garzeit die Marinade mit der Brühe in einen Topf gießen, zum Kochen bringen und zugedeckt etwa 40 Minuten köcheln lassen. Dann das Gemüse in der Sauce mit einem Mixstab fein pürieren, Crème fraîche unterrühren.
7. Schulterscherzel aus dem Backofen nehmen, in Scheiben schneiden und mit der Sauce servieren.

Beilage: Thüringer Klöße und frischer Salat.

Für Gäste – etwas teurer

Kalbsragout
8–10 Portionen

Zubereitungszeit: 65 Minuten
Garzeit: 1–1 1/2 Stunden

2 kg Kalbsschulter, ohne Knochen
3 l kaltes Wasser
2 mittelgroße, abgezogene Zwiebeln
2 Lorbeerblätter
4 Gewürznelken
Salz
einige Pfefferkörner
400 g kleine Champignons
400 g geschälter, weißer Spargel
400 g Schlagsahne
120 g Butter
80 g Weizenmehl
frisch gemahlener Pfeffer
frisch geriebene Muskatnuss

Pro Portion:
E: 49 g, F: 32 g, Kh: 9 g,
kJ: 2173, kcal: 520

1. Kalbsschulter unter fließendem kalten Wasser abspülen und trocken tupfen. Wasser mit Zwiebeln, Lorbeerblättern, Gewürznelken, 2 Teelöffeln Salz, Pfefferkörnern und dem Fleisch in einem hohen Topf zum Kochen bringen (nach dem ersten Aufkochen die Kochflüssigkeit mit einem Schaumlöffel abschäumen) und zugedeckt 1–1 1/2 Stunden bei mittlerer Hitze garen. Anschließend eine Garprobe machen (beim Drücken zwischen Daumen und Zeigefinger sollte das Fleisch problemlos nachgeben). Fleisch in dem Kochsud etwas abkühlen lassen, herausnehmen und in Würfel schneiden.
2. Champignons putzen, mit Küchenpapier abreiben, eventuell

kurz abspülen und trocken tupfen. Spargel waschen, abtropfen lassen und in Stücke schneiden.
3. Etwa 600 ml des Kochsuds mit Sahne auf 1 l auffüllen. Butter in einem Topf zerlassen. Mehl hinzufügen, unter Rühren so lange erhitzen, bis es hellgelb ist. Kochsud-Sahne-Flüssigkeit hinzugießen, mit einem Schneebesen durchschlagen. Darauf achten, dass keine Klümpchen entstehen, zum Kochen bringen und etwa 5 Minuten unter gelegentlichem Rühren kochen lassen.
4. Champignons, Spargelstücke und Fleischwürfel in die Sauce geben, unter Rühren nochmals erhitzen. Mit Salz, Pfeffer und Muskat würzen.

Deftig – mit Alkohol

Schweinehaxen in Biersauce
6 Portionen

Zubereitungszeit: 20 Minuten
Garzeit: etwa 7 Stunden

4 Schweinehinterhaxen (etwa 3,6 kg)
Salz
frisch gemahlener Pfeffer
gemahlener Kümmel
4 EL Speiseöl, z. B. Rapsöl

4 Zwiebeln
1 Kopf Weißkohl (etwa 1,2 kg)
50 g Schweineschmalz
150 g gewürfelter, roher Schinken
100 ml Gemüsebrühe

1 EL Tomatenmark
1 EL Paprikapulver edelsüß
500 ml (1/2 l) Schwarzbier
250 ml (1/4 l) Fleischbrühe
1 EL Speisestärke
1–2 EL kaltes Wasser

Pro Portion:
E: 90 g, F: 60 g, Kh: 14 g,
kJ: 4083, kcal: 974

1. Den Backofen bei Ober-/Unterhitze auf 80 °C vorheizen. Von den Haxen die Schwarte und das Fett entfernen. Die Haxen unter fließendem kalten Wasser abspülen und trocken tupfen. Mit Salz, Pfeffer und Kümmel würzen.
2. Speiseöl in einem großen, flachen Bräter erhitzen. Die Haxen darin etwa 12 Minuten von allen Seiten gut anbraten.
3. Den Bräter auf dem Rost (unteres Drittel) in den Backofen schieben.
Die Haxen etwa 7 Stunden garen. Die Haxen nach der Hälfte der Garzeit einmal wenden.
4. Etwa 40 Minuten vor Ende der Garzeit Zwiebeln abziehen, halbieren und klein würfeln. Weißkohl putzen, vierteln und den Strunk herausschneiden. Kohlviertel waschen, abtropfen lassen und in schmale Streifen schneiden.
5. Schmalz in einem großen Topf zerlassen, Zwiebel- und Schinkenwürfel darin unter Rühren andünsten. Weißkohlstreifen hinzufügen und mit andünsten. Brühe hinzugießen. Mit Salz, Pfeffer und Kümmel würzen. Den Kohl zum Kochen bringen und zugedeckt bei mittlerer Hitze etwa 20 Minuten dünsten, dabei evtl. umrühren.
6. Die Haxen aus dem Backofen nehmen und warm stellen. Tomatenmark und Paprika in den Bratenfond rühren. Schwarzbier und Brühe hinzugießen, zum Kochen bringen.
7. Speisestärke mit Wasser anrühren, in die Sauce rühren und unter Rühren kurz aufkochen lassen. Die Sauce mit Salz und Pfeffer abschmecken. Das Fleisch von den Knochen lösen, in Scheiben schneiden, mit Jägerkohl und Biersauce anrichten.

Beilage: Salzkartoffeln.

Kalbsragout

Schweinehaxen in Biersauce

Für Gäste – preiswert

Schweinerollbraten mit Speckböhnchen
6 Portionen

Zubereitungszeit: 15 Minuten
Garzeit: etwa 5 Stunden

4 Zwiebeln
etwa 1,3 kg Schweinerollbraten
Salz, frisch gemahlener Pfeffer
4 EL Speiseöl, z. B. Rapsöl
1 EL Tomatenmark

1 kg festkochende Kartoffeln
800 g grüne Bohnen
2 gestr. TL Salz
60 g Butter
125 g gewürfelter Schinkenspeck
1 EL gerebeltes Bohnenkraut

500 ml (½ l) Fleischbrühe

1 EL Weizenmehl
1 EL kaltes Wasser

Pro Portion:
E: 54 g, F: 40 g, Kh: 28 g,
kJ: 2890, kcal: 690

1. Den Backofen bei Ober-/Unterhitze auf 80 °C vorheizen. Einen großen feuerfesten Teller oder eine Auflaufform mit flachem Rand auf dem Rost (unteres Drittel) miterwärmen.
2. Zwiebeln abziehen und in kleine Würfel schneiden. Das Fleisch unter fließendem kalten Wasser abspülen und trocken tupfen. Mit Salz und Pfeffer würzen. Speiseöl in einer Pfanne erhitzen. Das Fleisch darin von allen Seiten etwa 10 Minuten gut anbraten.
3. Die Hälfte der Zwiebelwürfel hinzufügen und kurz mit anbraten, Tomatenmark unterrühren. Restliche Zwiebelwürfel beiseitestellen. Das angebratene Fleisch mit den Zwiebelwürfeln herausnehmen, auf dem vorgewärmten Teller oder in der Auflaufform in den Backofen schieben. Das Fleisch etwa 5 Stunden garen. Pfanne mit dem Bratensatz beiseitestellen.
4. Etwa 40 Minuten vor Ende der Garzeit Kartoffeln waschen, schälen und abspülen. Von den Bohnen die Enden abschneiden. Die Bohnen eventuell abfädeln, waschen, abtropfen lassen und in etwa 3 cm lange Stücke schneiden oder brechen.
5. Kartoffeln mit 1 Teelöffel Salz und Wasser bedeckt zum Kochen bringen, zugedeckt etwa 20 Minuten garen. Bohnenstücke mit 1 Teelöffel Salz und Wasser in einem zweiten Topf zum Kochen bringen, zugedeckt etwa 8 Minuten garen. Bohnen in ein Sieb geben und mit kaltem Wasser abschrecken.
6. Butter in einer großen Pfanne zerlassen. Beiseite gestellte Zwiebelwürfel darin andünsten. Schinkenspeckwürfel hinzufügen und kurz mit anbraten. Bohnen hinzugeben und erhitzen. Mit Salz, Pfeffer und Bohnenkraut abschmecken.
7. Brühe zum Bratensatz in die beiseite gestellte Pfanne gießen, Bratensatz loskochen. Mehl mit Wasser anrühren, in die Sauce rühren und unter Rühren kurz aufkochen lassen. Mit Salz und Pfeffer abschmecken.
8. Den Rollbraten aus dem Backofen nehmen und in Scheiben schneiden. Mit Kartoffeln, Sauce und Speckböhnchen servieren.

Tipp: Kartoffeln mit Schnittlauchröllchen oder gehackter Petersilie bestreut servieren.

Dauert länger

Tafelspitz mit Schnittlauchsauce
4 Portionen

Zubereitungszeit: 50 Minuten
Garzeit: etwa 2 Stunden

1 kg Tafelspitz (Rindfleisch aus der Hüfte)
2 dicke Möhren
1 Petersilienwurzel
100 g Knollensellerie
2 Zwiebeln
1 Stange Porree (Lauch)
4 Stängel Petersilie
1 Lorbeerblatt
1 EL Pfefferkörner
Salz

Für die Sauce:
1 Brötchen (Semmel vom Vortag)
3 hart gekochte Eier
1 rohes Eigelb (Größe M)
1 EL Kräuteressig
Salz
frisch gemahlener Pfeffer
125 ml (⅛ l) Speiseöl
1–2 EL Schnittlauchröllchen
Zucker
Zitronensaft

Pro Portion:
E: 62 g, F: 43 g, Kh: 12 g,
kJ: 2882, kcal: 689

Schweinerollbraten

Tafelspitz mit Schnittlauchsauce

1. Tafelspitz unter fließendem kalten Wasser abspülen und trocken tupfen.
2. Möhren, Petersilienwurzel und Sellerie putzen, schälen, waschen, abtropfen lassen und in Würfel schneiden. 1 Zwiebel abziehen und klein würfeln. Porree putzen, die Stange längs halbieren, gründlich waschen, abtropfen lassen und in dünne Scheiben schneiden. Petersilie abspülen und trocken tupfen.
3. Vorbereitete Gemüsewürfel mit Petersilie, Lorbeerblatt und Pfefferkörnern in einen Topf geben. So viel Wasser hinzugießen, dass das Gemüse bedeckt ist, mit Salz würzen. Die Zutaten zum Kochen bringen und etwa 10 Minuten bei schwacher Hitze garen.
4. Restliche Zwiebel abziehen, halbieren, mit der Schnittfläche auf eine heiße Herdplatte setzen oder in eine Pfanne legen, bräunen und in die Brühe geben.
5. Tafelspitz in die Gemüsebrühe geben und das Fleisch zugedeckt etwa 2 Stunden ziehen, aber nicht kochen lassen.
6. Für die Sauce von dem Brötchen die Kruste (Rinde) abschneiden. Das Brötchen in kaltem Wasser einweichen, gut ausdrücken und durch ein Sieb streichen.
7. Eier pellen, Eiweiß in Würfel schneiden und beiseitestellen. Eigelb durch ein Sieb streichen und mit dem rohen Eigelb verrühren. Mit Essig, Salz und Pfeffer würzen. Die Eigelbmasse mit einem Schneebesen gut durchschlagen, durchgestrichenes Brötchen unterarbeiten. Nach und nach Speiseöl unterschlagen. Schnittlauchröllchen unterrühren. Die Sauce mit Salz, Pfeffer, Zucker und Zitronensaft abschmecken.
8. Tafelspitz aus der Brühe nehmen, in Scheiben schneiden und mit dem Gemüse auf einer vorgewärmten Platte anrichten. Beiseite gestellte Eiweißwürfel darauf verteilen. Tafelspitz mit der Sauce servieren.

Zwiebelsteaks

Klassisch

Zwiebelsteaks mit Bratkartoffeln
2 Portionen

Zubereitungszeit: 30 Minuten
Bratzeit: Steaks etwa 8 Minuten
Bratzeit: Zwiebeln etwa 5 Minuten

350 g Gemüsezwiebeln
2 Schweinenackensteaks
(je etwa 180 g)
Salz
frisch gemahlener Pfeffer
Pul Biber (geschrotete Pfefferschoten)
5 EL Speiseöl, z. B. Rapsöl
500 g Bratkartoffeln mit Speck (aus dem Kühlregal)
2 Stängel Petersilie

Pro Portion:
E: 25 g, F: 33 g, Kh: 52 g,
kJ: 2527, kcal: 599

1. Zwiebeln abziehen, halbieren und in Scheiben schneiden. Steaks unter fließendem kalten Wasser abspülen, trocken tupfen, mit Salz, Pfeffer und Pul Biber würzen.
2. Etwa 2 Esslöffel des Speiseöls in einer Pfanne erhitzen. Die Steaks darin von jeder Seite etwa 4 Minuten braten. Die Steaks aus der Pfanne nehmen und zugedeckt warm stellen.
3. Restliches Speiseöl in der Pfanne erhitzen, Zwiebelscheiben darin unter gelegentlichem Rühren etwa 5 Minuten braten. Die Zwiebeln nach Belieben mit Salz, Pfeffer und Pul Biber würzen.
4. In einer zweiten Pfanne die Bratkartoffeln nach Packungsanleitung zubereiten. Petersilie abspülen und trocken tupfen. Die Blättchen von den Stängeln zupfen. Blättchen klein schneiden.
5. Die Steaks mit Zwiebeln und Bratkartoffeln auf 2 Tellern anrichten. Mit Petersilie bestreut servieren.

Raffiniert – mit Alkohol

Doppeltes Rumpsteak
4 Portionen

Zubereitungszeit: 70 Minuten
Garzeit: etwa 30 Minuten

2 doppelte Rumpsteaks
(je etwa 400 g)
Salz
frisch gemahlener Pfeffer
1 gestr. TL Kräuter der Provence
3 EL Speiseöl, z. B. Rapsöl

600 g mehligkochende Kartoffeln
400 g Petersilienwurzeln
1 gestr. TL Salz
150 ml heiße Milch
30 g Butter
frisch geriebene Muskatnuss

60 ml Weinbrand

Pro Portion:
E: 50 g, F: 24 g, Kh: 24 g,
kJ: 2314, kcal: 552

1. Den Backofen bei Ober-/Unterhitze auf 80 °C vorheizen. Einen großen feuerfesten Teller oder eine Auflaufform mit flachem Rand auf dem Rost (mittlere Schiene) miterwärmen.
2. Steaks unter fließendem kalten Wasser abspülen, trocken tupfen, eventuell entsehnen und das Fett abschneiden. Steaks mit Salz, Pfeffer und Kräutern der Provence würzen.
3. Speiseöl in einer Pfanne erhitzen. Die Steaks darin von allen Seiten etwa 10 Minuten gut anbraten, herausnehmen und auf den vorgewärmten Teller oder in die Auflaufform legen. Den Teller oder die Form auf dem Rost in den Backofen schieben. Die Steaks etwa 30 Minuten garen. Die Pfanne mit dem Bratensatz beiseitestellen.
4. In der Zwischenzeit Kartoffeln und Petersilienwurzeln waschen, schälen, abspülen, abtropfen lassen und in Stücke schneiden. Kartoffel- und Petersilienwurzelstücke in einem Topf mit Wasser bedeckt zum Kochen bringen, Salz hinzufügen. Die Gemüsestücke zugedeckt etwa 20 Minuten garen.
5. Gemüsestücke abgießen. Milch und Butter hinzufügen, mit einem Kartoffelstampfer zu einem Püree zerdrücken. Das Petersilienwurzel-Kartoffelpüree mit Salz und Muskat abschmecken.
6. Weinbrand in die beiseite gestellte Pfanne zum Bratensatz geben und loskochen. Ausgetretenen Bratensaft der Rumpsteaks hinzufügen. Die Sauce mit Salz und Pfeffer abschmecken.
7. Rumpsteaks aus dem Backofen nehmen und in dicke Scheiben schneiden. Mit Petersilienwurzel-Kartoffelpüree und der Sauce servieren.

Beilage: Gemischter Salat.

Tipp: Durch unterschiedliche Anbratzeiten können Sie den Gargrad der Rumpsteaks variieren.
Bei einer Anbratzeit von etwa 8 Minuten sind die Rumpsteaks „rare"(innen noch blutig), bei einer Anbratzeit von 10 Minuten sind sie „medium" (rosa) und bei einer Anbratzeit von 12 Minuten „well-done" (durchgebraten).

Doppeltes Rumpsteak

Für Gäste

Calzonebraten
6 Portionen

Zubereitungszeit: 35 Minuten
Garzeit: etwa 5 Stunden

1,4 kg Schweinefleisch (aus der Oberschale)
Salz
frisch gemahlener Pfeffer
50 g getrocknete Tomaten in Öl
etwa 10 kleine schwarze Oliven
(ohne Stein)
je 1 gelbe, rote und grüne Paprikaschote
3 mittelgroße Zwiebeln
2 Knoblauchzehen
1 Scheibe Toastbrot
4 EL Olivenöl
1 Pck. (25 g) TK-Kräuter-Mischung
Paprikapulver edelsüß
2 Dosen stückige Tomaten (je 400 g)
100 ml heiße Gemüsebrühe

Außerdem:
Rouladennadeln oder Küchengarn

Pro Portion:
E: 55 g, F: 16 g, Kh: 10 g,
kJ: 1697, kcal: 405

1. Schweinefleisch unter fließendem kalten Wasser abspülen und trocken tupfen. Das Fleisch der Länge nach waagerecht einschneiden, so dass es an einer Seite noch zusammenhält. Das Fleischstück auseinander klappen, flachklopfen, mit Salz und Pfeffer bestreuen.
2. Tomaten abtropfen lassen und in Streifen schneiden. Oliven halbieren oder vierteln. Paprikaschoten halbieren, entstielen, entkernen und die weißen Scheidewände entfernen. Die Schoten waschen, abtropfen lassen und in feine Streifen schneiden. Zwiebeln und Knoblauch abziehen. Zwiebeln halbieren und in Streifen schneiden. Knoblauch in kleine Würfel schneiden. Toastbrot entrinden und die Scheibe in kleine Würfel schneiden.

Calzonebraten

Asiatischer Schweinerollbraten

3. Den Backofen bei Ober-/Unterhitze auf 80 °C vorheizen. Die Hälfte des Olivenöls in einer großen Pfanne erhitzen. Paprika-, Zwiebelstreifen und Knoblauchwürfel darin andünsten. Brotwürfel, Kräuter, Tomatenstreifen und Olivenviertel hinzufügen. Mit Salz, Pfeffer und Paprika abschmecken.

4. Das Fleischstück mit einem Teil der Gemüse-Brot-Masse füllen. Die Öffnung mit Rouladennadeln gut feststecken oder mit Küchengarn zunähen.

5. Restliches Olivenöl in einem Bräter erhitzen. Das Fleischstück darin in etwa 10 Minuten von allen Seiten gut anbraten. Den Bräter auf dem Rost in den Backofen schieben. Das Fleisch etwa 5 Stunden garen.

6. Nach etwa 2 Stunden Garzeit die restliche Gemüse-Brot-Masse mit den Tomatenstücken und der Gemüsebrühe verrühren. Die Masse zum Fleisch in den Bräter geben. Den Bräter wieder in den Backofen schieben und das Fleisch fertig garen.

7. Den Calzonebraten aus dem Backofen nehmen, Rouladennadeln oder Küchengarn entfernen. Calzonebraten in Scheiben schneiden und mit der Gemüsemasse servieren.

Raffiniert – für Gäste

Asiatischer Schweinerollbraten
6 Portionen

Zubereitungszeit: 30 Minuten
Garzeit: etwa 5 Stunden

2 Zwiebeln
2 Knoblauchzehen
etwa 1,3 kg Schweinerollbraten (ausgelöster Schweinenacken, ohne Knochen)
Salz, frisch gemahlener Pfeffer
3 EL Speiseöl
1 EL Sesamöl
1 TL rote Currypaste (erhältlich im Asialaden)
300 ml Fleischbrühe
150 ml frisch gepresster Orangensaft
nach Belieben 100 ml Sweet Chickensauce

Nach Belieben:
1 EL Weizenmehl
1 EL kaltes Wasser
etwas Sojasauce

Pro Portion:
E: 43 g, F: 36 g, Kh: 4 g,
kJ: 2140, kcal: 512

1. Den Backofen bei Ober-/Unterhitze auf 80 °C vorheizen.

2. Zwiebeln und Knoblauch abziehen, in kleine Würfel oder Streifen schneiden. Rollbraten unter fließendem kalten Wasser abspülen und trocken tupfen. Mit Salz und Pfeffer würzen.

3. Speise- und Sesamöl in einem Bräter erhitzen. Den Rollbraten darin von allen Seiten etwa 10 Minuten gut anbraten. Zwiebel- und Knoblauchwürfel oder -streifen kurz mit anbraten, Currypaste unterrühren. Etwas von der Brühe hinzugießen, gut verrühren und aufkochen lassen.

4. Den Bräter auf dem Rost in den warmen Backofen schieben. Den Rollbraten etwa 5 Stunden garen.

5. Den Bräter aus dem Backofen nehmen. Restliche Brühe und Orangensaft hinzugießen, zum Kochen bringen. Chickensauce unterrühren.

6. Nach Belieben Mehl mit Wasser anrühren, in die Sauce rühren und unter Rühren kurz aufkochen lassen. Die Sauce mit Salz und Sojasauce abschmecken.

7. Den Rollbraten aus dem Bräter nehmen, in Scheiben schneiden und auf einer vorgewärmten Platte anrichten.

Buntes Reisfleisch

Raffiniert
Buntes Reisfleisch
4 Portionen

Zubereitungszeit: 65 Minuten
Garzeit: 30–40 Minuten

je 1 rote und grüne Paprikaschote (je etwa 175 g)
250 g Zwiebeln
500 g Schweinefleisch ohne Knochen, z. B. Schweinenacken
60 g durchwachsener Speck
2 EL Speiseöl, z. B. Sonnenblumenöl
2 EL Tomatenmark
1–2 TL Paprikapulver edelsüß
Salz, frisch gemahlener Pfeffer
1 Msp. Cayennepfeffer
1 TL gehackte Liebstöckelblätter
500 ml (1/2 l) Gemüsebrühe
250 g Langkornreis (parboiled)
500 g Tomaten
1 EL gehackte Basilikumblättchen

Pro Portion:
E: 35 g, F: 24 g, Kh: 60 g,
kJ: 2505, kcal: 598

1. Paprikaschoten halbieren, entstielen, entkernen und die weißen Scheidewände entfernen. Schoten waschen, abtropfen lassen und in Stücke schneiden. Zwiebeln abziehen und vierteln oder achteln.
2. Schweinefleisch unter fließendem kalten Wasser abspülen, trocken tupfen und in etwa 1 1/2 x 1 1/2 cm große Würfel schneiden. Speck klein würfeln.
3. Speiseöl in einer Pfanne erhitzen. Speckwürfel darin auslassen. Die Fleischwürfel hinzufügen und unter Wenden anbraten. Zwiebelviertel oder -achtel hinzugeben und mit andünsten.
4. Tomatenmark unterrühren. Mit Paprika, Salz, Pfeffer, Cayennepfeffer und Liebstöckel würzen. Die Hälfte der Gemüsebrühe hinzugießen und zum Kochen bringen. Fleisch und Zwiebeln zugedeckt bei schwacher Hitze 10–15 Minuten garen.
5. Paprikastücke und Reis zum vorgegarten Fleisch geben, restliche Gemüsebrühe hinzugießen, wieder zum Kochen bringen und zugedeckt weitere 15–20 Minuten garen.
6. In der Zwischenzeit Tomaten waschen, kreuzweise einschneiden und einige Sekunden in kochendes Wasser legen. Tomaten kurz in kaltes Wasser legen, enthäuten, halbieren, entkernen und die Stängelansätze herausschneiden. Tomaten vierteln.
7. Tomatenviertel unter das Reisfleisch heben und noch 3–5 Minuten mitgaren. Das Reisfleisch mit Salz und Cayennepfeffer abschmecken. Mit Basilikum bestreut servieren.

Raffiniert
Gefüllter Schweinerücken
10 Portionen

Zubereitungszeit: 70 Minuten
Garzeit: 90–100 Minuten

1,8 kg Schweinerücken (ohne Knochen, evtl. 2 Schweinerücken)
je 1 rote, gelbe und grüne Paprikaschote (etwa 600 g)
600 g Wurstbrät, roh (beim Metzger vorbestellen)
Salz, frisch gemahlener Pfeffer
100 ml Pflanzenöl

300 g Perlzwiebeln
800 g festkochende Kartoffeln
6 Möhren (etwa 400 g)
800 ml Fleischbrühe oder -fond

Außerdem:
Küchengarn

Pro Portion:
E: 41 g, F: 45 g, Kh: 15 g,
kJ: 2812, kcal: 672

1. Den Schweinerücken unter fließendem kalten Wasser abspülen und trocken tupfen. Schweinerücken mit einem scharfen Messer längs aufschneiden, aber nicht durchschneiden, so dass eine große Tasche entsteht. Den Backofen vorheizen.
2. Paprika halbieren, entstielen, entkernen und die weißen Scheidewände entfernen. Schoten waschen, abtropfen lassen und in kleine Würfel

schneiden. Wurstbrät mit den Paprikawürfeln vermengen.
3. Schweinerücken mit der Wurstbrät-Paprika-Mischung füllen. Mit Salz und Pfeffer würzen. Mit Küchengarn zusammenbinden.
4. Pflanzenöl in einem großen Bräter erhitzen. Den Schweinerücken von allen Seiten darin anbraten. Den Bräter auf dem Rost in den vorgeheizten Backofen schieben.
Ober-/Unterhitze: etwa 200 °C
Heißluft: etwa 180 °C
Garzeit: 90–100 Minuten.
5. Nach etwa 15 Minuten Garzeit den Schweinerücken mit etwas Wasser ablöschen. Den Schweinerücken mit dem entstandenen Fond etwa alle 10 Minuten begießen.
6. Perlzwiebeln abziehen, Kartoffeln waschen, schälen, abspülen, abtropfen lassen und in große Würfel schneiden. Möhren putzen, schälen, abspülen, abtropfen lassen und in Scheiben schneiden.
7. Perlzwiebeln, Kartoffelwürfel und Möhrenscheiben nach etwa 50 Minuten Garzeit zum Schweinerücken geben und mitgaren lassen. Brühe oder Fond nach und nach hinzugießen.
8. Den gegarten Schweinerücken herausnehmen, zugedeckt etwa 10 Minuten ruhen lassen, das Küchengarn entfernen. Schweinerücken in Scheiben schneiden.

Gut vorzubereiten

Hackbraten auf Kartoffelgratin
4 Portionen

Zubereitungszeit: 50 Minuten
Garzeit: etwa 1 Stunde

1 altbackenes Brötchen (Semmel vom Vortag)
1 Bund Petersilie
500 g Gehacktes (halb Schweine-, halb Rindfleisch)
1 Ei (Größe M)
Salz
½ TL mittelscharfer Senf
frisch gemahlener Pfeffer
frisch geriebene Muskatnuss
200 g Gouda-Käse

Butter für die Form

1 gehäufter TL Kräuter der Provence
1 kg mehligkochende Kartoffeln
125 ml (⅛ l) Milch oder Schlagsahne

einige Thymianzweige

Pro Portion:
E: 44 g, F: 44 g, Kh: 37 g,
kJ: 3061, kcal: 731

1. Brötchen in kaltem Wasser einweichen und gut ausdrücken. Petersilie abspülen und trocken tupfen. Die Blättchen von den Stängeln zupfen. Blättchen klein schneiden. Gehacktes in eine Schüssel geben. Ei, eingeweichtes Brötchen und Petersilie gut untermengen. Mit Salz, Senf, Pfeffer und Muskat kräftig würzen. Käse in dicke Streifen schneiden.
2. Den Fleischteig mit angefeuchteten Händen zu einem flachen, länglichen Laib formen. Die Käsestreifen in die Mitte des Fleischlaibes legen und mit dem Fleischteig umschließen. Den Fleischlaib in eine große Auflaufform (mit Butter gefettet) setzen. Kräuter der Provence daraufstreuen.
3. Kartoffeln waschen, schälen, abspülen und in dünne Scheiben hobeln. Mit Salz, Pfeffer und Muskat kräftig würzen.
4. Die Kartoffelscheiben um den Fleischlaib schichten. Milch oder Sahne hinzugießen. Die Form auf dem Rost in den vorgeheizten Backofen schieben.
Ober-/Unterhitze: 180–200 °C
Heißluft: 160–180 °C
Garzeit: etwa 1 Stunde.
5. Thymian abspülen und trocken tupfen. Den Hackbraten auf Kartoffelgratin mit Thymianzweigen garniert servieren.

Gefüllter Schweinerücken

Hackbraten auf Kartoffelgratin

Raffiniert

Filetsteak Mustard
4 Portionen

Zubereitungszeit: 25 Minuten, ohne Ruhezeit
Garzeit: etwa 6 Minuten

4 Rinderfiletsteaks (je etwa 150 g)
Salz
frisch gemahlener Pfeffer
2 Zwiebeln
2–4 EL englisches Senfpulver (Mustard)
2 Eier (Größe M)
2 TL frisch gehackte Petersilie
1 EL Crème fraîche
2 geh. EL (30 g) Weizenmehl

2 EL Butterschmalz

Pro Portion:
E: 39 g, F: 22 g, Kh: 13 g,
kJ: 1687, kcal: 403

1. Filetsteaks kurz unter fließendem kalten Wasser abspülen und trocken tupfen. Filetsteaks leicht flachdrücken. Mit Salz und Pfeffer bestreuen.
2. Zwiebeln abziehen und in kleine Würfel schneiden. Mit Senfpulver, Eiern, Petersilie, Crème fraîche und Mehl zu einer glatten Masse verrühren. Die Filetsteaks darin wenden.
3. Butterschmalz in einer Pfanne erhitzen. Die Filetsteaks hinzufügen und von jeder Seite etwa 3 Minuten goldgelb braten. Filetsteaks herausnehmen, auf eine Platte legen und zugedeckt im vorgeheizten Backofen bei Ober-/Unterhitze: etwa 80 °C 10 Minuten ruhen lassen.
4. Restliche Eier-Petersilien-Masse (Panade) in die Pfanne mit dem Bratensatz geben, goldgelb backen, herausnehmen und zu den Filetsteaks reichen.

Beilage: Pommes frites oder Röstkartoffeln und grüner Salat.

Klassisch – schnell – etwas teurer

Chateaubriand
4 Portionen

Zubereitungszeit: 20 Minuten
Bratzeit: etwa 14 Minuten

2 Rinderfiletstücke (je etwa 400 g)
40 g Butterschmalz
Salz
frisch gemahlener Pfeffer

Pro Portion:
E: 42 g, F: 11 g, Kh: 0 g,
kJ: 1114, kcal: 265

1. Filetstücke mit der flachen Hand von der Schnittseite her etwas breit drücken, so dass ein etwa 5 cm dickes Steak entsteht. Filetsteaks eventuell kurz unter fließendem kalten Wasser abspülen und trocken tupfen.
2. Butterschmalz in einer Pfanne erhitzen, Filetsteaks hineinlegen und

Filetsteak Mustard

Chateaubriand

bei mittlerer Hitze von jeder Seite etwa 7 Minuten braten. Dabei die Filetsteaks öfter wenden.

3. Die Filetsteaks etwa 4 Minuten warm stellen und ruhen lassen (entweder in Alufolie wickeln oder im Backofen bei Ober-/Unterhitze: etwa 75 °C). Die Filets mit Salz und Pfeffer würzen.

Beilage: Zuckerschoten, glasierte Möhren und Pilze.

Tipp: Chateaubriand mit Gemüse und Herzoginkartoffeln servieren.

Dauert länger – mit Alkohol

Kalbshaxe auf italienische Art
4 Portionen

Zubereitungszeit: 30 Minuten
Garzeit: etwa 2 Stunden

1 Kalbshaxe (1,5–2 kg)
Salz
frisch gemahlener Pfeffer
gemahlener Rosmarin
gerebelter Thymian
4 Tomaten
2 Zwiebeln
2 Knoblauchzehen
gerebeltes Basilikum
125 ml (1/8 l) Weißwein

Für die Sauce:
1–2 EL Weizenmehl
3–4 EL kaltes Wasser
2 EL Schlagsahne
Weißwein
1 Prise Zucker

Pro Portion:
E: 59 g, F: 19 g, Kh: 8 g,
kJ: 1958, kcal: 468

1. Den Backofen vorheizen. Kalbshaxe unter fließendem kalten Wasser abspülen und trocken tupfen. Mit Salz, Pfeffer, Rosmarin und Thymian würzen. Haxe in einen Bräter oder in eine feuerfeste Form mit Deckel legen.
2. Tomaten waschen, trocken tupfen, vierteln und die Stängelansätze entfernen. Zwiebeln und Knoblauch abziehen, vierteln.
3. Tomaten-, Zwiebel- und Knoblauchstücke um die Haxe legen. Mit Salz, Pfeffer und Basilikum bestreuen, Weißwein hinzugießen. Den Bräter oder die Form mit dem Deckel verschließen und auf dem Rost in den vorgeheizten Backofen schieben.
Ober-/Unterhitze: 180–200 °C
Heißluft: 160–180 °C
Garzeit: etwa 2 Stunden.
4. Verdampfte Flüssigkeit nach und nach durch Wasser ersetzen. Nach etwa 1 Stunde Garzeit den Deckel entfernen. Die Haxe während der Garzeit ab und zu wenden, damit sie gleichmäßig bräunt.
5. Die gare Haxe herausnehmen, vom Knochen lösen, in Scheiben schneiden, auf einer vorgewärmten Platte anrichten und warm stellen.
6. Für die Sauce den Bratensatz mit Wasser loskochen, durch ein Sieb streichen und in einen Topf geben. Eventuell mit Wasser auffüllen, zum Kochen bringen. Mehl mit Wasser anrühren, unter Rühren in die Flüssigkeit geben und zum Kochen bringen. Die Sauce unter mehrmaligem Rühren etwa 5 Minuten kochen lassen, Sahne unterrühren.
7. Die Sauce mit Salz, Pfeffer, Thymian, Wein und Zucker abschmecken. Die Haxe mit der Sauce servieren.

Beilage: Kartoffelbrei, Brokkoli.

Kalbshaxe auf italienische Art

Kalbshaxe bayerisch

Dauert länger

Kalbshaxe bayerisch
4 Portionen

Zubereitungszeit: 30 Minuten
Garzeit: 1 ½ Stunden

1 Kalbshaxe (etwa 1,2 kg)
Salz
frisch gemahlener Pfeffer
gemahlener Kümmel
5 EL Speiseöl
2 EL grobe Speckwürfel
200 g abgezogene Perlzwiebeln
400 ml Kalbsfond oder -brühe
1 EL Tomatenmark
frisch gemahlener, grober Pfeffer
geriebener Meerrettich
2 EL gehackte Petersilie
vorbereitete glatte Petersilie

Pro Portion:
E: 42 g, F: 26 g, Kh: 10 g,
kJ: 1865, kcal: 445

1. Kalbshaxe kalt abspülen, trocken tupfen und von den äußeren Sehnen befreien. Mit Salz, Pfeffer und Kümmel würzen. Backofen vorheizen.
2. Speiseöl in einem Bräter erhitzen. Die Haxe hinzufügen und von allen Seiten scharf anbraten. Den Bräter auf dem Rost in den vorgeheizten Backofen schieben.
Ober-/Unterhitze: 180–200 °C
Heißluft: 160–180 °C
Garzeit: etwa 1 ½ Stunden.
3. Nach etwa 30 Minuten Garzeit Speckwürfel und Perlzwiebeln hinzugeben und etwa 15 Minuten mitbraten lassen.
4. Mit Kalbsfond oder -brühe ablöschen, Tomatenmark hinzugeben und weitere 45 Minuten schmoren lassen.
5. Die Kalbshaxe aus dem Bräter nehmen und auf einer vorgewärmten Platte anrichten. Die Sauce mit Salz, Pfeffer und Meerrettich würzen. Petersilie hinzufügen. Die Kalbshaxe mit glatter Petersilie garnieren.

Klassisch

Kasseler mit Ananaskraut
4 Portionen

Zubereitungszeit: 15 Minuten, ohne Ruhezeit
Garzeit: etwa 30 Minuten

1 mittelgroße Zwiebel
3 EL Speiseöl
500 g Sauerkraut
1 Dose Ananasraspel (Abtropfgewicht 425 g)
1 Lorbeerblatt
125 ml (⅛ l) Wasser
800 g Kasseler-Kotelett (ohne Knochen)
1 mittelgroße Kartoffel
100 g blaue Weintrauben
Salz
Zucker

Pro Portion:
E: 38 g, F: 25 g, Kh: 33 g,
kJ: 2143, kca : 512

1. Zwiebel abziehen und in kleine Würfel schneiden. Speiseöl in einem Topf erhitzen. Zwiebelwürfel darin kurz andünsten. Sauerkraut mit einer Gabel locker zupfen, mit Ananasraspeln und -saft zu den Zwiebelwürfeln geben. Lorbeerblatt und Wasser hinzufügen.
2. Kasseler unter fließendem kalten Wasser abspülen, trocken tupfen und auf das Ananaskraut legen. Die Zutaten zum Kochen bringen und etwa 30 Minuten schmoren lassen.
3. Kasseler aus dem Topf nehmen und zugedeckt etwa 10 Minuten ruhen lassen.
4. Kartoffel waschen, schälen, abspülen, auf einer Haushaltsreibe fein reiben, unter das Ananaskraut rühren und etwa 10 M nuten mitgaren lassen.
5. Weintrauben waschen, trocken tupfen, entstielen, halbieren und entkernen. Ananaskraut mit Salz und Zucker abschmecken. Weintraubenhälften hinzufügen.

6. Kasseler in Scheiben schneiden und mit dem Ananaskraut anrichten.

Beilage: Kartoffelpüree.

Gut vorzubereiten – für Gäste

Kasseler mit Bohnenragout
4 Portionen

Zubereitungszeit: 60 Minuten
Garzeit: etwa 40 Minuten

1 kleine Zwiebel
500 g festkochende Kartoffeln
2 EL Speiseöl
400 g Kasselerfilet
100 g rote Bohnen, eingeweicht
100 g weiße Bohnen, eingeweicht
100 g dicke Bohnen, eingeweicht
1 l Gemüsebrühe
Salz
frisch gemahlener Pfeffer
1 Bund Bohnenkraut
1 Bund gehackte Petersilie

Pro Portion:
E: 39 g, F: 15 g, Kh: 45 g,
kJ: 1995, kcal: 476

1. Zwiebel abziehen und in kleine Würfel schneiden. Kartoffeln waschen, schälen, abspülen und ebenfalls klein würfeln.
2. Speiseöl in einem Bräter erhitzen, Kasselerfilet darin anbraten. Eingeweichte Bohnen, Zwiebel- und Kartoffelwürfel hinzufügen, kurz mitschmoren lassen. Brühe hinzugießen.
3. Bohnenkraut und Petersilie abspülen, trocken tupfen und hinzufügen. Die Zutaten zum Kochen bringen und zugedeckt etwa 40 Minuten schmoren lassen. Bohnenragout mit Salz und Pfeffer würzen.
4. Kasselerfilet in Scheiben schneiden und mit dem Bohneragout anrichten.

Beilage: Kräftiges Bauernbrot.

Kasseler mit Ananaskraut

Kasseler mit Bohnenragout

Für Gäste

Lammrückenfilet mit Artischocken-Bohnen-Gemüse
4 Portionen

Zubereitungszeit: 60 Minuten
Garzeit: etwa 40 Minuten

650 g Lammrückenfilet
Salz
frisch gemahlener Pfeffer
3 EL Speiseöl, z. B. Rapsöl

500 g grüne Bohnen
Wasser
1 gestr. TL Salz

4 Tomaten
1 Zwiebel
2 Knoblauchzehen
1 Dose Artischockenherzen (Abtropfgewicht 240 g)
2–3 EL Olivenöl
1–2 Rosmarinstängel
1–2 Thymianstängel

Pro Portion:
E: 41 g, F: 14 g, Kh: 8 g,
kJ: 1382, kcal: 329

1. Den Backofen bei Ober-/Unterhitze auf 80 °C vorheizen. Einen großen feuerfesten Teller oder eine Auflaufform mit flachem Rand auf dem Rost (mittlere Schiene) miterwärmen.
2. Lammrückenfilet unter fließendem kalten Wasser abspülen und trocken tupfen. Mit Salz und Pfeffer würzen.
3. Speiseöl in einer Pfanne erhitzen. Lammrückenfilet darin von allen Seiten in etwa 5 Minuten gut anbraten. Lammrückenfilet herausnehmen, auf dem vorgewärmten Teller oder in der Auflaufform in den Backofen schieben und etwa 40 Minuten garen. Pfanne mit dem Bratensatz beiseitestellen.
4. Von den Bohnen die Enden abschneiden, die Bohnen eventuell abfädeln, waschen, abtropfen lassen und in etwa 3 cm lange Stücke schneiden. Wasser mit Salz in einem Topf zum Kochen bringen. Bohnenstücke hinzufügen, zum Kochen bringen und etwa 10 Minuten kochen lassen. Bohnen in ein Sieb geben, mit eiskaltem Wasser abschrecken und abtropfen lassen.
5. Tomaten waschen, abtropfen lassen, kreuzweise einschneiden, kurz in kochendes Wasser legen und in kaltem Wasser abschrecken.

Tomaten enthäuten, halbieren und Stängelansätze herausschneiden. Tomaten in größere Würfel schneiden. Zwiebel und Knoblauch abziehen, klein würfeln. Artischockenherzen in einem Sieb abtropfen lassen und vierteln.
6. Beiseite gestellte Pfanne mit dem Bratensatz erhitzen, Olivenöl miterhitzen. Zwiebel- und Knoblauchwürfel darin andünsten. Tomatenwürfel und Bohnenstücke hinzufügen, zum Kochen bringen und etwa 5 Minuten schmoren lassen. Dann die Artischockenviertel unterrühren und miterwärmen.
7. Kräuterstängel abspülen und trocken tupfen. Die Nadeln bzw. Blättchen von den Stängeln zupfen. Das Gemüse mit Salz, Pfeffer, Rosmarin und Thymian abschmecken.

Für Gäste – gut vorzubereiten

Kasseler mit Kräuter-Pesto
6 Portionen

Zubereitungszeit: 20 Minuten
Garzeit: etwa 3 Stunden

1,25 kg Kasseler-Kotelettstrang (am Stück, ohne Knochen)
frisch gemahlener Pfeffer
2 EL Speiseöl, z. B. Olivenöl

Für das Pesto:
50 g Pinienkerne
60 g getrocknete Tomaten in Öl
1 Bund Petersilie
1 Topf Basilikum
1 Bund Schnittlauch
2 Knoblauchzehen
60 g Parmesan-Käse
100 ml Olivenöl
Salz
frisch gemahlener Pfeffer
Paprikapulver edelsüß

Pro Portion:
E: 42 g, F: 45 g, Kh: 4 g,
kJ: 2457, kcal: 586

Lammrückenfilet mit Artischocken-Bohnen-Gemüse

Kasseler mit Kräuter-Pesto

1. Den Backofen bei Ober-/Unterhitze auf 80 °C vorheizen. Einen großen feuerfesten Teller oder eine Auflaufform mit niedrigem Rand auf den Rost (mittlere Schiene) stellen und miterwärmen.
2. Kasseler unter fließendem kalten Wasser abspülen, trocken tupfen und mit Pfeffer bestreuen.
3. Speiseöl in einer Pfanne erhitzen. Das Fleisch darin von allen Seiten in etwa 8 Minuten gut anbraten, herausnehmen, auf dem vorgewärmten Teller oder in der Auflaufform in den Backofen schieben und etwa 3 Stunden garen.
4. Für das Pesto etwa 30 Minuten vor Ende der Garzeit Pinienkerne in einer Pfanne ohne Fett goldbraun rösten und etwas abkühlen lassen. Tomaten in einem Sieb abtropfen lassen und in kleine Würfel schneiden. Petersilie und Basilikum abspülen und trocken tupfen. Die Blättchen von den Stängeln zupfen (einige Basilikumblättchen zum Garnieren beiseitelegen). Blättchen grob hacken. Schnittlauch abspülen, trocken tupfen und in Röllchen schneiden. Knoblauch abziehen und in kleine Würfel schneiden. Käse auf einer Haushaltsreibe reiben.
5. Die vorbereiteten Zutaten in einen hohen Rührbecher geben. Olivenöl hinzufügen und mit einem Mixstab pürieren (eventuell in 2 Portionen). Pesto mit Salz, Pfeffer und Paprika abschmecken.
6. Das Kasseler aus dem Backofen nehmen und in Scheiben schneiden. Mit Pesto und den beiseite gelegten Basilikumblättchen garniert servieren.

Beilage: Baguette.

Tipp: Das Kasseler schmeckt auch kalt sehr gut. Sie können das Fleisch bereits am Vortag zubereiten und kalt mit dem Pesto servieren.

Rinderfilet „Lukullus"

Raffiniert – gut vorzubereiten

Rinderfilet „Lukullus"
2 Portionen

Zubereitungszeit: 15 Minuten
Garzeit: etwa 16 Minuten

2 Rinderfiletsteaks (je etwa 180 g)
Salz
gerebelter Majoran
grob gemahlener Pfeffer
1 TL Tomatenmark

evtl. gehackte, frische Petersilie

Außerdem:
Alufolie

Pro Portion:
E: 38 g, F: 7 g, Kh: 1 g,
kJ: 928, kcal: 221

1. Den Backofen vorheizen. Rinderfiletsteaks evtl. kurz unter fließendem kalten Wasser abspülen und trocken tupfen. Filetsteaks mit Salz, Majoran und Pfeffer einreiben, mit Tomatenmark bestreichen.
2. Die Filetsteaks in Alufolie wickeln und auf ein Backblech legen. Das Backblech in den vorgeheizten Backofen schieben.
Ober-/Unterhitze: etwa 240 °C
Heißluft: etwa 220 °C
Garzeit: etwa 16 Minuten.
3. Nach etwa 10 Minuten Garzeit die Alufolie öffnen. Die Filetsteaks nochmals etwa 6 Minuten bräunen lassen.
4. Die Filetsteaks vom Backblech nehmen, auf einem vorgewärmten Teller anrichten und in der Alufolie servieren. Nach Belieben mit Petersilie bestreuen.

Beilage: Röstkartoffeln.

Abwandlung: Nach Belieben frische Champignonscheiben und abgezogene, geviertelte Tomaten mitgaren lassen.

Rinderfilet mit Limettenbutter

Schweinebraten mit Rotkohl

Etwas teurer – für Gäste

Rinderfilet mit Limettenbutter und Pfifferlingen
4 Portionen

Zubereitungszeit: 40 Minuten, ohne Ruhezeit

400 g Rinderfilet
Salz
frisch gemahlener, weißer Pfeffer
85 g Butter

400 g Pfifferlinge
3 Schalotten

2 EL Limettensaft
35 g Butter

Pro Portion:
E: 44 g, F: 46 g, Kh: 4 g,
kJ: 2553, kcal: 609

1. Rinderfilet kalt abspülen und trocken tupfen. Das Filet enthäuten. Mit Salz und Pfeffer würzen.
2. Etwas Butter in einer Pfanne zerlassen. Das Rinderfilet darin rundherum anbraten, herausnehmen und auf einen Teller legen. Das Filet, so lange es noch warm ist, mit etwas von der Butter bestreichen und etwa 15 Minuten ruhen lassen.
3. Pfifferlinge putzen, mit Küchenpapier abreiben, eventuell kurz abspülen und trocken tupfen. Pfifferlinge halbieren oder vierteln. Schalotten abziehen und in kleine Würfel schneiden.
4. Etwas von der restlichen Butter in einer zweiten Pfanne zerlassen, Schalottenwürfel darin andünsten. Pfifferlinge mit Salz und Pfeffer würzen, in 2 Portionen mit etwas Butter zu den Schalottenwürfeln geben und unter mehrmaligem Wenden etwa 2 Minuten dünsten.
5. Das Rinderfilet in Scheiben schneiden, von beiden Seiten mit Salz und Pfeffer bestreuen. Restliche Butter in der gesäuberten Pfanne zerlassen. Die Medaillons von jeder Seite etwa 1½ Minuten braten, herausnehmen und auf 4 vorgewärmte Teller legen.
6. Limettensaft und Butter zum Bratensatz geben und kurz aufkochen lassen. Die Medaillons mit der Limettenbutter bestreichen.
7. Die Rindermedaillons mit den Pfifferlingen anrichten.

Beilage: Grüne Nudeln.

Für Gäste – klassisch

Schweinebraten mit Rotkohl
6 Portionen

Zubereitungszeit: 30 Minuten
Garzeit: etwa 5 Stunden

1,4 kg Schweinefleisch
(aus der Unterschale)
Salz
frisch gemahlener Pfeffer
4 Zwiebeln
150 g Knollensellerie
4 EL Speiseöl, z. B. Rapsöl oder Sonnenblumenöl
1 EL Tomatenmark
1 EL mittelscharfer Senf

1 Kopf Rotkohl (etwa 1,4 kg)
50 g Schweineschmalz
120 g gewürfelter, roher Schinken
75 ml Rotweinessig
500 ml (½ l) Fleischbrühe
8 Gewürznelken
3 Lorbeerblätter
¼ gestr. TL gemahlener Zimt
1 gestr. EL Zucker
2 Äpfel
120 g Johannisbeergelee

250 ml (¼ l) Fleischbrühe
100 g Schlagsahne

Pro Portion:
E: 58 g, F: 35 g, Kh: 28 g,
kJ: 2774, kcal: 664

1. Den Backofen bei Ober-/Unterhitze auf 80 °C vorheizen. Schweinefleisch unter fließendem kalten Wasser abspülen und trocken tupfen. Mit Salz und Pfeffer bestreuen.
2. Zwiebeln abziehen und in kleine Würfel schneiden. Sellerie schälen, abspülen, abtropfen lassen und ebenfalls klein würfeln. Speiseöl in einem großen, flachen Bräter erhitzen. Das Schweinefleisch darin etwa 10 Minuten von allen Seiten gut anbraten.
3. Etwa die Hälfte der Zwiebelwürfel und die Selleriewürfel hinzugeben, kurz mit anbraten. Tomatenmark und Senf unterrühren.
4. Den Bräter auf dem Rost (unteres Drittel) in den Backofen schieben. Das Fleisch etwa 5 Stunden garen.
5. Etwa 1 Stunde vor Ende der Garzeit vom Rotkohl die groben äußeren Blätter entfernen. Den Kohl vierteln und den Strunk herausschneiden. Kohlviertel waschen, abtropfen lassen und in feine Streifen schneiden.
6. Schweineschmalz in einem Topf zerlassen. Restliche Zwiebelwürfel und Schinkenwürfel darin anbraten. Essig und Brühe hinzugießen. Rotkohlstreifen, Nelken, Lorbeerblätter, Zimt, Zucker und Pfeffer hinzufügen. Die Zutaten zum Kochen bringen und zugedeckt etwa 40 Minuten köcheln lassen.
7. Äpfel schälen, halbieren, entkernen und in kleine Würfel schneiden. Apfelwürfel mit dem Johannisbeergelee unter den Rotkohl rühren, nochmals kurz aufkochen lassen. Rotkohl mit Salz und Pfeffer abschmecken.
8. Den Schweinebraten aus dem Backofen nehmen und warm stellen. Brühe in den Bratensatz rühren und zum Kochen bringen. Sahne unterrühren. Die Sauce pürieren, mit Salz und Pfeffer abschmecken. Schweinebraten in Scheiben schneiden, mit dem Rotkohl und der Sauce servieren.

Raffiniert

Schweinefilet, süß-sauer
4 Portionen

Zubereitungszeit: 25 Minuten
Garzeit: etwa 20 Minuten

500 g Schweinefilet
Salz
frisch gemahlener Pfeffer
20 g Butter

1 kleine Dose Ananasscheiben (Abtropfgewicht 175 g)
je 1 rote und grüne Paprikaschote (etwa 400 g)
2 Knoblauchzehen
1 Flasche klare asiatische süße Chilisauce (200 g)
3 EL asiatische Fischsauce

Außerdem:
1 Stück Bratfolie oder Bratschlauch

Pro Portion:
E: 32 g, F: 6 g, Kh: 24 g,
kJ: 1205, kcal: 288

1. Schweinefilet unter fließendem kalten Wasser abspülen und trocken tupfen. Schweinefilet in Scheiben (Medaillons) schneiden. Butter in einer Pfanne zerlassen. Die Medaillons darin von beiden Seiten kurz anbraten. Den Backofen vorheizen.
2. Ananasscheiben in einem Sieb abtropfen lassen und in je 6 Stücke schneiden. Paprikaschoten halbieren, entstielen, entkernen und die weißen Scheidewände entfernen. Die Schoten waschen, trocken tupfen und in kleine Würfel schneiden. Knoblauch abziehen und fein hacken.
3. Ananasstücke mit den Paprikawürfeln und Knoblauch in einer Schüssel mischen, Chili- und Fischsauce hinzugeben und unterrühren, mit Salz und Pfeffer würzen.
4. Die Ananas-Paprika-Mischung auf ein großes Stück Bratfolie oder in den Bratschlauch geben, Schweinemedaillons darauf verteilen. Die Bratfolie oder den Bratschlauch nach Packungsanleitung fest verschließen und auf ein Backblech legen. Das Backblech in den vorgeheizten Backofen schieben.
Ober-/Unterhitze: etwa 200 °C (unteres Drittel)
Heißluft: etwa 180 °C
Garzeit: etwa 20 Minuten.

Beilage: Schmale Bandnudeln, mit Sojasauce gewürzt.

Schweinefilet, süß-sauer

Einfach

Schweinefilet in Kräuter-Käse-Sauce
8–10 Portionen

Zubereitungszeit: 40 Minuten, ohne Marinierzeit
Garzeit: etwa 45 Minuten

4 Schweinefilets (je etwa 350 g)
4 schwach geh. EL Grillgewürz
5 EL Speiseöl
3 Gläser Champignonscheiben (Abtropfgewicht je 315 g)

Für die Kräuter-Käse-Sauce:
400 g Schlagsahne
200 ml Milch
1 Pck. (200 g) Kräuter-Schmelzkäse
etwas Worcestersauce
1 EL Dijon-Senf
frisch gemahlener Pfeffer
1 gestr. TL Currypulver
2 EL Weizenmehl
2 EL gemischte Kräuter, z. B. Schnittlauch, Petersilie

Pro Portion:
E: 29 g, F: 27 g, Kh: 5 g,
kJ: 1698, kcal: 406

1. Schweinefilet unter fließendem kalten Wasser abspülen und trocken tupfen, eventuell Fett und Sehnen entfernen. Filet dick mit Grillgewürz einreiben, in eine flache Schale legen und zugedeckt über Nacht durchziehen lassen.
2. Speiseöl in einer großen Pfanne erhitzen. Das Filet von allen Seiten darin anbraten, herausnehmen und 10 Minuten zugedeckt ruhen lassen. Den Backofen vorheizen.
3. Filet in etwa 3 cm dicke Scheiben schneiden und in eine große Auflaufform oder Fettfangschale legen.
4. Champignonscheiben in einem Sieb abtropfen lassen und auf den Filets verteilen.
5. Für die Sauce den Bratensaft mit Sahne und Milch verrühren. Schmelzkäse unterrühren. Mit Worcestersauce, Senf, Pfeffer und Curry würzen. Die Sauce unter Rühren zum Kochen bringen.
6. Mehl mit etwas Wasser anrühren, in die Sauce rühren und unter Rühren nochmals aufkochen lassen. Kräuter unterrühren.
7. Die Sauce auf dem Filet verteilen. Die Form auf dem Rost oder die Fettfangschale in den vorgeheizten Backofen schieben.

Ober-/Unterhitze: etwa 160 °C
Heißluft: etwa 140 °C
Garzeit: etwa 45 Minuten.

Schnell

Schweinefilet in Crème-fraîche-Sauce mit Selleriegemüse
4 Portionen

Zubereitungszeit: 60 Minuten
Garzeit: etwa 40 Minuten

800 g Schweinefilet
Salz
frisch gemahlener Pfeffer
3 EL Speiseöl, z. B. Rapsöl oder Sonnenblumenöl

750 g Staudensellerie
5 EL Wasser
1 gestr. TL Salz
½ gestr. TL Zucker
frisch geriebene Muskatnuss

1 Zwiebel
1 Becher (150 g) Crème fraîche
75 ml Gemüsebrühe

Schweinefilet in Kräuter-Käse-Sauce

Schweinefilet in Crème-fraîche-Sauce mit Selleriegemüse

Schweinerücken in Altbiersauce

Pro Portion:
E: 45 g, F: 23 g, Kh: 5 g,
kJ: 1715, kcal: 412

1. Den Backofen bei Ober-/Unterhitze auf 80 °C vorheizen. Einen großen feuerfesten Teller oder eine Auflaufform mit flachem Rand auf dem Rost (mittlere Schiene) miterwärmen.
2. Schweinefilet eventuell enthäuten. Schweinefilet unter fließendem kalten Wasser abspülen und trocken tupfen. Mit Salz und Pfeffer bestreuen.
3. Speiseöl in einer Pfanne erhitzen. Schweinefilet darin von allen Seiten etwa 6 Minuten gut anbraten. Schweinefilet herausnehmen, auf dem vorgewärmten Teller oder in der Auflaufform in den Backofen schieben und etwa 40 Minuten garen. Pfanne mit dem Bratensatz beiseitestellen.
4. In der Zwischenzeit Staudensellerie putzen und die harten Außenfäden abziehen. Sellerie waschen und abtropfen lassen. Etwas Selleriegrün abspülen, trocken tupfen und zum Garnieren beiseitelegen. Die Selleriestangen in etwa 2 cm lange Stücke schneiden.
5. Selleriestücke mit Wasser, Salz, Zucker und Muskat in einem Topf zum Kochen bringen, zugedeckt etwa 7 Minuten köcheln lassen.
6. Zwiebel abziehen und in kleine Würfel schneiden. Beiseite gestellte Pfanne mit dem Bratensatz erhitzen, Zwiebelwürfel darin anbraten. Crème fraîche und Brühe hinzufügen, unter Rühren aufkochen lassen. Die Sauce mit Salz und Pfeffer abschmecken.
7. Schweinefilet aus dem Backofen nehmen und in Scheiben schneiden. Den ausgetretenen Bratensaft in die Sauce rühren. Schweinefilet mit Crème-fraîche-Sauce, Selleriegemüse und beiseite gelegtem Selleriegrün garniert servieren.

Beilage: Bratkartoffeln.

Tipp: Die Sauce zusätzlich mit 4 Teelöffeln Senf, z. B. Dijon-Senf abschmecken.

Mit Alkohol

Schweinerücken in Altbiersauce
6 Portionen

Zubereitungszeit: 30 Minuten
Garzeit: etwa 80 Minuten

1,3 kg Kotelettstrang (mit Knochen, Knochen evtl. vom Metzger auslösen und klein hacken lassen)
Salz, frisch gemahlener Pfeffer
1 TL gemahlener Kümmel
3 Zwiebeln
1 Knoblauchzehe
4 Möhren
150 g Knollensellerie
250 ml (1/4 l) Altbier
250 ml (1/4 l) Malzbier
150 g kalte Butter

Pro Portion:
E: 37 g, F: 29 g, Kh: 6 g,
kJ: 1918, kcal: 458

1. Den Backofen vorheizen. Die Knochen vom Fleisch lösen und klein hacken. Fleisch unter fließendem kalten Wasser abspülen und trocken tupfen. Mit Salz, Pfeffer und Kümmel würzen. Fleisch in einen Bräter legen.
2. Zwiebeln und Knoblauch abziehen, in kleine Würfel schneiden. Möhren und Sellerie putzen, schälen, waschen, abtropfen lassen und in kleine Würfel oder Stücke schneiden. Das vorbereitete Gemüse und die Knochen zum Fleisch geben. Den Bräter auf dem Rost in den vorgeheizten Backofen schieben.
Ober-/Unterhitze: etwa 200 °C
Heißluft: etwa 180 °C
Garzeit: etwa 80 Minuten.
3. Während der Garzeit nach und nach beide Biersorten hinzufügen. Das Fleisch damit begießen.
4. Das gare Fleisch aus dem Bräter nehmen und warm stellen.
5. Für die Sauce den Bratenfond mit Knochen und Gemüse in ein Sieb geben, den Bratensaft dabei auffangen und wieder in den Bräter geben. Die Sauce eventuell etwas einkochen lassen.
6. Butter nach und nach in Stückchen unterschlagen, bis die Sauce sämig ist. Eventuell nochmals mit Salz und Pfeffer abschmecken.
7. Das Fleisch in Scheiben schneiden und mit der Sauce anrichten.

Raffiniert – mit Alkohol

Schweinerollbraten mit Backobst
4–6 Portionen

Zubereitungszeit: 30 Minuten
Garzeit: etwa 5 Stunden

1,2 kg Schweineschulter
Salz
frisch gemahlener Pfeffer
½ gest. TL Pul Biber
(geschrotete Pfefferschoten)
150 g Backobst
3 EL Speiseöl, z. B. Rapsöl

2 Zwiebeln
350 ml trockener Rotwein
350 ml Fleischbrühe
250 g Backobst

1 EL Speisestärke
1 EL kaltes Wasser

gemahlener Piment

Außerdem:
Küchengarn

Pro Portion:
E: 51 g, F: 27 g, Kh: 45 g,
kJ: 2847, kcal: 681

1. Den Backofen bei Ober-/Unterhitze auf 80 °C vorheizen. Einen großen feuerfesten Teller oder eine Auflaufform mit flachem Rand auf dem Rost (mittlere Schiene) miterwärmen.
2. Von der Schweineschulter Fett und Sehnen entfernen. Schweineschulter unter fließendem kalten Wasser abspülen, trocken tupfen und eventuell etwas flachklopfen. Mit Salz, Pfeffer und Pul Biber bestreuen.
3. Backobst in die Mitte des Fleischstückes legen. Das Fleisch von der breiten Seite her aufrollen und mit Küchengarn zusammenbinden.
4. Speiseöl in einer Pfanne erhitzen. Den Rollbraten darin von allen Seiten in etwa 12 Minuten gut anbraten.

Schweinerollbraten mit Backobst

Rindfleisch in Portwein

Dann den Rollbraten herausnehmen, auf dem vorgewärmten Teller oder in der Auflaufform in den Backofen schieben und etwa 5 Stunden garen. Pfanne mit dem Bratensatz beiseitestellen.
5. Etwa 25 Minuten vor Ende der Garzeit Zwiebeln abziehen, halbieren und in kleine Würfel schneiden. Beiseite gestellte Pfanne mit dem Bratensatz erhitzen, die Zwiebelwürfel darin anbraten. Rotwein und Brühe unter Rühren hinzugießen. Backobst ebenfalls in die Pfanne geben. Die Zutaten aufkochen lassen.
6. Speisestärke mit Wasser anrühren und in die Sauce rühren, unter Rühren kurz aufkochen lassen. Die Sauce mit Salz, Pfeffer, Pul Biber und Piment abschmecken.
7. Den Rollbraten aus dem Backofen nehmen. Den Bratensaft in die Sauce rühren. Den gefüllten Rollbraten in Scheiben schneiden und mit der Sauce servieren.

Beilage: Böhmische Knödel oder Kartoffelknödel halb und halb.

Für Gäste – mit Alkohol

Rindfleisch in Portwein
4 Portionen
(Römertopf® 4-Liter-Inhalt)

Zubereitungszeit: 20 Minuten
Garzeit: etwa 2 Stunden

250 g Zwiebeln
800 g Tafelspitz
Salz, frisch gemahlener Pfeffer
10 EL roter Portwein
200 g Wild-Preiselbeeren
(aus dem Glas)
2 Lorbeerblätter
gemahlener Piment
frisch geriebene Muskatnuss

1 Bio-Zitrone
(unbehandelt, ungewachst)

Pro Portion:
E: 43 g, F: 4 g, Kh: 30 g,
kJ: 1583, kcal: 379

1. Zwiebeln abziehen, halbieren und in Spalten schneiden. Fleisch unter fließendem kalten Wasser abspülen, trocken tupfen, von allen Seiten mit Salz und Pfeffer einreiben.

2. Acht Esslöffel des Portweins, 100 g von den Preiselbeeren, Zwiebelspalten und Lorbeerblätter in einen gewässerten Römertopf® (dabei die Herstelleranweisungen beachten) geben und vermengen. Das Fleisch darauflegen. Den Römertopf® mit dem Deckel verschließen und auf dem Rost in den kalten Backofen schieben.
Ober-/Unterhitze: etwa 220 °C
Heißluft: etwa 200 °C
Garzeit: etwa 2 Stunden.

3. Nach etwa 60 Minuten Garzeit das Fleisch umdrehen und im geschlossenem Römertopf® fertig garen.

4. Nach Beendigung der Garzeit das Fleisch aus dem Römertopf® nehmen und zugedeckt warm stellen.

5. Die restlichen Preiselbeeren unter den Bratensud rühren. Die Sauce mit Salz, Pfeffer, Piment, Muskat und dem restlichen Portwein abschmecken.

6. Zitrone heiß abwaschen und abtrocknen. Zitrone längs halbieren und in Scheiben schneiden. Das Fleisch in dünne Scheiben schneiden. Rindfleisch mit der Portweinsauce und Zitronenscheiben anrichten.

Raffiniert

Lammpilaw
4 Portionen

Zubereitungszeit: 90 Minuten
Garzeit: 45–50 Minuten

500 g Lammfleisch (aus Schulter oder Keule, ohne Knochen)
2 Zwiebeln
1 Knoblauchzehe
200 g Knollensellerie
je 1 rote und grüne Paprikaschote (je etwa 150 g)
3 EL Olivenöl
3 EL Tomatenmark
Salz
frisch gemahlener Pfeffer
getrockneter, geschnittener Rosmarin
gerebelter Thymian
Paprikapulver edelsüß

800 ml heiße Gemüsebrühe
250 g Tomaten
250 g Langkornreis
1 EL gehackte, glatte Petersilie

Pro Portion:
E: 32 g, F: 16 g, Kh: 56 g,
kJ: 2093, kcal: 500

1. Lammfleisch unter fließendem kalten Wasser abspülen, trocken tupfen und in etwa 2 x 2 cm große Würfel schneiden. Zwiebeln abziehen, halbieren und in Scheiben schneiden. Knoblauch abziehen. Knollensellerie schälen und schlechte Stellen herausschneiden. Sellerie waschen, abtropfen lassen und in Würfel schneiden. Paprikaschoten halbieren, entstielen, entkernen und die weißen Scheidewände entfernen. Die Schoten waschen, abtropfen lassen und in Streifen schneiden.

2. Olivenöl in einem Topf erhitzen, Fleischwürfel darin unter Wenden braun anbraten. Kurz bevor das Fleisch genügend gebräunt ist, Zwiebelscheiben, Selleriewürfel und Tomatenmark hinzufügen, kurz miterhitzen.

3. Knoblauch durch eine Knoblauchpresse drücken und unterrühren. Mit Salz, Pfeffer, Rosmarin, Thymian und Paprika würzen. Brühe hinzugießen und zum Kochen bringen. Das Fleisch zugedeckt etwa 30 Minuten bei mittlerer Hitze garen.

4. In der Zwischenzeit Tomaten waschen, abtropfen lassen, kreuzweise einschneiden und einige Sekunden in kochendes Wasser legen. Tomaten kurz in kaltes Wasser legen, enthäuten, halbieren, entkernen und die Stängelansätze entfernen. Tomaten in Stücke schneiden.

5. Paprikastreifen und Reis zu dem Fleisch geben, zugedeckt noch 15–20 Minuten garen. Zuletzt Tomatenwürfel unterrühren und kurz miterhitzen.

6. Lammpilaw nochmals mit Salz und Pfeffer abschmecken, mit Petersilie bestreut servieren.

Lammpilaw

Raffiniert

Lammkrone mit Tomaten-Bohnen-Gemüse
4 Portionen

Zubereitungszeit: 40 Minuten
Garzeit: etwa 60 Minuten

1 Lammkrone (etwa 1,2 kg, beim Metzger vorbestellen)
3 EL Speiseöl, z. B. Olivenöl
Salz
1–2 TL Pul Biber (geschrotete Pfefferschoten)
3 EL Speiseöl, z. B. Olivenöl

500 g grüne Bohnen
2 Zwiebeln
2 Knoblauchzehen
3 EL Speiseöl, z. B. Olivenöl

1 Dose passierte Tomaten (Einwaage 400 g)
frisch gemahlener Pfeffer
gerebelter Thymian
1 EL gehackte Petersilienblättchen

Außerdem:
Küchengarn

Pro Portion:
E: 40 g, F: 28 g, Kh: 29 g,
kJ: 2230, kcal: 532

1. Den Backofengrill auf etwa 240 °C vorheizen. Die Lammkrone unter fließendem kalten Wasser abspülen und trocken tupfen. Lammkrone mit Speiseöl bestreichen, mit Salz und Pul Biber würzen. Lammkrone mit Küchengarn zu einem Kreis zusammenbinden.
2. Speiseöl in einem flachen Bräter erhitzen. Lammkrone darin anbraten. Den Bräter auf dem Rost (unteres Drittel) in den Backofen schieben. Die Lammkrone 12–15 Minuten grillen.
3. Den Grill ausschalten. Backofen auf Ober-/Unterhitze etwa 80 °C einstellen. Dabei die Backofentür einen kleinen Spalt öffnen, bis der Backofen die 80 °C erreicht hat. Backofentür schließen. Die Lammkrone etwa 60 Minuten garen.
4. Von den Bohnen die Enden abschneiden. Bohnen eventuell abfädeln. Bohnen waschen, abtropfen lassen und in etwa 3 cm lange Stücke schneiden. Zwiebeln und Knoblauch abziehen, in kleine Würfel schneiden.
5. Speiseöl in einem Topf erhitzen. Zwiebel- und Knoblauchwürfel darin andünsten. Bohnenstücke hinzufügen und kurz mit andünsten. Passierte Tomaten unterheben, zum Kochen bringen und etwa 12 Minuten bei schwacher Hitze köcheln lassen. Gemüse mit Salz, Pfeffer und Thymian kräftig abschmecken.
6. Die Lammkrone aus dem Backofen nehmen, Küchengarn entfernen. Lammkrone auf einer vorgewärmten großen Platte mit dem Bohnen-Tomaten-Gemüse anrichten. Gemüse mit Petersilie bestreuen.

Beilage: Salzkartoffeln.

Lammkrone mit Tomaten-Bohnen-Gemüse

Einfach – klassisch

Lammkeule in Pergamentpapier
6 Portionen

Zubereitungszeit: 15 Minuten
Garzeit: etwa 2 ½ Stunden

1 Lammkeule (etwa 2 kg), mit Knochen
3 Knoblauchzehen
1 EL Kräuter der Provence
200 g Schafkäse

Außerdem:
1 großen Bogen Pergamentpapier
Küchengarn

Pro Portion:
E: 63 g, F: 19 g, Kh: 0 g,
kJ: 1782, kcal: 425

1. Lammkeule unter fließendem kalten Wasser abspülen und trocken tupfen. Das Lammfleisch mit einem Spieß, z. B. Schaschlikspieß oder mit einem spitzen Messer schräg einstechen. Knoblauch abziehen und

Lammkeule in Pergamentpapier

in Stifte schneiden. Das Lammfleisch damit spicken und mit Kräutern der Provence bestreuen.

2. Die Lammkeule auf ein großes Stück Pergamentpapier legen. Schafkäse in Scheiben schneiden und auf der Lammkeule verteilen. Das Pergamentpapier mehrmals um die Lammkeule wickeln und mit Küchengarn verschnüren.

3. Die eingewickelte Lammkeule in eine Fettfangschale legen. Die Fettfangschale in den vorgeheizten Backofen schieben.
Ober-/Unterhitze: etwa 200 °C
Heißluft: etwa 180 °C
Garzeit: etwa 2 1/2 Stunden.

4. Die Fettfangschale auf einen Rost stellen. Die Lammkeule etwa 10 Minuten ruhen lassen, dann aus dem Pergamentpapier herausnehmen und in Scheiben schneiden.

Tipp: In Pergamentpapier gewickelt bleibt das Fleisch sehr saftig. Schafkäse gibt dem Lammfleisch zusätzliche Würze. Den Sud nach Belieben mit Brühe auffüllen und etwas einkochen lassen, eventuell mit Speisestärke binden.

Etwas teurer

Lammrückenfilet über Minze gedämpft

(2 Portionen – Zubereitung im Bambusdämpfer Ø etwa 26 cm)

Zubereitungszeit: 30 Minuten
Dämpfzeit: etwa 25 Minuten

200 g Brechbohnen
200 g Stangenbohnen
2 Bio-Limetten (unbehandelt, ungewachst)
1 Topf Pfefferminze

etwa 350 g Lammrückenfilet
2 Knoblauchzehen
Salz
frisch gemahlener Pfeffer
1 EL Butter

Lammrückenfilet über Minze gedämpft

Pro Portion:
E: 40 g, F: 15 g, Kh: 11 g,
kJ: 1442, kcal: 344

1. Von den Bohnen die Enden abschneiden, eventuell abfädeln. Bohnen waschen, abtropfen lassen und schräg in 3–4 cm lange Stücke schneiden. Die Bohnen gleichmäßig verteilt in einen Dämpfeinsatz (dünn mit Speiseöl ausgestrichen) legen.

2. Limetten heiß abwaschen, abtrocknen und mit einem Sparschäler dünn schälen. Limettenschale klein schneiden. Minze abspülen und trocken tupfen. Von 5 Minzestängeln die Blättchen von den Stängeln zupfen. Blättchen klein schneiden.

3. Eine große Pfanne oder einen Wok etwa 3 cm hoch mit Wasser füllen. Restliche Minzestängel hinzufügen, das Wasser zum Kochen bringen. Den Dämpfeinsatz mit den Bohnen in die Pfanne oder den Wok stellen und mit einem Deckel verschließen. Bohnen etwa 15 Minuten dämpfen.

4. Lammrückenfilets unter fließendem kalten Wasser abspülen und trocken tupfen. Knoblauch abziehen, fein hacken oder durch eine Knoblauchpresse drücken. Knoblauch mit Limettenschale und klein geschnittener Minze mischen, mit Salz und Pfeffer würzen. Die Würzmischung in einen großen, flachen Teller geben. Die Lammrückenfilets darin wenden.

5. Die Lammrückenfilets in den zweiten Dämpfeinsatz (dünn mit Speiseöl ausgestrichen) legen. Den Einsatz vorsichtig auf den Dämpfeinsatz mit den Bohnen stellen und mit dem Deckel verschließen. Die Lammrückenfilets 8–10 Minuten dämpfen (je nach Dicke der Filets).

6. Butter in einem Topf zerlassen, die Bohnen darin schwenken, mit Salz und Pfeffer würzen. Lammrückenfilets in schräge Stücke schneiden. Bohnen auf einem vorgewärmten Teller verteilen. Die Filetstücke darauf anrichten und sofort servieren.

Lammschulter mit orientalischem Reis

Mit Alkohol

Lammschulter mit orientalischem Reis
4–6 Portionen

Zubereitungszeit: 30 Minuten
Garzeit: etwa 7 Stunden

1 Lammschulter (etwa 1,8 kg)
4 EL Speiseöl, z. B. Olivenöl
Salz
frisch gemahlener Pfeffer
1 EL gerebelter Thymian

2 Zwiebeln
2 Knoblauchzehen
400 ml Lammfond oder Fleischbrühe
100 ml trockener Wermut

1 Dose Kichererbsen (Abtropfgewicht 265 g)
600 ml Fleischbrühe
300 g Basmati-Reis
80 g Rosinen
80 g abgezogene Mandeln
1 Döschen (0,2 g) Safran
¼ gestr. TL gemahlener Kreuzkümmel (Cumin)
¼ gestr. TL Chilipulver

Für die Salatbeilage:
3 gelbe Paprikaschoten
½ Salatgurke
½ rote Zwiebel
einige küchenfertig vorbereitete Friséeblättchen

Pro Portion:
E: 72 g, F: 39 g, Kh: 77 g,
kJ: 4072, kcal: 973

1. Den Backofengrill auf etwa 240 °C vorheizen. Von der Schulter Fett und Sehnen entfernen. Die Lammschulter unter fließendem kalten Wasser abspülen, trocken tupfen, mit Speiseöl bestreichen, mit Salz, Pfeffer und Thymian würzen. Lammschulter auf ein Backblech legen. Das Backblech in den vorgeheizten Backofen schieben.
2. Die Lammschulter von jeder Seite 7–8 Minuten grillen. Dann den Grill ausschalten und den Backofen auf Ober-/Unterhitze 80 °C einstellen. Die Backofentür einen kleinen Spalt öffnen, bis der Backofen die 80 °C erreicht hat. Backofentür wieder schließen und die Lammschulter etwa 7 Stunden garen.
3. Nach etwa 2 Stunden Garzeit Zwiebeln und Knoblauch abziehen, in kleine Würfel schneiden. Die Lammschulter wenden, Zwiebel- und Knoblauchwürfel hinzugeben. Nach weiteren 2 Stunden Garzeit die Lammschulter wieder wenden. Lammfond und Wermut hinzugießen.
4. Etwa 45 Minuten vor Ende der Garzeit Kichererbsen in einem Sieb abtropfen lassen. Brühe in einem Topf zum Kochen bringen. Reis hinzufügen und zugedeckt bei schwacher Hitze etwa 20 Minuten quellen lassen. Nach etwa 10 Minuten Quellzeit Kichererbsen, Rosinen und Mandeln unterrühren. Den Reis mit Safran, Kreuzkümmel und Chilipulver würzen, warm stellen.
5. Für die Salatbeilage Paprika halbieren, entstielen, entkernen und die weißen Scheidewände entfernen. Schoten waschen und trocken tupfen. Gurke waschen, abtrocknen und in dünne Scheiben hobeln. Zwiebel abziehen und klein würfeln. Jede Paprikahälfte mit Gurkenscheiben und Zwiebelwürfeln füllen. Mit den Friséeblättern dekorativ auf den Tellern anrichten. Nach Belieben mit Salz und Pfeffer bestreuen.
6. Die Lammschulter aus dem Backofen nehmen. Das Fleisch vom Knochen lösen und in Scheiben schneiden. Lammschulter mit Reis, Bratenfond und der Salatbeilage servieren.

Etwas aufwändiger – mit Alkohol

Schmorbraten mit Tomaten
6 Portionen

Zubereitungszeit: 50 Minuten, ohne Abkühl- und Marinierzeit
Garzeit: etwa 2 1/2 Stunden

Für die Marinade:
3 Zwiebeln
2 Knoblauchzehen
1 Stück Knollensellerie
1 Möhre
4 EL Olivenöl
je 1 Stängel Thymian, Rosmarin, Majoran und Petersilie
375 ml (3/8 l) Rotwein

1 1/2 kg Rindfleisch
(aus der Keule)

3 Knoblauchzehen
Salz
frisch gemahlener Pfeffer
1 TL Thymianblättchen

3 EL Olivenöl
1 Stück (150 g) Knollensellerie
250 g Möhren
8 kleine Zwiebeln
500–750 g Tomaten

1 Prise Zucker

Pro Portion:
E: 52 g, F: 34 g, Kh: 12 g,
kJ: 2487, kcal: 592

1. Für die Marinade Zwiebeln und Knoblauch abziehen, in kleine Würfel schneiden. Sellerie und Möhre putzen, schälen, waschen, abtropfen lassen und ebenfalls in Würfel schneiden.
2. Olivenöl in einem Topf erhitzen. Zwiebel-, Knoblauch-, Sellerie- und Möhrenwürfel darin andünsten. Kräuterstängel abspülen, trocken tupfen und zu den Gemüsewürfeln geben. Rotwein hinzugießen, zum Kochen bringen und etwa 5 Minuten kochen lassen. Topf von der Kochstelle nehmen und die Marinade erkalten lassen.
3. Rindfleisch unter fließendem kalten Wasser abspülen, trocken tupfen, in eine flache Schale legen und mit der Marinade übergießen. Das Rindfleisch darin zugedeckt etwa 24 Stunden marinieren.
4. Das Rindfleisch aus der Marinade nehmen, Kräuterstängel entfernen. Marinade und Gemüse beiseitestellen. Den Backofen vorheizen.
5. Knoblauch abziehen und durch eine Knoblauchpresse drücken. Das Rindfleisch damit einreiben, mit Salz und Pfeffer bestreuen. Thymianblättchen darauf verteilen.
6. Olivenöl in einem Bräter erhitzen. Das Rindfleisch darin von allen Seiten anbraten. Sellerie und Möhren putzen, schälen, waschen, abtropfen lassen und in Würfel schneiden. Zwiebeln abziehen.
7. Die vorbereiteten Gemüsezutaten zum Rindfleisch geben und mit andünsten. Die Hälfte der beiseite gestellten Marinade und das beiseite gestellte Gemüse (aus der Marinade) hinzugeben. Den Topf mit dem Deckel verschließen und auf dem Rost in den vorgeheizten Backofen schieben.
Ober-/Unterhitze: etwa 220 °C
Heißluft: etwa 200 °C
Garzeit: etwa 2 1/2 Stunden (das Fleisch dabei ab und zu wenden).
8. Nach etwa 1 1/2 Stunden Schmorzeit nach und nach die restliche Marinade hinzufügen. Das Rindfleisch weitere 45 Minuten ohne Deckel weitergaren.
9. Tomaten waschen, kreuzweise einschneiden und einige Sekunden in kochendes Wasser legen. Tomaten kurz in kaltes Wasser legen, enthäuten, halbieren, entkernen und Stängelansätze entfernen. Tomaten in Würfel schneiden, zum Schmorbraten geben und 10–15 Minuten mitschmoren lassen.
10. Den Schmorbraten aus dem Bräter nehmen, kurz ruhen lassen und in Scheiben schneiden. Fleischscheiben auf einer vorgewärmten Platte anrichten. Die Gemüsesauce mit Salz, Pfeffer und Zucker abschmecken und getrennt dazureichen.

Schmorbraten mit Tomaten

Raffiniert

Schweinebraten mit roten Bohnen
4 Portionen
(Römertopf® 4-Liter-Inhalt)

Zubereitungszeit: 45 Minuten
Garzeit: 95–110 Minuten

1–1,2 kg Schweinenackenbraten (ohne Knochen)
Salz
frisch gemahlener Pfeffer
150 ml Gemüsebrühe
200 g Zwiebeln
200 g Möhren
500 g Kürbis (ergibt etwa 250 g Kürbisfleisch)
1 gelbe Paprikaschote
1 kleiner Topf Thymian (ersatzweise 2–3 TL gerebelter Thymian)
2 Dosen rote Bohnen (Abtropfgewicht je 250 g)
Paprikapulver rosenscharf
1–2 Lorbeerblätter

Pro Portion:
E: 47 g, F: 19 g, Kh: 19 g,
kJ: 1802, kcal: 431

1. Den Nackenbraten unter fließendem kalten Wasser abspülen und trocken tupfen. Mit Salz und Pfeffer einreiben. Den Nackenbraten in den gewässerten Römertopf® (dabei die Herstelleranweisungen beachten) geben und Brühe hinzugießen. Den Topf mit dem Deckel verschließen und auf dem Rost in den kalten Backofen schieben.
Ober-/Unterhitze: 200–220 °C
Heißluft: 180–200 °C
Garzeit: 95–110 Minuten.
2. In der Zwischenzeit Zwiebeln abziehen, zuerst in Scheiben schneiden, dann in Ringe teilen. Möhren putzen, schälen, waschen, abtropfen lassen und in Scheiben schneiden. Kürbis in schmale Spalten schneiden, entkernen und schälen. Kürbisspalten je nach Größe quer halbieren oder dritteln.
3. Paprikaschote vierteln, entstielen, entkernen und die weißen Scheidewände entfernen. Schotenviertel waschen, trocken tupfen und quer in Streifen schneiden. Thymianstängel abspülen und trocken tupfen. Die Bohnen in ein Sieb geben, mit kaltem Wasser abspülen und abtropfen lassen.
4. Das vorbereitete Gemüse mit den Bohnen mischen. Mit Salz, Pfeffer und Paprika würzen.
5. Nach etwa 50 Minuten Garzeit die Gemüse-Bohnen-Mischung, Lorbeerblätter und die Hälfte des Thymians in den Römertopf® geben. Zugedeckt 40–50 Minuten weitergaren. Dann den Deckel abnehmen und den Nackenbraten mit dem Gemüse weitere 5–10 Minuten garen.
6. Den Braten aus dem Römertopf® nehmen und warm stellen. Das Gemüse nach Belieben mit den Gewürzen abschmecken. Restliche Thymianstängel etwas kleiner zupfen. Den Nackenbraten in Scheiben schneiden und mit dem Gemüse anrichten. Mit Thymian garniert servieren.

Dauert länger

Senfbraten
4 Portionen

Zubereitungszeit: 25 Minuten
Garzeit: etwa 60 Minuten

1 kg Kotelettstück mit Filet vom Schwein (ohne Knochen)
Salz
frisch gemahlener Pfeffer

Für die Füllung:
2 Zwiebeln
1 Knoblauchzehe
2 EL scharfer Senf
2 EL französischer Gewürzsenf
2 Bund gemischte, gehackte Kräuter

Nach Belieben zum Garnieren:
vorbereitete Kerbelblättchen
Tomatenröschen

Außerdem:
1 Stück Bratfolie oder Bratschlauch
Küchengarn

Pro Portion:
E: 56 g, F: 14 g, Kh: 3 g,
kJ: 1514, kcal: 361

1. Kotelettstück unter fließendem kalten Wasser abspülen und trocken tupfen. Das Fleisch mit einem scharfen Messer längs tief einschneiden. Fleischstück mit Salz

Schweinebraten mit roten Bohnen

Senfbraten

Lammrückenfilet im Wirsingkleid

und Pfeffer einreiben. Den Backofen vorheizen.

2. Für die Füllung Zwiebeln abziehen und in kleine Würfel schneiden. Knoblauch abziehen und durch eine Knoblauchpresse drücken. Beide Sorten Senf mit den Kräutern, Zwiebelwürfeln und Knoblauch verrühren.

3. Gut zwei Drittel der Kräutermasse in die Fleischtasche füllen. Das Fleischstück rundherum mit der restlichen Kräutermasse bestreichen und mit Küchengarn umwickeln.

4. Das Fleischstück auf ein großes Stück Bratfolie oder in den Bratschlauch geben und auf ein Backblech legen. Die Bratfolie oder den Bratschlauch nach Packungsanleitung verschließen. Das Backblech in den vorgeheizten Backofen schieben.
Ober-/Unterhitze: etwa 200 °C
Heißluft: etwa 180 °C
Garzeit: etwa 60 Minuten.

5. Den Braten aus dem Backofen nehmen, kurze Zeit ruhen lassen, dann die Folie aufschneiden. Den Braten herausnehmen und erkalten lassen. Küchengarn entfernen.

6. Den Braten in Scheiben schneiden und auf einer Platte anrichten. Nach Belieben mit Kerbelblättchen und Tomatenröschen garnieren.

Tipp: Wenn der Braten warm serviert werden soll, dann aus dem Bratensatz eine Sauce zubereiten und dazureichen.

Raffiniert

Lammrückenfilet im Wirsingkleid
4 Portionen

Zubereitungszeit: 45 Minuten, ohne Abkühlzeit
Garzeit: etwa 20 Minuten

2 Lammrückenfilets
(je etwa 500 g)
50 g Pflanzenfett
1 Kopf Wirsing
300 g Bratwurstbrät
100 g gehackte Erdnusskerne
2 Schweinenetze (beim Metzger vorbestellen)

1 Becher (150 g) Crème fraîche
Salz
frisch gemahlener Pfeffer
1 Prise Zucker

Außerdem:
Küchengarn

Pro Portion:
E: 42 g, F: 68 g, Kh: 5 g,
kJ: 3318, kcal: 794

1. Lammrückenfilets unter fließendem kalten Wasser abspülen und trocken tupfen. Etwas von dem Pflanzenfett in einem Bräter erhitzen, Filets darin rundherum anbraten, herausnehmen und kalt stellen. Den Backofen vorheizen.

2. Von dem Wirsing die welken Blätter entfernen. Die grünen Blätter vorsichtig vom Strunk lösen. Wirsingblätter abspülen, in kochendem Salzwasser kurz blanchieren, mit eiskaltem Wasser abschrecken und abtropfen lassen.

3. Wirsingblätter auf einer Arbeitsfläche in doppelter Lage ausbreiten, Bratwurstbrät mit Erdnusskernen vermengen. Die Lammrückenfilets gleichmäßig mit der Masse bestreichen, auf die Wirsingblätter legen und fest aufrollen.

4. Schweinenetz um die Wirsingblätter wickeln und mit Küchengarn wie einen Rollbraten umwickeln. Restliches Pflanzenfett in dem Bräter erhitzten. Eingewickelte Lammrückenfilets darin von allen Seiten anbraten. Den Bräter auf dem Rost in den vorgeheizten Backofen schieben.
Ober-/Unterhitze: 180–200 °C
Heißluft: 160–180 °C
Garzeit: etwa 20 Minuten.

5. Die Rouladen aus dem Bräter nehmen und eine Zeit lang ruhen lassen. Rouladen in Scheiben schneiden.

6. Für die Sauce Crème fraîche in den Bratenfond rühren und etwas einkochen lassen. Die Sauce mit Salz, Pfeffer und Zucker abschmecken und zum Fleisch servieren.

Mit Alkohol – etwas teurer

Lammkeule mit Ratatouille und Rosmarinkartoffeln
6 Portionen

Zubereitungszeit: 30 Minuten
Garzeit: etwa 7 Stunden

etwa 2 kg Lammkeule
3–4 EL Speiseöl, z. B. Olivenöl
Salz
frisch gemahlener Pfeffer
2 EL Kräuter der Provence
3 Zwiebeln
3 Knoblauchzehen
100 ml trockener Wermut
400 ml Lammfond

1,2 kg kleine, festkochende Kartoffeln
6 EL Speiseöl, z. B. Olivenöl
1 gestr. TL Salz

600 g Zucchini
350 g Auberginen
750 g Tomaten
1 rote Paprikaschote
3–4 EL Speiseöl, z. B. Olivenöl
1 EL Tomatenmark
Kräuter der Provence
1 TL Rosmarinnadeln

Pro Portion:
E: 66 g, F: 35 g, Kh: 41 g,
kJ: 3214, kcal: 766

1. Den Backofengrill auf 240 °C vorheizen. Von der Lammkeule Fett und Sehnen entfernen. Lammkeule unter fließendem kalten Wasser abspülen, trocken tupfen, mit Speiseöl bestreichen, mit Salz, Pfeffer und Kräutern der Provence bestreuen. Die Lammkeule auf ein Backblech legen.
2. Das Backblech in den Backofen (unteres Drittel) schieben. Die Lammkeule etwa 15 Minuten grillen, dabei die Keule einmal wenden. Dann den Grill ausschalten und den Backofen auf Ober-/Unterhitze 80 °C einstellen. Dabei die Backofentür einen kleinen Spalt öffnen, bis der Backofen die 80 °C erreicht hat. Dann die Backofentür wieder schließen.
3. Zwiebeln und Knoblauch abziehen, in kleine Würfel schneiden. Jeweils die Hälfte davon zur Lammkeule geben. Lammkeule etwa 7 Stunden garen. Nach 2 Stunden Garzeit die Lammkeule wenden und den Wermut hinzugießen. Nach weiteren 2 Stunden Garzeit die Keule wieder wenden und den Lammfond hinzugießen.
4. Etwa 1 Stunde vor Ende der Garzeit Kartoffeln gründlich waschen und abtropfen lassen. Speiseöl in einer großen Pfanne erhitzen. Die Kartoffeln hinzugeben und zugedeckt bei mittlerer Hitze etwa 40 Minuten garen. Salz und eventuell etwas Wasser hinzugeben. Die Kartoffeln während der Garzeit gelegentlich umrühren.
5. Zucchini, Auberginen und Tomaten waschen und trocken tupfen. Von den Zucchini und Auberginen die Enden abschneiden. Tomaten halbieren und die Stängelansätze herausschneiden. Paprikaschote halbieren, entstielen, entkernen und die weißen Scheidewände entfernen. Schote waschen und abtropfen lassen. Die vorbereiteten Gemüsezutaten in Würfel schneiden.
6. Speiseöl in einer großen Pfanne erhitzen. Zuerst die Zucchiniwürfel darin anbraten. Restliche Zwiebel- und Knoblauchwürfel, dann Auberginen-, Paprika- und Tomatenwürfel nach und nach hinzufügen und mitbraten. Tomatenmark unterrühren. Ratatouille etwa 20 Minuten schmoren lassen, mit Salz, Pfeffer und Kräutern der Provence abschmecken. Die Kartoffeln mit Salz und Rosmarinnadeln bestreuen.

Lammkeule mit Ratatouille und Rosmarinkartoffeln

Raffiniert

Lammkeule mit Minzsauce
6 Portionen

Lammkeule mit Minzsauce

Zubereitungszeit: 45 Minuten, ohne Abkühlzeit
Garzeit: etwa 6 Stunden

Für die Minzsauce:
500 ml (½ l) Wasser
1 gestr. TL Salz
1 EL Zucker
4 Beutel Pfefferminztee
250 ml (¼ l) Kräuteressig

1 Lammkeule (etwa 1,2 kg, ohne Knochen)
3 Knoblauchzehen
Salz
Chilipulver

3–4 EL Speiseöl, z. B. Olivenöl

1 kg grüne Bohnen
Wasser
2 gestr. TL Salz
2 Zwiebeln
50 g Butter
frisch gemahlener Pfeffer

1 EL Weizenmehl
2 EL kaltes Wasser

2 EL Minzeblättchen, in Streifen geschnitten

Außerdem:
Küchengarn

Pro Portion:
E: 44 g, F: 22 g, Kh: 11 g,
kJ: 1783, kcal: 425

1. Für die Minzsauce Wasser mit Salz und Zucker aufkochen. Pfefferminzteebeutel hinzufügen, den Tee nach Packungsanleitung ziehen lassen. Teebeutel herausnehmen. Essig unterrühren, etwas abkühlen lassen.
2. Den Backofen bei Ober-/Unterhitze auf 80 °C vorheizen. Von der Keule Fett und Sehnen entfernen. Keule unter fließendem kalten Wasser abspülen und trocken tupfen. Knoblauch abziehen, durch eine Knoblauchpresse drücken und mit ½ Teelöffel Salz vermengen. Die Lammkeule von innen damit einreiben. Keule mit Küchengarn zusammenbinden. Das Fleisch von außen mit Salz und Chili einreiben.
3. Speiseöl in einem großen, flachen Bräter erhitzen. Das Fleisch darin etwa 10 Minuten von allen Seiten gut anbraten. Minzsauce hinzugießen. Den Bräter auf dem Rost (unteres Drittel) in den Backofen schieben. Die Keule etwa 6 Stunden garen.
4. Etwa 40 Minuten vor Ende der Garzeit die Bohnen zubereiten. Dafür von den Bohnen die Enden abschneiden, die Bohnen eventuell abfädeln, waschen, abtropfen lassen und in etwa 3 cm lange Stücke schneiden oder brechen. Wasser mit Salz in einem Topf zum Kochen bringen. Die Bohnenstücke hinzufügen und etwa 10 Minuten kochen lassen. Bohnen in ein Sieb geben, mit kaltem Wasser abschrecken und abtropfen lassen.
5. Zwiebeln abziehen, halbieren und in Würfel schneiden. Butter in einer großen Pfanne zerlassen, Zwiebelwürfel darin andünsten. Bohnenstücke hinzufügen und kurz mitdünsten lassen. Bohnen mit Salz und Pfeffer abschmecken.
6. Die Lammkeule aus dem Backofen nehmen und warm stellen. Den Bratensud zum Kochen bringen. Mehl mit Wasser anrühren, in den Sud rühren und unter Rühren kurz aufkochen lassen. Die Sauce mit Salz und Pfeffer abschmecken. Minzestreifen unterrühren.
7. Die Lammkeule in Scheiben schneiden, mit der Minzsauce und den Bohnen servieren.

Beilage: Kartoffeln oder Safranreis mit Chilipulver gewürzt.

Raffiniert

Krustenbraten mit dicken Bohnen
4–6 Portionen

Zubereitungszeit: 15 Minuten
Garzeit: etwa 5 Stunden

1,6 kg gepökelter Schweinekrustenbraten
frisch gemahlener Pfeffer
1–2 TL Gyros-Gewürzmischung
5 Zwiebeln
4 EL Speiseöl, z. B. Olivenöl

3 kg frische, dicke Bohnen
1 Topf Bohnenkraut
3 EL Speiseöl, z. B. Olivenöl
120 g gewürfelter roher Schinken
150 ml Wasser
150 g Schlagsahne
1 gestr. TL Salz

250 ml (1/4 l) Fleischbrühe
1 EL Weizenmehl
2 EL kaltes Wasser

Pro Portion:
E: 75 g, F: 47 g, Kh: 43 g,
kJ: 3747, kcal: 895

Krustenbraten mit dicken Bohnen

Kalbsmedaillons mit Spargel

1. Den Backofen bei Ober-/Unterhitze auf 80 °C vorheizen. Vom Krustenbraten Schwarte und Fett abschneiden. Das Fleisch unter fließendem kalten Wasser abspülen und trocken tupfen. Mit Pfeffer und Gewürzmischung bestreuen.
2. Zwiebeln abziehen und in kleine Würfel schneiden. Speiseöl in einem großen, flachen Bräter erhitzen. Das Fleisch darin etwa 10 Minuten von allen Seiten gut anbraten. Etwa zwei Drittel der Zwiebelwürfel hinzugeben und kurz mit anbraten.
3. Den Bräter auf dem Rost (unteres Drittel) in den Backofen schieben. Das Fleisch etwa 5 Stunden garen.
4. Etwa 1 Stunde vor Ende der Garzeit die Bohnenkerne aus den Hülsen palen. Bohnen kurz abspülen und abtropfen lassen. Bohnenkraut ebenfalls abspülen und trocken tupfen.
5. Speiseöl in einem Topf erhitzen. Restliche Zwiebel- und Schinkenwürfel darin anbraten. Bohnenkerne, Bohnenkraut, Wasser, Sahne und Salz hinzufügen. Die Zutaten zum Kochen bringen und zugedeckt etwa 20 Minuten köcheln lassen. Bohnenkraut entfernen. Bohnen mit Salz und Pfeffer abschmecken.
6. Das Fleisch aus dem Backofen nehmen und warm stellen. Brühe zum Bratenfond geben und zum Kochen bringen. Mehl mit Wasser anrühren, in die Sauce rühren und unter Rühren kurz aufkochen lassen. Mit Salz und Pfeffer würzen.
7. Den Krustenbraten in Scheiben schneiden, mit der Sauce und den dicken Bohnen servieren.

Beilage: Kartoffelbrei.

Tipp: Sie können auch 2 Gläser dicke Bohnen (Abtropfgewicht je 360 g) verwenden. Lassen Sie unter Punkt 5 die Bohnen etwa 20 Minuten vor Ende der Garzeit abtropfen. Geben Sie die Bohnen nur mit Sahne und Bohnenkraut zu den angebratenen Zwiebel- und Schinkenwürfeln. Lassen Sie die Bohnen etwa 5 Minuten bei schwacher Hitze köcheln.

Etwas teurer

Kalbsmedaillons mit Spargel
4 Portionen

Zubereitungszeit: 35 Minuten
Garzeit: Spargel etwa 12 Minuten
Bratzeit: Kalbsmedaillon 4–6 Minuten

1 kg weißer Stangenspargel
etwa 2 1/2 l Wasser, Salz
60 g zerlassene Butter

8 Kalbsmedaillons (je etwa 70 g)
Salz, frisch gemahlener Pfeffer

2 EL Speiseöl zum Braten

Pro Portion:
E: 32 g, F: 7 g, Kh: 4 g,
kJ: 858, kcal: 205

1. Den Spargel von oben nach unten schälen. Darauf achten, dass die Schalen vollständig entfernt, die Köpfe aber nicht verletzt werden. Die unteren holzigen Enden abschneiden. Spargelstangen waschen und abtropfen lassen.
2. Wasser in einem hohen Topf zum Kochen bringen. Salz, Butter und

Spargelstangen hinzufügen, zum Kochen bringen und etwa 12 Minuten garen. Den Topf von der Kochstelle nehmen. Die Spargelstangen in dem Sud ziehen lassen.

3. Kalbsmedaillons unter fließendem kalten Wasser abspülen und trocken tupfen. Mit Salz und Pfeffer würzen.

4. Speiseöl in einer Pfanne erhitzen. Die Kalbsmedaillons hinzufügen und von jeder Seite 2–3 Minuten braten. Kalbsmedaillons herausnehmen, auf einer vorgewärmten Platte mit dem Spargel anrichten.

Beilage: Schnittlauchsauce. Dafür 2 Bund Schnittlauch abspülen, trocken tupfen und in Röllchen schneiden. 40 g Butter in einer Pfanne zerlassen, Schnittlauchröllchen unterrühren. 200 ml Kalbsfond und 250 g Schlagsahne hinzugießen, zum Kochen bringen. Die Sauce zur Hälfte einkochen lassen, bis sie leicht cremig ist. Mit Salz und Pfeffer würzen.

Schnell – mit Alkohol

Kalbsragout mit Austernpilzen
4 Portionen

Zubereitungszeit: 35 Minuten

250 g kleine Austernpilze
1 Kalbsfilet (etwa 500 g)
2 EL Butterschmalz
Salz, frisch gemahlener Pfeffer
2–3 EL Weißwein
200 g Crème fraîche
2 Tomaten
125 g blanchierte Zuckerschoten

Pro Portion:
E: 29 g, F: 33 g, Kh: 7 g,
kJ: 2040, kcal: 488

1. Austernpilze putzen, mit Küchenpapier abreiben, eventuell kurz abspülen und trocken tupfen.

2. Kalbsfilet unter fließendem kaltem Wasser abspülen und trocken tupfen. Kalbsfilet zuerst in dünne Scheiben, dann in Streifen schneiden.

3. Butterschmalz in einer Pfanne erhitzen. Die Fleischstreifen darin portionsweise gut anbraten. Austernpilze hinzufügen, mit Salz und Pfeffer würzen, mit Wein ablöschen.

4. Crème fraîche unterrühren. Die Zutaten zum Kochen bringen und cremig einkochen lassen.

5. Tomaten waschen, kreuzweise einschneiden und einige Sekunden in kochendes Wasser legen. Tomaten kurz in kaltes Wasser legen, enthäuten, halbieren, entkernen und die Stängelansätze herausschneiden. Tomatenhälften in Würfel schneiden und mit den blanchierten Zuckerschoten in die Sauce geben. Ragout kurz erhitzen und sofort servieren.

Beilage: Basmatireis.

Kalbsragout mit Austernpilzen

Für Gäste

Kalbshaxe mit Semmelknödeln
4 Portionen

Zubereitungszeit: 25 Minuten
Garzeit: etwa 5 Stunden

1 Kalbshaxe (etwa 2 kg mit Knochen)
Salz, frisch gemahlener Pfeffer
1 TL gerebelter Thymian
4 EL Speiseöl, z. B. Olivenöl
1 TL Tomatenmark
8 küchenfertige Semmelknödel (im Kochbeutel)

Für die Salatbeilage:
2 gelbe Paprikaschoten
2 Tomaten
einige Blätter Lollo Bionda

Für die Salatsauce:
1 EL Weißweinessig, 2 EL Olivenöl

400 ml Kalbsfond
1 EL gehackte Petersilienblättchen

Pro Portion:
E: 76 g, F: 30 g, Kh: 53 g,
kJ: 3317, kcal: 791

1. Den Knochen der Kalbshaxe vom Metzger auslösen lassen. Das Fleisch entsehnen. Kalbshaxe kalt abspülen und trocken tupfen. Mit Salz, Pfeffer und Thymian bestreuen.
2. Den Backofen bei Ober-/Unterhitze auf 80 °C vorheizen. Speiseöl in einem großen, flachen Bräter erhitzen, Kalbshaxe hinzugeben und etwa 12 Minuten von allen Seiten gut anbraten. Den Bräter auf dem Rost in den Backofen (unteres Drittel) schieben und die Kalbshaxe etwa 5 Stunden garen.
3. Während der Garzeit die Kalbshaxe zweimal wenden. Nach etwa 3 Stunden Garzeit Tomatenmark in den Bratensatz einrühren und die Kalbshaxe fertig garen.
4. Etwa 40 Minuten vor Ende der Garzeit die Semmelknödel nach Packungsanleitung zubereiten.
5. Für die Salatbeilage Paprikaschoten halbieren, entstielen, entkernen und die weißen Scheidewände entfernen. Schoten waschen, trocken tupfen und in Würfel schneiden. Tomaten waschen, abtrocknen, halbieren und die Stängelansätze herausschneiden. Tomaten in Scheiben schneiden. Salatblätter waschen, trocken tupfen und in kleine Stücke zupfen.
6. Für die Salatsauce Essig mit Salz und Pfeffer verrühren, Olivenöl unterschlagen.
7. Die Kalbshaxe aus dem Backofen nehmen und warm stellen. Kalbsfond in den Bratensatz einrühren und zum Kochen bringen. Die Sauce etwas einkochen lassen. Salatbeilage mit der Salatsauce beträufeln und mit Petersilie bestreuen. Kalbshaxe in Scheiben schneiden, mit Semmelknödeln, Salat und Sauce servieren.

Für Gäste — einfach

Barbecuebraten
6 Portionen

Zubereitungszeit: 20 Minuten, ohne Ruhezeit
Garzeit: etwa 2 Stunden

1 Schweinerollbraten (etwa 800 g)
1 EL Grill-Barbecue-Gewürz
4 EL Speiseöl
je 1 rote und gelbe Paprikaschote
2 grüne Peperoni
1 Gemüsezwiebel
etwa 300 ml Fleischbrühe
1 Flasche (250 ml) Barbecuesauce

Kalbshaxe mit Semmelknödeln

Barbecuebraten

Cordon bleu

Pro Portion:
E: 28 g, F: 22 g, Kh: 15 g,
kJ: 1556, kcal: 371

1. Rollbraten unter fließendem kalten Wasser abspülen, trocken tupfen und mit dem Barbecue-Gewürz einreiben.
2. Speiseöl in einem Topf oder Bräter erhitzen. Den Rollbraten darin rundherum gut anbraten.
3. Paprikaschoten und Peperoni halbieren, entstielen, entkernen und die weißen Scheidewände entfernen. Die Schotenhälften waschen, trocken tupfen und in Streifen schneiden. Gemüsezwiebel abziehen, halbieren und ebenfalls in Streifen schneiden.
4. Paprika- und Peperonistreifen zum Rollbraten geben und andünsten. Fleischbrühe hinzugießen, zum Kochen bringen und zugedeckt etwa 1 3/4 Stunden garen.
5. Barbecuesauce unterrühren, zum Kochen bringen und noch etwa 10 Minuten kochen lassen. Den Rollbraten aus dem Topf (Bräter) nehmen und etwa 10 Minuten ruhen lassen. Den Rollbraten in Scheiben schneiden und mit der Sauce anrichten.

Beilage: Bandnudeln.

Etwas teurer

Cordon bleu
4 Portionen

Zubereitungszeit: 25 Minuten
Bratzeit: etwa 10 Minuten

8 Kalbsschnitzel (je etwa 75 g)
Salz
frisch gemahlener Pfeffer
4 Scheiben Käse (je etwa 40 g), z. B. Emmentaler-Käse
4 Scheiben gekochter Schinken (je etwa 50 g)
2 Eier
etwa 60 g Semmelbrösel
etwa 40 g Butterschmalz oder Margarine

Pro Portion:
E: 57 g, F: 28 g, Kh: 6 g,
kJ: 2117, kcal: 505

1. Kalbsschnitzel unter fließendem kalten Wasser abspülen, trocken tupfen und leicht klopfen. Mit Salz und Pfeffer bestreuen.
2. Vier Kalbsschnitzel mit je 1 Käse- und Schinkenscheibe belegen. Je ein weiteres Schnitzel darauflegen und gut zusammendrücken.
3. Eier in einem tiefen Teller verschlagen. Die gefüllten Schnitzel zunächst durch die Eiermasse ziehen, am Tellerrand abstreifen und anschließend in Semmelbröseln wenden. Panade andrücken.
4. Butterschmalz oder Margarine in einer Pfanne erhitzen. Die panierten Schnitzel darin von beiden Seiten bei mittlerer Hitze etwa 10 Minuten hellbraun braten, dabei gelegentlich vorsichtig wenden.

Beilage: Pommes frites oder Kroketten, Erbsen und Möhren, Blumenkohl oder Spargel.

Tipp: Die Käse- und Schinkenscheiben sollten knapp so groß sein wie die Fleischscheiben. Schütteln Sie die nicht fest haftenden Semmelbrösel vor dem Braten leicht von den Fleischstücken ab, da die Semmelbrösel sonst zu schnell bräunen und dadurch leicht bitter schmecken. Sie können das Fleisch mit einem Fleischklopfer oder Fleischbeil klopfen oder das Fleisch vom Metzger klopfen lassen.

Spanferkelkeule, geschmort

Dauert länger – mit Alkohol

Spanferkelkeule, geschmort
4 Portionen

Zubereitungszeit: 50 Minuten
Garzeit: etwa 90 Minuten

1 Spanferkelkeule (800–1000 g)
Salz, frisch gemahlener Pfeffer
3 EL Speiseöl
1 Möhre
1 Stück Knollensellerie
1 große Zwiebel
gerebelter Thymian
gerebelter Majoran
1 EL Tomatenmark
100 g entsteinte Backpflaumen
200 ml trockener Rotwein
200 ml Kalbsfond

Pro Portion:
E: 51 g, F: 32 g, Kh: 9 g,
kJ: 2501, kcal: 597

1. Spanferkelkeule unter fließendem kalten Wasser abspülen, trocken tupfen, mit Salz und Pfeffer bestreuen. Den Backofen vorheizen.
2. Speiseöl in einem Bräter erhitzen, die Keule darin von allen Seiten kräftig anbraten.
3. Möhre und Sellerie putzen, schälen und waschen. Zwiebel abziehen. Gemüse in grobe Würfel schneiden, zu der Spanferkelkeule geben und mit anrösten.
4. Thymian, Majoran und Tomatenmark hinzufügen, gut verrühren und mit Wasser ablöschen, so dass der Boden gerade bedeckt ist.
5. Den Bräter auf dem Rost in den vorgeheizten Backofen schieben.
Ober-/Unterhitze: etwa 200 °C
Heißluft: etwa 180 °C
Garzeit: etwa 90 Minuten.
6. Während der Garzeit die eingekochte Flüssigkeit nach und nach durch Wasser ersetzen. Nach der Hälfte der Garzeit Backpflaumen hinzugeben, Wein und Fond hinzugießen.
7. Nach Beendigung der Garzeit die Keule aus dem Bräter nehmen und warm stellen.
8. Den Fond mit den Backpflaumen und dem Gemüse pürieren, etwa um ein Drittel einkochen lassen. Die Sauce eventuell nochmals abschmecken und zu der Spanferkelkeule reichen.

Beilage: Geschmorter Wirsing oder Bohnen und Kümmelkartoffeln mit gehackter Petersilie bestreut.

Gut vorzubereiten

Hackfleisch-Gemüse-Pfanne
8–10 Portionen

Zubereitungszeit: 120 Minuten
Garzeit: 50–60 Minuten

Zum Vorbereiten:
1 kg Wirsing
800 g Steckrüben
500 g Möhren
2 Bund (etwa 500 g) Frühlingszwiebeln
1 Bund glatte Petersilie oder 1 Pck. TK-Petersilie

1,4 kg Gehacktes (halb Rind-/halb Schweinefleisch)
3 Eier (Größe M)
Salz
frisch gemahlener Pfeffer
6 EL Pflanzenöl
800 ml Gemüsebrühe oder -fond

Pro Portion:
E: 28 g, F: 36 g, Kh: 8 g,
kJ: 2070, kcal: 494

1. Von dem Wirsing die groben äußeren Blätter lösen. Den Wirsing vierteln, den Strunk herausschneiden. Wirsing in Würfel schneiden, waschen und abtropfen lassen. Steckrübe schälen, vierteln, ebenfalls in Würfel schneiden, waschen und abtropfen lassen. Möhren putzen, schälen, waschen, abtropfen lassen und in Scheiben schneiden. Frühlingszwiebeln putzen, waschen, abtropfen lassen und in etwa 2 cm lange Stücke schneiden.

2. Steckrübenwürfel in kochendem Salzwasser etwa 5 Minuten blanchieren, mit kaltem Wasser übergießen und in einem Sieb abtropfen lassen. Den Backofen vorheizen.
3. Petersilie abspülen und trocken tupfen. Die Blättchen von den Stängeln zupfen und klein schneiden.
4. Hackfleisch in einer Rührschüssel mit den Eiern verkneten, mit Salz und Pfeffer würzen. Aus der Fleischmasse mit angefeuchteten Händen 60–70 kleine Bällchen formen.
5. Pflanzenöl in einem Bräter erhitzen. Hackfleischbällchen portionsweise darin anbraten. Das vorbereitete Gemüse hinzugeben und andünsten. Brühe oder -fond hinzugießen. Petersilie unterrühren. Mit Salz und Pfeffer würzen. Die Masse zugedeckt etwa 10 Minuten auf der Kochstelle kochen lassen. Anschließend den Bräter auf dem Rost in den vorgeheizten Backofen schieben.
Ober-/Unterhitze: etwa 220 °C
Heißluft: etwa 200 °C
Garzeit: 50–60 Minuten.
6. Die Hackfleisch-Gemüse-Pfanne sofort servieren.

Beilage: Fladenbrot

Raffiniert – mit Alkohol
Italienischer Hackbraten
4 Portionen

Zubereitungszeit: 70 Minuten, ohne Ruhezeit
Garzeit: etwa 50 Minuten

1 Brötchen (Semmel) vom Vortag
1 Zwiebel
2 Knoblauchzehen
600 g Gehacktes
(halb Rind-, halb Schweinefleisch)
2 Eier (Größe M)
2 EL Tomatenmark
Salz, frisch gemahlener Pfeffer
Paprikapulver edelsüß
getrockneter Oregano
1 Töpfchen Basilikum
200 g Schafkäse
8 Scheiben durchwachsener Speck (etwa 120 g)
125 ml (1/8 l) Rotwein

Pro Portion:
E: 47 g, F: 46 g, Kh: 9 g,
kJ: 2663, kcal: 636

1. Brötchen in kaltem Wasser einweichen und gut ausdrücken.
2. Zwiebel und Knoblauch abziehen, in kleine Würfel schneiden. Gehacktes in eine Schüssel geben. Eier, Tomatenmark, eingeweichtes Brötchen, Zwiebel- und Knoblauchwürfel hinzugeben. Die Zutaten gut vermengen. Mit Salz, Pfeffer, Paprika und Oregano würzen. Den Backofen vorheizen.
3. Basilikum abspülen und trocken tupfen. Die Blättchen von den Stängeln zupfen. Blättchen in feine Streifen schneiden. Schafkäse in kleine Würfel schneiden. Basilikum und Schafkäse unter den Fleischteig arbeiten. Den Fleischteig zu einem ovalen Laib formen. Speckscheiben darauflegen.
4. Den Fleischlaib in einen Bräter legen, Rotwein hinzugießen. Den Bräter auf dem Rost in den vorgeheizten Backofen schieben.
Ober-/Unterhitze: etwa 200 °C
Heißluft: etwa 180 °C
Garzeit: etwa 50 Minuten (während der Garzeit eventuell etwas Wasser hinzugießen).
5. Den garen Hackbraten aus dem Bräter nehmen und etwa 10 Minuten ruhen lassen. Hackbraten in Scheiben schneiden.

Hackfleisch-Gemüse-Pfanne

Italienischer Hackbraten

Gut vorzubereiten

Kalbsfilet mit Walnusssahne
4 Portionen

Zubereitungszeit: 40 Minuten, ohne Abkühlzeit
Garzeit: 15–20 Minuten

1 Kalbsfilet (etwa 600 g)
Salz
frisch gemahlener Pfeffer
1 EL Weizenmehl
1 verschlagenes Ei
100 g Walnusskerne
50 g Butterschmalz

Für die Walnusssahne:
1 kleine Knoblauchzehe
1 Becher (150 g) Crème fraîche
50 g Walnusskerne

Pro Portion:
E: 36 g, F: 49 g, Kh: 7 g,
kJ: 2527, kcal: 605

1. Kalbsfilet unter fließendem kalten Wasser abspülen, trocken tupfen, Haut und Sehnen entfernen. Kalbsfilet mit Salz und Pfeffer bestreuen, mit Mehl bestäuben. Das Kalbsfilet mit dem verschlagenen Ei bestreichen.
2. Walnusskerne fein hacken und in einen Teller geben. Das Kalbsfilet darin wenden, Panade etwas andrücken. Butterschmalz in einer Pfanne erhitzen. Das Kalbsfilet darin von allen Seiten anbraten. Filet vorsichtig mit zwei Gabeln oder einem Pfannenwender wenden. Das Kalbsfilet zugedeckt 15–20 Minuten garen.
3. Das Kalbsfilet aus der Pfanne nehmen, auf einen Teller legen und erkalten lassen. Kalbsfilet in Scheiben schneiden und auf einer Platte anrichten.
4. Für die Walnusssahne Knoblauch abziehen und durch eine Knoblauchpresse drücken. Crème fraîche mit Knoblauch verrühren, mit Salz und Pfeffer würzen. Walnusskerne in kleine Stücke hacken und unterrühren. Das Kalbsfilet mit der Sauce servieren.

Raffiniert

Kalbsfilet mit Gorgonzolaspinat
4 Portionen

Zubereitungszeit: 30 Minuten
Garzeit: etwa 60 Minuten

800 g Kalbsfilet
Salz
frisch gemahlener Pfeffer
3 EL Speiseöl, z. B. Rapsöl

900 g kleine, festkochende Kartoffeln
50 g Schweineschmalz
2 Pck. TK-Blattspinat mit Gorgonzola (je 300 g) oder
2 Pck. TK-Blattspinat und
100 g Gorgonzola
etwa 20 Cocktailtomaten

Pro Portion:
E: 50 g, F: 35 g, Kh: 39 g,
kJ: 2862, kcal: 679

1. Den Backofen bei Ober-/Unterhitze auf 80 °C vorheizen. Einen großen feuerfesten Teller oder eine Auflaufform mit flachem Rand auf dem Rost (mittlere Schiene) miterwärmen.
2. Kalbsfilet eventuell enthäuten. Kalbsfilet unter fließendem kalten Wasser abspülen und trocken tupfen. Mit Salz und Pfeffer bestreuen.
3. Speiseöl in einer Pfanne erhitzen. Das Kalbsfilet darin etwa 10 Minuten von allen Seiten gut anbraten. Kalbsfilet herausnehmen, auf dem vorgewärmten Teller oder in der Auflaufform in den Backofen schieben und etwa 60 Minuten garen. Die Pfanne mit dem Bratensatz beiseitestellen.
4. In der Zwischenzeit Kartoffeln waschen, schälen, abspülen, abtropfen lassen und in etwa 2 cm große Würfel schneiden. Beiseite gestellte Pfanne mit dem Bratensatz erhitzen. Schmalz darin zerlassen und Kartoffelwürfel hinzufügen.

Kalbsfilet mit Walnusssahne

Kalbsfilet mit Gorgonzolaspinat

Roastbeef mit Blattspinat

5. Kartoffeln mit Salz und Pfeffer würzen, zugedeckt etwa 30 Minuten garen. Eventuell etwas Wasser hinzugeben. Die Bratkartoffeln gelegentlich umrühren. Kurz vor Ende der Garzeit den Deckel abnehmen, damit die Kartoffeln schön braun werden.
6. Spinat nach Packungsanleitung zubereiten. Tomaten waschen, trocken tupfen, unter den Spinat heben und kurz miterwärmen.
7. Kalbsfilet aus dem Backofen nehmen und in Scheiben schneiden. Kalbsfiletscheiben mit Bratkartoffeln und Gorgonzolaspinat servieren.

Einfach – raffiniert

Roastbeef mit Blattspinat
6 Portionen

Zubereitungszeit: 20 Minuten
Garzeit: etwa 2 1/2 Stunden

1,2 kg Roastbeef
Salz
frisch gemahlener Pfeffer
4 EL Speiseöl, z. B. Olivenöl

1 kg Blattspinat
4 EL Speiseöl, z. B. Olivenöl
etwa 600 g TK-Rösti
2 Zwiebeln
3 Knoblauchzehen
40 g Butter
frisch geriebene Muskatnuss

Pro Portion:
E: 50 g, F: 33 g, Kh: 27 g,
kJ: 2539, kcal: 606

1. Den Backofen bei Ober-/Unterhitze auf 80 °C vorheizen. Roastbeef unter fließendem kalten Wasser abspülen und trocken tupfen. Mit Salz und Pfeffer würzen.
2. Speiseöl in einem flachen Bräter erhitzen. Roastbeef darin von allen Seiten etwa 10 Minuten gut anbraten. Den Bräter auf dem Rost (unteres Drittel) in den Backofen schieben. Das Roastbeef etwa 2 1/2 Stunden garen.
3. Etwa 20 Minuten vor Ende der Garzeit Spinat verlesen und die dicken Stiele entfernen. Spinat gründlich waschen, in ein Sieb geben und abtropfen lassen.
4. Speiseöl in einer Pfanne erhitzen. Rösti darin nach Packungsanleitung braten.
5. Zwiebeln und Knoblauch abziehen, in kleine Würfel schneiden. Butter in einem Topf zerlassen. Zwiebel- und Knoblauchwürfel darin unter Rühren andünsten.
6. Spinat hinzugeben, mit Salz, Pfeffer und Muskat würzen. Spinat zugedeckt bei schwacher Hitze etwa 5 Minuten garen.
7. Spinat vorsichtig umrühren, nochmals mit Salz und Pfeffer abschmecken.
8. Das Roastbeef aus dem Backofen nehmen und in Scheiben schneiden. Mit Spinat und Rösti servieren.

Für Gäste – raffiniert

Schweinebraten mit süß-saurer Sauce
6 Portionen

Zubereitungszeit: 20 Minuten
Garzeit: etwa 5 Stunden

1,4 kg Schweinefleisch
(aus der Oberschale)
Salz
½ gestr. TL Currypulver
½ gestr. TL Chilipulver
1 Msp. gemahlener Koriander
4 EL Speiseöl, z. B. Sonnenblumenöl

1 Glas saure Gurken
(Abtropfgewicht 185 g)
2 Zwiebeln
3 Knoblauchzehen
30 g frischer Ingwer
1 rote Paprikaschote
1 Bund Frühlingszwiebeln
150 g Sojasprossen
500 ml Asia-Sauce süß-sauer
1 Dose Ananasstücke
(Abtropfgewicht 340 g)

Pro Portion:
E: 53 g, F: 12 g, Kh: 44 g,
kJ: 2093, kcal: 498

1. Den Backofen bei Ober-/Unterhitze auf 80 °C vorheizen. Einen großen feuerfesten Teller oder eine Auflaufform mit flachem Rand auf dem Rost (unteres Drittel) miterwärmen.
2. Vom Schweinefleisch Fett und eventuell Sehnen entfernen. Schweinefleisch unter fließendem kalten Wasser abspülen und trocken tupfen. Mit Salz, Curry-, Chilipulver und Koriander bestreuen.
3. Speiseöl in einer Pfanne erhitzen. Das Schweinefleisch darin von allen Seiten etwa 10 Minuten gut anbraten. Fleisch herausnehmen und auf dem vorgewärmten Teller oder in der Auflaufform in den Backofen schieben. Schweinefleisch etwa 5 Stunden garen. Die Pfanne mit dem Bratensatz beiseitestellen.
4. Etwa 30 Minuten vor Ende der Garzeit Gurken in einem Sieb abtropfen lassen und in Würfel schneiden. Zwiebeln und Knoblauch abziehen, in kleine Würfel schneiden. Ingwer schälen und ebenfalls klein würfeln.
5. Paprikaschote halbieren, entstielen, entkernen und die weißen Scheidewände entfernen. Schote waschen, abtropfen lassen und in feine Streifen schneiden. Frühlingszwiebeln putzen, waschen, abtropfen lassen, zuerst in feine Scheiben schneiden, dann in Ringe teilen. Sojasprossen in ein Sieb geben, abspülen und gut abtropfen lassen.
6. Beiseite gestellte Pfanne mit dem Bratensatz erhitzen. Zwiebel-, Knoblauch- und Ingwerwürfel darin andünsten. Sojasprossen hinzufügen und kurz mitbraten lassen. Asia-Sauce unter Rühren hinzugießen. Gurkenwürfel, Paprikastreifen und Ananasstücke mit dem Saft hinzugeben. Die Sauce kurz aufkochen lassen. Frühlingszwiebelringe in die Sauce geben und miterwärmen.
7. Den Schweinebraten aus dem Backofen nehmen. Den ausgetretenen Bratensaft in die Sauce rühren. Schweinebraten in Scheiben schneiden und mit der Sauce servieren.

Schweinebraten mit süß-saurer Sauce

Kalbsbraten mit Gemüseallerlei

Für Gäste – etwas teurer

Kalbsbraten mit Gemüseallerlei
4–6 Portionen

Zubereitungszeit: 40 Minuten
Garzeit: etwa 4 Stunden

1,2 kg Kalbfleisch
(aus der Unterschale)
Salz
frisch gemahlener Pfeffer
1 TL gerebelter Thymian
4 EL Speiseöl, z. B. Olivenöl
2 EL gekörnter Senf,
z. B. Rôtisseur-Senf

5–6 Möhren
400 g weißer Spargel
5 EL Wasser
1/2 gestr. TL Salz
1 Prise Zucker
300 g TK-Erbsen

200 ml Kalbsfond
1 EL Crème fraîche

Pro Portion:
E: 57 g, F: 15 g, Kh: 14 g,
kJ: 1746, kcal: 417

1. Den Backofen bei Ober-/Unterhitze auf 80 °C vorheizen. Einen großen feuerfesten Teller oder eine Auflaufform mit flachem Rand auf dem Rost (mittlere Schiene) miterwärmen.
2. Vom Kalbfleisch Fett und Sehnen entfernen. Kalbfleisch unter fließendem kalten Wasser abspülen und trocken tupfen. Mit Salz, Pfeffer und Thymian würzen.
3. Speiseöl in einer Pfanne erhitzen. Kalbfleisch darin etwa 8 Minuten von allen Seiten gut anbraten. Kalbfleisch herausnehmen, mit Senf bestreichen und auf dem vorgewärmten Teller oder in der Auflaufform in den Backofen schieben und etwa 4 Stunden garen. Die Pfanne mit dem Bratensatz beiseitestellen.
4. Etwa 45 Minuten vor Ende der Garzeit Möhren putzen, schälen, waschen, abtropfen lassen und in etwa 1 cm breite Scheiben schneiden. Spargel von oben nach unten schälen. Darauf achten, dass die Schalen vollständig entfernt, die Köpfe aber nicht verletzt werden. Die unteren Enden abschneiden (holzige Stellen vollständig entfernen).
5. Spargelstangen in etwa 2 cm lange Stücke schneiden, waschen und abtropfen lassen. 5 Esslöffel Wasser in einem Topf zum Kochen bringen. Salz, Zucker, Möhrenscheiben und Spargelstücke hinzufügen, etwa 8 Minuten dünsten. Gefrorene Erbsen hinzufügen. Das Gemüse erneut zum Kochen bringen und weitere 3–4 Minuten dünsten.
6. Beiseite gestellte Pfanne mit dem Bratensatz erhitzen, Kalbsfond einrühren und kurz aufkochen lassen.
7. Kalbsbraten aus dem Backofen nehmen und warm stellen. Den ausgetretenen Bratensaft in die Sauce rühren, Crème fraîche unterrühren. Die Sauce mit Salz und Pfeffer abschmecken. Das Kalbfleisch in Scheiben schneiden, mit dem Gemüse und der Sauce anrichten.

Beilage: Petersilienkartoffeln.

Schinkenbraten „Hawaii"

Rumpsteaks mit gedünsteten Schalotten

Klassisch

Schinkenbraten „Hawaii"
8–10 Portionen

Zubereitungszeit: 60 Minuten
Garzeit: etwa 3 1/2 Stunden

1,6 kg Schweinefleisch (2 Schinkenbraten aus der Oberschale)
Salz, frisch gemahlener Pfeffer
4 EL Speiseöl
1 Dose Ananasscheiben (Abtropfgewicht 510 g)
200 ml Fleischbrühe
3 Dosen Sauerkraut (Einwaage je 800 g)
6 Gewürznelken
2 Lorbeerblätter

Pro Portion:
E: 29 g, F: 18 g, Kh: 8 g,
kJ: 1393, kcal: 333

1. Schweinefleisch unter fließendem kalten Wasser abspülen, trocken tupfen, mit Salz und Pfeffer würzen. Den Backofen vorheizen.
2. Speiseöl in einem großen Bräter erhitzen, die Schinkenbraten von allen Seiten darin anbraten (evtl. einzeln anbraten).
3. Ananasscheiben in einem Sieb abtropfen lassen, dabei den Saft auffangen. Ananasscheiben halbieren.
4. Jeden Schinkenbraten in gleichmäßigen Abständen (etwa 6 Einschnitte) mit einem scharfen Messer etwa 1 cm tief einschneiden. Ananashälften in die Einschnitte legen. Etwas von der Brühe hinzugießen. Den Bräter auf dem Rost in den vorgeheizten Backofen schieben.
Ober-/Unterhitze: etwa 140 °C
Heißluft: etwa 120 °C
Garzeit: etwa 3 1/2 Stunden.
5. Sauerkraut mit einer Gabel etwas auseinander zupfen. Die restlichen Ananashälften in Würfel schneiden. Nach etwa 2 Stunden Garzeit Sauerkraut, Ananaswürfel, Ananassaft, Nelken und Lorbeerblätter mit in den Bräter zum Schinkenbraten geben.
6. Nach etwa 3 Stunden Garzeit die Backofentemperatur auf Ober-/Unterhitze etwa 220 °C, Heißluft etwa 200 °C hochstellen und den Schinkenbraten in etwa 30 Minuten fertig garen.
7. Den Schinkenbraten herausnehmen, auf eine Platte legen und etwa 10 Minuten zugedeckt ruhen lassen.
8. Sauerkraut mit Salz und Pfeffer abschmecken. Schinkenbraten in Scheiben schneiden und mit dem Sauerkraut servieren.

Tipp: Falls kein großer Bräter vorhanden ist, können die Schinkenbraten auch in einer Fettfangschale zubereitet werden.

Mit Alkohol

Rumpsteaks mit gedünsteten Schalotten
4 Portionen

Zubereitungszeit: 40 Minuten
Bratzeit: etwa 6 Minuten

750 g Schalotten
40 g Butter
4 EL Weißwein
1 TL grüner Pfeffer, in Lake
Salz
frisch gemahlener Pfeffer

4 Rumpsteaks
2 EL Speiseöl
1 EL Butter

2 EL Weißwein

Pro Portion:
E: 48 g, F: 27 g, Kh: 6 g,
kJ: 1961, kcal: 468

1. Schalotten abziehen, große Schalotten halbieren. Butter in einer Pfanne zerlassen, Schalotten darin unter mehrmaligem Wenden andünsten. Wein und abgetropften, grünen Pfeffer hinzufügen. Mit Salz und Pfeffer würzen. Die Schalotten zugedeckt etwa 10 Minuten dünsten, dabei ab und zu umrühren.
2. Rumpsteaks kurz unter fließendem kalten Wasser abspülen und trocken tupfen. Die Sehnen an den Rändern etwas einschneiden.
3. Speiseöl und Butter in einer zweiten Pfanne erhitzen. Die Rumpsteaks hinzufügen und von jeder Seite etwa 3 Minuten braten, herausnehmen, mit Salz und Pfeffer bestreuen. Die Rumpsteaks auf einer vorgewärmten Platte anrichten.
4. Weißwein zum Bratensatz geben und unter Rühren loskochen. Den Weinsud auf den Rumpsteaks verteilen. Schalotten auf der Platte mit anrichten oder dazureichen.

Einfach

Räuberbraten mit Röstgemüse
4–6 Portionen

Zubereitungszeit: 15 Minuten
Garzeit: etwa 5 Stunden

1,4 kg magere Schweineschulter oder
Schweinefleisch aus der Keule
Salz
frisch gemahlener Pfeffer
1 EL Currypulver
2 Zwiebeln
4 EL Speiseöl, z. B. Rapsöl

500 g Möhren
600 g Kartoffeln
400 g Knollensellerie
1 Stange Porree (Lauch)
50 g Schweineschmalz

Pro Portion:
E: 53 g, F: 39 g, Kh: 22 g,
kJ: 2740, kcal: 656

1. Den Backofen bei Ober-/Unterhitze auf 80 °C vorheizen. Von der Schweineschulter das Fett abschneiden. Das Fleisch unter fließendem kalten Wasser abspülen und trocken tupfen. Mit Salz, Pfeffer und Curry würzen.
2. Zwiebeln abziehen, halbieren und in kleine Würfel schneiden. Speiseöl in einem großen flachen Bräter erhitzen. Das Fleisch darin etwa 10 Minuten von allen Seiten gut anbraten. Zwiebelwürfel hinzugeben und kurz mit anbraten.
3. Den Bräter auf dem Rost (unteres Drittel) in den Backofen schieben. Das Fleisch etwa 5 Stunden garen.
4. Etwa 2 Stunden vor Ende der Garzeit Möhren putzen, schälen, waschen und abtropfen lassen. Kartoffeln waschen, schälen, abspülen und abtropfen lassen. Sellerie schälen, abspülen und abtropfen lassen. Gemüse in etwa 1 cm große Würfel schneiden.
5. Porree putzen, die Stange längs halbieren. Porree gründlich waschen, abtropfen lassen und in etwa 1 cm breite Scheiben schneiden.
6. Schmalz in einer Pfanne zerlassen. Kartoffelwürfel darin unter Rühren etwa 5 Minuten anbraten. Dann Möhren- und Selleriewürfel hinzufügen und 5 Minuten mitbraten lassen. Porreestücke unterheben und kurz miterwärmen.
7. Das Röstgemüse mit Salz und Pfeffer abschmecken und in den Bräter zum Fleisch geben. Das Röstgemüse bis zum Ende der Garzeit mitgaren lassen.
8. Den Braten aus dem Backofen nehmen, in Scheiben schneiden und mit dem Röstgemüse servieren.

Räuberbraten mit Röstgemüse

Etwas Besonderes – mit Alkohol

Kalbsfilet in Senfsauce
4 Portionen

Zubereitungszeit: 30 Minuten
Garzeit: etwa 75 Minuten

1 Kalbsfilet (etwa 800 g)
Salz
frisch gemahlener Pfeffer
1 TL gerebelter Thymian
4 EL Olivenöl
3 Schalotten
75 ml trockener Wermut, z. B. Noilly Prat
150 g Schlagsahne
2 EL Senf, z. B. Dijon-Senf

1 Topf Estragon

Pro Portion:
E: 42 g, F: 29 g, Kh: 4 g,
kJ: 1944, kcal: 464

1. Den Backofen bei Ober-/Unterhitze auf 80 °C vorheizen. Eine Auflaufform mit flachem Rand auf dem Rost (mittlere Schiene) miterwärmen.
2. Kalbsfilet unter fließendem kalten Wasser abspülen, trocken tupfen, eventuell vorhandenes Fett und Sehnen abschneiden. Filet mit Salz, Pfeffer und Thymian bestreuen.
3. Olivenöl in einer Pfanne erhitzen. Das Filet hinzufügen und von allen Seiten etwa 8 Minuten gut anbraten.
4. Das Kalbsfilet herausnehmen und in die vorgewärmte Auflaufform legen. Die Form auf dem Rost in den Backofen schieben. Das Filet etwa 15 Minuten garen.
5. In der Zwischenzeit Schalotten abziehen und in Würfel schneiden. Schalottenwürfel in der Pfanne mit dem Bratensatz unter Rühren anbraten. Wermut, Sahne und Senf hinzugeben, unter Rühren kurz aufkochen lassen.
6. Die Sauce zum Kalbsfilet in die Auflaufform geben. Die Form wieder in den Backofen schieben und das Filet weitere etwa 60 Minuten garen.
7. Estragon abspülen und trocken tupfen. Die Blättchen von den Stängeln zupfen. Estragonblättchen klein schneiden und in die Senfsauce rühren.

Beilage: Nudeln.

Tipp: Statt Kalbsfilet können Sie auch Schweinefilet verwenden. Die Garzeit beträgt dann etwa 60 Minuten.

Kalbsfilet in Senfsauce

Für Kinder

Kräuterrouladen mit Möhren
4 Portionen

Zubereitungszeit: 30 Minuten
Garzeit: 10–15 Minuten

4 dünne Schweineschnitzel (je etwa 100 g)
Salz
frisch gemahlener Pfeffer
4 TL mittelscharfer Senf
1 Pck. TK-Gemischte Kräuter oder 2 EL frische, gemischte gehackte Kräuter
750 g Möhren
1 EL Speiseöl
300 ml Fleischbrühe (Instant)

2 1/2 l Wasser
2 1/2 gestr. TL Salz
250 g Nudeln, z. B. Tagliatelle (Bandnudeln)

1/2 Bund glatte Petersilie
1 leicht geh. EL Crème fraîche

Außerdem:
Holzstäbchen

Pro Portion:
E: 32 g, F: 9 g, Kh: 51 g,
kJ: 1749, kcal: 418

1. Schnitzel unter fließendem kalten Wasser abspülen, trocken tupfen, in einen Gefrierbeutel geben und flachklopfen. Schnitzel aus dem Gefrierbeutel nehmen. Schnitzel mit Salz und Pfeffer würzen, mit Senf bestreichen. Die Kräuter darauf verteilen. Schnitzel von der schmalen Seite her aufrollen und jeweils mit einem Holzstäbchen feststecken.
2. Möhren putzen, schälen, waschen, abtropfen lassen und in Scheiben schneiden.
3. Speiseöl in einer großen Pfanne erhitzen. Die Kräuterrouladen darin von allen Seiten anbraten. Möhrenscheiben und Brühe hinzugeben, mit

Salz und Pfeffer würzen. Rouladen zugedeckt bei mittlerer Hitze 10–15 Minuten garen.

4. Wasser in einem großen Topf mit geschlossenem Deckel zum Kochen bringen. Dann Salz und Nudeln zugeben. Die Nudeln im geöffneten Topf bei mittlerer Hitze nach Packungsanleitung kochen lassen, dabei zwischendurch 4–5-mal umrühren. Anschließend die Nudeln in ein Sieb geben, mit heißem Wasser abspülen und abtropfen lassen.

5. Petersilie abspülen und trocken tupfen. Die Blättchen von den Stängeln zupfen. Blättchen klein schneiden. Die Nudeln in eine Schüssel geben und mit Petersilie bestreuen. Nudeln warm stellen.

6. Kräuterrouladen aus der Pfanne nehmen, Holzstäbchen entfernen. Kräuterrouladen ebenfalls warm stellen. Crème fraîche unter die Möhrenscheiben rühren, nochmals mit Salz und Pfeffer abschmecken.

Pro Portion:
E: 46 g, F: 52 g, Kh: 43 g,
kJ: 3377, kcal: 807

1. Kartoffel-Wedges auf ein Backblech (mit Backpapier belegt) legen und nach Packungsanleitung zubereiten.

2. Lammfilet unter fließendem kalten Wasser abspülen, trocken tupfen und in etwa 4 cm breite Stücke schneiden.

3. Rosmarin abspülen und trocken tupfen. Von einem Rosmarinstängel die Nadeln abzupfen, Nadeln klein schneiden. Den zweiten Stängel in kleinere Stücke zupfen und zum Garnieren beiseitelegen.

4. Ei mit Parmesan-Käse und gehackten Rosmarinnadeln verschlagen. Die Lammfiletstücke mit Salz und Pfeffer würzen und durch die Käse-Ei-Masse ziehen.

5. Olivenöl in einer Pfanne erhitzen. Die Lammfiletstücke darin vorsichtig bei mittlerer Hitze von beiden Seiten 10–12 Minuten braten.

6. Austernpilze putzen und die dicken Stiele entfernen. Pilze mit Küchenpapier abreiben, eventuell abspülen und trocken tupfen. Tomaten abtropfen lassen und in feine Streifen schneiden. Frühlingszwiebeln putzen, waschen, abtropfen lassen und in etwa 1 cm lange Stücke schneiden. Knoblauch abziehen und fein hacken.

7. Olivenöl in einer Pfanne erhitzen, die Austernpilze darin unter mehrmaligem Wenden etwa 6 Minuten braten, Tomatenstreifen und Frühlingszwiebelstücke hinzufügen, kurz mitbraten lassen. Austernpilze mit Salz, Pfeffer und gehacktem Knoblauch würzen.

8. Die Piccata mit Pilzen und Kartoffel-Wedges servieren, mit beiseite gelegtem Rosmarin garnieren.

Raffiniert

Lamm-Piccata mit Austernpilzen
2 Portionen

Zubereitungszeit: 30 Minuten
Garzeit: Lammfiletstücke 10–12 Minuten
Garzeit: Austernpilze etwa 6 Minuten

300 g TK-Kartoffel-Wedges
300 g Lammfilet
2 Stängel Rosmarin
1 Ei (Größe M)
2 EL geriebener Parmesan-Käse
Salz
frisch gemahlener Pfeffer
4 EL Olivenöl
400 g Austernpilze
60 g getrocknete Tomaten, in Öl
4 Frühlingszwiebeln
1 Knoblauchzehe
4 EL Olivenöl

Kräuterrouladen mit Möhren

Lamm-Piccata mit Austernpilzen

Mit Alkohol – einfach

Kalbsmedaillons in Portweinsauce
4 Portionen

Zubereitungszeit: 25 Minuten
Garzeit: etwa 6 Minuten

600 g Kalbsfilet
Salz
frisch gemahlener Pfeffer
2 EL Weizenmehl
70 g Butter
100 ml Weißwein
50 ml Portwein
1 Becher (150 g) Crème fraîche

Pro Portion:
E: 31 g, F: 31 g, Kh: 6 g,
kJ: 1907, kcal: 457

1. Kalbsfilet von Fett und Sehnen befreien. Kalbsfilet unter fließendem kalten Wasser abspülen, trocken tupfen und in acht gleich große Stücke schneiden. Filetstücke mit Salz und Pfeffer würzen, in Mehl wenden.
2. Butter in einer Pfanne zerlassen. Medaillons darin von jeder Seite etwa 3 Minuten medium braten, herausnehmen und warm stellen.
3. Den Bratensatz mit Weißwein ablöschen, den Wein fast vollständig einkochen lassen.
4. Portwein und Crème fraîche hinzufügen und zum Kochen bringen. Die Sauce etwas einkochen lassen. Mit Salz und Pfeffer abschmecken.
5. Kalbsmedaillons auf Tellern anrichten und mit der Sauce servieren.

Tipp: Die Kalbsmedaillons nach Belieben mit glatter Petersilie und kleinen Tomaten- oder Paprikawürfeln garnieren. Anstelle von Kalbsfilet können Sie auch Rinderfilet verwenden. Dann keine Crème fraîche unterrühren.

Kalbsmedaillons in Portweinsauce

Dicke Rippe mit grünen Bohnen

Deftig

Dicke Rippe mit grünen Bohnen
4 Portionen

Zubereitungszeit: 20 Minuten
Garzeit: etwa 5 Stunden

etwa 1 kg dicke Rippe
Salz
frisch gemahlener Pfeffer
3 EL Speiseöl, z. B. Olivenöl

600 g grüne Bohnen
1 Stängel Bohnenkraut
Wasser
1 gestr. TL Salz

500 g Kartoffeln
Wasser
1 gestr. TL Salz

40 g Butterschmalz
50 ml Gemüsebrühe

Pro Portion:
E: 46 g, F: 34 g, Kh: 19 g,
kJ: 2356, kcal: 562

1. Den Backofen bei Ober-/Unterhitze auf 80 °C vorheizen. Von der dicken Rippe das Fett abschneiden. Dicke Rippe unter fließendem kalten Wasser abspülen, trocken tupfen, mit Salz und Pfeffer bestreuen.
2. Speiseöl in einem großen, flachen Bräter erhitzen. Dicke Rippe darin von allen Seiten in etwa 10 Minuten gut anbraten. Dann den Bräter auf dem Rost in den Backofen schieben und die Dicke Rippe etwa 5 Stunden garen.
3. Etwa 40 Minuten vor Ende der Garzeit von den Bohnen die Enden abschneiden. Die Bohnen eventuell abfädeln, waschen, abtropfen lassen und in etwa 3 cm lange Stücke schneiden. Bohnenkraut abspülen und abtropfen lassen.
4. Wasser mit Salz in einem Topf zum Kochen bringen. Bohnenstücke und Bohnenkraut hinzufügen, zum Kochen bringen und etwa 10 Minuten kochen lassen. Bohnen in ein Sieb geben, mit eiskaltem Wasser übergießen und abtropfen lassen.
5. Kartoffeln waschen, schälen, abspülen, abtropfen lassen und in Würfel schneiden. Kartoffelwürfel in einem Topf mit Salzwasser bedeckt zum Kochen bringen und etwa 15 Minuten kochen lassen. Kartoffelwürfel abgießen und warm stellen.
6. Butterschmalz in einer großen Pfanne zerlassen. Bohnenstücke und Kartoffelwürfel darin andünsten. Gemüsebrühe hinzugießen, zum Kochen bringen und etwa 5 Minuten dünsten lassen. Mit Salz und Pfeffer abschmecken.
7. Dicke Rippe aus dem Backofen nehmen. Das Fleisch vom Knochen lösen und in Scheiben schneiden. Mit Kartoffelwürfeln und Bohnengemüse servieren.

Tipp: Dicke Rippe mit einem Petersiliensträußchen garnieren.

Kapitel 06

Rezepte 501–600

Wild und Geflügel

Badischer Rehrücken

Mit Alkohol – klassisch

Badischer Rehrücken
4 Portionen

Zubereitungszeit: 40 Minuten
Garzeit: 35–50 Minuten

1 Rehrücken mit Knochen
(etwa 1,6 kg)
Salz
frisch gemahlener Pfeffer
75 g durchwachsener Speck in Scheiben
1 Zwiebel
50 g Knollensellerie
100 g Möhren
5 Wacholderbeeren
125 ml (1/8 l) trockener Rotwein oder Gemüsebrühe
2–3 Birnen, z. B. Williams Christ
200 ml lieblicher Weißwein
Saft von 1 Zitrone
200 ml trockener Rotwein
250 g Schlagsahne
180 g Preiselbeerkompott
evtl. dunkler Saucenbinder

Pro Portion:
E: 67 g, F: 31 g, Kh: 29 g,
kJ: 2925, kcal: 699

1. Den Backofen vorheizen. Rehrücken kalt abspülen, trocken tupfen und enthäuten. Rehrücken mit Salz und Pfeffer einreiben, in einen mit Wasser ausgespülten Bräter legen und mit Speckscheiben belegen.
2. Zwiebel abziehen und klein würfeln. Knollensellerie und Möhren putzen, schälen, waschen, abtropfen lassen und ebenfalls würfeln. Gemüsewürfel in den Bräter geben. Den Bräter ohne Deckel auf dem Rost in den vorgeheizten Backofen schieben.
Ober-/Unterhitze: etwa 200 °C
Heißluft: etwa 180 °C
Garzeit: 35–50 Minuten.
3. Sobald der Bratensatz bräunt, Wacholderbeeren und Rotwein oder Gemüsebrühe hinzugeben.
4. In der Zwischenzeit Birnen waschen, halbieren, entkernen (am besten mit Hilfe eines Kugelausstechers). Die Birnenhälften mit Weißwein und Zitronensaft in einem Topf zum Kochen bringen, zugedeckt etwa 10 Minuten bei mittlerer Hitze dünsten. Die Birnenhälften mit einer Schaumkelle aus dem Weinsud nehmen und erkalten lassen.
5. Das gare Fleisch aus dem Bräter nehmen und zugedeckt etwa

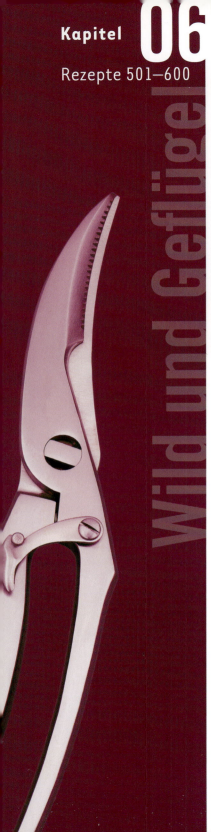

10 Minuten ruhen lassen. Den Bratensatz mit Rotwein loskochen, mit dem Gemüse durch ein Sieb streichen, zum Kochen bringen und die Sahne einrühren. 2 Esslöffel Preiselbeerkompott hinzugeben, wieder zum Kochen bringen und 3–5 Minuten sprudelnd kochen lassen. Eventuell ausgetretenen Fleischsaft von dem ruhenden Fleisch unterrühren. Die Sauce nach Belieben mit Saucenbinder binden und nochmals mit den Gewürzen abschmecken.

6. Speckscheiben entfernen. Das Fleisch vorsichtig von dem Knochengerüst lösen, in Scheiben schneiden, wieder auf das Knochengerüst legen und auf einer vorgewärmten Platte anrichten.

7. Die Birnenhälften mit dem restlichen Preiselbeerkompott füllen und um den Rehrücken legen. Die Sauce getrennt dazureichen.

Beilage: Spätzle und Rotkohl.

Mit Alkohol

Entenbrust in Wermutsauce
2 Portionen

Zubereitungszeit: 30 Minuten
Garzeit: etwa 15 Minuten

350 g mehligkochende Kartoffeln
Wasser
1 gestr. TL Salz

500 g grüner Spargel
250 ml (1/4 l) Wasser
1 gestr. TL Salz
1 Msp. Zucker
1 TL Butter

2 Entenbrüste (etwa 600 g)
Salz, frisch gemahlener Pfeffer
100 ml trockener Wermut

50 ml heiße Milch
15 g Butter
frisch geriebene Muskatnuss

Pro Portion:
E: 62 g, F: 59 g, Kh: 31 g,
kJ: 3984, kcal: 950

1. Kartoffeln waschen, schälen, abspülen und in kleine Stücke schneiden. Kartoffelstücke mit Wasser und Salz in einem Topf zum Kochen bringen und zugedeckt etwa 15 Minuten garen.

2. Vom Spargel das untere Drittel schälen und die Enden abschneiden. Spargelstangen waschen und abtropfen lassen. Wasser mit Salz, Zucker und Butter in einem Topf zum Kochen bringen. Spargelstangen hinzufügen, zum Kochen bringen und etwa 5 Minuten kochen lassen.

3. Entenbrüste unter fließendem kalten Wasser abspülen und trocken tupfen, eventuell Sehnen entfernen.

Entenbrüste mit der Fettseite nach unten in eine erhitzte Pfanne ohne Fett geben und auf der Fettseite etwa 5 Minuten braten, dann unter gelegentlichem Wenden die Entenbrüste weitere 10–12 Minuten braten. Entenbrüste mit Salz und Pfeffer würzen, herausnehmen und warm stellen.

4. Wermut zum Bratensatz in die Pfanne geben und unter Rühren loskochen. Sauce etwas einkochen lassen.

5. Kartoffelstücke abgießen und mit einem Kartoffelstampfer zerstampfen. Milch und Butter unterrühren. Mit Salz und Muskat würzen.

6. Entenbrüste in Scheiben schneiden, mit Spargel und Kartoffelbrei auf 2 Tellern anrichten und mit der Wermutsauce servieren.

Entenbrust in Wermutsauce

Mit Alkohol

Entenbrust mit Beifuß
4 Portionen

Zubereitungszeit: 45 Minuten
Garzeit: etwa 40 Minuten

2 Entenbrustfilets (je etwa 400 g)
Salz, frisch gemahlener Pfeffer
1 Stck. Rote Bete (150–180 g)
250 g kernlose grüne und blaue Weintrauben
2 EL Speiseöl
4 kleine Zweige Beifuß oder gerebelter Beifuß
100 g Walnusskerne
1 TL Zucker
200 ml trockener Rotwein
200 ml Entenfond oder Geflügelfond oder -brühe

½ EL Crema di Balsamico

evtl. 1 vorbereiteter Zweig Beifuß

Pro Portion:
E: 41 g, F: 56 g, Kh: 16 g,
kJ: 3184, kcal: 760

1. Entenbrustfilets unter fließendem kalten Wasser abspülen und trocken tupfen. Die Haut mit einem scharfen Messer einschneiden. Entenbrustfilets mit Salz und Pfeffer würzen.
2. Rote Bete waschen, schälen, in Stifte schneiden und in kochendem Salzwasser etwa 10 Minuten garen. Rote Bete in einem Sieb abtropfen lassen.
3. Weintrauben abspülen, trocken tupfen, entstielen und halbieren. Den Backofen vorheizen.
4. Speiseöl in einer Pfanne erhitzen. Entenbrustfilets (Hautseite zuerst) darin von beiden Seiten 5–10 Minuten anbraten, herausnehmen und in eine feuerfeste Form oder Auflaufform legen.
5. Die Form auf dem Rost in den vorgeheizten Backofen schieben
Ober-/Unterhitze: etwa 180 °C
Heißluft: etwa 160 °C
Garzeit: etwa 20 Minuten.

6. In der Zwischenzeit Beifuß abspülen und trocken tupfen. Die Blättchen von den Stängeln zupfen, Blättchen klein schneiden.
7. Rote-Bete-Stifte, Walnusskerne und Weintraubenhälften in der Pfanne in dem verbliebenen Bratfett (Entenbrustfilets) unter mehrmaligem Wenden anbraten. Zucker daraufstreuen und karamellisieren lassen.
8. Rotwein und Fond oder Brühe hinzugießen. Beifuß und Crema di Balsamico unterrühren. Mit Salz und Pfeffer würzen. Die Zutaten zum Kochen bringen und etwa 10 Minuten einkochen lassen. Nochmals abschmecken.
9. Entenbrustfilets mit der Rote-Bete-Weintrauben-Sauce anrichten. Nach Belieben mit Beifuß garniert servieren.

Tipp: Beifuß gehört zur Familie der Korbblütler. Man verwendet die frischen und getrockneten Blätter. Er riecht angenehm würzig und schmeckt leicht bitter. Er sollte immer mit gekocht werden.

Mit Alkohol

Entenbrust mit Orangensauce
4 Portionen

Zubereitungszeit: 35 Minuten
Bratzeit: etwa 12 Minuten

2 Entenbrustfilets (je etwa 300 g)
Salz, frisch gemahlener Pfeffer
2 TL flüssiger Honig
15 g Butter
3–4 EL Orangenlikör, z. B. Grand Marnier

Für die Orangensauce:
1 Bio-Orange (unbehandelt, ungewachst)
1 Becher (150 g) Crème fraîche
etwas flüssiger Honig

Pro Portion:
E: 28 g, F: 37 g, Kh: 11 g,
kJ: 2118, kcal: 507

1. Entenbrustfilets unter fließendem kalten Wasser abspülen, trocken tupfen, mit Salz und Pfeffer bestreuen.

Entenbrust mit Beifuß

Entenbrust mit Orangensauce

Fasan auf Weinsauerkraut

2. Eine Pfanne ohne Fett erhitzen. Die Filets mit der Fettseite nach unten hineinlegen und etwa 6 Minuten braten. Die Filets dann wenden und von der anderen Seite weitere 10–12 Minuten braten.

3. Kurz vor Ende der Bratzeit die Haut der Entenbrustfilets mit Hilfe eines Backpinsels mit Honig bestreichen und Butter hinzugeben. Die Entenbrüste mit Orangenlikör übergießen, aus dem Bratensatz nehmen, auf einer vorgewärmten Platte anrichten und zugedeckt warm stellen.

4. Für die Orangensauce Orange heiß waschen, trocken reiben, dünn schälen und die Schale in sehr feine Streifen schneiden oder mit einem Zestenreißer dünn abziehen. Die Orange halbieren und auspressen.

5. Von dem Bratensatz eventuell das Fett mit einem Löffel abnehmen (entfetten) oder abgießen. Orangensaft und -schale zu dem Bratensatz geben und loskochen. Crème fraîche unterrühren und zum Kochen bringen. Die Sauce mit Salz, Pfeffer und Honig abschmecken, eventuell ausgetretenen Bratensaft von den Entenbrustfilets unterrühren. Die Sauce zu den Filets reichen.

Etwas teurer – mit Alkohol

Fasan auf Weinsauerkraut
4 Portionen

Zubereitungszeit: 40 Minuten
Garzeit: etwa 65 Minuten

1 Zwiebel
1 Dose Sauerkraut (Abtropfgewicht 770 g)
1 kleines Lorbeerblatt
einige Pfefferkörner
einige Wacholderbeeren
Salz
250 ml (¼ l) Weißwein
1 küchenfertiger Fasan (etwa 1 kg)
6 Scheiben durchwachsener Speck
200 g blaue Weintrauben
200 g grüne Weintrauben
etwas Zucker

Kerbel oder Petersilie
vorbereitete Tomatenachtel

Pro Portion:
E: 58 g, F: 16 g, Kh: 19 g,
kJ: 2108, kcal: 503

1. Den Backofen vorheizen. Zwiebel abziehen und in Würfel schneiden. Zwiebelwürfel mit Sauerkraut, Lorbeerblatt, Pfefferkörnern und Wacholderbeeren vermengen. Mit Salz würzen und in eine Auflaufform oder einen kleinen Bräter geben. Wein hinzugießen.

2. Fasan von innen und außen unter fließendem kalten Wasser abspülen, trocken tupfen und vierteln. Die Fleischstücke von innen und außen mit Salz einreiben und auf das Sauerkraut legen (das Sauerkraut sollte möglichst bedeckt sein). Die Fleischstücke mit Speckscheiben belegen. Die Form oder den Bräter mit Deckel auf dem Rost in den vorgeheizten Backofen schieben.
Ober-/Unterhitze: etwa 200 °C
Heißluft: etwa 180 °C
Garzeit: etwa 55 Minuten.

3. Nach etwa 25 Minuten Garzeit den Deckel abnehmen und die Fleischteile mit dem Sauerkraut in etwa 30 Minuten fertig garen.

4. In der Zwischenzeit blaue und grüne Weintrauben waschen, abtropfen lassen, halbieren und entkernen.

5. Die garen Fleischstücke aus der Auflaufform oder dem Bräter nehmen und zugedeckt etwa 10 Minuten ruhen lassen.

6. Weintraubenhälften mit dem Sauerkraut vermengen und mit Zucker abschmecken. Die Form oder den Bräter mit dem Deckel verschließen und auf dem Rost in den heißen Backofen schieben. Das Sauerkraut noch etwa 10 Minuten bei gleicher Backofeneinstellung erhitzen.

7. Die Fasanenstücke auf dem Sauerkraut auf einer vorgewärmten Platte anrichten. Mit Kerbel oder Petersilie (abgespült und trocken getupft) und Tomatenachteln garnieren.

Beilage: Kartoffelpüree.

Tipp: Anstelle von Fasan können Sie auch ein Perlhuhn verwenden.

Entenragout in Basilikum-Schalotten-Sauce

Bandnudeln mit Wildschwein

Für Gäste – mit Alkohol

Entenragout in Basilikum-Schalotten-Sauce
4 Portionen

Zubereitungszeit: 40 Minuten
Garzeit: etwa 80 Minuten

4 Entenkeulen (je etwa 250 g)
Salz
frisch gemahlener Pfeffer
1 ½ EL Speiseöl
3 Schalotten (etwa 125 g)
1 EL Tomatenmark
150 ml Geflügelbrühe
½ kleiner Kopf Blumenkohl (etwa 400 g)
½ kleiner Romanesco (etwa 400 g)
1 kleiner Topf Basilikum
100 ml trockener Weißwein
100 g Schlagsahne
evtl. Speisestärke

Pro Portion:
E: 41 g, F: 56 g, Kh: 5 g,
kJ: 2941, kcal: 703

1. Das Fleisch der Entenkeulen von Knochen und Haut lösen. Fleisch unter fließendem kalten Wasser abspülen, trocken tupfen und in große Stücke schneiden, eventuell Sehnen entfernen. Mit Salz und Pfeffer bestreuen.
2. Speiseöl in einem Bräter erhitzen, Fleischstücke darin von allen Seiten kräftig anbraten.
3. Schalotten abziehen, in Scheiben schneiden, zu den Fleischstücken geben und mit andünsten. Tomatenmark unterrühren. Brühe hinzugießen und zum Kochen bringen. Die Fleischstücke etwa 70 Minuten garen, eventuell etwas Wasser hinzugießen.
4. Von Blumenkohl und Romanesco Blätter und schlechte Stellen entfernen. Den Strunk abschneiden. Blumenkohl und Romanesco waschen, abtropfen lassen, in Röschen teilen und in kochendem Salzwasser etwa 8 Minuten blanchieren. Anschließend in ein Sieb geben, mit kaltem Wasser abschrecken und abtropfen lassen.
5. Basilikum abspülen und trocken tupfen. Die Blättchen von den Stängeln zupfen (einige Blättchen zum Garnieren beiseitelegen). Blättchen in Streifen schneiden.
6. Wein und Sahne zu den gegarten Fleischstücken geben, Basilikumstreifen unterrühren.
7. Blumenkohl- und Romanescoröschen zum Ragout geben, mit den Gewürzen abschmecken und unter Rühren aufkochen lassen. Das Ragout nach Belieben mit angerührter Speisestärke binden und mit den beiseite gelegten Basilikumblättchen garniert servieren.

Beilage: Kleine Kartoffelklöße oder Kartoffelpüree.

Mit Alkohol

Bandnudeln mit Wildschwein
4 Portionen

Zubereitungszeit: 50 Minuten, ohne Marinierzeit
Garzeit: etwa 60 Minuten

Für die Marinade:
2 kleine oder 1 große Zwiebel
2 Knoblauchzehen
2 Stangen Staudensellerie
2 Möhren
10 Stängel Petersilie
1 Lorbeerblatt
500 ml (1/2 l) Rotwein

Für die Wildschweinsauce:
250 g Wildschwein (aus der Keule, ohne Knochen)
4 EL Olivenöl
Salz
frisch gemahlener Pfeffer
Rosmarinnadeln
200 ml Weißwein
40 g Tomatenmark
500 ml (1/2 l) Wildfond oder Gemüsebrühe
2 gestr. EL Weizenmehl

4 l Wasser
4 gestr. TL Salz
400 g Pappardelle
(breite Bandnudeln)
40 g frisch geriebener Pecorino- oder Parmesan-Käse

Pro Portion:
E: 31 g, F: 19 g, Kh: 77 g,
kJ: 2670, kcal: 638

1. Für die Marinade Zwiebel und Knoblauch abziehen, in kleine Würfel schneiden. Sellerie putzen und die harten Außenfäden abziehen. Sellerie waschen, abtropfen lassen und in Stücke schneiden. Möhren putzen, schälen, waschen, abtropfen lassen und in Würfel schneiden. Petersilie abspülen und trocken tupfen. Die Blättchen von den Stängeln zupfen. Blättchen klein schneiden.
2. Die vorbereiteten Gemüsezutaten mit dem Lorbeerblatt mischen und in eine flache Schale geben, Rotwein hinzugießen.
3. Für die Sauce Wildschwein unter fließendem kalten Wasser abspülen, trocken tupfen, in etwa 1 cm große Würfel schneiden und in die Marinade legen. Die Fleischwürfel darin etwa 12 Stunden marinieren.
4. Fleischwürfel herausnehmen und trocken tupfen. Die Marinadezutaten in einem Sieb gut abtropfen lassen, Lorbeerblatt entfernen.
5. Olivenöl in einer Pfanne erhitzen. Fleischwürfel hinzufügen und von allen Seiten anbraten. Mit Salz, Pfeffer und Rosmarin würzen. Etwas Wein hinzugießen, zum Kochen bringen und etwa 45 Minuten garen, dabei nach und nach den restlichen Wein hinzugeben.
6. Klein geschnittenes Gemüse hinzufügen. Tomatenmark unterrühren, Fond oder Brühe hinzugießen, wieder zum Kochen bringen und weitere etwa 15 Minuten garen. Mehl mit etwas Wasser anrühren. Die Sauce damit binden.
7. Wasser in einem großen Topf mit geschlossenem Deckel zum Kochen bringen. Dann Salz und Nudeln zugeben. Die Nudeln im geöffneten Topf bei mittlerer Hitze nach Packungsanleitung kochen lassen, dabei zwischendurch 4–5-mal umrühren.
8. Anschließend die Nudeln in ein Sieb geben, mit heißem Wasser abspülen und abtropfen lassen.
9. Die Bandnudeln mit der Wildsauce und Pecorino-Käse servieren.

Schnell

Bunte Hähnchenpfanne
2 Portionen

Zubereitungszeit: 30 Minuten

1 große rote Paprikaschote
1 Bund Frühlingszwiebeln
350 g Hähnchenbrustfilet
Salz, frisch gemahlener Pfeffer
1 EL Currypulver
3 EL Speiseöl, z. B. Rapsöl
1 Glas süß-saure Sauce (400 g)
1 Beutel (250 g) Express Reis (vorgegarter Reis, z. B. Basmati) oder 250 g gegarter Basmatireis

Pro Portion:
E: 47 g, F: 17 g, Kh: 88 g,
kJ: 2937, kcal: 701

1. Paprikaschote halbieren, entstielen, entkernen und die weißen Scheidewände entfernen. Paprika waschen, abtropfen lassen und in Stücke schneiden. Frühlingszwiebeln putzen, waschen, abtropfen lassen und in etwa 2 cm lange Stücke schneiden.
2. Hähnchenbrustfilet unter fließendem kalten Wasser abspülen, trocken tupfen und in etwa 2 cm große Würfel schneiden. Hähnchenwürfel mit Salz, Pfeffer und Curry würzen.
3. Speiseöl in einer Pfanne erhitzen, Hähnchenwürfel darin anbraten. Paprika- und Frühlingszwiebelstücke hinzufügen, unter gelegentlichem Rühren etwa 5 Minuten mitbraten.
4. Sauce unterrühren und kurz aufkochen lassen. Express Reis nach Packungsanleitung zubereiten und mit der Hähnchenpfanne servieren.

Tipp: Statt Hähnchenbrustfilet können Sie auch Putenbrust- oder Schweinefilet verwenden.

Bunte Hähnchenpfanne

Klassisch – mit Alkohol

Gans, mit Majoranäpfeln gefüllt
6 Portionen

Zubereitungszeit: 70 Minuten
Bratzeit: etwa 3 Stunden

1 küchenfertige Gans mit Hals und Innereien (4,5–5 kg)
Salz
frisch gemahlener Pfeffer
1 kg säuerliche Äpfel, z. B. Boskop
1 Bund Majoran
4 Zwiebeln (etwa 200 g)
2 Stängel Thymian
3 Lorbeerblätter
kaltes Salzwasser

250 ml (¼ l) Geflügelfond oder -brühe
100 ml Rotwein
2 TL Speisestärke

1 kleiner Apfel zum Garnieren

Außerdem:
Küchengarn
Rouladennadeln

Pro Portion:
E: 71 g, F: 71 g, Kh: 20 g,
kJ: 4217, kcal: 1008

1. Das Fett der Gans herausnehmen. Den Hals, möglichst ohne Haut, abschneiden. Die Gans von innen und außen, sowie Hals und Innereien unter fließendem kalten Wasser abspülen und trocken tupfen. Den Hals in Stücke teilen und mit den Innereien beiseitelegen. Die Gans von innen mit Salz und Pfeffer einreiben. Die Haut vom Hals mit Zahnstochern am Rücken feststecken. Den Backofen vorheizen.
2. Äpfel schälen, vierteln und die Kerngehäuse entfernen. Majoran abspülen und trocken tupfen. Einige Stängel zum Garnieren beiseitelegen. Von den restlichen Stängeln die Blättchen abzupfen, mit den Apfelvierteln mischen und in die Gans füllen. Die Öffnung mit Rouladennadeln oder Küchengarn verschließen. Flügel mit Küchengarn unter den Rumpf binden, Keulen zusammenbinden. Die Fettpfanne des Backofens mit Wasser ausspülen. Die Gans mit dem Rücken nach unten hineinlegen und in den vorgeheizten Backofen schieben.
Ober-/Unterhitze: 180–200 °C (untere Schiene)
Heißluft: 160–180 °C
Bratzeit: etwa 3 Stunden.
3. Zwiebeln abziehen und grob zerkleinern. Thymian abspülen, trocken tupfen und mit dem Gänsehals, den Innereien und Lorbeerblättern in die Fettpfanne geben. Sobald der Bratensatz bräunt, etwas Wasser hinzugießen. Nach etwa 1 Stunde Bratzeit die Gans auf die Brustseite legen und gelegentlich mit dem Bratensatz begießen. Verdampfte Flüssigkeit nach und nach durch Wasser ersetzen. Während des Bratens ab und zu unterhalb der Flügel und Keulen in die Gans stechen, damit das Fett besser ausbraten kann.
4. Etwa 10 Minuten vor Ende der Garzeit die Gans wieder umdrehen. Mit etwas kaltem Salzwasser bestreichen und die Backofentemperatur auf 200–220 °C hochschalten, damit die Haut schön kross wird.
5. Die Gans aus dem Bräter nehmen, Küchengarn und Rouladennadeln entfernen. Die Gans warm stellen. Den Bratensatz in der Fettpfanne mit etwas Wasser lösen und durch ein Sieb in einen Topf gießen, das Fett abschöpfen.
6. Den Bratensatz nach Belieben mit Geflügelfond oder -brühe und Rotwein auffüllen, etwa 5 Minuten einkochen lassen. Speisestärke mit 2 Esslöffeln Wasser anrühren, in die Sauce rühren und unter Rühren aufkochen. Die Sauce mit Salz und Pfeffer abschmecken.
7. Den Apfel abspülen, trocken tupfen, vierteln und das Kerngehäuse entfernen. Apfelviertel in Scheiben schneiden. Die Gans auf einer vorgewärmten Platte anrichten, mit Apfelscheiben und dem beiseite gelegten Majoran garnieren und mit der Sauce servieren.

Gans, mit Majoranäpfeln gefüllt

Gut vorzubereiten

Amerikanische Erntedank-Pute

8–10 Portionen

Amerikanische Erntedank-Pute

Zubereitungszeit: 1 1/2 Stunden, ohne Trocken- und Kühlzeit
Garzeit: 3–3 1/2 Stunden

1 Ciabatta (italienisches Weißbrot, etwa 400 g)
1 küchenfertige Pute (4–5 kg)
1 1/4 l Geflügelbrühe
100 g Möhren
1 Zwiebel
1 Zweig Thymian
6 Stängel Petersilie
1 Lorbeerblatt
200 g Zwiebeln
4 Stangen Staudensellerie
100 g magerer durchwachsener Speck oder Schinken
100 g Butter
2 EL gehackte Petersilie
1 EL gehackte Salbeiblättchen
1 EL gehackte Thymianblättchen
Salz, frisch gemahlener Pfeffer
125 ml (1/8 l) Wasser
100 g zerlassene Butter
20 g Weizenmehl

Außerdem:
Küchengarn

Pro Portion:
E: 80 g, F: 51 g, Kh: 25 g,
kJ: 3703, kcal: 884

1. Am Vortag Ciabatta in etwa 2 1/2 cm große Würfel schneiden, auf ein Backblech legen und trocknen lassen.
2. Von der Pute Hals, Magen und Herz unter fließendem kalten Wasser abspülen, trocken tupfen, mit der Geflügelbrühe in einen großen Topf geben und zum Kochen bringen.
3. In der Zwischenzeit Möhren putzen, schälen, waschen, abtropfen lassen und klein schneiden. Zwiebel abziehen und grob würfeln. Thymian und Petersilie abspülen, trocken tupfen. Möhren, Zwiebelwürfel, Kräuter und Lorbeerblatt in die Brühe geben, aufkochen lassen, evtl. mehrmals abschäumen und etwa 90 Minuten bei schwacher Hitze ohne Deckel kochen. Die Brühe dann durch ein Sieb geben und bis zum nächsten Tag kalt stellen.
4. Zwiebeln abziehen und würfeln. Staudensellerie putzen und die harten Außenfäden abziehen. Stangen waschen, abtropfen lassen und in Würfel schneiden. Speck oder Schinken fein würfeln. Butter in einer Pfanne zerlassen. Zwiebel-, Sellerie- und Speck- oder Schinkenwürfel darin 5–7 Minuten dünsten.
5. Die Brühe vom Vortag entfetten, mit Wasser auf 1 Liter auffüllen und erhitzen. Den Backofen vorheizen.
6. Brotwürfel in eine große Schüssel geben, Speck-Gemüse-Mischung, Petersilie, Salbei, Thymian und 400–500 ml Brühe hinzugeben, gut vermengen, bis eine locker zusammenhaltende Füllung entsteht. Mit Salz und Pfeffer abschmecken.
7. Pute von innen und außen unter fließendem kalten Wasser abspülen, trocken tupfen, innen mit Küchenpapier ausreiben und mit Salz einreiben. Die Füllung fest hineindrücken. Die Öffnung mit Küchengarn zunähen. Die Pute außen mit Salz und Pfeffer einreiben.
8. 75 ml von dem Wasser in einen großen Bräter geben. Pute mit der Brust nach unten hineinlegen und mit etwas zerlassener Butter bestreichen. Den Bräter ohne Deckel auf dem Rost in den vorgeheizten Backofen schieben.
Ober-/Unterhitze: etwa 200 °C (untere Schiene)
Heißluft: etwa 180 °C
Garzeit: 3–3 1/2 Stunden.
9. Die Pute nach etwa 45 Minuten Bratzeit mit zerlassener Butter bestreichen und etwas von der restlichen Brühe hinzugießen. Nach weiteren 45 Minuten Pute wenden und wieder mit Butter bestreichen. Verdampfte Flüssigkeit nach und nach durch Brühe und eventuell durch Wasser ersetzen. Die Pute zwischendurch mit restlicher Butter bestreichen oder mit dem Bratensatz begießen.
10. Die gare Pute (beim Einstechen mit einer Metallnadel muss der Fleischsaft klar austreten) aus dem Bräter nehmen und zugedeckt 5–10 Minuten ruhen lassen.
11. Den Bratensatz durch ein Sieb geben, abmessen und mit Wasser auf 600 ml Flüssigkeit auffüllen. Mehl mit den restlichen 50 ml Wasser verrühren, mit einem Schneebesen in die kochende Flüssigkeit einrühren. Dabei darauf achten, dass keine Klümpchen entstehen. Die Sauce zum Kochen bringen und bei schwacher Hitze etwa 5 Minuten ohne Deckel kochen lassen, dabei gelegentlich umrühren. Sauce mit den Gewürzen abschmecken.
12. Die Pute in Stücke schneiden (tranchieren) und mit der Füllung auf einer vorgewärmten Platte anrichten. Die Sauce dazureichen.

Für Gäste – raffiniert

Brathähnchen auf texanische Art
4 Portionen

Zubereitungszeit: 90 Minuten, ohne Auftauzeit
Garzeit: etwa 60 Minuten

1 Brathähnchen
(frisch oder TK; etwa 1 kg)
Salz
frisch gemahlener Pfeffer
3 EL Speiseöl
200 g Gehacktes (halb Rind-, halb Schweinefleisch)
2 Zwiebeln
1 Knoblauchzehe
gerebelter Thymian
50 g Tomatenmark
375 ml (3/8 l) Fleischbrühe
1 Dose Gemüsemais (Abtropfgewicht 285 g)
300 g TK-Erbsen
Cayennepfeffer
gemahlener Zimt

2 EL gehackte Petersilie
einige vorbereitete Basilikumblättchen

Pro Portion:
E: 89 g, F: 57 g, Kh: 26 g,
kJ: 3039, kcal: 933

1. Hähnchen eventuell auftauen lassen. Hähnchen von innen und außen unter fließendem kalten Wasser abspülen, trocken tupfen und in 8 Stücke teilen. Mit Salz und Pfeffer würzen. Den Backofen vorheizen.
2. Speiseöl in einem Bräter erhitzen, Hähnchenteile darin kräftig anbraten und herausnehmen.
3. Gehacktes in dem verbliebenen Bratfett krümelig anbraten, dabei die Fleischklümpchen mit einer Gabel zerdrücken. Zwiebeln abziehen und in kleine Würfel schneiden. Knoblauch abziehen und zerdrücken. Zwiebelwürfel und Knoblauch zu der Hackfleischmasse geben und kurz mit anbraten. Mit Salz, Pfeffer und Thymian würzen. Tomatenmark hinzufügen. Fleischbrühe unterrühren.
4. Die Hähnchenteile auf die Hackfleischmasse in den Bräter legen. Den Bräter auf dem Rost in den vorgeheizten Backofen schieben.
Ober-/Unterhitze: etwa 200 °C
Heißluft: etwa 180 °C
Garzeit: etwa 45 Minuten.
5. Mais in einem Sieb abtropfen lassen. Hähnchenteile aus dem Bräter nehmen und kurz warm stellen. Mais und gefrorene Erbsen zur Hackfleischmasse geben und untermischen. Mit Salz, Pfeffer, Cayennepfeffer und einer Prise Zimt abschmecken.
6. Hähnchenteile wieder auf die Hackfleischmasse legen. Den Bräter wieder auf dem Rost in den Backofen schieben und bei **gleicher Backofeneinstellung in etwa 15 Minuten fertig garen.**
7. Die Hähnchenteile mit der Gemüsesauce anrichten. Mit Petersilie bestreuen und mit Basilikumblättchen garniert servieren.

Brathähnchen auf texanische Art

Mit Alkohol

Gepökelte Gänsebrust in Rieslingkraut
4 Portionen

Zubereitungszeit: 40 Minuten
Garzeit: 60–70 Minuten

1 kleiner Weißkohl (etwa 1 kg)
1 kleine Zwiebel
1 EL Gänseschmalz
200 ml Weißwein (Riesling)
100 ml Gemüsebrühe
3 Wacholderbeeren
1 Lorbeerblatt
2 Gewürznelken
Salz, grob geschroteter, bunter Pfeffer
4 Gänsebrüste, gepökelt (insgesamt etwa 800 g)
1 EL Speiseöl
125 g Pfifferlinge
1 EL Butter

Pro Portion:
E: 36 g; F: 80 g; Kh: 10 g;
kJ: 4131; kcal: 987

1. Weißkohl putzen, vierteln und den Strunk herausschneiden. Kohlviertel abspülen, abtropfen lassen und in feine Streifen schneiden oder hobeln, so dass etwa 800 g fein gehobeltes Weißkraut entsteht. Zwiebel abziehen, würfeln.
2. Gänseschmalz in einem Bräter erhitzen. Zwiebelwürfel und den gehobelten Weißkohl darin leicht anbraten. Mit Wein und Gemüsebrühe ablöschen. Wacholderbeeren, Lorbeerblatt und Nelken hinzugeben. Mit wenig Salz und Pfeffer abschmecken. Den Backofen vorheizen.
3. Gänsebrüste unter fließendem kalten Wasser abspülen und trocken tupfen. Speiseöl in einer Pfanne erhitzen. Gänsebrüste von allen Seiten anbraten, herausnehmen und auf den Weißkohl in den Bräter legen. Den Bräter auf dem Rost in den vorgeheizten Backofen schieben.
Ober-/Unterhitze: 180–200 °C
Heißluft: 160–180 °C
Garzeit: 60–70 Minuten.
4. Pfifferlinge putzen, mit Küchenpapier abreiben, eventuell abspülen und trocken tupfen. Butter in einer Pfanne zerlassen, die Pfifferlinge darin kurz braten, mit Salz und Pfeffer abschmecken.
5. Das Gericht vor dem Servieren mit den gebratenen Pfifferlingen bestreuen.

Für Gäste

Gelbe Spaghetti mit Hähnchenbrust
4 Portionen

Zubereitungszeit: 40 Minuten, ohne Marinierzeit

500 g Hähnchenbrustfilet
3 EL Sojasauce
1 EL flüssiger Honig
etwas Ingwerpulver
1 Bund Frühlingszwiebeln
4 mittelgroße Möhren
Salzwasser
1 Dose Aprikosenhälften (Abtropfgewicht 240 g)
4 EL Olivenöl
125 ml (1/8 l) Gemüsebrühe
125 g Schlagsahne
2 EL Zitronensaft
1 geh. TL Estragon
Salz
frisch gemahlener Pfeffer

4 l Wasser
4 gestr. TL Salz
2 gestr. TL Kurkuma
400 g Spaghetti

Pro Portion:
E: 45 g, F: 26 g, Kh: 89 g,
kJ: 3445, kcal: 822

1. Hähnchenbrustfilets unter fließendem kalten Wasser abspülen, trocken tupfen und in große Würfel schneiden. Sojasauce mit Honig und Ingwer verrühren. Die Filetwürfel damit bestreichen und zugedeckt 1–2 Stunden marinieren.
2. Frühlingszwiebeln putzen, waschen, abtropfen lassen und in etwa 4 cm lange Stücke schneiden. Möhren putzen, schälen, waschen, abtropfen lassen und ebenfalls in etwa 4 cm lange Stücke schneiden.
3. Salzwasser in einem Topf zum Kochen bringen. Möhrenstifte darin etwa 6 Minuten kochen lassen, dann Frühlingszwiebelstücke hinzugeben und noch weitere etwa 2 Minuten kochen lassen. Möhrenstifte und Frühlingszwiebelstücke in ein Sieb geben, mit kaltem Wasser übergießen und abtropfen lassen. Aprikosenhälften in einem Sieb abtropfen lassen und halbieren.
4. Jeweils die Hälfte des Olivenöls in einer Pfanne erhitzen. Die Fleischwürfel darin in 2 Portionen rundherum anbraten. Möhrenstifte und Zwiebelstücke hinzufügen und kurz mitdünsten lassen. Fleischwürfel und das Gemüse herausnehmen, beiseitestellen. Brühe und Sahne zu dem Bratensatz geben und aufkochen lassen. Aprikosenviertel unterrühren. Mit Zitronensaft, Estragon, Salz und Pfeffer würzen. Beiseite gestellte Fleischwürfel und das Gemüse unterrühren, nochmals erhitzen und warm stellen.
5. Wasser in einem großen Topf mit geschlossenem Deckel zum Kochen bringen. Dann Salz, Kurkuma und Spaghetti zugeben. Die Spaghetti im geöffneten Topf bei mittlerer Hitze nach Packungsanleitung kochen lassen, dabei zwischendurch 4–5-mal umrühren.
6. Anschließend die Spaghetti in ein Sieb geben, mit heißem Wasser abspülen und abtropfen lassen.
7. Spaghetti auf einem großen Teller anrichten. Warm gestellte Fleischwürfel-Gemüse-Masse darauf verteilen und sofort servieren.

Gepökelte Gänsebrust in Rieslingkraut

Gelbe Spaghetti mit Hähnchenbrust

Dauert länger – mit Alkohol

Geschmorte Putenbrust
4 Portionen

Zubereitungszeit: 40 Minuten, ohne Abkühlzeit
Garzeit: etwa 90 Minuten

125 g Weißbrot
80 ml Milch
800 g Putenbrust
1 Ei (Größe M)
3–4 EL Weißwein
Salz, frisch gemahlener Pfeffer
2 Stängel Salbei
100 ml Hühnerbrühe
800 g Kohlrabi
1 Glas Silberzwiebeln (Abtropfgewicht 190 g)
100 g geräucherter, durchwachsener Speck

Außerdem:
Holzstäbchen oder Küchengarn

Pro Portion:
E: 59 g, F: 23 g, Kh: 26 g,
kJ: 2492, kcal: 596

1. Weißbrot in Würfel schneiden und in eine Schale legen. Milch erhitzen und auf den Brotwürfeln verteilen, etwas abkühlen lassen. Putenbrust unter fließendem kalten Wasser abspülen, trocken tupfen und eine längliche Tasche einschneiden. Ei und Wein mit den Brotwürfeln mischen. Mit Salz und Pfeffer kräftig würzen.
2. Salbei abspülen und trocken tupfen. Die Blättchen von den Stängeln zupfen. Die Hälfte der Salbeiblättchen in die Fleischtasche geben und damit auslegen und mit der Brotmasse füllen. Die Öffnung mit Holzstäbchen oder Küchengarn verschließen.
3. Die Putenbrust rundherum mit Salz und Pfeffer würzen und in einen gewässerten Römertopf® legen (dabei die Herstelleranleitung beachten). Brühe hinzugießen. Den Römertopf® mit dem Deckel verschließen und auf dem Rost in den kalten Backofen schieben.
Ober-/Unterhitze: etwa 220 °C
Heißluft: etwa 200 °C
Garzeit: etwa 90 Minuten.
4. In der Zwischenzeit Kohlrabi schälen, waschen, abtropfen lassen und in Stifte schneiden. Silberzwiebeln in einem Sieb abtropfen lassen. Speck fein würfeln. Die restlichen Salbeiblättchen klein schneiden.
5. Nach etwa 45 Minuten Garzeit Kohlrabistifte, Silberzwiebeln, Speckwürfel und Salbei zu der Putenbrust in den Römertopf® geben. Das Gericht zugedeckt fertig garen.
6. Putenbrust aus dem Römertopf® nehmen. Holzstäbchen oder Küchengarn entfernen. Das Gemüse mit Salz und Pfeffer abschmecken und zu der Putenbrust servieren.

Beilage: Salzkartoffeln.

Für Gäste

Geröstete Entenbruststreifen auf Kenia-Bohnen
4 Portionen

Zubereitungszeit: 40 Minuten

400 g Kenia-Bohnen
2 Entenbrüste (je etwa 200 g)
2 EL Speiseöl
Salz
frisch gemahlener Pfeffer
gerebelter Majoran
1 EL Butter
2 EL Tomatenwürfel
4 EL gehackte Champignons

Pro Portion:
E: 21 g, F: 27 g, Kh: 3 g,
kJ: 1402, kcal: 334

Geschmorte Putenbrust

1. Von den Bohnen die Enden abschneiden. Die Bohnen waschen, abtropfen lassen und in kochendem Salzwasser etwa 2 Minuten blanchieren. Bohnen mit kaltem Wasser abschrecken und in einem Sieb abtropfen lassen.
2. Entenbrüste unter fließendem kalten Wasser abspülen und trocken tupfen. Entenbrüste quer in Streifen schneiden.
3. Speiseöl in einer Pfanne erhitzen. Entenbruststreifen darin unter Wenden kross anbraten. Mit Salz, Pfeffer und Majoran würzen. Entenbruststreifen aus der Pfanne nehmen und warm stellen.
4. Butter zum Bratfett in die Pfanne geben und zerlassen. Blanchierte Bohnen, Tomatenwürfel und Champignons darin andünsten. Mit Salz und Pfeffer abschmecken. Das Kenia-Bohnen-Gemüse auf einer Platte anrichten. Entenbruststreifen darauf anrichten.

Tipp: Geröstete Entenbruststreifen mit einem Sträußchen frischem Majoran garnieren.

Geröstete Entenbruststreifen auf Kenia-Bohnen

Einfach

Hähnchen-Geschnetzeltes
4 Portionen

Zubereitungszeit: 35 Minuten

3 Hähnchenbrustfilets (etwa 400 g)
300 g Champignons
400 g Möhren
1 Stange Porree (Lauch)
1 leicht geh. EL Butterschmalz
Salz
frisch gemahlener Pfeffer
Paprikapulver edelsüß
250 ml (1/4 l) Gemüsebrühe
1 EL Zitronensaft
2 EL heller Saucenbinder
150 g saure Sahne (10 % Fett)

1 Bund Kerbel

Hähnchen-Geschnetzeltes

Pro Portion:
E: 30 g, F: 10 g, Kh: 12 g,
kJ: 1063, kcal: 254

1. Hähnchenbrustfilets unter fließendem kalten Wasser abspülen, trocken tupfen und in schmale Streifen oder kleine Würfel schneiden. Champignons putzen, mit Küchenpapier abreiben, eventuell abspülen, abtropfen lassen und vierteln.
2. Möhren putzen, schälen, waschen, abtropfen lassen und in kleine Würfel schneiden. Porree putzen, die Stange längs halbieren, gründlich waschen, abtropfen lassen und in Streifen schneiden.
3. Butterschmalz in einem Topf erhitzen. Fleischstreifen oder -würfel darin von allen Seiten anbraten. Mit Salz, Pfeffer und Paprika bestreuen.

Das Geschnetzelte herausnehmen und warm stellen.
4. Porreestreifen und Champignonviertel in den Topf geben, unter Rühren andünsten. Möhrenwürfel hinzugeben und mit andünsten. Mit Salz, Pfeffer und Paprika würzen, Brühe und Zitronensaft hinzugießen. Das Gemüse zugedeckt bei schwacher Hitze etwa 5 Minuten garen.
5. Das Gemüse mit Saucenbinder andicken. Das Geschnetzelte hinzugeben und nochmals bei schwacher Hitze erhitzen. Saure Sahne unterrühren. Hähnchen-Geschnetzeltes nochmals mit Salz, Pfeffer und Paprika abschmecken.
6. Kerbel abspülen und trocken tupfen. Die Blättchen von den Stängeln zupfen. Das Geschnetzelte mit Kerbelblättchen bestreut servieren.

Hähnchenbrust mit Mozzarella

Hähnchenbrustfilet in Tomatensauce

Schnell

Hähnchenbrust mit Mozzarella
4 Portionen

Zubereitungszeit: etwa 30 Minuten
Bratzeit: etwa 10 Minuten
Grillzeit: 5–10 Minuten

4 Hähnchenbrustfilets ohne Haut
(je etwa 150 g)
Salz
frisch gemahlener, schwarzer Pfeffer
2 große Tomaten
125 g Mozzarella-Käse
3 EL Speiseöl, z. B. Sonnenblumenöl
einige Basilikumblättchen

Pro Portion:
E: 42 g, F: 9 g, Kh: 1 g,
kJ: 1047, kcal: 250

1. Den Backofengrill vorheizen. Hähnchenbrustfilets unter fließendem kalten Wasser abspülen und trocken tupfen. Mit Salz und Pfeffer bestreuen.
2. Tomaten waschen, abtrocknen und die Stängelansätze herausschneiden. Tomaten jeweils in 4 Scheiben schneiden. Mozzarella abtropfen lassen und in 8 gleich große Scheiben schneiden.
3. Speiseöl in einer hitzebeständigen Pfanne erhitzen. Die Hähnchenbrustfilets darin etwa 10 Minuten von beiden Seiten braten.
4. Die Filets jeweils zuerst mit 2 Tomatenscheiben belegen und mit Pfeffer bestreuen, dann mit je 2 Mozzarellascheiben belegen und ebenfalls mit Pfeffer bestreuen.
5. Die Pfanne auf dem Rost unter den vorgeheizten Grill in den Backofen schieben. Die Filets 5–10 Minuten übergrillen, bis der Käse anfängt zu zerlaufen (wer keine hitzebeständige Pfanne hat, kann die Filets auch nach dem Anbraten in eine Auflaufform legen und übergrillen).
6. Hähnchenbrust mit Mozzarella mit Basilikumblättchen garniert servieren.

Beilage: Butterreis oder Knoblauchtoast und Eisbergsalat.

Tipp: Wenn Sie keinen Backofengrill haben, die Pfanne (Auflaufform) im vorgeheizten Backofen bei Ober-/Unterhitze: etwa 220 °C, Heißluft: etwa 200 °C auf dem Rost in den vorgeheizten Backofen schieben und die Filets 5–10 Minuten überbacken, bis der Käse anfängt zu zerlaufen.

Gut vorzubereiten – für Kinder

Hähnchenbrustfilet in Tomatensauce
8–10 Portionen

Zubereitungszeit: 50 Minuten
Garzeit: etwa 45 Minuten

12 Hähnchenbrustfilets
(je etwa 120 g)
6 EL Olivenöl

10 Tomaten (etwa 150 g)
1 Gemüsezwiebel (etwa 400 g)
2 Pck. TK-Kräuter der Provence
400 ml Brühe oder Gemüsefond
60 g Saucenbinder
600 g Schlagsahne
Salz, frisch gemahlener Pfeffer

Pro Portion:
E: 37 g, F: 11 g, Kh: 6 g,
kJ: 1160, kcal: 278

1. Hähnchenbrustfilets unter fließendem kalten Wasser abspülen und trocken tupfen. Mit Salz und Pfeffer würzen. Jeweils etwas Pflanzenöl in einer großen Pfanne erhitzen. Die Hähnchenbrustfilets portionsweise von beiden Seiten darin anbraten und herausnehmen.
2. Hähnchenbrustfilets nebeneinander in eine große Auflaufform oder Fettfangschale legen.
3. Tomaten waschen, kreuzweise einschneiden und einige Sekunden in kochendes Wasser legen. Tomaten kurz in kaltes Wasser legen, enthäuten, halbieren, entkernen und die Stängelansätze herausschneiden. Tomatenhälften in Würfel schneiden. Gemüsezwiebel abziehen, halbieren und ebenfalls in Würfel schneiden. Den Backofen vorheizen.
4. Zwiebel- und Tomatenwürfel im verbleibendem Bratfett in der Pfanne

andünsten, Kräuter und Brühe oder Fond hinzugeben, zum Kochen bringen und etwas einkochen lassen. Mit Saucenbinder nach Packungsanleitung leicht binden. Sahne hinzugießen. Mit Salz und Pfeffer würzen. Die Sauce unter gelegentlichem Rühren etwa 10 Minuten kochen lassen.

5. Die Hähnchenbrustfilets mit der Sauce übergießen. Die Form auf dem Rost oder die Fettfangschale in den vorgeheizten Backofen schieben.
Ober-/Unterhitze: etwa 200 °C
Heißluft: etwa 180 °C
Garzeit: etwa 45 Minuten.

Fettarm

Hähnchenfilet auf buntem Gemüse
2 Portionen

Zubereitungszeit: 25 Minuten
Garzeit: etwa 15 Minuten

300 g Hähnchenbrustfilet
Salz, frisch gemahlener Pfeffer
1 EL Olivenöl
2 Knoblauchzehen
2 Zwiebeln (je etwa 50 g)
2 gelbe Paprikaschote (je 200 g)
1 Aubergine (etwa 400 g)
5 Tomaten (je etwa 50 g)
4 Stängel Majoran- oder Basilikum
1 TL Weißweinessig
½ gestr. TL Zucker
1 TL Gyros-Gewürzmischung

Pro Portion:
E: 41 g, F: 7 g, Kh: 20 g,
kJ: 1336, kcal: 319

1. Hähnchenbrustfilet unter fließendem kalten Wasser abspülen und trocken tupfen. Mit Salz und Pfeffer bestreuen. Olivenöl in einer Pfanne erhitzen. Hähnchenbrustfilet darin von beiden Seiten gut anbraten und etwa 6 Minuten garen.
2. Knoblauch und Zwiebeln abziehen, fein würfeln. Paprikaschote halbieren, entstielen, entkernen und die weißen Scheidewände entfernen. Schotenhälften waschen, abtropfen lassen und in dünne Streifen schneiden.
3. Aubergine und Tomaten waschen und abtrocknen. Von der Aubergine die Enden abschneiden. Aubergine in kleine Würfel schneiden. Tomaten vierteln und die Stängelansätze herausschneiden. Tomaten in Stücke schneiden. Kräuter abspülen und trocken tupfen. Die Blättchen von den Stängeln zupfen.
4. Hähnchenbrustfilets aus der Pfanne nehmen und warm stellen.
5. Knoblauch- und Zwiebelwürfel in dem Bratfett andünsten. Gemüse hinzufügen und unter Rühren etwa 5 Minuten garen. Gemüse mit Essig, Zucker, Gyros-Gewürzmischung, Salz und Pfeffer würzen. Kräuterblättchen unterrühren.
6. Warm gestelltes Hähnchenbrustfilet in Scheiben schneiden und auf dem Gemüse anrichten.

Hähnchenfilet auf buntem Gemüse

Für Gäste

Hähnchenschnitzel in Zitronen-Ei-Hülle

8—10 Portionen

Zubereitungszeit: 80 Minuten
Garzeit: etwa 20 Minuten

8—10 Hähnchenbrustfilets
(je etwa 125 g)
Salz
frisch gemahlener Pfeffer
1 Topf Zitronenmelisse
3 Eier (Größe M)
1 Pck. Dr. Oetker Finesse Geriebene
Zitronenschale
100 g Weizenmehl
60 g Butter oder Margarine
3 EL Speiseöl

Für den Safranreis:
2 EL Speiseöl
500 g Langkornreis
1 Döschen (0,2 g) Safran
1 l Gemüsebrühe

Für das Frühlingsgemüse:
500 g grüner Spargel
250 ml (1/4 l) Wasser
1/2 gestr. TL Salz
etwas Zucker
500 g Kaiserschoten
(Zuckerschoten)
80 g Butter
frisch gemahlener Pfeffer

einige Zitronenmelisseblättchen

Pro Portion:
E: 38 g, F: 15 g, Kh: 52 g,
kJ: 2077, kcal: 496

1. Hähnchenbrustfilets unter fließendem kalten Wasser abspülen und trocken tupfen. Die Filets in einen Gefrierbeutel legen, flachklopfen und herausnehmen. Hähnchenbrustfilets mit Salz und Pfeffer bestreuen.
2. Zitronenmelisse abspülen und trocken tupfen. Die Blättchen von den Stängeln zupfen. Blättchen klein schneiden. Den Backofen vorheizen.
3. Eier in einer Schüssel verschlagen, Zitronenmelisse und Zitronenschale unterrühren.
4. Hähnchenbrustfilets zuerst in Mehl wenden, dann durch die Eiermasse ziehen und am Schüsselrand etwas abstreifen.
5. Butter oder Margarine in einer großen Pfanne zerlassen, Speiseöl miterhitzen. Hähnchenbrustfilets darin in 2 Portionen von beiden Seiten 2—3 Minuten anbraten, herausnehmen und auf ein gefettetes Backblech legen. Das Backblech in den vorgeheizten Backofen schieben.
Ober-/Unterhitze: etwa 180° C
Heißluft: etwa 160° C
Garzeit: etwa 20 Minuten.
6. In der Zwischenzeit für den Safranreis Speiseöl in einem großen Topf erhitzen, Reis hinzufügen und unter Rühren anrösten. Safran unterrühren. Gemüsebrühe hinzugießen und zum Kochen bringen. Den Reis unter gelegentlichem Rühren 15—20 Minuten ausquellen lassen. Der Reis soll dabei die gesamte Flüssigkeit aufsaugen. Reis mit Salz abschmecken.
7. Für das Gemüse von dem Spargel das untere Drittel schälen, die unteren Enden abschneiden. Spargel waschen, abtropfen lassen und in 2—3 cm lange Stücke schneiden. Wasser mit Salz und Zucker in einem Topf zum Kochen bringen. Spargelstücke hinzugeben und zugedeckt etwa 8 Minuten garen. Spargelstücke mit einem Schaumlöffel herausnehmen, in ein Sieb geben und abtropfen lassen.
8. Von den Kaiserschoten die Enden abschneiden. Die Schoten eventuell abfädeln. Schoten waschen und abtropfen lassen. Spargelwasser wieder zum Kochen bringen. Kaiserschoten darin etwa 3 Minuten blanchieren, in ein Sieb geben, mit kaltem Wasser übergießen und abtropfen lassen.
9. Butter in einer Pfanne zerlassen. Spargelstücke und Kaiserschoten darin kurz andünsten. Mit Salz und Pfeffer würzen.
10. Die Hähnchenschnitzel mit dem Safranreis und dem Frühlingsgemüse anrichten, mit Zitronenmelisseblättchen garnieren und sofort servieren.

Hähnchenschnitzel in Zitronen-Ei-Hülle

Wild und Geflügel

Etwas aufwändiger – mit Alkohol

Hasenrückenfilets im Wirsingmantel
6 Portionen

Hasenrückenfilets im Wirsingmantel

Zubereitungszeit: 100 Minuten, ohne Abkühlzeit
Garzeit: etwa 20 Minuten

150 g Champignons
2 Schalotten
3 Stängel glatte Petersilie
2 EL Butter
1–2 TL weißer Balsamico-Essig
Salz
frisch gemahlener Pfeffer

200 g Putenbrustfilet (gut gekühlt)
150 g Schlagsahne (gut gekühlt)
2 Stängel Rosmarin
2 Stängel Thymian
5 Wacholderbeeren
4 cl roter Portwein

4 Hasenrückenfilets (küchenfertig)
2 EL Butterschmalz
100 ml Rotwein
400 ml Wildfond
100 g Hagebutten- oder Johannisbeermark (aus dem Reformhaus)

6 äußere, große Blätter Wirsingkohl
1 Schweinenetz (beim Metzger vorbestellen)
250 g Pfifferlinge
1 TL Speisestärke
1 EL Wasser
1 EL Butter

einige Rosmarinstängel zum Garnieren

Pro Portion:
E: 40 g, F: 27 g, Kh: 11 g,
kJ: 1991, kcal: 476

1. Champignons putzen, mit Küchenpapier abreiben, eventuell abspülen, abtropfen lassen und in kleine Würfel schneiden. Schalotten abziehen und in kleine Würfel schneiden. Petersilie abspülen, Blättchen von den Stängeln zupfen, Blättchen klein schneiden. Butter in einer Pfanne zerlassen. Champignonwürfel darin kurz andünsten, Schalottenwürfel hinzugeben. Mit Essig ablöschen, Petersilie unterrühren, mit Salz und Pfeffer würzen. Champignonmasse abkühlen lassen und kalt stellen.
2. Putenbrustfilet unter fließendem kalten Wasser abspülen, trocken tupfen, Sehne entfernen. Putenbrustfilet in kleine Würfel schneiden. Fleischwürfel und Sahne in 2 Portionen im Zerkleinerer zu einer glatten Masse verarbeiten. (Wichtig: Fleisch und Sahne müssen kalt sein, damit eine gebundene Masse entsteht!) Masse kalt stellen.
3. Rosmarin und Thymian abspülen, trocken tupfen. Die Nadeln und Blättchen von den Stängeln zupfen, Nadeln und Blättchen klein schneiden. Wacholderbeeren in einem Mörser zerstoßen. Portwein, Rosmarin, Thymian und Wacholderbeeren unter die Putenbrustmasse heben. Mit Salz und Pfeffer würzen, wieder kalt stellen.
4. Hasenrückenfilets unter fließendem kalten Wasser abspülen, trocken tupfen, mit Salz und Pfeffer würzen. Butterschmalz in einer Pfanne erhitzen. Rückenfilets darin von allen Seiten scharf anbraten und herausnehmen. Den Bratensatz mit Rotwein ablöschen, Wildfond hinzugießen, Hagebutten- oder Johannisbeermark unterrühren und zum Kochen bringen. Fond um zwei Drittel einkochen lassen und beiseitestellen.
5. Wirsingblätter abspülen, kurz in kochendem Salzwasser blanchieren, in kaltem Wasser abschrecken, in einem Sieb abtropfen lassen und mit Küchenpapier trocken tupfen. Die dicken Blattrippen herausschneiden. Den Backofen vorheizen.
6. Die Champignon- und Putenbrustmasse miteinander vermengen. Die Wirsingblätter in der Mitte damit bestreichen. Die Hasenrückenfilets darauflegen. Die Blätter zur Mitte einschlagen, die Filets in die Blätter einrollen. Das Schweinenetz in kaltem Wasser etwa 20 Minuten einweichen, abtropfen lassen, auf einem Geschirrtuch ausbreiten, trocken tupfen und in 6 gleich große Stücke schneiden. Jede Wirsingrolle auf ein Stück Schweinenetz legen und darin einwickeln. Die Rollen auf ein Backblech (gefettet) legen. Das Backblech in den vorgeheizten Backofen schieben.
Ober-/Unterhitze: etwa 160 °C
Heißluft: etwa 140 °C
Garzeit: etwa 20 Minuten.
7. Pfifferlinge putzen, eventuell kurz abspülen und trocken tupfen. Große Pfifferlinge halbieren. Den beiseite gestellten Fond aufkochen. Speisestärke mit etwas Wasser verrühren, unter Rühren in den Fond geben und aufkochen. Sauce mit Salz und Pfeffer abschmecken.
8. Die Wirsingrollen vom Backblech nehmen und etwa 5 Minuten ruhen lassen. Butter in einer Pfanne erhitzen. Die Pfifferlinge darin anbraten, mit Salz und Pfeffer würzen. Wirsingrollen eventuell aus den Netzen lösen, in Scheiben schneiden und mit der Sauce auf vorgewärmten Tellern anrichten. Pfifferlinge hinzugeben. Mit Rosmarin garnieren.

Hirschmedaillons mit Marzipan-Äpfeln

Hirschrückensteak mit Gewürzgurken und Sauerrahm

Für Gäste – mit Alkohol

Hirschmedaillons mit Marzipan-Äpfeln
4 Portionen

Zubereitungszeit: 30 Minuten
Garzeit: Marzipan-Äpfel
10–15 Minuten
Garzeit: Hirschmedaillons
8–10 Minuten

8 Hirschmedaillons (je etwa 70 g)
8 Scheiben durchwachsener Speck
1 kleine Dose Babyäpfel (8–10 Stück)
100 g Marzipan-Rohmasse
1 cl Calvados
1 EL Rosinen

2 EL Speiseöl
1 EL Butter
Salz
frisch gemahlener Pfeffer
100 ml trockener Rotwein
200 ml Wildfond
40 g kalte Butter

Außerdem:
Küchengarn

Pro Portion:
E: 37 g, F: 39 g, Kh: 24 g,
kJ: 2589, kcal: 618

1. Den Backofen vorheizen. Hirschmedaillons unter fließendem kalten Wasser abspülen, mit je einer Scheibe Speck umwickeln und mit Küchengarn zusammenhalten.
2. Babyäpfel in einem Sieb abtropfen lassen und das Kerngehäuse ausstechen.
3. Marzipan mit Calvados und Rosinen vermengen, die Babyäpfel damit füllen und auf ein Backblech setzen. Das Backblech in den vorgeheizten Backofen schieben.
Ober-/Unterhitze: etwa 180 °C
Heißluft: etwa 160 °C
Backzeit: 10–15 Minuten.
4. In der Zwischenzeit Speiseöl und Butter in einer Pfanne erhitzen. Die Medaillons darin 8–10 Minuten von beiden Seiten anbraten, herausnehmen, mit Salz und Pfeffer würzen, warm stellen.
5. Den Bratensatz mit Rotwein und Wildfond ablöschen, zum Kochen bringen und etwa um die Hälfte einkochen lassen. Butter in Stückchen unterrühren. Die Sauce mit Salz und Pfeffer abschmecken.
6. Medaillons auf einer vorgewärmten Platte mit den Marzipan-Äpfeln anrichten. Medaillons mit der Sauce übergießen.

Beilage: Kartoffelrösti, mit Thymian garniert.

Schnell – mit Alkohol

Hirschrückensteak mit Gewürzgurken und Sauerrahm
4 Portionen

Zubereitungszeit: 35 Minuten

3 Schalotten
4 Hirschrückensteaks (je 170–180 g)
Salz

frisch gemahlener Pfeffer
2 EL Butterschmalz
2 EL Butter
100 ml Rotwein

150 g Gewürzgurken (aus dem Glas)
200 ml Wildfond
½ Bund glatte Petersilie
100 g Schmand (Sauerrahm)

Pro Portion:
E: 38 g, F: 23 g, Kh: 3 g,
kJ: 1610, kcal: 384

1. Schalotten abziehen, halbieren und in halbe Ringe schneiden. Hirschrückensteaks kurz unter fließendem kalten Wasser abspülen und trocken tupfen. Mit Salz und Pfeffer würzen. Den Backofen vorheizen.
2. Butterschmalz in einer ofenfesten Pfanne erhitzen. Die Steaks darin von beiden Seiten scharf anbraten und herausnehmen. Das Bratfett abgießen, die Butter in die Pfanne zum Bratensatz geben.
3. Schalotten in der Butter kurz andünsten. Mit Rotwein ablöschen, zum Kochen bringen und etwas einkochen lassen.
4. Die Steaks auf die Schalotten legen. Die Pfanne auf dem Rost in den vorgeheizten Backofen schieben.
Ober-/Unterhitze: etwa 160 °C
Heißluft: etwa 140 °C
Garzeit: etwa 10 Minuten.
5. In der Zwischenzeit Gewürzgurken abtropfen lassen und der Länge nach in feine Streifen schneiden. Wildfond in einem Topf erhitzen. Petersilie abspülen und trocken tupfen.
6. Die Steaks aus der Pfanne nehmen und kurz ruhen lassen. Den Bratensatz mit den Schalotten und die Gurkenstreifen zu dem Fond geben, einmal aufkochen lassen.
7. Schmand auf 4 vorgewärmten Tellern verteilen, die Steaks darauflegen und mit der Gurkensauce übergießen. Mit Petersilie garnieren.

Mit Alkohol

Kaninchen in Olivensauce
4 Portionen

Zubereitungszeit: 25 Minuten
Garzeit: etwa 45 Minuten

1 küchenfertiges Kaninchen (etwa 1 ½ kg)
Salz, frisch gemahlener Pfeffer
1 Stängel Rosmarin
2 Möhren
100 g Knollensellerie
2 Zwiebeln
2 Tomaten
30 entsteinte, schwarze Oliven
4 EL Olivenöl
250 ml (¼ l) Weißwein
20 g Olivenpaste
250 ml (¼ l) Hühnerbrühe
250 g Crème fraîche

Pro Portion:
E: 63 g, F: 64 g, Kh: 9 g,
kJ: 3892, kcal: 933

1. Kaninchen unter fließendem kalten Wasser abspülen, trocken tupfen, in acht gleich große Teile zerlegen. Mit Salz und Pfeffer würzen. Rosmarin abspülen und trocken tupfen. Die Nadeln von den Stängeln zupfen. Nadeln klein schneiden.
2. Möhren und Sellerie putzen, schälen, abspülen, abtropfen lassen und in Stücke schneiden. Zwiebeln abziehen und in kleine Würfel schneiden. Tomaten waschen, kreuzweise einschneiden und einige Sekunden in kochendes Wasser legen. Tomaten kurz in kaltes Wasser legen, enthäuten, halbieren, entkernen und die Stängelansätze herausschneiden. Tomaten grob zerkleinern. Oliven vierteln und entkernen.
3. Olivenöl in einem Bräter erhitzen. Kaninchenteile darin von allen Seiten anbraten. Vorbereitetes Gemüse hinzugeben und mit andünsten. Wein hinzugießen. Olivenpaste unterrühren und die Brühe hinzufügen.
4. Die Zutaten zum Kochen bringen und zugedeckt etwa 45 Minuten garen.
5. Die Kaninchenteile herausnehmen und auf eine vorgewärmte Platte legen.
6. Den Bratenfond mit dem Gemüse pürieren, Crème fraîche unterrühren und etwas einkochen lassen. Die Sauce eventuell nochmals mit Salz und Pfeffer abschmecken.
7. Kaninchen mit der Olivensauce anrichten. Mit Rosmarinnadeln garnieren.

Kaninchen in Olivensauce

Etwas teurer – mit Alkohol

Hirschrückenmedaillons unter einer Haselnusskruste
4 Portionen

Zubereitungszeit: 70 Minuten
Garzeit: etwa 20 Minuten

Für die Spätburgundersauce:
2 rote Zwiebeln
400 ml Spätburgunder
1 Lorbeerblatt
200 ml kräftiger Wildfond
2 EL Butter
evtl. etwas Speisestärke

Für das Gemüse:
500 g Rosenkohl
Salz
1 Möhre (100 g)
50 g Butter
frisch geriebene Muskatnuss

Für die Haselnusskruste:
je 2 Stängel Rosmarin und Thymian
80 g ganze, abgezogene Haselnusskerne
50 g Toastbrot, ohne Rinde
80 g Butter
1 Eigelb (Größe M)
2 EL flüssiger Honig

Für die Hirschrückenmedaillons:
500 g magerer Hirschkalbsrücken ohne Knochen
frisch gemahlener Pfeffer
je 2 Stängel Rosmarin und Thymian
1 EL Butterschmalz
2 Lorbeerblätter
4 Wacholderbeeren
1 EL Butter

Pro Portion:
E: 35 g, F: 54 g, Kh: 23 g,
kJ: 3314, kcal: 791

Hirschrückenmedaillons unter einer Haselnusskruste

1. Für die Sauce Zwiebeln abziehen und in feine Streifen schneiden. Mit Spätburgunder und Lorbeerblatt in einen Topf geben, zum Kochen bringen und langsam auf ein Viertel einkochen lassen. Sauce durch ein Sieb gießen und mit dem Wildfond nochmals um die Hälfte einkochen lassen.

2. Für das Gemüse Rosenkohl putzen, abspülen und abtropfen lassen. Die Blätter abtrennen, den festen Innenteil in feine Streifen schneiden. Rosenkohlblätter und Innenteil kurz in kochendem Salzwasser blanchieren, in kaltem Wasser abschrecken und in einem Sieb abtropfen lassen. Möhre schälen, abspülen und in feine Würfel schneiden.

3. Für die Haselnusskruste Rosmarin und Thymian abspülen, trocken tupfen, Nadeln und Blättchen von den Stängeln zupfen, Nadeln und Blättchen klein schneiden. Haselnusskerne klein hacken, in einer Pfanne ohne Fett kurz rösten und herausnehmen. Toastbrot in kleine Würfel schneiden. 30 g Butter in der Pfanne erhitzen. Die Brotwürfel darin goldgelb rösten und herausnehmen.

4. Für die Medaillons Hirschkalbsrücken unter fließendem kalten Wasser abspülen, trocken tupfen und in 8 gleich große Medaillons schneiden. Mit Salz und Pfeffer würzen. Den Backofen vorheizen.

5. Rosmarin und Thymian abspülen und trocken tupfen. Butterschmalz in einer ofenfesten Pfanne erhitzen. Hirschmedaillons darin von beiden Seiten gut anbraten. Lorbeerblätter, Wacholderbeeren, Rosmarin, Thymian und Butter hinzufügen. Die Pfanne auf dem Rost in den vorgeheizten Backofen schieben.
Ober-/Unterhitze: 120–140 °C
Heißluft: 100–120 °C
Garzeit: etwa 20 Minuten.

6. Für die Kruste restliche Butter (50 g) mit Handrührgerät mit Rührbesen schaumig schlagen. Eigelb unterrühren. Haselnusskerne und Brotwürfel gut untermengen. Rosmarin, Thymian und Honig unterrühren. Mit Salz und Pfeffer würzen.

7. Für das Gemüse Butter zerlassen, Rosenkohlblätter, -streifen und Möhrenwürfel darin zugedeckt etwa 5 Minuten dünsten.

8. Die Pfanne mit den Medaillons kurz vor Ende der Garzeit aus dem Backofen nehmen. Den Backofengrill vorheizen. Die Haselnussmasse in 8 Portionen teilen, auf die Medaillons streichen und leicht andrücken. Die Medaillons unter dem vorgeheizten Grill 2–3 Minuten überbacken.

9. Das Gemüse mit Salz, Pfeffer und Muskat würzen. Die Spätburgundersauce aufkochen, Speisestärke mit etwas Wasser verrühren, in die Sauce rühren und nochmals aufkochen. Die Sauce mit Salz und Pfeffer abschmecken.

10. Das Gemüse auf vorgewärmten Tellern verteilen. Fleisch und etwas Sauce hinzugeben. Sofort servieren.

Etwas aufwändiger

Poularde, gefüllt mit einer Böhmischen-Knödel-Masse
4 Portionen

Zubereitungszeit: 50 Minuten, ohne Abkühl- und Teiggehzeit
Garzeit: 45–60 Minuten

1 Poularde (1,6–1,8 kg)
Salz
frisch gemahlener Pfeffer

2 Brötchen (Semmeln vom Vortag)
60 g Butter

100 g Weizenmehl
10 g frische Hefe
1 Prise Zucker
50 ml lauwarme Milch
1 Ei (Größe M)
1 gestr. TL Salz
8 Backpflaumen ohne Stein
2 Stängel Thymian

2 EL Butterschmalz

150 ml Wasser
60 g Butter

Außerdem:
6 Rouladennadeln
Küchengarn

Pro Portion:
E: 72 g, F: 55 g, Kh: 39 g,
kJ: 3953, kcal: 945

1. Poularde von innen und außen unter fließendem kalten Wasser abspülen und gut trocken tupfen. Von innen mit Salz und Pfeffer würzen.
2. Brötchen in kleine Würfel schneiden. Butter in einer Pfanne zerlassen. Brötchenwürfel darin anrösten, herausnehmen und abkühlen lassen.
3. Mehl in eine Rührschüssel geben. In die Mitte eine Vertiefung drücken und die Hefe hineinbröckeln. Zucker und etwas Milch hinzufügen, mit einer Gabel mit einem Teil des Mehls verrühren und zugedeckt 10–15 Minuten gehen lassen.
4. Restliche Milch, Ei und Salz hinzufügen. Die Zutaten mit Handrührgerät mit Knethaken zunächst kurz auf niedrigster, dann auf höchster Stufe in etwa 5 Minuten zu einem glatten, nicht zu festen Teig verarbeiten.
5. Backpflaumen in kurze Streifen schneiden. Thymian abspülen und trocken tupfen. Die Blättchen von den Stängeln zupfen. Blättchen klein schneiden. Brötchen-, Backpflaumenstreifen und Thymian unter den Hefeteig arbeiten. Den Teig zugedeckt so lange an einem warmen Ort gehen lassen, bis er sich verdoppelt hat (etwa 30 Minuten). Den Backofen vorheizen.
6. Den Teig kurz durchkneten und in die Poularde füllen. Die Bauchöffnung mit Rouladennadeln und Küchengarn verschließen. Die Flügel mit Küchengarn unter den Körper binden, die Keulen zusammenbinden. Die Poularde von außen mit Salz und Pfeffer einreiben.
7. Butterschmalz in einer großen Pfanne erhitzen. Die Poularde darin von allen Seiten goldbraun anbraten und auf ein Backblech setzen. Wasser hinzugießen. Die Poularde mit Butter bestreichen. Das Backblech in den vorgeheizten Backofen schieben.
Ober-/Unterhitze: etwa 180 °C
Heißluft: etwa 160 °C
Garzeit: 45–60 Minuten.
8. Die Poularde vom Backblech nehmen und etwa 5 Minuten ruhen lassen. Rouladennadeln und Küchengarn entfernen. Die Poularde mit einer Geflügelschere in Portionsstücke schneiden. Die Pouardenstücke warm stellen und die Füllung in Scheiben schneiden.
9. Die Pouardenstücke und die in Scheiben geschnittene Füllung auf einem vorgewärmten Teller anrichten und mit einem Teil des entstandenen Bratensaftes übergießen.

Poularde, gefüllt mit einer Böhmischen-Knödel-Masse

Vollwert – für Kinder

Puten-Brokkoli-Reis-Pfanne
4 Portionen

Zubereitungszeit: 50 Minuten
Garzeit: etwa 11 Minuten

175 g Naturreis
400 ml Salzwasser
300 g Putenbrustfilet
1 Zwiebel
1 Knoblauchzehe
750 g Brokkoli
4 Fleischtomaten (etwa 800 g)
2 TL gehobelte Mandeln
1 EL Speiseöl, z. B. Olivenöl
Salz, frisch gemahlener Pfeffer
200 ml Gemüsebrühe
100 g saure Sahne
1/2 Bund frisches Basilikum

Pro Portion:
E: 29 g, F: 9 g, Kh: 42 g,
kJ: 1540, kcal: 367

1. Reis in kochendem Salzwasser nach Packungsanleitung quellen lassen.
2. In der Zwischenzeit Putenbrustfilet abspülen, mit Küchenpapier gut trocken tupfen und in Streifen schneiden. Zwiebel und Knoblauch abziehen, klein würfeln.
3. Vom Brokkoli die Blätter entfernen. Brokkoli waschen, abtropfen lassen und in Röschen teilen. Dickere Stiele schälen und klein schneiden. Tomaten waschen, trocken tupfen, vierteln und die Stängelansätze herausschneiden. Tomatenviertel eventuell entkernen und in Würfel schneiden.
4. Mandeln in einem Wok oder einer Pfanne ohne Fett leicht bräunen, herausnehmen und auf einem Teller erkalten lassen.
5. Olivenöl im Wok oder einer Pfanne erhitzen, die Putenbruststreifen darin unter Wenden etwa 4 Minuten braten. Putenbruststreifen mit Salz und Pfeffer würzen, herausnehmen.
6. Zwiebel- und Knoblauchwürfel in dem verbliebenen Bratfett glasig dünsten. Brokkoliröschen hinzugeben, kurz mit anbraten, Brühe hinzugießen. Brokkoliröschen zugedeckt etwa 4 Minuten bei schwacher Hitze dünsten.
7. Den gegarten Reis eventuell abgießen. Reis, Putenbruststreifen und Tomatenwürfel vorsichtig unter die Brokkoliröschen heben. Bei schwacher Hitze etwa 3 Minuten erhitzen. Puten-Brokkoli-Reis-Pfanne mit Salz und Pfeffer abschmecken.
8. Saure Sahne glattrühren, mit etwas Salz und Pfeffer abschmecken. Basilikum abspülen und trocken tupfen. Die Blättchen von den Stängeln zupfen. Blättchen in feine Streifen schneiden und mit der sauren Sahne verrühren. Puten-Brokkoli-Reis-Pfanne mit saurer Sahne und Mandeln anrichten, sofort servieren.

Tipp: Statt Putenbrustfilet in Streifen können Sie diese Reispfanne auch mit Schweinefilet anrichten. Dazu 1 Schweinefilet (etwa 300 g) in einer Pfanne mit 1–2 Esslöffeln Speiseöl unter Wenden 12–15 Minuten braten. Filet in dickere Scheiben schneiden und auf der Reispfanne anrichten. Den Naturreis können Sie durch geschälten Langkornreis (parboiled) ersetzen.

Für Gäste

Puten-Pilz-Gulasch
8–10 Portionen

Zubereitungszeit: 50 Minuten
Garzeit: etwa 60 Minuten

1, 4 kg Putenfleisch (aus der Keule, ohne Knochen)
Salz
frisch gemahlener Pfeffer
Paprikapulver edelsüß
3 EL Speiseöl
3 EL Tomatenmark
300 ml Geflügelbrühe oder -fond
1 Bund Thymian
1 EL grüne Pfefferkörner
400 g Champignons
400 g Austernpilze
200 g Pfifferlinge (oder aus der Dose)
3 EL Speiseöl
1 EL rosa Pfefferbeeren

Pro Portion:
E: 34 g, F: 15 g, Kh: 2 g,
kJ: 1268, kcal: 301

1. Putenfleisch unter fließendem kalten Wasser abspülen, trocken tupfen und in Würfel schneiden. Mit Salz, Pfeffer und Paprika bestreuen.
2. Speiseöl in einem Bräter erhitzen. Fleischwürfel darin von allen Seiten kräftig anbraten. Tomatenmark unterrühren. Brühe oder Fond hin-

Puten-Brokkoli-Reis-Pfanne

zugießen, zum Kochen bringen und zugedeckt bei schwacher Hitze etwa 60 Minuten garen, dabei ab und zu umrühren.

3. Thymian abspülen und trocken tupfen (einige Zweige zum Garnieren beiseitelegen), mit den Pfefferkörnern nach etwa 30 Minuten Garzeit zu den Fleischwürfeln in den Bräter geben.

4. Champignons, Austernpilze und Pfifferlinge putzen, mit Küchenpapier abreiben, eventuell kurz abspülen und trocken tupfen. Pfifferlinge aus der Dose in einem Sieb gut abtropfen lassen.

5. Die Pilze nach etwa 50 Minuten Garzeit zum Gulasch geben und weitere etwa 10 Minuten mitgaren lassen. Nochmals mit den Gewürzen abschmecken.

6. Puten-Pilz-Gulasch mit den beiseite gelegten Thymianzweigen und Pfefferbeeren garniert servieren.

Puten-Pilz-Gulasch

Raffiniert

Putencurry mit Mango
2 Portionen

Zubereitungszeit: 30 Minuten
Garzeit: etwa 12 Minuten

1 Zwiebel
1 Knoblauchzehe
350 g Putenschnitzel
3 EL Speiseöl, z. B. Rapsöl
1 EL Currypulver
200 ml Hühnerbrühe
Saft von 1 Limette
1 Mango
1 kleine Stange Porree (Lauch)
1 TL Speisestärke
2 EL Milch
Salz
frisch gemahlener Pfeffer
1 Beutel (250 g) Express Basmati Reis oder 250 g gekochter Basmatireis

Pro Portion:
E: 49 g, F: 18 g, Kh: 55 g,
kJ: 2472, kcal: 592

Putencurry mit Mango

1. Zwiebel und Knoblauch abziehen. Zwiebel halbieren und in Scheiben schneiden. Knoblauch in kleine Würfel schneiden. Putenschnitzel unter fließendem kalten Wasser abspülen, trocken tupfen und in etwa 2 cm große Würfel schneiden.

2. Speiseöl in einer Pfanne erhitzen. Fleischwürfel darin anbraten. Zwiebelscheiben und Knoblauchwürfel hinzufügen, kurz mitbraten lassen, mit Curry bestäuben. Nochmals etwa 2 Minuten braten lassen, dann Hühnerbrühe und Limettensaft unterrühren. Putencurry etwa 10 Minuten garen.

3. Mango halbieren. Das Fruchtfleisch vom Stein schneiden, schälen und in kleine Würfel schneiden. Porree putzen, die Stange längs halbieren, waschen, abtropfen lassen und in feine Streifen schneiden. Porreestreifen zum Putencurry geben und kurz mitgaren lassen.

4. Speisestärke mit Milch anrühren, in das Putencurry rühren und kurz aufkochen lassen, Mangowürfel unterrühren. Putencurry mit Salz und Pfeffer würzen.

5. Express Reis nach Packungsanleitung zubereiten und zum Putencurry servieren.

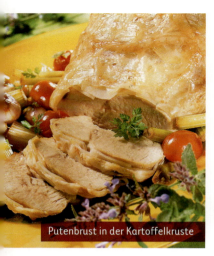

Putenbrust in der Kartoffelkruste

Putenröllchen auf Tomate mit Schafkäse und Curryreis

Für Gäste – mit Alkohol

Putenbrust in der Kartoffelkruste
4 Portionen

Zubereitungszeit: 90 Minuten
Garzeit: etwa 90 Minuten

2 Putenbrustfilets (je etwa 750 g)
Salz
frisch gemahlener Pfeffer
4 EL Pflanzenöl
2 Schweinenetze (beim Metzger vorbestellen)
2 Eier (Größe M)
1 kg große, festkochende Kartoffeln

500 g kleine Schalotten
1 Staudensellerie (etwa 500 g)
500 g Cocktailtomaten
200 ml trockener Weißwein
400 ml Geflügelbrühe oder -fond

Pro Portion:
E: 40 g, F: 7 g, Kh: 20 g,
kJ: 1416, kcal: 338

1. Putenbrustfilets unter fließendem kalten Wasser abspülen und trocken tupfen. Mit Salz und Pfeffer würzen. Pflanzenöl in einer Pfanne zerlassen. Die Putenbrustfilets darin von beiden Seiten anbraten. Den Backofen vorheizen.
2. Auf einer Arbeitsfläche zwei Schweinenetze ausbreiten und je ein Putenbrustfilet darauflegen. Eier verschlagen, die Putenbrustfilets damit bestreichen.
3. Kartoffeln waschen, schälen, abspülen, abtropfen lassen und in dünne Scheiben schneiden oder hobeln. Die Kartoffelscheiben dachziegelartig auf den Putenbrustfilets verteilen. Jeweils mit einem Schweinenetz umwickeln und in einen Bräter oder in eine Fettfangschale legen. Den Bräter auf dem Rost oder die Fettfangschale in den vorgeheizten Backofen schieben.
Ober-/Unterhitze: 180–200 °C
Heißluft: 160–180 °C
Garzeit: etwa 90 Minuten.
4. Schalotten abziehen, evtl. halbieren. Sellerie putzen und die harten Außenfäden abziehen. Sellerie waschen, abtropfen lassen und in 2–3 cm lange Stifte schneiden. Tomaten waschen, abtropfen lassen und evtl. Stängelansätze entfernen.
5. Schalotten, Selleriestifte und Tomaten nach der Hälfte der Garzeit zu den Putenbrustfilets geben und mitgaren lassen. Wein und Brühe oder Fond hinzugießen. Die Putenbrustfilets während der Garzeit ab und zu mit dem Fond begießen.
6. Die Putenbrustfilets herausnehmen, in dicke Scheiben schneiden und mit dem Gemüse servieren.

Raffiniert

Putenröllchen auf Tomate mit Schafkäse und Curryreis
4 Portionen

Zubereitungszeit: 40 Minuten
Garzeit: Reis 15–20 Minuten
Garzeit: Putenröllchen etwa 10 Minuten

Für den Curryreis:
1 Zwiebel
1 EL Olivenöl
200 g Langkornreis
1 EL Currypulver
400 ml Gemüsebrühe

4 Putenschnitzel (je etwa 150 g)
Salz
frisch gemahlener Pfeffer
1 Frühlingszwiebel

2 große Scheiben gekochter Schinken

3–4 Tomaten
2 Zwiebeln
1–2 EL Speiseöl
Zucker
1 TL gerebelter Oregano
120 g Schafkäse

Nach Belieben:
einige Stängel Majoran oder Oregano

Außerdem:
evtl. Holzstäbchen

Pro Portion:
E: 54 g, F: 15 g, Kh: 44 g,
kJ: 2256, kcal: 539

1. Für den Curryreis Zwiebel abziehen und in kleine Würfel schneiden. Olivenöl in einem Topf erhitzen, Zwiebelwürfel und Reis darin andünsten. Curry unterrühren und kurz mit andünsten.
2. Brühe hinzugießen und zum Kochen bringen. Reis zugedeckt bei schwacher Hitze 15–20 Minuten

quellen lassen, dabei gelegentlich umrühren.

3. Putenschnitzel unter fließendem kalten Wasser abspülen und trocken tupfen, eventuell etwas flachklopfen. Putenschnitzel mit Salz und Pfeffer bestreuen.

4. Frühlingszwiebel putzen, waschen, abtropfen lassen und in etwa 2 1/2 cm lange Stücke schneiden. Schinkenscheiben halbieren. Jeweils eine halbe Schinkenscheibe und ein Stück Frühlingszwiebel auf ein Putenschnitzel legen. Putenschnitzel von der schmalen Seite her fest aufrollen, eventuell mit Holzstäbchen feststecken.

5. Tomaten waschen, kreuzweise einschneiden und einige Sekunden in kochendes Wasser legen. Tomaten kurz in kaltes Wasser legen, enthäuten, halbieren, entkernen und die Stängelansätze herausschneiden. Tomatenhälften in Würfel schneiden. Zwiebeln abziehen und klein würfeln.

6. Speiseöl in einer großen Pfanne erhitzen. Putenröllchen darin von allen Seiten anbraten und herausnehmen. Zwiebelwürfel in dem verbliebenen Bratfett andünsten, Tomatenwürfel hinzugeben und 2–3 Minuten mitdünsten lassen. Tomatengemüse mit Salz, Pfeffer, Zucker und Oregano würzen. Putenröllchen auf das Tomatengemüse legen und zugedeckt bei mittlerer Hitze etwa 10 Minuten garen.

7. Käse in Würfel schneiden, zu den Putenröllchen geben und kurz miterwärmen.

8. Nach Belieben Kräuter abspülen, trocken tupfen und in kleine Stängel zupfen. Die Putenröllchen damit garnieren.

Einfach – mit Alkohol

Putengeschnetzeltes mit Kräuterfrischkäse

8–10 Portionen

Zubereitungszeit: 40 Minuten

1 1/2 kg Putenbrustfilet
2 Gläser Champignons (Abtropfgewicht je 480 g)
4 Zwiebeln
8 EL Speiseöl
Salz
frisch gemahlener Pfeffer
500 g Schlagsahne
500 ml (1/2 l) Hühnerbrühe
400 g Kräuter-Frischkäse
200 ml Weißwein
1 EL Currypulver
Knoblauchsalz

Pro Portion:
E: 37 g, F: 27 g, Kh: 5 g,
kJ: 1875, kcal: 448

1. Putenbrustfilet unter fließendem kalten Wasser abspülen, trocken tupfen und in Streifen schneiden. Champignons in einem Sieb abtropfen lassen und in Scheiben schneiden. Zwiebeln abziehen und in kleine Würfel schneiden.

2. Speiseöl in einer Pfanne erhitzen, Fleischstreifen darin portionsweise anbraten, mit Salz und Pfeffer bestreuen. Zwiebelwürfel hinzufügen und mit andünsten.

3. Mit Sahne und Brühe ablöschen. Die Zutaten aufkochen lassen. Champignonscheiben, Frischkäse und Wein hinzufügen und erhitzen.

4. Das Geschnetzelte mit Curry, Salz und Pfeffer abschmecken.

Beilage: Bandnudeln oder Reis, Salat.

Tipp: Das Geschnetzelte nach Belieben mit Weizenmehl oder Saucenbinder andicken.

Putengeschnetzeltes mit Kräuterfrischkäse

Für Gäste

Putenrouladen mit Spinat und Schwarzwälder Schinken
4 Portionen

Zubereitungszeit: 50 Minuten, ohne Abkühlzeit
Garzeit: etwa 5 Minuten

500 g Spinat
2 Schalotten
30 g Butter
Salz
frisch gemahlener Pfeffer
frisch geriebene Muskatnuss
2 EL Crème fraîche

8 kleine Putensteaks (je etwa 80 g)
2 TL Currypulver
8 Scheiben Schwarzwälder Schinken
30 g Butterschmalz
200 g Pfifferlinge oder Pilze der Saison
1 TL Kräuteressig
200 ml Geflügelbrühe

40 g kalte Butter
2 EL Schnittlauchröllchen

Außerdem:
8 kleine Holzstäbchen

Pro Portion:
E: 49 g, F: 30 g, Kh: 3 g,
kJ: 2005, kcal: 480

1. Spinat putzen, waschen, abtropfen lassen und in kochendem Salzwasser 1–2 Minuten blanchieren. Spinat in kaltem Wasser abschrecken und in einem Sieb abtropfen lassen.
2. Schalotten abziehen und in kleine Würfel schneiden. Butter in einer Pfanne zerlassen, Schalottenwürfel darin andünsten. Blanchierten Spinat leicht ausdrücken, hinzugeben, mit Salz, Pfeffer und Muskat würzen. Crème fraîche unterrühren. Spinatmasse etwas abkühlen lassen.
3. Putensteaks unter fließendem kalten Wasser abspülen und trocken tupfen. Steaks zwischen zwei Lagen Frischhaltefolie legen und mit einem Fleischklopfer etwas flachklopfen. Mit Salz, Pfeffer und Curry würzen. Die Putensteaks mit je einer Scheibe Schinken belegen.
4. Jeweils etwas von der Spinatmasse in die Mitte der Putensteaks geben, Steaks aufrollen, mit Holzstäbchen feststecken.
5. Butterschmalz in einer Pfanne erhitzen. Putenrouladen darin von allen Seiten gut anbraten.
6. Pfifferlinge putzen, mit Küchenpapier abreiben, eventuell abspülen und gut trocken tupfen. Pfifferlinge zu den Putenrouladen geben und mit anbraten. Mit Essig und Brühe ablöschen. Die Putenrouladen bei schwacher Hitze etwa 5 Minuten gar ziehen lassen.
7. Die Putenrouladen aus der Pfanne nehmen und auf vorgewärmten Tellern anrichten.
8. Butter in kleinen Stücken unter die Pfifferlinge rühren, Schnittlauchröllchen hinzufügen. Die Pfifferlinge auf den Putenrouladen verteilen.

Tipp: Dazu passen Gnocchi, die z. B. in Butter mit Tomatenwürfeln geschwenkt wurden.

Etwas teurer – für Gäste

Rehmedaillons mit Melonenspalten
4 Portionen

Zubereitungszeit: 35 Minuten
Garzeit: 4–6 Minuten

Zum Vorbereiten:
½ Ogenmelone oder Honigmelone
1 kleine Birne, z. B. Williams Christ
300 g Pfifferlinge
1 Zwiebel
1 leicht geh. EL Butter

4 Rehmedaillons (je etwa 120 g)
2 EL Speiseöl
Salz, frisch gemahlener Pfeffer

Pro Portion:
E: 37 g, F: 9 g, Kh: 13 g,
kJ: 1211, kcal: 288

1. Zum Vorbereiten Melonenhälfte schälen. Aus der Melonenhälfte die Kerne mit einem Löffel herausnehmen. Birne schälen, halbieren und entkernen. Melone und Birne in feine Spalten schneiden, beiseitelegen.
2. Pfifferlinge putzen und mit Küchenpapier abreiben, eventuell kurz abspülen und trocken tupfen. Zwiebel abziehen und in kleine Würfel schneiden.

Putenrouladen mit Spinat und Schwarzwälder Schinken

3. Butter in einer großen Pfanne zerlassen, Zwiebelwürfel und Pfifferlinge darin andünsten, herausnehmen und warm stellen.
4. Rehmedaillons unter fließendem kalten Wasser abspülen und trocken tupfen. Speiseöl in der gesäuberten Pfanne erhitzen, die Rehmedaillons darin von jeder Seite 2–3 Minuten braten. Mit Salz und Pfeffer würzen.
5. Rehmedaillons auf vier Tellern anrichten. Pfifferlinge darauf verteilen und mit den beiseite gelegten Melonen- und Birnenspalten garniert servieren.

Etwas teurer — dauert länger

Rosmarin-Bohnen-Gratin mit Entenkeulen
4 Portionen

Zubereitungszeit: 60 Minuten
Garzeit: Bohnen etwa 2 Stunden, Gratin etwa 1 Stunde

300 g weiße Perlbohnen
600 ml Fleischbrühe
4 Entenkeulen
3 EL Olivenöl
600 g Kartoffeln
2 rote Zwiebeln
2 Knoblauchzehen
1 Bund Rosmarin
4 Tomaten
Salz
frisch gemahlener Pfeffer
60 g frisch geriebener Parmesan-Käse
3 EL Semmelbrösel

Pro Portion:
E: 55 g, F: 53 g, Kh: 43 g,
kJ: 3861, kcal: 922

1. Die Bohnen mit der Fleischbrühe in einem Topf zum Kochen bringen und zugedeckt bei schwacher Hitze etwa 2 Stunden köcheln lassen.
2. Entenkeulen unter fließendem kalten Wasser abspülen und trocken tupfen. Olivenöl in einer Pfanne erhitzen. Entenkeulen darin von beiden Seiten anbraten, herausnehmen und warm stellen.
3. Kartoffeln waschen, schälen, abspülen, abtropfen lassen und in Würfel schneiden. Kartoffelwürfel in dem verbliebenen Bratfett knusprig braun braten.
4. Zwiebeln und Knoblauch abziehen, in Würfel schneiden, zu den Kartoffelwürfeln geben und mit anbraten. Rosmarin abspülen und trocken tupfen. Die Nadeln von den Stängeln zupfen. Nadeln sehr klein schneiden. Tomaten waschen, trocken tupfen, halbieren und die Stängelansätze herausschneiden. Tomaten grob zerkleinern.
5. Perlbohnen, Rosmarin und Tomatenstücke unter die angebratenen Kartoffeln mischen, mit Salz und Pfeffer würzen.
6. Das Gemüse in eine Auflaufform (gefettet) geben. Die Entenkeulen darauf verteilen. Käse mit Semmelbröseln mischen. Den Auflauf damit bestreuen. Die Form auf dem Rost in den vorgeheizten Backofen schieben.
Ober-/Unterhitze: etwa 180 °C
Heißluft: etwa 160 °C
Garzeit: etwa 1 Stunde.

Rehmedaillons mit Melonenspalten

Rosmarin-Bohnen-Gratin mit Entenkeulen

Rosa gebratene Entenbrust mit Spekulatiuskruste

Zu Weihnachten

Rosa gebratene Entenbrust mit Spekulatiuskruste

4 Portionen

Zubereitungszeit: 30 Minuten
Garzeit: 6–10 Minuten

1 Stängel Rosmarin
150 g Spekulatius
80 g weiche Butter
1 Eigelb (Größe M)
1 TL flüssiger Honig
Salz
4 Entenbrüste (je 200 g)
frisch gemahlener Pfeffer
2 EL Speiseöl
4 EL Feigensenf
3 Stängel Majoran

Pro Portion:
E: 46 g, F: 82 g, Kh: 30 g,
kJ: 4335, kcal: 1034

1. Rosmarin abspülen und trocken tupfen. Nadeln von dem Stängel zupfen und klein schneiden. Spekulatius in einen Gefrierbeutel geben, Beutel fest verschließen. Spekulatius mit einer Teigrolle grob zerkleinern.
2. Butter mit Handrührgerät mit Rührbesen schaumig rühren und das Eigelb unterrühren. Rosmarin, Spekulatiusbrösel und Honig unter die Buttermasse rühren. Mit Salz würzen.
3. Entenbrüste unter fließendem kalten Wasser abspülen und trocken tupfen. Auf der Hautseite mit einem scharfen Messer in die Fettschicht ein Rautenmuster schneiden. Entenbrüste auf der Fleischseite mit Salz und Pfeffer würzen. Den Backofen vorheizen.
4. Speiseöl in einer großen Pfanne erhitzen. Die Entenbrüste mit der Hautseite nach unten in die Pfanne legen und gut anbraten. Entenbrüste umdrehen und kurz auf der Fleischseite braten.
5. Entenbrüste herausnehmen, mit der Hautseite nach oben auf einem Backblech verteilen und mit Feigensenf bestreichen.
6. Die Spekulatiusmasse gleichmäßig auf den Entenbrüsten verteilen. Das Backblech in den vorgeheizten Backofen schieben.
Ober-/Unterhitze: etwa 160 °C
Heißluft: etwa 140 °C
Garzeit: 6–10 Minuten.
7. Majoran abspülen, trocken tupfen und in Zweige zupfen. Die Entenbrüste vom Backblech nehmen und etwa 4 Minuten ruhen lassen. Entenbrüste aufschneiden, mit Majoranzweigen anrichten und servieren.

Beilage: Schwarzwurzel-Wirsing-Gemüse.

Dafür 400 g Schwarzwurzeln unter fließendem kalten Wasser gründlich bürsten, schälen, Wurzelspitzen und Blattansätze entfernen. Schwarzwurzeln abspülen und sofort in Milchwasser (250 ml Milch und 500 ml Wasser) legen, damit sie weiß bleiben. Wurzeln in etwa 3 cm lange Stücke schneiden.
70 ml Gemüsefond und 30 g Butter zum Kochen bringen. Schwarzwurzelstücke hinzugeben und im geschlossenen Topf etwa 15 Minuten dünsten, mit einer Schaumkelle herausnehmen. Fond etwas einkochen lassen, 1 Esslöffel Crème double unterrühren. Mit Salz, Pfeffer und Zucker abschmecken.
300 g geputzten Wirsingkohl abspülen, abtropfen lassen und in Streifen schneiden. 1 Schalotte abziehen, in kleine Würfel schneiden.
30 g geräucherten, durchwachsenen Speck fein würfeln. 20 g Butter zerlassen. Schalotten- und Speckwürfel darin anbraten. Wirsingstreifen hinzugeben, mitdünsten lassen, mit 70 ml Gemüsefond ablöschen. Wirsingstreifen im geschlossenen Topf bissfest garen. Mit Salz, Pfeffer und Muskatnuss abschmecken und unter das Schwarzwurzelgemüse geben. Gemüse anrichten, mit etwas Crema di Balsamico (oder dickflüssigem Balsamico-Essig) beträufeln und sofort servieren.

Für Gäste – mit Alkohol

Rehkeule in Preiselbeersauce
6 Portionen

Zubereitungszeit: 50 Minuten, ohne Marinierzeit
Garzeit: 45–60 Minuten

- 1 Rehkeule (etwa 2 1/2 kg)
- je 2 Stängel Thymian und Rosmarin
- 2 Lorbeerblätter
- 2 EL flüssiger Honig
- 1 TL gemahlener Koriander
- 1 Msp. gemahlener Piment
- 1 Stange Porree (Lauch)
- 2 Möhren
- 200 g Knollensellerie
- 1 Gemüsezwiebel (150 g)
- 2 EL Butterschmalz
- 1 EL Tomatenmark
- 400 ml Rotwein
- 3 EL Preiselbeeren (aus dem Glas)
- 400 ml Wasser
- Salz
- frisch gemahlener Pfeffer
- 2 EL kalte Butter

Pro Portion:
E: 72 g, F: 16 g, Kh: 12 g,
kJ: 2199, kcal: 526

1. Die Rehkeule unter fließendem kalten Wasser abspülen und trocken tupfen. Thymian und Rosmarin abspülen und trocken tupfen. Die Blättchen und Nadeln von den Stängeln zupfen. Blättchen und Nadeln klein schneiden, Lorbeerblätter in kleine Stücke brechen. Kräuter und Lorbeer mit Honig, Koriander und Piment verrühren. Die Rehkeule damit bestreichen und in einen großen Gefrierbeutel geben, den Beutel verschließen. Rehkeule über Nacht kalt stellen und durchziehen lassen.

2. Porree putzen, die Stange längs halbieren, gründlich waschen und in kleine Stücke schneiden. Möhren und Sellerie putzen, schälen, abspülen, abtropfen lassen und in kleine Würfel schneiden. Zwiebel abziehen und in kleine Würfel schneiden. Den Backofen vorheizen.

3. Butterschmalz in einem Bräter erhitzen. Vorbereitetes Gemüse darin anbraten, Tomatenmark unterrühren und anrösten. Mit der Hälfte des Rotweins ablöschen, zum Kochen bringen und einkochen lassen. Restlichen Rotwein und 2 Esslöffel Preiselbeeren hinzugeben. Die Rehkeule aus dem Beutel nehmen, mit Salz bestreuen und auf das Gemüse legen. Wasser hinzugießen. Den Bräter auf dem Rost in den vorgeheizten Backofen schieben.
Ober-/Unterhitze: 160–180 °C
Heißluft: 140–160 °C
Garzeit: 45–60 Minuten (ist dann immer noch rosa).

4. Verdampfte Flüssigkeit nach und nach durch Wasser ersetzen.

5. Die Rehkeule aus dem Bräter nehmen und warm stellen. Den Bratenfond durch ein Sieb in einen Topf gießen, etwas einkochen lassen. Restliche Preiselbeeren unterrühren. Die Sauce mit Salz und Pfeffer abschmecken. Den Topf von der Kochstelle nehmen. Butter in kleinen Stücken in die Sauce rühren.

6. Den Knochen aus der Rehkeule heraustrennen. Das Fleisch in Scheiben schneiden. Ausgetretenen Fleischsaft in die Sauce geben. Das Fleisch mit der Sauce auf vorgewärmten Tellern anrichten.

Tipp: Die Rehkeule mit einem Porree-Gemüse servieren. Dafür 1 kg Porree (Lauch) putzen, gründlich waschen und schräg in etwa 3 cm lange Stücke schneiden. Die Porreestücke nochmals abspülen. Etwa 125 ml (1/8 l) Gemüsebrühe in einem Topf aufkochen, Porreestücke in den Topf geben und aufkochen. Porreestücke im geschlossenen Topf 10–15 Minuten garen. 4 Stängel Thymian abspülen, trocken tupfen. Die Blättchen abzupfen und klein schneiden. Kurz vor Ende der Garzeit 80 g Butter in einer Pfanne zerlassen, 3–4 Esslöffel Semmelbrösel darin goldbraun rösten, den gehackten Thymian hinzugeben und erhitzen. Porree abgießen, abtropfen lassen, mit Fleisch und Sauce auf Tellern anrichten. Die Bröselbutter über die Porreestücke geben.

Rehkeule in Preiselbeersauce

Raffiniert

Reistopf mit Hähnchen
4 Portionen

Zubereitungszeit: 80 Minuten
Garzeit: 30–40 Minuten

2 kleine Hähnchen (je etwa 700 g)
Salz, Pfeffer, Paprikapulver
4 EL Speiseöl

250 g Langkornreis
500 ml (1/2 l) Salzwasser
2 rote Paprikaschoten
2 grüne Paprikaschoten
2 Schalotten
100 g roher Schinken
80 g Butter

Pro Portion:
E: 67 g; F: 49 g; Kh: 57 g;
kJ: 4056; kcal: 970

1. Den Backofen vorheizen. Hähnchen halbieren und unter fließendem kalten Wasser abspülen, trocken tupfen. Mit Salz, Pfeffer und Paprika würzen, mit etwas Speiseöl bestreichen. Hähnchenhälften auf ein Backblech legen und in den vorgeheizten Backofen schieben.

Ober-/Unterhitze: etwa 220 °C
Heißluft: etwa 200 °C
Garzeit: 30–40 Minuten.
2. Die Hähnchenhälften während der Garzeit ab und zu mit dem restlichen Speiseöl bestreichen.
3. Den Reis in kochendem Salzwasser in etwa 20 Minuten ausquellen lassen. Reis in einem Sieb abtropfen lassen.
4. Paprikaschoten halbieren, entstielen, entkernen und die weißen Scheidewände entfernen. Schoten waschen, trocken tupfen und in Würfel schneiden. Schalotten abziehen und fein hacken. Schinken klein würfeln.
5. Die garen Hähnchenhälften vom Backblech nehmen. Das Fleisch von den Knochen lösen und in Stücke schneiden.
6. Butter in einem Topf zerlassen. Alle vorbereiteten Gemüsezutaten und den Reis darin andünsten, mit Salz und Pfeffer würzen.
7. Reis-Gemüse-Topf mit den Hähnchenstücken anrichten.

Tipp: Reistopf mit Hähnchen mit Basilikumblättchen anrichten.

Für Gäste

Sommerliche Putenroulade
4 Portionen

Zubereitungszeit: 30 Minuten
Garzeit: etwa 70 Minuten

300 g Blattspinat
6 Zweige Thymian
700 g kleine Kartoffeln
4 EL Olivenöl
4 große, dünne Putenschnitzel (je etwa 150 g)
frisch gemahlener Pfeffer
20 g weiche Kräuterbutter
400 g Tomaten
Salz

Außerdem:
Küchengarn

Pro Portion:
E: 43 g, F: 17 g, Kh: 37 g,
kJ: 2111, kcal: 505

1. Spinat verlesen, waschen, abtropfen lassen, in kochendes Salzwasser geben, aufkochen und in einem Sieb gut abtropfen lassen. Thymian

Reistopf mit Hähnchen

Sommerliche Putenroulade

Steaks vom Wildschwein mit Sauerkirschen

abspülen und trocken tupfen. Die Blättchen von den Stängeln zupfen.
2. Kartoffeln gründlich waschen. Größere Kartoffeln eventuell halbieren. Kartoffeln, Thymian und Olivenöl in einen gewässerten Römertopf® geben (dabei die Herstelleranweisungen beachten) und gut vermischen.
3. Putenschnitzel unter fließendem kalten Wasser abspülen, trocken tupfen, nebeneinander ausbreiten, mit Pfeffer bestreuen und mit Kräuterbutter bestreichen. Spinat ausdrücken und darauf verteilen. Die Schnitzel von der schmalen Seite her aufrollen, mit Küchengarn umwickeln und auf die Kartoffeln legen. Den Römertopf® mit dem Deckel verschließen und auf dem Rost in den kalten Backofen schieben.
Ober-/Unterhitze: etwa 220 °C
Heißluft: etwa 200 °C
Garzeit: etwa 70 Minuten.
4. In der Zwischenzeit Tomaten waschen, abtrocknen, halbieren und die Stängelansätze herausschneiden. Tomaten in grobe Würfel schneiden.
5. Nach etwa 60 Minuten Garzeit die Rouladen aus dem Römertopf® nehmen. Tomatenhälften zu den Kartoffeln in den Römertopf® geben und untermischen. Mit Salz und Pfeffer würzen. Rouladen wieder auf das Gemüse legen und ohne Deckel fertig garen.

Mit Alkohol

Steaks vom Wildschwein mit Sauerkirschen
4 Portionen

Zubereitungszeit: 45 Minuten
Garzeit: etwa 5 Minuten

650 g Frischlingsrücken (ohne Knochen)
1 Zwiebel
100 g Austernpilze
50 g Butter
200 ml Wildfond
1 Glas Sauerkirschen (Abtropfgewicht 295 g)
2 EL Speiseöl
Salz, frisch gemahlener Pfeffer
100 ml Rotwein
Minzeblättchen

Pro Portion:
E: 33 g, F: 18 g, Kh: 16 g,
kJ: 1599, kcal: 381

1. Frischlingsrücken unter fließendem kaltem Wasser abspülen und trocken tupfen. Aus dem Frischlingsrücken 8 Steaks (je etwa 80 g) schneiden.
2. Zwiebel abziehen und in kleine Würfel schneiden. Austernpilze putzen, mit Küchenpapier abreiben, eventuell abspülen, abtropfen lassen und in kleine Stücke schneiden.
3. Die Hälfte der Butter in einem Topf zerlassen. Zwiebel- und Pilzwürfel darin andünsten. Fond hinzugießen und erhitzen.
4. Sauerkirschen in einem Sieb abtropfen lassen.
5. Speiseöl in einer Pfanne erhitzen. Frischlingssteaks hinzugeben und von beiden Seiten etwa 5 Minuten braten, herausnehmen, mit Salz und Pfeffer bestreuen. Steaks warm stellen.
6. Restliche Butter in die Pfanne geben und zerlassen. Den Bratensatz mit Rotwein loskochen. Sauerkirschen hinzufügen. Den Wildfond mit den Zwiebel- und Pilzwürfeln unterrühren, zum Kochen bringen und die Flüssigkeit auf die Hälfte einkochen lassen. Mit Pfeffer würzen.
7. Die Frischlingssteaks mit der Sauerkirschsauce auf einer Platte anrichten. Mit abgespülten, trocken getupften Minzeblättchen garnieren und sofort servieren.

Einfach

Skandinavisches Dillhähnchen
4 Portionen

Zubereitungszeit: 40 Minuten
Garzeit: etwa 60 Minuten

2 kleine Hähnchen (je etwa 1 kg)
Salz
frisch gemahlener Pfeffer
Zitronen- oder Limettensaft
2 Bund Dill
4 EL Speiseöl
40 g zerlassene Butter

Für das Schmorgemüse:
2 Knoblauchzehen
2 dicke Möhren (etwa 200 g)
1 Stange Porree (Lauch, 200 g)
2 kleine oder 1 große Fenchelknolle (etwa 300 g)
4 dicke, festkochende Kartoffeln (350–400 g)
400 ml Geflügelbrühe

40 g zerlassene Butter

Pro Portion:
E: 88 g, F: 67 g, Kh: 16 g,
kJ: 4292, kcal: 1026

1. Den Backofen vorheizen. Hähnchen von innen und außen unter fließendem kalten Wasser abspülen und trocken tupfen. Mit Salz und Pfeffer würzen, mit etwas Zitronen- oder Limettensaft einreiben.
2. Dill abspülen und trocken tupfen. Die Spitzen von den Stängeln zupfen. Spitzen klein schneiden (etwas Dill beiseitelegen).
3. Speiseöl in einem Bräter erhitzen. Hähnchen hineinlegen, mit zerlassener Butter bestreichen und mit Dill bestreuen. Den Bräter auf dem Rost in den vorgeheizten Backofen schieben.
Ober-/Unterhitze: etwa 200 °C
Heißluft: etwa 180 °C
Garzeit: etwa 60 Minuten.

Skandinavisches Dillhähnchen

4. Während der Garzeit die Hähnchen ab und zu mit dem Bratenfond begießen, eventuell etwas Wasser hinzufügen.
5. In der Zwischenzeit für das Gemüse Knoblauch abziehen und in kleine Würfel schneiden. Möhren putzen, schälen, waschen, abtropfen lassen und in Scheiben schneiden. Porree putzen, die Stange längs halbieren, waschen, abtropfen lassen und in Scheiben schneiden.
6. Von den Fenchelknollen die Stiele dicht oberhalb der Knollen abschneiden. Braune Stellen und Blätter entfernen. Wurzelenden gerade schneiden. Knollen waschen, abtropfen lassen und in Würfel schneiden. Kartoffeln waschen, schälen, abspülen, abtropfen lassen und ebenfalls in Würfel schneiden.
7. Das vorbereitete Gemüse nach etwa 10 Minuten Garzeit zu den Hähnchen geben und die Brühe hinzugießen. Die Hähnchen mit dem Gemüse fertig garen, eventuell noch etwas Wasser hinzufügen.
8. Die Hähnchen mit Butter bestreichen, mit dem Schmorgemüse anrichten und mit dem beiseite gelegten Dill bestreut servieren.

Beilage: Roggen- oder Weizenbaguette.

Raffiniert

Taube in Honigsauce
4 Portionen

Zubereitungszeit: 40 Minuten
Garzeit: 20–25 Minuten

200 ml Wildfond
3 EL flüssiger Honig
1 EL Balsamico-Essig
1 EL Ingwersirup
1 EL Sojasauce
einige vorbereitete Korianderblättchen

4 küchenfertige Tauben
Salz
frisch gemahlener Pfeffer
2 EL Speiseöl

Butterflöckchen

Pro Portion:
E: 25 g, F: 31 g, Kh: 14 g,
kJ: 1840, kcal: 440

1. Den Backofen vorheizen. Fond mit Honig, Essig, Sirup, Sojasauce und Korianderblättchen verrühren.
2. Tauben von innen und außen unter fließendem kalten Wasser abspülen, trocken tupfen, mit Salz und Pfeffer bestreuen.

Taube in Honigsauce

Wildschwein-Geschnetzeltes mit Waldpilzen

3. Speiseöl in einer Pfanne erhitzen. Die Tauben darin portionsweise von allen Seiten anbraten, herausnehmen und auf ein Backblech legen. Die Tauben mit der Honigsauce bestreichen. Das Backblech in den vorgeheizten Backofen schieben.
Ober-/Unterhitze: etwa 200 °C
Heißluft: etwa 180 °C
Garzeit: 20–25 Minuten.
4. Den restlichen Wildfond in einem Topf auf die Hälfte einkochen lassen. Die Sauce mit Pfeffer abschmecken. Butterflöckchen unterschlagen.

Beilage: Frittierte Kartoffelbällchen und Wirsinggemüse.

Mit Alkohol

Wildschwein-Geschnetzeltes mit Waldpilzen
4 Portionen

Zubereitungszeit: 20 Minuten
Garzeit: etwa 40 Minuten

300 g frische, gemischte Pilze
800 g Fleisch von der Wildschweinkeule
2 Zwiebeln
1 kleines Bund Suppengrün (Knollensellerie, Möhren, Porree)
5–6 Wacholderbeeren
2 EL Butterschmalz
1 EL Weizenmehl
1 EL Tomatenmark
Salz
frisch gemahlener Pfeffer
350 ml Gemüse- oder Fleischbrühe
250 ml (1/4 l) trockener Rotwein
100 g Schlagsahne

Pro Portion:
E: 47 g, F: 25 g, Kh: 12 g,
kJ: 2091, kcal: 499

1. Pilze putzen und mit Küchenpapier abreiben, eventuell abspülen und trocken tupfen. Fleisch unter fließendem kalten Wasser abspülen, trocken tupfen und in Streifen schneiden.
2. Zwiebeln abziehen und in schmale Spalten schneiden. Suppengrün vorbereiten: Knollensellerie schälen, schlechte Stellen herausschneiden. Möhren schälen, Grün und Spitzen abschneiden. Sellerie und Möhren waschen und abtropfen lassen. Porree putzen, die Stange längs halbieren, gründlich waschen und abtropfen lassen. Die vorbereiteten Zutaten klein schneiden. Wacholderbeeren grob zerdrücken.
3. Butterschmalz in einem Topf erhitzen. Fleischstreifen darin portionsweise kräftig anbraten und wieder zurück in den Topf geben. Mehl darüberstäuben und unter Rühren kurz andünsten. Tomatenmark, Zwiebelspalten und Suppengrünstücke hinzugeben, mit andünsten.
4. Wacholderbeeren hinzugeben, mit Salz und Pfeffer würzen. Brühe und Wein und hinzugießen, aufkochen lassen. Die Fleischstreifen mit den Gemüsestücken zugedeckt bei schwacher Hitze etwa 40 Minuten garen.
5. Nach etwa 30 Minuten Garzeit die Pilze hinzugeben und das Geschnetzelte fertig garen. Sahne unterrühren. Geschnetzeltes mit Salz und Pfeffer abschmecken.

Tipp: Bestellen Sie das Fleisch am besten bei Ihrem Metzger vor. Ideal für dieses Gericht ist zartes Fleisch von jungen Wildschweinen oder von der Frischlingskeule. Fleisch von älteren Tieren ist kräftiger im Geschmack. Um den intensiven Wildgeschmack zu mildern, das Fleisch über Nacht in Buttermilch einlegen.

Raffiniert

Wildfrikadellen mit Gewürzbrot

4 Portionen (4 Auflaufförmchen, Ø etwa 8 cm)

Zubereitungszeit: 70 Minuten, ohne Teiggeh- und Einweichzeit
Backzeit: Gewürzbrot etwa 20 Minuten

Für das Gewürzbrot:
220 g Weizenmehl
20 g frische Hefe
50 g Zucker
70 ml lauwarme Milch
3 Stängel Dill
2 Stängel Rosmarin
2 Schalotten
1 Knoblauchzehe
30 g Butter
1 Ei (Größe M)
1 Prise frisch geriebene Muskatnuss
1 TL gemahlene Gewürzmischung (Koriander, Fenchel, Anis, Piment, Zimt)
Salz
frisch gemahlener Pfeffer

Für die Frikadellen:
2 Brötchen (Semmeln vom Vortag)
100 ml Milch
600 g Wildfleisch (Reh, Hirsch oder Wildschwein, am besten aus der Keule)
100 g fetter Speck, in Würfel geschnitten
4 Wacholderbeeren
2 Stängel Rosmarin
2 Eier (Größe M)
2 EL Preiselbeeren
1 EL mittelscharfer Senf
2 EL Butterschmalz

Pro Portion:
E: 47 g, F: 50 g, Kh: 76 g,
kJ: 3980, kcal: 951

1. Für das Gewürzbrot Mehl in eine Rührschüssel geben. In die Mitte eine Vertiefung drücken, Hefe hineinbröckeln. Zucker und etwas Milch hinzufügen, mit einer Gabel mit etwas Mehl verrühren und zugedeckt 10–15 Minuten gehen lassen.
2. Dill und Rosmarin abspülen, trocken tupfen. Spitzen und Nadeln von den Stängeln zupfen, Spitzen und Nadeln klein schneiden. Schalotten und Knoblauch abziehen, sehr fein würfeln.
3. Butter zerlassen. Schalotten- und Knoblauchwürfel darin andünsten, zusammen mit dem Ei, restlicher Milch, Dill und Rosmarin zum Vorteig geben. Mit Muskat, Gewürzmischung, Salz und Pfeffer würzen. Die Zutaten mit Handrührgerät mit Knethaken zunächst kurz auf niedrigster, dann auf höchster Stufe in etwa 5 Minuten zu einem glatten Teig verarbeiten. Den Teig zugedeckt so lange an einem warmen Ort gehen lassen, bis er sich sichtbar vergrößert hat (etwa 30 Minuten).
4. Für die Frikadellen Brötchen mit Milch übergießen, etwa 10 Minuten einweichen. Wildfleisch abspülen, trocken tupfen, mit Speckwürfeln und eingeweichten Brötchen durch die feine Scheibe eines Fleischwolfes drehen. Wacholderbeeren in einem Mörser fein zerstoßen. Rosmarin abspülen und trocken tupfen. Die Nadeln von den Stängeln zupfen. Nadeln klein schneiden. Den Backofen vorheizen.
5. Wildhackmasse in eine Rührschüssel geben. Eier, Preiselbeeren, Senf, Wacholderbeeren und Rosmarin hinzufügen. Die Zutaten gut vermengen. Mit Salz und Pfeffer kräftig abschmecken. Kalt stellen.
6. Förmchen einfetten und mit Mehl ausstreuen. Den Brotteig aus der Schüssel nehmen, auf einer bemehlten Arbeitsfläche nochmals kurz durchkneten, in 4 gleich große Portionen teilen und in die Förmchen füllen. Den Teig nochmals zugedeckt so lange an einem warmen Ort gehen lassen, bis er sich sichtbar vergrößert hat (etwa 20 Minuten). Teigoberfläche mit Wasser bestreichen. Die Formen auf dem Rost in den vorgeheizten Backofen schieben.
Ober-/Unterhitze: etwa 200 °C
Heißluft: etwa 180 °C
Backzeit: etwa 20 Minuten.
7. Aus der Wildhackmasse mit angefeuchteten Händen 4 gleich große Frikadellen formen. Butterschmalz in einer Pfanne erhitzen. Die Frikadellen darin von beiden Seiten bei mittlerer Hitze braten.

Wildfrikadellen mit Gewürzbrot

Gefriergeeignet – mit Alkohol

Rehkeule
6 Portionen

Zubereitungszeit: 50 Minuten, ohne Marinierzeit
Garzeit: 2–2 ½ Stunden

1 ½ kg Rehkeule mit Knochen
3 EL Speiseöl, z. B. Sonnenblumenöl
je 1 TL getrockneter, gerebelter Majoran und Thymian
1 TL getrockneter, geschnittener Rosmarin
100 g fetter Speck, in dünnen Scheiben
Salz
frisch gemahlener Pfeffer
etwa 150 ml heißer Wildfond oder Gemüsebrühe
1 Zwiebel
100 g Möhren
150 g Porree (Lauch)

Für die Sauce:
125 ml (⅛ l) Rotwein
250 ml (¼ l) Wildfond oder Gemüsebrühe
100 g Schlagsahne
20 g Weizenmehl
3 EL kaltes Wasser
3 EL Preiselbeeren (aus dem Glas)
einige Thymianblättchen

Pro Portion:
E: 46 g, F: 19 g, Kh: 6 g,
kJ: 1640, kcal: 392

Rehkeule

1. Rehkeule unter fließendem kalten Wasser abspülen, trocken tupfen und enthäuten. Speiseöl mit Majoran, Thymian und Rosmarin verrühren, die Keule damit bestreichen und zugedeckt über Nacht im Kühlschrank marinieren.
2. Den Backofen vorheizen. Die Hälfte der Speckscheiben in einen mit Wasser ausgespülten Bräter legen. Die Rehkeule mit Salz und Pfeffer bestreuen und auf die Speckscheiben in den Bräter legen. Restliche Speckscheiben auf der Rehkeule verteilen. Den Bräter ohne Deckel auf dem Rost in den vorgeheizten Backofen schieben.
Ober-/Unterhitze: etwa 200 °C
Heißluft: etwa 180 °C
Garzeit: etwa 60 Minuten.
3. Sobald der Bratensatz zu bräunen beginnt, heißen Fond oder Brühe hinzugießen. Das Fleisch ab und zu mit dem Bratensatz begießen. Verdampfte Flüssigkeit nach und nach durch heißes Wasser oder Brühe ersetzen.
4. In der Zwischenzeit Zwiebel abziehen. Möhren putzen, schälen, waschen und abtropfen lassen. Porree putzen, die Stange längs halbieren, gründlich waschen und abtropfen lassen. Zwiebel, Möhren und Porree grob zerkleinern und nach Ende der Garzeit zu der Rehkeule in den Bräter geben und weitere 60–90 Minuten **bei gleicher Backofeneinstellung** mitgaren lassen.
5. Die Rehkeule aus dem Backofen nehmen und zugedeckt etwa 10 Minuten ruhen lassen, damit sich der Fleischsaft setzt. Speckscheiben entfernen. Das Fleisch vom Knochen lösen, in Scheiben schneiden und auf einer vorgewärmten Platte anrichten.
6. Für die Sauce den Bratensatz mit Rotwein und Wildfond oder Gemüsebrühe loskochen, mit dem Gemüse durch ein Sieb streichen, Sahne unterrühren und zum Kochen bringen. Mehl und Wasser mit dem Schneebesen glattrühren, unter Rühren in die kochende Flüssigkeit geben. Dabei darauf achten, dass keine Klümpchen entstehen. Die Sauce ohne Deckel etwa 5 Minuten unter gelegentlichem Umrühren leicht kochen lassen. Preiselbeeren, Thymianblättchen und eventuell ausgetretenen Fleischsaft unterrühren. Die Sauce mit Salz und Pfeffer würzen und zu dem Fleisch servieren.

Beilage: Salzkartoffeln oder Kartoffelklöße und Rotkohl oder Rosenkohl.

Ragout vom Reh

Mit Alkohol

Ragout vom Reh
4–6 Portionen

Zubereitungszeit: 50 Minuten
Garzeit: etwa 2 Stunden

100 g Zwiebeln
800 g Rehfleisch (aus der Schulter)
2 Stängel Rosmarin
4 Stängel Thymian
5 EL Olivenöl
1 EL Tomatenmark
2 EL Weizenmehl
Salz
frisch gemahlener Pfeffer
250 ml (1/4 l) Rotwein
500 ml (1/2 l) Geflügelbrühe
3 Lorbeerblätter
2 Möhren
200 g Staudensellerie
4 Stängel glatte Petersilie
200 g Champignons
2 EL Butterschmalz

Pro Portion:
E: 39 g, F: 24 g, Kh: 8 g,
kJ: 1814, kcal: 433

1. Zwiebeln abziehen und in kleine Würfel schneiden. Rehfleisch unter fließendem kalten Wasser abspülen, trocken tupfen und in etwa 2 x 2 cm große Würfel schneiden. Kräuter abspülen und trocken tupfen. Den Backofen vorheizen.
2. Olivenöl in einem Bräter erhitzen. Fleischwürfel darin von allen Seiten gut anbraten. Zwiebeln hinzufügen und mit andünsten. Tomatenmark unterrühren und kurz mit anrösten. Fleischwürfel mit Mehl bestäuben, umrühren. Mit Salz und Pfeffer würzen.
3. Wein und Brühe hinzugießen, aufkochen lassen. Lorbeerblätter, Rosmarin und Thymian hinzufügen. Den Bräter mit dem Deckel verschließen und auf dem Rost in den vorgeheizten Backofen schieben.
Ober-/Unterhitze: etwa 160 °C
Heißluft: etwa 140 °C
Garzeit: etwa 1 1/2 Stunden.
4. Möhren putzen, schälen, abspülen, abtropfen lassen und in kleine Würfel schneiden. Sellerie putzen und die harten Außenfäden abziehen. Sellerie abspülen, abtropfen lassen und in kleine Stücke schneiden. Möhrenwürfel und Selleriestücke zu den Fleischwürfeln geben und **weitere etwa 20 Minuten bei gleicher Backofeneinstellung garen,** eventuell mit etwas Wasser auffüllen.
5. Petersilie abspülen und trocken tupfen. Die Blättchen von den Stängeln zupfen. Einige Blättchen zum Garnieren beiseitelegen. Restliche Blätter fein schneiden. Champignons putzen, mit Küchenpapier abreiben, eventuell abspülen, abtropfen lassen und vierteln. Butterschmalz in einer Pfanne erhitzen, Champignonviertel darin gut anbraten. Mit Salz und Pfeffer würzen.
6. Champignonviertel in einen Topf geben. Die Fleischwürfel und das Gemüse mit einer Schaumkelle aus dem Bräter nehmen und zu den Champignonvierteln geben.
7. Den Bratenfond zum Kochen bringen und um ein Drittel einkochen lassen. Anschließend durch ein Sieb auf das Ragout gießen.
8. Rehragout auf vorgewärmten Tellern anrichten, mit geschnittener Petersilie bestreuen. Mit beiseite gelegten Petersilienblättchen garnieren.

Beilage: Kartoffelklöße mit gebräunten Semmelbröseln und Preiselbeerkompott.

Für Gäste

Perlhuhnbrüste mit Weintrauben
4 Portionen

Zubereitungszeit: 30 Minuten
Garzeit: etwa 10 Minuten

200 g Wirsing
(vorbereitet gewogen etwa 100 g)
Salzwasser
je 100 g blaue und grüne Weintrauben

4 Perlhuhnbrüste
(mit Flügelknochen)
Salz
frisch gemahlener Pfeffer
2 EL Speiseöl
50 g durchwachsener Speck
1 Zwiebel
100 ml Geflügelfond oder -brühe
frisch geriebene Muskatnuss
30 g Butter

Pro Portion:
E: 32 g, F: 29 g, Kh: 10 g,
kJ: 1904, kcal: 454

1. Vom Wirsing die groben, äußeren Blätter lösen. Den Wirsing halbieren und den Strunk herausschneiden. Wirsing waschen, abtropfen lassen, in Rauten schneiden und in kochendem Salzwasser etwa 2 Minuten blanchieren. Wirsingrauten in einem Sieb abtropfen lassen.
2. Weintrauben waschen, abtropfen lassen, entstielen, halbieren und entkernen.
3. Perlhuhnbrüste unter fließendem kalten Wasser abspülen, trocken tupfen, mit Salz und Pfeffer würzen.
4. Speiseöl in einer Pfanne erhitzen, Perlhuhnbrüste darin von beiden Seiten in etwa 10 Minuten rosa anbraten, herausnehmen und warm stellen.
5. Speck in Streifen schneiden und in einer Pfanne auslassen. Zwiebel abziehen, klein würfeln und in dem Speckfett glasig dünsten. Wirsingrauten und Weintraubenhälften hinzufügen, mit Fond oder Brühe ablöschen, mit Salz, Pfeffer und Muskat abschmecken, Butter unterrühren.
6. Die Sauce etwas einkochen lassen. Die Perlhuhnbrüste mit der Sauce anrichten.

Raffiniert

Putenbrust „Indische Art"
4 Portionen

Zubereitungszeit: 35 Minuten
Garzeit: 8–10 Minuten

500 g Putenbrustfilet
2 Zwiebeln
2 EL Speiseöl
Salz
frisch gemahlener Pfeffer
1 TL Currypulver
400 g Knollensellerie
evtl. etwas Wasser
2 säuerliche Äpfel (etwa 240 g)
2 Bananen (etwa 120 g)
frisch gemahlener Pfeffer
gemahlener Ingwer
150 g fettarmer Joghurt

Pro Portion:
E: 33 g, F: 8 g, Kh: 18 g,
kJ: 1179, kcal: 282

1. Putenbrustfilet unter fließendem kalten Wasser abspülen, trocken tupfen und in große Stücke schneiden. Zwiebeln abziehen und in kleine Würfel schneiden.
2. Speiseöl in einer Pfanne erhitzen, die Fleischstücke darin kräftig anbraten, mit Salz, Pfeffer und Curry würzen. Zwiebelwürfel hinzufügen und kurz mitbraten lassen. Filetstücke herausnehmen, warm stellen.
3. Sellerie putzen, schälen, waschen und abtropfen lassen. Sellerie in kleine Würfel schneiden und in dem verbliebenen Bratfett kurz andünsten, eventuell etwas Wasser hinzufügen. Selleriewürfel 8–10 Minuten garen.
4. In der Zwischenzeit Äpfel schälen, vierteln und entkernen. Bananen schälen. Äpfel und Bananen in kleine Würfel schneiden, zu den Selleriewürfeln geben und unter Rühren etwa 5 Minuten mitdünsten lassen.
5. Fleischstücke wieder in die Pfanne geben, mit Curry, Pfeffer und Ingwer kräftig würzen, evtl. etwas Wasser hinzufügen.
6. Joghurt unterrühren, aber nicht mehr aufkochen lassen, damit der Joghurt nicht gerinnt.

Perlhuhnbrüste mit Weintrauben

Putenbrust „Indische Art"

Perlhuhn mit Rum

Dauert länger – mit Alkohol

Perlhuhn mit Rum
4 Portionen

Zubereitungszeit: 65 Minuten, ohne Einweichzeit
Garzeit: etwa 60 Minuten

1 Perlhuhn (etwa 1,2 kg)
Salz
frisch gemahlener Pfeffer

Für die Füllung:
50 g Korinthen
4 EL Rum
30 g Butter
100 g Geflügelleber
1 Perlhuhnleber
150 g roher Schinken
100 g Weißbrot vom Vortag
5 EL Milch
2 Petersilienstängel
2 Knoblauchzehen
100 g Doppelrahm-Frischkäse
1 Ei (Größe M)
2 EL Olivenöl
4 Schalotten
100 ml Rum
125 ml (1/8 l) warme Geflügelbrühe

Für den Toast:
50 g Butter
2 EL Speiseöl
4–5 Scheiben Toastbrot

Außerdem:
Küchengarn oder Holzstäbchen

Pro Portion:
E: 77 g, F: 56 g, Kh: 39 g,
kJ: 4169, kcal: 995

1. Perlhuhn unter fließendem kalten Wasser abspülen, trocken tupfen, von innen und außen mit Salz und Pfeffer einreiben.
2. Für die Füllung Korinthen in Rum einweichen. Butter in einer Pfanne zerlassen, Geflügelleber und Perlhuhnleber kurz darin anbraten, herausnehmen und in sehr kleine Würfel schneiden. Schinken ebenfalls in kleine Würfel schneiden und mit den Leberwürfeln mischen.
3. Weißbrot zerbröseln und in Milch einweichen. Petersilie abspülen und trocken tupfen. Die Blättchen von den Stängeln zupfen. Blättchen klein schneiden. Knoblauch abziehen und sehr klein würfeln. Frischkäse mit dem Ei verrühren. Den Backofen vorheizen.
4. Leber-Schinkenwürfel-Mischung, Weißbrot, Petersilie, Knoblauch und Frischkäsemasse in einer großen Schüssel vermengen, eingeweichte Korinthen untermischen. Mit Salz und Pfeffer würzen.
5. Zwei Drittel der Masse in das Perlhuhn füllen, restliche Masse beiseitestellen. Perlhuhn mit Küchengarn zunähen oder mit Holzstäbchen feststecken. Perlhuhn mit Salz und Pfeffer bestreuen, in einen Bräter legen und mit Olivenöl bestreichen.
6. Schalotten abziehen und zu dem Perlhuhn in die Form geben. Den Bräter auf dem Rost in den vorgeheizten Backofen schieben.
Ober-/Unterhitze: etwa 200 °C
Heißluft: etwa 180 °C
Garzeit: etwa 60 Minuten
7. Das Perlhuhn während der Garzeit mit etwas Rum und Geflügelbrühe begießen.
8. Für den Toast Butter in einer Pfanne zerlassen, Speiseöl miterhitzen, Toastbrotscheiben hinzugeben und von beiden Seiten goldgelb rösten, herausnehmen und in eine flache Auflaufform legen. Restliche, beiseite gestellte Füllung darauf verteilen. Die Form auf dem Rost in den Backofen schieben und die Toastscheiben bei gleicher Backofeneinstellung etwa 10 Minuten überbacken.
9. Das Perlhuhn aus dem Bräter nehmen, tranchieren, Küchengarn oder Holzstäbchen entfernen, Perlhuhn auf dem Toastbrot anrichten, die in Scheiben geschnittene Füllung darumlegen. Den Bratensatz mit dem restlichen Rum flambieren und dazu servieren.

Für Gäste

Putenoberkeule mit Gemüse
4 Portionen

Zubereitungszeit: 50 Minuten
Garzeit: etwa 90 Minuten

1 Putenoberkeule (mit Knochen, etwa 1 kg)
Salz
frisch gemahlener Pfeffer

4 EL Speiseöl für die Fettfangschale

1 l heißes Wasser oder Gemüsebrühe
500 g Zwiebeln
200 g Möhren
200 g Knollensellerie
1 kleine Petersilienwurzel
200 g Porree (Lauch)
250 g Tomaten
1–2 Stängel Rosmarin oder Thymian
150 g saure Sahne
15 g Weizenmehl
evtl. 1–2 EL gehackte Petersilie

Pro Portion:
E: 44 g, F: 35 g, Kh: 16 g,
kJ: 2338, kcal: 559

1. Den Backofen vorheizen. Putenoberkeule unter fließendem kalten Wasser abspülen, trocken tupfen, mit Salz und Pfeffer einreiben und in eine Fettfangschale (gefettet) legen. Die Fettfangschale in den vorgeheizten Backofen schieben.
Ober-/Unterhitze: etwa 200 °C
Heißluft: etwa 180 °C
Garzeit: etwa 70 Minuten.
2. Sobald der Bratensatz bräunt, etwas heißes Wasser oder Gemüsebrühe hinzugießen. Die Putenkeule ab und zu mit dem Bratensatz begießen. Verdampfte Flüssigkeit nach und nach durch Wasser oder Brühe ersetzen.
3. In der Zwischenzeit Zwiebeln abziehen und in kleine Würfel schneiden. Möhren putzen, schälen, waschen, abtropfen lassen und in etwa 1 1/2 cm dicke Scheiben schneiden. Knollensellerie schälen und schlechte Stellen herausschneiden. Petersilienwurzel putzen, schälen. Sellerie und Petersilienwurzel waschen, abtropfen lassen und grob würfeln.
4. Porree putzen, die Stangen längs halbieren, gründlich waschen, abtropfen lassen und in etwa 3 cm lange Stücke schneiden. Tomaten waschen, abtrocknen, halbieren und die Stängelansätze herausschneiden. Tomaten in Würfel schneiden.
5. Rosmarin oder Thymian abspülen und trocken tupfen. Die Nadeln oder Blättchen von den Stängeln zupfen. Nadeln oder Blättchen grob zerkleinern.
6. Zwiebelwürfel und das vorbereitete Gemüse zu der Putenkeule in die Fettfangschale geben, eventuell noch etwas Wasser oder Brühe hinzugeben. Mit Salz, Pfeffer, Rosmarin oder Thymian würzen. Die Zutaten **etwa 20 Minuten bei der oben angegebenen Backofeneinstellung mitbraten.**
7. Die Putenoberkeule mit dem Gemüse auf einer vorgewärmten Platte anrichten und warm stellen.
8. Die Fettfangschale auf die Kochstelle stellen, den Bratensatz mit etwas Wasser loskochen, durch ein Sieb gießen, mit Wasser auf 400 ml auffüllen, in einen Topf geben und zum Kochen bringen.
9. Saure Sahne mit Mehl verrühren, mit einem Schneebesen in die kochende Flüssigkeit einrühren, dabei darauf achten, dass keine Klümpchen entstehen. Die Sauce zum Kochen bringen und zugedeckt bei schwacher Hitze etwa 5 Minuten leicht kochen lassen, dabei gelegentlich umrühren. Die Sauce mit Salz und Pfeffer abschmecken. Die Sauce zu der Putenkeule und dem Gemüse servieren. Nach Belieben mit Petersilie bestreuen.

Putenoberkeule mit Gemüse

Für Gäste

Putensticks in Sesampanade
4 Portionen

Zubereitungszeit: 40 Minuten, ohne Durchziehzeit

Für den Salat:
1 Dose Ananasscheiben (Abtropfgewicht 350 g)
1 Bund Frühlingszwiebeln
250 g Cocktailtomaten
1 Bund Rucola (Rauke)
3 EL milder Essig, z. B. Weißweinessig
6 EL Speiseöl, z. B. Erdnussöl
Salz
frisch gemahlener Pfeffer

Für die Putensticks:
4 Putenschnitzel (je etwa 120 g)
2 Eier (Größe M)
2 EL Weizenmehl
4 EL Sesamsamen
Salz
frisch gemahlener Pfeffer
3 EL Speiseöl, z. B. Sonnenblumenöl

Zum Dippen:
etwa 200 ml süß-saure Sauce (aus der Flasche)

Pro Portion:
E: 36 g, F: 28 g, Kh: 40 g,
kJ: 2338, kcal: 558

1. Für den Salat Ananasscheiben in einem Sieb abtropfen lassen und in kleine Stücke schneiden. Frühlingszwiebeln putzen, waschen, abtropfen lassen und in etwa 3 cm lange Stücke schneiden.
2. Cocktailtomaten waschen, trocken tupfen, halbieren und die Stängelansätze entfernen. Rucola verlesen, dicke Stängel abschneiden. Rucola waschen und trocken tupfen oder schleudern, in kleine Stücke schneiden.
3. Ananas-, Frühlingszwiebelstücke, Tomatenhälften und Rucola mit Essig und Speiseöl in einer Schüssel gut vermischen, mit Salz und Pfeffer würzen. Den Salat im Kühlschrank etwa eine halbe Stunde durchziehen lassen, dabei gelegentlich umrühren.
4. Für die Putensticks Putenschnitzel unter fließendem kalten Wasser abspülen, trocken tupfen und in etwa 5 cm lange Stücke schneiden.
5. Eier in einer flachen Schüssel verschlagen. Mehl und Sesamsamen getrennt in je eine flache Schale geben. Putenstücke mit Salz und Pfeffer würzen.
6. Putenstücke zuerst in Mehl wenden, dann durch die verschlagenen Eier ziehen, am Schüsselrand etwas abstreifen und zuletzt in den Sesamsamen wenden. Panade fest andrücken.
7. Speiseöl in einer großen, flachen Pfanne erhitzen. Die panierten Putenstücke darin in 2 Portionen etwa 7 Minuten von beiden Seiten knusprig braten und herausnehmen.
8. Die Putensticks mit dem Salat anrichten und die süß-saure Sauce zum Dippen dazureichen.

Für Gäste

Schmorsteaks vom Wildschwein
4 Portionen

Zubereitungszeit: 40 Minuten
Garzeit: etwa 20 Minuten

4 Wildschweinsteaks aus der Keule (je etwa 180 g)
4 EL Speiseöl
Salz, frisch gemahlener Pfeffer
1 Gemüsezwiebel (etwa 150 g)
1 TL Tomatenmark
200 ml Wildfond oder -brühe
3 zerstoßene Wacholderbeeren
2 EL Preiselbeerkonfitüre
150 g Steckrüben
150 g Rosenkohl
100 g Pfifferlinge
1 EL Butter
250 g Schlagsahne

Pro Portion:
E: 39 g, F: 40 g, Kh: 16 g,
kJ: 2464, kcal: 588

1. Wildschweinsteaks unter fließendem kalten Wasser abspülen und trocken tupfen. Speiseöl in einem Bräter erhitzen. Die Steaks darin von beiden Seiten anbraten und herausnehmen. Mit Salz und Pfeffer bestreuen. Den Backofen vorheizen.
2. Gemüsezwiebel abziehen, in feine Streifen schneiden und in dem

Putensticks in Sesampanade

Schmorsteaks vom Wildschwein

1,2 kg Perlhuhn
4 Knoblauchzehen
500 ml (½ l) Weißwein
einige vorbereitete Salbeiblättchen
1 EL Wacholderbeeren
4 EL Olivenöl
1 geh. EL Semmelbrösel
125 ml (⅛ l) Fleischbrühe

Pro Portion:
E: 52 g, F: 29 g, Kh: 7 g,
kJ: 2410, kcal: 575

1. Perlhuhn abspülen, trocken tupfen und in 8 gleich große Stücke teilen, in eine flache Schale legen. Die Leber des Perlhuhns beiseitelegen. Knoblauch abziehen.
2. Weißwein mit Salbeiblättchen, Knoblauch und 10 Wacholderbeeren verrühren. Die Perlhuhnstücke mit der Marinade übergießen und mindestens 4 Stunden oder über Nacht marinieren.
3. Den Backofen vorheizen. Perlhuhnstücke aus der Marinade nehmen und trocken tupfen. Olivenöl in einen großen Bräter geben. Die Perlhuhnstücke nebeneinander hineinlegen.
Ober-/Unterhitze: etwa 200 °C
Heißluft: etwa 180 °C
Garzeit: etwa 1 Stunde.
4. Die restlichen Wacholderbeeren klein hacken, zusammen mit den Semmelbröseln zu den Perlhuhnstücken geben. Etwas von der Marinade und die Brühe hinzugießen. Den Bräter auf dem Rost in den vorgeheizten Backofen schieben.
5. Während der Garzeit nach und nach die restliche Marinade und eventuell noch etwas Brühe hinzugießen.
6. Die Perlhuhnstücke aus dem Bräter nehmen und auf einer vorgewärmten Platte anrichten. Den Bratensud etwas einkochen lassen und nach Belieben mit etwas angerührter Speisestärke binden. Die Sauce zu den Perlhuhnstücken reichen.

Bratfett andünsten. Tomatenmark hinzufügen und kurz anrösten.
3. Fond oder Brühe, Wacholderbeeren und Konfitüre hinzugeben. Die Steaks auf den Gemüsezwiebeln verteilen. Den Bräter auf dem Rost in den vorgeheizten Backofen schieben.
Ober-/Unterhitze: 180–200 °C
Heißluft: 160–180 °C
Garzeit: etwa 20 Minuten.
4. In der Zwischenzeit Steckrüben putzen, schälen, abspülen, abtropfen lassen und in Würfel schneiden. Rosenkohl putzen und etwas vom Strunk abschneiden. Rosenkohl abspülen und abtropfen lassen, großen Rosenkohl halbieren. Pfifferlinge putzen, mit Küchenpapier abreiben, eventuell kurz abspülen und trocken tupfen.
5. Butter in einer Pfanne zerlassen. Steckrübenwürfel und Rosenkohl darin etwa 5 Minuten andünsten.

Pfifferlinge hinzugeben und kurz mitdünsten lassen.
6. Das angedünstete Gemüse nach etwa 15 Minuten Garzeit zu den Steaks in den Bräter geben und mitgaren.
7. Die Steaks herausnehmen und warm stellen. Sahne zu dem Gemüse in den Bräter gießen und etwas einkochen lassen. Das Gemüse mit Salz und Pfeffer abschmecken.
8. Schmorsteaks mit dem Gemüse auf einem Teller anrichten.

Einfach

Perlhuhn mit Wacholderrahm
4 Portionen

Zubereitungszeit: 25 Minuten, ohne Marinierzeit
Garzeit: etwa 1 Stunde

Für Gäste

Orangen-Ente
4 Portionen

Zubereitungszeit: 30 Minuten
Garzeit: etwa 90 Minuten

1 küchenfertige Ente (etwa 2,3 kg)
Salz
frisch gemahlener Pfeffer
5 Stängel Thymian
300 ml Hühnerbrühe
150 ml Orangensaft
gemahlener Zimt
1 EL flüssiger Honig
4 Orangen
2 TL Speisestärke

Pro Portion:
E: 89 g, F: 83 g, Kh: 23 g,
kJ: 5026, kcal: 1198

1. Den Backofen vorheizen. Ente unter fließendem kalten Wasser abspülen und trocken tupfen. Mit Salz und Pfeffer würzen, Thymian abspülen, trocken tupfen und in die Ente legen.
2. Die Ente mit der Brustseite nach unten in einen Bräter legen und auf dem Rost in den vorgeheizten Backofen schieben.
Ober-/Unterhitze: etwa 180 °C (unteres Drittel)
Heißluft: etwa 160 °C
Garzeit: etwa 90 Minuten.
3. Nach etwa 45 Minuten Garzeit die Ente umdrehen, Hühnerbrühe und Orangensaft hinzugießen, mit Zimt würzen. Honig mit 2 Esslöffeln Bratenfond verrühren. Die Entenbrust kurz vor Ende der Garzeit mehrmals damit bestreichen.
4. Die Orangen so schälen, dass die weiße Haut vollständig entfernt wird. Orangen in etwa 1 cm dicke Scheiben schneiden.
5. Die gare Ente aus dem Bräter nehmen und auf einer vorgewärmten Platte anrichten.
6. Speisestärke mit kaltem Wasser anrühren und in den Bratenfond rühren. Die Sauce unter Rühren aufkochen lassen. Orangenscheiben in die heiße Sauce legen und mit der Ente servieren.

Beilage: Kroketten, Bandnudeln oder Salzkartoffeln und Brokkoli.

Für Gäste – mit Alkohol

Marsalahuhn
4 Portionen

Zubereitungszeit: 25 Minuten
Garzeit: 45–50 Minuten

1 küchenfertiges Huhn (etwa 1,2 kg)
1 Zwiebel
1 Knoblauchzehe
1 Bund glatte Petersilie
1 gestr. TL Salz
½ TL gemahlener Kümmel
1 EL mittelscharfer Senf
2 TL Currypulver
3 EL Speiseöl
2 EL Marsala (Dessertwein)

Orangen-Ente

Marsalahuhn

Knoblauch-Hähnchen

Für den Reis:
2 Tassen (300 g) Brühreis
4 Tassen (600 ml) Salzwasser
30 g Butter

evtl. Wasser oder Hühnerbrühe

Pro Portion:
E: 56 g, F: 39 g, Kh: 61 g,
kJ: 3446, kcal: 824

1. Das Huhn unter fließendem kalten Wasser abspülen, trocken tupfen und in Viertel schneiden. Zwiebel und Knoblauch abziehen, in kleine Würfel schneiden. Petersilie abspülen und trocken tupfen. Die Blättchen von den Stängeln zupfen, Blättchen klein schneiden. Den Backofen vorheizen.
2. Zwiebel-, Knoblauchwürfel und Petersilie mit Salz, Kümmel, Senf, Curry, Speiseöl und Marsala vermengen. Die Hühnerteile damit bestreichen und in eine feuerfeste Form oder in eine Auflaufform legen.
3. Für den Reis den Brühreis mit Salzwasser und Butter in eine runde, feuerfeste Form geben. Die Form mit dem Deckel verschließen.
4. Die Form mit den Hühnerteilen (ohne Deckel) und die Form mit dem Reis (mit Deckel) auf dem Rost in den vorgeheizten Backofen schieben.
Ober-/Unterhitze: etwa 200 °C
Heißluft: etwa 180 °C
Garzeit: 45–50 Minuten.
5. Während der Garzeit eventuell etwas Wasser oder Hühnerbrühe hinzufügen.

Einfach

Knoblauch-Hähnchen aus dem Wok
4 Portionen

Zubereitungszeit: 30 Minuten, ohne Marinierzeit
Garzeit: 9–10 Minuten

1 Bund Frühlingszwiebeln
3 Knoblauchzehen
1 kleines Stück frischer Ingwer
4 EL Sojasauce
1 EL Speiseöl, z. B. Sojaöl
¼ TL geschroteter Chili

300 g Hähnchenbrustfilet
30 g Cashewkerne
2 mittelgroße Möhren
1 Chinakohl (etwa 700 g)
1 EL Speiseöl

200 g Cocktailtomaten
1–2 EL Sojasauce
2–3 EL Zitronensaft
frisch gemahlener Pfeffer
1 Bund Schnittlauch

Pro Portion:
E: 24 g, F: 9 g, Kh: 14 g,
kJ: 1001, kcal: 240

1. Frühlingszwiebeln putzen, waschen, abtropfen lassen. 2 Frühlingszwiebeln in Stücke schneiden. Knoblauch abziehen, Ingwer schälen. Knoblauch und Ingwer in sehr kleine Stücke schneiden. Frühlingszwiebelstücke mit Sojasauce, Knoblauch, Ingwer, Speiseöl und Chili mischen.
2. Hähnchenbrustfilet abspülen, gut trocken tupfen und in Streifen schneiden. Fleischstreifen mit der Marinade mischen und mindestens 2 Stunden durchziehen lassen.
3. Cashewkerne in einem Wok ohne Fett anrösten und herausnehmen. Restliche Frühlingszwiebeln ebenfalls in Stücke schneiden. Möhren putzen, schälen, waschen, abtropfen lassen und in feine Stifte schneiden. Chinakohl putzen, abspülen, trocken tupfen und in Streifen schneiden.
4. Filetstreifen aus der Marinade nehmen und trocken tupfen. Speiseöl in einem Wok erhitzen, Fleischstreifen darin bei starker Hitze unter Wenden etwa 1 Minute braten. Frühlingszwiebelstücke, Möhrenstifte und Chinakohlstreifen hinzugeben, bei starker Hitze unter mehrmaligem Wenden etwa 5 Minuten braten.
5. Tomaten abspülen, trocken tupfen und eventuell halbieren. Marinadeflüssigkeit mit den Frühlingszwiebeln in den Wok geben und weitere 3–4 Minuten bei starker Hitze unter mehrmaligem Wenden braten. Zuletzt Tomatenhälften unterheben.
6. Knoblauch-Hähnchen mit Sojasauce, Zitronensaft und eventuell Pfeffer abschmecken. Schnittlauch abspülen, trockentupfen und in Röllchen schneiden. Knoblauch-Hähnchen mit Schnittlauchröllchen und Cashewkernen anrichten, sofort servieren.

Klassisch – Mit Alkohol

Hühnerfrikassee
4 Portionen

Zubereitungszeit: 50 Minuten, ohne Abkühlzeit
Garzeit: etwa 65 Minuten

1 Bund Suppengrün (Knollensellerie, Möhren, Porree)
1 Zwiebel
1 Lorbeerblatt
1 Gewürznelke
1 küchenfertiges Hähnchen (1–1,2 kg)
1 ½ l Wasser
1 ½ TL Salz

Für die Sauce:
25 g Butter
30 g Weizenmehl
500 ml (½ l) Hühnerbrühe (von dem Hähnchen)
1 Glas Spargelstücke (Abtropfgewicht 175 g)
1 Glas Champignons (Abtropfgewicht 150 g)
4 EL Weißwein
etwa 1 EL Zitronensaft
1 TL Zucker
2 Eigelb (Größe M)
4 EL Schlagsahne
Salz, frisch gemahlener Pfeffer
Worcestersauce

Pro Portion:
E: 41 g, F: 24 g, Kh: 8 g,
kJ: 1788, kcal: 427

Hühnerfrikassee

1. Sellerie und Möhren putzen, schälen, abspülen und abtropfen lassen. Porree putzen, die Stange längs halbieren, gründlich waschen und abtropfen lassen. Sellerie, Möhren und Porree in grobe Stücke schneiden. Zwiebel abziehen, mit Lorbeerblatt und Nelke spicken.
2. Hähnchen von innen und außen unter fließendem kalten Wasser abspülen, trocken tupfen. Wasser in einem großen Topf zum Kochen bringen, Hähnchen und Salz hinzufügen, wieder zum Kochen bringen und abschäumen.
3. Die vorbereiteten Gemüsestücke in den Topf geben. Das Hähnchen zugedeckt etwa 60 Minuten bei schwacher Hitze garen. Das Hähnchen aus der Brühe nehmen und etwas abkühlen lassen. Die Brühe durch ein Sieb gießen, eventuell entfetten und 500 ml (½ l) davon für die Sauce abmessen.
4. Das Fleisch von den Knochen lösen und die Haut entfernen. Das Fleisch in große Stücke schneiden.
5. Für die Sauce Butter in einem Topf zerlassen. Mehl darin unter Rühren so lange erhitzen, bis es hellgelb ist. Die abgemessene Brühe hinzugießen und mit einem Schneebesen gut durchschlagen, dabei darauf achten, dass keine Klümpchen entstehen. Die Sauce zum Kochen bringen und etwa 5 Minuten ohne Deckel leicht kochen lassen, dabei gelegentlich umrühren.
6. Spargelstücke und Champignons in einem Sieb abtropfen lassen, mit den Fleischstücken in die Sauce geben und kurz aufkochen lassen. Weißwein, 1 Esslöffel Zitronensaft und Zucker unterrühren.
7. Eigelb mit Sahne verschlagen und vorsichtig unter das Frikassee rühren (abziehen), Frikassee nicht mehr kochen lassen. Das Frikassee mit Salz, Pfeffer, Worcestersauce und Zitronensaft abschmecken.

Beilage: Reis oder Nudeln und Salat.

Tipp: Anstelle von Spargel aus dem Glas können Sie auch gekochten TK-Spargel verwenden. Die Champignons aus dem Glas können Sie durch 150 g frische, geputzte, in Scheiben geschnittene und in 1 Esslöffel Butter angedünstete Champignons ersetzen. Die restliche Brühe mit einer Einlage (z. B. Nudeln oder Klößchen) als Suppe servieren oder als Basis für eine Sauce verwenden. Die Brühe kann auch eingefroren werden.

Beliebt

Hähnchenkeulen

(Foto links unten)
4 Portionen

Zubereitungszeit: 55 Minuten
Bratzeit: etwa 45 Minuten

4 Hähnchenkeulen (je etwa 250 g)
1/2 gestr. TL Salz
1 Msp. frisch gemahlener Pfeffer
1 TL Paprikapulver edelsüß
2–3 EL Speiseöl, z. B. Sonnenblumenöl

Pro Portion:
E: 34 g, F: 21 g, Kh: 0 g,
kJ: 1369, kcal: 327

1. Den Backofen vorheizen. Hähnchenkeulen unter fließendem kalten Wasser abspülen, trocken tupfen, eventuell Rückenstück, Fett und Hautreste abschneiden.
2. Salz, Pfeffer und Paprika mit Speiseöl verrühren. Die Hähnchenkeulen damit bestreichen und in eine Fettfangschale legen. Die Fettfangschale in den vorgeheizten Backofen schieben.
Ober-/Unterhitze: etwa 200 °C
Heißluft: etwa 180 °C
Bratzeit: etwa 45 Minuten.

Beilage: Pommes frites, Kartoffelsalat oder Bratkartoffeln und Erbsen oder Möhren.

Abwandlung 1: Für Tandoori-Hähnchenkeulen (im Foto rechts unten) 125 g Vollmilchjoghurt (3,5 % Fett) glattrühren. 1 Knoblauchzehe abziehen und durch die Knoblauchpresse zu dem Joghurt drücken. 1/2 Teelöffel Salz, 1–1 1/2 Teelöffel Paprikapulver edelsüß, 1/2–1 Teelöffel Madrascurry, knapp 1/2 Teelöffel gemahlener Zimt, 1 kleine Messerspitze Cayennepfeffer und 1 Prise gemahlene Gewürznelken unterrühren. Die wie oben in Punkt 1 vorbereiteten Hähnchenkeulen mit der Marinade bestreichen, in eine flache Schale legen und zugedeckt mindestens 2 Stunden oder über Nacht kalt stellen. Die Keulen wie oben angegeben in eine Fettfangschale geben, nochmals mit der Marinade bestreichen und wie oben angegeben braten. Die Keulen nach Belieben nach der Hälfte der Bratzeit nochmals mit der Marinade bestreichen und mit Sesamsamen bestreuen.

Abwandlung 2: Für pikante Chili-Hähnchenkeulen (im Foto links oben) 4 gehäufte Esslöffel scharfe Chilisauce mit 1 durchgepressten Knoblauchzehe, 1 Teelöffel Balsamico-Essig, 1 Teelöffel flüssigen Honig und 1 Esslöffel Speiseöl (z. B. Sonnenblumenöl) unterrühren. Die wie oben in Punkt 1 vorbereiteten Hähnchenkeulen mit der Marinade bestreichen, in eine flache Schale legen und zugedeckt mindestens 2 Stunden oder über Nacht kalt stellen. Die Keulen wie oben angegeben in eine Fettfangschale geben, nochmals mit der Marinade bestreichen und wie oben angegeben braten. Die Keulen während der Bratzeit ab und zu mit der Marinade bestreichen.

Abwandlung 3: Für Hähnchenkeulen mit Kräuterpanade (im Foto rechts oben) die Hähnchenkeulen wie in Punkt 1 angegeben vorbereiten, mit Salz, Pfeffer und Paprikapulver edelsüß einreiben. 4–5 Esslöffel gemischte, gehackte Kräuter (frisch oder TK, z. B. Petersilie, Estragon, Schnittlauch) mit 6 Esslöffeln Semmelbröseln mischen. Die Hähnchenkeulen zunächst in Weizenmehl, dann in 1 verschlagenen Ei und zuletzt in der Semmelbrösel-Kräuter-Mischung wenden und die Panade gut andrücken. Die Keulen wie oben angegeben in eine Fettfangschale geben, mit 3–4 Esslöffeln Speiseöl (z. B. Sonnenblumenöl) beträufeln und wie oben angegeben braten.

Hähnchenkeulen

Raffiniert

Hähnchenschnitzel in Kräuterpanade
8–10 Portionen

Zubereitungszeit: 50 Minuten
Garzeit: etwa 20 Minuten

250 g Semmelbrösel
2 Pck. TK-Kräuter der Provence
4 Eier (Größe M)
10 Hähnchenbrustfilets
(je etwa 120 g)
Salz, frisch gemahlener Pfeffer
4 EL Weizenmehl
8 EL Speiseöl

Für Fenchelnudeln:
5 l Wasser
5 gestr. TL Salz
500 g feine Bandnudeln oder Spaghetti
1 Fenchelknolle (etwa 300 g)
100 g Butter oder Margarine

Pro Portion:
E: 44 g, F: 20 g, Kh: 58 g,
kJ: 2497, kcal: 597

1. Semmelbrösel in einer Schüssel mit den Kräutern vermischen. Eier in einer Schüssel verschlagen. Den Backofen vorheizen.
2. Hähnchenbrustfilets unter fließendem kalten Wasser abspülen und trocken tupfen. Mit Salz und Pfeffer bestreuen.
3. Filets zuerst in Mehl wenden, dann durch die verschlagenen Eier ziehen, am Schüsselrand etwas abstreifen und zuletzt in der Semmelbrösel-Kräuter-Mischung wenden, Panade fest andrücken.
4. Speiseöl in einer großen Pfanne erhitzen, Filets darin in 2 Portionen von beiden Seiten anbraten, herausnehmen und auf ein Backblech (gefettet) legen. Das Backblech in den vorgeheizten Backofen schieben.
Ober-/Unterhitze: 180–200 °C
Heißluft: 160–180 °C
Garzeit: etwa 20 Minuten.

5. Für die Fenchelnudeln Wasser in einem großen Topf mit geschlossenem Deckel zum Kochen bringen. Dann Salz und Nudeln zugeben. Die Nudeln im geöffneten Topf bei mittlerer Hitze nach Packungsanleitung kochen lassen, dabei zwischendurch 4–5-mal umrühren.
6. Anschließend die Nudeln in ein Sieb geben, mit heißem Wasser abspülen und abtropfen lassen.
7. Von der Fenchelknolle die Stiele dicht oberhalb der Knolle abschneiden. Braune Stellen und Blätter entfernen. Wurzelende gerade schneiden. Knolle waschen, abtropfen lassen, halbieren, in feine Streifen oder in kleine Würfel schneiden.
8. Butter oder Margarine in einer großen Pfanne erhitzen, Fenchelstreifen oder -würfel darin andünsten. Nudeln hinzugeben und miteinander gut vermischen. Mit Salz und Pfeffer würzen.

Tipp: Anstelle von Hähnchenbrustfilets kann auch Kalb- oder Schweinefleisch verwendet werden. Zusätzlich noch frische Kräuter der Provence unter die Nudeln heben oder die Fenchelnudeln damit bestreuen.

Preiswert

Hähnchenbrust mit Orangenminze und Ingwer
4 Portionen

Zubereitungszeit: 40 Minuten, ohne Marinier- und Quellzeit
Garzeit: 8–10 Minuten

4 Hähnchenbrustfilets
(je etwa 130 g)
1 kleines Stück Ingwerknolle
(etwa 50 g)
3 Stängel Orangenminze
Saft von 2 Limetten

320 g Couscous (Instant)
4 EL Olivenöl
Salz, frisch gemahlener Pfeffer
1 Bund glatte Petersilie

Zum Garnieren:
einige vorbereitete Zweige Orangenminze
1 EL rote Pfefferbeeren

Pro Portion:
E: 42 g, F: 10 g, Kh: 52 g,
kJ: 1950, kcal: 463

Hähnchenschnitzel in Kräuterpanade

Hähnchenbrust mit Orangenminze und Ingwer

Grüner Spargel mit gebratenem Hähnchen

1. Hähnchenbrustfilets unter fließendem kalten Wasser abspülen, trocken tupfen und quer halbieren. Filetstücke in eine flache Schale legen.
2. Ingwer schälen, abspülen, trocken tupfen und in kleine Würfel schneiden.
3. Minze abspülen, trocken tupfen und grob zerkleinern. Limetten halbieren und den Saft auspressen, mit Ingwerwürfeln und Orangenminze mischen. Die Marinade auf den Filetstücken verteilen. Mit Frischhaltefolie zugedeckt etwa 1 Stunde marinieren.
4. Couscous in eine große Schüssel geben und mit 400 ml kochendem Wasser übergießen. Mindestens 10 Minuten quellen lassen, dabei ab und zu umrühren.
5. Zwei Esslöffel von dem Olivenöl in einer Pfanne erhitzen. Marinierte Hähnchenbrustfiletstücke mit Salz und Pfeffer würzen, in dem Olivenöl 8–10 Minuten von beiden Seiten leicht braten.
6. Petersilie abspülen und trocken tupfen. Die Blättchen von den Stängeln zupfen, Blättchen grob hacken.
7. Restliches Olivenöl in einer weiteren Pfanne erhitzen. Den gequollenen Couscous darin anbraten, mit Salz und Pfeffer würzen. Petersilie unterrühren.
8. Hähnchenbrustfiletstücke mit dem Couscous in einer Schale anrichten. Mit Orangenminze und roten Pfefferbeeren garnieren.

Raffiniert

Grüner Spargel mit gebratenem Hähnchen

4 Portionen

Zubereitungszeit: 30 Minuten

700 g grüner Spargel
400 g Hähnchenbrustfilet
40 g Ingwerwurzel
1 Knoblauchzehe
1 TL Speisestärke
1 TL Currypulver
2 EL Sojasauce
6 EL Olivenöl
40 g Pinienkerne
80 g Katenschinkenwürfel
250 g Cocktail- oder Cherry-Tomaten
1 Bund Petersilie

Pro Portion:
E: 34 g, F: 22 g, Kh: 8 g,
kJ: 1545, kcal: 369

1. Vom Spargel das untere Drittel schälen, die unteren Enden abschneiden. Den Spargel in etwa 2 cm große Stücke schneiden. Spargelstücke abspülen und abtropfen lassen.
2. Hähnchenbrustfilet unter fließendem kalten Wasser abspülen und trocken tupfen. Hähnchenbrustfilet in etwa 1 x 1 cm große Würfel schneiden. Ingwer schälen, Knoblauch abziehen. Ingwer und Knoblauch in feine Würfel schneiden.
3. Die Fleischwürfel mit Ingwer- und Knoblauchwürfeln, Speisestärke, Curry und Sojasauce mischen.
4. Olivenöl in einer großen Pfanne erhitzen. Die Fleischwürfelmasse darin von allen Seiten anbraten. Spargelstücke hinzugeben und weitere 2 Minuten braten.
5. Pinienkerne und Schinkenwürfel hinzugeben, kurz durchschwenken. Tomaten abspülen, trocken tupfen und eventuell die Stängelansätze entfernen. Tomaten zu der Fleischmasse geben und miterhitzen.
6. Petersilie abspülen und trocken tupfen. Die Blättchen von den Stängeln zupfen. Blättchen klein schneiden. Die Petersilie unter die Hähnchenpfanne heben und sofort servieren.

Beilage: Basmatireis oder Eiernudeln.

Geschmortes Kaninchenragout

Mit Alkohol

Geschmortes Kaninchenragout
4 Portionen

Zubereitungszeit: 80 Minuten
Garzeit: etwa 90 Minuten

1,4 kg Kaninchenteile mit Knochen
(Keule, Rücken, Vorderläufe)
Salz, frisch gemahlener Pfeffer
4 EL Olivenöl
1 EL frisch gehackte Rosmarinnadeln
100 ml Rotwein
200 ml Kalbsfond oder -brühe
250 g Cocktailtomaten
1 Bund Frühlingszwiebeln
je 100 g grüne und schwarze Oliven

Pro Portion:
E: 76 g, F: 34 g, Kh: 5 g,
kJ: 2929; kcal: 698

1. Den Backofen vorheizen. Kaninchenteile kalt abspülen und trocken tupfen. Kaninchenteile mit Salz und Pfeffer bestreuen.
2. Olivenöl in einem Bräter erhitzen. Kaninchenteile darin von allen Seiten gut anbraten. Mit Rosmarin bestreuen. Rotwein und Kalbsfond oder -brühe hinzugießen.
3. Den Bräter auf dem Rost in den vorgeheizten Backofen schieben.
Ober-/Unterhitze: etwa 180 °C
Heißluft: etwa 160 °C
Garzeit: etwa 90 Minuten.
4. Die Kaninchenteile während der Garzeit ab und zu wenden.
5. Tomaten waschen, abtrocknen und die Stängelansätze herausschneiden. Frühlingszwiebeln putzen, waschen und abtropfen lassen. Das Grün der Zwiebeln in schmale Scheiben schneiden, das Weiße ganz lassen.
6. Oliven, Cocktailtomaten und Frühlingszwiebeln nach etwa 70 Minuten Garzeit zu den Kaninchenteilen in den Bräter geben und die Zutaten zugedeckt fertig garen.
7. Den Bratenfond mit Salz und Pfeffer abschmecken.

Beilage: Ofenwarmes italienisches Weißbrot mit Knoblauchbutter.

Mit Alkohol

Geschmorter Hase
6 Portionen

Zubereitungszeit: 50 Minuten, ohne Marinierzeit
Garzeit: etwa 95 Minuten

1 küchenfertiger Hase
(etwa 1,5 kg, mit Leber)
2-3 Zweige Rosmarin
1 Flasche (0,7 l) Rotwein
1 Bund Suppengemüse
4 EL Olivenöl
1 Glas (200 ml) Rotwein
Salz
2 EL Tomatenmark

6 Scheiben toskanisches Weißbrot
200 ml heiße Fleischbrühe

4 l Wasser
4 gestr. TL Salz
500 g Pappardelle (Bandnudeln)

Pro Portion:
E: 58 g, F: 16 g, Kh: 76 g,
kJ: 3215, kcal: 768

1. Hase eventuell enthäuten und entfetten. Leber beiseitelegen. Den Hasen in etwa 20 Stücke teilen. Die Fleischstücke unter fließendem kalten Wasser abspülen, trocken tupfen und in eine flache Schale legen.
2. Rosmarin abspülen und trocken tupfen. Die Fleischstücke mit Rotwein übergießen, Rosmarin hinzufügen. Die Fleischstücke darin über Nacht marinieren.
3. Gemüse putzen, schälen, abspülen und abtropfen lassen. Gemüse klein schneiden.
4. Olivenöl in einem Bratentopf erhitzen. Gemüsestücke darin andünsten. Rotwein hinzufügen, zum Kochen bringen und etwa 10 Minuten einkochen lassen. Fleischstücke aus der Marinade nehmen, trocken tupfen und zum Gemüse geben, mit Salz würzen. Das Fleisch bei schwacher Hitze etwa 1 1/2 Stunden köcheln lassen. Dabei nach und nach die Rotweinmarinade hinzugießen.
5. Wenn die Rotweinmarinade verkocht ist, Tomatenmark und die abgespülte, klein geschnittene Leber unterrühren, etwa 5 Minuten kochen lassen.
6. Die Fleischstücke herausnehmen und auf gerösteten und in Fleischbrühe getauchten Brotscheiben anrichten. Mit etwas Sauce übergießen. Mit der restliche Sauce werden die „Pappardelle in Hasensauce" zubereitet.
7. Wasser in einem großen Topf mit geschlossenem Deckel zum Kochen bringen. Dann Salz und Nudeln zugeben. Die Nudeln im geöffneten Topf bei mittlerer Hitze nach Packungsanleitung kochen lassen, dabei zwischendurch 4-5-mal umrühren.
8. Anschließend die Nudeln in ein Sieb geben, mit heißem Wasser abspülen und abtropfen lassen.
9. Die Nudeln mit der Sauce vermengen und etwa 2 Minuten durchziehen lassen.
10. Hasenstücke mit den Nudeln servieren.

Einfach

Geschmortes Hähnchen, italienisch
4 Portionen

Zubereitungszeit: 60 Minuten
Garzeit: etwa 40 Minuten

1 Gemüsezwiebel
2 dicke Fleischtomaten
400 g kleine festkochende Kartoffeln
800 g Hähnchenfleisch ohne Haut (Brust und Keule, ohne Knochen)
Salz
frisch gemahlener Pfeffer
1 abgezogene, durchgepresste Knoblauchzehe
4 EL Olivenöl
100 ml Geflügelbrühe
3 kleine Stängel Rosmarin
1 EL gehackte Petersilie

Pro Portion:
E: 52 g; F: 14 g; Kh: 21 g,
kJ: 1783; kcal: 426

1. Gemüsezwiebel abziehen, in Würfel schneiden. Tomaten waschen, kreuzweise einschneiden und einige Sekunden in kochendes Wasser legen. Tomaten kurz in kaltes Wasser legen, enthäuten, halbieren, entkernen und die Stängelansätze herausschneiden. Tomatenhälften in Würfel schneiden. Kartoffeln waschen, schälen, abspülen. Den Backofen vorheizen.
2. Das Hähnchenfleisch unter fließendem kalten Wasser abspülen, trocken tupfen, mit Salz, Pfeffer und Knoblauch würzen. Olivenöl in einem Bräter erhitzen. Hähnchenfleisch darin von allen Seiten anbraten. Zwiebelwürfel und Kartoffeln hinzugeben, ebenfalls mitbraten lassen. Tomatenwürfel unterrühren. Brühe hinzugießen.
3. Rosmarin abspülen und trocken tupfen, mit der Petersilie zu dem Hähnchenfleisch in den Bräter geben. Den Bräter auf dem Rost in den vorgeheizten Backofen schieben.
Ober-/Unterhitze: 180—200 °C
Heißluft: 160—180 °C
Garzeit: etwa 40 Minuten.
4. Geschmortes Hähnchen mit Salz und Pfeffer abschmecken und servieren.

Geschmortes Hähnchen, italienisch

Raffiniert

Gefüllte Wildente
2–3 Portionen

Zubereitungszeit: 30 Minuten
Garzeit: etwa 2 Stunden

Für die Füllung:
80 g Weißbrot
1 Apfel
30 g Rosinen
1 Ei (Größe M)
100 g Schlagsahne
1 EL gehackte Petersilie
Salz
frisch gemahlener Pfeffer

1 Wildente (800–1000 g)

3 EL Speiseöl, z. B. Rapsöl
400 ml Entenfond
600 g Steckrübe
1 Zwiebel

Außerdem:
evtl. Rouladennadeln

Pro Portion:
E: 61 g, F: 73 g, Kh: 41 g,
kJ: 4444, kcal: 1062

1. Für die Füllung Weißbrot in kleine Würfel schneiden. Apfel schälen, vierteln, entkernen und ebenfalls in kleine Würfel schneiden. Weißbrot-, Apfelwürfel und Rosinen in eine Schüssel geben, mit Ei, Sahne und Petersilie verrühren, mit Salz und Pfeffer würzen. Den Backofen vorheizen.
2. Wildente von innen und außen unter fließendem kalten Wasser abspülen und trocken tupfen. Die Füllung fest in die Ente drücken und die Öffnung eventuell mit Rouladennadeln feststecken. Die Ente mit Salz und Pfeffer bestreuen.
3. Speiseöl in einem Bräter erhitzen. Die Wildente mit der Brust nach unten hineinlegen. Den Bräter auf dem Rost in den vorgeheizten Backofen schieben.

Ober-/Unterhitze: etwa 200 °C (unteres Drittel)
Heißluft: etwa 180 °C
Garzeit: etwa 2 Stunden.
4. Nach und nach den Entenfond hinzugießen. Die Ente ab und zu damit begießen.
5. Nach etwa einer Stunde Garzeit die Ente wenden. Die Steckrübe schälen, abspülen, abtropfen lassen und in etwa 2 cm große Würfel schneiden. Zwiebel abziehen und fein würfeln. Steckrüben- und Zwiebelwürfel zu der Ente in den Bräter geben, mit Salz und Pfeffer würzen und mitgaren lassen.
6. Wildente aus dem Backofen nehmen, tranchieren, eventuell Rouladennadeln entfernen. Die Wildente mit der Füllung und dem Steckrübengemüse servieren.

Tipp: Würzen Sie die Ente und die Füllung zusätzlich mit Thymian.

Für Gäste

Gefüllte Putenschnitzel auf schwedische Art
4 Portionen

Zubereitungszeit: 85 Minuten

8 dünne Putenschnitzel (60–80 g)
grob gestoßener Java-Pfeffer
8 entkernte Backpflaumen
8 Scheiben Frühstücksspeck (Bacon)
4 EL Speiseöl

1 kleine rote Zwiebeln
je 2 EL rote, grüne und gelbe Paprikawürfel
200 ml Geflügelfond
1 EL gehackter Dill
1 EL flüssiger Bienenhonig
Salz

einige Dillspitzen

Gefüllte Wildente

Außerdem:
Holzstäbchen

Pro Portion:
E: 28 g, F: 9 g, Kh: 12 g,
kJ: 1027, kcal: 246

1. Putenschnitzel unter fließendem kalten Wasser abspülen, trocken tupfen und auf einer Arbeitsfläche ausbreiten. Schnitzel eventuell flachklopfen und mit Pfeffer bestreuen. Jeweils eine Backpflaume mit einer Scheibe Speck umhüllen, auf die Fleischscheiben legen und von der schmalen Seite her aufrollen. Mit Holzstäbchen zusammenhalten.
2. Speiseöl in einer großen Pfanne zerlassen. Die Putenröllchen darin von allen Seiten etwa 5 Minuten anbraten, herausnehmen und warm stellen.
3. Zwiebel abziehen und in kleine Würfel schneiden. Zwiebel- und Paprikawürfel in dem verbliebenen Bratfett in der Pfanne andünsten. Mit Fond ablöschen.
4. Dill und Honig unterrühren. Mit Salz würzen. Die Sauce zum Kochen bringen und um die Hälfte einkochen lassen.
5. Die Schnitzel (Holzstäbchen entfernen) auf einer Platte mit der Sauce anrichten. Mit abgespülten, trocken getupften Dillspitzen garnieren.

Beilage: Butterkartoffeln oder geröstete Weißbrotscheiben und frische Blattsalate.

Tipp: Die Paprikawürfel auf Vorrat einfrieren. Dazu verschiedenfarbige Paprikaschoten halbieren, entstielen, entkernen und die weißen Scheidewände entfernen. Schotenhälften waschen, trocken tupfen und in kleine Würfel schneiden. Paprikawürfel in einem wieder verschließbaren Gefrierbeutel einfrieren. Nach Bedarf aus dem Beutel entnehmen.

Mit Alkohol

Entenkeulen auf Honig-Rotwein-Zwiebeln
4 Portionen

Zubereitungszeit: 45 Minuten, ohne Abkühlzeit
Garzeit: 30–40 Minuten

700 g kleine, festkochende Kartoffeln
2 Lorbeerblätter
500 g rote Zwiebeln
4 Stängel Thymian
2 Stängel Rosmarin
4 Entenkeulen (je etwa 160 g)
Salz, frisch gemahlener Pfeffer
½ TL gemahlener Koriander
2 EL Butterschmalz
100 ml Rotwein
250 ml (¼ l) Geflügelbrühe
2–3 TL flüssiger Honig

Pro Portion:
E: 25 g, F: 35 g, Kh: 37 g,
kJ: 2440, kcal: 583

1. Kartoffeln gründlich waschen, abtropfen lassen, mit Lorbeerblättern in einen Topf geben. Kartoffeln knapp mit Wasser bedecken, aufkochen lassen und etwa 15 Minuten vorgaren.
2. Zwiebeln abziehen und in Spalten schneiden. Thymian und Rosmarin abspülen und trocken tupfen.
3. Entenkeulen unter fließendem kalten Wasser abspülen, trocken tupfen, mit Salz, Pfeffer und Koriander bestreuen. Butterschmalz in einem Bräter erhitzen. Entenkeulen darin von beiden Seiten goldbraun anbraten und herausnehmen. Den Backofen vorheizen.
4. Kartoffeln abgießen und etwas abkühlen lassen. Kleine Kartoffeln ganz lassen, größere Kartoffeln durchschneiden. Kartoffeln mit Zwiebelspalten und Kräutern in den Bräter geben und in dem Bratsatz wenden.
5. Die Entenkeulen auf das Zwiebel-Kartoffel-Gemüse legen. Rotwein und Brühe hinzugießen. Den Bräter auf dem Rost in den vorgeheizten Backofen schieben.
Ober-/Unterhitze: etwa 160 °C
Heißluft: etwa 140 °C
Garzeit: 30–40 Minuten.
6. Die Entenkeulen aus dem Bräter nehmen (sie sind gar, wenn sich das Fleisch leicht von den Knochen löst) und warm stellen.
7. Das Zwiebel-Kartoffel-Gemüse so lange weiterkochen, bis nur noch wenig Flüssigkeit vorhanden ist. Rosmarin und Thymian entfernen. Das Gemüse mit Salz, Pfeffer und Honig abschmecken und mit den Entenkeulen servieren.

Tipp: Die Entenkeulen kurz vor dem Servieren unter den vorgeheizten Grill des Backofens legen und kurz grillen, damit die Haut knusprig ist.
Dazu passt ein gemischter Blattsalat (z.B. Feldsalat) mit Trauben und Walnusskernen.

Gefüllte Putenschnitzel auf schwedische Art

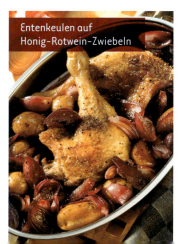
Entenkeulen auf Honig-Rotwein-Zwiebeln

Ente mit Thymian

Für Gäste

Ente mit Thymian
4 Portionen

Zubereitungszeit: 40 Minuten
Bratzeit: etwa 1½ Stunden

1 kg gleich große festkochende Kartoffeln
Salz
1 Bund Thymian
1 Stängel Rosmarin
2 EL Olivenöl

1 küchenfertige Ente (etwa 2 kg)
2 mittelgroße Zwiebeln

Pro Portion:
E: 68 g, F: 26 g, Kh: 35 g,
kJ: 2730, kcal: 653

1. Kartoffeln gründlich waschen, mit Wasser bedeckt zum Kochen bringen, Salz hinzufügen. Kartoffeln zugedeckt etwa 20 Minuten garen.

2. Thymian und Rosmarin abspülen, trocken tupfen. Von zwei Dritteln der Thymianstängel die Blätter abzupfen. Restliche Thymianstängel beiseitelegen. Rosmarinnadeln abstreifen und hacken.

3. Kartoffeln abgießen, unter kaltem Wasser abschrecken, sofort pellen und in eine Schüssel geben. Kartoffeln mit Thymianblättchen, Rosmarinnadeln und Salz bestreuen, mit Olivenöl beträufeln. Den Backofen vorheizen.

4. Ente von innen und außen unter fließendem kalten Wasser abspülen und trocken tupfen. Von innen und außen mit Salz einreiben. Die Ente mit einem Teil der Kräuterkartoffeln füllen.

5. Die Ente mit dem Rücken nach unten in einen Bräter legen. Den Bräter auf dem Rost in den vorgeheizten Backofen schieben.
Ober-/Unterhitze: etwa 220 °C
Heißluft: etwa 200 °C
Bratzeit: etwa 1 ½ Stunden.

6. In der Zwischenzeit Zwiebeln abziehen, vierteln und zu der Ente in den Bräter geben. Während des Bratens ab und zu unterhalb der Flügel und Keulen in die Ente stechen, damit das Fett ausbraten kann.

7. Nach etwa 30 Minuten Bratzeit das angesammelte Fett abschöpfen. Sobald der Bratensatz anfängt zu bräunen, etwas heißes Wasser hinzugießen. Die Ente ab und zu mit dem Bratensatz begießen. Verdampfte Flüssigkeit durch Wasser ersetzen. Etwa 15 Minuten vor Ende der Bratzeit die restlichen Kräuterkartoffeln zu der Ente in den Bräter geben und kurz mitbraten lassen.

8. Die Ente mit den Kräuterkartoffeln anrichten und mit restlichem Thymian garnieren. Den Bratensatz eventuell abgießen, falls nötig entfetten und getrennt dazureichen.

Tipp: Zu der Flugente passt sehr gut ein Rote-Bete-Apfel-Püree und eine Pistaziensauce. Für das Püree 2 mittelgroße Rote Bete abspülen, in Salzwasser mit etwas Kümmel weich kochen, enthäuten und in grobe Würfel schneiden. 2 süße Äpfel waschen, schälen, vierteln, entkernen, in Würfel schneiden. Etwas Zucker karamellisieren lassen. Apfelwürfel und 1 kleines Stück Zimtstange darin andünsten. Mit je 100 ml Weißwein und Gemüsebrühe ablöschen. Rote-Bete-Würfel hinzugeben. Zutaten weich kochen. Zimtstange entfernen und die Masse pürieren. Mit Salz, Pfeffer und Muskat abschmecken. Für die Sauce 100 g Pistazienkerne in einer Pfanne ohne Fett anrösten und erkalten lassen. Mit 50 ml Traubenkernöl und 100 ml Geflügelbrühe in einen hohen Rührbecher geben und mit einem Mixstab zu einer geschmeidigen Masse verrühren. Mit 1 Esslöffel Balsamico-Essig, 1 Teelöffel Honig, Salz und Pfeffer abschmecken. 1–2 Esslöffel klein geschnittene, rohe Selleriewürfel unterrühren. Sollte die Sauce zu dick sein, zu gleichen Teilen Traubenkernöl und Geflügelbrühe unterrühren.

Für Gäste – klassisch – mit Alkohol

Gans mit Rotkohl
6 Portionen

Zubereitungszeit: 40 Minuten
Garzeit: etwa 3 Stunden

1 küchenfertige Gans (etwa 3 kg)
Salz
frisch gemahlener Pfeffer
gerebelter Majoran

Für die Füllung:
4 Zwiebeln
1 EL Butterschmalz oder Margarine
400 g säuerliche Äpfel
100 g Rosinen

Für den Rotkohl:
1 kg Rotkohl
375 g saure Äpfel, z. B. Cox Orange oder Boskop
2 Zwiebeln
50 g Schweineschmalz oder
5 EL Speiseöl
1 Lorbeerblatt
3 Gewürznelken
3 Wacholderbeeren
5 Pimentkörner
Salz
frisch gemahlener Pfeffer
Zucker
2 EL Rotweinessig
3 EL Johannisbeergelee
125 ml (1/8 l) Wasser

Salzwasser

Für die Sauce:
2 EL Weizenmehl
4 EL kaltes Wasser
1 Prise Zucker
etwas Weißwein

Außerdem:
Küchengarn oder Holzstäbchen

Pro Portion:
E: 64 g, F: 73 g, Kh: 37 g,
kJ: 4448, kcal: 1055

1. Gans von innen und außen abspülen, trocken tupfen. Das Fett aus dem Bauchraum entfernen. Gans von innen und außen mit Salz, Pfeffer und Majoran würzen. Den Backofen vorheizen.

2. Für die Füllung Zwiebeln abziehen und achteln. Butterschmalz oder Margarine zerlassen. Zwiebelachtel darin bei mittlerer Hitze andünsten. Äpfel schälen, vierteln, entkernen und in Achtel schneiden. Rosinen mit den Zwiebel- und Apfelstücken vermengen. Die Füllung in die Gans geben und die Öffnung mit Küchengarn zunähen oder mit Holzstäbchen verschließen. Die Gans mit der Brust nach unten in eine angefeuchtete Fettfangschale geben und in den vorgeheizten Backofen schieben.
Ober-/Unterhitze: etwa 200 °C
Heißluft: etwa 180 °C
Garzeit: etwa 3 Stunden.

3. Während des Bratens ab und zu unterhalb der Flügel und Keulen einstechen, damit das Fett ausbraten kann. Das Fett gelegentlich abschöpfen. Sobald der Bratensatz bräunt, etwas Wasser hinzugießen. Die verdampfte Flüssigkeit nach und nach durch Wasser ersetzen. Die Gans ab und zu mit dem Bratensatz begießen. Nach der Hälfte der Garzeit die Gans wenden.

4. Von dem Rotkohl die äußeren welken Blätter entfernen. Den Kohl vierteln, abspülen und abtropfen lassen. Den Strunk herausschneiden. Kohlviertel sehr fein schneiden oder hobeln. Äpfel schälen, vierteln, entkernen und klein schneiden. Zwiebeln abziehen und würfeln.

5. Schmalz oder Speiseöl in einem Topf erhitzen. Zwiebelwürfel darin unter Rühren andünsten. Rotkohlstreifen und Apfelstücke hinzugeben und mit andünsten. Lorbeerblatt, Nelken, Wacholderbeeren, Pimentkörner, Salz, Pfeffer, Zucker, Essig, Gelee und Wasser hinzufügen. Den Rotkohl zum Kochen bringen und zugedeckt bei schwacher Hitze 45–60 Minuten garen, dabei gelegentlich umrühren. Den Rotkohl mit Salz, Pfeffer, Zucker und Essig abschmecken.

6. Etwa 10 Minuten vor Ende der Bratzeit die Gans mit Salzwasser bestreichen und die Temperatur um 20 °C erhöhen, damit die Haut kross wird. Die Gans in Portionsstücke teilen (tranchieren), Küchengarn oder Holzstäbchen entfernen. Die Gans mit der Füllung abgedeckt warm stellen.

7. Für die Sauce den Bratensatz mit Wasser loskochen und durch ein Sieb in einen Topf geben (Fett abschöpfen). Sauce eventuell mit etwas Wasser auffüllen und zum Kochen bringen. Mehl mit Wasser anrühren, in die Sauce rühren, zum Kochen bringen und etwa 2 Minuten unter Rühren kochen lassen. Die Sauce mit Salz, Pfeffer, Majoran, Zucker und Wein abschmecken. Die Gans mit der Sauce servieren.

Gans mit Rotkohl

Für Gäste

Entenkeulen mit Preiselbeeren
4 Portionen

Zubereitungszeit: 30 Minuten
Garzeit: etwa 2 Stunden

4 Entenkeulen (je etwa 320 g)
Salz
frisch gemahlener Pfeffer
300 ml Hühnerbrühe
1 rote Chilischote
3 Gewürznelken
1 TL Zucker
200 g frische Preiselbeeren oder Cranberries
1 Bund Frühlingszwiebeln
2 TL Speisestärke

Pro Portion:
E: 47 g, F: 35 g, Kh: 13 g,
kJ: 2295, kcal: 546

1. Den Backofen vorheizen. Die Entenkeulen unter fließendem kalten Wasser abspülen, trocken tupfen und etwas Fett abschneiden. Mit Salz und Pfeffer würzen. Entenkeulen mit der Hautseite nach unten in einen Bräter legen. Den Bräter auf dem Rost in den vorgeheizten Backofen schieben.
Ober-/Unterhitze: etwa 180 °C
Heißluft: etwa 160 °C
Garzeit: etwa 2 Stunden.
2. Nach etwa 60 Minuten Garzeit die Entenkeulen wenden, Hühnerbrühe hinzugießen, mit Chilischote, Nelken und Zucker würzen, die Entenkeulen weiterbraten.
3. Preiselbeeren oder Cranberries verlesen, waschen und abtropfen lassen. Frühlingszwiebeln putzen, waschen, abtropfen lassen und in etwa 3 cm große Stücke schneiden.
4. Speisestärke mit etwas kaltem Wasser anrühren. Die Sauce etwa 15 Minuten vor Ende der Garzeit damit binden. Frühlingszwiebelstücke und Preiselbeeren oder Cranberries hinzugeben, Entenkeulen fertig garen.

Beilage: Zu den Entenkeulen Kartoffelklöße, Spätzle oder Kartoffelbrei und Rot- oder Rosenkohl servieren.

Tipp: Würzen Sie die Entenkeulen zusätzlich mit getrocknetem Thymian.

Raffiniert — mit Alkohol

Entenbrust mit rotem Zwiebelgemüse
4 Portionen

Zubereitungszeit: 50 Minuten
Garzeit: Entenbrust etwa 12 Minuten
Garzeit: Zwiebelgemüse etwa 20 Minuten

Für das Zwiebelgemüse:
1 kg rote Zwiebeln
4 EL Rapsöl
2 EL Puderzucker
250 ml (1/4 l) Rotwein
2 EL Johannisbeergelee
Salz
frisch gemahlener Pfeffer
1 TL getrockneter Thymian

Für die Entenbrust:
2 Entenbrustfilets (je etwa 300 g)
Salz, frisch gemahlener Pfeffer
2 TL flüssiger Honig
15 g Butter
3–4 EL Orangenlikör

Pro Portion:
E: 32 g, F: 19 g, Kh: 29 g,
kJ: 1915, kcal: 459

1. Zwiebeln abziehen und je nach Größe vierteln oder sechsteln. Rapsöl in einem Bräter erhitzen. Zwiebelstücke darin unter mehrmaligem Wenden etwa 10 Minuten anbraten.
2. In der Zwischenzeit Entenbrustfilets unter fließendem kalten Wasser abspülen und trocken tupfen. Mit Salz und Pfeffer bestreuen.
3. Eine Pfanne ohne Fett erhitzen. Die Entenbrustfilets mit der Fettseite nach unten hineinlegen und etwa 6 Minuten braten. Die Filets wenden und von der anderen Seite ebenfalls etwa 6 Minuten braten.
4. Die Zwiebeln mit Puderzucker bestäuben, kurz karamellisieren lassen und mit Rotwein ablöschen. Johannisbeergelee hinzugeben, aufkochen und etwa 20 Minuten bei schwacher Hitze leicht köcheln lassen.

Entenkeulen mit Preiselbeeren

Entenbrust mit rotem Zwiebelgemüse

Coq au vin

5. Kurz vor Ende der Bratzeit die Haut der Entenbrustfilets mit Hilfe eines Backpinsels mit Honig bestreichen und Butter hinzugeben. Die Entenbrustfilets mit Orangenlikör übergießen, aus dem Bratensatz nehmen und warm gestellt etwa 10 Minuten ruhen lassen.
6. Die Zwiebelstücke mit Salz, Pfeffer und Thymian würzen. Die Entenbrustfilets in Scheiben schneiden und mit dem Zwiebelgemüse servieren.

Mit Alkohol

Coq au vin (Huhn in Wein)
4 Portionen

Zubereitungszeit: 80 Minuten
Garzeit: etwa 30 Minuten

5 Schalotten oder kleine Zwiebeln
250 g Champignons
120 g magerer, geräucherter Speck
1 küchenfertiges Hähnchen
(etwa 1,3 kg)
Salz, frisch gemahlener Pfeffer
getrockneter, gerebelter Thymian
40 g Butterschmalz oder 4 EL Speiseöl, z. B. Sonnenblumenöl
1 Knoblauchzehe
etwa 500 ml (1/2 l) Rotwein
20 g weiche Butter
10 g Weizenmehl

Pro Portion:
E: 57 g, F: 30 g, Kh: 7 g,
kJ: 2469, kcal: 589

1. Schalotten oder Zwiebeln abziehen und vierteln. Von den Champignons die Stielenden abschneiden, Champignons mit Küchenpapier abreiben, eventuell abspülen, trocken tupfen und halbieren. Speck in Streifen schneiden.
2. Hähnchen von innen und außen unter fließendem kalten Wasser abspülen, trocken tupfen und in etwa 8 Teile zerlegen. Mit Salz, Pfeffer und Thymian würzen, dabei etwas von den Gewürzen unter die Haut schieben (dafür die Haut mit den Fingern etwas lockern und leicht anheben).
3. 10 g Butterschmalz oder 1 Esslöffel Speiseöl in einer großen Pfanne oder einem Bräter erhitzen. Die Champignons darin unter Rühren andünsten, mit Salz und Pfeffer würzen, herausnehmen und beiseitestellen.
4. Die Speckstreifen und 10 g Butterschmalz oder 1 Esslöffel Speiseöl in die Pfanne oder den Bräter geben und die Speckstreifen darin ausbraten. Schalotten- oder Zwiebelviertel hinzufügen und von allen Seiten bräunen. Schalotten und Speckstreifen aus der Pfanne oder dem Bräter nehmen und beiseitestellen.
5. Restliches Butterschmalz oder Speiseöl in der Pfanne oder dem Bräter erhitzen. Die Hähnchenteile darin von allen Seiten anbraten. Knoblauch abziehen, durch eine Knoblauchpresse zu den Hähnchenteilen drücken und 500 ml (1/2 l) Rotwein hinzugießen. Die Hähnchenteile zugedeckt bei schwacher Hitze etwa 30 Minuten garen, dabei zwischendurch einmal wenden.
6. Die garen Hähnchenteile herausnehmen und warm stellen.
7. Die Sauce durch ein Sieb in ein Litermaß geben, das Fett mit einem Löffel abnehmen (entfetten). Die Sauce mit Rotwein auf 400 ml auffüllen, wieder in die Pfanne oder den Bräter geben und zum Kochen bringen.
8. Butter mit Mehl verkneten, mit dem Schneebesen in die kochende Flüssigkeit rühren und kurz aufkochen lassen. Die Speck-Schalotten-(Zwiebel)-Mischung und die Champignons wieder in die Sauce geben und 5–7 Minuten schwach kochen lassen.
9. Die Sauce mit Salz und Pfeffer abschmecken. Die Hähnchenteile ebenfalls in die Sauce geben.

Babypute mit Aprikosen-Walnuss-Sauce

Für Gäste – mit Alkohol

Babypute mit Aprikosen-Walnuss-Sauce
4–6 Portionen

Zubereitungszeit: 55 Minuten, ohne Abkühl- und Einweichzeit
Garzeit: etwa 130 Minuten

250 g getrocknete Aprikosen

Für die Füllung:
6 getrocknete Brötchen (Semmeln, etwa 230 g)
100 g Butter
170 g Weizenmehl
3 Eier (Größe M)
Salz
200 ml Milch

1 Babypute (etwa 3 kg)
Salz
frisch gemahlener Pfeffer
4 EL Speiseöl

40 g frischer Ingwer
200 g Aprikosenkonfitüre
etwas Chilipulver
½ TL gemahlener Zimt

200 g halbierte Walnusskerne
125 ml (⅛ l) Aprikosenlikör
250 ml (¼ l) Fleischbrühe
200 g Schmand (Sauerrahm)

Außerdem:
Holzstäbchen
Küchengarn

Pro Portion:
E: 119 g, F: 92 g, Kh: 120 g,
kJ: 7885, kcal: 1885

1. Aprikosen mit kaltem Wasser bedecken und einweichen.
2. Für die Füllung Brötchen in kleine Würfel schneiden. Jeweils die Hälfte der Butter in einer Pfanne zerlassen. Die Brötchenwürfel darin in 2 Portionen goldgelb rösten, herausnehmen und abkühlen lassen.
3. Mehl in eine Rührschüssel geben. Eier, Salz und Milch hinzufügen. Mit einem Schneebesen gut durchschlagen, bis der Teig Blasen wirft und geschmeidig ist. Die gerösteten Brötchenwürfel unterrühren. Den Backofen vorheizen.
4. Die Pute von innen und außen unter fließendem kalten Wasser abspülen, trocken tupfen. Von innen und außen mit Salz und Pfeffer einreiben. Füllung durchrühren und in die Pute füllen. Die Bauchöffnung mit kleinen Holzstäbchen und Küchengarn verschließen. Die Keulen an den Enden zusammenbinden.
5. Die Pute auf der Brustseite mit 2 Esslöffeln Speiseöl bestreichen und mit der Brustseite nach unten in einen Bräter legen. 150 ml Wasser in den Bräter gießen. Den Bräter auf dem Rost in den vorgeheizten Backofen schieben.
Ober-/Unterhitze: etwa 180 °C (untere Schiene)
Heißluft: etwa 160 °C
Garzeit: etwa 90 Minuten.
6. Sobald der Bratensatz bräunt, etwas Wasser hinzufügen. Eingeweichte Aprikosen abtropfen lassen.
7. Die Pute nach etwa 60 Minuten Garzeit auf den Rücken drehen und mit dem restlichen Speiseöl bestreichen. Aprikosen in den Bräter geben. Die Pute bei gleicher Backofentemperatur weitere etwa 20 Minuten garen.
8. In der Zwischenzeit den Ingwer schälen und in sehr kleine Würfel schneiden. Konfitüre durch ein Sieb streichen, mit Ingwerwürfeln, Chili und Zimt verrühren.
9. Den Bräter aus dem Ofen nehmen. Die Pute auf der Brustseite mit der Konfitüren-Ingwer-Mischung bestreichen. Walnusskerne, Likör und Brühe in den Bräter geben. Den Bräter wieder auf dem Rost in den heißen Backofen schieben und die Pute fertig garen.
Ober-/Unterhitze: 160–180 °C
Heißluft: 140–160 °C
Garzeit: etwa 20 Minuten.
10. Die Pute aus dem Bräter nehmen, auf einer vorgewärmten Platte anrichten und warm stellen.
11. Die Sauce etwas einkochen lassen. Schmand unterrühren. Die Sauce mit Salz, Pfeffer, Zimt und evtl. Chili abschmecken und zu der Pute servieren.

Beilage: Gedünstetes Mangoldgemüse und die Semmelknödelfüllung.

Raffiniert

Gebackene Stubenküken
4 Portionen

Zubereitungszeit: 60 Minuten, ohne Marinierzeit

3 Stubenküken (je 300–400 g)
3 Stängel Thymian
100 g Crème fraîche
Salz
frisch gemahlener Pfeffer
2 Eier (Größe M)
60 g Weizenmehl
100 g Semmelbrösel
100 g Butterschmalz
1 Bio-Zitrone (unbehandelt, ungewachst)

Für die Remouladensauce:
3 hart gekochte Eier
1 Gewürzgurke
1 EL Kapern
1 Sardellenfilet
150 g Salatmayonnaise
frisch gehackte Petersilie
etwas Gurkenwasser (aus dem Gewürzgurkenglas)

Für den Salat:
1 EL Crème fraîche
1 TL körniger Dijon-Senf
2 EL Apfelessig
2 EL Sonnenblumenöl
3 EL Traubenkernöl
3–4 EL Geflügelbrühe
Salz
frisch gemahlener Pfeffer
Zucker
½ Bund Schnittlauch
2 Kopfsalate

Pro Portion:
E: 46 g, F: 78 g, Kh: 29 g,
kJ: 4162, kcal: 996

1. Stubenküken innen und außen unter fließendem kalten Wasser abspülen und trocken tupfen. Keulen und Brüste abtrennen, in eine flache Schale legen.
2. Thymian abspülen, trocken tupfen. Die Blättchen von den Stängeln zupfen, Blättchen klein schneiden, mit Crème fraîche verrühren. Mit Salz und Pfeffer würzen. Die Fleischstücke mit der Crème-fraîche-Masse bestreichen und etwa 1 Stunde marinieren.
3. Für die Remouladensauce Eier pellen und klein hacken. Gurke in kleine Würfel schneiden. Abgetropfte Kapern und Sardellenfilet klein hacken. Mayonnaise in eine Schüssel geben, vorbereitete Zutaten und Petersilie unterrühren. Mit Salz und etwas Gurkenwasser abschmecken. Sauce kalt stellen.
4. Für den Salat Crème fraîche mit Senf und Essig verrühren. Nach und nach unter ständigem Schlagen die beiden Ölsorten hinzugeben. Brühe unterrühren. Mit Salz, Pfeffer und eventuell Zucker abschmecken. Schnittlauch abspülen, trocken tupfen, in Röllchen schneiden und unterrühren.
5. Kopfsalate putzen. Die Blätter vom Strunk befreien, waschen, trocken tupfen oder trocken schleudern und in mundgerechte Stücke zupfen.
6. Die Fleischstücke aus der Marinade nehmen, abtropfen lassen. Eier in einer flachen Schüssel verschlagen. Die Fleischstücke zuerst in Mehl wenden, dann in den verschlagenen Eiern und zuletzt in Semmelbröseln wenden. Panade gut andrücken.
7. Jeweils etwas Butterschmalz in zwei Pfannen erhitzen. Die Fleischstücke darin portionsweise von beiden Seiten goldbraun backen. Fleischstücke auf Küchenpapier abtropfen lassen, eventuell kurz abgedeckt warm stellen. Zitrone abspülen, trocken tupfen und in Spalten schneiden.
8. Salatblätter mit der Salatsauce mischen und anrichten. Stubenküken mit Remouladensauce, Zitronenspalten und Salat servieren.

Gebackene Stubenküken

Für Gäste
Gebratene Entenbrust
2 Portionen

Zubereitungszeit: 35 Minuten

300 g Entenbrustfilet
1 l kochendes Wasser
200 g frischer Blattspinat
3 eingeweichte Blumenpilze
150 g Tofu
1–2 fein gehackte Knoblauchzehen
500 ml (½ l) Speiseöl
4 EL Sojaöl

Für die Sauce:
2 EL Sojasauce
2 EL süße Sojasauce
1 EL Reiswein
1 TL Salz
⅓ TL frisch gemahlener Pfeffer
1 EL Zucker
1 ½ TL Kartoffel- oder Speisestärke
5 EL Hühnerbrühe

Pro Portion:
E: 41 g, F: 75 g, Kh: 20 g,
kJ: 4077, kcal: 974

1. Entenbrustfilet unter fließendem kalten Wasser abspülen, in dem kochenden Wasser 3–5 Minuten blanchieren, abkühlen lassen und in Scheiben schneiden.
2. Spinat verlesen, gründlich waschen, abtropfen lassen und zerpflücken. Blumenpilze waschen, trocken tupfen, entstielen und in mundgerechte Stücke schneiden. Tofu in mundgerechte Stücke schneiden. Knoblauch abziehen und klein schneiden.
3. Einen heißen Wok zweimal mit Öl ausschwenken. 500 ml (½ l) Speiseöl erhitzen, die Tofustücke etwa 2 Minuten darin frittieren, herausnehmen und abtropfen lassen. Das Speiseöl in ein Vorratsgefäß zurückgießen.
4. Den Wok erneut erhitzen, Sojaöl hineingeben und den Knoblauch darin anbraten. Spinat hinzugeben und den Deckel auflegen. Den Spinat zusammenfallen lassen. Tofustücke und Entenbrustscheiben hinzugeben, etwa 1 Minute braten.
5. Für die Sauce beide Sorten Sojasauce, Reiswein, Salz, Pfeffer, Zucker, Kartoffel- oder Speisestärke und Hühnerbrühe verrühren, hinzugeben, zum Kochen bringen und etwa 2 Minuten kochen lassen, heiß servieren.

Mit Alkohol
Gefüllte Fasanenbrüste
4 Portionen

Zubereitungszeit: 40 Minuten
Garzeit: 8–10 Minuten

Für die Füllung:
1 kleines Glas Pfifferlinge (Abtropfgewicht 115 g)
1 EL gehackte Walnusskerne
1 EL gehackte Pistazienkerne
100 g Bratwurstbrät
Salz, frisch gemahlener Pfeffer

4 Fasanenbrüste (je etwa 150 g)
3 EL Speiseöl

Für die Sauce:
100 ml trockener Rotwein
200 ml Wildfond
1 EL Tomatenmark
1 EL Preiselbeeren
3 EL Crème double

Außerdem:
Holzstäbchen

Pro Portion:
E: 39 g, F: 34 g, Kh: 4 g,
kJ: 2047, kcal: 490

Gebratene Entenbrust

Gefüllte Fasanenbrüste

Gefüllte Stubenküken

1. Für die Füllung Pfifferlinge in einem Sieb abtropfen lassen, in kleine Stücke schneiden und in eine kleine Schüssel geben. Mit Walnuss- und Pistazienkernen mischen. Bratwurstbrät untermengen. Mit Salz und Pfeffer würzen.

2. Fasanenbrüste unter fließendem kalten Wasser abspülen und trocken tupfen. In die Fasanenbrüste jeweils längs eine Tasche einschneiden und mit dem Brätgemisch füllen. Die Öffnungen mit Holzstäbchen feststecken. Fasanenbrüste mit Salz und Pfeffer würzen.

3. Speiseöl in einer Pfanne erhitzen. Fasanenbrüste darin von beiden Seiten 8–10 Minuten braten, herausnehmen und zugedeckt warm stellen.

4. Für die Sauce den Bratensatz mit Rotwein und Fond loskochen und um die Hälfte einkochen lassen. Tomatenmark, Preiselbeeren und Crème double unterrühren. Die Sauce mit Salz und Pfeffer würzen.

5. Von den Fasanenbrüsten die Holzstäbchen entfernen. Die Fasanenbrüste mit der Sauce servieren.

Raffiniert

Gefüllte Stubenküken
4 Portionen

Zubereitungszeit: 40 Minuten, ohne Einweichzeit
Garzeit: 30–40 Minuten

Für die Füllung:
160 g Backpflaumen, ohne Stein
100 g getrocknete Apfelringe
20 g getrocknete Steinpilze
40 g Butter
frisch gemahlener Zimt
4 Stubenküken (küchenfertig)
Salz, frisch gemahlener Pfeffer
500 ml (½ l) Geflügelfond

Pro Portion:
E: 79 g, F: 46 g, Kh: 38 g,
kJ: 3710, kcal: 887

1. Den Backofen vorheizen. Für die Füllung Backpflaumen, Apfelringe und Steinpilze in etwas kaltem Wasser etwa 30 Minuten einweichen. Anschließend in einem Sieb abtropfen lassen, in Stücke schneiden und in einer Schüssel mit der Butter vermengen, mit Zimt würzen.

2. Stubenküken von innen und außen unter fließendem kalten Wasser abspülen und trocken tupfen. Die Stubenküken mit der Frucht-Pilz-Masse füllen. Die Öffnung mit Holzstäbchen zusammenstecken. Stubenküken von außen mit Salz und Pfeffer bestreuen und in einen Bräter geben. Den Bräter auf dem Rost in den vorgeheizten Backofen schieben.
Ober-/Unterhitze: etwa 200 °C
Heißluft: etwa 180 °C
Garzeit: 30–40 Minuten.

3. Die Stubenküken aus dem Bräter nehmen und Holzstäbchen entfernen. Stubenküken warm stellen.

4. Fond zum Bratensatz geben, zum Kochen bringen und gut durchkochen lassen. Die Sauce mit Salz und Pfeffer abschmecken. Die Stubenküken mit der Sauce servieren.

Beilage: Junge, in Butter gedünstete Möhren und mit Sahne verfeinertes Kartoffelpüree.

Raffiniert

Hähnchenschnitzel mit Jägerchampignons
2 Portionen

Zubereitungszeit: 30 Minuten
Bratzeit: 10–15 Minuten

2 Hähnchenbrustfilets
(je etwa 150 g)
Salz
frisch gemahlener Pfeffer
1 Ei (Größe M)
1–2 EL Weizenmehl
2 EL Semmelbrösel
4 EL Olivenöl
300 g TK-Kartoffel-Wedges
1 Zwiebel
1 Knoblauchzehe
50 g Bauchspeck
2 EL Olivenöl
400 g Champignons
2 EL Crème fraîche
1 TL gerebelter Thymian
1 Bund Schnittlauch

Pro Portion:
E: 49 g, F: 65 g, Kh: 48 g,
kJ: 4033, kcal: 964

1. Hähnchenbrustfilets eventuell etwas flachklopfen. Filets unter fließendem kalten Wasser abspülen, trocken tupfen, mit Salz und Pfeffer bestreuen. Ei in einer flachen Schale verschlagen.
2. Hähnchenbrustfilets zuerst in Mehl wenden, dann durch das verschlagene Ei ziehen, am Schüsselrand etwas abstreifen und zuletzt in Semmelbröseln wenden. Panade gut andrücken. Olivenöl in einer Pfanne erhitzen. Hähnchenschnitzel darin von beiden Seiten 10–15 Minuten braten, herausnehmen und warm stellen.
3. Kartoffel-Wedges nach Packungsanleitung zubereiten. Zwiebel und Knoblauch abziehen, in kleine Würfel schneiden. Bauchspeck ebenfalls in Würfel schneiden. Olivenöl in einer Pfanne erhitzen, Speckwürfel darin anbraten.
4. Champignons putzen, mit Küchenpapier abreiben, eventuell abspülen und in Scheiben schneiden. Champignonscheiben mit den Zwiebel- und Knoblauchwürfeln in die Pfanne geben. Unter gelegentlichem Rühren etwa 5 Minuten mitbraten. Crème fraîche unterrühren. Mit Salz, Pfeffer und Thymian abschmecken.
5. Schnittlauch abspülen, trocken tupfen und in Röllchen schneiden. Hähnchenschnitzel mit den Jägerchampignons, Kartoffel-Wedges und den Schnittlauchröllchen garniert servieren.

Gut vorzubereiten

Hähnchenbrustfilet in Safrangemüse
4 Portionen

Zubereitungszeit: 30 Minuten
Garzeit: etwa 25 Minuten

4 Hähnchenbrustfilets
(je etwa 150 g)
Salz
frisch gemahlener Pfeffer
1 EL Weizenmehl
1 Bund Suppengrün (etwa 250 g, Sellerie, Möhren, Porree [Lauch])
1 kleine Fenchelknolle
1 kleiner Topf Zitronenthymian
4 EL Olivenöl
300 ml Hühnerbrühe
1 Döschen (0,2 g) Safran

2 Tomaten

Pro Portion:
E: 37 g, F: 11 g, Kh: 6 g,
kJ: 1160, kcal: 278

1. Hähnchenbrustfilets unter fließendem kalten Wasser abspülen, trocken tupfen, mit Salz und Pfeffer bestreuen, mit Mehl bestäuben.
2. Vom Suppengrün Sellerie und Möhren putzen, schälen, waschen, abtropfen lassen und in Würfel schneiden. Porree putzen, die Stange längs halbieren, gründlich waschen, abtropfen lassen und in kleine Stücke schneiden. Den Backofen vorheizen.
3. Von der Fenchelknolle die Stiele dicht oberhalb der Knolle abschneiden, braune Stellen und Blätter entfernen, die Wurzelenden gerade schneiden. Die Knolle waschen, abtropfen lassen und in Würfel schneiden.
4. Zitronenthymian abspülen und trocken tupfen. Einige Stängel zum Garnieren beiseitelegen.
5. Olivenöl in einer Pfanne erhitzen. Die Hähnchenbrustfilets darin von allen Seiten anbraten, herausnehmen und in eine flache Auflaufform legen.

6. Gemüsewürfel und Zitronenthymian in dem verbliebenen Bratfett in der Pfanne unter Rühren andünsten. Hühnerbrühe hinzugießen und kurz aufkochen lassen. Mit Safran, Salz und Pfeffer würzen.
7. Die Gemüsemasse zu den Hähnchenbrustfilets in die Auflaufform geben. Die Form auf dem Rost in den vorgeheizten Backofen schieben.
Ober-/Unterhitze: 180–200 °C
Heißluft: 160–180 °C
Garzeit: etwa 25 Minuten.
8. Tomaten waschen, abtrocknen, halbieren, entkernen und die Stängelansätze herausschneiden. Tomaten in Würfel schneiden.
9. Hähnchenbrustfilets mit dem Gemüse auf 4 Tellern anrichten. Tomatenwürfel darauf verteilen. Mit dem beiseite gelegten Zitronenthymian garnieren.

Beilage: Reis oder Bandnudeln.

Für Gäste

Hähnchenbrust mit Salbei
4 Portionen

Zubereitungszeit: 50 Minuten
Garzeit: etwa 15 Minuten

4 Hähnchenbrustfilets (180–200 g)
Salz, frisch gemahlener Pfeffer
12 große Blätter Salbei
12 Scheiben magerer Schinkenspeck (etwa 240 g)
2 EL Speiseöl

250 g grüne Bohnenkerne (Flageolets)
250 g rote Cocktailtomaten
1 Zwiebel
40 g Butter
Knoblauchpulver
1 EL gehackte Petersilie

einige vorbereitete Salbeiblätter zum Garnieren

Außerdem:
Holzstäbchen

Pro Portion:
E: 62 g, F: 20 g, Kh: 12 g,
kJ: 1993, kcal: 476

1. Den Backofen vorheizen. Hähnchenbrustfilets unter fließendem kalten Wasser abspülen und trocken tupfen. Mit Salz und Pfeffer bestreuen. Salbeiblätter abspülen und trocken tupfen. Die Hähnchenbrustfilets mit je 3 Salbeiblättern belegen, aufrollen und mit je 3 Speckscheiben umwickeln. Mit Holzstäbchen feststecken.
2. Speiseöl in einer hitzebeständigen Pfanne erhitzen. Hähnchenbrustfiletrollen darin von allen Seiten anbraten. Die Pfanne auf dem Rost in den vorgeheizten Backofen schieben.
Ober-/Unterhitze: 180–200 °C
Heißluft: 160–180 °C
Garzeit: etwa 15 Minuten.
3. Den Backofen auf Ober-/Unterhitze etwa 80 °C herunterschalten.
4. Die gegarten Hähnchenbrustfiletrollen aus der Pfanne nehmen und auf einen vorgewärmten Teller legen. Den Teller auf dem Rost in den Backofen schieben und die Hähnchenbrustfiletrollen warm halten. Die Pfanne mit dem Bratfett beiseitestellen.
5. Bohnenkerne in einem Sieb abtropfen lassen. Tomaten waschen, trocken tupfen, halbieren und die Stängelansätze entfernen. Zwiebel abziehen und in kleine Würfel schneiden.
6. Butter in dem verbliebenen Bratfett in der beiseite gestellten Pfanne erhitzen. Zwiebelwürfel darin glasig dünsten. Tomatenhälften hinzufügen und etwa 3 Minuten dünsten lassen. Bohnenkerne vorsichtig unterrühren und miterhitzen. Mit Salz, Pfeffer und Knoblauch würzen. Mit Petersilie bestreuen.
7. Die Hähnchenbrustfilets mit dem Bohnengemüse anrichten. Mit Salbeiblättern garnieren.

Hähnchenbrust mit Salbei

Einfach

Hähnchenbrust mit Wirsinggemüse
4 Portionen

Zubereitungszeit: 40 Minuten

½ Kopf Wirsing (etwa 500 g)
1 Zwiebel
1 gelbe Zucchini
4 Tomaten
2 EL Olivenöl
Salz
frisch gemahlener Pfeffer
500 g Hähnchenbrustfilet
2 EL Olivenöl
1 TL Instant-Gemüsebrühe
1 EL gemischte gehackte Kräuter

Pro Portion:
E: 34 g; F: 9 g; Kh: 6 g;
kJ: 984; kcal: 235

1. Von der Wirsinghälfte die welken Blätter entfernen. Den Strunk abschneiden. Wirsing waschen, abtropfen lassen und in feine Streifen schneiden. Zwiebel abziehen und in kleine Würfel schneiden. Zucchini waschen, abtrocknen und die Enden abschneiden. Zucchini in dünne Scheiben schneiden.
2. Tomaten waschen, kreuzweise einschneiden und einige Sekunden in kochendes Wasser legen. Tomaten kurz in kaltes Wasser legen, enthäuten, halbieren, entkernen und die Stängelansätze herausschneiden. Tomatenhälften in Streifen schneiden.
3. Olivenöl in einem großen Topf erhitzen, Zwiebelwürfel darin andünsten. Wirsingstreifen hinzufügen und unter gelegentlichem Rühren 10—12 Minuten dünsten lassen.
4. In der Zwischenzeit Hähnchenbrustfilets unter fließendem kalten Wasser abspülen, trocken tupfen, mit Salz und Pfeffer würzen. Olivenöl in einer Pfanne erhitzen, Hähnchenbrustfilets darin 8—10 Minuten von beiden Seiten braten. Hähnchenbrustfilets herausnehmen und etwas ruhen lassen.
5. Wirsinggemüse mit Salz, Pfeffer und Brühe würzen, Kräuter unterrühren. Zucchinischeiben und Tomatenstreifen hinzufügen, kurz mitdünsten lassen.
6. Hähnchenbrustfilets in Scheiben schneiden und mit dem Gemüse auf Tellern anrichten.

Beilage: Salzkartoffeln.

Einfach

Hasenkeulen mit Kirschen
4 Portionen

Zubereitungszeit: 20 Minuten
Garzeit: etwa 60 Minuten

4 Hasenkeulen mit Knochen (je etwa 200 g)
3 EL Speiseöl, z. B. Sonnenblumenöl
getrockneter, gerebelter Thymian
getrockneter, geschnittener Rosmarin
Salz
frisch gemahlener Pfeffer
1 Glas Sauerkirschen (Abtropfgewicht 350 g)
Sauerkirschsaft (aus dem Glas) oder Gemüsebrühe
etwas Zucker

Pro Portion:
E: 36 g; F: 13 g; Kh: 18 g;
kJ: 1403, kcal: 335

1. Hasenkeulen enthäuten, unter fließendem kalten Wasser abspülen und trocken tupfen. Hasenkeulen mit Speiseöl bestreichen, mit Thymian und Rosmarin bestreuen und zugedeckt etwa 2 Stunden im Kühlschrank durchziehen lassen.
2. Eine Pfanne ohne Fett erhitzen. Die Hasenkeulen mit Salz und Pfeffer bestreuen, unabgetropft in die Pfanne geben und rundherum gut anbraten.
3. Sauerkirschen in einem Sieb abtropfen lassen, dabei den Saft auffangen. Den Bratensatz mit etwas von dem Sauerkirschsaft ablöschen. Die Keulen zugedeckt etwa 50 Minuten bei mittlerer Hitze garen. Verdampfte Flüssigkeit durch Sauerkirschsaft oder Gemüsebrühe ersetzen.
4. Die Sauerkirschen hinzufügen und noch etwa 10 Minuten mitgaren lassen. Die Garflüssigkeit mit Salz, Pfeffer und Zucker abschmecken, als Sauce zu den Hasenkeulen servieren.

Hähnchenbrust mit Wirsinggemüse

Für Gäste – mit Alkohol

Hase in Tomatensauce
6 Portionen

Zubereitungszeit: 50 Minuten, ohne Marinierzeit
Garzeit: etwa 60 Minuten

1 küchenfertiger Hase (1½ kg)
250 ml (¼ l) Rotweinessig
250 ml (¼ l) Wasser
1 Knoblauchzehe
50 g Knollensellerie
1 EL gerebelter Thymian
2 Lorbeerblätter
Salz
frisch gemahlener Pfeffer
20 g Weizenmehl
80 g Butterschmalz
125 ml (⅛ l) Weißwein
125 ml (⅛ l) Wildbrühe
2 EL Tomatenmark
200 g passierte Tomaten (aus der Dose oder Tetra Pak®)
100 g durchwachsener Speck
3 EL Olivenöl
1 Knoblauchzehe
4 EL Weinbrand

Pro Portion:
E: 45 g, F: 57 g, Kh: 11 g,
kJ: 3420, kcal: 816

Hase in Tomatensauce

1. Hase enthäuten, von innen und außen abspülen, trocken tupfen und von Fett befreien. Hase in 8 gleich große Portionsstücke schneiden.
2. Essig mit Wasser in einer Schüssel verrühren. Knoblauch abziehen und grob hacken. Sellerie schälen, waschen und raspeln. Knoblauch, Sellerieraspel, Thymian, Lorbeerblätter, Salz und Pfeffer zu dem Essigwasser geben und gut verrühren. Fleischstücke hineinlegen und zugedeckt etwa 24 Stunden an einem kühlen Ort stehen lassen, dabei ab und zu wenden.
3. Fleischstücke herausnehmen, trocken tupfen und mit Mehl bestäuben.
4. Butterschmalz in einem Bräter erhitzen. Die Fleischstücke darin von allen Seiten gut anbraten, etwas Wein hinzugießen. Das Fleisch ab und zu mit dem Bratensatz begießen, verdampfte Flüssigkeit nach und nach durch Wein und Brühe ersetzen. Fleischstücke zugedeckt etwa 60 Minuten garen.
5. Das gare Fleisch herausnehmen, auf eine Platte legen und warm stellen. Den Bratensatz mit restlichem Wein loskochen. Tomatenmark und passierte Tomaten unterrühren, zum Kochen bringen und etwas einkochen lassen.
6. Speck in Würfel schneiden. Olivenöl in einer Pfanne erhitzen. Speckwürfel darin braun braten und in die Tomatensauce geben. Knoblauch abziehen, klein schneiden und unterrühren.
7. Die Sauce mit Salz, Pfeffer und Weinbrand abschmecken und auf dem Fleisch verteilen.

Gut vorzubereiten

Hähnchenspieße mit Äpfeln und Zwiebeln
4 Portionen

Zubereitungszeit: 30 Minuten
Grillzeit: etwa 15 Minuten

400 g Hähnchenbrustfilet
2 rote Zwiebeln
2 Äpfel, z.B. Boskop
2 EL Olivenöl
Salz, frisch gemahlener Pfeffer
1 TL getrockneter Thymian

Für den Dip:
1 Schalotte
1 Knoblauchzehe
1 Tomate
200 g Tomatenketchup
2 TL Currypulver

Pro Portion:
E: 26 g, F: 4 g, Kh: 21 g,
kJ: 929, kcal: 222

1. Hähnchenbrustfilet unter fließendem kalten Wasser abspülen, trocken tupfen und in etwa 3 x 3 cm große Würfel schneiden.
2. Zwiebeln abziehen, vierteln und etwas zerteilen. Äpfel schälen, achteln und das Kerngehäuse herausschneiden. Apfel-, Zwiebelstücke und Fleischwürfel in eine flache Schale legen, mit Olivenöl beträufeln. Mit Salz, Pfeffer und Thymian würzen. Die Zutaten gut vermischen.
3. Fleischwürfel, Apfel-, und Zwiebelstücke abwechselnd auf Spieße stecken und auf dem vorgeheizten Grill etwa 15 Minuten unter mehrmaligem Wenden grillen.
4. Für den Dip Schalotte und Knoblauch abziehen, fein würfeln. Tomate waschen, trocken tupfen, in kleine Stücke schneiden, mit Zwiebel- und Knoblauchwürfeln mischen, Ketchup hinzugeben, mit Curry würzen. Den Dip zu den Hähnchenspießen reichen.

Hähnchenspieße mit Äpfeln und Zwiebeln

Mit Alkohol

Wildkaninchen in Kokossauce
4–6 Portionen

Zubereitungszeit: 30 Minuten
Garzeit: etwa 40 Minuten

Für das Kaninchen:
8 Wildkaninchenkeulen
(je etwa 300 g)
Salz
frisch gemahlener Pfeffer
1 Zwiebel
350 g Tomaten
50 ml Olivenöl
250 ml (1/4 l) Milch
250 g Schlagsahne
100 g Kokosraspel

Für die Möhren:
1 Zwiebel
1 Stange Staudensellerie
1 kg Möhren
1 EL Olivenöl
1 EL Butter
1 Lorbeerblatt

3 Gewürznelken
3 EL Cognac
125 ml (1/8 l) Fleischbrühe
Salz
frisch gemahlener, weißer Pfeffer
100 g Crème fraîche
2 EL gehackte, glatte Petersilie
2 Karambolen (Sternfrucht)

Pro Portion:
E: 91 g, F: 60 g, Kh: 17 g,
kJ: 4193, kcal: 1003

1. Wildkaninchenkeulen abspülen, trocken tupfen und eventuell enthäuten. Mit Salz und Pfeffer würzen. Zwiebel abziehen und klein würfeln. Tomaten waschen, kreuzweise einschneiden und einige Sekunden in kochendes Wasser legen. Tomaten kurz in kaltes Wasser legen, enthäuten, halbieren, entkernen und die Stängelansätze herausschneiden. Tomatenhälften in Würfel schneiden.
2. Olivenöl in einem Bräter erhitzen. Kaninchenkeulen darin von allen Seiten anbraten. Zwiebelwürfel hinzugeben und andünsten. Tomatenwürfel unterrühren. Milch und

Sahne hinzugießen, Kokosraspel unterrühren. Die Kaninchenkeulen zugedeckt etwa 40 Minuten garen.
3. Für die Möhren Zwiebel abziehen und klein würfeln. Staudensellerie putzen und die harten Außenfäden abziehen. Stange waschen, abtropfen lassen und in kleine Würfel schneiden. Möhren putzen, waschen, abtropfen lassen und in kleine Stücke schneiden.
4. Olivenöl und Butter in einem Topf erhitzen, Zwiebel- und Staudenselleriewürfel darin andünsten. Lorbeer, Nelken und Möhrenstücke hinzugeben, mit andünsten. Cognac unterrühren und einkochen lassen. Brühe hinzugießen, mit Salz und Pfeffer würzen. Das Gemüse 10–15 Minuten dünsten.
5. Die garen Wildkaninchenkeulen aus dem Bräter nehmen und warm stellen. Die Sauce pürieren, mit Salz und Pfeffer abschmecken.
6. Crème fraîche glattrühren, mit der Petersilie unter das Möhrengemüse rühren, kurz erhitzen und in einer Schüssel anrichten.
7. Karambolen waschen, trocken tupfen und in Scheiben schneiden. Kaninchenkeulen auf dem Gemüse anrichten, mit Karambolescheiben garnieren.

Einfach

Hähnchenstücke mit Curryjoghurt
4 Portionen

Zubereitungszeit: 30 Minuten
Garzeit: etwa 20 Minuten

2 Hähnchenbrustfilets
2 Hähnchenkeulen
4 EL Speiseöl
Salz, frisch gemahlener Pfeffer
150 g Vollmilchjoghurt
1 EL Currypulver
75 g Cashewkerne

Pro Portion:
E: 45 g, F: 20 g, Kh: 8 g,
kJ: 1687, kcal: 404

1. Hähnchenbrustfilets und -keulen unter fließendem kalten Wasser abspülen und trocken tupfen. Den Backofen vorheizen.
2. Speiseöl in einer Pfanne erhitzen. Hähnchenbrustfilets und -keulen darin von allen Seiten anbraten, herausnehmen, mit Salz und Pfeffer würzen und in eine Auflaufform (gefettet) legen.
3. Joghurt mit Curry verrühren, mit Salz und Pfeffer würzen. Die Hähnchenteile damit bestreichen und mit Cashewkernen bestreuen. Die Form auf dem Rost in den vorgeheizten Backofen schieben.
Ober-/Unterhitze: etwa 200 °C
Heißluft: etwa 180 °C
Garzeit: etwa 20 Minuten.

Beilage: Feldsalat und Baguette oder Fladenbrot.

Wildkaninchen in Kokossauce

Hähnchenstücke mit Curryjoghurt

Raffiniert – gut vorzubereiten

Zitronenhähnchen-auflauf

Zubereitungszeit: 20 Minuten
Garzeit: etwa 60 Minuten

1 Fleischhähnchen (Poularde, etwa 1250 g)
Salz, frisch gemahlener Pfeffer
3 EL Speiseöl
350 g Kartoffeln
450 g Möhren
2 Bio-Zitronen (unbehandelt, ungewachst)
100 ml Geflügelbrühe
150 g Schlagsahne
200 g geriebener Gouda-Käse
1 TL gerebelter Thymian

Pro Portion:
E: 61 g, F: 50 g, Kh: 22 g,
kJ: 3321, kcal: 793

1. Das Fleischhähnchen unter fließendem kalten Wasser abspülen, trocken tupfen und in etwa 12 Teile zerlegen. Mit Salz und Pfeffer würzen. Speiseöl in einer großen Pfanne erhitzen. Die Hähnchenteile darin knusprig anbraten und anschließend in eine große flache Auflaufform legen. Den Backofen vorheizen.
2. Kartoffeln waschen, schälen, abspülen und in 1 x 1 cm große Würfel schneiden. Möhren putzen, schälen, waschen, abtropfen lassen und in etwa 2 cm lange Stücke schneiden. Zitronen heiß abwaschen, abtrocknen und in 2 cm dicke Scheiben schneiden. Zitronenscheiben, Kartoffelwürfel und Möhrenstücke zu den Hähnchenteilen in die Auflaufform geben.
3. Geflügelbrühe, Sahne und Käse verrühren. Mit Thymian, Salz und Pfeffer würzen und über den Auflauf gießen.
4. Die Form auf dem Rost in den vorgeheizten Backofen schieben.
Ober-/Unterhitze: etwa 200 °C (unteres Drittel)

Heißluft: etwa 180 °C
Garzeit: etwa 60 Minuten (nach etwa 30 Minuten Garzeit die Temperatur um 20 °C zurücknehmen).

Für Gäste

Zigeunerhuhn mit Paprika

4 Portionen

Zubereitungszeit: 40 Minuten
Garzeit: etwa 90 Minuten

1 küchenfertige Poularde (etwa 1 1/2 kg)
Salz
frisch gemahlener Pfeffer
1 geh. EL Paprikapulver edelsüß
150 g Zwiebeln
2 Knoblauchzehen
je 1 große rote und gelbe Paprika-schote
4 mittelgroße Tomaten
je 2 Stängel Thymian und Rosmarin
2 EL Olivenöl
2 EL Rosinen
2 EL Pinienkerne

Pro Portion:
E: 60 g, F: 35 g, Kh: 18 g,
kJ: 2635, kcal: 630

1. Poularde in acht Stücke teilen (Brust und Keulen jeweils halbieren). Poulardenstücke unter fließendem kalten Wasser abspülen und trocken tupfen. Mit Salz, Pfeffer und Paprika einreiben.
2. Zwiebeln und Knoblauch abziehen. Zwiebeln in große Würfel schneiden, Knoblauch durch eine Knoblauch-presse drücken. Paprikaschoten halbieren, entstielen, entkernen und die weißen Scheidewände entfernen. Die Schoten waschen, trocken tupfen und in mundgerechte Stücke schneiden. Tomaten waschen, trocken tupfen, vierteln, entkernen und die Stängelansätze herausschneiden. Tomaten achteln. Thymian und Rosmarin abspülen, trocken tupfen.
3. Poulardenstücke, Zwiebelwürfel, Knoblauch, Paprikastücke und Tomatenachtel in einen gewässerten Römertopf® (dabei die Hersteller-an-

Zitronenhähnchenauflauf

Zigeunerhuhn mit Paprika

Wildschweinrücken mit Pastinakengemüse

weisungen beachten) geben und gut vermengen. Olivenöl, Thymian und Rosmarin unterrühren. Mit Salz und Pfeffer würzen.
4. Den Römertopf® mit dem Deckel verschließen und auf dem Rost in den kalten Backofen schieben.
Ober-/Unterhitze: etwa 200 °C
Heißluft: etwa 180 °C
Garzeit: etwa 90 Minuten.
5. Nach etwa 75 Minuten Garzeit Rosinen und Pinienkerne zu den Poulardenstücken in den Römertopf® geben und weitere 15 Minuten ohne Deckel garen.

Beilage: Röstkartoffeln oder Reis und Salat.

Etwas teurer – mit Alkohol

Wildschweinrücken mit Pastinakengemüse
2 Portionen

Zubereitungszeit: 35 Minuten
Garzeit: etwa 20 Minuten

200 ml Wildfond
100 ml trockener Rotwein
350 g Wildschweinrücken, ohne Fett und Sehnen
Salz, frisch gemahlener Pfeffer
2 EL Speiseöl, z. B. Rapsöl
1 Möhre
1 Eigelb (Größe M)
2 EL gehackte Haselnusskerne
2 EL Semmelbrösel

200 g TK-Kroketten

400 g Pastinaken
3 EL Wasser
20 g Butter

30 g eiskalte Butter
1 EL fein gehackte Petersilie

Pro Portion:
E: 44 g, F: 50 g, Kh: 44 g,
kJ: 3525, kcal: 842

1. Wildfond mit Rotwein in einem Topf zum Kochen bringen und etwas einkochen lassen.
2. Den Backofen vorheizen. Wildschweinrücken unter fließendem kalten Wasser abspülen, trocken tupfen, mit Salz und Pfeffer würzen. Speiseöl in einer Pfanne erhitzen, den Wildschweinrücken darin von allen Seiten gut anbraten.
3. Möhre putzen, schälen, waschen, gut abtropfen lassen und in kleine Würfel schneiden. Möhrenwürfel mit Eigelb, Haselnusskernen und Semmelbröseln vermischen. Mit Salz und Pfeffer würzen. Die Masse auf dem Wildschweinrücken verteilen und fest andrücken. Wildschweinrücken mit den gefrorenen Kroketten auf ein Backblech legen. Das Backblech in den vorgeheizten Backofen schieben.
Ober-/Unterhitze: etwa 200 °C
Heißluft: etwa 180 °C
Garzeit: Wildschweinrücken etwa 15 Minuten, Kroketten nach Packungsanleitung etwa 20 Minuten.
4. Von den Pastinaken Grün und Spitzen abschneiden. Pastinaken schälen, waschen, abtropfen lassen und in dünne Scheiben schneiden.
5. Pastinakenscheiben mit Wasser und Butter in einem Topf zum Kochen bringen, etwa 5 Minuten köcheln lassen. Pastinakengemüse mit Salz abschmecken.
6. Die eiskalte Butter in den heißen Wild-Rotwein-Fond rühren (Sauce nicht mehr kochen lassen).
7. Wildschweinrücken in Scheiben schneiden, mit Kroketten, Pastinakengemüse und der Sauce anrichten. Mit Petersilie garniert servieren.

Mit Alkohol

Wildschweinkeule
4–5 Portionen

Zubereitungszeit: 50 Minuten, ohne Marinierzeit
Garzeit: etwa 2 Stunden

1 kg Wildschweinkeule ohne Knochen
1 l Buttermilch
1 Bund Suppengrün
Salz
frisch gemahlener Pfeffer
getrockneter, geschnittener Rosmarin
2 EL Speiseöl, z. B. Sonnenblumenöl
400 ml heißer Wildfond oder Gemüsebrühe
5 zerdrückte Wacholderbeeren
125 ml (1/8 l) Rotwein
125 g Champignons oder Pfifferlinge

Außerdem:
Küchengarn

Pro Portion:
E: 46 g, F: 12 g, Kh: 4 g,
kJ: 1366, kcal: 326

1. Wildschweinkeule unter fließendem kalten Wasser abspülen, trocken tupfen, eventuell enthäuten und mit Küchengarn zusammenbinden. Die Keule in Buttermilch legen und zugedeckt über Nacht kalt stellen.
2. Suppengrün vorbereiten: Knollensellerie schälen, schlechte Stellen herausschneiden. Möhren schälen, Grün und Spitzen abschneiden. Sellerie und Möhren waschen und abtropfen lassen. Porree (Lauch) putzen, die Stange längs halbieren, gründlich waschen und abtropfen lassen. Die vorbereiteten Zutaten klein schneiden.
3. Die Keule aus der Buttermilch nehmen, trocken tupfen, mit Salz, Pfeffer und Rosmarin einreiben. Speiseöl in einem Bräter erhitzen. Die Keule darin rundherum gut anbraten. Das vorbereitete Suppengrün hinzugeben und kurz mit anbraten.
4. Etwas heißen Wildfond oder Brühe und die Wacholderbeeren hinzufügen und zum Kochen bringen. Die Keule zugedeckt etwa 2 Stunden bei mittlerer Hitze garen, dabei ab und zu wenden. Verdampfte Flüssigkeit nach und nach durch heißen Wildfond oder Brühe ersetzen.
5. Die gare Wildschweinkeule von dem Garn befreien und zugedeckt etwa 10 Minuten ruhen lassen, damit sich der Fleischsaft setzt. Das Fleisch in Scheiben schneiden, auf einer vorgewärmten Platte anrichten und warm stellen.
6. Den Bratensatz mit Rotwein loskochen, pürieren und durch ein Sieb streichen. Von den Champignons oder Pfifferlingen Stielenden und schlechte Stellen abschneiden, mit Küchenpapier abreiben, eventuell abspülen und trocken tupfen. Champignons in Scheiben schneiden, Pfifferlinge eventuell halbieren. Die Pilze in der Sauce etwa 5 Minuten gar ziehen lassen.
7. Eventuell ausgetretenen Fleischsaft unter die Sauce rühren, mit Salz, Rosmarin und Pfeffer würzen und zu dem Fleisch servieren.

Beilage: Salzkartoffeln oder Kartoffelklöße und Rosenkohl, Rotkohl oder Wirsing.

Wildschweinschnitzel, Sardische Art

Raffiniert

Wildschweinschnitzel, Sardische Art
4 Portionen

Zubereitungszeit: 40 Minuten, ohne Einweichzeit
Garzeit: Schnitzel 8–10 Minuten

Für die Sauce:
100 g Trockenpflaumen ohne Stein
30 g Zucker
4 EL Weißweinessig
3 Lorbeerblätter
4 Wacholderbeeren
50 g Rosinen
1 Prise gemahlener Zimt
frisch geriebene Muskatnuss
Salz
frisch gemahlener Pfeffer

4 Wildschweinschnitzel
(je etwa 150 g)
70 g durchwachsener Speck
2 EL Olivenöl

Pro Portion:
E: 34 g, F: 7 g, Kh: 30 g,
kJ: 1361, kcal: 325

1. Für die Sauce Pflaumen in kaltem Wasser etwa 2 Stunden einweichen.

2. Pflaumen abtropfen lassen und in kleine Stücke schneiden. Zucker, Essig, Lorbeerblätter und Wacholderbeeren in einem Topf aufkochen lassen, bis der Zucker gelöst ist. Rosinen und Pflaumenstücke hinzufügen. Mit Zimt, Muskat, Salz und Pfeffer würzen. Die Zutaten zum Kochen bringen und bei schwacher Hitze unter Rühren etwa 10 Minuten kochen lassen, bis die Sauce sämig wird.
3. Schnitzel unter fließendem kalten Wasser abspülen und trocken tupfen. Speck in kleine Würfel schneiden.
4. Olivenöl in einer Pfanne erhitzen, Speckwürfel darin auslassen und herausnehmen. Schnitzel hinzufügen und von beiden Seiten 8–10 Minuten gut anbraten. Mit Salz und Pfeffer bestreuen. Die Schnitzel in die Sauce geben und einige Minuten ziehen lassen.

Beilage: Gnocchi, in Butter geschwenkt.

Mit Alkohol

Mariniertes Rehnüsschen
4 Portionen

Zubereitungszeit: 30 Minuten, ohne Marinierzeit

800 g Rehnüsschen (Keule)

Für die Marinade:
1 Stängel Rosmarin
200 ml Rotwein
4 EL gemischtes Röstgemüse in Würfeln (Möhren, Porree [Lauch], Sellerie)
1 TL zerdrückte Wacholderbeeren
2 EL Speiseöl
200 ml Wildfond
200 g Schlagsahne
2 EL Crème fraîche
Salz
frisch gemahlener Pfeffer

Pro Portion:
E: 45 g, F: 31 g, Kh: 7 g,
kJ: 2208, kcal: 529

1. Rehnüsschen unter fließendem kalten Wasser abspülen und trocken tupfen. Aus dem Rehnüsschen Steaks schneiden.
2. Für die Marinade Rosmarin abspülen und trocken tupfen. Rotwein mit Röstgemüsewürfeln, Rosmarin und Wacholderbeeren in einer flachen Schale verrühren. Die Rehsteaks hineinlegen und zugedeckt über Nacht kalt stellen und durchziehen lassen.
3. Die Steaks aus der Marinade nehmen und gut abtropfen lassen.
4. Speiseöl in einer Pfanne erhitzen. Die Rehsteaks darin von beiden Seiten gut anbraten, herausnehmen und warm stellen.
5. Den Bratensatz mit der Marinade und dem Fond ablöschen, zum Kochen bringen und auf ein Drittel einkochen lassen.
6. Sahne unterrühren, wieder zum Kochen bringen und die Sauce sämig einkochen lassen, Crème fraîche unterrühren. Die Sauce mit Salz und Pfeffer abschmecken und durch ein Sieb streichen.
7. Die Steaks auf einer vorgewärmten Platte anrichten. Die Sauce darauf verteilen.

Beilage: Feldsalat mit Rotwein-Vinaigrette mit roten Zwiebelwürfeln und ein geröstetes Rosmarin-Baguette.

Tipp: Zu diesem Wildgericht passen aber auch gebackene Kartoffeln sowie Kroketten, Mandelbällchen, Herzogin-Kartoffeln, Feldsalat mit Nusskernen oder Rotkohl mit Maronen. Dies ist ein besonders hochwertiges Gericht, das zu einem speziellen Anlass serviert wird, z. B. in einem Menü anlässlich eines Jubiläums oder zu Weihnachten.

Mariniertes Rehnüsschen

Für Gäste

Satéspieße mit Erdnusssauce
4–6 Portionen

Zubereitungszeit: 40 Minuten, ohne Marinierzeit
Grillzeit: etwa 10 Minuten

4 Hähnchenbrustfilets
(je etwa 160 g)

Für die Marinade:
2 Knoblauchzehen
1 kleine Zwiebel
1 rote Chilischote
1 große Prise Kreuzkümmel
2 EL helle Sojasauce
500 ml (1/2 l) Kokosmilch
2 EL Speiseöl
Salz, frisch gemahlener Pfeffer

Für die Erdnusssauce:
100 g gesalzene Erdnusskerne
1 Bio-Zitrone (unbehandelt, ungewachst)
2 EL Erdnusscreme
1 TL Currypulver, indisch, Zucker
3–5 EL Schlagsahne

Außerdem:
8–10 Zitronengrasstängel

Pro Portion:
E: 40 g, F: 39 g, Kh: 8 g,
kJ: 2239, kcal: 539

1. Hähnchenbrustfilets unter fließendem kalten Wasser abspülen, trocken tupfen und in 1–2 cm breite, kurze Streifen schneiden. Fleischstreifen in eine flache Schale legen.
2. Für die Marinade Knoblauch und Zwiebel abziehen, in sehr kleine Würfel schneiden. Chilischote abspülen, trocken tupfen, längs halbieren, entstielen, entkernen und in feine Streifen schneiden.
3. Knoblauch- und Zwiebelwürfel mit Chilistreifen, Kreuzkümmel, Sojasauce und 4 Esslöffeln der Kokosmilch verrühren. Speiseöl unterschlagen. Mit Salz und Pfeffer würzen. Die Marinade auf den Fleischstreifen verteilen und zugedeckt 1–2 Stunden durchziehen lassen.
4. Für die Erdnusssauce Erdnusskerne in einer Pfanne ohne Fett anrösten, herausnehmen, abkühlen lassen, fein hacken oder zerdrücken. Zitrone heiß abwaschen, abtrocknen und die Schale mit einem Zestenreißer abschälen oder mit einer kleinen Reibe abreiben. Zitrone auspressen. Den Backofengrill vorheizen.
5. Restliche Kokosmilch mit der Erdnusscreme und Curry in einem Topf zum Kochen bringen. Erdnussstückchen und Zitronenschale unterrühren. Mit Zucker und Zitronensaft abschmecken. So viel Sahne hinzugießen, bis die Sauce cremig ist.
6. Fleischstreifen aus der Marinade nehmen, kurz abtropfen lassen und wellenförmig auf die Zitronengrasstängel stecken.
7. Die Fleischspieße mit etwas Abstand auf den Grillrost legen und unter dem vorgeheizten Grill etwa 10 Minuten grillen, dabei ab und zu wenden. Die Spieße während des Grillens mit der Marinade bestreichen.

Tipp: Satéspieße schmecken auch mit Schweine- oder Rindfleischstreifen.
Statt Zitronengrasstängel können auch Holzspieße verwendet werden. Holzspieße in Wasser quellen lassen, dann das Fleisch aufstecken. Das gegarte Fleisch löst sich dann leicht von den Spießen.

Satéspieße mit Erdnusssauce

Schinken-Hähnchenfilet mit Salbei-Käse-Risotto

Mit Alkohol – für Gäste

Schinken-Hähnchenfilet mit Salbei-Käse-Risotto
4 Portionen

Zubereitungszeit: 60 Minuten

150 g Zuckerschoten (ersatzweise TK-Erbsen)
1 Schalotte
1–2 Stängel frischer oder 1/2 TL getrockneter Salbei
1 EL Butter oder Margarine
Salz
frisch gemahlener Pfeffer
frisch geriebene Muskatnuss
175 g Risotto-Rundkornreis (Arborio-Reis)
100 ml trockener Weißwein
600–700 ml Gemüsebrühe
4 Hähnchenbrustfilets (je etwa 175 g)
6 Scheiben (etwa 75 g) hauchdünn geschnittener Parma- oder San Daniele-Schinken
1 TL flüssiger Honig
2 TL milder Senf
1 EL Speiseöl
1 geh. EL Schmand (Sauerrahm)
30 g frisch geriebener Fontina-Käse oder Parmesan-Käse
einige vorbereitete Salbeiblättchen

Außerdem:
kleine Holzspieße

Pro Portion:
E: 52 g, F: 13 g, Kh: 41 g,
kJ: 2133, kcal: 510

1. Von den Zuckerschoten die Enden abschneiden, eventuell abfädeln. Zuckerschoten abspülen, abtropfen lassen und in mundgerechte Stücke schneiden. Schalotte abziehen und klein würfeln. Salbei abspülen und trocken tupfen. Die Blättchen von den Stängeln zupfen.
2. Butter oder Margarine in einem Topf zerlassen, Zuckerschoten darin unter Wenden 2–3 Minuten kräftig anbraten. Mit Salz, Pfeffer und Muskat würzen. Zuckerschoten herausnehmen. Schalottenwürfel und zwei Drittel der Salbeiblättchen im verbliebenen Bratfett andünsten. Reis hinzugeben, unter Wenden glasig dünsten, Wein und 100 ml von der Brühe hinzugießen.
3. Flüssigkeit unter Rühren verdampfen lassen. Den Reis bei schwacher Hitze etwa 40 Minuten ausquellen lassen, dabei nach und nach immer so viel Brühe angießen, dass der Reis stets mit Flüssigkeit bedeckt ist, dabei gelegentlich umrühren.
4. In der Zwischenzeit Hähnchenbrustfilets abspülen und gut trocken tupfen. Die Filets jeweils zweimal seitlich tief ein-, aber nicht durchschneiden. Die Filets mit Salz und Pfeffer würzen. 2 Schinkenscheiben vierteln.
5. Restliche Salbeiblättchen in feine Streifen schneiden, mit Honig und Senf verrühren. Die Fleischtaschen mit der Honig-Senf-Mischung bestreichen. Jeweils ein kleines Schinkenstück hineinlegen. Filets mit den restlichen Schinkenscheiben umwickeln, eventuell mit Holzspießen feststecken.
6. Speiseöl in einer Pfanne erhitzen. Filets darin bei mittlerer Hitze rundherum anbraten, mit Salz und Pfeffer würzen. Filets bei schwacher Hitze unter gelegentlichem Wenden 12–15 Minuten garen.
7. Zuerst Schmand, dann Käse und Zuckerschoten unter das Risotto rühren. Risotto mit Salz und Pfeffer abschmecken. Risotto mit Hähnchenfilets anrichten, mit Salbeiblättchen garnieren.

Für Gäste

Poulardenbrust auf Gemüse
4 Portionen

Zubereitungszeit: 45 Minuten
Garzeit: 15–17 Minuten

4 Poulardenbrüste
Salz
frisch gemahlener Pfeffer
3–4 EL Speiseöl

1 Bund Frühlingszwiebeln
125 g Zuckerschoten
1 Bund junge Möhren
125 g frische Maiskölbchen, ersatzweise aus der Dose
2 EL Austernsauce
2 EL Fischsauce
1 Prise Zucker
1 Stängel Minze
1 Stängel Thai-Basilikum (erhältlich im Asialaden)

Pro Portion:
E: 42 g, F: 46 g, Kh: 20 g,
kJ: 2767, kcal: 661

1. Poulardenbrüste unter fließendem kalten Wasser abspülen, trocken tupfen, mit Salz und Pfeffer bestreuen. Den Backofen vorheizen. Speiseöl in einem Wok erhitzen. Die Poulardenbrüste nacheinander von allen Seiten gut anbraten, herausnehmen und auf ein Backblech legen. Das Backblech in den vorgeheizten Backofen schieben.
Ober-/Unterhitze: etwa 180 °C
Heißluft: etwa 160 °C
Garzeit: 10–12 Minuten.
2. Die Poulardenbrüste mit Alufolie belegen und warm stellen.
3. In der Zwischenzeit Frühlingszwiebeln putzen, waschen, abtropfen lassen und schräg in dünne Scheiben schneiden. Von den Zuckerschoten die Enden abschneiden, eventuell abfädeln, waschen, abtropfen lassen und schräg halbieren. Möhren putzen, schälen, abspülen, abtropfen lassen und in Scheiben schneiden. Maiskölbchen abspülen und trocken tupfen oder Maiskölbchen aus der Dose abtropfen lassen.
4. Restliches Speiseöl im Wok erhitzen. Zuerst die Möhrenscheiben, dann nach und nach die Maiskölbchen, Zuckerschoten und Frühlingszwiebelscheiben hinzugeben. Das Gemüse etwa 5 Minuten unter mehrmaligem Wenden dünsten (das Gemüse soll bissfest bleiben). Das Gemüse mit Austernsauce, Fischsauce und Zucker würzen.
5. Minze und Basilikum abspülen, trocken tupfen. Die Blättchen von den Stängeln zupfen (einige Basilikumblättchen zum Garnieren beiseitelegen), Blättchen in Streifen schneiden und unter das Gemüse heben. Gemüse auf 4 Tellern verteilen. Die Poulardenbrüste schräg halbieren, auf dem Gemüse anrichten und mit den beiseite gelegten Basilikumblättchen garnieren.

Tipp: Sie können die Putenbrüste statt im Backofen auch im Wok fertig garen. Dafür nach dem Anbraten die Putenbrüste bei mittlerer Hitze in dem Wok 10–12 Minuten garen, dabei gelegentlich wenden.

Poulardenbrust auf Gemüse

Kaninchenrücken auf Wirsing

Etwas Besonderes

Kaninchenrücken auf Wirsing
2 Portionen

Zubereitungszeit: 30 Minuten
Garzeit: 5–8 Minuten

2 Kaninchenrückenfilets (je etwa 160 g)
Salz, frisch gemahlener Pfeffer
400 g Wirsing
Wasser
1 gestr. TL Salz
2 EL Crème fraîche
frisch geriebene Muskatnuss
2 EL Speiseöl, z. B. Rapsöl
300 g Schupfnudeln (aus dem Kühlregal)

Pro Portion:
E: 46 g, F: 19 g, Kh: 51 g,
kJ: 2337, kcal: 557

1. Kaninchenrückenfilets unter fließendem kalten Wasser abspülen, trocken tupfen, mit Salz und Pfeffer würzen.
2. Von dem Wirsing die äußeren welken Blätter entfernen. Den Wirsing

Wild und Geflügel

vierteln und den Strunk herausschneiden. Wirsing abspülen, abtropfen lassen und klein schneiden.

3. Wasser mit Salz in einem Topf zum Kochen bringen, die Wirsingstücke darin kurz blanchieren, in ein Sieb geben, mit kaltem Wasser übergießen und gut abtropfen lassen.

4. Wirsing mit Crème fraîche verrühren, in einem Topf unter Rühren etwa 3 Minuten garen, mit Salz und Muskat würzen.

5. Speiseöl in einer Pfanne erhitzen. Die Kaninchenrückenfilets darin von beiden Seiten 5–8 Minuten braten. Schupfnudeln nach Packungsanleitung zubereiten. Kaninchenrückenfilets auf dem Wirsinggemüse anrichten und mit den Schupfnudeln servieren.

Raffiniert – für Gäste

Mangold, mit Hähnchenbrustfilet gefüllt
4 Portionen

Zubereitungszeit: 45 Minuten
Garzeit: etwa 35 Minuten

4 Hähnchenbrustfilets
(je etwa 120 g)
6 EL Speiseöl
Salz
frisch gemahlener bunter Pfeffer
1 Staude Mangold (etwa 500 g)
Salzwasser
2 Fleischtomaten (etwa 200 g)
125 g Mozzarella-Käse

Für das Möhren-Kartoffel-Püree:
300 g Kartoffeln
300 g Möhren, Salzwasser
100 ml warme Milch
frisch geriebene Muskatnuss

Außerdem:
Holzstäbchen
Thymian zum Garnieren

Pro Portion:
E: 39 g, F: 17 g, Kh: 17 g,
kJ: 1624, kcal: 389

1. Hähnchenbrustfilets unter fließendem kalten Wasser abspülen und trocken tupfen. 3 Esslöffel des Speiseöls in einer Pfanne erhitzen. Die Hähnchenbrustfilets darin von jeder Seite etwa 4 Minuten braten. Mit Salz und Pfeffer würzen. Den Backofen vorheizen.

2. Mangold putzen, gründlich waschen und abtropfen lassen. Die dicken Blattstiele in 1–2 cm lange Stücke schneiden, beiseitelegen. Salzwasser in einem Topf zum Kochen bringen. Mangoldblätter darin etwa 1 Minute blanchieren. Anschließend in ein Sieb geben, mit kaltem Wasser übergießen und abtropfen lassen. Jeweils 2 Mangoldblätter aufeinanderlegen. Hähnchenbrustfilets darin einwickeln. Mit Holzstäbchen feststecken.

3. Restliches Speiseöl in einem Bräter erhitzen. Die beiseite gelegten Mangoldstiele darin andünsten, etwas Wasser hinzugießen und etwa 5 Minuten dünsten lassen. Die Hähnchenbrustrouladen darauflegen.

4. Tomaten waschen, abtrocknen und die Stängelansätze herausschneiden. Tomaten und Mozzarella in Scheiben schneiden. Die Hähnchenbrustrouladen mit je 2 Tomaten- und Mozzarellascheiben belegen. Den Bräter auf dem Rost in den vorgeheizten Backofen schieben.
Ober-/Unterhitze: etwa 200 °C
Heißluft: etwa 180 °C
Garzeit: etwa 35 Minuten.

5. Für das Püree Kartoffeln waschen, schälen, abspülen. Möhren putzen, schälen, waschen. Kartoffeln und Möhren abtropfen lassen und in Würfel schneiden. Kartoffel- und Möhrenwürfel mit Salzwasser bedeckt zum Kochen bringen, in etwa 25 Minuten gar kochen und abgießen.

6. Kartoffel- und Möhrenwürfel durch eine Kartoffelpresse drücken. Milch unterrühren. Mit Salz, Pfeffer und Muskat würzen.

7. Hähnchenbrustrouladen aus dem Bräter nehmen, mit Salz und Pfeffer würzen, auf einer vorgewärmten Platte anrichten. Hähnchenbrustrouladen mit dem Gemüse und Möhren-Kartoffel-Püree servieren, mit Thymian garnieren.

Mangold, mit Hähnchenbrustfilet gefüllt

Perlhuhn mit Tomaten

Etwas teurer

Perlhuhn mit Tomaten
6 Portionen

Zubereitungszeit: 60 Minuten
Garzeit: etwa 50 Minuten

2 kleine, küchenfertige Perlhühner oder Poularden
je 2 Stängel Rosmarin, Thymian und Salbei
Salz, frisch gemahlener Pfeffer
4 EL Olivenöl

Für die Tomaten:
600 g Strauchtomaten
2 Schalotten
1 Knoblauchzehe
3 EL Olivenöl

1 Topf Basilikum

Pro Portion:
E: 46 g, F: 22 g, Kh: 3 g,
kJ: 1629, kcal: 388

1. Perlhühner oder Poularden von innen und außen unter fließendem kalten Wasser abspülen und trocken tupfen. Die Perlhühner oder Poularden auf die Brust legen. Mit einer Geflügelschere rechts und links am Rückenknochen entlangschneiden, so dass dieser entfernt wird. Den Backofen vorheizen.
2. Fleisch umdrehen und so weit wie möglich auseinanderklappen, mit der Hand die Brust flachdrücken. Kräuterstängel abspülen und trocken tupfen. Die Nadel bzw. Blättchen von den Stängeln zupfen. Nadeln und Blättchen klein schneiden. Die Haut jeweils von der Brust hochheben. Die Kräuter zwischen Brust und Haut verteilen.
3. Perlhühner oder Poularden von beiden Seiten mit Salz und Pfeffer würzen, nebeneinander in einen großen Bräter legen und mit Olivenöl bestreichen. Den Bräter auf dem Rost in den vorgeheizten Backofen schieben.

Ober-/Unterhitze: etwa 200 °C
Heißluft: etwa 180 °C
Garzeit: etwa 50 Minuten.

4. Während des Garens zwischendurch etwas Wasser hinzufügen.
5. Für die Tomaten Tomaten waschen, kreuzweise einschneiden und einige Sekunden in kochendes Wasser legen. Tomaten kurz in kaltes Wasser legen, enthäuten, vierteln, entkernen und die Stängelansätze herausschneiden.
6. Schalotten und Knoblauch abziehen, in kleine Würfel schneiden. Olivenöl in einem Topf erhitzen. Schalotten- und Knoblauchwürfel darin andünsten. Tomatenviertel hinzufügen, mit Salz und Pfeffer würzen. Die Tomatenviertel etwa 5 Minuten dünsten.
7. Basilikum abspülen und trocken tupfen. Die Blättchen (einige Blättchen zum Garnieren beiseitelegen) von den Stängeln zupfen. Blättchen klein schneiden.
8. Basilikum unter die geschmorten Tomaten heben, mit den beiseite gelegten Basilikumblättchen garnieren und mit den Perlhühnern oder Poularden servieren.

Für Gäste – mit Alkohol

Wildragout
4 Portionen

Zubereitungszeit: 90 Minuten
Garzeit: etwa 60 Minuten

800 g Wildfleisch ohne Knochen aus der Keule, z. B. Hirsch, Reh, Wildschwein
75 g durchwachsener Speck
1 Zwiebel
30 g Butterschmalz oder 3 EL Speiseöl, z. B. Sonnenblumenöl
Salz
frisch gemahlener Pfeffer
10 g Weizenmehl
4 Wacholderbeeren
3 Gewürznelken
2 Msp. getrockneter, gerebelter Thymian

250 ml (¼ l) heiße Gemüsebrühe oder Wildfond
250 g Champignons oder Pfifferlinge
2 EL Johannisbeergelee
2 EL Portwein
50 g kalte Butter

Pro Portion:
E: 47 g, F: 25 g, Kh: 8 g,
kJ: 1880, kcal: 449

1. Wildfleisch unter fließendem kalten Wasser abspülen, trocken tupfen, enthäuten und in etwa 2 ½ cm große Würfel schneiden. Speck klein würfeln. Zwiebel abziehen und ebenfalls in kleine Würfel schneiden.
2. Butterschmalz oder Speiseöl in einem Topf erhitzen. Die Speckwürfel darin auslassen. Die Fleischwürfel hinzufügen und von allen Seiten gut anbraten, mit Salz und Pfeffer würzen.
3. Zwiebelwürfel hinzufügen und mitbräunen lassen. Mit Mehl bestäuben. Wacholderbeeren, Nelken, Thymian und gut die Hälfte der heißen Gemüsebrühe oder des Wildfonds hinzugeben, unter Rühren aufkochen lassen. Das Fleisch darin zugedeckt etwa 55 Minuten bei mittlerer Hitze garen. Die verdampfte Flüssigkeit nach und nach durch Gemüsebrühe oder Wildfond ersetzen.
4. In der Zwischenzeit Champignons oder Pfifferlinge putzen, mit Küchenpapier abreiben, eventuell abspülen und trocken tupfen (große Pilze halbieren oder vierteln). Champignons oder Pfifferlinge zu dem Ragout geben und noch etwa 5 Minuten mitgaren lassen.
5. Johannisbeergelee und Portwein unterrühren. Butter in Flöckchen unterschlagen. Das Ragout mit Salz abschmecken.

Mit Alkohol

Kaninchen mit Backobst
4 Portionen

Zubereitungszeit: 40 Minuten, ohne Einweichzeit
Garzeit: etwa 75 Minuten

250 g Backobst (Pflaumen, Aprikosen, Apfel)
500 ml (½ l) Rotwein
1 kg Kaninchenfleisch
Salz
frisch gemahlener Pfeffer
gerebelter Thymian
3 EL Butterschmalz
250 g Zwiebeln
2 Lorbeerblätter
125 ml (⅛ l) Wasser
etwa 125 ml (⅛ l) Rotwein
1 Becher (150 g) Crème fraîche

Pro Portion:
E: 52 g, F: 46 g, Kh: 38 g,
kJ: 3349, kcal: 802

1. Das Backobst in eine Schale legen, mit Rotwein übergießen und 12–24 Stunden einweichen.
2. Das Kaninchenfleisch unter fließendem kalten Wasser abspülen und trocken tupfen. Mit Salz, Pfeffer und Thymian bestreuen. Butterschmalz in einem Bräter erhitzen. Kaninchenfleisch darin von allen Seiten gut anbraten.
3. Zwiebeln abziehen, vierteln, zu dem Fleisch geben und mitdünsten lassen. Lorbeerblätter und Wasser hinzufügen. Das Fleisch zugedeckt etwa 75 Minuten garen.
4. Nach etwa 30 Minuten Garzeit eingeweichtes Backobst mit dem Rotwein hinzufügen. Das Fleisch mit dem Backobst fertig garen.
5. Das gare Fleisch herausnehmen und in eine Schale legen. Rotwein und Crème fraîche unter den Bratenfond rühren und erhitzen. Die Sauce mit Salz und Pfeffer abschmecken, auf dem Kaninchenfleisch verteilen.

Wildragout

Kaninchen mit Backobst

Kapitel 07

Rezepte 601–700

Gemüse & Beilagen

Blattspinat

Schnell

Blattspinat
4 Portionen

Zubereitungszeit: 25 Minuten
Garzeit: etwa 5 Minuten

1 kg Blattspinat
2 Zwiebeln
1–2 Knoblauchzehen
6 EL Olivenöl
Salz
frisch gemahlener Pfeffer
geriebene Muskatnuss

Pro Portion:
E: 6 g, F: 9 g, Kh: 2 g,
kJ: 492, kcal: 116

1. Spinat verlesen und dicke Stiele entfernen. Spinat gründlich waschen und in einem Sieb abtropfen lassen. Zwiebeln und Knoblauch abziehen, in kleine Würfel schneiden.
2. Olivenöl in einem großen Topf erhitzen. Zwiebel- und Knoblauchwürfel darin unter Rühren andünsten.
3. Den Spinat hinzufügen, mit Salz, Pfeffer und Muskat würzen, zugedeckt bei schwacher Hitze etwa 5 Minuten garen. Den Spinat vorsichtig umrühren, mit Salz und Pfeffer abschmecken.

Tipp: Den Spinat zu gekochten Eiern, Spiegeleiern, gedünstetem Fisch oder zu kurz gebratenem Fleisch reichen. Anstelle von frischem Spinat können Sie auch TK-Blattspinat verwenden. 1 kg frischer Spinat entspricht etwa 600 g TK-Spinat. Die Garzeit kann sich dabei um etwa 5 Minuten verlängern (Packungsanleitung beachten).

Klassisch

Bratkartoffeln aus der Pfanne
4 Portionen

Zubereitungszeit: 40 Minuten, ohne Abkühlzeit
Garzeit: 30–40 Minuten

1 kg festkochende Kartoffeln
2 große Zwiebeln
100 g durchwachsener Speck

6 EL Speiseöl oder 60 g Butterschmalz
Salz
frisch gemahlener Pfeffer

Pro Portion:
E: 9 g, F: 22 g, Kh: 35 g,
kJ: 1589, kcal: 379

1. Kartoffeln gründlich waschen, mit Wasser bedeckt zum Kochen bringen und zugedeckt 15–20 Minuten garen. Kartoffeln abgießen, abdämpfen, noch warm pellen und erkalten lassen. Kartoffeln in etwa 5 mm dicke Scheiben schneiden.
2. Zwiebeln abziehen und in kleine Würfel schneiden. Speck ebenfalls klein würfeln.
3. Speiseöl oder Butterschmalz in einer großen Pfanne erhitzen. Speckwürfel darin andünsten. Kartoffelscheiben hinzufügen. Mit Salz und Pfeffer würzen.
4. Die Kartoffelscheiben etwa 10 Minuten bei mittlerer Hitze unter gelegentlichem Wenden braun anbraten. Zwiebelwürfel untermengen und weitere 5–10 Minuten braten.

Tipp: Durch Paprikapulver erhalten die Bratkartoffeln eine appetitlich, goldene Farbe. Bratkartoffeln passen gut zu Spiegeleiern oder Steaks.

Bratkartoffeln aus der Pfanne

Erbsen- und Möhrengemüse

Klassisch

Erbsen- und Möhrengemüse
4 Portionen

Zubereitungszeit: 30 Minuten
Garzeit: etwa 10 Minuten

500 g Möhren
40 g Butter
100 ml Wasser oder Gemüsebrühe
Salz

250 g TK-Erbsen
frisch gemahlener Pfeffer
1 EL fein gehackte Petersilie

Pro Portion:
E: 6 g, F: 9 g, Kh: 13 g,
kJ: 654, kcal: 154

1. Möhren putzen, schälen, abspülen, abtropfen lassen und in dünne Scheiben schneiden. Butter in einem Topf zerlassen. Möhrenscheiben darin 2–3 Minuten andünsten.
2. Wasser oder Brühe hinzugießen, mit wenig Salz würzen. Die Möhren zugedeckt etwa 5 Minuten garen, dabei gelegentlich umrühren. Die gefrorenen Erbsen hinzufügen, weitere etwa 5 Minuten mitdünsten lassen.
3. Erbsen- und Möhrengemüse mit Salz und Pfeffer abschmecken. Petersilie unterrühren.

Vollwert – preiswert

Fleckerln mit Weißkraut
4 Portionen

Zubereitungszeit: 40 Minuten

1 kleiner Kopf Weißkohl (etwa 600 g)
2 leicht geh. EL Butter
Salz, frisch gemahlener weißer Pfeffer
frisch geriebene Muskatnuss
5–6 EL Wasser

4 l Wasser
4 gestr. TL Salz
600 g Vollkorn-Bandnudeln

Pro Portion:
E: 15 g, F: 6 g, Kh: 79 g,
kJ: 1812, kcal: 432

1. Weißkohl putzen, vierteln und den Strunk herausschneiden. Weißkohl waschen, gut abtropfen lassen und in breite Streifen schneiden.
2. Einen Esslöffel von der Butter in einem großen Topf zerlassen. Weißkohlstreifen darin unter Rühren andünsten. Mit Salz, Pfeffer und Muskat würzen. Wasser hinzufügen. Die Zutaten zum Kochen bringen. Weißkohlstreifen zugedeckt bei mittlerer Hitze etwa 25 Minuten dünsten.
3. Wasser in einem großen, geschlossenen Topf zum Kochen bringen. Dann Salz und Nudeln zugeben. Die Nudeln im geöffneten Topf bei mittlerer Hitze nach Packungsanleitung bissfest kochen, dabei zwischendurch 4–5-mal umrühren.
4. Anschließend Nudeln in ein Sieb geben, mit heißem Wasser abspülen und abtropfen lassen. Restliche Butter zerlassen. Bandnudeln und Weißkohlstreifen darin schwenken, eventuell nochmals mit den Gewürzen abschmecken, sofort servieren.

Einfach

Gebackener Spargel mit Mojo Verde
4 Portionen

Zubereitungszeit: 60 Minuten

je 500 g weißer und grüner Spargel
375 ml (3/8 l) Wasser
1 gestr. TL Salz

Für den Teig:
80 g Speisestärke
1 gestr. TL Dr. Oetker Backin
80 ml eiskaltes Wasser
1 Eiweiß (Größe M)
1 Prise Salz

Für die Mojo-Verde-Sauce:
2 Knoblauchzehen
1 Bund glatte Petersilie
1 Topf Koriander
150 ml Olivenöl
1 Prise Salz

Zum Ausbacken:
geschmackneutrales Speiseöl oder Pflanzenfett

Pro Portion:
E: 5 g, F: 54 g, Kh: 16 g,
kJ: 2351, kcal: 562

1. Den weißen Spargel von oben nach unten schälen. Darauf achten, dass die Schalen vollständig entfernt, die Köpfe aber nicht verletzt werden. Die unteren Enden abschneiden (holzige Stellen vollkommen entfernen).
2. Vom grünen Spargel das untere Drittel schälen und die Enden abschneiden. Beide Spargelsorten waschen und abtropfen lassen. Spargelstangen jeweils halbieren.
3. Wasser mit Salz in einem Topf zum Kochen bringen. Den weißen Spargel darin zugedeckt 8–10 Minuten bissfest garen. Spargelstücke mit einem Schaumlöffel herausnehmen, in ein Sieb geben, mit kaltem Wasser übergießen und abtropfen lassen.
4. Die grünen Spargelstücke in dem Spargelwasser zugedeckt 3–5 Minuten bissfest garen, herausnehmen, mit kaltem Wasser übergießen und abtropfen lassen.
5. Für den Teig Speisestärke mit Backpulver mischen, in eine Rührschüssel sieben, mit eiskaltem Wasser zu einem glatten Teig verrühren. Eiweiß mit Salz steifschlagen und unter den Teig heben, kalt stellen.
6. Für die Sauce Knoblauch abziehen. Petersilie und Koriander abspülen, trocken tupfen. Die Blättchen von den Stängeln zupfen. Kräuterblättchen mit Knoblauch, Olivenöl und Salz in einen hohen Rührbecher geben. Die Zutaten zu einer Sauce fein pürieren.
7. Zum Ausbacken Speiseöl oder Pflanzenfett in einem hohen Topf oder einer Fritteuse auf etwa 180 °C erhitzen. Die Spargelstücke nacheinander durch den Teig ziehen und portionsweise in dem siedenden Fett ausbacken. Spargelstücke mit einem Schaumlöffel herausnehmen und auf Küchenpapier abtropfen lassen.
8. Den gebackenen Spargel mit Salz bestreuen und mit der Sauce servieren.

Fleckerln mit Weißkraut

Gebackener Spargel mit Mojo Verde

Gemüse & Beilagen

Preiswert

Gebratene Kartoffelecken
2 Portionen

Zubereitungszeit: 30 Minuten

400 g festkochende Kartoffeln
Wasser
1 gestr. TL Salz
3 EL Speiseöl, z. B. Olivenöl
je 1 kleine rote, gelbe und grüne Paprikaschote (je etwa 150 g)
1 Knoblauchzehe
Salz
frisch gemahlener Pfeffer
4–5 Stängel Oregano

Pro Portion:
E: 6 g, F: 16 g, Kh: 35 g,
kJ: 1299, kcal: 310

Gebratene Kartoffelecken

1. Kartoffeln gründlich waschen und eventuell abbürsten. Kartoffeln mit Wasser und Salz bedeckt zum Kochen bringen und etwa 10 Minuten kochen lassen. Kartoffeln abgießen, abdämpfen und der Länge nach in Achtel schneiden.
2. Speiseöl in einer Pfanne erhitzen, die Kartoffelachtel darin kräftig von allen Seiten anbraten.
3. Paprikaschoten halbieren, entstielen, entkernen und die weißen Scheidewände entfernen. Schoten waschen, abtropfen lassen und in Würfel schneiden. Paprikawürfel zu den Kartoffelspalten in die Pfanne geben und unter gelegentlichem Rühren etwa 10 Minuten braten.
4. Knoblauch abziehen, fein hacken oder durch eine Knoblauchpresse drücken und ebenfalls mitbraten lassen. Mit Salz und Pfeffer würzen.
5. Oregano abspülen und trocken tupfen. Die Blättchen von den Stängeln zupfen. Oreganoblättchen unter die Kartoffelecken rühren und sofort servieren.

Gebratener Spargel

Raffiniert

Gebratener Spargel
2 Portionen

Zubereitungszeit: 30 Minuten

400 g weißer Spargel
200 g grüner Spargel
30 g Haselnusskerne
40 g getrocknete Aprikosen
2–3 EL Walnussöl
1 EL flüssiger Lindenblütenhonig
Salz
frisch gemahlener Pfeffer
1 Zweig Rosmarin

Pro Portion:
E: 7 g, F: 22 g, Kh: 24 g,
kJ: 1368, kcal: 326

1. Den weißen Spargel von oben nach unten schälen. Darauf achten, dass die Schalen vollständig entfernt, die Köpfe aber nicht verletzt werden. Die unteren Enden abschneiden (holzige Stellen vollkommen entfernen). Von dem grünen Spargel das untere Drittel schälen, die unteren Enden abschneiden.
2. Spargel waschen und abtropfen lassen. Den weißen Spargel in etwa 1 cm lange Stücke, den grünen Spargel in etwa 2 cm lange Stücke schneiden. Haselnusskerne grob hacken. Aprikosen in dünne Streifen schneiden.
3. Walnussöl in einer großen Pfanne erhitzen. Die weißen Spargelstücke unter mehrmaligem Wenden bei mittlerer Hitze in etwa 2 Minuten leicht bräunen lassen, dann die grünen Spargelstücke hinzufügen und etwa 1 Minute mit anbraten.
4. Haselnusskerne und Aprikosenstreifen hinzugeben. Honig unterrühren, etwa 1 Minute glasieren. Mit Salz und Pfeffer würzen.
5. Rosmarin abspülen und trocken tupfen. Die Nadeln von den Stängeln zupfen. Nadeln klein schneiden. Die Spargelstücke mit Salz, Pfeffer und Rosmarin abschmecken, sofort servieren.

Raffiniert

Gefüllte bunte Zwiebeln
4 Portionen

Zubereitungszeit: 70 Minuten
Garzeit: 15–20 Minuten

4 mittelgroße normale Zwiebeln
4 mittelgroße rote Zwiebeln
4 mittelgroße weiße Zwiebeln
Salzwasser

Für die Füllung:
100 g kleine weiße Champignons
100 g kleine Pfifferlinge
100 g Austernpilze
100 g gekochter Schinken
2 EL Speiseöl
2 EL Balsamico-Essig
200 ml Gemüsebrühe
Salz
frisch gemahlener Pfeffer
Knoblauchpulver
1 Bund Thymian
120 g frisch geriebener
Emmentaler-Käse

Pro Portion:
E: 19 g, F: 16 g, Kh: 9 g,
kJ: 1039, kcal: 248

1. Die einzelnen Zwiebeln abziehen. Salzwasser in einem Topf zum Kochen bringen. Die Zwiebeln darin etwa 5 Minuten blanchieren. Anschließend in ein Sieb geben, mit kaltem Wasser übergießen und abtropfen lassen.
2. Für die Füllung Champignons, Pfifferlinge und Austernpilze putzen, mit Küchenpapier abreiben, evtl. abspülen und abtropfen lassen. Pilze klein schneiden. Schinken in Würfel schneiden. Den Backofen vorheizen.
3. Die blanchierten Zwiebeln mit einem scharfen Messer waagerecht halbieren und bis auf 2 Schichten aushöhlen. Das Zwiebelinnere in kleine Würfel schneiden.
4. Speiseöl in einer Pfanne erhitzen. Zwiebelwürfel darin glasig dünsten. Pilzstücke und Schinkenwürfel hinzugeben, mit andünsten. Essig und Brühe hinzugießen, zum Kochen

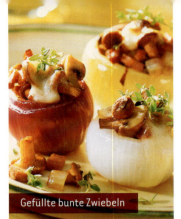

Gefüllte bunte Zwiebeln

bringen und etwas einkochen lassen. Mit Salz, Pfeffer und Knoblauch würzen.
5. Thymian abspülen und trocken tupfen (einige Stängel zum Garnieren beiseitelegen). Die Blättchen von den Stängeln zupfen. Blättchen unter das Pilzragout rühren.
6. Die ausgehöhlten Zwiebeln mit dem Pilzragout füllen und in eine flache Auflaufform setzen. Mit Käse bestreuen. Die Form auf dem Rost in den vorgeheizten Backofen schieben.
Ober-/Unterhitze: etwa 200 °C
Heißluft: etwa 180 °C
Garzeit: 15–20 Minuten.
7. Die gefüllten Zwiebeln mit den beiseite gelegten Thymianstängeln garniert servieren.

Vegetarisch

Gefüllte Fenchelschalen
4 Portionen

Zubereitungszeit: 55 Minuten
Garzeit: etwa 20 Minuten

4 Fenchelknollen (je etwa 300 g)
250 ml (¼ l) Wasser
Salz
1–2 EL Zitronensaft

Für die Füllung:
3 Tomaten
1 kleine Zucchini (etwa 150 g)
125 g Kernhem-Käse (gewürfelt)
4 Vollkornzwiebäcke
Salz
frisch gemahlener weißer Pfeffer
20 g Butter

Gefüllte Fenchelschalen

Pro Portion:
E: 11 g, F: 19 g, Kh: 17 g,
kJ: 1161, kcal: 278

1. Von den Fenchelknollen die Stiele dicht oberhalb der Knollen abschneiden. Braune Stellen und Blätter entfernen (Fenchelgrün beiseitelegen). Wurzelenden gerade schneiden. Die Knollen waschen, abtropfen lassen und halbieren. Wasser in einem Topf zum Kochen bringen. Salz, Zitronensaft und die Knollenhälften hinzugeben. Zugedeckt etwa 10 Minuten garen. Fenchelhälften mit einer Schaumkelle herausnehmen und etwas abkühlen lassen. Den Backofen vorheizen.
2. Für die Füllung Tomaten waschen, kreuzweise einschneiden und einige Sekunden in kochendes Wasser legen. Tomaten kurz in kaltes Wasser legen, enthäuten, halbieren, entkernen und die Stängelansätze herausschneiden. Tomatenhälften in kleine Würfel schneiden. Zucchini waschen, abtrocknen und die Enden abschneiden. Zucchini halbieren und klein würfeln. Zwiebäcke fein zerbröseln.
3. Das Innere der Fenchelhälften bis auf je 2 Außenschalen herauslösen und klein würfeln. Fenchel-, Tomaten-, Zucchini-, Käsewürfel und Zwiebackbrösel vermischen. Mit Salz und Pfeffer würzen. Fenchel-Kochflüssigkeit in eine Auflaufform geben. Die Fenchelschalen hineinsetzen und mit der Gemüsemischung füllen. Butter in Flöckchen daraufsetzen. Die Form auf dem Rost in den vorgeheizten Backofen schieben.

Ober-/Unterhitze: etwa 200 °C
Heißluft: etwa 180 °C
Garzeit: etwa 20 Minuten.
4. Die Fenchelschalen aus der Form nehmen, auf einer Platte anrichten und warm stellen. Beiseite gelegtes Fenchelgrün abspülen, trocken tupfen und fein hacken. Die Fenchelschalen mit Fenchelgrün bestreut servieren.

Vegetarisch

Gefüllte Zucchini
4 Portionen

Zubereitungszeit: 45 Minuten
Backzeit: 15–20 Minuten

2 Zwiebeln
2 Knoblauchzehen
3 EL Olivenöl
2 Dosen stückige Tomaten (je 400 g)
1 Bund Majoran
3 Fleischtomaten
4 mittelgroße Zucchini (je etwa 250 g)
Salz
frisch gemahlener Pfeffer
300 ml Gemüsebrühe (Instant)
250 g Instant-Couscous
Cayennepfeffer
100 g geriebener Manchego- oder Emmentaler-Käse

Pro Portion:
E: 23 g, F: 18 g, Kh: 52 g,
kJ: 1955, kcal: 463

1. Zwiebeln und Knoblauch abziehen, in kleine Würfel schneiden. Olivenöl in einem Topf erhitzen. Zwiebel- und Knoblauchwürfel darin andünsten. Tomatenstücke hinzufügen und unter gelegentlichem Rühren etwa 10 Minuten leicht kochen lassen.
2. In der Zwischenzeit Majoran abspülen und trocken tupfen. Die Blättchen von den Stängeln zupfen. Blättchen klein schneiden. Tomaten waschen, abtropfen lassen, kreuzweise einschneiden und einige Sekunden in kochendes Wasser legen. Tomaten kurz in kaltes Wasser legen, enthäuten, halbieren, entkernen, Stängelansätze herausschneiden. Fruchtfleisch in Spalten schneiden. Den Backofen vorheizen.
3. Zucchini waschen, abtrocknen und die Enden abschneiden. Zucchini halbieren. Zucchinihälften leicht aushöhlen. Fruchtfleisch in Würfel schneiden.
4. Majoran unter die Tomatensauce rühren. Mit Salz und Pfeffer würzen. Sauce halbieren. Eine Saucenhälfte beiseitestellen. Zweite Saucenhälfte in einen Topf geben, Gemüsebrühe hinzugießen und zum Kochen bringen. Couscous, Zucchiniwürfel und Tomatenspalten hinzufügen. Mit Salz und Cayennepfeffer würzen. Den Topf von der Kochstelle nehmen.
5. Die ausgehöhlten Zucchinihälften auf ein Backblech (mit Backpapier belegt) legen. Mit Salz und Pfeffer bestreuen. Die Zucchinihälften mit der Couscous-Zucchini-Tomaten-Masse füllen. Mit Käse bestreuen. Das Backblech in den vorgeheizten Backofen schieben.
Ober-/Unterhitze: etwa 200 °C
Heißluft: etwa 180 °C
Backzeit: 15–20 Minuten.
6. Die beiseite gestellte Tomatensauce erhitzen. Die gefüllten Zucchini mit der Sauce servieren.

Für Gäste

Gnocchi in Salbeibutter
2–3 Portionen

Zubereitungszeit: 70 Minuten

500 g Kartoffeln
100 g Weizenmehl
2 Eigelb (Größe M)
1 Ei (Größe M)
Salz
frisch geriebene Muskatnuss
60 g Butter

3 EL Tomatenwürfel (von enthäuteten, entkernten Tomaten)
2 EL in Streifen geschnittene Salbeiblätter

Pro Portion:
E: 13 g, F: 28 g, Kh: 53 g,
kJ: 2197, kcal: 525

1. Kartoffeln waschen, schälen, abspülen, mit Wasser bedeckt zum Kochen bringen und zugedeckt in etwa 20 Minuten gar kochen. Kartoffeln abgießen, abdämpfen und durch eine Kartoffelpresse in eine Schüssel drücken. Mehl, Eigelb und Ei unterarbeiten. Mit Salz, Pfeffer und Muskat würzen.
2. Den Teig auf einer bemehlten Arbeitsfläche zu länglichen Rollen formen und in etwa 2 cm lange Stücke schneiden. Mit einer Gabel ein Muster eindrücken.
3. Gnocchi in kochendem Salzwasser etwa 5 Minuten blanchieren, bis sie an der Oberfläche schwimmen. Gnocchi mit einem Schaumlöffel herausnehmen.
4. Butter in einer Pfanne zerlassen. Tomatenwürfel und Salbeistreifen darin andünsten. Gnocchi hinzufügen und kurz durchschwenken.

Gefüllte Zucchini

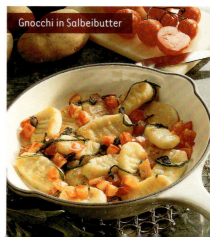
Gnocchi in Salbeibutter

Gnocchi in einer schnellen Tomatensauce

Vegetarisch

Gnocchi in einer schnellen Tomatensauce
4 Portionen

Zubereitungszeit: 25 Minuten

Für die Tomatensauce:
1 Zwiebel
4 Fleischtomaten
2 EL Olivenöl
1 Pck. TK-Kräuter der Provence
200 ml Gemüsebrühe
8 EL Tomatenketchup
Salz, frisch gemahlener Pfeffer

Wasser, 1 gestr. TL Salz
500 g frische Gnocchi
(aus dem Kühlregal)

Zum Garnieren:
4 Stängel Rosmarin

Pro Portion:
E: 8 g, F: 6 g, Kh: 60 g,
kJ: 1393, kcal: 330

1. Für die Sauce Zwiebel abziehen und in kleine Würfel schneiden. Tomaten waschen, trocken tupfen, halbieren und die Stängelansätze herausschneiden. Tomatenhälften in Würfel schneiden.

2. Olivenöl in einer großen Pfanne erhitzen, Zwiebelwürfel darin glasig dünsten. Tomatenwürfel und Kräuter hinzufügen, kurz mitdünsten lassen. Brühe hinzugießen, Ketchup unterrühren. Die Zutaten zum Kochen bringen und unter gelegentlichem Rühren etwas einkochen lassen. Die Sauce mit Salz und Pfeffer würzen.
3. Wasser mit Salz in einem Topf zum Kochen bringen. Die Gnocchi darin nach Packungsanleitung zubereiten.
4. Zum Garnieren Rosmarin abspülen und trocken tupfen. Gnocchi mit Tomatensauce und Rosmarin garniert servieren.

Raffiniert

Kartoffeltorte mit Oregano
4 Portionen (Rezept für 2 Springformen (Ø 18 cm, Höhe 7 cm)

Zubereitungszeit: 30 Minuten
Garzeit: etwa 60 Minuten

800 g festkochende Kartoffeln
1 Bund oder 6 Stängel Oregano
Salz, frisch gemahlener Pfeffer
Knoblauchpulver
400 g Schlagsahne
6 Eier (Größe M)
100 g geriebener Käse,
z. B. Gouda oder fester Mozzarella

vorbereitete, blühende Oreganozweige

Außerdem:
40 g Butter für die Form

Pro Portion:
E: 22 g, F: 55 g, Kh: 28 g,
kJ: 2951, kcal: 705

1. Den Backofen vorheizen. Kartoffeln waschen, schälen, abspülen, abtropfen lassen und in sehr dünne Scheiben schneiden oder hobeln. Oregano abspülen und trocken tupfen. Die Blättchen von den Stängeln zupfen. Blättchen klein schneiden.
2. Kartoffelscheiben mit Oregano bestreuen, mit Salz, Pfeffer und Knoblauch würzen. Sahne und Eier verschlagen, mit Salz, Pfeffer und Knoblauch würzen.
3. Zwei Springformböden (Ø 18 cm, Boden mit Butter gefettet) mit Alufolie belegen und jeweils mit dem Springformrand festklemmen, damit die Formen dicht sind.
4. Jeweils die Hälfte der Kartoffelscheiben in eine Form schichten und je die Hälfte der Eier-Sahne-Mischung darauf verteilen, bis die Kartoffelscheiben bedeckt sind.

Kartoffeltorte mit Oregano

5. Die Formen auf ein Backblech stellen und in den vorgeheizten Backofen schieben.
Ober-/Unterhitze: etwa 200 °C
Heißluft: etwa 180 °C
Garzeit: etwa 60 Minuten.
6. Die Kartoffeltorten nach etwa 45 Minuten Garzeit mit Käse bestreuen und fertig garen.
7. Die Kartoffeltorten etwa 5 Minuten in den Formen stehen lassen, dann aus den Formen lösen und in Stücke schneiden. Mit Oreganozweigen garnieren und sofort servieren.

Tipp: Kartoffeltorte zu gemischten Gemüsen mit Kerbel in Butter oder Olivenöl geschwenkt als vegetarisches Gericht oder zu gebratenem Lammfleisch mit Rosmarin reichen.

Für Kinder

Kartoffel-Wedges mit Tsatsiki
4 Portionen

Zubereitungszeit: 30 Minuten
Garzeit: etwa 35 Minuten

750 g vorwiegend festkochende Kartoffeln (möglichst neue Kartoffeln)
Salz
frisch gemahlener Pfeffer
4 EL Speiseöl
1–1 ½ TL Gyros-Gewürz

Für das Tsatsiki:
1 Salatgurke
400 g Speisequark (20 % Fett i. Tr.)
1 Knoblauchzehe

Pro Portion:
E: 16 g, F: 15 g, Kh: 26 g,
kJ: 1329, kcal: 317

1. Den Backofen vorheizen. Kartoffeln unter fließendem kalten Wasser gründlich abbürsten. Kartoffeln der Länge nach vierteln. Kartoffelviertel mit ½ Teelöffel Salz, 1 Prise Pfeffer, Speiseöl und Gyros-Gewürz in einer Schüssel mischen. Kartoffelviertel auf einem Backblech verteilen.
2. Das Backblech in den vorgeheizten Backofen schieben.
Ober-/Unterhitze: etwa 180 °C
Heißluft: etwa 160 °C
Garzeit: etwa 35 Minuten.
3. Die Kartoffelviertel während der Garzeit 2–3-mal wenden.
4. Für das Tsatsiki Gurke mit einem Sparschäler schälen, halbieren, längs aufschneiden und die Kerne mit einem Teelöffel herausschaben. Gurkenhälften auf einer Haushaltsreibe raspeln und in eine Schüssel geben. Quark gut abtropfen lassen und unterrühren.
5. Knoblauch abziehen und durch eine Knoblauchpresse drücken. Knoblauch unter die Quarkmasse rühren. Tsatsiki mit etwa ¼ Teelöffel Salz und etwas Pfeffer würzen.

Einfach

Reis mit Erbsen
6 Portionen

Zubereitungszeit: 30 Minuten

1 Zwiebel
150 g gekochter Schinken
80 g Butter
Salz
frisch gemahlener Pfeffer
350 g italienischer Rundkorn- oder Langkornreis
750 ml (¾ l) Hühner- oder Rindfleischbrühe (oder Instant-Fleischbrühe)
150 g junge Erbsen oder TK-Erbsen
40 g frisch geriebener Parmesan-Käse

Pro Portion:
E: 14 g, F: 15 g, Kh: 49 g,
kJ: 1636, kcal: 391

1. Zwiebel abziehen und in kleine Würfel schneiden. Schinken in schmale Streifen schneiden.
2. Butter (etwa 2 Esslöffel beiseitestellen) in einer Pfanne zerlassen. Zwiebelwürfel und Schinkenstreifen darin leicht anbraten. Mit Salz und Pfeffer würzen.
3. Den Reis in kochendem Salzwasser nicht ganz gar kochen lassen. Zwiebelwürfel und Schinkenstreifen hinzugeben. Brühe hinzugießen und Erbsen unterrühren. Den Reis mit den Zutaten zugedeckt bei schwacher Hitze nach Packungsanleitung garen.
4. Beiseite gestellte Butter in Flöckchen unterheben. Den Reis mit Parmesan-Käse bestreut servieren.

Einfach

Risotto
4 Portionen

Zubereitungszeit: 30 Minuten
Garzeit: etwa 20 Minuten

1 kleine Zwiebel
50 g Butter
200 g Risottoreis, z. B. Arborio
400–500 ml heiße Gemüsebrühe
Salz
1 EL gemischte, gehackte Kräuter,
z. B. Petersilie, Basilikum, Schnittlauch

Pro Portion:
E: 4 g, F: 11 g, Kh: 39 g,
kJ: 1143, kcal: 273

1. Zwiebel abziehen und in kleine Würfel schneiden. Butter in einem Topf zerlassen. Zwiebelwürfel darin andünsten. Risottoreis hinzufügen und glasig dünsten.
2. Etwas von der heißen Brühe hinzugießen und zum Kochen bringen. Den Reis zugedeckt unter gelegentlichem Umrühren bei schwacher Hitze etwa 20 Minuten quellen lassen, dabei nach und nach die Brühe hinzugießen.
3. Risotto mit Salz abschmecken, in eine vorgewärmte Schüssel füllen und mit Kräutern bestreuen.

Abwandlung 1: Für Risi Bisi etwa 5 Minuten vor Ende der Garzeit zusätzlich 150 g TK-Erbsen unter den Reis mischen und fertig garen. 3 Esslöffel geriebenen Parmesan-Käse und 20 g kalte Butter untermischen. Mit 1 Esslöffel gehackter Petersilie bestreuen.

Abwandlung 2: Für Risotto mit Champignons zusätzlich 300 g geputzte, in Scheiben geschnittene Champignons mit den Zwiebelwürfeln in der Butter andünsten. Den Reis hinzufügen, mit 3 Esslöffeln Weißwein ablöschen, Brühe hinzugießen und wie oben angegeben garen. Zum Schluss 1 Esslöffel geriebenen Greyerzer-Käse unterrühren.

Nochmals mit Salz abschmecken und mit 1 Esslöffel Schnittlauchröllchen bestreut servieren.

Abwandlung 3: Für Mailänder Risotto 125 ml (1/8 l) Weißwein und 1 Messerspitze gemahlenen Safran zum glasig gedünsteten Reis geben, im offenen Topf zum Kochen bringen und bei schwacher Hitze etwa 20 Minuten garen. Wenn die Flüssigkeit verkocht ist, nach und nach etwa 500 ml (1/2 l) Gemüsebrühe hinzugießen. 30 g geriebenen Parmesan-Käse mit 1–2 Esslöffeln Crème fraîche verrühren und unter den fertigen Risotto mischen. Mit Salz und Pfeffer abschmecken.

Klassisch

Rösti
4 Portionen

Zubereitungszeit: 45 Minuten, ohne Kühlzeit
Bratzeit: etwa 10 Minuten

500 g festkochende Kartoffeln
Salz
6 EL Speiseöl, z. B. Sonnenblumenöl
frisch gemahlener Pfeffer

Pro Portion:
E: 2 g, F: 13 g, Kh: 17 g,
kJ: 797, kcal: 190

Risotto

1. Kartoffeln gründlich waschen, in einem Topf mit Wasser bedeckt zum Kochen bringen, zugedeckt etwa 20 Minuten garen. Kartoffeln abgießen, abdämpfen, pellen und zugedeckt mindestens 4 Stunden oder über Nacht kalt stellen.
2. Die Kartoffeln auf einer Haushaltsreibe grob raspeln und mit Salz bestreuen.
3. Speiseöl in einer beschichteten Pfanne (Ø 24 cm) erhitzen. Kartoffelraspel esslöffelweise hineingeben und flachdrücken.
4. Rösti von jeder Seite etwa 5 Minuten bei schwacher Hitze braun und knusprig braten.
5. Den Rösti zum Servieren in 4 Stücke teilen.

Raffiniert – schnell

Zucchininudeln mit Tomatensauce
4 Portionen

Zubereitungszeit: 45 Minuten

Für die Sauce:
80 g Tomaten, in Öl eingelegt
250 g Schlagsahne
1–2 EL Öl (von den Tomaten)
1 Fleischtomate
150 g gegarte Brokkoliröschen
etwas Wasser oder Nudelwasser

Rösti

Gemüse & Beilagen

Zucchininudeln mit Tomatensauce

Steinpilze

300 g Zucchini
2 ½ l Wasser
2 ½ TL Salz
250 g Tagliatelle-Nudeln
(aus dem Kühlregal)

frisch gehobelter Parmesan-Käse

Pro Portion:
E: 13 g, F: 28 g, Kh: 47 g,
kJ: 2148, kcal: 513

1. Für die Sauce Tomaten mit Sahne in einen Topf geben, zum Kochen bringen und etwa 10 Minuten bei mittlerer Hitze kochen lassen. Tomatensahne pürieren und das Tomatenöl unterrühren.
2. Tomate waschen, abtropfen lassen, kreuzweise einschneiden und kurz in kochendes Wasser legen. Tomate kurz in kaltes Wasser legen, enthäuten, halbieren, entkernen und den Stängelansatz herausschneiden. Tomatenhälften in Würfel schneiden, mit den Brokkoliröschen zum Tomatenpüree geben.
3. Zucchini waschen, abtrocknen und die Enden abschneiden. Zucchini der Länge nach zuerst in Scheiben, dann in lange Streifen schneiden.
4. Wasser in einem Topf mit geschlossenem Deckel zum Kochen bringen. Dann Salz, Zucchinistreifen und Nudeln zugeben. Die Nudeln im geöffneten Topf bei mittlerer Hitze nach Packungsanleitung etwa 2 Minuten kochen lassen, dabei zwischendurch umrühren.
5. Anschließend die Nudeln in ein Sieb geben, Nudelwasser dabei auffangen. Nudeln mit heißem Wasser abspülen und abtropfen lassen.
6. Falls die Tomatensauce zu dick ist, etwas Wasser oder Nudelwasser unterrühren.
7. Die Nudeln mit Käse bestreuen. Zucchininudeln mit der Tomatensauce servieren.

Beilage: Frischer Feldsalat mit Vinaigrette zubereitet.

Etwas teurer

Steinpilze
4 Portionen

Zubereitungszeit: 30 Minuten

500 g Steinpilze
1 Knoblauchzehe
150 g Tomaten
5 EL Olivenöl
Salz
frisch gemahlener Pfeffer
1 EL gehackte Petersilie

Pro Portion:
E: 6 g, F: 13 g, Kh: 2 g,
kJ: 576, kcal: 137

1. Von den Pilzen Stielenden und schlechte Stellen abschneiden. Pilze mit Küchenpapier abreiben, eventuell abspülen, trocken tupfen und der Länge nach in Scheiben schneiden. Knoblauch abziehen und in sehr kleine Würfel schneiden.
2. Tomaten waschen, kreuzweise einschneiden und kurz in kochendes Wasser legen. Tomaten kurz in kaltes Wasser legen, enthäuten, halbieren, entkernen und die Stängelansätze herausschneiden. Tomatenhälften in Würfel schneiden.
3. Jeweils die Hälfte des Olivenöls in einer Pfanne erhitzen. Die Pilzscheiben darin in 2 Portionen bei mittlerer Hitze 5–7 Minuten braten, mit Salz und Pfeffer würzen. Pilzscheiben herausnehmen, auf vorgewärmten Tellern anrichten und warm stellen.
4. Knoblauch in dem verbliebenen Bratfett andünsten. Tomatenwürfel hinzugeben und erhitzen. Petersilie unterrühren. Mit Salz und Pfeffer würzen. Die Knoblauch-Tomaten-Petersilien-Masse auf den Pilzen verteilen.

Spitzkohltorte

Ofenkartoffeln

Möhren mit Kräutersauce

Raffiniert

Spitzkohltorte
4 Portionen

Zubereitungszeit: 20 Minuten
Garzeit: etwa 50 Minuten

600 g Spitzkohl
Salzwasser
4–6 Spitzkohl-Außenblätter
3 Schalotten
2 EL Speiseöl
50 g gehackte Walnusskerne
Salz
frisch gemahlener Pfeffer
6 Eier (Größe M)
250 g Schlagsahne
frisch geriebene Muskatnuss

8 tournierte Möhren mit Grün
8 tournierte weiße Rüben mit Grün
einige Tropfen Speiseöl

Pro Portion:
E: 18 g, F: 44 g, Kh: 13 g,
kJ: 2201, kcal: 526

1. Den Backofen vorheizen. Spitzkohl putzen, vierteln und den Strunk herausschneiden. Spitzkohl in Streifen schneiden, waschen, abtropfen lassen und in kochendem Salzwasser etwa 2 Minuten blanchieren. Spitzkohlstreifen in kaltem Wasser abschrecken und in einem Sieb abtropfen lassen. Spitzkohl-Außenblätter abspülen, abtropfen lassen und etwa 2 Minuten in dem kochenden Salzwasser blanchieren und abtropfen lassen.
2. Schalotten abziehen und in kleine Würfel schneiden. Speiseöl in einem Topf erhitzen, Schalottenwürfel und Kohlstreifen darin andünsten, Walnusskerne hinzufügen, mit Salz und Pfeffer würzen.
3. Eier mit Sahne verschlagen, mit Salz, Pfeffer und Muskat würzen. Eine runde Auflaufform (gefettet) mit den Kohlblättern auslegen, Spitzkohlstreifen darauf verteilen und mit der Eiersahne übergießen. Die Form mit dem Deckel verschließen auf dem Rost in den vorgeheizten Backofen schieben.
Ober-/Unterhitze: etwa 180 °C
Heißluft: etwa 160 °C
Garzeit: etwa 50 Minuten.
4. Kurz vor Ende der Garzeit überprüfen, ob die Eimasse fest geworden ist. Die Form herausnehmen und auf einen Rost stellen. Die Torte etwas abkühlen lassen. Die Torte aus der Form lösen, vorsichtig auf eine Platte stürzen und in acht Stücke teilen.
5. Möhren und Rüben in kochendem Salzwasser 5–10 Minuten garen und in einem Sieb abtropfen lassen. Möhren und Rüben mit Salz und Pfeffer würzen und mit Speiseöl beträufeln. Die Torte damit garnieren und noch warm servieren.

Tipp: Tournieren bedeutet, Gemüse mit einem Tourniermesser in eine hübsche Form bringen. Bei den Möhren und weißen Rüben werden z. B. die Gemüse so zurechtgeschnitten, dass sie eine gleichmäßige Größe und Form erhalten.

Einfach – vegetarisch

Ofenkartoffeln
4 Portionen

Zubereitungszeit: 20 Minuten
Backzeit: etwa 60 Minuten

4 große, festkochende
Ofenkartoffeln (je etwa 250 g)
je eine kleine rote, grüne und
gelbe Paprikaschote
500 g Speisequark (Magerstufe)
1 EL frisch geriebener Meerrettich
2 Pck. (je 25 g) gehackte
TK-Küchenkräuter
Salz
frisch gemahlener Pfeffer
1 Bund glatte Petersilie

Außerdem:
4 Bögen Alufolie

Pro Portion:
E: 23 g, F: 1 g, Kh: 45 g,
kJ: 1216, kcal: 290

1. Den Backofen vorheizen. Kartoffeln unter fließendem kalten Wasser gründlich abbürsten und trocken tupfen. Die Kartoffel in je einen Bogen Alufolie (gefettet) einwickeln

und auf ein Backblech legen. Das Backblech in den vorgeheizten Backofen schieben.
Ober-/Unterhitze: 180–200 °C
Heißluft: 160–180 °C
Backzeit: etwa 60 Minuten.

2. Paprikaschoten halbieren, entstielen, entkernen und die weißen Scheidewände entfernen. Schotenhälften waschen, abtropfen lassen und in kleine Würfel schneiden. 1–2 Esslöffel der Paprikawürfel zum Garnieren beiseitelegen.

3. Quark in eine Rührschüssel geben. Paprikawürfel, Kräuter und Meerrettich unterrühren, mit Salz und Pfeffer würzen.

4. Petersilie abspülen und trocken tupfen. Die Blättchen von den Stängeln zupfen.

5. Gegarte Ofenkartoffeln vom Backblech nehmen und die Alufolie entfernen. Ofenkartoffeln kreuzweise einschneiden, etwas auseinanderdrücken und mit dem Gemüsequark füllen.

6. Ofenkartoffeln mit den beiseite gelegten Paprikawürfeln und Petersilienblättchen garniert servieren.

Raffiniert

Möhren mit Kräutersauce
2 Portionen

Zubereitungszeit: 30 Minuten

750 g junge Möhren
1 Zwiebel
2 EL Butter
200 ml Gemüsebrühe
3 EL Crème fraîche
1 EL Kapern
Salz
frisch gemahlener Pfeffer
Zucker
Zitronensaft
2 EL gemischte gehackte Kräuter, z. B. Kerbel, Petersilie
1 hart gekochtes Ei

Pro Portion:
E: 9 g, F: 32 g, Kh: 19 g,
kJ: 1671, kcal: 401

1. Möhren putzen, schälen, abspülen und abtropfen lassen. Zwiebel abziehen und in kleine Würfel schneiden. Butter in einer großen Pfanne zerlassen. Zwiebelwürfel und Möhren darin andünsten.

2. Brühe hinzugießen und zum Kochen bringen. Die Möhren zugedeckt 8–10 Minuten garen. Möhren mit einer Schaumkelle herausnehmen und warm stellen.

3. Crème fraîche in die Brühe rühren, zum Kochen bringen, etwas einkochen lassen. Kapern hinzufügen. Die Sauce mit Salz, Pfeffer, Zucker und Zitronensaft abschmecken.

4. Kräuter unter die Sauce rühren. Ei pellen und in kleine Würfel schneiden. Die Möhren mit der Sauce auf einer vorgewärmten Platte anrichten, Eierwürfel darauf verteilen.

Klassisch

Kartoffelsalat, warm
4 Portionen

Zubereitungszeit: 50 Minuten, ohne Durchziehzeit
Garzeit: 20–25 Minuten

1 kg festkochende Kartoffeln

Für die Salatmarinade:
2 Zwiebeln
75 g fetter Speck
125 ml (1/8 l) heiße Gemüsebrühe
4–5 EL Kräuteressig
Salz, frisch gemahlener Pfeffer
1 Prise Zucker
2 EL Schnittlauchröllchen

Pro Portion:
E: 6 g, F: 17 g, Kh: 35 g,
kJ: 1354, kcal: 323

1. Kartoffeln waschen, in einem Topf mit Wasser bedeckt zum Kochen bringen und zugedeckt 20–25 Minuten garen.

2. Für die Marinade Zwiebeln abziehen und klein würfeln. Speck ebenfalls in Würfel schneiden. Eine große Pfanne ohne Fett erhitzen. Die Speckwürfel darin ausbraten. Die ausgebratenen Speckgrieben mit einer Schaumkelle aus der Pfanne nehmen und beiseitelegen.

3. Zwiebelwürfel und Brühe in die Pfanne zum Speckfett geben, kurz aufkochen lassen. Essig unterrühren. Die Marinade mit Salz, Pfeffer und Zucker abschmecken.

4. Die garen Kartoffeln abgießen, kurz mit kaltem Wasser abspülen, abtropfen lassen, heiß pellen, in Scheiben schneiden und in die Pfanne geben. Die Salatmarinade unter die Kartoffelscheiben heben und einige Minuten auf der ausgeschalteten Kochstelle ziehen lassen.

5. Den Salat nochmals mit Salz, Pfeffer und Essig abschmecken. Mit den beiseite gestellten Speckgrieben und den Schnittlauchröllchen bestreut servieren.

Kartoffelsalat, warm

Für Gäste

Grüner Spargel mit Spargelsauce
4 Portionen

Zubereitungszeit: 20 Minuten
Garzeit: etwa 6 Minuten

500 g grüner Spargel
350 ml Gemüsebrühe
1 Bund glatte Petersilie
1 Becher (150 g) Crème fraîche
Salz
frisch gemahlener Pfeffer
40 g Haselnusskerne

Pro Portion:
E: 5 g, F: 18 g, Kh: 5 g,
kJ: 821, kcal: 198

1. Vom Spargel das untere Drittel schälen, die holzigen Enden abschneiden. Spargel waschen und abtropfen lassen. Den Spargel in etwa 1 cm lange Stücke schneiden, dabei die Spargelspitzen 2–3 cm lang lassen.
2. Brühe in einem Topf zum Kochen bringen, Spargelstücke hinzugeben, wieder zum Kochen bringen und etwa 6 Minuten garen. Spargelspitzen mit einer Schaumkelle aus der Brühe nehmen und beiseitelegen.
3. Petersilie abspülen und trocken tupfen. Die Blättchen von den Stängeln zupfen. Blättchen klein schneiden und in die Spargelbrühe geben.
4. Die Brühe mit den Spargelstücken und der Petersilie pürieren. Crème fraîche unterrühren. Die Sauce mit Salz und Pfeffer abschmecken. Beiseite gelegte Spargelspitzen hinzufügen.
5. Haselnusskerne grob hacken, in einer Pfanne ohne Fett leicht bräunen und herausnehmen. Die Sauce mit Haselnusskernen bestreut servieren.

Beilage: Bandnudeln (Tagliatelle). Vermischen Sie die Sauce mit den Nudeln und garnieren Sie sie vor dem Servieren mit den Spargelspitzen und den Haselnusskernen.

Tipp: Bestreuen Sie das Gericht mit geraspeltem Comte (Hartkäse).

Klassisch

Kartoffelpuffer (Reibekuchen)
4 Portionen

Zubereitungszeit: 45 Minuten

1 kg festkochende Kartoffeln
1 Zwiebel
3 Eier (Größe M)
1 gestr. TL Salz
40 g Weizenmehl
100 ml Speiseöl,
z. B. Sonnenblumenöl

Pro Portion:
E: 11 g, F: 23 g, Kh: 38 g,
kJ: 1672, kcal: 399

1. Kartoffeln waschen, schälen, abspülen und abtropfen lassen. Zwiebel abziehen. Kartoffeln und Zwiebel auf einer Haushaltsreibe fein reiben und in einer Rührschüssel mit Eiern, Salz und Mehl verrühren.
2. Etwas von dem Speiseöl in einer Pfanne erhitzen. Den Teig portionsweise mit einem Esslöffel hineingeben und sofort flachdrücken. Die Puffer bei mittlerer Hitze von beiden Seiten so lange braten, bis der Rand knusprig braun ist.
3. Die fertigen Puffer mit einem Pfannenwender aus der Pfanne nehmen, auf Küchenpapier legen, abtropfen lassen und sofort servieren oder warm stellen.
4. Aus dem restlichen Teig auf die gleiche Weise Puffer braten.

Beilage: Apfelmus, Kräuter- oder Meerrettichquark oder Räucherlachs mit Kräuter-Crème-fraîche und Blattsalat.

Tipp: Wenn Sie die Hälfte des Weizenmehls durch 2–3 Esslöffel Haferflocken ersetzen, werden die Kartoffelpuffer noch knuspriger.

Abwandlung: Kartoffelpuffer mit Tomaten und Mozzarella. Die fertig gebratenen Kartoffelpuffer auf ein Backblech (mit Backpapier belegt) legen, mit 1–2 Tomatenscheiben und je 1 Scheibe Mozzarella belegen, mit Pfeffer bestreuen und kurz im vorgeheizten Backofen bei Ober-/Unterhitze: etwa 220 °C, Heißluft: etwa 200 °C überbacken, bis der Käse zerläuft. Mit Basilikumblättchen bestreut servieren.

Grüner Spargel mit Spargelsauce

Kartoffelpuffer

• Für Kartoffelpuffer mit Schinken zusätzlich 50 g in feine Streifen geschnittenen Knochenschinken und 1–2 Teelöffel getrockneten, gerebelten Majoran unter den Teig mischen oder die Schinkenstreifen mit Crème fraîche zu den Kartoffelpuffern servieren.
• Zusätzlich unter den Teig etwa 350 g geschälte, geriebene Petersilienwurzel geben. Die Puffer dann mit Münsterkäse belegen und überbacken. Dazu Perlzwiebeln in Weißwein, mit Zucker gekocht servieren.

Klassisch
Gurkengemüse
4 Portionen

Gurkengemüse

Zubereitungszeit: 20 Minuten
Garzeit: 8–10 Minuten

1 kg Schmorgurken
30 g Butter oder Margarine oder 3 EL Speiseöl, z. B. Sonnenblumenöl
Salz
frisch gemahlener Pfeffer
1 EL gehackter Dill

Pro Portion:
E: 1 g, F: 7 g, Kh: 3 g,
kJ: 328, kcal: 78

1. Gurken schälen und die Enden abschneiden. Gurken längs halbieren und die Kerne mit einem Löffel herausschaben. Gurkenhälften in etwa 1 cm breite Streifen schneiden.
2. Butter oder Margarine oder Speiseöl in einem Topf erhitzen. Die Gurkenstreifen darin zugedeckt bei schwacher Hitze 8–10 Minuten unter gelegentlichem Rühren dünsten. Das Gurkengemüse mit Salz und Pfeffer abschmecken. Mit Dill bestreut servieren.

Tipp: Das Gurkengemüse zu Fischgerichten oder Frikadellen servieren. Zusätzlich 1–2 Esslöffel Crème fraîche unter das fertige Gurkengemüse rühren.

Vegetarisch
Gefüllte Kartoffeln mit Paprikakraut
4 Portionen

Gefüllte Kartoffeln mit Paprikakraut

Zubereitungszeit: 40 Minuten
Backzeit: etwa 30 Minuten

8 große festkochende Kartoffeln, z. B. Hansa, je etwa 200 g
Wasser

Für die Füllung:
1 Zwiebel
2 EL Speiseöl
1 Dose Sauerkraut (Abtropfgewicht 430 g)
1 TL Paprikapulver edelsüß
Salz
frisch gemahlener Pfeffer
120 g Feta-Käse

1 Bund Schnittlauch

Pro Portion:
E: 15 g, F: 11 g, Kh: 61 g,
kJ: 1767, kcal: 422

1. Kartoffeln gründlich waschen, evtl. abbürsten. Kartoffeln mit Wasser bedeckt zum Kochen bringen und zugedeckt etwa 25 Minuten garen. Die garen Kartoffeln abgießen, mit kaltem Wasser abschrecken, abtropfen und abkühlen lassen. Den Backofen vorheizen.
2. Von den Kartoffeln einen länglichen Deckel abschneiden. Die Kartoffeln mit einem Kugelausstecher oder mit einem Teelöffel so aushöhlen, dass ein etwa 1/2 cm breiter Rand stehen bleibt. Das ausgehöhlte Fruchtfleisch und den Deckel der Kartoffeln grob zerkleinern.
3. Für die Füllung Zwiebel abziehen und in kleine Würfel schneiden. Speiseöl in einer Pfanne erhitzen. Zwiebelwürfel darin glasig dünsten. Kartoffelstücke hinzugeben und mit andünsten. Sauerkraut untermischen. Mit Paprika, Salz und Pfeffer würzen.
4. Feta-Käse in sehr kleine Würfel schneiden oder fein zerbröseln. Die ausgehöhlten Kartoffeln in eine große, flache Form legen und mit der Sauerkraut-Kartoffel-Masse füllen. Käsewürfel oder -brösel darauf verteilen. Die Form auf dem Rost in den vorgeheizten Backofen schieben.
Ober-/Unterhitze: etwa 180 °C
Heißluft: etwa 160 °C
Backzeit: etwa 30 Minuten
5. Schnittlauch abspülen, trocken tupfen und in Röllchen schneiden. Die gefüllten Kartoffeln mit Schnittlauchröllchen bestreut servieren.

Gefüllte gelbe Paprikaschoten

Gebratene Gnocchi mit Champignons

Kalorienarm

Gefüllte gelbe Paprikaschoten
4 Portionen

Zubereitungszeit: 35 Minuten
Garzeit: etwa 40 Minuten

4 gelbe Paprikaschoten
(je etwa 250 g)

Für die Füllung:
1 Zucchini (etwa 250 g)
1 Aubergine (etwa 250 g)
2 Fleischtomaten (je etwa 150 g)
1 grüne Paprikaschote (etwa 250 g)
Wasser
Salz
4 kleine Zweige Rosmarin
3 Knoblauchzehen
4 EL Olivenöl
1 EL grüne Pfefferkörner in Lake
1 EL rote Pfefferkörner in Lake

200 ml Gemüsebrühe

einige abgespülte, trocken getupfte
Zweige Rosmarin

Pro Portion:
E: 5 g, F: 11 g, Kh: 16 g,
kJ: 801, kcal: 191

1. Von den Paprikaschoten am Stielende einen flachen Deckel abschneiden. Die Schoten entkernen und die weißen Scheidewände entfernen. Schoten und Deckel waschen, abtrocknen. Deckel beiseitelegen.
2. Die gelben Paprikaschoten etwa 5 Minuten, Deckel etwa 2 Minuten in kochendem Salzwasser blanchieren, in ein Sieb geben, mit kaltem Wasser übergießen und abtropfen lassen. Den Backofen vorheizen.
3. Für die Füllung Zucchini und Aubergine waschen, abtrocknen und die Enden bzw. Stängelansätze entfernen. Zucchini und Aubergine in Würfel schneiden. Tomaten waschen, abtrocknen und die Stängelansätze herausschneiden. Grüne Paprikaschote halbieren, entstielen, entkernen und die weißen Scheidewände entfernen. Die Schote waschen und abtropfen lassen. Tomaten und Paprikahälften in Würfel schneiden.
4. Rosmarin abspülen und trocken tupfen. Knoblauch abziehen und fein hacken. Olivenöl in einer Pfanne erhitzen. Gemüsewürfel und Rosmarinzweige darin unter Rühren andünsten. Knoblauch unterrühren. Mit Salz würzen. Grüne und rote Pfefferkörner abtropfen lassen und untermengen.
5. Die Paprikaschoten mit der Gemüsemasse füllen. Deckel wieder auflegen. Die gefüllten Paprikaschoten in eine Auflaufform geben. Brühe hinzugießen. Die Form auf dem Rost in den vorgeheizten Backofen schieben.
Ober-/Unterhitze: etwa 180 °C
Heißluft: etwa 160 °C
Garzeit: etwa 40 Minuten.
6. Die gefüllten Paprikaschoten mit Rosmarinzweigen garniert servieren.

Beilage: Salzkartoffeln und Tomatensauce.

Schnell

Gebratene Gnocchi mit Champignons
4 Portionen

Zubereitungszeit: 30 Minuten

100 g Vogelmiere, weißblühend
2 Beutel Gnocchi (etwa 800 g,
aus dem Kühlregal)
300 g braune, kleine Champignons
4 Fleischtomaten (etwa 400 g)
2 Knoblauchzehen
40 g Butter
2 EL Olivenöl
Salz, frisch gemahlener Pfeffer

Pro Portion:
E: 12 g, F: 14 g, Kh: 76 g,
kJ: 2025, kcal: 484

1. Vogelmiere verlesen, waschen, trocken tupfen und klein schneiden.
2. Gnocchi in kochendem Salzwasser etwa 2 Minuten blanchieren. Anschließend in ein Sieb geben und abtropfen lassen.
3. Champignons putzen, mit Küchenpapier abreiben, eventuell abspülen, abtropfen lassen und in Scheiben schneiden. Tomaten waschen, trocken tupfen, halbieren, entkernen und die Stängelansätze entfernen. Tomatenhälften in Würfel schneiden. Knoblauch abziehen und durch eine Knoblauchpresse drücken oder in kleine Würfel schneiden.
4. Butter und Olivenöl in einer Pfanne erhitzen. Zuerst Champignonscheiben,

dann Vogelmiere und zuletzt Gnocchi darin leicht anbraten. Mit Salz, Pfeffer und Knoblauch würzen. Tomatenwürfel unterheben.

Mit Alkohol

Frittierte Perlzwiebeln
4 Portionen

Zubereitungszeit: 60 Minuten

400 g Perlzwiebeln
2 l kochendes Wasser

1 ½ l Speiseöl zum Ausbacken

2 Eier (Größe M), Salz
250 ml (¼ l) trockener Weißwein
5 EL Weizenmehl
2 EL frisch geriebener Parmesan-Käse
4 Stängel Salbei

Pro Portion:
E: 7 g, F: 15 g, Kh: 24 g,
kJ: 1219, kcal: 291

1. Zwiebeln mit Schale in kochendem Wasser etwa 3 Minuten blanchieren. Zwiebeln mit kaltem Wasser abschrecken, in einem Sieb abtropfen lassen und die Schale abziehen. Zwiebeln auf Küchenpapier legen und trocken tupfen.
2. Speiseöl in einem hohen Topf oder in einer Fritteuse auf etwa 180 °C erhitzen.
3. In der Zwischenzeit Eier trennen. Eiweiß mit einer guten Prise Salz steifschlagen. Eigelb mit Wein, Mehl und Parmesan-Käse glattrühren. Eiweiß mit einem Schneebesen unterheben.
4. Salbei abspülen, trocken tupfen, Blättchen von den Stängeln zupfen. Blättchen klein schneiden und unter den Teig heben.
5. Die Zwiebeln mit einer Gabel durch den Teig ziehen und in erhitztem Speiseöl rundherum knusprig ausbacken. Zwiebeln mit einer Schaumkelle herausnehmen, auf Küchenpapier abtropfen lassen und mit Salz bestreuen, sofort servieren.

Raffiniert

Champignongemüse mit Rucola
4 Portionen

Zubereitungszeit: 45 Minuten
Garzeit: 8–10 Minuten

4 Zwiebeln
1–2 Knoblauchzehen
500 g braune Champignons
300 g weiße Champignons
1 EL Olivenöl
Salz, frisch gemahlener Pfeffer
1 TL Weizenmehl
50 g abgezogene, gemahlene Mandeln
200 g Schlagsahne
1 kleines Bund Rucola (Rauke, 40 g)

Pro Portion:
E: 9 g, F: 26 g, Kh: 9 g,
kJ: 1338, kcal: 319

1. Zwiebeln und Knoblauch abziehen. Zwiebeln in dünne Spalten, Knoblauch in dünne Scheiben schneiden. Beide Champignonsorten putzen, mit Küchenpapier abreiben, eventuell abspülen und trocken tupfen. Champignons je nach Größe halbieren oder vierteln.
2. Olivenöl in einer großen Pfanne erhitzen. Zwiebelspalten und Knoblauchscheiben darin andünsten. Champignons portionsweise hinzugeben und unter mehrmaligem Wenden anbraten. Mit Salz und Pfeffer würzen.
3. Die Champignons mit Mehl bestäuben und mit Mandeln bestreuen, kurz mitdünsten lassen. Sahne hinzugießen und zum Kochen bringen. Champignons zugedeckt 8–10 Minuten garen.
4. Rucola verlesen, dicke Stiele abschneiden. Rucola waschen, trocken schleudern, klein schneiden und unter das Champignongemüse heben, sofort servieren.

Frittierte Perlzwiebeln

Champignongemüse mit Rucola

Vegetarisch

Fenchelviertel, mit Kräutern mariniert
4 Portionen

Zubereitungszeit: 35 Minuten, ohne Durchziehzeit

4 Fenchelknollen (je etwa 300 g)
4 EL Olivenöl

Für die Marinade:
1 Orange (etwa 200 g)
4–5 Stängel Oregano
1 kleines Bund glatte Petersilie
2 EL Balsamico-Essig
Salz
frisch gemahlener Pfeffer
4 EL Olivenöl

Pro Portion:
E: 7 g, F: 16 g, Kh: 12 g,
kJ: 926, kcal: 221

Fenchelviertel, mit Kräutern mariniert

1. Von den Fenchelknollen die Stiele dicht oberhalb der Knollen abschneiden. Braune Stellen und Blätter entfernen. Die Wurzelenden gerade schneiden. Knollen waschen, abtropfen lassen und vierteln. Fenchelviertel in kochendem Salzwasser etwa 5 Minuten blanchieren. Dann in ein Sieb geben, die Flüssigkeit dabei auffangen. Fenchelviertel mit kaltem Wasser übergießen und abtropfen lassen.
2. Olivenöl in einer großen Pfanne erhitzen. Fenchelviertel darin leicht anbraten, bis sie etwas Farbe angenommen haben. Fenchelviertel in eine flache Schale legen.
3. Für die Marinade Orange so schälen, dass die weiße Haut mit entfernt wird. Orange vierteln und in Scheiben schneiden. Oregano und Petersilie abspülen und trocken tupfen. Die Blättchen von den Stängeln zupfen. Blättchen grob hacken.
4. Essig mit der aufgefangenen Fenchelflüssigkeit, Salz und Pfeffer verrühren, Olivenöl unterschlagen. Orangenscheiben, Oregano und Petersilie unterrühren. Die Fenchelviertel mit der Marinade übergießen, 1–2 Stunden kalt stellen und durchziehen lassen, dabei ab und zu umrühren.

Tipp: Die Orange kann durch eine Grapefruit ersetzt werden.

Raffiniert

Gemüse-Kartoffel-Wedges aus dem Ofen
4 Portionen

Zubereitungszeit: 40 Minuten
Garzeit: etwa 45 Minuten

500 g festkochende Kartoffeln
4 Möhren (etwa 350 g)
500 g Staudensellerie
1 Bund Frühlingszwiebeln
5 EL Olivenöl
300 ml Gemüsebrühe
1 Knoblauchzehe
1 Pck. TK-Küchenkräuter
Salz
frisch gemahlener Pfeffer
2 frische milde, rote Peperoni (etwa 60 g)

Pro Portion:
E: 5 g, F: 13 g, Kh: 29 g,
kJ: 1089, kcal: 261

1. Kartoffeln unter fließendem kalten Wasser gründlich abbürsten, abtropfen lassen und in Viertel schneiden. Den Backofen vorheizen.
2. Möhren putzen, schälen, waschen und abtropfen lassen. Möhren längs vierteln. Staudensellerie putzen und die harten Außenfäden abziehen. Sellerie waschen und abtropfen lassen. Dickere Selleriestangen längs halbieren oder vierteln. Frühlingszwiebeln putzen, waschen und abtropfen lassen.
3. Möhren, Selleriestangen und Frühlingszwiebeln in etwa 5 cm lange Stücke schneiden.
4. Olivenöl in einer großen Pfanne erhitzen. Kartoffel-, Möhren- und Selleriestücke darin portionsweise andünsten, herausnehmen und in eine Fettfangschale oder auf ein Backblech mit hohem Rand geben. Brühe hinzugießen. Die Fettfangschale oder das Backblech in den vorgeheizten Backofen schieben.
Ober-/Unterhitze: etwa 180 °C
Heißluft: etwa 160 °C
Garzeit: etwa 45 Minuten.

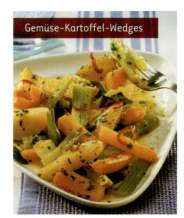
Gemüse-Kartoffel-Wedges

5. Knoblauch abziehen und durch eine Knoblauchpresse drücken. Nach 10—15 Minuten Garzeit Kräuter, Knoblauch und Frühlingszwiebelstücke unter die Kartoffel- und Gemüsestücke rühren, mit Salz und Pfeffer bestreuen. Die Kartoffel- und Gemüsestücke während der Garzeit mehrmals wenden.
6. Peperoni waschen, abtrocknen, entstielen, längs halbieren, entkernen und in feine Streifen schneiden.
7. Gemüse-Kartoffel-Wedges auf 4 große Teller geben. Die Peperonistreifen darauf verteilen.

Schnell

Kürbisgemüse
4 Portionen

Zubereitungszeit: 25 Minuten
Garzeit: etwa 8 Minuten

1,2 kg Kürbis
30 g Butter oder Margarine
125 ml (1/8 l) Gemüsebrühe
Salz
frisch gemahlener Pfeffer
etwas Zucker
Weißweinessig
2 EL gehackter Dill
2 EL gehackte Petersilie

Pro Portion:
E: 3 g, F: 7 g, Kh: 11 g,
kJ: 473, kcal: 113

1. Kürbis in Spalten schneiden, schälen, Kerne und Innenfasern entfernen. Kürbisfruchtfleisch in Stifte schneiden.
2. Butter oder Margarine in einem Topf zerlassen. Die Kürbisstifte darin unter Rühren andünsten. Brühe hinzugießen und zum Kochen bringen. Kürbisstifte zugedeckt bei schwacher Hitze etwa 8 Minuten dünsten, dabei gelegentlich umrühren.
3. Das Kürbisgemüse mit Salz, Pfeffer, Zucker und Essig würzen, Dill und Petersilie unterheben.

Tipp: Das Kürbisgemüse passt zu gebratener Leber, Frikadellen, Eiern mit Senfsauce oder Kasseler. Das Gemüse kurz vor dem Servieren mit 1—2 Esslöffeln Kürbiskernöl beträufeln, das einen nussigen Geschmack hat.

Klassisch

Kartoffelklöße halb und halb
4 Portionen

Zubereitungszeit: 75 Minuten, ohne Kühlzeit
Garzeit: etwa 20 Minuten

1 1/4 kg mehligkochende Kartoffeln (für etwa 12 Klöße)
1 Ei (Größe M)
65 g Weizenmehl
1 gestr. TL Salz
Salzwasser (auf 1 l Wasser 1 TL Salz)

Pro Portion:
E: 9 g, F: 2 g, Kh: 52 g,
kJ: 1127, kcal: 269

1. 750 g der Kartoffeln gründlich waschen, in einem Topf mit Wasser bedeckt zum Kochen bringen und zugedeckt 20—25 Minuten garen. Kartoffeln abgießen, abdämpfen, pellen und sofort durch eine Kartoffelpresse geben oder mit einem Kartoffelstampfer zerdrücken, abkühlen lassen. Kartoffelmasse zugedeckt bis zum nächsten Tag kalt stellen.
2. Die restlichen Kartoffeln waschen, schälen, abspülen, in eine Schüssel mit kaltem Wasser reiben, in ein Sieb geben, dann in einem Küchentuch gut auspressen und zu der gekochten Kartoffelmasse geben. Ei, Mehl und Salz unterkneten.
3. Aus der Masse mit bemehlten Händen etwa 12 Klöße formen. In einem großen Topf so viel Salzwasser zum Kochen bringen, dass die Klöße in dem Wasser „schwimmen" können. Klöße in das kochende Salzwasser geben, wieder zum Kochen bringen und ohne Deckel bei schwacher Hitze in etwa 20 Minuten gar ziehen lassen (das Wasser muss sich leicht bewegen). Die garen Klöße mit einer Schaumkelle aus dem Wasser nehmen und gut abtropfen lassen.

Tipp: Die Kartoffelklöße zu Fleischgerichten mit Sauce servieren, z. B. zu Rinderrouladen oder Gulasch.

Abwandlung: Füllen Sie die Klöße mit einer Füllung aus 150 g zerdrückter Leberwurst, 1/2 fein gewürfelten Apfel, 50 g Semmelbröseln, mit Majoran abgeschmeckt. Dazu beim Formen der Klöße jeweils eine Mulde eindrücken, etwas von der Füllung hineingeben und die Klöße „verschließen". Die Klöße nach dem Garziehen mit Kümmelbutter servieren.

Kürbisgemüse

Kartoffelklöße halb und halb

Klassisch – schnell

Kümmelkartoffeln
4 Portionen

Zubereitungszeit: 20 Minuten
Garzeit: etwa 25 Minuten

500 g kleine, festkochende Kartoffeln, z. B. Hansa oder Sieglinde
Salzwasser
80 g Butter
Salz
frisch gemahlener Pfeffer
1 EL Kümmelsamen
2 EL gehackte, glatte Petersilie

Pro Portion:
E: 3 g, F: 17 g, Kh: 17 g,
kJ: 984, kcal: 235

1. Kartoffeln gründlich waschen, mit Salzwasser bedeckt zum Kochen bringen und in etwa 25 Minuten gar kochen lassen. Kartoffeln abgießen, abdämpfen und noch heiß pellen.
2. Butter in einer Pfanne zerlassen. Kartoffeln hinzugeben und unter mehrmaligem Wenden bräunen lassen.
3. Kartoffeln zuerst mit Salz, Pfeffer, Kümmel und zuletzt mit Petersilie bestreuen.

Tipp: Kümmelkartoffeln schmecken sehr gut zu Braten- oder Schmorgerichten oder als Hauptgericht mit Quark, Schnittlauchröllchen und grob gemahlenem Pfeffer.

Preiswert

Möhren-Kartoffel-Püree
4 Portionen

Zubereitungszeit: 40 Minuten

700 g Möhren
500 g Kartoffeln
Salzwasser
100 g saure Sahne (10 % Fett)
Salz
frisch gemahlener Pfeffer
frisch geriebene Muskatnuss
2 EL gehackte, glatte Petersilie

Pro Portion:
E: 4 g, F: 3 g, Kh: 23 g,
kJ: 576, kcal: 138

1. Möhren putzen, schälen, abspülen und abtropfen lassen. Kartoffeln waschen, schälen, abspülen und abtropfen lassen. Möhren und Kartoffeln in grobe Würfel schneiden, in einem Topf mit Salzwasser bedeckt zum Kochen bringen und zugedeckt 10—15 Minuten garen. Möhren- und Kartoffelwürfel abgießen, dabei die Kochflüssigkeit auffangen.
2. Möhren- und Kartoffelwürfel pürieren, saure Sahne unterrühren. Püree mit Salz, Pfeffer und Muskat würzen, eventuell etwas von der aufgefangenen Kochflüssigkeit unterrühren. Petersilie unterheben.

Tipp: Möhren-Kartoffel-Püree schmeckt gut als Beilage zu gebratenem Fleisch oder Fisch. Nach Belieben mit Petersilienblättchen garnieren.

Mit Alkohol

Spargel mit dreierlei Saucen
4 Portionen

Zubereitungszeit: 50 Minuten, ohne Abkühlzeit

1 kg weißer Spargel
500 ml (1/2 l) Wasser
1 gestr. TL Salz
1 TL Butter
1 Prise Zucker

Für die Sauce Hollandaise:
150 g Butter
2 Eigelb (Größe M)
2 EL Weißwein
einige Spritzer Zitronensaft
Salz, frisch gemahlener Pfeffer

Oder für die Kresse-Hollandaise:
zusätzlich 1/2 Kästchen Kresse

Oder für die Malteser-Sauce:
Zutaten wie für die Sauce Hollandaise aber statt 2 EL Weißwein
2 EL Blutorangensaft
2 TL warmes Wasser
einige Spritzer Zitronensaft
abgeriebene Orangenschale von 1/4 Bio-Orange (unbehandelt, ungewachst)

Kümmelkartoffeln

Möhren-Kartoffel-Püree

Spargel mit dreierlei Saucen

Pro Portion mit Sauce Hollandaise:
E: 5 g, F: 35, Kh: 4 g,
kJ: 1481, kcal: 354
Pro Portion mit Kresse-Hollandaise
E: 5 g, F: 35, Kh: 4 g,
kJ: 1484, kcal: 355
Pro Portion mit Malteser-Sauce:
E: 5 g, F: 35 g, Kh: 5 g,
kJ: 1486, kcal: 356

1. Den Spargel von oben nach unten schälen. Darauf achten, dass die Schalen vollständig entfernt, die Köpfe aber nicht verletzt werden. Die unteren Enden abschneiden (holzige Stellen vollkommen entfernen). Spargel abspülen und abtropfen lassen.
2. Wasser mit Salz, Butter und Zucker in einem Topf zum Kochen bringen. Die Spargelstangen hinzufügen, zum Kochen bringen und zugedeckt in 8–10 Minuten bissfest oder in 12–15 Minuten weich garen. Spargel in einem Sieb abtropfen lassen und warm stellen.
3. Für die Sauce Hollandaise Butter in einer kleinen Pfanne zerlassen, etwas abkühlen lassen und den Schaum abschöpfen.
4. Eigelb mit Weißwein in einer hitzebeständigen Schüssel mit einem Schneebesen verschlagen.

Die Schüssel in ein heißes Wasserbad (85–90 °C, das Wasser darf nicht kochen!) setzen. Die Eigelbmasse mit dem Schneebesen zu einer dicklichen Masse aufschlagen.
5. Die Butter langsam unter die Eigelbmasse schlagen. Die Sauce mit Zitronensaft, Salz und Pfeffer abschmecken.
6. Für eine Kresse-Hollandaise zusätzlich Kresse abspülen, trocken tupfen und abschneiden. Die Kresse unter die Sauce Hollandaise rühren.
7. Sauce Hollandaise oder die Kresse-Hollandaise sofort zum Spargel servieren.
8. Für eine Malteser-Sauce eine Sauce Hollandaise wie oben beschrieben zubereiten, jedoch statt Weißwein den Blutorangensaft und das Wasser mit dem Eigelb verschlagen. Den Blutorangensaft vorher durch ein Sieb gießen. Die Sauce mit Salz, Pfeffer und Zitronensaft abschmecken, mit der Orangenschale bestreuen und mit dem Spargel servieren.

Tipp: Wenn Sie alle drei Saucen auf einmal zubereiten, benötigen Sie 3 kg Spargel (nach Belieben grüner und weißer Spargel). Dieser ist dann als Beilage für etwa 12 Portionen und als Hauptgericht für etwa 6 Portionen ausreichend. Servieren Sie zusätzlich Parma- oder Knochenschinken, in dünnen Scheiben, dazu.

Hinweis: Nur ganz frische Eier verwenden, die nicht älter als 5 Tage sind (Legedatum beachten!). Aufgeschlagene Saucen lassen sich nur kurze Zeit im Wasserbad warm halten. Nach längerem Stehen gerinnen sie. Deshalb die Saucen möglichst kurz vor dem Verzehr aufschlagen.

Schnell

Zuckerschoten mit Mandelbutter
4 Portionen

Zubereitungszeit: 25 Minuten
Garzeit: etwa 5 Minuten

600 g Zuckerschoten
Salzwasser
30 g Butter
20 g gehobelte Mandeln
Salz
frisch gemahlener Pfeffer

Pro Portion:
E: 5 g, F: 9 g, Kh: 16 g,
kJ: 711, kcal: 169

1. Von den Zuckerschoten die Enden abschneiden. Schoten waschen, abtropfen lassen, in kochendes Salzwasser geben und zum Kochen bringen. Zuckerschoten etwa 5 Minuten kochen und abtropfen lassen.
2. Butter in einer Pfanne zerlassen und etwas bräunen lassen. Mandeln darin unter Rühren leicht bräunen.
3. Zuckerschoten hinzufügen und gut durchschwenken. Mit Salz und Pfeffer würzen, sofort servieren.

Tipp: Zuckerschoten mit Mandelbutter zu kurz gebratenem Fleisch, z. B. Filetsteaks, reichen.

Spätzle-Gemüse-Ragout in Tomaten

Pellkartoffeln mit Kräuterquark

Vegetarisch

Spätzle-Gemüse-Ragout in Tomaten
4 Portionen

Zubereitungszeit: 50 Minuten
Garzeit: etwa 15 Minuten

8 Fleischtomaten (je etwa 150 g)

Für die Füllung:
1 Bund Suppengrün (etwa 500 g),
z. B. Möhren, Sellerie, Porree (Lauch)
2 l Wasser
2 gestr. TL Salz
250 g Knöpfle-Spätzle
(runde Spätzle)
50 g Butter
2 EL Speiseöl
Salz, frisch gemahlener Pfeffer
frisch geriebene Muskatnuss

80 g frisch geriebener junger
Gouda-Käse
1 Bund Kerbel

Pro Portion:
E: 16 g, F: 23 g, Kh: 50 g,
kJ: 1986, kcal: 474

1. Tomaten waschen und abtrocknen. Von den Tomaten jeweils einen Deckel abschneiden. Das Fruchtfleisch mit einem Teelöffel herauslösen, dabei einen Rand stehen lassen. Kerne entfernen. Fruchtfleisch in Würfel schneiden.
2. Für die Füllung Möhren und Sellerie putzen, schälen, waschen und abtropfen lassen. Porree putzen, die Stange längs halbieren, gründlich waschen und abtropfen lassen. Möhren, Sellerie und Porree in Streifen schneiden. Den Backofen vorheizen.
3. Wasser in einem großen Topf mit geschlossenem Deckel zum Kochen bringen. Dann Salz und Spätzle zugeben. Die Spätzle im geöffneten Topf bei mittlerer Hitze nach Packungsanleitung kochen lassen, dabei zwischendurch 4–5-mal umrühren. Anschließend die Spätzle in ein Sieb geben, mit heißem Wasser abspülen und abtropfen lassen.
4. Butter und Speiseöl in einer großen Pfanne erhitzen. Möhren-, Sellerie- und Porreestreifen darin andünsten. Spätzle und Tomatenwürfel unterrühren. Das Spätzle-Gemüse-Ragout mit Salz, Pfeffer und Muskat würzen.
5. Die ausgehöhlten Tomaten mit dem Gemüseragout füllen und in eine große, flache Auflaufform (gefettet) setzen. Tomaten mit Käse bestreuen. Die Form auf dem Rost in den vorgeheizten Backofen schieben.
Ober-/Unterhitze: etwa 200 °C
Heißluft: etwa 180 °C
Garzeit: etwa 15 Minuten.
6. Kerbel abspülen und trocken tupfen. Die Blättchen von den Stängeln zupfen. Die gefüllten Tomaten mit Kerbelblättchen garniert servieren.

Schnell – klassisch

Pellkartoffeln mit Kräuterquark
4 Portionen

Zubereitungszeit: 35 Minuten
Garzeit: 20–25 Minuten

1 kg Kartoffeln
Salz

Für den Kräuterquark:
500 g Speisequark (Magerstufe)
50 ml Milch oder 50 g Schlagsahne
Salz
frisch gemahlener Pfeffer
2 EL gehackte Kräuter,
z. B. Schnittlauch, Petersilie

½ rote Paprikaschote
1 Zwiebel
2 EL Speiseöl

einige vorbereitete Dillzweige

Pro Portion:
E: 20 g, F: 24 g, Kh: 43 g,
kJ: 2004, kcal: 478

1. Kartoffeln unter fließendem kalten Wasser sehr gründlich abbürsten, mit Salzwasser bedeckt zum Kochen bringen und zugedeckt 20–25 Minuten garen.
2. Die Kartoffeln abgießen, abdämpfen, abtropfen lassen und sofort pellen.

Gemüse & Beilagen

3. Für den Kräuterquark Quark mit Milch oder Sahne verrühren, mit Salz und Pfeffer würzen, Kräuter unterrühren.
4. Paprikahälfte entstielen, entkernen und die weißen Scheidewände herausschneiden. Schotenhälfte waschen, trocken tupfen und in Streifen schneiden. Zwiebel abziehen und ebenfalls in Streifen schneiden.
5. Speiseöl in einer Pfanne erhitzen. Zwiebelstreifen darin andünsten. Paprikastreifen hinzufügen und mit andünsten.
6. Die Kartoffeln mit dem Quark anrichten. Den Kräuterquark mit Zwiebel- und Paprikastreifen bestreuen. Mit Dillzweigen garnieren.

Für Gäste

Kartoffel-Oliven-Püree
4 Portionen

Zubereitungszeit: 35 Minuten
Garzeit: 15–20 Minuten

1 kg mehligkochende Kartoffeln
Salzwasser
50 g Butter
etwa 250 ml (1/4 l) Milch
Salz
frisch geriebene Muskatnuss
50–75 ml Olivenöl
100 g entsteinte grüne oder schwarze Oliven
frisch gemahlener Pfeffer

Pro Portion:
E: 6 g, F: 34 g, Kh: 33 g,
kJ: 1990, kcal: 475

1. Kartoffeln waschen, schälen, abspülen und in Stücke schneiden. Kartoffelstücke in einem Topf knapp mit Salzwasser bedeckt zum Kochen bringen und zugedeckt 15–20 Minuten garen.
2. Kartoffelstücke abgießen, abdämpfen und sofort durch eine Kartoffelpresse drücken. Butter unterrühren. Milch aufkochen und mit einem Schneebesen oder Kochlöffel nach und nach unter die Kartoffelmasse rühren (je nach Beschaffenheit der Kartoffeln kann die Milchmenge etwas variieren).
3. Das Püree bei schwacher Hitze so lange mit einem Schneebesen rühren, bis eine einheitlich lockere Masse entstanden ist. Mit Salz und Muskat abschmecken. Olivenöl unterrühren.
4. Oliven abtropfen lassen, in kleine Stücke schneiden und unter das Kartoffelpüree heben. Mit Pfeffer abschmecken.

Raffiniert – vegetarisch

Gemüse-Spargel-Gulasch in Zitronensahne
8–10 Portionen

Zubereitungszeit: 55 Minuten
Garzeit: 10–15 Minuten

2 Bund Frühlingszwiebeln (etwa 500 g)
500 g weiße Champignons
1 kg grüner Spargel
500 g Kaiserschoten
500 g Möhren
4 EL Olivenöl
300 ml Gemüsebrühe
400 g Schlagsahne
Salz
frisch gemahlener Pfeffer
je 1 kleines Bund Zitronenmelisse und Zitronenthymian

Pro Portion:
E: 8 g, F: 19 g, Kh: 15 g,
kJ: 1113, kcal: 266

1. Frühlingszwiebeln putzen, waschen, abtropfen lassen und in etwa 5 cm lange Stücke schneiden. Champignons putzen, mit Küchenpapier abreiben, eventuell kurz abspülen und trocken tupfen. Größere Champignons halbieren.
2. Von dem Spargel das untere Drittel schälen und die Enden abschneiden. Spargel waschen, abtropfen lassen und in etwa 5 cm lange Stücke schneiden. Von den Kaiserschoten die Enden abschneiden. Kaiserschoten waschen und abtropfen lassen.
3. Möhren putzen, schälen, waschen, abtropfen lassen und in Stifte schneiden. Möhrenstifte in kochendem Salzwasser etwa 5 Minuten garen, anschließend in ein Sieb geben, mit kaltem Wasser übergießen und abtropfen lassen.
4. Olivenöl in einem großen Topf erhitzen. Vorbereitetes Gemüse darin portionsweise andünsten. Brühe und Sahne hinzugießen, mit Salz und Pfeffer würzen. Die Zutaten zum Kochen bringen und 10–15 Minuten bei schwacher Hitze garen.
5. Melisse und Thymian abspülen, trocken tupfen. Die Blättchen von den Stängeln zupfen. Blättchen klein schneiden, zu dem Gemüsegulasch geben und unterrühren. Mit Salz und Pfeffer abschmecken.

Kartoffel-Oliven-Püree

Gemüse-Spargel-Gulasch

Für Gäste

Gewürzreis
4 Portionen

Zubereitungszeit: 40 Minuten
Garzeit: etwa 20 Minuten

2 Knoblauchzehen
1 Stück Ingwerwurzel (etwa 1 1/2 cm)
2 frische, rote Chilischoten
2 EL Speiseöl
300 g Basmatireis
1 Dose (400 ml) Kokosmilch
etwa 350 ml Wasser
2 Sternanis
1 Stück (10 cm) Zimtrinde oder Stangenzimt
Salz
Cashewkerne
1/2 TL scharfes Currypulver
1/2 TL Schwarzkümmel
1/2–1 TL gemahlener Kreuzkümmel (Cumin)

Pro Portion:
E: 9 g, F: 28 g, Kh: 66 g,
kJ: 2312, kcal: 555

1. Knoblauch abziehen und in dünne Scheiben schneiden. Ingwer abspülen, trocken tupfen und in kleine Würfel schneiden. Chilischoten längs halbieren, entkernen, abspülen, trocken tupfen und in sehr kleine Stücke schneiden.
2. Einen Esslöffel Speiseöl in einem Topf erhitzen. Reis hinzugeben und glasig dünsten. Knoblauchscheiben, Ingwerwürfel und Chilistücke unterrühren. Kokosmilch mit Wasser, Sternanis, Zimtrinde oder Stangenzimt und Salz hinzufügen. Den Reis zum Kochen bringen und etwa 20 Minuten garen, eventuell noch etwas Wasser hinzugießen.
3. Restliches Speiseöl in einer Pfanne erhitzen. Cashewkerne darin unter Rühren bräunen lassen. Mit Curry und Schwarzkümmel würzen. Cashewkerne herausnehmen.
4. Den Reis mit Salz und Kreuzkümmel abschmecken, mit Cashewkernen bestreuen.

Gewürzreis

Klassisch

Gemüseragout mit Dill
4 Portionen

Zubereitungszeit: 45 Minuten
Garzeit: 15–20 Minuten

4 Möhren (etwa 400 g)
2 Kohlrabi (etwa 400 g)
1 Salat- oder Schmorgurke (etwa 400 g)
500 g grüner Spargel
400 g kleine, festkochende Kartoffeln
1/2 Bund Dill
2 Knoblauchzehen
6 EL Olivenöl
200 ml Gemüsebrühe
Salz
frisch gemahlener Pfeffer

Pro Portion:
E: 6 g, F: 16 g, Kh: 23 g,
kJ: 1095, kcal: 262

1. Möhren putzen, schälen, waschen, abtropfen lassen und in Scheiben schneiden. Kohlrabi schälen, abspülen, abtropfen lassen und in Stifte schneiden. Salatgurke waschen, trocken tupfen, längs halbieren und die Kerne mit einem Löffel entfernen. Gurkenhälften in etwa 2 cm dicke Stücke schneiden.
2. Vom Spargel das untere Drittel schälen und die unteren Enden abschneiden. Spargelstangen je nach Größe halbieren oder dritteln.
3. Kartoffeln unter fließendem Wasser sehr gründlich abbürsten. Dill abspülen und trocken tupfen. Die Spitzen von den Stängeln zupfen.

Gemüseragout mit Dill

Spitzen klein schneiden. Knoblauch abziehen und in kleine Würfel schneiden.
4. Kartoffeln in kochendem Salzwasser etwa 15 Minuten garen. Möhrenscheiben und Spargelspitzen in kochendem Salzwasser je 5 Minuten, Kohlrabi in kochendem Salzwasser 3–5 Minuten garen. Die Gemüsezutaten jeweils in einem Sieb abtropfen lassen.
5. Jeweils etwas Öl in einer Pfanne erhitzen. Die vorbereiteten Gemüsezutaten darin nacheinander andünsten und in einen großen Topf geben. Brühe hinzugießen. Mit Salz und Pfeffer würzen. Dill und Knoblauchwürfel unterrühren, alles zum Kochen bringen und zugedeckt bei schwacher Hitze 10–15 Minuten garen. Das Gemüse sollte möglichst noch etwas Biss haben.

Beilage: Baguette oder Zwiebelbaguette mit Kräuter-Knoblauch-Butter.

Tipp: Gemüseragout nach Belieben mit etwas Speisestärke andicken.

Raffiniert

Gefüllte Mini-Paprikaschoten
4 Portionen

Zubereitungszeit: 60 Minuten
Garzeit: 40–50 Minuten

4 kleine rote Paprikaschoten (je etwa 100 g)
4 kleine grüne Paprikaschoten (je etwa 100 g)

Für die Füllung:
1 Bund Zitronenthymian
600 g Schellfisch
1 Ei (Größe M)
100 g Schlagsahne
Salz
frisch gemahlener Pfeffer
1 kleine Staude Sellerie (etwa 400 g)
2 Fleischtomaten (je etwa 150 g)
4 EL Olivenöl
100 g entsteinte Oliven
200 ml Gemüsebrühe oder -fond

Pro Portion:
E: 33 g, F: 27 g, Kh: 12 g,
kJ: 1811, kcal: 432

1. Von den Paprikaschoten einen Deckel abschneiden. Kerne und die weißen Scheidewände entfernen. Die Schoten waschen und abtrocknen.
2. Für die Füllung Thymian abspülen und trocken tupfen. Die Blättchen von den Stängeln zupfen. Blättchen klein schneiden. Den Backofen vorheizen.
3. Schellfisch unter fließendem kalten Wasser abspülen, trocken tupfen, in sehr kleine Würfel schneiden und in eine Schüssel geben. Thymian, Ei und Sahne hinzugeben. Die Zutaten gut vermengen. Mit Salz und Pfeffer würzen. Die Fischmasse in den Paprikaschoten verteilen und kalt stellen. Die Deckel wieder auflegen.
4. Staudensellerie putzen und die harten Außenfäden abziehen. Sellerie waschen, abtropfen lassen und in kleine Stücke schneiden. Tomaten waschen, abtrocknen und die Stängelansätze herausschneiden. Tomaten vierteln, entkernen und in kleine Stücke schneiden.
5. Olivenöl in einem Bräter erhitzen. Selleriestücke darin andünsten. Oliven und Tomatenstückchen hinzugeben. Mit Salz und Pfeffer würzen. Die gefüllten Paprikaschoten in den Bräter setzen. Gemüsebrühe oder -fond hinzugießen. Den Bräter auf dem Rost in den vorgeheizten Backofen schieben.
Ober-/Unterhitze: etwa 180 °C
Heißluft: etwa 160 °C
Garzeit: 40–50 Minuten.

Raffiniert

Fenchel mit Butter und Parmesan
8 Portionen

Zubereitungszeit: 30 Minuten

4 große Fenchelknollen
100 g Butter
Salz
frisch gemahlener, grober, schwarzer Pfeffer
4 EL Balsamico-Essig
100 ml Wasser
150 g Parmesan- oder Pecorino-Käse

Pro Portion:
E: 9 g, F: 15 g, Kh: 3 g,
kJ: 807, kcal: 193

1. Von den Fenchelknollen die Stiele dicht oberhalb der Knollen abschneiden, braune Stellen und Blätter entfernen. Die Wurzelenden gerade schneiden. Die Knollen waschen, abtropfen lassen und vierteln. Fenchelgrün beiseitelegen.
2. Butter in einer Pfanne zerlassen. Fenchelviertel darin anbraten. Mit Salz und Pfeffer würzen, mit Essig ablöschen. Wasser hinzugießen, den Fenchel zugedeckt in etwa 10 Minuten knackig dünsten, zwischendurch wenden.
3. Beiseite gelegtes Fenchelgrün abspülen, trocken tupfen, klein schneiden und vor dem Anrichten auf dem Fenchel verteilen.
4. Parmesan- oder Pecorino-Käse grob raspeln oder reiben. Den Fenchel damit bestreuen.

Tipp: Den gebratenen Fenchel mit etwas Weißwein in eine gefettete Auflaufform geben, Semmelbrösel und geriebenen Käse darüberstreuen und im vorgeheizten Backofen bei Ober/Unterhitze: etwa 200 °C, Heißluft: etwa 180 °C etwa 10 Minuten überbacken.

Gefüllte Mini-Paprikaschoten

Fenchel mit Butter und Parmesan

Mit Alkohol

Frische Kräuternudeln
4 Portionen

Zubereitungszeit: 65 Minuten, ohne Ruhezeit

Für den Nudelteig:
400 g Weizenmehl
4 Eier (Größe M)
2 Eigelb (Größe M)
1 gestr. TL Salz

2 Bund oder 2 Töpfe junger
Liebstöckel oder Salbei
4 Tomaten (etwa 450 g)
2 Knoblauchzehen
3 EL Olivenöl
100 ml trockener Weißwein
Salz, frisch gemahlener Pfeffer

4 EL Olivenöl
vorbereitete frische Kräuter

Pro Portion:
E: 20 g, F: 28 g, Kh: 78 g,
kJ: 2790, kcal: 666

1. Mehl in eine Rührschüssel geben und eine kleine Vertiefung eindrücken. Eier, Eigelb und Salz in die Vertiefung geben. Die Zutaten von der Mitte aus mit Handrührgerät mit Knethaken zu einem glatten Teig verarbeiten. Den Teig zu einer Kugel formen und in Folie gewickelt eine Stunde ruhen lassen.
2. Kräuter abspülen, trocken tupfen. Blättchen von den Stängeln zupfen.

3. Den Nudelteig halbieren. Jeweils eine Teighälfte auf einer bemehlten Arbeitsfläche zu einer ganz dünnen, rechteckigen Platte ausrollen. Eine Teigplatte mit Wasser bestreichen und mit zwei Dritteln der Liebstöckel- oder Salbeiblättchen belegen. Die zweite Teigplatte ebenfalls mit Wasser bestreichen, darauflegen und mit einer Teigrolle darüberrollen, bis beide Nudelplatten aneinander haften. Nochmals etwa 5 Minuten ruhen lassen. Die Teigplatte in beliebige Formen schneiden oder ausstechen.
4. Tomaten waschen, trocken tupfen, vierteln, entkernen und die Stängelansätze entfernen. Tomatenviertel in Würfel schneiden. Knoblauch abziehen und in kleine Würfel schneiden.
5. Olivenöl in einer Pfanne erhitzen. Tomaten-, Knoblauchwürfel und restliche Liebstöckel- oder Salbeiblättchen darin andünsten. Mit Weißwein ablöschen, mit Salz und Pfeffer würzen.
6. Wasser in einem großen Topf zum Kochen bringen. Salz und Nudeln hinzufügen. Die Nudeln im geöffneten Topf etwa 5 Minuten garen.
7. Die Nudeln in ein Sieb geben, mit heißem Wasser abspülen und abtropfen lassen. Olivenöl in einer Pfanne erhitzen. Die Nudeln darin schwenken und in eine Schüssel geben. Tomatenwürfel darauf verteilen und mit frischen Kräutern garnieren.

Tipp: Statt Salbei können Sie auch glatte Petersilie oder Thai-Basilikum verwenden. Die Kräuternudeln können auch als Beilage zu Fleisch- und Fischgerichten gereicht werden. Kräuternudeln lassen sich sehr gut einfrieren.

Raffiniert – dauert länger

Gebratene Kartoffelplätzchen mit Dost
4 Portionen

Zubereitungszeit: 70 Minuten, ohne Abkühlzeit

Für die Kartoffelplätzchen:
1 kg festkochende Kartoffeln
Salz

Für das Gemüse:
2 Zucchini (etwa 400 g)
2 Fenchelknollen (etwa 400 g)
2 Fleischtomaten (etwa 400 g)
2 Knoblauchzehen
1 kleines Bund Petersilie
4 EL Olivenöl
Salz
frisch gemahlener Pfeffer
100 ml Tomatensaft

1 Bund oder 1 Topf Dost
(wilder Oregano)
3 Eigelb (Größe M)
30 g Kartoffelstärke
Salz
frisch gemahlener Pfeffer
frisch geriebene Muskatnuss

2 EL Olivenöl
40 g Butter

Für den Mittelmeerfisch:
4 kleine Filets Meerwolf
(je etwa 100 g)
Salz
frisch gemahlener Pfeffer
Limettensaft
2 EL Olivenöl

einige blühende Dostzweige

Frische Kräuternudeln

Gebratene Kartoffelplätzchen mit Dost

Pro Portion:
E: 30 g, F: 31 g, Kh: 46 g,
kJ: 2492, kcal: 594

1. Kartoffeln waschen, schälen, abspülen, abtropfen lassen und klein schneiden. Kartoffelstücke in einem Topf mit Wasser bedeckt zum Kochen bringen. Salz hinzufügen. Kartoffeln zugedeckt etwa 20 Minuten garen.
2. Für das Gemüse Zucchini waschen, abtrocknen und die Enden abschneiden. Zucchini in Scheiben schneiden. Von den Fenchelknollen die Stiele dicht oberhalb der Knollen abschneiden. Braune Stellen und Blätter entfernen. Wurzelenden gerade schneiden. Knollen halbieren und in Würfel schneiden. Tomaten waschen, abtrocknen, halbieren und die Stängelansätze entfernen. Tomatenhälften in Würfel schneiden.
3. Knoblauch abziehen und durch eine Knoblauchpresse drücken oder in sehr kleine Würfel schneiden.
4. Petersilie abspülen und trocken tupfen. Die Blättchen von den Stängeln zupfen. Petersilienblättchen grob zerkleinern.
5. Olivenöl in einem großen Topf erhitzen. Zunächst Fenchelwürfel darin andünsten, Zucchinischeiben hinzugeben und ebenfalls mit andünsten. Zuletzt Tomatenwürfel unterrühren und etwa 5 Minuten andünsten. Mit Knoblauch, Salz und Pfeffer würzen. Petersilie und Tomatensaft hinzufügen, zum Kochen bringen und zugedeckt weitere etwa 15 Minuten unter gelegentlichem Rühren garen.
6. Gegarte Kartoffelstücke abgießen, abdämpfen und sofort durch eine Kartoffelpresse drücken oder mit einem Kartoffelstampfer zerkleinern. Dost abspülen und trocken tupfen. Die Blättchen von den Stängeln zupfen. Blättchen klein schneiden. Zusammen mit Eigelb und Kartoffelstärke unter die Kartoffelmasse rühren. Mit Salz, Pfeffer und Muskat würzen. Den Kartoffelteig auf einer bemehlten Arbeitsfläche zu einer dicken Rolle (Ø 3–5 cm) formen und etwa 15 Minuten abkühlen lassen. Anschließend in etwa 3 cm dicke Scheiben schneiden.
7. Butter und Olivenöl in einer großen Pfanne erhitzen. Kartoffelplätzchen von beiden Seiten goldgelb braten, herausnehmen und warm stellen.
8. Fischfilets unter fließendem kalten Wasser abspülen und trocken tupfen. Mit Salz und Pfeffer würzen. Mit Limettensaft beträufeln.
9. Olivenöl in einer Pfanne erhitzen. Die Fischfilets darin von beiden Seiten etwa 5 Minuten braten.
10. Die Kartoffelplätzchen mit dem Fisch und Gemüse anrichten. Mit abgespülten, trocken getupften Dostzweigen garniert servieren.

Kartoffel-Knoblauch-Pfanne

Vegetarisch

Kartoffel-Knoblauch-Pfanne
2 Portionen

Zubereitungszeit: 35 Minuten

500 g kleine, neue Kartoffeln
1 Bund Frühlingszwiebeln
2 EL Olivenöl
etwa 8 junge Knoblauchzehen
Salz, frisch gemahlener Pfeffer
gehackte Thymianblättchen

Pro Portion:
E: 7 g, F: 12 g, Kh: 45 g,
kJ: 1363, kcal: 325

1. Die Kartoffeln unter fließendem kalten Wasser gründlich abbürsten und abtropfen lassen.
2. Frühlingszwiebeln putzen, waschen, abtropfen lassen und in etwa 2 cm lange Stücke schneiden.
3. Olivenöl in einer Pfanne erhitzen. Die Kartoffeln hineingeben und von allen Seiten gut anbraten. Frühlingszwiebelstücke und ungeschälte Knoblauchzehen hinzufügen, etwa 5 Minuten mitbraten lassen. Mit Salz, Pfeffer und Thymian würzen, etwas Wasser hinzugießen. Die Kartoffel-Knoblauch-Pfanne 10–15 Minuten garen.

Preiswert

Käsespätzle
4 Portionen

Zubereitungszeit: 65 Minuten, ohne Quellzeit
Garzeit: 3–5 Minuten

Für die Spätzle:
400 g Weizenmehl
4 Eier (Größe M)
1 gestr. TL Salz
12 EL Wasser
150 g geriebener Käse, z. B. Emmentaler-Käse

4 l Wasser
4 gestr. TL Salz
1 große Zwiebel
5 EL Butter

Pro Portion:
E: 28 g, F: 39 g, Kh: 72 g,
kJ: 3167, kcal: 757

1. Mehl in eine Rührschüssel geben. Eier, Salz und Wasser hinzufügen. Die Zutaten mit Handrührgerät mit Knethaken oder mit einem Holzlöffel verrühren. Dabei darauf achten, dass keine Klümpchen entstehen. Den Teig so lange rühren, bis er glatt ist und Blasen wirft. Käse unterrühren.
2. Wasser in einem großen Topf zum Kochen bringen. Salz hinzufügen.
3. Den Teig portionsweise mit einem Spätzlehobel oder durch eine Spätzlepresse direkt in das kochende Salzwasser geben und in 3–5 Minuten gar kochen (die Spätzle sind gar, wenn sie an der Oberfläche schwimmen).
4. Die Spätzle in ein Sieb geben, mit kaltem Wasser übergießen und gut abtropfen lassen.
5. Zwiebel abziehen, zuerst in Scheiben schneiden, dann in Ringe teilen. Drei Esslöffel der Butter in einer Pfanne zerlassen. Die Zwiebelringe darin unter ständigem Rühren goldbraun rösten, herausnehmen und auf Küchenpapier abtropfen lassen.
6. Restliche Butter zu dem Zwiebelfett in die Pfanne geben und bräunen lassen. Die Spätzle darin schwenken, herausnehmen und in einer Schüssel mit den Zwiebelringen anrichten.

Tipp: Nach Belieben rohe Schinkenstreifen mit den Zwiebeln anbraten. Käsespätzle zu kurz gebratenem Fleisch oder Gulasch reichen.

Vegetarisch

Gemüsepfanne mit Sesam
4 Portionen

Zubereitungszeit: 40 Minuten
Garzeit: etwa 8 Minuten

50 g geschälte Sesamsamen
400 g Möhren
700 g Brokkoli
300 g Porree (Lauch)
4 Stangen Staudensellerie
Salz
3 EL Speiseöl, z. B. Olivenöl
frisch gemahlener Pfeffer

Pro Portion:
E: 9 g, F: 14 g, Kh: 12 g,
kJ: 885, kcal: 211

1. Sesamsamen in einer Pfanne ohne Fett bei schwacher Hitze goldbraun rösten, herausnehmen und auf einem Teller erkalten lassen.
2. Möhren putzen, schälen, abspülen, abtropfen lassen und in Stifte schneiden. Von dem Brokkoli die Blätter entfernen, Röschen

Käsespätzle

Gemüsepfanne mit Sesam

abschneiden. Die Stängel schälen und in Stücke schneiden. Brokkoli waschen und abtropfen lassen.

3. Porree putzen, die Stangen längs halbieren, gründlich waschen, abtropfen lassen und in Streifen schneiden. Von dem Staudensellerie Wurzelenden und welke Blätter entfernen. Die harten Außenfäden abziehen. Stangen waschen, abtropfen lassen und in dünne Scheiben schneiden.

4. Wasser in einem Topf zum Kochen bringen. Salz hinzufügen (auf 1 l Wasser 1 TL Salz). Möhrenstifte, Selleriescheiben und Brokkoli in dem kochenden Salzwasser etwa 3 Minuten blanchieren. Anschließend in ein Sieb geben, mit kaltem Wasser übergießen und gut abtropfen lassen.

5. Speiseöl in einer großen Pfanne oder einem Wok erhitzen. Das vorbereitete Gemüse hinzugeben und bei mittlerer Hitze unter ständigem Rühren etwa 5 Minuten braten. Mit Salz und Pfeffer würzen. Mit Sesam bestreut servieren.

Tipp: Die Gemüsepfanne als vegetarisches Hauptgericht mit Vollkornreis und Tomatensauce oder Pilzsauce servieren oder als Beilage zu kurz gebratenem Fleisch oder Fisch reichen.

Schnell – einfach

Paprikareis
4 Portionen

Zubereitungszeit: 25 Minuten
Garzeit: 15–20 Minuten

1 l Salzwasser
250 g Langkornreis (parboiled)
½ grüne Paprikaschote
½ rote Paprikaschote
1 EL Olivenöl
Salz
frisch gemahlener Pfeffer
Paprikapulver edelsüß

Pro Portion:
E: 5 g, F: 3 g, Kh: 50 g,
kJ: 1053, kcal: 252

Paprikareis

1. Salzwasser in einem Topf zum Kochen bringen, Reis hinzufügen und zugedeckt in 15–20 Minuten bei schwacher Hitze ausquellen lassen.

2. In der Zwischenzeit Paprikaschoten halbieren, entstielen, entkernen und die weißen Scheidewände entfernen. Schotenhälften waschen, trocken tupfen und in kleine Würfel schneiden.

3. Olivenöl in einem Topf erhitzen, Paprikawürfel darin 3–5 Minuten dünsten, dabei gelegentlich umrühren. Mit Salz, Pfeffer und Paprika würzen.

4. Den gegarten Reis in einem Sieb abtropfen lassen und mit den Paprikawürfeln vermengen. Paprikareis nochmals mit den Gewürzen abschmecken.

Tipp: Der Paprikareis schmeckt gut zu Fleischgerichten.

Preiswert

Paprika-Tomaten-Gemüse
4 Portionen

Zubereitungszeit: 35 Minuten
Garzeit: etwa 10 Minuten

1 Zwiebel
600 g grüne Paprikaschoten
500 g Tomaten
2 EL Olivenöl
gerebelter Thymian

Paprika-Tomaten-Gemüse

Salz
frisch gemahlener Pfeffer
Paprikapulver edelsüß
100 ml Wasser

Pro Portion:
E: 3 g, F: 6 g, Kh: 8 g,
kJ: 417, kcal: 99

1. Zwiebel abziehen und in kleine Würfel schneiden. Paprikaschoten halbieren, entstielen, entkernen und die weißen Scheidewände entfernen. Schoten waschen, abtropfen lassen und in große Stücke schneiden.

2. Tomaten waschen, kreuzweise einschneiden und kurz in kochendes Wasser legen. Tomaten kurz in kaltes Wasser legen, enthäuten, halbieren, entkernen und die Stängelansätze herausschneiden. Tomatenhälften achteln und entkernen.

3. Olivenöl in einem Topf erhitzen. Zwiebelwürfel darin glasig dünsten. Paprikastücke hinzugeben, und kurz mitdünsten lassen. Mit Thymian, Salz, Pfeffer und Paprika würzen. Wasser hinzufügen. Die Zutaten zum Kochen bringen und zugedeckt bei schwacher Hitze etwa 10 Minuten garen.

4. Tomatenachtel unterheben. Das Gemüse nochmals erhitzen, mit den Gewürzen abschmecken und servieren.

Tipp: Das Paprika-Tomaten-Gemüse eignet sich sehr gut als Beilage zu kurz gebratenem oder gegrilltem Fleisch oder Fisch.

Raffinierte Ofenkartoffeln

Rahmwirsing

Vegetarisch

Raffinierte Ofenkartoffeln
4 Portionen

Zubereitungszeit: 45 Minuten, ohne Abkühlzeit
Garzeit: etwa 60 Minuten
Überbackzeit: etwa 10 Minuten

Für die Füllung:
100 g TK-Erbsen
50 ml Gemüsebrühe
1 Pck. Kartoffelpüree (für 3 Portionen)
375 ml (3/8 l) Wasser
1/2 gestr. TL Salz
125 ml (1/8 l) Milch
2 EL gemischte Kräuter
125 g Magerquark
Salz
frisch gemahlener Pfeffer
frisch geriebene Muskatnuss

Zum Bestreichen und Bestreuen:
1 Ei, 1 EL Wasser
40 g Parmesan-Käse

1 kleiner Topf Rosmarin

8 Bögen Alufolie

Pro Portion:
E: 20 g, F: 7 g, Kh: 70 g,
kJ: 1834, kcal: 436

1. Den Backofen vorheizen. Ofenkartoffeln gründlich waschen, eventuell mit einer Bürste abbürsten. Kartoffeln einzeln in je einen Bogen Alufolie einwickeln. Ofenkartoffeln auf ein Backblech legen. Das Backblech in den vorgeheizten Backofen schieben.
Ober-/Unterhitze: 180–200 °C
Heißluft: 160–180 °C
Garzeit: etwa 60 Minuten.
2. Ofenkartoffeln aus der Alufolie nehmen und etwas abkühlen lassen. Von jeder Kartoffel einen länglichen Deckel abschneiden.
3. Erbsen mit Brühe in einem kleinen Topf zum Kochen bringen und etwa 5 Minuten kochen lassen. Erbsen mit der Brühe in einen hohen Rührbecher geben und pürieren. Kartoffelpüree mit Wasser, Salz und Milch nach Packungsanleitung zubereiten. Kräuter, Quark und Erbsenpüree unterrühren. Mit Salz, Pfeffer und Muskat kräftig würzen.
4. Die Püreemasse in einen Spritzbeutel mit großer Sterntülle füllen und auf die Kartoffelhälften spritzen.
5. Zum Bestreichen und Bestreuen Ei mit Wasser verschlagen. Die Püreemasse damit bestreichen und mit Käse bestreuen. Das Backblech in den vorgeheizten Backofen schieben.
Ober-/Unterhitze: etwa 200 °C
Heißluft: etwa 180 °C
Backzeit: etwa 10 Minuten.
6. Rosmarin abspülen und trocken tupfen. Die Kartoffeln mit Rosmarin garniert servieren.

Schnell

Rahmwirsing
4 Portionen

Zubereitungszeit: 30 Minuten
Garzeit: 15–20 Minuten

1 kg Wirsing
1 EL Butter
Salz
frisch gemahlener Pfeffer
125 ml (1/8 l) Gemüsebrühe
75 g Schlagsahne oder
2 EL Crème fraîche
1 EL Schnittlauchröllchen

Pro Portion:
E: 6 g, F: 10 g, Kh: 5 g,
kJ: 555, kcal: 134

1. Die groben äußeren Blätter des Wirsings entfernen. Wirsing vierteln und den Strunk herausschneiden. Kohlviertel in Streifen schneiden, waschen und abtropfen lassen.
2. Butter in einem Topf zerlassen, Wirsingstreifen darin andünsten, mit Salz und Pfeffer bestreuen. Brühe hinzugießen und zum Kochen bringen. Den Wirsing 15–20 Minuten garen. Sahne oder Crème fraîche unterrühren und kurz miterwärmen.
3. Den Rahmwirsing nochmals mit Salz und Pfeffer abschmecken. Mit Schnittlauchröllchen bestreut servieren.

Raffiniert

Roh gebratener Spargel mit Möhren
4 Portionen

Zubereitungszeit: 45 Minuten

750 g weißer Spargel (dünne Stangen)
1 Bund Möhren (etwa 250 g)
1/2 Bund glatte Petersilie
2 große Tomaten
2–3 EL Speiseöl
2 EL Sojasauce

Gemüse & Beilagen

Roh gebratener Spargel mit Möhren

Salz
frisch gemahlener Pfeffer
2 EL geröstete Sesamsamen

Pro Portion:
E: 6 g, F: 10 g, Kh: 8 g,
kJ: 636, kcal: 152

1. Spargel von oben nach unten schälen, dabei darauf achten, dass die Schalen vollständig entfernt, die Köpfe aber nicht verletzt werden. Die unteren Enden abschneiden, den Spargel abspülen und abtropfen lassen. Die Spargelstangen in etwa 4 cm lange, dünne Scheiben schneiden.
2. Möhren putzen, schälen, abspülen, abtropfen lassen und ebenfalls in lange, dünne Scheiben schneiden. Petersilie abspülen und trocken tupfen. Die Blättchen von den Stängeln zupfen. Blättchen in Streifen schneiden.
3. Tomaten waschen, kreuzweise einschneiden und kurz in kochendes Wasser legen. Tomaten kurz in kaltes Wasser legen, enthäuten, halbieren, entkernen und die Stängelansätze herausschneiden. Tomatenhälften in Würfel schneiden.
4. Speiseöl in einem Wok oder einer Pfanne erhitzen. Spargel- und Möhrenscheiben darin portionsweise 5–6 Minuten unter Rühren bissfest braten.
5. Das angebratene Gemüse wieder in den Wok geben, mit Sojasauce,

Salz und Pfeffer würzen. Tomatenwürfel, Sesamsamen und Petersilienstreifen unterheben. Nochmals mit den Gewürzen abschmecken und servieren.

Tipp: Spargel mit Möhren schmeckt gut zu gebratenem Fisch oder Geflügel.

Einfach

Pilze, gegrillt
4 Portionen

Zubereitungszeit: 25 Minuten
Grillzeit: etwa 20 Minuten

8 große Steinpilze oder
16 große Champignons
Salz
frisch gemahlener Pfeffer
4 EL Olivenöl
1 Bund Petersilie
2 Knoblauchzehen

Pro Portion:
E: 6 g, F: 10 g, Kh: 1 g,
kJ: 487, kcal: 117

1. Pilze putzen, mit Küchenpapier abreiben und die Stiele von den Champignons herausdrehen (nur die Köpfe verwenden). Steinpilze in etwa 1 cm dicke Scheiben schneiden. Den Backofengrill vorheizen.
2. Pilze in eine feuerfeste Form legen. Mit Salz und Pfeffer bestreuen, mit Olivenöl bestreichen. Die Form auf dem Rost unter den vorgeheizten Grill des Backofens schieben. Die Pilze je nach Größe 5–8 Minuten grillen.
3. In der Zwischenzeit Petersilie abspülen und trocken tupfen. Die Blättchen von den Stängeln zupfen. Blättchen klein schneiden. Knoblauch abziehen und in kleine Stücke schneiden.
4. Petersilie und Knoblauch kurz vor Ende der Grillzeit auf den Pilzen verteilen.

Tipp: Sie können die Pilze auch in der Pfanne schmoren. Dann Pilze in Scheiben schneiden. 4 Esslöffel Olivenöl in einer Pfanne erhitzen. Klein geschnittenen Knoblauch darin goldgelb dünsten und herausnehmen. Pilzscheiben in das Knoblauchöl geben und unter Rühren 3–5 Minuten anbraten. Mit Salz und Pfeffer würzen und mit Petersilie bestreut servieren.

Pilze, gegrillt

Preiswert

Sauerkrautpuffer mit Kasseler
2 Portionen

Zubereitungszeit: 30 Minuten

300 g mehligkochende Kartoffeln
1 Zwiebel
300 g frisches Sauerkraut
3–4 Wacholderbeeren
1 Ei (Größe M)
1 EL Speisestärke
Salz
Zucker
frisch gemahlener Pfeffer
200 ml Gemüsebrühe
2 Scheiben Kasseler, ohne Knochen (je etwa 150 g)
8 EL Rapsöl

Pro Portion:
E: 40 g, F: 35 g, Kh: 26 g,
kJ: 2442, kcal: 583

1. Kartoffeln waschen, schälen, abspülen, abtropfen lassen und fein raspeln. Zwiebel abziehen und in kleine Würfel schneiden. Sauerkraut in einem Sieb abtropfen lassen und ausdrücken.
2. Kartoffelraspel mit Zwiebelwürfeln und Sauerkraut vermengen. Wacholderbeeren zerdrücken, mit Ei und Speisestärke unter die Sauerkrautmischung rühren. Die Puffermasse mit Salz, Zucker und Pfeffer würzen.
3. Gemüsebrühe zum Kochen bringen und die Kasselerscheiben darin etwa 10 Minuten garen lassen.
4. Etwas von dem Rapsöl in einer Pfanne erhitzen. Die Puffermasse nochmals gut durchrühren, portionsweise mit einem Esslöffel in die Pfanne hineingeben, etwas flachdrücken und von beiden Seiten knusprig braten. Die Puffer mit einem Pfannenwender herausnehmen, überschüssiges Fett mit Küchenpapier abtupfen. Puffer warm stellen.
5. Insgesamt 6 Puffer aus dem Teig braten und mit den Kasselerscheiben servieren.

Tipp: Sie können auch Sauerkraut aus der Dose verwenden. Wer es etwas schärfer mag, kann eine in Scheiben geschnittene Peperoni dazu servieren.

Abwandlung:
Möhrenpuffer (im Foto vorn). Dafür 250 g Möhren putzen, schälen, waschen und gut abtropfen lassen. Möhren grob raspeln und in eine Schüssel geben. 1 Ei (Größe M), 1 Esslöffel Weizenmehl, 1 Esslöffel Doppelrahm-Frischkäse und 1 Teelöffel mittelscharfen Senf hinzugeben und unterarbeiten. Die Masse mit Salz und Pfeffer abschmecken. Dann die Puffer wie ab Punkt 4 beschrieben weiter zubereiten.

Klassisch

Salz- und Petersilienkartoffeln
4 Portionen

Zubereitungszeit: 10 Minuten
Garzeit: etwa 20 Minuten

1 kg möglichst gleich große Kartoffeln
40 g Butter
Salz
2 EL gehackte Petersilie

Pro Portion:
E: 5 g, F: 9 g, Kh: 33 g,
kJ: 989, kcal: 236

1. Kartoffeln gründlich waschen, mit Wasser bedeckt zum Kochen bringen und zugedeckt etwa 20 Minuten garen. Kartoffeln abgießen, abdämpfen und sofort pellen.
2. Butter in einer Pfanne zerlassen. Kartoffeln und Salz sowie für Petersilienkartoffeln Petersilie hinzufügen und gut durchschwenken.

Vegetarisch

Spargelrisotto
4 Portionen

Zubereitungszeit: 60 Minuten
Garzeit: etwa 45 Minuten

1,2 kg weißer Spargel
1 l Wasser
60 g Butter
250 g Risotto-Reis
400 ml Gemüsebrühe
1 Becher (150 g) Crème fraîche
Salz
frisch gemahlener Pfeffer
frisch geriebene Muskatnuss
1 Bund Rucola (Rauke)
80 g geraspelter Greyerzer-Käse

Pro Portion:
E: 16 g, F: 31 g, Kh: 55 g,
kJ: 2381, kcal: 571

Sauerkrautpuffer mit Kasseler

Salz- und Petersilienkartoffeln

Gemüse & Beilagen

1. Den Spargel von oben nach unten schälen. Darauf achten, dass die Schalen vollständig entfernt, die Köpfe aber nicht verletzt werden. Die unteren Enden abschneiden (holzige Stellen vollkommen entfernen). Spargelstangen, -schalen und -enden waschen und abtropfen lassen. Spargelstangen in etwa 2 cm lange Stücke schneiden.
2. Spargelschalen und -enden mit Wasser in einem Topf zum Kochen bringen und zugedeckt etwa 15 Minuten leicht kochen lassen. Anschließend in ein Sieb geben, den Spargelfond dabei auffangen und 500 ml (1/2 l) davon abmessen.
3. Butter in einem großen Topf zerlassen. Reis unter Rühren darin anrösten. Etwa 300 ml von dem Spargelfond hinzugießen und zum Kochen bringen. Den Reis bei mittlerer Hitze unter gelegentlichem Rühren etwa 30 Minuten garen. Nach und nach restlichen Fond und Brühe hinzugießen.
4. Nach etwa 15 Minuten Garzeit die Spargelstücke hinzugeben und das Risotto fertig garen. Créme fraîche unterrühren. Risotto mit Salz und Pfeffer würzen.
5. Rucola verlesen und dicke Stiele abschneiden. Rucola waschen, abtropfen lassen und klein schneiden. Rucola und Käse unter das Risotto rühren anschließend sofort servieren.

Spargelrisotto

Spargel mit Parmesan

Klassisch

Spargel mit Parmesan
4 Portionen

Zubereitungszeit: 45 Minuten
Backzeit: etwa 5 Minuten

2 kg grüner Spargel
500 ml (1/2 l) Wasser
1 gestr. TL Salz
40 g Butter
100 g frisch geriebener Parmesan-Käse
130 g zerlassene Butter

Pro Portion:
E: 17 g, F: 36 g, Kh: 9 g,
kJ: 1816, kcal: 435

1. Von dem grünen Spargel das untere Drittel schälen und die unteren Enden abschneiden. Spargelstangen waschen und abtropfen lassen. Den Backofen vorheizen.
2. Wasser mit Salz und Butter in einem hohen Topf zum Kochen bringen. Spargelstangen hinzufügen, zum Kochen bringen und zugedeckt etwa 8 Minuten garen.
3. Die Spargelstangen mit einer Schaumkelle herausnehmen, abtropfen lassen und auf eine feuerfeste Platte legen. Spargelstangen mit Parmesan-Käse bestreuen. Butter darauf verteilen.
4. Die Platte auf dem Rost in den vorgeheizten Backofen schieben und den Spargel überbacken.
Ober-/Unterhitze: etwa 220 °C
Heißluft: etwa 200 °C
Backzeit: etwa 5 Minuten.

Weiße Rüben mit rotem und grünem Püree gefüllt

Etwas aufwändiger

Weiße Rüben mit rotem und grünem Püree gefüllt
4 Portionen

Zubereitungszeit: 50 Minuten
Garzeit: 20–30 Minuten

8 dicke, runde weiße Rüben (je etwa 250 g)
1 kg festkochende Kartoffeln
Salzwasser
200 g Blattspinat
Wasser
3 mittelgroße Tomaten
Salz
frisch gemahlener Pfeffer
frisch geriebene Muskatnuss
1 Ei (Größe M)
200 ml Gemüsebrühe

Pro Portion:
E: 11 g, F: 3 g, Kh: 47 g,
kJ: 1113, kcal: 265

1. Rüben putzen, schälen, waschen, abtropfen lassen. Von den Rüben einen Deckel abschneiden. Rüben mit einem Kugelausstecher aushöhlen, dabei einen etwa 1/2 cm breiten Rand stehen lassen. Kartoffeln waschen, schälen, abspülen, mit Salzwasser bedeckt zum Kochen bringen und etwa 15 Minuten garen.
2. Ausgehöhltes Fruchtfleisch hinzugeben, wieder zum Kochen bringen, zugedeckt weitere etwa 10 Minuten garen und abgießen. Kartoffeln und Fruchtfleisch pürieren, halbieren und in je 1 Schüssel geben.
3. Die ausgehöhlten Rüben und Deckel in kochendem Salzwasser etwa 5 Minuten blanchieren, mit einem Schaumlöffel herausnehmen, in ein Sieb geben, mit kaltem Wasser übergießen und abtropfen lassen. Spinat verlesen, gründlich waschen, abtropfen lassen. Spinat in kochendem Wasser knapp 1 Minute blanchieren. Dann in ein Sieb geben, mit kaltem Wasser übergießen, gut abtropfen lassen, eventuell ausdrücken und fein hacken. Den Backofen vorheizen.
4. Tomaten waschen, abtropfen lassen, kreuzweise einschneiden, einige Sekunden in kochendes Wasser, kurz in kaltes Wasser legen, enthäuten, halbieren, entkernen und Stängelansätze herausschneiden, Tomaten pürieren.
5. Spinat mit der Hälfte der Püreemasse verrühren. Tomatenpüree mit der zweiten Püreehälfte verrühren. Mit Salz, Pfeffer und Muskat würzen. Die Püreemasse getrennt in je einen Spritzbeutel mit großer Sterntülle geben.
6. Die Rüben in eine große Auflaufform setzen. Jeweils 4 Rüben mit dem roten und 4 Rüben mit dem grünen Püree füllen. Ei verschlagen, die Püreemasse damit bestreichen. Brühe vorsichtig hinzugießen. Die Form auf dem Rost in den vorgeheizten Backofen schieben.
Ober-/Unterhitze: 180–200 °C
Heißluft: 160–180 °C
Garzeit: 20–30 Minuten.

Preiswert

Sellerie mit Tomaten-Kräuter-Sauce
4 Portionen

Zubereitungszeit: 45 Minuten, ohne Abkühlzeit

1 Sellerieknolle (etwa 700 g)
Salz, 1 Zwiebel
1 Knoblauchzehe
4 EL Speiseöl
1 Pck. (500 g) passierte Tomaten
Salz, frisch gemahlener Pfeffer
gerebelter Oregano
1 EL fein geschnittener Schnittlauch

8 Scheiben Lachsschinken (etwa 100 g)

Pro Portion:
E: 8 g, F: 18 g, Kh: 7 g,
kJ: 698, kcal: 166

1. Sellerieknolle putzen, schälen, waschen, abtropfen lassen und in etwa 1/2 cm dünne Scheiben schneiden. Selleriescheiben zugedeckt in etwas leicht gesalzenem Wasser etwa 10 Minuten garen. Selleriescheiben mit einem Schaumlöffel herausnehmen, in einem Sieb abtropfen und etwas abkühlen lassen.

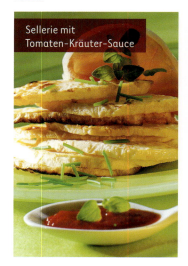

Sellerie mit Tomaten-Kräuter-Sauce

2. Zwiebel und Knoblauch abziehen, klein würfeln. 1 Esslöffel des Speiseöls in einem kleinen Topf erhitzen. Zwiebel- und Knoblauchwürfel darin glasig dünsten, Tomatenpüree unterrühren. Mit Salz, Pfeffer und Oregano würzen. Die Sauce zum Kochen bringen und einige Minuten leicht köcheln lassen.
3. Restliches Speiseöl portionsweise in einer Pfanne erhitzen. Die Selleriescheiben darin portionsweise von beiden Seiten braten.
4. Schnittlauch abspülen, trocken tupfen und in Röllchen schneiden. Selleriescheiben mit Lachsschinken und Tomatensauce anrichten. Mit Schnittlauchröllchen bestreut servieren.

Preiswert – vegetarisch

Zucchini, frittiert
4 Portionen

Zubereitungszeit: 40 Minuten, ohne Ruhezeit

Für den Teig:
200 g Weizenmehl
125 ml (1/8 l) Milch
4 Eier (Größe M)
Salz
8 kleine Zucchini (je etwa 125 g)
frisch gemahlener Pfeffer

Zum Frittieren:
1 l Speiseöl

Nach Belieben zum Garnieren:
1 vorbereiteter Rosmarinzweig

Pro Portion:
E: 15 g, F: 28 g, Kh: 33 g,
kJ: 1860, kcal: 444

1. Für den Teig Mehl in eine Rührschüssel geben und in die Mitte eine Vertiefung eindrücken. Milch, Eier und Salz mit einem Schneebesen verschlagen, etwas davon in die Vertiefung geben. Von der Mitte aus Eierflüssigkeit und Mehl verrühren. Nach und nach die restliche Eierflüssigkeit hinzugeben. Dabei darauf achten, dass keine Klümpchen entstehen. Den Teig etwa 15 Minuten ruhen lassen.
2. Zucchini waschen, abtrocknen und die Enden abschneiden. Zucchini der Länge nach halbieren. Die Hälften in jeweils 4 Stücke teilen, mit Salz und Pfeffer bestreuen.
3. Zum Frittieren Speiseöl in einer Fritteuse oder in einem Topf auf etwa 180 °C erhitzen. Zucchinistücke mit einer Gabel durch den Backteig ziehen und am Schüsselrand abstreifen.
4. Zucchinistücke portionsweise in dem heißen Speiseöl knusprig braun frittieren, dabei ab und zu wenden.

5. Zucchinistücke mit einer Schaumkelle herausnehmen, auf Küchenpapier abtropfen lassen, mit Salz und Pfeffer bestreuen. Nach Belieben mit einem Rosmarinzweig garniert heiß servieren.

Beilage: Knoblauchdip.

Preiswert

Spätzle
4 Portionen

Zubereitungszeit: 35 Minuten
Garzeit: 3–5 Minuten

250 g Weizenmehl
2 Eier (Größe M)
1/2 gestr. TL Salz
etwa 5 EL Wasser

3 l Wasser
3 gestr. TL Salz
40 g Butter

Pro Portion:
E: 10 g, F: 12 g, Kh: 45 g,
kJ: 1361, kcal: 325

1. Mehl in eine Rührschüssel geben. Eier, Salz und 5 Esslöffel Wasser hinzugeben. Die Zutaten mit Handrührgerät mit Knethaken oder mit einem Holzlöffel verrühren. Dabei darauf achten, dass keine Klümpchen entstehen. Den Teig so lange rühren, bis er Blasen wirft.
2. Wasser in einem Topf zum Kochen bringen, Salz hinzufügen. Den Teig portionsweise mit einem Spätzlehobel oder durch eine Spätzlepresse in das kochende Salzwasser geben und in 3–5 Minuten gar kochen (die Spätzle sind gar, wenn sie an der Oberfläche schwimmen).
3. Die garen Spätzle mit einer Schaumkelle aus dem Wasser nehmen, in ein Sieb geben, mit kaltem Wasser ab-schrecken und abtropfen lassen. Die Butter in einer Pfanne bräunen. Die Spätzle darin schwenken.

Zucchini, frittiert

Spätzle

Mit Alkohol

Paprikagemüse in Orangensauce
4 Portionen

Zubereitungszeit: 25 Minuten
Garzeit: 4–6 Minuten

1 Zwiebel
2 Knoblauchzehen
3 EL Maiskeimöl
400 ml Orangensaft
150 ml Portwein
2 EL flüssiger Honig
1 Döschen (0, 2 g) Safran
gerebelter Thymian
Salz
frisch gemahlener Pfeffer
je 1 große gelbe, rote und grüne Paprikaschote (je etwa 250 g)
2 Orangen
1 Bund Petersilie
1–2 Stängel Thymian

Pro Portion:
E: 3 g, F: 8 g, Kh: 32 g,
kJ: 1091, kcal: 260

1. Zwiebel und Knoblauch abziehen, in kleine Würfel schneiden. Maiskeimöl in einem großen, flachen Topf erhitzen, Zwiebel- und Knoblauchwürfel darin andünsten.
2. Orangensaft, Portwein und Honig hinzufügen. Die Zutaten zum Kochen bringen und bei starker Hitze ohne Deckel um gut die Hälfte einkochen lassen. Den Sud mit Safran, Thymian, Salz und Pfeffer würzen.
3. Paprikaschoten halbieren, entstielen, entkernen und die weißen Scheidewände entfernen. Schotenhälften waschen, abtropfen lassen und in etwa 2 x 2 cm große Würfel schneiden. Orangen so schälen, dass die weiße Haut vollständig entfernt wird. Orangenfilets herausschneiden.
4. Die Paprikawürfel in den eingekochten Sud geben und 4–6 Minuten garen.
5. Petersilie und Thymian abspülen, trocken tupfen. Die Blättchen von den Stängeln zupfen. Petersilienblättchen

Paprikagemüse in Orangensauce

klein schneiden. Orangenfilets und Petersilie unter das Paprikagemüse heben. Mit Thymianblättchen bestreut servieren.

Beilage: Reis.

Tipp: Als nicht vegetarische Variante das Paprikagemüse zu gebratener Entenbrust oder Hähnchenbrustfilets reichen.

Vegetarisch – preiswert

Junge Sellerie mit einem Körnerauflauf gefüllt
4 Portionen

Zubereitungszeit: 70 Minuten
Garzeit: etwa 35 Minuten

4 mittelgroße Knollensellerie mit Grün (je etwa 300 g)
Wasser , Salz
Saft von 1 Zitrone

250 g Körnermischung
z. B. 5-Korn-Getreidemischung
400 g festkochende Kartoffeln
100 g Schlagsahne
2 Eier (Größe M)
frisch gemahlener Pfeffer
frisch geriebene Muskatnuss
2 EL Speiseöl
400 ml Gemüsebrühe

Junge Sellerie mit einem Körnerauflauf gefüllt

Pro Portion:
E: 16 g, F: 18 g, Kh: 57 g,
kJ: 1913, kcal: 456

1. Sellerie putzen, gründlich waschen und das Grün abschneiden. Stängel in etwa 1 cm lange Stücke schneiden. Die Blätter fein hacken. Selleriestängel und Blätter getrennt beiseitelegen. Knollen schälen und einen 1–2 cm dicken Deckel abschneiden. Knollen und Deckel in einem Topf mit Wasser zum Kochen bringen. Salz und Zitronensaft hinzugeben und 10–15 Minuten blanchieren. Knollen und Deckel herausnehmen, in ein Sieb legen, mit kaltem Wasser übergießen, abtropfen und etwas abkühlen lassen.
2. Die Körnermischung in reichlich kochendem Wasser 40–45 Minuten garen. Körnermischung in ein Sieb geben und gut abtropfen lassen. Den Backofen vorheizen.
3. Knollensellerie mit einem Teelöffel aushöhlen, dabei einen etwa 1/2 cm breiten Rand stehen lassen. Selleriefleisch und die Deckel in grobe Würfel schneiden, beiseitelegen. Kartoffeln waschen, schälen, abspülen und klein würfeln. Sahne und Eier verschlagen. Mit Salz, Pfeffer und Muskat würzen.
4. Speiseöl in einem Bräter erhitzen. Kartoffelwürfel, beiseite gelegte Selleriestängel und Selleriewürfel darin etwa 5 Minuten andünsten. Brühe hinzugießen.

Gemüse & Beilagen

5. Körnermischung mit dem beiseite gelegten Selleriegrün mischen. Mit Salz und Pfeffer würzen. Die ausgehöhlten Knollensellerie damit locker füllen und auf das Gemüse legen. Eiersahne darauf verteilen. Den Bräter auf dem Rost in den vorgeheizten Backofen schieben.
Ober-/Unterhitze: 180–200 °C
Heißluft: 160–180 °C
Garzeit: etwa 35 Minuten.

Raffiniert

Auberginen mit Petersilie
4 Portionen

Zubereitungszeit: 40 Minuten, ohne Durchziehzeit
Backzeit: etwa 30 Minuten

8 mittelgroße Auberginen, Salz
1 Bund glatte Petersilie
3 Knoblauchzehen
frisch gemahlener Pfeffer
125 ml (1/8 l) Olivenöl

Pro Portion:
E: 10 g, F: 33 g, Kh: 21 g,
kJ: 1765, kcal: 420

1. Auberginen waschen, abtrocknen und die Enden abschneiden. Auberginen der Länge nach durchschneiden. Die Schnittflächen mit Salz bestreuen. Auberginenhälften etwa 30 Minuten durchziehen lassen. Den Backofen vorheizen.
2. Auberginen abspülen und trocken tupfen. Petersilie abspülen und trocken tupfen. Die Blättchen von den Stängeln zupfen. Blättchen klein schneiden. Knoblauch abziehen und in kleine Würfel schneiden, mit Salz und Pfeffer würzen. 3 Esslöffel des Olivenöls untermengen.
3. Auberginenhälften mit der Schnittfläche nach oben in eine große, flache Auflaufform (gefettet) legen. Die Kräutermischung darauf verteilen. Restliches Olivenöl darauftröpfeln. Die Form auf dem Rost in den vorgeheizten Backofen schieben und die Auberginen so lange überbacken, bis sie weich sind.
Ober-/Unterhitze: 180–200 °C
Heißluft: 160–180 °C
Backzeit: etwa 30 Minuten.

Beilage: Ofenfrisches Baguette oder Ciabatta. Gut schmecken auch Reis oder Couscous.

Gut vorzubereiten

Jägerkohl
4 Portionen

Zubereitungszeit: 45 Minuten
Garzeit: etwa 25 Minuten

1 kg Weißkohl
1 kleine Zwiebel
100 g durchwachsener Speck
2 EL Speiseöl, z. B. Sonnenblumenöl
250 ml (1/4 l) Gemüsebrühe
Salz
frisch gemahlener Pfeffer
Kräuteressig
1 Prise Zucker

Pro Portion:
E: 7 g, F: 7 g, Kh: 9 g,
kJ: 560, kcal: 134

1. Von dem Weißkohl die äußeren welken Blätter entfernen. Den Kohl vierteln, abspülen, abtropfen lassen und den Strunk herausschneiden. Kohlviertel in feine Streifen schneiden. Zwiebel abziehen und klein würfeln. Speck ebenfalls in Würfel schneiden.
2. Speiseöl in einem Topf erhitzen. Speckwürfel darin auslassen. Zwiebelwürfel darin unter Rühren andünsten. Weißkohlstreifen hinzufügen und ebenfalls unter Rühren andünsten.
3. Brühe hinzugießen, mit Salz und Pfeffer würzen. Die Kohlstreifen zum Kochen bringen und zugedeckt bei schwacher Hitze etwa 25 Minuten dünsten. Mit Salz, Pfeffer, Essig und Zucker abschmecken.

Tipp: Der Jägerkohl passt als Beilage zu Schweineschmorbraten mit Salzkartoffeln. Anstelle von Weißkohl können Sie den Jägerkohl auch mit Wirsing, Spitzkohl oder Chinakohl zubereiten. Bei Spitz- oder Chinakohl verringert sich die Dünstzeit auf 10–15 Minuten.

Auberginen mit Petersilie

Jägerkohl

Für Gäste

Auberginen, gebacken
4 Portionen

Zubereitungszeit: 40 Minuten, ohne Durchziehzeit
Garzeit: etwa 50 Minuten

4 schlanke, mittelgroße Auberginen (etwa 600 g)
Salz

8 Tomaten
4–6 Knoblauchzehen
200 g Mozzarella
50 g Salamischeiben
6 EL Olivenöl

einige Basilikumblättchen

Außerdem:
4 Bögen Pergamentpapier

Pro Portion:
E: 20 g, F: 28 g, Kh: 17 g,
kJ: 1674, kcal: 399

1. Auberginen waschen, abtrocknen und die Stängelansätze entfernen. Auberginen der Länge nach in etwa 1 1/2 cm dicke Scheiben schneiden, jedoch nicht durchschneiden, so dass sie unten zusammenhängen. Die Einschnitte mit Salz bestreuen und etwa 30 Minuten durchziehen lassen. Den Backofen vorheizen.
2. Auberginen unter fließendem kalten Wasser abspülen und trocken tupfen. Jeweils 1 Aubergine auf ein Stück Pergamentpapier (gefettet) setzen.
3. Tomaten waschen, kreuzweise einschneiden und einige Sekunden in kochendes Wasser legen. Tomaten kurz in kaltem Wasser abschrecken, enthäuten, halbieren, entkernen und Stängelansätze entfernen. Tomaten in Scheiben schneiden. Knoblauch abziehen und in dünne Scheiben schneiden. Mozzarella abtropfen lassen, evtl. mit Küchenpapier trocken tupfen und ebenfalls in dünne Scheiben schneiden.

Auberginen, gebacken

4. Abwechselnd Tomaten-, Mozzarella- und Salamischeiben in die Einschnitte der Auberginen stecken, Knoblauchscheiben dazwischen verteilen und mit Olivenöl beträufeln. Die Auberginen in dem Pergamentpapier einpacken und auf ein Backblech setzten. Das Backblech in den vorgeheizten Backofen schieben.
Ober-/Unterhitze: etwa 200 °C
Heißluft: etwa 180 °C
Garzeit: etwa 50 Minuten.
5. Die Päckchen vom Backblech nehmen und öffnen. Die Auberginen herausnehmen und mit abgespülten, trocken getupften Basilikumblättchen anrichten.

Tipp: Auberginen mit gehackter glatter Petersilie bestreut servieren.

Dauert länger

Bunte Nudeln
4 Portionen

Zubereitungszeit: 40 Minuten, ohne Teigruhe- und Trockenzeit

Für die roten Nudeln:
150 g Weizenmehl
100 g Hartweizengrieß
2 Eier (Größe M)
1 EL Speiseöl
2–3 EL Tomatenmark
1/2 gestr. TL Salz
3 l Wasser

Bunte Nudeln

3 gestr. TL Salz
40 g Butter

Für die grünen Nudeln:
250 g Blattspinat
250 g Weizenmehl
250 g Hartweizengrieß
3 Eier (Größe M)
1 EL Speiseöl
1 gestr. TL Salz
5 l Wasser
5 gestr. TL Salz
40 g Butter

Pro Portion:
E: 29 g, F: 31 g, Kh: 134 g,
kJ: 3944, kcal: 943

1. Für die roten Nudeln Mehl und Grieß auf einer Arbeitsfläche vermischen, in die Mitte eine Vertiefung drücken.
2. Eier mit Speiseöl, Tomatenmark und Salz verschlagen, in die Vertiefung geben und mit einem Teil des Mehl-Grieß-Gemisches zu einem dicken Brei verarbeiten.
3. Die Zutaten von der Mitte aus schnell zu einem glatten Teig verkneten. Sollte er kleben, noch etwas Mehl hinzugeben. Den Teig in Frischhaltefolie wickeln und etwa 30 Minuten ruhen lassen.
4. Den Teig in nicht zu großen Portionen auf der bemehlten Arbeitsfläche möglichst dünn ausrollen. Die Teigplatten zum Trocknen auf Geschirrtücher legen.

Gemüse & Beilagen

5. Wenn die Teigplatten so weit getrocknet sind, dass sie nicht mehr kleben (nach etwa 20 Minuten), aber auch noch nicht zerbrechen, daraus Nudeln in gewünschter Länge und Breite schneiden.
6. Wasser in einem großen geschlossenen Topf zum Kochen bringen. Dann Salz und Nudeln zugeben. Die Nudeln ohne Deckel bei mittlerer Hitze in etwa 7 Minuten bissfest garen, dabei zwischendurch 4–5 mal umrühren.
7. Anschließend Nudeln in ein Sieb geben, mit heißem Wasser abspülen und abtropfen lassen. Butter in einem Topf zerlassen, die Nudeln darin schwenken.
8. Für die grünen Nudeln Spinat verlesen, gründlich waschen, tropfnass in einen Topf geben, kurz erhitzen, pürieren und erkalten lassen.
9. Mehl und Grieß auf einer Arbeitsfläche vermischen, in die Mitte eine Vertiefung drücken.
10. Eier mit Speiseöl und Salz verschlagen, in die Vertiefung geben und mit einem Teil des Mehl-Grieß-Gemisches zu einem dicken Brei verarbeiten.
11. Den Spinat hinzufügen, von der Mitte aus alle Zutaten schnell zu einem glatten Teig verkneten. Sollte er kleben, noch etwas Mehl hinzugeben. Den Teig in Frischhaltefolie wickeln und etwa 30 Minuten ruhen lassen.
12. Die grünen Nudeln wie zuvor bei den roten Nudeln beschrieben weiter zubereiten, garen und in Butter schwenken.

Tipp: Mit einer Nudelmaschine lässt sich der Teig leichter verarbeiten. Die Nudeln so lange locker ausgebreitet an der Luft stehen lassen, bis sie vollkommen trocken sind.

Klassisch

Blumenkohl
4 Portionen

Zubereitungszeit: 30 Minuten
Garzeit: 20–25 Minuten

750 ml (3/4 l) Wasser
2–3 Bio-Zitronenscheiben
(unbehandelt, ungewachst)
2 kleine Köpfe Blumenkohl
(je etwa 500 g) oder
1 großer Kopf (800–1000 g)
2 gestr. TL Salz
50 g Butter
4 EL Semmelbrösel

Pro Portion:
E: 5 g, F: 11 g, Kh: 10 g,
kJ: 696, kcal: 166

1. Wasser mit den Zitronenscheiben zugedeckt in einem großen Topf zum Kochen bringen.
2. Blätter und Strunk vom Blumenkohl abschneiden und die schlechten Stellen entfernen. Blumenkohl unter fließendem kalten Wasser gründlich abspülen und abtropfen lassen.
3. Blumenkohl mit dem Strunk nach unten in das kochende Wasser geben, Salz hinzufügen und wieder zum Kochen bringen. Blumenkohl zugedeckt 20–25 Minuten garen.
4. Blumenkohl mit einem Schaumlöffel aus dem Kochwasser nehmen, auf eine vorgewärmte Platte geben und warm stellen.
5. Butter zerlassen, Semmelbrösel darin unter Rühren leicht bräunen lassen und auf dem Blumenkohl verteilen, sofort servieren.

Schnell

Frühlings-Kartoffelpüree
4 Portionen

Zubereitungszeit: 25 Minuten
Garzeit: 20–25 Minuten

1 kg mehligkochende Kartoffeln
200 ml Vollmilch (3,5 % Fett)
300 g TK-Erbsen
Salzwasser
etwas Salzwasser
2 leicht geh. EL Butter
Salz
frisch geriebene Muskatnuss
frisch gemahlener Pfeffer
2 EL gehackter Kerbel

Pro Portion:
E: 24 g, F: 7 g, Kh: 65 g,
kJ: 1799, kcal: 429

1. Kartoffeln waschen, schälen, abspülen, mit Salzwasser bedeckt zum Kochen bringen und zugedeckt 20–25 Minuten garen. Kartoffeln abgießen, abdämpfen, noch heiß durch eine Kartoffelpresse geben oder fein zerstampfen. Milch erhitzen und unterrühren.
2. In der Zwischenzeit die Erbsen zugedeckt in etwas Salzwasser nach Packungsanleitung garen. Erbsen in einem Sieb abtropfen lassen und noch warm mit der Butter vermengen. Buttererbsen unter das Kartoffelpüree rühren. Mit Salz, Muskat und Pfeffer würzen. Kerbel unterheben.
3. Das Frühlings-Kartoffelpüree sofort servieren.

Blumenkohl

Frühlings-Kartoffelpüree

Raffiniert

Gedämpfte Gemüse mit Zitronensahne
4 Portionen

Zubereitungszeit: 45 Minuten
Garzeit: etwa 10 Minuten

1250 g gemischtes Gemüse, z. B. Möhren, Zuckerschoten, Bohnen, Kohlrabi, Staudensellerie
Schale von 1 Bio-Zitrone (unbehandelt, ungewachst)
500 ml (½ l) Wasser

Für die Sauce:
50 g Butter
2 EL Zitronensaft
Salz, frisch gemahlener Pfeffer
200 g Schlagsahne
2 EL frisch gehackter Kerbel oder 2–3 EL Schnittlauchröllchen

Pro Portion:
E: 6 g, F: 26 g, Kh: 12 g,
kJ: 1331, kcal: 318

1. Gemüse putzen, waschen und abtropfen lassen. Möhren schälen und in längliche Viertel schneiden. Von den Zuckerschoten und Bohnen die Enden abschneiden, eventuell Fäden abziehen. Kohlrabi schälen, zuerst in Scheiben, dann in Streifen schneiden. Vom Staudensellerie die harten Außenfäden abziehen. Sellerie in Stücke schneiden.
2. Zitrone heiß abwaschen, abtrocknen und die Schale mit einem Sparschäler hauchdünn abschneiden. Zitronenschale kurz in kochendes Wasser legen, herausnehmen und im kalten Wasser abschrecken. Zitronenschale in feine Streifen schneiden und für die Sauce beiseitelegen.
3. Das Zitronenwasser in einem flachen Topf erhitzen. Das Gemüse nebeneinander in einen Dämpfeinsatz legen. Den Dämpfeinsatz auf den flachen Topf setzen und mit einem Deckel verschließen. Gemüse etwa 10 Minuten dämpfen.
4. Für die Sauce Butter zerlassen, Zitronensaft, Zitronenschale, Salz und Pfeffer hinzugeben. Sahne halbsteif schlagen, zur Butter geben und mit einem Schneebesen kräftig aufschlagen.
5. Das Gemüse auf einem vorgewärmten Teller anrichten. Mit Kräutern bestreuen und mit der Zitronensauce übergießen.

Beilage: Junge Kartoffeln, Reis oder kleine gebratene Kartoffelpuffer, kurz gebratenes Fleisch.

Tipp: Sie können das Rezept ebenso gut mit nur einer Gemüsesorte zubereiten. Für Gäste (Mengen entsprechend vergrößern) ist dagegen eine bunte Gemüseplatte dekorativ und lecker.

Vegetarisch

Gemüse-Kartoffel-Fächer
4 Portionen

Zubereitungszeit: 75 Minuten
Garzeit: etwa 30 Minuten

1 Bund gemischte, italienische Kräuter, z. B. Thymian, Basilikum, Majoran, Rosmarin
3 Frühlingszwiebeln
600 g mittelgroße, festkochende Kartoffeln
400 g Zucchini
6 mittelgroße Tomaten
10 große braune Champignons

Zum Bestreichen und Beträufeln:
6 EL Olivenöl

Salz, frisch gemahlener Pfeffer
Knoblauchpulver

Pro Portion:
E: 6 g, F: 18 g, Kh: 29 g,
kJ: 1322, kcal: 316

1. Kräuter abspülen und trocken tupfen. Die Blättchen bzw. Nadeln von den Stängeln zupfen. Blättchen und Nadeln grob zerkleinern. Frühlingszwiebeln putzen, waschen, abtropfen lassen und in Stücke schneiden. Den Backofen vorheizen.
2. Kartoffeln waschen, schälen, abspülen. Zucchini waschen, abtrocknen und die Enden abschneiden. Tomaten waschen, abtropfen lassen und die Stängelansätze herausschneiden. Champignons putzen, mit Küchenpapier abreiben, eventuell abspülen, abtropfen lassen. Kartoffeln, Zucchini, Tomaten und Champignons in etwa ½ cm dicke Scheiben schneiden.
3. Den Boden einer großen Auflaufform (mit Olivenöl bestrichen) mit einem Teil der gehackten Kräuter und Zwiebelstücke bestreuen, darauf fächerförmig Kartoffel- und Gemüsescheiben schichten.

Gedämpfte Gemüse mit Zitronensahne

Gemüse-Kartoffel-Fächer

Pikanter Früchtereis

Für Kinder
Polenta, gebraten
4 Portionen

Zubereitungszeit: 40 Minuten, ohne Kühlzeit
Garzeit: 10–15 Minuten

750 ml (3/4 l) Gemüsebrühe
250 g Maisgrieß, Salz
2 EL Speiseöl für die Form
75 g Butter
50 g geriebener Parmesan-Käse

4. Die restlichen gehackten Kräuter und Zwiebelstücke darauf verteilen. Mit Salz, Pfeffer und Knoblauch würzen, mit dem restlichen Olivenöl beträufeln. Die Form auf dem Rost in den vorgeheizten Backofen schieben.
Ober-/Unterhitze: 180–200 °C
Heißluft: 160–180 °C
Garzeit: etwa 30 Minuten.

Tipp: Gemüse-Kartoffel-Fächer mit Kräutersträußen aus Basilikum, Rosmarin und Majoran garnieren. Zu diesem Gericht Knoblauchbaguette und einen trockenen Weißwein reichen.

Raffiniert
Pikanter Früchtereis
4 Portionen

Zubereitungszeit: 20 Minuten
Garzeit: 15–20 Minuten

300 g Langkornreis
3 l Salzwasser
3 EL Nussöl
je 50 g rote und grüne Paprikawürfel
2 EL Rosinen
2 EL Mango-Chutney
1 kleine, in Scheiben geschnittene Sternfrucht (Karambole)
1 EL Currypulver
2 EL Sojasauce
Salz
frisch gemahlener Pfeffer
Minzeblättchen

Pro Portion:
E: 7 g, F: 8 g, Kh: 71 g,
kJ: 1641, kcal: 392

1. Reis in einem großen Topf mit Salzwasser zum Kochen bringen. Den Reis in 15–20 Minuten ausquellen lassen. Den garen Reis in ein Sieb geben, mit kaltem Wasser übergießen und gut abtropfen lassen.
2. Nussöl in einer großen Pfanne erhitzen. Paprikawürfel darin anbraten. Rosinen, Chutney, Sternfruchtscheiben, Curry und den Reis hinzufügen. Die Zutaten gut vermengen.
3. Den Früchtereis mit Sojasauce, Salz und Pfeffer abschmecken.
4. Minzeblättchen abspülen und trocken tupfen. Den Früchtereis in eine große Schüssel geben und mit Minzeblättchen garnieren.

vorbereitete Salatblätter
1 vorbereiteter Thymianzweig

Pro Portion:
E: 9 g, F: 25 g, Kh: 37 g,
kJ: 1710, kcal: 409

1. Brühe in einem Topf zum Kochen bringen. Grieß unter Rühren in die kochende Brühe einrieseln lassen, bei schwacher Hitze 10–15 Minuten garen, mit Salz abschmecken.
2. Die Masse in einer flachen Form (mit Speiseöl bestrichen) verteilen (etwa 1 cm dick). Masse erkalten lassen.
3. Aus der Polentamasse Halbmonde schneiden. Butter in einer Pfanne zerlassen. Polenta-Halbmonde darin von beiden Seiten goldbraun braten.
4. Polenta mit Käse bestreut anrichten. Mit Salatblättern, dem Bratfett und einem Thymianzweig garniert servieren.

Polenta, gebraten

Vegetarisch

Gefüllte Zucchinitaler mit Polenta
4 Portionen

Zubereitungszeit: 45 Minuten
Backzeit: 10–15 Minuten

3 große Zucchini (je etwa 400 g)
1 Schalotte
1 Bund glatte Petersilie
2 EL Olivenöl
100 g Polenta (Maisgrieß)
600 ml Gemüsebrühe
Salz, frisch gemahlener Pfeffer
120 g geriebener Parmesan-Käse
Salzwasser
(auf 1 l Wasser 1 TL Salz)

etwas gehobelter Parmesan-Käse

Pro Portion:
E: 16 g, F: 17 g, Kh: 24 g,
kJ: 1326, kcal: 316

1. Zucchini waschen, abtrocknen und die Enden abschneiden. Zucchini leicht schräg in 16 Scheiben (etwa 3 cm dick) schneiden. Jeweils aus den Zucchinischeiben mit einem Teelöffel eine Vertiefung aushöhlen. Ausgehöhltes Fruchtfleisch in kleine Würfel schneiden.
2. Schalotte abziehen und ebenfalls in kleine Würfel schneiden. Petersilie abspülen und trocken tupfen. Die Blättchen von den Stängeln zupfen (einige Blättchen zum Garnieren beiseitelegen). Blättchen klein schneiden.
3. Olivenöl in einem Topf erhitzen, Schalotten- und Zucchiniwürfel darin andünsten. Maisgrieß hinzugeben und unter Rühren etwa 2 Minuten anrösten, Brühe hinzugießen. Die Zutaten zum Kochen bringen und unter Rühren etwa 5 Minuten kochen lassen. Den Topf von der Kochstelle nehmen. Maisgrieß mit Salz und Pfeffer würzen. Petersilie und etwas von dem Käse unterrühren. Die Masse etwas abkühlen lassen.
4. Salzwasser in einem Topf zum Kochen bringen. Die ausgehöhlten Zucchinischeiben darin etwa 2 Minuten blanchieren. Zucchinischeiben in ein Sieb geben, mit kaltem Wasser übergießen, abtropfen lassen und in eine große, flache Auflaufform legen. Zucchinischeiben mit der Grießmasse füllen. Restlichen Käse daraufstreuen. Die Form auf dem Rost in den vorgeheizten Backofen schieben.
Ober-/Unterhitze: etwa 200 °C
Heißluft: etwa 180 °C
Backzeit: 10–15 Minuten.
5. Die gefüllten Zucchinitaler mit den beiseite gelegten Petersilienblättchen garnieren und mit Parmesan-Käse bestreut servieren.

Einfach

Rote Linsen mit Paprika
4 Portionen

Zubereitungszeit: 30 Minuten

2 Zwiebeln
2 Knoblauchzehen
350 g rote oder gelbe Paprikaschoten
2 EL Olivenöl
250 g getrocknete, rote Linsen
1 TL getrockneter, gerebelter Thymian
400 ml Gemüsebrühe
1 Bund Frühlingszwiebeln
Salz, frisch gemahlener Pfeffer
1 Msp. Cayennepfeffer
1–1 ½ EL Zitronensaft
1 TL flüssiger Honig oder ½ TL Zucker

Pro Portion:
E: 16 g, F: 6 g, Kh: 36 g,
kJ: 1131, kcal: 270

1. Zwiebeln abziehen und in kleine Würfel schneiden. Knoblauch abziehen und in Scheiben schneiden. Paprikaschoten halbieren, entstielen, entkernen und die weißen Scheidewände entfernen. Schoten waschen, abtropfen lassen und in Streifen schneiden.
2. Olivenöl in einem Topf erhitzen. Zwiebelwürfel und Knoblauchscheiben darin unter Rühren andünsten. Linsen, Paprikastreifen und Thymian hinzufügen. Brühe hinzugießen, zum Kochen bringen und zugedeckt bei schwacher Hitze etwa 8 Minuten garen.
3. Frühlingszwiebeln putzen, waschen, abtropfen lassen und in Scheiben schneiden. Frühlingszwiebelscheiben unter die Linsenmasse heben, zugedeckt weitere etwa 3 Minuten garen. Mit Salz, Pfeffer, Cayennepfeffer, Zitronensaft und Honig oder Zucker würzen.

Tipp: Die roten Linsen mit Fladenbrot zu gebratenen Hähnchen- oder Putenschnitzeln oder pochierten Eiern servieren.

Für Gäste

Gefüllte weiße Rüben
4 Portionen

Zubereitungszeit: 65 Minuten
Garzeit: etwa 30 Minuten

8 dicke, runde weiße Rüben
(je etwa 250 g)
1 Bund Suppengrün (etwa 450 g),
z. B. Möhren, Sellerie und Porree
(Lauch)
300 g festkochende Kartoffeln
Salzwasser (auf 1 l Wasser 1 TL Salz)
1 Bund Majoran
400 g Bratwurstbrät
Salz, frisch gemahlener Pfeffer
2 Zwiebeln
2 EL Speiseöl
200 ml Gemüsebrühe

etwas Wasser oder Gemüsebrühe

Pro Portion:
E: 18 g, F: 31 g, Kh: 30 g,
kJ: 1960, kcal: 468

1. Weiße Rüben, Möhren und Sellerie putzen, schälen, waschen und abtropfen lassen. Porree putzen, die Stange längs halbieren, gründlich waschen, abtropfen lassen und in kleine Stücke schneiden. Kartoffeln waschen, schälen, abspülen und abtropfen lassen. Möhren, Sellerie und Kartoffeln in Würfel schneiden.
2. Von den Rüben einen etwa 1 cm dicken Deckel abschneiden. Die Rüben mit einem Kugelausstecher oder mit einem Teelöffel aushöhlen, dabei einen etwa 1/2 cm breiten Rand stehen lassen. Salzwasser in einem Topf zum Kochen bringen, die ausgehöhlten Rüben hinzugeben und etwa 5 Minuten blanchieren. Rüben herausnehmen, mit kaltem Wasser übergießen und abtropfen lassen. Den Backofen vorheizen.
3. Majoran abspülen und trocken tupfen. Die Blättchen von den Stängeln zupfen. Blättchen klein schneiden. Bratwurstbrät in eine Schüssel geben und mit Majoran vermischen. Eventuell mit Salz und Pfeffer nachwürzen. Zwiebeln abziehen und in kleine Würfel schneiden. Speiseöl in einem Bräter erhitzen. Zwiebel-, Gemüse- und Kartoffelwürfel darin andünsten. Brühe hinzugießen.
4. Bratwurstbrät in einen Spritzbeutel mit Lochtülle geben. Die Masse in die ausgehöhlten Rüben spritzen und auf das Gemüse setzen. Den Bräter auf dem Rost in den vorgeheizten Backofen schieben.
Ober-/Unterhitze: 180–200 °C
Heißluft: 160–180 °C
Garzeit: etwa 30 Minuten.
5. Während der Garzeit eventuell nach und nach etwas Wasser oder Gemüsebrühe hinzugießen.

Raffiniert

Basilikum-Tomaten-Reis
4 Portionen

Zubereitungszeit: 45 Minuten
Garzeit: etwa 30 Minuten

2 Zwiebeln
1 EL Speiseöl
250 g Naturreis
400 ml Gemüsebrühe
1 kleine Dose stückige Tomaten
(Einwaage 425 g)
Paprikapulver edelsüß
frisch gemahlener Pfeffer
1 Bund Basilikum

Pro Portion:
E: 6 g, F: 4 g, Kh: 49 g,
kJ: 1078, kcal: 257

1. Zwiebeln abziehen und in kleine Würfel schneiden. Speiseöl in einem Topf erhitzen, Zwiebelwürfel darin glasig dünsten. Reis hinzugeben und unter Rühren kurz mit andünsten.
2. Brühe und Tomatenstücke mit der Flüssigkeit hinzugeben, mit Paprika und Pfeffer würzen. Die Zutaten zum Kochen bringen. Den Reis zugedeckt bei schwacher Hitze etwa 30 Minuten garen.
3. Basilikum abspülen und trocken tupfen. Die Blättchen von den Stängeln zupfen. Blättchen klein schneiden und vor dem Servieren unter den Reis heben.

Beilage: Kurz gebratenes oder gegrilltes Fleisch.

Tipp: Der fertige Basilikum-Tomaten-Reis lässt sich portionsweise sehr gut einfrieren. Zum Servieren Tomaten-Reis auftauen lassen und kurz in etwas Butter oder Margarine erhitzen.

Leicht – schnell

Asiatisches Paprika-Porree-Gemüse
4 Portionen

Zubereitungszeit: 30 Minuten
Garzeit: 7–10 Minuten

2 rote Paprikaschoten (je etwa 200 g)
1 Stange Porree (Lauch)
2 mittelgroße Zucchini
(je etwa 200 g)
200 g Sojabohnensprossen
2 EL Speiseöl
1 Knoblauchzehe
frisch gemahlener Pfeffer
1–2 EL Zitronensaft
3–4 EL Sojasauce

Pro Portion:
E: 6 g, F: 6 g, Kh: 11 g
kJ: 529, kcal: 126

1. Paprikaschoten halbieren, entstielen, entkernen und die weißen Scheidewände entfernen. Schoten waschen, abtropfen lassen und in kleine Stücke schneiden. Porree putzen, die Stange längs halbieren, gründlich waschen, abtropfen lassen und in dünne Scheiben schneiden.
2. Zucchini waschen, abtrocknen und die Enden abschneiden. Zucchini in Streifen schneiden. Sojabohnensprossen verlesen, in ein Sieb geben, abspülen und abtropfen lassen.
3. Speiseöl in einer großen Pfanne oder einem Wok erhitzen. Paprikastücke, Porreescheiben und Zucchinistreifen hinzufügen. Die Zutaten unter ständigem Rühren bei starker Hitze in 5–8 Minuten bissfest garen.
4. Die Sojabohnensprossen hinzufügen und etwa 2 Minuten mitgaren lassen. Knoblauch abziehen, durch eine Knoblauchpresse drücken und unterrühren.
5. Das Paprika-Porree-Gemüse mit Pfeffer, Zitronensaft und Sojasauce abschmecken, sofort servieren.

Beilage: Körnig gekochter Reis.

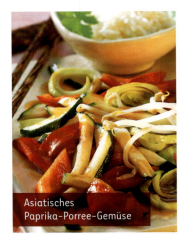
Asiatisches Paprika-Porree-Gemüse

Vegetarisch

Auberginen „Französische Art"
4 Portionen

Zubereitungszeit: 50 Minuten
Garzeit: etwa 30 Minuten

4 Auberginen (je etwa 250 g)
1 kleine Gemüsezwiebel (etwa 250 g)
2 Knoblauchzehen
Salz
4 Fleischtomaten (etwa 600 g)
1 Bund oder 1 Topf Basilikum
Salzwasser
4 EL Speiseöl
frisch gemahlener Pfeffer
80 g frisch geriebener
Parmesan-Käse

Für die Sauce:
1 EL Speiseöl
1 Pck. (450 g) stückige Tomaten
1 Pck. TK-Kräuter der Provence

einige Basilikumblättchen

Pro Portion:
E: 12 g, F: 20 g, Kh: 15 g,
kJ: 1236, kcal: 294

1. Auberginen waschen, abtrocknen und einen Deckel abschneiden. Das Fruchtfleisch mit einem Löffel herauslösen, dabei einen etwa ½ cm breiten Rand stehen lassen. Fruchtfleisch in Würfel schneiden. Gemüsezwiebel abziehen und klein würfeln. Knoblauch abziehen, mit Salz zu einer Paste zerdrücken.
2. Tomaten waschen, abtrocknen, halbieren, entstielen, entkernen und die Stängelansätze herausschneiden. Tomatenhälften in kleine Stücke schneiden. Basilikum abspülen und trocken tupfen. Die Blättchen von den Stängeln zupfen. Blättchen fein hacken.
3. Die ausgehöhlten Auberginen in kochendem Salzwasser etwa 3 Minuten blanchieren, in ein Sieb geben, mit kaltem Wasser übergießen und abtropfen lassen. Auberginen in eine große Auflaufform setzen. Den Backofen vorheizen.
4. Speiseöl in einem Topf erhitzen. Etwa 200 g der Zwiebelwürfel darin glasig dünsten. Auberginenwürfel und Tomatenstücke hinzufügen, etwa 10 Minuten dünsten lassen. Knoblauchpaste und Basilikum unterrühren. Mit Salz und Pfeffer würzen. Auberginen mit der Auberginen-Tomaten-Masse füllen und mit Käse bestreuen.
5. Die Form auf dem Rost in den vorgeheizten Backofen schieben.
Ober-/Unterhitze: etwa 180 °C
Heißluft: etwa 160 °C
Garzeit: etwa 30 Minuten.
6. Für die Sauce Speiseöl in einem Topf erhitzen. Restliche Zwiebelwürfel darin glasig dünsten. Tomatenstückchen mit der Flüssigkeit unterrühren, zum Kochen bringen und unter Rühren leicht kochen lassen. Mit Kräutern der Provence, Salz und Pfeffer würzen.
7. Die gefüllten Auberginen mit Basilikumblättchen garnieren und mit der Sauce servieren.

Beilage: Ofenwarmes Knoblauchbaguette.

Auberginen „Französische Art"

Chicorée mit Kerbel-Ei-Sauce

Apfel-Zwiebel-Rösti

Raffiniert

Chicorée mit Kerbel-Ei-Sauce
4 Portionen

Zubereitungszeit: 50 Minuten

4 Eier (Größe M)
4 rote Chicorée (je etwa 150 g)
4 weiße Chicorée (je etwa 150 g)
1 Zwiebel
1 Bund Kerbel
1 Bund Petersilie
50 g Knoblauchbutter
500 ml (1/2 l) Gemüsebrühe
Salz, frisch gemahlener Pfeffer
200 g Butter
vorbereitete Petersilien- oder Korianderstängel

Pro Portion:
E: 10 g, F: 48 g, Kh: 7 g,
kJ: 2117, kcal: 505

1. Eier in kochendem Wasser etwa 8 Minuten kochen lassen, in kaltem Wasser abschrecken, pellen, erkalten lassen und in kleine Würfel schneiden.
2. Vom Chicorée die äußeren welken Blätter entfernen. Chicorée längs halbieren, waschen, abtropfen lassen und die bitteren Strünke keilförmig herausschneiden.
3. Zwiebel abziehen und in kleine Würfel schneiden. Kerbel und Petersilie abspülen, trocken tupfen. Die Blättchen von den Stängeln zupfen. Blättchen klein schneiden.
4. Knoblauchbutter in einem Bräter zerlassen, Zwiebelwürfel darin glasig dünsten. Vorbereiteten Chicorée hineingeben und Brühe hinzugießen. Mit Salz und Pfeffer würzen. Die Brühe zum Kochen bringen. Chicorée etwa 10 Minuten garen.
5. Butter in einer Pfanne zerlassen. Kerbel, Petersilie und Eiwürfel darin vorsichtig andünsten.
6. Gedünsteten Chicorée mit einer Schaumkelle aus der Brühe nehmen, auf einer Platte anrichten und mit der Kräuter-Ei-Butter übergießen. Mit Kräuterzweigen garnieren.

Für Gäste – preiswert

Apfel-Zwiebel-Rösti
4 Portionen

Zubereitungszeit: 50 Minuten

200 g Zwiebeln
800 g festkochende Kartoffeln
1 Apfel
1 Ei (Größe M)
1 EL gerebelter Majoran
frisch geriebene Muskatnuss
Salz
frisch gemahlener Pfeffer
4 EL Speiseöl

Pro Portion:
E: 7 g, F: 12 g, Kh: 37 g,
kJ: 1202, kcal: 287

1. Zwiebeln abziehen, halbieren und in kleine Würfel schneiden. Kartoffeln waschen, schälen, abspülen und abtropfen lassen. Apfel schälen, vierteln und entkernen.
2. Kartoffeln und Apfel auf einer Haushaltsreibe grob raspeln. Zwiebelwürfel und Ei unterarbeiten. Mit Majoran, Muskat, Salz und Pfeffer würzen.
3. Speiseöl portionsweise in in einer großen, beschichteten Pfanne erhitzen. Je Rösti 1 gehäuften Esslöffel von der Zwiebel-Kartoffel-Apfel-Masse hineingeben, etwas flachdrücken und von jeder Seite bei schwacher Hitze etwa 3 Minuten goldgelb braten. Rösti herausnehmen, auf Küchenpapier abtropfen lassen und trocken tupfen.

Tipp: Für große Rösti jeweils ein Viertel der Masse in eine Pfanne geben und etwa 10 Minuten von beiden Seiten braten. Zum Wenden den Rösti aus der Pfanne auf einen flachen großen Deckel gleiten lassen, mit einem Teller bedecken und umdrehen. Dann wieder vorsichtig in die Pfanne zurückgleiten lassen. Sehr gut zu den Rösti schmecken gebratene Champignons und kurz gebratenes Fleisch, z. B. Schweinefilet oder Steaks.

Mit Alkohol

Frittiertes Gemüse mit Tomatendip
4 Portionen

Zubereitungszeit: 70 Minuten, ohne Ruhezeit

Für den Teig:
300 g Weizenmehl
3 Eigelb (Größe M)
300 ml helles Bier
70 g Schlagsahne
50 g frisch geriebener Parmesan-Käse
Salz
frisch gemahlener Pfeffer
frisch geriebene Muskatnuss
3 Eiweiß (Größe M)

Für das Gemüse:
je 1 rote, grüne und gelbe Paprikaschote
1–2 kleine Zucchini
8 Champignons

Für den Tomatendip:
8 Flaschentomaten
3 Schalotten
3 Knoblauchzehen
2 EL Sonnenblumenkernöl
2 EL Tomatenmark
Zucker, gerebelter Oregano

Zum Frittieren:
1 l Speiseöl

etwas vorbereiteter Rucola
Zitronenachtel

Pro Portion:
E: 19 g, F: 42 g, Kh: 54 g,
kJ: 2852, kcal: 681

1. Für den Teig Mehl in eine Rührschüssel geben. Eigelb, Bier, Sahne und Parmesan-Käse hinzufügen. Die Zutaten gut verrühren. Mit Salz, Pfeffer und Muskat würzen.
2. Eiweiß cremig schlagen und unter den Teig heben. Den Teig etwa 30 Minuten ruhen lassen.

Frittiertes Gemüse

3. Für das Gemüse Paprikaschoten halbieren, entstielen, entkernen und die weißen Scheidewände entfernen. Schoten waschen, trocken tupfen und in etwa 1 cm breite Streifen schneiden. Zucchini waschen, abtrocknen und die Enden abschneiden. Zucchini in etwa 1/2 cm dicke Scheiben schneiden. Champignons putzen, mit Küchenpapier abreiben, die Stiele etwas kürzer schneiden. Champignons evtl. abspülen und trocken tupfen. Große Champignons halbieren.
4. Für den Dip Tomaten waschen, kreuzweise einschneiden und kurz in kochendes Wasser legen. Tomaten kurz in kaltes Wasser legen, enthäuten, halbieren, entkernen und die Stängelansätze herausschneiden. Tomatenhälften in Würfel schneiden. Schalotten und Knoblauch abziehen, in sehr kleine Würfel schneiden.
5. Sonnenblumenöl in einem Topf erhitzen. Schalotten- und Knoblauchwürfel darin andünsten. Tomatenmark unterrühren und kurz mit andünsten. Tomatenwürfel hinzufügen, etwa 5 Minuten dünsten lassen. Mit Salz, Pfeffer, Zucker und Oregano abschmecken.
6. Zum Frittieren Speiseöl in einem Topf oder in einer Fritteuse auf etwa 180 °C erhitzen. Das vorbereitete Gemüse durch den Teig ziehen, am Schüsselrand abstreifen und in dem erhitzten Speiseöl goldbraun backen.
7. Das Gemüse mit einer Schaumkelle herausnehmen, auf Küchenpapier abtropfen lassen und auf einem Teller anrichten. Nach Belieben mit Rucola und Zitronenachteln garnieren. Den Dip dazureichen.

Feine Gemüserouladen

Für Gäste

Feine Gemüserouladen
4 Portionen

Zubereitungszeit: 30 Minuten
Garzeit: etwa 15 Minuten

3 EL Olivenöl
je 150 g feine Möhren-, Sellerie- und Bohnenwürfel
150 g Porreestreifen (Lauchstreifen)
120 g Tomatenwürfel
2 EL Tomatenmark
Knoblauchpulver
Salz, bunter Pfeffer
gehackter Thymian
250 ml (1/4 l) Gemüsebrühe

16 große Blätter Römersalat
1 l Salzwasser

Außerdem:
Küchengarn

Pro Portion:
E: 6 g, F: 8 g, Kh: 10 g,
kJ: 575, kcal: 137

1. Olivenöl in einem Topf erhitzen. Gemüsewürfel und -streifen darin portionsweise unter mehrmaligem Wenden andünsten, bis sie Farbe genommen haben. Tomatenmark unterrühren. Mit Knoblauch, Salz, Pfeffer und Thymian würzen.
2. Etwas von der Brühe hinzugießen. Die Gemüsewürfel und -streifen in etwa 5 Minuten fast gar dünsten lassen.
3. Salatblätter vorsichtig abspülen und in kochendem Salzwasser kurz

Gemüse & Beilagen

blanchieren, damit sie weich werden. Salatblätter in kaltem Wasser abschrecken, abtropfen lassen und auf einem Geschirrtuch ausbreiten. Die Gemüsemasse darauf verteilen, dabei die Ränder frei lassen.
4. Die Salatblätter jeweils von der schmalen Seite her zu einer Roulade aufrollen und mit Küchengarn umwickeln.
5. Die Gemüserouladen in einen großen, flachen Topf legen. Restliche Brühe hinzugießen, zum Kochen bringen und etwa 10 Minuten garen.
6. Gemüserouladen aus dem Topf nehmen und das Küchengarn entfernen.

Klassisch

Polenta, gegrillt mit Lardo
6 Portionen

Zubereitungszeit: 45 Minuten, ohne Kühlzeit

750 ml (¾ l) Fleischbrühe
225 g Maisgrieß (Polenta)
750 ml (¾ l) Wasser
1 gestr. TL Salz
1 Stängel Rosmarin
6 EL Olivenöl
100 g Lardo (gewürzter fetter Speck, hauchdünn geschnitten)
frisch gemahlener, schwarzer Pfeffer

Pro Portion: E: 4 g, F: 25 g, Kh: 28 g, kJ: 1482, kcal: 354

1. Brühe in einem Topf zum Kochen bringen. Maisgrieß mit Wasser verrühren, in die kochende Brühe geben und unterrühren. Mit Salz würzen. Mit einem Schneebesen so lange rühren, bis die Masse anfängt dicklich zu werden.
2. Die Grießmasse bei schwacher Hitze unter ständigem Rühren 2–3 Minuten kochen lassen, bis sie sehr dick ist.
3. Die Masse in eine Kastenform (30 x 11 cm, mit Frischhaltefolie ausgelegt) geben, glattstreichen und kalt stellen.
4. Rosmarin abspülen und trocken tupfen. Die Nadeln von dem Stängel zupfen, Nadeln klein schneiden.
5. Wenn die Polenta fest geworden ist, aus der Form stürzen und in etwa 1 cm breite Scheiben schneiden. Olivenöl in einer Pfanne erhitzen. Polentascheiben darin von beiden Seiten kross braten, herausnehmen und auf einer Platte anrichten. Speckscheiben darauf verteilen. Mit Pfeffer und Rosmarin bestreuen.

Dauert länger

Gefüllte Fencheltaschen
4 Portionen

Zubereitungszeit: 55 Minuten
Garzeit: etwa 10 Minuten

4 Fenchelknollen (je etwa 300 g)
Salzwasser

Für die Füllung:
200 g festkochende Kartoffeln
2 dicke Möhren (etwa 200 g)
½ Knollensellerie (etwa 200 g)
1 kleine Stange Porree (Lauch, etwa 200 g)
3 EL Speise- oder Olivenöl
200 ml Gemüsebrühe (Fenchelbrühe)
Salz
frisch gemahlener Pfeffer

120 g frisch geriebener Parmesan-Käse

Zum Garnieren:
einige Kerbelstängel

Pro Portion:
E: 16 g, F: 19 g, Kh: 18 g, kJ: 1283, kcal: 306

1. Von den Fenchelknollen braune Stellen und Blätter entfernen. Wurzelenden gerade schneiden. Fenchelknollen aufblättern. Fencheltaschen mit Stiel beiseitelegen. Ausgehöhltes Fenchelfleisch in Streifen schneiden.
2. Salzwasser in einem großen Topf zum Kochen bringen. Fenchelschalen hinzufügen und 8–10 Minuten garen. Fenchelschalen mit einer Schaumkelle herausnehmen, mit kaltem Wasser übergießen und in einem Sieb abtropfen lassen. Von der Fenchelbrühe 200 ml abmessen. Den Backofen vorheizen.
3. Für die Füllung Kartoffeln waschen, schälen und abspülen. Möhren und Sellerie putzen, schälen und waschen. Porreestange putzen, längs halbieren und gründlich waschen. Das Gemüse abtropfen lassen und in Streifen schneiden.
4. Speise- oder Olivenöl in einer großen Pfanne erhitzen. Zuerst Kartoffelstreifen, dann Möhren-, Sellerie- und Porreestreifen darin andünsten. Fenchelbrühe hinzugießen. Die Zutaten 6–8 Minuten dünsten lassen. Mit Salz und Pfeffer würzen.
5. Die Fencheltaschen in eine große, flache Auflaufform setzen und mit den Gemüsestreifen füllen. Mit Käse bestreuen. Die Form auf dem Rost in den vorgeheizten Backofen schieben.
Ober-/Unterhitze: 220–240 °C
Heißluft: 200–220 °C
Garzeit: etwa 10 Minuten.
6. Zum Garnieren Kerbel abspülen und trocken tupfen. Die Fencheltaschen mit Kerbel garniert servieren.

Polenta, gegrillt mit Lardo

Gefüllte Fencheltaschen

Dauert länger

Kartoffelroulade mit frischem Dost
4 Portionen

Zubereitungszeit: 80 Minuten, ohne Abkühlzeit

1 kg festkochende Kartoffeln (geschält gewogen)
Salz
4 kleine Fleisch- oder Flaschentomaten (etwa 400 g)
1 Bund oder Topf Dost (wilder Oregano)
3 Eigelb (Größe M)
etwa 40 g Kartoffelstärke
frisch gemahlener Pfeffer
frisch geriebene Muskatnuss

Für die Fleischröllchen:
4 Hähnchenbrustfilets (je etwa 150 g)
Salz
frisch gemahlener Pfeffer
4 dickere Scheiben Parmaschinken (je etwa 25 g)
etwas Speisestärke
2 EL Olivenöl

Für die Kartoffelroulade:
2 EL Olivenöl
40 g Butter
vorbereitete Dostzweige zum Garnieren

Außerdem:
Holzstäbchen

Pro Portion:
E: 49 g, F: 23 g, Kh: 50 g,
kJ: 2562, kcal: 611

1. Kartoffeln waschen, schälen, abspülen, abtropfen lassen und in kleine Stücke schneiden. Kartoffelstücke in einem Topf mit Wasser bedeckt zum Kochen bringen. Salz hinzufügen. Kartoffelstücke zugedeckt etwa 20 Minuten garen.
2. Tomaten waschen, trocken tupfen, halbieren und entkernen. Tomaten in kleine Würfel schneiden. Dost abspülen und trocken tupfen. Die Blättchen von den Stängeln zupfen. Blättchen grob zerkleinern.
3. Gegarte Kartoffelstücke abgießen, abdämpfen und sofort durch eine Kartoffelpresse drücken oder mit einem Kartoffelstampfer zerkleinern. Eigelb und 30 g der Kartoffelstärke gut unterarbeiten. Mit Salz, Pfeffer und Muskat würzen.
4. Die Kartoffelmasse auf einer mit Kartoffelstärke bestäubten Arbeitsfläche vorsichtig zu einem Rechteck ausrollen (mit einer Teigrolle oder mit den Händen zu einem Rechteck formen).
5. Tomatenwürfel und Dost gleichmäßig darauf verteilen, etwas andrücken. Mit Wasser bestreichen und zu einer Roulade aufrollen. Kartoffelroulade erkalten lassen.
6. Für die Fleischröllchen Hähnchenbrustfilets unter fließendem kalten Wasser abspülen, trocken tupfen, mit Salz und Pfeffer bestreuen.
7. Hähnchenbrustfilets jeweils aufrollen und mit je einer Schinkenscheibe umwickeln. Mit Holzstäbchen feststecken.
8. Olivenöl in einer Pfanne erhitzen. Fleischröllchen darin von allen Seiten in etwa 15 Minuten fertig garen, herausnehmen und auf einen vorgewärmten Teller legen. Den Teller auf dem Rost in den vorgeheizten Backofen schieben und die Fleischröllchen warm halten.
Ober-/Unterhitze: etwa 80 °C
Heißluft: etwa 60 °C
9. Kartoffelroulade in etwa 3 cm dicke Scheiben schneiden und leicht mit Speisestärke bestäuben. Butter und Olivenöl in einer beschichteten Pfanne erhitzen. Kartoffelscheiben darin etwa 5 Minuten von beiden Seiten braten.
10. Die Kartoffelscheiben herausnehmen, mit den Fleischröllchen (Holzstäbchen entfernen) anrichten und mit Dostzweigen garnieren.

Kartoffelroulade

Gefüllte Riesenrübe

Preiswert

Gefüllte Riesenrübe
4 Portionen

Zubereitungszeit: 60 Minuten
Garzeit: Rüben: etwa 40 Minuten
Überbackzeit: etwa 20 Minuten

1 große Steckrübe (etwa 850 g)
1 Knoblauchzehe
Salz
frisch gemahlener Pfeffer
gemahlener Zimt
2 EL Butter
etwas Wasser

Für die Füllung:
2 Zwiebeln
1 EL Butter
1 ½ l Wasser
1 ½ gestr. TL Salz
150 g grüne Spiralnudeln
50 g gehobelte Haselnusskerne
100 g Crème fraîche
1 EL gehackte Petersilie

150 g Brie-Käse

Pro Portion:
E: 15 g, F: 35 g, Kh: 39 g,
kJ: 2221, kcal: 531

1. Steckrübe waschen, schälen, abspülen, abtrocknen und waagerecht in der Mitte halbieren. Die Rübenhälften mit einem Kugelausstecher so weit aushöhlen, dass ein etwa 1 cm breiter Rand stehen bleibt. Knoblauch abziehen und durch eine Knoblauchpresse drücken. Knoblauch mit Salz, Pfeffer und Zimt mischen. Die Rübenhälften innen und außen mit der Gewürzmischung einreiben.
2. Butter in einem breiten Topf zerlassen. Die Rübenhälften hineingeben, etwas Wasser hinzugießen und zugedeckt etwa 40 Minuten garen. Nach etwa 20 Minuten Garzeit die Rübenkugeln hinzufügen und mitgaren lassen. Riesenrübenhälften und -kugeln herausnehmen und in einem Sieb abtropfen lassen.

3. Für die Füllung Zwiebeln abziehen und in kleine Würfel schneiden. Butter in einer Pfanne zerlassen. Zwiebelwürfel darin glasig dünsten und herausnehmen. Den Backofen vorheizen.
4. Wasser in einem großen Topf mit geschlossenem Deckel zum Kochen bringen. Dann Salz und Nudeln zugeben. Die Nudeln im geöffneten Topf bei mittlerer Hitze nach Packungsanleitung kochen lassen, dabei zwischendurch 4–5-mal umrühren.
5. Anschließend die Nudeln in ein Sieb geben, mit heißem Wasser abspülen und abtropfen lassen.
6. Die Nudeln mit den Zwiebelwürfeln, Haselnusskernen, Crème fraîche und Petersilie mischen. Mit Salz, Pfeffer und Zimt würzen. Die Rübenhälften mit der Nudelmasse füllen und in eine große Auflaufform (gefettet) setzen.
7. Vom Käse die festen Außenkanten abschneiden. Den Käse in Scheiben schneiden und auf der Füllung verteilen. Die Form auf dem Rost in den vorgeheizten Backofen schieben.
Ober-/Unterhitze: etwa 200 °C
Heißluft: etwa 180 °C
Backzeit: etwa 20 Minuten.
8. Die Gemüsekugeln kurz vor Ende der Garzeit zu den Rübenhälften geben und miterhitzen.
9. Die gefüllten Riesenrüben mit den Gemüsekugeln auf einem Teller anrichten und sofort servieren.

Tipp: Reichen Sie dazu kurz gebratenes oder gegrilltes Fleisch.

Radicchio, im Ofen gegart

Schnell

Radicchio, im Ofen gegart
4 Portionen

Zubereitungszeit: 25 Minuten
Garzeit: 15–20 Minuten

400 g länglicher oder runder Radicchio
200 g Chicorée
Salz
frisch gemahlener, grober, bunter Pfeffer

Pro Portion:
E: 1 g, F: 10 g, Kh: 2 g,
kJ: 429, kcal: 102

1. Den Backofen vorheizen. Radicchio und Chicorée putzen, unter fließendem kalten Wasser abspülen und gut abtropfen lassen. Von dem Chicorée die bitteren Strünke keilförmig herausschneiden.
2. Radicchio und Chicorée in eine Auflaufform (gefettet) geben. Mit Salz und Pfeffer bestreuen. Die Form auf dem Rost in den vorgeheizten Backofen schieben.
Ober-/Unterhitze: etwa 200 °C
Heißluft: etwa 180 °C
Garzeit: 15–20 Minuten.

Tipp: 100 g Weißbrotwürfel in Knoblauchöl braten und auf den Radicchio streuen. Radicchio zu kurz gebratenem Fleisch servieren.

Gefüllte Rotkohlröllchen mit Rotwein

Gefüllte Spitzkohlblätter

Mit Alkohol

Gefüllte Rotkohlröllchen mit Rotwein
4 Portionen

Zubereitungszeit: 60 Minuten, ohne Quellzeit
Garzeit: etwa 30 Minuten

Wasser
Salz
1 Rotkohl (1–1 1/2 kg)

Für die Füllung:
3 Brötchen (Semmeln vom Vortag)
50 g durchwachsener Speck
1 Zwiebel
80 g Butter
100 g getrocknete Apfelringe
125 g Schlagsahne
125 ml (1/8 l) Rotwein
Salz, frisch gemahlener Pfeffer
gemahlene Nelken
gemahlener Piment
gemahlene Macis (Muskatblüte)
200 ml Gemüsebrühe
30 g Butterflöckchen
etwas Petersilie

Pro Portion:
E: 7 g, F: 35 g, Kh: 37 g,
kJ: 2157, kcal: 515

1. In einem großen Topf reichlich Wasser zum Kochen bringen. Salz hinzufügen (auf 1 l Wasser 1 TL Salz). Inzwischen von dem Rotkohl die äußeren welken Blätter entfernen. Den Rotkohl abspülen und den Strunk unten keilförmig herausschneiden. Den Rotkohl so lange in das kochende Wasser legen, bis sich die äußeren Blätter lösen. Diesen Vorgang wiederholen, bis etwa 8 Blätter sich lösen lassen und etwas weich sind. Die Blätter abtropfen lassen und mit Küchenpapier trocken tupfen. Die dicken Blattrippen flachschneiden.
2. Für die Füllung Brötchen und Speck in kleine Würfel schneiden. Zwiebel abziehen und ebenfalls in kleine Würfel schneiden. Butter in einer Pfanne zerlassen. Speckwürfel darin auslassen, Brot- und Zwiebelwürfel hinzufügen und unter mehrmaligem Wenden knusprig braun rösten. Apfelringe klein schneiden und hinzufügen. Sahne und Rotwein hinzugießen. Backofen vorheizen.
3. Die Pfanne von der Kochstelle nehmen und die Zutaten etwa 15 Minuten quellen lassen. Mit Salz, Pfeffer, Nelken, Piment und Macis kräftig würzen.
4. Jeweils 2 Rotkohlblätter aufeinanderlegen. Die Füllung darauf verteilen. Die Blätter seitlich einschlagen und aufrollen. Die Röllchen nebeneinander mit der Nahtseite nach unten in eine flache Auflaufform legen. Brühe hinzugießen. Butterflöckchen daraufsetzen. Die Form auf dem Rost in den vorgeheizten Backofen schieben.
Ober-/Unterhitze: etwa 200 °C
Heißluft: etwa 180 °C
Garzeit: etwa 30 Minuten.
5. Petersilie abspülen und trocken tupfen. Die Blättchen von den Stängeln zupfen. Die Rotkohlröllchen mit Petersilienblättchen garniert servieren.

Beilage: Kartoffelgratin.

Für Gäste

Gefüllte Spitzkohlblätter
4 Portionen

Zubereitungszeit: 50 Minuten
Garzeit: etwa 45 Minuten

Wasser
Salz (auf 1 l Wasser 1 TL Salz)
1 Spitzkohl (etwa 700 g)

Für die Füllung:
200 g festkochende Kartoffeln
1 Bund Suppengrün (etwa 500 g, küchenfertig vorbereitet, z. B. Möhren, Sellerie, Porree [Lauch])
200 g Schweinefilet
4 EL Speiseöl
Salz
frisch gemahlener Pfeffer
1/2 TL gehackter Thymian
1 Zwiebel
Wasser
4 Scheiben durchwachsener, magerer Speck (je etwa 20 g)

Pro Portion:
E: 20 g, F: 13 g, Kh: 14 g,
kJ: 1070, kcal: 256

1. In einem großen Topf Wasser und Salz zum Kochen bringen. Vom Spitzkohl die äußeren welken Blätter entfernen. Den Spitzkohl abspülen, den Strunk unten keilförmig herausschneiden. Den Spitzkohl so lange in kochendes Wasser legen, bis sich die äußeren Blätter lösen. Diesen Vorgang wiederholen, bis sich etwa 8 Blätter lösen lassen. Die Blätter abtropfen lassen, mit Küchenpapier trocken tupfen. Dicke Blattrippen flachschneiden.

2. Für die Füllung Kartoffeln waschen, schälen, abspülen, abtropfen lassen und in Würfel schneiden. Möhren und Sellerie putzen, schälen, waschen, abtropfen lassen und in kleine Stücke schneiden. Porree putzen, die Stange längs halbieren, gründlich waschen, abtropfen lassen und in dünne Scheiben schneiden. Schweinefilet abspülen, trocken tupfen und in Würfel schneiden. Den Backofen vorheizen.

3. Zwei Esslöffel des Speiseöls in einer Pfanne erhitzen. Filetwürfel darin von allen Seiten anbraten und herausnehmen. Zuerst die Kartoffelwürfel, dann die Gemüsewürfel in dem verbliebenen Bratfett andünsten. Filetwürfel hinzugeben. Mit Salz, Pfeffer und Thymian würzen.

4. Jeweils 2 Kohlblätter aufeinander legen, mit je einem Viertel der Fleisch-Gemüse-Masse füllen. Die überlappenden Blätter zur Mitte hin einschlagen und aufrollen.

5. Zwiebel abziehen und in kleine Würfel schneiden. Restlichen Spitzkohl in Streifen schneiden. Restliches Speiseöl in einer Pfanne erhitzen. Zwiebelwürfel und Spitzkohlstreifen darin andünsten, etwas Wasser hinzugießen. Die Spitzkohlstreifen in einen Bräter geben. Die Spitzkohlrouladen darauflegen und mit je einer Scheibe Speck belegen. Den Bräter auf dem Rost in den vorgeheizten Backofen schieben.
Ober-/Unterhitze: etwa 200 °C
Heißluft: etwa 180 °C
Garzeit: etwa 45 Minuten.

6. Das Gemüse während der Garzeit vorsichtig umrühren, so dass die Rouladen unbeschädigt bleiben.

Beilage: Wildreismischung.

Tipp: Anstelle von Spitzkohl können Sie auch Weißkohl oder Wirsing verwenden.

Vegetarisch

Gefüllte Mangoldpäckchen auf Gemüse
4 Portionen

Zubereitungszeit: 90 Minuten, ohne Einweich- und Abkühlzeit
Garzeit: etwa 15 Minuten

400 g Klebreis (Asia-Shop)
500 ml (1/2 l) kaltes Wasser
1/2 gestr. TL Salz

4 Stauden Mangold (etwa 1 kg, kurzstielige Sorte, pro Staude etwa 10 Blätter)
4 dicke Möhren (etwa 450 g)
2 Dosen Bambussprossen in Streifen (Abtropfgewicht je 220 g)
2 Dosen Sojabohnenkeimlinge (Abtropfgewicht je 220 g)
150 g Shiitake-Pilze
120 g Butter oder Margarine
50 g Mango-Chutney
Sojasauce
süße Chilisauce

Außerdem:
Bastfäden oder Küchengarn zum Binden der Päckchen

Pro Portion:
E: 20 g, F: 28 g, Kh: 100 g,
kJ: 3110, kcal: 744

1. Klebreis in Wasser etwa 60 Minuten einweichen (Packungsanleitung beachten). Klebreis mit dem Einweichwasser und Salz etwa 15 Minuten kochen, bis ein Brei entsteht. Den Brei in eine flache Form geben und erkalten lassen. Den Backofen vorheizen.

2. Mangoldstauden putzen, mehrmals gründlich waschen, abtropfen lassen und die Stiele in Streifen schneiden. Die Blätter in kochendem Salzwasser etwa 2 Minuten blanchieren, in ein Sieb geben, mit kaltem Wasser übergießen, abtropfen lassen und mit Küchenpapier trocken tupfen.

3. Möhren putzen, schälen, waschen, abtropfen lassen und in feine Streifen schneiden. Bambussprossen und Sojabohnenkeimlinge in einem Sieb abtropfen lassen, dabei den Sud auffangen und 100 ml abmessen. Shiitake-Pilze putzen und in Scheiben schneiden.

4. Butter oder Margarine in einem Topf zerlassen. Die vorbereiteten Gemüsezutaten (außer Mangoldblätter) darin andünsten, mit dem aufgefangenen Sud ablöschen, mit Mango-Chutney, Soja- und Chilisauce kräftig würzen. Die Gemüsemasse in eine Fettfangschale oder eine große Auflaufform (gefettet) füllen.

5. Mangoldblätter auf einer Arbeitsfläche ausbreiten, auf jedes Blatt 1 Esslöffel Klebreis geben, zusammenfalten und mit Bast oder Küchengarn verschnüren. Die Päckchen auf das Gemüse setzen und die Fettfangschale oder die Form auf dem Rost in den vorgeheizten Backofen schieben.
Ober-/Unterhitze: etwa 180 °C
Heißluft: etwa 160 °C
Garzeit: etwa 15 Minuten.

Gefüllte Mangoldpäckchen auf Gemüse

Einfach

Gedünsteter Reis
4 Portionen

Zubereitungszeit: 30 Minuten

1 Zwiebel
20 g Butter oder Margarine
200 g Langkornreis
400 ml Gemüsebrühe
evtl. Salz

Pro Portion:
E: 4 g, F: 5 g, Kh: 39 g,
kJ: 906, kcal: 217

1. Zwiebel abziehen und in kleine Würfel schneiden. Butter oder Margarine in einem Topf zerlassen. Zwiebelwürfel und Reis darin andünsten.
2. Gemüsebrühe hinzugießen und zum Kochen bringen. Den Reis zugedeckt bei schwacher Hitze 15–20 Minuten quellen lassen. Den garen Reis eventuell mit Salz abschmecken.

Abwandlung 1: Für Curryreis (im Foto hinten) Zwiebelwürfel und Reis wie oben angegeben andünsten. 1 Esslöffel Currypulver darüberstreuen und kurz mitdünsten. Dann Brühe hinzugießen und den Reis wie angegeben garen.

Abwandlung 2: Für Tomatenreis (im Foto vorne) den Reis wie oben angegeben zubereiten. In der Zwischenzeit 800 g Tomaten enthäuten und die Stängelansätze herausschneiden. Tomaten halbieren, entkernen und in Würfel schneiden. 2 Knoblauchzehen und 1 Zwiebel abziehen, würfeln. 3 Esslöffel Speiseöl (z. B. Sonnenblumenöl) erhitzen. Knoblauch- und Zwiebelwürfel darin andünsten. Tomatenwürfel und 1 Teelöffel getrocknete Kräuter der Provence hinzugeben, zugedeckt bei schwacher Hitze etwa 5 Minuten dünsten. Mit Salz, Pfeffer und wenig Zucker abschmecken. Die Tomatenmasse mit dem gedünsteten Reis vermischen. 50 g mittelalten, geriebenen Gouda-Käse und 1 Esslöffel gehackte Petersilie unterrühren.

Vegetarisch

Gefüllte Artischocken
4 Portionen

Zubereitungszeit: 45 Minuten, ohne Abkühlzeit
Garzeit: 30–40 Minuten

8 große Artischocken (je etwa 350 g)
2 Bio-Zitronen (unbehandelt, ungewachst)
Salzwasser

Für die Füllung:
1 Gemüsezwiebel (etwa 300 g)
je 1 kleines Bund Thymian, Majoran und Petersilie
4 Fleischtomaten (etwa 600 g)
200 g braune Champignons
1 Bund Suppengrün (etwa 400 g, küchenfertig vorbereitet), z. B. Möhren, Porree (Lauch), Knollensellerie
4 EL Olivenöl
Salz
frisch gemahlener Pfeffer
200 ml Gemüsebrühe

Außerdem:
Küchengarn

Pro Portion:
E: 13 g, F: 11 g, Kh: 18 g,
kJ: 960, kcal: 229

1. Artischocken unter fließendem kalten Wasser abspülen und gut abtropfen lassen. Stiele und obere Spitzen der Artischocken abschneiden. Zitronen gründlich waschen, abtrocknen und in 16 Scheiben schneiden. Artischocken von beiden Seiten mit je einer Zitronenscheibe belegen, mit Küchengarn fest umwickeln. Salzwasser in einem Topf zum Kochen bringen. Artischocken hinzufügen, zugedeckt etwa 50 Minuten garen. Artischocken mit einer Schaumkelle herausnehmen und abkühlen lassen. Küchengarn und Zitronenscheiben entfernen. Den Backofen vorheizen.
2. Für die Füllung Zwiebel abziehen, halbieren und in kleine Würfel schneiden. Kräuter abspülen und trocken tupfen. Die Blättchen von den Stängeln zupfen, Blättchen klein schneiden. Tomaten waschen, abtrocknen und die Stängelansätze herausschneiden. Tomaten vierteln, entkernen. Champignons putzen, mit Küchenpapier abreiben, eventuell abspülen, trocken tupfen und in Viertel schneiden (die dicken Stiele abschneiden). Suppengrün putzen, eventuell schälen, waschen, abtropfen lassen und in kleine Stücke schneiden. Von den Artischocken das

Gedünsteter Reis

Gefüllte Artischocken

Gemüse & Beilagen

Heu mit einem Teelöffel herauslösen. Artischocken nochmals waschen und abtropfen lassen.
3. Zwei Esslöffel des Olivenöls in einer Pfanne erhitzen. Zwiebelwürfel darin glasig dünsten. Champignonviertel hinzugeben und mit andünsten. Tomatenviertel und Kräuter vorsichtig unterheben. Mit Salz und Pfeffer würzen. Restliches Olivenöl in einem Bräter erhitzen, das vorbereitete Suppengemüse darin andünsten. Ausgehöhlte Artischocken daraufsetzen und mit der Champignon-Tomaten-Masse füllen. Gemüsebrühe hinzugießen. Den Bräter auf dem Rost in den vorgeheizten Backofen schieben.
Ober-/Unterhitze: 180–200 °C
Heißluft: 160–180 °C
Garzeit: 30–40 Minuten.

Raffiniert

Peperonata
4 Portionen

Zubereitungszeit: 35 Minuten
Garzeit: etwa 40 Minuten

400 g Cocktailtomaten
je 1 rote, gelbe und grüne Paprikaschote (etwa 500 g)
2 mittelgroße Zucchini (etwa 400 g)
2 milde Peperoni
3–4 Knoblauchzehen
1 Bund Majoran
2 EL Olivenöl
4 EL süße Chilisauce
Salz
frisch gemahlener Pfeffer

Außerdem:
1 Stück Bratfolie oder Bratschlauch

Pro Portion:
E: 4 g, F: 6 g, Kh: 13 g,
kJ: 550, kcal: 131

1. Tomaten waschen, trocken tupfen, halbieren, entkernen und die Stängelansätze herausschneiden. Tomaten evtl. vierteln. Paprikaschoten

Peperonata

halbieren, entstielen, entkernen und die weißen Scheidewände entfernen. Die Schoten waschen, trocken tupfen und in große Stücke schneiden. Den Backofen vorheizen.
2. Zucchini waschen, abtrocknen und die Enden abschneiden. Zucchini in Stücke schneiden. Peperoni abspülen, trocken tupfen, längs halbieren, entkernen und ebenfalls in Stücke schneiden. Knoblauch abziehen und in sehr kleine Würfel schneiden. Majoran abspülen und trocken tupfen. Die Blättchen von den Stängeln zupfen, Blättchen klein schneiden.
3. Die vorbereiteten Gemüsezutaten in einer Schüssel mischen, Olivenöl und Chilisauce daraufgeben, mit Salz und Pfeffer würzen.
4. Die Gemüsemischung auf ein großes Stück Bratfolie oder in den Bratschlauch geben. Die Bratfolie oder den Bratschlauch nach Packungsanleitung verschließen und auf ein Backblech legen.
5. Das Backblech in den vorgeheizten Backofen schieben.
Ober-/Unterhitze: etwa 200 °C
Heißluft: etwa 180 °C
Garzeit: etwa 40 Minuten.
6. Die Folie aufschneiden, das Gemüse herausnehmen und auf einem vorgewärmten Teller anrichten.

Beilage: Frisch geröstetes Knoblauchbrot. Dafür Grau- oder Weißbrotbaguette in Scheiben schneiden. Knoblauchbutter in einer großen Pfanne zerlassen. Die Brotscheiben darin von beiden Seiten hellbraun rösten.

Preiswert

Rote-Bete-Gemüse
4 Portionen

Zubereitungszeit: 55 Minuten
Garzeit: etwa 35 Minuten

750 g Rote Bete
50 g Butter
Salz
frisch gemahlener Pfeffer
250 ml (1/4 l) Gemüsebrühe
2 kleine Gemüsezwiebeln
75 g durchwachsener Speck
1 Becher (150 g) Crème fraîche
2 EL Schnittlauchröllchen

Pro Portion:
E: 7 g, F: 35 g, Kh: 18 g,
kJ: 1768, kcal: 423

1. Rote Bete gründlich waschen, schälen (am besten mit Gummihandschuhen, da die rote Bete stark färbt), in dünne Scheiben schneiden, große Scheiben halbieren.
2. Butter in einem Topf zerlassen, Rote-Bete-Scheiben darin andünsten, mit Salz und Pfeffer würzen. Brühe hinzugießen, das Gemüse zum Kochen bringen und etwa 20 Minuten dünsten lassen.
3. Gemüsezwiebeln abziehen, in Scheiben schneiden, zu der Roten Bete geben und noch etwa 15 Minuten mitdünsten lassen.
4. Speck in kleine Würfel schneiden, in einer Pfanne ohne Fett kross ausbraten und zu dem Gemüse geben. Gemüse mit Salz und Pfeffer abschmecken und auf einer Platte anrichten. Crème fraîche darauf verteilen und mit Schnittlauchröllchen bestreuen.

Kapitel 08
Rezepte 701–800
Eintöpfe

Chili sin Carne

Beliebt

Chili sin Carne
4 Portionen

Zubereitungszeit: 30 Minuten
Garzeit: etwa 45 Minuten

1 Gemüsezwiebel
2 Knoblauchzehen
1 dicke Möhre
je 1 rote, gelbe und grüne Paprikaschote
1 kleine Aubergine (etwa 250 g)
1 Zucchini (etwa 300 g)
2–3 EL Olivenöl
1 Dose geschälte Tomaten (Einwaage 800 g)
2 kleine Dosen Kidney-Bohnen (Abtropfgewicht je 250 g)
1 kleiner Stängel Rosmarin
1 kleines Bund Thymian
Salz
frisch gemahlener Pfeffer

Pro Portion:
E: 12 g, F: 8 g, Kh: 28 g,
kJ: 1000, kcal: 239

1. Gemüsezwiebel und Knoblauch abziehen, in kleine Würfel schneiden. Möhre putzen, schälen, waschen und abtropfen lassen. Paprikaschoten waschen, abtropfen lassen, vierteln, entstielen, entkernen und die weißen Scheidewände entfernen. Aubergine und Zucchini waschen und die Enden bzw. Stängelansätze entfernen. Aubergine und Zucchini in $1/2$–1 cm kleine Würfel schneiden.
2. Olivenöl in einem Topf erhitzen. Zuerst Zwiebel- und Möhrenwürfel bei nicht zu starker Hitze in dem Olivenöl leicht anbraten. Dann Paprikaviertel und Knoblauch und zuletzt Auberginen- und Zucchiniwürfel hinzugeben und mit andünsten.
3. Die Tomaten pürieren, zusammen mit den Kidney-Bohnen (mit der Flüssigkeit) in den Topf geben, zum Kochen bringen und zugedeckt bei schwacher Hitze etwa 45 Minuten köcheln lassen. Dabei ab und zu umrühren.
4. Rosmarin und Thymian abspülen und trocken tupfen. Die Nadeln bzw. Blättchen von den Stängeln

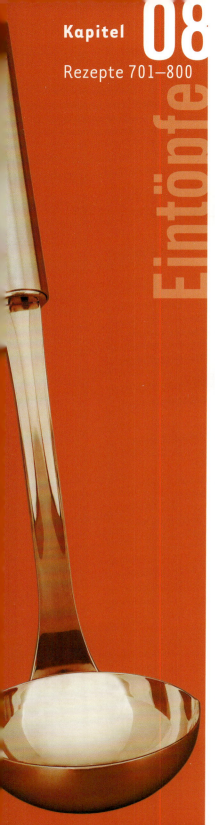

zupfen. Nadeln und Blättchen klein schneiden.
5. Etwa 10 Minuten vor Ende der Garzeit die Kräuter in die Suppe geben und fertig garen lassen. Mit Salz und Pfeffer abschmecken.

Tipp: Schärfer wird das Chili mit einer frischen, gewürfelten Chilischote oder ein paar Spritzern Tabasco. Eine Nacht ziehen lassen und das Chili schmeckt doppelt so gut. Chili mit knackigen Nudeln essen oder Kartoffelwürfel in das Chili geben oder einfach frisches Baguette dazureichen. Ein kleiner Klecks Schmand dazu schmeckt sehr lecker. Statt frischen Kräutern können Sie auch je 1 Teelöffel getrocknete Kräuter verwenden.

Variante: Chili con Carne. Dafür alles wie oben angegeben vorbereiten, dann aber mit Zwiebel- und Knoblauchwürfeln 300 g Rindergehacktes (oder Gehacktes halb und halb) anbraten, gut mit Chilipulver würzen und wie im Rezept beschrieben fortfahren.

Preiswert

Bunter Eintopf mit Pesto

Zubereitungszeit: 45 Minuten
Garzeit: 25–30 Minuten

2–3 Knoblauchzehen
6 EL Olivenöl
1, 2 kg Schweinegulasch
Salz
frisch gemahlener Pfeffer
2 EL Tomatenmark
1 Pck. (50 g) TK-Suppengrün
2 1/2 l Gemüsebrühe
600 g Möhren
400 g Zucchini
1 Glas Perlzwiebeln
(Abtropfgewicht 190 g)
2 Dosen Gemüsemais,
(Abtropfgewicht je 285 g)
200 g Fadennudeln
1 Glas (130 g) Basilikum-Pesto
150 g frisch geriebener Parmesan-Käse

Pro Portion:
E: 29 g, F: 32 g, Kh: 25 g,
kJ: 2242, kcal: 536

1. Knoblauch abziehen und in Scheiben schneiden. Olivenöl portionsweise in einem großen Topf erhitzen. Gulasch darin portionsweise anbraten, mit Salz und Pfeffer würzen. Bei der letzten Fleischportion Tomatenmark, Knoblauchscheiben und Suppengrün kurz mit andünsten. Das portionsweise angebratene Fleisch wieder in den Topf geben.
2. Brühe hinzugießen. Die Zutaten zugedeckt etwa 10 Minuten bei schwacher Hitze köcheln lassen.
3. In der Zwischenzeit Möhren putzen, schälen, waschen, abtropfen lassen und in Scheiben schneiden. Möhrenscheiben zu dem Fleisch in den Topf geben, wieder zum Kochen bringen und zugedeckt weitere etwa 10 Minuten garen.
4. Zucchini waschen, abtrocknen und die Enden abschneiden. Zucchini in Würfel schneiden. Perlzwiebeln und Mais in ein Sieb geben, abspülen, abtropfen lassen.
5. Zucchiniwürfel, Perlzwiebeln, Mais und Fadennudeln in den Eintopf geben, zum Kochen bringen und zugedeckt 5–10 Minuten köcheln lassen.
6. Den Eintopf mit Salz und Pfeffer abschmecken. Mit Pesto und Parmesan-Käse servieren.

Tipp: Wenn die Gulaschstücke sehr groß sind, evtl. etwas kleiner schneiden.

Bunter Eintopf mit Pesto

Eintopf mit Putenfleisch

Für Gäste

Eintopf mit Putenfleisch
4–6 Portionen

Zubereitungszeit: 50 Minuten
Garzeit: etwa 80 Minuten

1 1/2 l Salzwasser
2 Putenunterkeulen
300 g Kartoffeln
350 g Möhren
1/2 kleiner Blumenkohl (etwa 400 g)
1/2 kleiner Kopf Wirsing (etwa 400 g)
Salz
frisch gemahlener Pfeffer
gekörnte Hühnerbrühe (Instant)
1 Bund glatte Petersilie

Pro Portion:
E: 28 g, F: 5 g, Kh: 16 g,
kJ: 978, kcal: 234

1. Salzwasser in einem Topf zum Kochen bringen. Putenunterkeulen unter fließendem kalten Wasser abspülen, in das Salzwasser geben, wieder zum Kochen bringen und zugedeckt etwa 1 Stunde bei schwacher Hitze ziehen lassen.

2. Kartoffeln waschen, schälen, abspülen, abtropfen lassen und in Würfel schneiden. Möhren putzen, schälen, waschen, abtropfen lassen und ebenfalls in Würfel schneiden.

3. Vom Blumenkohl die Blätter und schlechten Stellen entfernen. Den Strunk abschneiden. Blumenkohl in Röschen teilen, waschen und abtropfen lassen. Vom Wirsing die groben, äußeren Blätter lösen. Kohl halbieren und den Strunk herausschneiden. Wirsinghälfte abspülen, abtropfen lassen und in Streifen schneiden.

4. Die Putenunterkeulen aus der Brühe nehmen und etwas abkühlen lassen. Kartoffel-, Möhrenwürfel, Blumenkohlröschen und Wirsingstreifen in die Brühe geben, zum Kochen bringen und zugedeckt etwa 20 Minuten garen.

5. Das Putenfleisch von den Knochen lösen und in Stücke schneiden. Fleischstücke nach Ende der Garzeit in den Eintopf geben und miterhitzen. Mit Salz, Pfeffer und Hühnerbrühe würzen.

6. Petersilie abspülen und trocken tupfen. Die Blättchen von den Stängeln zupfen. Blättchen in feine Streifen schneiden und in den Eintopf geben.

Raffiniert

Fischeintopf mit Gemüse
4 Portionen

Zubereitungszeit: 40 Minuten, ohne Antauzeit
Garzeit: etwa 60 Minuten

120 g Naturreis (Vollkornreis)
600 ml kochendes Wasser
250 g Möhren
250 g Porree (Lauch)
250 g Staudensellerie
2–3 Knoblauchzehen
1 Gemüsezwiebel (etwa 300 g)
1–2 Pck. (je 0,2 g) Safran
400 ml Fischfond
1 Pck. TK-Fischfilet, z. B. Atlantikzungen oder Seelachsfilet (etwa 400 g)
8 Scheiben Baguette
20 g Kräuterbutter
Salz
frisch gemahlener Pfeffer

Pro Portion:
E: 29 g, F: 5 g, Kh: 50 g,
kJ: 1592, kcal: 380

1. Reis mit dem kochenden Wasser übergießen und in etwa 30 Minuten ausquellen lassen.

2. In der Zwischenzeit Möhren putzen, schälen, waschen, abtropfen lassen und schräg in Scheiben schneiden. Porree putzen, die Stange längs halbieren, gründlich waschen, abtropfen lassen und ebenfalls schräg in Scheiben schneiden.

3. Staudensellerie putzen und die harten Außenfäden abziehen. Sellerie waschen, abtropfen lassen und schräg in Scheiben schneiden. Knoblauch und Zwiebel abziehen. Zwiebel in Würfel, Knoblauch in Scheiben schneiden.

4. Vorbereitetes Gemüse mit Safran, Fischfond und Reis mit dem Einweichwasser in einen gewässerten Römertopf® geben und umrühren. Den Topf mit dem Deckel verschließen und auf dem Rost in den kalten Backofen schieben.

Ober-/Unterhitze: etwa 200 °C
Heißluft: etwa 180 °C
Garzeit: etwa 60 Minuten.

5. In der Zwischenzeit Fischfilet antauen lassen. Die Baguettescheiben mit Kräuterbutter bestreichen. Fisch kurz unter fließendem kalten Wasser abspülen, trocken tupfen und in Scheiben schneiden.

6. Nach Ende der Garzeit den Eintopf mit Salz und Pfeffer würzen. Die Fischfiletscheiben unterheben und die Baguettescheiben darauflegen. Die Backofentemperatur um etwa 20 °C erhöhen. Den Eintopf ohne Deckel 3–5 Minuten überbacken.

Fischeintopf mit Gemüse

Fischeintopf mit Pizzabrötchen
8–10 Portionen

Zubereitungszeit: 40 Minuten, ohne Auftauzeit
Garzeit: etwa 40 Minuten

Für den Eintopf:
2 Pck. (je 400 g) TK-Seelachs- oder Rotbarschfilet
400 g festkochende Kartoffeln
400 g Möhren
1 Fenchelknolle (300–400 g)
4 Gläser (je 400 ml) Fischfond
Salz
frisch gemahlener Pfeffer

Für die Knoblauchmayonnaise:
2 Knoblauchzehen
200 g Delikatessmayonnaise

12 kleine Pizza- oder Käsebrötchen

Pro Portion:
E: 19 g, F: 10 g, Kh: 43 g,
kJ: 1476, kcal: 352

Fischeintopf mit Pizzabrötchen

1. Für den Eintopf Fischfilets nach Packungsanleitung auftauen lassen.
2. Kartoffeln waschen, schälen und abspülen. Möhren putzen, schälen, waschen, abtropfen lassen.
3. Von der Fenchelknolle die Stiele dicht oberhalb der Knolle abschneiden. Braune Stellen und Blätter entfernen (etwas Fenchelgrün beiseitelegen). Die Wurzelenden gerade schneiden. Die Knolle waschen und abtropfen lassen. Kartoffeln, Möhren und Fenchelknolle in kleine Würfel schneiden.
4. Fischfond in einem großen Topf zum Kochen bringen. Kartoffel-, Möhren- und Fenchelwürfel hinzufügen, wieder zum Kochen bringen und etwa 30 Minuten bei schwacher Hitze garen.
5. In der Zwischenzeit Fischfilet unter fließendem kalten Wasser abspülen, trocken tupfen und in mundgerechte Stücke schneiden. Die Fischstücke in die Suppe geben und in etwa 10 Minuten gar ziehen lassen.
6. Das beiseite gelegte Fenchelgrün abspülen, trocken tupfen und eventuell etwas zerkleinern. Den Eintopf mit Salz und Pfeffer würzen. Mit dem Fenchelgrün bestreuen.
7. Für die Knoblauchmayonnaise Knoblauch abziehen, in sehr kleine Würfel schneiden und mit der Mayonnaise verrühren.
8. Pizza- oder Käsebrötchen und Knoblauchmayonnaise zu dem Fischeintopf servieren.

Mit Alkohol

Geschmorte Kalbsleber in Balsamico-Essig
4 Portionen

Zubereitungszeit: 60 Minuten
Garzeit: 30–40 Minuten

200 g Perlzwiebeln
500 g festkochende Kartoffeln
500 g Kalbsleber
1 EL Speiseöl
200 g Cocktailtomaten
100 ml Kalbsfond oder -brühe
100 ml Rotwein
1 Bund Basilikum
1 EL Tomatenmark
Salz
frisch gemahlener Pfeffer
1 EL Balsamico-Essig

Pro Portion:
E: 29 g, F: 8 g, Kh: 30 g,
kJ: 1452, kcal: 347

1. Perlzwiebeln abziehen. Kartoffeln waschen, schälen, abspülen und in Würfel schneiden. Perlzwiebeln und Kartoffelwürfel in kochendem Wasser etwa 5 Minuten blanchieren. Anschließend in ein Sieb geben, mit kaltem Wasser übergießen und abtropfen lassen.
2. Kalbsleber von Haut und Röhren befreien. Leber unter fließendem kalten Wasser abspülen, trocken tupfen und in Würfel schneiden. Speiseöl in einem Topf erhitzen. Kalbsleberwürfel darin anbraten, herausnehmen und beiseitestellen.
3. Tomaten abspülen, trocken tupfen und die Stängelansätze herausschneiden. Blanchierte Zwiebeln, Kartoffelwürfel und Tomaten in die Pfanne geben und leicht anbraten. Mit Kalbsfond oder -brühe und Rotwein ablöschen.
4. Basilikum abspülen und trocken tupfen. Die Blättchen von den Stängeln zupfen. Blättchen grob hacken. Basilikum mit Tomatenmark in den Schmorfond rühren. Mit Salz, Pfeffer und Balsamico-Essig würzen. Die Zutaten zum Kochen bringen und zugedeckt 30–40 Minuten garen, Kalbsleberwürfel hinzufügen und kurz erwärmen.

Vegetarisch

Griechischer Eintopf
4 Portionen

Zubereitungszeit: 50 Minuten

1 Zwiebel (etwa 50 g)
1 Knoblauchzehe
4 EL Olivenöl
1 große Aubergine (etwa 400 g)
4 kleine Zucchini (je etwa 150 g)
400 g mehligkochende Kartoffeln
500–750 ml ($1/2$ – $3/4$ l) Gemüsebrühe
Salz, frisch gemahlener Pfeffer
frisch geriebene Muskatnuss
3 Fleischtomaten
1 Bund Dill
$1/2$ Bund Petersilie
3 EL frisch geriebener Parmesan-Käse

Pro Portion:
E: 9 g, F: 15 g, Kh: 26 g
kJ: 1172, kcal: 278

Geschmorte Kalbsleber

Griechischer Eintopf

1. Zwiebel und Knoblauch abziehen, in kleine Würfel schneiden. Olivenöl in einem Topf erhitzen. Zwiebel- und Knoblauchwürfel darin andünsten.
2. Aubergine waschen, abtrocknen und den Stängelansatz abschneiden. Zucchini waschen, abtrocknen und die Enden abschneiden. Kartoffeln waschen, schälen, abspülen und abtropfen lassen.
3. Aubergine, Zucchini und Kartoffeln in gleich große Würfel schneiden. Zuerst Kartoffelwürfel, dann Auberginen- und Zucchiniwürfel zu den Zwiebel- und Knoblauchwürfeln geben, unter Rühren mit andünsten. Brühe hinzugießen. Mit Salz, Pfeffer und Muskat würzen.
4. Die Zutaten zum Kochen bringen und zugedeckt etwa 25 Minuten bei schwacher Hitze garen. Tomaten waschen, abtrocknen, halbieren und die Stängelansätze herausschneiden. Tomaten würfeln, zum Eintopf geben und unter Rühren erhitzen.
5. Dill und Petersilie abspülen, trocken tupfen. Die Blättchen von den Stängeln zupfen. Blättchen klein schneiden. Den Eintopf mit Salz und Pfeffer abschmecken. Mit Käse, Dill und Petersilie bestreut servieren.

Tipp: Statt frischer Tomaten können Sie auch eine kleine Dose geschälte Tomaten verwenden.

Klassisch

Hähnchen-Gemüse-Eintopf
4 Portionen

Zubereitungszeit: 45 Minuten, ohne Abkühlzeit
Garzeit: etwa 35 Minuten

2 Hähnchenbrüste mit Knochen (etwa 800 g)
1 ½ l Wasser
Salz, frisch gemahlener Pfeffer
1 Lorbeerblatt
2 Pimentkörner
2 Zwiebeln
1 Bund Suppengrün (etwa 400 g)
750 g mehligkochende Kartoffeln
3 Möhren, 1 Stange Porree (Lauch)
etwas frische Petersilie

Pro Portion:
E: 44 g, F: 12 g, Kh: 31 g,
kJ: 1710, kcal: 409

1. Hähnchenbrüste abspülen und trocken tupfen. Wasser mit Salz, Pfeffer, Lorbeerblatt und Pimentkörnern in einem großen Topf zum Kochen bringen. Zwiebeln abziehen, halbieren und in schmale Spalten schneiden. Hähnchenbrust und Zwiebelspalten hinzugeben, zum Kochen bringen und zugedeckt bei mittlerer Hitze etwa 10 Minuten garen.
2. In der Zwischenzeit Suppengrün putzen, waschen, abtropfen lassen und klein schneiden. Suppengrün hinzugeben und zum Kochen bringen. Die Zutaten zugedeckt weitere etwa 15 Minuten kochen lassen.
3. Kartoffeln waschen, schälen, abspülen, abtropfen lassen und in Würfel schneiden. Möhren putzen, schälen, waschen, abtropfen lassen und in Stifte schneiden. Kartoffelwürfel und Möhrenstifte in die Brühe geben und etwa 7 Minuten mitgaren.
4. Hähnchenbrüste herausnehmen und etwas abkühlen lassen. Das Fleisch von den Knochen lösen und die Haut entfernen. Das Fleisch in kleine Stücke schneiden.
5. Porree putzen, die Stange längs halbieren, gründlich waschen, abtropfen lassen und in Streifen schneiden. Fleischstücke und Porreestreifen in den Eintopf geben, zugedeckt weitere etwa 5 Minuten bei schwacher Hitze kochen lassen.
6. Den Eintopf mit Salz und Pfeffer abschmecken. Petersilie abspülen und trocken tupfen. Die Blättchen von den Stängeln zupfen. Blättchen klein schneiden. Den Eintopf damit bestreuen und servieren.

Tipp: Eine leicht frische Note erhält der Eintopf, wenn Sie in den letzten 5 Minuten eine geschälte, in Scheiben geschnittene Zitrone mitgaren.

Hähnchen-Gemüse-Eintopf

Gulaschsuppe mit Saure-Sahne-Dip

Indonesischer Fischtopf

Klassisch – gefriergeeignet

Gulaschsuppe mit Saure-Sahne-Dip
4 Portionen

Zubereitungszeit: 40 Minuten
Garzeit: etwa 70 Minuten

je 250 g Schweine- und
Rindergulasch
1 Gemüsezwiebel (etwa 225 g)
1 Knoblauchzehe
je ½ rote und gelbe Paprikaschote
(je 100 g)
40 g Butterschmalz
250 g mehligkochende Kartoffeln
1 EL (20 g) Tomatenmark
800 ml Gemüsebrühe
Salz
Cayennepfeffer
Paprikapulver rosenscharf
1 Prise Zucker
½ TL gemahlener Thymian

150 g saure Sahne (10 % Fett)
1 EL gehackte Petersilie
frisch gemahlener Pfeffer

1 gestr. EL dunkler Saucenbinder

Pro Portion:
E: 30 g, F: 23 g, Kh: 18 g,
kJ: 1671, kcal: 399

1. Fleisch unter fließendem kalten Wasser abspülen, trocken tupfen und etwas kleiner schneiden. Gemüsezwiebel und Knoblauch abziehen und fein würfeln. Paprikahälften entstielen, entkernen und die weißen Scheidewände entfernen. Schotenhälften waschen, abtropfen lassen und in kleine Würfel schneiden.
2. Einen Esslöffel Butterschmalz in einem Topf erhitzen. Die Hälfte des Fleisches darin portionsweise unter gelegentlichem Rühren kräftig anbraten, herausnehmen und beiseitelegen. Restliches Butterschmalz in dem Topf erhitzen, restliches Fleisch darin wie zuvor beschrieben kräftig anbraten. Zwiebel-, Knoblauch- und Paprikawürfel hinzugeben, unter Rühren mit anbraten.
3. Kartoffeln waschen, schälen, abspülen und in kleine Würfel schneiden. Kartoffelwürfel und Tomatenmark zur Fleischmasse geben und 2–3 Minuten mitbraten lassen. Beiseite gelegtes Fleisch wieder hinzufügen.
4. Brühe hinzugießen, mit Salz, Cayennepfeffer, Paprika und Zucker würzen. Die Zutaten zum Kochen bringen und zugedeckt etwa 1 Stunde leicht köcheln lassen. Thymian unterrühren und die Suppe noch weitere etwa 10 Minuten garen.
5. In der Zwischenzeit saure Sahne mit Petersilie in einer kleinen Schüssel verrühren. Dip mit Salz und Pfeffer abschmecken.
6. Saucenbinder in die Suppe rühren und nochmals unter Rühren aufkochen lassen. Mit Salz, Paprika und Pfeffer abschmecken. Die Gulaschsuppe servieren und den Saure-Sahne-Dip dazureichen.

Raffiniert

Indonesischer Fischtopf
4 Portionen

Zubereitungszeit: 40 Minuten,
ohne Marinierzeit
Garzeit: etwa 25 Minuten

4 Kabeljaufilets (je etwa 125 g)
Salz
frisch gemahlener Pfeffer
gemahlener Ingwer
500 g Sojabohnenkeimlinge

Für die Sauce:
2 Knoblauchzehen
150 g saure Sahne (10 % Fett)
4 EL gehackter Dill

30 g gestiftelte Mandeln

Pro Portion:
E: 30 g, Fett: 11 g, Kh: 7 g,
kJ: 1051, kcal: 251

1. Kabeljaufilets unter fließendem kalten Wasser abspülen und trocken tupfen. Die Filets mit Salz, Pfeffer und Ingwer würzen. Den Backofen vorheizen.

2. Sojabohnenkeime verlesen, in ein Sieb geben, abspülen und abtropfen lassen. Sojabohnenkeime in einer flachen Auflaufform (gefettet) verteilen. Kabeljaufilets nebeneinander darauflegen.

3. Für die Sauce Knoblauch abziehen, durch eine Knoblauchpresse drücken, mit saurer Sahne und Dill verrühren, mit Salz und Pfeffer würzen.

4. Die Sauce auf den Kabeljaufilets verteilen und mit Mandeln bestreuen. Die Form auf dem Rost in den vorgeheizten Backofen schieben.
Ober-/Unterhitze: etwa 200 °C
Heißluft: etwa 180 °C
Garzeit: etwa 25 Minuten.

5. Den Fischtopf sofort servieren.

Einfach

Italienischer Gemüse-Pilz-Eintopf
4 Portionen

Zubereitungszeit: 30 Minuten
Garzeit: 23–25 Minuten

1 Fenchelknolle (etwa 250 g)
1 Zwiebel
5 Möhren
250 g grüne Bohnen (frisch oder TK)
300 g gemischte Pilze (Champignons, Pfifferlinge, Austernpilze)
3 EL Olivenöl
je etwas frischer oder getrockneter Thymian und Rosmarin
1 l Gemüsebrühe
Salz
frisch gemahlener Pfeffer
1 kleine Dose geschälte Tomaten (Einwaage 425 g)
150 g Orecchiette (Öhrchennudeln)
2 Knoblauchzehen
150 g Erbsen (frisch oder TK)

Pro Portion:
E: 14 g, F: 9 g, Kh: 43 g,
kJ: 1327, kcal: 317

1. Fenchel putzen, waschen, abtropfen lassen und halbieren, Stielansatz herausschneiden. Fenchel in Streifen schneiden. Zwiebel abziehen und in Würfel schneiden.

2. Möhren putzen, schälen, waschen, abtropfen lassen und in Streifen schneiden. Von den frischen Bohnen die Enden abschneiden. Bohnen abfädeln, abspülen, abtropfen lassen und in Stücke schneiden. Pilze putzen, mit Küchenpapier abreiben, eventuell abspülen und abtropfen lassen. Große Pilze halbieren.

3. Einen Esslöffel des Olivenöls in einem großen Topf erhitzen. Zwiebelwürfel darin andünsten. Fenchelstreifen, Möhrenstreifen und Bohnenstücke portionsweise mit andünsten. Thymian oder Rosmarin hinzugeben.

4. Brühe hinzugießen, aufkochen lassen, mit Salz und Pfeffer würzen. Die Zutaten etwa 10 Minuten bei schwacher Hitze köcheln lassen. Tomaten mit der Flüssigkeit hinzugeben, aufkochen lassen. Den Eintopf weitere etwa 10 Minuten köcheln lassen.

5. Nudeln in reichlich kochendem Salzwasser nach Packungsanleitung bissfest garen. Nudeln abgießen, kalt abspülen und gut abtropfen lassen.

6. Restliches Olivenöl in einer Pfanne erhitzen. Knoblauch abziehen, durch eine Knoblauchpresse in die Pfanne drücken und kurz andünsten. Pilze hinzugeben und unter mehrmaligem Wenden etwa 4 Minuten braten. Mit Salz und Pfeffer würzen.

7. Erbsen, Pilze und vorgegarte Nudeln in den Eintopf geben, nochmals mit Salz und Pfeffer abschmecken. Den Eintopf bei schwacher Hitze weitere 3–5 Minuten köcheln lassen.

Italienischer Gemüse-Pilz-Eintopf

Italienischer Puten-Gemüse-Topf

Tipp: Nach Belieben die Flüssigkeit mit etwas Kartoffelpüreepulver (Fertigprodukt) binden.

Raffiniert

Japanischer Tofu-Eintopf
8–10 Portionen

Zubereitungszeit: 60 Minuten
Garzeit: etwa 5 Minuten

500 g Schwarzwurzeln
Essigwasser
375 g Möhren
375 g Kartoffeln
375 g weißer Rettich
2 Bund Frühlingszwiebeln
500 g Shiitake-Pilze
1 1/2 l Gemüsebrühe
700–800 g Tofu
4 EL Sesamöl
4 EL Sojasauce
Cayennepfeffer

Pro Portion:
E: 11 g, F: 10 g, Kh: 20 g,
kJ: 967, kcal: 230

1. Schwarzwurzeln unter fließendem kalten Wasser abbürsten, schälen, zuerst in etwa 3 cm lange Stücke, dann in dünne Stifte schneiden. Schwarzwurzelstifte sofort in Essigwasser legen, damit sich die Schwarzwurzeln nicht verfärben.
2. Möhren putzen, schälen, waschen, abtropfen lassen. Kartoffeln waschen, schälen, abspülen, abtropfen lassen. Rettich putzen, schälen, waschen, abtropfen lassen. Vorbereitetes Gemüse vierteln und in dünne Scheiben schneiden.
3. Frühlingszwiebeln putzen, waschen, abtropfen lassen. Dicke Zwiebeln halbieren oder vierteln und in etwa 1 cm lange Stücke schneiden. Pilze putzen, mit Küchenpapier abreiben, eventuell abspülen, trocken tupfen und die Stiele herausdrehen. Pilzköpfe in feine Streifen schneiden.
4. Gemüsebrühe in einem Topf zum Kochen bringen. Schwarzwurzelstifte

Raffiniert – für Kinder

Italienischer Puten-Gemüse-Topf
4 Portionen

Zubereitungszeit: 60 Minuten
Garzeit: etwa 45 Minuten

500 g Putenfleisch (aus Keule und Brust, ohne Haut und Knochen)
1 Bund Suppengrün (Sellerie, Möhren, Porree)
200 g Brokkoli
1 Dose weiße Bohnen
(Abtropfgewicht 450 g)
2 EL Olivenöl
Salz, frisch gemahlener Pfeffer
etwas Knoblauchpulver
500 ml (1/2 l) Gemüsebrühe
250 g Tomaten in Stücken (Tetra Pak)
1 Pck. TK-Kräuter der Provence
1/2 Topf Basilikum

Pro Portion:
E: 40 g, F: 7 g, Kh: 23 g,
kJ: 1351, kcal: 322

1. Putenfleisch unter fließendem kalten Wasser abspülen, trocken tupfen und in kleine Würfel schneiden.
2. Suppengrün vorbereiten: Sellerie und Möhren putzen, schälen, abspülen, abtropfen lassen und in kleine Würfel schneiden. Porree putzen, Stange längs halbieren, gründlich waschen, abtropfen lassen und in Streifen schneiden. Von dem Brokkoli die Blätter entfernen. Brokkoli waschen, abtropfen lassen und in kleine Röschen teilen. Bohnen in ein Sieb geben, mit kaltem Wasser kurz abspülen und abtropfen lassen.
3. Olivenöl in einem großen Topf erhitzen. Putenwürfel darin von allen Seiten anbraten, mit Salz, Pfeffer und Knoblauch bestreuen. Vorbereitetes Suppengrün hinzufügen und kurz mit andünsten. Brühe hinzugießen, zum Kochen bringen und die Zutaten zugedeckt bei schwacher Hitze etwa 30 Minuten garen.
4. Brokkoliröschen, Bohnen und Tomatenstücke mit dem Saft in den Fleischtopf geben. Kräuter der Provence unterrühren, mit Salz, Pfeffer und Knoblauch würzen. Die Zutaten wieder zum Kochen bringen und zugedeckt weitere etwa 15 Minuten garen.
5. In der Zwischenzeit Basilikum abspülen und trocken tupfen. Die Blättchen von den Stängeln zupfen. Den Puten-Gemüse-Eintopf nochmals mit den Gewürzen abschmecken und mit Basilikumblättchen bestreut servieren.

Beilage: Pecorino-Käse und ofenwarmes Olivenbrot oder Ciabatta.

abtropfen lassen, mit Möhren-, Kartoffel- und Rettichscheiben in die Brühe geben, wieder zum Kochen bringen und bei schwacher Hitze etwa 5 Minuten köcheln lassen.
5. Frühlingszwiebelstücke und Pilzstreifen hinzufügen, kurz mitkochen lassen.
6. Tofu in Würfel schneiden, in den Eintopf geben und miterhitzen. Den Eintopf mit Sesamöl, Sojasauce und Cayennepfeffer würzen.

Für Gäste – mit Alkohol
Kalbfleisch in Weißwein
4 Portionen

Zubereitungszeit: 75 Minuten
Garzeit: etwa 70 Minuten

700 g Kalbsbrust
6–8 EL Olivenöl
1 Zwiebel
Salz, frisch gemahlener Pfeffer
1 EL Weizenmehl
250 ml (¼ l) Weißwein
250 ml (¼ l) Fleischbrühe
2 Knoblauchzehen
1 Lorbeerblatt
getrockneter Thymian
200 g frische Champignons
500 g Tomaten
3–4 EL gehackte Petersilie

Pro Portion:
E: 36 g, F: 29 g, Kh: 6 g,
kJ: 1964, kcal: 468

1. Fleisch unter fließendem kalten Wasser abspülen, trocken tupfen und in große Würfel schneiden.
2. Olivenöl in einer Pfanne erhitzen. Fleischwürfel darin unter mehrmaligem Wenden anbraten. Zwiebel abziehen, in kleine Würfel schneiden, zu den Fleischwürfeln geben und mit anbraten. Mit Salz und Pfeffer bestreuen. Fleischwürfel mit Mehl bestäuben und unterrühren. Wein und Brühe hinzugießen. Knoblauch abziehen, in kleine Würfel schneiden, zusammen mit dem Lorbeerblatt und Thymian hinzufügen. Die Zutaten unter Rühren zum Kochen bringen und zugedeckt bei mittlerer Hitze etwa 60 Minuten garen.
3. Champignons putzen, mit Küchenpapier abreiben, eventuell kurz abspülen, trocken tupfen und in Scheiben schneiden. Tomaten waschen, kreuzweise einschneiden und einige Sekunden in kochendes Wasser legen. Tomaten kurz in kaltem Wasser abschrecken, enthäuten, halbieren, entkernen und Stängelansätze entfernen. Tomatenhälften in Würfel schneiden.
4. Champignonscheiben und Tomatenwürfel zum gegarten Fleisch geben, zum Kochen bringen und weitere etwa 10 Minuten bei schwacher Hitze kochen lassen. Mit Petersilie bestreut servieren.

Beilage: Weißbrot oder Bandnudeln.

Tipp: Statt Kalbsbrust kann auch Hühner- oder Schweinefleisch verwendet werden.

Japanischer Tofu-Eintopf

Kalbfleisch in Weißwein

Kartoffel-Schmorgurken-Topf

Für die Party

Kartoffel-Schmorgurken-Topf
8–10 Portionen

Zubereitungszeit: 60 Minuten
Garzeit: etwa 30 Minuten

6 Schmorgurken
(etwa 1 1/2 kg)
500 g festkochende Kartoffeln
1 Gemüsezwiebel (etwa 200 g)
3 EL Speiseöl
3 EL Weizenmehl
2 l Gemüsebrühe
1 Bund Dill
300 g gekochter Schinken
5 hart gekochte Eier
400 g Schmand (Sauerrahm)
oder Sahnejoghurt
Salz
frisch gemahlener Pfeffer

Pro Portion:
E: 15 g, F: 22 g, Kh: 16 g,
kJ: 1441, kcal: 343

1. Schmorgurken waschen und trocken tupfen. Von einer Gurke etwa 200 g grob raspeln und beiseitelegen. Die restlichen Gurken schälen, längs halbieren und entkernen. Gurkenhälften in Würfel schneiden.
2. Kartoffeln waschen, schälen, abspülen, abtropfen lassen. Gemüsezwiebel abziehen und halbieren. Kartoffeln und Gemüsezwiebelhälften in Würfel schneiden.
3. Speiseöl in einem großen Topf erhitzen. Zwiebel-, Gurken- und Kartoffelwürfel darin leicht andünsten. Mit Mehl bestäuben, so lange erhitzen, bis das Mehl hellgelb ist. Brühe hinzugießen, mit einem Schneebesen durchschlagen. Dabei darauf achten, dass keine Klümpchen entstehen. Die Suppe zum Kochen bringen und etwa 30 Minuten kochen lassen. Die Suppe dann pürieren.
4. Dill abspülen und trocken tupfen. Die Spitzen von den Stängeln zupfen (einige Spitzen zum Garnieren beiseitelegen), restlichen Dill klein schneiden. Schinken würfeln. Eier pellen und klein schneiden. Gehackten Dill in die Suppe geben, unter Rühren erwärmen. Den Eintopf mit Salz und Pfeffer würzen.
5. Den Eintopf in Tellern oder Suppentassen anrichten. Je einen Klecks Schmand oder Sahnejoghurt daraufgeben. Den Eintopf mit den beiseite gelegten Gurkenraspeln, Schinken- und Eierwürfeln bestreuen. Mit den beiseite gelegten Dillspitzen garnieren.

Klassisch – dauert länger

Kochfleisch mit Senffrüchten
6–8 Portionen

Zubereitungszeit: 60 Minuten
Kochzeit: etwa 2 Stunden, 40 Minuten

1 kg Rinderfleisch (Schulter oder Brust)
1 Kalbszunge (etwa 500 g)
1 kleines Huhn (etwa 1 kg)
Salz
1 TL Pfefferkörner
2 Lorbeerblätter
4 l Wasser
1 Bund Suppengrün
1 Bund Möhren (etwa 500 g)
2 Stangen Porree (Lauch)
1 kg mittelgroße Kartoffeln
1 Glas (380 g) Senffrüchte (erhältlich beim Feinkosthändler)

Pro Portion:
E: 62 g, F: 39 g, Kh: 55 g,
kJ: 3492, kcal: 834

1. Rindfleisch, Zunge und Huhn (Huhn von innen und außen) unter fließendem kalten Wasser abspülen und trocken tupfen.
2. Rindfleisch und Zunge mit 1 Teelöffel Salz, Pfefferkörnern und Lorbeerblättern in einen großen Topf geben, Wasser hinzugießen, zum Kochen bringen und zugedeckt bei schwacher Hitze etwa 1 Stunde garen. Die Brühe dabei mehrmals abschäumen.

3. Suppengrün putzen, eventuell schälen, waschen, abtropfen lassen, grob zerkleinern, mit dem Huhn in die Brühe geben und zugedeckt weitere etwa 60 Minuten garen.

4. Möhren putzen, schälen, waschen, abtropfen lassen und längs halbieren. Porree putzen, die Stangen längs halbieren, gründlich waschen, abtropfen lassen und in dicke Scheiben schneiden. Kartoffeln waschen, schälen, abspülen und abtropfen lassen. Vorbereitete Gemüsezutaten beiseitelegen.

5. Das gare Fleisch aus der Brühe nehmen (das gare Fleisch muss von der Gabel rutschen).

6. Die Zunge mit kaltem Wasser abschrecken und die weiße Haut abziehen. Zunge und Rindfleisch in Scheiben schneiden.

7. Die Brühe durch ein Sieb streichen (passieren) und dritteln. Fleischscheiben in einem Teil der passierten Brühe warm halten. Das Hühnerfleisch vom Knochen lösen, etwas klein schneiden und zu den Fleischscheiben geben.

8. Möhrenhälften und Porreescheiben in einem weiteren Teil der passierten Brühe etwa 15 Minuten garen. Die geschälten Kartoffeln in der restlichen passierten Brühe etwa 25 Minuten garen.

9. Gemüse und Kartoffeln (jeweils mit der Brühe) zu dem Fleisch geben und alles in der Brühe servieren. Senffrüchte dazureichen.

Klassisch – einfach

Linseneintopf
4 Portionen

Zubereitungszeit: 30 Minuten
Garzeit: 80–90 Minuten

250 g getrocknete Linsen
1 l Fleisch- oder Gemüsebrühe
250 g Kartoffeln
1 Bund Suppengrün (Möhren, Porree, Knollensellerie)
1 mittelgroße Zwiebel
½ gestr. TL Salz
frisch gemahlener Pfeffer
2 Mettenden (Rauchenden)
etwas Weißweinessig
1 Prise Zucker
2 EL gehackte Petersilie

Pro Portion:
E: 25 g, F: 16 g, Kh: 38 g,
kJ: 1689, kcal: 406

1. Linsen waschen, mit Brühe in einen Topf geben, zum Kochen bringen und etwa 1 Stunde zugedeckt bei schwacher Hitze kochen lassen, dabei gelegentlich umrühren.

2. In der Zwischenzeit Kartoffeln waschen, schälen, abspülen, abtropfen lassen und in Würfel schneiden. Suppengrün putzen, schälen, waschen, abtropfen lassen und in kleine Würfel schneiden. Zwiebel abziehen, halbieren und klein würfeln.

3. Kartoffel-, Suppengrün- und Zwiebelwürfel zu den Linsen in den Topf geben. Mit Salz und Pfeffer würzen. Die Zutaten zum Kochen bringen und 20–30 Minuten kochen lassen, dabei gelegentlich umrühren.

4. Mettenden in dicke Scheiben schneiden, hinzugeben und etwa 1 Minute mitkochen lassen. Den Eintopf mit Essig und Zucker abschmecken. Mit Petersilie bestreut servieren.

Tipp: Braten Sie zuerst etwa 150 g geräucherten, gewürfelten Schinkenspeck in dem Topf an und geben dann die Linsen hinzu. Lassen Sie 1 Teelöffel gehackten Kümmelsamen mitkochen.

Kochfleisch mit Senffrüchten

Linseneintopf

Herzhaft

Lammtopf mit Chinakohl
4 Portionen

Zubereitungszeit: 40 Minuten
Garzeit: etwa 60 Minuten

600 g Lammfleisch (aus der Schulter, ohne Knochen)
2 EL Speiseöl
1–2 EL Tomatenmark
etwa 300 ml Wasser
2–3 Zwiebeln (etwa 150 g)
1 Würfel Bratenfond (Fertigprodukt)
300 g festkochende Kartoffeln
½ Chinakohl (etwa 300 g)
2 Knoblauchzehen
Salz
frisch gemahlener Pfeffer

Pro Portion:
E: 32 g, F: 15 g, Kh: 13 g,
kJ: 1342, kcal: 321

1. Lammfleisch unter fließendem kalten Wasser abspülen, trocken tupfen und in Würfel schneiden.
2. Speiseöl in einem weiten Topf oder Bräter erhitzen. Fleischwürfel darin von allen Seiten kräftig anbraten. Tomatenmark unterrühren. 3–4 Esslöffel von dem Wasser hinzugeben, zum Kochen bringen und einkochen lassen. Zwiebeln abziehen, vierteln, hinzugeben und unter Rühren etwa 5 Minuten kräftig anbraten.
3. Bratenfond und restliches Wasser hinzufügen und zum Kochen bringen. Die Zutaten etwa 30 Minuten unter gelegentlichem Rühren garen.
4. In der Zwischenzeit Kartoffeln waschen, schälen, abspülen, abtropfen lassen, in Würfel schneiden und zum Lammtopf geben.
5. Chinakohl putzen, vierteln und den Strunk herausschneiden. Chinakohl waschen, abtropfen lassen, in Stücke schneiden und ebenfalls in den Lammtopf geben. Die Zutaten wieder zum Kochen bringen und zugedeckt weitere etwa 30 Minuten garen.
6. Knoblauch abziehen, klein schneiden und unterrühren. Den Lammtopf mit Salz und Pfeffer abschmecken.

Tipp: Statt Chinakohl kann auch Pak Choi oder Mangold verwendet werden. Anstelle des Bratenfondwürfels können auch 150 ml Fleischfond verwendet werden – dann aber nur noch 150 ml Wasser nehmen. Noch pikanter schmeckt der Lammtopf, wenn er am Ende der Garzeit mit etwas getrocknetem Thymian abgeschmeckt wird.

Beilage: Ofenwarmes Fladenbrot.

Einfach

Mallorquinische Kohlsuppe
4–6 Portionen

Zubereitungszeit: 90 Minuten
Garzeit: 30–40 Minuten

2 Stangen Porree (Lauch, etwa 300 g)
1 Bund Frühlingszwiebeln
1 Knoblauchzehe
400 g Tomaten
500–600 g junger Weißkohl oder Wirsing
3 EL Speiseöl
1–1 ¼ l Gemüsebrühe
4–6 Scheiben Weißbrot vom Vortag
50 g Butter
Salz
frisch gemahlener Pfeffer

Pro Portion:
E: 7 g, F: 19 g, Kh: 30 g,
kJ: 1346, kcal: 321

1. Porree putzen, die Stangen längs halbieren, gründlich waschen und abtropfen lassen. Frühlingszwiebeln putzen, waschen, abtropfen lassen. Porree und Frühlingszwiebeln in feine Streifen oder Ringe schneiden. Knoblauch abziehen und in Scheiben schneiden.

Lammtopf mit Chinakohl

Mallorquinische Kohlsuppe

2. Tomaten waschen, abtrocknen, halbieren und die Stängelansätze herausschneiden. Tomatenhälften in Würfel schneiden. Weißkohl oder Wirsing von den äußeren schlechten Blättern befreien. Den Kohl vierteln und den Strunk herausschneiden. Den Kohl waschen, abtropfen lassen und in feine Streifen schneiden.
3. Speiseöl in einem großen Topf erhitzen. Porree- und Frühlingszwiebelstreifen oder -ringe, Kohlstreifen und Knoblauchscheiben darin andünsten.
4. Brühe hinzugießen, zum Kochen bringen und zugedeckt 30–40 Minuten garen. Etwa 5 Minuten vor Ende der Garzeit Tomatenwürfel hinzufügen und mitgaren.
5. In der Zwischenzeit Weißbrot in Würfel schneiden. Butter in einer großen Pfanne erhitzen. Die Weißbrotwürfel darin unter mehrmaligem Wenden rösten.
6. Die Suppe mit Salz und Pfeffer würzen. Die Brotwürfel in die Suppe geben und die Suppe sofort servieren.

Raffiniert

Mediterraner Fischeintopf
6 Portionen

Mediterraner Fischeintopf

Zubereitungszeit: 40 Minuten, ohne Auftauzeit

200 g TK-Venusmuscheln
200 g TK-kleine Tintenfische
100 g TK-Shrimps
200 g TK-küchenfertige Rotbarben
1 Glas Miesmuscheln (Abtropfgewicht 120 g)
2 Zucchini (etwa 300 g)
4 Fleischtomaten
3 EL Olivenöl
800 ml Fischfond oder Gemüsebrühe
Salz
frisch gemahlener Pfeffer
1 durchgedrückte Knoblauchzehe
2 Pck. TK-Kräuter der Provence
1 Bund Zitronenthymian

Pro Portion:
E: 24 g, F: 11 g, Kh: 6 g,
kJ: 1011, kcal: 242

1. Alle TK-Meeresfrüchte und TK-Fische nach Packungsanleitung auftauen lassen. Anschließend unter fließendem kalten Wasser abspülen und trocken tupfen. Fisch klein schneiden, dabei eventuell Gräten entfernen. Miesmuscheln in einem Sieb abtropfen lassen.
2. Zucchini waschen, abtrocknen und die Enden abschneiden. Zucchini längs halbieren und in nicht zu dünne Scheiben schneiden.
3. Tomaten waschen, kreuzweise einschneiden und einige Sekunden in kochendes Wasser legen. Tomaten kurz in kaltes Wasser legen, enthäuten, halbieren, entkernen und die Stängelansätze herausschneiden. Tomatenhälften in Würfel schneiden.
4. Olivenöl in einem großen Topf erhitzen, Muscheln und Fischfleisch darin andünsten, Zucchinischeiben hinzufügen. Mit Fischfond oder Gemüsebrühe ablöschen. Mit Salz, Pfeffer und Knoblauch würzen, Kräuter der Provence unterrühren. Die Suppe etwa 10 Minuten ziehen lassen. Tomatenwürfel hinzufügen.
5. Thymian abspülen und trocken tupfen. Die Blättchen von den Stängeln zupfen. Den Fischeintopf eventuell nochmals abschmecken und mit Thymian garniert servieren.

Tipp: Knoblauchbutter mit frischem, gehackten Basilikum mischen und mit Baguette oder Brötchen zum Eintopf reichen.

Leicht – gut vorzubereiten

Mexiko-Eintopf
4 Portionen

Zubereitungszeit: 45 Minuten
Garzeit: etwa 20 Minuten

300 g Tatar
1 Ei (Größe M)
2 EL kernige Haferflocken
Salz
frisch gemahlener Pfeffer
1 TL mittelscharfer Senf
2 EL Speiseöl
2 Zwiebeln (etwa 100 g)
1 Knoblauchzehe
2 rote Paprikaschoten
1 kleine rote Chilischote
1 Stange Porree (Lauch)
300 ml Gemüsebrühe
1 Dose geschälte Tomaten (Einwaage 800 g)
2 mittelgroße Zucchini (etwa 400 g)
1 Dose Kidneybohnen (Abtropfgewicht 250 g)

1 kleine Dose Gemüsemais (Abtropfgewicht 140 g)

Pro Portion:
E: 27 g, F: 19 g, Kh: 27 g,
kJ: 1660, kcal: 396

1. Tatar mit Ei und Haferflocken in eine Schüssel geben. Salz, Pfeffer und Senf hinzugeben. Die Zutaten miteinander gut verkneten. Aus der Masse mit angefeuchteten Händen kleine Klößchen formen. Speiseöl in einem Topf erhitzen. Klößchen darin von allen Seiten braun anbraten und herausnehmen.
2. Zwiebeln und Knoblauch abziehen, grob zerkleinern. Paprikaschoten halbieren, entstielen, entkernen und die weißen Scheidewände entfernen. Schoten waschen, abtropfen lassen und grob würfeln. Chilischote halbieren, entstielen und entkernen. Schote abspülen, trocken tupfen und grob hacken.
3. Porree putzen, die Stange längs halbieren, gründlich waschen,

Mexiko-Eintopf

abtropfen lassen und in Streifen schneiden. Zwiebel-, Knoblauch-, Chilistücke, Paprikawürfel und Porreestreifen portionsweise in dem verbliebenen Bratfett andünsten. Brühe hinzugießen, zum Kochen bringen und zugedeckt bei schwacher Hitze etwa 10 Minuten dünsten.
4. Tomaten hinzufügen und unter Rühren aufkochen lassen. Den Eintopf mit Salz und etwas Pfeffer abschmecken. Die Gemüsezutaten im Fond fein pürieren.
5. Zucchini waschen, abtrocknen und die Enden abschneiden, eventuell der Länge nach halbieren und in Scheiben schneiden. Bohnen und Mais in ein Sieb geben, mit kaltem Wasser abspülen und abtropfen lassen. Zucchinischeiben, Bohnen und Mais zum Eintopf in den Topf geben und bei schwacher Hitze weitere 5–8 Minuten köcheln lassen. Hackklößchen hinzugeben und in etwa 3 Minuten miterhitzen.
6. Den Eintopf nochmals mit Salz und Pfeffer abschmecken. Mit herzhaftem Mischbrot anrichten.

Klassisch

Pichelsteiner Eintopf
4 Portionen

Zubereitungszeit: 40 Minuten
Garzeit: etwa 60 Minuten

500 g gemischte Fleischsorten aus Schulter oder Nacken (Lamm, Schwein, Rind)
2 Zwiebeln
30 g Butterschmalz oder
3 EL Speiseöl, z. B. Sonnenblumenöl
Salz
getrockneter, gerebelter Majoran
getrockneter, gerebelter Liebstöckel
frisch gemahlener Pfeffer
500 ml (½ l) Gemüsebrühe
250 g Möhren
375 g vorwiegend festkochende Kartoffeln
350 g Porree (Lauch)
300 g Weißkohl
frisch geriebene Muskatnuss
2 EL gehackte Petersilie

Pro Portion:
E: 29 g, F: 19 g, Kh: 20 g,
kJ: 1549, kcal: 370

1. Das Fleisch unter fließendem kalten Wasser abspülen, trocken tupfen und in etwa 2 x 2 cm große Würfel schneiden. Zwiebeln abziehen, eventuell halbieren und in Scheiben schneiden.

2. Butterschmalz oder Speiseöl in einem Topf erhitzen. Die Fleischwürfel darin unter Wenden anbraten. Kurz bevor das Fleisch genügend gebräunt ist, Zwiebelscheiben hinzufügen und kurz mit andünsten. Mit Salz, Majoran, Liebstöckel und Pfeffer würzen. Brühe hinzufügen, zum Kochen bringen und zugedeckt etwa 40 Minuten bei mittlerer Hitze garen.

3. In der Zwischenzeit Möhren putzen, schälen, waschen und abtropfen lassen. Kartoffeln waschen, schälen und abspülen. Möhren und Kartoffeln in Würfel schneiden. Porree putzen, die Stangen längs halbieren, gründlich waschen, abtropfen lassen und in Scheiben schneiden.

4. Von dem Weißkohl die äußeren welken Blätter entfernen. Den Kohl vierteln, abspülen, abtropfen lassen und den Strunk herausschneiden. Kohlviertel in schmale Streifen schneiden.

5. Nach Beendigung der Kochzeit Möhren-, Kartoffelwürfel, Porreescheiben und Kohlstreifen hinzufügen, zum Kochen bringen. Mit Salz und Pfeffer würzen, zugedeckt weitere etwa 20 Minuten garen.

6. Den Eintopf nochmals mit Salz, Pfeffer und Muskat abschmecken. Mit Petersilie bestreut servieren.

Tipp: Der Eintopf ist gefriergeeignet. Verfeinern Sie den Eintopf kurz vor dem Servieren noch mit etwas abgeriebener Bio-Zitronenschale (unbehandelt, ungewachst), Korianderblättchen und 3 Esslöffeln Olivenöl.
Oder servieren Sie den Eintopf mit einem Schnittlauch-Pinienkern-Dip. Dafür 1 Bio-Zitrone (unbehandelt, ungewachst) heiß abwaschen, abtrocknen und die Schale abreiben. 2 Esslöffel Schnittlauchröllchen mit 2 Esslöffeln gerösteten und gehackten Pinienkernen, 100 g Crème fraîche und Zitronenschale verrühren. Mit Salz und Pfeffer abschmecken.

Klassisch

Linseneintopf mit Speck
4 Portionen

Zubereitungszeit: 30 Minuten
Garzeit: etwa 20 Minuten

1 Zwiebel
125 g durchwachsener Speck
2–3 EL Speiseöl
1 EL Currypulver
500 g Kartoffeln
500 ml (½ l) Fleischbrühe
1 Dose Linsen mit Suppengrün (800 g)
2 Pck. (je 50 g) TK-Suppengrün
1 Apfel
4 Wiener Würstchen
evtl. gehackte Petersilie

Pro Portion:
E: 38 g, F: 44 g, Kh: 68 g,
kJ: 3603, kcal: 861

1. Zwiebel abziehen. Speck und Zwiebeln klein würfeln. Speiseöl in einem Topf erhitzen. Zwiebel- und Speckwürfel darin andünsten. Curry darüberstäuben und kurz mitdünsten.

2. Kartoffeln waschen, schälen, abspülen, abtropfen lassen, in Würfel schneiden und hinzugeben, Brühe hinzugießen, zum Kochen bringen und zugedeckt etwa 15 Minuten bei mittlerer Hitze kochen lassen.

3. Linsen mit Flüssigkeit und Suppengrün hinzufügen, zum Kochen bringen.

4. Apfel schälen, vierteln, entkernen, in kleine Stücke schneiden, mit den Wiener Würstchen in den Eintopf geben und etwa 5 Minuten mitgaren lassen. Nach Belieben mit Petersilie bestreuen.

Pichelsteiner Eintopf

Linseneintopf mit Speck

Beliebt – mit Alkohol

Hähnchentopf mit Spargel
4 Portionen

Zubereitungszeit: 45 Minuten
Garzeit: etwa 40 Minuten

375 g Hähnchenbrustfilet
2 Hähnchenkeulen (etwa 500 g, ohne Haut und Knochen)
250 g festkochende Kartoffeln
1 Kohlrabi (etwa 200 g)
2 Möhren (etwa 200 g)
1 Bund Frühlingszwiebeln (etwa 250 g)
250 g grüner Spargel
2 EL Speiseöl
Salz
frisch gemahlener Pfeffer
1 EL Tomatenmark
300 ml Hühnerbrühe
100 ml trockener Weißwein, z. B. Riesling
½ Bund Kerbel

Pro Portion:
E: 53 g, F: 12 g, Kh: 16 g,
kJ: 1794, kcal: 406

1. Hähnchenbrustfilets und Hähnchenkeulen unter fließendem kalten Wasser abspülen und trocken tupfen. Filets in kleine Stücke schneiden. Das Fleisch der Hähnchenkeulen von den Knochen lösen und ebenfalls in kleine Stücke schneiden.
2. Kartoffeln waschen, schälen, abspülen. Kohlrabi schälen. Möhren putzen, schälen, waschen, abtropfen lassen. Frühlingszwiebeln putzen, waschen, abtropfen lassen und in etwa 3 cm lange Stücke schneiden. Kartoffeln, Kohlrabi und Möhren zuerst in Scheiben, dann in Stifte schneiden.
3. Vom Spargel das untere Drittel schälen und die Enden abschneiden. Spargel waschen, abtropfen lassen und in etwa 3 cm lange Stücke schneiden.
4. Speiseöl in einem großen Topf erhitzen. Hähnchenfleischstücke portionsweise von allen Seiten darin anbraten. Mit Salz und Pfeffer bestreuen. Kartoffel-, Kohlrabi- und Möhrenstifte hinzugeben und mit andünsten. Tomatenmark unterrühren. Die Hälfte der Brühe hinzugießen. Die Zutaten zum Kochen bringen und zugedeckt etwa 20 Minuten köcheln lassen.
5. Restliche Brühe und Wein hinzugießen, wieder zum Kochen bringen und zugedeckt bei schwacher Hitze noch etwa 10 Minuten garen. In der Zwischenzeit Kerbel abspülen und trocken tupfen. Die Blättchen von den Stängeln zupfen.
6. Spargel- und Frühlingszwiebelstücke zum Hähnchenfleischtopf geben, mit Salz und Pfeffer würzen. Einige Kerbelblättchen unterrühren. Suppe wieder zum Kochen bringen und weitere 10 Minuten bei schwacher Hitze garen.
7. Den Hähnchenfleischtopf mit Salz und Pfeffer abschmecken und mit den restlichen Kerbelblättchen bestreut servieren.

Variante 1: Schneller Hähnchenfleischtopf mit weißem Spargel. Schnell geht es, wenn Sie statt grünem Spargel weiße gekochte Spargelstücke aus dem Glas nehmen. Diese 3–5 Minuten in der Suppe erwärmen.

Variante 2: Hähnchenfleischtopf mit Paprika. Verwenden Sie statt Spargel 1 rote Paprikaschote. Diese putzen, in feine Würfel schneiden und mit den Frühlingszwiebeln in der Suppe garen.

Tipp: Die Suppe lässt sich für Gäste prima verdoppeln.

Beilage: Weißbrot mit Kräuterbutter.

Hähnchentopf mit Spargel

Vegetarisch – gut vorzubereiten

Italienischer Bohnen-Gemüse-Topf
4 Portionen

Zubereitungszeit: 90 Minuten, ohne Einweichzeit
Garzeit: 70–80 Minuten

Zum Vorbereiten:
250 g getrocknete weiße Bohnen
1 ½ l Wasser

Für den Bohnen-Gemüse-Topf:
2 Zwiebeln
3 Knoblauchzehen
2 EL Olivenöl
1 Lorbeerblatt
je ½ TL getrockneter, gerebelter Oregano und gerebeltes Basilikum oder 1 TL getrocknete italienische Kräuter
1 Bund Suppengrün (Sellerie, Möhre, Porree [Lauch])
150 g grüne Bohnen
300 g Staudensellerie
150 g Zucchini
200 g Tomaten
2–3 Gemüsebrühwürfel (für je 500 ml Flüssigkeit) oder 2 geh. TL gekörnte Gemüsebrühe
1 EL Tomatenmark
Salz
frisch gemahlener Pfeffer
Cayennepfeffer
2 EL gehackte Kräuter, z. B. Basilikum, Thymian, Estragon, Oregano oder Kräuter der Provence

Pro Portion:
E: 18 g, F: 7 g, Kh: 32 g,
kJ: 1085, kcal: 259

Italienischer Bohnen-Gemüse-Topf

1. Zum Vorbereiten Bohnen in ein Sieb geben und kalt abspülen. Bohnen in einen Topf geben, mit Wasser bedecken und über Nacht einweichen (Packungsanleitung beachten).
2. Für den Bohnen-Gemüse-Topf die Bohnen mit dem Einweichwasser zugedeckt zum Kochen bringen.
3. In der Zwischenzeit Zwiebeln und Knoblauch abziehen, würfeln, mit Olivenöl, Lorbeerblatt und Kräutern zu den Bohnen geben. Die Zutaten wieder zum Kochen bringen und zugedeckt in 50–60 Minuten bei mittlerer Hitze fast gar kochen lassen.
4. In der Zwischenzeit Suppengrün vorbereiten: Sellerie und Möhre putzen, schälen, waschen und abtropfen lassen. Porree putzen, die Stange längs halbieren, gründlich waschen und abtropfen lassen. Die vorbereiteten Zutaten in Scheiben oder Würfel schneiden.
5. Von den grünen Bohnen die Enden abschneiden, eventuell abfädeln. Bohnen waschen, abtropfen lassen und in Stücke schneiden oder brechen. Staudensellerie putzen und die harten Außenfäden abziehen. Sellerie waschen und abtropfen lassen. Zucchini waschen, abtrocknen und die Enden abschneiden. Zucchini halbieren oder vierteln. Sellerie und Zucchini in Scheiben schneiden.
6. Tomaten waschen, kreuzweise einschneiden und einige Sekunden in kochendes Wasser legen. Tomaten kurz in kaltes Wasser legen, enthäuten, halbieren, entkernen und die Stängelansätze herausschneiden. Tomatenhälften in Stücke schneiden.
7. Grüne Bohnen, Knollensellerie und Möhren mit dem Brühwürfel oder der Brühe zu den weißen Bohnen geben, zum Kochen bringen und noch etwa 12 Minuten zugedeckt kochen lassen. Dann Porree, Staudensellerie- und Zucchinischeiben hinzufügen, zum Kochen bringen und zugedeckt noch weitere 5 Minuten kochen lassen. Tomatenstücke und Tomatenmark hinzugeben und noch 2–3 Minuten mitgaren lassen.
8. Die Suppe mit Salz, Pfeffer und Cayennepfeffer abschmecken und mit den Kräutern bestreut servieren.

Tipp: Anstelle von Staudensellerie können Sie auch 250 g geputzten, in Streifen geschnittenen Wirsing verwenden. Der Eintopf ist gefriergeeignet. Bei Gerichten mit Hülsenfrüchten immer erst zum Ende der Garzeit salzen, da sich sonst die Garzeit verlängert.

Herzhafter Lammeintopf

Junge Thüringer Gemüsesuppe

7. Den Eintopf mit Salz und Pfeffer abschmecken und mit Petersilie bestreut servieren.

Tipp: Preiswert und in jeder Saison zu bekommen sind grüne TK-Bohnen (2 Päckchen je 300 g), die Sie anstelle der frischen Bohnen verwenden können. Würzig und preiswert lässt sich dieser Eintopf mit Schinkenknochen (etwa 2 mittelgroße Knochen) zubereiten. Die Knochen etwa 30 Minuten im Wasser auskochen, dann das Gemüse wie im Rezept beschrieben hinzugeben und in der Brühe garen.

Klassisch

Herzhafter Lammeintopf mit Bohnen
4 Portionen

Zubereitungszeit: 90 Minuten
Garzeit: etwa 80 Minuten

750 g Lammfleisch (mit Knochen, aus der Schulter)
1 Zwiebel
2–3 Stängel Bohnenkraut
1 EL Speiseöl
gut 1 l Wasser
Salz
1 Lorbeerblatt
4 Pfefferkörner
1 kg grüne Bohnen
500 g vorwiegend festkochende Kartoffeln
750 g Fleischtomaten
frisch gemahlener Pfeffer
1–2 EL gehackte Petersilie

Pro Portion:
E: 55 g, F: 37 g, Kh: 32 g,
kJ: 2877, kcal: 686

1. Lammfleisch unter fließendem kalten Wasser abspülen und trocken tupfen. Zwiebel abziehen und klein würfeln. Bohnenkraut abspülen und trocken tupfen.

2. Speiseöl in einem großen Topf erhitzen. Lammfleisch darin rundherum kräftig anbraten. Zwiebelwürfel hinzugeben und glasig dünsten.

3. Wasser hinzugießen und die Gewürze hinzugeben. Die Zutaten zum Kochen bringen und zugedeckt bei mittlerer Hitze etwa 50 Minuten garen.

4. In der Zwischenzeit von den Bohnen die Enden abschneiden, eventuell Fäden abziehen. Bohnen abspülen, abtropfen lassen und in kleine Stücke schneiden oder brechen. Kartoffeln waschen, schälen, abspülen und in Würfel schneiden. Bohnen und Kartoffelwürfel zum Lammfleisch geben, wieder zum Kochen bringen. Den Eintopf zugedeckt noch etwa 20 Minuten garen.

5. Tomaten waschen, kreuzweise einschneiden und einige Sekunden in kochendes Wasser legen. Tomaten kurz in kaltes Wasser legen, enthäuten, halbieren, entkernen und die Stängelansätze herausschneiden. Tomatenhälften in Würfel schneiden, in den Eintopf geben und weitere 10 Minuten köcheln lassen.

6. Bohnenkraut und Lorbeerblatt entfernen. Das Lammfleisch aus dem Eintopf nehmen, etwas abkühlen lassen, vom Knochen lösen und in Würfel schneiden. Fleischwürfel in den Eintopf geben und kurz erhitzen.

Preiswert

Junge Thüringer Gemüsesuppe
4 Portionen

Zubereitungszeit: 30 Minuten, ohne Auftauzeit
Garzeit: 55–60 Minuten

500 g frisches oder TK-Hühnerklein (Rückenstücke, Hälse, Flügel)
1 Bund Suppengrün (Knollensellerie, Möhren, Porree)
1 ¼ l Wasser
Salz
1 Lorbeerblatt
3 Pimentkörner
250 g Möhren
200 g Kohlrabi
150 g Zuckerschoten
150 g grüne Bohnen
1 Bund Kerbel
200 g Schlagsahne
frisch gemahlener Pfeffer

Pro Portion:
E: 7 g, F: 17 g, Kh: 11 g,
kJ: 960, kcal: 229

1. Hühnerklein unter fließendem kalten Wasser abspülen und trocken tupfen. TK-Hühnerklein vorher nach Packungsanleitung auftauen lassen. Suppengrün vorbereiten: Sellerie und Möhren putzen, schälen, abspülen und abtropfen lassen. Porree putzen, die Stange längs halbieren, gründlich waschen und abtropfen lassen. Die vorbereiteten Zutaten grob zerkleinern.

2. Suppengrün mit Hühnerklein, Wasser, 1 Teelöffel Salz, Lorbeerblatt und Pimentkörnern in einen Topf geben, zum Kochen bringen und abschäumen. Hühnerklein und Gemüsestücke zugedeckt etwa 40 Minuten bei mittlerer Hitze garen.

3. In der Zwischenzeit Möhren putzen, schälen, abspülen und abtropfen lassen. Kohlrabi schälen, abspülen und abtropfen lassen. Möhren und Kohlrabi in Würfel oder kleine Scheiben schneiden. Von den Zuckerschoten die Enden abschneiden. Zuckerschoten waschen, abtropfen lassen und eventuell halbieren. Von den grünen Bohnen die Enden abschneiden, eventuell Fäden abziehen. Die Bohnen waschen, abtropfen lassen und in kleine Stücke schneiden oder brechen.

4. Nach Beendigung der Kochzeit die Brühe durch ein Sieb geben und 1 l davon abmessen. Die abgemessene Brühe zum Kochen bringen und das vorbereitete Gemüse nacheinander hineingeben: Zuerst die Bohnen, nach etwa 5 Minuten Möhren und Kohlrabi, nach weiteren 5 Minuten die Zuckerschoten. Die Zutaten dann noch zugedeckt 5–10 Minuten garen.

5. Kerbel abspülen und trocken tupfen. Die Blättchen von den Stängeln zupfen. Blättchen klein schneiden.

6. Sahne unter die Suppe rühren. Die Suppe mit Salz und Pfeffer abschmecken, mit Kerbel bestreut servieren.

Tipp: Die Gemüsesuppe mit kleinen Grießklößchen oder Fleischklößchen servieren. Die Suppe ist gefriergeeignet.

Leicht

Kartoffel-Mais-Topf mit Kidneybohnen
4 Portionen

Zubereitungszeit: 45 Minuten
Garzeit: 30–35 Minuten

500 g kleine vorwiegend festkochende Kartoffeln
Salz
1 Zwiebel
1 Knoblauchzehe
2 Scheiben Frühstücksspeck (Bacon)
1 EL Butter oder Margarine
400 ml klare Fleischbrühe
1 EL Tomatenmark
1 Dose Gemüsemais (Abtropfgewicht 285 g)
1 kleine Dose Kidneybohnen (Abtropfgewicht 250 g)
Cayennepfeffer
250 g Champignons
2 kleine Pfefferbeißer (Schinkenmettwurst, je etwa 40 g)

Pro Portion:
E: 18 g, F: 15 g, Kh: 37 g,
kJ: 1498, kcal: 358

1. Kartoffeln gründlich waschen, mit Wasser bedeckt zum Kochen bringen, Salz hinzufügen. Kartoffeln 20–25 Minuten garen, abgießen, abdämpfen, pellen, beiseitestellen und abkühlen lassen.

2. Zwiebel und Knoblauch abziehen, klein würfeln. Frühstücksspeck in kleine Würfel schneiden. Butter oder Margarine in einem Topf zerlassen. Speckwürfel darin knusprig ausbraten. Zwiebel- und Knoblauchwürfel hinzugeben und goldgelb andünsten.

3. Brühe und Tomatenmark hinzugeben und unter Rühren zum Kochen bringen, damit sich das Tomatenmark auflöst.

4. Mais und Kidneybohnen in ein Sieb geben, kalt abspülen und abtropfen lassen. Die beiseite gestellten Kartoffeln vierteln. Mais, Kidneybohnen und Kartoffelviertel in die Brühe geben. Mit Salz und Cayennepfeffer würzen, umrühren und zugedeckt bei mittlerer Hitze etwa 5 Minuten garen.

5. In der Zwischenzeit Champignons putzen, mit Küchenpapier abreiben, eventuell abspülen und trocken tupfen. Champignons vierteln. Die Pfefferbeißer in Scheiben schneiden. Champignons und Pfefferbeißer in den Kartoffel-Mais-Topf geben und weitere etwa 5 Minuten garen. Mit Salz und Cayennepfeffer abschmecken.

Kartoffel-Mais-Topf mit Kidneybohnen

Tipp: Haben Sie Pellkartoffeln vom Vortag übrig, so können Sie diese für die Suppe verwenden. Statt Pfefferbeißer schmecken auch Knackwürstchen. Diese Variante schmeckt Kindern besonders gut. Champignons sollen möglichst weiß und noch völlig geschlossen sein. Frische Pilze erkennt man am festen Fleisch. Zuchtchampignons werden meist in dunklen Kellern und stillgelegten Kohlengruben gezogen.

Preiswert – für Kinder

Kartoffelsuppe mit Hackfleischbällchen
4 Portionen

Zubereitungszeit: 50 Minuten
Garzeit: etwa 15 Minuten

Für die Hackfleischbällchen:
1 Brötchen vom Vortag (Semmel)
400 g Rinderhack
1 abgezogene, fein gewürfelte Zwiebel
1 Ei (Größe M)
2 EL gehackte Petersilie
Salz
frisch gemahlener Pfeffer
frisch geriebene Muskatnuss
750 ml (3/4 l) Gemüsebrühe

Für die Kartoffelsuppe:
100 g magerer Speck
3 Zwiebeln
600 g Kartoffeln
1 Stange Porree (Lauch)
30 g Butterschmalz
2 Msp. Safranpulver
1/2 TL Majoran
100 g Schlagsahne
2 EL gehackte Petersilie
2 EL Tomatenwürfel

Pro Portion:
E: 30 g, F: 54 g, Kh: 35 g,
kJ: 3309, kcal: 789

1. Für die Hackfleischbällchen Brötchen in kaltem Wasser einweichen und gut ausdrücken. Rinderhack in eine Rührschüssel geben. Eingeweichtes Brötchen, Zwiebelwürfel, Ei und Petersilie hinzufügen und gut unterarbeiten. Mit Salz, Pfeffer und Muskat würzen.
2. Aus der Hackmasse mit angefeuchteten Händen kleine Bällchen formen. Brühe in einem Topf zum Kochen bringen, Hackbällchen darin etwa 10 Minuten ziehen lassen, dann mit einer Schaumkelle herausnehmen. Die Brühe für die Zubereitung der Suppe beiseitestellen.
3. Für die Suppe Speck in Würfel schneiden. Zwiebeln abziehen und in kleine Würfel schneiden. Kartoffeln waschen, schälen, abspülen und in Würfel schneiden. Porree putzen, die Stange längs halbieren, gründlich waschen, abtropfen lassen und in dünne Scheiben schneiden.
4. Butterschmalz in einem Topf zerlassen, Speckwürfel darin auslassen, Zwiebelwürfel mit andünsten. Kartoffelwürfel und Porreescheiben hinzufügen und unter mehrmaligem Wenden mitdünsten lassen. Mit Safran, Majoran, Salz und Pfeffer würzen. Beiseite gestellte Brühe hinzugießen, zum Kochen bringen und etwa 15 Minuten kochen lassen.
5. Sahne, Petersilie und Tomatenwürfel unterrühren. Die Suppe nochmals mit den Gewürzen abschmecken. Die Hackfleischbällchen in die Suppe geben und kurz erhitzen.

Für die Party

Lammgyrossuppe
8–10 Portionen

Zubereitungszeit: 40 Minuten, ohne Durchziehzeit
Garzeit: etwa 50 Minuten

1 kg Lammfleisch (aus der Keule, ohne Knochen)
4 Knoblauchzehen
6 EL Olivenöl
2 EL Gyros-Gewürzsalz
1 EL getrockneter Oregano
3 kleine Gemüsezwiebeln (etwa 600 g)
je 1 rote, gelbe und grüne Paprikaschote
2 mittelgroße Zucchini
1 1/2 l Gemüsebrühe
1 Dose Kidneybohnen (Abtropfgewicht 250 g)
1 Dose (400 g) geschälte Tomaten
Salz, frisch gemahlener Pfeffer
Paprikapulver edelsüß
2 Bund glatte Petersilie

Pro Portion:
E: 24 g, F: 29 g, Kh: 20 g,
kJ: 1952, kcal: 466

1. Lammfleisch unter fließendem kalten Wasser abspülen, trocken tupfen, zuerst in Scheiben, dann in Streifen oder Würfel schneiden und in eine Schüssel geben.
2. Knoblauch abziehen und durch eine Knoblauchpresse drücken und zu dem Fleisch geben. Mit Olivenöl, Gyros-Gewürzsalz und Oregano mischen, etwas durchziehen lassen.
3. Gemüsezwiebeln abziehen, halbieren, in Streifen schneiden und mit dem Fleisch mischen.

Kartoffelsuppe mit Hackfleischbällchen

Lammgyrossuppe

Lammeintopf mit Bohnen

4. Paprikaschoten halbieren, entstielen, entkernen und die weißen Scheidewände entfernen. Die Schoten waschen, trocken tupfen und in Streifen schneiden. Zucchini waschen, abtrocknen und die Enden abschneiden. Zucchini in dünne Scheiben schneiden.
5. Die Fleisch-Zwiebel-Gewürz-Mischung in einem großen, flachen Topf unter Rühren anbraten. Paprikastreifen und Zucchinischeiben hinzugeben, mit andünsten. Gemüsebrühe hinzugießen, zum Kochen bringen und etwa 40 Minuten garen.
6. Kidneybohnen in ein Sieb geben, kalt abspülen und abtropfen lassen. Tomaten mit der Flüssigkeit und Bohnen zu der Suppe geben, wieder zum Kochen bringen. Mit Salz, Pfeffer und Paprika würzen. Die Zutaten noch etwa 10 Minuten ziehen lassen.
7. Petersilie abspülen und trocken tupfen. Die Blättchen von den Stängeln zupfen. Blättchen in feine Streifen schneiden. Die Suppe mit Petersilie bestreut servieren.

Tipp: Sie können die Suppe auch im Backofen garen. Dazu wie oben angegeben alle vorbereiteten Zutaten (Fleisch unangebraten) in einen Bräter schichten. Den Bräter auf dem Rost in den vorgeheizten Backofen schieben. Die Suppe bei Ober-/Unterhitze: etwa 200 °C, Heißluft: etwa 180 °C etwa 75 Minuten garen.

Klassisch

Lammeintopf mit Bohnen
4 Portionen

Zubereitungszeit: etwa 50 Minuten
Garzeit: etwa 80 Minuten

750 g Lammfleisch (mit Knochen, aus der Schulter)
1 Zwiebel
2–3 Zweige Bohnenkraut
1 EL Speiseöl
gut 1 l Wasser
Salz
1 Lorbeerblatt
4 Pfefferkörner
1 kg grüne Bohnen
500 g vorwiegend festkochende Kartoffeln
750 g Fleischtomaten
frisch gemahlener Pfeffer
1–2 EL gehackte Petersilie

Pro Portion:
E: 55 g, F: 37 g, Kh: 32 g,
kJ: 2877, kcal: 686

1. Lammfleisch unter fließendem kalten Wasser abspülen und trocken tupfen. Zwiebel abziehen und klein würfeln. Bohnenkraut abspülen und trocken tupfen. Speiseöl in einem großen Topf erhitzen. Lammfleisch darin rundherum kräftig anbraten.
2. Zwiebelwürfel hinzugeben und glasig dünsten, Wasser hinzugießen.
Salz, Bohnenkraut, Lorbeerblatt und Pfefferkörner hinzugeben, zum Kochen bringen und zugedeckt etwa 50 Minuten bei mittlerer Hitze garen.
3. In der Zwischenzeit von den Bohnen die Enden abschneiden, eventuell abfädeln. Bohnen abspülen, abtropfen lassen und in kleine Stücke schneiden oder brechen. Kartoffeln waschen, schälen, abspülen, abtropfen lassen und in Würfel schneiden. Bohnenstücke und Kartoffelwürfel zu dem Lammfleisch in den Topf geben und wieder zum Kochen bringen. Den Eintopf zugedeckt weitere etwa 20 Minuten garen.
4. Tomaten waschen, kreuzweise einschneiden und einige Sekunden in kochendes Wasser legen. Tomaten kurz in kaltes Wasser legen, enthäuten, halbieren, entkernen und die Stängelansätze herausschneiden. Tomatenhälften klein schneiden, in den Eintopf geben und weitere etwa 10 Minuten köcheln lassen.
5. Bohnenkraut und Lorbeerblatt aus dem Eintopf entfernen. Fleisch herausnehmen und etwas abkühlen lassen. Das Fleisch vom Knochen lösen, würfeln und nochmals kurz in dem Eintopf erhitzen.
6. Den Eintopf mit Salz und Pfeffer abschmecken und mit Petersilie bestreut servieren.

Klassisch

Minestrone
4 Portionen

Zubereitungszeit: 55 Minuten
Garzeit: 15—19 Minuten

200 g Möhren
300 g vorwiegend festkochende Kartoffeln
150 g Zucchini
200 g Porree (Lauch)
100 g Staudensellerie
100 g grüne Bohnen
2 Zwiebeln
75 g durchwachsener Speck
2 Fleischtomaten
2 EL Olivenöl
1 l Gemüsebrühe
100 g TK-Erbsen
50 g Hörnchennudeln oder Gabelspaghetti
2 EL gehackte Petersilie
2 EL gehackte Basilikumblättchen
Salz
Paprikapulver rosenscharf
40 g frisch geriebener Parmesan-Käse

Pro Portion:
E: 15 g, F: 15 g, Kh: 29 g,
kJ: 1306, kcal: 312

1. Möhren putzen, schälen, waschen und abtropfen lassen. Kartoffeln waschen, schälen und abspülen. Möhren und Kartoffeln in kleine Würfel schneiden.
2. Zucchini waschen, abtrocknen und die Enden abschneiden. Zucchini in Scheiben schneiden. Porree putzen, die Stange längs halbieren, gründlich waschen, abtropfen lassen und in Scheiben schneiden.
3. Staudensellerie putzen und die harten Außenfäden abziehen. Sellerie waschen, abtropfen lassen und in Scheiben schneiden.
4. Von den Bohnen die Enden abschneiden, eventuell Fäden abziehen. Bohnen waschen, abtropfen lassen und in Stücke schneiden oder brechen. Zwiebeln abziehen, zuerst in Scheiben schneiden, dann in Ringe teilen. Speck in kleine Würfel schneiden.
5. Tomaten waschen, kreuzweise einschneiden und einige Sekunden in kochendes Wasser legen. Tomaten kurz in kaltes Wasser legen, enthäuten, halbieren, entkernen und die Stängelansätze herausschneiden. Tomaten klein schneiden.
6. Olivenöl in einem großen Topf erhitzen. Speck- und Zwiebelwürfel unter Rühren darin andünsten. Möhren-, Kartoffelwürfel, Selleriescheiben und Bohnen hinzugeben, mit andünsten.
7. Brühe hinzugießen, zum Kochen bringen und zugedeckt 10—12 Minuten kochen lassen. Dann Zucchinischeiben, Porreescheiben, die gefrorenen Erbsen und Nudeln hinzufügen. Die Zutaten unter Rühren wieder zum Kochen bringen und nochmals zugedeckt 5—7 Minuten garen.
8. Tomatenwürfel mit Petersilie und Basilikum in die Suppe geben und erhitzen. Die Suppe mit Salz und Paprika würzen, mit Parmesan-Käse bestreut servieren.

Tipp: Die Nudeln immer nur knapp gar kochen (Packungsanleitung beachten), da sie in der heißen Suppe noch nachgaren. Die Minestrone ist ohne Nudeln gefriergeeignet. Die Nudeln dann extra garen und vor dem Servieren in die Suppe geben. Für eine vegetarische Variante den Speck weglassen und 2 Esslöffel Olivenöl oder Butter zusätzlich verwenden.

Raffiniert

Pichelsteiner mit Fisch
4 Portionen

Zubereitungszeit: 55 Minuten
Garzeit: 25—30 Minuten

4 mittelgroße Kartoffeln
4 Möhren
1 Kohlrabi
375 g Brokkoli
1 Stange Porree (Lauch)
800 ml Fischfond oder -brühe
Salz, frisch gemahlener Pfeffer
Kerbelblättchen
Basilikumblättchen
2 abgezogene Knoblauchzehen
8 küchenfertige Garnelen
2 Forellenfilets (ohne Haut)
400 g Rotbarschfilet
400 g Muscheln (Pfahl- oder Venusmuscheln)

Pro Portion:
E: 39 g, F: 6 g, Kh: 24 g,
kJ: 1315, kcal: 314

1. Kartoffeln waschen, schälen, abspülen. Möhren und Kohlrabi putzen, schälen, waschen. Kartoffeln, Möhren und Kohlrabi abtropfen lassen, in Stifte schneiden. Vom Brokkoli die Blätter entfernen. Brokkoli waschen, abtropfen lassen und in Röschen teilen. Brokkolistiele schälen und in Stücke schneiden. Porree putzen, die Stange längs halbieren. Porree gründlich waschen, abtropfen lassen und in dünne Scheiben schneiden.

Minestrone

Pichelsteiner mit Fisch

Pichelsteiner mit Meeresfrüchten

2. Fischfond oder -brühe in einem Topf zum Kochen bringen. Vorbereitetes Gemüse hinzufügen. Mit Salz, Pfeffer, Kerbel-, Basilikumblättchen und durchgepresstem Knoblauch würzen. Die Zutaten wieder zum Kochen bringen und etwa 15 Minuten leicht kochen lassen.

3. In der Zwischenzeit Garnelen, Forellenfilets und Rotbarschfilet kurz unter fließendem kalten Wasser abspülen und trocken tupfen. Muscheln in kaltem Wasser gründlich waschen und einzeln abbürsten (bereits geöffnete Muscheln sind ungenießbar). Fischfilets in grobe Stücke schneiden.

4. Zunächst Garnelen und Muscheln in die Suppe geben, dann die Fischfiletstücke. Die Suppe vorsichtig umrühren und weitere 10–15 Minuten bei schwacher Hitze gar ziehen lassen. Muscheln, die sich nach dem Garen nicht öffnen, sind ungenießbar.

Etwas teurer

Pichelsteiner mit Meeresfrüchten
4 Portionen

Zubereitungszeit: 60 Minuten
Garzeit: etwa 15 Minuten

2 Möhren
2 Stangen Staudensellerie
4 große Wirsingblätter
20 kleine Herzmuscheln
12 Miesmuscheln
2 EL Sonnenblumenöl
500 ml (1/2 l) Gemüsebrühe
500 ml (1/2 l) Fischfond
Salz
1/2 Bund glatte Petersilie
12 küchenfertige Garnelen
200 g Lachsfilet, ohne Haut
200 g weißes Fischfleisch,
z. B. Zander oder Seeteufel
frisch gemahlener Pfeffer

Pro Portion:
E: 34 g, F: 11 g, Kh: 7 g,
kJ: 1080, kcal: 258

1. Möhren putzen, schälen, waschen, abtropfen lassen und in Scheiben schneiden. Staudensellerie putzen und die harten Außenfäden abziehen. Sellerie waschen, abtropfen lassen und in schräge Stücke schneiden. Wirsingblätter abspülen, trocken tupfen und in kleine Stücke schneiden.

2. Beide Muschelsorten in reichlich kaltem Wasser gründlich waschen und einzeln abbürsten, bis sie nicht mehr sandig sind (Muscheln, die sich beim Waschen öffnen, sind ungenießbar). Eventuell die Fäden (Bartbüschel) entfernen.

3. Sonnenblumenöl in einem hohen Topf erhitzen. Möhrenscheiben, Selleriestücke und Wirsingstückchen darin andünsten. Gemüsebrühe und Fischfond hinzugießen. Mit Salz würzen. Die Zutaten zum Kochen bringen und etwa 5 Minuten köcheln lassen.

4. Petersilie abspülen und trocken tupfen. Die Blättchen von den Stängeln zupfen. Blättchen klein schneiden.

5. Garnelen, Lachs- und Fischfilet unter fließendem kalten Wasser abspülen und trocken tupfen. Lachs- und weißes Fischfilet in jeweils 12 gleich große Würfel schneiden.

6. Wenn die einzelnen Gemüsesorten weich sind, Herz- und Miesmuscheln hinzugeben, zum Kochen bringen und etwa 5 Minuten bei schwacher Hitzen kochen lassen. Fischwürfel und Petersilie hinzufügen, weitere 5 Minuten ziehen (nicht mehr kochen) lassen.

7. Die Suppe mit Salz und Pfeffer abschmecken.

Beilage: Roggenbaguettescheiben, mit Butter bestrichen und mit gehackter Petersilie bestreut.

Beliebt

Pikanter Garnelentopf
4 Portionen

Zubereitungszeit: 60 Minuten, ohne Auftauzeit
Garzeit: etwa 25 Minuten

300 g TK-Kabeljaufilet
250 g TK-Garnelen ohne Schale
300 g TK-Brechbohnen
1 kleine Fenchelknolle (etwa 200 g)
200 g Cocktailtomaten
1 Bund oder ein kleiner Topf Zitronenthymian
2 EL Olivenöl
1 l Gemüsebrühe
100 g Suppennudeln
(z. B. Muschelnudeln)
Salz, frisch gemahlener Pfeffer
Knoblauchpulver
2–3 EL süße Chilisauce

Pro Portion:
E: 33 g, F: 8 g, Kh: 26 g,
kJ: 1301, kcal: 311

1. Kabeljaufilet, Garnelen und Brechbohnen getrennt nach Packungsanleitung auftauen lassen. In der Zwischenzeit von der Fenchelknolle die Stiele dicht oberhalb der Knolle abschneiden. Braune Stellen und Blätter entfernen. Knolle waschen, abtropfen lassen, zuerst in Scheiben, dann in Würfel schneiden.

2. Tomaten waschen, abtrocknen und halbieren. Thymian abspülen und trocken tupfen. Die Blättchen von den Stängeln zupfen. Kabeljaufilet unter fließendem kalten Wasser abspülen und trocken tupfen. Fisch in kleine Würfel schneiden. Von den Garnelen eventuell den Darm entfernen, dafür die Garnelen mit einem spitzen Messer am Rücken aufschneiden. Garnelen abspülen und trocken tupfen.

3. Olivenöl in einem großen Topf erhitzen, Fenchelwürfel darin andünsten. Brühe hinzugießen, zum Kochen bringen, etwa 10 Minuten kochen lassen. Dann Bohnen hinzugeben, wieder zum Kochen bringen und zugedeckt bei schwacher Hitze weitere 5 Minuten garen.

4. Suppennudeln hinzugeben und nochmals etwa 5 Minuten garen. Fischwürfel, Garnelen und Tomatenhälften hinzufügen und in etwa 5 Minuten gar ziehen lassen. Suppe mit Salz, Pfeffer, Knoblauch und Chilisauce würzen, Thymianblättchen unterrühren.

Beilage: Aioli mit gerösteten Baguettescheiben. Für die Aioli 3 Esslöffel Salatmayonnaise mit 1 abgezogenen, fein gehackten Knoblauchzehe vermischen, mit Salz und Pfeffer würzen. Baguettescheiben, nach Möglichkeit dünn geschnitten, in einer Pfanne in heißer Butter anbraten.

Für Gäste

Pizza-Suppe
12 Portionen

Zubereitungszeit: 45 Minuten
Garzeit: 10–15 Minuten

3 Dosen (je 800 g) geschälte Tomaten
3 gelbe Paprikaschoten
2 Stangen Porree (Lauch)
750 ml (3/4 l) Gemüsebrühe
1 Glas Champignons, in Scheiben
(Abtropfgewicht 540 g)
250 g Kräuter-Schmelzkäse
oder Kräuter-Frischkäse
Salz
frisch gemahlener Pfeffer
gerebelter Oregano
1/2 Bund frisches Basilikum

Pro Portion:
E: 5 g, F: 3 g, Kh: 8 g,
kJ: 326, kcal: 77

1. Tomaten mit der Flüssigkeit in einen großen Topf geben, pürieren und durch ein Sieb streichen.
2. Paprikaschoten halbieren, entstielen, entkernen und die weißen Scheidewände entfernen. Schoten waschen, abtropfen lassen und in Streifen schneiden. Porree putzen, die Stangen längs halbieren, waschen, zuerst in dicke Scheiben schneiden, dann in Ringe teilen.
3. Paprikastreifen und Porreeringe zu den Tomaten in den Topf geben, unter Rühren zum Kochen bringen und 10–15 Minuten unter gelegentlichem Rühren köcheln lassen.
4. Champignons in einem Sieb abtropfen lassen und mit der Brühe hinzufügen, aufkochen lassen.
5. Schmelz- oder Frischkäse mit etwas Suppe glattrühren, dann unter die restliche Suppe rühren. Die Suppe erwärmen, mit Salz, Pfeffer und Oregano abschmecken. Die Suppe darf nicht mehr kochen.
6. Basilikum abspülen und trocken tupfen. Die Blättchen von den Stängeln zupfen. Die Suppe mit Basilikumblättchen bestreut servieren.

Pikanter Garnelentopf

Pizza-Suppe

Reisbällchentopf

Für Kinder

Reisbällchentopf
4 Portionen

Zubereitungszeit: 40 Minuten
Garzeit: etwa 60 Minuten

70 g Parboiled Reis
Salz
250 g Möhren
1 Stange Porree (Lauch, etwa 200 g)
250 g Knollensellerie
2 Gläser (je 400 ml) Gemüsefond
1 EL Olivenöl
200 g feines Kalbsbrät
½ Bund Kerbel
frisch gemahlener Pfeffer
frisch geriebene Muskatnuss

Pro Portion:
E: 11 g, F: 16 g, Kh: 23 g,
kJ: 1174, kcal: 280

1. Reis in 150 ml kochendes Salzwasser geben und nach Packungsanleitung bissfest garen. So lange offen weitergaren, bis die Flüssigkeit verdampft ist. Reis etwas abkühlen lassen.

2. In der Zwischenzeit Möhren putzen, schälen, waschen. Porree putzen, die Stange längs halbieren und gründlich waschen. Sellerie putzen, schälen, waschen. Das Gemüse abtropfen lassen, in etwa 3 cm lange Streifen schneiden, in einen gewässerten Römertopf® (dabei die Herstelleranweisungen beachten) geben und gut vermischen. Gemüsefond und Olivenöl untermengen.

3. Kalbsbrät mit dem abgekühlten Reis verrühren. Aus der Masse mit angefeuchteten Händen kleine Bällchen formen und auf das Gemüse in den Römertopf® geben. Den Römertopf® mit dem Deckel verschließen und auf dem Rost in den kalten Backofen schieben.
Ober-/Unterhitze: etwa 200 °C
Heißluft: etwa 180 °C
Garzeit: etwa 60 Minuten.

4. Kerbel abspülen und trocken tupfen. Die Blättchen von den Stängeln zupfen. Den Eintopf mit Salz, Pfeffer und Muskat würzen und mit Kerbelblättchen bestreuen.

Tipp: 200 g feines Kalbsbrät entspricht 2 ungebrühten Kalbsbratwürsten. Parboiled Reis wird mit Wasser, Wärme und Druck vorbehandelt. Dabei dringt ein Teil der im Silberhäutchen enthaltenen Vitamine des B-Komplexes in das Korn ein und bleibt beim anschließenden Schleifen und Polieren erhalten. Durch diese Behandlung gehen nur wenig Vitalstoffe verloren, außerdem verbessern sich die Kocheigenschaften, der Reis bleibt beim Wiederaufwärmen körnig.

Variante: Schneller Reisbällchentopf Wer keinen Römertopf® hat oder es eilig hat, bereitet das Rezept im Topf zu. Für die Reisbällchen den abgekühlten Reis mit Kalbsbrät verrühren und zu Bällchen formen. Gemüse putzen, klein schneiden und in 2–3 Esslöffeln Olivenöl im Topf andünsten. Gemüsefond und 200 ml Gemüsebrühe hinzugießen und alles etwa 20 Minuten garen. Reisbällchen in die Suppe geben und bei schwacher Hitze etwa 5 Minuten gar ziehen lassen. Die Suppe würzen und servieren.

Für Gäste – mit Alkohol

Rindfleischtopf mit Rotwein
4 Portionen

Zubereitungszeit: 100 Minuten
Garzeit: etwa 1 Stunde

700 g Rindfleisch (aus der Schulter, ohne Knochen)
3 EL Speiseöl
2 EL Tomatenmark
750 ml (¾ l) Fleischbrühe
2 Möhren (etwa 200 g)
1 Kohlrabi (etwa 200 g)
150 g Knollensellerie
300 g festkochende Kartoffeln
1 Gemüsezwiebel (etwa 200 g)
200 ml trockener Rotwein
Salz
frisch gemahlener Pfeffer
gerebelter Thymian
1–2 TL mittelscharfer Senf

Pro Portion:
E: 39 g, F: 23 g, Kh: 17 g,
kJ: 1931, kcal: 460

1. Rindfleisch unter fließendem kalten Wasser abspülen, trocken tupfen und in kleine Würfel schneiden. Speiseöl in einem Topf erhitzen. Fleischwürfel darin portionsweise von allen Seiten gut anbraten.
2. Tomatenmark unterrühren und kurz mit andünsten. Etwas von der Brühe hinzugießen, zum Kochen bringen und unter gelegentlichem Rühren etwas einkochen lassen.
3. In der Zwischenzeit Möhren, Kohlrabi und Sellerie putzen, schälen, waschen, abtropfen lassen und in große Würfel schneiden. Kartoffeln waschen, schälen, abspülen und ebenfalls in große Würfel schneiden. Zwiebel abziehen und fein würfeln.
4. Vorbereitete Gemüsewürfel zu den Fleischwürfeln geben und mit andünsten. Restliche Brühe und Rotwein hinzugießen. Mit Salz, Pfeffer, Thymian und Senf würzen. Die Zutaten zum Kochen bringen und

Rindfleischtopf mit Rotwein

zugedeckt bei schwacher Hitze gut 1 Stunde garen, dabei gelegentlich umrühren.
5. Den Rindfleischtopf mit den Gewürzen abschmecken und sofort servieren.

Beilage: Bauernbrot oder ofenfrisches Baguette.

Tipp: Den Fleischtopf können Sie auch mit Schweine- oder Lammschulter zubereiten. Noch würziger schmeckt er, wenn die Fleischstücke am Vortag in Rotwein eingelegt werden.

Variante: Der Rindfleischtopf kann auch mit einer anderen Gemüsemischung zubereitet werden z. B. mit 1–2 Stangen Staudensellerie, 250 g Möhren, 250 g enthäuteten geviertelten Tomaten, 3 Zwiebeln und 100 g schwarzen Oliven. Dann den Rotwein durch 500 ml (½ l) Gemüsebrühe und 125 ml (⅛ l) Weißwein ersetzen. Zusätzlich den Rindfleischtopf mit je 1 Teelöffel Thymian-, Rosmarin- und Petersilienblättchen würzen.

Raffiniert

Salsa-Suppe
8–10 Portionen

Zubereitungszeit: 35 Minuten
Garzeit: etwa 10 Minuten

1 Bund Frühlingszwiebeln
1 Dose Kidneybohnen
(Abtropfgewicht 500 g)
1 Dose Gemüsemais
(Abtropfgewicht 265 g)
2 EL Speiseöl
etwa 40 g Weizenmehl
1 l Gemüsebrühe
700 ml Tomaten-Chili-Sauce
(z. B. Texicana Salsa)
1 Glas (330 g) Ajvar (Paprikapaste)
Salz
frisch gemahlener Pfeffer
1 Pck. (25 g) TK-Petersilie

Pro Portion:
E: 20 g, F: 12 g, Kh: 52 g,
kJ: 1733, kcal: 414

1. Frühlingszwiebeln putzen, waschen, abtropfen lassen und in Scheiben schneiden. Kidneybohnen und Mais in ein Sieb geben, kalt abspülen und abtropfen lassen.
2. Speiseöl in einem Topf erhitzen. Frühlingszwiebelscheiben darin andünsten. Mit Mehl bestäuben, mit Gemüsebrühe ablöschen und glattrühren. Tomaten-Chili-Sauce, Ajvar, Kidneybohnen und Mais nacheinander in die Suppe geben und erhitzen.
3. Die Suppe etwa 10 Minuten kochen lassen. Anschließend mit Salz und Pfeffer würzen. Mit Petersilie bestreut servieren.

Einfach

Scharfe Mitternachtssuppe
4 Portionen

Zubereitungszeit: 40 Minuten

250 g Putenschnitzel
1–2 rote Chilischoten
1 Dose Gemüsemais
(Abtropfgewicht 340 g)
30 g Butter oder Butterschmalz
1–2 EL Currypulver
1 ½ l Wasser
1 Beutel Lauchcremesuppe
(Fertigprodukt)
100 g Schlagsahne
Chilipulver, Cayennepfeffer

Pro Portion:
E: 19 g, F: 19 g, Kh: 16 g,
kJ: 1325, kcal: 318

Salsa-Suppe

1. Putenschnitzel unter fließendem kalten Wasser abspülen, trocken tupfen und in Streifen schneiden. Chilischoten halbieren, entstielen, entkernen, waschen, trocken tupfen und in kleine Würfel schneiden. Mais in einem Sieb abtropfen lassen.
2. Butter oder Butterschmalz in einem Topf zerlassen. Fleischstreifen darin anbraten. Curry darüberstreuen und kurz mitdünsten.
3. Wasser hinzugießen, Lauchcremesuppenpulver einrühren. Chiliwürfel und Mais hineingeben, unter Rühren zum Kochen bringen und unter gelegentlichem Umrühren ohne Deckel bei mittlerer Hitze etwa 5 Minuten kochen lassen.
4. Sahne hinzufügen und kurz erwärmen (nicht mehr kochen lassen). Die Suppe mit Chilipulver und Cayennepfeffer scharf abschmecken.

Tipp: Nach Belieben zusätzlich 1 Stange Porree (Lauch) putzen, die Stange längs halbieren, gründlich waschen, abtropfen lassen und in sehr dünne Streifen schneiden. Porreestreifen in die Suppe geben und nur noch kurz erhitzen. Dazu passt ofenwarmes Fladenbrot.

Variante: Mitternachtssuppe mit Hähnchenbrustfilet. Statt Putenschnitzel, roten Chilischoten und Mais — 2 kleine Hähnchenbrustfilets (je etwa 125 g), 1–2 grüne Chilischoten, 1 Glas Champignons (Abtropfgewicht 170 g) und 1 Glas Tomatenpaprika in Streifen (Abtropfgewicht 165 g) vorbereiten und wie im Rezept beschrieben mit den weiteren Zutaten verarbeiten. Zusätzlich können Sie 3 in feine Scheiben geschnittene Frühlingszwiebeln hinzugeben.

Für Gäste

Spargeleintopf
4–6 Portionen

Zubereitungszeit: 60 Minuten

800 g weißer Spargel
300 g grüner Spargel
2 l Wasser
2 TL Zucker
2 TL Salz
frisch gemahlener Pfeffer
2 Zwiebeln
2 Knoblauchzehen
50 g frische Ingwerwurzel
50 g Butter
500 g neue Kartoffeln
250 g Möhren
1 kleiner Kohlrabi
100 g Zuckerschoten
1 Bund Petersilie

Pro Portion:
E: 7 g, F: 9 g, Kh: 23 g,
kJ: 846, kcal: 202

1. Den weißen Spargel von oben nach unten schälen. Darauf achten, dass die Schalen vollständig entfernt, die Köpfe aber nicht verletzt werden. Die unteren Enden abschneiden (holzige Stellen vollkommen entfernen). Von dem grünen Spargel das untere Drittel schälen, die unteren Enden abschneiden. Spargelstangen, -schalen und -enden waschen und abtropfen lassen.
2. Spargelschalen und -enden in einem Topf mit Wasser, Zucker, Salz und Pfeffer zum Kochen bringen, zugedeckt etwa 10 Minuten leicht kochen lassen. Anschließend in ein Sieb geben, den Spargelfond dabei auffangen.
3. Zwiebeln und Knoblauch abziehen, in kleine Würfel schneiden. Ingwer schälen und ebenfalls in kleine Würfel schneiden.
4. Butter in einem großen Topf zerlassen. Zwiebel-, Knoblauch- und Ingwerwürfel darin glasig dünsten. Spargelfond hinzugießen und zum Kochen bringen. Kartoffeln waschen, schälen, abspülen und in kleine Würfel schneiden. Kartoffelwürfel im Spargelfond etwa 5 Minuten leicht kochen lassen.
5. Möhren putzen, schälen, waschen, abtropfen lassen und in Scheiben schneiden. Kohlrabi schälen, abspülen, abtropfen lassen, zuerst in Scheiben, dann in Würfel schneiden. Weißen Spargel in 2–3 cm große Stücke schneiden. Möhrenscheiben, Kohlrabiwürfel und Spargelstücke zum Spargelfond in den Topf geben, wieder zum Kochen bringen und zugedeckt etwa 10 Minuten garen. Grünen Spargel ebenfalls in 2–3 cm große Stücke schneiden und hinzufügen. Den Eintopf zugedeckt weitere etwa 5 Minuten kochen lassen.
6. Zuckerschoten waschen und abtropfen lassen. Je nach Größe 2–3-mal durchschneiden. Zuckerschoten zum Eintopf geben und etwa 1 Minute mitkochen lassen. Mit Salz und Pfeffer abschmecken.
7. Petersilie abspülen und trocken tupfen. Die Blättchen von den Stängeln zupfen. Blättchen klein schneiden. Den Eintopf mit Petersilie bestreut servieren.

Tipp: Zusätzlich 150 g Schlagsahne unter den Eintopf rühren.

Raffiniert

Sizilianische Caponata
4 Portionen

Zubereitungszeit: 90 Minuten
Garzeit: 30–40 Minuten

1 kleiner Staudensellerie
3 große Auberginen
1 Bund Frühlingszwiebeln
3 dicke Fleischtomaten
2 Knoblauchzehen
1 Topf Basilikum
4 EL Olivenöl
Salz
frisch gemahlener Pfeffer
1 Glas Kapernäpfel oder Kapern
1 Glas grüne Oliven, ohne Stein
1 Glas schwarze Oliven, ohne Stein

Pro Portion:
E: 8 g, F: 22 g, Kh: 19 g,
kJ: 1295, kcal: 309

1. Staudensellerie putzen und die harten Außenfäden abziehen. Sellerie waschen und abtropfen lassen. Auberginen waschen, abtrocknen und die Stängelansätze entfernen. Den Backofen vorheizen.
2. Frühlingszwiebeln putzen, waschen, abtropfen lassen. Tomaten waschen, abtropfen lassen, halbieren und die Stängelansätze heraus-

Spargeleintopf

schneiden. Das vorbereitete Gemüse grob würfeln. Knoblauch abziehen und durch eine Knoblauchpresse drücken. Basilikum abspülen und trocken tupfen. Die Blättchen von den Stängeln zupfen.

3. Olivenöl in einem großen Topf oder Bräter erhitzen, die Gemüsewürfel darin andünsten. Mit Salz und Pfeffer würzen. Knoblauch und Basilikumblättchen unterrühren. Das Gemüse etwa 15 Minuten leicht kochen lassen.

4. Oliven und Kapern abtropfen lassen, zum gedünsteten Gemüse geben. Den Topf oder Bräter auf dem Rost in den vorgeheizten Backofen schieben.

Ober-/Unterhitze: etwa 160 °C
Heißluft: etwa 140 °C
Garzeit: 30–40 Minuten.

Vegetarisch

Süß-saurer Gemüseeintopf
4 Portionen

Zubereitungszeit: 50 Minuten

1 rote Peperoni
10 g Ingwerwurzel
je 1 rote und grüne Paprikaschote (je 200 g)
1 Stange Porree (Lauch, etwa 200 g)
1 kleiner Blumenkohl (etwa 650 g)
400 g Möhren
1 Kohlrabi (etwa 200 g)
2–3 EL Apfelessig
2 EL Sojasauce
etwa 120 g passierte Tomaten
2 EL (30 g) brauner Zucker
1 gestr. EL (10 g) Speisestärke
750 ml (¾ l) Gemüsebrühe
3 EL Speiseöl
8 Maiskölbchen (aus dem Glas, 60 g)
Salz
frisch gemahlener Pfeffer

Pro Portion:
E: 6 g, F: 8 g, Kh: 23 g,
kJ: 812, kcal: 194

Sizilianische Caponata

Süß-saurer Gemüseeintopf

1. Peperoni längs aufschneiden, entkernen, waschen, trocken tupfen und in feine Streifen schneiden. Ingwer schälen und fein würfeln.

2. Paprikaschoten halbieren, entstielen, entkernen und die weißen Scheidewände entfernen. Schoten waschen, abtropfen lassen und in schmale Streifen schneiden. Porree putzen, die Stange längs halbieren, gründlich waschen, abtropfen lassen. Porree in feine Streifen schneiden.

3. Die Blätter vom Blumenkohl entfernen, die schlechten Stellen entfernen und den Strunk abschneiden. Blumenkohl in mundgerechte Röschen teilen, waschen und abtropfen lassen. Möhren putzen, schälen, waschen, abtropfen lassen und in dünne Streifen schneiden. Kohlrabi schälen, waschen und abtropfen lassen. Kohlrabi halbieren, vierteln und in dünne Scheiben schneiden.

4. In einer Schüssel 2 Esslöffel Apfelessig mit Sojasauce, passierten Tomaten und braunem Zucker verrühren. Getrennt davon Speisestärke mit Brühe verrühren.

5. Gemüse portionsweise andünsten. Dafür je 1 Esslöffel Speiseöl in einem Topf erhitzen. Peperoni, Ingwer, Paprika- und Porreestreifen darin etwa 2 Minuten unter gelegentlichem Rühren andünsten. Das Gemüse herausnehmen und beiseitestellen.

6. Blumenkohlröschen in 1 Esslöffel Speiseöl etwa 3 Minuten unter gelegentlichem Rühren andünsten und herausnehmen. Möhrenstreifen und Kohlrabistücke im restlichen Esslöffel Speiseöl ebenso etwa 3 Minuten andünsten.

7. Das gedünstete Gemüse und Maiskölbchen vermengen und kurz weiterdünsten.

8. Essig-Soja-Tomaten-Mischung mit der angerührten Brühe hinzugeben. Die Zutaten zum Kochen bringen und zugedeckt 5–8 Minuten leicht köcheln lassen. Die Suppe mit Salz, Pfeffer, 1 Esslöffel Apfelessig und 1 Prise Zucker süß-sauer abschmecken.

Tipp: Mit etwa 1,2 kg TK-Gemüse (z. B. Bohnen, Erbsen, Brokkoli, Möhren) statt frischem Gemüse verringert sich die Zubereitungszeit um etwa 20 Minuten. Das TK-Gemüse muss nicht extra angedünstet werden. Ist der Ingwer etwas älter, so ist er sehr faserig. Dann den geschälten Ingwer in Stücke schneiden und durch eine Knoblauchpresse drücken. So bleiben die Fasern zurück.

Thailändischer Fischeintopf

Süß-saure Hackfleischsuppe

Für Gäste

Thailändischer Fischeintopf
2–4 Portionen

Zubereitungszeit: 35 Minuten
Garzeit: 20–23 Minuten

1 grüne Chilischote
1 rote Chilischote
½ Stängel Zitronengras
20 g Ingwerwurzel
2 TL Korianderkörner
1 ½ l Fischfond oder -brühe
400 g Rotbarbenfilet
½ Bund Koriander
400 g gegarte Tintenfischringe
200 g gegarte, geschälte Garnelen
300 g gegarter Reis
Sojasauce
Salz
frisch gemahlener, weißer Pfeffer

Pro Portion:
E: 23 g, F: 18 g, Kh: 25 g,
kJ: 1537, kcal: 366

1. Chilischoten halbieren, entstielen, entkernen. Schotenhälften waschen, trocken tupfen und quer in schmale Streifen schneiden.
2. Zitronengras putzen, abspülen, trocken tupfen, eventuell etwas klopfen und in etwa 2 cm lange Stücke schneiden. Ingwer schälen und in Scheiben schneiden. Korianderkörner in einem Mörser leicht zerstoßen.
3. Fischfond oder -brühe mit Zitronengrasstücken, der Hälfte der Chilistreifen, Korianderkörnern und Ingwerscheiben in einen Wok geben, bei schwacher Hitze etwa 15 Minuten köcheln lassen.
4. In der Zwischenzeit Rotbarbenfilet unter fließendem kalten Wasser abspülen, trocken tupfen und in Stücke schneiden. Koriander abspülen und trocken tupfen. Die Blättchen von den Stängeln zupfen.
5. Die Brühe durch ein Sieb gießen, wieder in den Wok geben und aufkochen lassen. Restliche Chilistreifen, Rotbarbenstücke, Tintenfischringe, Garnelen und Reis in die Brühe geben. Die Zutaten 5–8 Minuten ziehen lassen.
6. Den Eintopf mit Sojasauce, Salz und Pfeffer abschmecken. Korianderblättchen kurz vor dem Servieren hinzufügen.

Tipp: Beim Entkernen der Chilischoten müssen Sie vorsichtig sein, da die Schoten sehr scharf sind. Nach dem Schneiden am besten die Hände waschen. Nicht in die Augen fassen, da es sehr stark brennt. Wenn Sie kein frisches Zitronengras bekommen, können Sie ersatzweise getrocknetes Zitronengras oder 1 breiten Streifen Zitronenschale von einer Bio-Zitrone (unbehandelt, ungewachst) verwenden.

Für die Party

Süß-saure Hackfleischsuppe
8–10 Portionen

Zubereitungszeit: 40 Minuten
Garzeit: etwa 20 Minuten

1 Gemüsezwiebel
4 Knoblauchzehen
1 ½ kg gemischtes Gehacktes
(halb Rind-, halb Schweinefleisch)
7 EL Speiseöl
Salz
frisch gemahlener Pfeffer
250 g Langkornreis
3 l Gemüsebrühe
500 g Zucchini
300 g Cocktailtomaten
2 Flaschen (je 250 ml) süß-saure
Asia-Sauce
250 g TK-Erbsen
Cayennepfeffer

Pro Portion:
E: 28 g, F: 39 g, Kh: 37 g,
kJ: 2711, kcal: 645

1. Zwiebel und Knoblauch abziehen. Zwiebel halbieren und in grobe Würfel schneiden, Knoblauch klein schneiden.
2. Etwa 5 Esslöffel Speiseöl in einem Topf erhitzen. Gehacktes darin portionsweise anbraten. Dabei die Fleischklümpchen mit einer Gabel zerdrücken. Mit Salz und Pfeffer würzen.

3. Restliches Speiseöl in einem großen Topf erhitzen. Zwiebelwürfel, Knoblauch und Reis darin andünsten. Brühe hinzugießen und zum Kochen bringen. Den Reis zugedeckt bei schwacher Hitze etwa 8 Minuten garen.

4. In der Zwischenzeit Zucchini waschen, abtrocknen und die Enden abschneiden. Zucchini der Länge nach halbieren und in Scheiben schneiden. Cocktailtomaten waschen, abtropfen lassen und halbieren, eventuell Stängelansätze entfernen.

5. Gehacktes, Asia-Sauce und Zucchinischeiben zu dem Reis in den Topf geben, wieder zum Kochen bringen und weitere etwa 5 Minuten garen.

6. Tomatenhälften und unaufgetaute Erbsen in die Suppe geben, wieder zum Kochen bringen und nochmals etwa 5 Minuten köcheln lassen. Die Suppe mit Cayennepfeffer abschmecken.

Raffiniert – mit Alkohol

Wirsingeintopf mit Mettwurst, Kümmel und Birnen

4 Portionen

Zubereitungszeit: 40 Minuten
Garzeit: etwa 30 Minuten

½ Kopf Wirsingkohl (etwa 600 g)
1 Gemüsezwiebel (etwa 150 g)
100 g Frühstücksspeck
2 Möhren
2 festkochende Kartoffeln
1 EL Kümmelsamen
3 EL Butter
800 ml Geflügelbrühe
Salz, frisch gemahlener Pfeffer
frisch geriebene Muskatnuss

2 Birnen
2 EL Zucker
2 cl Birnenschnaps

4 kleine geräucherte Mettwürste (je etwa 100 g)
6 Stängel Thymian

Pro Portion:
E: 27 g, F: 56 g, Kh: 31 g,
kJ: 3104, kcal: 746

1. Von dem Wirsing die groben, äußeren Blätter entfernen. Den Wirsing halbieren und den Strunk herausschneiden. Wirsinghälfte abspülen, abtropfen lassen und in Stücke schneiden.

2. Gemüsezwiebel abziehen, halbieren und in kleine Würfel schneiden, Frühstücksspeck ebenfalls klein würfeln. Möhren putzen, schälen, abspülen, abtropfen lassen. Kartoffeln waschen, schälen, abspülen. Möhren und Kartoffeln in Würfel schneiden. Kümmel und etwas Butter auf das Schneidbrett geben, Kümmel fein hacken.

3. Restliche Butter in einem großen Topf zerlassen. Speck- und Zwiebelwürfel darin andünsten. Kümmelbutter, Möhren- und Kartoffelwürfel hinzufügen und kurz andünsten. Brühe hinzugießen, mit Salz, Pfeffer und Muskat würzen. Die Brühe kräftig aufkochen lassen. Wirsingstücke hinzufügen, wieder zum Kochen bringen und zugedeckt bei mittlerer Hitze etwa 30 Minuten garen.

4. In der Zwischenzeit Birnen schälen, vierteln, entkernen und in Würfel schneiden. Zucker in einer Pfanne hellbraun karamellisieren lassen, Birnenwürfel hinzugeben, darin schwenken, mit Birnenschnaps ablöschen und warm halten.

5. Mettwurst in Scheiben schneiden. Thymian abspülen und trocken tupfen. Die Blättchen von den Stängeln zupfen.

6. Mettwurstscheiben und Thymian zum Eintopf geben und kurz erhitzen. Den Eintopf mit den Gewürzen abschmecken.

7. Kurz vor dem Servieren die Birnenwürfel unterrühren.

Wirsingeintopf mit Mettwurst, Kümmel und Birnen

Klassisch

Wirsingeintopf mit Bohnen und Kasseler
4 Portionen

Zubereitungszeit: 45 Minuten

½ Kopf Wirsingkohl (etwa 400 g)
150 g grüne Bohnen
400 g vorwiegend festkochende Kartoffeln
400 g ausgelöstes Kasselerfleisch
1 l Fleischbrühe
2 EL Speiseöl
Salz
frisch gemahlener Pfeffer
frisch geriebene Muskatnuss

Pro Portion:
E: 22 g, F: 14 g, Kh: 16 g,
kJ: 1166, kcal: 278

1. Vom Wirsing die groben, äußeren Blätter entfernen und den Strunk herausschneiden. Wirsing halbieren, in schmale Streifen schneiden, waschen und abtropfen lassen. Von den Bohnen die Enden abschneiden, eventuell abfädeln, waschen, abtropfen lassen und in Stücke schneiden oder brechen. Kartoffeln waschen, schälen, abspülen, abtropfen lassen und in Würfel schneiden.
2. Kasselerfleisch unter fließendem kalten Wasser abspülen und trocken tupfen. Brühe in einem Topf erhitzen. Kasseler hinzugeben und zugedeckt 20–25 Minuten garen.
3. In der Zwischenzeit Speiseöl in einem zweiten Topf erhitzen. Wirsingstreifen und Bohnenstücke darin 5–8 Minuten unter gelegentlichem Rühren andünsten.
4. Nach etwa 10 Minuten Fleischgarzeit das angedünstete Gemüse mit den Kartoffelwürfeln zum Kasseler in den Topf geben. Mit Salz und Pfeffer würzen. Den Eintopf zugedeckt die restlichen 10–15 Minuten leicht köcheln lassen.
5. Nach Ende der Garzeit Kasseler aus der Suppe nehmen und etwas abkühlen lassen. Das Fleisch in kleine Würfel schneiden, in den Eintopf geben und kurz erwärmen. Nochmals mit Salz, Pfeffer und Muskat abschmecken.

Tipp: Statt frischer Bohnen können Sie ebenso gut TK-Bohnen verwenden. Die angetauten, klein geschnittenen Bohnen brauchen nicht mit angedünstet werden.

Variante: Wirsingtopf mit Mettenden. Anstelle des Kasselers können Sie 4 Mettenden zur fast gegarten Suppe geben. Suppe wie im Rezept beschrieben, aber ohne Kasseler zubereiten, Mettenden in Scheiben schneiden, kurz vor Ende der Garzeit zur Suppe geben und miterwärmen. Suppe abschmecken.

Für Gäste

Wirsing-Kartoffel-Topf mit Perlhuhn
4 Portionen

Zubereitungszeit: 40 Minuten
Garzeit: etwa 60 Minuten

1 kleiner Wirsing
400 g festkochende Kartoffeln
2 Perlhuhnbrüste
2 Perlhuhnkeulen
3 EL Speiseöl
Salz, frisch gemahlener Pfeffer
Thymianblättchen
500 ml (½ l) Gemüsefond oder -brühe
2 Fleischtomaten

Pro Portion:
E: 38 g, F: 12 g, Kh: 25 g,
kJ: 1588, kcal: 378

1. Vom Wirsing die groben äußeren Blätter lösen. Den Wirsing vierteln, den Strunk herausschneiden. Wirsing abspülen, abtropfen lassen und in grobe Würfel schneiden. Kartoffeln waschen, schälen, abspülen und in Würfel schneiden.
2. Perlhuhnbrüste und -keulen unter fließendem kalten Wasser abspülen, trocken tupfen. Das Fleisch von den Knochen lösen. Fleisch in Würfel schneiden.

Wirsingeintopf mit Bohnen und Kasseler

Wirsing-Kartoffel-Topf mit Perlhuhn

Eintöpfe

Gemüse-Hühnchen-Eintopf

3. Speiseöl in einem Bräter erhitzen, zunächst Fleischwürfel, dann Wirsing- und Kartoffelwürfel darin andünsten. Mit Salz, Pfeffer und Thymianblättchen würzen.
4. Gemüsefond oder -brühe hinzugießen, zum Kochen bringen und zugedeckt etwa 50 Minuten garen.
5. In der Zwischenzeit Tomaten waschen, abtropfen lassen, halbieren, entkernen und die Stängelansätze herausschneiden. Tomatenhälften in grobe Würfel schneiden.
6. Tomatenwürfel kurz vor Ende der Garzeit in den Eintopf geben und noch weitere etwa 10 Minuten mitgaren lassen.

Für Gäste

Gemüse-Hühnchen-Eintopf
6 Portionen

Zubereitungszeit: 60 Minuten
Garzeit: 50–60 Minuten

1 Hühnchen (etwa 1 kg)
2 l Hühnerbrühe
500 g Kartoffeln
300 g Kürbis
1 kleine Chilischote
500 g Tomaten
2 Maiskolben
100 g ausgepalte Erbsen
Salz
frisch gemahlener, weißer Pfeffer
3 EL Schnittlauchröllchen

Pro Portion:
E: 59 g; F: 23 g; Kh: 87 g;
kJ: 3541; kcal: 846

1. Hühnchen in etwa 8 gleich große Portionen teilen und nach Belieben die Haut entfernen. Fleischstücke abspülen, trocken tupfen und in einen großen Topf geben. Brühe hinzugießen und zum Kochen bringen. Die Suppe abschäumen und bei schwacher Hitze (den Topf bis auf einen kleinen Spalt zudecken) 30–40 Minuten schwach kochen lassen. Die garen Fleischstücke herausnehmen und beiseitelegen.
2. Kartoffeln waschen, schälen, abspülen, abtropfen lassen und in Würfel schneiden. Kürbis schälen und die Kerne mit einem Löffel herauskratzen. Kürbisfleisch in größere Würfel schneiden. Chilischote aufschneiden, entkernen, waschen, trocken tupfen und in dünne Scheiben schneiden (Chilis nicht mit bloßen Händen berühren, da der Saft auf der Haut brennt).
3. Tomaten waschen, kreuzweise einschneiden und einige Sekunden in kochendes Wasser legen. Tomaten kurz in kaltes Wasser legen, enthäuten, halbieren, entkernen und die Stängelansätze herausschneiden. Tomatenhälften grob zerkleinern. Die vorbereiteten Zutaten zu der Hühnerbrühe in den Topf geben.
4. Maiskolben von Blättern und Fäden befreien, die Stiele abschneiden. Maiskolben waschen, trocken tupfen und in etwa 2 cm lange Stücke schneiden. Mit den Erbsen in den Eintopf geben, mit Salz und Pfeffer abschmecken.
5. Den Eintopf in etwa 20 Minuten im fast zugedeckten Topf bei schwacher Hitze gar kochen lassen.
6. Die beiseite gelegten Fleischstücke von den Knochen lösen, in den Eintopf geben und erhitzen. Eintopf nochmals abschmecken. Mit Schnittlauchröllchen bestreut servieren.

Gut vorzubereiten

Gemüseeintopf mit Mettklößchen
4 Portionen

Zubereitungszeit: 40 Minuten
Garzeit: 20–25 Minuten

2 mittelgroße Zwiebeln
4 große Möhren
2 Stangen Porree (Lauch)
500 g Kartoffeln
250 g Zucchini
50 g Butter
1 Lorbeerblatt
je 1 TL gehackter Rosmarin und Thymian
Salz
frisch gemahlener Pfeffer
frisch geriebene Muskatnuss
750 ml (¾ l) Gemüsebrühe
500 g Thüringer Mett
2 EL gehackte Petersilie

Pro Portion:
E: 28 g, F: 36 g, Kh: 24 g,
kJ: 2250, kcal: 538

1. Zwiebeln abziehen und in kleine Würfel schneiden. Möhren putzen, schälen, waschen, abtropfen lassen und in ebenfalls in Würfel schneiden. Porree putzen, die Stangen längs halbieren, waschen, abtropfen lassen und in Streifen schneiden.
2. Kartoffeln waschen, schälen, abspülen, abtropfen lassen und in Würfel schneiden. Zucchini waschen, abtrocknen und die Enden abschneiden. Zucchini in Scheiben schneiden.
3. Butter in einem Topf zerlassen. Zwiebel-, Möhren- und Kartoffelwürfel darin andünsten. Porreestreifen hinzufügen und kurz mitdünsten lassen. Lorbeerblatt hinzufügen. Mit Salz, Pfeffer und Muskat würzen.
4. Brühe hinzugießen. Die Zutaten zum Kochen bringen und etwa 15 Minuten garen lassen. Lorbeerblatt entfernen.
5. Aus dem Mett mit angefeuchteten Händen kleine Klößchen formen.

Gemüseeintopf mit Mettklößchen

Mettklößchen mit den Zucchinischeiben in den Eintopf geben und in 5–10 Minuten gar ziehen lassen. Petersilie abspülen und trocken tupfen. Die Blättchen von den Stängeln zupfen. Blättchen klein schneiden.
6. Die Suppe mit Petersilie bestreut servieren.

Tipp: Den Eintopf nach Belieben mit einem Rosmarinzweig garnieren.

Beliebt

Gemüseeintopf mit Graupen
4 Portionen

Zubereitungszeit: 60 Minuten
Garzeit: 15–20 Minuten

200 g Blumenkohl
2 mittelgroße Möhren
125 g grüne Bohnen
100 g vorbereiteter Wirsing
1 kleine Stange Porree (Lauch)
1 Stück Sellerieknolle (100 g)
100 g junge, ausgepalte Erbsen
20 g Butter
100 g Graupen
750 ml (¾ l) Gemüsebrühe
Salz
frisch gemahlener Pfeffer

evtl. 2 EL gehackte Kräuter, z. B. glatte Petersilie, Schnittlauchröllchen

Gemüseeintopf mit Graupen

Pro Portion:
E: 8 g, F: 5 g, Kh: 27 g,
kJ: 806, kcal: 193

1. Blumenkohl putzen und in kleine Röschen teilen. Blumenkohlröschen waschen und abtropfen lassen. Möhren putzen, schälen, waschen, abtropfen lassen und in Scheiben schneiden.
2. Von den Bohnen die Enden abschneiden. Bohnen abfädeln, waschen, abtropfen lassen und in Stücke schneiden. Wirsing in Streifen schneiden. Porree putzen, die Stange längs halbieren, gründlich waschen, abtropfen lassen und in etwa 1 cm breite Streifen schneiden.
3. Sellerie putzen, schälen, waschen, abtropfen lassen und klein würfeln. Erbsen abspülen und abtropfen lassen. Butter in einem Topf zerlassen. Zuerst Selleriewürfel, dann Möhrenscheiben und Blumenkohlröschen darin andünsten. Dann Bohnenstücke, Wirsingstreifen und Graupen hinzugeben, kurz mit andünsten.
4. Gemüsebrühe hinzugießen, mit Salz und Pfeffer würzen. Die Zutaten zum Kochen bringen und zugedeckt 15–20 Minuten garen.
5. Etwa 5 Minuten vor Ende der Garzeit Erbsen und Porreestreifen hinzugeben und mitgaren lassen.
6. Den Eintopf mit Salz und Pfeffer würzen. Nach Belieben mit Petersilie und Schnittlauchröllchen bestreuen und servieren.

Klassisch

Gemischter Bohneneintopf mit Bündnerfleischklößchen
4 Portionen

Zubereitungszeit: 30 Minuten, ohne Einweichzeit
Garzeit: etwa 60 Minuten

100 g rote Bohnen
100 g Wachtelbohnen
100 g weiße Bohnen
3 l Gemüsebrühe
250 g Kartoffeln
je ½ grüne und gelbe Paprikaschote

Für die Fleischklößchen:
60 g Bündnerfleisch
150 g feiner, roher Bratwurstbrät
2 EL fein gehackte Petersilie
Salz
frisch gemahlener Pfeffer
Paprikapulver edelsüß

Pro Portion:
E: 30 g, F: 13 g, Kh: 37 g,
kJ: 1629, kcal: 389

1. Bohnen in ein hohes Gefäß geben, mit so viel Wasser übergießen, dass die Bohnen bedeckt sind. Bohnen über Nacht einweichen lassen.
2. Brühe in einem großen Topf zum Kochen bringen. Eingeweichte, abgetropfte Bohnen hinzugeben, zum Kochen bringen und zugedeckt etwa 45 Minuten garen.
3. Kartoffeln waschen, schälen, abspülen, abtropfen lassen und in kleine Würfel schneiden. Paprikahälften entstielen, entkernen und die weißen Scheidewände entfernen. Schotenhälften waschen, trocken tupfen und ebenfalls in kleine Würfel schneiden. Kartoffel- und Paprikawürfel zu den Bohnen in den Topf geben, wieder zum Kochen bringen und weitere etwa 15 Minuten garen.
4. Für die Fleischklößchen Bündnerfleisch in kleine Würfel schneiden. Mit Bratwurstbrät und Petersilie vermischen. Aus der Masse mit angefeuchteten Händen oder mit 2 Teelöffeln kleine Klößchen formen und in kochendem Wasser etwa 2 Minuten garen. Klößchen mit einer Schaumkelle herausnehmen und in den Eintopf geben. Den Eintopf mit Salz, Pfeffer und Paprika abschmecken.

Tipp: Den Eintopf in einen tiefen Teller füllen. Mit einem Esslöffel Crème fraîche und einem Thymianzweig garnieren.

Gemischter Bohneneintopf mit Bündnerfleischklößchen

Klassisch

Französischer Gemüseeintopf
4 Portionen

Zubereitungszeit: 60 Minuten
Garzeit: etwa 2 Stunden

1 Bund Suppengrün (Sellerie, Möhre, Porree)
400 g mageres Suppenfleisch (vom Rind)
1 TL Gemüsebrühe (Instant)
Salz
5 schwarze Pfefferkörner
1 Knoblauchzehe
1 Zwiebel
1 Peperoni
1 Zucchini (etwa 200 g)
1 rote Paprikaschote (etwa 200 g)
1 kleine Aubergine (etwa 250 g)
3 Tomaten (etwa 200 g)
2 EL Olivenöl
1 TL (10 g) Tomatenmark
½ TL getrockneter Thymian
½ TL getrockneter Rosmarin
½ TL getrockneter Basilikum

Pro Portion:
E: 23 g, F: 10 g, Kh: 7 g,
kJ: 881, kcal: 210

1. Vom Suppengrün Sellerie schälen, waschen und abtropfen lassen. Möhre putzen, schälen, waschen und abtropfen lassen. Porree putzen, die Stange längs halbieren, gründlich waschen und abtropfen lassen. Möhre, Sellerie und Porree in mundgerechte Stücke schneiden.
2. Fleisch unter fließendem kalten Wasser abspülen und trocken tupfen. Fleisch mit dem vorbereiteten Suppengrün in einen Topf geben. Etwa 1 ½ l Wasser hinzugießen. Gemüsebrühe, ½ Teelöffel Salz und Pfefferkörner hinzugeben. Die Zutaten zum Kochen bringen und zugedeckt etwa 1 ½ Stunden leicht köcheln lassen.
3. Das Fleisch aus der Brühe nehmen, etwas abkühlen lassen und in kleine Stücke schneiden. Die Brühe mit dem Suppengrün durch ein Sieb gießen, die Brühe dabei auffangen und beiseitestellen.
4. Knoblauch abziehen und klein würfeln. Zwiebel abziehen, halbieren und in dünne Streifen schneiden. Peperoni waschen, abtrocknen, längs aufschneiden und entkernen. Schote in feine Streifen schneiden.
5. Zucchini waschen, abtrocknen und die Enden abschneiden. Zucchini längs halbieren und in dünne Scheiben schneiden. Paprikaschote halbieren, entstielen, entkernen und die weißen Scheidewände entfernen. Schote waschen, abtropfen lassen und in dünne Streifen schneiden. Aubergine waschen, abtrocknen und den Stängelansatz abschneiden.
6. Aubergine der Länge nach halbieren. Auberginenhälften längs dritteln, dann jeden Streifen in schmale Stücke schneiden. Tomaten waschen, kreuzweise einschneiden und einige Sekunden in kochendes Wasser legen. Tomaten kurz in kaltes Wasser legen, enthäuten, halbieren, entkernen und die Stängelansätze herausschneiden. Tomaten sechsteln, dabei die Kerne entfernen.
7. Olivenöl in einem zweiten Topf erhitzen. Knoblauchwürfel, Zwiebel- und Peperonistreifen darin unter gelegentlichem Rühren etwa 3 Minuten andünsten. Zucchinischeiben, Paprikastreifen und Auberginenstücke hinzufügen und 3–4 Minuten unter Rühren mitdünsten. Aufgefangene Brühe (etwa 1 l) und Tomatenmark hinzugeben. Die Zutaten zum Kochen bringen und zugedeckt etwa 10 Minuten leicht köcheln lassen.
8. Nach etwa 5 Minuten Garzeit das klein geschnittene Fleisch, Tomaten, Thymian, Rosmarin und Basilikum hinzugeben und den Eintopf fertig garen. Den Eintopf mit Salz und Pfeffer abschmecken.

Tipp: Nach dem Zubereiten von Peperoni oder Chili immer gründlich die Hände mit Wasser und Seife waschen. Sie können in den Augen und Schleimhäuten brennen. Sie können Fleisch und Suppengrün am Vortag in der Brühe garen. Am nächsten Tag die Suppe mit dem Gemüse frisch kochen.

Französischer Gemüseeintopf

Exotisch

Rotes Thai-Curry mit Hähnchen

4 Portionen

Zubereitungszeit: 40 Minuten
Garzeit: 25–30 Minuten

4 Hähnchenbrustfilets
(je etwa 140 g)
2 Möhren
1 Süßkartoffel
1 ganz kleine oder halbe Sellerieknolle
2 EL Speiseöl
2 EL rote Currypaste (aus dem Asialaden)
1 große Dose Ananasstücke (Abtropfgewicht 500 g)
1 Stängel Zitronengras (aus dem Asialaden)
500 ml (½ l) Kokosmilch
500 ml (½ l) Hühner- oder Gemüsebrühe
5 Limettenblätter (aus dem Asialaden)
2 frische rote Peperoni
etwas Fischsauce (aus dem Asialaden)
1 kleines Bund Basilikum
Salz

Pro Portion:
E: 38 g, F: 26 g, Kh: 54 g,
kJ: 2505, kcal: 601

1. Hähnchenbrustfilets unter fließendem kalten Wasser, trocken tupfen und in feine Streifen schneiden. Möhren, Süßkartoffel und Sellerie putzen, schälen, abspülen und in etwa 1 x 1 cm große Würfel schneiden. Speiseöl in einem Topf erhitzen, die Currypaste darin kurz andünsten. Hähnchenfleischstreifen hinzugeben und kurz anbraten. Ananasstücke mit Saft hinzugießen. Vorbereitete Gemüsewürfel hinzugeben, gut vermengen und zum Kochen bringen.

2. In der Zwischenzeit Zitronengras mit Hilfe eines kleinen Topfes auf einem Schneidebrett zerdrücken. Kokosmilch, Brühe, Limettenblätter und Zitronengras zu den Gemüsewürfeln in den Topf geben und wieder zum Kochen bringen. Peperoni waschen, trocken tupfen, entstielen, mit den Kernen in Ringe schneiden und hinzufügen.

3. Das Curry mit Fischsauce würzen und zugedeckt 25–30 Minuten bei schwacher Hitze köcheln lassen.

4. Basilikum abspülen und trocken tupfen. Die Blättchen von den Stängeln zupfen. Blättchen etwa 5 Minuten vor Ende der Garzeit in das Curry geben. Das Curry mit Salz und Fischsauce abschmecken. Zitronengras und Limettenblätter herausnehmen. Das Curry in Schälchen oder Schüsseln verteilen und servieren.

Variante: Gelbes Rindfleischcurry. 500 g Rinderfilet oder Rumpsteak in feine Streifen schneiden. 1 grüne Chilischote putzen, waschen, trocken tupfen und schräg in Ringe schneiden. 100 g Bambussprossen aus der Dose oder dem Glas in einem Sieb abtropfen lassen. 1 kleines Bund Basilikum waschen, trocken tupfen und die Blättchen von den Stängeln zupfen. 400 ml Kokosmilch im Wok oder einer Pfanne erhitzen, 2 Teelöffel gelbe Currypaste und 2 Teelöffel Kurkuma (Gelbwurz) unterrühren. Das Fleisch, zwei Drittel der Basilikumblätter, Chiliringe, Bambus und etwas Zucker hinzugeben, 8–10 Minuten köcheln lassen. Das Curry vor dem Servieren mit der Fischsauce, Salz und Pfeffer würzen und mit den restlichen Basilikumblättern bestreuen.

Fassbohneneintopf

Eintopf mit Steinpilzen und Grünkern

Gut vorzubereiten

Fassbohneneintopf
4 Portionen

Zubereitungszeit: 35 Minuten
Garzeit: etwa 55 Minuten

500 g Kasseler Nacken
30 g Pflanzenfett
1 Zwiebel
500 ml (½ l) Wasser
750 g Kartoffeln
500 g Fassbohnen
Salz
frisch gemahlener Pfeffer

Pro Portion:
E: 30 g, F: 20 g, Kh: 33 g,
kJ: 1926, kcal: 459

1. Kasseler unter fließendem kalten Wasser abspülen, trocken tupfen und in Würfel schneiden. Pflanzenfett in einem Topf erhitzen, Fleischwürfel darin von allen Seiten schwach bräunen.
2. Zwiebel abziehen, in Würfel schneiden und zu den Fleischwürfeln geben, 250 ml (¼ l) Wasser hinzugießen und zum Kochen bringen. Fleischwürfel zugedeckt etwa 10 Minuten garen, dabei ab und zu umrühren.
3. Kartoffeln waschen, schälen, abspülen und in Würfel schneiden. Fassbohnen waschen, eventuell kurze Zeit wässern und abtropfen lassen.
4. Kartoffelwürfel und Fassbohnen zu den Fleischwürfeln geben. Restliches Wasser hinzugießen und zum Kochen bringen. Den Eintopf zugedeckt etwa 45 Minuten garen. Eintopf mit Salz und Pfeffer abschmecken.

Raffiniert

Eintopf mit Steinpilzen und Grünkern
4 Portionen

Zubereitungszeit: 40 Minuten
Garzeit: etwa 30 Minuten

10 g getrocknete Steinpilze
70 g Grünkern (erhältlich im Reformhaus)
1 l Gemüsebrühe
1 Lorbeerblatt
250 g Möhren
350 g Steckrübe
250 g Porree (Lauch)
300 g feines Kalbsbrät
½ Bund glatte Petersilie
Salz
frisch gemahlener Pfeffer
geriebene Muskatnuss

Pro Portion:
E: 21 g, F: 11 g, Kh: 17 g,
kJ: 1129, kcal: 269

1. Steinpilze in ein Sieb geben, kalt abspülen und abtropfen lassen. Grünkern, Gemüsebrühe, Steinpilze und Lorbeerblatt in einen Topf geben, aufkochen lassen, dabei eventuell entstehenden Schaum abschöpfen. Das Ganze bei schwacher Hitze etwa 10 Minuten köcheln lassen.
2. In der Zwischenzeit Möhren und Steckrübe putzen, schälen, waschen, abtropfen lassen und in 2–3 cm lange Stifte schneiden. Porree putzen, die Stangen längs halbieren,

waschen, abtropfen lassen und quer in halbe Scheiben schneiden. Möhren-, Steckrübenstifte und Porreescheiben in den Topf geben und weitere etwa 10 Minuten garen.
3. Aus dem Kalbsbrät mit angefeuchteten Händen kleine Klöße formen und in den Eintopf geben. Den Eintopf zudeckt in etwa 10 Minuten fertig garen.
4. In der Zwischenzeit Petersilie abspülen und trocken tupfen. Die Blättchen von den Stängeln zupfen. Blättchen in Streifen schneiden. Den Eintopf mit Salz, Pfeffer und Muskat würzen, mit Petersilie bestreuen.

Tipp: 300 g feines Kalbsbrät entsprechen 3 ungebrühten Kalbsbratwürsten.

Deftig
Bunter Weißkohleintopf
4 Portionen

Zubereitungszeit: 60 Minuten
Garzeit: etwa 25 Minuten

500 g Weißkohl
2 Möhren (etwa 250 g)
1 Stück Knollensellerie (etwa 75 g)
1 Stange Porree (Lauch)
500 g mehligkochende Kartoffeln
100 g durchwachsener, geräucherter Speck
1 große Zwiebel
1 EL Butter oder Margarine
500 ml (1/2 l) heiße Gemüsebrühe
Salz
frisch gemahlener Pfeffer
gerebelter Majoran
4 Kohlwürstchen, geräuchert (je etwa 100 g)
etwas frische Petersilie

Pro Portion:
E: 46 g, F: 42 g, Kh: 28 g,
kJ: 2977, kcal: 711

1. Den Weißkohl putzen, vierteln und den Strunk herausschneiden. Kohlviertel waschen, abtropfen lassen und in dünne Streifen schneiden oder hobeln.
2. Möhren putzen, schälen, waschen, abtropfen lassen und in Würfel schneiden. Sellerie schälen, waschen, abtropfen lassen und in kleine Würfel schneiden. Porree putzen, die Stange längs halbieren, gründlich waschen, abtropfen lassen und in Streifen schneiden. Kartoffeln waschen, schälen, abspülen, abtropfen lassen und in Würfel schneiden.
3. Speck in Würfel schneiden. Zwiebel abziehen und klein würfeln. Butter oder Margarine in einem großen Topf zerlassen, Speckwürfel darin auslassen. Zwiebelwürfel hinzugeben und dünsten. Vorbereitetes Gemüse hinzufügen und mit andünsten.
4. Brühe hinzugießen, mit Salz, Pfeffer und Majoran würzen. Die Kohlwürstchen mehrmals mit einer Gabel einstechen und auf das Gemüse legen. Die Zutaten zum Kochen bringen. Den Eintopf zugedeckt etwa 25 Minuten garen, dabei ab und zu umrühren.
5. Petersilie abspülen und trocken tupfen. Den Eintopf mit Petersilienblättchen garniert servieren.

Bunter Weißkohleintopf

Einfach

Bunter Hackfleischeintopf
4 Portionen

Zubereitungszeit: 40 Minuten
Garzeit: etwa 2 Stunden

500 g Fleischknochen
1½ l Salzwasser
375 g Kartoffeln
Salz
frisch gemahlener Pfeffer
2 Pck. (je 450 g) TK-Suppengemüse
evtl. gehackte Bohnenkraut-
blättchen, Thymianblättchen
und Majoranblättchen

Für die Hackfleischbällchen:
1 Brötchen (Semmel vom Vortag)
1 mittelgroße Zwiebel
500 g Hackfleisch (halb Rind-,
halb Schweinefleisch)
1 TL mittelscharfer Senf
1 EL gehackte Petersilie

Pro Portion:
E: 34 g, F: 31 g, Kh: 31 g,
kJ: 2387, kcal: 569

1. Fleischknochen unter fließendem kalten Wasser abspülen und in einen Topf geben. Salzwasser hinzugießen, zum Kochen bringen und zugedeckt etwa 1½ Stunden kochen lassen.
2. Kartoffeln waschen, schälen, abspülen, abtropfen lassen und in kleine Würfel schneiden.
3. Die Fleischknochen aus der Brühe nehmen. Die Brühe durch ein Sieb gießen und wieder in den Topf geben. Kartoffelwürfel und Suppengemüse hinzugeben. Mit Salz und Pfeffer würzen. Nach Belieben zusätzlich mit Bohnenkraut, Thymian, Majoran-blättchen würzen. Die Zutaten zum Kochen bringen und zugedeckt etwa 15 Minuten garen.
4. Für die Hackfleischbällchen Brötchen in kaltem Wasser einweichen. Zwiebel abziehen und in kleine Würfel schneiden.
5. Hackfleisch in eine Rührschüssel geben. Gut ausgedrücktes Brötchen, Zwiebelwürfel und Senf unterarbeiten. Mit Salz und Pfeffer würzen.
6. Aus der Fleischmasse mit angefeuchteten Händen kleine Bällchen formen, in den Eintopf geben und in etwa 10 Minuten gar ziehen lassen.
7. Den Eintopf nochmals abschmecken und mit gehackter Petersilie bestreuen.

Tipp: Zusätzlich einige Brokkoli röschen mitkochen lassen.

Für Kinder

Bunter Paprika-Nudel-Eintopf
4 Portionen

Zubereitungszeit: 35 Minuten
Garzeit: etwa 15 Minuten

Für die Fleischklößchen:
1 Brötchen vom Vortag (Semmel)
400 g Gehacktes (halb Rind-,
halb Schweinefleisch)
1 Ei (Größe M)
Salz
frisch gemahlener Pfeffer
Paprikapulver edelsüß

Für den Eintopf:
1 Bund Suppengrün (Möhren, Sellerie, Porree)
3 EL Speiseöl
je 1 rote, grüne und gelbe Paprikaschote
750 ml (¾ l) Fleischbrühe
200 g Hörnchennudeln
1 Dose geschälte Tomaten (Einwaage 400 g)

Pro Portion:
E: 37 g, F: 43 g, Kh: 46 g,
kJ: 3202, kcal: 765

1. Für die Klößchen Brötchen in kaltem Wasser einweichen und gut ausdrücken. Gehacktes in eine Schüssel geben, Brötchen und Ei gut unterarbeiten. Mit Salz, Pfeffer und Paprika würzen. Aus der Fleischmasse mit angefeuchteten Händen Klößchen formen.
2. Für den Eintopf Suppengrün putzen, eventuell schälen, waschen, abtropfen lassen und in Stücke schneiden. Speiseöl in einem Topf erhitzen. Gemüsestücke darin andünsten.

Bunter Hackfleischeintopf

Bunter Paprika-Nudel-Eintopf

Mangold-Dinkel-Eintopf

3. Paprikaschoten halbieren, entstielen, entkernen und die weißen Scheidewände entfernen. Die Schoten waschen, abtropfen lassen und in Stücke schneiden.

4. Paprikastücke zum angedünsteten Gemüse geben, Fleischbrühe hinzugießen, zum Kochen bringen und etwa 5 Minuten bei schwacher Hitze kochen lassen.

5. Nudeln mit den Fleischklößchen in den Eintopf geben. Tomaten mit Hilfe eines scharfen Messers in der Dose zerkleinern und mit dem Sud in den Eintopf geben.

6. Die Zutaten zum Kochen bringen und zugedeckt bei schwacher Hitze etwa 10 Minuten gar ziehen lassen. Den Eintopf mit Salz und Pfeffer abschmecken.

Tipp: Geht schnell und schmeckt lecker. Statt Fleischklößchen etwa 400 g Fleischwurst in Scheiben schneiden und im Eintopf kurz erwärmen.

Preiswert

Mangold-Dinkel-Eintopf
4 Portionen

Zubereitungszeit: 50 Minuten, ohne Einweichzeit
Garzeit: etwa 30 Minuten

100 g Dinkelkörner
250 ml (¼ l) kaltes Wasser
2 Zwiebeln
1 Knoblauchzehe
50 g Butter
1 l Gemüsebrühe
250 g Kartoffeln
150 g Sellerieknolle
200 g Möhren
700 g Mangold
Salz
frisch gemahlener Pfeffer
Paprikapulver edelsüß

Pro Portion:
E: 9 g, F: 13 g, Kh: 35 g,
kJ: 1274, kcal: 305

1. Dinkel in eine Schale geben, mit kaltem Wasser übergießen und über Nacht einweichen.

2. Zwiebeln und Knoblauch abziehen, in kleine Würfel schneiden. Butter in einem Topf zerlassen, Zwiebel- und Knoblauchwürfel darin andünsten. Brühe hinzugießen. Eingeweichte Dinkelkörner mit dem Einweichwasser hinzugeben, zum Kochen bringen und etwa 15 Minuten bei schwacher Hitze köcheln lassen.

3. Kartoffeln waschen, schälen, abspülen, abtropfen lassen und in Würfel schneiden. Sellerie und Möhren putzen, schälen, abspülen, abtropfen lassen, in grobe Würfel schneiden und hinzugeben. Den Eintopf weitere etwa 10 Minuten garen.

4. Mangold putzen, gründlich waschen, abtropfen lassen und in kleine Stücke schneiden, in den Eintopf geben, aufkochen und etwa 5 Minuten köcheln lassen.

5. Den Eintopf mit Salz, Pfeffer und Paprika abschmecken.

Bretonischer Eintopf

Brühkartoffeln mit Hähnchenfleisch und Fleischklößchen

Raffiniert – für Gäste

Bretonischer Eintopf
4 Portionen

Zubereitungszeit: 30 Minuten
Garzeit: etwa 90 Minuten

2 Beinscheiben vom Kalb (etwa 500 g)
1 Schweinehaxe (etwa 500 g)
4 kleine Zwiebeln
2 Möhren
500 g weiße Rüben
½ Kopf Wirsing
2 Mettwürste (etwa 250 g)
2 l Kalbsbrühe oder -fond
Salz
frisch gemahlener Pfeffer
2 abgezogene Knoblauchzehen
1 Lorbeerblatt
einige Gewürznelken
1 kleines Bund Petersilie

Pro Portion:
E: 103 g; F: 50 g; Kh: 14 g;
kJ: 3942; kcal: 941

1. Beinscheiben und Schweinehaxe unter fließendem kalten Wasser abspülen, trocken tupfen. In kochendem Salzwasser etwa 2 Minuten blanchieren. Beinscheiben und Haxe in ein Sieb geben, abspülen und abtropfen lassen.
2. Zwiebeln abziehen, Möhren und weiße Rüben putzen, schälen, waschen, abtropfen lassen.
3. Vom Wirsing die groben äußeren Blätter lösen. Den Wirsing vierteln und den Strunk herausschneiden. Wirsingviertel abspülen, abtropfen lassen und in grobe Würfel schneiden.
4. Vorbereitetes Gemüse, Beinscheiben, Haxe und Mettwürste in einen großen Topf geben, Kalbsbrühe oder -fond hinzugießen, zum Kochen bringen. Mit Salz, Pfeffer, Knoblauch, Lorbeerblatt und Nelken würzen.
5. Petersilie abspülen und trocken tupfen. Die Blättchen von den Stängeln zupfen und in den Eintopf geben. Den Eintopf zugedeckt bei schwacher Hitze etwa 90 Minuten leicht kochen lassen. Den Eintopf während der Garzeit ab und zu wieder abschäumen.
6. Den Eintopf mit Salz und Pfeffer abschmecken und servieren.

Tipp: Das Fleisch nach Belieben herausnehmen, in Portionsstücke schneiden und dazureichen.

Raffiniert

Brühkartoffeln mit Hähnchenfleisch und Fleischklößchen
4 Portionen

Zubereitungszeit: 50 Minuten
Garzeit: etwa 50 Minuten

600 g festkochende Kartoffeln
4 Hähnchenbrustfilets
3 Möhren
1 Stange Porree (Lauch)
¼ Knollensellerie
1 Bund Frühlingszwiebeln

Salzwasser
250 g Bratwurstbrät

1 l Geflügelfond oder -brühe

Salz
frisch gemahlener Pfeffer
1 Bund Petersilie

Pro Portion:
E: 40 g; F: 16 g; Kh: 29 g;
kJ: 1803; kcal: 430

1. Kartoffeln waschen, schälen, abspülen, abtropfen lassen und in größere Würfel schneiden.
2. Hähnchenfilets unter fließendem kalten Wasser abspülen, trocken tupfen und ebenfalls in Würfel schneiden.
3. Möhren putzen, schälen, waschen, abtropfen lassen und in sehr kleine Würfel schneiden. Porree putzen, die Stange längs halbieren, gründlich waschen, abtropfen lassen und sehr klein schneiden. Sellerie putzen, schälen, waschen, abtropfen lassen und ebenfalls klein würfeln. Frühlingszwiebeln putzen, waschen, abtropfen lassen und in dünne Scheiben schneiden.
4. Salzwasser in einem Topf zum Kochen bringen. Aus dem Bratwurstbrät Klößchen abdrehen und in dem Salzwasser etwa 5 Minuten ziehen lassen, mit einer Schaumkelle herausnehmen und beiseitestellen.
5. Geflügelfond oder -brühe mit den vorbereiteten Gemüsezutaten und Fleischwürfeln in einem Topf zum Kochen bringen. Mit Salz und Pfeffer würzen.
6. Petersilie abspülen und trocken tupfen. Die Blättchen von den Stängeln zupfen. Blättchen klein schneiden und in den Eintopf geben. Den Eintopf zugedeckt bei schwacher Hitze etwa 45 Minuten garen. Den Eintopf während der Garzeit ab und zu abschäumen.
7. Beiseite gestellte Fleischklößchen in den Eintopf geben und miterhitzen. Den Eintopf mit Salz und Pfeffer abschmecken.

Klassisch

Borschtsch, klassisch
6 Portionen

Zubereitungszeit: 40 Minuten
Garzeit: Fleisch 1 1/2–2 Stunden
Garzeit: Gemüse 20–25 Minuten

750 g–1 kg hohe Rippe
500 g Rindfleischknochen
1 Bund Suppengrün
1 1/2 l Salzwasser
1 Knoblauchzehe
250 g Zwiebeln
1 Weißkohl (800–900 g)
1 Glas eingelegte Rote Bete (Einwaage 430 g)
1 kleine Dose geschälte Tomaten (Einwaage 400 g)
2 grüne Paprikaschoten
75 g Tomatenmark
Salz, frisch gemahlener Pfeffer
Zucker
1–2 EL Weißweinessig

150 g saure Sahne

Pro Portion:
E: 34 g, F: 15 g, Kh: 15 g,
kJ: 1419, kcal: 339

1. Rindfleisch und -knochen unter fließendem kalten Wasser abspülen, abtropfen lassen.
2. Suppengrün putzen, waschen, abtropfen lassen, grob zerteilen, mit dem Rindfleisch und den -knochen in einen Topf geben. Salzwasser hinzugießen, zum Kochen bringen und eventuell abschäumen. Rindfleisch zugedeckt 1 1/2–2 Stunden garen.
3. Die Brühe durch ein Sieb in einen Topf gießen. Rindfleisch etwas abkühlen lassen und in Würfel schneiden.
4. Knoblauch und Zwiebeln abziehen, halbieren, in Scheiben schneiden. Weißkohl putzen, vierteln und den Strunk herausschneiden. Kohl in dünne Streifen schneiden, waschen und abtropfen lassen.
5. Rote Bete und Tomaten jeweils in einem Sieb abtropfen lassen, den Saft dabei getrennt auffangen. Rote Bete und Tomaten in Streifen schneiden.
6. Paprika halbieren, entstielen, entkernen und die weißen Scheidewände entfernen. Schoten waschen, abtropfen lassen und in Streifen schneiden.
7. Das vorbereitete Gemüse mit Tomatenmark und aufgefangenem Tomatensaft in die Brühe geben. Mit Salz und Pfeffer würzen. Das Gemüse 20–25 Minuten garen.
8. Den Rote-Bete-Saft und die Rindfleischwürfel in die Suppe geben und miterhitzen. Den Borschtsch mit Salz, Pfeffer, Zucker und Essig abschmecken. Die saure Sahne dazureichen.

Beilage: Kräftiges dunkles Brot.

Borschtsch, klassisch

Dauert länger

Bouillonkartoffeln
4 Portionen

Zubereitungszeit: 50 Minuten
Garzeit: etwa 2 Stunden

500 g Rinderbrust
2 l Salzwasser
800 g Kartoffeln
100 g Knollensellerie
5 Möhren
1 Stange Porree (Lauch)
Salz, frisch gemahlener Pfeffer
1–2 TL Instant-Gemüsebrühe
frisch gehackte Petersilie

Pro Portion:
E: 29 g, F: 18 g, Kh: 36 g,
kJ: 1780, kcal: 424

Bouillonkartoffeln

1. Rinderbrust unter fließendem kalten Wasser abspülen und in einem Topf mit Salzwasser zum Kochen bringen. Rinderbrust zugedeckt etwa 1½ Stunden garen.
2. Rinderbrust aus der Brühe nehmen, in Alufolie einschlagen und im vorgeheizten Backofen bei Ober-/Unterhitze: etwa 80 °C warm stellen.
3. Kartoffeln waschen, schälen, abspülen und in kleine Würfel schneiden. Sellerie und Möhren putzen, schälen, abspülen, abtropfen lassen und ebenfalls in kleine Würfel schneiden (Kartoffeln können auch in größere Würfel geschnitten werden).
4. Porree putzen, die Stange längs halbieren, gründlich waschen, abtropfen lassen und in Scheiben schneiden.
5. Kartoffel-, Möhren-, Selleriewürfel und Porreescheiben in einen Topf geben. Die Rindfleischbrühe hinzugießen, zum Kochen bringen und zugedeckt etwa 30 Minuten kochen lassen.
6. Den Eintopf mit Salz, Pfeffer und Instant-Gemüsebrühe abschmecken, mit gehackter Petersilie bestreuen.
7. Die warm gestellte Rinderbrust in Scheiben schneiden und auf einer Platte anrichten.

Vegetarisch

Altdeutsche Kartoffelsuppe
4 Portionen

Zubereitungszeit: 40 Minuten
Garzeit: etwa 40 Minuten

Für die Suppe:
700 g mehligkochende Kartoffeln
50–75 g Knollensellerie
250 g Möhren
1 Zwiebel
1 Lorbeerblatt
1 Gewürznelke
40 g Butter
1 ½ l heiße Gemüsebrühe
200 g Porree (Lauch)
125 g Schlagsahne oder 150 g Crème fraîche
Salz
frisch gemahlener Pfeffer
getrockneter, gerebelter Majoran
frisch geriebene Muskatnuss

Für die Einlage:
200 g Pfifferlinge
1 Zwiebel
25 g Butter
2 EL gehackte Kräuter, z. B. Kerbel, Schnittlauch, glatte Petersilie

Pro Portion:
E: 7 g, F: 24 g, Kh: 27 g,
kJ: 1483, kcal: 354

1. Für die Suppe Kartoffeln waschen, schälen und abspülen. Sellerie und Möhren putzen, schälen, abspülen und abtropfen lassen. Die vorbereiteten Zutaten in Würfel schneiden. Zwiebel abziehen, mit Lorbeerblatt und Nelke spicken.
2. Butter in einem Topf zerlassen. Sellerie- und Möhrenwürfel darin unter Rühren andünsten. Kartoffelwürfel, gespickte Zwiebel und Brühe hinzugeben, zum Kochen bringen und zugedeckt etwa 20 Minuten bei mittlerer Hitze garen.
3. In der Zwischenzeit Porree putzen, die Stange längs halbieren, gründlich waschen, abtropfen lassen und in Scheiben schneiden. Porreescheiben in die Gemüsebrühe geben, wieder zum Kochen bringen und zugedeckt weitere etwa 10 Minuten kochen lassen.

4. Die gespickte Zwiebel entfernen. Etwa ein Drittel der Kartoffel-Gemüse-Würfel mit einem Schaumlöffel aus der Suppe nehmen, pürieren, mit Sahne oder Crème fraîche verrühren und wieder in die Suppe geben. Die Suppe nochmals erhitzen. Mit Salz, Pfeffer, Majoran und Muskat würzen.

5. Für die Einlage Pfifferlinge putzen, mit Küchenpapier abreiben, eventuell abspülen und abtropfen lassen. Zwiebel abziehen und in kleine Würfel schneiden. Butter in einer Pfanne zerlassen. Zwiebelwürfel darin andünsten. Pfifferlinge hinzugeben und unter mehrmaligem Wenden etwa 5 Minuten dünsten.

6. Die Pfifferlinge in die Suppe geben und etwa 5 Minuten ziehen lassen. Die Kartoffelsuppe mit den Kräutern bestreut servieren.

Tipp: Nach Belieben zusätzlich Wiener Würstchen in der Suppe erwärmen. Anstelle der frischen Pfifferlinge können Sie auch Pfifferlinge aus dem Glas verwenden.

Einfach – schnell

Bohneneintopf mit Oliven
8–10 Portionen

Zubereitungszeit: 20 Minuten
Garzeit: etwa 45 Minuten

1,2 kg festkochende Kartoffeln
2 Bund Majoran
1 Bund Frühlingszwiebeln
4 EL Olivenöl
1 l Gemüsebrühe
Salz
frisch gemahlener Pfeffer
2 Dosen weiße Bohnen (Einwaage je 800 g)
240 g schwarze Oliven ohne Stein

Pro Portion:
E: 22 g, F: 9 g, Kh: 56 g,
kJ: 1716, kcal: 410

1. Kartoffeln waschen, schälen, abspülen und in kleine Würfel schneiden. Majoran abspülen und trocken tupfen. Die Blättchen von den Stängeln zupfen. Blättchen klein schneiden. Frühlingszwiebeln putzen, waschen, abtropfen lassen und klein schneiden.

2. Olivenöl in einem großen Topf erhitzen. Kartoffelwürfel und klein geschnittene Frühlingszwiebeln darin andünsten.

3. Gemüsebrühe hinzugießen, zum Kochen bringen und zugedeckt etwa 30 Minuten bei schwacher Hitze kochen lassen. Den Eintopf mit Majoran, Salz und Pfeffer würzen.

4. Bohnen mit dem Sud und Oliven hinzugeben. Den Eintopf noch weitere etwa 15 Minuten kochen lassen. Mit Salz und Pfeffer abschmecken.

Tipp: Dazu in Knoblauchöl geröstetes Weißbrot reichen.

Altdeutsche Kartoffelsuppe

Bohneneintopf mit Oliven

Gut vorzubereiten

Bohneneintopf mit Lammfleisch
4 Portionen

Zubereitungszeit: 45 Minuten
Garzeit: etwa 45 Minuten

1¼ kg Lammkeule, mit Knochen
3 EL Speiseöl
Salz
frisch gemahlener Pfeffer
300 g kleine Zwiebeln
2 Knoblauchzehen
750 g grüne Bohnen
500 g Kartoffeln
2 grüne Paprikaschoten
2–3 Stängel Bohnenkraut
1 l Gemüsebrühe
1–2 EL gehackte Petersilie

Pro Portion:
E: 67 g, F: 52 g, Kh: 35 g,
kJ: 3930, kcal: 937

1. Lammkeule waschen, abtrocknen und das Fleisch vom Knochen lösen. Fleisch in Würfel schneiden.
2. Speiseöl in einem Topf erhitzen, Fleischwürfel darin von allen Seiten anbraten, mit Salz und Pfeffer würzen.
3. Zwiebeln abziehen und halbieren. Knoblauch abziehen und in kleine Würfel schneiden. Zwiebelhälften und Knoblauchwürfel zu den Fleischwürfeln in den Topf geben und mit andünsten.
4. Von den Bohnen die Enden abschneiden, eventuell abfädeln. Bohnen waschen, abtropfen lassen, in Stücke schneiden oder brechen. Kartoffeln waschen, schälen, abspülen und in Achtel schneiden. Paprikaschoten halbieren, entstielen, entkernen und die weißen Scheidewände entfernen. Schoten waschen, abtropfen lassen und in Streifen schneiden.
5. Bohnen, Kartoffelachtel und Paprikastreifen zu den Fleischwürfeln in den Topf geben. Bohnenkraut abspülen, trocken tupfen und hinzugeben. Brühe hinzugießen und zum Kochen bringen. Den Eintopf zugedeckt etwa 45 Minuten garen.
6. Den Eintopf mit Salz und Pfeffer abschmecken, mit gehackter Petersilie bestreuen.

Einfach

Bohnensuppe Cevapcici
4–6 Portionen

Zubereitungszeit: 40 Minuten
Garzeit: etwa 25 Minuten

500 g grüne Bohnen
2 Bund Suppengrün (Knollensellerie, Möhren, Porree)
500 g Kartoffeln
2 EL Butter
750 ml (¾ l) Fleischbrühe
gerebeltes Bohnenkraut
2 rote Paprikaschoten
1 kleine Dose weiße Bohnen (Einwaage 420 g)
250 g Thüringer Mett

2 EL gehackte Kräuter

Bohneneintopf mit Lammfleisch

Bohnensuppe Cevapcici

Cancha Mexicana

Pro Portion:
E: 20 g, F: 15 g, Kh: 32 g,
kJ: 1459, kcal: 348

1. Von den Bohnen die Enden abschneiden. Die Bohnen eventuell abfädeln. Bohnen in Stücke schneiden, waschen und abtropfen lassen. Sellerie und Möhren putzen, schälen, waschen, abtropfen lassen und in Würfel schneiden. Porree putzen, Stange längs halbieren, gründlich waschen, abtropfen lassen und in Streifen schneiden. Kartoffeln waschen, schälen, abspülen, abtropfen lassen und ebenfalls in Würfel schneiden.
2. Butter in einem Topf zerlassen. Bohnenstücke und vorbereitetes Gemüse darin andünsten. Brühe hinzugießen, Kartoffelwürfel und Bohnenkraut hinzugeben. Die Zutaten zum Kochen bringen und zugedeckt etwa 15 Minuten kochen lassen.
3. Paprika halbieren, entstielen, entkernen und die weißen Scheidewände entfernen. Die Schoten waschen, abtropfen lassen und in Streifen schneiden. Paprikastreifen und weiße Bohnen mit dem Sud in die Suppe geben und aufkochen lassen. Mett mit angefeuchteten Händen zu Klößchen formen. Klößchen ebenfalls hinzugeben und etwa 10 Minuten mitgaren lassen.
4. Die Suppe mit gehackten Kräutern bestreuen und sofort servieren.

Tipp: Die Gemüsezutaten können je nach Geschmack abgewandelt werden, besonders eignen sich Weißkohlstreifen oder rote Bohnen.

Für Gäste

Cancha Mexicana
(Mexikanischer Bohnen-Geflügel-Topf)
8–10 Portionen

Zubereitungszeit: 60 Minuten
Garzeit: etwa 45 Minuten

2 gelbe Paprikaschoten
(je etwa 150 g)
5 Hähnchenbrustfilets (je etwa 150 g)
4 EL Speiseöl
2 l Hühnerbrühe
1 Dose grüne Bohnenkerne
(Flageolets, Abtropfgewicht 250 g)
1 Dose Kidneybohnen
(Abtropfgewicht 250 g)
1 Dose Gemüsemais
(Abtropfgewicht 285 g)
Salz, frisch gemahlener Pfeffer
4 EL süße Chilisauce

Pro Portion:
E: 34 g, F: 7 g, Kh: 24 g,
kJ: 1254, kcal: 300

1. Paprikaschoten halbieren, entstielen, entkernen und die weißen Scheidewände entfernen. Schoten waschen, abtropfen lassen und in Würfel schneiden.
2. Hähnchenbrustfilets unter fließendem kalten Wasser abspülen, trocken tupfen und klein würfeln.
3. Speiseöl in einem großen Topf erhitzen. Fleischwürfel darin von allen Seiten anbraten, Paprikawürfel hinzugeben und mit anbraten. Hühnerbrühe hinzugießen, zum Kochen bringen und zugedeckt etwa 35 Minuten bei schwacher Hitze kochen lassen.
4. Beide Sorten Bohnen und Mais in ein Sieb geben, kalt abspülen, abtropfen lassen und hinzufügen. Eintopf mit Salz, Pfeffer und Chilisauce würzen. Eintopf wieder zum Kochen bringen und noch etwa 10 Minuten bei schwacher Hitze kochen lassen.

Tipp: Zu der Suppe Taco-Chips oder ofenwarme Tortillas (dünne Brotfladen aus Maismehl) reichen.

Bohneneintopf mit Wirsing und Salciccia

Klassisch

Bohneneintopf mit Wirsing und Salciccia
4–6 Portionen

Zubereitungszeit: 25 Minuten, ohne Einweichzeit
Garzeit: etwa 90 Minuten

300 g getrocknete, weiße Bohnenkerne

1 dicke Scheibe durchwachsener Speck mit Schwarte (100 g)
3 ungebrühte italienische Bratwürste (Salciccia)
1 Zwiebel
400 g Wirsing
2 EL Olivenöl
1 TL Fenchelsamen
1 l Fleischbrühe
Salz
frisch gemahlener Pfeffer
1 Bund glatte Petersilie
50 g geriebener Pecorino-Käse

Pro Portion:
E: 28 g, F: 43 g, Kh: 23 g,
kJ: 2470, kcal: 590

1. Bohnen in kaltem Wasser über Nacht einweichen.
2. Bohnen in einem Sieb abtropfen lassen, dabei das Einweichwasser auffangen. Speck in 6 gleich große Stücke schneiden. Bratwurst in etwa 2 cm dicke Scheiben schneiden. Zwiebel abziehen und grob würfeln. Von dem Wirsing die groben, äußeren Blätter entfernen und den Strunk herausschneiden. Wirsing in Streifen schneiden, waschen und abtropfen lassen.
3. Olivenöl in einem Topf erhitzen. Speckstücke, Wurstscheiben und Zwiebelwürfel darin andünsten. Fenchelsamen mit andünsten. Bohnen und Wirsingstreifen hinzufügen. Brühe hinzugießen, zum Kochen bringen und etwa 90 Minuten garen. Mit Salz und Pfeffer abschmecken. Eventuell mit Einweichwasser auffüllen.
4. In der Zwischenzeit Petersilie abspülen und trocken tupfen. Die Blättchen von den Stängeln zupfen. Blättchen in grobe Streifen schneiden.
5. Die Suppe in tiefen Tellern mit Pecorino-Käse und Petersilie bestreut servieren.

Mit Alkohol

Fischeintopf nach Livorneser Art
4 Portionen

Zubereitungszeit: 60 Minuten
Garzeit: etwa 25 Minuten

2 Knoblauchzehen
1 Zwiebel
1 kleines Bund Suppengrün (Sellerie, Porree, Möhren)
400 g reife Tomaten
4 EL Olivenöl
150 g Calamari, geputzt, gewaschen und in Ringe geschnitten
Salz
250 ml (1/4 l) trockener Weißwein
1 l Fischfond
frisch gemahlener Pfeffer
20 frische Venusmuscheln in der Schale ((etwa 50 g Muschelfleisch)
600 g küchenfertige, frische Mittelmeerfischfilets, z. B.
4 Doradenfilets, 4 Rotbarbenfilets
2 Seebarschfilets
1 Bund glatte Petersilie

Pro Portion:
E: 39 g, F: 15 g, Kh: 10 g,
kJ: 1600, kcal: 382

1. Knoblauch abziehen und in Scheiben schneiden. Zwiebel abziehen und grob würfeln. Suppengrün putzen, waschen, abtropfen lassen, eventuell schälen und in Würfel schneiden. Tomaten waschen, trocken tupfen, achteln und die Stängelansätze entfernen.
2. Olivenöl in einem breiten, flachen Topf erhitzen. Knoblauch-, Zwiebelwürfel und Calamari darin andünsten. Suppengrünwürfel und Tomatenachtel hinzugeben, mit Salz würzen. Weißwein und Fischfond hinzugießen, zum Kochen bringen und etwa 15 Minuten bei schwacher Hitze köcheln lassen. Mit Salz und Pfeffer abschmecken.
3. In der Zwischenzeit Muscheln in reichlich kaltem Wasser gründlich

waschen und einzeln abbürsten, bis sie nicht mehr sandig sind (Muscheln, die sich beim Waschen öffnen, sind ungenießbar). Fischfilets unter fließendem kalten Wasser abspülen und trocken tupfen. Muscheln und Fischfilets in die Suppe geben, weitere etwa 10 Minuten ganz leicht köcheln lassen.

4. Petersilie abspülen und trocken tupfen. Die Blättchen von den Stängeln zupfen. Blättchen klein schneiden. Die Suppe mit Petersilie bestreuen und servieren.

Beilage: Geröstete Weißbrotscheiben.

Deftig

Eintopf von Kraut und Rüben
6 Portionen

Fischeintopf nach Livorneser Art

Zubereitungszeit: 30 Minuten
Garzeit: etwa 35 Minuten

je 1/2 kleiner Kopf Weißkohl und Wirsing
300 g Steckrüben
300 g Kartoffeln
1 Gemüsezwiebel
1 kleine Stange Porree (Lauch)
1 Bund glatte Petersilie
6 EL Speiseöl
1 1/2 l Gemüsebrühe
Salz
frisch gemahlener Pfeffer
geriebene Muskatnuss

Pro Portion:
E: 6 g, F: 15 g, Kh: 18 g,
kJ: 983, kcal: 234

Eintopf von Kraut und Rüben

1. Weißkohl und Wirsing putzen und die äußeren schlechten Blätter entfernen. Weißkohl und Wirsing halbieren und jeweils den Strunk herausschneiden. Weißkohl- und Wirsinghälfte abspülen, abtropfen lassen und ohne Blattrippen in feine Streifen schneiden.

2. Steckrübe putzen, schälen, waschen, abtropfen lassen und in Würfel schneiden. Kartoffeln waschen, schälen, abspülen, abtropfen lassen und würfeln. Zwiebel abziehen, ebenfalls in Würfel schneiden.

3. Porree putzen, die Stange längs halbieren, gründlich waschen, abtropfen lassen und in feine Streifen schneiden. Petersilie abspülen und trocken tupfen. Die Blättchen von den Stängeln zupfen. Blättchen grob hacken.

4. Speiseöl in einem großen Topf erhitzen, vorbereitete Gemüsezutaten und Kartoffelwürfel darin portionsweise andünsten. Brühe hinzugießen, zum Kochen bringen und etwa 35 Minuten kochen lassen.

5. Den Eintopf mit Salz, Pfeffer und Muskat abschmecken.

Klassisch – preiswert

Erbsensuppe mit Speck und Zwiebeln
4 Portionen

Zubereitungszeit: 50 Minuten
Garzeit: etwa 2 Stunden

Für die Suppe:
1 Zwiebel
1 EL Speiseöl
250 g getrocknete, geschälte Erbsen
1 l Gemüsebrühe
250 g mehligkochende Kartoffeln
1 Bund Suppengrün (Möhre, Sellerie, Porree, Petersilie)

Für Speck und Zwiebeln:
2 Scheiben (etwa 35 g) Frühstücksspeck (Bacon)
1 kleine Zwiebel
1 TL Speiseöl

1 TL Weißweinessig
Salz, frisch gemahlener Pfeffer

Pro Portion:
E: 20 g, F: 6 g, Kh: 39 g,
kJ: 1239, kcal: 296

1. Für die Suppe Zwiebel abziehen und klein würfeln. Speiseöl in einem Topf erhitzen. Zwiebelwürfel darin etwa 3 Minuten andünsten. Erbsen hinzufügen und 1–2 Minuten mit andünsten.
2. Brühe hinzugießen. Die Zutaten zum Kochen bringen und zugedeckt bei schwacher Hitze etwa 2 Stunden garen, bis die Erbsen weich sind, dabei gelegentlich umrühren.
3. In der Zwischenzeit Kartoffeln waschen, schälen, abspülen, abtropfen lassen und in Stücke schneiden. Von dem Suppengrün Möhre und Sellerie putzen, schälen, abspülen, abtropfen lassen. Porree putzen, die Stange längs halbieren, gründlich waschen und abtropfen lassen. Möhre, Sellerie und Porree in mundgerechte Stücke schneiden. Petersilie abspülen und trocken tupfen. Die Blättchen von den Stängeln zupfen. Blättchen fein hacken.
4. Für Speck und Zwiebeln den Frühstücksspeck klein schneiden. Zwiebel abziehen und fein hacken. Speiseöl in einer kleinen Pfanne erhitzen. Speckwürfel darin 2–3 Minuten unter gelegentlichem Rühren auslassen. Zwiebelwürfel hinzugeben und 2–3 Minuten mit andünsten. Speck und Zwiebeln herausnehmen, beiseitelegen.
5. Nach etwa 1 ½ Stunden Garzeit der Erbsen Kartoffelstücke, Möhren-, Sellerie-, Porreestücke und gehackte Petersilie (1 Esslöffel zum Garnieren beiseitelegen) in die Suppe geben, wieder zum Kochen bringen und weitere etwa 30 Minuten garen, dabei gelegentlich umrühren.
6. Den Topf von der Kochstelle nehmen und die Suppe fein pürieren. Wenn die Suppe zu dickflüssig ist, etwas Wasser unterrühren. Erbsensuppe mit Essig, Salz und Pfeffer abschmecken.
7. Die Suppe mit Speck, Zwiebeln und der beiseite gelegten Petersilie anrichten.

Tipp: Im Schnellkochtopf reduziert sich die Garzeit der Erbsen auf etwa 45 Minuten. Erbsen mit Schale müssen über Nacht in Wasser eingeweicht werden. Erst dann kann man sie kochen. Bei langen Garzeiten kann es vorkommen, dass zuviel Wasser während des Kochvorgangs entweicht. Dann eventuell etwas Wasser hinzugießen. Schneller und fettärmer geht's, wenn Sie die Suppe statt mit Speck und Zwiebeln mit Croûtons oder gerösteten Kürbiskernen oder Sesamsamen bestreuen.

Erbsensuppe mit Speck und Zwiebeln

Grüne-Bohnen-Eintopf mit Rindfleisch

Klassisch

Grüne-Bohnen-Eintopf mit Rindfleisch
4 Portionen

Zubereitungszeit: 40 Minuten
Garzeit: etwa 60 Minuten

500 g Rindfleisch (aus der Schulter)
1 Zwiebel
2–3 Stängel Bohnenkraut oder etwas gerebeltes Bohnenkraut
30 g Butterschmalz oder 3 EL Speiseöl, z. B. Sonnenblumenöl
Salz
frisch gemahlener Pfeffer
500 ml (1/2 l) Gemüsebrühe
1 kg grüne Bohnen
500 g vorwiegend festkochende Kartoffeln
1–2 EL gehackte Petersilie

Pro Portion:
E: 33 g, F: 15 g, Kh: 27 g,
kJ: 1592, kcal: 380

1. Rindfleisch unter fließendem kalten Wasser abspülen, trocken tupfen und in etwa 2 x 2 cm große Würfel schneiden. Zwiebel abziehen und klein würfeln. Bohnenkraut abspülen und trocken tupfen.
2. Butterschmalz oder Speiseöl in einem Topf erhitzen. Die Fleischwürfel darin von allen Seiten schwach bräunen, Zwiebelwürfel hinzufügen und kurz andünsten.
3. Das Fleisch mit Salz und Pfeffer würzen. Bohnenkraut und Gemüsebrühe hinzufügen, zum Kochen bringen und zugedeckt bei mittlerer Hitze etwa 40 Minuten garen.
4. In der Zwischenzeit von den Bohnen die Enden abschneiden, eventuell Fäden abziehen. Bohnen waschen, abtropfen lassen und in kleine Stücke schneiden oder brechen. Kartoffeln waschen, schälen, abspülen und in Würfel schneiden.
5. Bohnenstücke und Kartoffelwürfel hinzufügen, mit Salz und Pfeffer würzen. Die Zutaten wieder zum Kochen bringen und zugedeckt noch etwa 20 Minuten garen.
6. Bohnenkrautstängel aus dem Eintopf entfernen. Den Eintopf mit Salz und Pfeffer abschmecken, mit Petersilie bestreut servieren.

Tipp: Der Eintopf ist gefriergeeignet. Bohnenkraut ist das beste Bohnengewürz. Es hat einen angenehmen, an Thymian oder Minze erinnernden, aber pfefferähnlichen Geruch und Geschmack.

Fischsoljanka

Gemüse-Nudel-Topf

Gut vorzubereiten – für Gäste

Fischsoljanka
4 Portionen

Zubereitungszeit: 45 Minuten

1 Bund Frühlingszwiebeln
150 g Champignons
2 EL Olivenöl
1,2 l Fischfond oder Gemüsebrühe
400 g Seefischfilet, z. B. Seelachs
100 g Salzgurken
1 Bund Dill
2 EL abgetropfte Kapern
2 EL entkernte, schwarze Oliven
Salz
frisch gemahlener Pfeffer
20 g Krebspaste
4 vorbereitete Scheiben von 1 Bio-Zitrone (unbehandelt, ungewachst)

Pro Portion:
E: 25 g, F: 4 g, Kh: 2 g,
kJ: 684, kcal: 163

1. Frühlingszwiebeln putzen, waschen, abtropfen lassen und in Scheiben schneiden. Champignons putzen, mit Küchenpapier abreiben, eventuell kurz abspülen, trocken tupfen und in Scheiben schneiden. Olivenöl in einem Topf erhitzen, Frühlingszwiebel- und Champignonscheiben darin andünsten.
2. Mit Fond oder Brühe ablöschen bzw. auffüllen und aufkochen lassen.
3. Fischfilet kurz unter fließendem kalten Wasser abspülen, trocken tupfen und in nicht zu kleine Würfel schneiden. Fischwürfel in den Fond oder die Brühe geben, zum Kochen bringen und bei schwacher Hitze etwa 10 Minuten ziehen lassen.
4. Salzgurken abtropfen lassen und in feine Streifen schneiden. Dill abspülen und trocken tupfen. Die Spitzen von den Stängeln zupfen. Spitzen fein hacken. Gurkenstreifen, Kapern, Oliven und Dill in die Suppe geben. Mit Salz, Pfeffer und Krebspaste würzen.
5. Die Suppe noch einige Minuten ziehen lassen, anrichten und mit Zitronenscheiben garnieren.

Tipp: Sie können auch andere Fischsorten für die Soljanka verwenden, z. B. Wels. Es sollte sich aber um festes Fischfleisch handeln, da es sonst leicht auseinanderfällt. Es kann statt Kapern und Oliven auch ein Glas in Stücke geschnittene Rote Bete (Abtropfgewicht 215 g) in die Suppe gegeben werden.

Preiswert – etwas aufwändiger

Gemüse-Nudel-Topf
4 Portionen

Zubereitungszeit: 40 Minuten, ohne Auftauzeit
Garzeit: etwa 60 Minuten

700 g frisches oder TK-Hühnerklein (Rückenstücke, Hälse, Flügel)
1 l Wasser
Salz
1 kg frisches Gemüse, z. B. Möhren, Kohlrabi, grüne Bohnen, Blumenkohl, Brokkoli, Porree, Zucchini, Erbsen
75 g Suppennudeln
1 TL gekörnte Hühner- oder Gemüsebrühe
frisch gemahlener Pfeffer
2 EL gehackte Petersilie

Pro Portion:
E: 34 g, F: 12 g, Kh: 18 g,
kJ: 1321, kcal: 316

1. Hühnerklein (TK-Hühnerklein vorher auftauen lassen) unter fließendem kalten Wasser abspülen und abtropfen lassen. Hühnerklein mit Wasser in einen Topf geben. 1 Teelöffel Salz hinzufügen und zum Kochen bringen, dabei mehrfach abschäumen. Hühnerklein zugedeckt bei mittlerer Hitze etwa 40 Minuten garen.
2. In der Zwischenzeit Gemüse putzen, eventuell schälen, waschen, abtropfen lassen und in Scheiben oder Würfel schneiden (Blumenkohl und Brokkoli in kleine Röschen teilen, Stiele schälen und klein würfeln).
3. Nach Beendigung der Kochzeit die Brühe durch ein Sieb gießen, das Fett mit einem Löffel vorsichtig abschöpfen und eventuell mit Wasser auf 1 Liter auffüllen. Das Fleisch von Haut und Knochen befreien, klein schneiden und beiseitestellen. Die Brühe wieder zum Kochen bringen.
4. Zuerst das Gemüse mit längerer Garzeit wie Möhren, Kohlrabi, grüne Bohnen und Blumenkohl hinzufügen, zugedeckt etwa 8 Minuten bei mittlerer Hitze garen.
5. Dann Gemüse mit kürzerer Garzeit wie Brokkoli, Zucchini, Porree und Erbsen sowie die Suppennudeln hinzufügen, wieder zum Kochen bringen und zugedeckt noch weitere 5–7 Minuten garen.
6. Den Eintopf mit gekörnter Brühe, Salz und Pfeffer würzen. Das vorbereitete Fleisch hinzufügen und miterwärmen. Den Eintopf mit Petersilie bestreut servieren.

Tipp: Die Suppennudeln nur knapp gar kochen (Packungsanleitung beachten), denn sie garen in der heißen Suppe noch etwas nach. Wenn Sie die Hühnerbrühe (Punkt 1) bereits am Vortag kochen und kalt stellen, lässt sich das fest gewordene Fett am nächsten Tag mit Hilfe eines Esslöffels oder einer Schaumkelle einfach abheben. Wenn Sie etwas mehr Fleisch im Eintopf mögen, können Sie anstelle von Hühnerklein 4 Hähnchenkeulen verwenden.

Variante: Die Gemüsezutaten können je nach Saison beliebig ausgetauscht werden. Anstelle von frischem Gemüse können Sie auch 750 g TK-Suppengemüse verwenden (Garzeit entsprechend der Packungsanleitung). Verwenden Sie für Kinder Buchstabennudeln als Suppeneinlage.

Schnell – einfach

Gemüsesuppe „Querbeet"
4 Portionen

Zubereitungszeit: 45 Minuten
Garzeit: 25–30 Minuten

250 g festkochende Kartoffeln
1 l Gemüsebrühe
500 g TK-Suppengemüse
½ Bund Petersilie
½ Bund Kerbel
100 g Emmentaler-Käse
Salz
frisch gemahlener Pfeffer

Pro Portion:
E: 1 g, F: 8 g, Kh: 18 g,
kJ: 786, kcal: 187

1. Kartoffeln waschen, schälen, abspülen, abtropfen lassen und in Würfel schneiden. Brühe in einen Topf geben, Kartoffelwürfel hinzufügen, zum Kochen bringen und zugedeckt etwa 15 Minuten kochen lassen.
2. Gefrorenes Suppengemüse hinzugeben, wieder zum Kochen bringen und zugedeckt weitere 10–15 Minuten garen.
3. In der Zwischenzeit Petersilie und Kerbel abspülen, trocken tupfen. Die Blättchen von den Stängeln zupfen, Blättchen klein schneiden hacken. Käse fein reiben.
4. Die Suppe mit Salz und Pfeffer würzen, mit Petersilie und Kerbel bestreuen. Die Suppe kurz vor dem Servieren mit Käse bestreuen oder dazu servieren.

Variante: Frische Gemüsesuppe mit Mettenden. Anstelle von TK-Suppengemüse können Sie auch 500 g vorbereitetes Gemüse Ihrer Wahl (z. B. Möhren, Kohlrabi, Blumenkohl, Rosenkohl, grüne Bohnen) verwenden. Gemüse putzen, eventuell schälen, waschen, abtropfen lassen und klein schneiden. 1–2 in Scheiben geschnittene Mettenden (Rauchenden) 1 Minute vor Ende der Garzeit in die Suppe geben.

Gemüsesuppe „Querbeet"

Vegetarisch

Gemüsetopf mit Kartoffeln
4 Portionen

Zubereitungszeit: 50 Minuten
Garzeit: etwa 25 Minuten

1 Zwiebel, 2 Zucchini
je 1 rote und grüne Paprikaschote
150 g Knollensellerie
2 Auberginen
400 g festkochende Kartoffeln
4 Tomaten
4 EL Olivenöl
Thymianblättchen
Majoranblättchen
Salz, frisch gemahlener Pfeffer
2 abgezogene Knoblauchzehen

Pro Portion:
E: 6 g; F: 13 g; Kh: 26 g;
kJ: 1045; kcal: 250

1. Zwiebel abziehen und in kleine Würfel schneiden. Zucchini waschen, abtrocknen und die Enden abschneiden. Paprikaschoten halbieren, entstielen, entkernen und die weißen Scheidewände entfernen. Schoten waschen und abtropfen lassen. Sellerie putzen, schälen, waschen, abtropfen lassen. Auberginen waschen und die Stängelansätze abschneiden.
2. Kartoffeln waschen, schälen, abspülen, abtropfen lassen. Tomaten waschen, abtrocknen und die Stängelansätze herausschneiden. Vorbereitete Gemüsezutaten und Kartoffeln in Würfel schneiden.
3. Olivenöl in einem Topf erhitzen. Zwiebelwürfel darin andünsten. Nacheinander Zucchini-, Paprika-, Auberginen- und Kartoffelwürfel hinzugeben, mitdünsten lassen. Tomatenwürfel, Thymian- und Majoranblättchen unterheben. Mit Salz und Pfeffer würzen. Knoblauch abziehen, durch eine Knoblauchpresse drücken und unterrühren.
4. Die Zutaten zum Kochen bringen und zugedeckt etwa 25 Minuten bei schwacher Hitze garen. Gemüsetopf mit Salz und Pfeffer abschmecken.

Einfach

Grüne-Bohnen-Eintopf
4 Portionen

Zubereitungszeit: 70 Minuten
Garzeit: etwa 45 Minuten

500 g mageres Rindfleisch zum Kochen, ohne Knochen
40 g Margarine oder 4 EL Speiseöl, z. B. Olivenöl
1 mittelgroße Zwiebel
Salz, frisch gemahlener Pfeffer
750 ml (¾ l) Gemüsebrühe
800 g grüne Bohnen
500 g Kartoffeln
2 Stängel Thymian

Pro Portion:
E: 34 g, F: 15 g, Kh: 23 g,
kJ: 1533, kcal: 365

1. Rindfleisch unter fließendem kalten Wasser abspülen, trocken tupfen und in etwa 2 x 2 cm große Würfel schneiden.
2. Margarine oder Speiseöl in einem Topf erhitzen. Fleischwürfel darin von allen Seiten schwach bräunen lassen.
3. Zwiebel abziehen, klein würfeln, zu den Fleischwürfeln geben und andünsten.
4. Fleischwürfel mit Salz und Pfeffer würzen. Etwa die Hälfte der Brühe hinzufügen und zum Kochen bringen. Fleischwürfel zugedeckt etwa 20 Minuten garen.
5. Von den Bohnen die Enden abschneiden. Bohnen eventuell abfädeln, waschen, abtropfen lassen und in kleine Stücke brechen oder schneiden. Kartoffeln waschen, schälen, abspülen, abtropfen lassen und in Würfel schneiden.
6. Thymian abspülen und trocken tupfen. Thymian, Bohnenstücke, Kartoffelwürfel und die restliche Brühe zu den Fleischwürfeln in den Topf geben. Die Zutaten zum Kochen bringen und weitere etwa 25 Minuten garen.
7. Den Eintopf mit Salz und Pfeffer abschmecken. Thymianstängel vor dem Servieren entfernen.

Tipp: Zum Servieren 2 gewürfelte Tomaten unterrühren.

Gemüsetopf mit Kartoffeln

Grüne-Bohnen-Eintopf

Etwas aufwändiger

Eintopf von der Kalbshaxe mit Rauke
4 Portionen

Zubereitungszeit: 45 Minuten
Garzeit: 2 Stunden und 10 Minuten

1 Kalbshaxe (etwa 1 kg)
1 Gemüsezwiebel (etwa 150 g)
Salz
1 EL weiße Pfefferkörner
2 Lorbeerblätter
1 TL Wacholderbeeren
2 Möhren (etwa 250 g)
½ Knollensellerie (etwa 300 g)

4 Kartoffeln (etwa 500 g)
1 Kohlrabi (etwa 400 g)
1 Stange Porree (Lauch, etwa 300 g)
frisch gemahlener Pfeffer
frisch geriebene Muskatnuss

2 kleine Bunde Rucola (Rauke)
1 Bio-Zitrone (unbehandelt, ungewachst)

Pro Portion:
E: 39 g, F: 10 g, Kh: 24 g,
kJ: 1455, kcal: 347

Eintopf von der Kalbshaxe mit Rauke

1. Kalbshaxe von den dicken äußeren Sehnen befreien. Haxe unter fließendem kalten Wasser abspülen und in einen großen Topf geben. So viel Wasser hinzugießen, dass die Haxe gerade bedeckt ist. Zum Kochen bringen und abschäumen.
2. In der Zwischenzeit Zwiebel abziehen und halbieren. Zwiebelhälften in einer Pfanne ohne Fett auf der Schnittfläche fast schwarz rösten (damit die Brühe eine kräftige Farbe bekommt). Zwiebelhälften mit Salz, Pfefferkörnern, Lorbeerblättern und Wacholderbeeren zur Haxe in den Topf geben und aufkochen lassen.
3. Die Haxe im offenen Topf bei schwacher Hitze etwa 2 Stunden köcheln lassen. In der Zwischenzeit Möhren putzen, schälen, abspülen und quer halbieren. Sellerie schälen, abspülen und halbieren. Nach etwa 1 Stunde Garzeit Möhren- und Selleriestücke hinzufügen.
4. Die Kalbshaxe aus der Brühe nehmen und abkühlen lassen (die Kalbshaxe ist gar, wenn sich das Fleisch leicht vom Knochen lösen lässt). Möhren- und Selleriestücke ebenfalls herausnehmen und abkühlen lassen.
5. Die Brühe durch ein Sieb in einen anderen Topf gießen.
6. Kartoffeln waschen, schälen, abspülen. Kohlrabi schälen und abspülen. Kartoffeln und Kohlrabi in gleich große Würfel schneiden. Porree der Länge nach halbieren, gründlich waschen, abtropfen lassen und quer in Streifen schneiden. Zuerst die Kartoffelwürfel in die Brühe geben, zum Kochen bringen und etwa 5 Minuten garen. Dann Kohlrabiwürfel und Porreestreifen hinzufügen und weitere etwa 5 Minuten garen.
7. Das Fleisch vom Knochen lösen und in Würfel schneiden. Möhren und Sellerie ebenfalls würfeln. Wenn die Kartoffel- und Kohlrabiwürfel gar sind, Fleisch-, Möhren- und Selleriewürfel in den Eintopf geben. Mit Salz, Pfeffer und Muskat kräftig abschmecken.
8. Rucola putzen, waschen, trocken tupfen oder schleudern und die langen Stielenden entfernen. Rucolablätter in mundgerechte Stücke teilen. Zitrone heiß abspülen, abtrocknen und die Schale abreiben.
9. Rucola und Zitronenschale in tiefen Tellern verteilen. Den heißen Eintopf daraufgeben und sofort servieren.

Tipp: Den Eintopf vor dem Servieren zusätzlich mit geriebenem Meerrettich bestreuen.

Deftig

Pot eu feu mit Rinderhaxe und Huhn
4 Portionen

Zubereitungszeit: 60 Minuten, ohne Abkühlzeit
Garzeit: etwa 100 Minuten

2 dicke Scheiben Rinderhaxe (mit Knochen)
1 Suppenhuhn
1 Bund Suppengrün (Möhren, Sellerie, Frühlingszwiebeln, Porree)

2 l kaltes Wasser
1 Bund gemischte Kräuter (Petersilie, Thymian, Kerbel)
1 Lorbeerblatt
Salz, frisch gemahlener Pfeffer
frisch geriebene Muskatnuss

je 100 g Möhren, weiße Rüben, Knollensellerie, Porree, Wirsing
1 l Rinderfond

Pro Portion:
E: 82 g, F: 62 g, Kh: 5 g,
kJ: 3776, kcal: 903

Pot eu feu mit Rinderhaxe und Huhn

1. Rinderhaxenscheiben unter fließendem kalten Wasser abspülen und trocken tupfen. Suppenhuhn von innen und außen unter fließendem kalten Wasser abspülen und trocken tupfen.
2. Möhren und Sellerie putzen, schälen, abspülen, abtropfen lassen. Frühlingszwiebeln putzen, waschen, abtropfen lassen. Porree putzen, die Stange längs halbieren, gründlich waschen und abtropfen lassen.
3. Zwei Liter Wasser in einem großen Topf zum Kochen bringen. Haxenscheiben, Suppenhuhn und Suppengrün hinzugeben, zum Kochen bringen.
4. Kräuterbund abspülen, trocken tupfen, mit dem Lorbeerblatt hinzufügen. Mit Salz, Pfeffer und Muskat würzen. Die Zutaten zugedeckt bei schwacher Hitze etwa 1 1/2 Stunden kochen lassen.

5. Möhren, Rüben und Sellerie putzen, schälen, abspülen, abtropfen lassen. Porree putzen, die Stange längs halbieren, gründlich waschen, abtropfen lassen. Wirsing putzen, vierteln und den Strunk herausschneiden. Wirsing waschen und abtropfen lassen. Möhren und Rüben in Scheiben, Sellerie in kleine Rauten, Wirsingblätter in Vierecke und Porree in Streifen schneiden.
6. Rinderfond in einem Topf zum Kochen bringen. Vorbereitetes Gemüse darin in etwa 5 Minuten bissfest garen.

7. Gegarte Rinderhaxenscheiben und das Suppenhuhn aus der Brühe nehmen, etwas abkühlen lassen. Die Brühe durch ein Sieb in einen Topf gießen. Das Fleisch jeweils von den Knochen lösen, in mundgerechte Stücke schneiden und wieder in die Brühe geben.
8. Gemüsestücke mit dem Rinderfond ebenfalls in die Brühe geben, zum Kochen bringen und bei schwacher Hitze um ein Viertel einkochen lassen. Die Suppe nochmals mit Salz und Pfeffer und evtl. Muskatnuss abschmecken.

Gut vorzubereiten – vegetarisch

Bunte Dinkelsuppe mit Blumenkohl
4 Portionen

Zubereitungszeit: 45 Minuten, ohne Einweichzeit
Garzeit: etwa 35 Minuten

60 g Dinkelkörner
250 ml (¼ l) Wasser

¼ kleiner Blumenkohl (etwa 600 g)
1 Zwiebel
1 Bund Suppengrün (Sellerie, Möhre, Porree)
1–2 EL Speiseöl
600 ml Gemüsebrühe
1 gestr. TL gemahlener Liebstöckel
Salz
frisch gemahlener Pfeffer
TK-Petersilie oder Petersilie (von dem Suppengrün)

Pro Portion:
E: 6 g, F: 4 g, Kh: 15 g,
kJ: 525, kcal: 125

1. Dinkel am Vorabend in einen kleinen Topf geben, mit Wasser bedeckt über Nacht quellen lassen.
2. Am nächsten Tag den gequollenen Dinkel mit dem Einweichwasser zum Kochen bringen und zugedeckt etwa 20 Minuten leicht kochen lassen, bis der Dinkel gar ist. Dinkel in einem Sieb abtropfen lassen und beiseitestellen.
3. Von dem Blumenkohl die Blätter und schlechten Stellen entfernen, den Strunk abschneiden. Den Blumenkohl in kleine Röschen teilen, waschen und abtropfen lassen. Zwiebel abziehen und fein würfeln.
4. Vom Suppengrün Sellerie schälen, waschen und abtropfen lassen. Die Möhren putzen, schälen, waschen und abtropfen lassen. Porree putzen, die Stange längs halbieren, gründlich waschen und abtropfen lassen. Sellerie, Möhren und Porree in kleine Würfel schneiden. Petersilie abspülen und trocken tupfen. Die Blättchen von den Stängeln zupfen, Blättchen klein schneiden und beiseitelegen.
5. Speiseöl in einem Topf erhitzen, Zwiebelwürfel darin andünsten. Suppengrünwürfel hinzugeben und unter mehrmaligem Wenden mit andünsten. Dann die Blumenkohlröschen hinzugeben. Brühe hinzugießen, mit Liebstöckel, Salz und Pfeffer würzen. Die Zutaten zum Kochen bringen und zugedeckt 10–12 Minuten leicht kochen lassen, bis das Gemüse gar ist.
6. Abgetropften Dinkel zur Suppe geben. Die Suppe nochmals kurz erhitzen, mit Liebstöckel, Salz und Pfeffer abschmecken. Die Suppe auf Tellern verteilen und mit gehackter Petersilie bestreuen.

Tipp: Diese Suppe eignet sich gut zum Mitnehmen an den Arbeitsplatz. Aufgewärmt schmeckt sie noch intensiver nach Gemüse. Abhängig vom Geschäft und von der Jahreszeit enthält das Bund Suppengrün etwas Petersilie. Falls Sie ein Bund ohne Petersilie kaufen, können Sie die Suppe mit gehackter TK-Petersilie bestreuen.

Variante: Dinkelsuppe mit Kohlrabi. Statt Blumenkohl schmeckt auch Kohlrabi in der Suppe. 500 g Kohlrabi putzen, schälen, waschen, abtropfen lassen und in Streifen schneiden. Kohlrabistreifen statt Blumenkohlröschen in der Suppe garen.

Bunte Dinkelsuppe mit Blumenkohl

Einfach

Grünkerneintopf mit Crème fraîche
4 Portionen

Zubereitungszeit: 45 Minuten
Garzeit: etwa 25 Minuten

2 Zwiebeln
2 Stangen Porree (Lauch, etwa 400 g)
50 g Butter
125 g Grünkernschrot
1 l Gemüsebrühe
2 Fleischtomaten
1 Becher (150 g) Crème fraîche
Salz
frisch gemahlener Pfeffer
1 EL Schnittlauchröllchen

Pro Portion:
E: 7 g, F: 23 g, Kh: 27 g,
kJ: 1447, kcal: 347

1. Zwiebeln abziehen und in kleine Würfel schneiden. Porree putzen, die Stangen längs halbieren, gründlich waschen, abtropfen lassen und in Streifen schneiden.
2. Butter in einem Topf zerlassen. Zwiebelwürfel darin unter Rühren andünsten. Porreestreifen und Grünkernschrot hinzugeben und mitdünsten lassen.
3. Gemüsebrühe hinzufügen, zum Kochen bringen und zugedeckt etwa 25 Minuten bei mittlerer Hitze kochen lassen.
4. In der Zwischenzeit Tomaten waschen, kreuzweise einschneiden und kurz in kochendes Wasser legen. Tomaten mit kaltem Wasser abschrecken, enthäuten, halbieren, entkernen und die Stängelansätze herausschneiden. Tomaten würfeln.
5. Crème fraîche unter den Eintopf rühren. Tomatenwürfel hinzufügen und kurz miterhitzen.
6. Den Eintopf mit Salz und Pfeffer würzen. Mit Schnittlauchröllchen bestreut servieren.

Tipp: Der Grünkerneintopf ist gefriergeeignet. Grünkernschrot gibt es im Reformhaus oder Naturkostladen zu kaufen. Gut sortierte Supermärkte haben ebenfalls einen Bereich mit Bioprodukten und bieten dort Grünkern an.

Variante: Anstelle von Porree können Sie auch 400 g bunt gemischtes Gemüse wie Sellerie, Möhren, Rosenkohl oder Wirsing verwenden. Die Tomatenwürfel können durch 1–2 Esslöffel frisch gehackte Kräuter (Petersilie, Majoran, Liebstöckel, Schnittlauch) ersetzt werden. Dann Vollmilchjoghurt statt Crème fraîche verwenden.

Gut vorzubereiten

Steckrübensuppe mit Salami und Blattpetersilie
4 Portionen – Zubereitung im Topf mit Dämpfeinsatz (Ø etwa 24 cm)

Zubereitungszeit: 40 Minuten
Dämpfzeit: etwa 15 Minuten

400 g Steckrüben
200 g Möhren
1 Zwiebel
3 Schalotten
100 g Salami am Stück
1 EL Butter
1 l Gemüsebrühe
1 Becher (150 g) Crème fraîche
Salz
frisch gemahlener Pfeffer
2 EL Butter

1 Topf Blattpetersilie

Pro Portion:
E: 9 g, F: 32 g, Kh: 10 g,
kJ: 1530, kcal: 367

1. Steckrübe und Möhren putzen, schälen, abspülen, abtropfen lassen und in Würfel schneiden. Den Topf etwa 3 cm hoch mit Wasser füllen und zum Kochen bringen. Das Gemüse in den Dämpfeinsatz legen.

Grünkerneintopf mit Crème fraîche

Steckrübensuppe mit Salami und Blattpetersilie

Den Einsatz in den Topf hängen und mit einem Deckel zudecken. Gemüse etwa 15 Minuten dämpfen.
2. Zwiebel und Schalotten abziehen, halbieren und in Scheiben schneiden. Salami in etwa 1 cm große Würfel schneiden.
3. Butter in einem Topf zerlassen, Zwiebelscheiben darin andünsten. Gemüsebrühe hinzufügen und zum Kochen bringen. Gedämpftes Gemüse hinzufügen und pürieren. Crème fraîche unterrühren. Die Suppe mit Salz und Pfeffer abschmecken.
4. Butter in einer Pfanne zerlassen. Salamiwürfel und Schalottenscheiben darin anbraten. Petersilie abspülen und trocken tupfen. Die Blättchen von den Stängeln zupfen. Blättchen in feine Streifen schneiden. Die Suppe mit Salamiwürfeln, Schalottenscheiben und Petersilie bestreut servieren.

Preiswert – klassisch

Steckrübeneintopf mit Schweinebauch
4 Portionen

Zubereitungszeit: 30 Minuten
Garzeit: etwa 50 Minuten

500 g Schweinebauch
(ohne Knochen und Schwarte)
750 g Steckrüben
500 g Kartoffeln
40 g Margarine
2 mittelgroße Zwiebeln
Salz
frisch gemahlener, weißer Pfeffer
375–500 ml (3/8–1/2 l) Gemüsebrühe
1 EL gehackte, glatte Petersilie

Pro Portion:
E: 25 g, F: 46 g, Kh: 22 g,
kJ: 2521, kcal: 600

1. Schweinebauch unter fließendem kalten Wasser abspülen, trocken tupfen und in Würfel schneiden.
2. Steckrüben schälen, abspülen, abtropfen lassen und in Stifte schneiden. Kartoffeln waschen, schälen, abspülen, abtropfen lassen und ebenfalls in Stifte schneiden.
3. Margarine in einem Topf zerlassen. Fleischwürfel darin von allen Seiten andünsten.
4. Zwiebeln abziehen, klein würfeln, hinzufügen und kurz mitdünsten lassen. Fleischwürfel mit Salz und Pfeffer würzen. Einen Teil der Brühe hinzugießen, zum Kochen bringen und etwa 30 Minuten garen.
5. Steckrüben- und Kartoffelstifte sowie restliche Brühe hinzugeben. Den Eintopf mit Salz und Pfeffer würzen, wieder zum Kochen bringen und weitere etwa 20 Minuten garen. Den Eintopf mit Salz und Pfeffer abschmecken. Mit Petersilie bestreuen.

Klassisch

Vegetarischer Eintopf
4 Portionen

Zubereitungszeit: 40 Minuten
Garzeit: etwa 30 Minuten

375 g Möhren
375 g Kartoffeln
375 g grüne Bohnen
250 g Tomaten
250 g Blumenkohl
2 mittelgroße Zwiebeln
50 g Butter oder Margarine
Salz
frisch gemahlener Pfeffer
2 gestr. EL vegetarische Paste
1 TL gehackte Basilikumblättchen
500 ml (1/2 l) Gemüsebrühe
2 EL gehackte Petersilie

Pro Portion:
E: 7 g, F: 14 g, Kh: 22 g,
kJ: 1010, kcal: 241

1. Möhren putzen, schälen, waschen, abtropfen lassen und in Würfel schneiden. Kartoffeln waschen, schälen, abspülen, abtropfen lassen und ebenfalls in Würfel schneiden. Von den Bohnen die Enden abschneiden, eventuell abfädeln. Bohnen waschen, abtropfen lassen und in Stücke brechen oder schneiden.
2. Tomaten waschen, kreuzweise einschneiden und einige Sekunden in kochendes Wasser legen. Tomaten kurz in kaltes Wasser legen, enthäuten, vierteln, entkernen und die Stängelansätze herausschneiden.
3. Von dem Blumenkohl die Blätter und schlechten Stellen entfernen. Blumenkohl in Röschen teilen, waschen und abtropfen lassen. Zwiebeln abziehen, klein würfeln.
4. Butter oder Margarine in einem Topf zerlassen. Zwiebel-, Kartoffelwürfel und Bohnen darin portionsweise etwa 5 Minuten unter Wenden andünsten. Mit Salz, Pfeffer, vegetarischer Paste und Basilikum würzen.
5. Brühe hinzugießen, zum Kochen bringen und etwa 15 Minuten garen.

Vegetarischer Eintopf

Tomatenviertel, Möhrenwürfel und Blumenkohlröschen hinzufügen, wieder zum Kochen bringen und weitere etwa 15 Minuten garen. Den Eintopf mit den Gewürzen abschmecken, mit Petersilie bestreuen.

Beilage: Weizenbrötchen.

Einfach

Stielmuseintopf
(Streifrüben)
4 Portionen

Zubereitungszeit: 30 Minuten
Garzeit: etwa 50 Minuten

600 g Schweinenacken
(ohne Knochen)
750 g Stielmus
500 g Kartoffeln
40 g Butter oder Margarine
Salz
frisch gemahlener Pfeffer
250 ml (1/4 l) Wasser

Pro Portion:
E: 34 g, F: 28 g, Kh: 23 g,
kJ: 2164, kcal: 517

1. Schweinefleisch unter fließendem kalten Wasser abspülen, trocken tupfen und in kleine Würfel schneiden.
2. Stielmus putzen und die welken Blätter entfernen. Stielmus waschen, abtropfen lassen und klein schneiden. Kartoffeln waschen, schälen, abspülen, abtropfen lassen und klein würfeln.
3. Butter oder Margarine in einem Topf zerlassen. Die Fleischwürfel darin schwach bräunen, mit Salz und Pfeffer würzen.

4. Stielmus und Kartoffelwürfel zu den Fleischwürfeln in den Topf geben, Wasser hinzugießen und zum Kochen bringen. Den Eintopf zugedeckt etwa 50 Minuten garen. Mit Salz und Pfeffer abschmecken.

Für die Party
Serbische Bohnensuppe
8–10 Portionen

Zubereitungszeit: 30 Minuten
Garzeit: etwa 2 Stunden

1 kg Hohe Rippe vom Rind
1 ½ l kochende Fleischbrühe
8 Zwiebeln
4 Knoblauchzehen
je 2 rote und grüne Paprikaschoten
2 Stangen Porree (Lauch)
250 g Knollensellerie
1 große Dose (800 g) geschälte Tomaten
1 große Dose weiße Bohnen (Abtropfgewicht 500 g)
Salz, frisch gemahlener Pfeffer
Cayennepfeffer
Paprikapulver rosenscharf

Pro Portion:
E: 38 g, F: 14 g, Kh: 26 g,
kJ: 1672, kcal: 400

1. Hohe Rippe unter fließendem kalten Wasser abspülen, in die kochende Fleischbrühe geben und wieder zum Kochen bringen. Das Fleisch zugedeckt 1½–2 Stunden garen.
2. In der Zwischenzeit Zwiebeln und Knoblauch abziehen, klein würfeln. Paprikaschoten halbieren, entstielen, entkernen und die weißen Scheidewände entfernen. Schoten waschen, abtropfen lassen und in Streifen schneiden.
3. Porree putzen, die Stangen längs halbieren, gründlich waschen, abtropfen lassen und in Streifen schneiden. Sellerie putzen, schälen, waschen, abtropfen lassen und in Würfel schneiden.
4. Das gare Fleisch aus der Brühe nehmen und etwas abkühlen lassen. Das vorbereitete Gemüse in die Brühe geben, wieder zum Kochen bringen und 10–15 Minuten garen.
5. Tomaten mit Hilfe einer Gabel in der Dose etwas zerkleinern, mit den weißen Bohnen (beides mit der Flüssigkeit) hinzufügen, wieder zum Kochen bringen und noch 2–3 Minuten kochen lassen.
6. Die Suppe mit Salz, Pfeffer, Cayennepfeffer und Paprika würzen. Fleisch in Würfel schneiden, wieder in die Suppe geben und miterhitzen.

Stielmuseintopf

Serbische Bohnensuppe

Für Gäste

Scharfes Putenchili
4 Portionen

Zubereitungszeit: 45 Minuten
Garzeit: etwa 30 Minuten

400 g Putenbrustfilet
3 Paprikaschoten (rot, grün, gelb)
400 g Kartoffeln
3 EL Speiseöl
2 kleine Chilischoten, fein gehackt
1 kleine Dose (400 g) Tomatenwürfel
200 ml Geflügelfond oder -brühe
1 kleine Flasche süße Chili-Sauce
Sambal Oelek
Salz
frisch gemahlener Pfeffer

Pro Portion:
E: 29 g; F: 6 g; Kh: 19 g;
kJ: 1091; kcal: 260

Scharfes Putenchili

1. Putenbrustfilet unter fließendem kalten Wasser abspülen, trocken tupfen und in kleine Würfel schneiden.
2. Paprikaschoten halbieren, entstielen, entkernen, die weißen Scheidewände entfernen. Schoten waschen, abtropfen lassen und in Würfel schneiden. Kartoffeln waschen, schälen, abspülen, abtropfen lassen und ebenfalls in Würfel schneiden.
3. Speiseöl in einem Topf erhitzen. Fleisch-, Kartoffel- und Paprikawürfel darin kross anbraten. Tomatenwürfel, Geflügelfond oder -brühe und süße Chili-Sauce hinzugeben.
4. Die Zutaten zum Kochen bringen und etwa 30 Minuten kochen lassen, dabei gelegentlich umrühren.
5. Chilischoten halbieren, entstielen, entkernen, abspülen, trocken tupfen und in kleine Würfel schneiden. Putenchili mit Chiliwürfeln, Sambal Oelek, Salz und Pfeffer feurig abschmecken.

Gut vorzubereiten

Grüner Borschtsch
4 Portionen

Zubereitungszeit: 60 Minuten
Garzeit: etwa 2 Stunden

1 Bund Suppengrün (Sellerie, Möhre, Porree)
400 g mageres Suppenfleisch (vom Rind)
1 TL gekörnte Gemüsebrühe
Salz
5 schwarze Pfefferkörner
1 Lorbeerblatt
1 Rote Bete (etwa 250 g)
½ TL Zucker
1 EL Weißweinessig
1 TL (10 g) Tomatenmark
1 Zwiebel
1 Petersilienwurzel (etwa 100 g)
400 g mehligkochende Kartoffeln
1 Bund Frühlingszwiebeln (etwa 200 g)
350 g frischer Blattspinat oder TK-Blattspinat
1 kleines Bund Petersilie
½ TL Kümmelsamen
frisch gemahlener Pfeffer
4–5 Tropfen Worcestersauce

Außerdem:
2 hart gekochte, geviertelte Eier
1 Bund fein gehackter Dill
4 TL (40 g) saure Sahne (10 % Fett)

Pro Portion:
E: 31 g; F: 10 g; Kh: 26 g;
kJ: 1352; kcal: 324

1. Vom Suppengrün Sellerie schälen, waschen und abtropfen lassen. Möhre putzen, schälen, waschen und abtropfen lassen. Porree putzen, die Stange längs halbieren, gründlich waschen und abtropfen lassen. Sellerie, Möhre und Porree in mundgerechte Stücke schneiden.
2. Suppenfleisch unter fließendem kalten Wasser abspülen und trocken tupfen. Fleisch mit klein geschnittenem Suppengrün in einen Topf geben. Etwa 1 ½ l Wasser hinzugießen. Gemüsebrühe, ½ Teelöffel Salz,

Pfefferkörner und Lorbeerblatt hinzugeben. Die Zutaten zum Kochen bringen und zugedeckt etwa 1 ½ Stunden leicht köcheln lassen.
3. Die Suppe durch ein Sieb in einen Topf gießen. Fleisch etwas abkühlen lassen, dann in kleine Stücke schneiden.
4. In der Zwischenzeit Rote Bete schälen, waschen und abtropfen lassen. Rote Bete in Würfel schneiden. In einem kleinen Topf etwa ¼ l Wasser mit Zucker, Essig, Tomatenmark und Rote-Bete-Würfeln aufkochen lassen. Die Zutaten etwa 1 Stunde bei schwacher Hitze garen, bis die Rote-Bete-Würfel weich sind und das Wasser fast verdampft ist, eventuell gegen Ende der Garzeit esslöffelweise etwas Wasser hinzugeben. Rote-Bete-Würfel beiseitestellen.
5. Zwiebel abziehen und in kleine Würfel schneiden. Petersilienwurzel schälen und klein würfeln. Kartoffeln waschen, schälen, abspülen und in kleine Würfel schneiden. Frühlingszwiebeln putzen, waschen, abtropfen lassen und in dünne Scheiben schneiden.
6. Spinat verlesen, gründlich waschen und abtropfen lassen (oder TK-Spinat auftauen und abtropfen lassen). Spinatblätter etwas zerpflücken. Petersilie abspülen und trocken tupfen. Die Blättchen von den Stängeln zupfen. Blättchen klein schneiden.
7. Aufgefangene Brühe (etwa 1 l) mit Zwiebel-, Petersilienwurzel- und Kartoffelwürfeln zum Kochen bringen und zugedeckt etwa 15 Minuten leicht köcheln lassen. Anschließend Frühlingszwiebelscheiben, Spinat, gehackte Petersilie und Kümmel in den Eintopf geben und weitere etwa 10 Minuten leicht köcheln lassen.
8. Fleischstücke und beiseite gestellte Rote-Bete-Würfel in der Suppe erwärmen. Borschtsch mit Salz, Pfeffer und Worcestersauce abschmecken, auf Tellern verteilen. Eier, Dill und saure Sahne dazureichen.

Für Gäste

Scharfer Sellerie-Pfeffer-Eintopf
4 Portionen

Zubereitungszeit: 30 Minuten
Garzeit: 10–15 Minuten

1 kleiner Staudensellerie
400 g gekochter Schinken
2 EL Speiseöl
400 g Muschelfleisch

800 ml Gemüsefond oder -brühe
1 EL rosa Pfefferbeeren
1 EL grüne Pfefferkörner
Salz
Sambal Oelek
1 EL gehackte Petersilie

Pro Portion:
E: 37 g, F: 21 g, Kh: 29 g,
kJ: 1972, kcal: 471

1. Staudensellerie putzen und die harten Außenfäden abziehen. Sellerie waschen, abtropfen lassen und in Würfel schneiden. Schinken ebenfalls in Würfel schneiden.
2. Speiseöl in einem Topf erhitzen. Sellerie-, Schinkenwürfel und Muschelfleisch portionsweise darin andünsten.
3. Gemüsefond oder -brühe hinzugießen. Mit Pfefferbeeren, -körnern, Salz und Sambal Oelek würzen. Die Zutaten zum Kochen bringen und 10–15 Minuten bei schwacher Hitze kochen lassen. Suppe evtl. nochmals mit Salz und Sambal Oelek abschmecken, mit Petersilie bestreuen.

Scharfer Sellerie-Pfeffer-Eintopf

Sächsisches Zwiebelfleisch

Raffiniert

Sächsisches Zwiebelfleisch
4 Portionen

Zubereitungszeit: 45 Minuten
Garzeit: etwa 60 Minuten

500 g Gemüsezwiebeln
800 g Rindfleisch (aus Schulter oder Nacken)
etwa 600 ml Wasser oder Gemüsebrühe
Salz
frisch gemahlener Pfeffer
½–1 TL Kümmelsamen
1 Lorbeerblatt
etwa 350 g Salatgurken
125 g Pumpernickel
evtl. 1–2 TL gehackte Petersilie

Pro Portion:
E: 41 g, F: 16 g, Kh: 19 g,
kJ: 1621, kcal: 387

1. Gemüsezwiebeln abziehen, vierteln und in Scheiben schneiden. Rindfleisch unter fließendem kalten Wasser abspülen, trocken tupfen und in etwa 2 x 2 cm große Würfel schneiden, dabei Haut und Fett entfernen.
2. Das Wasser mit knapp 1 Teelöffel Salz oder die Gemüsebrühe in einem großen Topf zum Kochen bringen. Zwiebelscheiben, Fleischwürfel, Pfeffer, Kümmel und Lorbeerblatt hinzugeben, zum Kochen bringen und zugedeckt etwa 50 Minuten bei mittlerer Hitze kochen.
3. In der Zwischenzeit Gurken schälen und die Enden abschneiden. Gurken in Würfel schneiden. Pumpernickel fein hacken.
4. Pumpernickel und Gurkenwürfel zu den Fleischwürfeln in den Topf geben, mit Salz und Pfeffer würzen. Die Zutaten zugedeckt noch etwa 10 Minuten garen.
5. Das Zwiebelfleisch mit Salz und Pfeffer abschmecken. Nach Belieben mit Petersilie bestreut servieren.

Klassisch

Wirsingeintopf
4 Portionen

Zubereitungszeit: 30 Minuten
Garzeit: etwa 50 Minuten

500 g Rind- oder Lammfleisch (aus der Schulter)
2 Zwiebeln
30 g Schweineschmalz oder
3 EL Speiseöl, z. B. Sonnenblumenöl
Salz
frisch gemahlener Pfeffer
gemahlener Kümmel oder Kümmelsamen
750 ml (¾ l) heiße Gemüsebrühe
1 kg Wirsing
375 g mehligkochende Kartoffeln
2 EL gehackte Petersilie

Pro Portion:
E: 33 g, F: 16 g, Kh: 17 g,
kJ: 1459, kcal: 349

1. Fleisch unter fließendem kalten Wasser abspülen, trocken tupfen und in etwa 2 x 2 cm große Würfel schneiden. Zwiebeln abziehen, halbieren und in Scheiben schneiden.
2. Schmalz oder Speiseöl in einem großen Topf erhitzen. Die Fleischwürfel darin unter Wenden schwach bräunen. Zwiebelscheiben hinzufügen und kurz mit andünsten.
3. Mit Salz, Pfeffer und Kümmel würzen. Gemüsebrühe hinzugießen, zum Kochen bringen und zugedeckt etwa 30 Minuten garen.
4. In der Zwischenzeit von dem Wirsing die groben äußeren welken Blätter entfernen. Wirsing vierteln, abspülen, abtropfen lassen und den Strunk herausschneiden. Wirsingviertel in Streifen schneiden. Kartoffeln waschen, schälen, abspülen, abtropfen lassen und in Würfel schneiden.
5. Wirsingstreifen und Kartoffelwürfel nach etwa 30 Minuten Garzeit hinzufügen und wieder zum Kochen bringen. Den Eintopf zugedeckt in etwa 20 Minuten fertig garen.

6. Den Eintopf nochmals mit den Gewürzen abschmecken und mit Petersilie bestreut servieren.

Vegetarisch
Kartoffel-Gemüse-Topf
4 Portionen

Zubereitungszeit: 60 Minuten, ohne Abkühlzeit

500 g kleine, festkochende Kartoffeln
Wasser, Salz
250 g kleine weiße Champignons
100 g kleine Schalotten oder Perlzwiebeln
400 g Zucchini
250 g Cocktailtomaten
400 g Staudensellerie
Salzwasser
2 EL Speiseöl
frisch gemahlener Pfeffer
1–2 EL brauner Zucker
1–2 EL Balsamico-Essig
1 EL Sojasauce
300 ml Gemüsebrühe
½ Bund glatte Petersilie

Pro Portion:
E: 8 g, F: 5 g, Kh: 25 g,
kJ: 763, kcal: 182

1. Kartoffeln gründlich waschen und mit einer Bürste abbürsten. Wasser mit Salz in einem Topf zum Kochen bringen. Kartoffeln hinzugeben und zugedeckt etwa 20 Minuten fast gar kochen lassen (die Kartoffeln sollten noch Biss haben). Kartoffeln abgießen, abdämpfen und abkühlen lassen.
2. In der Zwischenzeit Champignons putzen, mit Küchenpapier abreiben, eventuell abspülen und trocken tupfen. Schalotten abziehen.
3. Zucchini waschen, abtrocknen und die Enden abschneiden. Zucchini in Würfel schneiden. Cocktailtomaten waschen und abtropfen lassen, halbieren und eventuell Stängelansätze entfernen.
4. Staudensellerie putzen und die harten Außenfäden abziehen. Sellerie waschen, abtropfen lassen und in Stücke schneiden.
5. Schalotten in kochendem Salzwasser etwa 5 Minuten blanchieren. Mit einem Schaumlöffel herausnehmen, in ein Sieb geben, mit kaltem Wasser übergießen und abtropfen lassen. Salzwasser wieder zum Kochen bringen, Selleriestücke darin etwa 3 Minuten blanchieren, in ein Sieb geben, mit kaltem Wasser übergießen und abtropfen lassen.
6. Speiseöl in einem weiten Topf oder in einer großen Pfanne erhitzen. Zuerst die Schalotten, dann Kartoffeln, Selleriestücke, Zucchiniwürfel und Champignons darin portionsweise andünsten. Tomatenhälften hinzugeben, mit Salz und Pfeffer würzen. Zucker darüberstreuen und unter Rühren karamellisieren lassen. Essig und Sojasauce unterrühren, Brühe hinzugießen.
7. Den Gemüsetopf zum Kochen bringen und zugedeckt bei mittlerer Hitze etwa 10 Minuten kochen lassen.
8. Petersilie abspülen und trocken tupfen. Die Blättchen von den Stängeln zupfen. Blättchen fein hacken. Den Gemüsetopf mit Petersilie bestreut servieren.

Wirsingeintopf

Kartoffel-Gemüse-Topf

Gut vorzubereiten

Grünkohleintopf
4 Portionen

Zubereitungszeit: 40 Minuten
Garzeit: etwa 60 Minuten

500 g Grünkohl
2 Zwiebeln
4 EL Olivenöl
60 g geräucherte Schinkenwürfel
1 l Fleischbrühe
1 EL mittelscharfer Senf
6 Pimentkörner
Salz
frisch gemahlener Pfeffer
500 g Kartoffeln
200 g Möhren
4 geräucherte Mettwürstchen

Pro Portion:
E: 26 g, F: 42 g, Kh: 23 g,
kJ: 2408, kcal: 579

1. Grünkohl gründlich waschen, in kochendem Wasser etwa 2 Minuten blanchieren, in ein Sieb geben, mit kaltem Wasser übergießen und abtropfen lassen. Grünkohl fein zerhacken.
2. Zwiebeln abziehen und in kleine Würfel schneiden. Olivenöl in einem Topf erhitzen. Zwiebelwürfel darin andünsten, Schinkenwürfel hinzugeben und anbraten, Fleischbrühe hinzugießen.
3. Grünkohl hinzugeben und zum Kochen bringen. Mit Senf, Pimentkörnern, Salz und Pfeffer würzen. Grünkohl zugedeckt etwa 30 Minuten köcheln lassen.
4. In der Zwischenzeit Kartoffeln waschen, schälen, abspülen und in kleine Würfel schneiden. Möhren putzen, schälen, waschen, abtropfen lassen und in Scheiben schneiden. Kartoffelwürfel und Möhrenscheiben zum Grünkohl geben, mit Salz und Pfeffer würzen. Den Grünkohl weitere etwa 30 Minuten garen.
5. Mettwürstchen in Scheiben schneiden und etwa 5 Minuten vor Ende der Garzeit zum Grünkohl geben und miterhitzen. Grünkohl nochmals mit den Gewürzen abschmecken und servieren.

Tipp: Sie können auch TK-Grünkohl (angetaut) verwenden.

Gut vorzubereiten

Grüner Bohneneintopf
4 Portionen

Zubereitungszeit: 30 Minuten
Garzeit: etwa 20 Minuten

250 g festkochende Kartoffeln
1 Möhre
500 ml (½ l) Hühnerbrühe

Grünkohleintopf

Grüner Bohneneintopf

350 g grüne Bohnen
1 Stange Porree (Lauch)
100 g Schinkenwürfel
1 Becher (150 g) Crème fraîche
1 TL gerebelter Thymian
Salz
frisch gemahlener Pfeffer

Pro Portion:
E: 19 g, F: 26 g, Kh: 27 g,
kJ: 1761, kcal: 423

1. Kartoffeln waschen, schälen, abspülen, abtropfen lassen und in etwa 1 x 1 cm große Würfel schneiden. Möhre putzen, schälen, waschen, abtropfen lassen und ebenfalls in etwa 1 x 1 cm große Würfel schneiden. Brühe in einem Topf zum Kochen bringen. Kartoffel- und Möhrenwürfel hinzugeben, wieder zum Kochen bringen und etwa 8 Minuten garen.
2. Von den Bohnen die Enden abschneiden, die Bohnen eventuell abfädeln, waschen, abtropfen lassen und in etwa 3 cm lange Stücke schneiden. Bohnenstücke zu den Kartoffel- und Möhrenwürfeln geben. Den Eintopf weitere etwa 10 Minuten köcheln lassen.
3. Porree putzen, die Stange längs halbieren, gründlich waschen, abtropfen lassen und in feine etwa 2 cm lange Streifen schneiden.
4. Porreestreifen und Schinkenwürfel in den Eintopf geben, kurz ziehen lassen, Crème fraîche unterrühren. Den Eintopf mit Thymian, Salz und Pfeffer abschmecken.

Schnellkochtopf

Katalanischer Gemüsetopf
4 Portionen

Zubereitungszeit: 25 Minuten
Garzeit: etwa 10 Minuten

4 große Zwiebeln
60 g Schweineschmalz
2 grüne Paprikaschoten
200 g Möhren
250 g Kartoffeln
300 g TK-Erbsen
1¼ l Gemüsebrühe
Salz
frisch gemahlener Pfeffer
gerebelter Rosmarin
200 g roher Schinken oder Schinkenspeck
2 hart gekochte Eier
2 EL frisch gehackte Petersilie

Pro Portion:
E: 24 g, F: 38 g, Kh: 32 g,
kJ: 2506, kcal: 598

Katalanischer Gemüsetopf

1. Zwiebeln abziehen und in kleine Würfel schneiden. Schmalz in einem Schnellkochtopf erhitzen, Zwiebelwürfel darin glasig dünsten.
2. Paprika halbieren, entstielen, entkernen und die weißen Scheidewände entfernen. Schoten waschen, abtropfen lassen, in Streifen schneiden, zu den Zwiebelwürfeln geben und kurz mitdünsten lassen.
3. Möhren putzen, schälen, abspülen, abtropfen lassen. Kartoffeln waschen, schälen, abspülen, abtropfen lassen. Möhren und Kartoffeln in Würfel schneiden, mit den gefrorenen Erbsen zum gedünsteten Gemüse in den Schnellkochtopf geben, Brühe hinzugießen. Mit Salz, Pfeffer und Rosmarin würzen. Den Schnellkochtopf mit dem Deckel verschließen und etwa 10 Minuten garen.
4. Schinken in Streifen schneiden. Eier pellen, in Scheiben oder Viertel schneiden und auf den Gemüseeintopf geben. Mit Petersilie bestreuen.

Preiswert

Mairübeneintopf
6 Portionen

Zubereitungszeit: 25 Minuten
Garzeit: etwa 40 Minuten

1 1/2 kg Mairüben
350 g Zwiebeln
1 kg geräucherte Schweinebacke
1 EL Butter oder Margarine
Salz, frisch gemahlener Pfeffer
500 ml (1/2 l) Wasser
750 g mehligkochende Kartoffeln

Pro Portion:
E: 18 g, F: 95 g, Kh: 24 g,
kJ: 4532, kcal: 1081

1. Mairüben putzen, schälen, waschen, abtropfen lassen und in grobe Würfel schneiden.
2. Zwiebeln abziehen und klein würfeln. Ein Viertel der Schweinebacke (ohne Schwarte) in kleine Würfel schneiden. Restliche Schweinebacke in Scheiben schneiden.
3. Butter oder Margarine in einem Topf zerlassen. Fleischwürfel darin anbraten. Mairüben- und Zwiebelwürfel hinzugeben, unter Rühren andünsten. Mit Salz und Pfeffer würzen, Wasser hinzugießen.
4. Die Schweinebackenscheiben zum Gemüse in den Topf geben, zum Kochen bringen, zugedeckt etwa 25 Minuten garen. Fleischscheiben herausnehmen.
5. Kartoffeln waschen, schälen, abspülen, in Würfel schneiden und in den Eintopf geben. Die Fleischscheiben wieder darauflegen und zugedeckt weitere etwa 15 Minuten garen. Den Eintopf mit Salz und Pfeffer abschmecken.

Einfach

Kürbis-Linsen-Eintopf aus dem Römertopf®
4 Portionen (Römertopf® 4-Liter-Inhalt)

Zubereitungszeit: 25 Minuten
Garzeit: etwa 90 Minuten

3 Zwiebeln (etwa 150 g)
2 Knoblauchzehen
500 g Kürbis
200 g Staudensellerie
450 g Kartoffeln
100 g Tellerlinsen
Salz
frisch gemahlener Pfeffer
1 l Gemüsebrühe
4 EL Kürbiskernöl

200 g Wiener Würstchen
1 Bund Zitronenthymian

Pro Portion:
E: 20 g, F: 27 g, Kh: 42 g,
kJ: 2090, kcal: 497

1. Zwiebeln und Knoblauch abziehen, in kleine Würfel schneiden. Kürbis schälen, halbieren und die Kerne mit einem Löffel herauskratzen. Kürbisfleisch in Stücke schneiden.
2. Staudensellerie putzen und die harten Außenfäden abziehen. Sellerie waschen, abtropfen lassen und in Würfel schneiden. Kartoffeln waschen, schälen, abspülen und ebenfalls würfeln. Tellerlinsen in einem Sieb kalt abspülen und abtropfen lassen.
3. Die vorbereiteten Zutaten in einen gewässerten Römertopf® (dabei Herstellerangaben beachten) geben, mischen, mit Salz und Pfeffer würzen. Brühe und 2 Esslöffel des Kürbiskernöls hinzugießen und unterrühren. Den Römertopf® mit dem Deckel verschließen und auf dem Rost in den kalten Backofen schieben.
Ober-/Unterhitze: etwa 200 °C
Heißluft: etwa 180 °C
Garzeit: etwa 90 Minuten.
4. In der Zwischenzeit Würstchen in Scheiben schneiden. Zitronenthymian abspülen und trocken tupfen. Die Blättchen von den Stängeln zupfen.
5. Nach etwa 75 Minuten Garzeit Würstchenscheiben und Zitronenthymianblättchen in den Eintopf rühren. Den Eintopf im geschlossenen Topf fertig garen.
6. Den Eintopf mit Salz und Pfeffer abschmecken, mit dem restlichen Kürbiskernöl beträufeln.

Tipp: Wenn Sie keinen Zitronenthymian bekommen, können Sie ersatzweise auch 1 Bund Thymian und 1 Teelöffel abgeriebene Zitronenschale von einer Bio-Zitrone (unbehandelt, ungewachst) verwenden.

Variante: Kürbis-Linsen-Eintopf aus dem Topf. Wer keinen Römertopf® hat, kann das Rezept in einem weiten

Mairübeneintopf

Kürbis-Linsen-Eintopf aus dem Römertopf®

Chinesische Gemüsesuppe mit Hackfleischbällchen

Kochtopf zubereiten. Dazu Gemüse wie im Rezept beschrieben vorbereiten. Zwiebeln und Knoblauch in 2 Esslöffeln Kürbiskernöl andünsten. Kürbis, Staudensellerie, Kartoffeln, Linsen und Brühe hinzufügen, aufkochen lassen und 20–25 Minuten bei mittlerer Hitze kochen lassen. Würstchenscheiben und Zitronenthymian hinzugeben und den Eintopf noch etwa 10 Minuten zugedeckt weitergaren. Vor dem Servieren die Suppe mit Salz und Pfeffer abschmecken.

Raffiniert

Chinesische Gemüsesuppe mit Hackfleischbällchen
4 Portionen

Zubereitungszeit: 50 Minuten
Garzeit: 10–13 Minuten

1 Zwiebel
10 g Ingwerwurzel
400 g Möhren
1 Stange Porree (Lauch, etwa 200 g)
1 rote Paprikaschote (200 g)
1 kleine Sellerieknolle (etwa 200 g)
300 g Chinakohl
100 g Sprossen-Mix oder Sojabohnensprossen

Für die Hackfleischbällchen:
10 g Ingwerwurzel
200 g Schweinegehacktes
Salz
2 EL (30 g) Speisestärke
½ EL Wasser

1–2 EL Speiseöl
1 l Gemüsebrühe
2–3 TL Sojasauce
Salz
frisch gemahlener Pfeffer
etwa ½ TL Chinagewürz

Pro Portion:
E: 14 g, F: 15 g, Kh: 17 g,
kJ: 1074, kcal: 257

1. Zwiebel abziehen und würfeln. Ingwer schälen, ebenfalls klein würfeln. Möhren putzen, schälen, abspülen, abtropfen lassen und schräg in dünne Scheiben schneiden. Porree putzen, die Stange längs halbieren, gründlich waschen und abtropfen lassen. 20 g Porree (ein etwa 4 cm kurzes Stück) für die Hackfleischbällchen beiseitelegen. Restlichen Porree in feine Streifen schneiden. Paprika halbieren, entstielen, entkernen und die weißen Scheidewände entfernen. Schote waschen, abtropfen lassen und in schmale Streifen schneiden.
2. Sellerie schälen, abspülen, abtropfen lassen und in Rauten schneiden. Dafür Sellerie zuerst in dünne Scheiben, dann jede Scheibe schräg und längs in etwa 1 ½ cm breite Stücke schneiden. Chinakohl putzen, waschen, abtropfen lassen und in schmale Streifen schneiden. Die Sprossen in ein Sieb geben, mit kochendem Wasser übergießen, abtropfen lassen und beiseitestellen.
3. Für die Hackfleischbällchen beiseite gelegten Porree klein hacken. Ingwer schälen, abspülen und ebenfalls klein hacken. Gehacktes in eine Rührschüssel geben. Porree, Ingwer, Salz, Speisestärke und Wasser hinzufügen. Die Zutaten mit Handrührgerät mit Knethaken zunächst kurz auf niedrigster, dann auf höchster Stufe gut durcharbeiten.
4. Aus dem Fleischteig mit angefeuchteten Händen etwa 20 walnussgroße Bällchen formen und beiseitestellen.
5. Speiseöl in einem Topf erhitzen. Zwiebel- und Ingwerwürfel darin andünsten. Möhrenscheiben, Porreestreifen, Paprikastreifen und Sellerierauten hinzufügen, mit andünsten. Brühe hinzugießen. Die Zutaten zum Kochen bringen und zugedeckt etwa 5 Minuten garen lassen.
6. Chinakohlstreifen, Sprossen und Hackfleischbällchen in die Suppe geben und weitere 5–7 Minuten garen, dabei gelegentlich umrühren. Die Suppe vor dem Servieren mit Sojasauce, Salz, Pfeffer und Chinagewürz abschmecken.

Kapitel 09

Rezepte 801–900

Aufläufe

Kartoffel-Spinat-Gratin

Gut vorzubereiten – preiswert

Kartoffel-Spinat-Gratin
4 Portionen

Zubereitungszeit: 30 Minuten, ohne Auftauzeit
Garzeit: etwa 50 Minuten

450 g TK-Blattspinat
Salz
frisch gemahlener Pfeffer
frisch geriebene Muskatnuss
1 kg festkochende Kartoffeln
125 ml (1/8 l) Milch (3,5 % Fett)
125 ml (1/8 l) Gemüsebrühe
1 Bund Schnittlauch
1 Pck. (125 g) Mozzarella-Käse

Pro Portion:
E: 14 g, F: 8 g, Kh: 32 g,
kJ: 1126, kcal: 268

1. Blattspinat nach Packungsanleitung auftauen lassen und leicht ausdrücken. Spinat mit Salz, Pfeffer und Muskat würzen. Den Backofen vorheizen.

2. Kartoffeln waschen, schälen, abspülen und in feine Scheiben schneiden. Kartoffelscheiben dachziegelartig in eine flache Auflaufform schichten, den Spinat dazwischen verteilen.

3. Milch mit Brühe in einem kleinen Topf verrühren und erhitzen, mit Salz, Pfeffer und Muskat würzen. Die Milchbrühe über die Kartoffelscheiben und den Spinat gießen. Die Form auf dem Rost in den vorgeheizten Backofen schieben.
Ober-/Unterhitze: etwa 200 °C
Heißluft: etwa 180 °C
Garzeit: etwa 50 Minuten.

4. Schnittlauch abspülen, trocken tupfen und in feine Röllchen schneiden. Mozzarella abtropfen lassen und in kleine Würfel schneiden. Schnittlauchröllchen mit den Käsewürfeln mischen, nach der Hälfte der Garzeit auf dem Gratin verteilen. Gratin fertig garen.

Tipp: Statt Mozzarella können Sie auch 3 Esslöffel fein geriebenen Parmesan- oder alten Gouda-Käse auf dem Gratin verteilen. Das Gratin wird dadurch herzhafter.

Etwas teurer

Lasagne mit Pilzen und Schinken
4 Portionen

Zubereitungszeit: 45 Minuten, ohne Quellzeit

Für die Pilzsauce:
70 g getrocknete Steinpilze
2 mittelgroße Zwiebeln
1 Knoblauchzehe
60 g Butter
1 Lorbeerblatt
200 ml Fleischbrühe
Salz
frisch gemahlener Pfeffer

Für die Béchamelsauce:
500 ml (½ l) Béchamelsauce (Tetra Pak®)
50 g frisch geriebener Parmesan-Käse
100 g Schlagsahne
frisch geriebene Muskatnuss

200 g gekochter Schinken

½ Pck. (225 g) Lasagneplatten, ohne Vorgaren
40 g Butter

Zum Bestreuen:
60 g frisch geriebener Parmesan-Käse

Zum Garnieren:
vorbereitete Basilikumblättchen
Tomatenviertel

Pro Portion:
E: 35 g, F: 68 g, Kh: 47 g,
kJ: 3946, kcal: 947

1. Steinpilze in eine flache Schale legen, mit Wasser übergießen und etwa 30 Minuten quellen lassen.
2. Zwiebeln und Knoblauch abziehen, Zwiebeln in kleine Würfel schneiden. Knoblauch durch eine Knoblauchpresse drücken. Butter in einer Pfanne zerlassen. Zwiebelwürfel darin andünsten, Knoblauch hinzufügen.
3. Steinpilze in einem Sieb abtropfen lassen. Steinpilze etwas zerkleinern, zusammen mit dem Lorbeerblatt zu den Zwiebelwürfeln geben und einige Minuten dünsten lassen. Brühe hinzugießen und kurz aufkochen lassen. Mit Salz und Pfeffer abschmecken.
4. Für die Béchamelsauce Béchamelsauce in eine Schüssel geben, mit Parmesan-Käse und Sahne verrühren. Mit Salz, Pfeffer und Muskat abschmecken. Fünf Esslöffel von der Béchamelsauce unter die Pilzsauce rühren.
5. Schinken in schmale Streifen schneiden und mit der Pilzsauce vermengen.
6. Den Boden einer flachen Auflaufform (mit Butter gefettet) mit Lasagneplatten belegen, darauf einige Esslöffel der Pilzsauce geben, dann einige Esslöffel der Béchamelsauce daraufstreichen und einige Butterflöckchen darauf verteilen. Nacheinander wieder Lasagneplatten, Pilzsauce, Béchamelsauce und Butterflöckchen einschichten. Die oberste Schicht sollte aus Lasagneplatten bestehen, die mit Béchamelsauce bestrichen und mit Butterflöckchen belegt wird. Parmesan-Käse daraufstreuen.
7. Die Form auf dem Rost in den vorgeheizten Backofen schieben.
Ober-/Unterhitze: etwa 200 °C
Heißluft: etwa 180 °C
Garzeit: etwa 35 Minuten.
8. Die Lasagne mit Basilikumblättchen und Tomatenvierteln garniert servieren.

Tipp: Wenn die Béchamelsauce nicht mehr flüssig genug ist, um sie gleichmäßig zu verteilen, kann etwas Milch untergerührt werden.

Lasagne mit Pilzen und Schinken

Für Gäste – gut vorzubereiten

Kartoffel-Tunfisch-Gratin
4 Portionen

Zubereitungszeit: 40 Minuten, ohne Abkühlzeit
Garzeit: etwa 30 Minuten

500 g Kartoffeln
150 g Zuckerschoten
Salz
2 Dosen Tunfisch im eigenen Saft (Abtropfgewicht je 150 g)
2 Tomaten
Saft von ½ Zitrone
2 Becher (je 150 g) saure Sahne
frisch gemahlener, weißer Pfeffer
100 g TK-Erbsen
100 g frisch geriebener Emmentaler-Käse
etwas glatte Petersilie
25 g schwarze Oliven

Pro Portion:
E: 26 g, F: 39 g, Kh: 28 g,
kJ: 2517, kcal: 601

Kartoffel-Tunfisch-Gratin

1. Kartoffeln gründlich waschen, mit Wasser bedeckt zum Kochen bringen und zugedeckt etwa 15 Minuten garen. Kartoffeln abgießen, abdämpfen und heiß pellen. Kartoffeln etwas abkühlen lassen, dann in etwa 5 mm dicke Scheiben schneiden.
2. Zuckerschoten putzen und die Enden abschneiden. Zuckerschoten waschen, abtropfen lassen und in kochendem Salzwasser 1–2 Minuten blanchieren. Zuckerschoten in eiskaltem Wasser abschrecken und in einem Sieb gut abtropfen lassen. Den Backofen vorheizen.
3. Tunfisch abtropfen lassen. Tomaten waschen, trocken tupfen, halbieren, entkernen und die Stängelansätze herausschneiden. Tomaten in Spalten schneiden.
4. Kartoffelscheiben in eine Auflaufform (gefettet) schichten. Die einzelnen Lagen mit etwas Salz bestreuen.
5. Tunfisch mit Zitronensaft und saurer Sahne pürieren, mit Salz und Pfeffer kräftig abschmecken. Die Hälfte der Tunfischsauce auf den Kartoffelscheiben verteilen.
6. Zuckerschoten mit den gefrorenen Erbsen mischen und daraufgeben. Mit restlicher Tunfischsauce übergießen. Tomatenspalten darauf verteilen. Den Auflauf mit Käse bestreuen. Die Form auf dem Rost in den vorgeheizten Backofen schieben.
Ober-/Unterhitze: etwa 200 °C
Heißluft: etwa 180 °C
Garzeit: etwa 30 Minuten.
7. Petersilie abspülen und trocken tupfen. Die Blättchen von den Stängeln zupfen. Blättchen in feine Streifen schneiden. Oliven in Ringe schneiden.
8. Kartoffel-Tunfisch-Gratin mit Petersilienstreifen und Olivenringen bestreut sofort servieren.

Beilage: Frischer Blatt- oder Feldsalat mit einem Dressing aus Olivenöl und Balsamico-Essig.

Schnell – gut vorzubereiten

Kartoffelpuffer-Lachs-Auflauf
2 Portionen

Zubereitungszeit: 20 Minuten
Garzeit: etwa 10 Minuten

3 EL Keimöl
6 TK-Kartoffelpuffer (Reibekuchen)
125 g geräucherter Stremel-Lachs
½ Bund Dill
1 Ei (Größe M)
2–3 EL Crème fraîche
1 EL Sahnemeerrettich
1 TL Dijon-Senf
1 TL Akazien-Honig
Salz, frisch gemahlener Pfeffer
etwas Zitronensaft

Pro Portion:
E: 20 g, F: 37 g, Kh: 46 g,
kJ: 2501, kcal: 596

1. Den Backofen vorheizen. Keimöl in einer Pfanne erhitzen. Die Kartoffelpuffer darin portionsweise von beiden Seiten knusprig braten. Die Kartoffelpuffer herausnehmen und dachziegelartig in eine große, flache Auflaufform schichten.

2. Von dem Lachs die Haut abziehen. Die Lachsstücke halbieren und auf den Kartoffelpuffern verteilen.

3. Dill abspülen und trocken tupfen. Die Spitzen von den Stängeln zupfen. Spitzen klein schneiden.

4. Eier mit Crème fraîche, Sahnemeerrettich, Senf und Honig verrühren. Mit Salz, Pfeffer und Zitronensaft abschmecken, Dill unterrühren. Die Eiermasse auf den Kartoffelpuffern verteilen.

5. Die Form auf dem Rost in den vorgeheizten Backofen schieben.
Ober-/Unterhitze: etwa 220 °C
Heißluft: etwa 200 °C
Garzeit: etwa 10 Minuten (bis die Eier-Masse gestockt ist).

Kartoffelpuffer-Lachs-Auflauf

Beilage: Gemischter, grüner Salat.

Tipp: Sie können diesen Auflauf auch gut am Vortag vorbereiten. Geben Sie die Eiermasse jedoch erst über die Kartoffelpuffer, wenn Sie den Auflauf in den Backofen schieben.

Raffiniert – für Gäste

Käse-Nudel-Auflauf mit Lachs und Spargel
4 Portionen

Zubereitungszeit: 40 Minuten
Garzeit: etwa 25 Minuten

500 g frischer grüner Spargel
500 ml (½ l) Salzwasser
2 ½ l Wasser
2 ½ TL Salz
250 g breite Bandnudeln

200 g Räucherlachs in Scheiben
150 g mittelalter Gouda-Käse, in Scheiben
4 Eier (Größe M)
150 g Speisequark (40 % Fettgehalt)
1 EL Zitronensaft
Salz, frisch gemahlener Pfeffer
frisch geriebene Muskatnuss

Pro Portion:
E: 22 g, F: 13 g, Kh: 46 g,
kJ: 1735, kcal: 414

1. Vom Spargel das untere Drittel schälen, die unteren Enden abschneiden. Den Spargel abspülen, abtropfen lassen und in 4–5 cm lange Stücke schneiden.

2. Spargelstücke in kochendem Salzwasser etwa 8 Minuten garen und in einem Sieb abtropfen lassen.

3. Wasser in einem großen Topf mit geschlossenem Deckel zum Kochen bringen. Dann Salz und Nudeln zugeben. Die Nudeln im geöffneten Topf bei mittlerer Hitze nach Packungsanleitung kochen lassen, dabei zwischendurch 4–5-mal umrühren. Den Backofen vorheizen.

4. Die garen Nudeln in ein Sieb geben, mit heißem Wasser abspülen und abtropfen lassen.

5. Lachs in Streifen schneiden. Bandnudeln, Spargelstücke, Käsescheiben und Lachsstreifen in eine große Auflaufform (gefettet) geben.

6. Eier mit Quark verrühren, mit Zitronensaft, Salz, Pfeffer und Muskat kräftig würzen. Die Eier-Quark-Masse auf dem Auflauf verteilen. Die Form auf dem Rost in den vorgeheizten Backofen schieben.
Ober-/Unterhitze: etwa 200 °C
Heißluft: etwa 180 °C
Garzeit: etwa 25 Minuten.

7. Den Käse-Nudel-Auflauf sofort servieren.

Raffiniert

Luftige Porree-Quark-Soufflés
4 Portionen

Zubereitungszeit: 30 Minuten, ohne Abkühlzeit
Backzeit: etwa 30 Minuten

1 kleine Stange Porree (Lauch)
1 TL Speiseöl
gerebelter Thymian oder Majoran
2 Eigelb (Größe M)
250 g Speisequark (Magerstufe)
1 leicht geh. EL Parmesan-Käse
etwas glatte Petersilie
Salz
frisch gemahlener Pfeffer
2 Eiweiß (Größe M)

Außerdem:
Butter oder Margarine für die Förmchen

Pro Portion:
E: 13 g, Fett: 9 g, Kh: 4 g,
kJ: 619, kcal: 148

1. Den Backofen vorheizen. Porree putzen, die Stange längs halbieren, gründlich waschen, abtropfen lassen und in feine Streifen schneiden. Speiseöl in einem Topf erhitzen. Porreestreifen darin andünsten und bissfest garen. Porree mit Thymian oder Majoran würzen, abkühlen lassen.
2. Eigelb mit Quark und Käse verrühren. Petersilie abspülen und trocken tupfen. Die Blättchen von den Stängeln zupfen, Blättchen klein schneiden und mit den Porreestreifen unter die Quarkmasse rühren. Mit Salz und Pfeffer kräftig würzen.
3. Eiweiß sehr steifschlagen und vorsichtig (am besten mit einem Teigschaber) unter die Quark-Porree-Masse ziehen.
4. Die Soufflémasse in 4 kleine, feuerfeste Förmchen (gefettet, etwa 250 ml [1/4 l] Inhalt) füllen. Die Förmchen auf dem Rost in den vorgeheizten Backofen schieben.
Ober-/Unterhitze: etwa 180 °C
Heißluft: etwa 160 °C
Backzeit: etwa 30 Minuten.
5. Die Soufflés aus dem Backofen nehmen und sofort servieren.

Tipp: Soufflémasse vor der Eischneezugabe kräftig würzen, da Eiweiß den Geschmack mildert. Soufflés sofort servieren, damit sie nicht zusammenfallen.

Für Kinder – gut vorzubereiten

Kabeljau-Spinat-Gratin
4 Portionen

Zubereitungszeit: 50 Minuten, ohne Auftauzeit
Garzeit: etwa 20 Minuten

400 g TK-Blattspinat
8 Kabeljaufilets (je 70–80 g)
1–2 EL Zitronensaft
600 g festkochende Kartoffeln
Salz, 30 g Butter oder Margarine
1 Knoblauchzehe
frisch gemahlener Pfeffer
1 Pck. (250 ml) Sauce Hollandaise (Fertigprodukt)

Pro Portion:
E: 32 g, F: 24 g, Kh: 22 g,
kJ: 1812, kcal: 435

1. Spinat nach Packungsanleitung auftauen lassen. Fischfilets unter fließendem kalten Wasser abspülen, trocken tupfen und mit Zitronensaft beträufeln. Fischfilets mit Küchenpapier wieder abtupfen.
2. Kartoffeln waschen, schälen, abspülen, abtropfen lassen und in kleine Stücke schneiden. Kartoffelstücke mit Salzwasser bedeckt zum Kochen bringen und zugedeckt etwa 15 Minuten garen. Kartoffelstücke abgießen und abdämpfen. Den Backofen vorheizen.
3. Butter oder Margarine in einem Topf zerlassen. Spinat ausdrücken und mit den Kartoffelstücken darin andünsten.
4. Knoblauch abziehen, fein hacken oder durch eine Knoblauchpresse drücken und zu der Kartoffel-Spinat-Masse geben. Mit Salz und Pfeffer würzen.
5. Die Kartoffel-Spinat-Masse in eine Auflaufform (gefettet) geben. Die Fischfilets mit Salz und Pfeffer würzen und darauflegen. Sauce Hollandaise darauf verteilen. Die Form auf dem Rost in den vorgeheizten Backofen schieben.

Luftige Porree-Quark-Soufflés

Ober-/Unterhitze: etwa 200 °C
Heißluft: etwa 180 °C
Garzeit: etwa 20 Minuten.

Tipp: Den Spinat nach Packungsanleitung zubereiten. Fischfilets mit Salz und Pfeffer würzen, mit etwas Weizenmehl bestäuben und in erhitztem Speiseöl von beiden Seiten etwa 5 Minuten braten. Die Hollandaise erwärmen und zusammen mit Butterkartoffeln dazu servieren.

Kabeljau-Spinat-Gratin

Raffiniert

Indonesischer Soja-Fischtopf
4 Portionen

Zubereitungszeit: 40 Minuten
Garzeit: etwa 25 Minuten

4 Tilapiafilets (je etwa 150 g)
Zitronensaft
3 EL Sojasauce
500 g Sojabohnenkeime
(aus dem Glas) oder
300 g frische Sojabohnenkeimlinge
2 Knoblauchzehen
100 ml Gemüsebrühe
1 Becher (200 g) Schmand
1 Bund Dill
Salz
frisch gemahlener Pfeffer
2 EL Erdnussöl
40 g abgezogene, gestiftelte Mandeln

Pro Portion:
E: 32 g, F: 29 g, Kh: 10 g,
kJ: 1934, kcal: 462

1. Tilapiafilets unter fließendem kalten Wasser abspülen, trocken tupfen, mit Zitronensaft beträufeln, trocken tupfen, mit Sojasauce würzen.
2. Sojabohnenkeime in ein Sieb geben, mit kaltem Wasser abspülen, abtropfen lassen. Frische Keimlinge verlesen, abspülen und abtropfen lassen. Die Sojabohnenkeimlinge in einer flachen, feuerfesten Form (gefettet) verteilen. Tilapiafilets nebeneinander darauflegen.
3. Den Backofen vorheizen. Knoblauch abziehen, fein zerdrücken, mit Brühe und Schmand gut verrühren.
4. Dill abspülen und trocken tupfen. Die Spitzen von den Stängeln zupfen. Spitzen klein schneiden und unter die Schmandmasse rühren. Mit Salz und Pfeffer würzen. Die Masse auf den Filets verteilen. Mit Erdnussöl beträufeln, mit Mandeln bestreuen. Die Form auf dem Rost in den vorgeheizten Backofen schieben.

Indonesischer Soja-Fischtopf

Ober-/Unterhitze: etwa 200 °C
Heißluft: etwa 180 °C
Garzeit: etwa 25 Minuten.

Tipp: Da frische Sojabohnenkeime sehr viel Flüssigkeit abgeben, diese kurz blanchieren, abtropfen lassen und erst dann in eine Auflaufform geben.

Abwandlung: Unter die Sojabohnenkeime zusätzlich noch 1 geputzte, in Würfel geschnittene Paprikaschote oder 50 g 8-Minuten-Reis mit in die Form geben.

Hackfleisch-Tomaten-Auflauf

Gut vorzubereiten

Hackfleisch-Tomaten-Auflauf
4 Portionen

Zubereitungszeit: 30 Minuten
Garzeit: etwa 35 Minuten

1 Zwiebel
1 Knoblauchzehe
4 EL Speiseöl
500 g Rindergehacktes
Salz, frisch gemahlener Pfeffer
1 Bund Oregano oder 1 TL gerebelter Oregano
1 Bund Petersilie
200 g gekochter Langkornreis
1 kg Fleischtomaten

etwas Butter für die Form

2 Scheiben Toastbrot
1 Bund glatte Petersilie
40 g weiche Butter
2 EL Olivenöl

Pro Portion:
E: 31 g, F: 34 g, Kh: 26 g,
kJ: 2378, kcal: 569

1. Zwiebel und Knoblauch abziehen, klein würfeln. Speiseöl in einer Pfanne erhitzen. Zwiebel- und Knoblauchwürfel darin andünsten.
2. Gehacktes hinzufügen, unter ständigem Rühren anbraten, dabei die Fleischklümpchen mit einer Gabel zerdrücken, mit Salz und Pfeffer würzen. Den Backofen vorheizen.
3. Oregano abspülen und trocken tupfen. Die Blättchen von den Stängeln zupfen. Blättchen klein schneiden und unter die Gehacktesmasse rühren.
4. Petersilie abspülen und trocken tupfen. Die Blättchen von den Stängeln zupfen. Blättchen klein schneiden und mit dem Reis vermengen.
5. Tomaten waschen, abtrocknen und die Stängelansätze entfernen. Tomaten in Scheiben schneiden (nach Belieben enthäuten).
6. Abwechselnd Hackfleischmasse, Reis und Tomatenscheiben in eine flache Auflaufform (gefettet) schichten. Dabei die Tomatenscheiben mit Salz und Pfeffer bestreuen. Die oberste Schicht sollte aus Tomatenscheiben bestehen.
7. Toastbrot entrinden und in kaltem Wasser einweichen. Petersilie abspülen und trocken tupfen. Die Blättchen von den Stängeln zupfen. Toastbrot mit Petersilie und Butter pürieren. Mit Salz und Pfeffer würzen. Die Masse auf die Tomatenscheiben streichen und mit Olivenöl beträufeln.
8. Die Form auf dem Rost in den vorgeheizten Backofen schieben.
Ober-/Unterhitze: 180–200 °C
Heißluft: 160–180 °C
Garzeit: etwa 35 Minuten.

Raffiniert

Hähnchenauflauf mit Zuckerschoten
4 Portionen

Zubereitungszeit: 40 Minuten
Garzeit: 30–40 Minuten

400 g Hähnchenfleisch
3 EL Speiseöl
200 g Zuckerschoten
1 mittelgroße Zwiebel
200 g Zucchini
Salz, frisch gemahlener Pfeffer
frisch geriebene Muskatnuss
1 abgezogene, zerdrückte Knoblauchzehe
125 g Doppelrahm-Frischkäse
200 g Schlagsahne
2 Eier (Größe M)
1 EL gehackter Kerbel
1 EL gehackte Petersilie
1 EL Schnittlauchröllchen
40 g geriebener Greyerzer-Käse
30 g Butterflöckchen

Pro Portion:
E: 32 g, F: 60 g, Kh: 10 g,
kJ: 3132, kcal: 748

1. Hähnchenfleisch unter fließendem kalten Wasser abspülen, trocken tupfen und in grobe Würfel schneiden.
2. Speiseöl in einer Pfanne erhitzen, Hähnchenfleischwürfel darin von allen Seiten kräftig anbraten und herausnehmen. Den Backofen vorheizen.

3. Von den Zuckerschoten die Enden abschneiden. Zuckerschoten in kochendem Wasser etwa 2 Minuten blanchieren, in eiskaltem Wasser abschrecken und in einem Sieb abtropfen lassen.
4. Zwiebel abziehen, in kleine Würfel schneiden und in dem verbliebenen Anbratfett andünsten.
5. Zucchini waschen, abtrocknen und die Enden abschneiden. Zucchini in Scheiben schneiden, zu den Zwiebelwürfeln geben und mit andünsten. Mit Salz, Pfeffer, Muskat und Knoblauch würzen.
6. Frischkäse mit Sahne, Eiern, Kerbel, Petersilie und Schnittlauchröllchen verrühren. Eine flache Auflaufform (mit Butter gefettet) mit den Fleischwürfeln, Gemüse und Zwiebelwürfeln füllen. Die Eiersahne darauf verteilen. Den Auflauf mit Käse bestreuen, Butterflöckchen daraufsetzen. Die Form auf dem Rost in den vorgeheizten Backofen schieben.
Ober-/Unterhitze: 180—200 °C
Heißluft: 160—180 °C
Garzeit: 30—40 Minuten.

Rustikal

Berliner Bulettenauflauf
4 Portionen

Pro Portion:
E: 50 g; F: 77 g; Kh: 34 g;
kJ: 4567; kcal: 1091

½ Zwiebel
600 g Gehacktes (halb Rind-, halb Schweinefleisch)
1 Ei (Größe M)
4 EL Semmelbrösel
Salz
frisch gemahlener Pfeffer
4 EL Speiseöl
500 g gegarte, kleine Pellkartoffeln
1 Bund Schnittlauch
2 Becher (300 g) Crème fraîche
4 Eier (Größe M)
Paprikapulver edelsüß
100 g geriebener Gouda-Käse

Zubereitungszeit: 30 Minuten
Garzeit: etwa 30 Minuten

1. Zwiebel abziehen und in kleine Würfel schneiden. Gehacktes in eine Schüssel geben. Zwiebelwürfel, Ei und Semmelbrösel gut unterarbeiten. Mit Salz und Pfeffer würzen. Aus der Fleischmasse mit angefeuchteten Händen 8 Frikadellen (Buletten) formen. Den Backofen vorheizen.
2. Speiseöl in einer Pfanne erhitzen. Frikadellen darin von beiden Seiten anbraten und herausnehmen. Kartoffeln nach Belieben pellen und mit den Frikadellen (Buletten) in eine Auflaufform (gefettet) schichten.
3. Schnittlauch abspülen, trocken tupfen und in Röllchen schneiden.
4. Crème fraîche mit Eiern und Schnittlauchröllchen verrühren. Mit Salz, Pfeffer und Paprika würzen. Den Guss auf den Kartoffeln und Frikadellen (Buletten) verteilen. Den Auflauf mit Käse bestreuen. Die Form auf dem Rost in den vorgeheizten Backofen schieben.
Ober-/Unterhitze: etwa 180 °C
Heißluft: etwa 160 °C
Garzeit: etwa 30 Minuten.

Hähnchenauflauf mit Zuckerschoten

Berliner Bulettenauflauf

Gut vorzubereiten

Nudelauflauf mit Lamm
4 Portionen

Zubereitungszeit: 50 Minuten
Garzeit: etwa 40 Minuten

600 g Lammschulter (ohne Knochen)
6 EL Olivenöl
2 Knoblauchzehen
2 Stängel Thymian
Salz
frisch gemahlener, weißer Pfeffer
250 g Makkaroni
2 l Wasser
2 gestr. TL Salz
500 g kleine Zucchini
1 kleine Fenchelknolle (etwa 250 g)
200 g rote Zwiebeln
3 Eier (Größe M)
200 g Schlagsahne
150 g saure Sahne
Cayennepfeffer
frisch geriebene Muskatnuss
125 g geriebener Hartkäse

Pro Portion:
E: 57 g, F: 74 g, Kh: 54 g,
kJ: 4928, kcal: 1177

1. Lammschulter unter fließendem kalten Wasser abspülen und trocken tupfen. Das Fleisch enthäuten und in kleine Stücke schneiden.
2. Die Hälfte des Olivenöls in einer Pfanne erhitzen, die Fleischstücke darin von allen Seiten anbraten.
3. Knoblauch abziehen und mit dem Messerrücken zerdrücken. Thymian abspülen und trocken tupfen. Die Blättchen von den Stängeln zupfen. Knoblauch und Thymianblättchen zum angebratenen Fleisch geben, mit Salz und Pfeffer würzen.
4. Makkaroni in fingerlange Stücke brechen. Wasser in einem großen Topf mit geschlossenem Deckel zum Kochen bringen. Dann Salz und Nudeln zugeben. Die Nudeln im geöffneten Topf bei mittlerer Hitze nach Packungsanleitung kochen lassen, dabei zwischendurch 4–5-mal umrühren.
5. Anschließend die Nudeln in ein Sieb geben, mit heißem Wasser abspülen und abtropfen lassen. Den Backofen vorheizen.
6. Zucchini waschen, abtrocknen und die Enden abschneiden, Zucchini in etwa 2 mm dicke Scheiben schneiden. Von der Fenchelknolle die Stiele dicht oberhalb der Knolle abschneiden. Braunen Stellen und Blätter entfernen. Knolle waschen, abtropfen lassen, halbieren und in Streifen schneiden. Zwiebeln abziehen und klein würfeln.
7. Restliches Olivenöl in einer Pfanne erhitzen. Zucchinischeiben und Fenchelstreifen darin unter Rühren andünsten, mit Salz und Pfeffer würzen.
8. Lammfleisch, Makkaroni und Gemüse abwechselnd in eine Auflaufform (gefettet) schichten. Die letzte Schicht sollte aus Makkaroni bestehen.
9. Eier mit Sahne und saurer Sahne verschlagen, mit Salz, Cayennepfeffer und Muskat würzen. Käse unterrühren. Die Masse auf dem eingeschichteten Auflauf verteilen. Die Form auf dem Rost in den vorgeheizten Backofen schieben.
Ober-/Unterhitze: 180–200 °C
Heißluft: 160–180 °C
Garzeit: etwa 40 Minuten.
10. Den Auflauf eventuell nach der Hälfte der Garzeit mit Backpapier zudecken, damit er nicht zu dunkel wird.

Nudelauflauf mit Lamm

Maisgratin

Makkaroniauflauf

Klassisch
Makkaroniauflauf
4 Portionen

Zubereitungszeit: 30 Minuten
Garzeit: etwa 35 Minuten

250 g Makkaroni
2 1/2 l Wasser
2 1/2 gestr. TL Salz

1 kleines Glas Champignonscheiben (Abtropfgewicht 145 g)
250 g gekochter Schinken
3 Eier
200 ml Schlagsahne oder Milch
Salz, frisch gemahlener Pfeffer
1 geh. EL Semmelbrösel
30 g Butter

Pro Portion:
E: 30 g, F: 40 g, Kh: 47 g,
kJ: 2921, kcal: 697

1. Makkaroni in fingerlange Stücke brechen. Wasser in einem großen Topf mit geschlossenem Deckel zum Kochen bringen. Dann Salz und Nudeln zugeben. Die Nudeln im geöffneten Topf bei mittlerer Hitze nach Packungsanleitung kochen lassen, dabei zwischendurch 4–5-mal umrühren.
2. Anschließend die Nudeln in ein Sieb geben, mit heißem Wasser abspülen und abtropfen lassen. Den Backofen vorheizen.
3. Champignonscheiben in einem Sieb abtropfen lassen. Schinken in kleine Würfel oder Streifen schneiden. Champignonscheiben und Schinkenwürfel oder -streifen mit den Nudeln mischen und in eine Auflaufform (gefettet) geben.
4. Eier mit Sahne oder Milch verschlagen, mit Salz und Pfeffer würzen und auf dem Auflauf verteilen. Mit Semmelbröseln bestreuen, Butter in Flöckchen daraufsetzen. Die Form auf dem Rost in den vorgeheizten Backofen schieben.
Ober-/Unterhitze: 200–220 °C
Heißluft: 180–200 °C
Garzeit: etwa 35 Minuten.

Preiswert – einfach
Maisgratin
4 Portionen

Zubereitungszeit: 40 Minuten
Garzeit: etwa 40 Minuten

550 g Gemüsemais (aus der Dose)
je 1 rote und grüne Paprikaschote
1 Stange Porree (Lauch)
5 Eier (Größe M)
Salz
frisch gemahlener Pfeffer
Macis (Muskatblüte)
1 EL grob zerstoßener Koriander
5 EL Maisgrieß
30 g Butter
80 g geriebener Pecorino-Käse

Pro Portion:
E: 24 g, F: 21 g, Kh: 42 g,
kJ: 1992, kcal: 476

1. Gemüsemais in einem Sieb abtropfen lassen. Den Backofen vorheizen.
2. Paprikaschoten halbieren, entstielen, entkernen und die weißen Scheidewände entfernen. Schotenhälften waschen, trocken tupfen und in Würfel oder Streifen schneiden. Porree putzen, die Stange längs halbieren, gründlich waschen, abtropfen lassen und in etwa 1 cm lange Stücke schneiden.
3. Eier verschlagen, mit Salz, Pfeffer, Macis und Koriander würzen. Maisgrieß unterrühren, Mais und Paprikawürfel oder -streifen untermengen.
4. Die Maismasse in einer flachen Auflaufform (mit Butter gefettet) verteilen. Mit Käse bestreuen. Die Form auf dem Rost in den vorgeheizten Backofen schieben.
Ober-/Unterhitze: etwa 180 °C
Heißluft: etwa 160 °C
Garzeit: etwa 40 Minuten.

Einfach

Blumenkohl-Brokkoli-Auflauf
4 Portionen

Zubereitungszeit: 40 Minuten
Garzeit: etwa 35 Minuten

1 Blumenkohl (etwa 1 kg)
600 g Brokkoli
Wasser
1 gestr. TL Salz
1 Zucchini

Für die Sauce:
50 g Butter
200 g gewürfelter Schinken
40 g Weizenmehl
500 ml (1/2 l) Gemüsebrühe
250 g Schlagsahne
2 geh. EL geriebener Parmesan-Käse
Salz, frisch gemahlener Pfeffer
frisch geriebene Muskatnuss

50 g frisch geriebener Parmesan-Käse
50 g frisch geriebener Gouda-Käse
2 EL Sonnenblumenkerne

Pro Portion:
E: 30 g, F: 45 g, Kh: 17 g,
kJ: 2484, kcal: 592

1. Von dem Blumenkohl Blätter und schlechte Stellen entfernen, den Strunk abschneiden. Von dem Brokkoli die Blätter entfernen. Blumenkohl und Brokkoli in Röschen teilen, waschen und abtropfen lassen.
2. Wasser mit Salz in einem großen Topf zum Kochen bringen. Zuerst die Blumenkohlröschen hinzugeben und zugedeckt etwa 8 Minuten kochen lassen, herausnehmen und in einem Sieb abtropfen lassen. Dann die Brokkoliröschen zugedeckt etwa 5 Minuten kochen lassen, herausnehmen und ebenfalls in einem Sieb abtropfen lassen.
3. Zucchini waschen, abtrocknen und die Enden abschneiden. Zucchini in Scheiben schneiden. Zucchinischeiben mit den Blumenkohl- und Brokkoliröschen in eine Auflaufform geben.
4. Für die Sauce Butter in einer Pfanne zerlassen, Schinkenwürfel darin andünsten. Mehl hinzufügen und unter Rühren so lange erhitzen, bis es hellgelb ist. Brühe und Sahne hinzugießen und mit einem Schneebesen durchschlagen. Darauf achten, dass keine Klümpchen entstehen. Die Sauce unter Rühren etwa 5 Minuten kochen lassen. Käse unterrühren. Mit Salz, Pfeffer und Muskat würzen.
5. Das Gemüse mit der Sauce übergießen, mit beiden Käsesorten und den Sonnenblumenkernen bestreuen. Die Form auf dem Rost in den vorgeheizten Backofen schieben.
Ober-/Unterhitze: etwa 180 °C
Heißluft: etwa 160 °C
Garzeit: etwa 35 Minuten.

Raffiniert

Anglertopf
4 Portionen

Zubereitungszeit: 45 Minuten
Garzeit: etwa 30 Minuten

1 kg Kartoffeln
Salz
1 TL Kümmelsamen
500 g Möhren
125 ml (1/8 l) Gemüsebrühe
500 g gekochtes Fischfilet
frisch gemahlener Pfeffer

3 Eier (Größe M)
250 ml (1/4 l) Milch oder Schlagsahne
Paprikapulver edelsüß
gerebelter Thymian
fein gehackte Petersilie
20 g Semmelbrösel
20 g Butterflöckchen

einige vorbereitete Thymianzweige

Pro Portion:
E: 13 g, F: 25 g, Kh: 56 g,
kJ: 2179, kcal: 521

1. Kartoffeln gründlich waschen, mit Wasser bedeckt zum Kochen bringen, Salz und Kümmel hinzufügen. Die Kartoffeln etwa 20 Minuten garen, abdämpfen, heiß pellen und erkalten lassen. Kartoffeln in Würfel schneiden.
2. Möhren putzen, schälen, waschen, abtropfen lassen und

Anglertopf

in Scheiben schneiden. Brühe in einem Topf zum Kochen bringen. Möhrenscheiben hinzufügen und zugedeckt etwa 10 Minuten garen, dann abtropfen lassen. Fischfilets in Stücke schneiden oder zupfen. Mit Salz und Pfeffer bestreuen. Den Backofen vorheizen.
3. Abwechselnd Kartoffelwürfel, Möhrenscheiben und Fischfiletstücke in eine Auflaufform (gefettet) schichten.
4. Eier mit Milch oder Sahne verschlagen. Mit Salz, Pfeffer, Paprika, Thymian und Petersilie würzen. Die Eiermilch oder -sahne auf dem eingeschichteten Auflauf verteilen. Mit Semmelbröseln bestreuen, Butterflöckchen daraufsetzen. Die Form auf dem Rost in den vorgeheizten Backofen schieben und den Auflauf überbacken.
Ober-/Unterhitze: etwa 200 °C
Heißluft: etwa 180 °C
Garzeit: etwa 30 Minuten.
5. Den Anglertopf mit Thymianzweigen garniert serviert.

Raffiniert

Auflauf in Kohlrabi
12 Portionen

Auflauf in Kohlrabi

Zubereitungszeit: 90 Minuten
Garzeit: etwa 60 Minuten

12 große Kohlrabi (je etwa 450 g)
4 Möhren (etwa 400 g)
4 dicke Kartoffeln (etwa 400 g)
1 Gemüsezwiebel (etwa 450 g)
4 l Wasser
600 g gemischtes Hackfleisch (halb Rind-, halb Schweinefleisch
Salz
frisch gemahlener Pfeffer
300 g Schlagsahne
6 Eier (Größe M)
100 ml Pflanzenöl
500 ml Gemüsebrühe oder -fond
2 Bund glatte Petersilie

Pro Portion:
E: 21 g, F: 32 g, Kh: 22 g,
kJ: 2026, kcal: 484

1. Kohlrabi schälen, die Wurzelenden gerade schneiden (damit eine kleine Standfläche entsteht). Möhren putzen, schälen, waschen, abtropfen lassen. Kartoffeln waschen, schälen, abspülen und abtropfen lassen. Möhren und Kartoffeln in gleich große Würfel schneiden. Zwiebel abziehen und ebenfalls in Würfel schneiden.
2. Wasser in einem großen Topf zum Kochen bringen. Kohlrabi (in 2–3 Portionen) hinzugeben und etwa 25 Minuten vorgaren. Kohlrabi in einem Sieb abtropfen und etwas abkühlen lassen. Den Backofen vorheizen.
3. Kohlrabi mit einem Kugelausstecher oder Teelöffel so aushöhlen, dass ein 1 1/2–2 cm dicker Rand stehen bleibt. Ausgehöhltes Kohlrabifleisch grob zerkleinern. Ein Drittel davon in einer Schüssel mit dem Hackfleisch verkneten. Mit Salz und Pfeffer würzen. Die ausgehöhlten Kohlrabi bis zu zwei Drittel damit füllen. Sahne und Eier verschlagen. Mit Salz und Pfeffer würzen.
4. Pflanzenöl in einem großen Bräter erhitzen. Restliches Kohlrabifleisch, Möhren-, Kartoffel- und Zwiebelwürfel darin andünsten. Brühe oder Fond hinzugießen. Die gefüllten Kohlrabi auf das Gemüse setzen. Den Auflauf mit der Eiersahne übergießen. Die Form auf dem Rost in den vorgeheizten Backofen schieben.
Ober-/Unterhitze: etwa 180 °C
Heißluft: etwa 160 °C
Garzeit: etwa 60 Minuten.
5. Petersilie abspülen und trocken tupfen. Die Blättchen von den Stängeln zupfen. Blättchen klein schneiden.
6. Den Auflauf vor dem Servieren mit der Petersilie bestreuen.

Für Kinder

Bunter Makkaroni-Auflauf
4 Portionen

Zubereitungszeit: 20 Minuten
Garzeit: etwa 40 Minuten

250 g Makkaroni
3 l Wasser
3 gestr. TL Salz

Butter oder Margarine für die Form

je 1 rote und grüne Paprikaschote
100 g Cocktailtomaten
1 Dose Gemüsemais
(Abtropfgewicht 140 g)
150 g gekochter Schinken am Stück
2 Eier (Größe M)
250 ml (1/4 l) Milch
Salz
frisch gemahlener Pfeffer
frisch geriebene Muskatnuss
1 Knoblauchzehe
100 g geraspelter Gouda-Käse

Pro Portion:
E: 30 g, F: 17 g, Kh: 54 g,
kJ: 2113, kcal: 505

1. Makkaroni in fingerlange Stücke brechen. Wasser in einem großen Topf mit geschlossenem Deckel zum Kochen bringen. Dann Salz und Makkaroni zugeben. Die Makkaroni im geöffneten Topf bei mittlerer Hitze nach Packungsanleitung kochen lassen, dabei zwischendurch 4–5-mal umrühren.
2. Anschließend die Nudeln in ein Sieb geben, mit heißem Wasser abspülen und abtropfen lassen. Den Backofen vorheizen.
3. Paprikaschoten halbieren, entstielen, entkernen und die weißen Scheidewände entfernen. Schotenhälften waschen, trocken tupfen und in mundgerechte Stücke schneiden. Tomaten waschen, trocken tupfen, halbieren und die Stängelansätze entfernen.
4. Mais in ein Sieb geben, kalt abspülen und abtropfen lassen. Schinken in kleine Würfel schneiden.
5. Makkaroni mit Paprikastücken, Tomatenhälften, Mais und Schinkenwürfeln mischen, in eine Auflaufform (gefettet) geben. Eier mit Milch verschlagen, mit Salz, Pfeffer und Muskat würzen. Knoblauch abziehen, durch eine Knoblauchpresse drücken und unterrühren.
6. Die Eiermilch auf dem Auflauf verteilen und mit Käse bestreuen. Die Form auf dem Rost in den vorgeheizten Backofen schieben.
Ober-/Unterhitze: etwa 200 °C
Heißluft: etwa 180 °C
Garzeit: etwa 40 Minuten

Raffiniert

Cannelloni auf Blattspinat
4 Portionen

Zubereitungszeit: 40 Minuten
Garzeit: 20–30 Minuten

1 Zwiebel
1 EL Speiseöl
2 Pck. (600 g) TK-Blattspinat
etwas Wasser
Salz, frisch gemahlener Pfeffer
frisch geriebene Muskatnuss

Für die Sauce:
60 g Butter
40 g Weizenmehl
375 ml (3/8 l) Milch
125 g Schlagsahne
Salz, frisch gemahlener Pfeffer

Bunter Makkaroni-Auflauf

Cannelloni auf Blattspinat

60 g frisch geriebener Parmesan-Käse

etwa 125 g Cannelloni, ohne Vorgaren

Zum Bestreuen:
60 g frisch geriebener Parmesan-Käse

40 g Butter

Pro Portion:
E: 26 g, F: 41 g, Kh: 23 g,
kJ: 2453, kcal: 586

1. Zwiebel abziehen und in kleine Würfel schneiden. Speiseöl in einem Topf erhitzen, Zwiebelwürfel darin glasig dünsten. Spinat unaufgetaut hinzufügen, Wasser hinzugießen. Den Spinat etwa 15 Minuten dünsten lassen. Mit Salz, Pfeffer und Muskat würzen. Spinat eventuell in einem Sieb abtropfen lassen und in eine flache Auflaufform geben.
2. Für die Sauce Butter in einem Topf zerlassen. Mehl unter Rühren darin so lange erhitzen, bis es hellgelb ist. Nach und nach Milch und Sahne hinzugießen, mit einem Schneebesen durchschlagen, dabei darauf achten, dass keine Klümpchen entstehen. Den Backofen vorheizen.
3. Die Sauce zum Kochen bringen und etwa 2 Minuten unter gelegentlichem Rühren kochen lassen. Mit Salz und Pfeffer würzen. Etwa ein Drittel der Sauce mit dem Käse verrühren. Restliche Sahnesauce beiseitestellen. Die Hälfte der Käsesauce auf den Spinat geben. Restliche Käsesauce in einen Spritzbeutel füllen und in die Cannelloni spritzen.
4. Die gefüllten Cannelloni auf den Spinat legen, mit der beiseite gestellten Sahnesauce übergießen und mit Käse bestreuen. Butter in Flöckchen daraufsetzen. Die Form auf dem Rost in den vorgeheizten Backofen schieben.
Ober-/Unterhitze: etwa 220 °C
Heißluft: etwa 200 °C
Garzeit: 20–30 Minuten.

Kartoffel-Zucchini-Gratin

Vegetarisch

Kartoffel-Zucchini-Gratin
4 Portionen

Zubereitungszeit: 40 Minuten, ohne Abkühlzeit
Garzeit: 20–25 Minuten

250 g Kartoffeln
250 g Zucchini
2 Knoblauchzehen
250 g Schlagsahne
Meersalz
frisch gemahlener Pfeffer
gehackte Estragonblättchen
50 g geriebener Emmentaler-Käse
20 g Butter

Pro Portion:
E: 7 g, F: 28 g, Kh: 15 g,
kJ: 1467, kcal: 351

1. Kartoffeln gründlich waschen, mit Wasser bedeckt zum Kochen bringen und in 20–25 Minuten gar kochen. Kartoffeln abgießen, abdämpfen und warm pellen. Kartoffeln abkühlen lassen und in Scheiben schneiden. Zucchini waschen und die Enden abschneiden. Zucchini in Scheiben schneiden. Kartoffel- und Zucchinischeiben dachziegelartig in eine flache Auflaufform (gefettet) schichten.
2. Knoblauch abziehen, durch eine Knoblauchpresse geben und mit Sahne verrühren, mit Salz und Pfeffer würzen. Estragonblättchen unterrühren.
3. Die Sahnesauce auf dem Gratin verteilen und mit Käse bestreuen. Butter in Flöckchen daraufsetzen. Die Form auf dem Rost in den vorgeheizten Backofen schieben.
Ober-/Unterhitze: etwa 220 °C
Heißluft: etwa 200 °C
Garzeit. 20–25 Minuten.

Preiswert – für Kinder

Kartoffelauflauf mit Hackfleisch und Porree
4 Portionen

Zubereitungszeit: 40 Minuten, ohne Abkühlzeit
Garzeit: 30 Minuten

750 g Kartoffeln
Salzwasser
500 g Porree (Lauch)
2 Zwiebeln
2 Knoblauchzehen
2 EL Speiseöl
500 g Gehacktes
(halb Rind-, halb Schweinefleisch)
Salz, frisch gemahlener Pfeffer
Cayennepfeffer
250 g saure Sahne
2 EL gehackte Petersilie
50 g geriebener Emmentaler-Käse
1 EL Butter

Pro Portion:
E: 35 g, F: 48 g, Kh: 35 g,
kJ: 3165, kcal: 755

Kartoffelauflauf mit Hackfleisch und Porree

1. Kartoffeln gründlich waschen, mit Salzwasser bedeckt zum Kochen bringen und in 20–25 Minuten gar kochen. Kartoffeln abgießen, abdämpfen, heiß pellen und erkalten lassen. Kartoffeln in Scheiben schneiden. Den Backofen vorheizen.
2. Porree putzen, die Stangen längs halbieren, gründlich waschen, zuerst in Scheiben schneiden, dann in Ringe teilen. Porreeringe in kochendem Salzwasser 2–3 Minuten garen, in ein Sieb geben und abtropfen lassen. Zwiebeln und Knoblauch abziehen, klein würfeln.
3. Speiseöl in einer Pfanne erhitzen, Zwiebel- und Knoblauchwürfel darin glasig dünsten. Gehacktes hinzugeben und unter Rühren braun anbraten, dabei die Fleischklümpchen mit einer Gabel zerdrücken. Mit Salz, Pfeffer und Cayennepfeffer würzen.
4. Saure Sahne mit Petersilie verrühren, mit Salz und Pfeffer würzen.

Jeweils die Hälfte der Kartoffelscheiben und Porreeringe in eine feuerfeste Form geben, mit Salz bestreuen. Die Hälfte der Petersiliensahne darauf verteilen, die Hackfleischmasse daraufgeben. Mit den restlichen Kartoffelscheiben und Porreeringen belegen. Mit Salz bestreuen. Restliche Petersiliensahne darauf verteilen und mit Käse bestreuen. Butter in Flöckchen daraufsetzen. Die Form auf dem Rost in den vorgeheizten Backofen schieben.
Ober-/Unterhitze: etwa 200 °C
Heißluft: etwa 180 °C
Garzeit: etwa 30 Minuten.

Für die Party

Kleine Aufläufe im Glas
12 Stück

Zubereitungszeit: 55 Minuten, ohne Auftauzeit
Garzeit: etwa 30 Minuten

Für die Aufläufe:
300 g TK-Erbsen
300 g geräucherter Putenbrustaufschnitt
1 Glas Sojabohnen-Keimlinge (Abtropfgewicht 160 g)
1/2 TL Sambal Oelek
1 TL dunkles Sesamöl
2 TL schwarze Sesamsamen
250 ml (1/4 l) Milch
4 Eier (Größe M)
Salz
frisch gemahlener Pfeffer

Für die Sauce:
300 g Salatmayonnaise
100 g Curryketchup

Pro Stück:
E: 12 g, F: 13 g, Kh: 10 g,
kJ: 869, kcal: 207

1. Für die Aufläufe Erbsen nach Packungsanleitung auftauen lassen. Putenbrustaufschnitt in kleine Würfel schneiden. Sojabohnen-Keimlinge in einem Sieb abtropfen lassen. Den Backofen vorheizen.

2. Erbsen, Putenbrustwürfel und Sojabohnen-Keimlinge mit Sambal Oelek, Sesamöl und Sesamsamen in einer Schüssel mischen, in 12 ofenfeste Glasförmchen (gefettet, je etwa 150 ml Inhalt) verteilen.

3. Milch und Eier verschlagen. Mit Salz und Pfeffer würzen. Die Eiermilch in die Förmchen gießen. Die Förmchen mit Glasdeckeln oder Alufolie verschließen.

4. Die Förmchen in eine Fettfangschale stellen. Die Fettfangschale in den vorgeheizten Backofen schieben und etwa 2 cm hoch mit heißem Wasser füllen.

Ober-/Unterhitze: etwa 200 °C
Heißluft: etwa 180 °C
Garzeit: etwa 30 Minuten.

5. In der Zwischenzeit für die Sauce Mayonnaise und Ketchup verrühren. Die Aufläufe heiß oder kalt in den Förmchen servieren. Die Sauce dazureichen.

Raffiniert

Kohlrabi mit Pilzfüllung
4 Portionen

Zubereitungszeit: 55 Minuten
Garzeit: etwa 30 Minuten

4 mittelgroße Kohlrabi
300 ml Gemüsebrühe
1 Zwiebel
200 g Champignons
1 EL Speiseöl
Salz, frisch gemahlener Pfeffer
Saft von 1/2 Zitrone
1/2 Bund glatte Petersilie
1 Ei (Größe M)
1 leicht geh. EL Crème fraîche

Pro Portion:
E: 8 g, F: 7 g, Kh: 9 g
kJ: 526, kcal: 126

1. Kohlrabi putzen, schälen, waschen und abtropfen lassen. Brühe in einem weiten Topf zum Kochen bringen. Die Kohlrabi in der Brühe zugedeckt etwa 20 Minuten garen. Anschließend Kohlrabi mit einem Schaumlöffel herausnehmen und den Gemüsefond beiseitestellen. Den Backofen vorheizen.

2. Von den Kohlrabi einen Deckel abschneiden, die Kohlrabi aushöhlen. Das ausgehöhlte Kohlrabifleisch und die Deckel klein schneiden. Zwiebel abziehen und in kleine Würfel schneiden. Champignons putzen, mit Küchenpapier abreiben und ebenfalls klein würfeln.

3. Speiseöl in einem Topf erhitzen, Zwiebelwürfel darin glasig dünsten. Champignonwürfel und Kohlrabifleisch hinzugeben, unter Rühren etwa 5 Minuten mitdünsten lassen. Mit Salz, Pfeffer und Zitronensaft würzen.

4. Petersilie abspülen und trocken tupfen. Die Blättchen von den Stängeln zupfen, Blättchen klein schneiden, mit dem Ei und Crème fraîche unter die Champignon-Kohlrabi-Masse rühren.

5. Die Masse in die ausgehöhlten Kohlrabi füllen. Die Kohlrabi nebeneinander in eine flache Auflaufform setzen. Den beiseite gestellten Gemüsefond hinzugießen. Die Form mit dem Deckel verschließen oder mit Alufolie zudecken und auf dem Rost in den vorgeheizten Backofen schieben.

Ober-/Unterhitze: etwa 200 °C
Heißluft: etwa 180 °C
Garzeit: etwa 30 Minuten.

Kleine Aufläufe im Glas

Kohlrabi mit Pilzfüllung

Preiswert – gut vorzubereiten

Knöpfli-Auflauf mit Wirsing
4 Portionen

Zubereitungszeit: 40 Minuten
Garzeit: etwa 30 Minuten

1 Wirsingkohl (etwa 800 g)
1 Zwiebel
3 EL Speiseöl
Salz, frisch gemahlener Pfeffer
1 TL Kümmelsamen
½ TL Currypulver
etwas Wasser

2 ½ l Wasser
2 ½ gestr. TL Salz
250 g Nudeln, z. B. „Knöpfli"

3–4 Mettwürstchen oder Rauchenden

Für die Form:
10 g Butter

Für die Sauce:
50 g Butter
1 geh. EL Weizenmehl
250 g Schlagsahne
150 ml Gemüsebrühe
150 g frisch geriebener, mittelalter Gouda-Käse oder ein anderer milder Schnittkäse
20 g Butter

1 EL fein geschnittener Schnittlauch

Pro Portion:
E: 49 g, F: 67 g, Kh: 56 g,
kJ: 4500, kcal: 1075

1. Von dem Wirsing die groben, äußeren Blätter lösen. Den Wirsing halbieren (vierteln). Den Strunk herausschneiden. Den Wirsing abspülen, in Streifen schneiden und in einem Sieb abtropfen lassen.
2. Zwiebel abziehen und in kleine Würfel schneiden. Speiseöl in einem Topf erhitzen. Zwiebelwürfel darin andünsten. Wirsingstreifen hinzufügen. Mit Salz, Pfeffer, Kümmel und Curry bestreuen. Etwas Wasser hinzugeben. Den Wirsing zugedeckt etwa 10 Minuten garen.
3. Wasser in einem großen Topf mit geschlossenem Deckel zum Kochen bringen. Dann Salz und Nudeln hinzugeben. Die Nudeln im geöffneten Topf bei mittlerer Hitze nach Packungsanleitung kochen lassen, dabei zwischendurch 4–5-mal umrühren. Anschließend die Nudeln in ein Sieb geben, mit heißem Wasser abspülen und abtropfen lassen. Den Backofen vorheizen.
4. Mettwürstchen oder Rauchenden in Scheiben schneiden, mit den Wirsingstreifen vermischen und abwechselnd mit den Nudeln in eine flache Auflaufform (25 x 30 x 5 cm, gut gefettet) füllen.
5. Für die Sauce Butter in einem Topf zerlassen. Mehl unter Rühren so lange darin erhitzen, bis es hellgelb ist. Nach und nach Sahne und Brühe hinzugießen, mit einem Schneebesen durchschlagen. Darauf achten, dass keine Klümpchen entstehen. Zwei Drittel des Käses unterrühren.
6. Die Sauce mit Salz und Pfeffer würzen und auf dem Auflauf verteilen. Butter in Flöckchen daraufsetzen. Den Auflauf mit restlichem Käse bestreuen.
7. Die Form auf dem Rost in den vorgeheizten Backofen schieben.
Ober-/Unterhitze: etwa 200 °C
Heißluft: etwa 180 °C
Garzeit: etwa 30 Minuten.
8. Den Auflauf vor dem Servieren mit Schnittlauchröllchen bestreuen.

Knöpfli-Auflauf mit Wirsing

Deftig

Kohlrabi-Hack-Auflauf
8–10 Portionen

Zubereitungszeit: 60 Minuten
Garzeit: 35–40 Minuten

4 Kohlrabi (je etwa 500 g)
Salzwasser
3 Zwiebeln
3–4 EL Speiseöl
1 1/2 kg Gehacktes
(halb Rind-, halb Schweinefleisch)
2 TL getrockneter Estragon
Salz
frisch gemahlener Pfeffer
3 EL mittelscharfer Senf

Für die Sauce:
60 g Butter oder Margarine
80 g Weizenmehl
1 l Milch
geriebene Muskatnuss
2 Eigelb (Größe M)

Zum Bestreuen:
1 Pck. (200 g) geriebener
Mozzarella-Käse
Paprikapulver edelsüß
1/2 Bund glatte Petersilie

Pro Portion:
E: 45 g, F: 60 g, Kh: 19 g,
kJ: 3549, kcal: 847

Kohlrabi-Hack-Auflauf

1. Kohlrabi schälen, waschen, abtropfen lassen und in etwa 1/2 cm dünne Scheiben schneiden. Kohlrabischeiben in reichlich kochendem Salzwasser etwa 5 Minuten vorgaren (je nach Topfgröße eventuell in mehreren Portionen), abgießen, in kaltem Wasser abschrecken und in einem Sieb abtropfen lassen.
2. Zwiebeln abziehen und in kleine Würfel schneiden. Speiseöl portionsweise in einer Pfanne erhitzen. Zwiebelwürfel und Gehacktes darin portionsweise unter Rühren anbraten. Dabei die Fleischklümpchen mit Hilfe einer Gabel zerdrücken. Mit Estragon, Salz und Pfeffer würzen. Die Gehacktesmasse 7–8 Minuten braten, bis die Flüssigkeit verdampft ist. Senf unterrühren. Den Backofen vorheizen.
3. Für die Sauce Butter oder Margarine in einem Topf zerlassen. Mehl unter Rühren so lange darin erhitzen, bis es hellgelb ist. Milch hinzugießen und mit einem Schneebesen durchschlagen. Dabei darauf achten, dass keine Klümpchen entstehen. Die Sauce zum Kochen bringen und etwa 5 Minuten kochen lassen.
4. Die Sauce mit Salz, Pfeffer und Muskat kräftig würzen. Den Topf von der Kochstelle nehmen. Eigelb mit etwas Sauce verrühren und mit der restlichen Sauce verrühren (nicht mehr kochen lassen).
5. Den Boden einer großen, flachen Auflaufform mit etwa ein Drittel der Kohlrabischeiben auslegen. Die Hälfte der Gehacktesmasse darauf verteilen. Das zweite Drittel der Kohlrabischeiben darauflegen, restliche Gehacktesmasse daraufgeben und mit den restlichen Kohlrabischeiben belegen.
6. Die Sauce darauf verteilen. Mit Mozzarella und Paprika bestreuen. Die Form auf dem Rost in den vorgeheizten Backofen schieben.
Ober-/Unterhitze: etwa 200 °C
Heißluft: etwa 180 °C
Garzeit: 35–40 Minuten.
7. In der Zwischenzeit Petersilie abspülen und trocken tupfen. Die Blättchen von den Stängeln zupfen.
8. Den Auflauf mit Petersilienblättchen bestreut servieren.

Gut vorzubereiten – mit Alkohol

Sardische Fischmakkaroni
4 Portionen

Zubereitungszeit: 60 Minuten
Garzeit: etwa 30 Minuten

250 g Makkaroni
3 l Wasser
3 gestr. TL Salz

400 g Fischfilet, z. B. Seelachs
2–3 TL Zitronensaft , Salz
125 ml (1/8 l) Fleischbrühe
125 ml (1/8 l) Weißwein
200 g geraspelter Gouda-Käse
1 Stange Porree (Lauch)
2 kleine Fenchelknollen
4 Tomaten
4 EL Olivenöl
200 g Schlagsahne
Pfeffer, 25 g Butter

Pro Portion:
E: 42 g, F: 46 g, Kh: 50 g,
kJ: 3280, kcal: 784

1. Makkaroni in fingerlange Stücke brechen. Wasser in einem großen Topf mit geschlossenem Deckel zum Kochen bringen. Dann Salz und Makkaroni zugeben. Die Makkaroni im geöffneten Topf bei mittlerer Hitze nach Packungsanleitung kochen lassen, dabei zwischendurch 4–5-mal umrühren.
2. Anschließend die Makkaroni in ein Sieb geben, mit heißem Wasser abspülen und abtropfen lassen.
3. Fischfilet unter fließendem kalten Wasser abspülen, trocken tupfen und in eine flache Schale legen. Fischfilet mit Zitronensaft beträufeln und mit Salz bestreuen.
4. Fleischbrühe mit Weißwein in einem Topf zum Kochen bringen, Fischfilet hineingeben und etwa 10 Minuten bei schwacher Hitze gar ziehen lassen. Den Backofen vorheizen.
5. Die Makkaroni in eine große, flache Auflaufform geben. Fischfilet aus der Weinbrühe nehmen und auf die Makkaroni legen. Ein Drittel des Gouda-Käses auf dem Fischfilet verteilen.
6. Porree putzen, die Stange längs halbieren, gründlich waschen, abtropfen lassen und in Scheiben schneiden. Von den Fenchelknollen die Stiele dicht oberhalb der Knollen abschneiden. Braune Stellen und Blätter entfernen. Knollen waschen, abtropfen lassen, halbieren und in kleine Stücke schneiden. Tomaten waschen, kreuzweise einschneiden und einige Sekunden in kochendes Wasser legen. Tomaten kurz in kaltes Wasser legen, enthäuten, vierteln, entkernen und die Stängelansätze herausschneiden.
7. Olivenöl in einem Topf erhitzen. Porreescheiben und Fenchelstückchen darin etwa 5 Minuten dünsten. Tomatenviertel hinzufügen und kurz miterhitzen. Sahne unterrühren. Mit Salz und Pfeffer abschmecken. Die Gemüsemasse auf dem Fischfilet verteilen. Restlichen Käse daraufstreuen und Butter in Flöckchen daraufsetzen.
8. Die Form auf dem Rost in den vorgeheizten Backofen schieben.
Ober-/Unterhitze: etwa 200 °C
Heißluft: etwa 180 °C
Garzeit: etwa 30 Minuten.

Sardische Fischmakkaroni

Ricottaklößchen mit Spinat

Raffiniert

Ricottaklößchen mit Spinat
6 Portionen

Zubereitungszeit: 35 Minuten
Garzeit: etwa 5–10 Minuten

1 kg frischer Spinat
Salzwasser
300 g Ricotta
(italienischer Frischkäse)
1 Ei (Größe M)
50 g frisch geriebener
Parmesan-Käse
Salz
frisch geriebene Muskatnuss

250 g Béchamelsauce (Tetra-Pak®)
1 Dose Pizza-Tomaten (400 g)

Pro Portion:
E: 13 g, F: 21 g, Kh: 4 g,
kJ: 1080, kcal: 259

1. Spinat putzen, mehrmals gründlich waschen und in kochendem Salzwasser kurz blanchieren, bis er zusammengefallen ist. Spinat gut abtropfen lassen, ausdrücken und in eine Schüssel geben.
2. Ricotta, Ei und 30 g von dem Parmesan-Käse hinzufügen und zu einem Teig verarbeiten. Mit Salz und Muskat würzen. Den Backofen vorheizen.
3. Aus der Masse mit angefeuchteten Händen etwa 24 Tischtennisballgroße Klößchen formen und in eine große, flache Auflaufform geben. Béchamelsauce darauf verteilen, so dass die Klößchen bedeckt sind. Jeweils in die Mitte etwas Tomatensauce geben. Restlichen Parmesan-Käse daraufstreuen.
4. Die Form auf dem Rost in den vorgeheizten Backofen schieben.
Ober-/Unterhitze: etwa 180 °C
Heißluft: etwa 160 °C
Gratinierzeit: 5–10 Minuten.
5. Die Klößchen so lange gratinieren, bis sich eine leichte Kruste gebildet hat.

Schneller Nudelauflauf

Für Kinder – einfach

Schneller Nudelauflauf
4 Portionen

Zubereitungszeit: 15 Minuten
Garzeit: etwa 30 Minuten

1 Pck. (300 g) TK-Buttergemüse
600 ml Gemüsebrühe
250 g Schlagsahne
250 g Faden-Nudeln
400 g Fleischwurst
1 kleines Glas Champignonköpfe
(Abtropfgewicht 115 g)

Pro Portion:
E: 28 g, F: 52 g, Kh: 52 g,
kJ: 3472, kcal: 829

1. Den Backofen vorheizen. Gefrorenes Buttergemüse mit Brühe und Sahne in einem Topf so lange erhitzen, bis sich die Paste aufgelöst hat.
2. Nudeln in eine Auflaufform geben. Fleischwurst enthäuten, zuerst in Scheiben, dann in Streifen schneiden. Champignonköpfe in einem Sieb abtropfen lassen.
3. Fleischwurststreifen und Champignonköpfe mit den Nudeln mischen. Buttergemüse mit Brühe und Sahne daraufgeben. Die Form auf dem Rost in den vorgeheizten Backofen schieben.
Ober-/Unterhitze: etwa 200 °C
Heißluft: etwa 180 °C
Garzeit: etwa 30 Minuten.

Preiswert

Schupfnudelauflauf
6–8 Portionen

Zubereitungszeit: 35 Minuten
Garzeit: etwa 40 Minuten

600 g Schweinehackfleisch
2 Zwiebeln
1,2 kg Weißkohl
200 g Möhren
80 g Frühstücksspeck (Bacon)
Salz
frisch gemahlener Pfeffer
1 TL Kümmelsamen
1 EL gemahlener Piment
800 g Schupfnudeln (Fertigprodukt oder selbstgemachte Schupfnudeln)
40 g Butter

Pro Portion:
E: 26 g, F: 35 g, Kh: 21 g,
kJ: 2245, kcal: 536

1. Hackfleisch in einer Pfanne ohne Fett unter Wenden anbraten, dabei die Fleischklümpchen mit einer Gabel etwas zerdrücken. Den Backofen vorheizen.
2. Zwiebeln abziehen, in kleine Würfel schneiden, zum Hackfleisch geben und mit anbraten.
3. Weißkohl vierteln, den Strunk herausschneiden und die äußeren Blätter entfernen. Den Kohl abspülen, abtropfen lassen, in etwa 2 cm lange Streifen schneiden und zum Hackfleisch geben.
4. Möhren putzen, schälen, waschen, abtropfen lassen und in Scheiben schneiden. Frühstücksspeck in Streifen schneiden. Möhrenscheiben und Speckstreifen ebenfalls zum Hackfleisch in die Pfanne geben. Die Zutaten so lange braten, bis die Kohlstreifen glasig sind. Mit Salz, Pfeffer, Kümmel und Piment würzen.
5. Den Boden einer Auflaufform (gefettet) mit einem Teil der Schupfnudeln belegen. Die Hackfleisch-Kohl-Mischung darauf verteilen und etwas andrücken.
6. Restliche Schupfnudeln daraufgeben, Butterflöckchen daraufsetzen. Die Form auf dem Rost in den vorgeheizten Backofen schieben.
Ober-/Unterhitze: etwa 180 °C
Heißluft: etwa 160 °C
Garzeit: etwa 40 Minuten.

Deftig

Schneckenauflauf
4 Portionen

Zubereitungszeit: 45 Minuten
Garzeit: etwa 45 Minuten

1 kg Kartoffeln
800 g Kohlrabi
Wasser
Salz
250 g Schlagsahne
250 ml (¼ l) Milch
100 g frisch geriebener Parmesan-Käse
frisch gemahlener Pfeffer
frisch geriebene Muskatnuss

2 EL Speiseöl
4 Bratwurstschnecken (je 150 g)

2 Stängel glatte Petersilie

Pro Portion:
E: 39 g, F: 93 g, Kh: 39 g,
kJ: 4826, kcal: 1160

1. Kartoffeln waschen, schälen, abspülen, abtropfen lassen und in Scheiben schneiden. Kohlrabi schälen, abspülen, abtropfen lassen, vierteln und in Scheiben schneiden. Wasser mit Salz in einem Topf zum Kochen bringen.
2. Zuerst die Kohlrabischeiben darin etwa 4 Minuten blanchieren, mit einer Schaumkelle herausnehmen und in einem Sieb abtropfen lassen. Anschließend die Kartoffelscheiben hineingeben und in dem kochenden Salzwasser etwa 6 Minuten blanchieren, herausnehmen und ebenfalls in einem Sieb abtropfen lassen. Den Backofen vorheizen.
3. Sahne, Milch und Parmesan-Käse in einem Topf unter Rühren zum Kochen bringen und unter Rühren etwas einkochen lassen. Mit Salz, Pfeffer und Muskat würzen.
4. Die Kartoffel- und Kohlrabischeiben abwechselnd dachziegelartig in eine flache Auflaufform schichten. Die Käse-Sahne-Milch darauf ver-

Schupfnudelauflauf

Schneckenauflauf

Seefischgratin auf Gemüsebett

teilen. Die Form auf dem Rost in den vorgeheizten Backofen schieben.
Ober-/Unterhitze: etwa 200 °C
Heißluft: etwa 180 °C
Garzeit: etwa 45 Minuten.
5. Speiseöl in einer Pfanne erhitzen. Die Bratwurstschnecken darin anbraten und herausnehmen. Nach etwa 30 Minuten Garzeit den Auflauf mit den Bratwurstschnecken belegen und den Auflauf fertig garen.
6. Petersilie abspülen und trocken tupfen. Die Blättchen von den Stängeln zupfen. Den Auflauf mit den Petersilienblättchen bestreuen und servieren.

Raffiniert

Seefischgratin auf Gemüsebett
4 Portionen

Zubereitungszeit: 40 Minuten
Garzeit: etwa 15 Minuten

200 g Rotbarschfilet
200 g Kabeljaufilet
200 g Seelachsfilet
Saft von 1 Zitrone
Salz
frisch gemahlener Pfeffer
2 EL Delikatess-Senf
125 ml (1/8 l) Milch
125 ml (1/8 l) Fischfond
heller Saucenbinder
Zucker
4 Möhren (etwa 400 g)
2 Stangen (etwa 300 g) Porree (Lauch)
1/2 Bund glatte Petersilie
2 EL Crème fraîche

Pro Portion:
E: 31 g, F: 8 g, Kh: 12 g,
kJ: 1063, kcal: 254

1. Fischfilets unter fließendem kalten Wasser abspülen und trocken tupfen. Filets in Stücke schneiden und mit Zitronensaft beträufeln. Mit Salz und Pfeffer würzen.
2. Senf, Milch und Fischfond in einem Topf erhitzen und mit Saucenbinder binden. Die Sauce mit Salz, Pfeffer und Zucker würzen, warm stellen. Den Backofen vorheizen.
3. Möhren putzen, schälen, waschen, abtropfen lassen und in feine Scheiben schneiden. Porree putzen, die Stangen längs halbieren, gründlich waschen, abtropfen lassen und in dünne Scheiben schneiden.
4. Zuerst Möhrenscheiben in kochendem Wasser etwa 2 Minuten blanchieren. Porreescheiben hinzugeben und weitere etwa 2 Minuten blanchieren. Möhren- und Porreescheiben in ein Sieb geben, mit kaltem Wasser abschrecken, abtropfen lassen und in eine längliche Auflaufform geben. Fischfiletstücke auf dem Gemüse verteilen.
5. Petersilie abspülen und trocken tupfen. Die Blättchen von den Stängeln zupfen, Blättchen klein schneiden und unter die Sauce rühren.
6. Das Gratin mit der Sauce übergießen. Crème fraîche auf den Fischfiletstücken verteilen. Die Form auf dem Rost in den vorgeheizten Backofen schieben.
Ober-/Unterhitze: etwa 220 °C
Heißluft: etwa 200 °C
Garzeit: etwa 15 Minuten.

Beilage: Salzkartoffeln oder Stangenweißbrot.

Tipp: Sie können den Fischfond auch durch Gemüsebrühe ersetzen.

Vegetarische Moussaka

Klassisch

Vegetarische Moussaka
6 Portionen

Zubereitungszeit: 40 Minuten
Garzeit: etwa 20 Minuten

2 Zwiebeln
2 Knoblauchzehen
3 Zucchini (je 250 g)
5 Tomaten
1 Stängel Thymian
1 Stängel Rosmarin
3 große Auberginen (je etwa 400 g)
Salz
frisch gemahlener, bunter Pfeffer
3 EL Weizenmehl
150 ml Olivenöl
100 g frisch geriebener Parmesan-Käse

Pro Portion:
E: 11 g, F: 32 g, Kh: 14 g,
kJ: 1605, kcal: 383

1. Zwiebeln und Knoblauch abziehen, in kleine Würfel schneiden. Zucchini waschen, abtrocknen und die Enden abschneiden. Zucchini in Würfel schneiden.
2. Tomaten waschen, abtropfen lassen und die Stängelansätze herausschneiden. Tomaten vierteln, entkernen und in Würfel schneiden. Den Backofen vorheizen.
3. Thymian und Rosmarin abspülen und trocken tupfen. Die Blättchen bzw. Nadeln von den Stängeln zupfen. Blättchen bzw. Nadeln klein schneiden.
4. Auberginen waschen, abtrocknen und die Enden abschneiden. Auberginen in etwa 1/2 cm dicke Scheiben schneiden. Auberginen mit Salz, Pfeffer und Knoblauchwürfeln würzen. Auberginenscheiben in Mehl wenden.
5. Jeweils etwas Olivenöl in einer großen Pfanne erhitzen. Die Auberginenscheiben darin portionsweise von beiden Seiten anbraten, herausnehmen und in einer großen, flachen Auflaufform fächerartig anrichten, warm stellen.
6. Vier Esslöffel des restlichen Olivenöls in einer Pfanne erhitzen. Zwiebelwürfel darin andünsten. Zucchini-, Tomatenwürfel und Kräuter unterrühren, mit andünsten. Mit Salz und Pfeffer würzen.
7. Die Gemüsemasse in den Zwischenräumen der Auberginenscheiben verteilen. Mit Parmesan-Käse bestreuen. Mit restlichem Olivenöl beträufeln. Die Form auf dem Rost in den vorgeheizten Backofen schieben.
Ober-/Unterhitze: etwa 200 °C
Heißluft: etwa 180 °C
Garzeit: etwa 20 Minuten.

Tipp: Die Moussaka schmeckt auch gut zu Lammkoteletts.

Deftig

Rosenkohlauflauf mit Bratwurstklößchen
8–10 Portionen

Zubereitungszeit: 60 Minuten
Garzeit: etwa 25 Minuten

1 1/2 kg Rosenkohl
250 g kleine Zwiebeln oder Schalotten
Salzwasser
50 g Butter oder Margarine
2 TL Zucker
125 ml (1/8 l) Gemüsebrühe
Salz
frisch gemahlener Pfeffer
frisch geriebene Muskatnuss
150 g Tomatenpaprika
(aus dem Glas)
5 frische Kalbsbratwürste
(etwa 600 g)
250 g frisch geriebener, mittelalter Gouda-Käse

Pro Portion:
E: 20 g, F: 30 g, Kh: 9 g,
kJ: 1662, kcal: 398

1. Rosenkohl von den schlechten äußeren Blättern befreien, etwas vom Strunk abschneiden. Die Rosenkohlröschen am Strunk kreuzförmig einschneiden, waschen und abtropfen lassen. Zwiebeln oder Schalotten abziehen und je nach Größe eventuell halbieren.
2. Rosenkohl und Zwiebeln oder Schalotten in kochendem Salzwasser 10–15 Minuten garen. Das Gemüse in ein Sieb geben und abtropfen lassen.
3. Butter oder Margarine in einem Topf zerlassen. Zucker hinzufügen und leicht karamellisieren lassen. Zwiebeln und Rosenkohl darin andünsten. Gemüsebrühe hinzugießen, mit Salz, Pfeffer und Muskat würzen. Die Zutaten zum Kochen bringen und einmal aufkochen lassen.
4. Tomatenpaprika in einem Sieb abtropfen lassen und klein würfeln. Die Bratwurstmasse aus der Haut drücken und mit den Paprikawürfeln mischen. Aus der Masse mit Hilfe von 2 Teelöffeln kleine Klößchen abstechen. Die Klößchen in kochendes Salzwasser geben und etwa 5 Minuten garen. Die Klößchen mit einer Schaumkelle herausnehmen und in einem Sieb abtropfen lassen.
5. Das Gemüse mit der Brühe in eine große Auflaufform geben und mit den Bratwurstklößchen mischen. Gouda-Käse daraufstreuen. Die Form auf dem Rost in den vorgeheizten Backofen schieben und den Auflauf goldbraun überbacken.
Ober-/Unterhitze: etwa 200 °C
Heißluft: etwa 180 °C
Garzeit: etwa 25 Minuten.

Vorbereitungstipp: Sie können Rosenkohl und Bratwurstklößchen bereits am Vortag zubereiten, in die Form geben und zugedeckt kalt stellen. Am Verzehrtag mit Käse bestreuen und wie oben angegeben überbacken. Dann verlängert sich die Überbackzeit um 5–10 Minuten.

Tipp: Dazu Kartoffeln oder Kartoffelbrei servieren.

Einfach
Versunkener Spargel
4 Portionen

Zubereitungszeit: 20 Minuten
Garzeit: etwa 25 Minuten

750 g weißer Spargel
2 Eier (Größe M)
100 g Schlagsahne
2 EL Semmelbrösel
1 EL Zitronensaft
1 TL Zucker
1/2 gestr. TL Salz, Pfeffer
100 g gekochter Schinken
1/2 Bund Schnittlauch

Pro Portion:
E: 26 g, F: 27 g, Kh: 17 g,
kJ: 1740, kcal: 414

1. Den Spargel von oben nach unten schälen. Darauf achten, dass die Schalen vollständig entfernt, die Köpfe aber nicht verletzt werden. Die unteren Enden abschneiden (holzige Stellen vollkommen entfernen). Den Backofen vorheizen.
2. Eier mit Sahne, Semmelbröseln, Zitronensaft, Zucker, Salz und Pfeffer verrühren. Schinken in Würfel schneiden. Schnittlauch abspülen, trocken tupfen und in feine Röllchen schneiden.
3. Die Spargelstangen in eine flache Auflaufform (gefettet) schichten. Die Eiersahne daraufgeben. Schinkenwürfel und Schnittlauchröllchen darauf verteilen. Die Form auf dem Rost in den vorgeheizten Backofen schieben.
Ober-/Unterhitze: etwa 180 °C
Heißluft: etwa 160 °C
Garzeit: etwa 25 Minuten.

Tipp: Bei dieser Zubereitung bleibt der Spargel sehr knackig.
Wer den Spargel lieber weicher mag, sollte ihn 8–10 Minuten vorkochen.

Versunkener Spargel

Für Kinder

Reis-Gemüse-Auflauf
4 Portionen

Zubereitungszeit: 30 Minuten
Garzeit: etwa 25 Minuten

300 g Möhren
2 EL Speiseöl, z. B. Sonnenblumenöl
250 g Langkornreis
2 EL Currypulver
500 ml (1/2 l) Gemüsebrühe
40 g Butter oder Margarine
300 g TK-Erbsen
Salz, frisch gemahlener Pfeffer
1 Prise Zucker
2 Eier (Größe M)
200 g Schlagsahne
frisch geriebene Muskatnuss
125 g frisch geriebener, mittelalter Gouda-Käse

Pro Portion:
E: 23 g, F: 41 g, Kh: 64 g,
kJ: 3042, kcal: 726

1. Möhren putzen, schälen, abspülen, abtropfen lassen und in Würfel schneiden.
2. Speiseöl in einem Topf erhitzen. Reis darin unter Rühren glasig dünsten. Curry darüberstreuen und kurz mitdünsten. Brühe hinzugießen, zum Kochen bringen und zugedeckt etwa 10 Minuten bei schwacher Hitze garen. Den Backofen vorheizen.
3. In der Zwischenzeit Butter oder Margarine zerlassen. Die Möhrenwürfel darin andünsten. Gefrorene Erbsen unterheben. Mit Salz, Pfeffer und Zucker würzen. Den gegarten Reis mit dem Gemüse vermischen und in eine flache Auflaufform geben.
4. Eier mit Sahne verschlagen, mit Salz, Pfeffer und Muskat würzen, Käse unterrühren. Die Eiersahne über die Reis-Gemüse-Mischung gießen. Die Form ohne Deckel auf dem Rost in den vorgeheizten Backofen schieben.
Ober-/Unterhitze: etwa 180 °C
Heißluft: etwa 160 °C
Garzeit: etwa 25 Minuten.

Tipp: Den Reis-Gemüse-Auflauf mit Blattsalat, kaltem Braten oder Schinken servieren.
Sie können die gleiche Menge Vollkornreis verwenden, die Garzeit für den Reis beträgt dann etwa 20 Minuten.

Abwandlung: Für einen Reis-Gemüse-Auflauf mit Hähnchenbrust zusätzlich 300 g Hähnchenbrustfilet unter fließendem kalten Wasser abspülen, trocken tupfen, in Streifen schneiden und in dem Speiseöl rundherum anbraten. Mit Salz und Pfeffer würzen und aus dem Topf nehmen. Dann den Reis in dem verbliebenen Bratfett glasig dünsten und weiterverfahren wie oben angegeben. Die Fleischstreifen mit den übrigen Zutaten mischen, in die Auflaufform geben und den Auflauf wie oben angegeben backen.

Reis-Gemüse-Auflauf

Räucherfischauflauf

Gut vorzubereiten

Räucherfischauflauf
4 Portionen

Zubereitungszeit: 40 Minuten
Garzeit: 30–40 Minuten

200 g Schillerlocken
200 g Räucheraal (Filet)
200 g geräucherter Steinbutt
je 1/2 rote und grüne Paprikaschote
1 Zwiebel
2 EL Speiseöl
Salz
frisch gemahlener Pfeffer
200 g Brokkoli
Salzwasser
1 Bund gehackter Dill

10 g Butter für die Form

400 g Schlagsahne
2 Eier (Größe M)
40 g Butter
80 frisch geriebener, mittelalter Gouda-Käse

Pro Portion:
E: 42 g, F: 84 g, Kh: 6 g,
kJ: 4134, kcal: 988

1. Den geräucherten Fisch in mundgerechte Stücke schneiden. Paprikaschotenhälften entstielen, entkernen und die weißen Scheidewände entfernen. Paprikahälften waschen, abtropfen lassen und in Würfel schneiden. Zwiebel abziehen und klein würfeln.
2. Speiseöl in einer Pfanne erhitzen. Paprika- und Zwiebelwürfel darin andünsten, mit Salz und Pfeffer würzen.
3. Vom Brokkoli die Blätter entfernen. Brokkoli in Röschen teilen, waschen und abtropfen lassen. Brokkoliröschen in kochendem Salzwasser 4–5 Minuten blanchieren, mit eiskaltem Wasser übergießen und in einem Sieb abtropfen lassen.
4. Dill abspülen und trocken tupfen. Die Spitzen von den Stängeln zupfen. Spitzen klein schneiden.
5. Die Räucherfischstücke mit Paprika-, Zwiebelwürfeln, Brokkoli und Dill mischen und in eine Auflaufform (gefettet) geben.
6. Sahne und Eier verschlagen, mit Pfeffer würzen. Die Eiersahne auf der Fisch-Gemüse-Mischung verteilen. Mit Käse bestreuen und Butter in Flöckchen daraufsetzen. Die Form auf dem Rost in den vorgeheizten Backofen schieben.
Ober-/Unterhitze: 180–200 °C
Heißluft: 160–180 °C
Garzeit: 30–40 Minuten.

Beilage: Bratkartoffeln und gemischter Salat.

Raffiniert

Pikanter Fischauflauf
4 Portionen (Römertopf®
4-Liter-Inhalt)

Zubereitungszeit: 40 Minuten, ohne Abkühlzeit
Garzeit: 40–50 Minuten

1 kg Kartoffeln
Salzwasser

500 g Schollenfilet
Zitronensaft, Salz
125 ml (1/8 l) heiße Milch
40 g Butter
3 Zwiebeln
100 g geräucherter, durchwachsener Speck
375 g Tomaten
frisch gemahlener Pfeffer
75 g frisch geriebener Emmentaler- oder mittelalter Gouda-Käse

Pro Portion:
E: 38 g, F: 25 g, Kh: 35 g,
kJ: 2216, kcal: 529

1. Kartoffeln waschen, schälen, abspülen und in Stücke schneiden. Kartoffelstücke in einem Topf mit Salzwasser bedeckt zum Kochen bringen und zugedeckt etwa 15 Minuten garen.

Pikanter Fischauflauf

2. Schollenfilets unter fließendem kalten Wasser abspülen, trocken tupfen und mit Zitronensaft beträufeln, etwas durchziehen lassen. Schollenfilets trocken tupfen und mit Salz bestreuen.
3. Die garen Kartoffeln abgießen, mit Milch und Butter zu einem Brei zerstampfen, etwas abkühlen lassen. Kartoffelbrei in einen gewässerten Römertopf geben. Schollenfilets darauf verteilen.
4. Zwiebeln abziehen und in kleine Würfel schneiden. Speck ebenfalls klein würfeln. Speckwürfel in einer Pfanne auslassen, Zwiebelwürfel hinzufügen und goldgelb dünsten. Die Speck-Zwiebel-Masse auf den Schollenfilets verteilen.
5. Tomaten waschen, abtrocknen und die Stängelansätze herausschneiden. Tomaten in Scheiben schneiden und schuppenförmig auf die Schollenfilets legen. Mit Salz und Pfeffer würzen. Käse darauf verteilen. Den Römertopf mit dem Deckel verschließen und auf dem Rost in den kalten Backofen schieben.
Ober-/Unterhitze: 200–220 °C
Heißluft: 180–200 °C
Garzeit: 40–50 Minuten.

Tipp: Sie können den Auflauf auch mit TK-Schollenfilets zubereiten. Dann den Fisch vor der Zubereitung auftauen lassen.

Für Gäste

Minirouladen-Auflauf
8 Portionen

Zubereitungszeit: 30 Minuten
Garzeit: 35–40 Minuten

8 dünne Rumpsteaks (je etwa 70 g)
1 EL mittelscharfer Senf
Salz, frisch gemahlener Pfeffer
120 g Schinkenmett
8 Scheiben Frühstücksspeck (Bacon)
1 Glas Apfel-Rotkohl (Abtropfgewicht 650 g)
150 ml Apfelsaft
60 g Zwiebeln
400 g festkochende Kartoffeln
30 g zerlassenes Butterschmalz

1 Bund Schnittlauchröllchen

Pro Portion:
E: 45 g, F: 17 g, Kh: 35 g,
kJ: 2004, kcal: 477

1. Den Backofen vorheizen. Rumpsteaks kurz unter fließendem kalten Wasser abspülen, trocken tupfen. Die Rumpsteaks etwas flachdrücken, mit Senf bestreichen, mit Salz und Pfeffer würzen. Das Mett gleichmäßig darauf verteilen. Die Rumpsteaks von der schmalen Seite her fest aufrollen und mit je 1 Scheibe Frühstücksspeck umwickeln, eventuell mit einem Holzspießchen feststecken.
2. Rotkohl in eine große, flache Auflaufform geben und den Apfelsaft hinzugießen. Zwiebeln abziehen, zuerst in Scheiben schneiden, dann in Ringe teilen.
3. Kartoffeln waschen, schälen, abspülen und abtropfen lassen. Kartoffeln zuerst in dünne Scheiben, dann in dünne Stäbchen schneiden. Mit den Zwiebelwürfeln vermengen. Mit Salz und Pfeffer würzen. Gewürzte Kartoffelstäbchen als Nester auf den Rotkohl setzen und mit Butterschmalz beträufeln.
4. Die Fleischröllchen zwischen den Nestern auf dem Rotkohl verteilen und etwas eindrücken. Die Form auf dem Rost (unteres Drittel) in den vorgeheizten Backofen schieben.
Ober-/Unterhitze: etwa 200 °C
Heißluft: etwa 180 °C
Garzeit: 35–40 Minuten.
5. Schnittlauch abspülen, trockentupfen und in Röllchen schneiden. Den Auflauf mit den Schnittlauchröllchen bestreut servieren.

Für Gäste

Makkaroniauflauf mit Gemüse
4 Portionen

Zubereitungszeit: 40 Minuten
Garzeit: etwa 50 Minuten

2 l Wasser
2 gestr. TL Salz
250 g Makkaroni
500 g Brokkoli
500 ml (½ l) Wasser
1 gestr. TL Salz
1 Bund Frühlingszwiebeln
1 Dose Gemüsemais (Abtropfgewicht 285 g)
2 dicke Scheiben gekochter Schinken (etwa 250 g)
300 g geriebener mittelalter Gouda-Käse
6 Eier (Größe M)
200 g Schlagsahne
frisch gemahlener Pfeffer
1 TL gerebeltes Basilikum
12 gleich große Tomaten (etwa 1 kg)

Pro Portion:
E: 60 g, F: 56 g, Kh: 67 g,
kJ: 4292, kcal: 1024

Minirouladen-Auflauf

Makkaroniauflauf mit Gemüse

Maultaschen-Sauerkraut-Auflauf

1. Wasser in einem großen Topf mit Deckel zum Kochen bringen. Salz und Makkaroni zugeben. Makkaroni im geöffneten Topf bei mittlerer Hitze nach Packungsanleitung kochen, dabei zwischendurch 4–5-mal umrühren. Anschließend die Makkaroni in ein Sieb geben, mit heißem Wasser abspülen und abtropfen lassen. Den Backofen vorheizen.

2. Brokkoli putzen, in Röschen teilen, waschen und abtropfen lassen. Wasser mit Salz zum Kochen bringen. Die Röschen darin zugedeckt etwa 7 Minuten garen und in einem Sieb abtropfen lassen. Frühlingszwiebeln putzen, waschen, abtropfen lassen und in feine Scheiben schneiden. Mais in einem Sieb abtropfen lassen. Schinken in Würfel schneiden.

3. Die Hälfte der Makkaroni längs in eine große Auflaufform (gefettet) schichten, mit der Hälfte des Käses bestreuen. Brokkoliröschen darauf verteilen. Mais mit Schinkenwürfeln mischen und darauf geben. Mit der Hälfte des restlichen Käses bestreuen. Die Hälfte der Frühlingszwiebelscheiben darauf verteilen und mit den restlichen Makkaroni belegen.

4. Eier mit Sahne verschlagen, mit Salz, Pfeffer und Basilikum würzen. Den Auflauf mit der Eiersahne übergießen und Butter in Flöckchen daraufsetzen. Die Form auf dem Rost in den vorgeheizten Backofen schieben.
Ober-/Unterhitze: etwa 200 °C
Heißluft: etwa 180 °C
Garzeit: etwa 50 Minuten.

5. Tomaten waschen, kreuzweise einschneiden und einige Sekunden in kochendes Wasser legen. Tomaten kurz in kaltes Wasser legen, enthäuten, halbieren, entkernen und die Stängelansätze herausschneiden.

6. Nach etwa 40 Minuten Garzeit die Tomatenhälften mit der Schnittfläche nach unten auf den Auflauf geben, mit Salz und Pfeffer bestreuen. Restliche Frühlingszwiebelscheiben in die Zwischenräume füllen und mit dem restlichen Käse bestreuen. Den Auflauf wieder in den Backofen schieben und fertig garen.

Raffiniert – rustikal

Maultaschen-Sauerkraut-Auflauf

4–6 Portionen

Zubereitungszeit: 30 Minuten
Garzeit: etwa 30 Minuten

1 Zwiebel
1 rote Paprikaschote (etwa 150 g)
2 EL Speiseöl
1 große Dose mildes Weinsauerkraut (Abtropfgewicht 810 g)
1 EL klein gehackte Rosmarinnadeln
Salz
frisch gemahlener Pfeffer
2 Pck. Schwäbische Maultaschen (je 300 g, mit Fleischfüllung, aus dem Kühlregal)

Für den Guss:
2 Becher (300 g) Crème fraîche
200 g frisch geriebener Gouda-Käse
1 TL Paprikapulver edelsüß

Pro Portion:
E: 24 g, F: 45 g, Kh: 37 g,
kJ: 2767, kcal: 665

1. Zwiebel abziehen und in kleine Würfel schneiden. Paprikaschote halbieren, entstielen, entkernen und die weißen Scheidewände entfernen. Schote waschen, trocken tupfen und in Streifen schneiden.

2. Speiseöl in einem Topf erhitzen. Zwiebelwürfel und Paprikastreifen darin andünsten. Sauerkraut mit der Flüssigkeit und Rosmarin hinzugeben, etwa 5 Minuten mitdünsten lassen. Den Backofen vorheizen.

3. Sauerkraut mit Salz und Pfeffer würzen. Maultaschen aus der Packung nehmen, auf das Sauerkraut legen und zugedeckt 1–2 Minuten garen. Den Deckel abnehmen. Sauerkraut so lange weiterdünsten lassen, bis fast keine Flüssigkeit mehr vorhanden ist. Die Sauerkraut-Maultaschen-Masse in eine große, flache Auflaufform geben.

4. Für den Guss Crème fraîche und Käse mit einem Schneebesen verrühren. Mit Paprika, Salz und Pfeffer würzen. Den Guss gleichmäßig auf der Sauerkraut-Maultaschen-Masse verteilen. Die Form auf dem Rost in den vorgeheizten Backofen schieben.
Ober-/Unterhitze: etwa 180 °C
Heißluft: etwa 160 °C
Garzeit: etwa 30 Minuten.

Raffiniert — etwas teurer

Lammhaxenauflauf
4 Portionen

Zubereitungszeit: 40 Minuten
Garzeit: etwa 115 Minuten

4 Lammhaxen (1,2 kg)
Salz, frisch gemahlener Pfeffer
500 g Kartoffeln
300 g Möhren
150 g Zwiebeln
3 Knoblauchzehen
4 Stängel Rosmarin
2 Eier (Größe M)
100 g Schlagsahne
100 g Vollmilchjoghurt
1 TL gerebelter Thymian

Pro Portion:
E: 54 g, F: 19 g, Kh: 22 g,
kJ: 2025, kcal: 484

Lammhaxenauflauf

1. Den Backofen vorheizen. Lammhaxen unter fließendem kalten Wasser abspülen und trocken tupfen. Das Fleisch vom Knochen lösen, dabei Fett und Sehnen entfernen. Fleisch in große Stücke schneiden.
2. Die Fleischstücke in eine große, flache Auflaufform legen. Mit Salz und Pfeffer würzen.
Die Form auf dem Rost in den vorgeheizten Backofen schieben.
Ober-/Unterhitze: etwa 180 °C (unteres Drittel)
Heißluft: etwa 160 °C
Garzeit: etwa 115 Minuten.
3. In der Zwischenzeit Kartoffeln waschen, schälen, abspülen und in etwas größere Stücke schneiden. Möhren putzen, schälen waschen, abtropfen lassen und in Scheiben schneiden. Zwiebeln und Knoblauch abziehen. Zwiebeln vierteln und Knoblauch in Scheiben schneiden.
4. Vorbereitetes Gemüse nach etwa 60 Minuten Garzeit zum Fleisch geben und bei gleicher Backofeneinstellung weitere etwa 40 Minuten mitgaren lassen.
5. Rosmarin abspülen und trocken tupfen. 2 Rosmarinstängel beiseitelegen. Von den restlichen Stängeln die Nadeln abzupfen und klein schneiden. Eier mit Sahne und Joghurt verschlagen. Mit Salz, Pfeffer und Thymian würzen, klein geschnittenen Rosmarin unterrühren. Die Eiermasse auf dem Auflauf verteilen. Den Auflauf bei gleicher Backofeneinstellung in etwa 15 Minuten fertig garen.
6. Den Auflauf mit den beiseite gelegten Rosmarinstängeln garniert servieren.

Für Gäste

Kürbis-Fisch-Gratin
4 Portionen

Zubereitungszeit: 40 Minuten
Garzeit: etwa 60 Minuten

Für das Gratin:
600 g Kürbisfleisch (geputzt, ohne faserigen Innenteil)
500 g Kartoffeln
1 Bund Dill
250 g Schlagsahne
2 Eier (Größe M)
Salz, frisch gemahlener Pfeffer
400 g Lachsfilet oder Rotbarschfilet
4 TL körniger Senf
75 g Crème fraîche

Pro Portion:
E: 29 g, F: 30 g, Kh: 28 g,
kJ: 2684, kcal: 641

1. Für das Gratin Kürbisfleisch in dünne, große Scheiben schneiden. Kartoffeln waschen, schälen, abspülen und in dünne Scheiben schneiden. Dill abspülen und trocken tupfen. Die Spitzen von den Stängeln zupfen. Spitzen klein schneiden.
2. Sahne und Eier verschlagen. Mit Salz, Pfeffer und der Hälfte des Dills würzen.
3. Kürbis- und Kartoffelscheiben in eine Gratin-Form (Ø 28 cm, gefettet) schichten. Die Eiersahne auf den Kürbis- und Kartoffelscheiben verteilen. Die Form auf dem Rost in den vorgeheizten Backofen schieben.
Ober-/Unterhitze: etwa 180 °C
Heißluft: etwa 160 °C
Garzeit: etwa 50 Minuten.
4. Die Form aus dem Backofen nehmen und auf einen Rost stellen.
5. Fischfilet abspülen, trocken tupfen, in je 4 gleich große Streifen schneiden und mit je 1 Teelöffel Senf bestreichen. Mit Salz und Pfeffer würzen.
6. Fischfiletstreifen auf das Gratin legen. Crème fraîche darauf verteilen. Die Form wieder auf dem Rost in den heißen Backofen schieben.
Ober-/Unterhitze: etwa 200 °C
Heißluft: etwa 180 °C
Garzeit: etwa 10 Minuten.
7. Das Gratin mit dem restlichen Dill bestreuen und servieren.

Tipp: Dazu einen frischen Blattsalat servieren.

Gut vorzubereiten

Landfrauen-Auflauf mit Brokkoli
4 Portionen

Zubereitungszeit: 45 Minuten
Garzeit: etwa 40 Minuten

500 g vorbereiteter Brokkoli
2 l Wasser
2 gestr. TL Salz
200 gelbe und grüne Bandnudeln

250 g gekochter Schinken (im Stück)

3 Eier (Größe M)
200 g Schlagsahne
Salz
frisch gemahlener Pfeffer
1 Bund Schnittlauch
½ Bund glatte Petersilie

40 g gehobelte Mandeln
2 Pck. (je 200 g) Frühlingsquark

Pro Portion:
E: 39 g, F: 40 g, Kh: 48 g,
kJ: 3169, kcal: 757

1. Vom Brokkoli die Blätter entfernen. Den Brokkoli in Röschen teilen. Die Stängel am Strunk schälen und bis kurz vor den Röschen kreuzweise einschneiden. Die Röschen waschen, abtropfen lassen und in kochendem Salzwasser etwa 5 Minuten garen. Brokkoliröschen in einem Sieb abtropfen lassen.
2. Wasser in einem großen Topf mit geschlossenem Deckel zum Kochen bringen. Dann Salz und Nudeln zugeben. Die Nudeln im geöffneten Topf bei mittlerer Hitze nach Packungsanleitung kochen lassen, dabei zwischendurch 4–5-mal umrühren.
3. Anschließend die Nudeln in ein Sieb geben, mit heißem Wasser abspülen und abtropfen lassen. Den Backofen vorheizen.
4. Schinken in etwa ½ cm dicke Scheiben, dann in Würfel schneiden.
5. Eier mit Sahne verschlagen. Mit Salz und Pfeffer würzen.
6. Schnittlauch und Petersilie abspülen und trocken tupfen. Von der Petersilie die Blättchen von den Stängeln zupfen. Blättchen klein schneiden. Schnittlauch in Röllchen schneiden.
7. Brokkoliröschen mit den Schinkenwürfeln vermengen. Die Hälfte davon in eine Auflaufform geben. Mit Salz, Pfeffer, Schnittlauchröllchen und Petersilie bestreuen.
8. Bandnudeln und die restliche Brokkoli-Schinken-Mischung einschichten, mit den restlichen Kräutern bestreuen. Die Eier-Sahne-Sauce auf dem Auflauf verteilen und glattstreichen. Mandeln daraufstreuen. Die Form auf dem Rost in den vorgeheizten Backofen schieben.
Ober-/Unterhitze: etwa 200 °C
Heißluft: etwa 180 °C
Garzeit: etwa 40 Minuten.
9. Frühlingsquark verrühren und etwa 10 Minuten vor Ende der Garzeit auf den Auflauf geben, glattstreichen und den Auflauf fertig garen.

Abwandlung: Statt Brokkoli kann auch Zucchini verwendet werden. Dafür 350 g Zucchini putzen, waschen und die Enden abschneiden. Zucchini in Scheiben oder Stifte schneiden. 4 Esslöffel Speiseöl erhitzen. Zucchinischeiben oder -stifte darin andünsten. Mit Salz, frisch gemahlenem Pfeffer und Oregano würzen.

Kürbis-Fisch-Gratin

Landfrauen-Auflauf mit Brokkoli

Krautsalat-Gyros-Auflauf

Für Gäste – rustikal

Krautsalat-Gyros-Auflauf
4 Portionen

Zubereitungszeit: 40 Minuten
Garzeit: etwa 40 Minuten

800 g Kartoffeln
2 Zwiebeln
2 Knoblauchzehen
600 g Krautsalat
3 EL Olivenöl
600 g fertig gewürztes Gyrosfleisch
200 g Vollmilchjoghurt
200 g Feta- oder Schafkäse
Salz, frisch gemahlener Pfeffer
getrockneter Oregano

Pro Portion:
E: 46 g, F: 48 g, Kh: 41 g,
kJ: 3469, kcal: 828

1. Kartoffeln waschen, schälen, abspülen, mit Salzwasser bedeckt zum Kochen bringen und etwa 10 Minuten garen. Kartoffeln abgießen und etwas abkühlen lassen. Den Backofen vorheizen.
2. In der Zwischenzeit Zwiebeln und Knoblauch abziehen, in kleine Würfel schneiden. Krautsalat in einem Sieb abtropfen lassen.
3. Olivenöl in einer Pfanne erhitzen. Gyrosfleisch darin kräftig anbraten. Zwiebel- und Knoblauchwürfel hinzufügen und kurz mitbraten lassen.
4. Krautsalat in eine flache Auflaufform (gefettet) geben. Joghurt gleichmäßig daraufgeben. Die Fleisch-Zwiebel-Knoblauch-Mischung darauf verteilen.
5. Kartoffeln grob raffeln. Feta- oder Schafkäse zerbröseln und mit den Kartoffeln vermischen. Die Kartoffel-Käse-Mischung mit Salz, Pfeffer und Oregano würzen und auf dem Fleisch verteilen. Die Form auf dem Rost in den vorgeheizten Backofen schieben.
Ober-/Unterhitze: etwa 200 °C
Heißluft: etwa 180 °C
Garzeit: etwa 40 Minuten.
6. Oregano abspülen und trocken tupfen. Die Blättchen von den Stängeln zupfen. Den Krautsalat-Gyros-Auflauf mit Oreganoblättchen garniert servieren.

Preiswert

Kartoffelauflauf
4 Portionen

Zubereitungszeit: 40 Minuten, ohne Abkühlzeit
Garzeit: etwa 35 Minuten

1 kg festkochende Kartoffeln
5 hart gekochte Eier
3 Mettwürstchen (Rauchenden, je etwa 100 g)
Salz, frisch gemahlener Pfeffer
300 g saure Sahne
30 g Semmelbrösel
50 g Butter

Pro Portion:
E: 29 g, F: 53 g, Kh: 42 g,
kJ: 3192, kcal: 762

1. Kartoffeln gründlich waschen, mit Wasser bedeckt zum Kochen bringen, zugedeckt in 20–25 Minuten gar kochen. Kartoffeln abgießen, mit kaltem Wasser abschrecken, abtropfen lassen, sofort pellen und erkalten lassen. Den Backofen vorheizen.
2. Eier pellen und in Scheiben schneiden. Rauchenden und Kartoffeln ebenfalls in Scheiben schneiden. Die vorbereiteten Zutaten abwechselnd lagenweise in eine flache Auflauf- oder Gratinform schichten, dabei Kartoffel- und Eischeiben jeweils mit Salz und Pfeffer bestreuen. Die oberste Schicht sollte aus Kartoffelscheiben bestehen.
3. Saure Sahne mit Salz und Pfeffer würzen, verrühren und über die Kartoffeln gießen. Semmelbrösel daraufstreuen. Butter in Flöckchen daraufsetzen. Die Form ohne Deckel auf dem Rost in den vorgeheizten Backofen schieben.
Ober-/Unterhitze: etwa 200 °C
Heißluft: etwa 180 °C
Garzeit: etwa 35 Minuten.

Tipp: Den Kartoffelauflauf mit Möhren-Apfel-Salat servieren. Falls Sie stichfeste saure Sahne verwenden, die Sahne mit etwa 5 Esslöffeln Milch geschmeidig rühren.

Abwandlung: Kartoffel-Zucchini-Auflauf mit Cabanossi (Foto). Anstelle der hart gekochten Eier 300 g Zucchini waschen, abtrocknen und die Enden abschneiden. Zucchini in Scheiben schneiden, mit 1 Teelöffel Salz bestreuen und etwa 10 Minuten stehen lassen. 300 g Cabanossi anstelle der Mettwürstchen in Scheiben schneiden. Zucchini trocken tupfen, mit Kartoffel- und Cabanossischeiben dachziegelartig einschichten (Kartoffel- und Zucchinischichten mit Pfeffer bestreuen). Saure Sahne mit 2 Eiern (Größe M) verschlagen, mit Salz und Pfeffer würzen und über die eingeschichteten Zutaten geben. Den Auflauf mit Semmelbröseln bestreuen, mit Butterflöckchen belegen und wie oben angegeben backen.

Preiswert

Kartoffel-Matjes-Auflauf
12 Portionen

Zubereitungszeit: 35 Minuten
Garzeit: etwa 45 Minuten

2 kg Pellkartoffeln (vom Vortag)
6 Zwiebeln
200 g durchwachsener Speck
12 Matjesfilets
2 Bund Dill
4 EL Speiseöl
Salz, frisch gemahlener, weißer Pfeffer
500 g Schlagsahne

Butter für die Form

Pro Portion:
E: 11 g, F: 35 g, Kh: 32 g,
kJ: 2156, kcal: 515

1. Kartoffeln pellen und in Scheiben schneiden. Zwiebeln abziehen und klein würfeln, Speck ebenfalls in kleine Würfel schneiden. Den Backofen vorheizen.
2. Matjesfilets quer in Streifen schneiden, eventuell Gräten entfernen. Dill abspülen und trocken tupfen. Die Spitzen von den Stängeln zupfen (einige Spitzen zum Garnieren beiseitelegen). Spitzen klein schneiden.
3. Speiseöl in einer Pfanne erhitzen. Speck- und Zwiebelwürfel darin glasig dünsten.
4. Die Hälfte der Kartoffelscheiben und der Speck-Zwiebel-Masse in eine große, feuerfeste Form füllen. Die Matjesfiletstreifen darauf verteilen und mit Dill bestreuen.
5. Die restlichen Kartoffelscheiben und restliche Speck-Zwiebel-Masse daraufgeben. Mit etwas Salz und Pfeffer bestreuen. Den Auflauf mit Sahne übergießen.
6. Den Auflauf auf dem Rost in den vorgeheizten Backofen schieben.
Ober-/Unterhitze: etwa 200 °C
Heißluft: etwa 180 °C
Garzeit: etwa 45 Minuten.
7. Den Auflauf mit Dillspitzen garniert servieren.

Kartoffelauflauf

Kartoffel-Matjes-Auflauf

Herzhafter Spätzleauflauf

Hähnchenschnitzel-Auflauf

Für Gäste

Herzhafter Spätzleauflauf „Schwarzwälder Art"

4 Portionen

Zubereitungszeit: 75 Minuten
Garzeit: etwa 60 Minuten

4 l Wasser
4 gestr. TL Salz
500 g Spätzle
300 g Schwarzwälder Schinken
1 Gemüsezwiebel (etwa 250 g)
1 kleine Dose kleine Pfifferlinge
(Abtropfgewicht 225 g)
500 ml (1/2 l) Milch
5 Eier (Größe M)
1 Pck. TK-Küchenkräuter

Salz
frisch gemahlener Pfeffer
20 g Butter oder Margarine

Pro Portion:
E: 21 g, F: 30 g, Kh: 15 g,
kJ: 1858, kcal: 443

1. Wasser in einem großen Topf mit geschlossenem Deckel zum Kochen bringen. Dann Salz und Spätzle zugeben. Die Spätzle im geöffneten Topf bei mittlerer Hitze nach Packungsanleitung kochen lassen, dabei zwischendurch 4–5-mal umrühren. Den Backofen vorheizen.

2. Anschließend die Spätzle in ein Sieb geben, mit heißem Wasser abspülen und abtropfen lassen.

3. Schinken zuerst in dünne Scheiben, dann in schmale Streifen schneiden (mit Hilfe einer Aufschnittmaschine). Zwiebel abziehen, halbieren und in Würfel schneiden. Pfifferlinge in einem Sieb abtropfen lassen.

4. Milch und Eier verrühren, Kräuter hinzugeben. Mit Salz und Pfeffer würzen.

5. Butter oder Margarine in einer beschichteten Pfanne zerlassen. Zwiebelwürfel, Schinkenstreifen, Pfifferlinge und Spätzle darin andünsten, herausnehmen und in eine Auflaufform geben. Eiermilch darübergießen. Die Form auf dem Rost in den vorgeheizten Backofen schieben.

Ober-/Unterhitze: etwa 180 °C
Heißluft: etwa 160 °C
Garzeit: etwa 60 Minuten.

Beilage: Rustikales, wenn möglich Schwarzwälder Brot.

Mit Alkohol

Hähnchenschnitzel-Auflauf
4 Portionen

Zubereitungszeit: 50 Minuten
Garzeit: 20–25 Minuten

4 Hähnchenschnitzel (je etwa 150 g)
Salz, Pfeffer, Currypulver
etwas Weizenmehl
5 EL Speiseöl
2 Dosen kleine, ganze Champignons
(Abtropfgewicht je 230 g)
1 Gemüsezwiebel, 1 EL Weizenmehl
125 ml (1/8 l) Tomatenketchup
125 ml (1/8 l) Weißwein
150–250 g Schlagsahne
4 Scheiben durchwachsener Speck

Pro Portion:
E: 44 g, F: 52 g, Kh: 19 g,
kJ: 3153, kcal: 753

1. Hähnchenschnitzel kalt abspülen, trocken tupfen, mit Salz, Pfeffer und Curry würzen, mit Mehl bestäuben.
2. Drei Esslöffel Speiseöl in einer großen Pfanne erhitzen. Hähnchenschnitzel darin von beiden Seiten anbraten, herausnehmen und nebeneinander in eine flache Auflaufform (gefettet) legen. Backofen vorheizen.
3. Champignons in einem Sieb abtropfen lassen. Zwiebel abziehen, halbieren und in Streifen schneiden.
4. Restliches Speiseöl zum Bratfett in die Pfanne geben und erhitzen, Zwiebelstreifen darin andünsten. Champignons hinzufügen, kurz mit andünsten und mit Mehl bestäuben.
5. Ketchup, Wein und Sahne hinzugießen, aufkochen lassen. Mit Salz, Pfeffer und Curry abschmecken. Die Sauce auf den Hähnchenschnitzeln verteilen.
6. Die Speckscheiben in 1 1/2 cm breite Streifen schneiden und darauflegen. Die Form auf dem Rost in den vorgeheizten Backofen schieben.
Ober-/Unterhitze: etwa 180 °C
Heißluft: etwa 160 °C
Garzeit: 20–25 Minuten.

Für Gäste

Kabeljauauflauf
4 Portionen

Zubereitungszeit: 20 Minuten
Garzeit: etwa 20 Minuten

300 g Kabeljaufilet
1 Avocado
Saft von 1 Limette
10 Kirschtomaten
2 Frühlingszwiebeln
1 Topf Basilikum
150 g Garnelen,
ohne Schale
Salz
frisch gemahlener Pfeffer
100 g frisch geriebener Gouda-Käse

Pro Portion:
E: 58 g, F: 42 g, Kh: 9 g,
kJ: 2716, kcal: 649

1. Kabeljaufilet unter fließendem kalten Wasser abspülen, trocken tupfen und in eine flache Auflaufform legen. Den Backofen vorheizen.
2. Avocado halbieren, entkernen und die Hälften schälen. Das Fruchtfleisch in Spalten schneiden und mit Limettensaft beträufeln. Kirschtomaten waschen und abtropfen lassen. Frühlingszwiebeln putzen, waschen, abtropfen lassen und in etwa 2 cm lange Stücke schneiden.
3. Basilikum abspülen und trocken tupfen. Die Blättchen von den Stängeln zupfen. Einige größere Blättchen in feine Streifen schneiden und beiseitelegen.
4. Von den Garnelen den Darm entfernen. Garnelen unter fließendem kalten Wasser abspülen und trocken tupfen.
5. Avocadospalten, Garnelen, Kirschtomaten, Frühlingszwiebelstücke und Basilikumblättchen zu dem Fischfilet in die Auflaufform geben. Mit Salz und Pfeffer bestreuen. Käse darauf verteilen. Die Form auf dem Rost in den vorgeheizten Backofen schieben.
Ober-/Unterhitze: etwa 200 °C
Heißluft: etwa 180 °C
Garzeit: etwa 20 Minuten.
6. Kabeljauauflauf mit den beiseite gelegten Basilikumstreifen bestreut sofort servieren.

Tipp: Salzkartoffeln oder Baguette dazureichen.

Kabeljauauflauf

Für Gäste

Kartoffel-Sellerie-Gratin

Zubereitungszeit: 30 Minuten
Garzeit: 25—30 Minuten

250 g Knollensellerie
400 g festkochende Kartoffeln
Salzwasser
Olivenöl für die Form
125 ml (1/8 l) Fleischbrühe
Salz, frisch gemahlener Pfeffer
gerebelter Thymian
75 ml Olivenöl

40 g frisch geriebener
Parmesan-Käse
einige Thymianzweige

Pro Portion:
E: 6 g, F: 24 g, Kh: 13 g,
kJ: 1202, kcal: 287

1. Den Backofen vorheizen. Sellerie putzen, schälen, waschen, abtropfen lassen und in Scheiben schneiden. Kartoffeln waschen, schälen, abspülen, abtropfen lassen und eventuell mit einem Gemüsehobel in dünne Scheiben hobeln. Kartoffelscheiben in kochendem Salzwasser kurz blanchieren. Kartoffelscheiben in einem Sieb abtropfen lassen.
2. Kartoffel- und Selleriescheiben abwechselnd, fächerartig in eine große, flache Auflaufform (gefettet) einschichten. Mit Brühe übergießen, mit Salz, Pfeffer und Thymian bestreuen. Mit Olivenöl beträufeln.
3. Die Form auf dem Rost in den vorgeheizten Backofen schieben.
Ober-/Unterhitze: etwa 180 °C
Heißluft: etwa 160 °C
Gar-/Gratinierzeit: 23—25 Minuten.
4. Die Form herausnehmen. Die Backofentemperatur um etwa 20 °C erhöhen. Die Kartoffel- und Selleriescheiben mit Käse bestreuen. Die Form wieder auf dem Rost in den Backofen schieben und die Kartoffel- und Selleriescheiben 3—5 Minuten gratinieren.
5. Thymian abspülen, trocken tupfen und in kleine Zweige zupfen. Das Gratin mit den Thymianzweigen garniert servieren.

Tipp: Sie können für ein besonderes Essen den Sellerie durch 20 mittelgroße Steinpilze ersetzen. Mit einem herzhaften Salat als Zwischengericht oder als Beilage zu Wildgerichten reichen.

Preiswert

Kartoffelgratin mit Blattspinat

Zubereitungszeit: 40 Minuten, ohne Abkühlzeit
Garzeit: etwa 25 Minuten

750 g gekochte Pellkartoffeln
50 g Butter
750 g Blattspinat
50 g durchwachsener Speck
1—2 Zwiebeln
50 g Butter
Salz
frisch gemahlener Pfeffer
frisch geriebene Muskatnuss
125 ml (1/8 l) Fleisch- oder Hühnerbrühe
75 g geriebener Käse, z. B. Emmentaler

Pro Portion:
E: 17 g, F: 36 g, Kh: 36 g,
kJ: 2363, kcal: 565

1. Kartoffeln gründlich waschen, mit Wasser bedeckt zum Kochen bringen und zugedeckt etwa 20 Minuten garen. Kartoffeln abgießen, abdämpfen und heiß pellen. Kartoffeln erkal-

Kartoffel-Sellerie-Gratin

Kartoffelgratin mit Blattspinat

ten lassen und in etwa 1/2 cm dicke Scheiben schneiden. Butter zerlassen, Kartoffelscheiben hineingeben und kurz durchschwenken.

2. Blattspinat sorgfältig verlesen, gründlich waschen und gut abtropfen lassen. Speck in kleine Würfel schneiden und in einer Pfanne auslassen. Den Backofen vorheizen.

3. Zwiebeln abziehen, ebenfalls klein würfeln, zu den Speckwürfeln geben und andünsten. Die Hälfte der Butter und Spinat hinzufügen, Spinat zusammenfallen lassen. Mit Salz, Pfeffer und Muskat würzen.

4. Abwechselnd Kartoffelscheiben und Spinat in eine Gratinform (gefettet) schichten. Brühe hinzugießen.

5. Restliche Butter zerlassen, Gratin damit beträufeln und mit Käse bestreuen. Die Form auf dem Rost in den vorgeheizten Backofen schieben.
Ober-/Unterhitze: 200–220 °C
Heißluft: 180–200 °C
Garzeit: etwa 25 Minuten.

Tipp: Statt mit Blattspinat können Sie das Gratin auch mit der gleichen Menge Mangold zubereiten. Wer keinen Speck mag, kann dafür etwa 100 g Schafkäse zerbröseln und auf dem Spinat verteilen. Dazu passt ein gemischter Blattsalat.

Einfach

Maisauflauf mit Hackfleisch
4 Portionen

Maisauflauf mit Hackfleisch

Zubereitungszeit: 40 Minuten
Garzeit: etwa 20 Minuten

1 große Zwiebel
4 Knoblauchzehen
4 EL Olivenöl
750 g Gehacktes
(halb Rind-, halb Schweinefleisch)
Salz
frisch gemahlener Pfeffer
Kreuzkümmel (Cumin)
Cayennepfeffer
Kräuter der Provence
2 grüne Paprikaschoten
2 Dosen Gemüsemais
(Abtropfgewicht je 285 g)
1 Pck. (400 g) pürierte Tomaten
1 Pck. (125 g) Mozzarella-Käse
100 g geriebener Mozzarella-Käse

Zum Garnieren:
einige Kerbelstängel
2–3 Chilischoten

Pro Portion:
E: 52 g, F: 53 g, Kh: 22 g,
kJ: 3246, kcal: 775

1. Den Backofen vorheizen. Zwiebel und Knoblauch abziehen, in kleine Würfel schneiden. Olivenöl in einer großen Pfanne erhitzen, Zwiebel- und Knoblauchwürfel darin glasig dünsten. Gehacktes hinzugeben und unter Rühren darin anbraten, dabei die Fleischklümpchen mit einer Gabel zerdrücken. Mit Salz, Pfeffer, Kreuzkümmel, Cayennepfeffer und Kräutern der Provence würzen.

2. Paprikaschoten halbieren, entstielen, entkernen und die weißen Scheidewände entfernen. Die Schoten waschen, abtropfen lassen und in grobe Würfel schneiden.

3. Mais mit der Flüssigkeit, pürierte Tomaten und Paprikawürfel zu dem Gehackten geben und unter Rühren aufkochen lassen. Gehacktes-Gemüse-Masse in eine Auflaufform geben.

4. Mozzarella in einem Sieb abtropfen lassen, in Scheiben schneiden und auf dem Auflauf verteilen. Den Auflauf mit Käse bestreuen. Die Form auf dem Rost in den vorgeheizten Backofen schieben.
Ober-/Unterhitze: etwa 200 °C
Heißluft: etwa 180 °C
Garzeit: etwa 20 Minuten.

5. Zum Garnieren Kerbelstängel abspülen, trocken tupfen und in kleinere Stängel zupfen. Chilischoten waschen und trocken tupfen. Eine Chilischote in kleine Röllchen schneiden. Den Auflauf mit Kerbel, Chilischoten und -röllchen garniert servieren.

Überbackene Käsespätzle

Tipp: Geben Sie auf jede Käseschicht noch einige klein geschnittene, getrocknete Tomaten (in Öl eingelegt) und frische, klein geschnittene Liebstöckelblätter. Servieren Sie zu den Käsespätzlen einen Blattsalat mit Joghurt-Dressing.

Für Kinder

Süßer Power-Auflauf mit Hirse und Kirschen
4–6 Portionen

Zubereitungszeit: 30 Minuten
Backzeit: etwa 30 Minuten

100 g Hirse
300 ml Milch
1 EL flüssiger Honig
1 Prise Salz
1/2 Pck. Dr. Oetker Finesse Geriebene Zitronenschale

Butter oder Margarine für die Form

1 Ei (Größe M)
1 Pck. Dr. Oetker Vanillin-Zucker
2 EL abgezogene, gehackte Mandeln

175 g TK-Kirschen oder Pflaumen
1 1/2 EL brauner Zucker
25 g weiche Butter oder Margarine

Pro Portion:
E: 7 g, F: 12 g, Kh: 151 g,
kJ: 1105, kcal: 264

1. Hirse in einem Sieb unter fließendem kalten Wasser gut abspülen, abtropfen lassen und in einen Topf geben. Milch, Honig, Salz und Zitronenschale hinzufügen. Die Zutaten unter Rühren zum Kochen bringen. Die Hirse bei schwacher Hitze etwa 5 Minuten quellen lassen. Den Topf von der Kochstelle nehmen und die Hirse weitere etwa 5 Minuten ausquellen lassen. Den Backofen vorheizen.
2. Ei trennen. Eiweiß mit Vanillin-Zucker steifschlagen. Hirse in eine

Beliebt

Überbackene Käsespätzle
4 Portionen

Zubereitungszeit: 45 Minuten, ohne Teigruhezeit
Überbackzeit: 10–15 Minuten

400 g Weizenmehl
4 Eier (Größe M)
1 gestr. TL Salz
125 ml (1/8 l) Wasser

4 l Wasser
4 gestr. TL Salz

250 g mittelalter geriebener Käse, z. B. Gouda- oder Emmentaler-Käse

Nach Belieben:
300 g Zwiebeln
75 g Butter

Pro Portion:
E: 29 g, F: 32 g, Kh: 71 g,
kJ: 2903, kcal: 694

1. Mehl in eine Rührschüssel geben und in die Mitte eine Vertiefung drücken. Eier mit Salz und Wasser verschlagen. Etwas von der Eierflüssigkeit in die Vertiefung gießen und mit Handrührgerät mit Knethaken von der Mitte aus mit dem Mehl verrühren. Restliche Eierflüssigkeit nach und nach hinzugießen. Dabei darauf achten, dass keine Klümpchen entstehen.
2. Den Teig so lange rühren, bis er Blasen wirft. Anschließend etwa 15 Minuten ruhen lassen. Den Backofen vorheizen.
3. Wasser und Salz in einem großen Topf zum Kochen bringen. Den Teig portionsweise mit einem Spätzlehobel oder durch eine Spätzlepresse in das kochende Salzwasser geben. Die Spätzle in 3–5 Minuten gar kochen (die Spätzle sind gar, wenn sie an der Oberfläche schwimmen).
4. Die Spätzle in ein Sieb geben, kurz mit kaltem Wasser abspülen und abtropfen lassen. Die Spätzle abwechselnd mit dem Käse in eine große, flache Auflaufform (gefettet) schichten (die oberste Schicht soll aus Käse bestehen). Die Form auf dem Rost in den vorgeheizten Backofen schieben.
Ober-/Unterhitze: etwa 220 °C
Heißluft: etwa 200 °C
Überbackzeit: 10–15 Minuten.
5. Nach Belieben Zwiebeln abziehen, zuerst in Scheiben schneiden, dann in Ringe teilen. Butter in einer Pfanne zerlassen, Zwiebelringe darin goldbraun braten, herausnehmen und auf den Spätzlen verteilen.

Süßer Power-Auflauf

Texanischer Auflauf

Rührschüssel geben. Eigelb und Mandeln unterrühren. Eischnee unterheben.

3. Die Hälfte der Hirsemasse in eine Auflaufform (gefettet) geben. Gefrorene Kirschen oder Pflaumen darauf verteilen. Restliche Hirsemasse daraufgeben und glattstreichen.

4. Zucker mit Butter oder Margarine vermischen und in kleinen Häufchen auf die Hirsemasse setzen. Die Form auf dem Rost in den vorgeheizten Backofen schieben.
Ober-/Unterhitze: 160–180 °C
Heißluft: 140–160 °C
Backzeit: etwa 30 Minuten.

Vegetarisch

Texanischer Auflauf
12 Portionen

Zubereitungszeit: 30 Minuten, ohne Auftauzeit
Garzeit: etwa 60 Minuten

1 kg TK-Kartoffelwedges (Kartoffelspalten)
750 g TK-Brechbohnen
2 Dosen Kidney-Bohnen (Abtropfgewicht je 230 g)
2 kleine Dosen Gemüsemais (Abtropfgewicht je 360 g)
je 1 rote und grüne Paprikaschote (etwa 400 g)
600 g Schlagsahne
600 ml Milch
12 Eier (Größe M)
Salz
frisch gemahlener Pfeffer
1 TL Paprikapulver edelsüß

Pro Portion:
E: 22 g, F: 28 g, Kh: 47 g,
kJ: 2316, kcal: 553

1. Den Backofen vorheizen. Kartoffelwedges und Bohnen nach Packungsanleitung auftauen lassen. Kidney-Bohnen und Gemüsemais getrennt in je einem Sieb abtropfen lassen.

2. Paprikaschoten halbieren, entstielen, entkernen und die weißen Scheidewände entfernen. Schoten waschen, abtropfen lassen und in Würfel schneiden. Paprikawürfel in kochendem Salzwasser 1–2 Minuten blanchieren, in ein Sieb geben, mit kaltem Wasser übergießen und gut abtropfen lassen.

3. Sahne, Milch und Eier gut verschlagen. Mit Salz, Pfeffer und Paprika würzen.

4. Kartoffelwedges, Brechbohnen, Kidney-Bohnen, Gemüsemais und Paprikawürfel mischen, in eine große, flache Auflaufform oder Fettfangschale geben und mit der Eiersahne übergießen. Die Form auf dem Rost oder die Fettfangschale in den vorgeheizten Backofen schieben.
Ober-/Unterhitze: etwa 180 °C
Heißluft: etwa 160 °C
Garzeit: etwa 60 Minuten

Abwandlung: Statt mit Kartoffelwedges kann der Auflauf auch mit Hackfleisch zubereitet werden. Dafür 1,5 kg Rindergehacktes in 4 Esslöffeln Olivenöl anbraten. 1 abgezogene, in Würfel geschnittene Gemüsezwiebel mit anbraten. Das Gehackte mit Salz, frisch gemahlenem Pfeffer und Chilipulver würzen. Die beiden Bohnensorten und den Mais untermischen. Die Masse in eine Auflaufform oder Fettfangschale füllen und mit der Eiersahne übergießen. Den Auflauf im vorgeheizten Backofen bei Ober-/Unterhitze: etwa 200 °C, Heißluft: etwa 180 °C etwa 40 Minuten garen.

Vegetarisch

Spinat-Schafkäse-Lasagne
4 Portionen

Zubereitungszeit: 50 Minuten
Garzeit: etwa 35 Minuten

3 Knoblauchzehen
3 Zwiebeln
4 EL Olivenöl
600 g TK-Blattspinat
etwa 3 EL Wasser
Salz, frisch gemahlener Pfeffer
frisch geriebene Muskatnuss

Für die Béchamelsauce:
50 g Butter oder Margarine
50 g Weizenmehl
500 ml (1/2 l) Milch
500 ml (1/2 l) Gemüsebrühe
Salz
frisch gemahlener Pfeffer
frisch geriebene Muskatnuss

300 g Schafkäse
1/2 Pck. (225 g) Lasagneplatten, ohne Vorgaren
100 g frische geriebener Gratin-Käse

Pro Portion:
E: 37 g, F: 47g, Kh: 57 g,
kJ: 3384, kcal: 808

1. Knoblauch und Zwiebeln abziehen, in kleine Würfel schneiden. Olivenöl in einem Topf oder in einer Pfanne erhitzen. Knoblauch- und Zwiebelwürfel darin glasig dünsten. Unaufgetauten Spinat und Wasser hinzufügen. Den Spinat zugedeckt bei schwacher Hitze auftauen lassen. Mit Salz, Pfeffer und Muskat würzen. Den Backofen vorheizen.
2. Für die Béchamelsauce Butter oder Margarine in einem Topf zerlassen. Mehl unter Rühren so lange darin erhitzen, bis es hellgelb ist. Milch und Brühe hinzugießen, mit einem Schneebesen durchschlagen, dabei darauf achten, dass keine Klümpchen entstehen. Die Sauce zum Kochen bringen und bei schwacher Hitze etwa 5 Minuten ohne Deckel kochen lassen, dabei gelegentlich umrühren. Mit Salz, Pfeffer und Muskatnuss kräftig würzen.
3. Schafkäse zerbröseln. Etwas von der Sauce in eine eckige Auflaufform geben, eine Schicht Lasagneplatten darauflegen, dann etwas Spinat und etwas Schafkäse daraufgeben, etwas Sauce darauf verteilen.
4. Nacheinander wieder Lasagneplatten, Spinat, Schafkäse und Béchamelsauce einschichten, so dass etwa 4 Lasagneschichten entstehen. Die restliche Béchamelsauce auf die oberste Lasagneschicht streichen und mit Gratin-Käse bestreuen. Die Form ohne Deckel auf dem Rost in den vorgeheizten Backofen schieben.
Ober-/Unterhitze: etwa 200 °C
Heißluft: etwa 180 °C
Garzeit: etwa 35 Minuten.

Beliebt

Tortellini-Mangold-Auflauf
8–10 Portionen

Zubereitungszeit: 40 Minuten
Garzeit: etwa 40 Minuten

1 1/2 kg Mangold
Salzwasser
4 l Wasser
4 gestr. TL Salz
2 Pck. (je 250 g) getrocknete Tortellini mit Käsefüllung
400 g Cocktailtomaten
100 g Walnusskerne
250 g Mozzarella
125 g Frühstücksspeck (Bacon)

Für den Guss:
6 Eier (Größe M)
200 g Schlagsahne

Spinat-Schafkäse-Lasagne

Tortellini-Mangold-Auflauf

Pastinakengratin

200 ml Milch
3 TL Thymian in Pflanzenöl
(aus dem Glas)
frisch gemahlener, weißer Pfeffer

Pro Portion:
E: 26 g, F: 37 g, Kh: 41 g,
kJ: 2617, kcal: 627

1. Mangold putzen, gründlich waschen und abtropfen lassen. Die weißen Blattrippen in schmale, das Blattgrün in breite Streifen schneiden. Mangold in reichlich kochendem Salzwasser etwa 3 Minuten vorgaren. Mit einer Schaumkelle herausnehmen und abtropfen lassen.
2. Wasser in einem großen Topf mit geschlossenem Deckel zum Kochen bringen. Dann Salz und Tortellini zugeben. Die Tortellini im geöffneten Topf bei mittlerer Hitze nach Packungsanleitung bissfest kochen, dabei zwischendurch 4–5-mal umrühren. Anschließend Tortellini in ein Sieb geben, mit heißem Wasser abspülen und abtropfen lassen. Den Backofen vorheizen.
3. Cocktailtomaten waschen, abtrocknen und halbieren. Walnusskerne grob hacken. Mozzarella abtropfen lassen und in Würfel oder Scheiben schneiden. Speckscheiben in einer Pfanne ohne Fett kross braten, herausnehmen und auf Küchenpapier abtropfen lassen.
4. Mangold mit Tortellini und Walnusskernen mischen, in eine große, flache Auflaufform geben. Tomatenhälften und Mozzarella darauf verteilen und mit den Speckscheiben belegen.
5. Für den Guss Eier mit Sahne, Milch und Thymianpaste verschlagen. Mit Pfeffer und eventuell Salz würzen. Die Eiersahne auf dem Auflauf verteilen. Die Form auf dem Rost in den vorgeheizten Backofen schieben.
Ober-/Unterhitze: 180–200 °C
Heißluft: 160–180 °C
Garzeit: etwa 40 Minuten.

Preiswert

Pastinakengratin
4 Portionen

Zubereitungszeit: 30 Minuten
Garzeit: etwa 40 Minuten

1,2 kg Pastinaken
150 g Joghurt
100 g Magerquark
100 ml Milch, 2 Eier
Muskat, Salz, Pfeffer
120 g geriebener Höhlenkäse
1 Bund Frühlingszwiebeln
60 g gehackte Haselnusskerne

Pro Portion:
E: 24 g, F: 25 g, Kh: 34 g,
kJ: 2030, kcal: 486

1. Pastinaken schälen, in etwa 2 mm dicke Scheiben schneiden und in eine runde Gratinform (Ø 30 cm) schichten. Backofen vorheizen.
2. Joghurt, Quark, Milch und Eier verschlagen, mit Muskat, Salz und Pfeffer würzen. Die Masse darauf verteilen. Käse auf das Gratin streuen. Die Form auf dem Rost in den Backofen schieben.
Ober-/Unterhitze: etwa 180 °C
Heißluft: etwa 160 °C
Gas: Stufe 12
Garzeit: etwa 40 Minuten.
3. Frühlingszwiebeln putzen, waschen, abtropfen lassen, in Ringe schneiden.
4. Frühlingszwiebeln und Haselnusskerne 10 Minuten vor dem Ende der Backzeit auf das Gratin streuen.

Nudel-Mett-Auflauf

Minifrikadellenauflauf

Schnell – einfach

Nudel-Mett-Auflauf
4 Portionen

Zubereitungszeit: 20 Minuten
Garzeit: etwa 35 Minuten

2 1/2 l Wasser
2 1/2 gestr. TL Salz
250 g Spiralnudeln

500 g Thüringer Mett

1 Dose (400 g) Tomatenstücke mit Kräutern
1/2 Flasche (250 ml) Texicana-Salsa
1 Pck. (300 g) TK-Balkangemüse
Salz, frisch gemahlener Pfeffer
Kräuter der Provence
50 g Parmesan-Käse
25 g Semmelbrösel

Pro Portion:
E: 42 g, F: 48 g, Kh: 64 g,
kJ: 3692, kcal: 882

1. Wasser in einem großen Topf mit geschlossenem Deckel zum Kochen bringen. Dann Salz und Nudeln zugeben. Die Nudeln im geöffneten Topf bei mittlerer Hitze nach Packungsanleitung kochen lassen, dabei zwischendurch 4–5-mal umrühren. Den Backofen vorheizen.
2. Anschließend die Nudeln in ein Sieb geben, mit heißem Wasser abspülen, abtropfen lassen und in eine flache, große Auflaufform geben.
3. Aus dem Mett kleine Klöße formen. Mettklößchen zwischen den Nudeln verteilen.
4. Tomatenstücke mit Texicana-Salsa und Balkangemüse verrühren. Mit Salz, Pfeffer und Kräutern der Provence würzen. Das Gemüse auf den Nudeln und Mettklößchen verteilen. Mit Käse und Semmelbröseln bestreuen. Die Form auf dem Rost in den vorgeheizten Backofen schieben.
Ober-/Unterhitze: etwa 200 °C
Heißluft: etwa 180 °C
Garzeit: etwa 35 Minuten

Tipp: Sie können auch Tomaten mit Kräutern im Tetra Pack® (Einwaage 370 g) verwenden.

Für Gäste

Minifrikadellenauflauf
8–10 Portionen

Zubereitungszeit: 75 Minuten
Garzeit: etwa 25 Minuten

1 kg Gehacktes
(halb Rind-, halb Schweinefleisch)
2 Eier (Größe M)
2 Beutel Zwiebelsauce
(für je 250 ml Wasser)
6 EL Speiseöl
1 kg Möhren
2 Gläser feine junge Schnittbohnen
(Abtropfgewicht je 330 g)
Salz, Pfeffer, Bohnenkraut

Für den Guss:
2 Becher (je 125 g)
Kräuter-Crème-fraîche
6 EL Schlagsahne

Zum Bestreuen:
200 g frisch geriebener Gratin-Käse

Pro Portion:
E: 32 g, F: 52 g, Kh: 13 g,
kJ: 2855, kcal: 682

1. Gehacktes in eine Rührschüssel geben. Eier und Zwiebelsaucen-Pulver unterkneten. Aus der Masse mit angefeuchteten Händen kleine Frikadellen formen (etwa 40 Stück).
2. Etwas Speiseöl in einer Pfanne erhitzen. Frikadellen darin portionsweise knusprig braten, herausnehmen, auf Küchenpapier abtropfen lassen. Den Backofen vorheizen.

3. Möhren putzen, schälen, waschen, abtropfen lassen und schräg in dünne Scheiben schneiden. Die Möhrenscheiben portionsweise in dem verbliebenen Bratfett unter Wenden einige Minuten dünsten (eventuell etwas Wasser hinzufügen).
4. Bohnen in einem Sieb abtropfen lassen und mit den Möhrenscheiben mischen. Mit Salz, Pfeffer und Bohnenkraut würzen. Die Gemüsemasse in eine große, flache Auflaufform geben. Die Minifrikadellen darauf verteilen.
5. Für den Guss Crème fraîche mit Sahne verrühren und als Klecks auf dem Auflauf verteilen. Gratin-Käse darüberstreuen. Die Form auf dem Rost in den vorgeheizten Backofen schieben.
Ober-/Unterhitze: etwa 200 °C
Heißluft: etwa 180 °C
Garzeit: etwa 25 Minuten.

Vorbereitungstipp: Sie können den Auflauf bereits am Vortag bis einschließlich Punkt 4 vorbereiten und zugedeckt kalt stellen. Vor dem Verzehr dann ab Punkt 5 fortfahren. Die Backzeit verlängert sich dann um etwa 15 Minuten.

Einfach

Maultaschenauflauf
4 Portionen

Zubereitungszeit: 35 Minuten
Garzeit: etwa 25 Minuten.

3 Zwiebeln
4–6 Knoblauchzehen
4 EL Olivenöl
2 Pck. (je 300 g) TK-Blattspinat

Für die Sauce:
60 g Butter
60 g Weizenmehl
500 ml (1/2 l) Milch
250 g Schlagsahne
Salz, frisch gemahlener Pfeffer
frisch geriebene Muskatnuss

40 g Butter
2 Pck. (je 300 g) Schwäbische Maultaschen (aus dem Kühlregal)
600 g Tomaten

Zum Bestreuen:
200 g Edamer-Käse

Maultaschenauflauf

3 Zwiebeln
20 g Butter

Pro Portion:
E: 17 g, F: 35 g, Kh: 20 g,
kJ: 2002, kcal: 478

1. Zwiebeln und Knoblauch abziehen, in kleine Würfel schneiden. Olivenöl in einem Topf erhitzen. Zwiebel- und Knoblauchwürfel darin andünsten.
2. Unaufgetauten Spinat hinzugeben und zugedeckt bei schwacher Hitze unter gelegentlichem Rühren auftauen lassen.
3. In der Zwischenzeit für die Sauce Butter in einem Topf zerlassen. Mehl unter Rühren so lange darin erhitzen, bis es hellgelb ist. Milch und Sahne hinzugießen, mit einem Schneebesen durchschlagen, dabei darauf achten, dass keine Klümpchen entstehen. Die Sauce unter Rühren zum Kochen bringen und aufkochen lassen. Mit Salz, Pfeffer und Muskat würzen. Den Backofen vorheizen.
4. Butter in einer Pfanne zerlassen. Die Maultaschen darin 3–5 Minuten unter Wenden braten. Tomaten waschen, abtrocknen und die Stängelansätze herausschneiden. Tomaten in Scheiben schneiden.
5. Spinat mit der Garflüssigkeit in eine große, flache Auflaufform geben. Maultaschen und Tomatenscheiben darauf geben. Die Sauce darauf verteilen.
6. Zum Bestreuen Käse fein reiben und auf den Auflauf streuen. Die Form auf dem Rost in den vorgeheizten Backofen schieben.
Ober-/Unterhitze: 180–200 °C
Heißluft: 160–180 °C
Garzeit: etwa 25 Minuten.
7. In der Zwischenzeit Zwiebeln abziehen, zuerst in Scheiben schneiden, dann in Ringe teilen oder Zwiebeln würfeln. Butter zu dem Maultaschen-Bratfett geben und zerlassen. Zwiebelringe oder -würfel darin knusprig braun braten. Den Auflauf mit den Zwiebeln belegen und sofort servieren.

Raffiniert

Linsen-Fisch-Auflauf
4 Portionen

Zubereitungszeit: 30 Minuten, ohne Auftauzeit
Garzeit: etwa 15 Minuten

600 g TK-Kabeljaufilet oder anderes festes Fischfleisch, z. B. Steinbutt, Rotbarsch
2 Stangen Porree (Lauch)
3 EL Speiseöl
1 Dose Linsen mit Suppengrün (Einwaage 800 g)
1 Becher (150 g) Crème fraîche
Salz, frisch gemahlener Pfeffer

4 Scheiben Weizentoastbrot (je 25 g)
100 g Schinkenwürfel
30 g Butter
1 Pck. Dr. Oetker Finesse Geriebene Zitronenschale
2 EL gehackte gemischte Kräuter, z. B. Petersilie, Thymian und Schnittlauch

Pro Portion:
E: 44 g, F: 30 g, Kh: 38 g,
kJ: 2504, kcal: 599

1. Kabeljaufilet nach Packungsanleitung auftauen lassen.
2. Den Backofen vorheizen. Porree putzen, die Stangen längs halbieren, waschen und abtropfen lassen. Porree in Streifen schneiden. Speiseöl in einem großen Topf erhitzen. Porreestreifen darin etwa 5 Minuten unter Wenden andünsten. Linsen mit der Flüssigkeit hinzufügen, unterrühren und erhitzen. Crème fraîche unter die Linsen-Porree-Masse rühren, mit Salz und Pfeffer würzen. Die Masse in eine flache Auflaufform geben.
3. Toastbrot entrinden und zerbröseln. Schinkenwürfel in einer Pfanne ohne Fett knusprig braun braten. Butter hinzufügen und zerlassen. Die Brotbrösel darin goldbraun rösten. Zitronenschale und Kräuter unterrühren.
4. Kabeljaufilet unter fließendem kalten Wasser abspülen, trocken tupfen und in 4 gleich große Portionsstücke schneiden. Mit Salz und Pfeffer bestreuen.
5. Die Fischfiletstücke auf die Linsenmasse legen. Filetstücke mit dem Brotbrösel-Speck-Gemisch bestreuen. Die Form auf dem Rost in den vorgeheizten Backofen schieben.

Ober-/Unterhitze: etwa 200 °C
Heißluft: etwa 180 °C
Garzeit: etwa 15 Minuten

Abwandlung: Statt der Porreestangen 2 abgezogene, entkernte, gewürfelte Fleischtomaten und einige in Ringe geschnittene Frühlingszwiebeln unter die Linsen heben. Die Frühlingszwiebeln brauchen nicht vorher angedünstet zu werden.

Einfach

Kartoffel-Bohnen-Gratin
8–10 Portionen

Zubereitungszeit: 50 Minuten, ohne Auftauzeit
Garzeit: etwa 15 Minuten

1,2 kg TK-Brechbohnen
1,2 kg kleine Kartoffeln
4 Knoblauchzehen
1 Bund Thymian
100 g Butter oder Margarine
Salz
frisch gemahlener Pfeffer

Linsen-Fisch-Auflauf

Kartoffel-Bohnen-Gratin

1 kg Schafkäse
3 EL Sesamsamen

Pro Portion:
E: 19 g, F: 22 g, Kh: 26 g,
kJ: 1602, kcal: 382

1. Brechbohnen in eine Schüssel geben und auftauen lassen.
2. Kartoffeln gründlich waschen, mit Salzwasser bedeckt zum Kochen bringen und in etwa 20 Minuten gar kochen. Kartoffeln abgießen, abdämpfen und noch warm pellen. Den Backofen vorheizen.
3. Knoblauch abziehen und in kleine Würfel schneiden. Thymian abspülen und trocken tupfen. Die Blättchen von den Stängeln zupfen. Blättchen klein schneiden.
4. Butter oder Margarine in einem Topf zerlassen. Kartoffeln und Brechbohnen darin andünsten, Knoblauch und Thymian hinzufügen, mit Salz und Pfeffer würzen.
5. Schafkäse würfeln, mit Brechbohnen und Kartoffeln mischen, in eine Fettfangschale oder eine große Auflaufform füllen und mit Sesam bestreuen. Die Fettfangschale oder die Form auf dem Rost in den vorgeheizten Backofen schieben.

Ober-/Unterhitze: 180–200 °C
Heißluft: 160–180 °C
Garzeit: etwa 15 Minuten.

Tipp: Wer keinen Schafkäse mag, kann diesen durch Gouda- oder Emmentaler-Käse ersetzen.

Raffiniert – mit Alkohol

Fischpfanne mit grünen Nudeln
4 Portionen

Zubereitungszeit: 40 Minuten
Garzeit: etwa 10 Minuten

600 g Seelachsfilet
1 EL Zitronensaft
Salz
frisch gemahlener Pfeffer
125 ml (1/8 l) trockener Weißwein
200 g Schlagsahne
250 g geriebener Maasdamer-Käse
1 EL Saucenbinder, hell
1 Eigelb (Größe M)

5 l Wasser
5 TL Salz
500 g grüne Bandnudeln

Zum Bestreuen:
2 Msp. Paprikapulver edelsüß

Pro Portion:
E: 64 g, F: 40 g, Kh: 90 g,
kJ: 4407, kcal: 1053

1. Fischfilet unter fließendem kalten Wasser abspülen, trocken tupfen und in kleine Stücke schneiden. Fischstücke mit Zitronensaft beträufeln, mit Salz und Pfeffer bestreuen.
2. Fischfiletstücke in eine Pfanne legen, Wein hinzugießen, zum Kochen bringen und etwa 5 Minuten dünsten. Fischstücke in einem Sieb abtropfen lassen, dabei den Weinsud auffangen.
3. Den Weinsud in einem Topf mit Sahne und Käse unter Rühren langsam erhitzen (nicht kochen lassen). Saucenbinder einrühren, die Sauce unter Rühren kurz aufkochen lassen. Den Topf von der Kochstelle nehmen. Eigelb unterrühren. Den Backofen vorheizen.
4. Wasser in einem großen Topf mit geschlossenem Deckel zum Kochen bringen. Dann Salz und Bandnudeln zugeben. Die Bandnudeln im geöffneten Topf bei mittlerer Hitze nach Packungsanleitung kochen lassen, dabei gelegentlich umrühren.
5. Anschließend die Bandnudeln in ein Sieb geben, mit heißem Wasser abspülen und abtropfen lassen.
6. Bandnudeln in eine große, flache Auflaufform (gefettet) geben. Fischstücke darauf verteilen, mit der Sahne-Käse-Sauce übergießen und mit Paprika bestreuen. Die Form auf dem Rost in den vorgeheizten Backofen schieben und die Fischpfanne überbacken.

Ober-/Unterhitze: etwa 200 °C
Heißluft: etwa 180 °C
Garzeit: etwa 10 Minuten.

7. Die Fischpfanne sofort servieren.

Tipp: Die Fischpfanne kann auch unter dem vorgeheizten Grill kurz überbacken werden.

Fischgratin

Fischauflauf Mittelmeer

Vollwert

Fischgratin
4 Portionen

Zubereitungszeit: 50 Minuten
Garzeit: 5–20 Minuten

200 g Naturreis
1 l Salzwasser
500 g Brokkoli
etwas Salzwasser
500 g Seelachsfilet
Saft von 1 Zitrone
2 Tomaten

Für die Sauce:
1 EL Weizenmehl (Type 1050)
200 ml Gemüsebrühe (Instant)
150 ml Milch
2 EL mittelscharfer Senf
frisch gemahlener, weißer Pfeffer
etwas frische Petersilie, Dill und Liebstöckel oder 1 Pck. TK-Kräuter

Pro Portion:
E: 33 g, F: 7 g, Kh: 47 g,
kJ: 1650, kcal: 392

1. Reis in kochendes Salzwasser geben, zugedeckt zum Kochen bringen und bei schwacher Hitze etwa 30 Minuten ausquellen lassen. Den Backofen vorheizen.
2. In der Zwischenzeit vom Brokkoli die Blätter und harten Strünke entfernen. Brokkoli waschen, abtropfen lassen und in kleine Röschen teilen. Brokkolistängel schälen und in Würfel schneiden. Brokkoli in einem Topf in wenig Salzwasser zugedeckt etwa 5 Minuten dünsten. Reis und Brokkoli getrennt in je einem Sieb gut abtropfen lassen.
3. Seelachfilet unter fließendem kalten Wasser abspülen und trocken tupfen. Filets mit Zitronensaft beträufeln und in Stücke schneiden. Tomaten waschen, abtrocknen, halbieren und die Stängelansätze herausschneiden. Tomaten in Würfel schneiden.
4. Für die Sauce Mehl in einem Topf unter Rühren bei mittlerer Hitze so lange erhitzen, bis es goldgelb ist. Brühe und Milch nach und nach hinzugießen, mit einem Schneebesen kräftig durchschlagen. Dabei darauf achten, dass keine Klümpchen entstehen. Die Sauce kurz aufkochen lassen. Mit Senf und Pfeffer würzen.
5. Petersilie, Dill und Liebstöckel abspülen und trocken tupfen. Die Blättchen bzw. Spitzen von den Stängeln zupfen. Blättchen bzw. Spitzen klein schneiden und unter die Sauce rühren.
6. Reis, Seelachfiletstücke, Brokkoli und Tomatenwürfel in eine flache Auflaufform schichten, mit Salz und Pfeffer würzen. Die Sauce darauf verteilen.
7. Die Form auf dem Rost in den vorgeheizten Backofen schieben.
Ober-/Unterhitze: etwa 200 °C
Heißluft: etwa 180 °C
Garzeit: 15–20 Minuten.

Gut vorzubereiten

Fischauflauf Mittelmeer
4 Portionen

Zubereitungszeit: 60 Minuten
Garzeit: 20 Minuten

1 Gemüsezwiebel
500 g Auberginen
500 g Zucchini
5 EL Olivenöl

etwas Butter für die Form

4 Tomaten
Salz, frisch gemahlener Pfeffer
600 g Seelachsfilet

2 EL Zitronensaft
gerebelter Oregano
gerebeltes Basilikum
40 g Butter

Pro Portion:
E: 32 g, F: 25 g, Kh: 12 g,
kJ: 1769, kcal: 423

1. Die Gemüsezwiebel abziehen, vierteln und in Streifen schneiden. Auberginen und Zucchini waschen, abtrocknen und die Enden bzw. Stängelansätze entfernen. Auberginen und Zucchini halbieren, in Scheiben schneiden. Den Backofen vorheizen.
2. Olivenöl in einem Topf erhitzen. Zwiebelstreifen, Auberginen- und Zucchinischeiben darin andünsten. Eventuell 2 Esslöffel Wasser hinzugeben.
3. Gemüse herausnehmen und in eine feuerfeste Form (gefettet) geben.
4. Tomaten waschen, kreuzweise einschneiden und einige Sekunden in kochendes Wasser legen. Tomaten kurz in kaltes Wasser legen, enthäuten, halbieren, entkernen und die Stängelansätze herausschneiden. Tomatenhälften in Scheiben schneiden und auf dem Gemüse verteilen. Mit Salz und Pfeffer bestreuen.
5. Seelachsfilet unter fließendem kalten Wasser abspülen, trocken tupfen, mit Zitronensaft beträufeln und mit Salz bestreuen. Seelachsfilet auf das Gemüse legen. Mit Pfeffer, Oregano und Basilikum bestreuen.

Butter in Flöckchen daraufsetzen. Die Form auf dem Rost in den vorgeheizten Backofen schieben.
Ober-/Unterhitze: etwa 200 °C
Heißluft: etwa 180 °C
Garzeit: etwa 20 Minuten.

Raffiniert

Crêpes soufflé
8 Crêpes, 4 Portionen

Zubereitungszeit: 40 Minuten, ohne Teigruhezeit
Garzeit: etwa 20 Minuten je Form

Für den Crêpes-Teig:
100 g Weizenmehl, 1 EL Speisestärke
1/4 TL Salz
3 Eier (Größe M)
125 ml (1/8 l) Milch
2 EL zerlassene Butter

Speiseöl zum Backen

Für die Füllung:
1 EL Butter
1 EL Weizenmehl
250 ml (1/4 l) Milch
1 Eigelb (Größe M)
2 EL Zitronensaft
Salz, Cayennepfeffer
1 Prise Currypulver
1 Eiweiß (Größe M)
200 g geschälte Krabben
2 EL frisch geriebener Emmentaler-Käse

Zum Bestreichen und Bestreuen:
zerlassene Butter, Sesamsamen

Pro Portion:
E: 27 g, F: 44 g, Kh: 30 g,
kJ: 2633, kcal: 629

1. Mehl und Speisestärke in einer Rührschüssel mischen. Salz, Eier, Milch und Butter hinzufügen. Die Zutaten schnell zu einem glatten, flüssigen Teig verrühren. Darauf achten, dass keine Klümpchen entstehen. Teig etwa 30 Minuten ruhen lassen. Den Backofen vorheizen.
2. Speiseöl in einer kleinen Pfanne erhitzen. Teig gut durchrühren und eine dünne Teiglage hineingeben. Crêpe von beiden Seiten goldbraun backen (bevor der Crêpe gewendet wird, wieder etwas Speiseöl in die Pfanne geben). Crêpe herausnehmen, auf einen Teller geben und ein Stück Pergamentpapier darauflegen. Aus dem restlichen Teig weitere sieben Crêpes backen.
3. Für die Füllung Butter in einem Topf zerlassen. Mehl unter Rühren so lange darin erhitzen, bis es hellgelb ist. Nach und nach Milch hinzugießen. Mit einem Schneebesen durchschlagen. Darauf achten, dass kleine Klümpchen entstehen.
4. Die Sauce unter Rühren zum Kochen bringen und etwa 5 Minuten unter Rühren kochen lassen. Den Topf von der Kochstelle nehmen und Eigelb unterschlagen. Die Sauce mit Zitronensaft, Salz, Cayennepfeffer und Curry würzen.
5. Eiweiß steifschlagen, mit Krabben und Käse unter die Sauce heben. Die Crêpes mit der Krabbenmasse füllen und aufrollen. Jeweils zwei Crêpes nebeneinander in eine gefettete feuerfeste Form (gefettet) legen. Die Crêpes mit zerlassener Butter bestreichen und mit Sesam bestreuen. Die Formen nacheinander (bei Heißluft zusammen) auf dem Rost in den vorgeheizten Backofen schieben.
Ober-/Unterhitze: etwa 220 °C
Heißluft: etwa 200 °C
Garzeit: etwa 20 Minuten je Form.

Crêpes soufflé

Für Gäste

Elsässer Bäckerofe
6 Portionen

Zubereitungszeit: 60 Minuten, ohne Durchziehzeit
Garzeit: etwa 3 Stunden

500 g Rindfleisch
(z. B. aus der Unterschale)
500 g Schweinenacken
(ohne Knochen)
500 g Lammfleisch (ohne Knochen, aus Schulter oder Keule)
250 g Zwiebeln
225 g Porree (Lauch)
750 ml (3/4 l) trockener Weißwein
2 Lorbeerblätter
8 Pfefferkörner
1 EL frische Thymianblättchen
1 1/2 kg vorwiegend festkochende Kartoffeln
Salz, frisch gemahlener Pfeffer

Für den Teig:
250 g Weizenmehl
1/2 gestr. TL Salz
knapp 200 ml Wasser

Außerdem:
Butter für die Form

Pro Portion:
E: 56 g, F: 18 g, Kh: 32 g,
kJ: 2563, kcal: 612

1. Alle Fleischsorten unter fließendem kalten Wasser abspülen, trocken tupfen und in etwa 2 1/2 cm große Würfel schneiden. Zwiebeln abziehen, halbieren und in Scheiben schneiden. Porree putzen, die Stange längs halbieren, gründlich waschen, abtropfen lassen und in dünne Scheiben schneiden.
2. Fleischwürfel, Porreescheiben und die Hälfte der Zwiebelscheiben in einen Topf geben, mit Weißwein übergießen. Lorbeerblätter, Pfefferkörner und Thymianblättchen hinzugeben, zugedeckt etwa 24 Stunden im Kühlschrank durchziehen lassen.
3. Den Backofen vorheizen. Marinierte Fleischwürfel abtropfen lassen. Kartoffeln waschen, schälen, abspülen, abtropfen lassen und in Scheiben schneiden. Eine große Auflaufform oder einen Bräter (Inhalt 3 l, mit Deckel, gefettet) mit einem Drittel der Kartoffelscheiben auslegen, mit Salz und Pfeffer bestreuen. Darauf die nicht marinierten Zwiebelscheiben und die Hälfte des abgetropften Fleisches geben, mit Salz und Pfeffer bestreuen.
4. Wieder ein Drittel der Kartoffelscheiben einschichten, salzen und pfeffern, dann die restlichen Fleischwürfel darauflegen. Die eingelegten Zwiebel- und Porreescheiben darauf verteilen. Mit den restlichen Kartoffelscheiben belegen, mit Salz und Pfeffer bestreuen. Die Marinade daraufgeben.
5. Für den Teig Mehl in eine Rührschüssel, Salz hinzufügen und mit so viel Wasser mit Handrührgerät mit Knethaken verkneten, dass ein fester Teig entsteht. Aus dem Teig eine Rolle in Länge des Form- oder Bräterumfangs formen. Den Rand der Auflaufform oder des Bräters einfetten, die Teigrolle darauflegen und etwas andrücken. Den Deckel ebenfalls einfetten und auf den Teig legen. Die Form oder den Bräter auf dem Rost in den vorgeheizten Backofen schieben.
Ober-/Unterhitze: etwa 180 °C
Heißluft: etwa 160 °C
Garzeit: etwa 3 Stunden.

Vegetarisch

Cannelloni mit Ricotta-Spinat-Füllung
4 Portionen

Zubereitungszeit: 75 Minuten, ohne Auftauzeit
Garzeit: 34–40 Minuten

Für die Füllung:
120 g Zwiebeln
4 Knoblauchzehen
50 g abgezogene, gestiftelte Mandeln

Elsässer Bäckerofe

Cannelloni mit Ricotta-Spinat-Füllung

4 EL Olivenöl
700 g TK-Blattspinat
500 g Ricotta
(italienischer Frischkäse)
Salz
frisch gemahlener Pfeffer
frisch geriebene Muskatnuss
1 Pck. (250 g) Cannelloni
(ohne Vorgaren)

Für die Sauce:
50 g Butter
40 g Weizenmehl
500 ml (½ l) Milch
375 ml (⅜ l) Gemüsebrühe
2 Eigelb (Größe M)
100 g frisch geriebener Parmesan-Käse

Pro Portion:
E: 42 g, F: 64 g, Kh: 61 g,
kJ: 4153, kcal: 992

Champignonauflauf

1. Für die Füllung Zwiebeln und Knoblauch abziehen, in kleine Würfel schneiden. Mandeln in einer Pfanne ohne Fett hellbraun rösten, herausnehmen und auf einen Teller legen.
2. Zwei Esslöffel des Olivenöls in einem großen Topf erhitzen. Zwiebel- und Knoblauchwürfel darin glasig dünsten. Blattspinat hinzufügen und nach Packungsanleitung auftauen lassen. Den Backofen vorheizen.
3. Mandeln mit 250 g Ricotta gut vermengen und unter den Spinat rühren. Mit Salz, Pfeffer und Muskat kräftig würzen.
4. Die Spinatmasse in einen Spritzbeutel ohne Tülle geben. Die Cannelloni damit füllen und in eine Auflaufform (mit restlichem Olivenöl gefettet) geben.
5. Für die Sauce Butter in einem Topf zerlassen. Mehl hinzufügen, unter Rühren so lange erhitzen, bis es hellgelb ist. Milch und Brühe hinzugießen, mit einem Schneebesen durchschlagen, darauf achten, dass keine Klümpchen entstehen. Die Sauce unter Rühren zum Kochen bringen. Den Topf von der Kochstelle nehmen, Eigelb unterrühren. Mit Salz, Pfeffer und Muskat würzen. Restlichen Ricotta unterrühren.

6. Die Sauce auf den Cannelloni verteilen. Käse daraufstreuen. Die Form auf dem Rost in den vorgeheizten Backofen schieben.
Ober-/Unterhitze: etwa 180 °C
Heißluft: etwa 160 °C
Garzeit: 35–40 Minuten.

Dauert länger – vegetarisch

Champignonauflauf
4 Portionen

Zubereitungszeit: 40 Minuten
Garzeit: etwa 45 Minuten

300 g Staudensellerie
400 g Champignons
1 rote Paprikaschote
1 Bund Frühlingszwiebeln
Salz
frisch gemahlener Pfeffer
gerebelter Thymian
5 Eier (Größe M)
200 g Schlagsahne
gemahlene Muskatblüte (Macis)
120 g geraspelter Pecorino-Käse
60 g Sonnenblumenkerne
Paprikapulver edelsüß

30 g Butter für die Form

Pro Portion:
E: 29 g, F: 46 g, Kh: 9 g,
kJ: 2464, kcal: 588

1. Staudensellerie putzen und die harten Außenfäden abziehen. Sellerie waschen, abtropfen lassen und in dickere Scheiben schneiden. Den Backofen vorheizen.
2. Champignons putzen, mit Küchenpapier abreiben, eventuell abspülen, gut abtropfen lassen und vierteln.
3. Paprika halbieren, entstielen, entkernen, weiße Scheidewände entfernen. Schote waschen, abtropfen lassen und in Würfel schneiden.
4. Frühlingszwiebeln putzen, waschen, abtropfen lassen und in etwa 1 cm große Stücke schneiden. Die vorbereiteten Gemüsezutaten vermischen, mit Salz, Pfeffer und Thymian würzen und in eine Auflaufform (mit Butter gefettet) geben. Eier mit Sahne verschlagen, mit Salz und Muskatblüte würzen. Die Eiermilch auf dem Gemüse verteilen. Mit Käse, Sonnenblumenkernen und Paprika bestreuen.
5. Die Form auf dem Rost in den vorgeheizten Backofen schieben.
Ober-/Unterhitze: 180–200 °C
Heißluft: 160–180 °C
Garzeit: etwa 45 Minuten.

Bunter Gemüseauflauf

Badischer Nudeltraum

Vegetarisch

Bunter Gemüseauflauf
4 Portionen

Zubereitungszeit: 40 Minuten, ohne Abkühlzeit
Garzeit: etwa 50 Minuten

500 g Kartoffeln
Salzwasser
je 1 rote und grüne Paprikaschote
1 Dose Gemüsemais
(Abtropfgewicht 150 g)
200 g Champignons
1 Stange Porree (Lauch)
Salz, frisch gemahlener Pfeffer
250 g Schlagsahne
4 Eier
1 EL Basilikum in Streifen
75 g geriebener Gouda-Käse

3 EL Schnittlauchröllchen

Pro Portion:
E: 21 g, F: 33 g, Kh: 36 g,
kJ: 2298, kcal: 548

1. Kartoffeln gründlich waschen, mit Salzwasser bedeckt zum Kochen bringen und etwa 20 Minuten garen. Kartoffeln abgießen, abdämpfen und erkalten lassen. Kartoffeln in Scheiben schneiden.
2. Paprika halbieren, entstielen, entkernen und die weißen Scheidewände entfernen. Schoten waschen, abtropfen lassen und in Stücke schneiden. Den Backofen vorheizen.
3. Mais in einem Sieb abtropfen lassen. Champignons putzen, mit Küchenpapier abreiben, eventuell abspülen, trocken tupfen und in Scheiben schneiden. Porree putzen, die Stange längs halbieren, gründlich waschen, abtropfen lassen und ebenfalls in Scheiben schneiden.
4. Die vorbereiteten Zutaten mischen, mit Salz und Pfeffer bestreuen und in eine Auflaufform (gefettet) geben. Sahne und Eier verrühren, mit Salz und Pfeffer würzen, Basilikumstreifen hinzufügen.
5. Käse unterrühren. Die Eiersahne auf dem Auflauf verteilen. Die Form auf dem Rost in den vorgeheizten Backofen schieben.
Ober-/Unterhitze: etwa 180 °C
Heißluft: etwa 160 °C
Garzeit: etwa 50 Minuten.
6. Den Gemüseauflauf mit Schnittlauchröllchen bestreut servieren.

Schnell

Badischer Nudeltraum
4 Portionen

Zubereitungszeit: 60 Minuten
Garzeit: etwa 25 Minuten

2 EL Speiseöl
400 g Rindergehacktes
2 Zwiebeln
Salz, frisch gemahlener Pfeffer

2 ½ l Wasser
2 ½ TL Salz
250 g Bandnudeln

250 g Brokkoli
250 ml (¼ l) Hühnerbrühe
3 Tomaten
2–3 EL geriebener, mittelalter Gouda-Käse
40 g Butter

Pro Portion:
E: 38 g, F: 42 g, Kh: 49 g,
kJ: 3215, kcal: 768

1. Speiseöl in einer großen Pfanne erhitzen. Gehacktes hinzufügen und unter Rühren anbraten. Dabei die

Fleischklümpchen mit einer Gabel zerdrücken.

2. Zwiebeln abziehen, in kleine Würfel schneiden, zum Gehackten geben und 2–3 Minuten mitbraten. Mit Salz und Pfeffer würzen.

3. Wasser in einem großen Topf mit geschlossenem Deckel zum Kochen bringen. Dann Salz und Nudeln zugeben. Die Nudeln im geöffneten Topf bei mittlerer Hitze nach Packungsanleitung kochen lassen, dabei zwischendurch 4–5-mal umrühren.

4. Anschließend die Nudeln in ein Sieb geben, mit heißem Wasser abspülen und abtropfen lassen.

5. Vom Brokkoli die Blätter entfernen. Den Brokkoli in Röschen teilen. Die Stängel am Strunk schälen und bis kurz vor den Röschen kreuzweise einschneiden. Die Röschen waschen und abtropfen lassen.

6. Die Hühnerbrühe in einem Topf zum Kochen bringen. Brokkoliröschen darin etwa 5 Minuten garen. Die Brokkoliröschen in einem Sieb abtropfen lassen, dabei die Brühe auffangen.

7. Tomaten waschen, abtropfen lassen, kreuzweise einschneiden und einige Sekunden in kochendes Wasser legen. Tomaten kurz in kaltes Wasser legen, enthäuten und Stängelansätze entfernen. Tomaten in Scheiben schneiden.

8. Die Fleischmasse und zwei Drittel der Nudeln in einer Auflaufform (gefettet) verteilen. Brokkoliröschen und Tomatenscheiben daraufgeben, mit Salz und Pfeffer würzen. Die aufgefangene Brühe hinzugießen, die restlichen Nudeln darauf verteilen. Den Auflauf mit Käse bestreuen. Butter in Flöckchen daraufsetzen. Die Form auf dem Rost in den vorgeheizten Backofen schieben.
Ober-/Unterhitze: etwa 200 °C
Heißluft: etwa 180 °C
Garzeit: etwa 25 Minuten.

Für Kinder – einfach

Bunter Nudelauflauf mit Schinken
4 Portionen

Zubereitungszeit: 75 Minuten
Garzeit: etwa 45 Minuten

2 1/2 l Wasser
2 1/2 gestr. TL Salz
250 g Nudeln, z. B. Hörnchen, Hütchen oder Penne

250 ml (1/4 l) Fleisch- oder Gemüsebrühe
1 Pck. (300 g) italienisches Pfannengemüse
2 Fleischtomaten
200 g gekochter Schinken
125 ml (1/8 l) Milch
3 Eier (Größe M)
Salz
frisch gemahlener Pfeffer

1/2 Pck. (100 g) geriebener Mozzarella-Käse

Pro Portion:
E: 33 g, F: 24 g, Kh: 54 g,
kJ: 2498, kcal: 596

1. Wasser in einem großen Topf mit geschlossenem Deckel zum Kochen bringen. Dann Salz und Nudeln zugeben. Die Nudeln im geöffneten Topf bei mittlerer Hitze nach Packungsanleitung kochen lassen, dabei zwischendurch 4–5-mal umrühren. Den Backofen vorheizen.

2. Anschließend die Nudeln in ein Sieb geben, mit heißem Wasser abspülen und abtropfen lassen.

3. Brühe in einem Topf zum Kochen bringen. Pfannengemüse hinzugeben und etwa 2 Minuten garen.

4. Nach Belieben Tomaten enthäuten. Dafür Tomaten waschen, abtropfen lassen, kreuzweise einschneiden und einige Sekunden in kochendes Wasser legen. Tomaten kurz in kaltes Wasser legen, enthäuten, halbieren, entkernen, Stängelansätze herausschneiden. Tomaten in Würfel schneiden. Schinken ebenfalls in Würfel schneiden.

5. Milch mit Eiern in einer Schüssel verschlagen. Mit Salz und Pfeffer würzen. Tomaten-, Schinkenwürfel und das Pfannengemüse mit der Brühe hinzufügen. Die Masse abwechselnd mit den Nudeln in eine flache, große Form (gefettet) geben und mit Käse bestreuen. Die Form auf dem Rost in den vorgeheizten Backofen schieben.
Ober-/Unterhitze: etwa 180 °C
Heißluft: etwa 160 °C
Garzeit: etwa 45 Minuten.

Bunter Nudelauflauf mit Schinken

Etwas teurer

Bunter Garnelenauflauf
4 Portionen

Zubereitungszeit: 60 Minuten
Garzeit: etwa 30 Minuten

200 g weißer Spargel
200 g grüner Spargel
Salz
400 g geschälte Garnelen
250 g Cocktailtomaten
(etwa 10 Stück)
5 schwarze Oliven (entsteint)
5 grüne Oliven (entsteint)
1 Bund gehackter Dill
200 g Schlagsahne
1 Becher (150 g) Crème fraîche
2 Eier (Größe M)
2 TL grüne Pfefferkörner (in Lake)
1 TL rosa Pfefferkörner (zerstoßen)
50 g Butter

Pro Portion:
E: 27 g, F: 44 g, Kh: 10 g,
kJ: 2398, kcal: 573

1. Den weißen Spargel von oben nach unten schälen. Darauf achten, dass die Schalen vollständig entfernt, die Köpfe aber nicht verletzt werden. Die unteren Enden abschneiden (holzige Stellen vollkommen entfernen). Vom dem grünen Spargel nur das untere Drittel schälen und die Enden abschneiden. Spargel waschen, abtropfen lassen und in mundgerechte Stücke schneiden.
2. Zuerst den weißen Spargel in kochendes Salzwasser geben, nach etwa 5 Minuten Garzeit den grünen Spargel hinzufügen und noch weitere etwa 4 Minuten garen. Spargelstücke in einem Sieb abtropfen lassen. Den Backofen vorheizen.
3. Garnelen unter fließendem kalten Wasser abspülen und trocken tupfen. Tomaten waschen, abtropfen lassen und evtl. halbieren.
4. Spargelstücke vorsichtig mit Garnelen, Tomaten und Oliven vermischen. Die Zutaten in einer Auflaufform (gefettet) verteilen.
5. Dill abspülen und trocken tupfen. Die Spitzen von den Stängeln zupfen. Sahne, Crème fraîche und Eier verschlagen. Mit Salz, grünen und rosa Pfefferkörnern würzen, Dill unterrühren. Die Masse auf dem Auflauf verteilen. Butter in Flöckchen daraufsetzen. Die Form auf dem Rost in den vorgeheizten Backofen schieben.
Ober-/Unterhitze: etwa 180 °C
Heißluft: etwa 160 °C
Garzeit: etwa 30 Minuten.

Tipp: Dazu passen in Knoblauchbutter geröstete Baguettescheiben.

Für Gäste – mit Alkohol

Fisch-Shrimps-Auflauf
4–6 Portionen

Zubereitungszeit: 50 Minuten, ohne Auftauzeit
Garzeit: etwa 20 Minuten

6 TK-Schollenfilets (je etwa 80 g)
3 Scheiben TK-Lachsfilet
(etwa 400 g)
200 g TK-Grönland-Shrimps
100 ml Weißwein
etwas Zitronensaft
1 kleines Glas Champignons
(Abtropfgewicht 295 g)

Für die Dillsauce:
75 g weiche Butter
1 EL Weizenmehl
250 g Schlagsahne
1 TL mittelscharfer Senf
etwas Zitronensaft
Salz
frisch gemahlener Pfeffer
1 Prise Zucker
2 Bund Dill

Pro Portion:
E: 43 g, F: 37 g, Kh: 5 g,
kJ: 2263, kcal: 541

1. Schollenfilets, Lachsfiletscheiben und Shrimps nach Packungsanleitung auftauen lassen. Den aufgetauten Fisch unter fließendem kalten Wasser abspülen und trocken tupfen.
2. Schollenfilets längs halbieren und so aufrollen, dass die Hautseite innen liegt. Die Fischröllchen in eine Auflaufform (gefettet) setzen. Weißwein hinzufügen. Den Backofen vorheizen.

Bunter Garnelenauflauf

Fisch-Shrimps-Auflauf

3. Lachsfiletscheiben im Stück in die Auflaufform geben oder in große Würfel (3 x 3 cm) schneiden und mit den Shrimps zwischen den Schollenfileträllchen verteilen. Den ganzen Fisch mit Zitronensaft beträufeln. Champignons in einem Sieb abtropfen lassen, vierteln und mit in die Auflaufform geben.
4. Für die Sauce Butter geschmeidig rühren. Mehl unterarbeiten. Sahne, Senf und Zitronensaft unterrühren. Mit Salz, Pfeffer und Zucker würzen.
5. Dill abspülen und trocken tupfen. Die Spitzen von den Stängeln zupfen (einen Dillzweig zum Garnieren beiseitelegen), Spitzen klein schneiden und unter die Sauce rühren. Die Dillsauce auf dem Fisch verteilen. Die Form auf dem Rost in den vorgeheizten Backofen schieben.
Ober-/Unterhitze: etwa 200 °C
Heißluft: etwa 180 °C
Garzeit: etwa 20 Minuten.
6. Den Fisch-Shrimps-Auflauf mit dem beiseite gelegten Dillzweig sofort servieren.

Tipp: Dazu schmeckt Reis, den Sie auch im Backofen garen können. Dazu 300 g Basmati- oder Langkornreis in eine Auflaufform geben, mit etwas Salz bestreuen und mit 450 ml Wasser auffüllen. Eine Zwiebel abziehen und in die Mitte der Auflaufform setzen. Die Form mit dem Deckel oder Alufolie verschließen und auf dem Rost in den Backofen schieben. Den Reis bei der oben angegebenen Backofeneinstellung etwa 30 Minuten garen.

Raffiniert

Fischauflauf mit feiner Senfcreme
4 Portionen

Zubereitungszeit: 75 Minuten, ohne Abkühl- und Auftauzeit
Garzeit: etwa 30 Minuten

750 g Kartoffeln
Salzwasser
600 g Fischfilets (Kabeljau, Seelachs oder Rotbarsch; frisch oder TK)
1–2 EL Zitronensaft
2 kleine Chicorée
250 g Tomaten
frisch gemahlener, weißer Pfeffer

Für die Senfcreme:
40 g Butter
30 g Weizenmehl
250 ml (1/4 l) Milch
350 ml Gemüsebrühe
2–3 EL mittelscharfer Senf
100 g Crème fraîche
150 g geriebener Käse, z. B. Gouda

Pro Portion:
E: 45 g, F: 32 g, Kh: 36 g,
kJ: 2596, kcal: 620

1. Kartoffeln gründlich waschen, mit Salzwasser bedeckt zum Kochen bringen und etwa 20 Minuten garen. Kartoffeln abgießen, abdämpfen, heiß pellen und etwas abkühlen lassen. Kartoffeln in Scheiben schneiden.
2. TK-Fischfilets auftauen lassen. Fischfilets unter fließendem kalten Wasser abspülen, trocken tupfen und mit Zitronensaft beträufeln.
3. Chicorée von den schlechten Blättern befreien, halbieren und die bitteren Strünke keilförmig herausschneiden. Chicorée in Blätter teilen. Tomaten waschen, abtropfen lassen und die Stängelansätze herausschneiden. Tomaten in Scheiben schneiden. Den Backofen vorheizen.
4. Den Boden einer Auflaufform (gefettet) mit einigen Kartoffelscheiben belegen. Dann Fischfilets, Chicoréeblätter, Tomaten- und restliche Kartoffelscheiben im Wechsel dekorativ daraufschichten. Mit Salz und Pfeffer würzen.
5. Für die Creme Butter in einem Topf zerlassen. Mehl unter Rühren so lange darin erhitzen, bis es hellgelb ist. Nach und nach Milch und Brühe hinzugießen. Mit einem Schneebesen durchschlagen. Darauf achten, dass keine Klümpchen entstehen. Die Sauce unter Rühren gut aufkochen lassen, Senf und Crème fraîche unterrühren. Käse hinzugeben und unter Rühren schmelzen lassen. Die Sauce darf nicht mehr kochen.
6. Die Sauce mit Pfeffer abschmecken und auf dem Auflauf verteilen. Die Form ohne Deckel auf dem Rost in den vorgeheizten Backofen schieben.
Ober-/Unterhitze: etwa 200 °C
Heißluft: etwa 180 °C
Garzeit: etwa 30 Minuten.
7. Den Auflauf in der Form servieren.

Vegetarisch

Gemüseauflauf
4 Portionen

Zubereitungszeit: 70 Minuten
Garzeit: 30–35 Minuten

1 kg mehligkochende Kartoffeln
200 g Schlagsahne, Salz
250 g Porree (Lauch)
250 g Auberginen
250 g Zucchini
30 g Butter oder 4 EL Speiseöl
frisch gemahlener Pfeffer
½ Bund glatte Petersilie
200 g geriebener, mittelalter Gouda-Käse
2 EL Sonnenblumenkerne

Pro Portion:
E: 22 g, F: 39 g, Kh: 45 g,
kJ: 2694, kcal: 643

Gemüseauflauf

1. Kartoffeln waschen, schälen, abspülen, in einem Topf mit Salzwasser bedeckt zum Kochen bringen und 20–25 Minuten garen.
2. Kartoffeln abgießen, abdämpfen und sofort durch eine Kartoffelpresse drücken. Die Kartoffelmasse mit Sahne verrühren, mit Salz würzen. Den Backofen vorheizen.
3. Porree putzen, die Stange längs halbieren, gründlich waschen, abtropfen lassen und in Streifen schneiden. Auberginen waschen und die Stängelansätze entfernen. Auberginen in Scheiben schneiden. Zucchini waschen, abtrocknen und die Enden abschneiden. Zucchini in Scheiben schneiden.
4. Butter oder Speiseöl in einer Pfanne zerlassen, das vorbereitete Gemüse darin andünsten, mit Salz und Pfeffer würzen, herausnehmen und in eine Auflaufform (gefettet) geben.
5. Petersilie abspülen und trocken tupfen. Die Blättchen von den Stängeln zupfen. Blättchen in Streifen schneiden und auf die Gemüsemasse streuen. Die Hälfte des Käses daraufgeben. Die Kartoffelmasse darauf verteilen. Mit restlichem Käse und Sonnenblumenkernen bestreuen.

Die Form auf dem Rost in den vorgeheizten Backofen schieben.
Ober-/Unterhitze: etwa 200 °C
Heißluft: etwa 180 °C
Garzeit: 30–35 Minuten.

Abwandlung: Für eine nicht vegetarische Variante können Sie auch anstelle der Auberginenwürfel kleine Bällchen aus gewürztem Schweinemett in den Auflauf geben.

Vegetarisch

Gefüllte gratinierte Champignons
4 Portionen

Zubereitungszeit: 40 Minuten
Garzeit: etwa 12 Minuten

12 große Champignons (je etwa 70 g)
1 kleine Zwiebel
1 Knoblauchzehe
1 rote Paprikaschote (etwa 150 g)
1 EL Speiseöl, z. B. Olivenöl
Salz, frisch gemahlener Pfeffer
Paprikapulver edelsüß
1 gestr. TL Instant-Steinpilz-Hefebrühe (erhältlich im Reformhaus) oder Instant-Gemüsebrühe
150 ml Wasser
100 g Feta-Käse
2–3 Stängel frischer oder ½ TL getrockneter Thymian
1 Ciabatta-Brot (etwa 300 g)

Pro Portion:
E: 19 g, F: 9 g, Kh: 40 g
kJ: 1286, kcal: 307

1. Champignons putzen, die Stiele vorsichtig herausdrehen, Stiele fein würfeln. Zwiebel und Knoblauch abziehen, in kleine Würfel schneiden. Paprikaschote halbieren, entstielen, entkernen und die weißen Scheidewände entfernen. Schote waschen, abtropfen lassen und ebenfalls fein würfeln. Den Backofen vorheizen.
2. Speiseöl in einer Pfanne erhitzen, Zwiebel- und Knoblauchwürfel darin glasig dünsten. Champignonwürfel (von den Stielen) hinzugeben und unter Wenden dünsten, bis die Flüssigkeit ganz verdampft ist. Paprikawürfel hinzufügen. Mit Salz, Pfeffer und Paprika würzen. Brühe in 150 ml warmem Wasser auflösen, hinzugießen und kurz aufkochen lassen.
3. Die Paprikamasse abgießen und dabei die Flüssigkeit auffangen. Pilzköpfe mit der Öffnung nach oben in eine große, flache Auflaufform setzen. Die aufgefangene Flüssigkeit hinzugießen.
4. Feta-Käse auf einer Küchenreibe grob raspeln. Thymian abspülen und trocken tupfen. Die Blättchen von den Stängeln zupfen. Käseraspel und Thymian unter die Paprikamasse rühren. Die Champignonköpfe damit

füllen. Die Form auf den Rost in den vorgeheizten Backofen schieben.
Ober-/Unterhitze: etwa 200 °C
Heißluft: etwa 180 °C
Garzeit: etwa 12 Minuten.
5. Jeweils 3 gefüllte Champignons, etwas Garflüssigkeit und Ciabatta-Scheiben auf Tellern anrichten.

Beliebt

Frühlingszwiebelauflauf
2 Portionen

Zubereitungszeit: 30 Minuten
Garzeit: etwa 20 Minuten

200 g kleine Kartoffeln
Wasser
½ gestr. TL Salz
1 Bund Frühlingszwiebeln
20 g Butter
150 g Cocktailtomaten
200 g Kasseler-Aufschnitt
3 EL Vollmilchjoghurt
100 g Schlagsahne
2 Eier (Größe M)
Salz, frisch gemahlener Pfeffer
100 g Havarti-Käse in Scheiben

Außerdem:
Butter für die Form

Pro Portion:
E: 45 g, F: 53 g, Kh: 23 g,
kJ: 3143, kcal: 750

Gefüllte gratinierte Champignons

Frühlingszwiebelauflauf

1. Kartoffeln waschen, schälen und abspülen. Kartoffeln mit Wasser und Salz in einem Topf zum Kochen bringen. Kartoffeln zugedeckt etwa 20 Minuten garen und abgießen. Den Backofen vorheizen.
2. Frühlingszwiebeln putzen, waschen, abtropfen lassen und in etwa 5 cm lange Stücke schneiden.
3. Die Kartoffeln mit den Frühlingszwiebelstücken in eine kleine, flache Auflaufform (mit Butter gefettet) geben.
4. Cocktailtomaten waschen, trocken tupfen, halbieren und eventuell Stängelansätze entfernen. Kasseler-Aufschnitt in Würfel schneiden, mit den Cocktailtomaten zu den Kartoffeln und Frühlingszwiebelstücken in die Form geben.
5. Joghurt mit Sahne und Eiern verrühren. Mit Salz und Pfeffer würzen. Den Auflauf damit übergießen. Käsescheiben in Streifen schneiden und darauf verteilen. Die Form auf dem Rost in den vorgeheizten Backofen schieben.
Ober-/Unterhitze: etwa 200 °C
Heißluft: etwa 180 °C
Garzeit: etwa 20 Minuten (bis die Eimasse gestockt ist).

Einfach

Gnocchi-Sauerkraut-Auflauf
8—10 Portionen

Zubereitungszeit: 30 Minuten
Garzeit: etwa 30 Minuten

2 Zwiebeln
3 rote Paprikaschoten
(je etwa 150 g)
600 g Schweinefilet
4 EL Speiseöl
Salz
frisch gemahlener Pfeffer
1 große Dose mildes Weinsauerkraut
(Abtropfgewicht 770 g)
1 kleine Dose mildes Weinsauerkraut
(Abtropfgewicht 520 g)
1 EL getrockneter Rosmarin
2 Pck. (je 400 g) Gnocchi
(aus dem Kühlregal)

Für den Guss:
500 g saure Sahne
400 g geriebener Gouda-Käse
Paprikapulver edelsüß

Pro Portion:
E: 31 g, F: 25 g, Kh: 30 g,
kJ: 2078, kcal: 496

1. Zwiebeln abziehen und klein würfeln. Paprikaschoten halbieren, entstielen, entkernen und die weißen Scheidewände entfernen. Schoten waschen, abtropfen lassen und in Streifen schneiden. Schweinefilet unter fließendem kalten Wasser abspülen, trocken tupfen und in mundgerechte Würfel schneiden. Den Backofen vorheizen.
2. Speiseöl in einem großen Topf erhitzen. Fleischwürfel darin portionsweise rundherum braun anbraten, mit Salz und Pfeffer würzen, herausnehmen.
3. Zwiebelwürfel und Paprikastreifen in dem verbliebenen Bratfett andünsten. Sauerkraut mit der Flüssigkeit aus den Dosen und Rosmarin hinzugeben, zum Kochen bringen und etwa 5 Minuten mitdünsten lassen.
4. Das Sauerkraut mit Salz und Pfeffer würzen. Gnocchi direkt aus der Packung zum Sauerkraut geben und im geschlossenen Topf 1—2 Minuten garen. Dann alles im offenen Topf kurz weitergaren, bis fast keine Flüssigkeit mehr vorhanden ist.
5. Die Fleischwürfel unterheben. Die Masse in eine große, flache Auflaufform geben.
6. Für den Guss saure Sahne mit Käse verrühren, mit Paprika, Salz und Pfeffer würzen. Den Guss auf dem Auflauf verteilen. Die Form auf dem Rost in den vorgeheizten Backofen schieben.
Ober-/Unterhitze: 180—200 °C
Heißluft: 160—180 °C
Garzeit: etwa 30 Minuten.

Deftig

Hack-Auberginen-Auflauf
8—10 Portionen

Zubereitungszeit: 60 Minuten
Garzeit: 30—35 Minuten

etwa 1 1/2 kg Auberginen
2 Dosen weiße Cannellini-Bohnen
(Abtropfgewicht je 250 g)
9 EL Olivenöl, Salz
2 große Zwiebeln
2—3 Knoblauchzehen
1 1/2 kg Gehacktes
(halb Rind-, halb Schweinefleisch)
2 Pck. TK-Suppengrün (je 50 g)
frisch gemahlener Pfeffer
Paprikapulver edelsüß
1 EL gemahlener Zimt

Für die Quarkhaube:
600 g Sahnequark
1 Dose (140 g) Tomatenmark
220 g fein geriebener Parmesan-Käse

einige Stängel glatte Petersilie

Pro Portion:
E: 58 g, F: 65 g, Kh: 27 g,
kJ: 4121, kcal: 984

1. Auberginen waschen, abtrocknen und die Enden abschneiden. Auberginen längs in dünne Scheiben

Gnocchi-Sauerkraut-Auflauf

Hack-Auberginen-Auflauf

Gratinierte provenzalische Putenstreifen

schneiden (eventuell mit einer Aufschnittmaschine). Bohnen in ein Sieb geben, mit kaltem Wasser abspülen und gut abtropfen lassen.
2. Sieben Esslöffel des Olivenöls portionsweise in einer Pfanne erhitzen. Auberginenscheiben darin portionsweise unter Wenden goldbraun braten. Mit Salz würzen und auf Küchenpapier abtropfen lassen.
3. Zwiebeln und Knoblauch abziehen, klein würfeln. Restliches Olivenöl in der Pfanne erhitzen. Gehacktes hinzufügen und unter Rühren anbraten. Dabei die Fleischklümpchen mit Hilfe einer Gabel zerdrücken.
4. Zwiebel-, Knoblauchwürfel und unaufgetautes Suppengrün hinzufügen, kurz mitbraten lassen. Mit Salz, Pfeffer, Paprika und Zimt würzen.
5. Bohnen untermischen. Die Hackfleisch-Bohnen-Mischung in eine große Auflaufform oder in die Fettfangschale geben. Auberginenscheiben darauf verteilen.
6. Für die Quarkhaube Quark mit Tomatenmark und Parmesan-Käse glattrühren. Die Quarkmasse auf den Auberginenscheiben verteilen. Die Fettfangschale oder die Form auf dem Rost in den vorgeheizten Backofen schieben.
Ober-/Unterhitze: etwa 200 °C
Heißluft: etwa 180 °C
Garzeit: 30–35 Minuten.
7. In der Zwischenzeit Petersilie abspülen und trocken tupfen. Die Blättchen von den Stängeln zupfen. Den Auflauf mit Petersilienblättchen bestreut servieren.

Tipp: Dazu passt Fladenbrot oder Reis und Salat.

Schnell

Gratinierte provenzalische Putenstreifen
4 Portionen

Zubereitungszeit: 40 Minuten
Garzeit: etwa 20 Minuten

250 g Putenbrustfilet
2 EL Speiseöl
1 Knoblauchzehe
1 gestr. TL Salz
frisch gemahlener Pfeffer
Kräuter der Provence
1 kleine Dose Artischockenherzen (Einwaage 180 g)
2 enthäutete Tomaten (etwa 200 g)
Butter für die Form
2 EL Olivenöl
2 EL Zitronensaft
30 g frisch geriebener Emmentaler-Käse
2 EL Basilikumstreifen

Außerdem:
Butter für die Form

Pro Portion:
E: 17 g, F: 18 g, Kh: 5 g,
kJ: 1077, kcal: 257

1. Putenbrustfilet unter fließendem kalten Wasser abspülen, trocken tupfen und in Streifen schneiden. Den Backofen vorheizen.
2. Speiseöl in einer Pfanne erhitzen. Putenbruststreifen darin von allen Seiten kurz anbraten.
3. Knoblauch abziehen, in Würfel schneiden, mit Salz zu einer Paste zerreiben, auf den Putenbruststreifen verteilen. Mit Pfeffer und Kräutern der Provence würzen.
4. Artischockenherzen in einem Sieb gut abtropfen lassen. Tomaten halbieren und die Stängelansätze herausschneiden. Tomaten in Scheiben oder Spalten schneiden.
5. Die Putenbruststreifen mit Artischockenherzen und Tomatenscheiben oder -spalten schichtweise in eine Auflaufform (mit Butter gefettet) geben. Mit Olivenöl und Zitronensaft beträufeln. Käse daraufstreuen. Die Form auf dem Rost in den vorgeheizten Backofen schieben.
Ober-/Unterhitze: etwa 200 °C
Heißluft: etwa 180 °C
Garzeit: etwa 20 Minuten.
6. Gratinierte Putenstreifen mit Basilikumstreifen bestreut servieren.

Raffiniert

Nudelauflauf mit Putenschnecken
8–10 Portionen

Zubereitungszeit: 60 Minuten
Garzeit: etwa 45 Minuten

4 l Wasser
4 gestr. TL Salz
500 g kurze, gedrehte Nudeln (z.B. Shipli)
2 Pck. (je 500 g) stückige Tomaten
1 Pck. (450 g) TK-Farmer-Gemüse
6 dünne Putenschnitzel (je etwa 130 g)
6 TL Tomatenmark
2 Pck. (je 25 g) TK-8-Kräuter
Salz
frisch gemahlener Pfeffer
6 EL Sonnenblumenöl

Für den Guss:
8 Eier (Größe M)
200 g Schlagsahne
300 ml Tomatensaft (von den stückigen Tomaten)

Zum Bestreuen:
400 g Butter- oder Edamer-Käse

Außerdem:
12 Holzstäbchen

Pro Portion:
E: 49 g, F: 34 g, Kh: 45 g,
kJ: 3051, kcal: 729

Nudelauflauf mit Putenschnecken

1. Wasser in einem großen Topf mit geschlossenem Deckel zum Kochen bringen. Dann Salz und Nudeln zugeben. Die Nudeln im geöffneten Topf bei mittlerer Hitze nach Packungsanleitung bissfest kochen, dabei zwischendurch 4–5-mal umrühren.
2. Anschließend die Nudeln in ein Sieb geben, mit heißem Wasser abspülen und abtropfen lassen.
3. Tomatenstücke in einem Sieb abtropfen lassen, dabei den Saft auffangen und 300 ml für den Guss abmessen. Farmer-Gemüse nach Packungsanleitung dünsten und eventuell abtropfen lassen.
4. Putenschnitzel unter fließendem kalten Wasser abspülen, trocken tupfen und eventuell etwas flach klopfen. Eine Fleischseite mit Tomatenmark bestreichen und mit den tiefgefrorenen Kräutern (1–2 Esslöffel beiseitelegen) bestreuen. Die Schnitzel von der schmalen Seite her aufrollen und mit Holzstäbchen feststecken. Mit Salz und Pfeffer würzen.
5. Sonnenblumenöl in einer Pfanne erhitzen. Die Schnitzelröllchen darin rundherum in 10–12 Minuten goldbraun braten. Die Schnitzelröllchen herausnehmen und etwas abkühlen lassen. Die Holzstäbchen entfernen. Schnitzelröllchen in 1 1/2 –2 cm dicke Scheiben schneiden.
6. Tomatenstücke mit Farmer-Gemüse und Nudeln mischen und in eine große, flache Auflaufform geben. Die Putenschnecken darauf verteilen.
7. Für den Guss Eier mit Sahne und Tomatensaft verschlagen, mit Salz und Pfeffer würzen. Die Eiersahne auf dem Auflauf verteilen. Käse grob reiben und daraufstreuen. Die Form auf dem Rost in den vorgeheizten Backofen schieben.
Ober-/Unterhitze: 180–200 °C
Heißluft: 160–180 °C
Garzeit: etwa 45 Minuten.
8. Den Auflauf mit den beiseite gelegten Kräutern bestreuen.

Raffiniert

Polenta mit Gorgonzola überbacken
4 Portionen

Zubereitungszeit: 40 Minuten
Garzeit: etwa 30 Minuten

1 l Wasser
200 ml Milch
2 gestr. TL Salz
frisch geriebene Muskatnuss
300 g Polenta (Maisgrieß)
6 Eier (Größe M)

100 g weiche Butter
250 g Gorgonzola-Käse
100 g frisch geriebener Parmesan-Käse

Pro Portion:
E: 39 g, F: 62 g, Kh: 58 g,
kJ: 3972, kcal: 948

1. Wasser mit Milch, Salz und Muskat in einem Topf zum Kochen bringen. Maisgrieß einstreuen und unter ständigem Rühren bei schwacher Hitze etwa 20 Minuten kochen lassen. Den Topf von der Kochstelle nehmen. Nach und nach die Eier unterrühren. Den Backofen vorheizen.
2. Den Boden einer Auflaufform (gefettet) mit etwas von der Polentamasse bestreichen. Etwas von der Butter daraufstreichen. Jeweils etwas von dem Gorgonzola- und Parmesan-Käse darauf verteilen. Diesen Vorgang wiederholen. Die letzte Schicht sollte aus Polenta bestehen. Restliche Butter in Flöckchen darauf verteilen.
3. Die Form auf dem Rost in den vorgeheizten Backofen schieben.
Ober-/Unterhitze: etwa 180 °C
Heißluft: etwa 160 °C
Garzeit: etwa 30 Minuten.

Abwandlung: Ausgebackene Polentawürfel. Dafür die vorbereitete Polentamasse wie unter Punkt 1 beschrieben in etwa 4 x 4 cm große Würfel schneiden. 2 Eier (Größe M) mit etwas Wasser verschlagen. Polentawürfel zuerst in 80 g Weizenmehl wenden. Anschließend durch verschlagene Eier ziehen, am Schüsselrand abstreifen und zuletzt in 150 g Semmelbröseln wenden. Panade etwas andrücken. 250 ml (1/4 l) Speiseöl in einem Topf erhitzen. Polentawürfel hineingeben und unter mehrmaligem Wenden goldbraun ausbacken. Polentawürfel mit einer Schaumkelle herausnehmen und auf Küchenpapier abtropfen lassen.

Beilage: Gemischter Salat.

Polenta mit Gorgonzola überbacken

Schnell – einfach

Ravioli-Gratin
4 Portionen

Zubereitungszeit: 25 Minuten
Garzeit: etwa 20 Minuten

300 g Tomaten
1 Zucchini (etwa 300 g)
500 g Ravioli mit Käsefüllung,
z. B. aus dem Kühlregal
1 Bund Basilikum
2 Pck. Tomatenpüree mit Knoblauch
(je 370 g)
250 g Schlagsahne
100 g frisch geriebener
Greyerzer-Käse
Salz, frisch gemahlener Pfeffer

Pro Portion:
E: 28 g, F: 42 g, Kh: 74 g,
kJ: 3315, kcal: 789

1. Tomaten waschen, trocken tupfen, vierteln, entkernen und die Stängelansätze herausschneiden. Zucchini waschen, abtrocknen und die Enden abschneiden. Zucchini in dünne Scheiben schneiden. Den Backofen vorheizen.
2. Ravioli nach Packungsanleitung zubereiten. Ein Drittel der Ravioli in eine flache Auflaufform geben. Die Hälfte der Tomatenviertel und die Hälfte der Zucchinischeiben darauf verteilen.
3. Basilikum abspülen und trocken tupfen. Die Blättchen von den Stängeln zupfen. Blättchen in feine Streifen schneiden. Tomatenpüree mit den Basilikumstreifen mischen, auf den Tomatenvierteln und Zucchinischeiben verteilen. Wieder ein Drittel der Ravioli daraufgeben, dann die restlichen Tomatenviertel und Zucchinischeiben darauf verteilen. Mit den restlichen Ravioli belegen.
4. Sahne in einem Topf zum Kochen bringen. Die Hälfte des Käses hinzufügen und unter Rühren schmelzen, mit Salz und Pfeffer würzen. Den Auflauf mit der Käse-Sahne-Sauce begießen. Restlichen Käse daraufstreuen. Die Form auf dem Rost in den vorgeheizten Backofen schieben.
Ober-/Unterhitze: etwa 200 °C
Heißluft: etwa 180 °C
Garzeit: etwa 20 Minuten.

Beilage: Gemischter Salat oder Tomatensalat oder ein grüner Salat.

Schnell – einfach

Ravioliauflauf
4 Portionen

Zubereitungszeit: 15 Minuten,
ohne Auftauzeit
Garzeit: etwa 20 Minuten

250 g TK-Blattspinat
30 g getrocknete Tomaten, in Öl eingelegt
75 g gekochter Schinken
1 Zwiebel
1 Knoblauchzehe
20 g Butter
250 g Ravioli (aus dem Kühlregal)
100 ml Gemüsebrühe
100 g Schlagsahne
1 kleine Dose passierte Tomaten (200 g)
Salz, frisch gemahlener Pfeffer
60 g geriebener Peccorino-Käse

Pro Portion:
E: 32 g, F: 44 g, Kh: 46 g,
kJ: 2984, kcal: 713

1. Blattspinat nach Packungsanleitung auftauen lassen. Getrocknete Tomaten in einem Sieb etwas abtrop-

Ravioli-Gratin

Ravioliauflauf

560 | 561 *Aufläufe*

fen lassen und in feine Streifen schneiden. Schinken in kleine Würfel schneiden.
2. Zwiebel und Knoblauch abziehen, in kleine Würfel schneiden. Den Backofen vorheizen.
3. Butter in einer Pfanne zerlassen, Zwiebel- und Knoblauchwürfel darin andünsten.
4. Ravioli und Blattspinat in eine flache Auflaufform geben. Zwiebel-, Knoblauchwürfel, Tomatenstreifen und Schinkenwürfel darauf verteilen.
5. Brühe und Sahne mit den passierten Tomaten verrühren. Mit Salz und Pfeffer würzen. Die Tomatenmasse auf dem Auflauf verteilen, mit Käse bestreuen. Die Form auf dem Rost in den vorgeheizten Backofen schieben.
Ober-/Unterhitze: etwa 200 °C
Heißluft: etwa 180 °C
Garzeit: etwa 20 Minuten.

Putenauflauf „Schwäbische Art"

Raffiniert – etwas teurer

Putenauflauf „Schwäbische Art"
12 Portionen

Zubereitungszeit: 65 Minuten
Garzeit: etwa 60 Minuten

400 g Zuckerschoten
6 Möhren (etwa 600 g)
1 kg Putenbrustfilet
5 EL Pflanzenöl
1, 2 kg Schupfnudeln aus dem Frischeregal oder TK-Schupfnudeln
1 l Schlagsahne
10 Eier (Größe M)
2 Pck. TK-Küchenkräuter
Salz
frisch gemahlener Pfeffer
3 EL Pflanzenöl

Pro Portion:
E: 32 g, F: 40 g, Kh: 21 g,
kJ: 2527, kcal: 603

1. Zuckerschoten putzen und die Enden abschneiden. Zuckerschoten waschen, abtropfen lassen und quer halbieren. Möhren putzen, schälen, waschen, abtropfen lassen und in dünne Scheiben schneiden oder hobeln. Zuckerschoten und Möhrenscheiben in kochendem Salzwasser etwa 2 Minuten blanchieren, in ein Sieb geben, mit kaltem Wasser übergießen und gut abtropfen lassen. Den Backofen vorheizen.
2. Putenbrustfilet unter fließendem kalten Wasser abspülen, trocken tupfen und in Streifen schneiden. Jeweils etwas Pflanzenöl in einer Pfanne erhitzen. Putenbruststreifen darin portionsweise unter mehrmaligem Wenden anbraten.
3. Schupfnudeln, Zuckerschoten, Möhrenscheiben und Putenbruststreifen gut vermengen, in eine flache Auflaufform oder Fettfangschale geben.
4. Sahne mit Eiern verschlagen, Kräuter unterrühren. Mit Salz und Pfeffer leicht würzen. Die Eiersahne auf dem Auflauf verteilen. Die Form auf dem Rost oder die Fettfangschale in den vorgeheizten Backofen schieben.
Ober-/Unterhitze: etwa 180 °C
Heißluft: etwa 160 °C
Garzeit: etwa 60 Minuten.

Beilage: Bunte Blattsalate und Ciabatta-Brot.

Abwandlung: Statt Putenbrustfilet kann auch 1 kg Schweinefilet verwendet werden. Die Schlagsahne können Sie durch 450 g Crème fraîche ersetzen. Statt mit Schupfnudeln können Sie den Auflauf auch mit der gleichen Menge Spätzle aus dem Kühlregal zubereiten.

Tipp: Sahne zur Hälfte durch Milch ersetzen, d. h. 500 ml (1/2 l) Schlagsahne und 500 ml (1/2 l) Milch.

Scharfer Nudelauflauf

Vegetarisch

Scharfer Nudelauflauf
4 Portionen

Zubereitungszeit: 50 Minuten
Garzeit: etwa 25 Minuten

4 l Wasser
4 gestr. TL Salz
400 g Rohr- oder Pennenudeln

2 Fleischtomaten
1 Gemüsezwiebel
1 rote Peperoni
1 grüne Peperoni
1 Bund Basilikum
20 g Butter
Salz, frisch gemahlener Pfeffer
etwas Tabasco
150 g saure Sahne
200 g Schlagsahne
2 Eier (Größe M)
frisch geriebene Muskatnuss
30 g Butterflöckchen
60 g frisch geriebener Parmesan-Käse

Pro Portion:
E: 26 g, F: 26 g, Kh: 76 g,
kJ: 2824, kcal: 675

1. Wasser in einem großen Topf mit geschlossenem Deckel zum Kochen bringen. Dann Salz und Nudeln zugeben. Die Nudeln im geöffneten Topf bei mittlerer Hitze nach Packungsanleitung kochen lassen, dabei zwischendurch 4–5-mal umrühren.
2. Anschließend die Nudeln in ein Sieb geben, mit heißem Wasser abspülen und abtropfen lassen. Den Backofen vorheizen.
3. Tomaten waschen, abtropfen lassen, kreuzweise einschneiden und einige Sekunden in kochendes Wasser legen. Tomaten kurz in kaltes Wasser legen, enthäuten, halbieren, entkernen und Stängelansätze herausschneiden. Tomaten in Stücke schneiden.
4. Gemüsezwiebel abziehen, halbieren und in Scheiben schneiden.
5. Peperoni längs halbieren, entkernen und die weißen Scheidewände entfernen. Peperoni in sehr feine Streifen schneiden. Basilikum abspülen und trocken tupfen. Blättchen von den Stängeln zupfen, in Streifen schneiden (einige Blättchen zum Garnieren beiseitelegen).
6. Butter in einer Pfanne zerlassen. Zwiebelscheiben und Peperonistreifen darin andünsten, mit Salz, Pfeffer und Tabasco würzen.
7. Saure Sahne mit Schlagsahne und Eiern verschlagen, mit Salz, Pfeffer und Muskat würzen.
8. Die Nudeln mit Tomatenwürfeln, Zwiebelscheiben, Peperonistreifen und Basilikum vermischen, in eine flache Auflaufform geben und mit der Eiersahne übergießen. Butterflöckchen daraufsetzen. Den Auflauf mit Käse bestreuen. Die Form auf dem Rost in den vorgeheizten Backofen schieben.
Ober-/Unterhitze: etwa 180 °C
Heißluft: etwa 160 °C
Garzeit: etwa 25 Minuten.
9. Den Auflauf vor dem Servieren mit den beiseite gelegten Basilikumblättchen garnieren.

Für Gäste

Schafhirtenauflauf
4 Portionen

Zubereitungszeit: 60 Minuten
Garzeit: etwa 45 Minuten

800 g Kartoffeln
Salz
150 ml heiße Milch
30 g Butter
frisch geriebene Muskatnuss
1 Döschen (0,2 g) Safran
2 Zwiebeln
2 Knoblauchzehen
600 g Lamm- oder Rinderhackfleisch
300 g Zucchini
2 rote Paprikaschoten
200 g Schafkäse
frisch gemahlener Pfeffer
Chilipulver
gerebelter Thymian

Pro Portion:
E: 48 g, F: 47 g, Kh: 38 g,
kJ: 3378, kcal: 806

1. Kartoffeln waschen, schälen, abspülen, mit Salzwasser bedeckt zum Kochen bringen und in 20–25 Minuten gar kochen. Kartoffeln abgießen und sofort durch eine Kartoffelpresse geben. Kartoffelmasse mit Milch, Butter, Salz, Muskat und Safran verrühren. Den Backofen vorheizen.

2. Zwiebeln und Knoblauch abziehen, in kleine Würfel schneiden. Hackfleisch in einer Pfanne ohne Fett anbraten, dabei die Fleischklümpchen mit einer Gabel zerdrücken. Zwiebel- und Knoblauchwürfel kurz mit andünsten.
3. Zucchini waschen, abtrocknen und die Enden abschneiden. Zucchini in Würfel schneiden, zur Hackfleischmasse geben und kurz mit anbraten.
4. Paprikaschoten halbieren, entstielen, entkernen und die weißen Scheidewände entfernen. Schoten waschen, abtropfen lassen, in Streifen schneiden, ebenfalls zur Hackfleischmasse geben und mit anbraten. Schafkäse in Würfel schneiden und unter die Fleisch-Gemüse-Masse rühren. Mit Salz, Pfeffer, Chili und Thymian abschmecken.
5. Die Fleisch-Gemüse-Masse in eine Auflaufform (gefettet) füllen und etwas andrücken. Kartoffelbrei darauf verteilen. Restliche Butter in Flöckchen daraufsetzen. Die Form auf dem Rost in den vorgeheizten Backofen schieben.
Ober-/Unterhitze: etwa 200°C
Heißluft: etwa 160°
Garzeit: etwa 45 Minuten.

Für Gäste – dauert länger
Türkisches Würzfleisch
6 Portionen

Zubereitungszeit: 100 Minuten
Garzeit: etwa 120 Minuten

1,2 kg Lammkeule (in Scheiben je 200 g mit Knochen, beim Metzger sägen lassen)
3 Gemüsezwiebeln
750 g mittelgroße Kartoffeln
5 EL Olivenöl
Salz, frisch gemahlener Pfeffer
1–2 EL Tomatenmark
200 ml Lammfond
125 ml (1/8 l) Fleischbrühe

Pro Portion:
E: 43 g, F: 36 g, Kh: 25 g,
kJ: 2623, kcal: 633

1. Lammscheiben unter fließendem kalten Wasser abspülen und trocken tupfen. Gemüsezwiebeln abziehen, halbieren und in Scheiben schneiden. Kartoffeln waschen, schälen, abspülen, abtrocknen und in längs vierteln. Den Backofen vorheizen.
2. Etwas Olivenöl in einer großen Pfanne erhitzen, die Lammscheiben darin portionsweise von beiden Seiten anbraten, mit Salz und Pfeffer würzen und in einen großen Bräter oder in eine Fettfangschale legen.

3. Restliches Olivenöl in der Pfanne erhitzen. Zwiebelscheiben portionsweise darin andünsten. Tomatenmark unterrühren. Die Zwiebelmasse und Kartoffelviertel auf den Lammscheiben verteilen. Lammfond und Brühe hinzugießen.
4. Den Bräter zugedeckt auf dem Rost oder die Fettfangschale (mit Alufolie zugedeckt) in den vorgeheizten Backofen schieben.
Ober-/Unterhitze: etwa 180 °C
Heißluft: etwa 160 °C
Garzeit: etwa 120 Minuten.

Schafhirtenauflauf

Türkisches Würzfleisch

Raffiniert

Überbackener Pfannkuchen-Auflauf
4 Portionen

Zubereitungszeit: 50 Minuten
Garzeit: etwa 30 Minuten

Für den Pfannkuchenteig:
250 g Weizenmehl
4 Eier (Größe M)
1 gestr. TL Zucker
1 Prise Salz
375 ml (3/8 l) Milch
125 ml (1/8 l) Mineralwasser
8 EL Speiseöl

Für die Füllung:
1 Zwiebel
3 EL Speiseöl
2 Pck. (je 300 g) TK-Blattspinat
Salz, frisch gemahlener Pfeffer
frisch geriebene Muskatnuss
200 g geräucherter Lachs
2 Pck. Sauce Hollandaise
(je 250 g/Tetra Pak®)

Nach Belieben:
rosa Pfefferbeeren

Pro Portion:
E: 33 g, F: 68 g, Kh: 58 g,
kJ: 4066, kcal: 975

1. Für den Teig Mehl in eine Rührschüssel geben. Eier mit Zucker, Salz, Milch und Mineralwasser verschlagen, nach und nach unter Rühren zum Mehl geben. Darauf achten, dass keine Klümpchen entstehen. Den Backofen vorheizen.
2. Jeweils etwas von dem Speiseöl in einer Pfanne (Ø 26 cm) erhitzen. Eine dünne Teiglage hineingeben, den Pfannkuchen von beiden Seiten bei mittlerer Hitze hellbraun backen. Aus dem Teig insgesamt 8 Pfannkuchen backen.
3. Für die Füllung Zwiebel abziehen und in kleine Würfel schneiden. Speiseöl in einer Pfanne erhitzen. Zwiebelwürfel darin andünsten. Blattspinat hinzufügen und nach Packungsanleitung garen. Spinat mit Salz, Pfeffer und Muskat abschmecken.
4. Jeden Pfannkuchen mit Lachs belegen, Blattspinat daraufgeben und den Pfannkuchen fest aufrollen. Jeden Pfannkuchen in 4 gleich große Stücke schneiden und mit der Schnittfläche nach oben in eine flache Auflaufform setzen. Die Sauce darauf verteilen.
5. Die Form auf dem Rost in den vorgeheizten Backofen schieben und den Auflauf hellgelb überbacken.
Ober-/Unterhitze: etwa 200 °C
Heißluft: etwa 180 °C
Garzeit: etwa 30 Minuten.
6. Den Auflauf aus dem Backofen nehmen, nach Belieben mit rosa Pfefferbeeren bestreuen und sofort servieren.

Für Gäste

Ungarischer Sauerkrautauflauf
6 Portionen

Zubereitungszeit: 35 Minuten
Garzeit: etwa 30 Minuten

5 EL Speiseöl, z. B. Sonnenblumenöl
500 g Sauerkraut
125 ml (1/8 l) Gemüsebrühe
2 kleine Lorbeerblätter
Salz, frisch gemahlener Pfeffer
1 Prise Zucker
250 ml (1/4 l) Wasser
125 g Langkornreis (parboiled)
1 Zwiebel
500 g Gehacktes
(halb Rind-, halb Schweinefleisch)
2 Mettwürstchen
(Rauchenden, je 100 g)
200 g Schmand (Sauerrahm)
oder saure Sahne
200 g Schlagsahne
20 g Semmelbrösel
25 g Butter

Außerdem:
Fett für die Form

Pro Portion:
E: 26 g, F: 53 g, Kh: 23 g,
kJ: 2816, kcal: 672

1. Drei Esslöffel des Speiseöls in einem Topf erhitzen. Sauerkraut

Überbackener Pfannkuchen-Auflauf

Ungarischer Sauerkrautauflauf

Röstiauflauf

600 g Schlagsahne
3 EL körniger Senf
4–6 EL heller Saucenbinder
3 Pck. (je 400 g) Rösti nach Schweizer Art (pfannenfertige Kartoffelzubereitung)

Pro Portion:
E: 31 g, F: 43 g, Kh: 46 g,
kJ: 3041, kcal: 727

1. Schalotten abziehen und in kleine Würfel schneiden. Champignons putzen, mit Küchenpapier abreiben, eventuell abspülen, trocken tupfen und in Stücke schneiden. Roastbeef unter fließendem kalten Wasser abspülen, trocken tupfen und in feine Streifen schneiden.
2. Speiseöl in einer großen Pfanne erhitzen. Die Fleischstreifen darin portionsweise rundum kräftig anbraten, herausnehmen und in eine große, flache Auflaufform geben. Fleischstreifen mit Salz, Pfeffer und Thymian bestreuen. Den Backofen vorheizen.
3. Schalottenwürfel und Champignonstücke in dem verbliebenen Bratfett andünsten, mit Salz, Pfeffer und Thymian würzen. Rotwein hinzugießen, zum Kochen bringen und etwas einkochen lassen.
4. Sahne und Senf unterrühren, zum Kochen bringen. Saucenbinder einrühren und unter Rühren einmal aufkochen lassen. Die Masse zu den Fleischstreifen in die Form geben und gut vermengen.
5. Die Röstimasse direkt aus den Packungen auf dem Geschnetzelten verteilen. Die Form auf dem Rost in den vorgeheizten Backofen schieben. Den Auflauf überbacken, bis die Röstimasse gebräunt ist.
Ober-/Unterhitze: etwa 200 °C
Heißluft: etwa 180 °C
Garzeit: etwa 35 Minuten.

Abwandlung: Den Röstiauflauf können Sie auch mit Geschnetzeltem von der Pute (Brust) oder vom Schwein (Schnitzelfleisch) zubereiten.

Tipp: Dazu schmeckt Baguette.

locker zupfen und darin unter Rühren kurz andünsten. Gemüsebrühe und Lorbeerblätter hinzufügen, mit Salz, Pfeffer und Zucker würzen. Das Sauerkraut zugedeckt bei schwacher Hitze etwa 25 Minuten dünsten. Zuletzt eventuell vorhandene Flüssigkeit ohne Deckel verdampfen lassen. Das Sauerkraut mit Salz, Pfeffer und Zucker abschmecken, Lorbeerblätter entfernen.
2. Wasser in einem geschlossenen Topf zum Kochen bringen. Dann etwas Salz und Reis hinzugeben, umrühren und wieder zum Kochen bringen. Den Reis zugedeckt bei schwacher Hitze etwa 12 Minuten garen. Den Reis in ein Sieb geben und abtropfen lassen. Den Backofen vorheizen.
3. Zwiebel abziehen und klein würfeln. Restliches Speiseöl in einer Pfanne erhitzen. Gehacktes und Zwiebelwürfel darin unter Rühren anbraten, dabei die Fleischklümpchen mit einer Gabel grob zerdrücken. Gehacktes mit Salz und Pfeffer würzen, Reis unterheben.
4. Mettwürstchen in Scheiben schneiden. Sauerkraut, Gehacktes-Reis-Masse und Würstchenscheiben abwechselnd lagenweise in eine Auflaufform (gefettet) schichten. Die oberste Schicht sollte aus Sauerkraut bestehen.
5. Schmand oder saure Sahne mit Sahne verrühren und auf dem Auflauf verteilen. Mit Semmelbröseln bestreuen und Butter in Flöckchen daraufsetzen. Die Form ohne Deckel auf dem Rost in den vorgeheizten Backofen schieben.
Ober-/Unterhitze: etwa 200 °C
Heißluft: etwa 180 °C
Garzeit: etwa 30 Minuten.

Tipp: Den ungarischen Sauerkrautauflauf mit Brötchen oder Weißbrot servieren.

Für Gäste – mit Alkohol

Röstiauflauf
8–10 Portionen

Zubereitungszeit: 30 Minuten
Garzeit: etwa 35 Minuten

150 g Schalotten
600 g Rosé-Champignons
1 kg Roastbeef
6 EL Speiseöl
Salz, frisch gemahlener Pfeffer
getrockneter Thymian
150 ml Rotwein

Reisauflauf mit Spargel

Gut vorzubereiten – mit Alkohol

Reisauflauf mit Spargel
4 Portionen

Zubereitungszeit: 20 Minuten
Garzeit: 25–30 Minuten

2 Hähnchenbrustfilets (etwa 300 g)
2 EL Speiseöl, z. B. Rapsöl
Salz, frisch gemahlener Pfeffer
250 g weißer Spargel
3 Frühlingszwiebeln
Saft von 1/2 Limette
250 g gekochter Basmatireis oder
1 Beutel (250 g) Express Reis (vorgegarter Reis)
100 ml Hühnerbrühe
50 ml trockener Weißwein
100 g Schlagsahne
Zucker
50 g frisch geriebener Parmesan-Käse
1–2 Stängel glatte Petersilie

Pro Portion:
E: 50 g, F: 29 g, Kh: 41 g,
kJ: 2698, kcal: 644

1. Hähnchenbrustfilets unter fließendem kalten Wasser abspülen, trocken tupfen und halbieren. Speiseöl in einer Pfanne erhitzen. Die Hähnchenbrustfilets darin von allen Seiten gut anbraten. Filets mit Salz und Pfeffer bestreuen. Den Backofen vorheizen.
2. Spargel von oben nach unten schälen. Darauf achten, dass die Schalen vollständig entfernt, die Köpfe aber nicht verletzt werden, die unteren Enden abschneiden (holzige Stellen vollkommen entfernen). Spargel waschen, abtropfen lassen und in etwa 3 cm lange Stücke schneiden.
3. Frühlingszwiebeln putzen, waschen, abtropfen lassen und in etwa 2 cm lange Stücke schneiden.
4. Hähnchenbrustfilets in eine flache Auflaufform (gefettet) legen und mit Limettensaft beträufeln. Reis mit Spargel- und Frühlingszwiebelstücken mischen, auf den Hähnchenbrustfilets verteilen.
5. Brühe mit Wein und Sahne verrühren. Mit Salz, Pfeffer und einer Prise Zucker würzen und auf dem Auflauf verteilen. Käse daraufstreuen.
6. Die Form auf dem Rost in den vorgeheizten Backofen schieben.
Ober-/Unterhitze: etwa 200 °C
Heißluft: etwa 180 °C
Garzeit: 25–30 Minuten.
7. Petersilie abspülen und trocken tupfen. Die Blättchen von den Stängeln zupfen. Blättchen klein schneiden. Den Auflauf mit Petersilie bestreut servieren.

Tipp: Für den Auflauf können Sie auch TK-Spargel verwenden.

Raffiniert

Rotbarsch-Kartoffel-Gratin
4 Portionen

Zubereitungszeit: 65 Minuten
Garzeit: etwa 30 Minuten

900 g Kartoffeln
3 EL Olivenöl
2 rote Zwiebeln
70 g geräucherter Bauchspeck
1 rote Paprikaschote
1 Bund Rucola (Rauke)
1 Bund Petersilie
125 g Krabben
Salz, frisch gemahlener Pfeffer
800 g Rotbarschfilet
120 g geriebener Käse, z. B. Comté

Pro Portion:
E: 57 g, F: 40 g, Kh: 38 g,
kJ: 3241, kcal: 733

1. Kartoffeln waschen, schälen, abspülen, abtropfen lassen und in etwa 1 cm große Würfel schneiden. Kartoffelwürfel eventuell trocken tupfen.
2. Olivenöl in einer Pfanne erhitzen. Kartoffelwürfel hinzugeben und unter mehrmaligem Wenden etwa 10 Minuten knusprig braun braten. Den Backofen vorheizen.
3. Zwiebeln abziehen und in kleine Würfel schneiden. Speck ebenfalls klein würfeln. Zwiebel- und Speckwürfel gegen Ende der Bratzeit zu den Kartoffelwürfeln geben und kurz mit andünsten.
4. Paprikaschote halbieren, entstielen, entkernen und die weißen Scheidewände entfernen. Schote waschen, abtropfen lassen und in Würfel schneiden. Rucola und Petersilie abspülen, trocken tupfen. Die Blättchen von den Stängeln zupfen (einige Blättchen zum Garnieren beiseitelegen). Blättchen getrennt klein schneiden.
5. Paprika, Rucola und Krabben unter die Kartoffelwürfel mischen, mit Salz und Pfeffer würzen, in eine

flache Auflaufform (etwa 30 x 20 cm, gefettet) füllen.
6. Rotbarschfilet unter fließendem kalten Wasser abspülen, trocken tupfen und auf die Kartoffelwürfel in die Form legen, mit etwas Salz würzen. Mit Petersilie und Käse bestreuen. Die Form auf dem Rost in den vorgeheizten Backofen schieben.
Ober-/Unterhitze: etwa 180 °C
Heißluft: etwa 160 °C
Garzeit: etwa 30 Minuten.
7. Die Form aus dem Backofen nehmen. Das Gratin mit den beiseite gelegten Rucola- und Petersilienblättchen garnieren.

Schnell

Tortelliniauflauf mit Salbei und Parmaschinken
4 Portionen

Zubereitungszeit: 65 Minuten
Garzeit: ca. 25 Minuten

250 g getrocknete Tortellini mit Käsefüllung, Salz
1 Bund Frühlingszwiebeln
1 Bund Salbei
150 g Parmaschinken
4 Tomaten (etwa 250 g)
3 EL Olivenöl
frisch gemahlener Pfeffer
1 abgezogene, zerdrückte Knoblauchzehe
1 Fenchelknolle (etwa 200 g)
2 Eier (Größe M)
200 g Schlagsahne
150 g saure Sahne
30 g Butterflöckchen
30 g geriebener Parmesan-Käse

Pro Portion:
E: 24 g, F: 47 g, Kh: 30 g,
kJ: 2760, kcal: 659

1. Tortellini in reichlich Salzwasser nach Packungsanleitung bissfest kochen, in ein Sieb geben, mit kaltem Wasser übergießen und abtropfen lassen.
2. Frühlingszwiebeln putzen, waschen, abtropfen lassen und in feine Ringe schneiden. Salbei abspülen und trocken tupfen. Die Blättchen von den Stängeln zupfen (einige Blättchen zum Garnieren beiseitelegen). Parmaschinken in Würfel schneiden.
3. Tomaten waschen, kreuzweise einschneiden und einige Sekunden in kochendes Wasser legen. Tomaten kurz in kaltes Wasser legen, enthäuten, halbieren, entkernen und die Stängelansätze herausschneiden. Tomatenhälften in Würfel schneiden. Den Backofen vorheizen.
4. Olivenöl in einer Pfanne erhitzen, Frühlingszwiebelringe, Salbeiblättchen und Schinkenwürfel darin andünsten. Mit Salz, Pfeffer und Knoblauch würzen.
5. Von der Fenchelknolle die Stiele dicht oberhalb der Knolle abschneiden. Braune Stellen und Blätter entfernen (etwas Fenchelgrün beiseitelegen). Die Wurzelenden gerade schneiden. Knolle waschen, halbieren und in Scheiben schneiden. Etwas Salzwasser in einem Topf zum Kochen bringen. Die Fenchelscheiben darin etwa 5 Minuten garen.
6. Die vorbereiteten Zutaten mit den Tortellini mischen und in eine Auflaufform (gefettet) geben. Eier mit Sahne und saurer Sahne verschlagen, mit Salz und Pfeffer abschmecken. Die Eiersahne auf dem Auflauf verteilen. Butterflöckchen daraufsetzen und mit Parmesan-Käse bestreuen. Die Form auf dem Rost in den vorgeheizten Backofen schieben.
Ober-/Unterhitze: etwa 200 °C
Heißluft: etwa 180 °C
Garzeit: etwa 25 Minuten.
7. Den Tortelliniauflauf mit den beiseite gelegten Salbeiblättchen garniert servieren.

Rotbarsch-Kartoffel-Gratin

Tortelliniauflauf mit Salbei und Parmaschinken

Getreide-Gemüse-Auflauf

Vegetarisch

Getreide-Gemüse-Auflauf
4 Portionen

Zubereitungszeit: 60 Minuten
Garzeit: etwa 25 Minuten

800 g Blumenkohl
1 Bund Frühlingszwiebeln
150 g Knollensellerie
200 g Möhren
2 Zwiebeln
40 g Butter oder Margarine
200 g 7-Korn-Getreidemischung
½ TL getrockneter, gerebelter Thymian
1 TL Senfkörner
Salz
frisch gemahlener Pfeffer
400 ml Gemüsebrühe
500 ml (½ l) Wasser
2 EL gehackte Petersilie oder Kerbel
200 g Schmand (Sauerrahm)
4 EL Milch
50 g frisch geriebener mittelalter Gouda-Käse
30 g frisch geriebener Parmesan-Käse

Pro Portion:
E: 18 g, F: 27 g, Kh: 49 g,
kJ: 2154, kcal: 512

1. Von dem Blumenkohl Blätter und schlechte Stellen entfernen, den Strunk abschneiden, Blumenkohl in Röschen teilen, waschen und abtropfen lassen. Frühlingszwiebeln putzen, waschen, abtropfen lassen und in etwa 3 cm lange Stücke schneiden.

2. Sellerie schälen und schlechte Stellen herausschneiden. Sellerie waschen, abtropfen lassen und in kleine Würfel schneiden. Möhren putzen, schälen, waschen, abtropfen lassen und ebenfalls in kleine Würfel schneiden. Zwiebeln abziehen und würfeln.

3. Butter oder Margarine in einem Topf zerlassen. Die Getreidemischung darin unter Rühren andünsten. Thymian, Senfkörner, Möhren-, Sellerie- und Zwiebelwürfel hinzufügen, mit Salz und Pfeffer würzen. Brühe hinzugießen, zum Kochen bringen und zugedeckt bei schwacher Hitze etwa 20 Minuten garen. Den Backofen vorheizen.

4. In der Zwischenzeit Wasser zum Kochen bringen. Etwas Salz und die Blumenkohlröschen hinzufügen, zugedeckt etwa 5 Minuten garen. Blumenkohlröschen in ein Sieb geben, mit kaltem Wasser abschrecken und abtropfen lassen.

5. Petersilie oder Kerbel unter die Getreidemischung rühren und in eine flache Auflaufform füllen. Blumenkohlröschen und Frühlingszwiebelstücke darauf verteilen.

6. Schmand mit Milch verrühren und auf dem Gemüse in der Form verteilen. Mit beiden Käsesorten bestreuen. Die Form ohne Deckel auf dem Rost in den vorgeheizten Backofen schieben.

Ober-/Unterhitze: etwa 200 °C
Heißluft: etwa 180 °C
Garzeit: etwa 25 Minuten.

Abwandlung 1: Sie können anstelle der Getreidemischung die gleiche Menge Vollkornreis verwenden und den Auflauf wie oben angegeben zubereiten.

Abwandlung 2: Sie können anstelle der Frühlingszwiebeln auch 200 g grüne Bohnen verwenden. Von den Bohnen die Enden abschneiden, eventuell Fäden abziehen. Bohnen waschen, abtropfen lassen und 1–2-mal durchschneiden oder -brechen. Die Bohnen zusammen mit den Blumenkohlröschen vorgaren und den Auflauf wie oben angegeben zubereiten.

Raffiniert

Spargelcrespelle mit Ricotta
4 Portionen

Zubereitungszeit: 60 Minuten
Garzeit: 10–15 Minuten

Für den Crespelleteig:
100 g Weizenmehl
2 Eier (Größe M)
250 ml (1/4 l) Milch
1 gestr. TL Salz

etwa 100 g Butter

je 500 g grüner und weißer Spargel
375 ml (3/8 l) Wasser
1 gestr. TL Salz
20 g Butter
1 Prise Zucker

1 Bio-Zitrone
(unbehandelt, ungewachst)
500 g Ricotta
(italienischer Frischkäse)
frisch gemahlener Pfeffer
150 g Parmesan-Käse am Stück
2 EL Butter
2 EL grob gehackte Walnusskerne
2 EL gehackte Petersilie

Pro Portion:
E: 36 g, F: 76 g, Kh: 26 g,
kJ: 3970, kcal: 949

1. Für den Teig Mehl in eine Schüssel geben. Eier mit Milch verschlagen, Salz hinzufügen. Die Eiermilch nach und nach mit dem Mehl verrühren. Darauf achten, dass keine Klümpchen entstehen. Den Teig durch ein feines Sieb passieren.

2. Etwas von der Butter in einer beschichteten Pfanne (Ø 20 cm) zerlassen. Eine dünne Teiglage mit einer drehenden Bewegung gleichmäßig auf dem Boden der Pfanne verteilen. Crespelle von beiden Seiten goldgelb backen. Vor dem Wenden etwas Butter in die Pfanne geben. Aus dem restlichen Teig weitere 7 Crespelle zubereiten.

3. Vom grünen Spargel das untere Drittel schälen und die unteren Enden abschneiden. Den weißen Spargel von oben nach unten schälen. Darauf achten, dass die Schalen vollständig entfernt, die Köpfe aber nicht verletzt werden. Die unteren Enden abschneiden (holzige Stellen vollständig entfernen).

4. Vorbereiteten Spargel abspülen und abtropfen lassen. Wasser mit Salz, Butter und Zucker in einem hohen Topf zum Kochen bringen. Zuerst die weißen Spargelstangen hinzugeben, wieder zum Kochen bringen und zugedeckt in 8–10 Minuten bissfest garen. Spargelstangen mit einer Schaumkelle herausnehmen, mit kaltem Wasser abschrecken und abtropfen lassen. Dann den grünen Spargel in das kochende Wasser geben, wieder zum Kochen bringen und zugedeckt 3–5 Minuten bissfest garen. Spargelstangen ebenfalls mit einer Schaumkelle herausnehmen, mit kaltem Wasser abschrecken und abtropfen lassen. Spargelwasser beiseitestellen. Den Backofen vorheizen.

5. Zitrone heiß abwaschen, abtrocknen und etwas von der Schale abreiben. Zitrone halbieren und den Saft auspressen. Ricotta mit etwas Spargelwasser glattrühren. Mit Salz, Pfeffer, Zitronenschale und etwas Zitronensaft abschmecken.

6. Crespelle nebeneinander auf einer Arbeitsfläche ausbreiten. Die Ricottamasse gleichmäßig daraufstreichen. Grüne und weiße Spargelstangen darauf verteilen. Crespelle aufrollen und in eine Auflaufform (gefettet) legen.

7. Butter in einer kleinen Pfanne zerlassen. Walnusskerne und Petersilie unterrühren. Die Crespelle mit der Buttermasse bestreichen und mit grob geriebenem Parmesan-Käse bestreuen. Die Form auf dem Rost in den vorgeheizten Backofen schieben.
Ober-/Unterhitze: etwa 180 °C
Heißluft: etwa 160 °C
Garzeit: 10–15 Minuten.

Spargelcrespelle mit Ricotta

Raffiniert

Sattmachergratin
4 Portionen

Zubereitungszeit: 60 Minuten
Garzeit: etwa 30 Minuten

1 kg weißer Spargel
375 ml (3/8 l) Wasser
1 1/2 gestr. TL Salz
20 g Butter
1 gestr. TL Zucker
750 g neue Kartoffeln
1 Bund kleine Möhren
1 mittelgroße Kohlrabi
300 g Brokkoli
100 g Zuckerschoten
Salzwasser
500 g Schweinefilet
frisch gemahlener Pfeffer
30 g Butterschmalz
Salz
400 g Schlagsahne
250 g grob geriebener Gouda-Käse

Pro Portion:
E: 56 g, F: 61 g, Kh: 39 g,
kJ: 3909, kcal: 934

1. Den Spargel von oben nach unten schälen, darauf achten, dass die Schalen vollständig entfernt, die Köpfe aber nicht verletzt werden. Die unteren Enden abschneiden (holzige Stellen vollkommen entfernen). Spargelstangen dritteln, waschen und abtropfen lassen.
2. Wasser mit Salz, Butter und Zucker in einem großen Topf zum Kochen bringen. Spargelstücke hinzufügen, zum Kochen bringen und etwa 8 Minuten garen.
3. Kartoffeln waschen, schälen, abspülen und halbieren. Kartoffelhälften in 3 Spalten schneiden. Möhren putzen, schälen, waschen und abtropfen lassen. Möhren längs vierteln (je nach Länge nochmals halbieren).
4. Kohlrabi schälen, waschen, trocken tupfen, halbieren und in Scheiben schneiden. Von dem Brokkoli die Blätter entfernen. Brokkoli waschen, abtropfen lassen und in Röschen teilen. Zuckerschoten putzen, eventuell abfädeln und die Enden abschneiden. Zuckerschoten waschen und abtropfen lassen.
5. Salzwasser in einem Topf zum Kochen bringen. Kartoffelspalten und Möhrenstreifen hinzugeben und in etwa 8 Minuten bissfest garen. Brokkoliröschen und Zuckerschoten hinzufügen und weitere etwa 2 Minuten mitgaren lassen.
6. Das Gemüse in einem Sieb abtropfen lassen und in eine große, flache Auflaufform geben.
7. Schweinefilet unter fließendem kalten Wasser abspülen, trocken tupfen und in etwa 2 cm dicke Scheiben schneiden. Butterschmalz in einer Pfanne erhitzen. Filetscheiben darin von beiden Seiten anbraten. Mit Salz und Pfeffer würzen. Filetscheiben herausnehmen und auf das Gemüse legen.
8. Sahne zum Bratenfond geben und gut verrühren. Mit Salz und Pfeffer würzen. Die Sauce zwischen dem Gemüse verteilen. Mit Käse bestreuen. Die Form auf dem Rost in den vorgeheizten Backofen schieben.
Ober-/Unterhitze: 200–220 °C
Heißluft: 180–200 °C
Garzeit: etwa 30 Minuten.

Tipp: Das Gratin kann auch in einer Fettfangschale zubereitet werden.

Sattmachergratin

Provenzalischer Fischtopf

Mit Alkohol

Provenzalischer Fischtopf
4 Portionen

Zubereitungszeit: 40 Minuten
Garzeit: 15–20 Minuten

2 Zwiebeln
1 Stange Porree (Lauch)
400 g rote, grüne und gelbe Paprikaschoten
3 Fleischtomaten
2 Knoblauchzehen
3 EL Olivenöl
1/2 TL gerebelter Thymian
etwas gerebelter Salbei
1 Lorbeerblatt
125 ml (1/8 l) Weißwein
800 g Fischfilet, z. B. Rotbarsch oder Seelachs
1 Becher (150 g) Crème fraîche
Cayennepfeffer
Salz
Zitronensaft
Salbeiblättchen

Pro Portion:
E: 12 g, F: 22 g, Kh: 20 g,
kJ: 1534, kcal: 367

1. Zwiebeln abziehen und klein würfeln. Porree putzen, die Stange längs halbieren, gründlich waschen, abtropfen lassen und in etwa 1 cm lange Stücke schneiden. Den Backofen vorheizen.
2. Paprikaschoten halbieren, entstielen, entkernen und die weißen Scheidewände entfernen. Schoten waschen, abtropfen lassen und in Streifen schneiden. Tomaten waschen, kreuzweise einschneiden und einige Sekunden in kochendes Wasser legen. Tomaten kurz in kaltes Wasser legen, enthäuten, vierteln, entkernen und die Stängelansätze herausschneiden.
3. Knoblauch abziehen und mit dem Messerrücken zerdrücken. Olivenöl in einem feuerfesten Topf erhitzen. Das vorbereitete Gemüse darin andünsten, mit Thymian und Salbei bestreuen. Lorbeerblatt hinzufügen, Wein hinzugießen.
4. Fischfilet unter fließendem kalten Wasser abspülen, trocken tupfen und in Würfel schneiden.
5. Crème fraîche und Fischwürfel auf das Gemüse geben, mit Cayennepfeffer, Salz und Zitronensaft würzen. Den Topf auf dem Rost in den vorgeheizten Backofen schieben.
Ober-/Unterhitze: etwa 200 °C
Heißluft: etwa 180 °C
Garzeit: 15–20 Minuten.
6. Den Fischtopf mit abgespülten, trocken getupften Salbeiblättchen garnieren.

Beilage: Risotto oder Langkornreis.

Kapitel 10
Rezepte 901–1000
Desserts

Erdbeer-Tiramisu

Für Gäste – gut vorzubereiten
Erdbeer-Tiramisu
4 Portionen

Zubereitungszeit: 30 Minuten, ohne Kühlzeit

150 g Cantuccini (italienisches Mandelgebäck)
50 ml frisch gepresster Orangensaft
50 ml Orangenlikör
250 g Erdbeeren
25 g gesiebter Puderzucker oder Zucker
2 Becher (je 200 g) Schlagsahne
150 g Vollmilchjoghurt
1 Becher (125 g) Crème double

Pro Portion:
E: 8 g, F: 48 g, Kh: 37 g,
kJ: 2784, kcal: 666

1. Cantuccini in eine große Auflaufform legen. Orangensaft und -likör mischen. Die Cantuccini damit beträufeln.
2. Erdbeeren waschen, gut abtropfen lassen und entstielen. Erdbeeren halbieren und mit der Schnittfläche nach unten auf die Cantuccini legen. Mit Puderzucker oder Zucker bestreuen.
3. Sahne steifschlagen, Joghurt und Crème double unterrühren. Die Creme auf den Erdbeeren verteilen und etwa 3 Stunden kalt stellen.

Tipp: Nach Belieben das Tiramisu vor dem Servieren mit Kakaopulver bestäuben. Wer das Tiramisu schon am Vortag zubereiten möchte, sollte 1–2 Blatt weiße Gelatine nach Packungsanleitung auflösen und unter die Joghurtcreme geben.

Fettarm
Frozen Joghurt mit Knusperkrokant
4 Portionen

Zubereitungszeit: 20 Minuten, ohne Gefrierzeit

400 g blaue Weintrauben
500 g Vollmilchjoghurt mit Vanillegeschmack
2 frische Eiweiß (Größe M)
3 EL Zucker
2 EL kernige Haferflocken
2 EL gehackte Haselnusskerne

Außerdem:
Alufolie

Pro Portion:
E: 9 g, F: 9 g, Kh: 53 g,
kJ: 1378, kcal: 329

1. Weintrauben abspülen, abtropfen lassen, entstielen, halbieren und

entkernen (einige Weintrauben zum Garnieren beiseitelegen). Weintraubenhälften nebeneinander auf eine Platte legen und im Gefrierfach anfrieren lassen.

2. Joghurt glattrühren. Eiweiß mit 1/2 Esslöffel des Zuckers steifschlagen und unter den Joghurt heben. Die Joghurtmasse in eine gefriergeeignete Schüssel füllen und zugedeckt im Gefrierschrank anfrieren lassen, dabei die Joghurtmasse gelegentlich mit einem Schneebesen durchrühren. Sobald die Joghurtmasse zu gefrieren beginnt, die angefrorenen Weintraubenhälften unterheben.

3. Restlichen Zucker in einer beschichteten Pfanne bei mittlerer Hitze unter Rühren karamellisieren lassen. Haferflocken und Haselnusskerne unterrühren. Die Krokantmasse auf ein dünn mit Speiseöl bestrichenes Stück Alufolie geben, verstreichen und erkalten lassen.

4. Die gut angefrorene Joghurt-Weintrauben-Masse in Schälchen verteilen. Knusperkrokant in Stückchen brechen und darauf verteilen. Joghurt mit den beiseitegelegten Weintraubenhälften garnieren und sofort servieren.

Tipp: Nach Belieben mit unter fließendem kalten Wasser abgespülten, trocken getupften Minzeblättchen garnieren.

Klassisch

Kaiserschmarrn mit Pinienkernen und Rosinen
2 Portionen

Zubereitungszeit: 25 Minuten
Backzeit: etwa 10 Minuten

80 g Weizenmehl
125 ml (1/8 l) Milch
2 Eigelb (Größe L)
Salz
2 Eiweiß (Größe L)
1 EL Dr. Oetker Bourbon-Vanille-Zucker
30 g Rosinen
30 g Pinienkerne
2 EL Butter

25 g Puderzucker zum Bestäuben

Pro Portion:
E: 17 g, F: 33 g, Kh: 62 g,
kJ: 2604, kcal: 622

1. Den Backofen vorheizen. Mehl in eine Rührschüssel geben, mit Milch, Eigelb und einer Prise Salz zu einem glatten Teig verrühren. Eiweiß mit Vanille-Zucker steifschlagen. Eischnee mit Rosinen und Pinienkernen unter den Teig heben.

2. Butter in einer großen Pfanne zerlassen. Den Teig hineingeben und kurz auf der Unterseite backen lassen. Dann die Pfanne auf dem Rost in den vorgeheizten Backofen schieben.
Ober-/Unterhitze: etwa 180 °C
Heißluft: etwa 160 °C
Backzeit: etwa 10 Minuten.

3. Den Kaiserschmarrn mit 2 Gabeln in Stücke zupfen und dick mit Puderzucker bestäuben.

Beilage: Preiselbeeren.

Tipp: In Südtirol wird Kaiserschmarrn meistens mit Preiselbeeren serviert. Er schmeckt aber auch mit anderen Beeren, Apfelkompott oder Eis.

Frozen Joghurt mit Knusperkrokant

Kaiserschmarrn mit Pinienkernen und Rosinen

Mit Alkohol

Kokosmilch-Sorbet
4–6 Portionen

Zubereitungszeit: 10 Minuten
Gefrierzeit: etwa 4 Stunden

400 ml Kokosmilch
150 ml Kokossirup
Saft von 1 Limette
40 ml weißer Rum (40 Vol.-%)
1 gestr. TL gemahlenes Zitronengras

Nach Belieben:
1 frische Ananas

Pro Portion:
E: 2 g, F: 18 g, Kh: 26 g,
kJ: 1230, kcal: 296

1. Kokosmilch mit Kokossirup, Limettensaft, Rum und Zitronengras in einer gefriergeeigneten Schüssel verrühren.
2. Schüssel zudecken. Die Masse etwa 4 Stunden gefrieren lassen. Während der Gefrierzeit die Masse etwa alle 30 Minuten mit einem Schneebesen kräftig durchrühren.
3. Nach Belieben die Ananas in etwa 1 cm dicke Scheiben schneiden. Das Kokosmilch-Sorbet mit einem Eisportionierer darauf anrichten.

Kokosmilch-Sorbet

Tipp: Kokosnussfleisch mit einem Sparschäler in dünne Streifen schneiden und mit dem Kokosmilch-Sorbet servieren.

Für Gäste

Latte-Macchiato-Eis
6 Portionen

Zubereitungszeit: 30 Minuten, ohne Abkühlzeit
Gefrierzeit: etwa 5 Stunden

3 Eier (Größe M)
90 g Zucker
70 ml Espresso
600 g Schlagsahne
3 Pck. Dr. Oetker Vanillin-Zucker

Nach Belieben:
Kakaopulver zum Bestäuben

Pro Portion:
E: 6 g, F: 34 g, Kh: 22 g,
kJ: 1807, kcal: 432

1. Eier mit Zucker und Espresso in einem Topf verschlagen und bei mittlerer Hitze unter ständigem Rühren mit einem Schneebesen aufschlagen, bis eine dicklich cremige Masse entstanden ist.

Latte-Macchiato-Eis

2. Den Topf in eiskaltes Wasser stellen. Die Eiercreme unter Rühren erkalten lassen.
3. 400 g der Sahne sehr steifschlagen und unter Creme heben. Latte-Macchiato-Creme zu gleich großen Teilen in 6 gefriergeeignete Gläser füllen. Dabei darauf achten, dass die Gläser nur zu zwei Dritteln gefüllt sind. Gläser zudecken. Das Latte-Macchiato-Eis etwa 4 Stunden gefrieren lassen.
4. Restliche Sahne mit Vanillinzucker steifschlagen. Die Vanillesahne auf dem Eis in den Gläsern verteilen. Das Eis etwa 1 weitere Stunde gefrieren lassen.
5. Nach Belieben das Latte-Macchiato-Eis mit Kakao bestäubt servieren.

Tipp: Sie können unter Punkt 1 die Eier mit Zucker und Espresso auch in einer hitzebeständigen Schüssel verschlagen und dann im heißen Wasserbad (85–90 °C) mit einem Schneebesen zu einer dicklich cremigen Masse aufschlagen. Diese Methode des Aufschlagens dauert länger (20–30 Minuten), aber so können auch Ungeübte sicher sein, dass die Creme nicht anbrennt.

Für Gäste – raffiniert

Maronenpuffer mit Weintrauben
4 Portionen

Zubereitungszeit: 40 Minuten, ohne Quellzeit

1 Dose ganze Maronen
(Abtropfgewicht 285 g)
250 g Schlagsahne
3 Eier (Größe M)
1 Pck. Dr. Oetker Bourbon-Vanille-Zucker
20 g Zucker
100 g Weizenmehl
500 g grüne und blaue Weintrauben
40 g Butterschmalz
70 g gehobelte Mandeln
Puderzucker zum Bestäuben

Maronenpuffer mit Weintrauben

Mascarponebecher

Pro Portion:
E: 16 g, F: 46 g, Kh: 81 g,
kJ: 3528, kcal: 842

1. Maronen in einem Sieb abtropfen lassen und in eine Rührschüssel geben. Sahne, Eier, Vanille-Zucker, Zucker und Mehl hinzufügen. Die Zutaten pürieren und etwa 10 Minuten ausquellen lassen.
2. Weintrauben heiß abspülen, trocken tupfen, entstielen, halbieren und entkernen.
3. Etwas Butterschmalz in einer Pfanne erhitzen. Einige Mandeln hineingeben, 2 Esslöffel Maronenteig darauf verteilen und mit einigen Mandeln bestreuen. Die Puffer bei mittlerer Hitze etwa 2 Minuten backen, bis der Teig zu stocken beginnt. Puffer wenden und von der anderen Seite goldbraun backen. Puffer herausnehmen. Aus dem Teig auf die gleiche Weise etwa 12 Puffer backen.
4. Maronenpuffer mit Weintraubenhälften anrichten und mit Puderzucker bestäuben.

Für Gäste – mit Alkohol

Mascarponebecher
4 Portionen

Zubereitungszeit: 20 Minuten

400 g Mascarpone
Schale und Saft von ½ Bio-Zitrone (unbehandelt, ungewachst)
2 Eigelb (Größe M)
100 g Zucker
2 Eiweiß (Größe M)
300 g frische Erdbeeren
20 ml Orangenlikör
einige Pistazienkerne oder vorbereitete Zitronenmelisseblättchen

Pro Portion:
E: 8 g, F: 46 g, Kh: 39 g,
kJ: 2855, kcal: 637

1. Mascarpone mit Zitronenschale, -saft, Eigelb und 80 g des Zuckers mit Schneebesen oder Handrührgerät mit Rührbesen sehr cremig rühren. Eiweiß steifschlagen und unterheben.
2. Erdbeeren putzen, waschen, abtropfen lassen und halbieren. Erdbeerhälften mit restlichem Zucker und Orangenlikör vermischen.
3. Die Hälfte der Erdbeeren in 4 Becher geben, die Hälfte der Mascarponecreme daraufgeben. Dann restliche Erdbeeren darauflegen und restliche Mascarponecreme darauf verteilen.
4. In die Mitte jedes Bechers einen abgezogenen Pistazienkern oder ein Zitronenmelisseblättchen legen.

Tipp: Nur ganz frische Eier verwenden, die nicht älter als 5 Tage sind (Legedatum beachten!). Die Hälfte der Mascarponecreme durch Speisequark (Magerstufe) ersetzen. Der Mascarponebecher kann auch ohne Eier zubereitet werden. Dann zuletzt 250 g steifgeschlagene Schlagsahne unterheben.

Melonen mit Eisteegelee

Amaretti-Pfirsiche

Raffiniert

Melonen mit Eisteegelee
4 Portionen

Zubereitungszeit: 30 Minuten, ohne Kühlzeit

1 Bio-Limette (unbehandelt, ungewachst)
4 EL Zucker
500 ml (1/2 l) Eistee mit Zitronengeschmack (fertig gekauft)
7 Blatt weiße Gelatine
1 Pck. Saucenpulver Vanille-Geschmack (zum Kochen)
500 ml (1/2 l) Milch
2 Charentais- oder Cantaloupe-Melonen

Pro Portion:
E: 7 g, F: 5 g, Kh: 35 g,
kJ: 911, kcal: 217

1. Limette heiß abwaschen, abtrocknen und halbieren. 1 Limettenhälfte auspressen. 2 Esslöffel Limettensaft und die Hälfte des Zuckers mit dem Eistee verrühren. Gelatine in 250 ml (1/4 l) Eistee einweichen.
2. Die Gelatine in dem Eistee so lange unter Rühren erhitzen, bis die Gelatine vollständig aufgelöst ist (nicht kochen). Den restlichen Eistee unterrühren. Die Flüssigkeit in eine flache rechteckige Form gießen und mindestens 3 Stunden kalt stellen.
3. Aus Saucenpulver, Milch und restlichem Zucker nach Packungsanleitung eine Vanillesauce zubereiten, Sauce abkühlen lassen.
4. Die Melonen waagerecht halbieren und die Kerne mit einem Löffel herauskratzen. Die zweite Limettenhälfte in Scheiben schneiden.
5. Die Form mit dem Teegelee kurz in heißes Wasser tauchen. Gelee aus der Form stürzen und in Würfel schneiden. Die Geleewürfel und etwas Vanillesauce in die Melonenhälften füllen und mit Limettenscheiben garnieren. Restliche Vanillesauce dazureichen.

Abwandlung: Wer keinen fertig gekauften Eistee verwenden möchte, kann natürlich den Eistee aus schwarzem Tee mit etwas Zitronensaft und -schale selbst zubereiten.

Tipp: Cantalupe-Melonen sind nach der gleichnamigen Ortschaft nahe Rom benannt. Es sind relativ kleine Zuckermelonen, die eine stark warzig-wulstige, weiße bis gelbliche oder blaugrüne Schale mit dunkelgrünen Längsstreifen haben. Ihr gelboranges bis rotes Fruchtfleisch ist süß und sehr aromatisch. Sie sind sehr empfindlich, so dass sie nicht lange gelagert werden können. Charentais ist die feinste Cantalupe-Melonen-Sorte aus Frankreich.

Für Gäste – gut vorzubereiten – mit Alkohol

Amaretti-Pfirsiche
4 Portionen

Zubereitungszeit: 20 Minuten, ohne Abkühlzeit

4 reife Pfirsiche
1 Bio-Zitrone (unbehandelt, ungewachst)
1 Vanilleschote
200 ml halbtrockener Weißwein oder Traubensaft
75 ml Wasser
1 EL Zucker
einige Blättchen frische Minze
200 g frische Himbeeren oder Johannisbeeren
4 TL Crème fraîche

etwa 8 kleine Amarettini (italienisches Makronengebäck)

Pro Portion:
E: 2 g, F: 3 g, Kh: 15 g,
kJ: 411, kcal: 99

1. Pfirsiche waschen, kurze Zeit in kochendes Wasser legen (nicht kochen lassen), in kaltem Wasser abschrecken und enthäuten. Pfirsiche halbieren und entsteinen.
2. Zitrone gründlich waschen, abtrocknen und in Scheiben schneiden. Vanilleschote längs aufschneiden.

Desserts

3. Wein oder Saft, Wasser, Zucker, Vanilleschote und Zitronenscheiben in einem breiten Topf zum Kochen bringen. Pfirsichhälften hinzugeben und kurz aufkochen lassen. Topf von der Kochstelle nehmen. Minzeblättchen abspülen, trocken tupfen, in Streifen schneiden und in den Weinsud geben. Pfirsichhälften im Weinsud erkalten lassen.
4. Himbeeren verlesen oder Johannisbeeren waschen, abtropfen lassen und entstielen. Pfirsichhälften mit einer Schaumkelle aus dem Weinsud nehmen und in einem Sieb abtropfen lassen.
5. Pfirsichhälften mit Himbeeren oder Johannisbeeren auf Tellern anrichten. Jeweils einen Teelöffel Crème fraîche daraufgeben.
6. Amarettini in einen Gefrierbeutel geben, Beutel verschließen Amarettini mit einer Teigrolle fein zerbröseln. Die Pfirsichhälften mit den Amarettinibröseln bestreuen. Sofort servieren.

Tipp: Die Pfirsichhälften können schon einen Tag vor dem Verzehr zubereitet werden.

Für Gäste

Nektarinen-Johannisbeer-Crumble
4 Portionen

Zubereitungszeit: 30 Minuten
Backzeit: etwa 40 Minuten.

150 g rote oder schwarze Johannisbeeren
3–4 Nektarinen (etwa 500 g)
100 g Zucker
70 g Weizenmehl
½ TL gemahlener Zimt, Salz
70 g kernige Haferflocken
70 g weiche Butter

Pro Portion:
E: 4 g, F: 16 g, Kh: 51 g,
kJ: 1550, kcal: 370

1. Den Backofen vorheizen. Johannisbeeren und Nektarinen abspülen und trocken tupfen. Johannisbeeren von den Rispen streifen. Nektarinen halbieren, entsteinen und in Spalten schneiden.
2. Johannisbeeren, Nektarinenspalten und 50 g des Zuckers in einer flachen Auflaufform vermengen.
3. Mehl, Zimt, eine Prise Salz, restlichen Zucker und Haferflocken in einer Rührschüssel mit einem Schneebesen verrühren. Butter hinzufügen.
4. Die Zutaten mit Handrührgerät mit Rührbesen zu Streuseln verarbeiten (je länger man rührt, desto größer werden die Streusel). Teigstreusel auf den Johannisbeeren und Nektarinenspalten verteilen. Die Form auf dem Rost in den vorgeheizten Backofen schieben.
Ober-/Unterhitze: etwa 200 °C
Heißluft: etwa 180 °C
Backzeit: etwa 40 Minuten.
5. Die Form auf einen Kuchenrost stellen. Den Crumble heiß oder kalt servieren.

Schnell

Obstsalat mit Knusperflocken
2 Portionen

Zubereitungszeit: 15 Minuten

100 g blaue Weintrauben
1 Apfel (etwa 150 g)
1 Banane (150 g, geschält gewogen)
Saft von 1 Orange
2 TL flüssiger Honig
4 EL Vollkorn-Haferflocken (40 g)

Pro Portion:
E: 4 g, F: 2 g, Kh: 49 g,
kJ: 977, kcal: 238

1. Weintrauben waschen, abtropfen lassen, entstielen, halbieren und entkernen. Apfel waschen, trocken tupfen, vierteln, entkernen und in Stücke schneiden. Banane schälen und in dünne Scheiben schneiden.
2. Orangensaft mit einem Teelöffel des Honigs verrühren und sofort mit dem vorbereiteten Obst vermischen.
3. Haferflocken in einer Pfanne ohne Fett unter Rühren goldgelb rösten. Den Obstsalat mit Haferflocken bestreuen und mit dem restlichen Honig beträufeln.

Obstsalat mit Knusperflocken

Mit Alkohol

Orangen-Tiramisu
8–10 Portionen

Zubereitungszeit: 60 Minuten, ohne Durchzieh- und Kühlzeit

500 g Cantuccini (italienisches Mandelgebäck)
125 ml (1/8 l) starker Kaffee
8–10 Orangen
125 ml (1/8 l) Cointreau
40 g Puderzucker
500 g Vollmilchjoghurt
500 g Vanillejoghurt
500 g Schlagsahne

etwas Kakaopulver zum Bestäuben

Pro Portion:
E: 8 g, F: 20 g, Kh: 37 g,
kJ: 1729, kcal: 413

1. Cantuccini in eine große flache Auflaufform legen und mit Kaffee tränken.
2. Orangen so schälen, dass die weiße Haut vollständig entfernt wird. Orangen filetieren und in Stücke schneiden.
3. Orangenstücke auf den Cantuccini verteilen, mit Cointreau beträufeln, mit Puderzucker bestäuben und 1–2 Stunden durchziehen lassen.
4. Beide Joghurtsorten miteinander verrühren, Sahne steifschlagen und unterheben. Die Joghurt-Sahne auf den Orangenfilets verteilen. Tiramisu bis zum Servieren kalt stellen.
5. Tiramisu vor dem Servieren mit Kakao bestäuben.

Tipp: Bestreuen Sie die Joghurt-Sahne mit 1 Päckchen Dr. Oetker Finesse Geriebene Orangenschale, bevor das Tiramisu kalt gestellt wird. Garnieren Sie die Oberfläche mit einigen Orangenzesten (Streifen).

Mit Alkohol

Orangen-Campari-Sorbet
6 Portionen

Zubereitungszeit: 20 Minuten, ohne Abkühlzeit
Gefrierzeit: 4–5 Stunden

60 g Zucker
60 ml Wasser
500 ml (1/2 l) frisch gepresster Orangensaft (von etwa 5 Orangen)
40 ml Campari

Zum Garnieren:
2 Bio-Orangen (unbehandelt, ungewachst)

Pro Portion:
E: 0 g, F: 0 g, Kh: 23 g,
kJ: 411, kcal: 115

1. Zucker mit Wasser in einem kleinen Topf verrühren, zum Kochen bringen und kurz aufkochen lassen. Zuckerwasser erkalten lassen.
2. Die Zuckerlösung mit Orangensaft und Campari verrühren. Die Sorbetflüssigkeit in eine gefriergeeignete Schüssel füllen. Schüssel zudecken. Die Sorbetflüssigkeit 4–5 Stunden gefrieren lassen, dabei das Sorbet alle 30 Minuten kräftig durchrühren oder mit einem Pürierstab pürieren.
3. Zum Garnieren Orangen heiß abwaschen, abtrocknen und dünne Schalenstreifen so abschälen, dass Spiralen entstehen. Orangen dann so schälen, dass die weiße Haut mit entfernt wird. Orangen filetieren.
4. Orangen-Campari-Sorbet in Gläsern anrichten und mit den Orangenfilets garniert servieren. Die Glasränder mit den Schalenspiralen garnieren.

Orangen-Tiramisu

Orangen-Campari-Sorbet

Für Gäste

Panna cotta
4 Portionen

Zubereitungszeit: 50 Minuten, ohne Kühlzeit

Für die Creme:
600 g Schlagsahne
1 Vanilleschote
1 Prise Salz
2 Stück Zitronenschale von 1 Bio-Zitrone (unbehandelt, ungewachst)
2 EL Zucker
6 Blatt weiße Gelatine

Für die Vanillesauce:
1 Pck. Saucenpulver Vanille-Geschmack, zum Kochen, für 500 ml (1/2 l) Flüssigkeit
30 g Zucker
500 ml (1/2 l) Milch

Für die Fruchtsauce:
300 g frische Erdbeeren
1 Pck. Dr. Oetker Vanillin-Zucker

Zum Garnieren:
einige vorbereitete, frische Beerenfrüchte
vorbereitete Minzeblättchen

Pro Portion:
E: 10 g, F: 51 g, Kh: 34 g,
kJ: 2754, kcal: 658

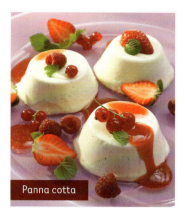

Panna cotta

Orangen-Weinschaum-Speise

1. Für die Creme Sahne mit Vanilleschote, Salz, Zitronenschale und Zucker in einem kalt ausgespülten Topf zum Kochen bringen, bei schwacher Hitze etwa 10 Minuten kochen lassen.
2. Gelatine in kaltem Wasser nach Packungsanleitung einweichen. Die Vanilleschote und Zitronenschale aus der Sahne nehmen. Gelatine ausdrücken und in der heißen Sahne unter Rühren vollständig auflösen. Die Sahne in kalt ausgespülte Förmchen gießen, abkühlen lassen und mindestens 3 Stunden (oder über Nacht) kaltstellen.
3. Für die Vanillesauce aus Saucenpulver, Zucker und Milch nach Packungsanleitung eine Sauce zubereiten, kalt stellen, dabei ab und zu durchrühren.
4. Für die Fruchtsauce Erdbeeren putzen, waschen, abtropfen lassen (einige Erdbeeren zum Garnieren beiseitelegen) und die Stängelansätze herausschneiden. Erdbeeren pürieren und mit Vanillin-Zucker abschmecken.
5. Panna cotta mit einem Messer vom Rand lösen, kurz in sehr heißes Wasser tauchen und auf Dessertteller stürzen. Die Erdbeersauce als Spiegel um eine Hälfte der Creme geben, die Vanillesauce auf die andere Hälfte gießen und mit einem Holzstäbchen die beiden Saucen ineinander ziehen.
6. Panna cotta mit den beiseitegelegten Erdbeeren, Beerenfrüchten und Minzeblättchen garniert servieren.

Gut vorzubereiten – mit Alkohol

Orangen-Weinschaum-Speise
4 Portionen

Zubereitungszeit: 30 Minuten, ohne Quell- und Kühlzeit

2 Orangen (je etwa 150 g)
4 EL Orangenlikör
2 gestr. TL gemahlene Gelatine, weiß
3 EL kaltes Wasser
100 ml Orangensaft
2 Eigelb (Größe M)
80 g Zucker
125 ml (1/8 l) Weißwein
2 Eiweiß (Größe M)
125 g Schlagsahne

Pro Portion:
E: 7 g, F: 13 g, Kh: 31 g,
kJ: 1341, kcal: 320

1. Orangen so schälen, dass die weiße Haut vollständig entfernt wird. Orangen filetieren und in Stücke schneiden. Orangenstücke mit Likör in 4 Dessertgläsern verteilen.
2. Gelatine mit Wasser in einem kleinen Topf anrühren, 10 Minuten zum Quellen stehen lassen. Gelatine unter Rühren erwärmen (nicht kochen), bis sie vollständig gelöst ist. Orangensaft unterrühren.
3. Eigelb mit Zucker cremig schlagen. Nach und nach Wein hinzugießen. Orangen-Gelatine-Flüssigkeit unterrühren, kalt stellen.
4. Eiweiß und Sahne getrennt steifschlagen.
5. Wenn die Orangen-Wein-Flüssigkeit anfängt dicklich zu werden, Eiweiß und Sahne unterheben. Die Creme auf den Gläsern verteilen. Orangen-Weinschaum-Speise kalt stellen und fest werden lassen.

Tipp: Die Orangen-Weinschaum-Speise mit Orangenstreifen, -filets und Minzeblättchen garnieren.

Mit Alkohol – preiswert

Pfannkuchen mit süßer Quittensauce
4 Portionen

Zubereitungszeit: 45 Minuten

Für den Pfannkuchenteig:
250 g Weizenmehl
4 Eier (Größe M)
1 Prise Salz
1 EL Rum
500 ml (1/2 l) Milch
Butter oder Margarine zum Backen

Für die Quittensauce:
2 Quitten
Zitronensaft
100 ml Weißwein
100 ml Orangensaft
100 ml Birnensaft
1–2 EL Zucker
2 EL Quittengelee
50 g Johannisbeeren
vorbereitete Minzestreifen

Pro Portion:
E: 18 g, F: 28 g, Kh: 79 g,
kJ: 2857, kcal: 683

1. Für den Teig Mehl in eine Rührschüssel geben und in die Mitte eine Vertiefung eindrücken. Eier mit Salz, Rum und Milch verschlagen. Etwas von der Eiermilch in die Vertiefung geben. Von der Mitte aus die Eiermilch mit dem Mehl verrühren. Nach und nach restliche Eiermilch unterrühren. Darauf achten, dass keine Klümpchen entstehen.
2. Butter oder Margarine in einer Pfanne zerlassen. Eine Teiglage hineingeben und von beiden Seiten goldbraun backen. Pfannkuchen warm stellen. Aus dem restlichen Teig 7 weitere Pfannkuchen backen.
3. Für die Quittensauce Quitten schälen, vierteln, entkernen und in dünne Spalten schneiden. Quittenspalten mit Zitronensaft beträufeln. Wein in einen Topf geben, Quittenspalten, Orangen- und Birnensaft

Pfannkuchen mit süßer Quittensauce

hinzufügen, zum Kochen bringen. Quittenspalten darin bei schwacher Hitze etwa 30 Minuten garen.
4. Die Sauce mit Zucker und Gelee abschmecken und durch ein Sieb streichen.
5. Johannisbeeren abspülen, trocken tupfen und entstielen. Johannisbeeren und Minzestreifen in die Sauce geben.

Tipp: Quittensauce zu Waffeln und Vanilleeis servieren. Es können auch 2 Esslöffel Granatapfelkerne statt der Johannisbeeren in die Sauce gegeben werden.

Mit Alkohol

Quarkknödel mit Zwetschenkompott
4 Portionen

Zubereitungszeit: 70 Minuten, ohne Kühlzeit

Für die Knödel:
1 Bio-Orange (unbehandelt, ungewachst)
1 Vanilleschote
60 g weiche Butter
60 g Zucker
2 Eier (Größe M)

Quarkknödel mit Zwetschenkompott

2 Eigelb (Größe M)
3–4 EL Orangensaft
400 g Speisequark (Magerstufe)
180 g Weißbrotwürfel (ohne Rinde)

Für das Zwetschenkompott:
400 g Zwetschen
100 g Zucker
100 ml Orangensaft
100 ml Rotwein
2 Zimtstangen
1 Msp. gemahlene Nelken
10 g Speisestärke
etwas Wasser
4 cl Zwetschenwasser
Salzwasser

100 g Butter
50 g Semmelbrösel
1 EL Zucker

Pro Portion:
E: 24 g, F: 41 g, Kh: 95 g,
KJ: 3764, kcal: 899

1. Für die Knödel Orange heiß abwaschen, abtrocknen und die Schale abreiben. Orange halbieren und auspressen. Vanilleschote aufschneiden, das Mark herauskratzen (die ausgekratzte Schote für das Kompott beiseitelegen).
2. Butter, Zucker und Vanillemark in einer Rührschüssel mit Handrührgerät mit Rührbesen schaumig schlagen.

Eier und Eigelb nach und nach unterrühren. Orangenschale und 3–4 Esslöffel Orangensaft hinzugeben. Quark und Weißbrotwürfel unterrühren. Die Quarkmasse zugedeckt etwa 2 Stunden in den Kühlschrank stellen.

3. In der Zwischenzeit die Zwetschen für das Kompott abspülen, abtrocknen, halbieren, entsteinen und in Spalten schneiden. Zucker in einem Topf karamellisieren lassen. Mit Orangensaft und Rotwein ablöschen. Zimtstangen, beiseite gelegte Vanilleschote (von der Knödelmasse) und Nelken hinzugeben. Das Wein-Saft-Gemisch zum Kochen bringen und etwa 30 Minuten köcheln lassen.

4. Speisestärke mit 2–3 Esslöffeln Wasser anrühren, in den Sud geben und unter Rühren kurz aufkochen. Zwetschenspalten und Zwetschenwasser hinzufügen, zum Kochen bringen. Den Topf von der Kochstelle nehmen. Die Zwetschenspalten in dem Sud erkalten lassen. Zimtstange und Vanilleschote entfernen.

5. In einem großen Topf so viel Salzwasser zum Kochen bringen, dass die Knödel in dem Wasser „schwimmen" können.

6. Aus der Quarkmasse mit angefeuchteten Händen gleich große Knödel (Ø etwa 5 cm) formen. Die Knödel in das kochende Salzwasser geben, wieder zum Kochen bringen und in etwa 10 Minuten ohne Deckel gar ziehen lassen (das Wasser muss sich leicht bewegen). Die Knödel mit einer Schaumkelle aus dem Wasser nehmen und gut abtropfen lassen.

7. Butter in einer Pfanne zerlassen. Semmelbrösel und Zucker hinzugeben, unter Rühren anrösten. Knödel darin wälzen, herausnehmen.

8. Für jede Portion etwas Zwetschenkompott auf einen Teller geben, heiße Knödel darauflegen und sofort servieren.

Tipp: Die Quarkknödel kann man auch in einer Mischung aus Kokosraspel und gerösteten gemahlenen Koriandersamen wälzen. Dazu passt sehr gut ein Orangen-Sabayon aus:

2 Eigelb (Größe M), 80 g Zucker, 150 ml frisch gepresstem Orangensaft und 1 Teelöffel Grand Manier. Die Zutaten verrühren und in einer Schüssel im heißen Wasserbad cremig aufschlagen, heiß servieren.

Für Gäste

Rosa-Grapefruit-Sorbet
8 Stück

Zubereitungszeit: 20 Minuten, ohne Kühlzeit
Gefrierzeit: 4–5 Stunden

4 rosa Grapefruits
100 g gesiebter Puderzucker
50 ml Grenadine-Sirup

Zum Garnieren:
einige Melisseblättchen

Pro Portion:
E: 0 g, F: 0 g, Kh: 21 g,
kJ: 384, kcal: 92

1. Grapefruits heiß abwaschen, abtrocknen, halbieren, den Saft auspressen und 400 ml davon abmessen.

2. Grapefruitsaft, Puderzucker und Sirup in einer Rührschüssel mit einem Schneebesen verrühren. Die Flüssigkeit in eine gefriergeeignete Schüssel füllen.

3. Die Schüssel zudecken. Das Sorbet etwa 4 Stunden gefrieren lassen, dabei das Sorbet alle 30 Minuten kräftig umrühren.

4. Die Grapefruithälften mit einem Löffel auskratzen. Grapefruithälften kalt stellen.

5. Zum Garnieren Melisseblättchen abspülen und trocken tupfen. Das Rosa-Grapefruit-Sorbet in die Grapefruithälften füllen. Mit Melisseblättchen garniert servieren.

Rosa-Grapefruit-Sorbet

Raffiniert

Sahneeis mit Tannenhonig und Thymian
4 Portionen

Zubereitungszeit: 25 Minuten, ohne Gefrierzeit

2 EL frische Thymianspitzen (nach Möglichkeit frisch getriebene Spitzen)
8 Eigelb (Größe M)
500 ml (1/2 l) Milch
500 g Schlagsahne
6 EL flüssiger Tannenhonig

Pro Portion:
E: 13 g, F: 55 g, Kh: 32 g,
kJ: 2921, kcal: 698

1. Thymian abspülen und trocken tupfen. Eigelb mit Milch, Sahne, Honig und Thymian in eine Schüssel geben und im heißen Wasserbad etwa 5 Minuten dick schaumig aufschlagen.
2. Die Schüssel aus dem Wasserbad nehmen. Die Eigelbmasse unter Rühren etwas abkühlen lassen, in den Rührbecher einer Eismaschine geben und etwa 45 Minuten unter Rühren frosten lassen. Oder den Topf mit der Eigelbmasse in den Gefrierschrank stellen und alle 15 Minuten umrühren, bis die Masse cremig geworden ist, etwa 2 Stunden gefrieren lassen.

Sahneeis mit Tannenhonig und Thymian

Für Gäste

Schokoauflauf mit Amarettini
4 Portionen

Zubereitungszeit: 60 Minuten, ohne Abkühlzeit
Backzeit: etwa 45 Minuten

200 g Zartbitter-Schokolade
100 g Amarettini (italienisches Makronengebäck)
4 Eier (Größe M)
50 g Zucker
100 g Schlagsahne
1 Prise Salz
30 g gehobelte Mandeln

Pro Portion:
E: 15 g, F: 36 g, Kh: 58 g,
kJ: 2686, kcal: 641

1. Schokolade in Stücke brechen, in einem kleinen Topf im heißen Wasserbad bei schwacher Hitze schmelzen, Schokolade abkühlen lassen.
2. Amarettini in einen Gefrierbeutel geben, den Beutel verschließen. Amarettini mit einer Teigrolle grob zerbröseln.
3. Eier trennen. Eigelb und 25 g des Zuckers mit Handrührgerät mit Rührbesen zu einer dicklichen Creme aufschlagen. Sahne unterrühren. Eiweiß mit Salz steifschlagen, restlichen Zucker nach und nach kurz unterschlagen.
4. Die abgekühlte flüssige Schokolade unter die Eier-Sahne-Creme rühren. Eischnee und Amarettinibrösel vorsichtig unterheben.
5. Die Masse in den gewässerten Römertopf® füllen und mit Mandeln bestreuen. Den Römertopf mit dem Deckel verschließen und auf dem Rost in den kalten Backofen schieben.
Ober-/Unterhitze: etwa 200 °C
Heißluft: etwa 180 °C
Backzeit: etwa 45 Minuten.

Tipp: Den Schokoladenauflauf mit Vanilleeis oder halbsteif geschlagener Vanillesahne servieren. Achtung, der Auflauf fällt nach dem Backen etwas zusammen.

Schnell

Salzburger Nockerln
4 Portionen

Zubereitungszeit: 20 Minuten
Backzeit: etwa 10 Minuten

4 Eigelb (Größe M)
2 EL Weizenmehl, 1 Prise Salz
3 Tropfen Butter-Vanille-Aroma
4 Eiweiß (Größe M)
2 EL feiner Zucker

Schokoauflauf mit Amarettini

Salzburger Nockerln

Schokoladenauflauf mit Aprikosen

Butter für die Form
2 EL Puderzucker

Pro Portion:
E: 7 g, F: 10 g, Kh: 16 g,
kJ: 782, kcal: 187

1. Den Backofen vorheizen. Eigelb mit Mehl, Salz und Butter-Vanille-Aroma in einer Rührschüssel verrühren. Eiweiß steifschlagen, nach und nach kurz Zucker unterschlagen. Zuerst 1 Esslöffel Eischnee mit der Eigelbmasse verrühren, dann die Eigelbmasse vorsichtig unter den restlichen Eischnee ziehen.
2. Die Teigmasse in vier Hügeln in eine flache, feuerfeste Form (mit Butter gefettet) geben. Die Form auf dem Rost in den vorgeheizten Backofen schieben.
Ober-/Unterhitze: etwa 200 °C
Heißluft: etwa 180 °C
Backzeit: etwa 10 Minuten.
3. Salzburger Nockerln mit Puderzucker bestäuben und sofort servieren.

Tipp: Die Nockerln fallen schnell zusammen, da sie nur außen gebräunt sind, innen aber noch feucht und weich sein sollen.

Für Kinder

Schokoladenauflauf mit Aprikosen
8—10 Portionen

Zubereitungszeit: 25 Minuten
Backzeit: etwa 10 Minuten

Zum Vorbereiten:
2 Dosen Aprikosenhälften (Abtropfgewicht je 480 g)
200 g Zartbitter-Schokolade
2 Pck. Gala Schokoladen-Pudding-Pulver
4 Eigelb (Größe M)
etwa 130 g Zucker
1 l Milch
4 Eiweiß (Größe M)

Zum Bestreuen:
einige gehobelte Mandeln

Pro Portion:
E: 7 g, F: 14 g, Kh: 32 g,
kJ: 1223, kcal: 292

1. Zum Vorbereiten Aprikosenhälften in einem Sieb abtropfen lassen. Schokolade grob raspeln. Den Backofen vorheizen.
2. Pudding-Pulver mit Eigelb, 100 g des Zuckers und etwas von der Milch in einer kleinen Schüssel anrühren.
3. Restliche Milch in einem Topf zum Kochen bringen. Angerührtes Pudding-Pulver unter Rühren hinzugeben, unter Rühren aufkochen lassen. Den Topf von der Kochstelle nehmen. Geraspelte Schokolade sofort unter den heißen Pudding rühren. Eiweiß steifschlagen und unterheben.
4. Die Hälfte der Aprikosenhälften in eine große Auflaufform oder in mehrere kleine Auflaufformen geben. Den Pudding darauf verteilen. Restliche Aprikosenhälften, Mandeln und restlichen Zucker daraufgeben. Die Form oder Formen auf dem Rost in den vorgeheizten Backofen schieben.
Ober-/Unterhitze: etwa 200 °C
Heißluft: etwa 180 °C
Backzeit: etwa 10 Minuten.

Abwandlung: Der Auflauf kann auch mit 2 Dosen in Spalten geschnittenen Birnen (Abtropfgewicht je 480 g) und 3 Esslöffeln Birnengeist oder 500 g gemischten Rumtopffrüchten und 500 g frischen Früchten zubereitet werden. Sie können den Auflauf auch unter dem heißen Grill etwa 5 Minuten überbacken.

Raffiniert – für Gäste

Schokoladen-Obsttörtchen
8 Törtchen

Schokoladen-Obsttörtchen

Zubereitungszeit: 50 Minuten, ohne Kühlzeit
Backzeit: 25–30 Minuten

Für den Rührteig:
100 g Butter oder Margarine
75 g Zucker
1 Pck. Dr. Oetker Vanillin-Zucker
3 Eier (Größe M)
100 g Weizenmehl
1 gestr. TL Dr. Oetker Backin
je 1 Msp. gem. Piment und Zimt
1 gestr. EL Kakaopulver
50 g abgezogene, gemahlene Mandeln
50 g geriebene Edelbitter-Schokolade

Für den Belag:
1 Dose Mandarinen
(Abtropfgewicht 175 g)
Mandarinensaft (aus der Dose)

Für die Füllung:
250 g Schlagsahne
1 Pck. Dr. Oetker Sahnesteif

Für den Rand:
200 g Edelbitter-Schokolade
2 TL Speiseöl

Zum Garnieren:
1 Sternfrucht (Karambole)
evtl. Puderzucker

8 Backpapierstreifen
(je etwa 23 x 5 cm)

Pro Portion:
E: 9 g, F: 38 g, Kh: 40 g,
kJ: 2289, kcal: 547

1. Den Backofen vorheizen. Für den Teig Butter oder Margarine in einer Rührschüssel mit Handrührgerät mit Rührbesen geschmeidig rühren. Nach und nach Zucker und Vanillin-Zucker unterrühren. So lange rühren, bis eine gebundene Masse entstanden ist. Eier nach und nach unterrühren (jedes Ei etwa ½ Minute).
2. Mehl mit Backpulver, Piment, Zimt und Kakao mischen, in 2 Portionen auf mittlerer Stufe unterrühren. Mandeln und geriebene Schokolade unterheben. Den Teig in eine Springform (Ø 26 cm, mit Backpapier belegt) geben und glattstreichen. Die Form auf dem Rost in den vorgeheizten Backofen schieben.
Ober/Unterhitze etwa 180 °C
Heißluft etwa 160 °C
Backzeit: 25–30 Minuten.
3. Die Form auf einen Kuchenrost stellen. Den Gebäckboden etwa 10 Minuten in der Form stehen lassen, dann vorsichtig mit einem Messer vom Formrand lösen und auf einen mit Backpapier belegten Kuchenrost stürzen. Gebäckboden erkalten lassen, mitgebackenes Backpapier entfernen.
4. Aus dem Gebäckboden 8 Kreise (Ø etwa 7 cm) ausstechen. Restliches Gebäck zerbröseln (ergibt etwa 150 g).
5. Für den Belag Mandarinen in einem Sieb abtropfen lassen und den Saft auffangen. Die ausgestochenen Kuchentörtchen auf eine Tortenplatte legen und mit je 1 Esslöffel Mandarinensaft bestreichen. Mandarinen darauf verteilen.
6. Für die Füllung Sahne mit Sahnesteif steifschlagen. 2 Esslöffel von der Sahne abnehmen, in einen Spritzbeutel mit Sterntülle füllen und kalt stellen. Gebäckbrösel unter die restliche Sahne heben. Je ein Achtel der Sahnemasse auf die Mandarinen geben. Jeweils die Törtchenoberfläche und den -rand damit bestreichen.
7. Für den Rand Schokolade in Stücke brechen, mit Speiseöl in einem kleinen Topf im heißen Wasserbad bei schwacher Hitze unter Rühren schmelzen. Je ein Achtel der Schokoladenmasse auf die Backpapierstreifen geben und mit einem Teigschaber glattstreichen. Schokolade etwas fest werden lassen, so dass sie nicht mehr fließt.
8. Die bestrichenen Seiten der Backstreifen um die Törtchen legen. Törtchen kalt stellen und Schokolade fest werden lassen. Anschließend vorsichtig die Backpapierstreifen entfernen.
9. Zum Garnieren Sternfrucht abspülen, trocken tupfen und in Scheiben schneiden. Die Törtchen mit der kalt gestellten Sahne verzieren und mit Sternfruchtscheiben garnieren. Die Törtchen nach Belieben mit Puderzucker bestäuben.

Raffiniert

Götter-Schicht-Speise
4 Portionen

Zubereitungszeit: 20 Minuten, ohne Gelierzeit

200 g frische Himbeeren
1 Pck. (2 Beutel) Götterspeise Himbeer-Geschmack
4–5 EL Zucker
500 ml (½ l) Wasser
125 g Schlagsahne
evtl. Hagelzucker

Pro Portion:
E: 21 g, F: 10 g, Kh: 26 g,
kJ: 1227, kcal: 293

1. Himbeeren verlesen (nicht waschen). Einige schöne Himbeeren zum Garnieren beiseitelegen. Restliche Himbeeren in eine Glasschale (Ø etwa 20 cm) geben.
2. Die Götterspeise mit Zucker und Wasser nach Packungsanleitung – aber mit den hier angegebenen Zutaten – zubereiten. Die Hälfte der Flüssigkeit auf die Himbeeren in die Glasschale gießen, die Schale schräg in den Kühlschrank stellen und die Götterspeise fest werden lassen.
3. Ein Drittel der restlichen Flüssigkeit in eine kleine, flache Schale gießen. Restliche Flüssigkeit in eine Rührschüssel gießen. Beides anziehen lassen.
4. Sahne steifschlagen. Sobald die Götterspeise in der Rührschüssel anfängt dicklich zu werden, sie mit Handrührgerät mit Rührbesen schaumig schlagen und die Sahne unterheben. Die Sahnemasse auf die feste Götterspeise in die Glasschale mit den Himbeeren füllen, glattstreichen und wieder kalt stellen.
5. Die feste Götterspeise aus der kleinen Schale in kleine Würfel schneiden und mit den beiseite gelegten Himbeeren auf der Speise anrichten. Nach Belieben mit Hagelzucker bestreuen.

Dauert länger

Nuss-Wan-Tans mit Kirschgrütze
4 Portionen

Zubereitungszeit: 1 Stunde, ohne Auftauzeit

32 TK-Wan-Tan-Blätter (10 x 10 cm, erhältlich im Asia-Laden)
60 g Amarettini (italienisches Makronengebäck)
200 g Mascarpone
1 Ei (Größe M)
100 g Haselnusskrokant

500 ml (½ l) Speiseöl zum Frittieren

2 Becher Kirschgrütze (je 500 g), z. B. Dr. Oetker

Pro Portion:
E: 6 g, F: 51 g, Kh: 48 g,
kJ: 2948, kcal: 703

1. Wan-Tan-Blätter in der geschlossenen Packung auftauen lassen. Amarettini in einen Gefrierbeutel geben, Beutel fest verschließen. Amarettini mit einer Teigrolle fein zerbröseln oder im Mixer fein zerkrümeln. Mascarpone und Ei in einer Rührschüssel verschlagen. Amarettinibrösel und Krokant unterheben.
2. 32 unbeschädigte Wan-Tan-Blätter aufeinanderlegen und mit einem feuchten Tuch zudecken. Jeweils 4 der Blätter übereinanderlegen, dünn mit Wasser bestreichen und in die Mitte je einen Teelöffel der Mascarpone-Krokant-Masse geben. Zwei diagonal gegenüberliegende Blattecken über der Füllung zusammendrücken. Die offenen Seiten faltenartig von außen zur Mitte zusammenschieben und festdrücken. Restliche Wan-Tan-Blätter auf die gleiche Weise füllen.
3. Speiseöl in einem hohen Topf oder in einer Fritteuse auf etwa 180 °C erhitzen. Jeweils 3 oder 4 gefüllte Wan-Tan-Blätter in dem erhitzten Speiseöl goldbraun ausbacken.
4. Nuss-Wan-Tans mit einer Schaumkelle herausnehmen und auf einem Kuchenrost (evtl. mit Küchenpapier belegt) abtropfen lassen. Nuss-Wan-Tans mit Kirschgrütze servieren.

Götter-Schicht-Speise

Nuss-Wan-Tans mit Kirschgrütze

Dauert etwas länger

Schichtkäsestrudel
4 Portionen

Zubereitungszeit: 40 Minuten, ohne Ruhe- und Abkühlzeit
Backzeit: 45–55 Minuten

Für den Strudelteig:
250 g Weizenmehl
1 Prise Salz
125 ml (1/8 l) lauwarmes Wasser
5 EL neutrales Speiseöl

Für die Füllung:
130 g Butter
1 Pck. Dr. Oetker Vanillin-Zucker
120 g brauner Zucker
1/2 TL gemahlener Zimt
30 g Hartweizengrieß
100 g Semmelbrösel
100 g abgezogene, gestiftelte Mandeln
800 g Schichtkäse (20 % Fett i. Tr.)

Zum Bestreichen des Teiges:
20 g Butter

Pro Portion:
E: 36 g, F: 82 g, Kh: 108 g,
kJ: 5792, kcal: 1384

1. Für den Teig Mehl in eine Rührschüssel geben. Salz, Wasser und Speiseöl hinzufügen. Die Zutaten mit Handrührgerät mit Knethaken zunächst kurz auf niedrigster, dann auf höchster Stufe gut durcharbeiten.
2. Anschließend auf einer bemehlten Arbeitsfläche zu einem glatten Teig verkneten. Den Teig auf Backpapier in einen heißen trockenen Kochtopf (vorher Wasser darin kochen) legen, mit einem Deckel verschließen. Den Teig etwa 30 Minuten ruhen lassen. Den Backofen vorheizen.
3. Für die Füllung 70 g der Butter zerlassen und etwas abkühlen lassen. Vanillin-Zucker, Zucker, Zimt, Grieß, Semmelbrösel und Mandeln in einer Rührschüssel vermengen, lauwarme Butter untermischen.
4. Den Teig auf einem bemehlten, großen Tuch (Geschirrtuch) zu einem Rechteck (etwa 50 x 70 cm) ausrollen und dünn mit etwas Butter bestreichen. Der Teig muss durchsichtig sein. Restliche Butter zerlassen und lauwarm auf den Teig streichen. Semmelbrösel-Zucker-Mischung auf dem unteren Teigdrittel verteilen. An den Seiten etwa 3 cm frei lassen. Schichtkäse mit einem Teelöffel abstechen und auf die Füllung geben.
5. Den Strudel mit Hilfe des Tuches von der gefüllten kurzen Seite her aufrollen und auf ein Backblech (mit Backpapier belegt) legen. Teigenden unter den Strudel legen. Restliche Butter zerlassen. Den Strudel damit bestreichen. Das Backblech in den vorgeheizten Backofen schieben.
Ober-/Unterhitze: 180–200 °C
Heißluft: 160–180 °C
Backzeit: 45–55 Minuten.
6. Den Strudel mit dem Backpapier vom Backblech auf einen Kuchenrost ziehen und erkalten lassen oder warm servieren.

Für Kinder – schnell

Schnelle Birnenschnitten
4 Portionen

Zubereitungszeit: 15 Minuten

4 Birnenhälften (a. d. Dose, je etwa 80 g)
200 g Doppelrahm-Frischkäse
50 g Vollmilchjoghurt
100 g Nuss-Nougat-Creme
8 Scheiben finnisches Vollkornbrot
100 g Sauerkirschkonfitüre

Pro Portion:
E: 17 g, F: 22 g, Kh: 68 g,
kJ: 2361, kcal: 564

1. Birnenhälften in einem Sieb abtropfen lassen. Die Birnenhälften jeweils der Länge nach in 8 Spalten schneiden. Frischkäse und Joghurt mit Handrührgerät mit Rührbesen aufschlagen.
2. Zuerst die Nuss-Nougat-Creme und dann die Frischkäse-Joghurt-Masse auf die Brotscheiben streichen. Jeweils 4 Birnenspalten darauflegen. Mit Kirschkonfitüre verzieren.

Schnelle Birnenschnitten

Schmarrn-Auflauf

Schokoladencreme mit Rum

Einfach

Schmarrn-Auflauf
4 Portionen

Zubereitungszeit: 45 Minuten
Backzeit: etwa 30 Minuten

Für den Schmarrn:
1 Glas Pflaumenhälften
(Abtropfgewicht 395 g)
2 Pck. Kaiserschmarrn
(Fertigprodukt, z. B. von Dr. Oetker)
400 ml Milch
20 g Butter
50 g gehobelte Mandeln

Für den Guss:
3 Eier (Größe M)
200 g Schlagsahne
100 ml Milch
1–2 EL Zucker

Außerdem:
4 flache, kleine, eckige
Auflaufformen

Pro Portion:
E: 14 g, F: 36 g, Kh: 34 g,
kJ: 2269, kcal: 542

1. Den Backofen vorheizen. Pflaumenhälften in einem Sieb abtropfen lassen. Kaiserschmarrn nach Packungsanleitung mit Milch und Butter zubereiten. Zwei Drittel des Teiges in 4 kleine Auflaufformen (gefettet) geben.
2. Zuerst die Hälfte der Mandeln, dann die Pflaumenhälften auf den Teig geben. Restlichen Teig darauf verteilen und mit den restlichen Mandeln bestreuen.
3. Für den Guss Eier, Sahne, Milch und Zucker verrühren. Den Guss auf den Aufläufen in den Formen verteilen. Die Formen auf dem Rost in den vorgeheizten Backofen schieben.
Ober-/Unterhitze: etwa 200 °C
Heißluft: etwa 180 °C
Backzeit: etwa 30 Minuten.

Tipp: Wer kein Päckchen Kaiserschmarrn zur Hand hat, kann den Auflauf auch folgendermaßen zubereiten: 6 Eigelb (Größe M) mit etwas Salz und 150 g Zucker cremig schlagen. 6 Eiweiß (Größe M) steifschlagen, mit 40 g gesiebter Speisestärke unterheben und wie oben angegeben backen.

Für Gäste – mit Alkohol

Schokoladencreme mit Rum
4 Portionen

Zubereitungszeit: 25 Minuten, ohne Abkühlzeit

2 Blatt weiße Gelatine
100 g Zartbitter-Schokolade
1 Pck. Dr. Oetker Pudding-Pulver Schokoladen-Geschmack
500 ml (1/2 l) Milch
75 g Zucker
4 EL Rum
250 g Schlagsahne

Pro Portion:
E: 9 g, F: 33 g, Kh: 46 g,
kJ: 2263, kcal: 540

1. Gelatine in kaltem Wasser nach Packungsanleitung einweichen. Schokolade in kleine Stücke brechen.
2. Pudding-Pulver mit etwas von der Milch und Zucker anrühren. Restliche Milch mit den Schokoladenstückchen in einem Topf unter Rühren zum Kochen bringen. Angerührtes Pudding-Pulver einrühren, unter Rühren zum Kochen bringen und gut aufkochen lassen. Den Topf von der Kochstelle nehmen.
3. Gelatine leicht ausdrücken und unter Rühren in dem heißen Pudding auflösen. Den Pudding sofort mit Klarsichtfolie zudecken und erkalten lassen.
4. Sahne steifschlagen. Den erkalteten Pudding nochmals gut durchrühren, Rum unterrühren und die Sahne unterheben. Schokoladencreme in Gläser füllen und fest werden lassen.

Tipp: Die Schokoladencreme nach Belieben mit Raspelschokolade bestreuen. Für Kinder den Rum durch 4 Esslöffel Nuss-Nougat-Creme ersetzen.

Für Kinder

Schokoladeneis
8 Portionen

Zubereitungszeit: 30 Minuten, ohne Abkühlzeit
Gefrierzeit: etwa 4 Stunden

100 g Edelbitter-Schokolade (mindestens 70 % Kakaoanteil)
3 Eigelb (Größe M)
100 g Zucker
1 Pck. Dr. Oetker Bourbon-Vanille-Zucker
250 ml (1/4 l) Milch
350 g Schlagsahne

Pro Portion:
E: 6 g, F: 22 g, Kh: 20 g,
kJ: 1301, kcal: 311

1. Schokolade in kleine Stücke schneiden. Eigelb, Zucker und Vanille-Zucker mit Handrührgerät mit Rührbesen in etwa 5 Minuten schaumig aufschlagen.
2. Milch in einem Topf unter Rühren zum Kochen bringen. Topf von der Kochstelle nehmen. Eierschaum nach und nach in die Milch einrühren.
3. Den Topf wieder auf die Kochstelle stellen. Die Masse bei mittlerer Hitze mit einem Schneebesen unter ständigem Rühren zu einer dicklich cremigen Masse aufschlagen (die Masse darf nicht kochen).
4. Schokoladenstücke unter die heiße Masse rühren und unter Rühren schmelzen lassen.
5. Den Topf in eiskaltes Wasser stellen. Die Schokoladenmasse unter gelegentlichem Rühren erkalten lassen.
6. Sahne steifschlagen und unter die erkaltete Masse rühren.
7. Die Schokoladencreme in kleine Formen, z. B. Silikon-Herz-Formen füllen und zudecken. Das Eis etwa 4 Stunden gefrieren lassen.
8. Vor dem Servieren die Formen kurz in heißes Wasser tauchen. Das Schokoladeneis auf Teller stürzen, nach Belieben dekorieren.

Schokoladeneis

Mit Alkohol

Semifreddo
(Halbgefrorenes mit Marsala)

6–8 Portionen

Zubereitungszeit: 30 Minuten, ohne Kühl- und Gefrierzeit

500 g Schlagsahne
1 Vanilleschote
8 Eigelb (Größe M)
75 ml Marsala
1 Prise Salz
100 g Zucker
150 ml Wasser
200 g Amarettini (italienisches Makronengebäck)
50 ml Marsala

evtl. einige gehackte Pistazienkerne

Pro Portion:
E: 7 g, F: 30 g, Kh: 41 g,
kJ: 2040, kcal: 486

1. Sahne steifschlagen und mit Klarsichtfolie zugedeckt kalt stellen. Vanilleschote aufschneiden und das Mark herauskratzen. Eigelb, Marsala, Vanillemark und Salz in eine Rührschüssel geben, mit Handrührgerät mit Rührbesen schaumig schlagen.
2. Zucker und Wasser zum Kochen bringen, bis der Zucker gelöst ist. Nach und nach den kochenden Zuckersirup mit Handrührgerät mit Rührbesen auf niedrigster Stufe unter die Eigelbmasse rühren. Die Masse mit Handrührgerät mit Rührbesen auf höchster Stufe kaltschlagen. Steifgeschlagene Sahne mit einem Schneebesen unterheben.
3. Amarettini mit Marsala tränken. Die Hälfte der Sahnecreme in eine Terrinen- oder Auflaufform (1,2 l Inhalt, mit Frischhaltefolie ausgelegt) geben. Amarettini darauflegen. Restliche Sahnecreme darauf verteilen.
4. Die Form mit Klarsichtfolie zudecken, in den Gefrierschrank stellen und mindestens 4 Stunden gefrieren lassen.
5. Semifreddo aus der Form stürzen und die Frischhaltefolie entfernen. Semifreddo in etwa 2 cm dicke Scheiben schneiden und anrichten. Nach Belieben mit Pistazienkernen bestreuen.

Beilage: Zitrusfrüchte.

Semifreddo

Raffiniert – für Gäste
Süßer Gazpacho
4 Portionen

Zubereitungszeit: 30 Minuten, ohne Kühlzeit

20 g Speisestärke
150 ml kaltes Wasser
500 ml (1/2 l) Orangensaft
3 Gewürznelken
40 g neutraler Honig,
z. B. Blütenhonig
abgeriebene Schale von 1/2 Zitrone
(unbehandelt, unbehandelt)
4 Scheiben Toastbrot
30 g Butter
30 g Zucker
25 g gehackte Pistazienkerne
200 g Vollmilchjoghurt
150 g Himbeeren
2 reife Avocados (je 250 g)
3–4 EL Zitronensaft

Pro Portion:
E: 9 g, F: 32 g, Kh: 54 g,
kJ: 2338, kcal: 559

1. Speisestärke mit Wasser verrühren. Orangensaft, Nelken, Honig und Zitronenschale in einem Topf zum Kochen bringen. Angerührte Speisestärke einrühren und unter Rühren aufkochen, abkühlen lassen.
2. Toastbrotscheiben entrinden und in kleine Würfel schneiden. Butter in einer Pfanne zerlassen. Toastbrotwürfel darin bei schwacher Hitze goldbraun rösten. Mit Zucker bestreuen und schmelzen lassen. Pistazienkerne hinzugeben und kurz anrösten. Toastbrotwürfelmasse aus der Pfanne nehmen und abkühlen lassen.
3. Joghurt glattrühren. Himbeeren verlesen, eventuell abspülen und trocken tupfen. Avocados halbieren und die Steine entfernen. Fruchtfleisch mit einem Löffel aus der Schale lösen und mit Zitronensaft beträufeln. Fruchtfleisch pürieren.
4. Nelken aus dem abgekühlten Orangensaft entfernen und das Avocadopüree unterrühren. Gazpacho mit Joghurt beträufeln und verzieren. Toastbrotwürfel und Himbeeren daraufstreuen.

Für Gäste – mit Alkohol
Süße Paella
4 Portionen

Zubereitungszeit: 40 Minuten

100 g nicht abgezogene Mandeln
30 g Butter
200 g Risotto-Reis (z. B. Arborio)
150 ml Weißwein
250 ml (1/4 l) Milch
1 Pck. (0,2 g) Safran
100 g Zucker
200 g Schlagsahne
2 Orangen, 1 rosa Grapefruit
je 100 g grüne und blaue Trauben
2 Feigen

Pro Portion:
E: 13 g, F: 38 g, Kh: 92 g,
kJ: 3381, kcal: 806

1. Mandeln hacken und in einer Pfanne ohne Fett rösten. Ein Drittel der Mandeln aus der Pfanne nehmen und beiseitelegen. Butter in der Pfanne zerlassen. Reis hinzugeben und kurz anrösten. Mit 125 ml (1/8 l) des Weins ablöschen. Die Hälfte der Milch, Safran und Zucker hinzufügen. Reis bei mittlerer Hitze etwa 30 Minuten ohne Deckel garen, dabei gelegentlich umrühren. Restliche Milch und Sahne nach und nach hinzugießen.
2. Orangen und Grapefruit so schälen, dass die weiße Haut vollständig entfernt wird. Orangen und Grapefruit filetieren, dabei den Saft auffangen. Trauben abspülen, trocken tupfen, entstielen, halbieren und entkernen. Feigen waschen, trocken tupfen und in Spalten schneiden.
3. Den aufgefangenen Fruchtsaft zum Risotto geben. Mit dem restlichen Wein abschmecken. Die Hälfte der vorbereiteten Früchte unterheben. Restliche Früchte und restliche Mandeln auf der Paella verteilen.

Süßer Gazpacho

Süße Paella

Beliebt – mit Alkohol

Tiramisu
6 Portionen

Zubereitungszeit: 30 Minuten, ohne Durchziehzeit

500 g Mascarpone
150 ml Milch
75 g Zucker
1 Pck. Dr. Oetker Bourbon-Vanille-Zucker
40 ml Amaretto (Mandellikör)
250 ml (1/4 l) kalter Espresso oder starker Kaffee
200 g Löffelbiskuits
2 EL Kakaopulver

Pro Portion:
E: 9 g, F: 39 g, Kh: 45 g,
kJ: 2466, kcal: 589

1. Mascarpone mit Milch, Zucker, Vanille-Zucker und der Hälfte des Amaretto in einer Schüssel glattrühren.
2. Restlichen Amaretto mit Espresso oder Kaffee verrühren. Die Hälfte der Löffelbiskuits in eine flache eckige Auflaufform (etwa 30 x 18 cm) legen, mit der Hälfte der Kaffee-Amaretto-Flüssigkeit beträufeln und mit der Hälfte der Mascarponecreme bedecken. Restliche Zutaten in gleicher Reihenfolge daraufschichten.
3. Tiramisu in den Kühlschrank stellen und einige Stunden durchziehen lassen. Vor dem Servieren die Creme dick mit Kakao bestäuben.

Fruchtig – einfach – mit Alkohol

Zimtstreusel-Zwetschen
(Römertopf®, 2,5-Liter-Inhalt)

Zubereitungszeit: 25 Minuten
Backzeit: etwa 50 Minuten
Ober-/Unterhitze: etwa 200 °C
Heißluft: etwa 180 °C

1 Pck. Grundmischung Streuselteig
125 g weiche Butter
1 Ei (Größe M)
2 gestr. TL gemahlener Zimt
2 Gläser Zwetschenhälften (gezuckert, Abtropfgewicht je 385 g)
100 g Löffelbiskuits
1 Vanilleschote
1 Bio-Zitrone (unbehandelt, ungewachst)
50 g Zucker
2 cl brauner Rum

Pro Portion:
E: 13 g, F: 31 g, Kh: 151 g,
kJ: 4011, kcal: 952

1. Streusel aus der Grundmischung mit Butter und Ei nach Packungsanleitung zubereiten. Zimt unterarbeiten.
2. Zwetschenhälften in einem Sieb abtropfen lassen. Löffelbiskuits in einen Gefrierbeutel geben, Beutel verschließen. Löffelbiskuits mit einer Teigrolle zerbröseln. Vanilleschote längs halbieren und das Mark herauskratzen. Zitrone heiß abwaschen, abtrocknen und mit einem Sparschäler oder Zestenreißer die Schale abschälen.
3. Zwetschenhälften, Biskuitbrösel, Vanilleschote und -mark, Zitronenschale, Zucker und Rum in den gewässerten Römertopf® geben. Die Zutaten gut vermengen. Zimtstreusel darauf verteilen.
4. Den Römertopf® mit dem Deckel verschließen und auf dem Rost in den kalten Backofen schieben.
5. Nach etwa 35 Minuten Backzeit den Deckel vom Römertopf® abnehmen und die Zimtstreusel-Zwetschen weitere etwa 15 Minuten backen.

Tiramisu

Zimtstreusel-Zwetschen

Tuttifrutti mit Schokosauce

Zimtwaffeln mit Heidelbeeren

Für Kinder

Tuttifrutti mit Schokosauce
8 Portionen

Zubereitungszeit: 20 Minuten, ohne Durchzieh- und Abkühlzeit

250–300 g Löffelbiskuits
2 Dosen Fruchtcocktail (Abtropfgewicht je 500 g)

Für die Schokosauce:
25 g Speisestärke
400 ml Milch
100 g Zartbitter-Schokolade
etwa 30 g Zucker

Pro Portion:
E: 6 g, F: 9 g, Kh: 55 g,
kJ: 1318, kcal: 315

1. Löffelbiskuits nach Bedarf ein- oder zweimal durchbrechen, damit sie in 8 Glasschälchen passen. Löffelbiskuits abwechselnd mit dem gemischten Fruchtcocktail (mit etwas von dem Saft) in die Schälchen schichten und einige Zeit durchziehen lassen.
2. Für die Schokosauce Speisestärke mit 6 Esslöffeln von der Milch anrühren. Restliche Milch in einem Topf erhitzen. Schokolade grob zerkleinern, in der Milch auflösen und unter Rühren zum Kochen bringen.
3. Angerührte Speisestärke in die Schokoladenmilch rühren und unter Rühren aufkochen lassen. Die Schokoladensauce mit Zucker abschmecken, abkühlen lassen.
4. Tuttifrutti mit der Schokoladensauce servieren.

Für Gäste– mit Alkohol

Zimtwaffeln mit Heidelbeeren

Zubereitungszeit: 40 Minuten, ohne Ruhe- und Abkühlzeit

60 g Butter
2 EL Zucker
gemahlener Zimt
3 EL Rum
2 Eier (Größe M)
60 g Weizenmehl
60 g Speisestärke
125 ml (1/8 l) warme Milch
350 g TK-Heidelbeeren
30 g Puderzucker

Insgesamt:
E: 32 g, F: 70 g, Kh: 192 g,
kJ: 6936, kcal: 1657

1. Für den Teig Butter, Zucker, Zimt und Rum mit Handrührgerät mit Rührbesen geschmeidig rühren. Eier nach und nach unterrühren (jedes Ei etwa 1/2 Minute).
2. Mehl mit Speisestärke mischen und abwechselnd in 2 Portionen mit der Milch unterrühren, so dass ein dickflüssiger Teig entsteht. Den Teig etwa 20 Minuten ruhen lassen.
3. Den Teig in nicht zu großen Portionen mit Hilfe eines Löffels in das Waffeleisen füllen. Die Waffeln goldbraun backen und einzeln auf einem Kuchenrost etwas abkühlen lassen.
4. Heidelbeeren in einem Topf erwärmen, mit Puderzucker bestäuben und zu den Waffeln reichen.

Eisroulade

Dinkelpfannkuchen mit Äpfeln

Gut vorzubereiten – mit Alkohol

Eisroulade
6 Portionen

Zubereitungszeit: 35 Minuten, ohne Abkühl- und Gefrierzeit

Für die Eisroulade:
120 g Löffelbiskuits
8 EL kalter Espresso
(oder starker Kaffee)
30 g abgezogene gemahlene Mandeln
150 g Sauerkirschkonfitüre
1 Eiweiß (Größe M)
30 g Zucker
125 g Schlagsahne
1 TL Dr. Oetker Vanillin-Zucker
1 TL Dr. Oetker Sahnesteif
1–2 EL Kirschwasser

300 g Süßkirschen
150 ml Eierlikör

Pro Portion:
E: 5 g, F: 12 g, Kh: 46 g,
kJ: 1542, kcal: 368

1. Für die Eisroulade Löffelbiskuits quer in sehr dünne Scheiben schneiden, mit Espresso und Mandeln mischen. Auf einem etwa 50 cm langen Stück Backpapier in der Mitte ein 25 x 25 cm großes Quadrat markieren. Die Biskuitmasse auf dem markierten Quadrat verteilen und leicht andrücken. Konfitüre unter Rühren in einem Topf aufkochen. Konfitüre auf die Biskuitmasse träufeln und abkühlen lassen.
2. Eiweiß steifschlagen, Zucker kurz unterschlagen. Sahne mit Vanillin-Zucker und Sahnesteif steifschlagen. Kirschwasser und Eischnee unter die Sahne heben.
3. Die Sahnemasse auf den mit Konfitüre bestrichenen Boden streichen, dabei rundherum einen etwa 2 cm breiten Rand frei lassen.
4. Den Biskuitboden mit Hilfe des Backpapiers aufrollen. Das Backpapier an den Enden wie ein Bonbon zusammendrehen. Die Roulade in den Gefrierschrank legen und mindestens 3 Stunden gefrieren lassen.
5. Kirschen waschen, abtropfen lassen, entstielen und entsteinen.
6. Das Backpapier von der Eisroulade entfernen. Die Eisroulade in Scheiben schneiden. Mit Kirschen und Eierlikör portionsweise anrichten.

Tipp: Die Eisroulade kann auch mit einem dunklen Biskuitboden zubereitet werden. Dann aus 3 Eiern, 1 Eigelb, 150 g Zucker, 1 Päckchen Dr. Oetker Vanillin-Zucker, 75 g Weizenmehl, 25 g Speisestärke und 20 g gesiebtem Kakaopulver einen Biskuitteig zubereiten. Den Teig auf ein Backblech (30 x 40 cm, mit Backpapier belegt) geben und im vorgeheizten Backofen bei Ober-/Unterhitze etwa 180 °C, Heißluft etwa 160 °C 10–15 Minuten backen. Nach dem Backen auf Backpapier stürzen und wie ab Punkt 2 beschrieben, weiterverarbeiten.

Raffiniert

Dinkelpfannkuchen mit Äpfeln
4 Portionen

Zubereitungszeit: 45 Minuten, ohne Ruhezeit

200 g Dinkel-Vollkornmehl
375 ml (3/8 l) Milch
4 Eigelb (Größe M)
1 Prise Salz
500 g säuerliche Äpfel
1–2 EL Zitronensaft
50 g Zucker
80 g Apfelkraut (fruchtiger Brotaufstrich)
1 EL Wasser
3 Eiweiß (Größe M)
50 g Butterschmalz
1 Becher (250 g) Schmand (Sauerrahm)

Pro Portion:
E: 19 g, F: 43 g, Kh: 73 g,
kJ: 3295, kcal: 786

1. Mehl in eine Rührschüssel geben. Nach und nach Milch, Eigelb und Salz hinzufügen. Die Zutaten zu einem glatten Teig verrühren. Den Teig etwa 15 Minuten stehen lassen.
2. Äpfel waschen, abtrocknen, vierteln und entkernen. Apfelviertel auf dem Gemüsehobel der Länge nach in dünne Scheiben hobeln. Zitronensaft und 30 g des Zuckers untermischen. Apfelkraut und Wasser verrühren.
3. Eiweiß steifschlagen. Restlichen Zucker kurz unter Rühren einstreuen. Eischnee unter den Dinkelteig heben.
4. Aus dem Teig 8 Pfannkuchen backen. Für jeden Pfannkuchen etwas Butterschmalz in einer Pfanne (ø 18 cm) erhitzen. 1/8 des Teiges hineingeben und den Pfannkuchen von beiden Seiten etwa 4 Minuten goldbraun backen.
5. Die Pfannkuchen jeweils mit Schmand bestreichen. Apfelscheiben darauf anrichten und mit Apfelkraut beträufeln.

Gut vorzubereiten

Erdbeer-Sahne-Eis mit Erdbeersauce
4 Portionen

Zubereitungszeit: 30 Minuten, ohne Gefrierzeit

Für das Erdbeer-Sahne-Eis:
400 g Erdbeeren
4 Eigelb (Größe M)
3 EL Zitronensaft
80 g Zucker
250 g Schlagsahne

Für die Sauce:
600 g Erdbeeren
40 g Puderzucker

Pro Portion:
E: 6 g, F: 26 g, Kh: 46 g,
kJ: 1912, kcal: 458

1. Für das Eis Erdbeeren waschen, gut abtropfen lassen, entstielen, halbieren und pürieren.
2. Eigelb mit Zitronensaft und Zucker in eine Schüssel geben und mit Handrührgerät mit Rührbesen auf niedrigster Stufe im heißen Wasserbad so lange schlagen, bis die Masse anfängt dicklich zu werden.
3. Erdbeerpüree hinzufügen und noch weitere etwa 5 Minuten schaumig rühren.
4. Die Schüssel aus dem Wasserbad nehmen und die Creme etwa 5 Minuten im kalten Wasserbad kalt rühren. Sahne steifschlagen und unterheben.
5. Die Eiscreme in eine flache Schüssel geben und etwa 2 Stunden in den Gefrierschrank stellen.
6. Für die Sauce Erdbeeren waschen, gut abtropfen lassen, entstielen, halbieren und mit Puderzucker pürieren.
7. Aus dem Erdbeer-Sahne-Eis mit Hilfe von 2 Esslöffeln Nocken formen und auf große Teller legen. Erdbeersauce darumgießen. Nach Belieben mit Erdbeeren und Waffeln garnieren.

Tipp: Es ist sehr wichtig, dass die Eier sehr frisch sind (nicht älter als 5 Tage, Legedatum beachten) und im Wasserbad eine Temperatur von etwa 70 °C erreichen.

Für Kinder

Erdbeer-Kokos-Trifle
4–6 Portionen

Zubereitungszeit: 20 Minuten, ohne Durchziehzeit

500 g Erdbeeren
2 Stängel frische Minze
1 EL Puderzucker
Saft von 1 Limette
500 g fettarme Vanilla-Quark-Zubereitung (0,2 % Fett)
evtl. ½ TL Dr. Oetker Finesse Geriebene Orangenschale
125 g Kokos-Zwieback

Pro Portion:
E: 10, F: 4 g, Kh: 41 g,
kJ: 1011; kcal: 239

1. Erdbeeren putzen, waschen, gut abtropfen lassen und entstielen. Erdbeeren eventuell klein schneiden. Minze abspülen und trocken tupfen. Die Blättchen von den Stängeln zupfen (einige Blättchen zum Garnieren beiseitelegen). Blättchen in feine Streifen schneiden. Erdbeeren mit Minzestreifen, Puderzucker und Limettensaft mischen.
2. Quark-Zubereitung nach Belieben mit Orangenfrucht glattrühren. Kokos-Zwiebäcke in einen Gefrierbeutel geben, Beutel verschließen. Zwiebäcke mit einer Teigrolle grob zerbröseln.
3. Erdbeeren, Zwiebackbrösel und Quark-Zubereitung abwechselnd in eine eckige Auflaufform oder in Dessertgläser schichten. Trifle etwa 1 Stunde kalt stellen und durchziehen lassen.
4. Trifle mit den beiseitegelegten Minzeblättchen garnieren und servieren.

Tipp: Gut schmecken statt der Erdbeeren auch 490 g gut abgetropfte Ananas (aus der Dose).

Erdbeer-Sahne-Eis

Erdbeer-Kokos-Trifle

Dauert etwas länger

Amarettini-Pudding mit Schlagsahne

4 Portionen (Puddingform 1,5-Liter-Inhalt)

Zubereitungszeit: 20 Minuten, ohne Abkühlzeit
Garzeit: etwa 60 Minuten

Für den Pudding:
1–2 EL Semmelbrösel
2 Dosen Mandarinen (Abtropfgewicht je 175 g)
150 g Butter
70 g Semmelbrösel
200 g Amarettini (italienisches Makronengebäck)
20 g Weizenmehl
1 gestr. TL Dr. Oetker Backin
1 Pck. Dr. Oetker Finesse Geriebene Zitronenschale
3 Eigelb (Größe M)
1 TL Zitronensaft
30 g Zucker
3 Eiweiß (Größe M)

Für die Beilage:
250 g Schlagsahne
20 g Puderzucker

Zum Bestreuen:
30 g Zartbitter-Raspelschokolade

Pro Portion:
E: 14 g, F: 60 g, Kh: 98 g,
kJ: 4216, kcal: 1005

1. Für den Pudding eine hitzebeständige Puddingform (ø 16 cm, etwa 1,5 l) fetten und mit Semmelbröseln ausstreuen. Mandarinen in einem Sieb abtropfen lassen.
2. Butter in einer Pfanne zerlassen, Semmelbrösel darin kurz anrösten, abkühlen lassen.
3. Amarettini in einen Gefrierbeutel geben, Beutel verschließen. Amarettini mit einer Teigrolle fein zerbröseln. Mehl mit Backpulver und Zitronenschale in einer Schüssel mischen. Amarettinibrösel und abgekühlte Semmelbrösel unterheben.
4. Eigelb mit Zitronensaft und Zucker zu einer dicklichen Creme aufschlagen. Eiweiß steifschlagen.
5. Nacheinander die Eigelbcreme, Mandarinen und den Eischnee unter die Bröselmasse heben. Die Masse in die vorbereitete Form füllen und mit einem Deckel oder mit Alufolie verschließen.
6. Die Form in einen hohen Topf setzen, so viel heißes Wasser hineingießen, dass die Form bis etwa 3 cm unter dem Rand im Wasser steht. Den Topfdeckel auflegen. Wasser aufkochen lassen. Den Pudding in leicht kochendem Wasser etwa 60 Minuten garen.
7. Für die Beilage Sahne mit Puderzucker steifschlagen, in eine Schüssel geben und mit Schokoladenraspeln bestreuen. Den Pudding mit der Sahne servieren.

Tipp: Gut schmeckt auch eine leicht gebundene Orangensauce mit etwas Cointreau abgeschmeckt oder eine pürierte Fruchtsauce mit dem passenden Obstgeist oder -likör abgeschmeckt dazu.

Amarettini-Pudding mit Schlagsahne

Preiswert

Bread-and-Butter-Pudding

4 Portionen

Zubereitungszeit: 70 Minuten
Backzeit: 45–55 Minuten, ohne Abkühlzeit

Butter oder Margarine für die Form
1 EL Semmelbrösel

200 g Baguettebrot (oder einfache Brötchen)
150 g Rosinen
50 g Butter
350 ml Milch
1 EL Zucker
1 Pck. Dr. Oetker Vanillin-Zucker
½ TL gemahlener Zimt
½ TL Dr. Oetker Geriebene Orangenschale
4 Eier (Größe M)
2 Eigelb (Größe M)

Pro Portion:
E: 17 g, F: 25 g, Kh: 65 g,
kJ: 2444, kcal: 584

1. Eine rechteckige Terrinenform (mit Deckel, etwa 1 l Inhalt) fetten und mit Semmelbröseln ausstreuen. Baguettebrot oder Brötchen in sehr dünne Scheiben schneiden und im Wechsel mit den Rosinen in die vorbereitete Form schichten. Die letzte Schicht sollte aus Brotscheiben bestehen. Den Backofen vorheizen.
2. Butter zerlassen. Milch, Zucker, Vanillin-Zucker, Zimt und Orangenschale unterrühren. Den Topf von der Kochstelle nehmen, etwas abkühlen lassen.
3. Eier und Eigelb verschlagen, unter die lauwarme Milch rühren und auf den eingeschichteten Zutaten verteilen. Die Brotscheiben in die Form drücken. Die Form mit dem Deckel verschließen.
4. Die Fettfangschale des Backofens in den Backofen schieben. 2 l heißes Wasser hinzugießen. Die Terrinenform

Bread-and-Butter-Pudding

Apfel-Kartoffel-Klöße mit Pflaumenkompott

in das Wasserbad stellen und den Pudding backen.
Ober-/ Unterhitze: etwa 200 °C
Heißluft: etwa 180 °C
Backzeit: 45–55 Minuten.
5. Die Form auf einen Rost stellen. Den Pudding etwa 5 Minuten in der Form stehen lassen, dann aus der Form stürzen und in Scheiben schneiden.

Für Kinder

Apfel-Kartoffel-Klöße mit Pflaumenkompott
4 Portionen

Zubereitungszeit: 50 Minuten, ohne Abkühlzeit

Für das Pflaumenkompott:
Schale von 1/2 Bio-Zitrone (unbehandelt, ungewachst)
1 Glas Pflaumen Abtropfgewicht 395 g)
1 EL Speisestärke
1–2 EL Zucker
1/2 Zimtstange

Für den Sud:
1,5 l Wasser
60 g Zucker
1/2 Zimtstange
Schale von 1/2 Bio-Zitrone (unbehandelt, ungewachst)

Für die Klöße:
125 ml (1/8 l) Milch
250 g Apfelmus (aus dem Glas)
125 g Speisequark (20 % Fett i. Tr.)
1 gestr. TL gemahlener Zimt
1 Msp. geriebene Zitronenschale
70 g Zucker
1 Pck. Dr. Oetker Vanillin-Zucker
1/2 Pck. Kartoffelknödel halb & halb (160 g)

Pro Portion:
E: 3 g, F: 3 g, Kh: 101 g,
kJ: 2009, kcal: 480

1. Für das Pflaumenkompott Zitrone heiß abwaschen, abtrocknen und die Schale dünn abschälen. Pflaumen abtropfen lassen, dabei den Saft auffangen. 4 Esslöffel Pflaumensaft mit der Speisestärke anrühren. Restlicher Pflaumensaft, Zucker, Zimtstange und die Hälfte der Zitronenschale in einem Topf aufkochen. Angerührte Speisestärke in den von der Kochstelle genommenen Saft einrühren und nochmals unter Rühren aufkochen lassen. Pflaumen unterheben. Kompott abkühlen lassen. Zimtstange und Zitronenschale entfernen.
2. Für den Sud Wasser, Zucker, Zimtstange und Zitronenschale in einem Topf zum Kochen bringen und zugedeckt etwa 10 Minuten köcheln lassen.
3. Für die Klöße Milch, Apfelmus, Quark, Zimt, Zitronenschale, Zucker, Vanillin-Zucker und Kartoffelknödelpulver nacheinander in eine Rührschüssel geben und mit Handrührgerät mit Rührbesen zu einem Teig verrühren, etwa 10 Minuten stehen lassen.
4. Aus dem Knödelteig 20 kleine Klöße formen. Klöße in den vorbereiteten Sud geben und bei schwacher Hitze etwa 20 Minuten gar ziehen lassen.
5. Klöße mit einer Schaumkelle herausnehmen, abtropfen lassen und mit dem Pflaumenkompott anrichten.

Cannelloni mit Mohnfüllung

Cappuccino-Schichtcreme

Clafoutis

Für Kinder

Cannelloni mit Mohnfüllung
4 Portionen

Zubereitungszeit: 30 Minuten
Garzeit: etwa 35 Minuten

Für die Füllung:
2 Dosen Mandarinen
(Abtropfgewicht je 175 g)
1 Pck. (250 g) backfertige
Mohnfüllung
20 g Hartweizengrieß
2 Eier (Größe M)
300 g Doppelrahm-Frischkäse
20 Cannelloni (etwa 200 g),
ohne Vorkochen

Für den Guss:
3 Eier (Größe M)
250 ml (¼ l) Milch
200 g Schlagsahne, 30 g Zucker
1 Msp. Dr. Oetker Finesse
Geriebene Zitronenschale

Für die Sauce:
2 gestr. EL Speisestärke
500 ml (½ l) Orangensaft
100 g Orangenmarmelade
2–3 EL Zitronensaft
1–2 EL Zucker

Pro Portion:
E: 35 g, F: 61 g, Kh: 131 g,
kJ: 5182, kcal: 1238

1. Den Backofen vorheizen. Für die Füllung Mandarinen in einem Sieb abtropfen lassen. Mohnmasse, Grieß, Eier und Frischkäse in einer Rührschüssel mit Handrührgerät mit Rührbesen verrühren. Mandarinen unterrühren.
2. Die Masse in einen Spritzbeutel (ohne Tülle) geben, in die Cannelloni spritzen und in eine flache Auflaufform (etwa 2 ½ l) legen.
3. Für den Guss Eier mit Milch, Sahne, Zucker und Zitronenschale verrühren. Die Cannelloni damit übergießen. Cannelloni sollten bedeckt sein. Die Form auf dem Rost in den vorgeheizten Backofen schieben.
Ober-/Unterhitze: etwa 200 °C
Heißluft: etwa 180 °C
Garzeit: etwa 35 Minuten.
4. Für die Sauce Speisestärke mit 100 ml Orangensaft anrühren. Marmelade mit restlichem Orangen- und Zitronensaft in einem Topf zum Kochen bringen. Angerührte Speisestärke in den von der Kochstelle genommenen Saft rühren und unter Rühren aufkochen lassen. Mit Zucker abschmecken. Die Sauce heiß oder kalt zu den Cannelloni servieren.

Einfach

Cappuccino-Schichtcreme
4 Portionen

Zubereitungszeit: 20 Minuten

10 g Edelbitterschokolade
(70 % Kakaoanteil)
1 gestr. TL Butter
12 geröstete Kaffeebohnen

100 g Schlagsahne
500 g Magermilchjoghurt
2–3 geh. EL Puderzucker
1 Beutel Instant-Cappuccino-Pulver

2–3 TL Kaffeelikör oder Amaretto

Puderzucker zum Bestäuben

Pro Portion:
E: 6 g, F: 10 g, Kh: 19 g,
kJ: 853, kcal: 204

1. Schokolade mit Butter in einem kleinen Topf im Wasserbad bei schwacher Hitze schmelzen. Kaffeebohnen mit der Masse vermischen, herausnehmen und auf ein Stück Backpapier legen. Schokolade fest werden lassen.

2. Sahne steifschlagen. Joghurt mit Puderzucker gut verrühren, Sahne unterheben. Unter eine Hälfte der Joghurtcreme das Cappuccino-Pulver rühren.
3. Beide Cremes abwechselnd in Dessertgläser schichten. Mit Schokobohnen, Likör und Puderzucker anrichten.

Raffiniert

Clafoutis
(Französischer Kirschauflauf)

4 Portionen

Zubereitungszeit: 20 Minuten
Backzeit: etwa 35 Minuten

3 EL Weizenmehl
2 EL Puderzucker
200 ml Milch
4 Eier (Größe M)
1 Pck. Dr. Oetker Vanillin-Zucker
400 g frische Kirschen

Butter für die Form

2 EL Zucker

Pro Portion:
E: 11 g, F: 8 g, Kh: 96 g,
kJ: 2207, kcal: 525

1. Den Backofen vorheizen. Mehl und Puderzucker in eine Schüssel geben, mit Milch glattrühren. Eier und Vanillin-Zucker ebenfalls unterrühren.
2. Kirschen waschen, abtropfen lassen und entsteinen. Kirschen in einer großen flachen, Auflaufform (ø 28 cm, gefettet) verteilen. Den Teig daraufstreichen. Die Form auf dem Rost in den vorgeheizten Backofen schieben.
Ober/Unterhitze: etwa 180 °C
Heißluft: etwa 160 °C
Backzeit: etwa 35 Minuten.
3. Den Auflauf mit Zucker bestreut servieren.

Gut vorzubereiten – mit Alkohol

Cassata-Torte

6 Portionen

Zubereitungszeit: 40 Minuten, ohne Gefrierzeit

Für den Boden:
100 g Amarettini (italienisches Makronengebäck), 40 g Butter

Für den Belag:
1 kleines Glas Sauerkirschen (Abtropfgewicht 155 g)
125 g Amarena-Kirschen
100 g Marzipan-Rohmasse
50 g Pistazienkerne
2–3 Tropfen grüne Speisefarbe
3 Eigelb (Größe M)
50 g Zucker
1 kleine Mango
750 g Schlagsahne

Zum Verzieren und Garnieren:
125 g Schlagsahne
1 geh. EL gehackte Pistazienkerne

Pro Portion:
E: 10 g, F: 66 g, Kh: 51 g,
kJ: 3579, kcal: 853

1. Für den Boden Amarettini in einen Gefrierbeutel geben, Beutel verschließen. Amarettini mit einer Teigrolle grob zerbröseln. Butter zerlassen, Brösel unterrühren.
2. Einen Tortenring oder Springformrand (Ø 20–22 cm) auf eine Tortenplatte stellen. Gebäckbrösel hineingeben und mit einem Esslöffel andrücken.
3. Für den Belag Sauerkirschen und Amarena-Kirschen getrennt in je einem Sieb abtropfen lassen, nebeneinander im Gefrierfach hart gefrieren lassen.
4. Marzipan mit Pistazienkernen verkneten, mit Lebensmittelfarbe färben. Aus der Masse Rollen (Ø etwa 5 mm) formen, in etwa 5 mm dicke Scheiben schneiden und im Gefrierfach gefrieren lassen.
5. Eigelb und Zucker mit Handrührgerät mit Rührbesen auf höchster Stufe schaumig schlagen. Mango halbieren, schälen, Fruchtfleisch vom faserigen Stein lösen, pürieren und unter die Eigelbcreme ziehen. Sahne steifschlagen und unter die Mangocreme heben. Die gefrorenen Kirschen und Marzipanscheiben hinzufügen, ebenfalls unterheben. Die Creme auf den Amarettiniboden geben, glattstreichen und über Nacht gefrieren lassen.
6. Den Tortenring oder Springformrand lösen und entfernen.
7. Zum Verzieren und Garnieren Sahne steifschlagen und in einen Spritzbeutel mit Lochtülle geben. Den Tortenrand mit der Sahne verzieren und mit Pistazienkernen bestreuen.

Cassata-Torte

Gut vorzubereiten – mit Alkohol

Crème caramel
6 Portionen

Zubereitungszeit: 25 Minuten, ohne Kühlzeit
Garzeit: etwa 40 Minuten (die Creme ist gestockt, wenn keine Haut an den Fingern kleben bleibt)

180 g Zucker
2 EL Wasser
1 EL Cognac
500 ml (½ l) Milch
½ Vanilleschote
1 Prise Salz
4 Eier (Größe M)

Pro Portion:
E: 7 g, F: 7 g, Kh: 34 g,
kJ: 987, kcal: 236

1. Den Backofen vorheizen. Eine Fettfangschale zur Hälfte mit heißem Wasser gefüllt in den Backofen schieben.
Ober-/Unterhitze: etwa 140 °C
Heißluft: etwa 120 °C
2. Die Hälfte des Zuckers in einem Topf unter Rühren hellbraun karamellisieren. Dann Wasser und Cognac hinzufügen. Den Topf von der Kochstelle nehmen. Karamell in 6 hitzebeständige Förmchen oder Tassen (je 150 ml Inhalt) gießen.
3. Milch in einen Topf geben. Vanilleschote aufschlitzen und das Mark mit einem Messerrücken herausschaben. Vanillemark und -schote mit Salz zu der Milch geben, erhitzen und etwa 10 Minuten bei schwacher Hitze ziehen lassen.
4. Vanilleschote aus der Milch entfernen. Restlichen Zucker und Eier mit einem Schneebesen gut verrühren (nicht schaumig schlagen). Nach und nach die heiße Vanillemilch hinzugeben und gut verrühren. Die Eiermilch durch ein feines Sieb in die Förmchen oder Tassen gießen.
5. Die Förmchen vorsichtig in die Fettfangschale stellen und noch so viel heißes Wasser hinzugießen, dass die Förmchen zu ⅓–½ im Wasser stehen. Die Crème im Backofen garen, das Wasser darf aber nicht kochen.
6. Die Crème etwas abkühlen lassen, dann mindestens 2 Stunden in den Kühlschrank stellen.
7. Die Crème mit einem Messer vorsichtig am Förmchenrand lösen (eventuell die Förmchen kurz in heißes Wasser tauchen). Die Crème auf Dessertteller stürzen und sofort servieren.

Tipp: Die Crème caramel pur oder mit geschlagener Schlagsahne servieren. Die Creme lässt sich gut 1 oder 2 Tage vor dem Verzehr zubereiten. Sie kann bis zum Servieren in den Förmchen bleiben (wichtig: nur einwandfreie Förmchen verwenden, Metallförmchen mit Roststellen aussortieren).

Abwandlung: Sie können die Hälfte der Milch durch Schlagsahne ersetzen.

Raffiniert

Exotische Früchte aus dem Limettendampf
4 Portionen – Zubereitung im Bambusdämpfer Ø etwa 26 cm)

Zubereitungszeit: 30 Minuten
Dämpfzeit: etwa 4 Minuten

4 Bio-Limetten (unbehandelt, ungewachst)
2 kleine Bananen
2 Kiwis
1 Sternfrucht (Karambole)
1 Granatapfel
etwa 10 Stängel Zitronenmelisse

Für die Limettensauce:
80 g Zucker
3 Eigelb (Größe M)
75 ml Limettensaft
50 ml Wasser

Pro Portion:
E: 4 g, F: 5 g, Kh: 41 g,
kJ: 998, kcal: 238

Crème caramel

Exotische Früchte aus dem Limettendampf

1. Limetten heiß abwaschen und abtrocknen. Von 2 Limetten die Schale mit einem Sparschäler dünn abschälen. Von den restlichen Limetten die Schale dünn abreiben. Limetten halbieren und auspressen. 75 ml Limettensaft abmessen und beiseitestellen.

2. Die Bananen schälen, längs halbieren und mit Limettensaft beträufeln. Kiwis dünn schälen und in etwa 1 cm dicke Scheiben schneiden. Sternfrucht abspülen, trocken tupfen und ebenfalls in etwa 1 cm dicke Scheiben schneiden. Die vorbereiteten Früchte in den beiden Dampfeinsätzen (dünn mit Speiseöl ausgestrichen) verteilen.

3. Den Granatapfel mit einem Messer halbieren und die Kerne herauslösen. Zitronenmelisse abspülen und trocken tupfen. Die Blättchen von den Stängeln zupfen. Einige Blättchen zum Garnieren beiseitelegen.

4. In einer großen Pfanne oder einem Wok etwa 3 cm hoch Wasser einfüllen, abgeschälte Limettenschale, restliche Zitronenmelisseblättchen, eventuell restlichen Limettensaft hinzufügen und zum Kochen bringen.

5. Für die Limettensauce Zucker, Eigelb, den abgemessenen Limettensaft, abgeriebene Limettenschale und Wasser in einen breiten Stieltopf geben und mit einem Schneebesen verschlagen. Die Zutaten bei mittlerer Hitze unter ständigem Rühren mit dem Schneebesen zu einer Schaumsauce aufschlagen (die Sauce darf dabei nicht kochen).

6. Die Dampfeinsätze aufeinandersetzen, mit dem Deckel verschließen und in die Pfanne oder den Wok mit dem kochenden Limettenwasser stellen. Die Früchte etwa 4 Minuten dämpfen. Limettensauce und Früchte auf 4 Tellern anrichten, mit Granatapfelkernen bestreuen und beiseite gelegten Zitronenmelisseblättchen garnieren.

Florentiner Türmchen

Mokka-Parfait

Für Gäste

Florentiner Türmchen
4 Portionen

Zubereitungszeit: 20 Minuten

200 g frische Himbeeren
3–4 EL Zucker
150 g Mascarpone (italienischer Frischkäse)
3 EL Maracujanektar
24 Mini-Florentiner (etwa 120 g)
Puderzucker

Pro Portion:
E: 5 g, F: 27 g, Kh: 34 g,
kJ: 1696, kcal: 406

1. Himbeeren verlesen (nicht waschen). Die Hälfte der Himbeeren durch ein feines Sieb streichen und mit 1–2 Esslöffeln Zucker verrühren.
2. Mascarpone in einer Schüssel kurz aufschlagen. Maracujanektar und den restlichen Zucker unterschlagen.
3. Jeweils 2 Mini-Florentiner mit etwas Mascarponecreme zusammensetzen. Die Türmchen auf eine tiefe Tortenplatte setzen. Himbeerpüree und restliche Himbeeren auf der Platte verteilen. Türmchen mit Puderzucker bestäuben.

Dauert länger

Mokka-Parfait
4 Portionen

Zubereitungszeit: 20 Minuten, ohne Gefrierzeit

6 Eigelb (Größe M)
175 g Zucker
2 EL Instant-Kaffee-Pulver
1 EL heißes Wasser
500 g Schlagsahne
2 Pck. Dr. Oetker Vanillin-Zucker

Pro Portion:
E: 8 g, F: 47 g, Kh: 53 g,
kJ: 2835, kcal: 678

1. Eigelb und Zucker mit Handrührgerät mit Rührbesen auf höchster Stufe schaumig schlagen. Kaffee im heißen Wasser auflösen und unterrühren.
2. Sahne mit Vanillin-Zucker steifschlagen (4 Esslöffel Sahne in einen Spritzbeutel mit Sterntülle füllen), unter die Eigelbmasse heben.
3. Die Mokkacreme in eine flache Schale füllen und im Gefrierfach 3–4 Stunden gefrieren lassen.
4. Das Mokka-Parfait mit der Sahne aus dem Spritzbeutel verzieren.

Frittierte Feigenröllchen

Früchte-Carpaccio

Raffiniert

Frittierte Feigenröllchen
4 Portionen

Zubereitungszeit: 30 Minuten, ohne Kühlzeit

Für die Füllung:
250 g getrocknete Feigen
200 ml Wasser
1–2 EL Zitronensaft
1–2 EL Orangenblütenwasser (erhältlich in der Apotheke oder Drogerie)
12 dreieckige Yufkablätter (erhältlich in türkischen Geschäften)

1 l Speiseöl zum Frittieren

300 g Vollmilchjoghurt
25 g gehackte Pistazienkerne

Pro Portion:
E: 8 g, F: 57 g, Kh: 41 g,
kJ: 3104, kcal: 742

1. Für die Füllung Feigen in Streifen schneiden, dabei die Stiele entfernen. Feigen mit Wasser und Zitronensaft in einem Topf zum Kochen bringen, bei schwacher Hitze so lange köcheln lassen, bis die Flüssigkeit verdampft ist. Mit Orangenblütenwasser abschmecken. Abkühlen lassen.
2. Die Feigenmasse in 12 Portionen teilen. Ein Yufkablatt mit der kurzen Seite nach unten auf die Arbeitsfläche legen. 1 Portion der Feigenmasse auf die untere Teigkante legen. Restlichen Teig um die Füllung herum dünn mit heißem Wasser bestreichen. Die Seiten nach innen klappen und ebenfalls mit Wasser bestreichen. Füllung in das Blatt einrollen. Die restlichen Teigblätter auf die gleiche Weise füllen.
3. Speiseöl in einem hohen Topf oder in der Fritteuse auf etwa 180 °C erhitzen. Die Feigenröllchen darin portionsweise goldbraun backen. Feigenröllchen mit einer Schaumkelle herausnehmen und auf einem Kuchenrost abtropfen lassen. Die Feigenröllchen mit Joghurt und Pistazienkernen servieren.

Tipp: Röllchen vor dem Frittieren mit verschlagenem Eiweiß bestreichen und in geschältem Sesam (Reformhaus) wälzen.

Raffiniert

Früchte-Carpaccio
4 Portionen

Zubereitungszeit: 25 Minuten

1 Becher (150 g) Crème fraîche
3 EL Birnensaft
2 EL Zucker
2 EL Limettensaft
2 Mangos
2 Birnen
250 g rote Johannisbeerrispen
Hagelzucker
Minzezweige und -blättchen

Pro Portion:
E: 3 g, F: 12 g, Kh: 36 g,
kJ: 1141, kcal: 272

1. Crème fraîche mit Birnensaft, Zucker und 1 Esslöffel Limettensaft verrühren. Die Creme als Spiegel auf vier Dessertteller verteilen.
2. Mangos halbieren, das Fruchtfleisch jeweils vom Stein lösen und schälen. Fruchtfleisch in dünne Scheiben schneiden. Birnen schälen und in dünne Scheiben schneiden, die Kerne dabei entfernen. Mango- und Birnenscheiben mit dem restlichen Limettensaft beträufeln oder bestreichen und fächerartig auf den Crème-fraîche-Spiegeln anrichten.
3. Johannisbeerrispen waschen, trocken tupfen und in Hagelzucker wälzen. Minzezweige und -blättchen abspülen, trocken tupfen.
4. Carpaccio mit Johannisbeerrispen, Minzezweigen und -blättchen garnieren, anschließend mit etwas Hagelzucker bestreuen.

Tipp: Sie können auch andere Fruchtkombinationen für ein Früchte-Carpaccio verwenden, z. B. Äpfel, Bananen und Granatapfelkerne. Den Tellerrand zusätzlich mit Puderzucker bestäuben.

Einfach – mit Alkohol

Gebratene Ananasscheiben
4 Portionen

Zubereitungszeit: 30 Minuten, ohne Durchziehzeit

1 Dose Ananasscheiben
(Abtropfgewicht 490 g)
30 g Kokosraspel
1–2 EL brauner Rum
70 g Cornflakes
30 g Weizenmehl
2 Eiweiß (Größe M)
50 g Butterschmalz
300 g Vollmilchjoghurt
1–2 EL Zucker

Pro Portion:
E: 8 g, F: 20 g, Kh: 43 g,
kJ: 1742, kcal: 416

1. Ananasscheiben in einem Sieb abtropfen lassen, dabei den Saft auffangen. 6 Esslöffel Ananassaft mit Kokosraspeln verrühren, etwa 1 Stunde stehen lassen.
2. Ananasscheiben mit Rum beträufeln und ebenfalls 1 Stunde durchziehen lassen.
3. Cornflakes, Mehl und Eiweiß in je einen tiefen Teller geben. Cornflakes mit den Händen zerdrücken. Eiweiß mit einer Gabel verschlagen.
4. Ananasscheiben nochmals abtropfen lassen, dabei den Saft auffangen und unter die eingeweichten Kokosraspel mischen. Ananasscheiben trocken tupfen.
5. Ananasscheiben zuerst in Mehl wenden, dann durch die Eiweißmasse ziehen, am Tellerrand abstreifen und zuletzt in Cornflakes wenden. Cornflakes leicht andrücken.
6. Etwas Butterschmalz in einer Pfanne erhitzen. Die Ananasscheiben darin portionsweise etwa 1 Minute von jeder Seite braten, herausnehmen und auf Küchenpapier abtropfen lassen.
7. Eingeweichte Kokosraspel, Joghurt und Zucker verrühren. Die Ananasscheiben mit der Joghurt-Kokosraspel-Creme servieren.

Klassisch

Kaiserschmarrn
2 Portionen

Zubereitungszeit: 30 Minuten

100 g Weizenmehl
4 Eier (Größe M)
1 Prise Salz
200 g Schlagsahne oder 200 ml Milch
50 g Rosinen
50 g Butterschmalz oder
5 EL Speiseöl, z. B. Sonnenblumenöl
Puderzucker

Pro Portion:
E: 22 g, F: 55 g, Kh: 66 g,
kJ: 3595, kcal: 859

1. Mehl in eine Rührschüssel geben und in die Mitte eine Vertiefung drücken. Eier trennen. Eigelb mit Salz und Sahne oder Milch verschlagen, etwas davon in die Vertiefung geben. Von der Mitte aus Eigelbflüssigkeit und Mehl verrühren.
2. Nach und nach die restliche Eigelbflüssigkeit hinzugeben. Dabei darauf achten, dass keine Klümpchen entstehen. Eiweiß steifschlagen und mit den Rosinen unter den Teig heben.
3. Etwas Butterschmalz oder Speiseöl in einer Pfanne (Ø 28 cm) erhitzen. Die Hälfte des Teiges hineingeben. Den Kaiserschmarrn bei mittlerer Hitze auf der Unterseite hellgelb backen.
4. Den an der Oberfläche noch etwas flüssigen Teig mit 2 Pfannenwendern zuerst vierteln, dann wenden und hellgelb backen, eventuell noch etwas Butterschmalz oder Speiseöl in die Pfanne geben.
5. Anschließend den Eierkuchen mit 2 Pfannenwendern in kleine Stücke reißen, auf einem Teller anrichten und warm stellen. Den restlichen Teig auf die gleiche Weise zubereiten. Den Kaiserschmarrn mit Puderzucker bestreut servieren.

Gebratene Ananasscheiben

Kaiserschmarrn

Für Kinder
Kirsch-Joghurt-Eis
8 Portionen

Zubereitungszeit: 30 Minuten, ohne Abkühlzeit
Gefrierzeit: etwa 5 Stunden

90 g gesiebter Puderzucker
3 Eigelb (Größe M)
200 g Kirschjoghurt
200 g frische Süßkirschen oder gut abgetropfte Kaiserkirschen aus einem Glas
30 g Zucker
250 g Schlagsahne

Nach Belieben zum Garnieren:
etwas steifgeschlagene Schlagsahne
Zartbitter-Schokoladenlocken oder -raspel

Pro Portion:
E: 3 g, F: 15 g, Kh: 25 g,
kJ: 1069, kcal: 255

1. Puderzucker mit Eigelb in einer hitzebeständigen Schüssel oder Edelstahlschüssel verschlagen. Die Schüssel in ein heißes Wasserbad (85–90 °C) setzen. Puderzucker und Eigelb mit einem Schneebesen zu einer dicklich cremigen Masse aufschlagen. Die Schüssel aus dem heißen Wasserbad herausnehmen und sofort in eiskaltes Wasser stellen. Die Eiercreme unter Rühren erkalten lassen. Joghurt unterrühren.
2. Frische Kirschen waschen, gut abtropfen lassen, entstielen und entkernen. Kirschen mit dem Zucker grob pürieren. Sahne sehr steifschlagen. Pürierte Kirschen und Sahne unter die Eier-Joghurt-Creme rühren.
3. Die Creme in eine länglich gefriergeeignete Form (Inhalt etwa 1 l) füllen und zudecken. Das Eis etwa 5 Stunden gefrieren lassen.
4. Die Form kurz in heißes Wasser tauchen. Das Eis auf eine längliche Platte stürzen. Kirsch-Joghurt-Eis in Scheiben schneiden.
5. Nach Belieben das Kirsch-Joghurt-Eis mit Sahnetupfen und Schokoladenlocken oder -raspeln garniert servieren.

Tipp: Die Eismasse in kleine gefriergeeignete Förmchen füllen, einen Eisstiel hineinstecken und etwa 3 Stunden gefrieren lassen. Dann die Förmchen kurz in heißes Wasser tauchen und das Eis am Stiel nach Belieben in Raspelschokolade oder Zuckerstreuseln wälzen.

Für Gäste – mit Alkohol
Lebkuchenmousse mit Glühweinbirnen
4 Portionen

Zubereitungszeit: 35 Minuten, ohne Kühlzeit

Für das Lebkuchenmousse:
3 Blatt weiße Gelatine
3 Eigelb (Größe M)
1 Ei (Größe M)
100 ml Milch
50 g Zucker
100 g Lebkuchen
100 g Zartbitter-Kuvertüre
1 TL Lebkuchengewürz
4 cl Rum
250 g Schlagsahne

Für die Glühweinbirnen:
1 Bio-Zitrone (unbehandelt, ungewachst)
1 Bio-Orange (unbehandelt, ungewachst)
500 ml (½ l) Rotwein
200 ml Portwein
200 ml Orangensaft
200 g Zucker
4 Gewürznelken
2 Zimtstangen
4 mittelgroße Birnen
250 ml (¼ l) Glühwein (von den Birnen)
2 gestr. TL Speisestärke

Pro Portion:
E: 13 g, F: 43 g, Kh: 84 g,
kJ: 3547, kcal: 847

1. Für das Mousse Gelatine in kaltem Wasser nach Packungsanleitung einweichen.
2. Eigelb, Ei, Milch und Zucker mit einem Schneebesen verrühren und in einer Schüssel im heißen Wasserbad schaumig schlagen. Die Creme aus dem Wasserbad nehmen. Die Gelatine leicht ausdrücken, in die Creme geben und unter Rühren auflösen.
3. Lebkuchen in sehr kleine Würfel schneiden oder im Zerkleinerer

zerkrümeln. Kuvertüre in kleine Stücke schneiden. Lebkuchengewürz mit Rum verrühren, mit den Kuvertürestückchen und Lebkuchenwürfeln oder -krümeln unter die noch warme Eiercreme rühren. Creme abkühlen lassen.

4. Sahne steifschlagen, vorsichtig unter die Creme heben. Mousse in eine Schale füllen und etwa 3 Stunden kalt stellen.

5. Für die Birnen Zitrone und Orange heiß abwaschen, abtrocknen und die Schale abreiben. Rotwein, Portwein, Orangensaft, Zucker, Nelken und Zimtstangen in einen Topf geben, aufkochen lassen. Birnen abspülen, der Länge nach halbieren und die Kerngehäuse mit einem Kugelausstecher entfernen. Birnenhälften in den Glühweinsud legen und bei mittlerer Hitze etwa 5 Minuten köcheln lassen. Den Topf von der Kochstelle nehmen. Die Birnenhälften in dem Glühweinsud erkalten lassen. Nelken und Zimtstangen entfernen.

6. Birnenhälften aus dem Glühweinsud nehmen und trocken tupfen. Von dem Glühweinsud 250 ml (1/4 l) abmessen und in einem kleinen Topf zum Kochen bringen. Speisestärke mit Wasser anrühren, unter den Glühweinsud rühren und unter Rühren aufkochen. Glühweinsauce abkühlen lassen. Birnenhälften fächerartig aufschneiden.

7. Zum Garnieren Lebkuchen in sehr kleine Würfel schneiden. Von der Mousse mit Hilfe eines Löffels (Löffel jeweils vor dem Abstechen der Nocken in heißes Wasser tauchen) Nocken abstechen und dekorativ mit Birnenfächern, Glühweinsauce und Lebkuchenwürfeln auf Tellern anrichten.

8. Von der Kuvertüre mit einem Messer dünne Hobel abziehen und auf die Teller streuen.

Nougatflammeri

Für Gäste – mit Alkohol

Nougatflammeri
4 Portionen

Zubereitungszeit: 15 Minuten, ohne Kühlzeit

Für den Flammeri:
1 Pck. Gala Sahne-Pudding-Pulver
1 EL Zucker
300 ml Milch
200 g Schlagsahne
150 g Nuss-Nougat-Creme
30 g abgezogene, gehackte Mandeln

Für die Schokoladensauce:
150 g Zartbitter-Schokolade
2 EL Rosinen
125 ml (1/8 l) Wasser
1–2 EL brauner Rum
3–4 EL brauner Zucker
100 g Schlagsahne

Pro Portion:
E: 12 g, F: 52 g, Kh: 82 g,
kJ: 3686, kcal: 881

1. Für den Flammeri Pudding-Pulver mit Zucker und 6 Esslöffeln der Milch anrühren. Restliche Milch, Sahne und Nuss-Nougat-Creme in einem Topf zum Kochen bringen. Angerührtes Pudding-Pulver in die von der Kochstelle genommene Sahnemilch rühren, unter Rühren zum Kochen bringen und etwa 1 Minute unter Rühren kochen lassen.

2. Flammeri in 4 Förmchen (kalt ausgespült, je etwa 150 ml) füllen. Die Förmchen mehrmals auf der Arbeitsfläche aufstoßen, damit Luftblasen entweichen können. Flammeri mindestens 4 Stunden in den Kühlschrank stellen.

3. Mandeln in einer Pfanne ohne Fett goldbraun rösten, herausnehmen und auf einem Teller abkühlen lassen.

4. Für die Schokoladensauce Schokolade in kleine Stücke brechen und in einen Topf geben. Rosinen, Wasser, Rum, Zucker und Sahne hinzufügen. Die Zutaten unter Rühren so lange erhitzen, bis die Schokolade geschmolzen ist. Die Sauce unter Rühren einmal aufkochen lassen. Den Topf von der Kochstelle nehmen und die Sauce abkühlen lassen.

5. Flammeri aus den Förmchen stürzen und mit Mandeln bestreuen. Schokoladensauce dazureichen.

Für Gäste – mit Alkohol

Zitronenflammeri mit Traubensirup
4 Portionen

Zubereitungszeit: 30 Minuten, ohne Kühlzeit

Für den Zitronenflammeri:
100 ml handelsüblicher Zitronensaft
50 ml Orangensaft
300 ml Wasser
1 Pck. Dr. Oetker Pudding-Pulver Vanille-Geschmack
125 g Zucker
125 g Schlagsahne

Für den Traubensirup:
200 g kernlose grüne Weintrauben
200 ml Weißwein, 200 ml Wasser
Schale von ¼ Bio-Zitrone (unbehandelt, ungewachst)
½ Zimtstange

Pro Portion:
E: 1 g, F: 10 g, Kh: 51 g,
kJ: 1413, kcal: 337

1. Einen Zitronenflammeri aus Zitronen-, Orangensaft, Wasser, Pudding-Pulver und Zucker nach Packungsanleitung (aber mit den angegebenen Zutaten) zubereiten und etwas abkühlen lassen.
2. Sahne steifschlagen und unter den lauwarmen Pudding heben in mit Wasser ausgespülte Förmchen füllen und mindestens 3 Stunden kühl stellen.
3. Für den Traubensirup Weintrauben waschen, abtropfen lassen und längs halbieren. Wein, Wasser, Zitronenschale, Zimtstange und den restlichen Zucker aufkochen und ohne Deckel etwa 15 Minuten bei mittlerer Hitze auf 125 ml (⅛) sirupartig einkochen lassen. Den Topf von der Kochstelle nehmen. Die Trauben in den Sirup geben und alles erkalten lassen.
4. Zitronenschale und Zimt aus dem Traubensirup entfernen. Die Flammeri aus den Förmchen stürzen und mit dem Traubensirup anrichten.

Zitronenflammeri

Mit Alkohol

Welfenspeise
4 Portionen

Zubereitungszeit: 30 Minuten, ohne Kühlzeit

Für die Creme:
2 Eiweiß (Größe M)
35 g Speisestärke
40 g Zucker
1 Pck. Dr. Oetker Vanillin-Zucker
500 ml (½ l) Milch

Für den Weinschaum:
3 Eigelb (Größe M)
80 g Zucker
10 g Speisestärke
250 ml (¼ l) Weißwein

Pro Portion:
E: 9 g, F: 9 g, Kh: 48 g,
kJ: 1491, kcal: 356

1. Für die Creme Eiweiß sehr steifschlagen. Speisestärke mit Zucker und Vanillin-Zucker mischen, mit 6 Esslöffeln von der Milch anrühren.
2. Restliche Milch in einem Topf zum Kochen bringen. Topf von der Koch-

Welfenspeise

stelle nehmen. Angerührte Speisestärke mit einem Schneebesen unter Rühren hinzugeben, kurz aufkochen.
3. Den Eischnee unter die kochend heiße Speise rühren, nochmals kurz aufkochen. Die Speise in eine Glasschale oder in Dessertgläser füllen (Schale bzw. Gläser nur zur Hälfte füllen!) und kalt stellen.
4. Für den Weinschaum Eigelb mit Zucker, Speisestärke und Weißwein in einen Edelstahltopf oder eine Edelstahlschüssel geben und mit Handrührgerät mit Rührbesen auf niedrigster Stufe im heißen Wasserbad so lange schlagen, bis die Masse durch und durch schaumig ist (das Volumen muss sich etwa verdoppeln. Wasser und Weinschaum nicht kochen lassen, da die Sauce sonst gerinnt). Topf oder Schüssel aus dem Wasserbad nehmen, die Masse am Rand lösen und nochmals kurz verrühren.
5. Den Weinschaum erkalten lassen und vorsichtig auf die Creme füllen.

Hinweis: Nur ganz frische Eier verwenden, die nicht älter als 5 Tage sind (Legedatum beachten!).

Für Gäste

Vanilleberg mit Erdbeeren
6 Portionen

Zubereitungszeit: 30 Minuten, ohne Durchziehzeit

500 g frische Erdbeeren
4 EL Zucker
Saft von 1 Zitrone
1/2 Pck. Butterkekse oder Spritzgebäck
2 Pck. Dr. Oetker Pudding-Pulver Vanille-Geschmack
100 g Zucker
500 ml (1/2 l) Milch
500 g Schlagsahne

Pro Portion:
E: 7 g, F: 32 g, Kh: 58 g,
KJ: 2401, kcal: 573

1. Erdbeeren putzen, waschen, abtropfen lassen, entstielen (sechs Erdbeeren zum Garnieren beiseitelegen), vierteln und in eine Schüssel geben. Erdbeerviertel mit Zucker bestreuen, mit Zitronensaft beträufeln und 10–15 Minuten ziehen lassen.
2. Sechs Dessertschälchen oder eine Glasschüssel mit Keksen auslegen. Einen Vanillepudding aus Pudding-Pulver, Zucker, Milch und Sahne nach Packungsanleitung, aber mit der hier angegebenen Menge Milch und Schlagsahne zubereiten.
3. Die marinierten Erdbeerviertel auf den Keksen verteilen, dann den noch warmen Pudding daraufgeben etwas durchziehen lassen.
4. Den Vanilleberg mit den beiseite gelegten Erdbeeren garnieren.

Für Gäste – mit Alkohol

Tiramisu-Eis
8 Portionen

Zubereitungszeit: 30 Minuten, ohne Abkühlzeit
Gefrierzeit: etwa 6 Stunden

3 Eier (Größe M)
90 g Zucker
1 Pck. Dr. Oetker Bourbon-Vanille-Zucker
Saft von 1 Zitrone
500 g Mascarpone
75 g Espresso
250 g Schlagsahne
200 g Löffelbiskuit
60 ml Kaffeelikör

1 EL Kakaopulver

Pro Portion:
E: 9 g, F: 41 g, Kh: 36 g,
kJ: 2387, kcal: 570

1. Eier, Zucker, Vanille-Zucker und Zitronensaft in einem Topf bei mittlerer Hitze unter ständigem Rühren mit einem Schneebesen zu einer dicklich cremigen Masse aufschlagen.
2. Den Topf sofort in eiskaltes Wasser stellen. Die Creme unter Rühren erkalten lassen.
3. Mascarpone mit Espresso verrühren und unter die Eiercreme rühren. Sahne sehr steifschlagen und unterheben.
4. Eine Form (etwa 12 x 28 cm, etwa 2 l Inhalt) mit Frischhaltefolie auslegen. Die Hälfte der Mascarponecreme hineingeben und glattstreichen. Die Hälfte der Löffelbiskuits nebeneinander darauflegen und mit etwa der Hälfte des Kaffeelikörs beträufeln.
5. Restliche Mascarponecreme darauf verteilen und die restlichen Löffelbiskuits nebeneinander darauflegen. Restlichen Kaffeelikör darauftäufeln. Die Form zudecken. Das Eis etwa 6 Stunden gefrieren lassen.
6. Das Tiramisu-Eis aus Form auf eine Platte stürzen. Die Frischhaltefolie abziehen. Das Tiramisu-Eis mit Kakao bestäubt servieren.

Vanilleberg mit Erdbeeren

Tiramisu-Eis

Raffiniert

Ricotta-Eis
8–10 Portionen

Zubereitungszeit: 30 Minuten, ohne Abkühlzeit
Gefrierzeit: etwa 5 Stunden

3 Eier (Größe M)
100 g Zucker
1 Pck. Dr. Oetker Bourbon-Vanille-Zucker
250 g Ricotta
400 g Schlagsahne
20 g gesiebter Puderzucker

Für den Pinienkrokant:
50 g Zucker
3 EL Wasser
30 g gehackte Pinienkerne

Nach Belieben zum Garnieren und Bestäuben:
Limettenstreifen von 1 Bio-Limette (unbehandelt, ungewachst)
etwas gesiebter Puderzucker

Pro Portion:
E: 7 g, F: 22 g, Kh: 22 g,
kJ: 1319, kcal 315

1. Eier, Zucker und Vanille-Zucker in einem Topf bei mittlerer Hitze unter ständigem Rühren mit einem Schneebesen zu einer dicklich cremigen Masse aufschlagen.
2. Den Topf sofort in eiskaltes Wasser stellen. Die Creme unter Rühren erkalten lassen. Ricotta unter die Eiercreme rühren.
3. Sahne mit Puderzucker steifschlagen und unter die Ricottacreme rühren. Die Ricottacreme in eine Eisbombenform (Inhalt etwa 1 l) oder gefriergeeignete Schüssel füllen. Die Form oder Schüssel zudecken. Das Eis etwa 5 Stunden gefrieren lassen.
4. Für den Pinienkrokant Zucker mit Wasser verrühren und in einem kleinen Topf bei mittlerer Hitze karamellisieren lassen (dabei nicht umrühren). Pinienkerne hinzufügen und kurz anrösten. Mit einem Teelöffel kleine Taler abstechen und auf ein Stück Backpapier setzen. Pinienkrokant trocknen lassen.
5. Die Form oder Schüssel kurz in heißes Wasser tauchen. Die Eisbombe auf einen Teller stürzen.
6. Die Eisbombe in Portionsstücke schneiden und mit dem Pinienkrokant garnieren. Ricotta-Eis-Stücke nach Belieben zusätzlich mit Limettenstreifen garnieren und mit Puderzucker bestäubt servieren.

Tipp: Den Pinienkrokant maximal 2 Stunden vor dem Verzehr zubereiten, da er sonst weich wird. Oder den Krokant nach dem Trocknen in einer gut schließenden Dose aufbewahren.

Raffiniert

Reismehl-Crêpes
4 Portionen

Zubereitungszeit: 30 Minuten, ohne Quellzeit

100 g Reismehl (erhältlich im Reformhaus)
125 ml (1/8 l) Milch
2 Eier (Größe M)
1 EL Zucker
30 g Butterschmalz
250 g Schmand (Sauerrahm)
5 EL Waldmeistersirup
4 Bananen
4 EL Zartbitter-Raspelschokolade

Pro Portion:
E: 10 g, F: 27 g, Kh: 70 g,
kJ: 2459, kcal: 588

1. Reismehl, Milch, Eier und Zucker in einer Rührschüssel zu einem glatten Teig verrühren. Den Teig etwa 10 Minuten quellen lassen.
2. Etwas Butterschmalz in einer Pfanne erhitzen. Den Teig gut durchrühren und eine dünne Teiglage mit einer drehenden Bewegung gleichmäßig auf dem Boden der Pfanne verteilen. Crêpes von beiden Seiten bei mittlerer Hitze goldbraun backen, herausnehmen und warm stellen. Bevor der Crêpe gewendet wird, etwas Butterschmalz in die Pfanne geben. Aus dem restlichen Teig anschließend weitere etwa 8 Crêpes herstellen.
3. Schmand mit 3 Esslöffeln Waldmeistersirup verrühren. Bananen schälen und in dicke Scheiben schneiden. Auf jede Crêpe 1 Esslöffel Waldmeisterschmand geben, darauf einige Bananenscheiben legen, mit Raspelschokolade bestreuen und mit restlichem Waldmeistersirup beträufeln.

Tipp: Den Waldmeistersirup durch Himbeersirup ersetzen und zusätzlich einige frische Himbeeren oder Erdbeerscheiben auf die Crêpes streuen. Sie können die Crêpes auch zusätzlich mit Schokoladensauce servieren.

Ricotta-Eis

Reismehl-Crêpes

Rhabarber-Crumble

Pistazien-Marzipan-Eis

Fruchtig

Rhabarber-Crumble
6–8 Portionen

Zubereitungszeit: 65 Minuten
Backzeit: etwa 30 Minuten

Für die Rhabarbermasse:
etwa 1 kg Rhabarber
80 g brauner Zucker
3 EL Orangensaft

Für die Streusel:
150 g Weizenmehl
25 g kernige Haferflocken
80 g brauner Zucker
100 g weiche Butter

Pro Portion:
E: 4 g, F: 12 g, Kh: 43 g,
kJ: 1285, kcal: 307

1. Den Backofen vorheizen. Rhabarber waschen, abtropfen lassen, Stielenden und Blattansätze entfernen. Rhabarberstangen abziehen (dickere Stangen längs halbieren) und in etwa 4 cm lange Stücke schneiden.
2. Rhabarberstücke in eine Gratinform (Ø 32 cm) geben, mit Zucker bestreuen und mit Orangensaft beträufeln.
3. Für die Streusel Mehl in eine Rührschüssel geben, mit Haferflocken und Zucker mischen, Butter hinzufügen. Die Zutaten mit Handrührgerät mit Rührbesen zu Streuseln von gewünschter Größe verarbeiten.
4. Die Teigstreusel auf den Rhabarberstücken verteilen. Die Form auf dem Rost in den vorgeheizten Backofen schieben.
Ober-/Unterhitze: etwa 200 °C
Heißluft: etwa 180 °C
Backzeit: etwa 30 Minuten.

Raffiniert

Pistazien-Marzipan-Eis
6 Portionen

Zubereitungszeit: 30 Minuten, ohne Abkühl- und Gefrierzeit
Gefrierzeit: etwa 4 Stunden

3 Eier (Größe M)
100 g Zucker
1 Pck. Dr. Oetker Bourbon-Vanille-Zucker
100 g Marzipan-Rohmasse
125 g fein gehackte Pistazienkerne
500 g Schlagsahne

Für die Erdbeersauce:
250 g Erdbeeren
50 g gehackte Pistazienkerne

Pro Portion:
E: 13 g, F: 50 g, Kh: 32 g,
kJ: 2665, kcal: 637

1. Eier mit Zucker und Vanille-Zucker in einem Topf verschlagen, bei mittlerer Hitze unter ständigem Rühren mit einem Schneebesen aufschlagen, bis eine dicklich cremige Masse entstanden ist. Die Masse darf nicht kochen.
2. Den Topf in eiskaltes Wasser stellen. Die Eiercreme unter Rühren erkalten lassen.
3. Marzipan in sehr kleine Stücke schneiden, mit den Pistazienkernen unter die Eiercreme rühren, nach Belieben pürieren. Sahne steifschlagen und unterheben.
4. Pistazien-Marzipan-Creme in kleine gefriergeeignete Formen füllen, zudecken und etwa 4 Stunden gefrieren lassen.
5. Für die Erdbeersauce Erdbeeren waschen, abtropfen lassen und entstielen. Etwa 4 Erdbeeren vierteln und zum Garnieren beiseitelegen. Restliche Erdbeeren fein pürieren.
6. Die Formen mit dem Eis kurz in heißes Wasser tauchen, das Eis auf kleine Teller stürzen. Pistazien-Marzipan-Eis mit Erdbeersauce, Pistazienkernen und den beiseitegelegten Erdbeerstücken garniert servieren.

Oeufs à la neige

Obstsalat

Dauert länger

Oeufs à la neige
(Schnee-Eier)
4 Portionen

Zubereitungszeit: 70 Minuten, ohne Kühlzeit
Garzeit: etwa 8 Minuten

Für die Karamellmilch:
60 g Zucker
700 ml Milch
1 Vanilleschote

Für die Schnee-Eier:
4 Eiweiß (Größe M)
1 TL Zitronensaft
80 g Zucker

4 Eigelb (Größe M)
6 EL Milch

Zum Verzieren:
125 g Zucker

Pro Portion:
E: 13 g, F: 12 g, Kh: 76 g,
kJ: 1982, kcal: 472

1. Den Backofen vorheizen. Für die Karamellmilch Zucker in einem hitzebeständigen Topf bei mittlerer Hitze unter Rühren hellbraun karamellisieren lassen. Den Topf von der Kochstelle ziehen, Milch hinzufügen und verrühren. Vanilleschote aufschneiden und das Mark herauskratzen. Vanillemark und -schote mit der Karamellmilch aufkochen. Den Topf von der Kochstelle nehmen und die Karamellmilch etwa 15 Minuten ziehen lassen.
2. Für die Schnee-Eier Eiweiß mit Zitronensaft steifschlagen. Zucker kurz unterschlagen. Einen Teelöffel in die Karamellmilch tauchen. Von der Eiweißmasse jeweils kleine Klößchen abstechen und auf die Karamellmilch setzen. Den Topf mit dem Deckel verschließen und auf dem Rost in den vorgeheizten Backofen schieben.
Ober-/Unterhitze: 140–160 °C
Heißluft: 120–140 °C
Garzeit: etwa 8 Minuten.
3. Die Klößchen mit einer Schaumkelle aus der Karamellmilch nehmen und kalt stellen.
4. Eigelb mit Milch in einem Topf verschlagen. Nach und nach die heiße Karamellmilch unterrühren, bei schwacher Hitze unter Rühren erhitzen, bis die Creme dicklich wird (Creme darf nicht kochen). Den Topf von der Kochstelle nehmen und die Creme kalt stellen.
5. Die Karamellcreme auf Dessertteller gießen und die Klößchen daraufsetzen.
6. Zum Verzieren Zucker in einem Stieltopf bei mittlerer Hitze schmelzen. Die Zuckermasse erst mit einem Metalllöffel oder einer -gabel verrühren, wenn die Ränder anfangen zu bräunen. Wenn die Masse gleichmäßig gelöst und goldbraun ist, den Topf sofort auf ein nasses kaltes Tuch stellen. So lange rühren, bis die Masse fester wird, dann die Masse zu Fäden ziehen und auf den Schnee-Eiern verteilen.

Tipp: Die Karamellfäden nicht zu lange Zeit vor dem Servieren zubereiten, da die Fäden nach etwa 4 Stunden schmelzen.

Klassisch

Obstsalat
6 Portionen

Zubereitungszeit: 40 Minuten, ohne Abkühlzeit

3 mittelgroße Äpfel
1 Mango
4 Nektarinen
4 Kiwis
2 Orangen
250 g Erdbeeren
3–4 EL Zitronensaft
4 EL Orangensaft
50 g Zucker

50 g gehobelte Mandeln

Pro Portion:
E: 4 g, F: 5 g, Kh: 40 g,
kJ: 1028, kcal: 246

1. Äpfel waschen, abtrocknen, eventuell schälen, vierteln und entkernen. Mango halbieren. Das Fruchtfleisch vom Stein schneiden. Fruchtfleisch schälen. Nektarinen waschen, abtrocknen, halbieren und entsteinen. Kiwis schälen. Das Obst in Spalten schneiden.
2. Orangen so schälen, dass die weiße Haut mit entfernt wird. Orangen filetieren oder in Spalten schneiden. Erdbeeren waschen, abtropfen lassen, entstielen und vierteln.

Mousse au Chocolat

Für Gäste – mit Alkohol
Mousse au Chocolat
6 Portionen

Zubereitungszeit: 25 Minuten, ohne Abkühlzeit

375 g Zartbitter-Kuvertüre
2 frische Eier (Größe M)
2 frische Eigelb (Größe M)
500 g Schlagsahne
3 EL Cognac oder Crème de Cacao (Schokolikör)

Pro Portion:
E: 9 g, F: 51 g, Kh: 36 g,
kJ: 2755, kcal: 661

1. Kuvertüre in kleine Stücke schneiden, in einem kleinen Topf im heißen Wasserbad bei schwacher Hitze unter Rühren schmelzen. Den Topf aus dem Wasserbad nehmen, Kuvertüre abkühlen lassen.
2. Eier und Eigelb mit Handrührgerät mit Rührbesen cremig aufschlagen. Sahne steifschlagen und mit der Eiermasse verrühren. Abgekühlte Kuvertüre vorsichtig unter die Eier-Sahne-Masse heben. Mit Cognac oder Crème de Cacao aromatisieren.

Wichtig: Nur ganz frische Eier verwenden, die nicht älter als 5 Tage sind (Legedatum beachten!).

Raffiniert
Mohr im Hemd
4 Portionen

Zubereitungszeit: 45 Minuten
Backzeit: 20–30 Minuten

80 g weiche Butter
4 Eigelb (Größe M)
60 g Zucker
70 g geröstete ganze Mandeln
Mark von 1 Vanilleschote
80 g Zartbitter-Schokolade
4 Eiweiß (Größe M)
20 g Zucker

200 g Schlagsahne

Außerdem:
4 Förmchen (Ø 8 cm, Inhalt 250 ml)
weiche Butter
etwas Zucker

Pro Portion:
E: 13 g, F: 53 g, Kh: 33 g,
kJ: 2880, kcal: 688

1. Butter und Eigelb in einer Rührschüssel mit Handrührgerät mit Rührbesen schaumig schlagen. Zucker hinzugeben und so lange weiterschlagen, bis der Zucker gelöst ist. Den Backofen vorheizen.
2. Mandeln fein mahlen und mit dem Vanillemark zu der Butter-Eier-Masse geben.
3. Schokolade in Stücke brechen, in einem kleinen Topf im heißen Wasserbad bei schwacher Hitze unter Rühren schmelzen. Schokolade zu der Butter-Eier-Masse geben und gut unterrühren.
4. Eiweiß steifschlagen, Zucker kurz unterschlagen. Ein Drittel des Eischnees unter die Schokoladenmasse rühren. Restlichen Eischnee vorsichtig unterheben.
5. 4 Förmchen mit Butter fetten und mit etwas Zucker ausstreuen. Die Schokoladencreme in die Förmchen (die Förmchen dürfen nur bis zu 2/3 gefüllt sein) geben.
6. Die Förmchen in eine Auflaufform setzen. So viel Wasser hinzugießen, dass die Form bis zu einem Drittel im Wasser steht. Die Form auf dem Rost in den vorgeheizten Backofen schieben.
Ober-/Unterhitze: etwa 200 °C
Heißluft: etwa 180 °C
Backzeit: 20–30 Minuten.
7. In der Zwischenzeit Sahne halb steifschlagen. Die Küchlein jeweils auf einen Teller stürzen, mit der Sahne anrichten und sofort servieren.

3. Das vorbereitete Obst in eine Schüssel geben und vorsichtig vermischen.
4. Zitronensaft mit Orangensaft und Zucker verrühren und unter das Obst mischen. Mandeln in einer Pfanne ohne Fett rösten, auf einem Teller erkalten lassen. Den Obstsalat vor dem Servieren mit Mandeln bestreuen.

Tipp: Stellen Sie sich einen Obstsalat mit Ihren Lieblingsfrüchten zusammen. Den Salat mit Schlagsahne (nach Belieben mit Eierlikör abgeschmeckt) oder Vanillesauce servieren.

Mohr im Hemd

Mit Alkohol – für Gäste

Mohnsoufflé mit Aprikosenkompott
8 Soufflés

Zubereitungszeit: 35 Minuten, ohne Kühl- und Durchziehzeit
Backzeit: etwa 20 Minuten

Für das Aprikosenkompott:
16 reife Aprikosen
50 g Zucker
300 ml Orangensaft
2 cl Aprikosenschnaps oder -likör
1 Vanilleschote
1 TL Speisestärke

Für das Soufflé:
50 g Weizenmehl
50 g weiche Butter
250 ml (1/4 l) Milch
50 g gemahlener Mohn
1 Prise Salz
5 Eier (Größe M)
75 g Zucker

Außerdem:
8 kleine Souffléförmchen (etwa Ø 8 cm)
weiche Butter
Zucker
1 Bio-Orange (unbehandelt, ungewachst)
etwas Puderzucker

Pro Portion:
E: 8 g, F: 13 g, Kh: 39 g,
kJ: 1355, kcal: 324

1. Für das Kompott Aprikosen an der Unterseite einritzen, kurz in kochendes Wasser legen, in kaltem Wasser abschrecken. Die Aprikosenhaut abziehen. Aprikosen vierteln, Steine entfernen. Aprikosen zugedeckt kalt stellen.
2. Für das Soufflé die Förmchen mit Butter einfetten und mit Zucker ausstreuen.
3. Mehl in eine Schüssel und mit einer Gabel mit der Butter verkneten. Milch mit Mohn und Salz in einem Topf erhitzen. Die Mehlbutter nach und nach mit einem Schneebesen unterrühren. Den Topf von der Kochstelle nehmen. Den Backofen vorheizen.
4. Eier trennen. Eigelb mit einem Drittel des Zuckers verrühren und unter die heiße Mohnmilch rühren, etwas abkühlen lassen.
5. Eiweiß steifschlagen, restlichen Zucker kurz unterschlagen. Ein Viertel des Eischnees unter die Milch-Mohn-Masse rühren. Restlichen Eischnee vorsichtig unterheben. Die Soufflémasse bis kurz unter den Rand in die vorbereiteten Förmchen füllen.
6. Die Förmchen in eine Fettfangschale stellen. So viel Wasser hinzugießen, dass die Förmchen bis zu einem Drittel im Wasser stehen. Die Fettfangschale in den vorgeheizten Backofen schieben.
Ober-/Unterhitze: etwa 200 °C
Heißluft: etwa 180 °C
Backzeit: etwa 20 Minuten.
7. Die Backofentür während des Backens nicht öffnen, da die Soufflés sonst zusammenfallen und nicht mehr aufgehen.
8. In der Zwischenzeit für das Kompott Aprikosenviertel in Spalten schneiden.
9. Zucker in einem Topf karamellisieren, Orangensaft und Schnaps oder Likör hinzugeben. Vanilleschote längs aufschneiden und das Mark herauskratzen. Vanilleschote und -mark unter den Saft rühren. Orangensaft zum Kochen bringen und um ein Drittel einkochen lassen. Vanilleschote entfernen.
10. Speisestärke mit 1 Esslöffel Wasser anrühren, in den von der Kochstelle genommenen Orangensaft rühren und unter Rühren gut aufkochen lassen. Aprikosenspalten hinzugeben, nochmals kurz aufkochen, etwas durchziehen und abkühlen lassen.
11. Orange heiß abwaschen, abtrocknen und die Schale mit einem Zestenreißer in dünnen Streifen abziehen. Das Kompott auf Tellern verteilen und mit der Orangenschale bestreuen. Die Soufflés aus den Förmchen auf die Teller geben, mit Puderzucker bestäuben und sofort servieren.

Mohnsoufflé mit Aprikosenkompott

Mini-Charlotten

Holunderbeercreme

Für Gäste – mit Alkohol

Mini-Charlotten
4 Portionen

Zubereitungszeit: 25 Minuten, ohne Kühlzeit

150 g Schlagsahne
130 g Sahne-Crème-Schokolade
150 g Keksröllchen
100 g in Calvados eingelegte kleine Äpfel (Fertigprodukt)
4 Kugeln Vanilleeis

Pro Portion:
E: 6 g, F: 34 g, Kh: 53 g,
kJ: 2358, kcal: 563

1. Sahne in einem Topf erwärmen. 100 g Schokolade in Stücke brechen und in der Sahne unter Rühren bei schwacher Hitze schmelzen (nicht kochen). Die Schokoladensahne mindestens 3 Stunden kalt stellen.
2. Die Keksröllchen mit einem Brotmesser quer halbieren. Röllchen aufrecht an den Rand von 4 runden Auflaufförmchen oder Tassen (Ø etwa 8 cm, Boden gefettet) stellen.
3. Die Schokoladensahne mit Handrührgerät mit Rührbesen steifschlagen und in die Förmchen füllen, mindestens 2 Stunden kalt stellen.
4. Die Förmchen kurz in heißes Wasser tauchen. Die Mini-Charlotten vorsichtig auf 4 Teller stürzen. Die eingelegten Äpfel um die Charlotten herum verteilen.

5. Restliche Schokolade mit dem Sparschäler hobeln und auf den Mini-Charlotten verteilen. Die Mini-Charlotten mit je 1 Kugel Vanilleeis servieren.

Raffiniert – mit Alkohol

Holunderbeercreme mit geeister Birnensauce
4 Portionen

Zubereitungszeit: 40 Minuten, ohne Kühl- und Gefrierzeit

Für die Holunderbeercreme:
6 Blatt weiße Gelatine
6 Eigelb (Größe M)
60 g Zucker
250 ml (1/4 l) Holunderbeersaft
125 ml (1/8 l) Weißwein
2 EL Cassis-Likör (aus schwarzen Johannisbeeren)
250 g Schlagsahne (35 % Fett)

Für die Birnensauce:
4 reife Williams-Christ-Birnen
1 EL Zitronensaft
1 Vanilleschote
150 ml Weißwein
150 ml Apfelsaft
75 g Zucker

2 EL Birnenbrand

einige Holunderbeeren
Minzeblättchen

Pro Portion:
E: 11 g, F: 30 g, Kh: 66 g,
kJ: 2729, kcal: 652

1. Für die Creme Gelatine in kaltem Wasser nach Packungsanleitung einweichen.
2. Eigelb mit Zucker, Holunderbeersaft und Wein in einer Schüssel verrühren und im heißen Wasserbad so lange schlagen, bis eine dickliche Creme entstanden ist.
3. Die eingeweichte Gelatine unter die heiße Creme rühren und so lange rühren, bis die Gelatine aufgelöst ist. Die Creme kaltschlagen (am besten in einer Schüssel im Eiswasserbad). Likör unterrühren.
4. Sahne steifschlagen und vorsichtig unter die Creme heben, so dass eine Marmorierung entsteht. Die Creme zugedeckt etwa 2 Stunden kalt stellen.
5. Für die Birnensauce Birnen schälen und halbieren. Die Kerngehäuse mit einem Kugelausstecher entfernen. Die Birnenhälften mit Zitronensaft beträufeln. Vanilleschote aufschneiden, das Mark herauskratzen. Wein mit Apfelsaft, Zucker, Vanillemark und -schote in einem Topf aufkochen. Birnenhälften hinzugeben und bei schwacher Hitze etwa 10 Minuten garziehen lassen. Die Hälfte der Birnen herausnehmen und beiseitelegen.
6. Den Sud mit den restlichen Birnenhälften etwas einkochen lassen. Vanilleschote entfernen. Die Birnenhälften in dem Sud pürieren. Birnenbrand unterrühren. Birnenpüree erkalten lassen, etwa 1 1/2 Stunden in den Gefrierschrank stellen und anfrieren lassen.
7. Von der kalt gestellten Holundercreme mit Hilfe eines Löffels oder Eisportionierers Nocken abstechen und auf Tellern anrichten. Die beiseite gelegten Birnenhälften in Spalten schneiden und an die Nocken legen. Mit Holunderbeeren und abgespülten, trocken getupften Minzeblättchen garnieren.
8. Die angefrorene Birnensauce mit einem Schneebesen durchschlagen und um die Nocken gießen.

Gestürzte Rieslingcreme mit süßem Kürbis

Himbeerparfait

Mit Alkohol – raffiniert

Gestürzte Rieslingcreme mit süßem Kürbis
4–6 Portionen

Zubereitungszeit: 40 Minuten, ohne Kühlzeit

Für die Rieslingcreme:
4 Blatt weiße Gelatine
1 Bio-Zitrone (unbehandelt, ungewachst)
1 Vanilleschote
200 g Schlagsahne
50 g Zucker
300 ml Riesling
150 g weiße Kuvertüre

Für das Kompott:
300 g Kürbisfleisch von 1 Muskatkürbis (ohne Schale, Kerne und Fasern)
4 Passionsfrüchte
150 g Zucker
100 ml Weißwein
100 ml Orangensaft
Mark von 1 Vanilleschote

Zum Garnieren:
1 Bio-Zitrone (unbehandelt, ungewachst)
evtl. Weinblätter

4–6 Förmchen (je etwa 150 ml Inhalt)

Pro Portion:
E: 6 g, F: 24 g, Kh: 69 g,
kJ: 2456, kcal: 587

1. Für die Creme Gelatine in kaltem Wasser nach Packungsanleitung einweichen. Zitrone heiß abwaschen, abtrocknen und die Schale abreiben. Vanilleschote aufschneiden und das Mark herauskratzen.
2. Sahne mit Zucker, Vanillemark und -schote und Zitronenschale in einem Topf aufkochen. Riesling hinzugießen und nochmals kurz aufkochen lassen. Den Topf von der Kochstelle nehmen. Gelatine leicht ausdrücken, in die Riesling-Sahne geben und unter Rühren auflösen. Vanilleschote entfernen.
3. Kuvertüre grob hacken, zu der Riesling-Sahne geben und unter Rühren schmelzen. Die Creme kaltschlagen (am besten in einer Schüssel im Eiswasserbad), bis sie leicht gebunden ist.
4. Die Förmchen mit kaltem Wasser ausspülen, die Creme hineingeben und mindestens 3 Stunden kalt stellen.
5. Für das Kompott Kürbisfleisch in kleine Würfel schneiden. Passionsfrüchte halbieren und das Fruchtfleisch mit einem Löffel herauslösen.
6. Zucker in einem Topf unter Rühren goldbraun karamellisieren. Mit Wein und Orangensaft ablöschen. Den Sud aufkochen. Kürbiswürfel, Fruchtfleisch der Passionsfrüchte und Vanillemark hinzugeben. Die Zutaten zum Kochen bringen und 5–10 Minuten bei mittlerer Hitze kochen lassen.
7. Die Kürbismasse in eine Schüssel füllen, abkühlen lassen und kalt stellen.
8. Die Förmchen mit der Creme kurz in heißes Wasser tauchen. Die Rieslingcreme aus den Förmchen auf Teller stürzen. Das Kürbiskompott jeweils um die Creme herum verteilen.
9. Zum Garnieren Zitrone heiß abwaschen und abtrocknen. Zitronenschale mit einem Zestenreißer in Streifen abziehen. Die Creme und das Kompott damit garnieren. Nach Belieben zusätzlich Weinblätter auf den Teller legen.

Für Gäste

Himbeerparfait
4 Portionen

Zubereitungszeit: 25 Minuten, ohne Gefrierzeit

500 g frische Himbeeren
2 Eigelb (Größe M)
125 g Zucker
2 EL Zitronensaft
2 Eiweiß (Größe M)
500 g Schlagsahne

Pro Portion:
E: 9 g, F: 46 g, Kh: 43 g,
kJ: 2695, kcal: 644

1. Himbeeren verlesen, pürieren und durch ein Sieb streichen.
2. Eigelb mit Zucker schaumig schlagen, anschließend den Zitronensaft unterrühren.
3. Eiweiß und Sahne getrennt steifschlagen und unter die Eigelbcreme ziehen. Die Eiercreme vorsichtig mit dem Himbeerpüree vermengen, in eine Schüssel geben und im Gefrierschrank 3–4 Stunden gefrieren lassen.
4. Kurz vor dem Servieren das Parfait mit einem Messer vom Formrand lösen und auf eine Platte stürzen.

Klassisch – schnell – mit Alkohol

Marsalasauce
4 Portionen

Zubereitungszeit: 15 Minuten

4 Eigelb (Größe M)
250 ml (1/4 l) Marsala
80 g Zucker
Saft von 1/2 Zitrone
10 g Speisestärke

Pro Portion:
E: 3 g, F: 9 g, Kh: 24 g,
kJ: 770, kcal: 184

1. Eigelb, Wein, Zucker, Zitronensaft und Speisestärke in einer Edelstahlschüssel oder einem Edelstahltopf verrühren.
2. Die Masse mit einem Schneebesen oder Handrührgerät mit Rührbesen auf niedrigster Stufe bei mittlerer Hitze im heißen Wasserbad so lange durchschlagen, bis die Masse durch und durch schaumig ist (das Volumen muss sich etwa verdoppeln – Wasser und Sauce nicht kochen lassen, da die Sauce sonst gerinnt). Die Sauce sofort servieren.

Tipp: Marsala ist ein italienischer Dessertwein. Sie können stattdessen auch einen hellen Sherry oder Portwein verwenden. Die Sauce zu kalten und warmen Süßspeisen reichen. Nur ganz frische Eier verwenden, die nicht älter als 5 Tage sind (Legedatum beachten!).

Für Kinder

Marshmallow-Kuppel
4 Portionen

Zubereitungszeit: 20 Minuten, ohne Kühlzeit

100 g weiße Mini-Marshmallows
50 g Zartbitter-Schokolade
1 Pck. Mousse au Chocolat
250 ml (1/4 l) Milch

Für die Himbeersahne:
125 g Schlagsahne
6–8 EL Himbeersirup

Pro Portion:
E: 6 g, F: 19 g, Kh: 68 g,
kJ: 1994, kcal: 476

1. Für die Kuppel eine runde Schüssel (etwa 800 ml Inhalt) mit Marshmallows auslegen. Die Hälfte der Schokolade in kleine Stücke hacken.
2. Mousse au Chocolat mit Milch nach Packungsanleitung zubereiten. Schokoladenstückchen unterheben. Die Mousse in die Schüssel füllen und mindestens 2 Stunden kalt stellen.
3. Die Mousse auf eine Platte stürzen. Restliche Schokolade in einem kleinen Topf im heißen Wasserbad bei schwacher Hitze schmelzen.
4. Die Schokolade mit Hilfe eines Löffels auf die Marshmallows träufeln.
5. Für die Himbeersahne Sahne steifschlagen, 2 Esslöffel Himbeersirup unterheben. Himbeersahne und den restlichen Himbeersirup zu der Kuppel reichen.

Marsalasauce

Marshmallow-Kuppel

Dauert länger – mit Alkohol

Weihnachtspudding
4 Portionen

Zubereitungszeit: 80 Minuten, ohne Abkühlzeit
Garzeit: etwa 60 Minuten

Für den Pudding:
80 g Butter
100 g Gewürzspekulatius
200 g Honigkuchen
100 g rote Belegkirschen
3 Eier (Größe M)
1 EL Zucker
25 g gehackte Pistazienkerne

Für die Sauce:
250 ml (1/4 l) Apfelsaft
20 g Speisestärke
1–2 EL Zucker
1–2 EL Zitronensaft
250 ml (1/4 l) Glühwein

Außerdem:
weiche Butter
1–2 EL Semmelbrösel
einige Belegkirschen, Puderzucker

Pro Portion:
E: 13 g, F: 37 g, Kh: 78 g,
kJ: 3166, kcal: 757

1. Butter zerlassen und abkühlen lassen. Spekulatius und Honigkuchen im Mixer fein zerbröseln. Belegkirschen halbieren.
2. Eier trennen. Eiweiß steifschlagen. Eigelb und Zucker mit Handrührgerät mit Rührbesen zu einer dicklichen Creme aufschlagen.
3. Gebäckbrösel, abgekühlte Butter, Belegkirschen und Pistazienkerne in einer Rührschüssel mischen. Eigelbcreme und Eischnee nacheinander unter die Gebäckbröselmasse heben. Den Teig in 4 Puddingformen (gefettet, mit Semmelbröseln ausgestreut) füllen und mit Deckeln verschließen.
4. Die Puddingformen in einen hohen Topf setzen, so viel heißes Wasser hinzugießen, dass die Formen bis etwa 3 cm unter den Rand im Wasser steht. Den Topfdeckel auflegen. Wasser zum Kochen bringen. Den Pudding bei schwacher Hitze etwa 60 Minuten garen.
5. Für die Sauce die Hälfte des Apfelsafts mit Speisestärke verrühren. Restlichen Apfelsaft, Zucker, Zitronensaft und Glühwein in einem Topf zum Kochen bringen. Angerührte Speisestärke einrühren und unter Rühren aufkochen lassen.
6. Die Puddingformen aus dem Wasserbad nehmen und auf einen Kuchenrost stellen. Die Puddinge in den Formen etwa 5 Minuten stehen lassen, dann jeweils aus der Form auf einen großen Teller stürzen.
7. Weihnachtspudding mit Belegkirschen garnieren, mit Puderzucker bestäuben und mit der Sauce servieren.

Mit Alkohol

Schwarzwälder Kirschcreme
8–10 Portionen

Zubereitungszeit: 40 Minuten, ohne Kühlzeit

6 Blatt weiße Gelatine
2 Pck. Dr. Oetker Pudding-Pulver Vanille-Geschmack
150 g Zucker
Mark von 1 Vanilleschote
100 ml kalte Milch
1,1 l Milch
3 EL Kirschwasser
250 g Schlagsahne
1 Glas Sauerkirschen (Abtropfgewicht 350 g)
1 Glas Sauerkirschen (Abtropfgewicht 175 g)
100 g Zartbitter-Raspelschokolade

einige Süßkirschen zum Garnieren

Pro Portion:
E: 6 g, F: 14 g, Kh: 45 g,
kJ: 1520, kcal: 363

1. Gelatine in kaltem Wasser nach Packungsanleitung einweichen. Pudding-Pulver mit Zucker und Vanillemark mischen, mit 100 ml Milch anrühren.
2. Restliche Milch (1 Liter) in einem Topf zum Kochen bringen. Topf von der Kochstelle nehmen. Angerührtes Pudding-Pulver in die von der Kochstelle genommene Milch geben und unter Rühren aufkochen lassen. Den Topf wieder von der Kochstelle nehmen. Die eingeweichte Gelatine ausdrücken und unter den Pudding rühren, bis sie völlig aufgelöst ist. Den Pudding kalt stellen, dabei ab und zu umrühren.
3. Kirschwasser unter den abgekühlten, aber noch nicht fest gewordenen Pudding rühren. Sahne steifschlagen und unter die Puddingmasse heben.
4. Sauerkirschen in einem Sieb gut abtropfen lassen. Sauerkirschen im

Weihnachtspudding

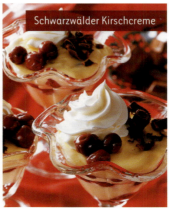
Schwarzwälder Kirschcreme

Wechsel mit der Pudding-Sahne-Creme in Dessertschalen schichten. Die oberste Schicht sollte aus Pudding-Sahne-Creme bestehen.

5. Zum Garnieren Süßkirschen abspülen und trocken tupfen. Die Schwarzwälder Kirschcreme mit Raspelschokolade verzieren und Kirschen garnieren.

Mit Alkohol

Quark-Mohn-Eiscreme im Palatschinken
7–8 Stück

Zubereitungszeit: 40 Minuten, ohne Abkühl und Teigruhezeit
Gefrierzeit: etwa 6 Stunden

3 Eier (Größe M)
90 g Zucker
1 Pck. Dr. Oetker Bourbon-Vanille-Zucker
50 g Mohnsamen
250 g Schlagsahne
250 g Speisequark (Magerstufe)
40 ml Aprikosenlikör

Für den Palatschinkenteig:
180 g Weizenmehl
3 Eier (Größe M)
200 ml Milch
100 ml Mineralwasser
1 TL Zucker
1 Prise Salz

6 EL Speiseöl, z. B. Rapsöl

1 kleine Dose Aprikosenhälften (Abtropfgewicht 175 g)
Puderzucker zum Bestäuben

Pro Portion:
E: 15 g, F: 24 g, Kh: 41 g,
kJ: 1934, kcal: 462

1. Eier mit Zucker und Vanille-Zucker in einem Topf bei mittlerer Hitze unter ständigem Rühren mit einem Schneebesen zu einer dicklich cremigen Masse aufschlagen. Die Masse darf nicht kochen.

Quark-Mohn-Eiscreme im Palatschinken

2. Den Topf sofort in eiskaltes Wasser stellen. Die Eiercreme unter Rühren erkalten lassen.
3. Mohnsamen unter Rühren in einer Pfanne kurz anrösten. Sahne steifschlagen. Nacheinander Quark, Mohnsamen, Aprikosenlikör und Sahne unter die Eiercreme rühren.
4. Die Creme in eine gefriergeeignete Form geben und zudecken. Das Eis etwa 6 Stunden gefrieren lassen.
5. Für den Palatschinkenteig Mehl in eine Rührschüssel geben und in die Mitte eine Vertiefung eindrücken. Eier, Milch, Mineralwasser, Zucker und Salz mit einem Schneebesen verschlagen, etwas davon in die Vertiefung geben. Von der Mitte aus Eierflüssigkeit und Mehl verrühren. Nach und nach die restliche Eierflüssigkeit hinzugeben. Darauf achten, dass keine Klümpchen entstehen. Den Teig etwa 20 Minuten ruhen lassen.
6. Etwas Speiseöl in einer beschichteten Pfanne (Ø 20 cm) erhitzen. Den Teig gut durchrühren und eine dünne Teiglage mit einer drehenden Bewegung gleichmäßig auf dem Boden der Pfanne verteilen. Palatschinken von beiden Seiten etwa 2 Minuten goldbraun backen, herausnehmen und warm stellen. Bevor der Palatschinken gewendet wird, etwas Speiseöl in die Pfanne geben. Aus dem restlichen Teig weitere 6–7 Palatschinken zubereiten.
7. Aprikosen in einem Sieb abtropfen lassen und in Spalten schneiden. Palatschinken zur Hälfte mit dem Quark-Mohn-Eis belegen und die andere Hälfte darüberklappen.
8. Palatschinken mit Aprikosenspalten garnieren und mit Puderzucker bestäuben, sofort servieren.

Kiwi-Apfel-Refresher

Schnell

Kiwi-Apfel-Refresher
2 Portionen

Zubereitungszeit: 10 Minuten

2 Kiwis
2 säuerliche Äpfel (300 g)
1 TL flüssiger Honig
1 EL gehackte Pfefferminzblättchen

Pro Portion:
E: 1 g, F: 1 g, Kh: 23 g,
kJ: 443, kcal: 106

1. Kiwis schälen und in Würfel schneiden. Äpfel waschen, abtrocknen, vierteln, entkernen, schälen und ebenfalls sehr klein würfeln.
2. Kiwi- und Apfelwürfel mit Honig und Pfefferminzblättchen verrühren.

Fruchtig – mit Alkohol

Himbeer-Sorbet
4 Portionen

Zubereitungszeit: 30 Minuten
Gefrierzeit: 2 Stunden

½ Bio-Zitrone (unbehandelt, ungewachst)
150 ml Wasser
160 g Zucker
500 g frische Himbeeren
evtl. 1 EL Himbeergeist

Pro Portion:
E: 2 g, F: 0 g, Kh: 46 g,
kJ: 877, kcal: 209

1. Zitrone heiß abwaschen, abtrocknen und die Schale dünn abschälen. Wasser mit Zucker und Zitronenschale in einem kleinen Topf zum Kochen bringen und bei starker Hitze etwa 5 Minuten ohne Deckel sirupartig einkochen lassen (ergibt etwa 100 ml Sirup). Den Sirup erkalten lassen. Zitronenschale entfernen.
2. Himbeeren verlesen (nicht waschen). Die Himbeeren mit der Hälfte des Sirups in einen hohen Rührbecher geben, pürieren und nach Belieben durch ein Sieb streichen. Restlichen Sirup unterrühren, eventuell mit Himbeergeist abschmecken.
3. Die Püreemasse in eine gefriergeeignete Schüssel geben und etwa 1 Stunde gefrieren lassen, dann umrühren. Sorbet noch weitere etwa 3 Stunden gefrieren lassen, dabei mehrmals umrühren, so dass eine cremige Masse entsteht.
4. Das Himbeersorbet in einen Spritzbeutel mit großer Sterntülle füllen und in 4 Portionsschälchen spritzen.

Abwandlung 1: Für ein rotes Johannisbeer-Sorbet anstelle von Himbeeren Johannisbeeren verwenden. Johannisbeeren waschen, gut abtropfen lassen und die Beeren von den Rispen streifen. Das Sorbet wie oben angegeben zubereiten, durch ein Sieb streichen und gefrieren lassen.

Abwandlung 2: Für ein Erdbeer-Sorbet anstelle von Himbeeren Erdbeeren verwenden (waschen, abtropfen lassen, entstielen und pürieren, nicht durch ein Sieb streichen). Für den Sirup nur 100 g Zucker verwenden. Das Sorbet wie oben angegeben zubereiten.

Abwandlung 3: Für ein Mango-Sorbet für den Sirup nur 125 ml (⅛ l) Wasser, 80 g Zucker, Schale von ½ Bio-Limette (unbehandelt, ungewachst) und 2 Esslöffel Limettensaft wie oben angegeben kochen (ergibt etwa 80 ml Sirup) und erkalten lassen. Limettenschale entfernen. 2 Mangos halbieren, das Fruchtfleisch von den Steinen schneiden, Fruchtfleisch schälen, in Würfel schneiden und pürieren. Fruchtpüree und Sirup verrühren, etwa 4 Stunden gefrieren lassen. Nach der ersten Stunde ein- bis zweimal umrühren. Das Sorbet vor dem Servieren eventuell nochmals mit dem Pürierstab oder den Rührbesen des Handrührgerätes durcharbeiten.

Himbeer-Sorbet

Mit Alkohol

Haselnusssoufflé
4 Souffléförmchen (Ø etwa 8 cm)
4 Portionen

Zubereitungszeit: 30 Minuten
Backzeit: etwa 20 Minuten

Für die Förmchen:
weiche Butter
Zucker

Für das Haselnusssoufflé:
1 Bio-Orange (unbehandelt, ungewachst)
80 g Butter
80 g Zucker
3 Eigelb (Größe M)
20 g Speisestärke
100 g gemahlene geröstete Haselnusskerne
3 Eiweiß (Größe M), Salz

Für das Altbier-Sabayon:
1 Bio-Orange (unbehandelt, ungewachst)
3 Eigelb (Größe M)
60 g Zucker
125 ml (⅛ l) Altbier
1 TL gemahlener Zimt
1 Prise gemahlener Piment

Pro Portion:
E: 13 g, F: 50 g, Kh: 55 g,
kJ: 3057, kcal: 730

1. Die Förmchen mit Butter ausstreichen und mit Zucker ausstreuen.
2. Für das Soufflé Orange heiß abwaschen, abtrocknen und die Schale abreiben. Butter und die Hälfte des Zuckers in einer Rührschüssel mit Handrührgerät mit Rührbesen schaumig schlagen. Eigelb nach und nach unterrühren, so dass eine gebundene Masse entsteht. Orangenschale unterrühren. Speisestärke mit der Hälfte der Haselnusskerne verrühren, zur Butter-Eigelb-Creme geben und unterrühren. Den Backofen vorheizen.
3. Eiweiß mit Salz steifschlagen, restlichen Zucker kurz unterrühren.

Die Hälfte des Eischnees unter die Butter-Eigelb-Creme rühren. Restliche Haselnusskerne und restlichen Eischnee vorsichtig unterheben.

4. Die Soufflémasse in die vorbereiteten Förmchen füllen. Die Förmchen in eine Fettpfanne stellen. So viel Wasser hinzugießen, dass die Förmchen bis zu einem Drittel im Wasser stehen. Die Fettpfanne in den vorgeheizten Backofen schieben.
Ober-/Unterhitze: etwa 180 °C
Heißluft: etwa 160 °C
Backzeit: etwa 20 Minuten.

5. In der Zwischenzeit für das Altbiersabayon Orange heiß abwaschen, abtrocknen und die Schale abreiben. Die Orange zum Garnieren beiseitelegen.

6. Eigelb, Zucker, Orangenschale, Altbier, Zimt und Nelkenpfeffer in einer Schüssel im heißen Wasserbad schaumig schlagen.

7. Die beiseitegelegte, abgeriebene Orange so dick schälen, dass auch die weiße Haut entfernt wird. Die Fruchtfilets herausschneiden.

8. Die gebackenen Soufflés aus den Förmchen auf Teller stürzen. Altbier-Sabayon dazugeben. Die Teller mit Orangenspalten, ganzen und gemahlenen Haselnusskernen und abgespülten, trocken getupften Minzeblättchen garnieren.

Raffiniert – mit Alkohol

Gebackene Holunderblüten mit Erdbeer-Rhabarber-Salat
4 Portionen

Zubereitungszeit: 40 Minuten, ohne Ziehzeit

Für den Salat:
4 Stangen Rhabarber
100 g Zucker
250 g Erdbeeren
6 Blättchen Minze
2 cl Grand Marnier

etwa 8 Holunderblüten
etwas Puderzucker

Für den Ausbackteig:
200 g Weizenmehl
250 ml (1/4 l) Weißwein
2 EL Speiseöl
10 g Zucker
2 Eigelb (Größe M)
1 Prise Salz
2 Eiweiß (Größe M)

etwa 700 g Pflanzenfett oder Butterschmalz zum Frittieren

2 EL Zucker
1 TL gemahlener Zimt

Pro Portion:
E: 7 g, F: 14 g, Kh: 68 g,
kJ: 1990, kcal: 475

1. Für den Salat Rhabarber putzen, abziehen, abspülen, abtropfen lassen. Rhabarber zuerst in Stücke, dann in feine Streifen schneiden und in eine Schüssel geben. Zucker hinzufügen, untermischen und etwa 30 Minuten ziehen lassen.

2. Erdbeeren putzen, waschen, abtropfen lassen, entstielen und vierteln. Minzeblättchen abspülen und trocken tupfen. Erdbeerviertel und Minzeblättchen mit den Rhabarberstreifen vermengen. Den Salat mit Grand Marnier abschmecken.

3. Die Holunderblüten vorsichtig abspülen, trocken tupfen und mit Puderzucker bestäuben. Durch den Puderzucker bleibt der Teig besser haften.

4. Für den Teig Mehl in eine Rührschüssel sieben. Wein, Speiseöl, Zucker, Eigelb und Salz hinzufügen. Die Zutaten mit einem Schneebesen nur kurz verrühren, damit der Teig nicht zäh wird. Eiweiß steifschlagen und unterheben.

5. Pflanzenfett oder Butterschmalz in einem Topf oder in einer Fritteuse auf etwa 180 °C erhitzen.

6. Die Holunderblüten jeweils an den Stielansätzen anfassen, durch den Ausbackteig ziehen und in dem Ausbackfett knusprig backen. Holunderblüten mit einer Schaumkelle herausnehmen, kurz auf Küchenpapier legen und abtropfen lassen.

7. Zucker mit Zimt mischen. Die Holunderblüten sofort in Zimtzucker wenden.

Tipp: Ausbacken lässt sich fast alles, was der Obstkorb hergibt, z. B. Äpfel, Bananen oder auch Datteln. Den Teig kurz vor dem Ausbacken zubereiten. Wichtig ist, dass der Eischnee erst unmittelbar vor dem Ausbacken untergehoben wird.

Haselnusssoufflé

Gebackene Holunderblüten

Raffiniert

Früchte-Mix mit Kokosschaum
4 Portionen

Zubereitungszeit: 30 Minuten, ohne Abkühlzeit

2 Orangen
1 rosa Grapefruit
1 Ogen- oder Galia-Melone
50 g Kokosraspel
500 ml (½ l) Milch
40 g Zucker
40 g Hartweizengrieß
1–2 TL Zitronensaft

Pro Portion:
E: 7 g, F: 12 g, Kh: 37 g,
kJ: 1257, kcal: 300

1. Orangen und Grapefruit so schälen, dass die weiße Haut vollständig entfernt wird. Die Filets zwischen den Trennhäuten herausschneiden.
2. Die Melone waagerecht halbieren. Die Kerne mit einem Löffel herauskratzen. Melonenhälften in Spalten schneiden, die Schale abschneiden und das Fruchtfleisch würfeln. Melonenwürfel, Orangen- und Grapefruitfilets auf 4 Teller oder in 4 Gläsern verteilen.
3. 20 g der Kokosraspel in einer Pfanne ohne Fett goldbraun rösten.
4. Milch und Zucker in einem Topf zum Kochen bringen. Grieß und die restlichen Kokosraspel unterrühren, wieder zum Kochen bringen und etwa 4 Minuten kochen lassen.
5. Den Topf von der Kochstelle nehmen. Die Grießmasse mit Handrührgerät mit Rührbesen etwa 3 Minuten schaumig schlagen. Mit Zitronensaft abschmecken, etwas abkühlen lassen.
6. Den Kokosschaum lauwarm über die Früchte geben und mit den gerösteten Kokosraspeln bestreuen.

Tipp: Anstelle von Zitronensaft kann die Grießmasse auch mit Kokoslikör abgeschmeckt werden.

Für Gäste – dauert etwas länger

Süße Frühlingsrollen
4 Portionen

Zubereitungszeit: 40 Minuten, ohne Auftauzeit

12 Blätter TK-Frühlingsrollenteig
(25 x 25 cm, erhältlich im Asia-Laden)

Für die Füllung:
250 g Möhren
125 ml (⅛ l) Wasser
4 EL Orangensaft
½ TL gemahlener Anis
50 g Zucker
1 kleine Dose Fruchtcocktail
(Abtropfgewicht 250 g)
1 Bio-Limette (unbehandelt, ungewachst)

1 l Speiseöl zum Frittieren

Puderzucker oder Ahornsirup

Pro Portion:
E: 1 g, F: 51 g, Kh: 32 g,
kJ: 2489, kcal: 595

1. Frühlingsrollenteig in der Packung auftauen lassen.
2. Für die Füllung Möhren putzen, schälen, waschen, abtropfen lassen und in dünne, etwa 4 cm lange Streifen schneiden.
3. Wasser, Orangensaft, Anis und Zucker in einem Topf zum Kochen bringen. Möhrenstreifen hinzufügen und etwa 10 Minuten garen.
4. Fruchtcocktail in einem Sieb abtropfen lassen und eventuell die Früchte etwas kleiner schneiden. Limette heiß abwaschen, abtrocknen und die Schale abreiben. Möhrenstreifen in einem Sieb abtropfen lassen, dabei den Sud auffangen. Möhrensud wieder in den Topf geben und ohne Deckel etwa 5 Minuten bei mittlerer Hitze zu etwa 1 Esslöffel Sirup einkochen lassen. Fruchtcocktail, Möhrenstreifen, Sirup und Limettenschale mischen. Die Masse in 8 gleich große Portionen teilen.
5. Ein Blatt Frühlingsrollenteig so auf die Arbeitsfläche legen, dass eine Ecke nach unten zeigt. Eine Portion der Füllung auf das untere Teigviertel geben. Seiten einklappen und den Teig aufrollen. Die Ecke daraufklappen.
6. Das Teigblatt um die Füllung herum dünn mit Wasser bestreichen. Seiten nach innen klappen und ebenfalls mit Wasser bestreichen. Das Blatt aufrollen. Restliche Teigblätter auf die gleiche Weise füllen.
7. Speiseöl in einem hohen Topf oder in der Fritteuse auf etwa 180 °C erhitzen. Die Frühlingsrollen in dem siedenden Speiseöl goldbraun frittieren, dabei gelegentlich wenden. Frühlingsrollen mit einer Schaumkelle herausnehmen und auf Küchenpapier abtropfen lassen. Mit Puderzucker oder Ahornsirup servieren.

Früchte-Mix mit Kokosschaum

Süße Frühlingsrollen

Für Kinder

Frittierte Reisküchlein
4 Portionen

Zubereitungszeit: 50 Minuten, ohne Ruhezeit

750 ml (3/4 l) Milch
150 g Avorio- oder Milchreis
Salz
50 g Zucker
Schale von 1 Bio-Orange (unbehandelt, ungewachst)
3 Eier (Größe M)
2–3 EL Weizenmehl

250 ml (1/4 l) Speiseöl zum Frittieren

100 g Puderzucker
1 Pck. Dr. Oetker Bourbon-Vanille-Zucker

Pro Portion:
E: 15 g, F: 31 g, Kh: 85 g,
kJ: 2905, kcal: 694

1. Milch mit Reis, Salz und Zucker in einem Topf zum Kochen bringen. Den Reis bei schwacher Hitze so lange kochen lassen, bis die Milch vollständig verkocht ist. Eventuell noch etwas Wasser oder Milch hinzufügen. Den Reis kalt gestellt über Nacht ruhen lassen.
2. Orange heiß abwaschen, abtrocknen und die Schale abreiben. Eier mit Mehl und Orangenschale verschlagen, zum Reis geben und gut unterarbeiten.
3. Olivenöl in einem Topf auf etwa 180 °C erhitzen. Aus der Reismasse mit einem angefeuchteten Esslöffel kleine Küchlein abstechen, in Mehl wenden und portionsweise in dem erhitzten Olivenöl von beiden Seiten goldgelb frittieren. Küchlein mit einer Schaumkelle herausnehmen, auf Küchenpapier abtropfen lassen.
4. Puderzucker mit Vanille-Zucker mischen. Die Küchlein dick damit bestäuben.

Birnen mit Mascarpone-Amarettini-Füllung

Einfach

Birnen mit Mascarpone-Amarettini-Füllung
4 Portionen

Zubereitungszeit: 25 Minuten

1 Dose Birnenhälften (Abtropfgewicht 460 g)
1 Pck. (50 g) rote Belegkirschen
30 g Amarettini (italienisches Makronengebäck)
125 g Mascarpone (italienischer Frischkäse)
125 g Magerquark
1 EL Milch
1 gestr. EL gesiebter Puderzucker
25 g Zartbitter-Kuvertüre

Pro Portion:
E: 7 g, F: 16 g, Kh: 41 g,
kJ: 1432, kcal: 342

1. Birnenhälften in einem Sieb gut abtropfen lassen und trocken tupfen. Die runden Außenseiten der Birnenhälften etwas flacher schneiden.
2. Belegkirschen in kleine Würfel schneiden. Amarettini in einen kleinen Gefrierbeutel geben, Beutel verschließen. Amarettini mit einer Teigrolle zerbröseln.
3. Mascarpone mit Quark, Milch und Puderzucker verrühren. Kirschstückchen und Amarettinibrösel unterrühren. Die Creme in die Birnenhälften füllen.
4. Kuvertüre in kleine Stücke hacken, in einem kleinen Topf im Wasserbad bei schwacher Hitze schmelzen. Kuvertüre in einen kleinen Gefrierbeutel füllen und eine kleine Ecke abschneiden.
5. Die Kuvertüre streifenweise auf die gefüllten Birnenhälften spritzen. Kuvertüre fest werden lassen. Die Birnenhälften auf einer Platte anrichten.

Orangen-Panna-Cotta mit Rum

Für Gäste – mit Alkohol

Orangen-Panna-Cotta mit Rum
4 Portionen

Zubereitungszeit: 40 Minuten, ohne Kühlzeit

600 g Schlagsahne
1 Pck. Dr. Oetker Finesse Bourbon-Vanille-Aroma, 1 Prise Salz
1 Pck. Dr. Oetker Finesse Geriebene Zitronenschale
3–4 EL Zucker
1 Bio-Orange (unbehandelt, ungewachst)
4 Blatt weiße Gelatine
3 EL Rum

Für die Sauce:
200 ml Orangensaft
1–2 EL Zucker

Pro Portion:
E: 5 g, F: 47 g, Kh: 32 g,
kJ: 2560, kcal: 612

1. Sahne mit Vanille-Aroma, Salz, Zitronenschale und Zucker in einem kalt ausgespülten Topf zum Kochen bringen, etwa 10 Minuten ohne Deckel bei schwacher Hitze köcheln. Orange heiß abwaschen, abtrocknen und die Schale dünn abreiben. 3–4 Minuten vor Ende der Kochzeit abgeriebene Orangenschale in die Sahne geben und kurz mitköcheln lassen. Den Topf von der Kochstelle nehmen.
2. Gelatine in kaltem Wasser nach Packungsanleitung einweichen. Gelatine ausdrücken und unter Rühren in der heißen Sahne auflösen. Rum hinzufügen.
3. Die Sahnemasse in 4 kalt ausgespülte Förmchen oder Tassen (je etwa 150 ml Inhalt) gießen, etwas abkühlen lassen. Förmchen oder Tassen mit der Panna-Cotta-Creme mindestens 3 Stunden oder über Nacht in den Kühlschrank stellen.
4. Die abgeriebene Orange so schälen, dass die weiße Haut vollständig entfernt wird, Orange filetieren, den Saft dabei auffangen. Den Saft aus den Orangenresten ausdrücken.
5. Für die Sauce den aufgefangenen Saft mit Orangensaft auf 200 ml auffüllen, in einem Topf mit Zucker zum Kochen bringen und zu einem leicht dicklichen Sirup einkochen. Sauce kalt stellen.
6. Panna Cotta mit einem Messer vom Förmchen- oder Tassenrand lösen, kurz in sehr heißes Wasser stellen und auf Dessertteller stürzen.
7. Panna Cotta mit der Sauce übergießen und mit den Orangenfilets belegen.

Tipp: Statt Orangenfilets abgetropfte Mandarinen aus der Dose verwenden, die Orange dann auspressen und den Saft für die Sauce verwenden.

Variante: Panna Cotta mit Beerensauce. Dafür Panna Cotta nach Rezept, aber ohne abgeriebene Orangenschale zubereiten. Für die Beerensauce 300 g Erdbeeren, Himbeeren oder aufgetaute TK-Beerencocktail-Früchte pürieren und 1 Päckchen Dr. Oetker Bourbon-Vanille-Zucker unterrühren.

Noch eine Variante: Panna Cotta mit Joghurt. Dafür Panna Cotta nach Rezept, aber nur mit 350 ml Schlagsahne zubereiten. Nach dem Unterrühren der aufgelösten Gelatine 250 g Vollmilch- oder Vanillejoghurt hinzugeben und wie beschrieben weiter zubereiten.

Raffiniert für Gäste

Buttermilchpudding mit Tee-Sahne-Sauce
4 Portionen

Zubereitungszeit: 30 Minuten, ohne Abkühlzeit
Garzeit: etwa 50 Minuten

Butter oder Margarine für die Form
1–2 EL Semmelbrösel

Für den Buttermilchpudding:
100 g entsteinte Backpflaumen
200 g Butterkekse
1 gestr. TL Dr. Oetker Finesse
Geriebene Zitronenschale
50 g Weizenmehl
1 gestr. TL Dr. Oetker Backin
3 Eier (Größe M)
1–2 TL Zitronensaft
50 g Zucker
300 ml Buttermilch

Für die Tee-Sahne-Sauce:
125 ml (1/8 l) Wasser
125 ml (1/8 l) Milch
2 gestr. EL schwarze Teeblätter
1 EL Speisestärke
250 g Schlagsahne
30 g Zucker
1 Prise gemahlener Ingwer

Pro Portion:
E: 18 g, F: 36 g, Kh: 83 g,
kJ: 3199, kcal: 764

1. Eine Wasserbad-Puddingform (ø 16 cm, etwa 1,5 l) fetten und mit Semmelbröseln ausstreuen.
2. Für den Pudding Pflaumen in Streifen schneiden. Butterkekse in einen Gefrierbeutel geben, Beutel verschließen. Kekse mit einer Teigrolle zerbröseln und in eine Rührschüssel geben. Mit Pflaumenstreifen, Zitronenschale, Mehl und Backpulver vermischen.
3. Eier trennen. Eiweiß steifschlagen. Eigelb, Zitronensaft und Zucker zu einer dicklichen Creme aufschlagen, Buttermilch unterrühren, zur Bröselmasse geben und unterrühren. Eischnee unterheben. Den Teig in die vorbereitete Form füllen und mit dem Deckel verschließen.
4. Die Form in einen hohen Topf setzen, so viel heißes Wasser hinzugießen, dass die Form bis etwa 3 cm unter dem Rand im Wasser steht. Den Topfdeckel auflegen. Wasser aufkochen lassen. Den Pudding in schwach kochendem Wasser etwa 50 Minuten garen.
5. Für die Sauce Wasser und Milch in einem Topf zum Kochen bringen. Teeblätter hinzugeben. Den Topf von der Kochstelle nehmen. Den Tee etwa 5 Minuten ziehen lassen und anschließend durch ein Sieb gießen.
6. Speisestärke mit der Hälfte der Sahne verrühren. Tee aufkochen. Angerührte Speisestärke in den von der Kochstelle genommenen Tee rühren und unter Rühren aufkochen lassen. Mit Zucker und Ingwer würzen. Sauce abkühlen lassen. Restliche Sahne steifschlagen und unterheben.
7. Die Form aus dem Wasserbad nehmen und auf einen Rost stehen lassen. Dann den Pudding aus der Form stürzen und mit der Sauce servieren.

Schnell

Beeriger Quark

Zubereitungszeit: 10 Minuten, ohne Abkühlzeit

4 EL Vollkorn-Haferflocken (40 g)
1 TL Kürbiskerne
1 TL Zucker
1 EL grob geschroteter Leinsamen
150 g frische oder aufgetaute TK-Beeren, z. B. Himbeeren, Erdbeeren, Johannisbeeren oder Heidelbeeren
200 g Vanilla-Quark-Creme (0,2 % Fett)

Pro Portion:
E: 12,7 g, F: 5,5 g, Kh: 34 g,
kJ: 1008, kcal: 238

1. Haferflocken und Kürbiskerne in einer Pfanne ohne Fett unter Rühren goldbraun rösten. Mit Zucker bestreuen und kurz karamellisieren lassen. Haferflocken und Kürbiskerne herausnehmen, auf einem Teller erkalten lassen. Leinsamen unterrühren.
2. Frische Beeren putzen, abspülen, abtropfen lassen und entstielen. Große Früchte in kleine Stücke schneiden. Quark in 2 Schälchen mit den Früchten anrichten. Mit Knusperflocken bestreuen.

Buttermilchpudding mit Tee-Sahne-Sauce

Beeriger Quark

Einfach

Birnen-Carpaccio mit Mousse à la Vanille
4 Portionen

Zubereitungszeit: 20 Minuten, ohne Kühlzeit

1 Pck. Mousse à la Vanille (ohne Kochen, für 250 ml [1/4 l] Milch)
250 ml (1/4 l) Milch
4 reife Birnen (je etwa 200 g)
6 EL roter Portwein oder Apfelsaft

Pro Portion:
E: 5 g, F: 4 g, Kh: 41 g,
kJ: 1061, kcal: 252

1. Die Mousse à la Vanille mit Milch nach Packungsanleitung zubereiten. Mousse 2 Stunden kalt stellen.
2. Die Birnen heiß abwaschen, abtrocknen und längs halbieren. Kerngehäuse herausschneiden, Blüten und Stielansätze entfernen. Die Birnenhälften der Länge nach in sehr dünne Spalten schneiden, auf 4 Tellern verteilen und mit je 1 Esslöffel Portwein oder Apfelsaft beträufeln.
3. Von der Mousse mit einem Löffel 8 Nocken abstechen und auf die Birnenscheiben geben. Mit dem restlichen Portwein oder Apfelsaft beträufeln.

Tipp: Die Birnenspalten etwa 3 Minuten in Weißwein oder Portwein oder einem anderen Dessertwein dünsten, in der Flüssigkeit abkühlen lassen und erst dann auf den Tellern verteilen.

Gut vorzubereiten – mit Alkohol

Birnen in Rotwein
6 Portionen

Zubereitungszeit: 20 Minuten
Garzeit: etwa 60 Minuten

12 kleine saftige Birnen
500 ml (1/2 l) Rotwein
200 g Zucker
einige Gewürznelken

Pro Portion:
E: 1 g, F: 1 g, Kh: 64 g,
kJ: 1300, kcal: 310

1. Den Backofen vorheizen. Birnen waschen und trocken tupfen. Mit einem spitzen Messer die Blütenansätze der Birnen entfernen, die Stängel aber nicht abschneiden.
2. Die ungeschälten Birnen nebeneinander in eine große hohe Auflaufform setzen. So viel Rotwein hinzugießen, dass die Stängelansätze bedeckt sind. Zucker und Nelken hinzufügen.
3. Die Form auf dem Rost in den vorgeheizten Backofen schieben und die Birnen weich dünsten lassen.
Ober-/Unterhitze: etwa 200 °C
Heißluft: etwa 180 °C
Garzeit: etwa 60 Minuten.
4. Der Rotwein sollte in der angegebenen Garzeit sirupartig eingedickt sein.
5. Die Form auf einen Rost stellen. Die Birnen in dem Saft erkalten lassen.

Beilage: Steifgeschlagene Sahne.

Für Gäste

Beerengrütze mit Vanille-Joghurt-Sauce
4 Portionen

Zubereitungszeit: 30 Minuten, ohne Abkühlzeit

Für die Beerengrütze:
750 g gemischte Früchte (z. B. Johannisbeeren, Himbeeren, Erdbeeren, Brombeeren, Stachelbeeren, Kirschen; ersatzweise TK-Früchte)
Saft und Schale von 1 Bio-Orange (unbehandelt, ungewachst)
1 leicht geh. EL Speisestärke
375 ml (3/8 l) roter Traubensaft
evtl. 1 Pck. Dr. Oetker Vanillin-Zucker

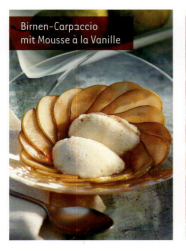
Birnen-Carpaccio mit Mousse à la Vanille

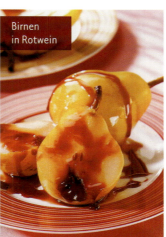
Birnen in Rotwein

Beerengrütze mit Vanille-Joghurt-Sauce

Für die Vanille-Joghurt-Sauce:
1 Vanilleschote
1–2 EL Zucker
300 g Vollmilchjoghurt

Pro Portion:
E: 5 g, F: 4 g, Kh: 44 g,
kJ: 1035, kcal: 247

1. Für die Grütze Früchte verlesen, abspülen, entstielen, eventuell entkernen und gut abtropfen lassen. Orange heiß abwaschen, abtrocknen und die Schale abreiben. Orange auspressen.
2. Speisestärke mit Orangensaft und 2–3 Esslöffeln Traubensaft anrühren. Restlichen Saft, Orangenschale und eventuell Vanillin-Zucker in einem Topf zum Kochen bringen. Angerührte Speisestärke in den von der Kochstelle genommenen Saft einrühren und unter Rühren aufkochen lassen. Topf von der Kochstelle nehmen und Früchte unterrühren.
3. Beerengrütze in eine Schale füllen und abkühlen lassen.
4. Für die Sauce Vanilleschote längs aufschneiden und das Mark mit einem Messer herausschaben. Vanillemark, Zucker und Joghurt mit einem Schneebesen gut verrühren, bis sich der Zucker gelöst hat. Die Grütze mit der Vanille-Joghurt-Sauce anrichten.

Für Kinder

Apfellasagne
6 Portionen

Zubereitungszeit: 70 Minuten
Garzeit: etwa 45 Minuten

2 Eier (Größe M)
500 g Speisequark (20 % Fett i.Tr.)
1 Becher (150 g) Crème fraîche
125 ml (1/8 l) Milch
70 g Zucker
3 Äpfel (etwa 400 g)
250 g Lasagneblätter
(ohne Vorkochen)
1 Glas Apfelmus (Einwaage 360 g)
30 g Hagelzucker

Apfellasagne

1 Msp. gemahlener Zimt
30 g Butter

Pro Portion:
E: 20 g, F: 20 g, Kh: 64 g,
kJ: 2270, kcal: 542

1. Den Backofen vorheizen. Eier, Quark, Crème fraîche, Milch und Zucker in einer Rührschüssel verrühren. Äpfel heiß abwaschen, abtrocknen und die Kerngehäuse mit einem Apfelausstecher ausstechen. Äpfel in Scheiben schneiden.
2. Lasagneblätter und Quarkmasse in je 4 Portionen, Apfelmus und Apfelscheiben in je 3 Portionen teilen. Abwechselnd je eine Schicht Lasagneblätter, Quarkmasse, Apfelkompott und Apfelscheiben in eine rechteckige Auflaufform (gefettet) geben.
3. Diesen Vorgang noch zweimal wiederholen. Restliche Lasagneblätter und Quarkmasse daraufgeben.
4. Hagelzucker mit Zimt mischen und auf die Quarkmasse streuen. Butter in Flöckchen daraufsetzen. Die Form auf dem Rost in den vorgeheizten Backofen schieben.
Ober-/Unterhitze: etwa 180 °C
Heißluft: etwa 160 °C
Garzeit: etwa 45 Minuten.

Abwandlung: Anstelle der Äpfel können auch Aprikosen oder Pflaumen verwendet werden.

Tipp: Das Apfelmus selbst herstellen. Dazu 750 g Äpfel waschen, von Stiel und Blüte befreien, in kleine Stücke schneiden und in einen Topf geben. 5 Esslöffel Wasser hinzugeben und zum Kochen bringen. Apfelstücke weich kochen lassen. Die Apfelmasse durch ein Sieb streichen und mit etwa 50 g Zucker und nach Belieben etwas Zitronensaft abschmecken. Da nicht die gesamte Menge für das Rezept benötigt wird, kann der Rest auch gut auf Vorrat eingefroren werden.

Apfelmus

Arme Ritter

Apple-Crumble

Klassisch

Apfelmus
4 Portionen

Zubereitungszeit: 25 Minuten

750 g säuerliche Äpfel, z. B. Boskop
5 EL Wasser
etwa 50 g Zucker

Pro Portion:
E: 0 g, F: 1 g, Kh: 30 g,
kJ: 537, kcal: 129

1. Äpfel waschen, schälen, vierteln, entkernen und in kleine Stücke schneiden. Apfelstücke mit Wasser in einem Topf zum Kochen bringen und zugedeckt bei schwacher Hitze etwa 15 Minuten garen.
2. Die Apfelmasse nach Belieben pürieren und mit Zucker abschmecken.

Tipp: Apfelmus als Dessert pur oder mit steifgeschlagener Schlagsahne geschichtet in einem Glas servieren. Zusätzlich 1–2 Stück Sternanis oder Gewürznelken mitkochen.

Abwandlung 1: Für Apfelkompott, die stückige Variante des Apfelmuses, die geschälten, entkernten Äpfel grob zerkleinern, mit dem Wasser wie oben angegeben etwa 10 Minuten kochen, nicht pürieren, mit Zucker und Gewürzen abschmecken.

Preiswert

Arme Ritter
4 Portionen

Zubereitungszeit: 25 Minuten

300 ml Milch
3 Eigelb (Größe M)
2 EL Zucker
6 dicke Scheiben Kastenweißbrot (vom Vortag)
3 Eiweiß (Größe M)
100 g abgezogene gemahlene Mandeln
80 g Butter

Pro Portion:
E: 16 g, F: 38 g, Kh: 34 g,
kJ: 2464, kcal: 588

1. Milch mit Eigelb und Zucker verrühren. Die Weißbrotscheiben nebeneinander in eine flache Schale legen, mit der Eiermilch übergießen und einweichen lassen, bis die Milch aufgesogen ist.
2. Das Eiweiß leicht verschlagen. Die Brotscheiben zuerst durch das verschlagene Eiweiß ziehen, am Schüsselrand etwas abstreifen und anschließend in gemahlenen Mandeln wenden.
3. Butter in einer Pfanne zerlassen, die Brotscheiben darin von beiden Seiten knusprig braun braten, herausnehmen und heiß servieren.

Für Kinder – einfach

Apple-Crumble
4 Portionen (Römertopf®, 4-Liter-Inhalt)

Zubereitungszeit: 20 Minuten
Backzeit: etwa 50 Minuten

1 kg Äpfel, z. B. Elstar
Saft von 1 Zitrone
3 Pck. Dr. Oetker Bourbon-Vanille-Zucker
1 gestr. TL gemahlener Zimt
60 g Rosinen
1 Pck. Grundmischung Streuselteig (400 g)
125 g weiche Butter
1 Ei (Größe M)

Pro Portion:
E: 10 g, F: 29 g, Kh: 123 g,
kJ: 3382, kcal: 803

1. Äpfel schälen, vierteln, entkernen und achteln. Apfelstücke mit Zitronensaft, Vanille-Zucker und Zimt mischen, in einen gewässerten Römertopf® geben. Rosinen auf den Apfelstücken verteilen.
2. Den Streuselteig mit Butter und Ei nach Packungsanleitung zubereiten. Streusel gleichmäßig auf die Apfelstücke streuen.
3. Den Römertopf® mit dem Deckel verschließen und auf dem Rost in den kalten Backofen schieben.

Ober-/Unterhitze: etwa 200 °C
Heißluft: etwa 180 °C
Backzeit: etwa 50 Minuten.
4. Nach etwa 35 Minuten Backzeit den Deckel abnehmen und Apple-Crumble fertig backen.

Tipp: Apple-Crumble mit geschlagener Créme fraîche servieren.

Mit Alkohol – klassisch

Bratäpfel mit Rumsauce
12 Portionen

Zubereitungszeit: 45 Minuten, ohne Abkühlzeit
Garzeit: 30–45 Minuten je nach Apfelsorte

Für die Rumsauce:
500 ml (1/2 l) Milch
500 g Schlagsahne
200 g Zucker
5 Eigelb (Größe M)
25 g Speisestärke
125 ml (1/8 l) Rum

12 Äpfel, z. B. Boskop
200 g Marzipan-Rohmasse
80 g Rosinen
6 EL Calvados
1 gestr. TL gemahlener Zimt
50 g Zucker
50 g Butter
200 ml Apfelsaft

200 g steifgeschlagene Schlagsahne

Pro Portion:
E: 6 g, F: 31 g, Kh: 48 g,
kJ: 2323, kcal: 554

1. Für die Sauce Milch, die Hälfte der Sahne und Zucker in einem Topf zum Kochen bringen. Eigelb, restliche Sahne und Speisestärke verrühren, in die Milch-Sahne-Flüssigkeit rühren, unter ständigem Rühren zum Kochen bringen und kurz aufkochen lassen. Rum unterrühren. Die Sauce in eine Schüssel geben und mit Frischhaltefolie zudecken. Die Sauce erkalten lassen. Den Backofen vorheizen.
2. Äpfel waschen, abtrocknen und mit einem Apfelausstecher das Kerngehäuse ausstechen. Die Äpfel müssen ganz bleiben.
3. Marzipan mit Rosinen, Calvados und etwas Zimt verkneten. Die ausgehöhlten Äpfel damit füllen.
4. Zucker, Butter, Zimt und Apfelsaft in eine große Auflaufform oder Fettfangschale geben. Die gefüllten Äpfel hineinsetzen. Die Form auf dem Rost oder die Fettfangschale in den vorgeheizten Backofen schieben.
Ober-/Unterhitze: etwa 180 °C
Heißluft: etwa 160 °C
Garzeit: 30–45 Minuten je nach Apfelsorte.
5. Die Äpfel während der Garzeit ab und zu mit dem Sud begießen.
6. Die Sauce vor dem Servieren nochmals schaumig rühren und die geschlagene Sahne unterheben. Je einen Apfel auf die Mitte eines Tellers setzen und mit etwas Rumsauce begießen.

Abwandlung: Die Äpfel mit 250 g Preiselbeeren (aus dem Glas) füllen und 120 g Butter in Flöckchen auf den Äpfeln verteilen. Für eine schnelle Sauce 500 g Schlagsahne mit 250 ml (1/4 l) Milch und 250 ml (1/4 l) Apfelsaft in eine Rührschüssel geben. 1 Päckchen Galetta (für 500 ml [1/2 l] Flüssigkeit) hinzufügen, nach Packungsanleitung aufschlagen und zu den Bratäpfeln servieren.

Bratäpfel mit Rumsauce

Kapitelregister

Vorspeisen

Austernpilz-Avocado-Carpaccio	6
Schinken-Käse-Brötchen	6
Überbackene Muscheln mit Knoblauch	7
Riesengarnelenspieße	7
Rindfleischterrine in Burgundergelee .	8
Putenbrust-Baguette-Schnittchen . .	8
Putenmousse mit grünen Spargelspitzen	9
Miesmuscheln nach Matrosenart	9
Mini-Pizzen	10
Marinierte Melone mit Schafkäse	10
Knoblauchschnittchen mit Garnelen .	11
Pecorino-Carpaccio mit Rucola, Thymian und Chili	11
Crostini mit Gemüse	12
Auberginen mit Ricotta-Füllung	12
Gefüllte Champignons mit Schinken..	13
Pflaumen im Speckmantel	13
Gebackene Feigen mit Ziegenfrischkäse	14
Gefüllte Champignons, italienisch . . .	14
Apfelpuffer mit Lachstatar	15
Auberginen-Tortilla	16
Fischspießchen auf Rucola-Tomaten-Salat	16
Minizwiebeln mit Bacon	17
Leber-Trauben-Spieße	17
Austernpilze „Bäuerliche Art"	18
Gemüse-Eier-Sülze im Glas	18
Gefüllte Fleischtomaten	19
Lachstatar auf dunklem Brot	19
Gefüllte Gemüsezwiebeln mit einem Pilzauflauf.......	20
Garnelen am Spieß............	20
Gefüllte Weinblätter	21
Kleine Zwiebeln, orientalisch	22
Roh gebratener Tunfisch mit Sesam . .	22
Tomaten-Basilikum-Törtchen	23
Belegte Baguettescheiben	24
Französisches Landbrot mit Lachstatar	24
Garnelenpfanne	25
Gegrilltes Tilapiafilet, in Curry mariniert	25
Gefüllte Champignonköpfe	26
Gefüllte Nudeltaschen mit Ricotta . . .	26
Grüne Muscheln am Spieß	27
Kasseler-Aprikosen-Toast	27
Langostinos mit Sherrysauce	28
Oliven im Speck-Käse-Mantel	28
Pilz-Bruschetta	28
Gemüseecken mit Käsesauce	29
Riesengarnelen, gegrillt	30
Spaghettini mit bunten Linsen	30
Tomaten-Zucchini-Carpaccio mit Ricotta	30
Gegrillte Riesengarnelen..........	31
Carpaccio von Manchego-Käse mit Paprika	32
Gemischte Vorspeisenspieße	32
Mozzarellaspieße	33
Zucchiniröllchen mit Safran-Couscous	34
Tortilla vom Blech	34
Spinat-Tortilla	35
Gebackene Tintenfischringe	35
Staudensellerie mit Dips	36
Tomaten mit Käsesalat	36
Schnelle Flammkuchle...........	37
Datteln mit Käse im Schinkenmantel .	37
Toast Toskana	38
Champignon-Tomaten	38
Gebratenes Mozzarella-Sandwich . . .	39
Lachs-Wraps	39
Marinierter Blumenkohl mit Räucherlachs	40
Matjesheringe mit Orangen	40
Pilz-Wraps	41
Pikante Schweineöhrchen	41
Radieschensülze	42
Zwiebelkuchen-Häppchen	42
Tomaten-Avocado-Tatar	42
Räucherlachs-Früchte-Spießchen . . .	43
Pikante Kroepoek-Häppchen	44
Oliven-Tomaten-Crostini	44
Käsespießchen mit fruchtigen Dips . .	45
Käse-Crostini.................	45
Kartoffelrösti, raffiniert belegt	46
Gegrillte Tomaten mit Pfeffer-Frischkäse	46
Geschmorte Garnelen	47
Garnelen-Gemüse-Röllchen.......	48
Gekochte Wachteleier und Spargelspitzen auf Kräutersauce . .	48
Pikante Garnelen aus dem Ofen	49
Gratinierte gefüllte Tomaten	49
Saltimbocca vom St. Petersfisch	50
Schmandkräcker..............	50
Tartelets mit Ziegenfrischkäse	51
Tomaten mit Fischsalat	52
Zucchini- und Auberginenröllchen . .	52
Oliven-Kräuter-Stangen	53
Zanderfilet mit Kraut im Blätterteig. .	54
Möhren-Ingwer-Püfferchen mit Apfelkompott.............	54
Käsestangen	55
Kartoffel-Schinken-Tortilla	55
Mozzarella in carrozza	56
Heringsfilet mit Eiern und Curry	56
Gratinierte gefüllte Artischockenböden	56
Gemüse-Carpaccio	57
Halber Hummer mit Sauce Hollandaise Blätterteigtaschen	58
Artischockenblätter mit Shrimps	59

Suppen

Kräutersuppe................	60
Käse-Porree-Suppe	60
Grünkernsuppe	61
Gemüsesuppe mit Basilikumpesto . . .	62
Geflügel-Spinat-Suppe..........	62
Französische Zwiebelsuppe	63
Fisch-Kräutersuppe............	63
Fenchel-Zitronen-Suppe mit Lachs . .	64
Gelbe Linsensuppe mit Joghurt	64
Gemüsesuppe	65
Gemüsesuppe mit Ei und Käse	65
Glasnudelsuppe mit Porree........	66
Gurkencremesuppe mit Dill	66
Krebsschwanzsuppe „Royal"	67
Spinatsuppe.................	67
Spargelcremesuppe............	68
Zucchinisuppe mit Sonnenblumenkernen	68
Curry-Linsen-Suppe mit Rosinen . . .	69
Schottische Hühner-Lauch-Suppe...	69
Muschelsuppe	70
Backofensuppe	70
Badische Schneckensuppe	71
Möhren-Ingwer-Suppe mit Riesengarnelen................	71
Pfannkuchensuppe	72
Selleriecremesuppe mit Forellenfilets	72
Spargelschaumsuppe von grünem Spargel	73
Venezianische Linsensuppe.......	73
Rhabarber-Himbeer-Suppe mit Erdbeeren	74
Kürbissuppe mit Bratwurst-Floß.....	74
Graupensuppe mit Fenchel	75
Schaumsüppchen von Kresse und Kartoffeln	76
Möhrensuppe mit roten Linsen und Minze	76
Kürbissuppe mit Hähnchen........	77
Klare Gemüsesuppe............	77
Gemüsecremesuppe (Grundrezept) . .	78
Suppe mit Eierblumen	78
Südtiroler Zwiebelsuppe mit Bauernspeck................	79
Zuppa pavese (Italienische Rinderbrühe)	79
Kichererbsensuppe mit Gemüse und Joghurt-Dip	80
Rindfleischsuppe mit Gurken	80
Gratinierte Porreesuppe	81
Frühlingszwiebelsuppe mit Käse-Kräuter-Bällchen..........	82
Geflügel-Kokos-Suppe..........	82
Geeiste Zuckerschotensuppe	83
Klare Tomatensuppe mit Polentarauten	84
Fischsuppe..................	84

Fenchelsuppe mit Viktoriabarsch	85
Spargelbrühe mit Erbsen	85
Blumenkohl-Frischkäse-Suppe	86
Schnelle Bouillabaisse	86
Wantan-Suppe	87
Polenta-Kräuter-Suppe	87
Legierte Meeresfrüchtesuppe	88
Kürbissuppe mit Blutwurst	88
Käsesuppe mit Croûtons	89
Kartoffelschaumsuppe mit Buttermilch	89
Asia-Suppe mit mariniertem Hähnchenfilet	90
Bohnensuppe, ungarisch	90
Kichererbsensuppe mit Porreestreifen	91
Kräuter-Pilzsuppe	92
Korianderschaumsüppchen	92
Tomatensuppe mit Käsecroûtons	93
Tomatensuppe mit Mozzarella	94
Asiatische Fischsuppe	94
Dreikornsuppe	95
Fadennudel-Suppe	95
Bunte Spargelcremesuppe	96
Exotische Mangosuppe	96
Curry-Suppentopf	97
Maissuppe mit Hackfleisch und Tomaten	97
Zucchinicremesuppe mit Muscheln	98
Tiroler Speckknödelsuppe	98
Brokkoli-Käse-Suppe	99
Bohnensuppe mit Tomaten	99
Buddhas Geburtstagssuppe	100
Fischsuppe mit Miesmuscheln und Anis aus dem Wok	100
Feine Fischsuppe	101
Indische Hühnersuppe	101
Japanische Gemüsesuppe mit Tofu	102
Bratwurstklößchensuppe	102
Zucchini-Käse-Suppe	103
Mexikanische Hühnersuppe	104
Kartoffel-Kokos-Suppe	104
Frischkäsesuppe mit Frühlingszwiebeln aus dem Römertopf®	105
Kalte Spargel-Melonen-Suppe	105
Grünkernklößchensuppe	106
Italienische Kichererbsensuppe	106
Kartoffelsuppe mit Weißwein	107
Kokossuppe mit Huhn und Koriander	107
Blumenkohlsuppe mit Nussnocken	108
Kartoffelsuppe mit Majoranklößchen	108
Lauchcremesuppe mit Schinken	109
Hühnersuppe „Peking"	109
Porreecremesuppe mit Hackfleisch	110
Linsensuppe mit Fasan	110
Ratatouille-Suppe	111
Brokkolicremesuppe	111
Rot-grüne Paprikasuppe	112
Löffelkrautsuppe mit Lachs und Muscheln	112
Hummersuppe mit Shrimps	113

Salate

Griechischer Salat	114
Kichererbsensalat	115
Kopfsalat mit Erbsen	115
Italienischer Salat	116
Krebscocktail	116
Kräutersalat mit Ziegenkäse	117
Paprikasalat mit Schafkäse	117
Nudeln mit Basilikum-Vinaigrette	118
Mozzarella-Nudel-Salat	118
Rustikaler Kartoffelsalat	119
Russischer Salat	120
Rotkäppchen-Salat	120
Rucolasalat mit Putensteaks	120
Schweizer Wurstsalat	121
Sechser Salat	122
Tunfisch-Bohnen-Schichtsalat	122
Tunfisch-Auberginen-Salat	123
Zigeunersalat	123
Wintersalat mit warmer Hähnchenleber	124
Warmer Kartoffelsalat mit Bärlauch	124
Scharfer Tortellonisalat	125
Sauerkrautsalat	126
Scampicocktail in Dillrahm	126
Hähnchensalat mit Gemüse	126
Hanseatischer Fischsalat	127
Geschichteter Kartoffel-Herings-Salat	128
Frühlingssalat mit Kresse	128
Gärtnerinsalat	129
Fruchtig-pikanter Putensalat	129
Feldsalat mit Wildschweinschinken	130
Eisbergsalat Alaska	130
Dänischer Heringssalat	131
Bunter Gartensalat mit Käsestiften	131
Chinesischer Reisnudelsalat	132
Garnelen mit Gemüse-Pilz-Salat	132
Geschichteter Heringssalat	133
Grüner Kartoffelsalat	134
Hähnchenbrustfilet mit Salat	134
Ländlicher Wurstsalat	135
Linsensalat mit geräucherter Gänsebrust	135
Miesmuscheln mit Oliven und Sardellen	136
Nudelsalat mit Fleischsalat	136
Orangen-Feigen-Salat	137
Ochsenmaulsalat	137
Spargelsalat mit Forellentatar	138
Tortellinisalat mit Rucola	138
Spätzle-Linsen-Salat	139
Schichtsalat mit Forellenfilets	140
Salat mit Himbeerdressing	140
Riesengarnelensalat „Marilyn"	141
Roggenkörnersalat mit Porree und Tofuwürfeln	141
Provenzalischer Salat mit zwei Saucen	142
Pikanter Kartoffelsalat	142
Mangoldsalat	143
Matjes-Cocktail	143
Kartoffelsalat „Leichte Art"	144
Kartoffel-Käse-Salat	144
Karnevalssalat	145
Käsesalat mit Putenbrust	145
Kalifornischer Obstsalat	146
Kartoffel-Champignon-Salat	146
Japanischer Salat	147
Heringssalat	147
Italienischer Spaghettisalat	148
Salat von Gabelmakkaroni	148
Schichtsalat mit Tunfischsauce	149
Winterlicher Salat mit Kalbsleberstreifen	150
Wachsbohnensalat mit Kräutersahne	150
Tunfisch-Zucchini-Salat	150
Schichtsalat	151
Radicchio-Spargel-Cocktail	152
Reissalat „Balkan"	152
Rote-Bete-Feldsalat mit Nüssen	153
Rote-Bohnen-Schafkäse-Salat	153
Grünkohlsalat mit Entenbrust	154
Eiersalat	154
Feldsalat mit Geflügelleber	155
Bunter Tunfisch-Nudel-Salat	155
Chicoreésalat mit blauen Trauben	156
Bunte Salatplatte	156
Brüsseler Kalbfleischsalat	157
Brennnesselsalat	157
Bohnensalat mit Kasseler	158
Bierknacker-Salat	158
Asiatischer Gemüsesalat mit Shrimps	159
Austernpilze und Parmaschinken auf Feldsalat	159
Eiersalat mit frittierten Möhren	160
Farfalle-Salat mit Zitronenhähnchen	160
Salat und feines Gemüse mit gegrillten Jakobsmuscheln	161
Griechischer Salat mit Schafkäse	162
Hähnchen-Avocado-Salat	162
Käsesalat mit Himbeeren und Bacon	162
Nudel-Fleischwurst-Salat	163
Jakobsmuscheln auf asiatischem Zuckerschotensalat	164
Bunter Blattsalat	164
Blattsalat mit Austernpilzen	165
Bayerischer Wurstsalat	165
Spargel-Kartoffel-Salat	166
Bunter Paprikasalat mit Geflügelfrikadellen	166
Matjessalat	167

Fisch und Meeresfrüchte

Seezungenfilet in
   Apfel-Kräuter-Marinade 168
Seelachs mit Joghurthaube 169
Schollen „Finkenwerder Art" 170
Pangasiusfilet mit Löffelkrautschaum 170
Fisch, indisch 171
Doppeltes Fischfilet 172
80-Grad-Lachs 172
Fischröllchen auf Porreegemüse 173
Gedämpfte Fischröllchen
   auf Thaispargel 174
Gegrillte Kabeljaufiletstücke 174
Gespickte Doradenfilets 175
Hechtfilet, gebraten 176
Heilbuttwürfel auf Wurzelgemüse 176
Kabeljaufilet „Italienische Art" 177
Kabeljaukoteletts auf
   Zucchini-Risotto 178
Lachs-Mangold-Pfanne mit Garnelen 179
Röllchen von Atlantikzungen
   „Kreolische Art" 179
Seeteufel mit geschmolzenen
   Tomaten und Oliven 180
Gefüllte Schollenfilets 180
Tilapia-Filets, gedämpft im
   Wirsingblatt 181
Wels im Kartoffelrösti 182
Zucchini-Fisch-Ragout 182
Wolfsbarsch vom Grill 183
Zanderfilet mit Kartoffelschuppen ... 184
Viktoriabarsch im Zucchinimantel ... 185
Rotbarbenfilets mit Kapern 185
Piccata vom Rotbarsch 186
Schollenfilet in Bierteig 186
Spaghetti mit
   Tomaten-Muschel-Sauce 187
Wolfsbarsch mit
   Pfifferling-Saubohnen-Ragout 188
Tomatenfisch auf Gurkengemüse 188
Seelachsfilet, in Folie gegart 189
Tintenfische, frittiert 190
Tilapia-Filet auf
   mediterranem Gemüse 190
Heilbutt, amerikanisch 191
Asiatische Lachsstücke 191
Bandnudeln mit Lachs und Tomaten . 192
Fisch mit Chipskruste 192
Gebratene Schollenfilets 193
Barsch in Kräutersauce 194
Gebratene Pangasiusfilets
   mit Erdnusssauce 194
Gebratene Viktoriabarschwürfel
   mit Reisnudeln 195
Heilbutt mit Sauce Hollandaise 196
Hummer, klassisch 196
Italienische Muschel-Gemüse-Pfanne 197

Kabeljauschnitzel in Dillpanade 198
Lachsfilet mit
   Kartoffel-Kräuter-Haube 198
Lachs mit Spargelkruste 199
Kabeljau mit Senfsauce 200
Muscheln in Weinsud 200
Steinbutt mit Kräuter-Senfbutter ... 201
Gedünstete Herzmuscheln 202
Geschmorte Forellenfilets 202
Hechtstückchen mit Senfsauce 203
Hamburger Pfannfisch 204
Rotbarbenfilets auf
   rotem Linsenpüree 204
Meeresfrüchte-Risotto 205
Tintenfischringe aus der Grillpfanne . 206
Lachs mit grüner Sauce 206
Gefüllte Makrelen 207
Wels nach Cajun Art 207
Fischfilet mit Sesam 208
Viktoriabarsch unter der
   Möhren-Nuss-Kruste 208
Tunfischsteaks in Kräutern
   und Knoblauch 209
Eingepacktes Fischfilet 210
Zanderfilet mit
   Zitronen-Kapern-Butter 210
Zander auf Tomaten-Fenchel-Gemüse 211
Spieße vom Seeteufel 212
Überbackenes Rotbarschfilet 212
Lachsschnitzel in Estragonpanade .. 213
Krebsragout in jungem Kohlrabi 214
Maischolle auf geschmorten Gurken . 214
Ausgebackener Fisch 215
Fisch in der Hülle 216
Fisch Caprese 216
Fischcurry 217
Heilbutt mit Gemüse, in Folie 218
Kabeljau auf chinesische Art 218
Fischfilet mit Zitronenthymian 219
Fischmedaillons auf Gemüsenudeln . 220
Gegrillte Riesengarnelen
   mit Cocktailsauce 220
Forellenfilet Kleopatra 221
Kabeljaufilet in Senf-Zwiebel-Kruste 222
Kabeljaufilet Müllerin 222
Saibling mit Mandelbutter 223
Gebratener Viktoriabarsch mit roter
   Bete, Feldsalat und Dillschmand .. 224
Tomatenfisch auf Mangold 224
Seezungenfilets „Fisherman's Wharf" 225
Paprika-Fisch-Pfanne 226
Ragout von Edelfischen mit Weinkraut 226
Lachs mit Tatarensauce 227
Goldbarschpfanne mit Shrimps 228
Meeräsche in der Salzkruste
   mit Artischocken 228
Herings-Creme-Topf 229
Gedämpfte Lachsforelle mit
   Kapernbutter und Rucola 230

Lachs in Sahnesauce 230
Flunder, gebraten 231
Makrelen auf Mittelmeerart 232
Viktoriabarsch unter der Kräuterkruste 232
Red Snapper mit Macadamianusskruste
   und Kokossauce 233

Fleisch

Gefülltes Kräuterfilet 234
Gefüllter Kalbsbraten 235
Lammfilet mit Spitzkohl
   und Kartoffeln 236
Lammsteaks mit Orangensauce 236
Rinderschmorbraten 237
Filet mit Erdnusskernen und Oliven .. 238
Scharfe Kalbssteaks 238
Schweinemedaillons in
   Curry-Kokos-Sauce 239
Tafelspitzbraten mit Spinatspätzle
   und Kohlrabigemüse 240
Zigeunerbraten 241
Zwiebel-Roastbeef in Burgundersauce 242
Lammschnitzel in Rösti-Panade 242
Kalbsbraten mit Brokkoli und Gnocchi 243
Gegrillte Lammrückenfilets 244
Gegrillte Lammkoteletts 244
Kartoffelpfanne mit Schweinefilet .. 245
Kräuter-Senf-Braten 246
Lammhaxen in Dillsauce 246
Lammrückenfilet mit Rosmarin 247
Nackensteaks mit Kartoffelkruste ... 248
Provenzalisches Geschnetzeltes 248
T-Bone-Steaks in
   Tomaten-Rotwein-Marinade 249
Oliven-Schmorsteaks 250
Schweinenacken mit Blumenkohl ... 250
Schulterbraten mit Spitzpaprika 251
Argentinisches T-Bone-Steak
   mit Bohnengemüse 252
Hackbraten „Griechische Art" 253
Schweinebraten mit Kräuterkruste .. 254
Schweinebraten mit
   Rahmchampignons 254
Schmetterlingssteaks „Hawaii" 255
Filetsteaks mit grüner Pfeffersauce . 256
Gefüllte Zucchiniröllchen
   auf Tomatenreis 256
Hüftbraten mit Balsamicosauce und
   Frühlingszwiebeln 257
Gefüllter Kalbsrücken mit
   Pfifferlingen, euroasiatisch 258
Lummerbraten mit Tunfischsauce .. 259
Rinderfilet auf Pak-Choi 260
Roastbeef mit Kräuter-Senf-Kruste . 260
Schichtbraten 261
Schulterscherzel in Rotweinmarinade 262
Kalbsragout 262

Schweinehaxen in Biersauce	263
Schweinerollbraten mit Speckböhnchen	264
Tafelspitz mit Schnittlauchsauce	264
Zwiebelsteaks mit Bratkartoffeln	265
Doppeltes Rumpsteak	266
Calzonebraten	266
Asiatischer Schweinerollbraten	267
Buntes Reisfleisch	268
Gefüllter Schweinerücken	268
Hackbraten auf Kartoffelgratin	269
Filetsteak Mustard	270
Chateaubriand	270
Kalbshaxe auf italienische Art	271
Kalbshaxe bayerisch	272
Kasseler mit Ananaskraut	272
Kasseler mit Bohnenragout	273
Lammrückenfilet mit Artischocken-Bohnen-Gemüse	274
Kasseler mit Kräuter-Pesto	274
Rinderfilet "Lukullus"	275
Rinderfilet mit Limettenbutter und Pfifferlingen	276
Schweinebraten mit Rotkohl	276
Schweinefilet, süß-sauer	277
Schweinefilet in Kräuter-Käse-Sauce	278
Schweinefilet in Crème-fraîche-Sauce mit Selleriegemüse	278
Schweinerücken in Altbiersauce	279
Schweinerollbraten mit Backobst	280
Rindfleisch in Portwein	280
Lammpilaw	281
Lammkrone mit Tomaten-Bohnen-Gemüse	282
Lammkeule in Pergamentpapier	282
Lammrückenfilet über Minze gedämpft	283
Lammschulter mit orientalischem Reis	284
Schmorbraten mit Tomaten	285
Schweinebraten mit roten Bohnen	286
Senfbraten	286
Lammrückenfilet im Wirsingkleid	287
Lammkeule mit Ratatouille und Rosmarinkartoffeln	288
Lammkeule mit Minzsauce	289
Krustenbraten mit dicken Bohnen	290
Kalbsmedaillons mit Spargel	290
Kalbsragout mit Austernpilzen	291
Kalbshaxe mit Semmelknödeln	292
Barbecuebraten	292
Cordon bleu	293
Spanferkelkeule, geschmort	294
Hackfleisch-Gemüse-Pfanne	294
Italienischer Hackbraten	295
Kalbsfilet mit Walnusssahne	296
Kalbsfilet mit Gorgonzolaspinat	296
Roastbeef mit Blattspinat	297
Schweinebraten mit süß-saurer Sauce	298
Kalbsbraten mit Gemüseallerlei	299
Schinkenbraten „Hawaii"	300
Rumpsteaks mit gedünsteten Schalotten	301
Räuberbraten mit Röstgemüse	301
Kalbsfilet in Senfsauce	302
Kräuterrouladen mit Möhren	302
Lamm-Piccata mit Austernpilzen	303
Kalbsmedaillons in Portweinsauce	304
Dicke Rippe mit grünen Bohnen	305

Wild und Geflügel

Badischer Rehrücken	306
Entenbrust in Wermutsauce	307
Entenbrust mit Beifuß	308
Entenbrust mit Orangensauce	308
Fasan auf Weinsauerkraut	309
Entenragout in Basilikum-Schalotten-Sauce	310
Bandnudeln mit Wildschwein	310
Bunte Hähnchenpfanne	311
Gans, mit Majoranäpfeln gefüllt	312
Amerikanische Erntedank-Pute	313
Brathähnchen auf texanische Art	314
Gepökelte Gänsebrust in Rieslingkraut	314
Gelbe Spaghetti mit Hähnchenbrust	315
Geschmorte Putenbrust	316
Geröstete Entenbruststreifen auf Kenia-Bohnen	316
Hähnchen-Geschnetzeltes	317
Hähnchenbrust mit Mozzarella	318
Hähnchenbrustfilet in Tomatensauce	318
Hähnchenfilet auf buntem Gemüse	319
Hähnchenschnitzel in Zitronen-Ei-Hülle	320
Hasenrückenfilets im Wirsingmantel	321
Hirschmedaillons mit Marzipan-Äpfeln	322
Hirschrückensteak mit Gewürzgurken und Sauerrahm	322
Kaninchen in Olivensauce	323
Hirschrückenmedaillons unter einer Haselnusskruste	324
Poularde, gefüllt mit einer Böhmischen-Knödel-Masse	325
Puten-Brokkoli-Reis-Pfanne	326
Puten-Pilz-Gulasch	326
Putencurry mit Mango	327
Putenbrust in der Kartoffelkruste	328
Putenröllchen auf Tomate mit Schafkäse und Curryreis	328
Putengeschnetzeltes mit Kräuterfrischkäse	329
Putenrouladen mit Spinat und Schwarzwälder Schinken	330
Rehmedaillons mit Melonenspalten	330
Rosmarin-Bohnen-Gratin mit Entenkeulen	331
Rosa gebratene Entenbrust mit Spekulatiuskruste	332
Rehkeule in Preiselbeersauce	333
Reistopf mit Hähnchen	334
Sommerliche Putenroulade	334
Steaks vom Wildschwein mit Sauerkirschen	335
Skandinavisches Dillhähnchen	336
Taube in Honigsauce	336
Wildschwein-Geschnetzeltes mit Waldpilzen	337
Wildfrikadellen mit Gewürzbrot	338
Rehkeule	339
Ragout vom Reh	340
Perlhuhnbrüste mit Weintrauben	340
Putenbrust „Indische Art"	341
Perlhuhn mit Rum	342
Putenoberkeule mit Gemüse	343
Putensticks in Sesampanade	344
Schmorsteaks vom Wildschwein	344
Perlhuhn mit Wacholderrahm	345
Orangen-Ente	346
Marsalahuhn	346
Knoblauch-Hähnchen aus dem Wok	347
Hühnerfrikassee	348
Hähnchenkeulen	349
Hähnchenschnitzel in Kräuterpanade	350
Hähnchenbrust mit Orangenminze und Ingwer	350
Grüner Spargel mit gebratenem Hähnchen	351
Geschmortes Kaninchenragout	352
Geschmorter Hase	352
Geschmortes Hähnchen, italienisch	353
Gefüllte Wildente	354
Gefüllte Putenschnitzel auf schwedische Art	354
Entenkeulen auf Honig-Rotwein-Zwiebeln	355
Ente mit Thymian	356
Gans mit Rotkohl	357
Entenkeulen mit Preiselbeeren	358
Entenbrust mit rotem Zwiebelgemüse	358
Coq au vin (Huhn in Wein)	359
Babypute mit Aprikosen-Walnuss-Sauce	360
Gebackene Stubenküken	361
Gebratene Entenbrust	362
Gefüllte Fasanenbrüste	362
Gefüllte Stubenküken	363
Hähnchenschnitzel mit Jägerchampignons	364
Hähnchenbrustfilet in Safrangemüse	364
Hähnchenbrust mit Salbei	365
Hähnchenbrust mit Wirsinggemüse	366
Hasenkeulen mit Kirschen	366
Hase in Tomatensauce	367
Hähnchenspieße mit Äpfeln und Zwiebeln	368

Wildkaninchen in Kokossauce	368
Hähnchenstücke mit Curryjoghurt	369
Zitronenhähnchenauflauf	370
Zigeunerhuhn mit Paprika	370
Wildschweinrücken mit Pastinakengemüse	371
Wildschweinkeule	372
Wildschweinschnitzel, Sardische Art	372
Mariniertes Rehnüsschen	373
Satéspieße mit Erdnusssauce	374
Schinken-Hähnchenfilet mit Salbei-Käse-Risotto	375
Poulardenbrust auf Gemüse	376
Kaninchenrücken auf Wirsing	376
Mangold, mit Hähnchenbrustfilet gefüllt	377
Perlhuhn mit Tomaten	378
Wildragout	378
Kaninchen mit Backobst	379

Gemüse und Beilagen

Blattspinat	380
Bratkartoffeln aus der Pfanne	380
Erbsen- und Möhrengemüse	381
Fleckerln mit Weißkraut	382
Gebackener Spargel mit Mojo Verde	382
Gebratene Kartoffelecken	383
Gebratener Spargel	383
Gefüllte bunte Zwiebeln	384
Gefüllte Fenchelschalen	384
Gefüllte Zucchini	385
Gnocchi in Salbeibutter	385
Gnocchi in einer schnellen Tomatensauce	386
Kartoffeltorte mit Oregano	386
Kartoffel-Wedges mit Tsatsiki	387
Reis mit Erbsen	387
Risotto	388
Rösti	388
Zucchininudeln mit Tomatensauce	388
Steinpilze	389
Spitzkohltorte	390
Ofenkartoffeln	390
Möhren mit Kräutersauce	391
Kartoffelsalat, warm	391
Grüner Spargel mit Spargelsauce	392
Kartoffelpuffer (Reibekuchen)	392
Gurkengemüse	393
Gefüllte Kartoffeln mit Paprikakraut	393
Gefüllte gelbe Paprikaschoten	394
Gebratene Gnocchi mit Champignons	394
Frittierte Perlzwiebeln	395
Champignongemüse mit Rucola	395
Fenchelviertel, mit Kräutern mariniert	396
Gemüse-Kartoffel-Wedges aus dem Ofen	396
Kürbisgemüse	397
Kartoffelklöße halb und halb	397
Kümmelkartoffeln	398
Möhren-Kartoffel-Püree	398
Spargel mit dreierlei Saucen	398
Zuckerschoten mit Mandelbutter	399
Spätzle-Gemüse-Ragout in Tomaten	400
Pellkartoffeln mit Kräuterquark	400
Kartoffel-Oliven-Püree	401
Gemüse-Spargel-Gulasch in Zitronensahne	401
Gewürzreis	402
Gemüseragout mit Dill	402
Gefüllte Mini-Paprikaschoten	402
Fenchel mit Butter und Parmesan	403
Frische Kräuternudeln	404
Gebratene Kartoffelplätzchen mit Dost	404
Kartoffel-Knoblauch-Pfanne	405
Käsespätzle	406
Gemüsepfanne mit Sesam	406
Paprikareis	407
Paprika-Tomaten-Gemüse	407
Raffinierte Ofenkartoffeln	408
Rahmwirsing	408
Roh gebratener Spargel mit Möhren	408
Pilze, gegrillt	409
Sauerkrautpuffer mit Kasseler	410
Salz- und Petersilienkartoffeln	410
Spargelrisotto	410
Spargel mit Parmesan	411
Weiße Rüben mit rotem und grünem Püree gefüllt	412
Sellerie mit Tomaten-Kräuter-Sauce	412
Zucchini, frittiert	413
Spätzle	413
Paprikagemüse in Orangensauce	414
Junge Sellerie mit einem Körnerauflauf gefüllt	414
Auberginen mit Petersilie	415
Jägerkohl	415
Auberginen, gebacken	416
Bunte Nudeln	416
Blumenkohl	417
Frühlings-Kartoffelpüree	417
Gedämpfte Gemüse mit Zitronensahne	418
Gemüse-Kartoffel-Fächer	418
Pikanter Früchtereis	419
Polenta, gebraten	419
Gefüllte Zucchinitaler mit Polenta	420
Rote Linsen mit Paprika	420
Gefüllte weiße Rüben	421
Basilikum-Tomaten-Reis	421
Asiatisches Paprika-Porree-Gemüse	422
Auberginen „Französische Art"	422
Chicorée mit Kerbel-Ei-Sauce	423
Apfel-Zwiebel-Rösti	423
Frittiertes Gemüse mit Tomatendip	424
Feine Gemüserouladen	424
Polenta, gegrillt mit Lardo	425
Gefüllte Fencheltaschen	425
Kartoffelroulade mit frischem Dost	426
Gefüllte Riesenrübe	427
Radicchio, im Ofen gegart	427
Gefüllte Rotkohlröllchen mit Rotwein	428
Gefüllte Spitzkohlblätter	428
Gefüllte Mangoldpäckchen auf Gemüse	429
Gedünsteter Reis	430
Gefüllte Artischocken	430
Peperonata	431
Rote-Bete-Gemüse	431

Eintöpfe

Chili sin Carne	432
Bunter Eintopf mit Pesto	433
Eintopf mit Putenfleisch	434
Fischeintopf mit Gemüse	434
Fischeintopf mit Pizzabrötchen	435
Geschmorte Kalbsleber in Balsamico-Essig	436
Griechischer Eintopf	436
Hähnchen-Gemüse-Eintopf	437
Gulaschsuppe mit Saure-Sahne-Dip	438
Indonesischer Fischtopf	438
Italienischer Gemüse-Pilz-Eintopf	439
Italienischer Puten-Gemüse-Topf	440
Japanischer Tofu-Eintopf	440
Kalbfleisch in Weißwein	441
Kartoffel-Schmorgurken-Topf	442
Kochfleisch mit Senffrüchten	442
Linseneintopf	443
Lammtopf mit Chinakohl	444
Mallorquinische Kohlsuppe	444
Mediterraner Fischeintopf	445
Mexiko-Eintopf	446
Pichelsteiner Eintopf	446
Linseneintopf mit Speck	447
Hähnchentopf mit Spargel	448
Italienischer Bohnen-Gemüse-Topf	449
Herzhafter Lammeintopf mit Bohnen	450
Junge Thüringer Gemüsesuppe	450
Kartoffel-Mais-Topf mit Kidneybohnen	451
Kartoffelsuppe mit Hackfleischbällchen	452
Lammgyrossuppe	452
Lammeintopf mit Bohnen	453
Minestrone	454
Pichelsteiner mit Fisch	454
Pichelsteiner mit Meeresfrüchten	455
Pikanter Garnelentopf	456
Pizza-Suppe	456
Reisbällchentopf	457
Rindfleischtopf mit Rotwein	458
Salsa-Suppe	458
Scharfe Mitternachtssuppe	459
Spargeleintopf	460
Sizilianische Caponata	460

Süß-saurer Gemüseeintopf	461
Thailändischer Fischeintopf	462
Süß-saure Hackfleischsuppe	462
Wirsingeintopf mit Mettwurst, Kümmel und Birnen	463
Wirsingeintopf mit Bohnen und Kasseler	464
Wirsing-Kartoffel-Topf mit Perlhuhn	465
Gemüse-Hühnchen-Eintopf	465
Gemüseeintopf mit Mettklößchen	466
Gemüseeintopf mit Graupen	466
Gemischter Bohneneintopf mit Bündnerfleischklößchen	467
Französischer Gemüseeintopf	468
Rotes Thai-Curry mit Hähnchen	469
Fassbohneneintopf	470
Eintopf mit Steinpilzen und Grünkern	470
Bunter Weißkohleintopf	471
Bunter Hackfleischeintopf	472
Bunter Paprika-Nudel-Eintopf	472
Mangold-Dinkel-Eintopf	473
Bretonischer Eintopf	474
Brühkartoffeln mit Hähnchenfleisch und Fleischklößchen	474
Borschtsch, klassisch	475
Bouillonkartoffeln	476
Altdeutsche Kartoffelsuppe	476
Bohneneintopf mit Oliven	477
Bohneneintopf mit Lammfleisch	478
Bohnensuppe Cevapcici	478
Cancha Mexicana (Mexikanischer Bohnen-Geflügel-Topf)	479
Bohneneintopf mit Wirsing und Salciccia	480
Fischeintopf nach Livorneser Art	480
Eintopf von Kraut und Rüben	481
Erbsensuppe mit Speck und Zwiebeln	482
Grüne-Bohnen-Eintopf mit Rindfleisch	483
Fischsoljanka	484
Gemüse-Nudel-Topf	484
Gemüsesuppe „Querbeet"	485
Gemüsetopf mit Kartoffeln	486
Grüne-Bohnen-Eintopf	486
Eintopf von der Kalbshaxe mit Rauke	487
Pot eu feu mit Rinderhaxe und Huhn	488
Bunte Dinkelsuppe mit Blumenkohl	489
Grünkerneintopf mit Crème fraîche	490
Steckrübensuppe mit Salami und Blattpetersilie	490
Steckrübeneintopf mit Schweinebauch	491
Vegetarischer Eintopf	492
Stielmuseintopf (Streifrüben)	492
Serbische Bohnensuppe	493
Scharfes Putenchili	494
Grüner Borschtsch	494
Scharfer Sellerie-Pfeffer-Eintopf	495
Sächsisches Zwiebelfleisch	496
Wirsingeintopf	496
Kartoffel-Gemüse-Topf	497
Grünkohleintopf	498
Grüner Bohneneintopf	498
Katalanischer Gemüsetopf	499
Mairübeneintopf	500
Kürbis-Linsen-Eintopf aus dem Römertopf®	500
Chinesische Gemüsesuppe mit Hackfleischbällchen	501

Aufläufe

Kartoffel-Spinat-Gratin	502
Lasagne mit Pilzen und Schinken	503
Kartoffel-Tunfisch-Gratin	504
Kartoffelpuffer-Lachs-Auflauf	504
Käse-Nudel-Auflauf mit Lachs und Spargel	505
Luftige Porree-Quark-Soufflés	506
Kabeljau-Spinat-Gratin	506
Indonesischer Soja-Fischtopf	507
Hackfleisch-Tomaten-Auflauf	508
Hähnchenauflauf mit Zuckerschoten	508
Berliner Bulettenauflauf	509
Nudelauflauf mit Lamm	510
Maisgratin	511
Makkaroniauflauf	511
Blumenkohl-Brokkoli-Auflauf	512
Anglertopf	512
Auflauf in Kohlrabi	513
Bunter Makkaroni-Auflauf	514
Cannelloni auf Blattspinat	514
Kartoffel-Zucchini-Gratin	515
Kartoffelauflauf mit Hackfleisch und Porree	516
Kleine Aufläufe im Glas	516
Kohlrabi mit Pilzfüllung	517
Knöpfli-Auflauf mit Wirsing	518
Kohlrabi-Hack-Auflauf	519
Sardische Fischmakkaroni	520
Ricottaklößchen mit Spinat	521
Schneller Nudelauflauf	521
Schupfnudelauflauf	522
Schneckenauflauf	522
Seefischgratin auf Gemüsebett	523
Vegetarische Moussaka	524
Versunkener Spargel	525
Rosenkohlauflauf mit Bratwurstklößchen	524
Reis-Gemüse-Auflauf	526
Räucherfischauflauf	527
Pikanter Fischauflauf	527
Minirouladen-Auflauf	528
Makkaroniauflauf mit Gemüse	528
Maultaschen-Sauerkraut-Auflauf	529
Lammhaxenauflauf	530
Kürbis-Fisch-Gratin	530
Landfrauen-Auflauf mit Brokkoli	531
Krautsalat-Gyros-Auflauf	532
Kartoffelauflauf	532
Kartoffel-Matjes-Auflauf	533
Herzhafter Spätzleauflauf „Schwarzwälder Art"	534
Hähnchenschnitzel-Auflauf	535
Kabeljauauflauf	535
Kartoffel-Sellerie-Gratin	536
Kartoffelgratin mit Blattspinat	536
Maisauflauf mit Hackfleisch	537
Überbackene Käsespätzle	538
Süßer Power-Auflauf mit Hirse und Kirschen	538
Texanischer Auflauf	539
Spinat-Schafkäse-Lasagne	540
Tortellini-Mangold-Auflauf	540
Pastinakengratin	541
Nudel-Mett-Auflauf	542
Minifrikadellenauflauf	542
Maultaschenauflauf	543
Linsen-Fisch-Auflauf	544
Kartoffel-Bohnen-Gratin	544
Fischpfanne mit grünen Nudeln	545
Fischgratin	546
Fischauflauf Mittelmeer	546
Crêpes soufflé	547
Elsässer Bäckerofe	548
Cannelloni mit Ricotta-Spinat-Füllung	548
Champignonauflauf	549
Bunter Gemüseauflauf	550
Badischer Nudeltraum	550
Bunter Nudelauflauf mit Schinken	551
Bunter Garnelenauflauf	552
Fisch-Shrimps-Auflauf	552
Fischauflauf mit feiner Senfcreme	553
Gemüseauflauf	554
Gefüllte gratinierte Champignons	554
Frühlingszwiebelauflauf	555
Gnocchi-Sauerkraut-Auflauf	556
Hack-Auberginen-Auflauf	556
Gratinierte provenzalische Putenstreifen	557
Nudelauflauf mit Putenschnecken	558
Polenta mit Gorgonzola überbacken	559
Ravioli-Gratin	560
Ravioliauflauf	560
Putenauflauf „Schwäbische Art"	561
Scharfer Nudelauflauf	562
Schafhirtenauflauf	562
Türkisches Würzfleisch	563
Überbackener Pfannkuchen-Auflauf	564
Ungarischer Sauerkrautauflauf	564
Röstiauflauf	565
Reisauflauf mit Spargel	566
Rotbarsch-Kartoffel-Gratin	566
Tortelliniauflauf mit Salbei und Parmaschinken	567
Getreide-Gemüse-Auflauf	568
Spargelcrespelle mit Ricotta	569
Sattmachergratin	570
Provenzalischer Fischtopf	571

Alphabetisches Register

Desserts

Erdbeer-Tiramisu 572
Frozen Joghurt mit Knusperkrokant .. 572
Kaiserschmarrn mit Pinienkernen
   und Rosinen 573
Kokosmilch-Sorbet 574
Latte-Macchiato-Eis 574
Maronenpuffer mit Weintrauben 574
Mascarponebecher 575
Melonen mit Eisteegelee 576
Amaretti-Pfirsiche 576
Nektarinen-Johannisbeer-Crumble .. 577
Obstsalat mit Knusperflocken 577
Orangen-Tiramisu 578
Orangen-Campari-Sorbet 578
Panna cotta 579
Orangen-Weinschaum-Speise 579
Pfannkuchen mit süßer Quittensauce 580
Quarkknödel mit Zwetschenkompott . 580
Rosa-Grapefruit-Sorbet 581
Sahneeis mit Tannenhonig
   und Thymian 582
Schokoauflauf mit Amarettini 582
Salzburger Nockerln 582
Schokoladenauflauf mit Aprikosen .. 583
Schokoladen-Obsttörtchen 584
Götter-Schicht-Speise 585
Nuss-Wan-Tans mit Kirschgrütze ... 585
Schichtkäsestrudel 586
Schnelle Birnenschnitten 586
Schmarrn-Auflauf 587
Schokoladencreme mit Rum 587
Schokoladeneis 588
Semifreddo (Halbgefrorenes
   mit Marsala) 588
Süßer Gazpacho 589
Süße Paella 589
Tiramisu 590
Zimtstreusel-Zwetschen 590
Tuttifrutti mit Schokosauce 591
Zimtwaffeln mit Heidelbeeren 591
Eisroulade 592
Dinkelpfannkuchen mit Äpfeln 592
Erdbeer-Sahne-Eis mit Erdbeersauce 593
Erdbeer-Kokos-Trifle 593
Amarettini-Pudding mit Schlagsahne 594
Bread-and-Butter-Pudding 594
Apfel-Kartoffel-Klöße mit
   Pflaumenkompott 595
Cannelloni mit Mohnfüllung 596
Cappuccino-Schichtcreme 596
Clafoutis (Französischer Kirschauflauf) 597
Cassata-Torte 597
Crème caramel 598
Exotische Früchte aus dem
   Limettendampf 598
Florentiner Türmchen 599
Mokka-Parfait 599

Frittierte Feigenröllchen 600
Früchte-Carpaccio 600
Gebratene Ananasscheiben 601
Kaiserschmarrn 601
Kirsch-Joghurt-Eis 602
Lebkuchenmousse mit Glühweinbirnen 602
Nougatflammeri 603
Zitronenflammeri mit Traubensirup . 604
Welfenspeise 604
Vanilleberg mit Erdbeeren 605
Tiramisu-Eis 605
Ricotta-Eis 606
Reismehl-Crêpes 606
Rhabarber-Crumble 607
Pistazien-Marzipan-Eis 607
Oeufs à la neige (Schnee-Eier) 608
Obstsalat 608
Mousse au Chocolat 609
Mohr im Hemd 609
Mohnsoufflé mit Aprikosenkompott . 610
Mini-Charlotten 611
Holunderbeercreme mit
   geeister Birnensauce 611
Gestürzte Rieslingcreme mit
   süßem Kürbis 612
Himbeerparfait 612
Marsalasauce 613
Marshmallow-Kuppel 613
Weihnachtspudding 614
Schwarzwälder Kirschcreme 614
Quark-Mohn-Eiscreme im
   Palatschinken 615
Kiwi-Apfel-Refresher 615
Himbeer- und Mango-Sorbet 616
Haselnusssoufflé 616
Gebackene Holunderblüten
   mit Erdbeer-Rhabarber-Salat ... 617
Früchte-Mix mit Kokosschaum 618
Süße Frühlingsrollen 618
Frittierte Reisküchlein 619
Birnen mit Mascarpone-Amarettini-
   Füllung 619
Orangen-Panna-Cotta mit Rum ... 620
Buttermilchpudding mit
   Tee-Sahne-Sauce 620
Beeriger Quark 621
Birnen-Carpaccio mit
   Mousse à la Vanille 622
Birnen in Rotwein 622
Beerengrütze mit
   Vanille-Joghurt-Sauce 622
Apfellasagne 623
Apfelmus 624
Arme Ritter 624
Apple-Crumble 624
Bratäpfel mit Rumsauce 625

A

80-Grad-Lachs 172
Altdeutsche Kartoffelsuppe 476
Amarettini-Pudding mit Schlagsahne 594
Amaretti-Pfirsiche 576
Amerikanische Erntedank-Pute 313
Anglertopf 512
Apfel-Kartoffel-Klöße mit
   Pflaumenkompott 595
Apfellasagne 623
Apfelmus 624
Apfelpuffer mit Lachstatar 15
Apfel-Zwiebel-Rösti 423
Apple-Crumble 624
Argentinisches T-Bone-Steak
   mit Bohnengemüse 252
Arme Ritter 624
Artischockenblätter mit Shrimps 59
Asia-Suppe mit mariniertem
   Hähnchenfilet 90
Asiatische Fischsuppe 94
Asiatische Lachsstücke 191
Asiatischer Gemüsesalat mit Shrimps 159
Asiatischer Schweinerollbraten 267
Asiatisches Paprika-Porree-Gemüse . 422
Auberginen „Französische Art" 422
Auberginen mit Petersilie 415
Auberginen mit Ricotta-Füllung 12
Auberginen, gebacken 416
Auberginen-Tortilla 16
Auflauf in Kohlrabi 513
Ausgebackener Fisch 215
Austernpilz-Avocado-Carpaccio 6
Austernpilze „Bäuerliche Art" 18
Austernpilze und Parmaschinken
   auf Feldsalat 159

B

Babypute mit
   Aprikosen-Walnuss-Sauce 360
Backofensuppe 70
Badische Schneckensuppe 71
Badischer Nudeltraum 550
Badischer Rehrücken 306
Bandnudeln mit Lachs und Tomaten . 192
Bandnudeln mit Wildschwein 310
Barbecuebraten 292
Barsch in Kräutersauce 194
Basilikum-Tomaten-Reis 421
Bayerischer Wurstsalat 165
Beerengrütze mit
   Vanille-Joghurt-Sauce 622
Beeriger Quark 621
Belegte Baguettescheiben 24
Berliner Bulettenauflauf 509
Bierknacker-Salat 158
Birnen in Rotwein 622
Birnen mit Mascarpone-Amarettini-
   Füllung 619

Birnen-Carpaccio mit
  Mousse à la Vanille. 622
Blätterteigtaschen 58
Blattsalat mit Austernpilzen. 165
Blattspinat. 380
Blumenkohl. 417
Blumenkohl-Brokkoli-Auflauf 512
Blumenkohl-Frischkäse-Suppe 86
Blumenkohlsuppe mit Nussnocken. . . 108
Bohneneintopf mit Lammfleisch 478
Bohneneintopf mit Oliven 477
Bohneneintopf mit Wirsing und
  Salciccia. 480
Bohnensalat mit Kasseler. 158
Bohnensuppe Cevapcici 478
Bohnensuppe mit Tomaten 99
Bohnensuppe, ungarisch. 90
Borschtsch, klassisch 475
Bouillonkartoffeln. 476
Bratäpfel mit Rumsauce. 625
Brathähnchen auf texanische Art. . . 314
Bratkartoffeln aus der Pfanne 380
Bratwurstklößchensuppe 102
Bread-and-Butter-Pudding. 594
Brennnesselsalat. 157
Bretonischer Eintopf 474
Brokkolicremesuppe 111
Brokkoli-Käse-Suppe 99
Brühkartoffeln mit Hähnchenfleisch
  und Fleischklößchen. 474
Brüsseler Kalbfleischsalat 157
Buddhas Geburtstagssuppe 100
Bunte Dinkelsuppe mit Blumenkohl . . 489
Bunte Hähnchenpfanne 311
Bunte Nudeln 416
Bunte Spargelcremesuppe 96
Bunter Eintopf mit Pesto 433
Bunter Garnelenauflauf 552
Bunter Gartensalat mit Käsestiften . . 131
Bunter Gemüseauflauf 550
Bunter Hackfleischeintopf 472
Bunter Makkaroni-Auflauf 514
Bunter Nudelauflauf mit Schinken . . . 551
Bunter Paprika-Nudel-Eintopf. 472
Bunter Paprikasalat mit
  Geflügelfrikadellen 166
Bunte Salatplatte 156
Bunter Blattsalat. 164
Bunter Tunfisch-Nudel-Salat. 155
Bunter Weißkohleintopf 471
Buntes Reisfleisch. 268
Buttermilchpudding mit
  Tee-Sahne-Sauce 620

C

Calzonebraten. 266
Cancha Mexicana (Mexikanischer
  Bohnen-Geflügel-Topf). 479
Cannelloni auf Blattspinat 514

Cannelloni mit Mohnfüllung 596
Cannelloni mit
  Ricotta-Spinat-Füllung 548
Cappuccino-Schichtcreme. 596
Carpaccio von Manchego-Käse
  mit Paprika 32
Cassata-Torte 597
Champignonauflauf 549
Champignongemüse mit Rucola. . . . 395
Champignon-Tomaten 38
Chateaubriand. 270
Chicorée mit Kerbel-Ei-Sauce 423
Chicoréesalat mit blauen Trauben . . . 156
Chili sin Carne 432
Chinesische Gemüsesuppe mit
  Hackfleischbällchen 501
Chinesischer Reisnudelsalat. 132
Clafoutis (Französischer Kirschauflauf) 597
Coq au vin (Huhn in Wein) 359
Cordon bleu 293
Crème caramel. 598
Crêpes soufflé 547
Crostini mit Gemüse 12
Curry-Linsen-Suppe mit Rosinen 69
Curry-Suppentopf 97

D

Dänischer Heringssalat. 131
Datteln mit Käse im Schinkenmantel . . 37
Dicke Rippe mit grünen Bohnen 305
Dinkelpfannkuchen mit Äpfeln. 592
Doppeltes Fischfilet 172
Doppeltes Rumpsteak. 266
Dreikornsuppe. 95

E

Eiersalat. 154
Eiersalat mit frittierten Möhren 160
Eingepacktes Fischfilet 210
Eintopf mit Putenfleisch 434
Eintopf mit Steinpilzen und Grünkern . 470
Eintopf von der Kalbshaxe mit Rauke . 487
Eintopf von Kraut und Rüben 481
Eisbergsalat Alaska. 130
Eisroulade 592
Elsässer Bäckerofe 548
Ente mit Thymian. 356
Entenbrust in Wermutsauce 307
Entenbrust mit Beifuß. 308
Entenbrust mit Orangensauce 308
Entenbrust mit rotem Zwiebelgemüse 358
Entenkeulen auf
  Honig-Rotwein-Zwiebeln 355
Entenkeulen mit Preiselbeeren. 358
Entenragout in Basilikum-
  Schalotten-Sauce 310
Erbsen- und Möhrengemüse. 381
Erbsensuppe mit Speck und Zwiebeln. 482
Erdbeer-Kokos-Trifle 593

Erdbeer-Sahne-Eis mit Erdbeersauce 593
Erdbeer-Tiramisu. 572
Exotische Früchte aus dem
  Limettendampf 598
Exotische Mangosuppe 96

F

Fadennudel-Suppe 95
Farfalle-Salat mit Zitronenhähnchen 160
Fasan auf Weinsauerkraut 309
Fassbohneneintopf 470
Feine Fischsuppe 101
Feine Gemüserouladen 424
Feldsalat mit Geflügelleber. 155
Feldsalat mit Wildschweinschinken . . 130
Fenchel mit Butter und Parmesan . . . 403
Fenchelsuppe mit Viktoriabarsch. . . . 85
Fenchelviertel, mit Kräutern mariniert 396
Fenchel-Zitronen-Suppe mit Lachs . . 64
Filet mit Erdnusskernen und Oliven. . . 238
Filetsteak Mustard 270
Filetsteaks mit grüner Pfeffersauce. . 256
Fisch Caprese 216
Fisch in der Hülle 216
Fisch mit Chipskruste. 192
Fisch, indisch. 171
Fischauflauf mit feiner Senfcreme . . . 553
Fischauflauf Mittelmeer 546
Fischcurry. 217
Fischeintopf mit Gemüse. 434
Fischeintopf mit Pizzabrötchen 435
Fischeintopf nach Livroneser Art . . . 480
Fischfilet mit Sesam 208
Fischfilet mit Zitronenthymian 219
Fischgratin. 546
Fisch-Kräutersuppe. 63
Fischmedaillons auf Gemüsenudeln. . 220
Fischpfanne mit grünen Nudeln 545
Fischröllchen auf Porreegemüse. . . . 173
Fisch-Shrimps-Auflauf 552
Fischsoljanka. 484
Fischspießchen auf
  Rucola-Tomaten-Salat 16
Fischsuppe 84
Fischsuppe mit Miesmuscheln
  und Anis aus dem Wok 100
Fleckerln mit Weißkraut 382
Florentiner Türmchen 599
Flunder, gebraten 231
Forellenfilet Kleopatra 221
Französischer Gemüseeintopf. 468
Französische Zwiebelsuppe. 63
Französisches Landbrot mit Lachstatar 24
Frische Kräuternudeln 404
Frischkäsesuppe mit Frühlings-
  zwiebeln aus dem Römertopf® . . . 105
Frittierte Feigenröllchen 600
Frittierte Perlzwiebeln 395
Frittierte Reisküchlein. 619

Frittiertes Gemüse mit Tomatendip .. 424
Frozen Joghurt mit Knusperkrokant .. 572
Früchte-Carpaccio 600
Früchte-Mix mit Kokosschaum...... 618
Fruchtig-pikanter Putensalat....... 129
Frühlings-Kartoffelpüree 417
Frühlingssalat mit Kresse 128
Frühlingszwiebelauflauf 555
Frühlingszwiebelsuppe mit
   Käse-Kräuter-Bällchen 82

G

Gans, mit Majoranäpfeln gefüllt..... 312
Gans mit Rotkohl 357
Garnelen am Spieß................ 20
Garnelen-Gemüse-Röllchen........ 48
Garnelen mit Gemüse-Pilz-Salat 132
Garnelenpfanne 25
Gärtnersalat 129
Gebackene Feigen mit
   Ziegenfrischkäse 14
Gebackene Holunderblüten mit
   Erdbeer-Rhabarber-Salat 617
Gebackene Stubenküken 361
Gebackene Tintenfischringe 35
Gebackener Spargel mit Mojo Verde . 382
Gebratene Ananasscheiben 601
Gebratene Entenbrust............ 362
Gebratene Gnocchi mit Champignons 394
Gebratene Kartoffelecken 383
Gebratene Kartoffelplätzchen
   mit Dost 404
Gebratene Pangasiusfilets mit
   Erdnusssauce 194
Gebratene Schollenfilets........... 193
Gebratene Viktoriabarschwürfel
   mit Reisnudeln 195
Gebratener Spargel 383
Gebratener Viktoriabarsch mit roter
   Bete, Feldsalat und Dillschmand... 224
Gebratenes Mozzarella-Sandwich ... 39
Gedämpfte Fischröllchen auf
   Thaispargel................... 174
Gedämpfte Gemüse mit Zitronensahne 418
Gedämpfte Lachsforelle mit
   Kapernbutter und Rucola 230
Gedünstete Herzmuscheln 202
Gedünsteter Reis 430
Geeiste Zuckerschotensuppe 83
Geflügel-Kokos-Suppe 82
Geflügel-Spinat-Suppe............. 62
Gefüllte Artischocken 430
Gefüllte bunte Zwiebeln 384
Gefüllte Champignons, italienisch ... 14
Gefüllte Champignonköpfe 26
Gefüllte Champignons mit Schinken.. 13
Gefüllte Fasanenbrüste........... 362
Gefüllte Fenchelschalen........... 384
Gefüllte Fencheltaschen 425

Gefüllte Fleischtomaten 19
Gefüllte gelbe Paprikaschoten 394
Gefüllte Gemüsezwiebeln mit einem
   Pilzauflauf 20
Gefüllte gratinierte Champignons ... 554
Gefüllte Kartoffeln mit Paprikakraut . 393
Gefüllte Makrelen 207
Gefüllte Mangoldpäckchen
   auf Gemüse.................. 429
Gefüllte Mini-Paprikaschoten....... 402
Gefüllte Nudeltaschen mit Ricotta... 26
Gefüllte Putenschnitzel auf
   schwedische Art 354
Gefüllte Riesenrübe.............. 427
Gefüllte Rotkohlröllchen mit Rotwein . 428
Gefüllte Schollenfilets............ 180
Gefüllte Spitzkohlblätter.......... 428
Gefüllte Stubenküken 363
Gefüllte Weinblätter.............. 21
Gefüllte weiße Rüben 421
Gefüllte Wildente................ 354
Gefüllte Zucchini 385
Gefüllte Zucchiniröllchen auf
   Tomatenreis 256
Gefüllte Zucchinitaler mit Polenta ... 420
Gefüllter Kalbsbraten 235
Gefüllter Kalbsrücken mit
   Pfifferlingen, euroasiatisch....... 258
Gefüllter Schweinerücken 268
Gefülltes Kräuterfilet 234
Gegrillte Kabeljaufiletstücke 174
Gegrillte Lammkoteletts 244
Gegrillte Lammrückenfilets 244
Gegrillte Riesengarnelen........... 31
Gegrillte Riesengarnelen mit
   Cocktailsauce................. 220
Gegrillte Tomaten mit
   Pfeffer-Frischkäse 46
Gegrilltes Tilapiafilet,
   in Curry mariniert 25
Gekochte Wachteleier und
   Spargelspitzen auf Kräutersauce .. 48
Gelbe Linsensuppe mit Joghurt 64
Gelbe Spaghetti mit Hähnchenbrust . 315
Gemischte Vorspeisenspieße 32
Gemischter Bohneneintopf mit
   Bündnerfleischklößchen 467
Gemüseauflauf 554
Gemüse-Carpaccio 57
Gemüsecremesuppe (Grundrezept) . 78
Gemüseecken mit Käsesauce 29
Gemüse-Eier-Sülze im Glas 18
Gemüseeintopf mit Graupen 466
Gemüseeintopf mit Mettklößchen .. 466
Gemüse-Hühnchen-Eintopf 465
Gemüse-Kartoffel-Fächer 418
Gemüse-Kartoffel-Wedges
   aus dem Ofen 396
Gemüse-Nudel-Topf 484

Gemüsepfanne mit Sesam 406
Gemüseragout mit Dill 402
Gemüse-Spargel-Gulasch in
   Zitronensahne 401
Gemüsesuppe 65
Gemüsesuppe „Querbeet" 485
Gemüsesuppe mit Basilikumpesto ... 62
Gemüsesuppe mit Ei und Käse 65
Gemüsetopf mit Kartoffeln........ 486
Gepökelte Gänsebrust in
   Rieslingkraut 314
Geröstete Entenbruststreifen
   auf Kenia-Bohnen 316
Geschichteter Heringssalat........ 133
Geschichteter Kartoffel-Herings-Salat 128
Geschmorte Forellenfilets......... 202
Geschmorte Garnelen 47
Geschmorte Kalbsleber in
   Balsamico-Essig................ 436
Geschmorte Putenbrust 316
Geschmortes Hähnchen, italienisch.. 353
Geschmorter Hase 352
Geschmortes Kaninchenragout 352
Gespickte Doradenfilets 175
Gestürzte Rieslingcreme
   mit süßem Kürbis 612
Getreide-Gemüse-Auflauf 568
Gewürzreis 402
Glasnudelsuppe mit Porree......... 66
Gnocchi in einer schnellen
   Tomatensauce 386
Gnocchi in Salbeibutter........... 385
Gnocchi-Sauerkraut-Auflauf....... 556
Goldbarschpfanne mit Shrimps 228
Götter-Schicht-Speise 585
Gratinierte gefüllte
   Artischockenböden 56
Gratinierte gefüllte Tomaten 49
Gratinierte Porreesuppe 81
Gratinierte provenzalische
   Putenstreifen 557
Graupensuppe mit Fenchel 75
Griechischer Eintopf 436
Griechischer Salat 114
Griechischer Salat mit Schafkäse.... 162
Grüne Muscheln am Spieß 27
Grüne-Bohnen-Eintopf mit
   Rindfleisch 483
Grüne-Bohnen-Eintopf 486
Grüner Bohneneintopf 498
Grüner Borschtsch 494
Grüner Kartoffelsalat 134
Grüner Spargel mit gebratenem
   Hähnchen 351
Grüner Spargel mit Spargelsauce ... 392
Grünkerneintopf mit Crème fraîche .. 490
Grünkernklößchensuppe 106
Grünkernsuppe 61
Grünkohleintopf 498

Grünkohlsalat mit Entenbrust....... 154	Hirschmedaillons mit Marzipan-Äpfeln 322	Kalbshaxe auf italienische Art 271
Gulaschsuppe mit Saure-Sahne-Dip . 438	Hirschrückenmedaillons unter einer Haselnusskruste................. 324	Kalbshaxe bayerisch 272
Gurkencremesuppe mit Dill 66		Kalbshaxe mit Semmelknödeln 292
Gurkengemüse................... 393	Hirschrückensteak mit Gewürzgurken und Sauerrahm..... 322	Kalbsmedaillons in Portweinsauce... 304
	Holunderbeercreme mit geeister Birnensauce 611	Kalbsmedaillons mit Spargel 290
H		Kalbsragout mit Austernpilzen 291
Hack-Auberginen-Auflauf 556	Hüftbraten mit Balsamicosauce und Frühlingszwiebeln 257	Kalbsragout...................... 262
Hackbraten „Griechische Art" 253		Kalifornischer Obstsalat 146
Hackbraten auf Kartoffelgratin 269	Hühnerfrikassee 348	Kalte Spargel-Melonen-Suppe 105
Hackfleisch-Gemüse-Pfanne 294	Hühnersuppe „Peking" 109	Kaninchen in Olivensauce.......... 323
Hackfleisch-Tomaten-Auflauf 508	Hummer, klassisch 196	Kaninchen mit Backobst 379
Hähnchenauflauf mit Zuckerschoten. 508	Hummersuppe mit Shrimps......... 113	Kaninchenrücken auf Wirsing 376
Hähnchen-Avocado-Salat 162		Karnevalssalat 145
Hähnchenbrust mit Mozzarella...... 318	**I**	Käse-Crostini 45
Hähnchenbrust mit Orangenminze und Ingwer 350	Indische Hühnersuppe............. 101	Kartoffelauflauf................... 532
	Indonesischer Fischtopf............ 438	Kartoffelauflauf mit Hackfleisch und Porree 516
Hähnchenbrust mit Salbei.......... 365	Indonesischer Soja-Fischtopf....... 507	
Hähnchenbrust mit Wirsinggemüse .. 366	Italienische Kichererbsensuppe 106	Kartoffel-Bohnen-Gratin 544
Hähnchenbrustfilet in Safrangemüse . 364	Italienische Muschel-Gemüse-Pfanne . 197	Kartoffel-Champignon-Salat....... 146
Hähnchenbrustfilet in Tomatensauce . 318	Italienischer Bohnen-Gemüse-Topf.. 449	Kartoffel-Gemüse-Topf 497
Hähnchenbrustfilet mit Salat....... 134	Italienischer Gemüse-Pilz-Eintopf... 439	Kartoffelgratin mit Blattspinat 536
Hähnchenfilet auf buntem Gemüse .. 319	Italienischer Hackbraten 295	Kartoffel-Käse-Salat 144
Hähnchen-Gemüse-Eintopf 437	Italienischer Puten-Gemüse-Topf ... 440	Kartoffelklöße halb und halb 397
Hähnchen-Geschnetzeltes 317	Italienischer Salat................. 116	Kartoffel-Knoblauch-Pfanne 405
Hähnchenkeulen 349	Italienischer Spaghettisalat......... 148	Kartoffel-Kokos-Suppe 104
Hähnchensalat mit Gemüse 126		Kartoffel-Mais-Topf mit Kidneybohnen................. 451
Hähnchenschnitzel-Auflauf 535	**J**	
Hähnchenschnitzel in Kräuterpanade................. 350	Jägerkohl 415	Kartoffel-Matjes-Auflauf 533
	Jakobsmuscheln auf asiatischem Zuckerschotensalat 164	Kartoffel-Oliven-Püree............ 401
Hähnchenschnitzel in Zitronen-Ei-Hülle 320		Kartoffelpfanne mit Schweinefilet .. 245
	Japanische Gemüsesuppe mit Tofu .. 102	Kartoffelpuffer (Reibekuchen)...... 392
Hähnchenschnitzel mit Jägerchampignons 364	Japanischer Salat 147	Kartoffelpuffer-Lachs-Auflauf 504
	Japanischer Tofu-Eintopf 440	Kartoffelrösti, raffiniert belegt 46
Hähnchenspieße mit Äpfeln und Zwiebeln 368	Junge Sellerie mit einem Körnerauflauf gefüllt 414	Kartoffelroulade mit frischem Dost .. 426
		Kartoffelsalat „Leichte Art" 144
Hähnchenstücke mit Curryjoghurt ... 369	Junge Thüringer Gemüsesuppe 450	Kartoffelsalat, warm............... 391
Hähnchentopf mit Spargel 448		Kartoffelschaumsuppe mit Buttermilch 89
Halber Hummer mit Sauce Hollandaise 58	**K**	Kartoffel-Schinken-Tortilla 55
	Kabeljau auf chinesische Art 218	Kartoffel-Schmorgurken-Topf 442
Hamburger Pfannfisch 204	Kabeljauauflauf 535	Kartoffel-Sellerie-Gratin 536
Hanseatischer Fischsalat 127	Kabeljau mit Senfsauce 200	Kartoffel-Spinat-Gratin 502
Hase in Tomatensauce 367	Kabeljaufilet „Italienische Art" 177	Kartoffelsuppe mit Hackfleischbällchen 452
Haselnusssoufflé.................. 616	Kabeljaufilet in Senf-Zwiebel-Kruste . 222	
Hasenkeulen mit Kirschen.......... 366	Kabeljaufilet Müllerin 222	Kartoffelsuppe mit Majoranklößchen 108
Hasenrückenfilets im Wirsingmantel . 321	Kabeljaukoteletts auf Zucchini-Risotto 178	Kartoffelsuppe mit Weißwein 107
Hechtfilet, gebraten 176		Kartoffeltorte mit Oregano......... 386
Hechtstückchen mit Senfsauce 203	Kabeljauschnitzel in Dillpanade..... 198	Kartoffel-Tunfisch-Gratin 504
Heilbutt, amerikanisch 191	Kabeljau-Spinat-Gratin 506	Kartoffel-Wedges mit Tsatsiki 387
Heilbutt mit Gemüse, in Folie 218	Kaiserschmarrn 601	Kartoffel-Zucchini-Gratin 515
Heilbutt mit Sauce Hollandaise 196	Kaiserschmarrn mit Pinienkernen und Rosinen 573	Käse-Nudel-Auflauf mit Lachs und Spargel 505
Heilbuttwürfel auf Wurzelgemüse ... 176		
Herings-Creme-Topf 229	Kalbfleisch in Weißwein 441	Käse-Porree-Suppe 60
Heringsfilet mit Eiern und Curry 56	Kalbsbraten mit Brokkoli und Gnocchi 243	Käsesalat mit Himbeeren und Bacon . 162
Heringssalat 147	Kalbsbraten mit Gemüseallerlei 299	Käsesalat mit Putenbrust 145
Herzhafter Lammeintopf mit Bohnen. 450	Kalbsfilet in Senfsauce 302	Käsespätzle 406
Herzhafter Spätzleauflauf „Schwarzwälder Art" 534	Kalbsfilet mit Gorgonzolaspinat..... 296	Käsespießchen mit fruchtigen Dips .. 45
		Käsestangen 55
Himbeerparfait 612	Kalbsfilet mit Walnusssahne........ 296	Käsesuppe mit Croûtons 89
Himbeer-Sorbet 616		Kasseler mit Ananaskraut 272

Kasseler mit Bohnenragout	273
Kasseler mit Kräuter-Pesto	274
Kasseler-Aprikosen-Toast	27
Katalanischer Gemüsetopf	499
Kichererbsensalat	115
Kichererbsensuppe mit Gemüse und Joghurt-Dip	80
Kichererbsensuppe mit Porreestreifen	91
Kirsch-Joghurt-Eis	602
Kiwi-Apfel-Refresher	615
Klare Gemüsesuppe	77
Klare Tomatensuppe mit Polentarauten	84
Kleine Aufläufe im Glas	516
Kleine Zwiebeln, orientalisch	22
Knoblauch-Hähnchen aus dem Wok. .	347
Knoblauchschnittchen mit Garnelen .	11
Knöpfli-Auflauf mit Wirsing	518
Kochfleisch mit Senffrüchten	442
Kohlrabi mit Pilzfüllung	517
Kohlrabi-Hack-Auflauf	519
Kokosmilch-Sorbet	574
Kokossuppe mit Huhn und Koriander .	107
Kopfsalat mit Erbsen	115
Korianderschaumsüppchen	92
Kräuter-Pilzsuppe	92
Kräuterrouladen mit Möhren	302
Kräutersalat mit Ziegenkäse	117
Kräuter-Senf-Braten	246
Kräutersuppe	60
Krautsalat-Gyros-Auflauf	532
Krebscocktail	116
Krebsragout in jungem Kohlrabi	214
Krebsschwanzsuppe „Royal"	67
Krustenbraten mit dicken Bohnen . . .	290
Kümmelkartoffeln	398
Kürbis-Fisch-Gratin	530
Kürbisgemüse	397
Kürbis-Linsen-Eintopf aus dem Römertopf®	500
Kürbissuppe mit Blutwurst	88
Kürbissuppe mit Bratwurst-Floß	74
Kürbissuppe mit Hähnchen	77

L

Lachsfilet mit Kartoffel-Kräuter-Haube	198
Lachs in Sahnesauce	230
Lachs mit grüner Sauce	206
Lachs mit Spargelkruste	199
Lachs mit Tatarensauce	227
Lachs-Mangold-Pfanne mit Garnelen	179
Lachsschnitzel in Estragonpanade . . .	213
Lachstatar auf dunklem Brot	19
Lachs-Wraps	39
Lammeintopf mit Bohnen	453
Lammfilet mit Spitzkohl und Kartoffeln	236

Lammgyrossuppe	452
Lammhaxenauflauf	530
Lammhaxen in Dillsauce	246
Lammkeule in Pergamentpapier	282
Lammkeule mit Minzsauce	289
Lammkeule mit Ratatouille und Rosmarinkartoffeln	288
Lammkrone mit Tomaten-Bohnen-Gemüse	282
Lamm-Piccata mit Austernpilzen . . .	303
Lammpilaw	281
Lammrückenfilet im Wirsingkleid . . .	287
Lammrückenfilet mit Artischocken-Bohnen-Gemüse	274
Lammrückenfilet mit Rosmarin	247
Lammrückenfilet über Minze gedämpft	283
Lammschnitzel in Rösti-Panade	242
Lammschulter mit orientalischem Reis	284
Lammsteaks mit Orangensauce	236
Lammtopf mit Chinakohl	444
Landfrauen-Auflauf mit Brokkoli	531
Ländlicher Wurstsalat	135
Langostinos auf Sherrysauce	28
Lasagne mit Pilzen und Schinken	503
Latte-Macchiato-Eis	574
Lauchcremesuppe mit Schinken	109
Leber-Trauben-Spieße	17
Lebkuchenmousse mit Glühweinbirnen	602
Legierte Meeresfrüchtesuppe	88
Linseneintopf	443
Linseneintopf mit Speck	447
Linsen-Fisch-Auflauf	544
Linsensalat mit geräucherter Gänsebrust	135
Linsensuppe mit Fasan	110
Löffelkrautsuppe mit Lachs und Muscheln	112
Luftige Porree-Quark-Soufflés	506
Lummerbraten mit Tunfischsauce . . .	259

M

Mairübeneintopf	500
Maisauflauf mit Hackfleisch	537
Maischolle auf geschmorten Gurken .	214
Maisgratin	511
Maissuppe mit Hackfleisch und Tomaten	97
Makkaroniauflauf	511
Makkaroniauflauf mit Gemüse	528
Makrelen auf Mittelmeerart	232
Mallorquinische Kohlsuppe	444
Mangold-Dinkel-Eintopf	473
Mangold, mit Hähnchenbrustfilet gefüllt	377
Mangoldsalat	143
Marinierte Melone mit Schafkäse . . .	10

Marinierter Blumenkohl mit Räucherlachs	40
Mariniertes Rehnüsschen	373
Maronenpuffer mit Weintrauben	574
Marsalahuhn	346
Marsalasauce	613
Marshmallow-Kuppel	613
Mascarponebecher	575
Matjes-Cocktail	143
Matjesheringe mit Orangen	40
Matjessalat	167
Maultaschenauflauf	543
Maultaschen-Sauerkraut-Auflauf . . .	529
Mediterraner Fischeintopf	445
Meeräsche in der Salzkruste mit Artischocken	228
Meeresfrüchte-Risotto	205
Melonen mit Eisteegelee	576
Mexikanische Hühnersuppe	104
Mexiko-Eintopf	446
Miesmuscheln mit Oliven und Sardellen	136
Miesmuscheln nach Matrosenart . . .	9
Minestrone	454
Mini-Charlotten	611
Minifrikadellenauflauf	542
Mini-Pizzen	10
Minirouladen-Auflauf	528
Minizwiebeln mit Bacon	17
Mohnsoufflé mit Aprikosenkompott . .	610
Mohr im Hemd	609
Möhren-Ingwer-Püfferchen mit Apfelkompott	54
Möhren-Ingwer-Suppe mit Riesengarnelen	71
Möhren-Kartoffel-Püree	398
Möhren mit Kräutersauce	391
Möhrensuppe mit roten Linsen und Minze	76
Mokka-Parfait	599
Mousse au Chocolat	609
Mozzarella in carrozza	56
Mozzarella-Nudel-Salat	118
Mozzarellaspieße	33
Muscheln in Weinsud	200
Muschelsuppe	70

N

Nackensteaks mit Kartoffelkruste . . .	248
Nektarinen-Johannisbeer-Crumble . .	577
Nougatflammeri	603
Nudelauflauf mit Lamm	510
Nudelauflauf mit Putenschnecken . . .	558
Nudel-Fleischwurst-Salat	163
Nudel-Mett-Auflauf	542
Nudeln mit Basilikum-Vinaigrette . . .	118
Nudelsalat mit Fleischsalat	136
Nuss-Wan-Tans mit Kirschgrütze	585

O

Obstsalat ... 608
Obstsalat mit Knusperflocken ... 577
Ochsenmaulsalat ... 137
Oeufs à la neige (Schnee-Eier) ... 608
Ofenkartoffeln ... 390
Oliven im Speck-Käse-Mantel ... 28
Oliven-Kräuter-Stangen ... 53
Oliven-Schmorsteaks ... 250
Oliven-Tomaten-Crostini ... 44
Orangen-Campari-Sorbet ... 578
Orangen-Ente ... 346
Orangen-Feigen-Salat ... 137
Orangen-Panna-Cotta mit Rum ... 620
Orangen-Tiramisu ... 578
Orangen-Weinschaum-Speise ... 579

P

Pangasiusfilet mit Löffelkrautschaum ... 170
Panna cotta ... 579
Paprika-Fisch-Pfanne ... 226
Paprikagemüse in Orangensauce ... 414
Paprikareis ... 407
Paprikasalat mit Schafkäse ... 117
Paprika-Tomaten-Gemüse ... 407
Pastinakengratin ... 541
Pecorino-Carpaccio mit Rucola,
   Thymian und Chili ... 11
Pellkartoffeln mit Kräuterquark ... 400
Peperonata ... 431
Perlhuhn mit Rum ... 342
Perlhuhn mit Tomaten ... 378
Perlhuhn mit Wacholderrahm ... 345
Perlhuhnbrüste mit Weintrauben ... 340
Pfannkuchen mit süßer Quittensauce ... 580
Pfannkuchensuppe ... 72
Pflaumen im Speckmantel ... 13
Piccata vom Rotbarsch ... 186
Pichelsteiner Eintopf ... 446
Pichelsteiner mit Fisch ... 454
Pichelsteiner mit Meeresfrüchten ... 455
Pikante Garnelen aus dem Ofen ... 49
Pikante Kroepoek-Häppchen ... 44
Pikante Schweineöhrchen ... 41
Pikanter Fischauflauf ... 527
Pikanter Früchtereis ... 419
Pikanter Garnelentopf ... 456
Pikanter Kartoffelsalat ... 142
Pilz-Bruschetta ... 28
Pilze, gegrillt ... 409
Pilz-Wraps ... 41
Pistazien-Marzipan-Eis ... 607
Pizza-Suppe ... 456
Polenta, gebraten ... 419
Polenta, gegrillt mit Lardo ... 425
Polenta-Kräuter-Suppe ... 87
Polenta mit Gorgonzola überbacken ... 559
Porreecremesuppe mit Hackfleisch ... 110
Pot eu feu mit Rinderhaxe und Huhn ... 488

Poularde, gefüllt mit einer
   Böhmischen-Knödel-Masse ... 325
Poulardenbrust auf Gemüse ... 376
Provenzalischer Fischtopf ... 571
Provenzalischer Salat mit zwei Saucen ... 142
Provenzalisches Geschnetzeltes ... 248
Putenauflauf „Schwäbische Art" ... 561
Puten-Brokkoli-Reis-Pfanne ... 326
Putenbrust „Indische Art" ... 341
Putenbrust in der Kartoffelkruste ... 328
Putenbrust-Baguette-Schnittchen ... 8
Putencurry mit Mango ... 327
Putengeschnetzeltes mit
   Kräuterfrischkäse ... 329
Putenmousse mit grünen Spargelspitzen ... 9
Putenoberkeule mit Gemüse ... 343
Puten-Pilz-Gulasch ... 326
Putenröllchen auf Tomate mit
   Schafkäse und Curryreis ... 328
Putenrouladen mit Spinat und
   Schwarzwälder Schinken ... 330
Putensticks in Sesampanade ... 344

Q/R

Quarkknödel mit Zwetschenkompott ... 580
Quark-Mohn-Eiscreme
   im Palatschinken ... 615
Radicchio, im Ofen gegart ... 427
Radicchio-Spargel-Cocktail ... 152
Radieschensülze ... 42
Raffinierte Ofenkartoffeln ... 408
Ragout vom Reh ... 333
Ragout von Edelfischen mit Weinkraut ... 226
Rahmwirsing ... 408
Ratatouille-Suppe ... 111
Räuberbraten mit Röstgemüse ... 301
Räucherfischauflauf ... 527
Räucherlachs-Früchte-Spießchen ... 43
Ravioliauflauf ... 560
Ravioli-Gratin ... 560
Red Snapper mit Macadamianuss-
   kruste und Kokossauce ... 233
Rehkeule in Preiselbeersauce ... 333
Rehkeule ... 339
Rehmedaillons mit Melonenspalten ... 330
Reisauflauf mit Spargel ... 566
Reisbällchentopf ... 457
Reis-Gemüse-Auflauf ... 526
Reismehl-Crêpes ... 606
Reis mit Erbsen ... 387
Reissalat „Balkan" ... 152
Reistopf mit Hähnchen ... 334
Rhabarber-Crumble ... 607
Rhabarber-Himbeer-Suppe mit
   Erdbeeren ... 74
Ricotta-Eis ... 606
Ricottaklößchen mit Spinat ... 521
Riesengarnelen, gegrillt ... 30
Riesengarnelensalat „Marilyn" ... 141

Riesengarnelenspieße ... 7
Rinderfilet auf Pak-Choi ... 260
Rinderfilet „Lukullus" ... 275
Rinderfilet mit Limettenbutter
   und Pfifferlingen ... 276
Rinderschmorbraten ... 237
Rindfleisch in Portwein ... 280
Rindfleischsuppe mit Gurken ... 80
Rindfleischterrine in Burgundergelee ... 8
Rindfleischtopf mit Rotwein ... 458
Risotto ... 388
Roastbeef mit Blattspinat ... 297
Roastbeef mit Kräuter-Senf-Kruste ... 260
Roggenkörnersalat mit Porree
   und Tofuwürfeln ... 141
Roh gebratener Spargel mit Möhren ... 408
Roh gebratener Tunfisch mit Sesam ... 22
Röllchen von Atlantikzungen
   „Kreolische Art" ... 179
Rosa gebratene Entenbrust
   mit Spekulatiuskruste ... 332
Rosa-Grapefruit-Sorbet ... 581
Rosenkohlauflauf mit
   Bratwurstklößchen ... 524
Rosmarin-Bohnen-Gratin mit
   Entenkeulen ... 331
Rösti ... 388
Röstiauflauf ... 565
Rotbarbenfilets auf rotem Linsenpüree ... 204
Rotbarbenfilets mit Kapern ... 185
Rotbarsch-Kartoffel-Gratin ... 566
Rote Linsen mit Paprika ... 420
Rote-Bete-Feldsalat mit Nüssen ... 153
Rote-Bete-Gemüse ... 431
Rote-Bohnen-Schafkäse-Salat ... 153
Rotes Thai-Curry mit Hähnchen ... 469
Rot-grüne Paprikasuppe ... 112
Rotkäppchen-Salat ... 120
Rucolasalat mit Putensteaks ... 120
Rumpsteaks mit gedünsteten
   Schalotten ... 301
Russischer Salat ... 120
Rustikaler Kartoffelsalat ... 119

S

Sächsisches Zwiebelfleisch ... 496
Sahneeis mit Tannenhonig
   und Thymian ... 582
Saibling mit Mandelbutter ... 223
Salat mit Himbeerdressing ... 140
Salat und feines Gemüse mit
   gegrillten Jakobsmuscheln ... 161
Salat von Gabelmakkaroni ... 148
Salsa-Suppe ... 458
Saltimbocca vom St. Petersfisch ... 50
Salzburger Nockerln ... 582
Salz- und Petersilienkartoffeln ... 410
Sardische Fischmakkaroni ... 520
Satéspieße mit Erdnusssauce ... 374

Sattmachergratin	570	
Sauerkrautpuffer mit Kasseler	410	
Sauerkrautsalat	126	
Scampicocktail in Dillrahm	126	
Schafhirtenauflauf	562	
Scharfe Kalbssteaks	238	
Scharfe Mitternachtssuppe	459	
Scharfer Nudelauflauf	562	
Scharfer Sellerie-Pfeffer-Eintopf	495	
Scharfer Tortellonisalat	125	
Scharfes Putenchili	494	
Schaumsüppchen von Kresse und Kartoffeln	76	
Schichtbraten	261	
Schichtkäsestrucel	586	
Schichtsalat mit Forellenfilets	140	
Schichtsalat mit Tunfischsauce	149	
Schichtsalat	151	
Schinkenbraten „Hawaii"	300	
Schinken-Hähnchenfilet mit Salbei-Käse-Risotto	375	
Schinken-Käse-Brötchen	6	
Schmandkräcker	50	
Schmarrn-Auflauf	587	
Schmetterlingssteaks „Hawaii"	255	
Schmorbraten mit Tomaten	285	
Schmorsteaks vom Wildschwein	344	
Schneckenauflauf	522	
Schnelle Birnenschnitten	586	
Schnelle Bouillabaisse	86	
Schnelle Flammkuchen	37	
Schneller Nudelauflauf	521	
Schokoauflauf mit Amarettini	582	
Schokoladenauflauf mit Aprikosen	583	
Schokoladencreme mit Rum	587	
Schokoladeneis	588	
Schokoladen-Obsttörtchen	584	
Schollen „Finkenwerder Art"	170	
Schollenfilet in Bierteig	186	
Schottische Hühner-Lauch-Suppe	69	
Schulterbraten mit Spitzpaprika	251	
Schulterscherzel in Rotweinmarinade	262	
Schupfnudelauflauf	522	
Schwarzwälder Kirschcreme	614	
Schweinebraten mit Kräuterkruste	254	
Schweinebraten mit Rahmchampignons	254	
Schweinebraten mit roten Bohnen	286	
Schweinebraten mit Rotkohl	276	
Schweinebraten mit süß-saurer Sauce	298	
Schweinefilet in Crème-fraîche-Sauce mit Selleriegemüse	278	
Schweinefilet in Kräuter-Käse-Sauce	278	
Schweinefilet, süß-sauer	277	
Schweinehaxen in Biersauce	263	
Schweinemedaillons in Curry-Kokos-Sauce	239	
Schweinenacken mit Blumenkohl	250	
Schweinerollbraten mit Backobst	280	
Schweinerollbraten mit Speckböhnchen	264	
Schweinerücken in Altbiersauce	279	
Schweizer Wurstsalat	121	
Sechser Salat	122	
Seefischgratin auf Gemüsebett	523	
Seelachs mit Joghurthaube	169	
Seelachsfilet, in Folie gegart	189	
Seeteufel mit geschmolzenen Tomaten und Oliven	180	
Seezungenfilet in Apfel-Kräuter-Marinade	168	
Seezungenfilets „Fisherman's Wharf"	225	
Sellerie mit Tomaten-Kräuter-Sauce	412	
Selleriecremesuppe mit Forellenfilets	72	
Semifreddo (Halbgefrorenes mit Marsala)	588	
Senfbraten	286	
Serbische Bohnensuppe	493	
Sizilianische Caponata	460	
Skandinavisches Dillhähnchen	336	
Sommerliche Putenroulade	334	
Spaghetti mit Tomaten-Muschel-Sauce	187	
Spaghettini mit bunten Linsen	30	
Spanferkelkeule, geschmort	294	
Spargel mit dreierlei Saucen	398	
Spargel mit Parmesan	411	
Spargelbrühe mit Erbsen	85	
Spargelcremesuppe	68	
Spargelcrespelle mit Ricotta	569	
Spargeleintopf	460	
Spargel-Kartoffel-Salat	166	
Spargelrisotto	410	
Spargelsalat mit Forellentatar	138	
Spargelschaumsuppe von grünem Spargel	73	
Spätzle	413	
Spätzle-Gemüse-Ragout in Tomaten	400	
Spätzle-Linsen-Salat	139	
Spieße vom Seeteufel	212	
Spinat-Schafkäse-Lasagne	540	
Spinatsuppe	67	
Spinat-Tortilla	35	
Spitzkohltorte	390	
Staudensellerie mit Dips	36	
Steaks vom Wildschwein mit Sauerkirschen	335	
Steckrübeneintopf mit Schweinebauch	491	
Steckrübensuppe mit Salami und Blattpetersilie	490	
Steinbutt mit Kräuter-Senfbutter	201	
Steinpilze	389	
Stielmuseintopf (Streifrüben)	492	
Südtiroler Zwiebelsuppe mit Bauernspeck	79	
Suppe mit Eierblumen	78	
Süße Frühlingsrollen	618	
Süße Paella	589	
Süßer Gazpacho	589	
Süßer Power-Auflauf mit Hirse und Kirschen	538	
Süß-saure Hackfleischsuppe	462	
Süß-saurer Gemüseeintopf	461	

T

Tafelspitz mit Schnittlauchsauce	264
Tafelspitzbraten mit Spinatspätzle und Kohlrabigemüse	240
Tarteletts mit Ziegenfrischkäse	51
Taube in Honigsauce	336
T-Bone-Steaks in Tomaten-Rotwein-Marinade	249
Texanischer Auflauf	539
Thailändischer Fischeintopf	462
Tilapia-Filet auf mediterranem Gemüse	190
Tilapia-Filets, gedämpft im Wirsingblatt	181
Tintenfische, frittiert	190
Tintenfischringe aus der Grillpfanne	206
Tiramisu	590
Tiramisu-Eis	605
Tiroler Speckknödelsuppe	98
Toast Toskana	38
Tomaten mit Fischsalat	52
Tomaten mit Käsesalat	36
Tomaten-Avocado-Tatar	42
Tomaten-Basilikum-Törtchen	23
Tomatenfisch auf Gurkengemüse	188
Tomatenfisch auf Mangold	224
Tomatensuppe mit Käsecroûtons	93
Tomatensuppe mit Mozzarella	94
Tomaten-Zucchini-Carpaccio mit Ricotta	30
Tortelliniauflauf mit Salbei und Parmaschinken	567
Tortellini-Mangold-Auflauf	540
Tortellinisalat mit Rucola	138
Tortilla vom Blech	34
Tunfisch-Auberginen-Salat	123
Tunfisch-Bohnen-Schichtsalat	122
Tunfischsteaks in Kräutern und Knoblauch	209
Tunfisch-Zucchini-Salat	150
Türkisches Würzfleisch	563
Tuttifrutti mit Schokosauce	591

U

Überbackene Käsespätzle	538
Überbackene Muscheln mit Knoblauch	7
Überbackener Pfannkuchen-Auflauf	564
Überbackenes Rotbarschfilet	212
Ungarischer Sauerkrautauflauf	564

V

Vanilleberg mit Erdbeeren	605
Vegetarische Moussaka	524
Vegetarischer Eintopf	492
Venezianische Linsensuppe	73
Versunkener Spargel	525
Viktoriabarsch im Zucchinimantel	185
Viktoriabarsch unter der Kräuterkruste	232

Viktoriabarsch unter der
   Möhren-Nuss-Kruste 208

W

Wachsbohnensalat mit Kräutersahne 150
Wantan-Suppe 87
Warmer Kartoffelsalat mit Bärlauch . 124
Weihnachtspudding. 614
Weiße Rüben mit rotem und
   grünem Püree gefüllt 412
Welfenspeise 604
Wels im Kartoffelrösti 182
Wels nach Cajun Art 207
Wildfrikadellen mit Gewürzbrot 338
Wildkaninchen in Kokossauce. 368
Wildragout 378
Wildschwein-Geschnetzeltes mit
   Waldpilzen 337
Wildschweinkeule 372
Wildschweinrücken mit
   Pastinakengemüse. 371
Wildschweinschnitzel, Sardische Art. . 372
Winterlicher Salat mit Kalbsleberstreifen 150
Wintersalat mit warmer Hähnchenleber 124
Wirsingeintopf mit Bohnen und Kasseler 464
Wirsingeintopf mit Mettwurst, Kümmel
   und Birnen 463
Wirsingeintopf 496
Wirsing-Kartoffel-Topf mit Perlhuhn . 464
Wolfsbarsch mit Pfifferling-
   Saubohnen-Ragout 188
Wolfsbarsch vom Grill 183

Z

Zander auf Tomaten-Fenchel-Gemüse 211
Zanderfilet mit Kartoffelschuppen... 184
Zanderfilet mit Kraut im Blätterteig. . 54
Zanderfilet mit Zitronen-Kapern-Butter 210
Zigeunerbraten 241
Zigeunerhuhn mit Paprika. 370
Zigeunersalat 123
Zimtstreusel-Zwetschen........... 590
Zimtwaffeln mit Heidelbeeren 591
Zitronenflammeri mit Traubensirup .. 604
Zitronenhähnchenauflauf. 370
Zucchini- und Auberginenröllchen ... 52
Zucchini, frittiert................. 413
Zucchinicremesuppe mit Muscheln .. 98
Zucchini-Fisch-Ragout............ 182
Zucchini-Käse-Suppe............. 103
Zucchininudeln mit Tomatensauce .. 388
Zucchiniröllchen mit Safran-Couscous 34
Zucchinisuppe mit Sonnenblumenkernen 68
Zuckerschoten mit Mandelbutter.... 399
Zuppa pavese
   (Italienische Rinderbrühe) 79
Zwiebelkuchen-Häppchen 42
Zwiebel-Roastbeef in Burgundersauce 242
Zwiebelsteaks mit Bratkartoffeln.... 265

Innenfotos

Walter Cimbal, Hamburg (S. 8, 9, 13, 14, 16, 23, 26, 30, 37, 48, 51, 53, 74, 96, 140, 159, 161, 185, 197, 202, 214, 291, 294, 317, 322, 335, 337, 341, 355, 362, 363, 369, 373, 385, 387, 390, 398, 406, 416, 419, 424, 467, 488, 536, 539, 547, 580, 584, 591, 600)

Fotostudio Diercks, Hamburg (S. 6, 7, 9, 10, 13, 16, 20, 23, 25, 28, 29, 30, 31, 39, 41, 42, 45, 46, 47, 49, 51, 53, 54, 57, 58, 61, 62, 63, 65, 66, 68, 69, 70, 71, 73–77, 79, 85, 86, 88, 90, 92, 94, 99, 100, 106, 107, 108, 109, 110, 111, 112, 113, 115–120, 122, 125, 126, 128–130, 132, 134–136, 138, 139, 141, 143–154, 157, 161, 163–165, 167, 168, 171, 172, 174, 175, 176, 181, 184, 187–190, 192–194, 196, 197, 199–211, 213, 217–228, 230–233, 235, 237, 238, 239, 242, 244, 253, 256, 258, 260, 263, 265, 267, 269–273, 275, 276, 279, 281, 282, 283, 285, 286, 287, 289, 295, 296, 300, 303–305, 308–310, 312, 315–317, 320–322, 324–326, 330–334, 336, 338, 340–342, 344, 345, 347, 350–353, 355, 360, 361, 365, 366, 372, 375, 376, 378, 379, 381, 382, 383, 384, 386, 387, 389, 391–396, 398, 400, 402, 403, 405, 407–413, 415, 417, 419, 421–427, 430, 436, 437, 438, 441, 443, 445–447, 450, 454, 455, 457, 458, 460–466, 474, 476, 478, 480, 481, 486, 487, 491, 493–495, 497, 502–504, 509, 517, 518, 520, 521, 524, 531, 538, 540–542, 544, 548, 551, 555, 557, 559, 560, 563, 573, 575, 576, 579, 580, 582, 583, 587, 588, 591, 593, 596–599, 601, 602, 604, 608, 610–613, 617, 619, 622)

Ulli Hartmann, Halle/Westf. (S. 18–20, 24, 26, 31, 33, 36, 43, 44, 47, 49, 57, 62, 78, 83, 99, 103, 107, 112, 119, 122, 123, 130, 132, 140, 149, 152, 169, 177, 195, 198, 201, 212, 213, 231, 242, 244, 248, 268, 269, 291, 293, 295, 300, 313, 318, 327, 328, 346, 348–350, 357, 358, 359, 368, 377, 385, 386, 393, 394, 400, 401, 408, 412, 414, 415, 420, 421, 425, 433, 434, 440, 444, 447–449, 452, 453, 456, 462, 466, 477, 484, 490, 498, 511, 513, 523, 526, 533, 534, 539, 545, 550, 553, 554, 561, 568, 572, 578, 583, 607, 616, 624, 625)

Bela Hoche, Hamburg (S. 27, 191, 246, 247, 277, 310, 396, 416, 423, 428, 429, 431)

Ulrich Kopp, Sindelfingen (S. 155, 255, 314, 471, 473, 477, 499)

Bernd Lippert, (S. 70, 81, 82, 87, 96, 97, 98, 106, 111, 114, 129, 166, 252, 306, 323, 369, 379, 435, 442, 453, 459, 479, 485, 517, 570, 619)

Herbert Maass, Hamburg (S. 134, 426, 428, 515)

Antje Plewinski, Berlin (S. 55, 59, 60, 64, 68, 71, 85, 93, 104, 105, 171, 183, 189, 190, 206, 211, 216, 221, 226, 319, 374, 380, 381, 382, 388, 390, 399, 401, 402, 410, 418, 430, 432, 469, 514, 524, 529, 569, 577, 605, 609, 615, 620, 621)

Christiane Pries, Borgholzhausen (S. 479, 514, 516)

Axel Struwe, Bielefeld (S. 11, 12, 16, 19, 24, 27, 35, 38, 42, 56, 240, 243, 251, 254, 257, 259, 262, 263, 264, 266, 274, 276, 278, 280, 282, 284, 288, 290, 291, 297, 298, 299, 301, 302, 354, 574, 578, 581, 588, 602, 605, 606, 607, 615)

Hans-Joachim Schmidt, Hamburg (S. 11, 12, 14, 15, 17, 22, 29, 32, 34, 36, 39, 40, 41, 43, 44, 50, 52, 54, 56, 59, 62, 67, 72, 73, 76, 80, 84, 87, 89, 92, 95, 97, 98, 104, 105, 108, 109, 110, 125, 131, 138, 160, 178, 207, 241, 244, 246, 261, 267, 274, 280, 318, 337, 370, 371, 392, 395, 406, 435, 438, 439, 451, 461, 464, 468, 470, 475, 482, 483, 489, 501, 505, 506, 507, 519, 523, 527, 528, 530, 541, 542, 543, 555, 556, 558, 561, 564, 565, 566, 575, 576, 582, 585–587, 589, 590, 592, 594–596, 599–601, 603, 604, 606, 608, 609, 611, 613, 614, 618, 621, 622–624)

Winkler Studios, Bremen (131)

Norbert Toelle, Bielefeld (S. 34, 81, 90, 103, 120, 126, 127, 137, 142, 143, 147, 156, 162, 179, 191, 204, 208, 228, 229, 249, 250, 261, 329, 339, 356, 359, 390, 417, 444, 457, 472, 508, 533, 546, 571, 579, 590, 614)

Brigitte Wegner, Bielefeld (S. 7, 48, 61, 77, 79, 84, 91, 101, 102, 117, 121, 123, 126, 133, 137, 141, 142, 146, 151, 154, 156, 157, 158, 159, 170, 172, 173, 214, 215, 234, 236, 256, 265, 273, 290, 303, 307, 311, 327, 343, 362, 364, 371, 376, 397, 410, 414, 450, 470, 473, 481, 492, 496, 498, 500, 507, 510, 513, 535, 548, 549, 564, 594, 596, 624)

Bernd Wohlgemuth, Hamburg (S.19, 21, 509, 526, 536, 550, 552, 562, 567)

Abkürzungen

EL	=	Esslöffel
TL	=	Teelöffel
Msp.	=	Messerspitze
Pck.	=	Packung/Päckchen
g	=	Gramm
kg	=	Kilogramm
ml	=	Milliliter
l	=	Liter
evtl.	=	eventuell
geh.	=	gehäuft
gestr.	=	gestrichen
TK	=	Tiefkühlprodukt
°C	=	Grad Celsius
Ø	=	Durchmesser

Kalorien-/Nährwertangaben

E	=	Eiweiß
F	=	Fett
Kh	=	Kohlenhydrate
kJ	=	Kilojoule
kcal	=	Kilokalorie

Hinweise zu den Rezepten

Lesen Sie bitte vor der Zubereitung — besser noch vor dem Einkaufen — das Rezept einmal vollständig durch. Oft werden Arbeitsabläufe oder -zusammenhänge dann klarer. Die Rezepte sind, wenn nicht anders angegeben, für 4 Portionen berechnet. Die Zutaten sind in der Reihenfolge ihrer Bearbeitung aufgeführt. Die Arbeitsschritte sind einzeln hervorgehoben, in der Reihenfolge, in der sie von uns ausprobiert wurden.

Backofeneinstellung

Die in den Rezepten angegebenen Gar- und Backtemperaturen und -zeiten sind Richtwerte, die je nach individueller Hitzeleistung des Backofens über- oder unterschritten werden können. Bitte beachten Sie deshalb bei der Einstellung des Backofens die Gebrauchsanweisung des Herstellers.

Zubereitungszeiten

Die Zubereitungszeit beinhaltet nur die Zeit für die eigentliche Zubereitung. Längere Wartezeiten wie z. B. Auftau- und Kühlzeiten sind nicht mit einbezogen.

Für Fragen, Vorschläge oder Anregungen steht Ihnen der Verbraucherservice der Dr. Oetker Versuchsküche Telefon: 00800 71727374 Mo.—Fr. 8:00—18:00 Uhr (gebührenfrei in Deutschland) oder die Mitarbeiter des Dr. Oetker Verlages Telefon: +49 (0) 521 520650 Mo.—Fr. 9:00—15:00 Uhr zur Verfügung.
Oder schreiben Sie uns:
Dr. Oetker Verlag KG, Am Bach 11, 33602 Bielefeld oder besuchen Sie uns im Internet unter www.oetker-verlag.de oder www.oetker.de.

Umwelthinweis	Dieses Buch und der Einband wurden auf chlorfrei gebleichtem Papier gedruckt. Die Einschrumpffolie - zum Schutz vor Verschmutzung - ist aus umweltfreundlichem und recyclingfähigem PE-Material.
Copyright	© 2008 by Dr. Oetker Verlag KG, Bielefeld
Redaktion	Carola Reich, Annette Riesenberg, Andrea Gloß
Nährwertberechnungen	Nutri Service, Hennef
Titelgestaltung	kontur:design, Bielefeld
Grafisches Konzept und Gestaltung	MDH Haselhorst
Satz und Layout	MDH Haselhorst
Druck und Bindung	Firmengruppe APPL, aprinta druck, Wemding

Die Autoren haben dieses Buch nach bestem Wissen und Gewissen erarbeitet. Alle Rezepte, Tipps und Ratschläge sind mit Sorgfalt ausgewählt und geprüft. Eine Haftung des Verlages und seiner Beauftragten für alle erdenklichen Schäden an Personen, Sach- und Vermögensgegenständen ist ausgeschlossen.

Nachdruck und Vervielfältigung (z. B. durch Datenträger aller Art) sowie Verbreitung jeglicher Art, auch auszugsweise, ist nur mit ausdrücklicher Genehmigung und Quellenangabe gestattet.

ISBN: 978-3-7670-0975-2